Trouvez
le bon mot

Trouvez le bon mot

125 000 synonymes

le Robert

Direction éditoriale : Dominique Le Fur

Rédaction : Yaël Freund, Dominique Vernier-Lopin

Informatique éditoriale : Sébastien Pettoello

Conception graphique et suivi technique : Maud Dubourg

25, avenue Pierre-de-Coubertin, 75211 Paris Cedex 13

ISBN 978-2-32100-894-1

Cet ouvrage est une œuvre collective au sens de l'article L. 113-2 du Code de la propriété intellectuelle. Publié par la société Dictionnaires Le Robert, représentée par Charles Bimbenet, directeur général.

PRÉFACE

Vous voulez éviter une répétition ?

Retrouver un mot ou une expression qui vous échappe au moment où vous rédigez un texte ?

Vous souhaitez enrichir votre vocabulaire et écrire dans une langue plus idiomatique ou littéraire ?

Trouvez le bon mot vous permet d'accéder rapidement au synonyme précis et à l'expression qui fera mouche.

Variété et richesse

Aux **12 000 mots-vedettes** sont associés **125 000 synonymes** qui vous offrent toute la richesse de la langue française avec :

- la variété des registres, des styles et des usages : littéraire, soutenu, familier, argotique, vieilli, péjoratif, ironique, plaisant, etc.
- les régionalismes, le français de Belgique, de Suisse, du Québec
- les termes de spécialité : médecine, photographie, cinéma, droit, etc.
- les anglicismes et les recommandations officielles

Présentation claire et efficace

Des repères vous permettent de parcourir rapidement les articles pour arriver directement au bon synonyme.

À l'intérieur de chaque article, les synonymes sont regroupés par sens et classés par ordre alphabétique.

Chaque sens est introduit par un chiffre arabe (1, 2, etc.) et précisé par le premier synonyme en gras. Chaque groupe de sens est précédé d'un chiffre romain (I, II, etc.).

Les synonymes appartenant à une langue non standard sont donnés à la fin de chaque division.

Les domaines, registres et usages (voir liste des abréviations page suivante) sont signalés entre parenthèses.

Aide-mémoire et dénicheur de mots, ***Trouvez le bon mot*** s'adresse à tous ceux qui sont soucieux de s'exprimer avec justesse, style et subtilité.

ABRÉVIATIONS

■ CATÉGORIES GRAMMATICALES

adj.	adjectif, adjectival
adv.	adverbe, adverbial
compar.	comparatif
conj.	conjonction, conjonctif
indéf.	indéfini
interj.	interjection
invar.	invariable
loc.	locution
n.	nom masculin et féminin
n.f.	nom féminin
n.f.pl.	nom féminin pluriel
n.m.	nom masculin
n.m.pl.	nom masculin pluriel
plur.	pluriel
prép.	préposition, prépositionnel
pron.	pronom
pron. pers.	pronom personnel
pron. rel.	pronom relatif
sg.	singulier
v.impers.	verbe impersonnel
v.intr.	verbe intransitif
v.pron.	verbe pronominal
v.tr.	verbe transitif
v.tr.ind.	verbe transitif indirect

■ DOMAINES

Admin.	administration
Agric.	agriculture
Anat.	anatomie
Arbor.	arboriculture
Archéol.	archéologie
Archit.	architecture
Astrol.	astrologie
Astron.	astronomie
Biol.	biologie
Bot.	botanique
Chim.	chimie
Chir.	chirurgie
Constr.	construction, bâtiments
Écol.	écologie
Écon.	économie
Éduc.	éducation, enseignement
Élec.	électricité
Électron.	électronique
Géog.	géographie
Géol.	géologie
Géom.	géométrie
Hist.	histoire
Hortic.	horticulture
Indus.	industrie
Inform.	informatique

Ling.	linguistique
Littérat.	littérature
Mar.	maritime, marine
Math.	mathématique
Méd.	médecine
Métal.	métallurgie
Milit.	militaire
Mus.	musique
Mythol.	mythologie
Naut.	nautisme
Opt.	optique
Pharm.	pharmacie
Phonét.	phonétique
Phys.	physique
Physiol.	physiologie
Pol.	politique
Psych.	psychologie, psychanalyse, psychiatrie
Relig.	religion
Scol.	scolaire
Sociol.	sociologie
Techn.	techniques
Télécom.	télécommunications
Tex.	textile
Univ.	université
Vét.	médecine vétérinaire
Zool.	zoologie

■ REGISTRES, USAGES

abusivt	emploi abusif
anciennt	anciennement
anglic.	anglicisme
argot	argot
Belgique	français de Belgique
didact.	langage didactique
euph.	euphémisme
fam.	langage familier
fig.	au figuré
injurieux	injurieux
iron.	ironique
littér.	langage littéraire
nom déposé	nom déposé, marque déposée
plaisant	par plaisanterie
péj.	péjoratif
poétique	langage poétique
pop.	langage populaire
Québec	français du Québec
recomm. offic.	recommandation officielle
région.	régionalisme
soutenu	langage soutenu
Suisse	français de Suisse
vieilli	vieilli
vulg.	vulgaire

■ AUTRES

qqn	quelqu'un
qqch	quelque chose

dictionnaire

a

abaissement N. M. **1. affaissement**, baisse, chute, descente **2. diminution**, baisse, chute, dépréciation, dévaluation **3. décadence**, déclin, dégénérescence, dégradation, détérioration

abaisser V. TR. **1. descendre**, baisser, rabattre **2. diminuer**, amoindrir, rapetisser, réduire **3. atténuer**, adoucir, affaiblir, amenuiser, amortir, diminuer **4. affaiblir**, abattre, anéantir, dégrader, déprécier, dévaluer **5. humilier**, mortifier, rabaisser, ravaler

♦ **s'abaisser** V. PRON. **1. descendre**, s'affaisser **2. se plier**, se compromettre, se soumettre, s'aplatir (fam.) **3. s'avilir**, déchoir, s'humilier

abandon N. M. **I. 1. capitulation**, concession, défaite, forfait, retrait, reddition, retraite **2. démission**, désistement, défection, renoncement, renonciation **II. 1. arrêt**, cessation, fin, suspension **2. élimination**, rejet, enterrement (fam.) **III. 1. isolement**, délaissement, solitude **2. délaissement**, lâchage (fam.), largage (fam.), plaquage (fam.) **IV. détente**, abandonnement, nonchalance

abandonné, ée ADJ. **1. dépeuplé**, déserté, inhabité **2. délaissé**, seul, solitaire

abandonner

▸ V. INTR. **capituler**, abdiquer, céder, s'avouer vaincu, baisser les bras, battre en retraite, déclarer forfait, s'incliner, lâcher pied/prise, se résigner, se retirer, caler (fam.), laisser tomber (fam.), jeter l'éponge (fam.), se dégonfler (fam.)

▸ V. TR. **1. donner**, céder, se dépouiller de, se dessaisir, livrer, léguer, renoncer à, lâcher (fam.) **2. renoncer à**, cesser, se désister de, enterrer, en finir avec, sacrifier **3. démissionner de**, abdiquer, se démettre **4. partir de**, déménager de, déserter, évacuer, fuir, laisser, quitter, se retirer de **5. se séparer de**, se détacher de, se défaire de, fausser compagnie à, quitter, rejeter, rompre avec, tourner le dos à, bazarder (fam.), lâcher (fam.), laisser choir (fam.), laisser tomber (fam.), larguer (fam.), plaquer (fam.), planter là (fam.) **6. négliger**, délaisser, se désintéresser de, oublier, laisser en plan (fam.), laisser en rade (fam.)

abasourdir V. TR. stupéfier, atterrer, consterner, déconcerter, ébahir, éberluer, étonner, hébéter, interloquer, méduser, sidérer, stupéfaire, souffler

abattement N. M. **1. accablement**, affliction, découragement, désespoir, tristesse **2. épuisement**, apathie, faiblesse, fatigue, lassitude, léthargie, mollesse, torpeur, langueur (littér.) **3. diminution**, exonération, déduction, réduction, ristourne (fam.)

abattre V. TR. **I. 1. couper**, trancher, scier **2. démolir**, anéantir, détruire, raser, descendre (fam.) **3. briser**, annihiler, broyer, écraser, renverser, ruiner, saper, vaincre **II. 1. accabler**, affliger, consterner, décourager, démoraliser, déprimer, désespérer, miner, saper le moral de **2. épuiser**, affaiblir, fatiguer **III. tuer**, assassiner, éliminer, exécuter, mettre à mort, régler son compte à, buter (fam.), descendre (fam.), flinguer (fam.), liquider (fam.), refroidir (fam.), supprimer (fam.), zigouiller (fam.)

♦ **s'abattre** V. PRON. tomber, crouler, s'affaisser, s'écraser, s'écrouler, s'effondrer

abattu, ue ADJ. **1. fatigué**, faible, las **2. découragé**, affligé, dégoûté, déprimé

abdiquer V. TR. **1. renoncer à**, [sans complément] renoncer au pouvoir, se démettre, déposer sa couronne **2.** [sans complément] **capituler**, abandonner, s'avouer vaincu, baisser les bras, démissionner, renoncer, laisser tomber (fam.)

aberrant, ante ADJ. **1. absurde**, extravagant, farfelu, insensé, saugrenu, loufoque (fam.) **2. anormal**, atypique, irrégulier

abîme N. M. **1. gouffre**, abysse, précipice **2. immensité**, profondeurs **3. division**, écart, fossé, gouffre, monde

abîmer V. TR. **1. endommager**, casser, détériorer, détraquer, saccager, saboter, amocher (fam.), arranger (iron.), bigorner (fam.), bousiller (fam.), déglinguer (fam.), esquinter (fam.) **2. blesser**, meurtrir, amocher (fam.)

♦ **s'abîmer** V. PRON. **1. se gâter**, se détériorer **2. disparaître**, couler, sombrer, s'enfoncer

abject, ecte ADJ. dégoûtant, abominable, bas, écœurant, honteux, infâme, infect, ignoble, odieux, répugnant, sordide, vil, dégueulasse (fam.)

abolir V. TR. **1. anéantir**, annuler, détruire, démanteler, ruiner **2. abroger**, annuler, casser, supprimer

abominable ADJ. **1. répugnant**, atroce, effroyable, horrible, monstrueux, odieux **2. mauvais**, affreux, catastrophique, détestable, désastreux, épouvantable, exécrable, horrible

abondamment ADV. beaucoup, amplement, considérablement, copieusement, largement, libéralement, à flots, à foison, à profusion, à satiété, à torrents, à volonté, en quantité, tant et plus, à gogo (fam.), en pagaille (fam.), à revendre (fam.)

abondance N. F. **1. profusion**, avalanche, débauche, déluge, foisonnement, flot, luxe, multitude, pluie **2. aisance**, fortune, luxe, opulence, prospérité, richesse

abondant, ante ADJ. **I. 1. volumineux**, copieux, généreux, opulent **2. épais**, fourni, luxuriant, touffu **II. 1. nombreux**, innombrable, multiple **2. foisonnant**, grouillant, [pluie] torrentiel, diluvien

abonder V. INTR. foisonner, fourmiller, grouiller, proliférer, pulluler

abordable ADJ. **1. accostable**, accessible, facile d'accès **2. compréhensible**, accessible **3. bon marché**, modéré, raisonnable

aborder V. TR. **1. accéder à**, accoster, apponter, (s') approcher de, arriver à, atteindre, toucher **2. heurter**, attaquer, éperonner, prendre d'assaut **3.** [qqn] **accoster**, arrêter **4. entamer**, en arriver à, s'attaquer à, en venir à, se lancer dans, parler de

aboutir V. INTR. réussir, être mené à son terme, voir le jour

aboutissement N. M. **1. résultat**, conséquence, [d'efforts] couronnement **2. fin**, dénouement, issue, terme

aboyer V. TR. et INTR. crier, hurler, glapir, japper, gueuler (fam.)

abrégé N. M. résumé, compendium, condensé, digest, récapitulatif, sommaire, synopsis

abréger V. TR. **1. raccourcir**, alléger, couper, diminuer, écourter, réduire, limiter, tronquer **2. condenser**, résumer

abri N. M. **I. habitation**, baraque, cabane **II. 1. refuge**, asile, havre, retraite, oasis **2. cache**, cachette, lieu sûr, repaire, planque (fam.) **3. couverture**, auvent, porche, préau, toit **4. entrepôt**, grange, grenier, hangar, remise

abriter V. TR. **1. protéger**, garantir, préserver, défendre **2. cacher**, dissimuler, receler, recouvrir **3. héberger**, accueillir, loger, recevoir

♦ **s'abriter** V. PRON. **1. se garantir**, se protéger, se préserver, se mettre à couvert **2. se retrancher**, se réfugier, se cacher

abroger V. TR. annuler, abolir, casser, révoquer, supprimer

abrupt, upte ADJ. **1. escarpé**, à pic, raide **2. net**, tranchant **3. heurté**, haché **4. brusque**, acerbe, bourru, brutal, revêche, rude

abruptement ADV. brusquement, à brûle-pourpoint, de but en blanc, ex abrupto, inopinément, sans préambule

abruti, ie

▸ ADJ. **étourdi**, ahuri, hébété, dans les choux (fam.), dans les vapes (fam.)

▸ ADJ. et N. **idiot**, bête, imbécile, stupide, andouille (fam.), crétin (fam.), demeuré (fam.)

abrutir V. TR. **1. abêtir**, crétiniser **2. abasourdir**, étourdir, hébéter

abscons, onse ADJ. obscur, hermétique, impénétrable, indéchiffrable, sibyllin, abstrus (littér.)

absence N. F. **1. manque**, carence, défaut, omission, pénurie, privation **2. inattention**, distraction

absent, ente ADJ. **1. parti**, au loin, disparu, éloigné **2. manquant**, défaillant, inexistant **3. distrait**, inattentif, lointain, rêveur, dans la lune (fam.), dans les nuages (fam.)

absenter (s') V. PRON. partir, disparaître, s'éclipser, s'éloigner, se retirer, sortir

absolu, ue

▸ ADJ. **1. autocratique**, autoritaire, dictatorial, totalitaire **2. catégorique**, entier, exclusif, formel, intransigeant, inflexible **3. total**, complet, illimité, inconditionnel, infini, intégral **4. pur**, fort

▸ N. M. **idéal**, perfection

absolument ADV. et INTERJ. **1. à tout prix**, à toute force, coûte que coûte, nécessairement, obligatoirement **2. tout à fait**, complètement, entièrement, littéralement, parfaitement, totalement, vraiment **3. oui**, bien sûr, certainement, parfaitement, tout à fait

absorbé, ée ADJ. occupé, méditatif, préoccupé, songeur

absorber V. TR. **1. s'imbiber de**, boire, pomper, s'imprégner de, se pénétrer de **2. se nourrir de**, avaler, boire, consommer, engloutir, ingérer, ingurgiter, manger **3. annexer**, intégrer **4. accaparer**, occuper, prendre, retenir

absorption N. F. **1. consommation**, ingestion, ingurgitation **2. annexion**, intégration

absoudre V. TR. **1. pardonner**, effacer, excuser, remettre **2. innocenter**, acquitter, blanchir, disculper

abstenir de (s') V. PRON. **1. s'empêcher de**, se défendre de, éviter, s'interdire de, se retenir de **2. se priver de**, se passer de, se refuser, renoncer à, faire une croix sur (fam.)

abstraction N. F. **1. idée**, concept, entité, notion **2. fiction**, chimère

abstrait, aite ADJ. **1. non figuratif** **2. théorique**, conceptuel, intellectuel, spéculatif **3. utopique**, chimérique, irréel **4.** [péj.] **obscur**, abscons, hermétique, nébuleux, sibyllin

absurde ADJ. **1. illogique**, incohérent, inconséquent, irrationnel **2. déraisonnable**, aberrant, extravagant, fou, insensé, ridicule **3. bête**, idiot, inepte, grotesque, sot, stupide

absurdité N. F. **1. bêtise**, aberration, ânerie, erreur, faute, imbécillité, ineptie, niaiserie, sottise, stupidité, bourde (fam.), connerie (fam.) **2. illogisme**, incohérence, irrationalité

abus N. M. **1. excès**, exagération, outrance **2. injustice**, iniquité, illégalité

abuser V. TR. **I.** [sans complément] **exagérer**, passer/dépasser la mesure/les bornes, charrier (fam.), pousser (fam.), y aller fort (fam.), tirer sur la corde (fam.) **II. tromper**, berner, duper, leurrer, mystifier, se jouer de, blouser (fam.), mener en bateau (fam.), pigeonner (fam.), rouler (fam.)

♦ **s'abuser** V. PRON. **se tromper**, faire erreur, se méprendre, s'illusionner, se leurrer, se mettre le doigt dans l'œil (jusqu'au coude) (fam.), se gourer (fam.)

abusif, ive ADJ. **1. excessif**, exagéré, immodéré **2. impropre**, incorrect **3. illégitime**, infondé, injustifié **4. injuste**, inique

acariâtre ADJ. bougon, désagréable, grincheux, grognon, pas commode, acrimonieux (littér.), bilieux (littér.)

accablant, ante ADJ. **1. écrasant**, fatigant, lourd, tuant **2. étouffant**, oppressant, pesant, suffocant **3. affligeant**, consternant, intolérable **4. accusateur**, impitoyable, irréfutable

accablement N. M. abattement, découragement, dépression

accabler V. TR. **1. accuser**, charger, confondre, dénoncer, vouer aux gémonies **2. surcharger**, écraser, pressurer, terrasser **3. désespérer**, abattre, affliger, anéantir, décourager, démoraliser

accalmie N. F. **1. embellie**, éclaircie **2. trêve**, pause, répit **3. calme**, apaisement, paix, repos, sérénité, tranquillité

accaparant, ante ADJ. envahissant, abusif, exigeant

accaparer V. TR. **1. monopoliser**, s'attribuer, s'emparer de, mettre le grappin sur (fam.), rafler (fam.), truster (fam.) **2. absorber**, occuper, prendre, réserver, retenir

accéder à V. TR. IND. **1. entrer dans**, pénétrer dans **2. parvenir à**, aborder, aboutir à, arriver à, atteindre **3. acquiescer à**, accepter de, consentir à, se rendre à, souscrire à

accélérer

▸ V. TR. **hâter**, activer, pousser, précipiter, presser, stimuler, booster (fam.)

▸ V. INTR. **1. prendre de la vitesse**, appuyer sur/écraser le champignon (fam.), avoir le pied au plancher (fam.), mettre les gaz (fam.), mettre la gomme (fam.) **2.** [fam.] **se dépêcher**, s'activer (fam.), se bouger (fam.), se grouiller (fam.), se magner (fam.)

accent N. M. **1. ton**, accentuation **2. modulation**, prononciation **3. inflexion**, intonation, tonalité

accentuation N. F. intensification, accroissement, amplification, augmentation, renforcement

accentué, ée ADJ. marqué, accusé, fort, prononcé

accentuer V. TR. **1. faire ressortir**, appuyer sur, insister sur, mettre l'accent sur, mettre en évidence, mettre en relief, souligner **2. intensifier**, accroître, augmenter, renforcer

♦ **s'accentuer** V. PRON. **s'intensifier**, augmenter, s'accroître, croître, s'amplifier, grandir, ressortir

acceptable ADJ. **1. convenable**, correct, honnête, passable, présentable, suffisant, potable (fam.) **2. recevable**, satisfaisant, valable

acceptation N. F. accord, agrément, assentiment, consentement

accepter V. TR. **1. acquiescer à**, adhérer à, se rallier à, souscrire à, avaler (fam.), dire amen à (fam.) **2. autoriser**, permettre **3. adopter**, accueillir, admettre, agréer, recevoir **4. supporter**, endurer, se soumettre à, subir, tolérer

acception N. F. sens, signification

accès N. M. **1. entrée**, abord, approche **2. poussée**, attaque, atteinte, bouffée, crise **3. élan**, transport

accessible ADJ. **1. atteignable**, abordable, à portée de la main **2. faisable**, réalisable **3. accueillant**, abordable, affable, aimable, approchable, engageant **4. compréhensible**, facile, intelligible, simple, à la portée de tout le monde

accession N. F. avènement, admission, arrivée, promotion

accessoire

▸ ADJ. **1. annexe**, auxiliaire, complémentaire, supplémentaire **2. mineur**, anecdotique, insignifiant, marginal, négligeable, secondaire, superflu

▸ N. M. **instrument**, outil, pièce, ustensile

accident N. M. **1. collision**, accrochage, carambolage, choc, crash, pépin (fam.) **2. incident**, ennui, mésaventure, revers, bûche (fam.), os (fam.), pépin (fam.), tuile (fam.) **3. aléa**, aventure, imprévu, péripétie, vicissitude (littér.)

accidenté, ée ADJ. **1. inégal**, bosselé, irrégulier, montagneux, tourmenté **2. blessé**, abîmé, amoché, touché **3. endommagé**, cabossé, détérioré, esquinté (fam.)

accidentel, elle ADJ. **1. fortuit**, imprévu, inattendu, inopiné **2. accessoire**, contingent

accidentellement ADV. **1. fortuitement**, par hasard, incidemment, inopinément, malencontreusement **2. exceptionnellement**, occasionnellement

acclamation N. F. applaudissement, bravo, hourra, ovation, vivat

acclamer V. TR. applaudir, faire une ovation, ovationner, faire la claque

acclimater V. TR. **1. habituer**, accoutumer, adapter **2. importer**, implanter, introduire, naturaliser

♦ **s'acclimater** V. PRON. **s'adapter**, s'accoutumer, se faire à, se familiariser avec, s'habituer

accoler V. TR. lier, joindre, juxtaposer, relier, réunir

accommodant, ante ADJ. **1. facile à vivre**, de bonne composition, commode, facile, sociable **2. arrangeant**, complaisant, conciliant, coulant (fam.)

accommoder V. TR. **1. adapter**, accorder, ajuster **2. cuisiner**, apprêter, préparer, mitonner (fam.) **3. concilier**, allier

accompagner V. TR. **1. se joindre à**, aller avec, marcher avec, suivre **2. conduire**, chaperonner, escorter, guider, surveiller, flanquer (souvent péj.) **3. compléter**, ajouter, assortir **4. s'ajouter à**, se joindre à

♦ **s'accompagner de** V. PRON. **1. s'assortir de**, s'émailler de **2. avoir pour conséquence**, être suivi de

accompli, ie ADJ. **1. fini**, révolu, terminé **2. parfait**, complet, idéal, impeccable, irréprochable, modèle **3. remarquable**, achevé, distingué, excellent, expert

accomplir V. TR. **1. effectuer**, commettre, exécuter, mettre à exécution, mener à bien, réaliser, s'acquitter de **2. achever**, finir, mener à son terme, terminer

accord N. M. **1. acceptation**, agrément, approbation, autorisation, aval, consentement, feu vert, permission **2. concorde**, complicité, connivence, consensus, (bonne) entente **3. arrangement**, compromis, pacte, traité

accorder V. TR. **1. adapter**, approprier, assortir, conformer, harmoniser **2. allier**, agencer, assembler, associer, combiner, concilier **3. admettre**, avouer, confesser, convenir, reconnaître **4. donner**, attribuer, consentir, décerner, offrir **5. attacher**, attribuer, imputer

accoster V. TR. **1. aborder**, approcher, draguer (fam.), racoler (fam.) **2. se ranger contre**, aborder, arriver à, [sans complément] atterrir, toucher terre

accoucher de V. TR. IND. **1. mettre au monde**, donner la vie à, donner naissance à, enfanter, engendrer, [animal] mettre bas **2. produire**, donner naissance à, donner le jour à, engendrer **3. créer**, élaborer, pondre (fam.)

accouplement N. M. **1. croisement**, monte, reproduction, saillie **2. rapport (sexuel)**, copulation, coït, baise (fam.)

accoupler V. TR. **réunir**, accoler, assembler, associer, combiner, jumeler, joindre, lier, rapprocher, unir

♦ **s'accoupler** V. PRON. **faire l'amour**, coïter, s'unir (littér.), copuler (plaisant)

accourir V. INTR. se précipiter, se hâter

accoutrement N. M. habillement, affublement, déguisement, mise, tenue, attifement (fam.)

accoutumance N. F. **1. adaptation**, acclimatement, habitude **2. dépendance**, addiction, assuétude **3. immunisation**, insensibilisation, mithridatisation (littér.), mithridatisme (littér.)

accoutumer V. TR. **1. habituer**, adapter, acclimater, familiariser avec, rompre à **2. immuniser**, insensibiliser, mithridatiser (littér.)

♦ **s'accoutumer** V. PRON. **s'habituer**, s'acclimater, s'adapter, se faire, se familiariser, prendre le pli

accroc N. M. **1. déchirure**, trou **2. infraction**, entorse, transgression, violation **3. difficulté**, anicroche, complication, empêchement, incident, problème

accrochage N. M. **1. accident**, choc, collision **2. dispute**, altercation, friction, heurt, incident, querelle **3. rixe**, échauffourée

accrocher V. TR. **1. fixer**, agrafer, attacher, épingler, pendre, suspendre **2. heurter**, bousculer

♦ **s'accrocher** V. PRON. **1. se tenir**, s'agripper, se cramponner, se retenir, saisir **2. ne pas lâcher**, se cramponner (fam.), s'incruster (fam.) **3. tenir (bon)**, lutter, résister **4. se disputer**, se quereller, s'attraper (fam.), s'engueuler (fam.)

accrocheur, euse ADJ. **1. tenace**, acharné, battant, combatif, opiniâtre **2. racoleur**

accroissement N. M. **1. augmentation**, croissance, développement, multiplication, progression, renforcement **2. accentuation**, amplification, aggravation, intensification, recrudescence

accroître V. TR. **1. augmenter**, agrandir, développer, étendre, multiplier, renforcer **2. accentuer**, aggraver, amplifier, intensifier

♦ **s'accroître** V. PRON. **grandir**, s'aggraver, augmenter, se développer, s'étendre, s'intensifier, progresser

accueil N. M. **1. hospitalité**, réception, traitement **2. entrée**, réception

accueillant, ante ADJ. **1. aimable**, affable, bienveillant, chaleureux, cordial **2. hospitalier**

accueillir V. TR. **1. recevoir**, héberger, loger, offrir l'hospitalité à **2. abriter**, contenir

accumulation N. F. **1. amoncellement**, amas, entassement, montagne, superposition, tas **2. concentration**, assemblage, collection, rassemblement, regroupement, réunion **3. collecte**, capitalisation, cumul

accumuler V. TR. **1. amonceler**, amasser, engranger, entasser, rassembler, regrouper, réunir **2. collectionner**, capitaliser, cumuler, emmagasiner, mettre en réserve, thésauriser

accusateur, trice N. et ADJ. dénonciateur, calomniateur, délateur, détracteur

accusation N. F. **1. inculpation**, charge, incrimination **2. attaque**, blâme, charge, critique, grief, reproche, réquisitoire **3. calomnie**, dénigrement, diffamation, médisance

accuser V. TR. **1. désigner**, accabler, dénoncer **2. attaquer**, charger, dénoncer, faire retomber/rejeter la faute sur, faire le procès de, incriminer, jeter la pierre à, mettre en cause, faire porter le chapeau à (fam.), mettre sur le dos de (fam.) **3. poursuivre**, mettre en examen, inculper **4. révéler**, dénoter, indiquer, marquer, montrer **5. accentuer**, dessiner, faire ressortir, souligner

acerbe ADJ. blessant, agressif, caustique, incisif, mordant, piquant, sarcastique, venimeux, virulent, acrimonieux (littér.)

acéré, ée ADJ. **1. affilé**, dur, tranchant, pointu **2. aigu**, intense, mordant, strident, vif **3. acerbe**, aigre, blessant, caustique, incisif, mordant

acharné, ée ADJ. **1. tenace**, courageux, entêté, obstiné, opiniâtre **2. enragé**, ardent, fanatique, farouche, forcené

acharnement N. M. **1. rage**, animosité, fureur, furie, haine **2. persévérance**, ardeur, obstination, opiniâtreté, ténacité

acharner (s') V. PRON. persévérer, continuer, s'entêter, s'obstiner, persister

achat N. M. **acquisition**, emplette
♦ **achats** PLUR. **courses**, commissions, emplettes, shopping (fam.)

acheminer V. TR. **1. transporter**, amener, conduire, convoyer, porter **2. envoyer**, adresser, faire parvenir, livrer
♦ **s'acheminer** V. PRON. **aller**, avancer, se diriger, marcher

acheter V. TR. **1. acquérir**, faire l'acquisition/l'achat/l'emplette de, se procurer, entrer en possession de **2. payer**, avancer les fonds pour **3. offrir**, payer, procurer **4. corrompre**, soudoyer, suborner, arroser (fam.), graisser la patte à (fam.), donner des pots de vin à (fam.)

acheteur, euse N. et ADJ. **1. acquéreur**, client, consommateur, payeur **2.** [au plur.] **clientèle**

achever V. TR. **I. 1. finir**, accomplir, arriver au bout de, exécuter, mener à bien/à terme, mettre la dernière main à, terminer **2. conclure**, mettre un point final à **II. 1. anéantir**, épuiser, ruiner, causer la perte de **2. abattre**, donner le coup de grâce à, tuer
♦ **s'achever** V. PRON. **finir**, arriver à son terme/à sa conclusion, cesser, prendre fin, se terminer

acide ADJ. et N. M. **1. acidulé**, aigre, aigrelet, piquant, vert, sur (littér.) **2. acerbe**, âcre, aigre, caustique, incisif, sarcastique, acrimonieux (littér.)

acompte N. M. avance, arrhes, à-valoir, provision

à-coup N. M. secousse, cahot, raté, saccade, soubresaut

acquérir V. TR. **1. acheter 2. hériter**, recevoir, recueillir **3. gagner**, conquérir, obtenir, remporter

acquiescement N. M. acceptation, accord, adhésion, agrément, approbation, assentiment, consentement

acquis, ise

► ADJ. **établi**, certain, incontestable, reconnu

► N. M. **1. conquête 2. connaissances**, bagage, expérience

acquitter V. TR. **1. disculper**, absoudre, amnistier, blanchir, déclarer non coupable, innocenter, pardonner **2. payer**, régler, rembourser

♦ **s'acquitter de** V. PRON. **1. se libérer de**, se dégager de, payer, régler, rembourser **2. accomplir**, exécuter, faire honneur à, mener à bien, remplir

âcre ADJ. **1. irritant**, acide, amer, âpre, piquant, râpeux **2. acerbe**, acide, aigre, cuisant, grinçant, mordant, acrimonieux (littér.)

acrobatie N. F. **1. voltige**, contorsion, dislocation, équilibrisme, saut **2. tour de passe-passe**, expédient, truc (fam.)

acte N. M. **1. action**, démarche, fait, geste, intervention **2.** [Admin., Droit] **document**, certificat, titre **3. épisode**, moment

♦ **actes** PLUR. **conduite**, attitude, comportement, réactions

acteur, trice N. **1. comédien**, artiste, enfant de la balle, interprète, tragédien **2. protagoniste**, intervenant

actif, ive

► ADJ. **1. agile**, prompt, rapide, vif **2. affairé**, dynamique, entreprenant, occupé, travailleur, zélé **3. en activité** **4. agissant**, efficace, opérant

► N. M. **patrimoine**, avoir, bien, capital

action N. F. **1. activité**, effort, fonctionnement, marche, mouvement, service **2. acte**, conduite, démarche, entreprise, fait, geste, initiative, intervention, manœuvre, opération, agissements (péj.) **3. effet**, efficacité, force **4. combat**, bataille, coup de main, engagement **5. intrigue**, péripétie, scénario **6. animation**, mouvement, vie

actionner V. TR. mettre en marche/en route, déclencher, enclencher, entraîner, faire fonctionner, mouvoir (soutenu)

activement ADV. énergiquement, ardemment, vivement

activer V. TR. **1. accélérer**, hâter, presser, pousser **2. attiser**, aviver, exacerber, exciter, stimuler

♦ **s'activer** V. PRON. **1. s'affairer**, s'occuper **2. se hâter**, se dépêcher, se presser, faire diligence (soutenu), se grouiller (fam.), se magner (fam.)

activité N. F. **1. dynamisme**, ardeur, énergie, entrain, vigueur, vitalité, zèle **2. animation**, agitation, circulation, mouvement **3. occupation**, emploi, métier, profession, travail, boulot (fam.), job (fam.)

actualiser V. TR. moderniser, dépoussiérer, mettre à jour, rajeunir, renouveler, rénover

actualité N. F. **modernité**, contemporanéité

♦ **actualités** PLUR. **informations**, journal (télévisé), nouvelles, infos (fam.)

actuel, elle ADJ. **1. contemporain**, courant, de notre temps, d'aujourd'hui, présent **2. moderne**, à la mode

actuellement ADV. à présent, aujourd'hui, de nos jours, en ce moment, maintenant, par les temps qui courent, présentement (littér.)

acuité N. F. **1. lucidité**, clairvoyance, finesse, perspicacité, pénétration, sagacité **2. intensité**, gravité, violence

adage N. M. pensée, dicton, maxime, précepte, proverbe, sentence

adaptation N. F. **1. acclimatation**, accoutumance, ajustement **2. modification**, transformation **3. transposition**, arrangement, traduction

adapté, ée ADJ. approprié, adéquat, conforme, convenable, idoine (littér.)

adapter V. TR. **1. assembler**, abouter, ajuster, joindre, rattacher, réunir **2. approprier**, accommoder, accorder, ajuster, assortir, harmoniser **3. transposer**, moderniser, [Cinéma] porter à l'écran, [Théâtre] porter à la scène

♦ **s'adapter (à)** V. PRON. **1. s'ajuster (à)**, s'acclimater (à), s'accommoder (à), s'accorder à, avec, s'accoutumer (à), s'habituer (à), se mettre au diapason (de) **2. aller avec**, cadrer avec, concorder avec, convenir à, correspondre à

addition N. F. **1. somme**, total **2. compte**, décompte, dû, facture, note, prix à payer, relevé, douloureuse (fam.) **3. adjonction**, ajout

additionnel, elle ADJ. ajouté, adjoint, annexé, complémentaire, en supplément, joint, subsidiaire, supplémentaire

additionner V. TR. **1. totaliser**, faire la somme de **2. ajouter**, compléter par **3.** [d'eau, etc.] **allonger**, couper, diluer, étendre, mouiller, rallonger

adepte N. **1. partisan**, allié, défenseur, sympathisant, tenant **2. disciple**, fidèle, prosélyte, recrue

adéquat, ate ADJ. approprié, ad hoc, convenable, idoine (littér.)

adhérent, ente N. **1. membre**, affilié, cotisant, participant, souscripteur **2. adepte**, partisan

adhérer à V. TR. IND. **1. (se) coller à**, faire corps avec, se souder à, tenir à **2. approuver**, adopter, se rallier à, souscrire à, suivre **3. s'affilier à**, cotiser à, devenir membre de, s'engager dans, s'enrôler dans, s'inscrire à, se joindre à, rejoindre

adhésion N. F. **1. accord**, acceptation, agrément, approbation, assentiment, consentement, suffrage **2. affiliation**, inscription, souscription

adjacent, ente ADJ. attenant, contigu, juxtaposé, limitrophe, mitoyen, voisin

adjoindre V. TR. **1. associer**, attacher, joindre **2. ajouter**, accoler, annexer, apposer, juxtaposer, rapprocher

♦ **s'adjoindre** V. PRON. **s'associer**, s'attacher, engager, prendre, recruter

adjoint, ointe N. collaborateur, aide, assistant, auxiliaire, bras droit, second

adjuger V. TR. **attribuer**, accorder, décerner, donner, gratifier de, octroyer

♦ **s'adjuger** V. PRON. **s'approprier**, accaparer, s'annexer, s'emparer de, truster (fam.)

adjurer V. TR. implorer, conjurer, prier, supplier

admettre V. TR. **1. reconnaître**, accepter, avouer, convenir de **2. tolérer**, accepter, approuver, autoriser, permettre, souffrir, supporter

administrateur, trice N. **1. directeur**, fondé de pouvoir, gérant, manager, responsable, régisseur **2. agent**, fonctionnaire

administratif, ive ADJ. officiel, bureaucratique, public, réglementaire

administration N. F. **1. direction**, conduite, gérance, gestion, management **2. fonction publique 3. bureaucratie**, paperasserie

administrer V. TR. **1. diriger**, commander, conduire, faire marcher, gérer, manager **2. donner**, faire absorber, faire prendre, [une correction] infliger, filer (fam.), flanquer (fam.)

admirable ADJ. **1. magnifique**, éblouissant, incomparable, merveilleux, splendide, sublime, superbe **2. remarquable**, étonnant, excellent, exceptionnel, extraordinaire, prodigieux

admirablement ADV. merveilleusement, à merveille, extraordinairement, magnifiquement, parfaitement, prodigieusement, splendidement, superbement

admirateur, trice N. enthousiaste, adorateur, inconditionnel, fan (fam.), groupie (fam.)

admiratif, ive ADJ. émerveillé, ébloui, fasciné

admiration N. F. éblouissement, émerveillement, engouement, enthousiasme, ravissement, emballement (fam.)

admirer V. TR. s'émerveiller de, s'engouer pour, s'enthousiasmer pour, s'extasier devant, être en extase devant, porter aux nues

admissible ADJ. **1. recevable**, acceptable, concevable, plausible, valable **2. supportable**, acceptable, tolérable

admission N. F. entrée, accueil, adhésion, introduction, réception

admonester V. TR. réprimander, faire la morale à, gronder, houspiller, sermonner, engueuler (fam.), passer un savon à (fam.), sonner les cloches à (fam.), chapitrer (littér.), morigéner (littér.), tancer (littér.)

adonner à (s') V. PRON. **1. se consacrer à**, cultiver, s'appliquer à, se donner à, s'occuper à, pratiquer **2. se livrer à**, s'abandonner à, se laisser aller à, sombrer dans, tomber dans

adopter V. TR. **1. choisir**, élire, opter pour **2. approuver**, acquiescer, consentir à, être d'accord avec **3. entériner**, faire passer, ratifier, voter **4. suivre**, s'aligner sur, se convertir à, embrasser, épouser **5. employer**, emprunter, avoir recours à, user de

adoption N. F. **1. choix**, élection, sélection **2. approbation**, consentement, ralliement **3. ratification**, sanction, vote

adorable ADJ. **1. ravissant**, charmant, gracieux, joli, mignon, craquant (fam.) **2. aimable**, délicieux, exquis, gentil

adoration N. F. **1. culte**, dévotion, ferveur, idolâtrie, vénération **2. admiration**, adulation, amour, dévotion, idolâtrie, passion, vénération

adorer V. TR. **1. vénérer**, glorifier, idolâtrer, rendre gloire à, rendre hommage à, rendre un culte à, révérer **2. aimer (à la folie)**, aduler, être fou de, idolâtrer, raffoler de, vénérer, chérir (littér.)

adosser V. TR. **appuyer**, accoter, plaquer contre

♦ **s'adosser** V. PRON. **s'appuyer**, prendre appui contre, se mettre dos à

adoucir V. TR. **1. édulcorer**, sucrer **2. atténuer**, alléger, calmer, diminuer, estomper, étouffer, soulager **3. modérer**, assouplir, mitiger, tempérer, mettre un bémol à (fam.)

♦ **s'adoucir** V. PRON. **se réchauffer**, s'attiédir, se radoucir, tiédir

adresse[1] N. F. **1. destination 2. domicile**, habitation, résidence, coordonnées (fam.)

adresse[2] N. F. **1. agilité**, aisance, art, dextérité, habileté, souplesse, tour de main, virtuosité **2. habileté**, art, diplomatie, doigté, entregent, finesse, maestria, maîtrise, science, subtilité, talent

adresser V. TR. **1. expédier**, envoyer, faire parvenir, poster, transmettre **2. dédier**, dédicacer **3. exprimer**, présenter, proférer, transmettre

♦ **s'adresser à** V. PRON. **1. parler à**, demander à, interpeller, questionner **2. recourir à**, aller voir, avoir recours à, faire appel à, solliciter, se tourner vers **3. concerner**, avoir pour cible, être destiné à, toucher

adroit, oite ADJ. **1. habile**, exercé, expérimenté, expert **2. astucieux**, délié, diplomate, fin, habile, malin, politique, rusé, subtil

aduler V. TR. admirer, adorer, aimer, idolâtrer, chérir (littér.)

adulte ADJ. et N. **1. développé**, fait, formé, mûr **2. majeur**, grand, grande personne **3. responsable**, mûr, posé, raisonnable, réfléchi, sérieux

advenir V. INTR. arriver, avoir lieu, se passer, se produire, survenir

adversaire N. **1. concurrent**, antagoniste, challenger (anglic.), compétiteur, rival **2. contradicteur**, ennemi, opposant

adverse ADJ. **1. opposé**, concurrent, ennemi, rival **2. défavorable**, contraire, hostile, opposé

adversité N. F. **1. malchance**, difficulté, épreuve, malheur, misère, poisse (fam.) **2. fatalité**, infortune, mauvais sort, mauvaise fortune

aérer V. TR. **1. ventiler**, mettre à l'air **2. espacer**, alléger, clarifier, éclaircir

♦ **s'aérer** V. PRON. **1. prendre l'air**, s'oxygéner, prendre un bol d'air, respirer **2. se changer les idées**, se détendre, se distraire, décompresser (fam.)

aérosol N. M. atomiseur, nébuliseur, pulvérisateur, vaporisateur

aérostat N. M. ballon, dirigeable, montgolfière, zeppelin

affabilité N. F. amabilité, bienveillance, gentillesse, civilité, complaisance, courtoisie, politesse

affable ADJ. aimable, accueillant, avenant, courtois, engageant, gracieux, obligeant, poli

affabulation N. F. mensonge, invention, fabulation

affabuler V. INTR. mentir, inventer, fabuler

affadir V. TR. **1. édulcorer**, dénaturer, ôter la saveur de **2. atténuer**, affaiblir, amoindrir, émousser, modérer **3. décolorer**, délaver

affaiblir V. TR. **1. anémier**, diminuer, épuiser, fatiguer, fragiliser **2. atténuer**, émousser, modérer, tempérer, user **3. ébranler**, atteindre, entamer, porter atteinte à, ruiner, saper

♦ **s'affaiblir** V. PRON. **1. dépérir**, baisser, décliner, diminuer, s'étioler, faiblir **2. baisser**, s'atténuer, décliner, décroître, diminuer, faiblir, vaciller

affaiblissement N. M. **1. fatigue**, dépérissement, épuisement **2. amoindrissement**, atténuation, baisse, diminution **3. déclin**, décadence, déchéance, dégénérescence, dégradation

affaire N. F. **I. entreprise**, commerce, firme, magasin, société **II. 1. question**, problème, sujet **2. histoire**, intrigue, scandale **3. procès**, cas, cause, litige **III. aubaine**, occasion

♦ **affaires** PLUR. **1. économie**, business (anglic.), finance **2. effets personnels**, bagage, vêtements **3. activités**, devoirs, obligations, occupations, tâches, travail

affairé, ée ADJ. actif, occupé

affairer (s') V. PRON. s'occuper, s'activer, s'agiter, se démener

affreusement ADV. horriblement, épouvantablement, terriblement

affreux, euse ADJ. 1. **laid**, difforme, disgracieux, hideux, horrible, monstrueux, repoussant 2. **effrayant**, effroyable, épouvantable, monstrueux, terrible 3. **odieux**, atroce, détestable, exécrable, ignoble, infect 4. **désagréable**, pénible, triste

affriolant, ante ADJ. désirable, aguichant, attirant, charmeur, émoustillant, ensorcelant, excitant, séduisant, sexy (fam.)

affront N. M. 1. **offense**, gifle, humiliation, injure, insulte, outrage, vexation, camouflet (littér.) 2. **échec**, honte, mortification 3. **ravage**, outrage

affrontement N. M. 1. **bataille**, choc, combat, guerre, heurt 2. **face-à-face**, duel 3. **match**, rencontre, tournoi

affronter V. TR. 1. **combattre**, attaquer, s'attaquer à, lutter contre, s'opposer à 2. **faire face à**, se heurter à, rencontrer 3. **défier**, braver, se mesurer à

♦ **s'affronter** V. PRON. 1. **se heurter**, s'attaquer, se combattre, être en conflit, s'opposer 2. **être en compétition**, être en, se faire concurrence, se mesurer, se rencontrer

affubler V. TR. 1. **accoutrer**, déguiser, travestir, vêtir, attifer (fam.), fagoter (fam.), harnacher (fam.) 2. **donner**, gratifier de, octroyer, coller (fam.)

affûté, ée ADJ. 1. **aiguisé**, tranchant 2. **fin**, aigu, pénétrant, rusé

affûteur, euse N. aiguiseur, émouleur, rémouleur

afin de LOC. PRÉP. pour, dans le but de, dans le dessein de, dans l'intention de, de manière à, en vue de

agaçant, ante ADJ. énervant, crispant, excédant, exaspérant, horripilant, irritant, casse-pieds (fam.), chiant (très fam.), collant (fam.), embêtant (fam.), emmerdant (très fam.), enquiquinant (fam.), tannant (fam.)

agacement N. M. 1. **irritation**, énervement, exaspération 2. **contrariété**, déplaisir, désagrément, ennui, emmerdement (fam.)

agacer V. TR. 1. **énerver**, contrarier, crisper, exaspérer, excéder, hérisser, horripiler, irriter, porter/taper sur les nerfs à (fam.), casser les pieds à (fam.), embêter (fam.) 2. **provoquer**, exciter, taquiner, asticoter (fam.), enquiquiner (fam.), tanner (fam.), titiller (fam.) 3. **exacerber**, exciter, piquer

âge N. M. 1. **ancienneté**, génération, temps 2. **existence**, vie 3. **période**, ère, époque, heure, saison, temps

âgé, ée ADJ. vieux, croulant (fam., péj.), usé (fam., péj.)

agencement N. M. arrangement, aménagement, disposition, distribution, organisation, répartition

agencer V. TR. 1. **disposer**, arranger, aménager, distribuer, ordonner, organiser, structurer 2. **coordonner**, arranger, combiner

agent N. M. 1. **cause**, facteur, force, instrument, moyen, origine 2. **employé**, préposé, représentant 3. **imprésario**

agglomération N. F. 1. **ville**, bourg, bourgade, cité, mégalopole, métropole, village, zone urbaine, conurbation (Géog.) 2. **groupement**, réunion

agglomérer V. TR. agglutiner, agréger, amalgamer, assembler, conglomérer, rassembler

agglutiner V. TR. 1. **coller**, agréger, amalgamer, conglomérer, lier, mélanger 2. **amasser**, accumuler, entasser, réunir 3. **joindre**, unir

aggravation N. F. accroissement, augmentation, complication, escalade, intensification, progression, recrudescence, redoublement

aggraver V. TR. **1. empirer**, compliquer, envenimer **2. accroître**, accentuer, augmenter, étendre, intensifier, renforcer
♦ **s'aggraver** V. PRON. **1. empirer**, aller de mal en pis, se dégrader, se détériorer, s'envenimer, se corser (fam.) **2. grandir**, s'accentuer, augmenter, progresser

agile ADJ. alerte, adroit, habile, léger, leste, mobile, souple

agilité N. F. aisance, adresse, habileté, légèreté, mobilité, souplesse

agir V. INTR. **1. opérer**, exercer une action, intervenir, jouer **2. se comporter**, se conduire, s'y prendre **3. entreprendre**, œuvrer, travailler, se bouger (fam.), se remuer (fam.)

agissements N. M. PL. manœuvres, intrigues, machinations, menées, combines (fam.), magouilles (fam.), manigances (fam.)

agitateur, trice N. perturbateur, émeutier, meneur, révolutionnaire, séditieux, trublion

agitation N. F. **1. turbulence**, bouillonnement, mouvement, remous, tourbillonnement **2. animation**, activité, effervescence, fièvre, frénésie, remue-ménage, tourbillon **3. précipitation**, affolement, fièvre, hâte, nervosité **4. émoi**, anxiété, désarroi, émotion, inquiétude, panique **5. excitation**, délire, fébrilité **6. désordre**, remous, tohu-bohu, tumulte, émeute, trouble, sédition, bordel (fam.), pagaille (fam.)

agité, e ADJ. **1. instable**, nerveux, remuant, surexcité, turbulent **2. anxieux**, bouleversé **3. animé**, mouvementé, trépidant, tumultueux **4. houleux**, tempétueux

agiter V. TR. **I. 1. remuer**, secouer, brandir **2.** [la tête] **dodeliner de**, hocher, [la queue] frétiller de, remuer **II. 1. émouvoir**, bouleverser, ébranler, troubler, mettre en émoi, affoler, alarmer **2. animer**, embraser, enflammer, exciter, mettre en effervescence
♦ **s'agiter** V. PRON. **1. remuer**, s'animer, bouger, gesticuler, se tortiller, se trémousser, ne pas tenir en place, gigoter (fam.) **2. frémir**, frissonner, osciller, trembler **3. se démener**, s'affairer, s'empresser, se précipiter **4. s'énerver**, s'exciter

agoniser V. INTR. **1. s'éteindre**, être à l'agonie, expirer, mourir, passer (euph.) **2. décliner**, s'effondrer, péricliter, toucher à sa fin

agrafe N. F. **1. attache**, épingle, trombone **2. broche**, attache, barrette, boucle, clip, épingle, fermoir, fibule

agrafer V. TR. attacher, accrocher, assembler, épingler, fixer, joindre, maintenir

agrandir V. TR. **1. augmenter**, accroître, allonger, amplifier, développer, étendre, élargir, grossir **2. dilater**, enfler, gonfler

agrandissement N. M. accroissement, amplification, augmentation, développement, dilatation, élargissement, extension

agréable ADJ. **1. beau**, charmant, gracieux, joli, plaisant, séduisant **2. mélodieux**, harmonieux **3. savoureux**, appétissant, délectable, délicat, délicieux, exquis **4. aimable**, doux, galant **5. sociable**, affable, amène, avenant, charmant, gentil, plaisant, sympathique

agréer V. TR. approuver, accepter, acquiescer à, admettre, donner son accord/son feu vert à, permettre

agrément N. M. **1. acceptation**, accord, acquiescement, approbation, assentiment, autorisation, consentement, permission **2. attrait**, charme, grâce

agrémenter V. TR. **1. décorer**, embellir, enjoliver, ornementer, orner, parer **2. enrichir**, émailler, rehausser, relever

agresser V. TR. **1. assaillir**, attaquer, sauter à la gorge de, tomber sur (le paletot de) (fam.) **2. provoquer**, chercher (fam.), rentrer dans le lard à (fam.) **3. stresser**, atteindre

agressif, ive ADJ. **1. menaçant**, brutal, hargneux, méchant, violent **2. bagarreur**, batailleur, belliqueux, provocateur, querelleur, teigneux (fam.) **3. vif**, criard, violent **4. accrocheur**, battant, combatif, pugnace (littér.)

agressivité N. F. **1. combativité**, ardeur, hargne, pugnacité (littér.) **2. brutalité**, malveillance, méchanceté, violence

agripper V. TR. **attraper**, accrocher, cramponner, harponner, saisir
♦ **s'agripper** V. PRON. **s'accrocher**, se cramponner, se rattraper

aguerri, ie ADJ. fort, endurci, éprouvé

aguerrir V. TR. **1. entraîner**, accoutumer, exercer, habituer, préparer **2. endurcir**, affermir, fortifier, tremper

aguets (aux) LOC. ADJ. et ADV. **1. à l'affût**, en embuscade, en observation **2. attentif**, en alerte, en éveil, sur ses gardes, sur le qui-vive, vigilant

aguichant, ante ADJ. provocant, affriolant, aguicheur, émoustillant, sexy (fam.)

aguicher V. TR. attirer, affrioler, allécher, émoustiller, exciter, provoquer, allumer (fam.)

ahaner V. INTR. s'essouffler, fatiguer, peiner, souffler, suer

ahuri, ie ADJ. **1. stupéfait**, abasourdi, ébahi, éberlué, époustouflé, hébété, interdit, pantois **2. déconcerté**, confondu, décontenancé, démonté, dérouté **3. abruti**, bête, idiot, imbécile, sot, stupide

ahurir V. TR. **1. stupéfier**, abasourdir, ébahir, éberluer, époustoufler, interloquer **2. déconcerter**, confondre, décontenancer, démonter, dérouter, interdire, prendre au dépourvu

ahurissant, ante ADJ. **1. étonnant**, confondant, sidérant, stupéfiant **2. excessif**, insensé, scandaleux

aide[1] N. F. **1. assistance**, appui, collaboration, concours, coopération, intervention, renfort, secours, service, soutien, coup de main (fam.), coup de pouce (fam.) **2. subside**, avance, don, faveur, prêt, subvention

aide[2] N. adjoint, apprenti, assistant, auxiliaire, bras droit, second

aider V. TR. **1. seconder**, assister, épauler, prêter la main à, prêter main forte à, donner un coup de pouce/un coup de main à (fam.) **2. secourir**, porter secours à, tendre la main à, dépanner (fam.) **3. réconforter**, remonter **4. patronner**, appuyer, mettre le pied à l'étrier à, pousser, protéger, pistonner (fam.) **5. faciliter**, faire le jeu de, favoriser, servir
♦ **s'aider (de)** V. PRON. **s'appuyer sur**, employer, prendre appui sur, se servir de, tirer parti de, utiliser

aigre ADJ. **1. acide**, aigrelet, piquant, piqué, vert, sur (littér.) **2. strident**, aigu, criard, grinçant, perçant **3. froid**, acéré, coupant, mordant, piquant, saisissant, vif **4. acerbe**, acariâtre, acide, cassant, caustique, fielleux, hargneux, revêche, tranchant, venimeux, acrimonieux (littér.)

aigreur N. F. **1. acidité**, [d'estomac] brûlure **2. acrimonie**, amertume, fiel, rancœur, ressentiment

aigri, ie ADJ. amer, aigre, désabusé, désenchanté

aigu, uë ADJ. **I. 1. pointu**, acéré, anguleux, effilé **2. affilé**, affûté, aiguisé, coupant, tranchant **3. saillant** **II. haut**, aigre, clair, criard, déchirant, élevé, haut perché, perçant, pointu, strident **III. intense**, cuisant, vif, violent **IV. pénétrant**, aiguisé, incisif, perçant, subtil, vif

aiguille N. F. **1. tige**, broche, crochet **2. aiguillon**, épine **3. pic**, bec, dent, piton, sommet

aiguiller V. TR. orienter, diriger, mettre sur la (bonne) voie

aiguillonner V. TR. **1. piquer** **2. animer**, aiguiser, attiser, aviver, encourager, enflammer, éperonner, stimuler

aiguisé, ée ADJ. **1. pointu**, affilé, tranchant **2. pénétrant**, aigu, incisif, perçant, sagace, subtil

aiguiser V. TR. **1. affiler**, affûter, repasser **2. stimuler**, accroître, aiguillonner, aviver, exacerber, exciter, fouetter **3. affiner**, affûter, fignoler, parfaire, polir

ailleurs ADV. **1. autre part**, sous d'autres latitudes, sous d'autres cieux, sous des cieux plus cléments (plaisant) **2. absent**, dans la lune, dans les nuages

aimable ADJ. courtois, affable, avenant, gracieux, liant, obligeant, plaisant, poli, serviable, sociable, accort (littér.)

aimant, ante ADJ. affectueux, amoureux, câlin, caressant, doux, tendre

aimer V. TR. **1. être amoureux de**, adorer, être épris de, être fou de, chérir (littér.), avoir dans la peau (fam.), avoir le béguin pour (fam.), en pincer pour (fam.) **2. apprécier**, affectionner, avoir de la sympathie pour, avoir du goût pour, être amateur de, être friand de, goûter, porter dans son cœur, prendre/trouver plaisir à, se passionner pour, raffoler de

aîné, ée N. **1. premier-né** **2. précurseur**, ancêtre, devancier

air N. M. **1. allure**, apparence, aspect, attitude, comportement, dehors, extérieur, manières, dégaine (fam.) **2. expression**, figure, mine, physionomie, visage, gueule (fam.) **3. ressemblance**, petit côté (fam.)

aire N. F. **1. emplacement**, espace, surface, terrain, zone **2. superficie** **3. domaine**, champ, région, sphère, zone

aisance N. F. **1. facilité**, agilité, habileté, souplesse **2. naturel**, assurance, décontraction, désinvolture **3. opulence**, abondance, aise, bien-être, confort, richesse

aise N. F. **1. satisfaction**, contentement, convenance, félicité, joie **2. naturel**, assurance, décontraction, désinvolture **3. opulence**, abondance, aisance, bien-être, confort, richesse

aisé, ée ADJ. **1. facile**, abordable, commode, naturel, simple, coulant (fam.) **2. fortuné**, nanti, prospère, riche

aisément ADV. facilement, naturellement, sans peine, simplement

ajourner V. TR. **1. reporter**, différer, repousser, retarder, surseoir à (Droit ou littér.) **2. éliminer**, refuser, coller (fam.), recaler (fam.)

ajout N. M. addition, adjonction, complément, rajout, supplément

ajouter v. tr. **1. adjoindre**, inclure, incorporer, insérer, intercaler **2. dire**
♦ **s'ajouter à** v. pron. s'adjoindre à, accompagner, s'additionner à, compléter, se greffer sur

ajusté, ée adj. collant, cintré, étroit, juste, moulant, serré

ajustement n. m. adaptation, accommodation, arrangement, réglage

ajuster v. tr. **1. adapter**, accommoder, accorder, approprier, concilier **2. arranger**, combiner, disposer, ordonner, organiser **3. viser**, mettre en joue **4. assembler**, connecter, emboîter, joindre, monter, raccorder
♦ **s'ajuster** v. pron. **1. s'adapter**, s'appliquer, coïncider, coller, s'emboîter, mouler **2. s'entendre**, s'accommoder, s'accorder, se mettre d'accord

alambiqué, ée adj. compliqué, biscornu, confus, tortueux, tarabiscoté (fam.)

alangui, ie adj. **1. langoureux**, amoureux, énamouré, sentimental, languide (littér.) **2. languissant**, affaibli, mourant **3. lent**, indolent, nonchalant, ramolli, ramollo (fam.)

alarmant, ante adj. inquiétant, angoissant, effrayant, préoccupant

alarme n. f. **1. alerte**, éveil **2. crainte**, affolement, effroi, émoi, émotion, épouvante, frayeur, peur, terreur **3. avertisseur**, antivol, signal, sirène

alarmé, ée adj. inquiet, effrayé, inquiété, préoccupé

alarmer v. tr. **effrayer**, affoler, inquiéter, mettre en émoi, paniquer, préoccuper, tourmenter, tracasser
♦ **s'alarmer** v. pron. **s'inquiéter**, s'affoler, s'effrayer, paniquer, prendre peur, se biler (fam.), se faire du mauvais sang/un sang d'encre (fam.), flipper (fam.)

alarmiste
▸ adj. **pessimiste**, catastrophiste
▸ n. **Cassandre**, oiseau de mauvais augure

album n. m. **1. classeur**, collection, recueil **2. disque**, coffret **3. registre**, cahier, livre d'or

alcoolique n. ivrogne, éthylique, alcoolo (fam.), pochard (fam.), poivrot (fam.), soiffard (fam), soûlard (fam.), soûlaud (fam.)

alcooliser (s') v. pron. boire, s'enivrer, s'imbiber (fam.), s'imprégner (fam.), picoler (fam.)

aléa n. m. risque, hasard, impondérable, imprévu, incertitude, vicissitude (littér.)

aléatoire adj. hasardeux, douteux, hypothétique, incertain

alentours n. m. pl. abords, entourage, environnement, environs, parages, voisinage

alerte[1] adj. **1. agile**, fringant, léger, leste, sémillant, vif **2. éveillé**, prompt, rapide, vif

alerte[2] n. f. **1. alarme**, avertissement, signal **2. menace**, danger

alerter v. tr. **1. mettre en garde**, attirer l'attention de, avertir, prévenir, mettre la puce à l'oreille à (fam.) **2. ameuter**, appeler, mobiliser

algue n. f. goémon, fucus, varech

alibi n. m. justification, excuse, prétexte

aliéné, ée adj. fou, dément, déséquilibré, malade (mental), cinglé (fam.), détraqué (fam.), dingue (fam.), fêlé (fam.), timbré (fam.), toqué (fam.)

aliéner v. tr. **1. perdre**, se priver de, renoncer à **2.** [Droit] **céder**, abandonner, léguer, transférer, vendre

aligné, ée adj. **1. rectiligne**, tiré au cordeau **2. en ligne**, en file indienne, en rang d'oignons, ordonné

alignement N. M. **1. ligne**, file, rangée **2. nivellement**, standardisation, uniformisation

aligner V. TR. **1. mettre en ligne**, ranger **2. niveler**, ajuster, standardiser, uniformiser

♦ **s'aligner** V. PRON. **se mettre en ligne**, se ranger

aliment N. M. nourriture, comestible, denrée, nutriment, provision, vivre, mets (littér.)

alimentation N. F. **1. nourriture**, nutrition, régime **2. approvisionnement**, fourniture, ravitaillement

alimenter V. TR. **1. nourrir**, donner à manger à **2. approvisionner**, ravitailler **3. entretenir**, fournir, nourrir

♦ **s'alimenter** V. PRON. **1. manger**, se nourrir, se restaurer, se sustenter (plaisant) **2. se procurer**, se fournir

aliter (s') V. PRON. se coucher, se mettre au lit, garder le lit

alléchant, ante ADJ. **1. appétissant** **2. attirant**, attrayant, engageant, séduisant, tentant

allécher V. TR. **1. appâter**, faire saliver, mettre en appétit, mettre l'eau à la bouche de **2. attirer**, gagner, séduire, tenter

allée N. F. voie, avenue, chemin, cours, mail

allégation N. F. affirmation, assertion, déclaration, propos

alléger V. TR. **1. débarrasser**, décharger, [bateau] délester **2. baisser**, amoindrir, dégrever, réduire **3. apaiser**, adoucir, atténuer, calmer, diminuer, soulager **4. abréger**, aérer

allégorie N. F. **1. symbole**, emblème, figure, image, métaphore, personnification **2. parabole**, apologue, conte, fable, mythe

allègre ADJ. joyeux, alerte, enjoué, gai, gaillard, guilleret, leste, vert, vif

allégresse N. F. enthousiasme, euphorie, exultation, gaieté, joie, jubilation, liesse (littér.)

alléguer V. TR. arguer de, invoquer, mettre en avant, objecter, prétexter, se prévaloir de

aller V. INTR. **1. se déplacer**, circuler **2. marcher**, cheminer, errer, se promener **3. fonctionner**, marcher **4. se sentir**, se porter

allergie N. F. **1. intolérance**, hypersensibilité **2. répulsion**, antipathie, dégoût, hostilité, rejet, répugnance

alliage N. M. mélange, amalgame, assemblage, combinaison

alliance N. F. **1. coalition**, confédération, entente, fédération, ligue, union **2. pacte**, accord, convention **3. mariage**, union **4. rapprochement**, amalgame, association, combinaison **5. anneau**, bague, jonc

allié, ée ADJ. et N. **1. partenaire**, associé, coalisé **2. appui**, aide, ami, auxiliaire **3. apparenté**, parent

allier V. TR. **1. combiner**, accorder, assortir, concilier, conjuguer, joindre, harmoniser, marier **2. associer**, coaliser, liguer, unir

♦ **s'allier** V. PRON. **s'entendre**, s'associer, se coaliser, faire cause commune, faire équipe, se liguer, s'unir

allocation N. F. **1. indemnité**, pension, prestation, subvention **2. attribution**, assignation

allocution N. F. discours, oraison, laïus (fam.), speech (fam.), harangue (péj.)

allongé, ée ADJ. **1. étendu**, couché **2. effilé**, en amande, étiré, fuselé, oblong

allongement N. M. **1. accroissement**, augmentation, développement, extension **2. prolongation**, prolongement, prorogation **3. affinement**, élongation, étirage, étirement

allonger V. TR. **1. accroître**, augmenter, développer, grandir **2. prolonger**, faire durer, proroger, rallonger **3. étendre**, avancer, déployer, étirer, tendre, tirer **4. diluer**, délayer, étendre, fluidifier

♦ **s'allonger** V. PRON. **1. s'étendre**, se coucher, se reposer, se mettre au lit **2. durer**, se prolonger **3. grandir**, s'affiner, s'effiler

allouer V. TR. attribuer, accorder, concéder, doter, gratifier, impartir, octroyer

allumer V. TR. **1. mettre le feu à**, embraser, enflammer **2. éclairer**, faire briller, illuminer **3. déclencher**, catalyser, déchaîner, exciter, provoquer, soulever, susciter **4.** [fam.] **séduire**, aguicher, exciter, vamper (fam.)

allure N. F. **I. 1. vitesse**, cadence, rythme, train **2. démarche**, marche, pas **II. 1. apparence**, air, aspect, contenance, extérieur, physionomie, dégaine (fam.), look (fam.), touche (fam.) **2. attitude**, comportement, conduite, façons, manières **3. tournure**, tour **4. distinction**, chic, classe, prestance

allusion N. F. évocation, clin d'œil, insinuation, non-dit, sous-entendu

alourdir V. TR. **1. peser sur**, frapper, grever **2. lester**, appesantir, charger, surcharger **3. aggraver**, compliquer, envenimer **4. engourdir**, appesantir, ralentir

altération N. F. **1. changement**, modification, transformation **2. dégradation**, décomposition, dégénérescence, détérioration, putréfaction **3. dégât**, atteinte, avarie, tare **4. falsification**, déformation, distorsion, travestissement, truquage

altercation N. F. dispute, algarade, empoignade, querelle, engueulade (fam.), prise de bec (fam.)

altérer V. TR. **1. modifier**, changer, transformer, métamorphoser **2. abîmer**, avarier, décomposer, dégrader, détériorer, gâter, pourrir, putréfier, ronger, rouiller **3. affaiblir**, abâtardir, avilir, corrompre, dépraver, pervertir **4. bouleverser**, affecter, atteindre, déranger, ébranler, troubler **5. falsifier**, contrefaire, déformer, déguiser, fausser, maquiller, truquer, travestir **6. assoiffer**, déshydrater, dessécher, donner soif à

alternance N. F. rotation, enchaînement, succession, suite

alternatif, ive ADJ. **1. périodique**, cadencé, rythmique **2. alterné**, successif **3. différent**, autre, [médecine] parallèle, doux

alternative N. F. choix, dilemme, option, solution de remplacement

alternativement ADV. successivement, à tour de rôle, l'un après l'autre, périodiquement, tour à tour

alterner V. INTR. se remplacer, faire un roulement, se relayer, se succéder, tourner

altitude N. F. hauteur, élévation, niveau

altruisme N. M. désintéressement, abnégation, charité, dévouement, générosité, humanité, philanthropie

altruiste ADJ. généreux, charitable, philanthrope

alvéole N. F. cavité, case, cellule, compartiment, loge, niche

amabilité N. F. gentillesse, affabilité, bonne grâce, civilité, courtoisie, obligeance, politesse, serviabilité

amadouer V. TR. apprivoiser, adoucir, attendrir, cajoler, flatter, fléchir, enjôler, entortiller

amaigri, ie ADJ. maigre, creusé, émacié

amaigrir V. TR. **creuser**, dessécher, émacier

♦ **s'amaigrir** V. PRON. **maigrir**, s'amincir, mincir

amalgame N. M. **1. alliage**, alliance, assemblage, combinaison, fusion, mélange **2. confusion**, assimilation, identification, mélange

amalgamer V. TR. **1. allier**, associer, combiner, fusionner, mélanger, mêler **2. confondre**, assimiler, identifier, mélanger, mettre dans le même sac (fam.)

amant N. M. **1. soupirant**, adorateur, amoureux, bien-aimé **2. ami**, compagnon, concubin, petit ami, chéri (fam.), homme (fam.), jules (fam.), mec (fam.)

amarrer V. TR. attacher, accrocher, ancrer, assujettir, assurer, enchaîner, fixer

amas N. M. amoncellement, accumulation, agglomérat, agrégat, empilement, entassement, monceau, montagne, pile, pyramide, tas, fatras (fam.), ramassis (péj.)

amasser V. TR. **1. accumuler**, amonceler, emmagasiner, empiler, engranger, entasser, rassembler **2. capitaliser**, économiser, épargner, mettre de côté, thésauriser

amateur, trice N. **1. collectionneur**, aficionado, connaisseur, passionné **2.** [péj.] **dilettante**, fantaisiste, bricoleur (fam.), fumiste (fam.)

ambages (sans) LOC. ADV. directement, franchement, sans ambiguïté, sans circonlocutions, sans détours, sans faux-fuyants, sans tourner autour du pot (fam.), tout de go (fam.)

ambassadeur, drice N. diplomate, délégué, émissaire, envoyé, plénipotentiaire, représentant

ambiance N. F. **1. atmosphère**, cadre, climat, décor, environnement, milieu, bain (fam.) **2. animation**, bonne humeur, entrain, gaieté

ambigu, uë ADJ. **1. équivoque**, amphibologique, à double entente, à double sens **2. énigmatique**, obscur, sibyllin, pas clair (fam.) **3. louche**, douteux, équivoque

ambiguïté N. F. double sens, amphibologie, équivoque, incertitude

ambitieux, euse ADJ. **1. important**, d'envergure, hardi, téméraire **2. présomptueux**, orgueilleux, prétentieux **3. arriviste** (péj.), carriériste (péj.), jeune loup (nom)

ambition N. F. **1. aspiration**, idéal, quête, recherche, rêve, soif **2. but**, désir, dessein, fin, prétention, projet, visée, vue **3. arrivisme** (péj.), carriérisme (péj.)

ambitionner V. TR. aspirer à, avoir des vues sur, briguer, caresser, convoiter, désirer, prétendre à, rêver de, souhaiter, viser à

ambulant, ante ADJ. **1. mobile**, itinérant, nomade **2. forain**, colporteur

âme N. F. **1. esprit**, étincelle (divine), feu, flamme, force, spiritualité **2. conscience**, caractère, cœur, esprit, personnalité **3. agent**, animateur, artisan, cerveau, chef, cheville ouvrière, instigateur, moteur, promoteur

amélioration N. F. **1. perfectionnement**, évolution, mieux, progrès **2. correction**, finition, retouche, fignolage (fam.) **3. détente**, normalisation, réchauffement **4. embellissement**, rénovation, réparation, restauration **5. éclaircie**, embellie, radoucissement, redoux **6.** [de santé] **rétablissement**, rémission, répit

améliorer V. TR. **1. perfectionner**, parfaire, peaufiner, fignoler (fam.), lécher (fam.) **2. corriger**, amender, retoucher, réviser, revoir **3. fortifier**, affermir, rétablir **4. détendre**, normaliser, réconcilier **5. embellir**, arranger, rénover, réparer, restaurer

♦ **s'améliorer** V. PRON. **1. aller mieux**, s'arranger, progresser **2.** [relations] **se détendre**, se normaliser, se réchauffer **3. s'éclaircir**, se dégager, se découvrir, embellir

aménagement N. M. **1. agencement**, arrangement, disposition, distribution, ordre, organisation **2. équipement**, développement **3. adaptation**, assouplissement, modification

aménager V. TR. **1. agencer**, arranger, disposer, distribuer, équiper, installer, ordonner **2. adapter**, amender, assouplir, corriger, modifier, rectifier

amende N. F. contravention, procès-verbal, p.-v. (fam.), prune (fam.)

amendement N. M. **1. modification**, aménagement, changement, correction, rectification, réforme, révision **2.** [Agric.] **fertilisation**, abonnissement, bonification **3. engrais**, fumure

amender V. TR. **1. améliorer**, changer (en mieux), corriger, rectifier, réformer **2. modifier**, aménager, corriger, rectifier, redresser, réformer, réviser **3.** [Agric.] **fertiliser**, bonifier

♦ **s'amender** V. PRON. **1. s'améliorer**, s'arranger, se corriger **2. s'assagir**, se ranger, se ranger des voitures (fam.)

amener V. TR. **1. conduire**, emmener, mener, transporter **2. apporter**, acheminer, conduire, distribuer, donner **3. causer**, déclencher, engendrer, entraîner, occasionner, produire, provoquer, susciter **4. introduire**, préparer, présenter

amenuiser (s') V. PRON. diminuer, s'amoindrir, se dissiper, s'estomper, s'évanouir, s'évaporer

amer, ère ADJ. **1. acide**, âcre, âpre **2. attristant**, affligeant, cruel, cuisant, décevant, décourageant, désolant, douloureux, pénible, sombre, triste **3. acerbe**, aigre, âpre, caustique, mordant, piquant, rude, sarcastique

amertume N. F. **1. rancœur**, acrimonie, aigreur, animosité, dépit, ressentiment **2. âpreté**, acidité, aigreur

ameublement N. M. mobilier, agencement, décoration, meubles

ameuter V. TR. **1. alerter**, appeler **2. attrouper**, battre le rappel de, rassembler, regrouper

ami, ie

▸ N. **1. camarade**, compagnon, familier, intime, copain (fam.), pote (fam.) **2. allié**, amateur, défenseur, partisan

▸ N. M. [aussi 'petit ami'] **amant**, amoureux, compagnon, fiancé, jules (fam.), mec (fam.), chum (Québec)

▸ N. F. [aussi 'petite amie'] **compagne**, fiancée, maîtresse, blonde (Québec)

amical, ale ADJ. chaleureux, aimable, affectueux, cordial, gentil, sympathique

amicalement ADV. chaleureusement, aimablement, affectueusement, cordialement, sympathiquement

amincir

▸ V. TR. **affiner**

▸ V. INTR. **mincir**, maigrir, s'affiner

amitié N. F. **1. affection**, attachement, camaraderie, sympathie, tendresse, inclination (littér.) **2. accord**, entente, bonne intelligence **3. bienveillance**, bonté, sympathie

amoindrir V. TR. **1. diminuer**, amenuiser, rapetisser, réduire, restreindre **2. affaiblir**, abaisser, atténuer, user

amoindrissement N. M. **1. diminution**, amenuisement, réduction, restriction **2. affaiblissement**, abaissement, décroissance

amollir V. TR. **1. ramollir**, attendrir, liquéfier **2. affaiblir**, alanguir, débiliter, liquéfier, avachir (fam.)
♦ **s'amollir** V. PRON. **faiblir**, s'affaiblir, fléchir, se relâcher

amonceler V. TR. entasser, accumuler, agglomérer, amasser, empiler, superposer

amoncellement N. M. entassement, accumulation, amas, échafaudage, monceau, montagne, pile, tas

amoral, ale ADJ. immoral, dépravé, dévoyé, sans foi ni loi

amorce N. F. **1. commencement**, début, ébauche, embryon, esquisse **2. détonateur**

amorcer V. TR. commencer, attaquer, ébaucher, entamer, esquisser, initier, lancer, mettre en route, mettre sur les rails

amorphe ADJ. apathique, atone, avachi, indolent, mou

amortir V. TR. **I. 1. affaiblir**, adoucir, atténuer, calmer, diminuer, émousser, estomper, modérer, tempérer **2. assourdir**, étouffer, feutrer **II. 1. rembourser**, couvrir, éponger **2. rentabiliser**

amour N. M. **1. affection**, attachement, inclination, passion, penchant, tendresse, flamme (littér. ou plaisant), idylle (littér. ou plaisant) **2. goût**, attirance, engouement, faible, intérêt, passion **3. sexualité**, érotisme, baise (fam.), chose (euph.), partie de jambes en l'air (fam.) **4. relation**, liaison, mariage, union **5. dévotion**, culte, adoration, vénération

amouracher de (s') V. PRON. s'éprendre de, s'enticher de (fam.), se toquer de (fam.)

amourette N. F. aventure, caprice, flirt, passade, béguin (fam.)

amoureux, euse
▸ ADJ. **1. épris**, entiché, fou, mordu (fam.), toqué (fam.) **2. aimant**, câlin, caressant, doux, sentimental, tendre **3. ardent**, lascif, langoureux, passionné, sensuel, voluptueux **4. érotique**, sexuel **5. amateur**, admirateur, ami, fanatique, féru, fervent, fou, passionné, accro (fam.), fan (fam.), mordu (fam.)
▸ N. M. **ami**, amant, petit ami, flirt, soupirant, tourtereau (au plur.)
▸ N. F. **amie**, petite amie, flirt

amour-propre N. M. fierté, dignité, orgueil, respect de soi

ample ADJ. **1. vaste**, étendu, grand, large, spacieux, volumineux **2. abondant**, copieux, développé, important **3.** [vêtement] **large**, blousant, grand, vague

amplement ADV. **1. abondamment**, copieusement, grandement, largement, longuement **2. aisément**, facilement, grandement

ampleur N. F. **1. dimension**, amplitude, étendue, grandeur, largeur, taille, volume **2. envergure**, dimension, importance, poids, portée, valeur, gravité

amplifier V. TR. **1. augmenter**, accroître, agrandir, développer, étendre, exacerber, grandir, intensifier **2. exagérer**, dramatiser, grossir, outrer
♦ **s'amplifier** V. PRON. **augmenter**, s'accroître, enfler, grandir, grossir, s'intensifier

amplitude N. F. **1. étendue**, ampleur, grandeur, intensité, magnitude, portée **2. écart**, différence, distance, variation

ampoule N. F. **1. flacon**, burette, fiole **2. cloque**, boursouflure, bulle, vésicule

ampoulé, ée ADJ. emphatique, affecté, boursouflé, déclamatoire, grandiloquent, guindé, pompeux, ronflant (fam.)

amputation N. F. 1. **mutilation**, ablation, sectionnement 2. **suppression**, allègement, censure, coupure, retrait

amputer V. TR. 1. **couper**, enlever, ôter, retrancher, sectionner, tailler 2. **mutiler**, estropier 3. **censurer**, élaguer, expurger, mutiler, raccourcir, retirer, retrancher, supprimer, tailler, tronquer 4. **priver**

amusant, ante ADJ. 1. **divertissant**, délassant, détendant, distrayant, récréatif, réjouissant, fun (fam.) 2. **drôle**, burlesque, cocasse, comique, désopilant, drolatique, hilarant, humoristique, risible, bidonnant (fam.), gondolant (fam.), impayable (fam.), marrant (fam.), poilant (fam.), rigolo (fam.)

amusement N. M. divertissement, délassement, jeu, passe-temps, plaisir, réjouissance, amusette (péj.)

amuser V. TR. 1. **divertir**, distraire, délasser, dérider, égayer, mettre en gaieté, en train, réjouir 2. **détourner l'attention de**, distraire, endormir

♦ **s'amuser** V. PRON. 1. **se distraire**, se divertir, jouer 2. **prendre du bon temps**, faire la fête, faire la foire/la java/la noce/la nouba (fam.), s'éclater (fam.), se défoncer (fam.), prendre son pied (fam.)

anachronique ADJ. désuet, démodé, obsolète, périmé, d'un autre âge, d'arrière-garde

analogie N. F. 1. **ressemblance**, affinité, correspondance, parenté, proximité, similitude, voisinage 2. **comparaison**, liaison, lien, parallélisme, rapport, relation

analogue ADJ. approchant, comparable, équivalent, parent, proche, semblable, similaire, voisin

analyse N. F. 1. **observation**, critique, décomposition, étude, examen 2. **compte rendu**, abrégé, précis, résumé, sommaire 3. **psychanalyse**

analyser V. TR. 1. **étudier**, approfondir, examiner, rendre compte de, décortiquer (fam.), éplucher (fam.) 2. **psychanalyser**, coucher sur un divan (plaisant)

anarchie N. F. désordre, chaos, confusion, bazar (fam.), bordel (très fam.), boxon (très fam.), pagaille (fam.)

anarchique ADJ. 1. **désordonné**, brouillon, chaotique, confus, bordélique (fam.) 2. **anarchiste**

ancêtre N. 1. **aïeul**, ascendant, parent, père 2. **prédecesseur**, devancier, initiateur, précurseur

ancien, -ienne

▸ ADJ. 1. **passé**, ex-, périmé, précédent, révolu 2. **éloigné**, ancestral, immémorial, lointain, millénaire, reculé, séculaire 3. **antique**, d'époque 4. **vieux**, archaïque, d'antan, démodé, dépassé, désuet, obsolète, suranné, vieillot, vétuste, antédiluvien (plaisant.)

▸ N. **vieillard**, aîné, doyen, vétéran, vieux, dinosaure (péj.), vieux de la vieille (fam.)

anciennement ADV. autrefois, avant, dans le passé, dans le temps, il y a longtemps, jadis

ancre N. F. grappin

ancrer V. TR. 1. **mouiller**, amarrer 2. **enraciner**, établir, fixer, implanter

âne N. M. 1. **baudet**, grison, bourricot (fam.) 2. **ignorant**, idiot, imbécile, niais, sot, stupide, bourrique (fam.), buse (fam.), cruche (fam.)

anéantir V. TR. 1. **détruire**, abattre, abolir, annihiler, briser, dévorer, écraser, engloutir, enterrer, pulvériser, ravager, réduire en poudre/en poussière/à néant 2. **tuer**, exterminer, massacrer **3. accabler**, abattre, briser, consterner, démolir **4. fatiguer**, épuiser, exténuer

anéantissement N. M. **1. destruction**, abolition, annihilation, écrasement, effondrement, engloutissement, pulvérisation, suppression **2. extermination**, massacre **3. mort**, disparition, extinction, fin **4. abattement**, accablement, consternation

anecdote N. F. **1. histoire**, conte, fable, historiette, récit **2. nouvelle**, bruit, écho, potin (fam.) **3. détail**

anecdotique ADJ. contingent, accessoire, insignifiant, marginal

anémique ADJ. chétif, anémié, débile, déficient, délicat, faible, fluet, fragile, frêle, malingre

ânerie N. F. **1. erreur**, absurdité, baliverne, bêtise, idiotie, imbécillité, ineptie, niaiserie, sottise, stupidité, connerie (très fam.) **2. bévue**, bourde, faute, impair, gaffe (fam.)

anesthésier V. TR. **1. insensibiliser**, chloroformer, endormir **2. apaiser**, assoupir, calmer, endormir

ange N. M. **1. esprit céleste**, angelot, chérubin, séraphin, archange **2. amour**

angélique ADJ. **1. céleste**, parfait, pur, ravissant, séraphique **2. vertueux**, saint

angle N. M. **1. coin**, arête, coude, encoignure, recoin, renfoncement, tournant **2. point de vue**, aspect, côté, éclairage, perspective, rapport

angoissant, ante ADJ. **1. inquiétant**, alarmant, flippant (fam.) **2. oppressant**, lourd

angoisse N. F. anxiété, appréhension, crainte, effroi, inquiétude, tourment, affres (littér.)

angoissé, ée ADJ. **1. anxieux**, inquiet, oppressé, stressé, tourmenté **2. affolé**, épouvanté, paniqué

angoisser V. TR. **1. inquiéter**, oppresser, stresser, tourmenter **2. alarmer**, affoler, effrayer, paniquer
♦ **s'angoisser** V. PRON. **s'inquiéter**, s'affoler, s'alarmer, s'effrayer, paniquer, se tourmenter, se biler (fam.), flipper (fam.)

anicroche N. F. difficulté, accroc, complication, contretemps, embarras, ennui, heurt, incident, obstacle, problème, hic (fam.), pépin (fam.)

animal[1], ale, aux ADJ. **1. bestial**, brutal, grossier, instinctif, physique **2. charnel**, sensuel

animal[2] N. M. bête, bestiole (souvent péj.)

animateur, trice N. **1. dirigeant**, cheville ouvrière, instigateur, meneur, moteur, promoteur **2. présentateur**, annonceur, disc-jockey, meneur de jeu **3. moniteur**

animation N. F. **1. activité**, affairement, agitation, mouvement, vie **2. entrain**, enthousiasme, exaltation, excitation, feu, fougue, passion, vivacité

animé, ée ADJ. **1. passant**, vivant **2. ardent**, bouillonnant, chaud, débordant, enflammé, vif **3. agité**, houleux, mouvementé, orageux, tumultueux **4. mobile**, mouvant

animer V. TR. **1. stimuler**, électriser, enflammer, exalter **2. inspirer**, conduire, déterminer, diriger, mener, pousser **3. diriger**, conduire, mener, présider **4. égayer**, alimenter **5. illuminer**, aviver, colorer
♦ **s'animer** V. PRON. **1. s'agiter**, se mouvoir, s'ébranler, se remuer **2. s'éveiller** **3. s'emporter**, s'échauffer, s'irriter

animosité N. F. **1. antipathie**, hostilité, inimitié, malveillance, rancune, ressentiment **2. agressivité**, acharnement, âpreté, colère, emportement, fiel, véhémence, virulence

ankyloser V. TR. **engourdir**, courbaturer, paralyser
♦ **s'ankyloser** V. PRON. **s'engourdir**, se raidir, se rouiller

anneau N. M. **1. bague**, alliance, jonc, chevalière **2. rond**, annelet, boucle **3. chaînon**, maillon, manille

annexe[1] ADJ. **1. attaché**, additionnel, auxiliaire, complémentaire, joint, supplémentaire **2. secondaire**, accessoire, marginal, mineur, subsidiaire

annexe[2] N. F. **1. ajout**, addition, appendice, complément, pièce jointe, supplément **2. dépendance 3. succursale**, filiale

annexer V. TR. **1. attacher**, incorporer, joindre, rattacher, réunir **2. occuper**, coloniser, monopoliser, squatter

annihiler V. TR. anéantir, abolir, briser, détruire, effacer, neutraliser, paralyser, réduire à néant, ruiner, supprimer

anniversaire N. M. commémoration, bicentenaire, célébration, centenaire, fête, jubilé, tricentenaire

annonce N. F. **1. communiqué**, avertissement, avis, communication, déclaration, message, notification, nouvelle, proclamation, publication **2. faire-part**, avis **3. publicité**, message publicitaire, réclame **4. indice**, indication, marque, prélude, présage, signe

annoncer V. TR. **1. communiquer**, apprendre, avertir de, aviser de, déclarer, divulguer, indiquer, informer de, instruire de, notifier, porter à la connaissance, présenter, publier, révéler, signaler **2. prédire**, pronostiquer, prophétiser **3. dénoter**, augurer, indiquer, marquer, prouver, révéler, signaler **4. précéder**, préluder à, préparer
♦ **s'annoncer** V. PRON. **1. se dessiner**, se profiler **2. se présenter**

annotation N. F. commentaire, observation, réflexion, remarque

annulation N. F. **1. abrogation**, cassation, invalidation, résiliation, révocation, rupture **2. suppression**, abolition, anéantissement, destruction, extinction, liquidation **3. effacement**, radiation

annuler V. TR. **1. invalider**, abroger, infirmer, résilier, révoquer, rompre, [un jugement] casser **2. éteindre**, faire disparaître, liquider **3. décommander** **4. annihiler**, supprimer

anodin, ine ADJ. insignifiant, banal, fade, insipide, neutre, quelconque, terne

anomalie N. F. **1. bizarrerie**, étrangeté, exception, irrégularité, particularité, singularité **2. anormalité**, altération, difformité, malformation, monstruosité

anonyme ADJ. **1. inconnu**, indéterminé, secret **2. non signé 3. banal**, aseptisé, impersonnel, insipide, quelconque

anormal, ale, aux ADJ. et N. **1. irrégulier**, aberrant, atypique, exceptionnel **2. bizarre**, étrange, extraordinaire, inhabituel, insolite, singulier **3. arriéré**, handicapé, inadapté

anse N. F. **1. poignée**, anneau **2. baie**, calanque, crique, golfe

antagonisme N. M. **1. opposition**, combat, conflit, désaccord, lutte, rivalité **2. agressivité**, antipathie, inimitié

antagoniste ADJ. et N. **1. opposé**, antagonique, rival **2. adversaire**, contradicteur, ennemi, rival

antalgique ADJ. et N. M. analgésique, anesthésiant, anesthésique, antidouleur, calmant

antérieur, eure ADJ. précédent, antécédent, préexistant

anthologie N. F. morceaux choisis, compilation, extraits, florilège, mélanges, recueil

antichambre N. F. salle d'attente, entrée, hall, réception, vestibule

anticipation N. F. **1. prévision**, futurologie, prospective **2. science-fiction**

anticiper V. TR. **1. prévoir**, escompter, pronostiquer, s'attendre à **2. devancer**, prévenir

antidote N. M. **1. contrepoison 2. dérivatif**, diversion, exutoire, remède, vaccin

antinomie N. F. contradiction, opposition, incompatibilité

antinomique ADJ. contradictoire, contraire, incompatible, opposé

antipathie N. F. prévention, aversion, dégoût, haine, hostilité, inimitié, répugnance, répulsion, allergie (fam.)

antipathique ADJ. désagréable, déplaisant, détestable, imbuvable (fam.)

antipode N. M. opposé

antique ADJ. **1. ancien**, passé **2. immémorial**, ancestral, séculaire **3. démodé**, archaïque, dépassé, suranné, antédiluvien (plaisant) **4. usé**, vétuste

antithèse N. F. **1. contraste**, antinomie, opposition **2. opposé**, antithétique, contraire, inverse

anxiété N. F. appréhension, angoisse, crainte, inquiétude, tourment, affres (littér.)

anxieux, euse ADJ. angoissé, inquiet, préoccupé, soucieux, tourmenté, tracassé

apaisement N. M. **1. soulagement**, adoucissement, consolation **2. pacification**, dégel, retour au calme

apaiser V. TR. **1. rasséréner**, calmer, rassurer, tranquilliser **2. amadouer**, attendrir, lénifier, pacifier **3. adoucir**, atténuer, calmer, consoler, dissiper, endormir, éteindre, modérer, soulager, tempérer **4. assouvir**, contenter, étancher, éteindre, rassasier, satisfaire

apanage N. M. privilège, exclusivité, lot, monopole, prérogative, propre

apathie N. F. inertie, indolence, léthargie, mollesse, nonchalance, passivité, torpeur

apathique ADJ. et N. indolent, amorphe, inerte, léthargique, lymphatique, mou, nonchalant, passif, mollasson (fam.)

apercevoir V. TR. **1. voir**, aviser, découvrir, discerner, distinguer, entrevoir, remarquer, repérer **2. comprendre**, déceler, deviner, discerner, saisir, sentir, piger (fam.)

♦ **s'apercevoir de** V. PRON. **constater**, comprendre, découvrir, prendre conscience de, se rendre compte de, noter, remarquer

aperçu N. M. **1. estimation**, coup d'œil, vue **2. exemple**, avant-goût, échantillon, idée **3. abrégé**, exposé, présentation

à-peu-près N. M. approximation, flou, imprécision, vague

apeuré, ée ADJ. effrayé, craintif, effarouché

aphorisme N. M. maxime, adage, formule, pensée, précepte, proverbe, sentence

aphrodisiaque ADJ. excitant, érotique, stimulant, bandant (fam.)

apitoyer V. TR. **attendrir**, émouvoir, remuer, toucher
♦ **s'apitoyer sur** V. PRON. **1. compatir à**, plaindre **2. s'attendrir sur**

aplanir V. TR. **1. égaliser**, araser, niveler, polir, raboter, unir **2. atténuer**, lever, simplifier, supprimer

aplati, ie ADJ. [nez] camard, camus, écrasé, épaté

aplatir V. TR. **1. plaquer**, lisser, rabattre **2. écraser**, laminer, écrabouiller (fam.)
♦ **s'aplatir** V. PRON. **1. s'allonger**, s'étendre **2. se soumettre**, s'abaisser, ramper, se coucher (fam.)

aplomb N. M. **1. verticalité 2. équilibre**, stabilité, [à cheval] assiette **3. assurance**, aisance, courage, sang-froid, culot (fam.), estomac (fam.) **4. effronterie**, audace, hardiesse, impudence, culot (fam.), toupet (fam.)

apogée N. M. point culminant, apothéose, comble, faîte, sommet, summum, zénith, acmé (littér.)

apologie N. F. **1. défense**, justification, plaidoyer **2. éloge**, célébration, exaltation, glorification, panégyrique, dithyrambe (littér.)

apostropher V. TR. **1. appeler**, héler, interpeller **2. invectiver**

apothéose N. F. **1. consécration**, couronnement, glorification, triomphe **2. apogée**, comble, sommet, summum, [d'un spectacle] bouquet, clou

apôtre N. M. **1. disciple**, missionnaire, prédicateur **2. défenseur**, apologiste, champion, propagateur, prosélyte

apparaître V. INTR. **1. se montrer**, se détacher, émerger, jaillir, montrer le bout de son nez (fam.), paraître, percer, poindre, surgir **2. se manifester**, se déclarer, se dévoiler, se faire jour, se révéler, survenir, transparaître **3. éclore**, se former, naître **4. sembler**, paraître

apparat N. M. éclat, faste, luxe, magnificence, pompe, somptuosité, splendeur

appareil N. M. **1. instrument**, dispositif, engin, machine, outil, ustensile **2. arsenal**, attirail, collection **3. système 4. avion 5. téléphone**, combiné **6. dentier**, prothèse

apparemment ADV. **1. visiblement**, au premier abord, en surface, extérieurement, superficiellement **2. sans doute**, selon toute apparence, vraisemblablement

apparence N. F. **1. aspect**, air, cachet, caractère, couleur, mine, physionomie, visage **2. façade**, décor, dehors, écorce, enveloppe, extérieur, masque, surface, vernis **3. trace**, lueur, ombre, rayon, soupçon, vestige

apparent, ente ADJ. **1. visible**, détectable, perceptible, sensible **2. manifeste**, criant, évident, flagrant, incontestable, patent, visible **3. prétendu**, supposé, superficiel, de surface, trompeur

apparenté, ée ADJ. **1. de la même famille**, parent **2. allié 3. semblable**, proche, ressemblant, voisin

apparenter à (s') V. PRON. **1. ressembler à**, approcher de, avoisiner, tenir de **2. s'unir à**, s'allier à

apparier V. TR. **1. allier**, associer, assortir, combiner, coupler, harmoniser, marier, unir **2. accoupler**, appareiller

apparition N. F. **1. arrivée**, entrée, venue **2. manifestation 3. avènement**, commencement, éclosion, émergence, éruption, naissance **4. vision**, ectoplasme, fantôme, revenant, spectre

appartenance N. F. **1. affiliation**, adhésion, rattachement **2. possession**

appartenir à V. TR. IND. **1. être le bien de**, être la propriété de **2. dépendre de**, faire partie de **3. être le propre de**, être caractéristique de **4. revenir à**, être du devoir de, incomber à **5. se rapporter à**, concerner, relever (de), ressortir à

appât N. M. **1. piège**, leurre, [Pêche] esche **2. attrait**, perspective

♦ **appâts** N. M. PL. **charmes**, attraits

appâter V. TR. allécher, attirer, séduire, tenter, tendre une carotte à (fam.)

appauvrir V. TR. **1. ruiner**, paupériser, mettre sur la paille (fam.) **2. épuiser**, affaiblir

appauvrissement N. M. **1. ruine**, paupérisation **2. épuisement**, affaiblissement, dépérissement, étiolement

appel N. M. **1. cri**, interjection **2. signal**, sonnerie **3. coup de téléphone**, communication **4. mobilisation**, incorporation, levée (en masse), recrutement **5. exhortation**, incitation, invitation

appeler V. TR. **I. 1. héler**, apostropher, interpeller, siffler **2. téléphoner**, passer un coup de téléphone à, passer un coup de fil à (fam.) **3. faire venir**, convier, convoquer, demander, inviter **4. invoquer**, implorer **5. mobiliser**, incorporer, recruter **II. 1. nommer**, baptiser, dénommer, prénommer, surnommer **2. qualifier (de)**, donner le titre de **III. 1. nécessiter**, exiger, motiver, réclamer, requérir **2. causer**, déterminer, entraîner, occasionner, provoquer, susciter **IV. exhorter**, engager, inciter, inviter, solliciter

♦ **s'appeler** V. PRON. **se nommer**, avoir pour nom, se prénommer, répondre au nom de

appellation N. F. **1. dénomination**, désignation **2. mot**, nom, qualificatif, titre, vocable **3. label**, marque

appétissant, ante ADJ. **1. alléchant**, savoureux, succulent, ragoûtant (fam.) **2. agréable**, attirant, attrayant, engageant, séduisant, tentant **3. désirable**, affriolant, attirant, excitant

appétit N. M. **1. faim**, gloutonnerie, goinfrerie, gourmandise, voracité, boulimie **2. désir**, envie, faim, soif, appétence (littér.)

applaudir V. TR. **1. acclamer**, ovationner **2. approuver**, se féliciter de, se réjouir de

applaudissement N. M. **1. acclamation**, ban, bravo, ovation, vivat **2. admiration**, compliment, éloge, encouragement, félicitation, louange

application N. F. **I. effort**, assiduité, attention, concentration, soin, zèle **II. 1. exécution**, réalisation **2. emploi**, usage **III. logiciel**, software **IV. pose**, placage, superposition

appliqué, ée ADJ. attentif, assidu, consciencieux, sérieux, soigneux, studieux, travailleur

appliquer V. TR. **I. 1. placer**, apposer, étaler, étendre, plaquer, poser, coller, imprimer **2. asséner**, administrer, infliger, coller (fam.), ficher (fam.), filer (fam.), flanquer (fam.), foutre (très fam.) **II. 1. employer**, faire usage de, mettre à exécution, mettre en application, mettre en pratique, user de, utiliser **2. affecter**, attribuer, consacrer, destiner, imputer

appointements N. M. PL. paie, émoluments, gages, honoraires, rémunération, rétribution, salaire, traitement

apport N. M. **1. concours**, appoint, contribution, part, participation **2. cotisation**, financement, investissement

apporter V. TR. **1. venir avec**, porter, rapporter, amener (fam.) **2. donner**, fournir, procurer **3. entraîner**, amener, causer, engendrer, occasionner, produire, provoquer, susciter

apposer V. TR. **1. appliquer**, mettre, poser **2. inscrire**, écrire, insérer

appréciable ADJ. **1. évaluable**, chiffrable, estimable, mesurable, quantifiable **2. notable**, important, perceptible, sensible, substantiel, visible **3. précieux**

appréciation N. F. **1. estimation**, évaluation, expertise **2. arbitrage**, discernement, jugement **3. opinion**, avis, commentaire, critique, jugement, observations **4. note**, observation

apprécier V. TR. **1. aimer**, affectionner, estimer, goûter, savourer, priser (littér.) **2. estimer**, calculer, déterminer, évaluer, expertiser, mesurer

appréhender V. TR. **1. concevoir**, percevoir, saisir **2. craindre**, avoir peur de, redouter **3. capturer**, arrêter, prendre, alpaguer (fam.), cueillir (fam.), épingler (fam.), pincer (fam.)

appréhension N. F. angoisse, anxiété, crainte, inquiétude, peur

apprendre V. TR. **1. annoncer**, avertir de, aviser de, communiquer, indiquer, informer de **2. découvrir**, être averti de, être avisé de, être informé de, être instruit de, être mis au courant de **3. enseigner**, inculquer, mettre/fourrer dans le crâne à (fam.) **4. étudier**, assimiler, digérer, ingurgiter, s'initier à, bûcher (fam.), potasser (fam.)

apprenti, ie N. **1. élève**, aide, stagiaire **2. débutant**, néophyte, novice

apprentissage N. M. **1. formation**, initiation, instruction, préparation, stage **2. expérience**, épreuve, exercice

apprêt N. M. affectation, artifice, maniérisme, préciosité, recherche, afféterie (littér.)

apprêté, ée ADJ. maniéré, affecté, artificiel, compassé, étudié, guindé, mièvre, précieux, recherché

apprêter V. TR. **préparer**, accommoder, assaisonner, cuisiner, faire cuire
♦ **s'apprêter (à)** V. PRON. **1. se préparer à**, se disposer à **2. s'habiller**, se parer, se pomponner, se bichonner (fam.)

apprivoiser V. TR. **1. domestiquer**, dompter, dresser, soumettre **2. amadouer**, charmer, conquérir, gagner, séduire **3. adoucir**, civiliser, humaniser, polir

approbateur, trice ADJ. **1. favorable**, affirmatif, approbatif, consentant **2. appréciateur**, flatteur, louangeur

approbation N. F. **1. acceptation**, accord, acquiescement, agrément, autorisation, aval, consentement, permission, bénédiction (fam.) **2. adoption**, homologation, ratification **3. applaudissement**, éloge, estime, suffrage

approchant, ante ADJ. **1. proche**, voisin **2. semblable**, analogue, comparable, équivalent, ressemblant

approche N. F. **1. abord**, accès, contact, fréquentation **2. apparition**, arrivée, venue **3. point de vue**, conception, démarche

approcher
▸ V. INTR. **1. venir**, arriver, [nuit] tomber **2. se rapprocher**, s'avancer, venir plus près
▸ V. TR. **1. fréquenter**, côtoyer, coudoyer **2. tendre vers**, s'apparenter à, friser, frôler **3. joindre**, rapprocher
♦ **s'approcher** V. PRON. **s'avancer**, venir

approfondi, ie ADJ. détaillé, fouillé, poussé

approfondir V. TR. **1. creuser 2. étudier**, creuser, explorer, fouiller, réfléchir sur, sonder

approfondissement N. M. **1. creusement 2. analyse**, examen, exploration, réflexion

approprié, ée ADJ. adapté, adéquat, ad hoc, heureux, opportun, pertinent, idoine (littér.)

approprier V. TR. **adapter**, accommoder, accorder, ajuster, conformer
♦ **s'approprier** V. PRON. **1. s'attribuer**, accaparer, s'adjuger, chiper, s'emparer de, empocher, faire main basse sur, se saisir de, rafler (fam.) **2.** [de manière illicite] **s'arroger**, ravir, usurper, voler, piquer (fam.)

approuver V. TR. **1. accepter**, acquiescer à, admettre, adopter, agréer, autoriser, consentir à, dire amen à, ratifier **2. donner raison à**, être d'accord avec, se rallier à **3. apprécier**, applaudir (des deux mains)

approvisionnement N. M. **1. ravitaillement**, alimentation, fourniture **2. provisions**, fournitures, réserves, stock, vivres

approvisionner V. TR. **1. ravitailler**, alimenter, fournir, garnir, munir, nourrir **2. provisionner**

approximatif, ive ADJ. **1. approchant**, approché, proche, voisin **2. imprécis**, évasif, vague

approximation N. F. **1. estimation**, évaluation **2. à-peu-près**, imprécision

approximativement ADV. **1. environ**, au jugé, à vue d'œil, à vue de nez, en gros, grossièrement, grosso modo, à la louche (fam.) **2. imparfaitement**, sans précision

appui N. M. **I. 1. aide**, assistance, collaboration, concours, coopération, secours, soutien **2. protection**, caution, patronage, recommandation, piston (fam.) **3. allié**, auxiliaire, second, soutien, supporter **II. 1. base**, fondement **2. support**, contrefort, étai, soutien, tuteur **3. accoudoir**, accotoir, balustrade, barre, rampe

appuyé, ée ADJ. énergique, insistant, lourd

appuyer V. TR. **1. soutenir**, épauler, étayer, maintenir **2. confirmer**, asseoir, consolider, corroborer, fortifier, renforcer **3. aider**, assister, encourager, prêter main-forte à, soutenir **4. recommander**, défendre, parrainer, plaider pour, pistonner (fam.)

âpre ADJ. **1. raboteux**, râpeux, rêche, rugueux **2. pénible**, cruel, cuisant, dur, rigoureux, vif **3. agressif**, acharné, farouche, féroce, opiniâtre, rude, sauvage, virulent

après PRÉP. et ADV. **I.** [dans le temps] **1. puis**, alors, ensuite, consécutivement **2. plus tard**, postérieurement, ensuite **3. passé**, au-delà de, une fois que **4. consécutivement**, à cause de, subséquemment, successivement, suite à, à la suite de **II.** [dans l'espace] **1. au delà**, plus loin **2. derrière**, à la queue, à la suite, à la traîne, ensuite, plus loin **3. contre 4. sous**

âpreté N. F. **1. âcreté**, amertume, austérité **2. rigueur**, pénibilité, sévérité **3. violence**, animosité, ardeur, rudesse, véhémence

a priori
▸ LOC. ADV. **au premier abord**, à première vue, au premier coup d'œil
▸ N. M. **préjugé**, idée toute faite

à-propos N. M. **1. pertinence**, bien-fondé, opportunité **2. présence d'esprit**, répartie

2. rafistoler (fam.), **rectifier**, rajuster, remanier, retoucher **III. convenir à**, agréer à, aller à, plaire à, satisfaire, botter (fam.), chanter à (fam.) **IV. orchestrer**, adapter, harmoniser

♦ **s'arranger** V. PRON. **1. s'améliorer**, aller mieux, bien se terminer, rentrer dans l'ordre, se réparer **2. embellir** **3. se débrouiller**, se dépêtrer, se tirer d'affaire, se dépatouiller (fam.), se démerder (très fam.) **4. s'accorder**, s'accommoder, s'entendre

arrestation N. F. capture, interpellation, prise, rafle, coup de filet (fam.)

arrêt N. M. **I. 1. fin**, abandon, cessation, gel, interruption, suspension **2. suppression**, abolition, annulation, inhibition, privation **II. 1. pause**, intervalle, relâche, rémission, répit, repos, silence **2. halte**, étape, escale, séjour **III. station**, gare **IV. 1. immobilisation**, arrestation, blocage, contrôle, rétention, saisie **2. crise**, asphyxie, stagnation, panne, paralysie **V. décision**, arrêté, décret, jugement, sentence

arrêter V. TR. **I. 1. mettre fin à**, faire cesser, mettre un terme à, mettre le holà à, stopper, [momentanément] interrompre, suspendre **2.** [la vue] **borner**, cacher, limiter **3. couper (la parole à)**, interrompre **II. 1. immobiliser**, bloquer, enrayer, fixer **2. tenir en échec**, contenir, endiguer, enrayer, entraver, mettre un frein à, juguler, paralyser **III. appréhender**, attraper, capturer, s'emparer de, empoigner, mettre la main au collet à, agrafer (fam.), alpaguer (fam.), choper (fam.), coincer (fam.), embarquer (fam.), mettre le grappin sur (fam.), pincer (fam.) **IV. décider**, s'accorder sur, choisir, convenir de, s'entendre sur, fixer

♦ **s'arrêter** V. PRON. **1. cesser**, s'achever, se conclure, finir, prendre fin, (se) terminer, [momentanément] s'interrompre **2. faire halte**, stationner, se planter (fam.), [brusquement] **caler**, piler, stopper **3.** [Transport] **desservir**, passer par

arrhes N. F. PL. dépôt, à-valoir, avance, gage, garantie, provision

arriéré, ée

▸ ADJ. **1. démodé**, anachronique, archaïque, dépassé, désuet, fossile, périmé, réactionnaire, rétrograde, suranné, d'arrière-garde, rétro (fam.), ringard (fam.) **2. barbare**, fruste, grossier, inculte, sauvage **3. attardé**, débile, demeuré, idiot, retardé, simple d'esprit, taré

▸ N. M. **1. dette**, arrérages, dû, impayé **2. retard**

arrière[1] ADV. et ADJ.

- en arrière **1. derrière**, en retrait **2. à la traîne**, derrière **3. à l'envers**, à reculons **4. à la renverse**

arrière[2] N. M. **1. derrière**, cul, dos, postérieur **2. envers**, dos, revers, verso **3.** [d'un bateau] **poupe**

arrière-goût N. M. souvenir, impression, relent, sentiment

arrière-pensée N. F. calcul, réserve, réticence

arrière-train N. M. derrière, croupe, fesses, postérieur, cul (fam.), séant (littér. ou plaisant)

arrimer V. TR. amarrer, accrocher, assujettir, attacher, caler, fixer, immobiliser, maintenir

arrivée N. F. **1. venue**, approche, entrée, débarquement (fam.), [de marchandises] arrivage **2. commencement**, apparition, avènement, début, naissance, survenance (littér.)

arriver V. INTR. **I. 1. venir (de)**, [en masse] affluer **2. se présenter**, s'amener (fam.), atterrir (fam.), débarquer (fam.), se pointer (fam.), rappliquer (fam.) **3. approcher**, être proche, venir, [nuit] tomber, [jour] se lever **II. s'accomplir**, advenir, avoir lieu, se dérouler, se passer, se produire, se réaliser, survenir, tomber **III. réussir**, aller loin, s'élever, faire du chemin, percer

arriviste N. ambitieux, carriériste, parvenu

arrogance N. F. insolence, dédain, fatuité, fierté, hauteur, impertinence, impudence, mépris, prétention, suffisance, morgue (littér.), outrecuidance (littér.)

arrogant, ante ADJ. méprisant, altier, dédaigneux, fat, fier, hautain, impertinent, impudent, présomptueux, rogue, suffisant, supérieur, outrecuidant (littér.)

arroger (s') V. PRON. s'approprier, s'adjuger, s'appliquer, s'attribuer, s'octroyer, usurper

arrondi, ie

▸ ADJ. **rond**, ballonné, bombé, convexe, courbe, rebondi

▸ N. M. **courbe**, bombement, courbure, galbe, renflement

arrondir V. TR. **1. adoucir**, atténuer **2. accroître**, agrandir, augmenter, compléter, élargir, étendre, gonfler, grossir

♦ **s'arrondir** V. PRON. **grossir**, enfler, ballonner, bedonner, gonfler

arroser V. TR. **1. irriguer**, baigner, traverser **2. baigner**, asperger, bassiner, humecter, mouiller, pulvériser, vaporiser **3. éclabousser**, asperger, doucher, tremper, saucer (fam.) **4. fêter**, célébrer, porter un toast à **5.** [fam.] **corrompre**, acheter, soudoyer, stipendier (littér.), graisser la patte à (fam.) **6.** [fam.] **bombarder**, mitrailler

art N. M. **1. don**, adresse, génie, habileté, talent, virtuosité **2. métier**, maîtrise, savoir-faire, science, technique **3. artifice**, affectation, apprêt, recherche

artère N. F. voie, avenue, boulevard, rue

article N. M. **1. marchandise**, objet, produit, denrée **2. écrit**, billet, chronique, courrier, éditorial, entrefilet, papier, reportage, rubrique, tribune **3. sujet**, chapitre, matière, point, objet, question **4. chapitre**, clause, partie, point, rubrique, section **5. déterminant**

articulation N. F. **1. jointure**, attache, charnière, emboîtement, ligament **2. assemblage**, cardan, charnière, cheville, jeu, joint **3. organisation** **4. imbrication** **5. prononciation**, élocution, voix

articuler V. TR. **I. 1. prononcer**, détacher (les syllabes/les mots), marteler **2. dire**, énoncer, exprimer, proférer **II. 1. assembler**, joindre **2. organiser**, agencer, architecturer, ordonner, structurer

artifice N. M. **1. astuce**, stratagème, subterfuge, subtilité, technique, tour, truc (fam.) **2. ruse**, feinte, manœuvre, manège, piège, leurre

artificiel, elle ADJ. **1. fabriqué**, factice, faux, imité, industriel, synthétique, postiche **2. arbitraire**, conventionnel **3. affecté**, de commande, contraint, emprunté, faux, feint, forcé

artisan, ane N. auteur, âme, cerveau, cheville ouvrière, initiateur, instigateur, ouvrier, promoteur

as N. M. champion, maître, phénomène, virtuose, aigle (fam.), crack (fam.), phénix (littér.)

ascendance N. F. origine, extraction, naissance, race, souche

ascendant N. M. **1. pouvoir**, autorité, empire, emprise, fascination, influence, séduction **2. parent**, aïeul, ancêtre

ascension N. F. **1. montée**, élévation, progression, progrès **2. escalade**

ascétique ADJ. austère, janséniste, monacal, rigoriste, spartiate, érémitique (littér.)

asile N. M. abri, refuge, retraite, toit, havre (littér.)

aspect N. M. **1. apparence**, air, allure, dehors, extérieur, forme, physionomie **2. configuration**, tournure **3. perspective**, angle, côté, face, jour, point de vue

asperger V. TR. arroser, doucher, éclabousser, mouiller, humecter, tremper

aspérité N. F. **1. rugosité**, inégalité, irrégularité, relief, saillie **2. rudesse**, âpreté

asphalte N. M. bitume, goudron, macadam

asphalter V. TR. bitumer, goudronner, macadamiser

asphyxiant, ante ADJ. **1. suffocant**, toxique **2. étouffant**, irrespirable, oppressant

asphyxie N. F. **1. suffocation**, étouffement **2. dépérissement**, étiolement, étouffement, étranglement, oppression, paralysie

asphyxier V. TR. étouffer, suffoquer

aspiration N. F. **1. inspiration**, inhalation **2. désir**, ambition, attente, espérance, espoir, rêve, souhait **3. appel d'air**, succion

aspirer V. TR. **1. inspirer**, humer, inhaler, renifler **2. absorber**, avaler, pomper, sucer
- **aspirer à** désirer, ambitionner, espérer, prétendre à, souhaiter, soupirer après, tendre à, courir après (fam.)

assagir V. TR. **1. calmer**, discipliner **2. modérer**, apaiser, atténuer, diminuer, tempérer
♦ **s'assagir** V. PRON. **se ranger**, s'amender, se calmer, se ranger des voitures (fam.)

assaillant, ante N. attaquant, agresseur

assaillir V. TR. **1. attaquer**, agresser, se jeter sur, se précipiter sur, sauter sur, tomber sur (le paletot de) (fam.) **2. harceler**, accabler, importuner, tourmenter

assainir V. TR. **1. désinfecter**, épurer, nettoyer, purifier **2. assécher**, drainer **3. équilibrer**, rétablir, stabiliser

assainissement N. M. **1. désinfection**, épuration, purification **2. assèchement**, dessèchement, drainage

assaisonnement N. M. condiment(s), aromate(s), épice(s)

assaisonner V. TR. **1. accommoder**, apprêter, épicer, pimenter, relever **2. agrémenter**, émailler, pimenter, rehausser, relever

assassinat N. M. meurtre, crime, homicide

assassiner V. TR. tuer, abattre, éliminer, supprimer, dégommer (fam.), descendre (fam.), faire la peau à (fam.), refroidir (fam.), trucider (fam.), zigouiller (fam.), dessouder (argot)

assaut N. M. **1. attaque**, charge, combat, coup de main, escarmouche, offensive, raid **2.** [Boxe, escrime] engagement, combat, [Alpinisme] escalade

assèchement N. M. dessèchement, drainage, assainissement

assécher V. TR. **1. drainer**, assainir **2. tarir**, mettre à sec, pomper, sécher, vider

assemblage N. M. **1. groupement**, regroupement, réunion **2. agglomération**, accolement, emboîtement, jonction, montage **3. ensemble**, alliance, association, collection, combinaison, mélange

assemblée N. F. **1. assistance**, audience, auditoire, public **2. rassemblement**, académie, cercle, compagnie, conférence, société, aréopage (littér.) **3. chambre**, congrès, conseil, parlement

assembler V. TR. **1. grouper**, amasser, collecter, collectionner, ramasser, recueillir, regrouper, réunir **2. convoquer**, battre le rappel de, réunir **3. lier**, accoler, agglomérer, agréger, attacher, connecter, emboîter, joindre, raccorder, relier, réunir, unir **4. combiner**, allier, associer, coordonner, composer, marier, unir

♦ **s'assembler** V. PRON. **s'attrouper**, affluer, se masser, se rassembler

assener V. TR. appliquer, administrer, donner, envoyer, frapper, lancer, porter, allonger (fam.), coller (fam.), ficher (fam.), filer (fam.), flanquer (fam.)

assentiment N. M. approbation, acceptation, accord, acquiescement, agrément, autorisation, consentement, permission, suffrage

asseoir V. TR. **1. installer**, mettre, placer, poser, planter (fam.) **2. consolider**, affermir, conforter, établir **3. motiver**, appuyer, assurer, établir, fonder

assertion N. F. affirmation, thèse, [au plur.] dires

asservir V. TR. opprimer, assujettir, contraindre, dominer, enchaîner, juguler, maîtriser, soumettre, subjuguer

asservissement N. M. assujettissement, dépendance, esclavage, servitude, soumission, subordination, sujétion, chaînes (littér.), joug (littér.)

assidu, ue ADJ. **1. constant**, continu, persévérant, régulier, soutenu, suivi, zélé, diligent (littér. ou Admin.) **2. ponctuel**, exact **3. appliqué**, consciencieux, scrupuleux **4. empressé**, présent

assiduité N. F. **1. constance**, continuité, persévérance, zèle **2. ponctualité**, exactitude **3. application**, scrupule **4. présence**, empressement

assidûment ADV. **1. constamment**, continuellement, régulièrement **2. ponctuellement**, exactement **3. avec empressement**

assiéger V. TR. **1. encercler**, assaillir, bloquer, cerner, entourer, investir **2. se presser à**, se bousculer à, prendre d'assaut **3. importuner**, harceler, poursuivre, solliciter **4. accabler**, assaillir, obséder, tourmenter, troubler

assiette[1] N. F. **1. position**, assise, équilibre, stabilité, tenue **2. base**, fondation, fondement, soubassement

assiette[2] N. F. **1. plat**, écuelle, auge (fam.) **2. assiettée**

assigner V. TR. **1. attribuer**, affecter, décerner, impartir, imputer **2. déterminer**, délimiter, fixer, marquer

assimilation N. F. **1. comparaison**, amalgame, confusion, équivalence, identification, rapprochement **2. apprentissage**, acquisition, compréhension, imprégnation **3. intégration**, acculturation, insertion **4. digestion**, absorption

assimiler V. TR. **1. comparer**, amalgamer, confondre, identifier, ramener à, rapprocher **2. comprendre**, acquérir, adopter, apprendre, s'approprier, faire sien, s'imprégner de, intégrer, saisir, imprimer (fam.), piger (fam.) **3. intégrer**, absorber, acculturer, adopter, incorporer, insérer **4. digérer**, absorber

assis, ise ADJ. affermi, assuré, équilibré, établi, ferme, stable

assise N. F. base, fondement, soubassement

assistance N. F. **1. assemblée**, audience, auditoire, public, salle, spectateurs **2. aide**, bons offices, collaboration, concours, coopération, protection, secours, soutien

assistant, ante N. **1. adjoint**, aide, auxiliaire, bras droit, collaborateur, lieutenant, second **2. chargé de cours**

assister V. TR. **1. seconder**, aider, appuyer, épauler, soutenir **2. veiller sur**, accompagner, être aux côtés de, protéger, prendre soin de, s'occuper de, soigner
- assister à être témoin de, être présent à, participer à, suivre

association N. F. **1. assemblage**, agrégation, alliance, combinaison, mariage, rapprochement, réunion, symbiose, synergie **2. alliance**, coalition, entente, union **3. société**, club, communauté, compagnie, confédération, confrérie, congrégation, consortium, coopérative, corporation, groupement, guilde, ligue, mutuelle, organisation, parti, union **4. bande**, groupe **5. collaboration**, coopération, participation **6. adhésion**, admission, affiliation, participation

associé, ée N. **1. adjoint**, collaborateur, collègue **2. membre**, actionnaire, confrère, partenaire, sociétaire **3. complice**, acolyte, camarade, compagne, compagnon, compère, partenaire

associer V. TR. **1. allier**, assortir, combiner, joindre, lier, marier, mêler, rapprocher, unir **2.** [qqn à] **faire collaborer**, enrôler, incorporer, intégrer, recruter
♦ **s'associer** V. PRON. **1. s'accorder**, s'allier, s'assortir, se combiner, s'harmoniser, se marier, s'unir **2. se réunir**, s'allier, collaborer, coopérer, faire cause commune, se fédérer, se grouper, se joindre, se lier, se liguer, s'unir

assoiffé, ée ADJ. **1. altéré**, asséché, déshydraté **2. avide**, affamé, altéré

assoiffer V. TR. altérer, assécher, déshydrater

assombrir V. TR. **1. obscurcir**, plonger dans les ténèbres **2. foncer**, noircir **3. attrister**, affliger, peiner, [événement] jeter une ombre sur
♦ **s'assombrir** V. PRON. **1. se couvrir**, s'obscurcir **2. se rembrunir**, se renfrogner

assommant, ante ADJ. ennuyeux, fastidieux, lassant, tuant, barbant (fam.), casse-pied (fam.), chiant (très fam.), embêtant (fam.), emmerdant (fam.), empoisonnant (fam.), enquiquinant (fam.), gonflant (fam.), rasant (fam.), rasoir (fam.), soûlant (fam.), suant (fam.), tannant (fam.)

assommer V. TR. **1. étourdir**, mettre K.-O., estourbir (fam.), sonner (fam.) **2. épuiser**, éreinter, exténuer, harasser, vider, claquer (fam.), crever (fam.), vanner (fam.) **3. abasourdir**, abattre, accabler, anéantir **4. ennuyer**, embêter, excéder, fatiguer, barber (fam.), casser les pieds de (fam.), emmerder (fam.), empoisonner (fam.), enquiquiner (fam.), gonfler (fam.), pomper l'air à (fam.), faire suer (fam.), raser (fam.), soûler (fam.), tanner (fam.)

assortiment N. M. **1. arrangement**, alliance, association, mélange, mariage, harmonie **2. ensemble**, choix, éventail, jeu, lot, sélection, [de mesures] train

assortir V. TR. **assembler**, accorder, accoupler, allier, associer, combiner, coordonner, harmoniser, marier, réunir, unir
♦ **s'assortir** V. PRON. **s'accorder**, s'adapter, s'harmoniser, se marier

assoupi, ie ADJ. somnolent, endormi

assoupir V. TR. **1. endormir 2. apaiser**, adoucir, affaiblir, atténuer, calmer, diminuer, engourdir, éteindre
♦ **s'assoupir** V. PRON. **1. s'endormir**, somnoler, sombrer dans le sommeil **2. s'apaiser**, s'adoucir, s'affaiblir, s'atténuer, se calmer, s'effacer, s'estomper

assouplir V. TR. **1. délier**, dénouer, déraidir **2. adoucir**, discipliner, mater, plier, soumettre **3. aménager**, corriger, modérer, tempérer

assourdir V. TR. **1. amortir**, atténuer, étouffer, feutrer **2. assommer**, casser les oreilles à (fam.)

assourdissant, ante ADJ. **1. bruyant**, fracassant, retentissant **2. assommant**, abrutissant, fatigant

assouvi, ie ADJ. **1. rassasié**, repu **2. satisfait**, apaisé, comblé, contenté

assouvir V. TR. satisfaire, apaiser, calmer, combler, étancher, rassasier

assujettir V. TR. **1. asservir**, maîtriser, se rendre maître de, opprimer, plier sous sa loi, soumettre, subjuguer, mettre sous son joug (littér.) **2. contraindre**, commander, forcer, imposer, obliger, soumettre **3. attacher**, arrimer, assurer, caler, fixer, immobiliser, maintenir, river

assujettissement N. M. soumission, asservissement, esclavage, servitude, subordination, sujétion

assumer V. TR. se charger de, assurer, prendre en charge, prendre sur soi, prendre la responsabilité de, prendre sous son bonnet, supporter

assurance N. F. **1. aisance**, confiance en soi, sang-froid, cran (fam.) **2. aplomb**, audace, hardiesse, culot (fam.), toupet (fam.) **3. certitude**, conviction, sûreté **4. garantie**, engagement, gage, preuve, promesse **5. affirmation**, déclaration, promesse, protestation

assuré, ée ADJ. **1. confiant**, décidé, déterminé, énergique, résolu, sûr (de soi) **2. ferme**, solide, stable **3. garanti**, certain, évident, immanquable, indubitable, inévitable, infaillible, sûr

assurément ADV. **1. certainement**, à coup sûr, immanquablement, infailliblement, sûrement **2. certes**, bien entendu, bien sûr, incontestablement, indéniablement, indiscutablement, indubitablement, sans conteste

assurer V. TR. **1. caler**, accrocher, affermir, arrimer, attacher, assujettir, fixer, immobiliser, maintenir **2. protéger**, couvrir, défendre, garantir, préserver, sauvegarder **3. fournir**, garantir, ménager, procurer **4. assumer**, pourvoir à **5. affirmer**, attester, certifier, garantir, jurer, prétendre, soutenir
♦ **s'assurer** V. PRON. **1. s'affermir**, se caler **2. contracter une assurance** **3. se ménager**, se concilier, s'emparer de, gagner, se saisir de

astiquer V. TR. frotter, briquer, cirer, fourbir, nettoyer, polir

astre N. M. étoile, astéroïde, comète, corps céleste, météore, nébuleuse, nova, planète

astreignant, ante ADJ. contraignant, asservissant, assujettissant, exigeant

astreindre V. TR. obliger, assujettir, condamner, contraindre, enchaîner, forcer, imposer, soumettre

astronomique ADJ. **1. sidéral 2. démesuré**, colossal, énorme, faramineux, phénoménal, vertigineux, [prix] exorbitant, inabordable, prohibitif

astuce N. F. **1. ingéniosité**, adresse, finesse, habileté **2. stratagème**, artifice, invention, ruse, tour, combine (fam.), truc (fam.)

astucieux, euse ADJ. ingénieux, finaud, futé, habile, inventif, malin, roué, rusé, combinard (fam.)

asymétrie N. F. dissymétrie, déséquilibre, irrégularité

atermoiement N. M. **1.** [souvent plur.] **ajournement**, manœuvre dilatoire, faux-fuyant, retard, temporisation, tergiversation, procrastination (littér.) **2.** [Droit] **concordat**, grâce

atermoyer V. INTR. différer, hésiter, reculer, retarder, tarder, temporiser, tergiverser, user de manœuvres dilatoires

athlétique ADJ. **1. sportif 2. fort**, musclé, robuste, solide, vigoureux, costaud (fam.)

atmosphère N. F. **1. air 2. ambiance**, climat, environnement, milieu

atomiser V. TR. **1. désintégrer 2. fractionner**, disperser, diviser, émietter, morceler, parcelliser **3. pulvériser**, vaporiser

atomiseur N. M. aérosol, bombe, nébuliseur, pulvérisateur, vaporisateur

atone ADJ. **1. mou**, amorphe, apathique, éteint, inerte **2. inexpressif**, fixe, immobile, morne **3.** [Méd.] **paresseux**, hypotonique **4. monocorde**, uniforme

atout N. M. avantage, arme, carte maîtresse, chance, joker, plus, ressource

atrabilaire ADJ. coléreux, colérique, irascible, irritable, morose, sombre

atroce ADJ. **1. abominable**, cruel, effrayant, effroyable, épouvantable, horrible, ignoble, infâme, inhumain, odieux **2. douloureux**, déchirant, insupportable, intolérable, poignant **3. méchant**, dur, horrible, ignoble, odieux

atrocement ADV. excessivement, affreusement, horriblement, monstrueusement, terriblement

atrocité N. F. **1. barbarie**, cruauté, inhumanité, monstruosité, sauvagerie **2. crime**, abomination, monstruosité, torture **3. calomnie**, horreur

atrophie N. F. **1. dépérissement**, amaigrissement **2. affaiblissement**, amoindrissement, dépérissement, étiolement, régression

atrophier V. TR. **1. affaiblir**, amaigrir **2. détruire**, amoindrir, débiliter, dégrader, étioler

♦ **s'atrophier** V. PRON. **1. dépérir**, se ratatiner (fam.) **2. diminuer**, s'affaiblir, s'amoindrir, se dégrader, s'étioler, se réduire

attachant, ante ADJ. attirant, charmant, intéressant, séduisant, touchant

attaché, ée ADJ. fixe, fixé, joint, lié

attachement N. M. **1. affection**, amitié, amour, sentiment, sympathie, tendresse **2. lien**, attache, liaison, nœud, union **3. goût**, inclination, intérêt, passion

attacher V. TR. **I. 1. immobiliser**, accrocher, amarrer, ancrer, arrimer, arrêter, assurer, bloquer, fixer, maintenir **2.** [un prisonnier] **ligoter**, enchaîner, ficeler, garrotter, lier **II. 1. placer**, accrocher, pendre, suspendre **2. assembler**, accoler, accoupler, atteler, coupler, joindre, lier, relier, réunir, unir

♦ **s'attacher à** V. PRON. **1. se concentrer sur**, s'adonner à, se consacrer à, s'intéresser à, se livrer à, s'occuper de **2. s'appliquer à**, chercher à, s'efforcer de, essayer de, travailler à, tendre à, viser à **3. se prendre d'affection pour**

attaque N. F. **I. 1.** [Milit.] **offensive**, action, assaut, charge, raid, sortie **2. agression**, attentat, guet-apens **II. critique**, accusation, coup de griffe, dénigrement, diatribe, pique, pointe, reproche, sortie, trait **III. 1. crise**, accès **2. apoplexie**, congestion cérébrale, coup de sang (fam.)

attaquer V. TR. **I. 1. déclarer la guerre à**, bombarder, charger, donner l'assaut à, ouvrir le combat/le feu contre, prendre l'offensive/passer à l'offensive contre **2. agresser**, assaillir, frapper, molester, sauter à la gorge de **II. 1. critiquer**, accuser, dénigrer, donner un coup de griffe à, faire le procès de, incriminer, jeter la pierre à, matraquer, médire de **2. provoquer**, chercher querelle à, défier, prendre à partie, chercher des crosses à (fam.) **3. intenter un procès à**, actionner, poursuivre (en justice) **III. 1. altérer**, corroder, corrompre, détériorer, endommager, piquer, ronger **2. porter atteinte à**, miner, nuire à, saper **IV. commencer**, aborder, débuter, démarrer, entamer, entreprendre, s'atteler à

attardé, ée ADJ. et N. **1. rétrograde**, dépassé, ringard (fam.) **2. arriéré**, débile, demeuré, simple d'esprit

atteindre V. TR. **1. frapper**, heurter, porter atteinte à **2. émouvoir**, affecter, éprouver, remuer, toucher, secouer (fam.) **3. choquer**, blesser, heurter, offenser, vexer **4. attraper**, prendre, parvenir à toucher, saisir **5. contacter**, joindre, toucher **6. arriver à**, aborder, accéder à, gagner, parvenir à, rejoindre

atteinte N. F. **1. dégât**, altération, attaque, dommage, préjudice **2. injure**, insulte, outrage **3. violation**, attentat, coup de canif, entorse **4. accès**, attaque, crise, effet

attenant, ante ADJ. accolé, adjacent, contigu, limitrophe, mitoyen, voisin

attendre

▸ V. TR. **1. exiger**, vouloir **2. guetter** **3. espérer**, escompter

▸ V. INTR. **1. patienter**, être dans l'expectative, [d'être reçu] faire antichambre **2. hésiter**, atermoyer, différer, temporiser, tergiverser, traîner

♦ **s'attendre à** V. PRON. prévoir, compter sur, escompter, imaginer, présager, pressentir, pronostiquer

attendrir V. TR. **1. amollir** **2. émouvoir**, apitoyer, désarmer, fléchir, remuer, toucher, troubler

♦ **s'attendrir** V. PRON. **1. s'apitoyer**, compatir, s'émouvoir **2. mollir**, faiblir

attendrissant, ante ADJ. émouvant, bouleversant, désarmant, touchant

attendrissement N. M. **1. sensibilité**, émotion, trouble **2. apitoiement**, commisération, compassion, pitié

attentat N. M. **1. agression**, attaque, crime **2. offense**, atteinte, coup, crime, outrage, préjudice

attente N. F. **1. expectative** **2. pause** **3. prévision**, calcul **4. désir**, espérance, espoir, souhait

attentif, ive ADJ. **1. vigilant**, appliqué, concentré, consciencieux, scrupuleux **2. attentionné**, assidu, empressé, obligeant, prévenant, zélé

attention N. F. **1. application**, concentration, méticulosité, sérieux, soin, vigilance, diligence (littér. ou Admin.) **2. curiosité**, intérêt, méfiance, soupçon **3. prévenance**, délicatesse, empressement, obligeance, soin, sollicitude, zèle **4. égards**, gentillesse

attentionné, ée ADJ. prévenant, aimable, attentif, courtois, empressé, gentil, obligeant, serviable

atténuer V. TR. **1. amoindrir**, affaiblir, diminuer, réduire **2. modérer**, adoucir, alléger, amortir, apaiser, émousser, estomper, soulager, tempérer, [un son] assourdir, étouffer, feutrer

atterrant, ante ADJ. accablant, affligeant, consternant, désolant

attestation N. F. **1. certificat**, [de paiement] quittance, reçu, [d'authenticité] vidimus **2. déclaration**, affirmation, assurance, confirmation **3. preuve**, gage, marque, signe, témoignage

attester V. TR. **1. déclarer**, affirmer, assurer, certifier, confirmer, garantir **2. prouver**, démontrer, faire foi de, manifester, marquer, révéler, témoigner de

attirail N. M. **1. équipement**, bagage, équipage, harnachement, panoplie, barda (fam.), bastringue (fam.), bazar (fam.), fourbi (fam.) **2. assortiment**, assemblage, ramassis

attirance N. F. **1. goût**, faible, fascination, inclination, intérêt, penchant, prédilection **2. attraction**, attrait, charme, fascination, séduction

attirant, ante ADJ. **1. séduisant**, affriolant, aguichant, appétissant, charmant, craquant (fam.) **2. attrayant**, alléchant, engageant, intéressant, tentant

attirer V. TR. **I. 1. aspirer**, absorber, drainer, pomper **2. faire venir**, amener, [en masse] faire affluer, faire courir **II. 1. plaire à**, captiver, charmer, gagner, séduire, tenter **2. appâter**, allécher, leurrer **3. aguicher**, enjôler, racoler **III. causer**, déclencher, entraîner, occasionner, provoquer, soulever, susciter

♦ **s'attirer** V. PRON. **1. obtenir**, gagner, se concilier, se procurer **2. encourir**, prêter le flanc à, risquer

attiser V. TR. **1. activer**, aviver, ranimer, stimuler **2. exciter**, déchaîner, embraser, enflammer, envenimer, exacerber, exaspérer

attitude N. F. **1. tenue**, contenance, maintien, port, pose, position, posture **2. aspect**, air, allure, expression, extérieur, physionomie **3. comportement**, actes, agissements, conduite, manières

attouchement N. M. contact, caresse, chatouillement, effleurement, frôlement

attractif, ive ADJ. attrayant, alléchant, appétissant, attirant, engageant, intéressant, séduisant, tentant

attraction N. F. **1. pesanteur**, gravitation **2. attirance**, appel, attrait, charisme, charme, fascination, séduction, tentation **3. spectacle**, exhibition, numéro, show (anglic.)

attrait N. M. **1. charme**, agrément, enchantement, séduction, tentation **2. attirance**, affinité, attraction, faible, fascination, goût, inclination, penchant, sympathie

♦ **attraits** PLUR. [d'une personne] **agréments**, charmes, sex-appeal

attraper V. TR. **I. 1. saisir**, agripper, cramponner, s'emparer de, empoigner, happer **2. recevoir**, décrocher, gagner, obtenir, remporter **3. capturer**, arrêter, mettre la main sur, piéger, prendre au piège, agrafer (fam.), alpaguer (fam.), choper (fam.), épingler (fam.), gauler (fam.), piquer (fam.), pincer (fam.), mettre le grappin sur (fam.) **4.** [une maladie] **contracter**, choper (fam.), ramasser (fam.) **II. abuser**, duper, leurrer, mystifier, tromper **III. réprimander**, disputer, gronder, houspiller, sermonner, admonester (littér.), enguirlander (fam.), engueuler (fam.), passer un savon à (fam.) sonner les cloches à (fam.)

attrayant, ante ADJ. attractif, alléchant, attirant, charmant, engageant, plaisant, séduisant

attribuer V. TR. **1. donner**, accorder, adjuger, allouer, assigner, doter de, impartir, octroyer, départir (littér.) **2. conférer**, décerner, gratifier de **3. imputer**, affecter, allouer **4. supposer**, accorder, prêter, reconnaître **5. mettre sur le compte de**, imputer, prêter, reporter (sur), rejeter (sur)

attribut N. M. **1. caractéristique**, apanage, caractère, particularité, prérogative, propriété, qualité, signe (distinctif), trait **2. emblème**, accessoire, décoration, signe (représentatif), symbole

attribution N. F. **affectation**, allocation, assignation, dotation, imputation, octroi, remise

♦ **attributions** PLUR. **autorité**, champ d'action, compétence, domaine, fonction, pouvoirs, prérogative, privilège, ressort, rôle, sphère d'activité

attrister V. TR. affliger, affecter, chagriner, consterner, désespérer, désoler, navrer, peiner

attroupement N. M. **1. groupe**, foule, rassemblement **2. manifestation**

attrouper V. TR. **assembler**, ameuter, grouper, rassembler, battre le rappel de

♦ **s'attrouper** V. PRON. **se masser**, se rassembler, [avec une intention hostile] s'ameuter

aubaine N. F. **1. profit**, avantage **2. chance**, occasion, opportunité, coup de bol (fam.), veine (fam.)

aube N. F. **1. aurore**, jour naissant, lever du jour, point du jour, pointe du jour, premières lueurs du jour, première clarté **2. commencement**, aurore, début, origine, matin

audace N. F. **1. aplomb**, arrogance, effronterie, impertinence, impudence, insolence, sans-gêne, culot (fam.), toupet (fam.), outrecuidance (littér.) **2. hardiesse**, assurance, bravoure, intrépidité, témérité, cran (fam.), culot (fam.)

audacieux, euse ADJ. et N. **1. courageux**, brave, hardi, intrépide, culotté (fam.), gonflé (fam.) **2. risqué**, aventureux, hasardeux, osé, téméraire **3. novateur**, neuf, nouveau, original

audience N. F. **1. séance 2. entretien**, entrevue, rendez-vous **3. assistance**, assemblée, assistants, auditoire, public, salle, spectateurs **4. attention**, écoute, intérêt

auditoire N. M. auditeurs, assemblée, assistance, audience, public, spectateurs, salle

augmentation N. F. **1.** [dimensions] **accroissement**, agrandissement, croissance, grossissement, prolongement **2.** [en hauteur] **élévation**, hausse, montée, rehaussement, relèvement, remontée **3.** [d'un nombre, d'une quantité] **multiplication**, accumulation, addition, recrudescence, redoublement **4.** [d'un prix, coût] **hausse**, escalade, élévation, flambée, inflation, majoration, montée **5.** [de valeur] **plus-value**, valorisation **6.** [en qualité] **amélioration**, gain, progrès, progression **7.** [en intensité] **renforcement**, accentuation, amplification, intensification, poussée, redoublement

augmenter

▸ V. TR. **1.** [dimensions] **accroître**, agrandir, développer, élever, étendre, prolonger, rallonger **2.** [un nombre, une quantité] **multiplier**, décupler, doubler, quadrupler, redoubler, tripler **3.** [un prix, un coût] **majorer**, élever, hausser, relever, renchérir **4. intensifier**, aggraver, amplifier, accentuer, exacerber, exciter, redoubler, renforcer **5. compléter**, enrichir

▸ V. INTR. **1. croître**, aller (en) crescendo, s'accentuer, s'accroître, s'amplifier, se développer, s'étendre, grandir, s'intensifier, monter, se renforcer, redoubler **2.** [prix] **s'apprécier**, flamber, grimper (en flèche), être en hausse

augurer V. TR. **1. présager**, annoncer, promettre **2. conjecturer**, deviner, inférer, prédire, prévoir, présumer

aujourd'hui ADV. actuellement, à l'époque actuelle, à l'heure qu'il est, à présent/dans le temps présent, de nos jours, en ce moment, maintenant, présentement

aumône N. F. **1. charité**, assistance, bienfait, faveur, secours **2. offrande**, don, obole **3. grâce**, faveur

auparavant ADV. d'abord, antérieurement, au préalable, avant, déjà, en premier, plus tôt, préalablement, précédemment

aura N. F. **1. influence**, charisme, impact, prestige **2. halo**, atmosphère, ambiance, brume, émanation, voile

auréole N. F. **1. nimbe**, gloire **2. halo**, couronne **3. prestige**, éclat, gloire **4. atmosphère**, aura, émanation **5. tache**, cerne

auréoler V. TR. **1. ceindre**, baigner, entourer, envelopper, nimber **2. glorifier**, exalter, magnifier **3. couronner**, parer

aurore N. F. **1. lever du jour**, **aube**, point du jour, premières lueurs du jour, première clarté **2. commencement**, début, origine, aube, matin

ausculter V. TR. **1. examiner 2. sonder**, prendre la température de, prendre le pouls de, tâter

aussitôt

▸ ADV. **immédiatement**, à l'instant, au même instant, dès l'abord, instantanément, sans délai, sans retard, sans tarder, séance tenante, sur le champ, sur l'heure, tout de suite, illico (fam.)

▸ PRÉP. **dès**, au moment de, juste après

austère ADJ. **1. ascétique**, frugal, rigoureux, rude, spartiate **2. rigoriste**, janséniste, puritain, rigide, sévère, stoïque **3. sobre**, dépouillé, monastique, nu, triste **4. grave**, dur, froid, sérieux, sévère

austérité N. F. **1. ascétisme 2. rigorisme**, jansénisme, puritanisme, stoïcisme **3. sobriété**, dépouillement, nudité **4. gravité**, dureté, froideur, sévérité

auteur N. M. **1. rédacteur**, dramaturge, écrivain, homme/femme de lettres, parolier **2. compositeur 3. initiateur**, artisan, créateur, fondateur, inventeur, promoteur

authentifier V. TR. **1. certifier**, constater, garantir, légaliser, valider **2. reconnaître**, attribuer

authentique ADJ. **1. véritable**, assuré, avéré, certain, effectif, établi, exact, indiscutable, indubitable, réel, sûr, véridique, vrai, vrai de vrai (fam.) **2. sincère**, juste, naturel, vrai, pur jus/sucre (fam.) **3.** [Droit] **notarié**, certifié conforme, public, solennel

automate N. M. **1. robot 2. androïde 3. somnambule**, fantoche, jouet, machine, marionnette, pantin, robot

automatique ADJ. **1. inconscient**, instinctif, involontaire, machinal, mécanique, réflexe, spontané **2.** [fam.] **forcé**, immanquable, inévitable, mathématique, sûr **3. systématique**, informatisé, programmé

automatiquement ADV. **1. mécaniquement 2. inconsciemment**, involontairement, machinalement, spontanément **3. forcément**, inéluctablement, inévitablement, obligatoirement

automatisme N. M. habitude, réflexe

automobile N. F. voiture, auto, bagnole (fam.), caisse (fam.), char (fam., Québec), guimbarde (fam., péj.), tacot (fam., péj.), tire (argot)

autonome ADJ. indépendant, libre, souverain

autonomie N. F. **1. souveraineté**, indépendance, liberté **2. liberté**, indépendance

autorisation N. F. **1. accord**, agrément, approbation, aval, consentement, feu vert, permission, [à ne pas faire qqch.] dispense, dérogation, exemption **2. habilitation 3. permis**, bon, congé, dispense, laissez-passer, licence, permission, pouvoir

autorisé, ée ADJ. **1. permis**, admis, toléré **2. qualifié**, compétent **3. officiel**, digne de foi

autoriser V. TR. **1. permettre**, accepter, accorder, admettre, consentir à, donner le feu vert à, donner son aval à, tolérer, souffrir (littér.) **2. dépénaliser**, décriminaliser **3. habiliter**, accréditer **4. justifier**, légitimer, permettre

autoritaire ADJ. **1. dictatorial**, absolu, absolutiste, despotique, fort, musclé, totalitaire, tyrannique **2. directif**, cassant, dur, impératif, impérieux, intransigeant, péremptoire, sec, sévère, tranchant

autorité N. F. **I. fermeté**, force, poigne, rigueur, vigueur **II. 1. pouvoir**, commandement, domination, puissance, souveraineté, supériorité **2. souveraineté**, empire, omnipotence, suprématie, toute-puissance **III. 1. ascendant**, emprise, influence, poids **2. charisme**, crédit, prestige, réputation **IV. attributions**, compétence, prérogative, ressort **V. 1. dignitaire**, notabilité, officiel **2. personnalité**, (grande) figure, pointure (fam.), ponte (fam.)

autosatisfaction N. F. vanité, fatuité, prétention, suffisance, triomphalisme, infatuation (littér.)

autour ADV. alentour, aux alentours, aux environs, à la ronde

autre ADJ. et PRON. **1. distinct**, différent, dissemblable, étranger **2. changé**, différent, méconnaissable, nouveau, transformé **3. dernier**, prochain

autrefois ADV. anciennement, dans le temps, dans les temps anciens, de mon (son etc.) temps, jadis

autrement ADV. **1. différemment**, d'une autre façon, d'une autre manière **2. sinon**, dans le cas contraire, faute de cela/faute de quoi, sans quoi, sans cela **3. bien plus**, beaucoup

auxiliaire

▸ ADJ. **complémentaire**, accessoire, additionnel, adjuvant, annexe, second, subsidiaire, supplémentaire

▸ N. **1. aide**, adjoint, assistant, bras droit, collaborateur, complice, lieutenant, second **2.** [Scol.] **vacataire**

avachi, ie ADJ. **1. déformé**, flasque, mou, usé **2. indolent**, mou, ramolli, sans ressort, flagada (fam.)

avachir V. TR. amollir, déformer, ramollir, user

♦ **s'avachir** V. PRON. **1. s'affaisser**, s'aplatir, se déformer **2. s'affaler**, s'effondrer, se vautrer, s'étaler (fam.) **3. se relâcher**, se laisser aller

aval N. M. **1. caution**, garantie, soutien **2. accord**, autorisation, permission

avaler V. TR. absorber, boire, déglutir, dévorer, engloutir, ingérer, ingurgiter, bouffer (fam.), enfourner (fam.), gober (fam.), s'enfiler (fam.)

avaliser V. TR. **1. garantir**, cautionner, se porter garant de **2. appuyer**, cautionner

avance N. F. **1. progression**, avancée, déplacement, marche, mouvement **2. acompte**, arrhes, à-valoir, crédit, escompte, prêt, provision **3. offre**, approche, ouverture

avancé, ée ADJ. **I. 1. éveillé**, en avance, précoce **2. évolué**, élaboré, moderne, perfectionné **3. progressiste**, anti-conformiste, d'avant-

avidité N. F. **1. appétit**, faim, goinfrerie, gloutonnerie, voracité **2. désir**, appétit, boulimie, envie, faim **3. concupiscence**, ardeur, convoitise **4. cupidité**, âpreté au gain, rapacité

avilir V. TR. **abaisser**, dégrader, déshonorer, flétrir, prostituer, rabaisser, ravaler, souiller
♦ **s'avilir** V. PRON. **1. s'abaisser**, se dégrader, déchoir, se ravaler **2. se déprécier**, se dévaluer

aviné, ée ADJ. ivre, soûl, beurré (fam.), bituré (fam.), bourré (fam.), cuit (fam.), éméché (fam.), imbibé (fam.), noir (fam.), paf (fam.), pété (fam.), pinté (fam.), rond (comme une queue de pelle) (fam.), schlass (fam.)

avion N. M. aéroplane, aérodyne, aéronef, appareil, coucou (fam.), zinc (fam.), taxi (argot)

avis N. M. **I. 1. opinion**, appréciation, idée, jugement, pensée, point de vue, position, sentiment, vue **2. conseil**, avertissement, directive, exhortation, instruction, recommandation **3. suffrage**, voix, vote **II. 1. annonce**, bulletin, communiqué, information, message, note, préavis, proclamation **2. avant-propos**, avertissement, préambule, préface

avisé, ée ADJ. clairvoyant, averti, circonspect, compétent, éclairé, réfléchi, sage

aviser V. TR. **avertir**, conseiller, informer, prévenir
♦ **s'aviser de** V. PRON. **1. s'apercevoir**, découvrir, remarquer, se rendre compte de **2. penser à**, songer à, trouver **3. oser**, essayer, tenter, s'aventurer à, se hasarder à, se risquer à

aviver V. TR. **1. activer**, animer, attiser, ranimer, réveiller **2. accentuer**, augmenter, attiser, envenimer, exaspérer, exciter, exalter

avocat, ate N. **1. défenseur**, représentant, bavard (argot), avocaillon (péj.), avocassier (péj.), défenseur de la veuve et de l'orphelin (plaisant ou péj.) **2. apologiste**, défenseur, apôtre, champion, intercesseur, serviteur

avoir V. TR. **1. posséder**, bénéficier de, détenir, disposer de, être propriétaire de, jouir de **2. obtenir**, acheter, acquérir, se procurer **3. porter sur/avec soi**, détenir **4. présenter 5. ressentir**, éprouver, sentir **6. passer**, connaître, faire l'expérience de, vivre **7. garder**, entretenir

avoir² N. M. **1. bien**, argent, fortune, possession, richesse **2. crédit**, actif, solde créditeur

avoisinant, ante ADJ. voisin, adjacent, attenant, contigu, environnant, proche

avoisiner V. TR. approcher de, frôler, friser (fam.)

avorté, ée ADJ. manqué, raté, loupé (fam.)

avorter V. INTR. **1.** [d'un enfant] **faire passer** (fam.), [naturellement] faire une fausse-couche **2. échouer**, rater, tourner court, capoter (fam.)

avouer V. TR. **1. reconnaître**, admettre, confesser, concéder, convenir **2. confier 3. s'accuser**, décharger sa conscience, parler, passer aux aveux, lâcher le morceau (fam.), manger le morceau (fam.), se mettre à table (fam.)

axe N. M. **1. pivot**, arbre, charnière, essieu **2. ligne**, direction, orientation **3. voie**, artère, route

axer V. TR. diriger, centrer, orienter

b

babiole N. F. **1. bibelot**, colifichet, bricole (fam.) **2. bêtise**, bagatelle, broutille, frivolité, futilité, rien, vétille, bricole (fam.)

bac[1] N. M. **1. traversier**, ferry-boat, traille, va-et-vient **2. baquet**, bassin, cuve

baccalauréat N. M. bac, bachot (fam.), maturité (Suisse)

bâcher V. TR. couvrir, camoufler, envelopper, recouvrir

bâcler V. TR. gâcher, saboter, sabrer, saloper (fam.)

badaud, aude N. curieux, flâneur, passant

badigeonner V. TR. **1. peindre**, teinter, barbouiller (péj.) **2. enduire**, recouvrir

badin, ine ADJ. enjoué, espiègle, folâtre, gai, léger, mutin

badinage N. M. **1. badinerie**, batifolage, marivaudage **2. amusement**, jeu, plaisanterie

badiner V. INTR. **1. s'amuser**, jouer, plaisanter, blaguer (fam.), rigoler (fam.) **2. batifoler**, folâtrer, marivauder

bafouer V. TR. **1. ridiculiser**, couvrir de boue, outrager, traîner dans la boue, vouer aux gémonies, conspuer (littér.), persifler (littér.), railler (littér.), vilipender (littér.) **2. se moquer de**, faire fi de (littér.)

bafouiller V. TR. et INTR. balbutier, bégayer, bredouiller, marmonner

bagage N. M. **1. valise**, malle, paquet, sac, vanity-case (anglic.) **2. équipement**, attirail, paquetage, barda (fam.), fourbi (fam.) **3. connaissances**, acquis, compétence, formation

bagarre N. F. **1. bataille**, bastonnade, combat, échauffourée, empoignade, mêlée, pugilat, rixe, baston (argot) **2. dispute**, altercation, querelle, prise de bec (fam.) **3. compétition**, rivalité, lutte

bagarreur, euse ADJ. et N. **1. batailleur**, battant, combatif **2. agressif**, belliqueux, querelleur

bagatelle N. F. **1. bêtise**, babiole, broutille, frivolité, futilité, rien, vétille, bricole (fam.) **2.** [vieux] **bibelot**, bricole (fam.)

bagou N. M. volubilité, éloquence, faconde, loquacité, verve

bague N. F. **1. anneau**, alliance, chevalière, jonc, marquise, semaine, bagouse (fam.) **2. annelure**, collier, manchon

baguette N. F. **1. badine**, canne, jonc **2.** [Archit.] **moulure**, asperge, chapelet, cordelière, frette, listel **3.** [Techn.] **agitateur**, broche, jauge, tige, tringle, tube

baie[1] N. F. crique, anse, calanque, golfe, rade, conche (région.)

baie[2] N. F. ouverture, fenêtre

baie[3] N. F. grain, boule

baignade N. F. bain, trempette (fam.)

baigner V. TR. **1. immerger**, plonger, tremper **2. arroser**, humecter, inonder, noyer, tremper **3. envelopper**, entourer, imprégner, pénétrer, remplir

♦ **se baigner** V. PRON. **1. se laver**, prendre un bain, faire trempette (fam.) **2. nager**

bâillonner V. TR. museler, réduire au silence

bain N. M. **1. baignade**, trempette (fam.) **2. toilette**, ablutions (Relig. ou plaisant) **3. teinture**, coloration **4.** [linguistique, etc.] **immersion**

♦ **bains** PLUR. **1. thermes**, hammam **2. station thermale**

baiser[1] V. TR. **1. embrasser**, baisoter (fam.), bécoter (fam.), biser (fam.), bisouter (fam.) **2.** [fam.] **tromper**

baiser[2] N. M. **1. bise**, bécot (fam.), bisou (fam.), mimi (fam.), poutou (fam.), baise (Belgique), bec (Québec, Belgique, Suisse) **2.** [profond] **patin** (fam.), pelle (fam.)

baisse N. F. **1. diminution**, abaissement, affaissement, chute, dégringolade, désescalade **2. affaiblissement**, déclin, fléchissement

baisser

▸ V. TR. **1. abaisser**, descendre, rabattre, [voile] affaler, ramener **2.** [drapeau, couleurs] **amener 3. courber**, fléchir, incliner, pencher **4. diminuer**, atténuer, faire tomber, réduire

▸ V. INTR. **1. diminuer**, décliner, décroître, descendre, être en baisse **2. faiblir**, s'affaiblir, décliner, décroître, diminuer, se déprécier, tomber **3.** [marée] **refluer**, déchaler, se retirer

♦ **se baisser** V. PRON. **s'abaisser**, se courber, s'incliner, se pencher

balade N. F. promenade, excursion, randonnée, vadrouille (fam.)

balader V. TR. **promener**, sortir

♦ **se balader** V. PRON. **se promener**, flâner, musarder, vadrouiller (fam.)

balafre N. F. cicatrice, coupure, couture, entaille, estafilade, taillade

balafrer V. TR. **1. couper**, couturer, taillader **2. barrer**

balai N. M. balayette, brosse, époussette

balance N. F. **1.** [sortes] bascule, pèse-bébé, pesette, pèse-lettre, peson, pèse-grains, baroscope, trébuchet **2. équilibre**, pondération

balancement N. M. **1. bercement**, dandinement, dodelinement **2. oscillation**, vacillation, va-et-vient **3.** [bateau] **roulis**, tangage

balancer

▸ V. TR. **1. agiter**, bercer, faire aller et venir, faire osciller, mouvoir, remuer **2. compenser**, contrebalancer, corriger, équilibrer, neutraliser **3. comparer**, opposer, peser **4.** [fam.] **jeter**, bazarder (fam.), ficher en l'air (fam.), foutre en l'air (fam.), virer (fam.) **5.** [fam.] **quitter**, larguer (fam.), plaquer (fam.) **6.** [fam.] **congédier**, mettre à la porte, renvoyer, lourder (fam.), sacquer (fam.), virer (fam.) **7.** [fam.] **dénoncer**, cafter (fam.), donner (fam.), moucharder (fam.)

▸ V. INTR. **1. hésiter**, flotter, vaciller, être sur le balan (Suisse) **2. swinguer**

♦ **se balancer** V. PRON. **1. osciller 2. se dandiner**, onduler, se tortiller **3.** [bateau] **rouler**, tanguer

balayer V. TR. **1. déblayer 2. emporter**, anéantir, ruiner, supprimer **3. chasser**, se débarrasser de, écarter, rejeter, repousser

balbutiement N. M. **bégaiement**, bredouillement, bredouillis

♦ **balbutiements** PLUR. **commencement**, début(s), premiers pas

balbutier V. INTR. et TR. **1. bégayer**, bredouiller, ânonner **2. babiller 3. commencer**, débuter, faire ses premiers pas

balisage N. M. signalisation, fléchage, marquage, signalétique

balise N. F. marque, bouée, signal

baliser V. TR. marquer, flécher, jalonner, signaliser

baliverne N. F. sornette, sottise, histoire (à dormir debout), chanson, foutaise (fam.)

balle[1] N. F. **1. ballon**, pelote **2. boule 3. plomb**, chevrotine, bastos (argot), berlingot (argot), dragée (argot), prune (fam.), pruneau (fam.), valda (fam.)

balle[2] N. F. **1. sac**, ballot, colis, [de café] farde **2. botte**

ballon N. M. **1. balle**, bulle, sphère **2. aérostat**, dirigeable, montgolfière, zeppelin **3.** [d'eau chaude] **chauffe-eau**, cumulus

ballonnements N. M. PL. flatulence, flatuosité, météorisme

ballot N. M. **1. balle**, colis **2. balluchon**, bagage, paquet **3.** [fam.] **idiot**, lourdaud, sot, cruche (fam.)

ballotter

▸ V. TR. **balancer**, cahoter, remuer, secouer

▸ V. INTR. **osciller**, remuer, trembler

balourd, ourde ADJ. et N. **1. rustaud**, butor, rustre **2. empoté**, fruste, gauche, grossier, lourd, maladroit, stupide

balourdise N. F. **1. bêtise**, maladresse, gaffe (fam.) **2. gaucherie**, lourdeur, maladresse

balustrade N. F. rambarde, balustre, garde-corps, garde-fou, parapet, rampe

bambin, e N. enfant, gosse (fam.), marmot (fam.), mioche (fam.), chiard (fam., péj.)

banal, ale, als ADJ. **1. commun**, courant, habituel, normal, ordinaire **2. quelconque**, insignifiant, insipide, pauvre, plat, trivial, vulgaire **3. cliché**, rebattu, usé, bateau (fam.)

banalité N. F. **1. insignifiance**, insipidité, platitude **2. cliché**, évidence, lapalissade, lieu commun, platitude, poncif, stéréotype, truisme

banc N. M. **1. banquette**, gradin **2. bande**, colonie, formation

bancal, ale, als ADJ. **1. branlant**, de travers, de guingois (fam.), de traviole (fam.) **2. boiteux**, claudicant (littér.) **3. insatisfaisant**, bâtard **4. aberrant**, erroné, incorrect

bandage N. M. bande, écharpe, ligature, pansement, [Techn.] spica

bande[1] N. F. **1. bandage**, bandelette, écharpe **2. bandeau**, banderole, rouleau, ruban **3.** [de cuir] **courroie**, dragonne, lanière, sangle **4.** [de toile, de tissu] **laize**, lé **5. raie**, barre, zébrure **6. pellicule**, vidéo

bande[2] N. F. **1. groupe**, association, compagnie, équipe, gagne (Québec) **2. gang**, armée, troupe **3. clan**, clique (fam., péj.), coterie (péj.) **4. troupeau**, horde, meute

bandeau N. M. **1. serre-tête**, turban **2. coiffe**, fronteau **3. couronne**, diadème **4. frise**, moulure, plate-bande

bander V. TR. **1. panser 2. raidir**, tendre, roidir

banderole N. F. bannière, enseigne, fanion, oriflamme

bandit N. M. **1. malfaiteur**, criminel, gangster, voleur, brigand, filou **2. pirate**, flibustier, forban **3. coquin**, gredin, misérable, vaurien, arsouille (fam.), chenapan (fam.), fripon (fam.), sacripant (fam.)

banlieue N. F. périphérie, couronne, environs, faubourgs

bannière N. F. drapeau, étendard, oriflamme

bannir V. TR. **1. exiler**, chasser, déporter, expulser, expatrier, interdire de séjour, mettre au ban (de), proscrire, refouler **2. éloigner**, chasser, écarter, exclure, rejeter, supprimer **3. interdire**, proscrire

banqueroute N. F. **1. faillite**, déconfiture, dépôt de bilan, liquidation **2. débâcle**, faillite, naufrage, ruine

banquet N. M. festin, repas, agapes (plaisant)

baptiser V. TR. **1.** [Relig.] **ondoyer 2. appeler**, dénommer, nommer, surnommer **3.** [vin] **couper**, diluer, mouiller

baquet N. M. bac, cuve, cuvier, baille (Mar.)

bar N. M. café, pub, troquet (fam.)

baraque N. F. **1. abri**, bicoque, cabane, cahute, hutte **2. échoppe** **3. maison**, cabane, cambuse, masure, taudis, bicoque (fam.), turne (fam.) **4.** [fam.] **entreprise**, boîte (fam.), crémerie (fam.)

baratin N. M. **1. battage**, blabla (fam.), bobards (fam.), boniment (fam.), salades (fam.) **2. volubilité**, bagout, tchatche (fam.)

baratiner V. TR. **1. embobiner** (fam.), entortiller (fam.), raconter des salades à (fam.) **2. courtiser**, faire du plat à (fam.)

baratineur, euse N. beau parleur, discoureur, phraseur, tchatcheur (fam.)

barbant, ante ADJ. ennuyeux, assommant, chiant (comme la pluie) (très fam.), emmerdant (fam.), rasant (fam.), rasoir (fam.), tannant (fam.)

barbare ADJ. **1. cruel**, féroce, impitoyable, inhumain, sanguinaire, sauvage **2. grossier**, rustre **3. incorrect**

barbarie N. F. cruauté, brutalité, férocité, inhumanité, sauvagerie

barbe N. F. barbiche, barbichette, bouc, collier, favoris, impériale, moustache, pattes de lapin, barbouze (fam.)

barber V. TR. ennuyer, assommer, bassiner (fam.), casser les pieds à (fam.), emmerder (fam.), faire chier (très fam.), raser (fam.), tanner (fam.)

barbouiller V. TR. **1. tacher**, embarbouiller, maculer, salir, souiller **2. peindre**, peinturer (fam.), peinturlurer (fam.) **3. gribouiller**, griffonner, noircir

barème N. M. **1. tarif**, prix **2. graduation**, échelle, table

baril N. M. tonneau, caque, fût, tonnelet

bariolé, ée ADJ. bigarré, chamarré, diapré, multicolore, panaché

barque N. F. **1. embarcation**, canot, chaloupe, barcasse (péj.), coquille de noix (péj.), rafiot (péj.), esquif (littér.) **2.** [sortes] barge, bélandre, gondole, patache, pinasse, pirogue, plate, satteau

barrage N. M. **1. barricade** **2. digue**, batardeau, estacade **3. obstacle**, barrière, blocage, obstruction, résistance

barre N. F. **I. 1.** [de métal] **barreau**, tige, tringle, [d'or] lingot, [de bois] baguette, bâton **2.** [sur porte] **bâcle**, épar **II. gouvernail** **III. 1. trait**, bande, ligne **2. limite**, niveau, plafond, seuil **IV.** [dans la mer] **banc**, haut-fond, bas-fond

barreau N. M. **1. échelon**, degré **2. barre**

barrer V. TR. **1. rayer**, biffer, raturer **2. boucher**, barricader, couper, obstruer **3. empêcher**, fermer, interdire **4.** [bateau] **gouverner**

barricade N. F. barrière, barrage, clôture, haie

barricader V. TR. **barrer**, bloquer, boucher

♦ **se barricader** V. PRON. **se retrancher (derrière)**, se cloîtrer, s'isoler, se terrer

barrière N. F. **I. 1. clôture**, échalier, haie, palissade **2. barrage**, barricade **3. récif** **II. 1. obstacle**, difficulté, empêchement, entrave **2. séparation**, fossé, limite, mur

bas¹, basse ADJ. **I. 1.** [taille] **court**, petit **2.** [son] **grave** **3.** [voix] **faible**, inaudible **4.** [prix] **modéré**, infime, modique, vil (littér.) **II.** [dans une hiérarchie] **inférieur**, faible, moindre, subalterne **III. 1.** [en qualité] **mauvais**, médiocre **2. abject**, grossier, ignoble, impur, indigne, infâme, mesquin, odieux, vulgaire, vil (littér.) **3. avilissant**, dégradant, honteux, infamant, innommable

bas² N. M. base, fond, pied

basané, ée ADJ. bronzé, bistré, boucané, hâlé, tanné

basculer V. TR. et INTR. culbuter, capoter, chavirer, chuter, tomber, verser

base N. F. **1.** [d'un objet] **assise**, assiette, embase, fond, fondement, point d'appui, support **2.** [d'un bâtiment] **fondation**, embasement, empattement, soubassement **3.** [d'un raisonnement] **appui**, assise, clé de voûte, fondement, pivot, pierre angulaire **4.** [d'un mot] **racine**, radical **5. origine**, fond, point de départ, racine, siège, source

♦ **bases** PLUR. **rudiments**, abc, b.a-ba, notions

baser V. TR. **1. fonder**, appuyer, échafauder, faire reposer **2. établir**, installer

♦ **se baser sur** V. PRON. **se fonder sur**, s'appuyer sur, reposer sur

basique ADJ. **1. élémentaire**, essentiel, fondamental **2. rudimentaire**

bassesse N. F. **1. abaissement**, avilissement, abjection, déchéance, dégradation, médiocrité, petitesse **2. honte**, ignominie, indignité, infamie, lâcheté, turpitude, vice **3. servilité**, vénalité **4. compromission**, courbette, vilenie

bassin N. M. **1. cuvette**, bassine, bassinet, vase **2. pièce d'eau**, étang, plan d'eau, réservoir **3. piscine 4. rade**, cale sèche, darse, dock **5. gisement 6. dépression**, cuvette, plaine

bataille N. F. **1. guerre**, action, affrontement, combat, engagement, escarmouche, opération, baroud (argot militaire) **2. bagarre**, affrontement, combat, conflit, échauffourée, escarmouche, lutte, mêlée, rixe **3. rivalité**, combat, lutte

batailler V. INTR. **1. se bagarrer**, se démener, s'escrimer, ferrailler, lutter **2. discuter**, argumenter, se disputer, se quereller

batailleur, euse ADJ. **1. belliqueux**, bagarreur, combatif, pugnace (littér.) **2. querelleur**

bataillon N. M. **1. armée**, compagnie, troupe, régiment **2. groupe**, cohorte, escadron, légion, troupe

bâtard, arde

▸ ADJ. **1. naturel**, adultérin, illégitime **2. hybride**, croisé, mélangé, métis, métissé **3. imparfait**, bancal

▸ N. M. **corniaud**

bateau[1] N. M. navire, bâtiment, cargo, embarcation, paquebot, vaisseau, rafiot (péj.), nef (littér.)

bateau[2] N. M. [fam.] canular, mystification

bateau[3] ADJ. INVAR. banal, classique, éculé, rebattu

batifoler V. INTR. **1. folâtrer**, s'amuser, gambader, jouer **2. flirter**, badiner, marivauder

bâtiment N. M. **1. construction**, bâtisse, édifice, immeuble, maison, monument **2. bateau**, navire, vaisseau

bâtir V. TR. **1. construire**, édifier, élever, ériger, monter **2. établir**, créer, fonder, échafauder, forger, imaginer, inventer, façonner, monter **3. faufiler**

bâtisse N. F. bâtiment, construction, édifice

bâtisseur, euse N. **1. architecte**, constructeur, promoteur **2. créateur**, fondateur, initiateur, instaurateur

bâton N. M. **1. baguette**, barre **2. perche**, hampe **3. piquet**, jalon, tuteur **4.** [pour la marche] **canne**, badine

battage N. M. publicité, bruit, matraquage, réclame

battement N. M. **1. coup**, heurt, martèlement, [de tambour] roulement **2.** [de cœur] **pulsation**, palpitation **3. intervalle**, décalage, pause, fourche (Belgique)

batterie N. F. **1. pile**, accumulateur, accus (fam.) **2. série**, arsenal, ensemble, train **3. percussion**, [sortes] caisse claire, grosse caisse, cymbale, timbale, drums

batteur N. M. **1. percussionniste**, drummer **2. mixeur**, fouet

battre

▸ V. INTR. **1. remuer**, se balancer, claquer, [voile] faseyer **2.** [cœur] **palpiter**

▸ V. TR. **I. 1. frapper**, donner/mettre des coups à, lever/porter la main sur, rosser, rouer de coups, taper (sur), arranger (fam.), casser la gueule/la tronche à (très fam.), coller/flanquer/filer/foutre des coups à (fam.), démolir (fam.), dérouiller (fam.), faire sa fête à (fam.), mettre la tête au carré à (fam.), passer à tabac (fam.), piler (fam.), rentrer dans le mou de (fam.), sauter sur (le casaquin de) (fam.), tomber sur le paletot de (fam.) **2.** [avec un bâton, une cravache] **bastonner**, bâtonner, cingler, cravacher, flageller, fouetter, matraquer, sangler, frotter l'échine de (fam.) **3.** [à coups de poing] **bourrer de coups**, boxer, cogner, échiner, éreinter (fam.), tabasser (fam.) **4.** [avec la main] claquer, calotter, fesser, gifler, souffleter, talocher (fam.) **II. vaincre**, avoir l'avantage sur, défaire, enfoncer, gagner, prendre le dessus sur, tailler (en pièces), triompher de, avoir (fam.), piler (fam.), pulvériser (fam.), torcher (très fam.), [dans un tournoi] se débarrasser de, se défaire de, éliminer **III. 1.** [métal] **marteler 2.** [substance] **agiter**, fouetter, baratter, mélanger, mêler, travailler, touiller (fam.) **3.** [cartes] **mélanger**, mêler

♦ **se battre** V. PRON. **1. combattre**, lutter, livrer bataille **2. se taper**, en découdre, en venir aux mains, faire le coup de poing, se bagarrer (fam.), se bouffer le nez (fam.), se castagner (fam.), se cogner (fam.), se crêper le chignon (fam.), se colleter (fam.), s'étriper (fam.) **3. se disputer**, se chamailler, se quereller **4. se démener**, s'acharner, batailler, s'escrimer, ferrailler, remuer ciel et terre

bavard, arde

▸ ADJ. **1. loquace**, communicatif, disert, prolixe, verbeux, volubile, causant (fam.) **2. indiscret**, cancanier, commère, concierge **3. long**, diffus, redondant, verbeux

▸ N. **1. discoureur**, jaseur, phraseur, baratineur (fam.), pipelette (fam.) **2. commère**, concierge

bavardage N. M. **1. papotage**, babillage, bagout, caquet, caquetage, causette (fam.), parlote (fam.) **2. boniment**, délayage, verbiage, baratin (fam.), blabla (fam.) **3. commérage**, indiscrétion, on-dit, potin (fam.), cancan (fam.), racontar (fam.), ragot (fam.)

bavarder V. INTR. **1. parler**, caqueter, causer, discourir, discuter, jacasser, bavasser (fam., péj.), discuter le bout de gras (fam.), faire la causette (fam.), papoter (fam.), tailler une bavette (fam.), tchatcher (fam.) **2. cancaner**, jaser

bavure N. F. **1. erreur**, faute, ratage, bourde (fam.) **2. traînée**, macule, tache **3. ébarbure**, barbe, barbille, masselotte

bazar N. M. **1. marché**, souk **2. attirail**, bric-à-brac, barda (fam.), bastringue (fam.), fourbi (fam.) **3. désordre**, capharnaüm, fatras, fouillis, pagaille, pêle-mêle, binz (fam.), bordel (fam.), boxon (très fam.), foutoir (très fam.), merdier (très fam.), souk (fam.)

beau, belle ADJ. **1. agréable**, adorable, aimable, charmant, épatant, formidable, chouette (fam.), extra (fam.) **2. enchanteur**, divin, exquis, féerique, grandiose, magique **3. élégant**, délicat, distingué, raffiné, fin, gracieux, majestueux, chic (fam.) **4. bienséant**, convenable, correct, honnête, poli **5. heureux**, avantageux, bon, favorable, florissant, glorieux, prospère, propice **6.** [esthétiquement] **esthétique**, joli, magnifique, merveilleux, mignon, ravissant, somptueux, splendide, sublime, superbe **7.** [physiquement] **bien fait**, sculptural, séduisant, bien roulé (fam.), canon (fam.) **8.** [moralement] **admirable**, digne, élevé, estimable, généreux, grand, haut, honorable, juste, magnanime, noble, pur, saint, sublime, vertueux **9.** [intellectuellement] **accompli**, admirable, bon, brillant, délicieux, éblouissant, éclatant, fort, habile, intéressant, passionnant **10.** [météo] **radieux**, dégagé, ensoleillé, serein, splendide **11.** [en quantité] **gros**, considérable, coquet, joli, rondelet

beaucoup ADV. **1. énormément**, copieusement, grandement, infiniment, joliment, prodigieusement, singulièrement, vivement, tant et plus, bigrement (fam.), bougrement (fam.), diablement (fam.), pas qu'un peu (fam.), salement (fam.), vachement (fam.) **2. souvent**, fréquemment, tous les quatre matins (fam.) **3. longtemps**, longuement

beauté N. F. **1. esthétique**, agrément, charme, harmonie, joliesse, plastique, splendeur, vénusté (littér.) **2. élégance**, délicatesse, distinction, finesse, grâce **3. féerie**, éclat, faste, magie, magnificence, majesté, splendeur, somptuosité **4. noblesse**, élévation, générosité, grandeur **5. appas**, charme, trésor **6. déesse**, bombe (fam.), pin-up (fam.), vénus (souvent au négatif)

bébé N. M. nourrisson, nouveau-né, petit, poupon, bambin (fam.), gosse (fam.), lardon (fam.), loupiot (fam.), marmot (fam.), mioche (fam.), môme (fam.), moutard (fam.)

bedonnant, ante ADJ. ventru, pansu, ventripotent

bégayer V. INTR. **1. balbutier**, bredouiller **2. commencer**, tâtonner

béguin N. M. **1. amourette**, caprice, engouement, fantaisie, flirt, passade, tocade **2. amoureux**, chéri, flirt

beige ADJ. et N. bis, sable, beigeasse (péj.), beigeâtre (péj.)

belliqueux, euse ADJ. **1. guerrier**, belliciste, faucon, va-t'en-guerre **2. agressif**, batailleur, combatif, hostile, pugnace, violent

bénédiction N. F. **1. grâce**, faveur, protection **2. aubaine**, bienfait, bonheur **3. accord**, permission

bénéfice N. M. **1. faveur**, grâce, privilège **2. profit**, boni, excédent, gain, rapport, revenu, bénéf (fam.)

bénéficiaire

▸ N. **allocataire**, affectataire, attributaire

▸ ADJ. **rentable**, avantageux, lucratif, profitable, juteux (fam.)

bénéficier V. TR. IND.

- bénéficier de **1. posséder**, jouir de **2. profiter de**, tirer avantage de, tirer parti de

- bénéficier à profiter à, être utile à, rendre service à, servir

bénéfique ADJ. bienfaisant, favorable, profitable, salutaire

benêt N. et ADJ. M. sot, niais, nigaud, andouille (fam.), godiche (fam.), gogo (fam.)

bénévole ADJ. et N. **1. volontaire** **2. désintéressé**, gracieux, gratuit

bénévolement ADV. gratuitement, gracieusement, volontairement

bénin, igne ADJ. anodin, inoffensif, [faute] véniel

bénir V. TR. **1. consacrer**, oindre, sacrer **2. protéger**, répandre ses bienfaits sur **3. remercier**, glorifier, louanger, louer, rendre grâce à

benne N. F. **1. chariot**, berline, blondin, wagonnet **2. cabine**, œuf **3. hotte**, comporte (région.)

berceau N. M. **1. berce** (surtout Belgique), bercelonnette, couffin, moïse **2. cintre**, arc, voûte

bercer V. TR. **1. balancer**, agiter doucement **2.** [littér.] **adoucir**, apaiser, calmer, charmer, consoler, endormir

berge¹ N. F. **1. rivage**, bord, rive **2. berme**, chemin de halage **3. talus**

berner V. TR. abuser, attraper, circonvenir, duper, jouer un mauvais/un sale tour à, mystifier, piéger, avoir (fam.), blouser (fam.), couillonner (très fam.), embobiner (fam.), faire prendre des vessies pour des lanternes à (fam.), mener en bateau (fam.), pigeonner (fam.), posséder (fam.), rouler (fam.), rouler dans la farine (fam.), baiser (très fam.)

besogne N. F. travail, activité, corvée (péj.), mission, occupation, ouvrage, tâche

besoin N. M. **1. nécessité**, exigence **2. désir**, appétit, envie, faim, goût, soif, appétence (littér.) **3. dénuement**, gêne, indigence, manque, misère, pauvreté, peine, privation, débine (fam.), mouise (fam.), mouscaille (fam.)

bestial, ale, aux ADJ. animal, brutal, féroce, grossier, inhumain, sauvage

bestialité N. F. brutalité, animalité, férocité, grossièreté, inhumanité, sauvagerie

bétail N. M. bestiaux, bêtes, cheptel

bête¹ ADJ. **1. idiot**, abruti, crétin, débile, imbécile, inepte, niais, nigaud, obtus, sot, stupide, bébête (fam.), bêta (fam.), bêtasse (fam.), cloche (fam.), couillon (très fam.), cruche (fam.), con (très fam.), taré (fam.), tartignole (fam.) **2. étourdi**, inattentif **3. simple**, élémentaire, enfantin

bête² N. F. animal, bestiole, bébête (fam.)

bêtement ADV. stupidement, niaisement, sottement

bêtise N. F. **1. sottise**, idiotie, imbécillité, ineptie, naïveté, niaiserie, stupidité **2. ignorance** **3. erreur**, ânerie, maladresse, bourde (fam.), connerie (très fam.), gaffe (fam.) **4. babiole**, bagatelle, enfantillage, plaisanterie

beugler V. INTR. **1. meugler**, mugir **2. hurler**, brailler, vociférer, gueuler (fam.)

bévue N. F. erreur, bavure, bêtise, impair, maladresse, pas de clerc, boulette (fam.), bourde (fam.), gaffe (fam.)

biais N. M. **1. diagonale**, oblique, obliquité **2. aspect**, angle, côté, éclairage, point de vue **3. détour**

biaiser V. INTR. **1. obliquer** **2. louvoyer**, finasser, se dérober, tergiverser, tourner autour du pot

bibelot N. M. babiole, bagatelle, colifichet, bricole (fam.)

bibliothèque N. F. **1. armoire**, rayonnage, casier (à livres) **2. cabinet de lecture**, bureau

bichonner V. TR. **1. choyer**, dorloter, gâter, soigner **2. pomponner**, parer

bicoque N. F. baraque, cabane, masure

bicyclette N. F. **1. cycle**, vélo, bécane (fam.), biclou (fam.), clou (fam.), bicycle (Québec, fam.), la petite reine (Sport) **2.** [d'autrefois] **bicycle**, célérifère, draisienne, vélocipède **3.** [multiple] **tandem**

bide N. M. **1. ventre**, panse, bedaine (fam.), bedon (fam.), bidon (fam.), brioche (fam.) **2.** [fam.] **échec**, désastre, fiasco, four, insuccès, flop (fam.), gamelle (fam.), veste (fam.)

bidon

▸ N. M. 1. **jerrycan**, gourde, nourrice, bouille (Suisse) 2. **ventre**, panse, bedaine (fam.), bedon (fam.), bide (fam.), brioche (fam.)

▸ ADJ. [fam.] **faux**, simulé, truqué

bien[1] ADJ. INVAR. 1. **beau**, agréable, aimable, parfait 2. **estimable**, digne, honnête, honorable, respectable 3. **convenable**, correct, satisfaisant, sérieux 4. **heureux**, content 5. **chic**, distingué, sélect (fam.) 6. **pratique**, commode, confortable, utile, au poil (fam.)

bien[2]

▸ INTERJ. 1. **bravo**, à la bonne heure, parfait 2. **d'accord**, entendu, OK, ça marche (fam.)

▸ ADV. 1. **convenablement**, correctement, dignement, honnêtement, honorablement 2. **raisonnablement**, judicieusement, prudemment, sagement 3. **adroitement**, à merveille, comme un ange, habilement, merveilleusement 4. **attentivement** 5. **admirablement**, agréablement, gracieusement, joliment 6. **favorablement**, avantageusement, heureusement, utilement 7. **absolument**, complètement, entièrement, extrêmement, intégralement, pleinement, profondément, réellement, totalement, à fond (fam.), bigrement (fam.), bougrement (fam.), diablement (fam.), sacrément (fam.), vachement (fam.)

bien[3] N. M. 1. **avantage**, bénéfice, bienfait, intérêt, profit, satisfaction, service, utilité 2. **fortune**, argent, avoir, capital, moyens, patrimoine, richesse, ressources 3. **chose**, possession, [Droit] acquêt, conquêt, dot

bien-aimé, e

▸ ADJ. **chéri**, favori, chouchou (fam.)

▸ N. M. **amoureux**, amant, fiancé, petit ami

▸ N. F. **amoureuse**, fiancée, petite amie, maîtresse, dulcinée (le plus souvent iron.)

bien-être N. M. INVAR. 1. **bonheur**, aise, béatitude, contentement, félicité, jouissance, plaisir, quiétude, satisfaction, sérénité 2. **détente**, décontraction, relaxation 3. **aisance**, confort, prospérité

bienfaisance N. F. 1. **bienveillance**, bonté, générosité, bénignité (littér.), débonnaireté (littér.) 2. **philanthropie**, assistance, charité

bienfaisant, ante ADJ. 1. **bienfaiteur**, bon, charitable, généreux, humain 2. **bénéfique**, favorable, profitable, salutaire

bienfait N. M. avantage, bénéfice, joie, plaisir, profit, utilité

bienfaiteur, trice N. donateur, mécène, philanthrope, protecteur

bien-fondé N. M. 1. **légitimité**, bon droit, recevabilité, validité 2. **pertinence**, justesse, utilité

bienheureux, euse ADJ. 1. **enchanté**, comblé, heureux, ravi 2. **béat** 3. [Relig.] **élu**, saint, vénérable

bienséance N. F. convenances, bonnes manières, correction, décence, décorum, étiquette, protocole, savoir-vivre, usages

bienséant, ante ADJ. convenable, correct, décent, délicat, honnête, poli, de bon ton

bientôt ADV. incessamment, avant peu/sous peu, dans un instant, d'un moment à l'autre, dans peu de temps, prochainement, sans tarder, tantôt, vite, incessamment sous peu (plaisant)

bienveillance N. F. bonté, altruisme, bonne volonté, bon vouloir, complaisance, douceur, humanité, indulgence, mansuétude (littér.), obligeance (littér.)

bienveillant, ante ADJ. **1. bon**, généreux, humain **2.** [à l'excès] **complaisant**, conciliant, indulgent

bienvenu, ue ADJ. opportun, à propos, heureux, qui tombe à point (nommé), qui tombe à pic (fam.), qui tombe pile (fam.)

biffer V. TR. barrer, effacer, raturer, rayer, sabrer, supprimer

bifteck N. M. steak, chateaubriand, rumsteck, tournedos, semelle (fam., péj.)

bifurcation N. F. carrefour, croisement, embranchement, fourche, patte d'oie

bifurquer V. INTR. se dédoubler, diverger, se diviser

bigarré, ée ADJ. **1. bariolé**, chamarré, coloré, jaspé **2. disparate**, hétéroclite, hétérogène, mêlé, varié

bijou N. M. **1. joyau 2. merveille**, chef-d'œuvre, perle, trésor

bilan N. M. **1. inventaire**, état, point **2. balance**, solde **3. conséquences**, résultat, suites

billet N. M. **1. titre de transport**, contremarque, ticket **2. carte**, ticket

biner V. TR. sarcler, bêcher

bisbille N. F. dispute, brouille, chamaillerie, crêpage de chignon (fam.), prise de bec (fam.)

biscornu, ue ADJ. **1. tordu**, asymétrique, difforme **2. extravagant**, abracadabrant, baroque, bizarre, farfelu, saugrenu, tarabiscoté (fam.), tordu (fam.)

biscuit N. M. **1.** [sucré] boudoir, craquelin, galette, gaufrette, petit-beurre, sablé, tuile, bonbon (Belgique) **2.** [salé] cracker, bretzel

bise N. F. baiser, bécot (fam.), bisou (fam.), poutou (fam.), bec (région.)

bistro(t) N. M. café, bar, pub, pinte (Suisse), troquet (fam.)

bitume N. M. **1. asphalte**, goudron, macadam **2. chaussée**, macadam, pavé, trottoir

bitumer V. TR. asphalter, goudronner, macadamiser

bivouac N. M. campement, camp

bizarre ADJ. **1. anormal**, curieux, étrange, inattendu, insolite, singulier, surprenant, bizarroïde (fam.) **2. extravagant**, abracadabrant(esque), insensé, saugrenu, loufoque (fam.), tordu (fam.) **3. excentrique**, baroque, fantasque, original **4. fou**, cinglé (fam.), dérangé (fam.), détraqué (fam.), fêlé (fam.) **5. mal**, tout chose (fam.)

bizarrement ADV. curieusement, étrangement, singulièrement

bizarrerie N. F. **1. étrangeté**, singularité **2. extravagance**, loufoquerie **3. excentricité**, originalité **4. anomalie**, curiosité

blabla N. M. bobards (fam.), boniment (fam.), salades (fam.)

blafard, arde ADJ. blanc, blême, décoloré, exsangue, hâve, livide, pâle, terne, terreux

blague N. F. **1. plaisanterie**, histoire drôle **2. rigolade** (fam.) **3. mensonge**, bobard (fam.), craque (fam.), salades (fam.), galéjade (région.) **4. canular**, farce, (mauvais) tour **5. bêtise**, bévue, impair, boulette (fam.), bourde (fam.), gaffe (fam.)

blaguer

▸ V. INTR. **plaisanter**, déconner (très fam.), rigoler (fam.), galéjer (région.)

▸ V. TR. **taquiner**, se moquer de, railler, chambrer (fam.), charrier (fam.)

blagueur, euse N. et ADJ. farceur, moqueur, plaisantin, galéjeur (région.)

blâme N. M. **1. condamnation**, anathème, critique, désapprobation, désaveu, réprobation, reproche, animadversion (littér.) **2. remontrance**, réprimande

blâmer V. TR. **1. accuser**, condamner, critiquer, désapprouver, désavouer, incriminer, jeter la pierre à, faire le procès de, réprouver, stigmatiser, anathématiser (soutenu), fustiger (littér.), [sans complément] mettre au banc des accusés **2. réprimander**

blanc, blanche

▸ ADJ. **1. laiteux**, argenté, incolore, opalin, lacté, albe (littér.), lactescent (littér.), opalescent (littér.), [de vieillesse] chenu (littér.) **2. blafard**, blanchâtre, blême, crayeux, livide **3. pur**, net, propre, vierge

▸ N. M. **1. espace**, interligne, intervalle, vide **2. silence**, pause

blancheur N. F. **1. blanc**, candeur (littér.), lactescence (littér.), opalescence (littér.) **2. pâleur**, lividité

blanchisserie N. F. teinturerie, laverie (automatique), pressing, buanderie (Québec)

blanchisseur, euse N. teinturier, buandier (Québec), nettoyeur (Québec)

blasé, ée ADJ. **1. indifférent**, froid, insensible **2. dégoûté**, désabusé, désenchanté, lassé (de tout)

blason N. M. arme, armoiries, écu, écusson

blasphème N. M. **1. impiété**, sacrilège **2. imprécation**, injure, insulte

blasphémer

▸ V. TR. **injurier**, insulter

▸ V. INTR. **jurer**, sacrer

blême ADJ. blafard, blanc, livide, pâle, blanc comme un linge, blanc comme un cachet d'aspirine

blêmir V. INTR. pâlir, blanchir, se décomposer, devenir blanc comme un linge

blennorragie N. F. blennorrhée, chaude-pisse (fam.), chtouille (argot)

blessant, ante ADJ. désobligeant, injurieux, mortifiant, offensant, vexant

blessé, ée ADJ. **1. froissé**, mortifié, offensé, vexé **2. estropié**, accidenté, invalide, mutilé

blesser V. TR. **I. 1. abîmer**, contusionner, déchirer, écorcher, écharper, estropier, meurtrir, mutiler, amocher (fam.) **2.** [à coups de couteau] **couper**, balafrer, entailler, percer, poignarder **3.** [par écrasement] **broyer**, écraser, fouler, froisser **II. 1. affecter**, choquer, contrarier, froisser, heurter, offenser **2. attenter à**, léser, nuire, porter atteinte à, porter préjudice à

♦ **se blesser** V. PRON. **1. se faire mal**, se couper, s'écorcher, s'égratigner, s'entailler, se meurtrir **2. se formaliser**, s'offenser, prendre la mouche, se vexer

blessure N. F. **1. lésion**, balafre, contusion, coupure, plaie, bobo (fam.) **2. douleur**, chagrin, froissement, meurtrissure, offense, vexation

bloc N. M. **1. roche**, rocher, boulder (Géol.), [Techn.] libage, moellon, pavé, [de bois] billot **2. calepin**, carnet **3. amas**, assemblage, tas **4. îlot**, pâté de maisons **5. ensemble**, totalité, tout **6. coalition**, union

blocage N. M. **1. barrage**, obstacle, obstruction **2. inhibition**, complexe **3.** [des prix] **gel**, encadrement **4. immobilisation**, paralysie

bloquer V. TR. **I. 1. caler**, coincer, immobiliser **2. serrer à bloc II. 1. barrer**, boucher, embouteiller, obstruer **2. inhiber**, paralyser **3. arrêter**, enrayer, geler, interrompre, stopper

blottir (se) V. PRON. **1. se pelotonner**, se mettre en boule, se ramasser, se recroqueviller, se replier, se tapir **2. se cacher**, se réfugier, s'enfouir

blouse N. F. 1. **tablier**, sarrau 2. **chemisette**, chemisier, corsage

bluff N. M. bidon (fam.), chiqué (fam.), esbroufe (fam.), flan (fam.), frime (fam.), intox (fam.)

bluffer
▸ V. TR. **impressionner**, épater, estomaquer (fam.)
▸ V. INTR. **donner le change**, frimer (fam.), faire de l'esbroufe (fam.), faire de l'épate (fam.)

bobine N. F. 1. **bobineau**, cannelle, canette, fuseau, fusette, rouleau 2. **film**, pellicule, rouleau

boire V. TR. I. 1. **avaler**, absorber, ingurgiter, téter, carburer à (fam.), descendre (fam.), écluser (fam.), pomper (fam.), siffler (fam.), s'enfiler (fam.), s'envoyer (fam.), se taper (fam.) 2. [d'un trait] **lamper**, vider 3. [à petits coups] **buvoter**, siroter, laper 4. **s'imprégner de**, absorber, s'imbiber de, se remplir de II. [sans complément] 1. **se désaltérer**, s'abreuver, étancher sa soif, se rafraîchir 2. **s'enivrer**, se soûler, biberonner (fam.), se cuiter (fam.), picoler (fam.), se pinter (fam.), prendre une biture/une cuite (fam.)

bois N. M. 1. **forêt**, sylve (poétique) 2. **bosquet**, boqueteau, bouquet d'arbres, futaie, taillis, bocage (littér.)

boisson N. F. breuvage, consommation, rafraîchissement, nectar (littér.)

boîte N. F. 1. **récipient**, contenant, emballage 2. **caisse**, carton, coffre 3. **boîtier**, cassette, coffret 4. **case**, casier 5. **conserve** 6. [fam.] **entreprise**, taule (fam.) 7. [fam.] **école**, collège, lycée, bahut (fam.)

boiter V. INTR. boitiller, aller clopin-clopant, clopiner, traîner la jambe, avoir une patte folle (fam.), traîner la patte (fam.), claudiquer (littér. ou plaisant)

boiteux, euse ADJ. 1. **claudicant** (littér. ou plaisant), bancal 2. **bancal**, branlant, instable 3. **insatisfaisant**, fragile, imparfait

boîtier N. M. boîte, coffret, écrin, étui

bol N. M. 1. **coupe**, jatte, pot, tasse 2. **bolée** 3. [fam.] **chance**

bombarder V. TR. 1. **canonner**, matraquer, mitrailler, pilonner, arroser (argot militaire) 2. **harceler**, accabler, assaillir, cribler 3. **parachuter**, catapulter, propulser

bombe N. F. 1. **machine infernale** 2. **aérosol**, atomiseur, pulvérisateur, spray

bombé, ée ADJ. arrondi, arqué, cintré, courbe, renflé, ventru

bomber
▸ V. TR. 1. **enfler**, gonfler, renfler 2. **cambrer**, cintrer, courber 3. **taguer**, graffiter
▸ V. INTR. 1. **gondoler**, gonfler, [Couture] goder 2. [fam.] **filer**, bourrer (fam.), foncer (fam.)

bon, bonne ADJ. I. **délicieux**, délicat, exquis, goûteux, savoureux, succulent II. 1. **altruiste**, bienfaisant, bienveillant, généreux, indulgent, serviable 2. **louable**, charitable, généreux, méritoire, noble, vertueux 3. **aimable**, brave, complaisant, estimable, gentil, honnête, obligeant III. 1. **capable**, adroit, doué, expert, habile, ingénieux 2. **avisé**, éclairé, judicieux, prudent, raisonnable, sage IV. **avantageux**, fertile, instructif, lucratif, productif, profitable, utile V. 1. **approprié**, adéquat, efficace 2. **favorable**, bénéfique, heureux, opportun, propice, salutaire, sain VI. 1. **exact**, correct, juste, rigoureux, sérieux, solide, sûr 2. **fidèle**, pur, véritable, vrai

bond N. M. **1. saut**, bondissement, cabriole, gambade, saut de carpe **2. soubresaut**, sursaut **3. augmentation**, explosion, flambée, hausse

bondé, ée ADJ. plein (à craquer), comble, archiplein (fam.), bourré (fam.), plein comme un œuf (fam.)

bondir V. INTR. **1. sauter**, courir, s'élancer, jaillir, se précipiter **2. cabrioler**, gambader, sauter, faire un/des bond(s)

bonheur N. M. **I. 1. contentement**, enchantement, joie, plaisir, ravissement, félicité (littér.) **2. bien-être**, calme, paix, sérénité **3. euphorie**, béatitude, extase **II. 1. chance**, aubaine, bonne fortune **2. avantage**, joie, plaisir

boniment N. M. **1. mensonge**, bavardage, baratin (fam.), blabla (fam.), blague (fam.), bobard (fam.), plat (fam.) **2. battage**, matraquage, baratin (fam.)

bonté N. F. **1. bienveillance**, altruisme, bienfaisance, clémence, compassion, humanité, mansuétude, miséricorde **2. amabilité**, bienveillance, gentillesse, obligeance **3. naïveté**, simplicité, débonnaireté (littér.)

boom N. M. **1. prospérité**, croissance, essor, expansion **2. augmentation**, bond, explosion, flambée, hausse

bord N. M. **1. côté**, arête, bordure, extrémité, limite, marge, tranche **2. contour**, cadre, entourage, bordure, périphérie, pourtour **3.** [de rivière] **rive**, berge, rivage **4.** [de forêt] **lisière**, orée

border V. TR. **1. longer**, suivre **2. entourer**, encadrer, enceindre, franger

bordure N. F. **1. bord**, tour **2. cadre**, contour, encadrement **3. périphérie**, périmètre, pourtour **4.** [de forêt] **lisière**, orée **5.** [de mer] **côte**, littoral **6.** [d'arbres, etc.] **cordon**, haie, ligne **7.** [Couture] **liseré**, feston, garniture

borne N. F. limite, frontière

borné, ée ADJ. bête, buté, étroit, limité, obtus, stupide, bas de plafond (fam.)

borner V. TR. **1. délimiter**, border, confiner, limiter, marquer, terminer **2. circonscrire**, limiter, modérer, réduire, restreindre

♦ **se borner à** V. PRON. **se limiter à**, se cantonner à, se confiner à, se contenter de, ne faire que, se satisfaire de, s'en tenir à

bosse N. F. **1. enflure**, tumeur, grosseur **2. bosselure**, excroissance, protubérance, renflement **3. monticule**, élévation, éminence

bosselé, ée ADJ. cabossé, accidenté, bossué

bosser

▸ V. INTR. **travailler**, [dur] boulonner (fam.), se défoncer (fam.), marner (fam.), trimer (fam.), turbiner (fam.), tâcher (littér.)

▸ V. TR. **étudier**, bûcher (fam.), plancher sur (fam.), potasser (fam.)

bosseur, euse N. et ADJ. travailleur, bûcheur (fam.)

botte¹ N. F. gerbe, bottée, bottelée, bouquet, fagot, faisceau

botte² N. F. bottillon, bottine, boots (plur.), brodequin, cuissarde, godillot, ranger, santiag

bottillon N. M. bottine, brodequin, godillot, boots (plur.)

bouche N. F. **1. museau** (fam.), bec (fam.), clapet (fam.), gosier (fam.), gueule (fam.) **2. orifice**, entrée, gueule, ouverture **3.** [d'un fleuve] embouchure

bouché, ée ADJ. **1. brumeux**, couvert, gris, sombre **2.** [fam.] **borné**, obtus, dur/lent à la détente (fam.)

boucher V. TR. **1. encombrer**, obstruer, oblitérer (Méd.) **2. fermer**, barrer, barricader, condamner, murer, obturer **3. colmater**, calfater, calfeutrer
♦ **se boucher** V. PRON. **1. s'engorger 2.** [ciel] **se couvrir**, s'assombrir, s'obscurcir

bouchon N. M. **1. tampon**, capuchon **2. embouteillage**, encombrement, retenue

boucle N. F. **1. anneau**, agrafe, fermoir, œil **2. nœud**, rosette, [tricot] maille **3.** [de cheveux] **frisette**, accroche-cœur, anglaise, bouclette, frisottis **4. méandre**, courbe, sinuosité, [avion] looping (anglic.) **5. cycle**, ronde

boucler V. TR. **1. attacher**, fermer **2. verrouiller**, encercler, bloquer, cerner, investir **3. finaliser**, achever, mettre la dernière main à, mettre un point final à

bouder
▸ V. INTR. **être fâché**, faire la lippe, faire la tête (fam.), faire du boudin (fam.), faire la gueule (fam.)
▸ V. TR. **dédaigner**, se détourner de, ignorer

boue N. F. **1. gadoue**, fange (littér.), bouillasse (fam.), gadouille (fam.) **2. limon**, bourbe, vase

boueux, euse ADJ. **1. bourbeux**, vaseux, fangeux (littér.), gadouilleux (fam.) **2. crotté** (fam.)

bouffée N. F. **1. accès**, crise, explosion, poussée **2. exhalaison**, émanation, souffle, [de cigarette] taffe (fam.)

bouffi, ie ADJ. **1. gonflé**, boudiné, boursouflé, gras, gros, joufflu, mafflu **2. ampoulé**, emphatique, grandiloquent, pompeux

bouffonnerie N. F. **1. farce**, blague, comédie, facétie, pitrerie, arlequinade (littér.) **2. cocasserie**, drôlerie, grotesque

bouge N. M. **1. taudis**, galetas **2. cabaret**, boui-boui (fam.)

bouger
▸ V. INTR. **1. remuer**, s'agiter, gigoter, ne pas rester/ne pas tenir en place, avoir la bougeotte (fam.) **2. se déplacer**, se mouvoir, aller et venir **3. branler**, osciller **4. broncher**, ciller, protester, réagir **5. changer**, avancer, évoluer, se modifier, progresser, aller de l'avant
▸ V. TR. **déplacer**, déranger
♦ **se bouger** V. PRON. [fam.] **s'activer**, agir, se démener, se donner du mal/de la peine, se remuer (fam.), s'arracher (fam.), ne pas rester les deux pieds dans le même sabot (fam.)

bougie N. F. chandelle, cierge

bougon, onne ADJ. et N. grognon, grincheux, ronchonneur, ronchon (fam.)

bougonner V. INTR. grommeler, grogner, maugréer, râler (fam.), rouspéter (fam.)

bouillie N. F. **1. compote**, purée **2. salmigondis**

bouillir V. INTR. **1. bouillonner**, bouillotter **2. s'impatienter**, s'énerver

bouillonnant, ante ADJ. **1. tumultueux**, turbulent **2. fougueux**, ardent, exalté, impétueux, pétulant, tout feu tout flamme, volcanique

bouillonnement N. M. **1. ébullition**, bouillon **2. fougue**, ardeur, effervescence, exaltation, impétuosité, pétulance

bouillonner V. INTR. **1. bouillir**, bouillotter, frémir, frissonner **2.** [d'impatience, etc.] **brûler**, bouillir, piaffer, trépigner

boule N. F. sphère, balle, bille, boulet, boulette, globe

boulevard N. M. avenue, artère, cours, mail

bouleversant, ante ADJ. déchirant, émouvant, pathétique, poignant, saisissant

bouleversé, ée ADJ. ému, ébranlé, troublé, remué, retourné, secoué

bouleversement N. M. **1. émotion**, choc, commotion, ébranlement, secousse, trouble **2. perturbation**, branle-bas, cataclysme, conflagration, dérèglement, désordre, remue-ménage, chamboulement (fam.) **3. ravage**, destruction, ruine, saccage

bouleverser V. TR. **1. émouvoir**, ébranler, retourner, secouer, troubler, tourneboule (fam.), tourner le(s) sang(s) à (fam.) **2. perturber**, déranger, désorganiser, jeter le trouble dans, mettre sens dessus dessous, renverser, révolutionner, chambarder (fam.), chambouler (fam.)

bouquet N. M. **1. gerbe**, botte, faisceau, touffe **2. arôme**, fumet, nez

bourde N. F. **1. erreur**, bêtise, bévue, faute, faux pas, impair, maladresse, pas de clerc (littér.), blague (fam.), gaffe (fam.) **2. baliverne**, invention, plaisanterie

bourdonner V. INTR. **1. vrombir**, ronronner **2. tinter** **3. bruire** (littér.)

bourrasque N. F. rafale, tempête, tourbillon, tourmente

bourré, ée ADJ. **1. bondé**, comble, complet **2. plein**, farci, rempli, truffé **3.** [fam.] **ivre**

bourrer V. TR. **1. rembourrer**, garnir **2. remplir**, farcir, truffer **3. tasser**, entasser **4. gaver**, gorger, rassasier
♦ **se bourrer** V. PRON. **se gaver**, se goinfrer, se farcir (fam.)

bourru, ue ADJ. rude, abrupt, acariâtre, ours, renfrogné, revêche

bourse N. F. **1. porte-monnaie**, portefeuille **2. pension**, aide financière, subside, subvention

bousculade N. F. **1. désordre**, cohue **2. hâte**, cavalcade, course, précipitation

bousculer V. TR. **1. déranger**, bouleverser, mettre sens dessus dessous, renverser, chambouler (fam.) **2. heurter**, percuter, pousser, rentrer dans (fam.) **3. malmener**, brusquer, rudoyer, secouer **4. activer**, harceler, presser, secouer

bousiller V. TR. **1.** [fam.] **abîmer** **2.** [fam.] **tuer**

bout N. M. **I. 1. extrémité**, limite, pointe **2. embout**, [d'un pain, etc.] croûton, entame, quignon **3. fin**, aboutissement, achèvement, issue, terme **II. morceau**, fragment, part, portion, segment, [petit] éclat, miette

boutade N. F. plaisanterie, bon mot, mot d'esprit, trait d'esprit, saillie (littér.), galéjade (région.)

boute-en-train N. M. amuseur, farceur, joyeux drille, gai luron, comique de la troupe

bouteille N. F. **1. flacon**, fiole **2. bonbonne**, dame-jeanne, fiasque, tourie **3. litre**, boutanche (fam.)

boutique N. F. magasin, commerce, échoppe

bouton N. M. **1. commutateur**, interrupteur, poussoir **2. bourgeon**, œil **3. pustule**, tumeur, vésicule **4. attache**

boutonner V. TR. attacher, fermer

boxer V. TR. frapper, cogner (fam.), bourrer de coups (fam.), tabasser (fam.)

boyau N. M. **1.** [surtout plur.] **entrailles**, intestins, tripes, viscères, [Chir.] catgut **2. tuyau**, conduite **3. conduit**, galerie, tranchée

boycott N. M. **1. interdit**, blocus **2. ostracisme**, mise à l'index, quarantaine

boycotter V. TR. ostraciser, jeter l'interdit sur, mettre à l'index, mettre en quarantaine, rompre les relations avec

bracelet N. M. anneau, chaînette, gourmette

brader V. TR. liquider, solder, sacrifier, vendre à prix cassés/sacrifiés, bazarder (fam.)

brailler V. INTR. **1. hurler**, beugler, criailler, s'époumoner, vociférer, braire (fam.), bramer (fam.), s'égosiller (fam.), gueuler (fam.) **2. pleurer**, chialer (fam.)

branche N. F. **1. branchette**, brindille, rameau, ramille **2. discipline**, domaine, ramification, secteur, spécialité

♦ **branches** PLUR. branchage, ramure, ramée (littér.)

branchement N. M. connexion, raccordement, rattachement

brancher V. TR. **1. connecter**, raccorder, rattacher, relier **2. orienter**, diriger **3.** [fam.] **intéresser**, passionner **4.** [fam.] **séduire**, plaire à, accrocher (fam.)

brandir V. TR. agiter, lever en l'air, montrer

branlant, ante ADJ. chancelant, bringuebalant, instable, vacillant

braquer V. TR. **1. diriger**, orienter, pointer, tourner **2. attaquer**, agresser, voler

♦ **se braquer** V. PRON. se buter, se cabrer, monter sur ses grands chevaux

brassage N. M. mélange, amalgame, assemblage, fusion, melting-pot (anglic.)

brasser V. TR. **1. remuer**, tourner, touiller (fam.) **2. manier**, gérer, manipuler, traiter

bravade N. F. **1. défi**, provocation **2. fanfaronnade**, rodomontade, vantardise

brave ADJ. **1. courageux**, hardi, héroïque, intrépide, vaillant, valeureux **2. bon**, gentil, honnête, obligeant, serviable

bravement ADV. courageusement, crânement, hardiment, vaillamment, valeureusement

braver V. TR. **1. défier**, affronter, narguer, passer outre, provoquer, faire la nique à (fam.) **2. mépriser**, se moquer de, offenser, violer, faire fi de (littér.)

bravo N. M. applaudissement, acclamation, hourra, ovation, vivat

bravoure N. F. courage, hardiesse, héroïsme, vaillance, valeur

brèche N. F. **1. ouverture**, passage, trou, trouée **2. cassure**

bredouiller V. TR. et INTR. balbutier, bafouiller, bégayer, marmonner, baragouiner (fam.)

bref[1], brève ADJ. **1. court**, éphémère, fugace, momentané **2. rapide 3. succinct**, concis, laconique, lapidaire, sobre **4. brusque**, brutal, coupant, tranchant

bref[2] ADV. enfin, en résumé, en un mot, en un mot comme en cent, pour faire court

bretelle N. F. **1. courroie**, bandoulière, lanière, [de vêtement] épaulette **2. voie de raccordement**, embranchement

breuvage N. M. boisson, nectar, philtre

bribe N. F. fragment, bout, miette, morceau, parcelle

bric-à-brac N. M. INVAR. bazar, fatras, bastringue (fam.), fourbi (fam.), foutoir (fam.)

bricole N. F. **1. bibelot**, bagatelle, babiole **2. bêtise**, babiole, bagatelle, broutille, frivolité, futilité, rien, vétille **3.** [surtout plur., fam.] **ennui**, problème

bricoler V. TR. **1. fabriquer**, mettre au point, bidouiller (fam.) **2. réparer**, arranger, bidouiller (fam.) **3.** [fam., sans complément] **trafiquer** (fam.), bidouiller (fam.), ficher (fam.), foutre (fam.), magouiller (fam.), traficoter (fam.)

brider V. TR. freiner, contenir, entraver, refréner, réprimer, tenir en bride

briefer V. TR. informer, mettre au courant, mettre au parfum (fam.), rancarder (fam.)

brièvement ADV. **1. momentanément** **2. rapidement** **3. succinctement**, laconiquement, en peu de mots

brièveté N. F. **1. rapidité**, brusquerie **2. concision**, laconisme

brigand N. M. **1. bandit**, gangster, malfaiteur, pillard, pirate, truand, voleur, malfrat (fam.), malandrin (littér.) **2. chenapan**, coquin, fripon, vaurien

briguer V. TR. ambitionner, convoiter, poursuivre, rechercher, viser, lorgner (sur) (fam.)

brillamment ADV. remarquablement, superbement, splendidement, avec brio

brillant[1], ante ADJ. **1. lumineux**, chatoyant, éblouissant, étincelant, flamboyant, radieux, rayonnant, resplendissant, rutilant, scintillant **2. magnifique**, éblouissant, éclatant, fastueux, luxueux, riche, somptueux **3. captivant**, intéressant, pétillant, spirituel, vif **4. doué**, fameux, émérite, illustre, remarquable

briller V. INTR. **I. 1. étinceler**, chatoyer, flamboyer, luire, miroiter, rayonner, resplendir, rutiler, scintiller, brasiller (littér.) **2. pétiller**, étinceler, s'illuminer, luire **II. 1. se distinguer**, impressionner **2. exceller**, faire des étincelles (fam.)

brimer V. TR. tourmenter, maltraiter, opprimer, persécuter, [un nouveau] bizuter

brin N. M. **1. brindille**, fétu **2. filament**, fibre, fil

brio N. M. virtuosité, éclat, entrain, fougue, maestria, panache, pétulance, vivacité

brioche N. F. ventre, panse, bedon (fam.), bedaine (fam.), bide (fam.)

briquer V. TR. astiquer, frotter, fourbir

briser V. TR. **I. casser**, broyer, démolir, ébrécher, fracasser, fracturer, mettre en pièces, pulvériser, réduire en miettes, rompre, atomiser (fam.) **II. 1. affliger**, accabler, bouleverser, fendre le cœur à **2. anéantir**, détruire, mettre fin à, ruiner **3. fatiguer**, éreinter, harasser, casser (fam.), crever (fam.), vider (fam.)

♦ **se briser** V. PRON. **se casser**, éclater, se rompre, voler en éclats

brochure N. F. bulletin, fascicule, livret, opuscule, plaquette, tract

broder V. TR. **1. agrémenter**, développer, embellir, enjoliver **2. exagérer**, fabuler, inventer, en rajouter (fam.)

broncher V. INTR. protester, bouger, ciller, manifester, murmurer, réagir, sourciller, moufter (fam.)

bronzé, ée ADJ. hâlé, basané, doré, tanné

brosser V. TR. **1. épousseter**, étriller, frotter **2. dépeindre**, camper, décrire, esquisser, peindre **3.** [Belgique] **sécher** (fam.)

brouhaha N. M. rumeur, bourdonnement, [fort] tapage, tumulte

brouillard N. M. brume, buée, vapeur, brouillasse (péj.), purée de pois (fam.)

brouillasser V. IMPERS. bruiner, crachiner, pleuvasser, pleuviner

brouille N. F. dispute, différend, fâcherie, froid, mésentente, bisbille (fam.)

brouillé, ée ADJ. 1. **fâché**, en froid 2. **terne**, terreux

brouiller V. TR. 1. **mélanger**, embrouiller, emmêler, enchevêtrer, mêler 2. **altérer**, embrouiller, troubler 3. **fâcher**, désunir, enfoncer un coin entre, semer la zizanie chez 4. **parasiter**, coder, crypter
♦ **se brouiller** V. PRON. 1. **s'emmêler**, se confondre, devenir confus 2. **se fâcher**, se disputer 3. **se troubler**, se voiler 4. **se gâter**, s'assombrir, se couvrir, s'obscurcir, se voiler

brouillon[1], onne ADJ. confus, désordonné, embrouillé, bordélique (fam.)

brouillon[2] N. M. ébauche, esquisse, premier jet, rough (anglic.)

broutille N. F. bêtise, babiole, bagatelle, frivolité, futilité, rien, vétille, bricole (fam.)

broyer V. TR. 1. **écraser**, moudre, pulvériser, piler, écrabouiller (fam.) 2. **croquer**, mâcher, mastiquer 3. **anéantir**, annihiler, détruire, laminer

bruit N. M. 1. [léger] **bruissement**, chuchotement, clapotis, cliquetis, froissement, froufrou, gargouillis, grésillement, ronronnement 2. [fort, violent] **battement**, claquement, clameur, déflagration, détonation, fracas, grondement, pétarade, roulement, vrombissement 3. [fort, gênant] **tintamarre**, tapage, tumulte, vacarme, boucan (fam.), chahut (fam.), chambard (fam.), foin (fam.), potin (fam.), raffut (fam.), ramdam (fam.), tintouin (fam.) 4. [mélodieux] **chant**, murmure, musique

brûlant, ante ADJ. 1. **chaud**, bouillant, cuisant, [soleil] torride 2. **délicat**, épineux, glissant, périlleux, sensible

brûler
▸ V. TR. 1. **calciner**, carboniser, consumer, embraser, griller, incendier, incinérer, cramer (fam.) 2. **roussir** 3. **irriter**, piquer
▸ V. INTR. **se consumer**, s'embraser, flamber, cramer (fam.)
♦ **se brûler** V. PRON. **s'ébouillanter**, s'échauder

brûlure N. F. 1. **chaleur**, feu, irritation, urtication 2. **échauffement**

brume N. F. brouillard, brouillasse, brumaille, brumasse, vapeur, voile

brumeux, euse ADJ. 1. **brouillardeux**, voilé 2. **confus**, flou, fumeux, nébuleux, obscur, vague

brusque ADJ. 1. **abrupt**, bourru, brutal, cavalier, rude, violent 2. **bref**, cassant, cinglant, sec, vif 3. **animal**, bestial 4. **soudain**, imprévu, inattendu, inopiné, précipité, subit

brusquement ADV. 1. **soudainement**, à brûle-pourpoint, de but en blanc, du jour au lendemain, inopinément, subitement, tout à coup, sans préavis 2. **brutalement**, vivement

brusquer V. TR. 1. **hâter**, activer, précipiter, presser 2. **malmener**, bousculer, rudoyer, secouer

brusquerie N. F. 1. **rudesse**, brutalité 2. [littér.] **soudaineté**, hâte, rapidité

brut, brute ADJ. 1. **naturel**, originel, primitif, pur, sauvage, vierge 2. **grossier**, fruste, inachevé, rudimentaire

brutal, ale, aux ADJ. 1. **agressif**, dur, vif, violent 2. **brusque**, cru, direct, franc, rude, sec, vif 3. **soudain**, brusque, inattendu, inopiné, précipité, subit 4. **animal**, bestial, grossier

brutalement ADV. 1. **agressivement**, durement, violemment, à la cosaque, à la hussarde, à la cravache, manu militari 2. **soudainement**, brusquement, inopinément, précipitamment, subitement

brutaliser V. TR. battre, brusquer, frapper, malmener, maltraiter, molester, rudoyer

brutalité N. F. **1. barbarie**, cruauté, dureté, férocité, inhumanité, sauvagerie, violence **2. brusquerie**, rudesse **3. animalité**, bestialité

♦ **brutalités** PLUR. **sévices**, coups, mauvais traitements, maltraitance, violences, voies de fait (Droit)

brute N. F. goujat, malotru, mufle, rustre, gougnafier (fam.)

bruyamment ADV. tapageusement, bien fort, haut et fort, tumultueusement

bruyant, ante ADJ. **1. assourdissant**, fracassant, retentissant, sonore, tonitruant **2. tapageur**, braillard (fam.), gueulard (fam.)

budget N. M. **1. comptes**, comptabilité **2. somme**, enveloppe

buffet N. M. armoire, bahut, commode, crédence, desserte, dressoir, vaisselier

buisson N. M. fourré, broussaille, hallier, taillis, breuil (Chasse, région.)

buissonneux, euse ADJ. broussailleux, fourni, touffu

bulletin N. M. **1. attestation**, certificat, récépissé, reçu **2. bordereau**, ordre **3. communiqué**, carnet de notes, rapport **4. publication**, journal, périodique, revue

bureau N. M. **I. 1. secrétaire**, table (de travail) **2. cabinet**, étude **II. 1. agence**, antenne, filiale **2. comité**, commission

bureaucrate N. gratte-papier (péj.), gratteur de papier (péj.), paperassier (péj.), rond-de-cuir (péj.), scribe (péj.), scribouillard (péj.)

burlesque ADJ. **1. bouffon**, comique, cocasse **2. farfelu**, extravagant, grotesque, saugrenu, loufoque (fam.)

business N. M. affaires, commerce, négoce, bizness (fam.)

buste N. M. **1. torse**, poitrine, tronc **2. seins**, poitrine

but N. M. **1. objectif**, dessein, intention, objet, propos, visée, vue **2. motif**, cause, motivation, raison **3. cible**, objectif, point de mire

buté, ée ADJ. **1. entêté**, obstiné, têtu (comme une mule), cabochard (fam.) **2. borné**, à la vue courte, étroit

butin N. M. capture, dépouille, prise, proie, trophée, gâteau (fam.)

butiner V. TR. glaner, grappiller, récolter

butte N. F. colline, éminence, élévation, hauteur, mont, monticule, motte, tertre

byzantin, ine ADJ. [péj.] compliqué, oiseux, stérile, vain

C

cabale N. F. complot, conjuration, conspiration, intrigue

cabane N. F. baraque, cabanon, cahute, case, hutte, bicoque (fam.)

cabine N. F. **1. couchette**, chambre **2. habitacle**, carlingue, cockpit

cabinet N. M. **1. réduit**, cagibi, débarras **2. agence**, bureau, étude
♦ **cabinets** PLUR. **toilettes**, latrines, waters, w.-c., water-closet, petit coin (fam.), pipi-room (fam.), chiottes (très fam.)

câble N. M. **1. corde**, filin, remorque, touée **2. télégramme**, câblogramme

cabochard, arde ADJ. et N. entêté, forte tête, têtu

cabosser V. TR. bosseler, bossuer, déformer

cabotin, ine N. et ADJ. **1. prétentieux**, m'as-tu-vu, poseur **2. cabot**, histrion (littér. et péj.), ringard (fam.)

cabrer V. TR. **braquer**, buter
♦ **se cabrer** V. PRON. **se braquer**, se buter, se révolter, se rebiffer (fam.)

cabriole N. F. bond, entrechat, culbute, galipette, gambade, pirouette, saut

caché, ée ADJ. **1. clandestin**, occulte, secret, souterrain **2. secret**, codé, cryptique

cacher V. TR. **1. dissimuler**, camoufler, faire disparaître, receler, celer (littér.), planquer (fam.) **2. abriter**, enfermer, enserrer, renfermer, serrer **3.** [dans la terre] **enfouir**, ensevelir, enterrer **4. voiler**, couvrir, envelopper, masquer, recouvrir **5.** [la vue] **boucher**, arrêter **6. éclipser**, occulter **7. taire**, dissimuler, étouffer, tenir secret, celer (littér.)
♦ **se cacher** V. PRON. **se dérober**, disparaître (à la vue), s'embusquer, se tapir, se terrer, se mettre à l'abri, se planquer (fam.)

cachet N. M. **1. comprimé**, capsule, gélule, pastille **2. sceau**, empreinte, estampille, oblitération, tampon, timbre **3. caractère**, charme, originalité, style

cachette N. F. cache, repaire, planque (fam.)

cacophonie N. F. **1. dissonance 2. vacarme**, tintamarre, boucan (fam.)

cadavérique ADJ. livide, blafard, plombé, terreux, cadavéreux (littér.)

cadavre N. M. **1. mort**, corps, dépouille, macchabée (fam.) **2. charogne**

cadeau N. M. **1. don**, offrande, présent (littér.) **2. bienfait**, bénédiction, manne

cadence N. F. **1. allure**, vitesse **2. rythme**

cadre N. M. **1. encadrement**, bordure, chambranle, châssis **2. décor**, environnement, milieu, paysage **3. domaine**, champ, limites, sphère, zone **4. manager**, [au plur.] encadrement

cadrer
► V. TR. **centrer**
► V. INTR. **s'accorder**, s'assortir, coïncider, concorder, correspondre, coller (fam.)

caduc, uque ADJ. **1. démodé**, dépassé, désuet, obsolète, périmé, vieux **2. annulé**, nul

cafard[1], arde N. **1.** [vieux] **hypocrite**, bigot, tartuffe **2. dénonciateur**, rapporteur, balance (fam.), cafteur (fam.), mouchard (fam.), sycophante (littér.)

camouflet N. M. affront, claque, gifle, humiliation, insulte, offense, outrage, vexation

camp N. M. **1. bivouac**, campement, [Milit.] cantonnement, quartiers **2. parti**, clan, côté, faction, groupe

campagnard, arde
▸ ADJ. **champêtre**, bucolique, pastoral, rustique
▸ N. **rural**

campagne N. F. **1. nature**, champs, cambrousse (fam., péj.) **2. opération**, croisade, [Milit.] expédition

campement N. M. **1. bivouac**, camp, campée (région. ou littér.) **2.** [Milit.] **cantonnement**, quartier

camper
▸ V. INTR. **bivouaquer**, coucher sous la toile
▸ V. TR. **1. décrire**, peindre, représenter **2. installer**, planter
♦ **se camper** V. PRON. **se dresser**, se planter, se poser

camping N. M. campement, camp, camp/village de toile

canaille N. F. et ADJ. **1. crapule**, bandit, fripouille (fam.), gredin (fam.) **2. polisson**, coquin, voyou, arsouille (fam.), fripon (fam.)

canal N. M. **1. conduit**, conduite, tube, tuyau **2. chenal 3. détroit**, passe **4. filière**, circuit, voie **5. intermédiaire**, entremise, truchement **6. chaîne (de télévision)**

canalisation N. F. **1. conduite**, tuyau, [sortes] gazoduc, oléoduc, pipe-line **2. tuyauterie**, plomberie

canaliser V. TR. **1. maîtriser**, contrôler **2. centraliser**, concentrer, grouper, réunir **3. aiguiller**, diriger

canapé N. M. divan, clic-clac, méridienne, ottomane, sofa, [deux places] causeuse, tête-à-tête

cancan N. M. bavardage, commérage, potin (fam.), racontar (fam.), ragot (fam.), clabaudage (littér.)

candeur N. F. **1. ingénuité**, crédulité, innocence, naïveté **2. pureté**, simplicité

candidat, ate N. **1. aspirant**, postulant, prétendant **2. compétiteur**, concurrent

candide ADJ. **1. ingénu**, innocent, naïf **2. pur**, simple

canevas N. M. **1. plan**, ossature, schéma, structure, trame **2. ébauche**, esquisse

caniculaire ADJ. étouffant, écrasant, torride

canicule N. F. grande chaleur, étuve, fournaise, cagnard (région.)

cannabis haschich, chanvre indien, marijuana, came (fam.), chichon (fam.), hasch (fam.), herbe (fam.), marie-jeanne (fam.), matos (fam.), shit (fam.)

canne N. F. **1. bambou**, roseau, canisse (région.) **2. bâton**

canon[1] N. M. bouche à feu, mortier, obusier

canon[2] N. M. **1. idéal**, archétype, modèle, type **2.** [adj., fam.] **magnifique**, superbe, top (fam.)

canot N. M. **1. barque**, annexe, chaloupe, yole, nacelle (littér.) **2. canoë**, canadienne, kayak, pirogue

cantine N. F. **1. réfectoire**, restaurant, cantoche (fam.) **2. coffre**, malle **3. cuisine**, roulante (fam.)

cantonner V. TR. **reléguer**, confiner
♦ **se cantonner à** V. PRON. se borner à, se contenter de, se limiter à, s'en tenir à

canular N. M. blague, farce, mystification, fumisterie (fam.)

cap N. M. **1. pointe**, bec, promontoire **2. direction**, orientation, route **3. étape**, palier, stade

capable ADJ. **1. adroit**, habile **2. doué**, fort, intelligent **3. compétent**, expert, qualifié

capacité N. F. **I. 1. contenance**, volume, [d'un bateau] tonnage, jauge **2. étendue**, portée **II. 1. aptitude**, compétence, disposition, faculté, qualité, talent, valeur **2. pouvoir**, faculté, force

capharnaüm N. M. bric-à-brac, fourbi, bazar (fam.), bordel (fam.), boxon (très fam.)

capital[1], ale, aux ADJ. essentiel, fondamental, premier, primordial, principal, suprême, cardinal (littér.)

capital[2] N. M. **1. argent**, avoir, fonds, fortune, valeur **2. patrimoine**, riches-se(s), trésor(s)

capitaliser V. TR. thésauriser, amasser

capiteux, euse ADJ. enivrant, étourdissant, grisant, qui monte à la tête

capitulation N. F. **1. reddition 2. renoncement**, abandon, abdication, démission

capituler V. INTR. **1. se rendre**, déposer/rendre les armes, hisser le drapeau blanc **2. renoncer**, abandonner, abdiquer, baisser les bras, céder, démissionner, s'incliner

capoter V. INTR. **1. chavirer**, se renverser, se retourner **2. échouer**, avorter, faire long feu, faire naufrage, tourner court, s'en aller en eau de boudin

caprice N. M. **1. envie**, coup de tête, fantaisie, lubie, toquade (fam.) **2. passade**, amourette, aventure, flirt, béguin (fam.), tocade (fam.)

capricieux, ieuse ADJ. **1. lunatique**, fantasque, inconséquent, inconstant **2. instable**, changeant

capter V. TR. **1. recevoir**, intercepter **2. accrocher**, captiver, conquérir, gagner, obtenir **3. canaliser**, recueillir

captif, ive
► ADJ. **détenu**, emprisonné, enfermé, incarcéré, prisonnier, en cage
► N. **prisonnier**, détenu

captivant, ante ADJ. **1. passionnant**, enthousiasmant, fascinant, palpitant, prenant **2. séduisant**, charmeur, magicien, sorcier

captiver V. TR. charmer, conquérir, enchanter, ensorceler, gagner, passionner, plaire à, séduire

captivité N. F. détention, emprisonnement, enfermement, incarcération, internement

capture N. F. **1. arrestation 2. prise**, butin, trophée

capturer V. TR. **1. arrêter**, appréhender, choper (fam.), coincer (fam.), cueillir (fam.), épingler (fam.), gauler (fam.), harponner (fam.), pincer (fam.), alpaguer (argot) **2. attraper**, s'emparer de, prendre

caractère N. M. **I. signe**, chiffre, lettre, symbole **II. 1. tempérament**, constitution, nature, personnalité **2. courage**, détermination, fermeté, résolution, ténacité, trempe, volonté **III. 1. caractéristique**, attribut, marque, particularité, propriété, qualité, signe, spécificité, trait **2. air**, allure, apparence, aspect **IV. cachet**, allure, originalité, personnalité, relief, style, gueule (fam.)

caractériser V. TR. **1. distinguer**, déterminer, différencier, individualiser, marquer, particulariser **2. définir**, déterminer, préciser, spécifier

caractéristique
► ADJ. **1. distinctif**, déterminant, particulier, personnel, propre, spécifique, typique **2. représentatif**, emblématique, significatif, symptomatique
► N. F. **caractère**, marque, particularité, qualité, signe, spécificité, trait

carambolage N. M. collision, accrochage, télescopage

caramboler V. TR. heurter, accrocher, bousculer, percuter, télescoper

carapace N. F. 1. **armure**, blindage, bouclier, cuirasse 2. [Zool.] **test**, bouclier

carboniser V. TR. brûler, calciner, griller, cramer (fam.)

carcan N. M. assujettissement, contrainte, entrave, chaînes (littér.), joug (littér.)

carcasse N. F. 1. **squelette**, ossature 2. **armature**, charpente 3. **châssis**, coque

carence N. F. manque, défaut, déficience, insuffisance, lacune, pénurie

caressant, ante ADJ. affectueux, aimant, cajoleur, câlin, tendre

caresse N. F. 1. **effleurement**, frôlement 2. **cajolerie**, câlinerie, papouille (fam.), mamours (fam.), [abusive] attouchement

caresser V. TR. 1. **cajoler**, câliner, papouiller (fam.), peloter (fam.), tripoter (fam.) 2. [un animal] **flatter** 3. **effleurer**, frôler 4. **entretenir**, nourrir, se complaire dans

cargaison N. F. 1. **charge**, chargement, fret 2. **quantité**, collection, provision, réserve, tas

caricatural, ale, aux ADJ. 1. **grotesque**, burlesque, comique, ridicule 2. **exagéré**, outré, parodique 3. **primaire**, simpliste

caricature N. F. 1. **charge**, dessin satirique 2. **satire**, critique 3. **parodie**, simulacre, travestissement

caricaturer V. TR. charger, contrefaire, parodier, railler, ridiculiser, tourner en ridicule

carnage N. M. 1. **boucherie**, hécatombe, massacre, tuerie 2. **dégât**, destruction, dévastation, ravage

carnet N. M. calepin, agenda, bloc-notes, répertoire, mémo (fam.)

carré[1], ée ADJ. 1. **large**, robuste 2. **net**, catégorique, direct, franc, tranché 3. **droit**, loyal

carré[2] N. M. 1. **case**, carreau 2. [de jardin] **planche**, carreau 3. **dé**, cube, carrelet 4. **coin**, bout 5. **foulard**

carreau N. M. 1. **vitre**, fenêtre, glace 2. **dalle**, pavé

carrefour N. M. 1. **croisement**, bifurcation, croisée des chemins, embranchement, étoile, fourche, patte d'oie, rond-point 2. **symposium**, forum, rencontre, table ronde

carrelage N. M. dallage, pavement

carreler V. TR. 1. **daller**, paver 2. **quadriller**

carrément ADV. 1. **franchement**, clairement, sans ambages, sans détour, sans prendre de gant, bille en tête (fam.), sans tourner autour du pot (fam.) 2. **complètement**, absolument, totalement

carrer (se) V. PRON. 1. **se caler**, s'installer 2. **se camper**, se planter

carrière N. F. 1. **profession**, activité professionnelle, métier, situation 2. **parcours (professionnel)**, cursus

carriériste N. arriviste, ambitieux

carrure N. F. 1. **largeur d'épaules** 2. **valeur**, calibre, classe, envergure, stature

cartable N. M. sac, porte-documents, sacoche, serviette

carte N. F. 1. **plan**, atlas, mappemonde, planisphère 2. **carton** 3. **menu** 4. **billet**, ticket

cartel N. M. association, consortium, entente, trust

cartésien, ienne ADJ. rationnel, clair, logique, méthodique

cas N. M. 1. **circonstance**, événement, fait, occasion, occurrence, situation 2. **hypothèse**, éventualité, possibilité 3. **affaire**, cause, dossier

casanier, ière ADJ. sédentaire, pantouflard (fam.)

cascade N. F. 1. **chute (d'eau)**, cataracte, cascatelle (littér.) 2. **acrobatie**, voltige 3. **série**, avalanche, déluge, flot, kyrielle, ribambelle, succession, torrent

case N. F. 1. **hutte**, paillote 2. **casier**, compartiment, loge 3. **carré**

caser V. TR. 1. **ranger**, loger, placer, enfourner (fam.), fourrer (fam.) 2. **établir**, fixer, placer 3. [fam.] **marier**

caserne N. F. baraquement, casernement, quartiers

cash ADV. et N. M. comptant, rubis sur l'ongle

casier N. M. 1. **case**, compartiment 2. **nasse**

cassant, ante ADJ. 1. **cassable**, fragile 2. **brusque**, coupant, dur, impérieux, péremptoire, sec, tranchant

cassé, ée ADJ. 1. **brisé**, rompu 2. [voix] **faible**, éraillé, voilé 3. **abîmé**, bousillé (fam.), déglingué (fam.), fichu (fam.), foutu (fam.), nase (fam.) 4. [fam.] **fatigué**

casse-cou N. M. INVAR. audacieux, imprudent, risque-tout, téméraire

casse-croûte N. M. INVAR. en-cas, collation, snack, casse-dalle (fam.)

casse-pieds N. et ADJ. INVAR. 1. **gêneur**, casse-couilles (très fam.), chieur (très fam.), emmerdeur (fam.), enquiquineur (fam.), raseur (fam.) 2. **ennuyeux**, assommant, chiant (très fam.), emmerdant (très fam.), gonflant (fam.), rasoir (fam.)

casser

▸ V. TR. 1. **briser**, broyer, disloquer, écraser, fracasser, fracturer, rompre 2. **abîmer**, détruire, bousiller (fam.), déglinguer (fam.), esquinter (fam.) 3. **annuler** 4. **démettre**, dégrader, déposer, destituer, limoger, révoquer

▸ V. INTR. **se briser**, claquer, se rompre, péter (fam.)

cassure N. F. 1. **brisure**, brèche, casse, crevasse, faille, fente, fissure, fracture 2. [Géol.] diaclase, faille, joint 3. **rupture**, coupure, fêlure

caste N. F. clan, classe

castrer V. TR. châtrer, bistourner, chaponner, couper, émasculer

cataclysme N. M. 1. **calamité**, catastrophe, désastre, fléau 2. **bouleversement**, crise, ravage

catalogue N. M. 1. **index**, inventaire, liste, nomenclature, recueil, répertoire, rôle, table 2. **liste**, dénombrement, énumération, inventaire

cataloguer V. TR. 1. **juger**, classer, étiqueter, jauger 2. **indexer**, inventorier, répertorier

catapulter V. TR. 1. **lancer**, projeter, propulser, porter 2. **promouvoir**, propulser, bombarder (fam.), parachuter (fam.)

catastrophe N. F. 1. **calamité**, cataclysme, fléau 2. **drame**, coup, désastre, infortune, malheur, tragédie, cata (fam.), tuile (fam.)

catastropher V. TR. abattre, accabler, atterrer, consterner

catastrophique ADJ. 1. **affreux**, désastreux, dramatique, effroyable, épouvantable, terrible 2. **déplorable**, calamiteux, désastreux, lamentable

catégorie N. F. espèce, classe, famille, genre, groupe, ordre, race, série, sorte, type

catégorique ADJ. 1. **absolu**, clair, formel, indiscutable, net 2. **autoritaire**, cassant, coupant, définitif, impératif, péremptoire, tranchant

catimini (en) LOC. ADV. en cachette, à la dérobée, en secret, en tapinois, en douce (fam.)

cauchemar N. M. 1. **mauvais rêve**, terreur nocturne 2. **hantise**, bête noire, obsession, tourment

causant, ante ADJ. communicatif, bavard, loquace, disert (littér.)

cause N. F. 1. **motif**, mobile, raison, sujet 2. **origine**, fondement, moteur, principe, source 3. **agent**, auteur, créateur, instigateur 4. **intérêt**, parti 5. **procès**, affaire

causer[1] V. TR. amener, amorcer, apporter, attirer, catalyser, déclencher, donner lieu à, entraîner, motiver, occasionner, produire, provoquer, susciter

causer[2] V. INTR. 1. **parler**, bavarder, converser, deviser, discuter, papoter (fam.), faire causette (fam.), tailler une bavette (fam.) 2. **jaser**, cancaner, faire des potins (fam.)

causeur, euse

▸ ADJ. **loquace**, bavard, causant (fam.), disert (littér.)

▸ N. **orateur**, discoureur

caustique ADJ. 1. **acide**, brûlant, corrodant, corrosif, cuisant 2. **acerbe**, acéré, corrosif, incisif, mordant, piquant, satirique

caution N. F. 1. **gage**, cautionnement, garantie, sûreté 2. **garant**, répondant 3. **appui**, aval, soutien

cautionner V. TR. avaliser, répondre de, se porter garant de

cavalcade N. F. chevauchée, course, galopade

cavaleur, euse ADJ. et N. coureur (de filles/de jupons), volage, dragueur (fam.), chaud lapin (fam.)

cavalier, ière

▸ ADJ. **désinvolte**, hardi, hautain, impertinent, inconvenant

▸ N. **danseur**, partenaire

▸ N. M. **jockey**, écuyer

♦ **cavalière** N. F. **amazone**, écuyère

cavalièrement ADV. insolemment, impertinemment, à la hussarde

cave N. F. 1. **cellier**, chai 2. **sous-sol**, caveau

caverne N. F. 1. **grotte**, cavité 2. **antre**, refuge, repaire, tanière

caverneux, euse ADJ. grave, bas, profond, sépulcral

cavité N. F. 1. **creux**, anfractuosité, concavité, excavation, niche, trou, vide 2. [Géol.] **abîme**, aven, caverne, fosse, gouffre, grotte, précipice, ravin

céder

▸ V. TR. **donner**, abandonner, concéder, se dessaisir de, passer, transmettre

▸ V. INTR. 1. **casser**, craquer, lâcher, rompre, péter (fam.) 2. **s'écrouler**, s'enfoncer 3. **cesser**, disparaître, tomber 4. **capituler**, battre en retraite, s'incliner, lâcher prise, lâcher pied, se rendre, renoncer, se résigner

ceindre V. TR. 1. **cerner**, encercler, enclore, enfermer, entourer, enserrer 2. **revêtir**, mettre

célébration N. F. 1. **commémoration**, cérémonie, fête 2. **apologie**, exaltation, glorification

célèbre ADJ. 1. **fameux**, (très) connu, glorieux, illustre, insigne, légendaire, notoire, renommé, réputé, connu comme le loup blanc 2. **historique**, inoubliable, mémorable, proverbial

célébrer V. TR. 1. **commémorer**, fêter 2. **chanter**, exalter, glorifier, louer, sanctifier, vanter 3. [la messe] **dire**

célébrité N. F. 1. **renom**, gloire, notoriété, popularité, renommée, réputation, succès 2. **personnalité**, gloire, grand nom, star, vedette, pointure (fam.), [Cinéma] tête d'affiche

cellule N. F. **1. prison**, cachot, geôle (littér.), mitard (argot) **2. loge**, chambrette **3. case**, alvéole, compartiment, loge **4. groupe**, noyau, section

cénacle N. M. cercle, chapelle, clan, club, coterie (péj.)

cendres N. F. PL. ruines, débris, restes

censé, ée ADJ. supposé, présumé, réputé

censure N. F. **1. blâme**, condamnation, critique, désapprobation, réprobation **2. interdit**, mise à l'index

censurer V. TR. **1. blâmer**, condamner, critiquer, désapprouver, réprouver **2. supprimer**, caviarder **3. interdire**

central, ale, aux ADJ. essentiel, capital, fondamental, principal

centralisation N. F. concentration, rassemblement, regroupement, réunion

centraliser V. TR. concentrer, rassembler, regrouper, réunir

centre N. M. **1. milieu**, cœur, nombril, noyau **2. siège**, cœur, foyer **3. base**, fondement, principe, clé de voûte **4. cerveau**, cheville ouvrière, pivot **5. pôle**, axe

centrer V. TR. **1. diriger**, orienter, focaliser **2. cadrer**

cependant ADV. et CONJ. néanmoins, pourtant, toutefois, malgré cela, en regard de cela, toujours est-il que, avec tout cela, n'empêche que (fam.)

cerceau N. M. arc, arceau, archet

cercle N. M. **1. rond**, anneau, disque, couronne, rosace **2. auréole**, cerne, halo, nimbe **3. circonvolution**, rotation, rond, tour **4. club**, cénacle, chapelle, clan

cercler V. TR. encercler, cerner, entourer, ceindre (littér.)

cercueil N. M. bière, sarcophage, boîte (fam.)

cérébral, ale, aux ADJ. intellectuel, mental

cérémonial N. M. **1. code**, décorum, étiquette, protocole, règles, usage **2. rituel**, rite

cérémonie N. F. **1. fête**, célébration, commémoration, réception **2. décorum**, cérémonial, solennité, appareil (littér.), pompe (littér.)

♦ **cérémonies** PLUR. [péj.] **façons**, chinoiseries, chichis (fam.), complications

cérémonieux, euse ADJ. **1. affecté**, apprêté, compassé, solennel **2. formaliste**, protocolaire

cerne N. M. **1. halo**, auréole **2.** [sous les yeux] **poche**, valise (fam.)

cerner V. TR. **1. assiéger**, bloquer, boucler, encercler, investir **2. circonscrire**, délimiter **3. appréhender**, comprendre, faire le tour de, saisir

certain, aine ADJ. **1. convaincu**, assuré, persuadé, sûr **2. incontestable**, avéré, confirmé, indéniable, indiscutable, indubitable, sûr **3. inévitable**, garanti, inéluctable, immanquable **4. évident**, flagrant, manifeste **5. réel**, authentique, vrai **6. relatif**

certainement ADV. **1. incontestablement**, indéniablement, indiscutablement, indubitablement, assurément, sans aucun doute **2. inévitablement**, fatalement, infailliblement, nécessairement, à coup sûr, sûrement **3. (très) probablement** **4.** [en exclamatif] **bien sûr !**, certes !, évidemment !, naturellement !, un peu ! (fam.)

certifier V. TR. **1. affirmer**, assurer, attester, confirmer, garantir, maintenir, soutenir **2. authentifier**, légaliser, vidimer (Admin.)

certitude N. F. **1. évidence**, vérité **2. assurance**, conviction, croyance

cerveau N. M. **1. esprit**, intelligence, tête **2. tête**, cervelle, crâne (fam.), ciboulot (fam.) **3. organisateur**, chef, instigateur, meneur

cervelle N. F. intelligence, matière grise, méninges (fam.)

cessation N. F. arrêt, abandon, fin, interruption, suspension

cesse (sans) ADV. continuellement, constamment, en permanence, perpétuellement, sans relâche, 24 heures sur 24, non-stop, à longueur de journée (péj.)

cesser

▸ V. TR. **1. arrêter**, interrompre, mettre fin à, stopper, suspendre **2. abandonner**, lâcher, renoncer à

▸ V. INTR. **1. s'arrêter**, finir, prendre fin, s'achever, se terminer **2. disparaître**, s'effacer, s'enfuir, s'évanouir

cession N. F. **1. donation**, transfert, transmission, transport, vente **2. abandon**, abandonnement, délaissement

c'est-à-dire LOC. CONJ. à savoir, en d'autres termes, id est, i.e., soit, assavoir (littér.)

chagrin N. M. **1. tristesse**, affliction, douleur, peine, souffrance, tourment **2. contrariété**, déception, dépit (littér.)

chagriner V. TR. **1. affecter**, affliger, attrister, peiner, contrister (littér.) **2. tracasser**, contrarier, inquiéter, tourmenter, turlupiner (fam.)

chahut N. M. tapage, tumulte, vacarme, barouf (fam.), boucan (fam.), chambard (fam.), raffut (fam.)

chahuter

▸ V. INTR. **s'agiter**, faire du tapage, faire du raffut (fam.)

▸ V. TR. **1. bousculer**, malmener **2. conspuer**, huer

chaîne N. F. **1. collier**, châtelaine, ferronnière, sautoir **2.** [TV] **canal 3. réseau**, circuit **4. succession**, suite, série, séquence, chapelet

châle N. M. fichu, écharpe, étoffe, pointe

chaleur N. F. **1. chaud**, canicule, étuve, fournaise, touffeur (littér.) **2. animation**, ardeur, enthousiasme, entrain, exaltation, ferveur, feu, fougue, impétuosité, passion, véhémence, vigueur, vivacité **3. cordialité**

chaleureusement ADV. cordialement, chaudement

chaleureux, euse ADJ. **1. cordial**, affectueux, amical, sympathique **2. ardent**, empressé, enthousiaste, fervent, zélé

challenge N. M. **1. défi**, gageure **2. compétition**, championnat, coupe

chamailler (se) V. PRON. se disputer, se chicaner, se quereller, [femmes] se crêper le chignon (fam.)

chamaillerie N. F. dispute, querelle, chicane

chamboulement N. M. bouleversement, branle-bas, chaos, perturbation, remue-ménage, chambardement (fam.)

chambouler V. TR. bouleverser, mettre sens dessus dessous, perturber, révolutionner, chambarder (fam.)

chambre N. F. **1. chambrette**, cambuse (fam.), piaule (fam.), turne (fam.) **2. pièce**, salle **3. assemblée**, parlement **4. cavité**, compartiment, case

champ N. M. **1. terrain**, prairie, pré, terre **2. sphère**, cercle, domaine, étendue, zone

champêtre ADJ. rural, bucolique, campagnard, pastoral, rustique, agreste (littér.)

champion, onne N. **1. tenant du titre**, recordman, vainqueur **2. concur-**

rent, challengeur, compétiteur **3. as**, virtuose, crack (fam.) **4. défenseur**, avocat, apôtre

chance N. F. **1. hasard**, fortune, sort **2. bonne fortune**, bonheur, heureux hasard, bonne étoile, baraka (fam.), bol (fam.), pot (fam.), veine (fam.) **3. aubaine**, occasion, opportunité **4. éventualité**, possibilité, probabilité

chancelant, ante ADJ. **1. branlant**, flageolant, titubant, vacillant **2. fragile**, faible, incertain, précaire

chanceler V. INTR. **1. branler**, flageoler, tituber, vaciller **2. faiblir**, fléchir, montrer des signes de faiblesse, vaciller

chanceux, euse ADJ. fortuné, favorisé par le sort, heureux, veinard (fam.), verni (fam.)

chandelier N. M. bougeoir, candélabre, flambeau, girandole, lustre

chandelle N. F. bougie, cierge, flambeau

changeant, ante ADJ. **1. incertain**, inégal, instable, variable **2. capricieux**, fantasque, inconstant (littér.), instable, versatile, volage **3. divers**, protéiforme, varié **4. chatoyant**, moiré, versicolore (didact.)

changement N. M. **1. modification**, altération, conversion, métamorphose, transformation **2. réorganisation**, réaménagement, remaniement, restructuration **3. évolution**, nouveauté, renouvellement, variété **4. alternance**, balancement, fluctuation, oscillation, variation

changer

▸ V. TR. **1. modifier**, métamorphoser, réformer, remanier, transfigurer, transformer **2. altérer**, contrefaire, défigurer, déformer, déguiser, dénaturer, fausser, truquer **3. varier**, diversifier **4. remplacer**, renouveler **5. échanger**, troquer

▸ V. INTR. **évoluer**, fluctuer, se modifier/être modifié, [radicalement] se métamorphoser, se transformer, faire peau neuve

chanson N. F. **1. air**, chant, mélodie **2.** [péj.] **rengaine**, antienne, couplet, litanie, refrain, ritournelle **3.** [péj.] **baliverne**, histoire à dormir debout

chant N. M. **1. gazouillis**, ramage (littér.) **2. chanson**, mélodie **3. air**, aria, ballade

chanter

▸ V. INTR. **1. gazouiller**, roucouler, siffler **2. chantonner**, fredonner, pousser la chansonnette (fam.)

▸ V. TR. **1. conter**, dire, raconter **2.** [littér.] **célébrer**, exalter, louer, vanter

chantier N. M. **1. atelier**, entrepôt **2. projet**, travail **3.** [fam.] **désordre**, fouillis, bazar (fam.), bordel (fam.), boxon (très fam.)

chanvre N. M. cannabis, haschisch, marijuana, hasch (fam.), herbe (fam.), marie-jeanne (fam.), shit (fam.)

chaos N. M. confusion, bouleversement, désordre, pagaille, perturbation

chaotique ADJ. confus, désordonné, incohérent

chapardage N. M. vol, maraude, larcin, rapine (littér.)

chaparder V. TR. voler, dérober, faire main basse sur, barboter (fam.), chiper (fam.), chouraver (fam.), chourer (fam.), piquer (fam.)

chapeau N. M. **1. coiffe**, couvre-chef (plaisant), bibi (fam.), galure (fam.), galurin (fam.), bada (argot), bitos (argot), doulos (argot) **2.** [de feutre] feutre, bicoquet, borsalino **3.** [de paille] canotier, panama **4.** [autres] béret, bicorne, tricorne, melon, sombrero, stetson, toque **5.** [anciennt, d'homme] bousingot, manille, tromblon **6.** [anciennt, de femme] bavolet, cabriolet, calotte, capeline, capote, charlotte

chapeauter V. TR. coiffer, contrôler, diriger, être à la tête de, superviser

chapelet N. M. **1. rosaire 2. série**, cascade, cortège, kyrielle, ribambelle

chapitre N. M. **1. partie**, section **2. sujet**, matière, objet, question, rubrique, thème

charabia N. M. jargon, amphigouri (littér.), galimatias (littér.), baragouin (fam.)

charge N. F. **I. 1. fardeau**, poids, faix (littér.) **2. chargement**, cargaison, fret **II. contrainte**, boulet, croix, embarras, gêne, servitude **III. 1.** [souvent plur.] **impôt**, imposition, redevance, taxe **2. dépense**, frais **IV. 1. poste**, dignité, emploi, fonction, ministère, office, place, sinécure **2. mandat**, mission, ordre **V. indice**, présomption, preuve **VI. 1. caricature**, imitation **2. critique**, satire **VII. assaut**, attaque

chargé, ée ADJ. **1. plein**, rempli **2. nuageux**, couvert, lourd **3.** [estomac] **lourd**, embarrassé **4.** [péj.] **compliqué**, tarabiscoté, touffu, [décoration] lourd, rococo

chargement N. M. cargaison, charge, fret

charger V. TR. **I. 1. fréter**, arrimer **2. placer**, embarquer **3. garnir**, couvrir, emplir, remplir, recouvrir **4. encombrer**, remplir, surcharger **II. 1. accuser**, déposer contre, incriminer, taxer **2. caricaturer III. exagérer**, forcer, outrer **IV. attaquer**, s'élancer sur, foncer sur, fondre sur, se jeter sur, se ruer sur

♦ **se charger de** V. PRON. assumer, endosser, faire son affaire de, s'occuper de, prendre la responsabilité de

chariot N. M. **1. caddie** (nom déposé), diable **2. char**, carriole, charrette, fourgon

charisme N. M. influence, charme, magnétisme

charitable ADJ. **1. altruiste**, bienveillant, compatissant, indulgent, miséricordieux **2. caritatif**

charité N. F. **1. altruisme**, bienveillance, humanité, indulgence, miséricorde, philanthropie **2. aumône**, obole, offrande

charivari N. M. tapage, tintamarre, tumulte, vacarme, barouf (fam.), boucan (fam.), chambard (fam.), potin (fam.), raffut (fam.), ramdam (fam.)

charlatan N. M. **1. escroc**, imposteur, menteur, hâbleur (littér.) **2. camelot**

charmant, ante ADJ. **1. séduisant**, adorable, charmeur, ensorcelant, envoûtant, ravissant **2. agréable**, attrayant, délicieux, enchanteur, exquis, merveilleux, plaisant **3. sympathique**, amical, cordial

charme N. M. **I. 1. grâce**, séduction, chien (fam.) **2. agrément**, délice, plaisir **II. 1. enchantement**, ensorcellement, envoûtement, magnétisme, sort, sortilège **2. amulette**, porte-bonheur, talisman

♦ **charmes** PLUR. **attraits**, appas, beauté, grâce

charmé, ée ADJ. enchanté, heureux, ravi, très content

charmer V. TR. **1. séduire**, attirer, émerveiller, fasciner, subjuguer **2. enchanter**, ravir

charmeur, euse

▸ ADJ. **charmant**, aguicheur, enjôleur, séduisant

▸ N. M. **séducteur**, don Juan, lovelace (littér.), tombeur (fam.)

▸ N. F. **séductrice**, aguicheuse, allumeuse (fam.), vamp (fam.)

charnel, elle ADJ. **I. 1. corporel**, naturel **2. matériel**, sensible, tangible

II. 1. physique, intime, sexuel **2. lascif**, libidineux, lubrique, luxurieux, sensuel

charnu, ue ADJ. **1. bien en chair**, dodu, plantureux, potelé, replet **2. épais**, pulpeux

charpente N. F. **1. armature**, bâti, carcasse, châssis, ossature **2. squelette**, ossature **3. structure**, architecture, canevas, organisation, trame

charpenter V. TR. **1. structurer**, articuler, construire, organiser **2. dégauchir**, équarrir, tailler

charpie (en) LOC. ADV. en bouillie, en capilotade, en marmelade, en compote (fam.), en purée (fam.)

charrette N. F. carriole, char, chariot, tombereau

charte N. F. convention, protocole, règlement

chasse N. F. **1. cynégétique 2. traque**, poursuite **3. recherche**, quête

chasser

▶ V. TR. **1. déloger**, bouter, débusquer, dénicher **2. traquer**, donner la chasse à, être aux trousses de, poursuivre, pourchasser **3. exclure**, bouter, évincer, expulser, mettre dehors, refouler, rejeter **4. congédier**, licencier, mettre à la porte, remercier, renvoyer, se séparer de, flanquer dehors (fam.), lourder (fam.), sacquer (fam.), vider (fam.), virer (fam.) **5.** [d'un pays] **bannir**, exiler, [Relig.] excommunier **6. dissiper**, balayer, écarter, éliminer, supprimer **7. conjurer**, exorciser

▶ V. INTR. **déraper**, glisser, patiner, riper

chasseur, euse N. **1. braconnier**, colleteur, trappeur, traqueur **2. groom**, domestique

châssis N. M. cadre, bâti, carcasse, charpente

chaste ADJ. **1. abstinent 2. pur**, décent, innocent, modeste, pudique, sage, vertueux **3. platonique**

chasteté N. F. **1. abstinence**, continence **2. pureté**, sagesse, vertu

chat N. M. matou (fam.), minet (fam.), minou (fam.), mistigri (fam.), miaou (lang. enfants)

châtié, ée ADJ. académique, classique, dépouillé, épuré, poli, pur

châtier V. TR. **1. punir**, corriger, sanctionner **2. corriger**, épurer, perfectionner, polir, soigner

châtiment N. M. **1. punition**, expiation, pénitence, sanction **2.** [Relig.] **damnation**, dam

chatouillement N. M. **1. titillation**, chatouille (fam.), chatouillis (fam.), guili(-guili) (fam.), papouille (fam.) **2. démangeaison**, picotement

chatouiller V. TR. **1. titiller**, faire des guili(-guili) à (fam.), faire des papouilles à (fam.) **2. démanger**, picoter **3. piquer**, exciter **4. flatter**, charmer, plaire à, titiller

chatouilleux, euse ADJ. **1. sensible**, délicat, douillet **2. irritable**, ombrageux, susceptible, à fleur de peau

chatoyant, ante ADJ. brillant, changeant, miroitant, moiré, scintillant

chaud, chaude ADJ. **I. fiévreux**, fébrile **II. 1. fougueux**, amoureux, ardent, bouillant, emporté, vif **2. fervent**, ardent, fanatique, passionné, zélé **3.** [fam.] **enthousiaste**, décidé, emballé (fam.), partant (fam.) **III. 1. âpre**, dur, sanglant, sévère **2. dangereux**, risqué

chauffer

▶ V. TR. **1. réchauffer 2. animer**, enflammer, exalter, exciter **3.** [un concurrent] **entraîner**, exercer

▶ V. INTR. **1. s'échauffer 2.** [fam.] **aller mal**, se gâter, barder (fam.), tourner au vinaigre (fam.)

♦ **se chauffer** V. PRON. **s'échauffer**, se mettre en condition, se mettre en train

chauffeur N. M. **1. automobiliste**, conducteur, chauffard (péj.) **2. camionneur**, routier **3. machiniste**

chaussée N. F. **1. route**, macadam, rue, voie **2. digue**, levée, remblai, talus

chaussure N. F. soulier, escarpin, savate, godasse (fam.), godillot (fam.), grolle (fam.), pompe (fam.), péniche (fam.), tatane (fam.)

chauve ADJ. dégarni, déplumé (fam.)

chauvin, ine ADJ. cocardier, patriotard, nationaliste, xénophobe

chavirer
► V. INTR. **1. basculer**, capoter, dessaler, se renverser, se retourner **2. chanceler**, tanguer, trébucher, vaciller
► V. TR. **bouleverser**, émouvoir, renverser, retourner, secouer, toucher

chef N. M. **1. directeur**, dirigeant, patron, P.D.G., responsable, supérieur, boss (fam.), singe (argot) **2. animateur**, guide, leader, meneur, tête, cacique (littér.), coryphée (littér.), [de la mafia] parrain **3. officier**, gradé **4.** [de tribu arabe] cheik, [amérindien] sachem **5. champion**, as, crack **6. cuisinier**, coq

chef-d'œuvre N. M. bijou, joyau, merveille, prodige, trésor

chemin N. M. **1. voie**, allée, passage, piste, route, rue, sentier **2. itinéraire**, circuit, parcours, route, trajet **3. trajectoire**, course

chemise N. F. **1. chemisier**, corsage, liquette (fam.), limace (argot) **2. couverture**, dossier

chemisier N. M. corsage, liquette

chenapan N. M. coquin, bandit, galopin, garnement, polisson, vaurien, affreux jojo (fam.)

cheptel N. M. bétail, bestiaux, troupeau

cher[1], chère ADJ. **1. coûteux**, dispendieux, exorbitant, hors de prix, inabordable, onéreux, ruineux, chérot (fam.), salé (fam.) **2. adoré**, aimé, bien-aimé, chéri

cher[2] ADV. chèrement, le prix fort, à prix d'or, bonbon (fam.), la peau des fesses (fam.), la peau du cul (fam.), les yeux de la tête (fam.)

chercher V. TR. **1. rechercher**, faire la chasse à, se mettre en quête de, quérir (littér.) **2. imaginer**, inventer, supposer **3. réfléchir à**, penser à

chèrement ADV. **1. cher**, le prix fort, à prix d'or **2. affectueusement**, tendrement **3. amoureusement**, pieusement

chéri, ie ADJ. et N. favori, chouchou (fam.)

chérir V. TR. **1. adorer**, aduler, aimer, porter dans son cœur, vénérer **2. estimer**, priser

chétif, ive ADJ. **1. débile**, fluet, maigrelet, malingre, rachitique, maigrichon (fam.), maigriot (fam.) **2. rabougri**, ratatiné

cheval N. M. **1. monture**, bourrin (fam.), coursier (littér.), destrier (littér.), dada (lang. enfants) **2. pur-sang**, yearling **3.** [reproducteur] **étalon** **4.** [sauvage] **mustang**, tarpan

chevelure N. F. cheveux, toison, crinière (fam.), tignasse (fam.)

cheveu N. M. **poil** (fam.), tif (fam.)
♦ **cheveux** PLUR. **chevelure**, toison, crinière (fam.), tignasse (fam.)

chevronné, ée ADJ. expérimenté, expert, qualifié

chic
► ADJ. INVAR. **1. élégant**, allure **2. huppé**, b.c.b.g., NAP, chicos (fam.), smart (fam.), sélect (fam.) **3. gentil**, brave, chouette (fam.), super (fam.), sympa (fam.)
► N. M. **1. élégance**, allure, chien, distinction, prestance **2. aisance**, habileté, savoir-faire

chicanier, ière ADJ. pointilleux, chicaneur, coupeur de cheveux en quatre, ergoteur, pinailleur, tatillon, vétilleux (littér.), enculeur de mouches (très fam.)

chiche ADJ. **1. maigre**, juste, mesquin, pauvre **2.** [vieilli] **avare**, parcimonieux, pingre, regardant, ladre (littér.), radin (fam.), près de ses sous (fam.)

chichis N. M. PL. **1. affectation**, mignardises, minauderies, simagrées **2. cérémonie**, embarras, façons, manières

chien N. M. **1. clébard** (fam.), cabot (fam. et péj.), chienchien (fam.), toutou (fam.), clebs (fam.), roquet (péj.) **2.** [jeune] **chiot 3. allure**, chic, distinction

chiffonner V. TR. **1. friper**, bouchonner, froisser, plisser **2. contrarier**, chagriner, ennuyer, intriguer, tourmenter, tracasser, turlupiner (fam.)

chiffre N. M. **1. nombre 2. montant**, somme, total **3. indice**, taux **4. code (secret)**, cryptage **5. combinaison 6. marque**, monogramme

chiffrer V. TR. **1. évaluer**, calculer, compter, quantifier **2. numéroter 3. coder**, crypter

♦ **se chiffrer** V. PRON.

- **se chiffrer à s'élever à**, monter jusqu'à, atteindre

- **se chiffrer en se compter par**

chimère N. F. fantasme, illusion, mirage, rêve, songe, utopie

chimérique ADJ. **1. illusoire**, imaginaire, irréalisable, irréaliste, irréel, utopique, vain **2. rêveur**, romanesque, utopiste, visionnaire **3. fabuleux**, fantastique, imaginaire, mythique

chiper V. TR. voler, dérober, barboter (fam.), piquer (fam.)

choc N. M. **I. 1. collision**, coup, heurt, percussion **2. accident**, accrochage, carambolage, télescopage **II. 1. bataille**, affrontement, combat, lutte **2. conflit**, antagonisme, confrontation, opposition **III. 1. émotion**, bouleversement, coup, ébranlement, traumatisme **2. commotion**

choisi, ie ADJ. **1. châtié**, élégant, précieux, recherché **2. raffiné**, d'élite, distingué

choisir V. TR. **1. adopter**, opter pour, retenir, sélectionner, embrasser, jeter son dévolu sur **2. élire**, désigner, nommer **3. se décider pour**, se déterminer pour, s'engager pour, se prononcer pour, prendre parti pour

choix N. M. **I. 1. option**, alternative, [difficile] dilemme **2. décision**, résolution **II. désignation**, élection, nomination, sélection **III. 1. assortiment**, collection, éventail, gamme, palette, sélection **2. anthologie**, florilège, recueil

choquant, ante ADJ. **1. déplacé**, grossier, incongru, inconvenant, indécent, malséant (littér.) **2. révoltant**, scandaleux, shocking (plaisant)

choquer V. TR. **1. blesser**, heurter, froisser, indigner, offenser, offusquer, révolter, scandaliser **2. bouleverser**, commotionner, ébranler, traumatiser, secouer (fam)

choyer V. TR. **1. cajoler**, couver, dorloter, gâter, materner, soigner, chouchouter (fam.) **2. cultiver**, entretenir, nourrir

chronique[1] ADJ. **1. durable**, persistant **2. constant**, permanent **3. habituel**, systématique

chronique[2] N. F. **1.** [surtout au plur.] **annales**, histoire, mémoires **2. article**, billet, courrier, éditorial, rubrique

chuchotement N. M. murmure, susurrement, messes basses (péj.)

chuchoter V. TR. **1. murmurer**, susurrer, souffler **2.** [sans complément] **parler bas**, faire des messes basses (péj.)

chute N. F. **I. 1. culbute**, bûche (fam.), dégringolade (fam.), gadin (fam.), gamelle (fam.), pelle (fam.), [Alpinisme] dévissage **2. écroulement**, éboulement, écrasement, effondrement **II. baisse**, déclin, effondrement, dégringolade (fam.) **III. déchéance**, décadence, déconfiture (fam.), effondrement, ruine **IV. reste**, déchet, résidu, rognure **V.** [de pluie, de neige] **précipitation**

chuter V. INTR. **1. tomber**, dégringoler, choir (littér.), se ramasser (fam.), ramasser/se prendre une bûche (fam.), prendre un gadin (fam.), se prendre une gamelle (fam.), ramasser/se prendre une pelle (fam.) **2. baisser**, dégringoler, s'effondrer **3. échouer**, prendre un gadin (fam.)

cible N. F. **1. point de mire 2. but**, objectif

cibler V. TR. délimiter, circonscrire, déterminer

cicatrice N. F. **1. balafre**, couture **2. marque**, blessure, empreinte, stigmate, trace

ciel N. M. **1. voûte céleste**, azur (littér.), cieux (littér.), éther (littér.), firmament (littér.), nues (littér.) **2. paradis**, au-delà

cierge N. M. bougie, chandelle, luminaire

cigarette N. F. cibiche (fam.), clope (fam.), pipe (fam.), sèche (fam.), tige (fam.)

cime N. F. sommet, crête, faîte, pic, pointe

cimenter V. TR. **1. affermir**, consolider, raffermir **2. lier**, sceller, unir

cimetière N. M. catacombe, hypogée, nécropole, ossuaire, boulevard des allongés (fam.)

cinéma N. M. **1. septième art**, grand écran, salles obscures **2. ciné** (fam.), cinoche (fam.) **3.** [fam.] **comédie**, cirque (fam.) **4.** [fam.] **bluff**, chiqué (fam.)

cinglant, ante ADJ. acerbe, blessant, cruel, féroce, vexant

cingler[1] V. INTR. naviguer, progresser, faire route, voguer

cingler[2] V. TR. **1. cravacher**, flageller, fouetter **2. blesser**, vexer

circonférence N. F. périmètre, périphérie, pourtour

circonscrire V. TR. **1. entourer**, borner, délimiter, limiter **2. cerner**, délimiter **3. enrayer**, arrêter, freiner, juguler

circonspect, ecte ADJ. prudent, mesuré, précautionneux, réfléchi, réservé

circonspection N. F. prudence, mesure, précaution, réflexion, réserve, retenue

circonstance N. F. **1. cas**, coïncidence, hasard, occasion **2. donnée**, condition, modalité, particularité

♦ **circonstances** PLUR. **conjoncture**, état des choses, situation

circonvenir V. TR. abuser, berner, endormir, manœuvrer, emberlificoter (fam.), embobiner (fam.), entortiller (fam.)

circonvolution N. F. enroulement, ondulation, sinuosité, spirale, spire

circuit N. M. **I. 1. parcours**, itinéraire, tour, trajet **2. périple**, promenade, randonnée, voyage **II. 1. autodrome**, piste **2. réseau**, canal

circulaire ADJ. **1. rond 2. giratoire**, rotatoire **3. périphérique**

circulation N. F. **1. trafic**, passage, flux, mouvement **2. diffusion**, propagation, transmission

circuler V. INTR. **1. passer**, se déplacer, se promener **2. conduire**, rouler **3. courir**, se propager, se répandre **4. passer de main en main**, se transmettre

cisailler V. TR. couper, scier, taillader

ciseler V. TR. **1. sculpter 2. parfaire**, parachever, polir, fignoler (fam.), peaufiner (fam.)

citadelle N. F. **1. château fort**, fort, fortification **2. centre**, bastion, rempart

citation N. F. **1. extrait**, morceau, passage **2. assignation**, convocation

cité N. F. ville, agglomération, métropole, mégalopole

citer V. TR. **1. mentionner**, énumérer, indiquer, nommer, rapporter, signaler **2. alléguer**, invoquer

citoyen, enne
- ADJ. **civique**, patriotique
- N. **ressortissant**, national

civilisation N. F. **1. culture 2. progrès**, évolution

civilisé, ée ADJ. évolué, poli, policé, raffiné

civiliser V. TR. affiner, améliorer, dégrossir, éduquer, policer, polir

civilité N. F. **1. courtoisie**, politesse, amabilité **2. sociabilité**, bonnes manières, savoir-vivre

civique ADJ. patriotique, citoyen

civisme N. M. patriotisme, citoyenneté

clair[1] ADV. franchement, clairement, sans ambages, sans ambiguïté, sans détour, sans équivoque

clair[2]**, aire** ADJ. **I. 1. lumineux**, éclatant **2. pâle 3. limpide**, cristallin, pur, transparent **4. dégagé**, beau, serein **II. 1. compréhensible**, intelligible, limpide, lumineux **2. explicite**, franc, sans détour, sans ambiguïté **3. évident**, manifeste, flagrant, apert (littér.) **III. 1. distinct**, intelligible, net **2. argentin**, aigu, cristallin **IV. fluide**, liquide **V. clairsemé**, aéré, peu fourni

clairement ADV. **1. distinctement**, nettement, précisément **2. explicitement**, franchement, sans ambages, sans ambiguïté, sans détour, sans équivoque **3. intelligiblement 4. manifestement**, incontestablement, indubitablement

claironner V. TR. proclamer, carillonner, clamer, crier sur les toits, publier (littér.)

clairsemé, ée ADJ. **1. éparpillé**, dispersé, disséminé, épars, espacé **2. rare**, chétif, maigre

clairvoyance N. F. discernement, acuité, lucidité, pénétration, perspicacité, sagacité

clairvoyant, ante ADJ. **1. lucide**, avisé, pénétrant, perspicace, sagace **2. voyant**, extra-lucide

clamer V. TR. **1. crier**, hurler **2. proclamer**, carillonner, claironner, crier sur les toits, publier (littér.)

clameur N. F. **1. bruit**, tumulte, vacarme **2. cri**, hurlement, vocifération, tollé **3. acclamation**, hourra, vivat

clan N. M. **1. association**, bande, caste, classe, chapelle, coterie, parti **2. camp**, côté, faction, parti **3. tribu**

clandestin, ine ADJ. **1. secret**, caché, souterrain, subreptice **2. illégal**, frauduleux, illicite, prohibé, [marché] noir, parallèle

clandestinement ADV. **1. en cachette**, secrètement, subrepticement, [diffuser] sous le manteau, en sous-main **2. illégalement**, au noir

clandestinité N. F. **1. illégalité 2. secret**

claque N. F. **1. gifle**, soufflet (littér.), baffe (fam.), beigne (fam.), calotte (fam.), mandale (fam.), mornifle (fam.), taloche (fam.), tape (fam.), tarte (fam.) **2. affront**, humiliation, camouflet (littér.)

claquer
- V. INTR. **1. battre**, s'agiter **2. casser**, lâcher, se rompre, péter (fam.)

► V. TR. **1. casser**, péter (fam.) **2. gifler**, filer/flanquer une baffe à (fam.), filer/flanquer une beigne à (fam.) **3.** [fam.] **fatiguer**, épuiser, éreinter, exténuer, crever (fam.), mettre à plat (fam.), vanner (fam.), vider (fam.) **4.** [fam.] **dépenser**, flamber, gaspiller, bouffer (fam.), croquer (fam.)

♦ **se claquer** V. PRON. [un muscle] se déchirer, se froisser

clarification N. F. **1. éclaircissement**, explication **2. décantation**, défécation, épuration, purification

clarifier V. TR. **1. éclaircir**, débrouiller, démêler, élucider **2. décanter**, déféquer, épurer, filtrer, purifier

clarté N. F. **1. lumière**, lueur, nitescence (littér.) **2. luminosité**, éclat **3. limpidité**, pureté **4. netteté**, limpidité, précision

clash N. M. désaccord, conflit, dispute, rupture

classe[1] N. F. **I. 1. catégorie**, division, espèce, série, sorte **2. caste**, catégorie, clan, état, groupe **II. 1. valeur**, carrure, envergure, qualité **2. élégance**, allure, chic, distinction, race, raffinement **3. standing** **III. 1. cours**, leçon **2. école**

classe[2] ADJ. chic, classieux (fam.), distingué, smart (fam.)

classement N. M. **1. rangement**, arrangement, groupement, mise en ordre **2. classification**, taxinomie, typologie **3. rang**, place

classer V. TR. **1. ordonner**, ranger, répartir, trier **2. archiver**, ranger **3. classifier**, catégoriser, différencier, distribuer, sérier **4. juger**, cataloguer, étiqueter, jauger

classification N. F. **1. classement**, répartition **2. hiérarchie**, ordre, typologie

classifier V. TR. classer, répartir

classique ADJ. **1. banal**, commun, courant, habituel, ordinaire, bateau (fam., péj.) **2. traditionnel**, conventionnel **3. sobre**, strict

clé N. F. **1. crochet**, passe-partout, rossignol **2. explication**, secret, sens, signification, solution **3.** [en apposition] **central**, capital, essentiel

clémence N. F. **1. indulgence**, bienveillance, magnanimité (littér.), mansuétude (littér.), miséricorde **2. douceur**

clément, ente ADJ. **1. indulgent**, bienveillant, magnanime (littér.), miséricordieux, exorable (littér.) **2. doux**

cliché N. M. **1. négatif** **2. photo(graphie)** **3. banalité**, lieu commun, poncif, phrase toute faite, stéréotype

client, ente N. **1. acheteur**, acquéreur, amateur, preneur, clille (argot) **2. habitué**, fidèle **3. consommateur**, importateur **4. patient**, malade

cligner V. TR.

- cligner les, des yeux ciller, clignoter, papilloter

climat N. M. ambiance, atmosphère, contexte, milieu

clin d'œil N. M. **1. clignement**, coup d'œil, œillade **2. allusion**

clinquant[1]**, ante** ADJ. criard, tapageur, voyant

clinquant[2] N. M. **1. faux**, simili, toc (fam.) **2. brillant**, vernis

clique N. F. bande, clan, coterie, mafia

clivage N. M. division, disjonction, séparation

cloaque N. M. **1. bourbier**, décharge, égout, sentine (littér.) **2. bas-fonds**, boue

clochard, arde N. sans-abri, sans domicile fixe, S.D.F, vagabond, cloche (fam.), clodo (fam.), clopinard (fam.)

cloche N. F. **1.** [petite] **clochette**, grelot, sonnette, [grosse] bourdon **2. airain** (poétique), bronze (poétique) **3. dessus-de-plat**, couvercle

cloison N. F. **1. mur**, paroi, claustra **2. barrière**, division, séparation

cloisonnement N. M. compartimentation, compartimentage, séparation

cloisonner V. TR. compartimenter, séparer

cloîtrer V. TR. **enfermer**, claquemurer, emprisonner, claustrer (littér.), boucler (fam.)

♦ **se cloîtrer** V. PRON. **s'enfermer**, se barricader, se claquemurer, se murer, se retirer (du monde)

clopiner V. INTR. boiter, boitiller, claudiquer

cloque N. F. **1. ampoule**, bulle, phlyctène **2. boursouflure**, bulle

clore V. TR. **1. fermer 2. enclore**, clôturer, enfermer **3. achever**, arrêter, clôturer, finir, terminer, [une séance] lever

clôture N. F. **1. barrière**, barbelé, échalier, enceinte, grillage, haie, palissade, treillage, treillis **2. achèvement**, arrêt, cessation, fin, [de séance] levée

clôturer V. TR. **1. clore**, enclore, fermer **2. achever**, arrêter, clore, finir, terminer, [une séance] lever

clown N. M. **1. bouffon**, auguste **2. pitre**, charlot (fam.), guignol (fam.), mariole (fam.), zouave (fam.)

club N. M. **1. association**, cercle, cénacle, groupe, société **2. boîte (de nuit)**

coaguler V. INTR. cailler, se figer, prendre, se solidifier

coaliser V. TR. **grouper**, rassembler, réunir, unir

♦ **se coaliser** V. PRON. **s'allier**, se liguer, s'unir

coalition N. F. alliance, association, confédération, entente, ligue, union

cocardier, ière ADJ. chauvin, nationaliste, patriotard

cocasse ADJ. amusant, burlesque, comique, drôle, risible, marrant (fam.), poilant (fam.), tordant (fam.)

cochon[1] N. M. **1. porc**, verrat, pourceau (littér.) **2.** [petit] **cochonnet**, goret, porcelet

cochon[2], onne ADJ. et N. **1. malpropre**, dégoûtant, sale **2. pornographique**, obscène **3. grivois**, égrillard, paillard, polisson, salé (fam.) **4. vicieux**

cochonner V. TR. **1. salir**, souiller, tacher, maculer (littér.) **2. bâcler**, gâcher, bousiller (fam.)

cochonnerie N. F. **1. pacotille**, merde (très fam.), saloperie (très fam.), toc (fam.) **2. sale tour**, rosserie, crasse (fam.), tour de cochon (fam.), vacherie (fam.) **3. obscénité**, grivoiserie, cochonceté (fam.) **4. saleté**

cockpit N. M. cabine, carlingue, habitacle, poste de pilotage

cocu, ue N. et ADJ. trompé, qui porte des cornes

cocufier V. TR. tromper, faire porter des cornes à, coiffer de cornes

codage N. M. cryptage, chiffrement, encodage

code N. M. **1. législation**, loi, règlement **2. chiffre 3. combinaison 4. feu de croisement**

coder V. TR. crypter, chiffrer, encoder

codifier V. TR. **1. réglementer 2. normaliser**, rationaliser, systématiser

coefficient N. M. facteur, marge, pourcentage, ratio

coercitif, ive ADJ. contraignant, oppressif

coercition N. F. contrainte, pression, oppression

cœur N. M. **I. 1. battant** (fam.), palpitant (fam.) **2. ardeur**, allant, conviction, enthousiasme, entrain, ferveur, zèle **3. courage II. 1. centre**, milieu, nœud **2. aubier**, duramen

coexistence N. F. **1. concomitance**, simultanéité **2. cohabitation**

coffre N. M. **1. huche**, layette, maie, malle **2. coffre-fort**, coffiot (argot) **3.** [d'orgue] **buffet**, cabinet

coffret N. M. écrin, baguier, cassette

cogner V. TR. **1. heurter**, buter contre, choquer **2. frapper**, taper (sur)

cohérence N. F. **1. cohésion**, équilibre, harmonie, homogénéité, unité **2. logique**, cohésion, rationalité

cohérent, ente ADJ. **1. homogène**, équilibré, harmonieux, uni **2. logique**, suivi, rationnel

cohésion N. F. **1. ensemble**, solidarité, unité **2. cohérence**, logique

cohue N. F. **1. foule**, multitude, peuple (fam.), populo (fam.) **2. bousculade**, confusion, mêlée, ruée, rush

coi, coite ADJ. **1. muet**, silencieux **2. abasourdi**, muet, pantois, pétrifié, sidéré, stupéfait, sans voix, baba (fam.)

coiffer V. TR. **1. peigner**, arranger, brosser **2. diriger**, chapeauter, superviser, être à la tête de **3. recouvrir**, couronner, surmonter

coin N. M. **I. 1. angle**, encoignure, recoin, renfoncement **2.** [des lèvres] **commissure II. endroit**, localité, région, pays, quartier, secteur **III. 1. cale 2. poinçon**

coincé, ée ADJ. [fam.] complexé, inhibé, [air] constipé

coincer V. TR. **1. immobiliser**, bloquer, caler **2. retenir**, serrer, bloquer **3. acculer**, [sur une question] piéger, coller (fam.) **4.** [fam.] **arrêter**, alpaguer (fam.), choper (fam.), cueillir (fam.), épingler (fam.), pincer (fam.)

♦ **se coincer** V. PRON. **se bloquer**, s'enrayer, gripper

coïncidence N. F. **1. concomitance**, simultanéité, synchronisme **2. hasard**, concours de circonstances

coïncident, ente ADJ. concomitant, simultané, synchrone

coïncider V. INTR. **1. s'accorder**, concorder, correspondre, se recouper **2. se superposer**, se confondre, se recouvrir

col N. M. **1. goulot 2. brèche**, défilé, détroit, gorge, pas, port **3. collet**, collerette, fraise

colère N. F. fureur, emportement, furie, irritation, rage, courroux (littér.), foudres (littér.), ire (littér.)

coléreux, euse ADJ. emporté, irascible, irritable, soupe au lait (fam.), atrabilaire (littér.), bilieux (littér.)

collaborateur, trice N. **1. collègue 2. adjoint**, aide, associé, assistant, second

collaboration N. F. aide, appui, concours, coopération, participation

collaborer (à) V. TR. IND. coopérer (à), participer (à), apporter son concours (à), prendre part à

collant, ante ADJ. **1. adhésif**, autocollant **2. gluant**, poisseux, visqueux **3. ajusté**, étroit, moulant, serré **4. importun**, crampon (fam.), glu (fam.), pot de colle (fam.)

collation N. F. en-cas, goûter, casse-croûte (fam.), lunch (fam.), quatre-heures (lang. enfants)

collecter V. TR. glaner, ramasser, rassembler, récolter, recueillir, réunir

collectif, ive ADJ. **1. commun**, général, public **2. en équipe**, collégial, en groupe **3. social**, public

collection N. F. **1. assortiment**, ensemble, groupe **2. quantité**, foule, kyrielle, multitude, ribambelle, tas, variété, flopée (fam.)

collégien, ienne N. élève, écolier, potache (fam.)

collègue N. 1. **homologue**, confrère, consœur 2. **collaborateur**, associé

coller

▸ V. TR. 1. **encoller**, fixer, [affiche] placarder 2. **appuyer**, appliquer, plaquer, presser 3. **consigner**, punir 4. **ajourner**, recaler, refuser, étendre (fam.)

▸ V. INTR. 1. **adhérer**, attacher, tenir 2. **poisser**

♦ **se coller** V. PRON. **se serrer**, s'appuyer, se plaquer

colleter (se) V. PRON. 1. **s'affronter**, se bagarrer, se battre, s'empoigner, lutter 2. **se débattre (avec, dans)**

colline N. F. butte, coteau, éminence, hauteur, mamelon, tertre

collision N. F. 1. **impact**, choc 2. **accident**, accrochage, télescopage 3. **désaccord**, antagonisme, opposition, rivalité

colloque N. M. conférence, congrès, forum, rencontre, séminaire, symposium, table ronde

collusion N. F. complicité, accord, connivence, entente, intelligence (littér.)

colmater V. TR. 1. **boucher**, fermer, obturer 2. **combler**, réduire

colonie N. F. 1. **communauté**, groupe, peuplement 2. [d'abeilles] **essaim**, ruche

colonne N. F. 1. **pilier**, pilastre, poteau, colonnette, dosseret 2. **file**, cohorte, cortège

coloration N. F. 1. **teinte**, ton 2. **carnation**, pigmentation 3. **teinture**, couleur

coloré, ée ADJ. 1. **enluminé**, vermeil 2. **animé**, expressif, haut en couleur, imagé, parlant, vivant

colorer V. TR. 1. **teindre**, pigmenter, teinter 2. **colorier**, peindre 3. **empreindre**, charger, teinter

coloris N. M. 1. **couleur**, teinte, ton 2. **teint**, carnation

colossal, ale, aux ADJ. démesuré, énorme, fantastique, gigantesque, herculéen, monstrueux, monumental, titanesque

colporter V. TR. divulguer, diffuser, ébruiter, propager, rapporter, répandre

combat N. M. I. [Milit.] 1. **action**, engagement, échauffourée, escarmouche, baroud (argot militaire) 2. **conflit**, guerre, lutte armée II. 1. **duel**, corps à corps 2. **bagarre**, bataille, échauffourée, rixe, [à coups de poing] pugilat III. 1. **lutte**, bataille, engagement 2. **antagonisme**, conflit, opposition, rivalité

combatif, ive ADJ. 1. **agressif**, bagarreur, batailleur, belliqueux 2. **accrocheur**, battant, pugnace (littér.)

combattant, ante N. 1. **guerrier**, soldat, guérillero 2. **adversaire**, antagoniste, rival

combattre V. TR. 1. **se battre contre**, assaillir, faire la guerre à, livrer bataille à, lutter contre 2. **s'opposer à**, batailler contre, se battre contre, s'élever contre, s'engager contre, lutter contre

combinaison N. F. I. 1. **agencement**, arrangement, association, composition, disposition, mosaïque 2. **alliance**, amalgame, mariage, mélange, réunion II. 1. **combinatoire**, probabilités 2. **code**, chiffre, [au jeu] martingale III. **manœuvre**, calcul, machination, manigance, stratagème, combine (fam.)

combiner V. TR. 1. **agencer**, arranger, assembler, associer, composer, disposer, ordonner 2. **allier**, assortir, marier, mélanger, réunir, unir 3. **préparer**, manigancer, tramer, goupiller (fam.), ourdir (littér.), machiner (fam.), magouiller (fam.), trafiquer (fam.)

comble[1] ADJ. plein, bondé, bourré, complet

comble[2] N. M. 1. **apogée**, apothéose, faîte, maximum, pinacle, sommet, summum, zénith 2. **grenier**, attique, mansarde

combler V. TR. 1. **charger**, couvrir, accabler, gorger 2. **boucher**, colmater, obturer, remblayer 3. **contenter**, satisfaire pleinement, gâter

comédie N. F. 1. **farce**, [de boulevard] vaudeville, [grossière] pantalonnade 2. **simagrées**, caprice, cinéma (fam.), cirque (fam.) 3. **simulation**, bluff, chiqué (fam.)

comédien, enne N. 1. **acteur**, interprète, cabot (péj.), cabotin (péj.), histrion (péj.) 2. **hypocrite**, cabotin

comestible
▸ ADJ. **consommable**, mangeable
▸ N. M. PL. **aliments**, denrées alimentaires, nourriture, victuailles

comique ADJ. 1. **amusant**, burlesque, cocasse, désopilant, facétieux, hilarant, bidonnant (fam.), crevant (fam.), impayable (fam.), marrant (fam.), pliant (fam.), poilant (fam.), rigolo (fam.), tordant (fam.) 2. **risible**, grotesque, ridicule

comité N. M. commission, bureau, cellule

commande N. F. instruction, ordre

commandement N. M. 1. **injonction**, ordre, sommation 2. **loi**, précepte, prescription, règle 3. **autorité**, pouvoir 4. **direction**, conduite

commander V. TR. I. 1. **ordonner**, imposer, prescrire 2. **conduire**, diriger, mener, mener à la baguette, régenter, [sans complément] faire la loi, [femme] porter la culotte (plaisant) II. **actionner**, contrôler, déclencher III. 1. **appeler**, exiger, nécessiter, réclamer, requérir 2. **attirer**, imposer, inspirer IV. **surplomber**, dominer

comme ADV. et CONJ. 1. **en tant que**, en qualité de, à titre de 2. **ainsi que**, à l'instar de, au même titre que, non moins que (littér.) 3. **puisque**, étant donné que, vu que 4. **alors que**, au moment où, tandis que

commencement N. M. I. 1. **début**, départ, démarrage, amorce, mise en train 2. **apparition**, arrivée, naissance, aube (littér.), aurore (littér.), matin (littér.), prémices (littér.) 3. **déclenchement**, ouverture II. 1. **exorde**, préambule, prologue 2. **introduction**, préface 3. **axiome**, postulat, prémisse, principe

commencer
▸ V. TR. 1. **débuter**, amorcer, attaquer, démarrer, donner le coup d'envoi de, engager, entamer, mettre en route, mettre sur les rails, mettre en train 2. **déclencher**, initier, ouvrir, provoquer 3. **créer**, fonder, former, instituer
▸ V. INTR. **se déclencher**, débuter, démarrer, naître, partir

commentaire N. M. 1. **remarque**, observation 2. **glose**, exégèse, explication, note 3. [surtout au plur., désobligeants] **commérages**, médisances, cancan (fam.)

commentateur, trice N. 1. **éditorialiste**, chroniqueur, présentateur 2. **annotateur**, exégète, glossateur, scoliaste

commenter V. TR. 1. **expliquer**, gloser 2. **épiloguer sur**, gloser sur

commérages N. M. PL. ragots, cancans (fam.), potins (fam.), racontars (fam.)

commerçant, ante N. marchand, détaillant, distributeur, négociant, revendeur, boutiquier (souvent péj.), maquignon (péj.)

commerce N. M. **1. affaires**, échanges, négoce, business **2. marketing**, mercatique, merchandising **3. magasin**, boutique, débit, fonds **4. fréquentation**, rapport, relation

commère N. F. bavarde, cancanière, concierge

commettre V. TR. **1. accomplir**, réaliser, consommer (littér.), perpétrer (littér.) **2. charger**, employer, commissionner, préposer, [Droit] désigner, nommer

commission N. F. **1. course**, achat, emplette **2. message**, consigne **3. comité**, bureau **4. prime**, courtage, ducroire **5. pot-de-vin**, dessous-de-table, enveloppe, bakchich (fam.) **6. charge**, mandat, mission

commode[1] ADJ. **1. pratique**, fonctionnel, maniable **2. facile**, aisé

commode[2] N. F. armoire, chiffonnier, semainier

commotion N. F. **1. choc**, explosion, secousse **2. traumatisme**, trauma **3. bouleversement**, choc, désordre, trouble, traumatisme

commotionner V. TR. choquer, ébranler, secouer, traumatiser

commun, une ADJ. **1. courant**, banal, fréquent, ordinaire, répandu, standard, usuel **2. quelconque**, banal, ordinaire, trivial, vulgaire **3. identique**, comparable, semblable **4. général**, collectif, public, universel **5. mitoyen**

communauté N. F. **1. collectivité**, corps, groupe, société **2. association**, corporation, union **3.** [nationale] **état**, nation, patrie **4.** [religieuse] **congrégation**, confrérie, ordre **5. identité**, accord, conformité, similitude, unité

communément ADV. couramment, généralement, habituellement, ordinairement

communicatif, ive ADJ. **1. expansif**, exubérant, loquace, ouvert, causant (fam.) **2. contagieux**

communication N. F. **1. circulation**, diffusion, échange, transmission **2. expression**, manifestation **3. annonce**, avis, communiqué, dépêche, message, note, nouvelle, renseignement **4. rapport**, liaison, relation **5. jonction**, passage **6. appel (téléphonique)**, coup de téléphone

communion N. F. accord, entente, harmonie, union

communiqué N. M. annonce, avis, bulletin, communication, déclaration, message, note

communiquer
▸ V. TR. **1. dire**, donner, faire part de, faire savoir, livrer, passer, publier, transmettre **2. révéler**, confier, divulguer, livrer **3. imprimer**, transmettre
▸ V. INTR. **1. s'exprimer**, parler, prendre la parole **2. se confier**, s'ouvrir

compact, acte ADJ. **1. dense**, serré, tassé **2. épais**, consistant **3. massif**

compagne N. F. **1. concubine**, (petite) amie, (petite) copine (fam.) **2. camarade**, copine (fam.)

compagnie N. F. **1. présence**, fréquentation, société, commerce (littér.) **2. entreprise**, firme, société **3. assemblée**, société, communauté **4. théâtre**, troupe

compagnon N. M. **1. concubin**, (petit) ami, (petit) copain (fam.), jules (fam.), mec (fam.) **2. camarade**, copain (fam.)

comparable ADJ. analogue, approchant, semblable, similaire, voisin, du même acabit, du même genre

comparaison N. F. **1. rapprochement**, parallèle **2. collation**, collationnement, confrontation, recension **3. image**, allégorie, métaphore

comparer V. TR. **1. rapprocher**, mettre en parallèle **2.** [des textes] **collationner**, confronter

compartiment N. M. **1. case**, casier **2. cellule**, loge, alvéole **3. catégorie**, domaine, secteur

compartimenter V. TR. cloisonner, séparer

compassé, ée ADJ. affecté, contraint, empesé, guindé, raide, gourmé (fam.), coincé (fam.), constipé (fam.)

compassion N. F. pitié, apitoiement, commisération, miséricorde

compatibilité N. F. accord, concordance, harmonie

compatible ADJ. accordable, conciliable

compatir à V. TR. IND. s'apitoyer sur, s'attendrir sur, plaindre

compatissant, ante ADJ. charitable, miséricordieux

compensation N. F. **1. dédommagement**, indemnité, récompense, réparation **2. consolation**, dédommagement **3. équilibre**, pondération

compenser V. TR. **1. dédommager**, indemniser **2. contrebalancer**, corriger, équilibrer, neutraliser, pondérer, racheter, rattraper, réparer

compétence N. F. **1. aptitude**, art, capacité, connaissances, expertise, science, lumières (souvent plaisant) **2. autorité**, pouvoir, qualité, ressort

compétent, ente ADJ. capable, expert, maître, qualifié, savant, orfèvre en la matière, grand clerc

compétiteur, trice N. adversaire, candidat, challengeur, concurrent, rival

compétitif, ive ADJ. **1. attractif**, bon marché **2. concurrentiel**

compétition N. F. **1. rivalité**, bataille, concurrence, lutte **2. challenge**, championnat, coupe, critérium, match, épreuves **3. concurrence**

compilation N. F. **1. collection**, recueil **2. anthologie**, best of (fam.), compil (fam.) **3. plagiat**

compiler V. TR. **1. collecter**, assembler, réunir **2. plagier**

complaisance N. F. **I. 1. amabilité**, bienveillance, civilité, empressement, obligeance, serviabilité **2. indulgence**, faiblesse **II. faveur**, galanterie **III. 1. contentement**, délectation, plaisir, satisfaction **2. autosatisfaction**, orgueil, vanité, fatuité

complaisant, ante ADJ. **1. aimable**, bienveillant, obligeant, serviable **2. arrangeant**, accommodant, indulgent, coulant (fam.) **3. flagorneur**, flatteur **4. content**, satisfait

complément N. M. **1. ajout**, addition, supplément **2. addenda**, annexe, appendice **3. appoint**, reliquat, reste, solde

complémentaire ADJ. additionnel, auxiliaire, supplémentaire

complet, ète ADJ. **1. entier**, exhaustif, intégral, total **2. absolu**, achevé, parfait, total **3. accompli**, achevé, complété, fini, terminé, révolu **4. bondé**, bourré, chargé, comble, plein, rempli, surchargé

complètement ADV. **1. entièrement**, exhaustivement, à bloc, à fond, in extenso, intégralement, jusqu'au trognon (fam.), jusqu'à l'os (fam.) **2. absolument**, extrêmement, parfaitement, radicalement, totalement, tout à fait, sur toute la ligne, en tout point, à cent pour cent, dans les grandes largeurs (plaisant) **3. de haut en bas**, de fond en comble, de la cave au grenier **4. des pieds à la tête**, de pied en cap

compléter V. TR. **1. augmenter**, enrichir **2. parachever**, parfaire, mettre la dernière main à

complexe
▸ ADJ. **1. compliqué**, délicat, difficile **2. composite**, composé
▸ N. M. **structure**, ensemble, combinat

complexé, ée ADJ. inhibé, bloqué, refoulé, coincé (fam.)

complexer V. TR. inhiber, bloquer, gêner, coincer (fam.)

complication N. F. **1. complexité**, difficulté, embrouillement **2. ennui**, accroc, anicroche, contretemps, embarras, difficulté, problème **3. aggravation**

complice
▸ ADJ. **entendu**, de connivence
▸ N. **1. acolyte**, comparse, affidé (péj.), compère **2. associé**, aide, compagnon

complicité N. F. **1. connivence**, entente, intelligence **2. aide**, participation, coopération, assistance

compliment N. M. **1. félicitation**, éloge, louange **2. galanterie**
♦ **compliments** PLUR. **devoirs**, hommages, respects

complimenter V. TR. féliciter, congratuler, louer, tirer son chapeau à, louanger (littér.)

compliqué, ée ADJ. **1. complexe**, délicat, difficile **2. alambiqué**, confus, contourné, embrouillé, entortillé, emberlificoté (fam.)

compliquer V. TR. **1. complexifier** **2. emmêler**, embrouiller, entortiller, emberlificoter (fam.) **3. obscurcir**, brouiller, rendre confus
♦ **se compliquer** V. PRON. **1. se complexifier**, se corser (fam.) **2. s'aggraver**

complot N. M. conspiration, conjuration, intrigue, machination, menées, cabale

comploter V. TR. **1. machiner**, manigancer, projeter, tramer, ourdir (littér.) **2.** [sans complément] **intriguer**, conspirer

comportement N. M. **1. attitude**, conduite, agissements, façons, manières, procédés **2. réaction**, tenue

comporter V. TR. **1. se composer de**, contenir, être constitué de, comprendre, inclure **2. admettre**, autoriser, souffrir, tolérer
♦ **se comporter** V. PRON. **1. se conduire**, agir, réagir **2. fonctionner**, marcher

composé, ée
▸ ADJ. **1. composite**, complexe, varié **2. apprêté**, affecté, artificiel, compassé, étudié
▸ N. M. **alliage**, amalgame, complexe, mélange

composer V. TR. **1. agencer**, arranger, assembler, combiner, constituer, disposer, former, organiser **2. faire partie de**, constituer, former **3. élaborer**, confectionner, créer, façonner, préparer, produire
♦ **se composer de** V. PRON. **comporter**, comprendre, consister en, être constitué de

composite ADJ. **1. composé**, mélangé **2. divers**, disparate, hétéroclite, hétérogène

composition N. F. **1. teneur**, composants, ingrédients **2. agencement**, arrangement, assemblage, combinaison, constitution, disposition, formation **3. structure**, organisation **4. élaboration**, confection, création, préparation, production **5. alliage**, combinaison **6. devoir**, dissertation, rédaction

compréhensible ADJ. **1. intelligible**, accessible, clair, qui tombe sous le sens **2. explicable**, concevable, naturel, normal, humain

compréhensif, ive ADJ. **1. bienveillant**, indulgent, large d'esprit, libéral, tolérant **2. étendu**, complet, extensif, large, vaste

compréhension N. F. **1. entendement**, intelligence, comprenette (fam.) **2. clarté**, compréhensibilité, intelligence **3. bienveillance**, indulgence, largeur d'esprit, tolérance

comprendre V. TR. **I. 1. assimiler**, intégrer, pénétrer, saisir, entendre (littér.), capter (fam.), piger (fam.), imprimer (fam.) **2. admettre**, concevoir **II. 1. comporter**, compter, consister en, englober, embrasser, impliquer, inclure **2. compter**, faire entrer en ligne de compte, englober, inclure, incorporer, intégrer

♦ **se comprendre** V. PRON. **s'entendre**, s'accorder, être sur la même longueur d'onde, voir les choses du même œil

compresser V. TR. **1. comprimer**, écraser, presser, serrer **2.** [Inform.] **compacter**

comprimé N. M. cachet, pastille, pilule

comprimer V. TR. **1. compresser**, presser, serrer **2.** [Inform.] **compacter 3. réduire**, restreindre

compromettant, ante ADJ. gênant, encombrant

compromettre V. TR. **1. risquer**, mettre en danger, nuire à, hypothéquer **2. discréditer**, nuire à, porter atteinte à, porter préjudice à, faire du tort à **3. impliquer**, exposer, mouiller (fam.)

♦ **se compromettre** V. PRON. **s'exposer**, se salir les mains, se commettre (littér.)

compromis N. M. **1. accord**, accommodement, arrangement, conciliation, entente, terrain d'entente **2. juste milieu**, demi-mesure, intermédiaire, moyen terme, cote mal taillée (péj.)

compte N. M. **1. calcul**, décompte, dénombrement, énumération, recensement, total **2. avantage**, bénéfice, intérêt, profit

♦ **comptes** PLUR. **1. explications**, rapport **2. comptabilité**, écritures

compter

▸ V. TR. **1. chiffrer**, dénombrer, énumérer, nombrer, recenser **2. facturer 3. inclure**, prendre en compte, prendre en considération **4. comporter**, comprendre, être constitué de, englober, inclure **5. prévoir**

▸ V. INTR. **1. importer**, entrer en ligne de compte **2. regarder à la dépense**

compte rendu N. M. exposé, rapport, récit, relation (littér.)

concéder V. TR. **1. accorder**, allouer, céder, donner, octroyer **2. admettre**, accorder, avouer, convenir, reconnaître **3. abandonner**, céder, laisser

concentration N. F. **1. accumulation**, centralisation, convergence, rassemblement, regroupement, réunion **2. application**, attention, contention, recueillement, réflexion, tension

concentré, ée

▸ ADJ. **1. attentif**, absorbé, appliqué **2. condensé**, réduit

▸ N. M. **condensé**, extrait, résumé, quintessence

concentrer V. TR. **1. accumuler**, assembler, faire converger, grouper, masser, rassembler, regrouper, réunir **2. associer**, intégrer **3. diriger**, canaliser, fixer, focaliser **4. condenser**, réduire

♦ **se concentrer** V. PRON. **1. s'appliquer**, faire attention, réfléchir **2. se rassembler**, affluer, converger, se masser, se regrouper

concept N. M. abstraction, idée, notion

concepteur, trice N. inventeur, créateur, père

conception N. F. **I. 1. idée**, notion, opinion, vue **2. entendement**, intellection, jugement **II. 1. élaboration**, création **2. fécondation**, génération

concerner V. TR. intéresser, s'appliquer à, avoir trait à, porter sur, être l'affaire de, se rapporter à, regarder, être relatif à, toucher, viser

concertation N. F. consultation, échange de vues, négociation, pourparlers

concerter V. TR. **arranger**, combiner, organiser, préméditer, préparer

♦ **se concerter** V. PRON. **se consulter**, tenir conseil

concession N. F. **1. compromis**, renoncement **2. cession**, don, octroi **3. autorisation**

concevoir V. TR. **1. créer**, construire, échafauder, élaborer, former, imaginer, inventer, penser **2. comprendre**, saisir **3. envisager**, se représenter, se faire une idée de **4. éprouver**, ressentir, nourrir (littér.)

concierge N. **1. gardien**, portier, cerbère (péj. ou plaisant) **2. bavard**, commère, pipelet (fam.)

conciliant, ante ADJ. **1. accommodant**, arrangeant, de bonne composition, tolérant, coulant (fam.) **2. apaisant**, lénifiant

conciliateur, trice N. arbitre, médiateur, négociateur

conciliation N. F. **1. accommodement**, accord, agrément, arrangement, compromis, concorde, entente, rapprochement **2. arbitrage**, médiation, entremise

concilier V. TR. **1. accorder**, réconcilier, raccommoder (fam.), [sans complément] arrondir les angles **2. allier**, faire cadrer, faire concorder, harmoniser

♦ **se concilier** V. PRON. **1. s'attirer**, gagner, se procurer, rallier, remporter **2. être compatible**, s'accorder

concis, ise ADJ. bref, condensé, court, sobre, succinct, [trop] dépouillé, laconique, lapidaire, sommaire

concision N. F. brièveté, laconisme, sobriété

concitoyen, enne N. compatriote

concluant, ante ADJ. **1. convaincant**, décisif, définitif, probant **2. positif**

conclure V. TR. **1. achever**, clore, couronner, finir, mettre le point final à, terminer **2. arrêter**, fixer, régler, résoudre **3. s'accorder sur**, s'entendre sur, passer, signer **4. déduire**, induire, inférer

conclusion N. F. **1. règlement**, solution, terminaison **2. fin**, dénouement, épilogue, issue, terme **3. enseignement**, leçon

concomitance N. F. coexistence, coïncidence, simultanéité, synchronisme

concomitant, ante ADJ. coexistant, coïncidant, simultané, synchrone

concordance N. F. **1. accord**, conformité, correspondance, harmonie **2. analogie**, affinité, convergence, ressemblance, similitude, symétrie

concordant, ante ADJ. convergent, analogue, semblable, similaire

concorde N. F. accord, entente, fraternité, harmonie, bonne intelligence, paix, union

concorder V. INTR. s'accorder, cadrer, coïncider, correspondre, coller (fam.)

concourir V. INTR. participer, être en compétition, être en concurrence, être en lice

concours N. M. **1. aide**, apport, appui, collaboration, contribution, coopération, intervention **2. compétition**, épreuve, rencontre, joute

concret, ète ADJ. **1. matériel**, palpable, positif, réel, tangible, visible **2. pratique**, pragmatique, réaliste, terre à terre

concrètement ADV. pratiquement, effectivement, réellement, dans les faits, dans la réalité

concrétiser V. TR. **matérialiser**, donner corps à, réaliser

♦ **se concrétiser** V. PRON. **se manifester**, se matérialiser, prendre corps, se réaliser, se traduire (par)

concurrence N. F. compétition, lutte, rivalité

concurrencer V. TR. rivaliser avec, menacer, marcher sur les brisées de

concurrent, ente N. compétiteur, candidat, challengeur, participant, rival

condamnable ADJ. blâmable, critiquable, répréhensible

condamnation N. F. **I. 1. punition**, peine, sanction, [à payer] astreinte **2. arrêt**, jugement, sentence **3.** [d'un ouvrage] **mise à l'index**, censure, interdiction, interdit **II. attaque**, accusation, blâme, critique, désaveu, procès, réprobation, animadversion (littér.) **III. fermeture**, obstruction, verrouillage

condamné, ée

▸ ADJ. **inguérissable**, incurable, perdu, cuit (fam.), fichu (fam.), foutu (fam.)

▸ N. **détenu**, repris de justice

condamner V. TR. **I. 1. critiquer**, anathématiser, désapprouver, désavouer, se prononcer contre, réprouver, stigmatiser, crier haro sur **2. interdire**, défendre, prohiber, proscrire **II. 1. barrer**, boucher, murer, obstruer **2. fermer**, verrouiller

condenser V. TR. **1. concentrer**, comprimer, réduire **2. abréger**, dépouiller, réduire, resserrer

condescendance N. F. arrogance, dédain, hauteur, morgue, supériorité

condescendant, ante ADJ. arrogant, dédaigneux, hautain, protecteur, supérieur

condescendre à V. TR. IND. **1. daigner**, s'abaisser à, consentir à, vouloir bien **2. accéder à**, se prêter à, complaire à (littér.)

condiment N. M. aromate, assaisonnement, épice

condition N. F. **I. clause**, convention, disposition, stipulation **II. 1. exigence**, préalable, prérequis **2. prétention**, demande salariale **III. 1. destinée**, situation, sort **2.** [vieilli] **classe (sociale)**, état, rang, situation

♦ **conditions** PLUR. **circonstances**, climat, conjoncture, contexte

conditionnement N. M. **1. influence**, intoxication (péj.) **2. emballage**, empaquetage, packaging

conditionner V. TR. **I. 1. déterminer**, commander, dicter **2. influencer**, influer sur **3. habituer**, éduquer, entraîner, former, couler dans le moule **II. emballer**, empaqueter

conducteur, trice N. **1. automobiliste**, chauffeur, pilote **2. camionneur**, routier

conduire V. TR. **1. piloter**, manœuvrer, être au volant de **2. accompagner**, emmener, escorter, guider, mener **3. commander**, administrer, diriger, gérer, gouverner, manager, mener, piloter, être à la tête de, tenir la barre de, tenir le gouvernail de, tenir les rênes de **4. acheminer**, amener, apporter, convoyer, porter, transporter, transmettre

♦ **se conduire** V. PRON. **agir**, se comporter, réagir, se tenir

conduit N. M. conduite, canalisation, canal, collecteur, colonne, tube, tuyau

conduite N. F. 1. **canalisation**, canal, collecteur, colonne, conduit, tube, tuyau 2. **commandement**, administration, direction, gestion, gouvernement, pilotage 3. **pilotage** 4. **comportement**, agissements, attitude, procédés, réaction

confectionner V. TR. fabriquer, exécuter, préparer, réaliser, [un repas] mijoter, mitonner

conférence N. F. 1. **colloque**, congrès, forum, meeting, rencontre, séminaire, sommet, symposium, table ronde 2. **exposé**, communication, cours 3. **entretien**, réunion

conférer
▸ V. TR. 1. **attribuer**, administrer, décerner, donner 2. **apporter**, donner
▸ V. INTR. **parler**, causer, converser, discuter, s'entretenir

confesser V. TR. 1. **avouer**, admettre, convenir de, reconnaître, faire l'aveu de 2. **confier**, déclarer

confession N. F. 1. **aveu**, déclaration, reconnaissance 2. **croyance**, credo, religion 3. **confesse**, pénitence

confiant, ante ADJ. 1. **assuré**, sûr (de soi) 2. **communicatif**, ouvert

confidence N. F. 1. **confession**, effusion, épanchement, expansion 2. **aveu**, révélation, déboutonnage, déballage (péj.), strip-tease (fam.)

confidentiel, ielle ADJ. 1. **secret**, top secret 2. **limité**, restreint

confier V. TR. 1. **donner**, laisser, remettre, remettre à la garde/aux mains/entre les mains de 2. **déléguer**, attribuer, conférer, donner la charge de 3. **avouer**, dévoiler, livrer, révéler
♦ **se confier** V. PRON. **s'épancher**, se livrer, s'ouvrir, se déboutonner, vider son sac (fam.)

confinement N. M. isolement, enfermement, quarantaine, réclusion

confiner V. TR. **enfermer**, cantonner, isoler, reléguer
♦ **se confiner** V. PRON. **se cloîtrer**, s'isoler, se retirer, vivre en vase clos

confins N. M. PL. bornes, frontières, limites, marches (anciennt)

confirmation N. F. 1. **affirmation**, assurance, certitude, consécration 2. **attestation**, entérinement, garantie, homologation, légalisation, ratification, sanction, validation 3. **preuve**, vérification

confirmé, ée ADJ. chevronné, éprouvé, exercé, expert, qualifié

confirmer V. TR. 1. **assurer**, certifier, corroborer, garantir 2. **attester**, entériner, homologuer, légaliser, ratifier, sanctionner, valider 3. **affermir**, conforter, encourager, fortifier, renforcer 4. **démontrer**, attester, prouver, vérifier
♦ **se confirmer** V. PRON. **s'avérer**, se vérifier

confisquer V. TR. 1. **saisir**, mettre la main sur 2. **enlever**, ravir, retirer, soustraire 3. **accaparer**, détourner, retenir, voler

conflictuel, elle ADJ. 1. **antagonique**, adverse, opposé 2. **tendu**

conflit N. M. 1. **guerre**, conflagration, embrasement, lutte (armée) 2. **rivalité**, antagonisme, affrontement, bataille, combat, lutte, tiraillement 3. **dispute**, désaccord, discorde, heurt 4. **litige**

confondre V. TR. 1. **amalgamer**, associer, assimiler, fondre, fusionner, mélanger, mêler, réunir, unir 2. **mélanger**, embrouiller, intervertir, se méprendre sur, mettre dans le même sac, se tromper sur 3. **consterner**, déconcerter, décontenancer, désarçonner, interdire, laisser coi, stupéfier **4. démasquer**, découvrir **5. déjouer**, démonter

♦ **se confondre** V. PRON. **1. se mêler**, se mélanger, s'embrouiller **2. coïncider**, se superposer

conforme ADJ. **1. en règle**, correct, réglementaire, régulier **2. identique**, analogue, pareil, semblable **3. conformiste**, orthodoxe

conformément à LOC. PRÉP. d'après, en conformité avec, selon, suivant, en vertu de

conformer V. TR. **accorder**, adapter, ajuster, approprier

♦ **se conformer à** V. PRON. **s'aligner sur**, s'accommoder de, s'assujettir à, se modeler sur, observer, se plier à, se régler sur, se soumettre à, suivre, sacrifier à

conformiste N. et ADJ. **1. conservateur**, orthodoxe, traditionaliste **2. conventionnel**, bien-pensant, vieux jeu (péj.)

conformité N. F. **1. analogie**, affinité, correspondance, rapport, ressemblance, similitude **2. accord**, concordance, harmonie

confort N. M. **1. aise(s)**, bien-être **2. commodités**, standing

confortable ADJ. **1. douillet**, cosy (anglic.) **2. facile**, aisé, commode **3. conséquent**, honnête, honorable, substantiel, [somme] coquet, joli, rondelet

conforter V. TR. affermir, confirmer, fortifier, raffermir, soutenir

confronter V. TR. **comparer**, mettre en parallèle, mettre en présence, mettre en regard

♦ **se confronter à** V. PRON. **affronter**, faire face à, se colleter avec

confus, use ADJ. **I. 1. embrouillé**, amphigourique, brouillon, brumeux, nébuleux, obscur, cafouilleux (fam.) **2. chaotique**, anarchique, compliqué, trouble **3. incertain**, flou, indécis, indéterminé, indistinct, vague **II. 1. déconcerté**, embarrassé, honteux, penaud, piteux **2. désolé**, ennuyé, navré **3. intimidé**, gêné

confusion N. F. **1. gêne**, désarroi, embarras, honte, trouble **2. erreur**, méprise, malentendu, quiproquo, cafouillage (fam.), cafouillis (fam.) **3.** salade (fam.), **fouillis**, embrouillamini, fatras, méli-mélo (fam.), bordel (très fam.), foutoir (très fam.), merdier (très fam.) **4. bouleversement**, anarchie, chaos, désordre, capharnaüm, désorganisation, trouble **5. cohue**, débâcle, débandade **6. obscurité**, incohérence

congé N. M. **1. vacances**, repos, relâche **2. licenciement**, renvoi, congédiement

congédier V. TR. **1. éconduire** (littér.), renvoyer, expédier (fam.), envoyer sur les roses (fam.), envoyer dinguer/paître/promener/se faire voir (fam.) **2. licencier**, chasser, débaucher, se défaire de, destituer, donner son congé à, donner son compte à, mettre à la porte, mettre dehors, limoger, remercier, renvoyer, révoquer, donner ses huit jours à (domestique), balancer (fam.), débarquer (fam.), ficher/foutre dehors (fam.), ficher/flanquer à la porte (fam.), lourder (fam.), sacquer (fam.), vider (fam.), virer (fam.)

congénital, ale, aux ADJ. héréditaire, atavique, inné, naturel

congratuler V. TR. complimenter, féliciter, couvrir de louanges, encenser, rendre hommage à

congrès N. M. colloque, assises, conférence, forum, symposium, table ronde

conjecture N. F. **1. hypothèse**, supposition, présomption **2. prévision**, pronostic

conjecturer V. TR. imaginer, présumer, soupçonner, supposer

conjoint N. M. époux, mari

conjointe N. F. épouse, femme, légitime (fam.), bourgeoise (fam., péj.), chère et tendre (plaisant), chère moitié (plaisant)

conjointement ADV. ensemble, de concert, concurremment, de conserve, simultanément

conjoncture N. F. situation, circonstances, conditions, contexte

conjuguer V. TR. 1. **combiner**, allier, associer, joindre, unir 2. [Grammaire] **fléchir**

conjurer V. TR. 1. **comploter**, conspirer, tramer 2. **implorer**, adjurer, supplier 3. **charmer**, chasser, exorciser

connaissance N. F. 1. **conscience** 2. **compréhension**, entendement, représentation 3. **relation**, ami, familier, fréquentation, liaison, rencontre
♦ **connaissances** PLUR. 1. **acquis**, bagage, compétence, culture, éducation, érudition, instruction, savoir, science 2. **notions**, clartés, lumières

connaisseur, -euse N. et ADJ. amateur, compétent, expert

connaître V. TR. 1. **savoir**, être au courant de, être informé de, être renseigné sur 2. **fréquenter**, rencontrer 3. **éprouver**, expérimenter, passer par, ressentir, sentir

connecter V. TR. relier, brancher, raccorder, réunir

connexe ADJ. analogue, joint, lié, voisin, afférent (soutenu ou Droit)

connexion N. F. 1. **affinité**, analogie, liaison, lien, rapport, relation 2. **branchement**, liaison

connivence N. F. complicité, entente, intelligence

connu, ue ADJ. 1. **célèbre**, fameux, illustre, légendaire, renommé, réputé 2. **notoire**, proverbial 3. **commun**, répandu, rebattu, réchauffé

conquérir V. TR. 1. **s'approprier**, assujettir, dominer, s'emparer de, soumettre, vaincre 2. **obtenir**, gagner, remporter 3. **amener à soi**, s'attacher, attirer, capter, gagner 4. **séduire**, charmer, enchanter, envoûter, subjuguer, tomber (fam.)

conquête N. F. 1. **appropriation**, domination, prise, soumission 2. **séduction**, soumission 3. **acquisition**, acquis, avancée(s), victoire

consacrer V. TR. I. 1. **accorder**, dédier, destiner, dévouer, donner, sacrifier, vouer 2. **affermir**, asseoir, confirmer, entériner, ratifier II. 1. **bénir**, sacrer 2. **oindre**, ordonner
♦ **se consacrer à** V. PRON. **s'adonner à**, s'employer à, se livrer à, s'occuper de

consciemment ADV. sciemment, volontairement, délibérément, en toute connaissance de cause

conscience N. F. 1. **connaissance** 2. **intuition**, sentiment 3. **sens moral**, moralité, cœur, probité, scrupule 4. **application**, minutie, scrupule, sérieux, soin

consciencieux, ieuse ADJ. scrupuleux, appliqué, minutieux, sérieux, soigneux, travailleur

conscient, ente ADJ. 1. **délibéré**, volontaire, réfléchi, voulu 2. **éveillé**, lucide

consécration N. F. I. 1. **apothéose**, couronnement, sacre, triomphe, victoire 2. **confirmation**, ratification, sanction, validation II. 1. **bénédiction**, dédicace 2. **onction**, sacre

conseil N. M. I. 1. **avis**, proposition, recommandation, suggestion 2. **avertissement**, mise en garde II. 1. **consultant**, audit, conseiller 2. **assemblée**, chambre, aréopage, juridiction, tribunal

conseiller¹ V. TR. **1. recommander**, préconiser, proposer, suggérer **2. engager à**, exhorter à, inciter à, pousser à **3. aviser**, guider

conseiller², ère N. **1. consultant**, audit, conseil **2. guide**, inspirateur, mentor (littér.)

consensus N. M. accord, entente, modus vivendi

consentement N. M. acceptation, accord, acquiescement, agrément, approbation, assentiment, autorisation, permission

consentir V. TR. accorder, concéder, octroyer

conséquence N. F. effet, contrecoup, fruit, répercussion, retentissement, retombée, suite, [malheureuse] séquelle

conséquent, ente ADJ. **1. cohérent**, logique **2. considérable**, important

conservateur, trice ADJ. et N. conformiste, antiprogressiste, traditionaliste

conservation N. F. préservation, entretien, maintien, protection, sauvegarde

conserver V. TR. **1. entretenir**, maintenir, préserver, protéger, sauvegarder, sauver **2. garder**, détenir, retenir, tenir à l'abri

♦ **se conserver** V. PRON. **rester**, durer, subsister, survivre

considérable ADJ. **1. énorme**, grand, gros, immense, important, imposant, majeur, de taille **2. éminent**, notable, remarquable

considérablement ADV. énormément, abondamment, amplement, copieusement, à foison, à profusion, largement, bigrement (fam.), bougrement (fam.), sacrément (fam.), vachement (fam.)

considération N. F. **1. estime**, déférence, égard, respect, révérence, vénération **2. attention**, étude, examen **3. remarque**, réflexion, observation

considérer V. TR. **1. contempler**, examiner, observer **2. étudier**, analyser, apprécier, examiner, faire cas de, peser, prendre en compte, tenir compte de **3. admirer**, estimer, faire grand cas de, révérer, vénérer

consigne N. F. **1. ordre**, directive, instruction, prescription **2. règlement** **3. retenue**, colle (fam.)

consigner V. TR. **1. déposer** **2. écrire**, noter **3. acter**, constater, enregistrer, rapporter, relater **4. retenir**, coller (fam.)

consistance N. F. **1. densité**, fermeté, dureté, force, solidité, stabilité **2. crédit**, fondement

consistant, ante ADJ. **1. dense**, cohérent, dur, ferme, solide **2. épais**, visqueux **3. copieux**, nourrissant, riche, substantiel

consister V. TR. IND.
- **consister en** se composer de, comporter, comprendre
- **consister à** se résumer à, revenir à

consolant, ante ADJ. apaisant, calmant, consolateur, lénifiant, réconfortant, consolatoire (littér.), lénitif (littér.)

consolation N. F. **1. dédommagement**, compensation, satisfaction **2. apaisement**, adoucissement, baume, réconfort, soulagement, dictame (littér.)

consoler V. TR. **1. calmer**, rasséréner, réconforter, sécher les larmes de, remonter (fam.) **2. dédommager**, compenser **3. adoucir**, alléger, atténuer, diminuer, endormir

consolidation N. F. **1. affermissement**, raffermissement, renfort, stabilisation **2. ancrage**, confirmation, enracinement, implantation

consolider V. TR. **1. affermir**, étayer, fortifier, raffermir, renforcer, soutenir, stabiliser **2. ancrer**, asseoir, cimenter, confirmer, enraciner, implanter, fixer

consommation N. F. **1. boisson**, rafraîchissement **2. utilisation**, emploi, usage

consommer V. TR. **1. utiliser**, employer, user de **2. absorber**, boire, manger, prendre, se nourrir de, vivre de **3. brûler**, consumer, employer

conspiration N. F. complot, cabale, conjuration, intrigue, machination

constamment ADV. continuellement, continûment, incessamment, invariablement, en permanence, régulièrement, sans arrêt, sans discontinuer, sans relâche, sans répit, sans trêve, sans cesse, toujours

constance N. F. **1. régularité**, continuité, durabilité, immutabilité, invariabilité, permanence, persistance, stabilité **2. assiduité**, obstination, opiniâtreté, persévérance, résolution **3. fidélité**

constant, ante ADJ. **1. continuel**, continu, durable, immuable, invariable, permanent, persistant, stable **2. assidu**, obstiné, opiniâtre, persévérant, résolu

constatation N. F. observation, constat, remarque

constater V. TR. apercevoir, découvrir, enregistrer, noter, observer, reconnaître, remarquer, sentir, voir

consternant, ante ADJ. **1. douloureux**, accablant, affligeant, atterrant **2. déplorable**, désolant, calamiteux, désespérant, lamentable, navrant, pitoyable

consternation N. F. abattement, accablement, désolation, douleur, surprise, stupéfaction, stupeur

consterner V. TR. **1. abattre**, accabler, anéantir, atterrer, stupéfier, terrasser **2. désoler**, navrer

constituant N. M. composant, donnée, élément, ingrédient

constituer V. TR. **1. créer**, bâtir, édifier, élaborer, établir, fonder, monter, mettre sur pied, organiser **2. instituer**, établir **3. composer**, représenter **4. désigner**, assigner, placer, préposer

constitution N. F. **1. création**, composition, construction, édification, élaboration, fondation, formation, organisation **2. arrangement**, composition, disposition, forme, organisation, structure, texture **3. caractère**, complexion, conformation, personnalité, tempérament **4. établissement**, institution **5. désignation**, assignation

constructeur, trice N. **1. fabricant** **2. architecte**, bâtisseur, promoteur **3. créateur**, fondateur, architecte

constructif, ive ADJ. positif, efficace

construction N. F. **1. bâtiment**, bâtisse, édifice, immeuble, installation, maison, monument, ouvrage **2. édification**, érection **3. fabrication**, élaboration **4. organisation**, aménagement, architecture, arrangement, composition, structure

construire V. TR. **1. bâtir**, édifier, élever, ériger **2. fabriquer** **3. organiser**, aménager, architecturer, arranger, articuler, composer, structurer **4. élaborer**, fonder, forger, imaginer

consultation N. F. **1. enquête**, plébiscite, référendum, sondage **2. examen**, lecture **3. visite (médicale)**, examen médical

consulter V. TR. **1. interroger**, questionner, sonder, prendre l'avis de, prendre le pouls de **2. examiner**, compulser, se référer à
♦ **se consulter** V. PRON. **se concerter**, discuter

consumer V. TR. **1. brûler**, calciner, dévorer, embraser, incendier **2. anéantir**, détruire, dévorer, ronger, ruiner, user
♦ **se consumer** V. PRON. **1. brûler**, se calciner **2. dépérir**, s'étioler

contact N. M. **I. 1. adhérence 2. attouchement**, effleurement, caresse **3. toucher II. 1. rapport**, relation, liaison **2. fréquentation**, commerce, coudoiement

contacter V. TR. **1. joindre**, atteindre, se mettre en rapport avec, toucher, prendre langue avec (littér.), s'aboucher avec (littér.) **2. rencontrer**, approcher

contagieux, euse ADJ. **1. transmissible**, épidémique **2. communicatif**

contamination N. F. **1. contagion**, infection, transmission **2. pollution**

contaminer V. TR. **1. infecter 2. polluer**, corrompre, vicier **3. envahir**, empoisonner, gagner, gangréner

conte N. M. légende, fable, fiction, fabliau, histoire, historiette

contemplatif, ive ADJ. méditatif, rêveur, songeur

contemplation N. F. **1. méditation**, rêverie, recueillement **2. admiration**, émerveillement, extase

contempler V. TR. **1. considérer**, envisager, réfléchir à **2. admirer**, examiner, regarder
♦ **se contempler** V. PRON. **se regarder**, s'admirer

contemporain, aine ADJ. actuel, moderne, présent

contenance N. F. **1. capacité**, cubage, tonnage **2. attitude**, air, allure, comportement, maintien, mine

contenir V. TR. **1. comporter**, comprendre, compter, posséder, recéler, renfermer **2. accueillir**, recevoir, tenir **3. contrôler**, dominer, endiguer, dompter, maîtriser, refréner, refouler, réprimer
♦ **se contenir** V. PRON. **se contrôler**, se calmer, se dominer, se maîtriser, se modérer, se retenir

content, ente ADJ. **1. satisfait**, heureux, bien aise (littér.) **2. gai**, joyeux, réjoui **3. charmé**, enchanté, ravi

contentement N. M. **1. bonheur**, béatitude, félicité, joie, plaisir, ravissement, satisfaction, aise (littér.) **2. assouvissement**, satisfaction

contenter V. TR. **1. combler**, exaucer, plaire à, satisfaire, suffire à **2. assouvir**, satisfaire
♦ **se contenter de** V. PRON. **1. se satisfaire de**, s'accommoder de, s'arranger de, faire avec, avoir assez de **2. se borner à**, se cantonner à, se limiter à, s'en tenir à

contenu N. M. **1. chargement**, charge **2. teneur**, fond, substance

conter V. TR. dire, raconter, rapporter, relater, narrer (littér.)

contestable ADJ. discutable, douteux, sujet à caution

contestation N. F. **1. controverse**, débat, discussion, objection **2. dénégation**, désaveu **3. altercation**, démêlé, différend, dispute, querelle

contester V. TR. **1. discuter**, controverser, mettre/remettre en cause, mettre/remettre en doute, mettre/remettre en question, récuser, nier **2. dénier**, disputer, refuser

contexte N. M. situation, environnement, conjoncture, climat, conditions

contigu, uë ADJ. **1. accolé**, attenant, avoisinant, mitoyen, voisin **2. analogue**, connexe, proche, semblable, similaire, voisin

contiguïté N. F. **1. contact**, mitoyenneté, proximité, voisinage **2. analogie**, connexion, liaison, proximité, rapport, similitude, voisinage

continu, ue ADJ. **1. continuel**, constant, ininterrompu, incessant, perpétuel, persistant **2. assidu**, indéfectible, opiniâtre, prolongé, soutenu, suivi

continuateur, trice N. successeur, disciple, imitateur, épigone (littér., souvent péj.)

continuation N. F. **1. poursuite**, reprise, suite **2. prolongation**, continuité, prolongement

continuel, elle ADJ. **1. continu**, constant, ininterrompu, incessant, permanent, perpétuel, de tous les instants **2. fréquent**, éternel, sempiternel (péj.)

continuellement ADV. sans arrêt, sans cesse, constamment, continûment, journellement, sans relâche, sans répit, sans trêve, toujours, tout le temps, à chaque instant, à tout bout de champ, à toute heure, à longueur de journée, du matin au soir, à tout moment, nuit et jour

continuer
▸ V. TR. **1. poursuivre**, persévérer dans, perpétuer, reprendre **2. prolonger**, étendre, pousser
▸ V. INTR. **1. se poursuivre**, se prolonger **2. durer**, se perpétuer **3. persister**, persévérer

continuité N. F. **1. constance**, enchaînement, ininterruption, liaison **2. durée**, continuation, pérennité, permanence, persistance

contour N. M. **1. bord**, bordure, délinéament, limite, périmètre, périphérie, pourtour, tour **2. courbe**, forme, galbe, ondulation **3. détour**, lacet, méandre, sinuosité

contourner V. TR. **1. éluder**, escamoter, esquiver, éviter **2. éviter**, déborder, tourner

contracté, ée ADJ. crispé, noué, stressé, tendu

contracter[1] V. TR. **1. acquérir**, développer, prendre **2. attraper**, choper (fam.), ramasser (fam.) **3. souscrire**

contracter[2] V. TR. **1. crisper**, stresser **2. diminuer**, raccourcir, réduire, resserrer, tasser **3. raidir**, bander, serrer, tendre
♦ **se contracter** V. PRON. **1. se crisper**, se durcir **2. se réduire**, diminuer/rétrécir

contraction N. F. **1. contracture**, crampe, raideur, raidissement, spasme **2. constriction**, resserrement **3. réduction**, diminution

contracture N. F. contraction, crampe, raideur, raidissement, spasme

contradiction N. F. **1. contestation**, démenti, dénégation, négation, objection, opposition, réfutation **2. incompatibilité**, antinomie, inconséquence, opposition

contradictoire ADJ. **1. contraire**, divergent, opposé **2. incompatible**, antinomique **3. illogique**, incohérent, inconséquent, paradoxal

contraignant, ante ADJ. astreignant, assujettissant

contraindre V. TR. [littér.] contenir, entraver, refouler, réfréner, réprimer, retenir

contrainte N. F. **1. pression**, coercition, force, intimidation, coaction (littér.) **2. exigence**, impératif, obligation, servitude **3. gêne**, entrave

contraire
▸ ADJ. **1. antinomique**, antithétique, contradictoire, incompatible, inverse, opposé **2. adverse**, antagoniste, défavorable, ennemi, attentatoire, hostile
▸ N. M. **1. antithèse**, inverse, opposé **2. antonyme**

contrairement à LOC. PRÉP. à l'opposé de, à l'inverse de, à la différence de, au contraire de

contrariant, ante ADJ. agaçant, ennuyeux, fâcheux

contrarier V. TR. **1. chagriner**, embêter, troubler, chiffonner (fam.), tarabuster (fam.) **2. agacer**, embêter, ennuyer, fâcher, irriter, mécontenter, emmerder (fam.) **3. contrecarrer**, barrer, déjouer, déranger, entraver, faire obstacle à, gêner, freiner, nuire à, résister à

contrariété N. F. **1. souci**, ennui **2. agacement**, déception, déplaisir, irritation, mécontentement

contraste N. M. opposition, différence, discordance, disparité, dissemblance, écart

contrat N. M. **1. accord**, convention, engagement, pacte **2.** [assurances] **police**

contravention N. F. **1. procès-verbal**, contredanse (fam.), PV (fam.), prune (fam.) **2. infraction**, entorse, transgression, violation

contre PRÉP. , ADV. **1. auprès (de)**, à côté (de), près de, sur **2. à l'encontre de 3. en échange de**, moyennant **4. malgré**, en dépit de, nonobstant (littér.)

contre-attaquer V. INTR. riposter, se rebiffer, se venger

contrebalancer V. TR. compenser, équilibrer, neutraliser, faire contrepoids à, pondérer

contrecarrer V. TR. s'opposer à, bloquer, contrarier, contrer, déjouer, enrayer, faire obstacle à

contrecoup N. M. conséquence, contrechoc, choc en retour, effet, incidence, réaction, répercussion, suite, [néfaste] séquelle

contredire V. TR. **1. démentir**, aller à l'encontre de, nier, réfuter, prendre le contre-pied de, s'inscrire en faux contre **2. contrarier**, s'opposer à
♦ **se contredire** V. PRON. **se désavouer**, se déjuger, se raviser, [par inadvertance] se couper

contrée N. F. pays, province, région, terre

contrefaçon N. F. **1. falsification**, démarquage, imitation, pastiche, plagiat **2. faux**, copie, contrefaction (Droit)

contrefaire V. TR. **1. falsifier**, altérer **2. copier**, calquer, démarquer, imiter, mimer, pasticher, reproduire **3. déguiser**, dénaturer **4. déformer**, décomposer, défigurer

contrepartie N. F. **1. compensation**, contrepoids, dédommagement **2. contraire**, antithèse, contre-pied, inverse, opposé

contrer V. TR. contrecarrer, faire obstacle à, s'opposer à, se dresser contre

contretemps N. M. complication, accident, accroc, difficulté, empêchement, ennui, impondérable, imprévu, obstacle

contribuer à V. TR. IND. **1. aider à**, collaborer à, coopérer à, participer à, prendre part à, apporter sa pierre à l'édifice de **2. tendre à**, concourir à, conspirer à (littér.)

contribution N. F. **1. aide**, apport, appui, collaboration, concours, coopération, tribut (littér.) **2. cotisation**, écot, mise de fonds, part, quote-part, tribut **3. impôt**, droit, imposition, prélèvement, taxe

contrôle N. M. **1. inspection**, examen, pointage, test, vérification **2. observation**, monitorage (recomm. offic.), monitoring (anglic.), surveillance **3. censure** **4. maîtrise**, domination

contrôler V. TR. **1. examiner**, s'assurer de, inspecter, pointer, tester, vérifier **2. observer**, surveiller **3. maîtriser**, canaliser, contenir, dominer, endiguer
♦ **se contrôler** V. PRON. **se maîtriser**, se contenir, se dominer

controverse N. F. **1. débat**, discussion, polémique **2.** [Philo.] **éristique**

controversé, ée ADJ. débattu, contesté, discuté, sujet à caution

contusion N. F. bleu, ecchymose, lésion, meurtrissure

contusionné, ée ADJ. meurtri, contus

convaincant, ante ADJ. **1. concluant**, décisif, démonstratif, percutant, probant **2. persuasif**, éloquent

convaincre V. TR. **1. persuader**, décider, déterminer **2. faire entendre raison à**

convaincu, ue ADJ. **1. certain**, persuadé, sûr **2. assuré**, éloquent, pénétré **3. déterminé**, farouche, résolu

convenable ADJ. **1. adapté**, adéquat, ad hoc, à propos, compatible, conforme, de saison, pertinent, expédient (littér.), idoine (littér. ou plaisant) **2. favorable**, opportun, propice **3. acceptable**, correct, passable, potable (fam.) **4. bienséant**, correct, décent, digne, honnête, honorable, séant, de bon ton, (très) comme il faut (fam.)

convenablement ADV. adéquatement, comme il faut, correctement, décemment

convenance N. F. [littér.] **accord**, adéquation, affinité, conformité, harmonie, pertinence, rapport
♦ **convenances** PLUR. **bienséance**, correction, décence, décorum, savoir-vivre, usage(s)

convenir V. TR. IND. **1. faire l'affaire** **2. être à propos**, être opportun
- **convenir à** **1. plaire à**, aller à, arranger, agréer à (littér.), botter (fam.), chanter à (fam.) **2. s'accorder avec**, aller à, cadrer avec, correspondre à, coller avec (fam.)
- **convenir de** **1. arranger**, décider, s'entendre sur, fixer **2. avouer**, concéder, reconnaître

convention N. F. **1. arrangement**, accord, compromis, contrat, engagement, entente, marché, pacte, traité **2. article**, disposition, stipulation **3. code**, loi, principe, règle, tradition

conventionnel, elle ADJ. **1. classique**, académique, banal, convenu, stéréotypé, traditionnel **2. formaliste**, conformiste, vieux jeu **3. arbitraire**

convergent, ente ADJ. analogue, concordant, semblable, similaire, voisin

converger V. INTR. **1. se concentrer**, concourir, confluer **2. aboutir**, se rencontrer **3. s'accorder**, coïncider, concorder, se recouper

conversation N. F. **1. discussion**, causerie, dialogue, entretien, tête-à-tête **2.** [secrète] **aparté**, conciliabule, messes basses (péj.) **3. bavardage**, causette (fam.), palabres (péj.), parlote (fam.)

converser V. INTR. discuter, bavarder, causer, conférer, dialoguer, discourir, échanger des propos, faire/tenir salon, s'entretenir, parler, deviser (littér. ou plaisant)

convertir V. TR. **1. catéchiser**, amener à la foi, convaincre **2. rallier**, gagner **3. changer**, métamorphoser, transformer, transmuer, transmuter
♦ **se convertir** V. PRON. trouver son chemin de Damas

conviction N. F. **1. certitude**, assurance, croyance, foi **2. persuasion** **3. détermination**, résolution, sérieux

convier V. TR. **1. inviter**, prier **2. engager**, exciter, inciter, induire, inviter, solliciter

convive N. hôte, invité, commensal (soutenu)

convocation N. F. **1. appel**, invitation, [à un examen] collante (fam.) **2.** [Droit] **assignation**, citation

convoiter V. TR. ambitionner, aspirer à, briguer, désirer, envier, rêver de, soupirer après, guigner (fam.), lorgner sur (fam.), loucher sur (fam.)

convoitise N. F. désir, appétit, ardeur, avidité, cupidité, envie, appétence (littér.)

convoquer V. TR. **1. appeler**, convier, inviter, mander (littér.) **2.** [Droit] **assigner**, citer

coopération N. F. collaboration, aide, appui, concours, contribution, participation

coopérer à V. TR. IND. collaborer à, aider, s'associer à, concourir à, contribuer à, participer à, prendre part à

coordination N. F. **1. organisation**, agencement, arrangement, harmonisation **2. enchaînement**, liaison

coordonner V. TR. **1. organiser**, agencer, arranger, combiner, harmoniser, ordonner **2. assortir** **3. enchaîner**, lier, relier

copain N. M. et ADJ. M. **1. camarade**, ami **2. amoureux**, ami, compagnon, petit ami, mec (fam.), jules (fam.)

copie N. F. **I. 1. double**, calque, épreuve, fac-similé, photocopie, reproduction **2. réplique**, répétition **3. maquette**, réduction **4.** [d'un ordinateur, d'une personne, etc.] **clone** **II. 1. contrefaçon**, falsification, imitation **2. plagiat**, calque, démarcage, pastiche **III. 1. exemplaire** **2. manuscrit** **3. devoir**, composition

copier V. TR. **1. noter**, prendre en note, relever, transcrire **2. calquer**, reproduire **3. imiter**, contrefaire, falsifier **4. plagier**, démarquer, pasticher, pomper (fam.), [sans complément] **tricher** **5. mimer**, reproduire, ressembler à **6.** [un ordinateur, une personne, etc.] **cloner**

copieusement ADV. abondamment, amplement, considérablement, largement, sacrément (fam.)

copieux, euse ADJ. abondant, ample, généreux, plantureux

copinage N. M. favoritisme, népotisme, clientélisme, piston (fam.)

copine N. F. **1. camarade**, amie **2. amoureuse**, amie, compagne, petite amie, nana (fam.)

coquet, ette ADJ. **1. élégant**, charmant, chic, mignon, pimpant **2.** [fam.] **conséquent**, gentil, joli, rondelet, substantiel

coquetterie N. F. **1. élégance**, chic, goût **2. séduction**, galanterie, marivaudage **3. affectation**, minauderie, afféterie (littér.)

coquin, ine
▸ ADJ. **1. espiègle**, malicieux, polisson **2. grivois**, égrillard, gaillard, gaulois, leste, libertin, licencieux, paillard, polisson, salé, cochon (fam.)

► N. M. **1. bandit**, canaille, escroc, scélérat, voleur, vaurien **2. garnement**, brigand, canaille, chenapan, bandit (fam.)

corbeille N. F. **1. panier**, ciste, manne **2.** [de fleurs] **massif**, parterre **3. mezzanine**

cordage N. M. **1. corde 2. câble**, filin **3.** [Mar.] **bout**, filin, manœuvre, câble, grelin, garcette

corde N. F. **1. cordage**, cordon, lien, [petite] cordeau, cordelette **2.** [pour animaux] laisse, longe, trait **3. boyau**, catgut (Méd.) **4. câble**, filin

cordial, ale, aux ADJ. **1. affectueux**, accueillant, amical, bienveillant, chaleureux, sympathique **2.** [vieilli] **fortifiant**, réconfortant, reconstituant, stimulant, tonique, remontant (fam.)

cordialité N. F. amabilité, amitié, bienveillance, chaleur, courtoisie, sympathie

cordon N. M. **1. aiguillette**, attache, câble, cordelière, dragonne, ruban **2. file**, ligne, rang, rangée **3. bordure**, bande, lisière

coriace ADJ. **1. ferme**, dur **2. tenace**, obstiné, opiniâtre, dur à cuire (fam.)

corollaire N. M. conséquence, effet, implication, répercussion, suite

corporation N. F. communauté, confrérie, corps, guilde, hanse, métier, ordre

corporel, elle ADJ. **1. physique**, charnel **2. naturel**, physiologique **3. matériel**

corps N. M. **I. 1. organisme**, matière, substance **2. chose**, objet **II. 1. anatomie**, morphologie, physique **2. cadavre**, dépouille (mortelle) **III. 1. assemblée**, association, cellule, communauté, compagnie, ensemble, groupe, organe, société **2. corporation**, ordre **IV. consistance**, épaisseur

corpulent, ente ADJ. fort, gros, lourd, obèse, massif, mastoc (fam.)

correct, ecte ADJ. **I. exact**, bon, conforme, fidèle, juste **II. 1. châtié**, pur **2. bienséant**, convenable, décent **3. honnête**, loyal, régulier, scrupuleux, réglo (fam.) **III. acceptable**, convenable, moyen, passable, satisfaisant, O.K. (fam.), potable (fam.)

correctement ADV. **1. exactement**, avec justesse, sans erreur **2. décemment**, comme il faut, convenablement **3. honnêtement**, loyalement, scrupuleusement **4. moyennement**, passablement

correctif N. M. correction, rectificatif, rectification

correction N. F. **I. 1. modification**, rectification, remaniement, reprise, retouche, révision **2. biffure**, rature, surcharge **3. correctif**, rectificatif **II. punition**, coups, dégelée (fam.), dérouillée (fam.), pile (fam.), raclée (fam.), volée (fam.) **III. conformité**, exactitude, fidélité, justesse **IV. 1. bienséance**, décence, politesse, savoir-vivre **2. honnêteté**, scrupule **V. atténuation**, adoucissement, compensation, contrepoids, neutralisation

corrélation N. F. rapport, concordance, correspondance, dépendance, interdépendance, liaison, relation

correspondance N. F. **1. courrier**, lettres, relations épistolaires **2. liaison**, rapport, relation **3. accord**, affinité, analogie, concordance, conformité, corrélation, ressemblance, similitude **4. simultanéité**, concordance, synchronisme **5.** [Transport] **changement**

correspondant, ante ADJ. équivalent, homologue, semblable, similaire

correspondre à V. TR. IND. **1. s'accorder à**, cadrer avec, concorder avec, convenir à, s'harmoniser avec, coller avec (fam.) **2. se rapporter à**, se référer à **3. se conformer à**, répondre à, satisfaire

corridor N. M. couloir, galerie, passage

corriger V. TR. **I. 1. réformer**, amender, redresser, rectifier **2. modifier**, rectifier, remanier, reprendre, retoucher **3. biffer**, raturer **II. atténuer**, balancer, compenser, neutraliser, pallier, racheter, réparer **III. punir**, châtier, donner une leçon à, donner/filer une dégelée à (fam.)

corroborer V. TR. confirmer, affermir, appuyer, étayer, renforcer, soutenir

corroder V. TR. attaquer, désagréger, détériorer, détruire, entamer, ronger, user

corrompre V. TR. **I. soudoyer**, acheter, circonvenir, gagner, suborner, stipendier (littér.), graisser la patte de/à (fam.) **II. 1. dépraver**, avilir, gangrener, pervertir, perdre, souiller **2. dénaturer**, altérer, défigurer, déformer
♦ **se corrompre** V. PRON. **s'avarier**, s'altérer, se décomposer, se gâter, pourrir, se putréfier

corrompu, ue ADJ. **1. dépravé**, dissolu, perverti, vil **2. vendu**, vénal, véreux, ripou (fam.) **3. avarié**, gâté, pourri, putréfié

corrosif, ive ADJ. **1. corrodant**, brûlant, caustique **2. acerbe**, caustique, décapant, mordant, virulent

corruption N. F. **1. dépravation**, avilissement, gangrène, perversion, souillure, tare, vice **2. altération**, déformation, dérèglement, dissolution

corsage N. M. chemisier, chemisette, haut, blouse

corsé, ée ADJ. **1. épicé**, pimenté, piquant, relevé **2. ardu**, compliqué, difficile, chiadé (fam.), costaud (fam.), coton (fam.), trapu (fam.) **3. grivois**, osé, salé, scabreux

corser V. TR. **1. épicer**, pimenter, rehausser, relever **2. compliquer**

cortège N. M. **1. défilé**, convoi, file, procession **2. escorte**, cour, suite **3. ribambelle**, kyrielle, suite, flopée (fam.), tapée (fam.)

cossu, ue ADJ. riche, aisé, fortuné, nanti, opulent, friqué (fam.), rupin (fam.)

costaud, aude ADJ. **1. bien bâti**, fort, robuste, balèze (fam.), maous (fam.) **2. solide**, robuste **3. doué**, fort, balèze (fam.), calé (fam.), fortiche (fam.)

costume N. M. **1. habit**, habillement, tenue, vêtement, accoutrement (souvent péj.) **2. complet (-veston)**, costard (fam.) **3. déguisement**, habit

costumé, ée ADJ. déguisé, travesti

cote N. F. **1. cotation**, cours **2. niveau**, indice **3. popularité**, succès

coté, ée ADJ. estimé, apprécié, prisé, réputé

côte¹ N. F. **1. côtelette**, entrecôte **2. bande**, rayure **3. nervure**, carde

côte² N. F. **1. coteau**, cuesta (Géog.) **2. pente**, montée, raidillon, rampe, grimpette (fam.)

côte³ N. F. bord, bordure, littoral, rivage, cordon (littoral)

côté N. M. **I. 1. flanc 2. versant**, côte, coteau, flanc, pan, pente **3. bord**, bordure **4. face**, ligne, pan **II. aspect**, angle, perspective, point de vue, sens **III. camp**, bord, parti

coteau N. M. **1. colline**, monticule **2. côte**, flanc, pente, versant

coter V. TR. **1. évaluer**, estimer, juger, noter **2. noter**, numéroter

cotisation N. F. contribution, écot, quote-part

cotiser V. INTR. contribuer, payer son écot

cotonneux, euse ADJ. **1. duveté** **2. flasque**, farineux, mou, spongieux **3. assourdi**, feutré, sourd

côtoyer V. TR. **1. fréquenter**, approcher, coudoyer, frayer avec, se frotter à **2. border**, s'étendre le long de, longer

couard, arde ADJ. et N. lâche, peureux, poltron, pleutre (littér.), pusillanime (littér.), veule (littér.), dégonflard (fam.), dégonflé (fam.), lope (fam.), lopette (fam.), trouillard (fam.)

couardise N. F. lâcheté, poltronnerie, pleutrerie (littér.), pusillanimité (littér.), veulerie (littér.)

couche N. F. **1. croûte**, épaisseur, film, pellicule **2. assise**, lit, strate **3. catégorie**, classe, strate

coucher V. TR. **1. mettre au lit**, [un malade] aliter **2. allonger**, étendre **3. renverser**, abattre **4. incliner**, pencher **5. consigner**, inscrire, noter, porter

♦ **se coucher** V. PRON. **1. se mettre au lit**, se mettre/se glisser dans les draps, aller au/aller faire dodo (lang. enfants), se pieuter (fam.) **2.** [malade] **s'aliter** **3. s'allonger**, s'étendre **4. s'incliner**, se courber, (se) pencher, ployer **5. se renverser**, s'affaisser, basculer, verser

coude N. M. **1. angle**, saillie **2. courbe**, tournant, virage **3. méandre**, détour, sinuosité

coudoyer V. TR. côtoyer, approcher, fréquenter, rencontrer

coudre V. TR. **1. raccommoder**, rapiécer, ravauder, repriser **2. monter**, bâtir **3. suturer**

couler

▸ V. INTR. **1. circuler**, s'écouler, filer **2. déborder**, dégouliner, se répandre, ruisseler, pisser (fam.) **3. dégoutter**, goutter, sourdre, suinter **4. chavirer**, s'abîmer, s'enfoncer, s'engloutir, faire naufrage, sombrer **5. se noyer** **6. péricliter**, décliner, dépérir

▸ V. TR. **1. transvaser**, verser **2. glisser**, passer **3. vivre**, passer **4. saborder**, saboter **5. perdre**, ruiner **6. mouler**, fondre

♦ **se couler** V. PRON. **1. se glisser**, se faufiler **2. s'introduire**, pénétrer

couleur N. F. **1. coloration**, coloris, nuance, teinte, ton, tonalité **2. colorant**, peinture, pigment, teinture **3. carnation**, teint **4. apparence**, aspect, caractère, figure, tournure

couloir N. M. corridor, galerie, passage

coup N. M. **I. 1. choc**, commotion, ébranlement, heurt, secousse **2. claque**, gifle, tape, raclée, beigne (fam.), châtaigne (fam.), gnon (fam.), marron (fam.), pain (fam.), ramponneau (fam.) **3.** [léger] **chiquenaude**, pichenette (fam.), tape (fam.) **4. atteinte**, dommage, préjudice, trait (littér.) **II. manœuvre**, astuce, tour, combine (fam.), truc (fam.) **III. 1. essai**, tentative **2. occasion**, fois

coupable ADJ. **1. fautif**, responsable **2. blâmable**, condamnable, punissable, répréhensible **3. honteux**, inavouable, indigne, infâme, vicieux **4. illégitime**, illicite

coupant, ante ADJ. **1. acéré**, affilé, affûté, aiguisé, tranchant **2. autoritaire**, bref, cassant, péremptoire, tranchant

couper V. TR. **I. blesser**, balafrer, écorcher, entailler, entamer, fendre, labourer, taillader **II. 1. abattre**, faucher **2. tailler**, cisailler, sectionner, trancher **3. scier**, débiter, fendre, tronçonner **4. émincer**, hacher **III. 1. écourter**, ébouter, raccourcir, rafraîchir **2. écimer**, étêter **3. ébrancher**, élaguer, émonder **4. raser**, tondre **5. ébarber**, émarger, rogner **6. abréger**, amputer, tronquer **7. châ-**

trer, émasculer **IV. 1. fractionner**, diviser, morceler, partager, scinder, segmenter, séparer, saucissonner (fam.) **2. traverser**, croiser, passer par **V. 1. arrêter**, faire cesser, intercepter, interrompre, rompre, suspendre **2. barrer**, bloquer

♦ **se couper** V. PRON. **1. se croiser**, s'entrecroiser **2. s'entailler**, s'écorcher, se taillader **3. se contredire**, se trahir

couple N. M. **1. ménage**, mariage **2. paire**, binôme, duo, tandem

coupler V. TR. accoupler, assembler, associer, connecter, apparier (littér.), géminer (littér.)

couplet N. M. **1. strophe**, stance **2. chanson 3.** [péj.] **tirade**, antienne, chanson, refrain, rengaine, ritournelle

coupure N. F. **1. entaille**, balafre, estafilade, incision, taillade **2. interruption**, arrêt, panne, rupture **3. séparation**, cassure, fossé, fracture, hiatus, rupture, solution de continuité **4. pause**, break (fam.)

cour N. F. **1. patio**, atrium (Antiquité) **2. suite**, cercle, cortège, courtisans, groupies (fam.) **3. assemblée**, parlement **4. tribunal**, juridiction

courage N. M. **1. bravoure**, cœur, force (d'âme), héroïsme, stoïcisme, vaillance, valeur **2. audace**, hardiesse, intrépidité, témérité, cran (fam.), estomac (fam.) **3. ardeur**, énergie, résolution, volonté

courageusement ADV. **1. bravement**, vaillamment, valeureusement **2. hardiment**, intrépidement, crânement, témérairement **3. énergiquement**, résolument

courageux, euse ADJ. **1. brave**, héroïque, stoïque, vaillant, valeureux, preux (littér.) **2. audacieux**, crâne, hardi, intrépide, téméraire **3. énergique**, décidé, résolu

couramment ADV. **1. communément**, banalement, fréquemment, généralement, habituellement, normalement, ordinairement, usuellement **2. aisément**, avec aisance, facilement, sans difficulté, [traduire, lire] à livre ouvert

courant¹, ante ADJ. **1. actuel**, en cours **2. commun**, banal, classique, habituel, normal, ordinaire, quelconque, répandu, usité, usuel

courant² N. M. **1. fil de l'eau**, cours **2. électricité**, jus (fam.) **3. déplacement**, circulation, flux, mouvement **4. groupe**, école, mouvement, tendance **5. élan**, force, mouvement

courbatu, ue ADJ. courbaturé, ankylosé, fourbu, moulu (fam.)

courbe¹ ADJ. **1. arqué**, arrondi, bombé, cambré, cintré, concave, convexe, coudé, courbé, curviligne, incurvé, infléchi, recourbé, renflé, voûté **2.** [anormalement] **tordu**, tors

courbe² N. F. **1. arc**, courbure **2. tournant**, coude, virage **3. méandre**, boucle, cingle (région.) **4. arabesque**, ondulation, sinuosité, volute **5. graphique**, tracé

courber V. TR. **1. plier**, arquer, cintrer, couder, fléchir, incurver, infléchir, voûter, [anormalement] fausser, gauchir, gondoler, tordre **2. incliner**, affaisser, baisser, coucher, pencher, plier **3. assujettir**, dominer, humilier, rabaisser, soumettre

♦ **se courber** V. PRON. **se baisser**, s'incliner, se pencher, se plier, ployer

courbure N. F. **1. arrondi**, cambrure, courbe, fléchissement **2.** [dos] **cambrure**, lordose, ensellure, [anormale] scoliose **3. tournant**, virage **4. méandre**, ondulation, sinuosité

courir

▸ V. TR. **1. parcourir**, couvrir, sillonner **2. fréquenter**, hanter **3. s'exposer à**, aller au devant de

▸ V. INTR. **1. filer**, foncer, galoper, trotter, bomber (fam.), cavaler (fam.), droper (fam.), tracer (fam.), prendre ses jambes à son cou (fam.), piquer un cent mètres/un sprint (fam.) **2. se dépêcher**, s'empresser, se hâter, se presser **3. couler**, s'écouler, filer, glisser, passer **4. circuler**, se communiquer, se propager, se répandre

couronne N. F. **1. guirlande 2. anneau**, cercle **3. auréole**, halo, nimbe **4. diadème**, bandeau (royal)

couronnement N. M. **1. sacre**, intronisation **2. faîte**, sommet **3. aboutissement**, accomplissement, consécration, [d'un spectacle] clou, [d'une carrière] bâton de maréchal

couronner V. TR. **1. sacrer**, introniser **2. récompenser**, honorer **3. auréoler**, ceindre, coiffer, entourer, environner **4. achever**, conclure, parachever, parfaire, terminer

cours N. M. **1. déroulement**, développement, enchaînement, marche, progression, succession, suite **2. cote**, prix, taux **3. classe**, leçon **4. manuel**, traité

course N. F. **1. footing**, jogging, sprint **2. bousculade**, cavalcade (fam.), rush (fam.) **3. parcours**, trajet **4. mouvement**, déplacement, marche **5. excursion**, marche, randonnée, virée (fam.) **6. achat**, commission, emplette, [au plur.] shopping, magasinage (Québec)

court, courte ADJ. et ADV. **1. petit**, bas, ras **2. éphémère**, bref, fugace, fugitif, momentané, passager **3. abrégé**, bref, concis, laconique, résumé, sommaire, succinct **4. direct**, immédiat **5. insuffisant**, juste, limité, sommaire

courtiser V. TR. **1. aduler**, flatter, louanger, lécher les bottes de (fam.) **2. faire du charme à**, faire la cour à, baratiner (fam.), conter fleurette à (fam.), draguer (fam.), faire du plat à (fam.), faire du gringue à (fam.)

courtois, oise ADJ. affable, aimable, gracieux, poli, civil (littér.)

courtoisie N. F. affabilité, amabilité, politesse, civilité (littér.)

couru, ue ADJ. apprécié, prisé, recherché, à la mode, en vogue, branché (fam.), in (fam.)

coût N. M. **1. prix**, montant, valeur **2. dépense**, débours, frais

coûter V. TR. et INTR. **I. 1. valoir**, revenir à, se monter à **2. causer**, entraîner, occasionner, provoquer **3. faire perdre II. peser**, être pénible

coûteux, euse ADJ. cher, hors de prix, onéreux, ruineux, dispendieux (littér.)

coutume N. F. habitude, mœurs, mode, pratique, règle, tradition, usage, us (littér.)

coutumier, ière ADJ. habituel, ordinaire, usuel

couture N. F. **1. piqûre**, points **2. confection**, mode **3. cicatrice**, balafre

couver

▸ V. TR. **1. protéger**, choyer, élever dans du coton, surprotéger, chouchouter (fam.) **2. incuber 3. préparer**, concocter, fomenter, tramer, manigancer, combiner, mijoter (fam.), ourdir (littér.)

▸ V. INTR. **être en gestation**, fermenter, se préparer

couvert, erte ADJ. **1. habillé**, vêtu **2. bouché**, assombri, brumeux, nébuleux, nuageux

couverture N. F. **1. plaid**, courtepointe, édredon **2. couvre-livre**, jaquette, liseuse **3. reliure**, cartonnage **4. protection**, défense **5. garantie**, provision **6. prétexte**, paravent

couvrir V. TR. **I. 1. habiller**, vêtir **2. envahir**, consteller, cribler, joncher, parsemer **3. coiffer**, couronner **4. inonder**, submerger **5. charger**, accabler, combler, faire crouler sous **II. 1. cacher**, dissimuler, masquer, occulter, voiler **2. déguiser**, cacher, receler, celer (littér.) **3. dominer**, étouffer **III. s'étendre sur**, embrasser **IV. compenser**, contrebalancer, effacer **V. garantir**, protéger **VI. s'accoupler avec**, monter, saillir, servir

♦ **se couvrir** V. PRON. **1. s'assombrir**, se brouiller, se charger, s'obscurcir, se voiler **2. s'habiller**, se vêtir, [chaudement] s'emmitoufler **3. se garantir**, ouvrir le parapluie

crachat N. M. expectoration, glaviot (fam.), graillon (fam.), huître (fam.), mollard (fam.)

cracher

▸ V. INTR. **1. expectorer**, crachoter, glavioter (fam.), graillonner (fam.), molarder (fam.) **2. grésiller**, crachoter, craquer

▸ V. TR. **projeter**, rejeter

craindre V. TR. **1. appréhender**, avoir peur de, s'effrayer de, redouter **2. révérer**, respecter

crainte N. F. **1. appréhension**, alarme, angoisse, anxiété, inquiétude, peur, phobie, frousse (fam.), trouille (fam.) **2. respect**, révérence, vénération

craintif, ive ADJ. **1. peureux**, timoré, poltron, pusillanime (littér.), trouillard (fam.) **2. apeuré**, effarouché, effrayé, timide **3. angoissé**, anxieux, inquiet

cran¹ N. M. **1. encoche**, coche, entaille **2. degré**, échelon, niveau **3. ondulation**, boucle

cran² N. M. audace, courage, culot (fam.), estomac (fam.)

crâner V. INTR. fanfaronner, parader, plastronner, poser, faire le malin/le mariole/le dur (fam.), frimer (fam.), la ramener (fam.), rouler des mécaniques (fam.), se la péter (fam.)

crâneur, euse ADJ. et N. prétentieux, fanfaron, plastronneur, poseur, vaniteux, bêcheur (fam.), frimeur (fam.), m'as-tu-vu (fam.)

crapule N. F. bandit, canaille, escroc, truand, voleur, voyou, fripouille (fam.)

craqueler V. TR. fendiller, crevasser, fêler, fissurer, lézarder

craquer

▸ V. TR. **casser**, céder, se déchirer, lâcher, [bas] filer

▸ V. INTR. **1. craqueter**, grésiller **2.** [sous la dent] **croquer 3. s'effondrer**, s'écrouler, disjoncter (fam.), péter les plombs/un câble (fam.) **4.** [fam.] **tomber sous le charme**, fondre

crasse N. F. **1. saleté**, malpropreté, ordure **2.** [fam.] **méchanceté**, sale tour, saleté, saloperie (fam.), tour de cochon (fam.), vacherie (fam.)

crasseux, euse ADJ. sale, dégoûtant, malpropre, cracra (fam.), cradoc (fam.), crados (fam.), crapoteux (fam.)

crayonner V. TR. **1. écrire**, gribouiller, griffonner **2. dessiner**, croquer, ébaucher, esquisser

créancier, ière N. prêteur, bailleur de fonds

créateur, trice

▸ ADJ. **générateur**, producteur

▸ N. **1. auteur**, architecte, bâtisseur, concepteur, constructeur, fondateur, inventeur, novateur, père, promoteur **2. couturier**, styliste

créatif, ive ADJ. inventif, imaginatif, innovant

création N. F. **1. commencement**, apparition, début, genèse, naissance, origine **2. conception**, enfantement, invention **3. réalisation**, construction, élaboration, production **4. établissement**, fondation, formation, institution, mise en place, organisation **5. œuvre**, production, trouvaille **6. monde**, nature, univers

créativité N. F. inventivité, imagination, innovation, invention

créature N. F. **1. être 2. être humain**, homme, individu, personnage **3. favori**, protégé, poulain

crédibilité N. F. **1. vraisemblance**, plausibilité **2. crédit** (littér.), créance

crédible ADJ. **1. croyable**, plausible, vraisemblable **2. digne de foi**, digne de confiance, fiable

crédit N. M. **I. 1. ascendant**, autorité, empire, influence, pouvoir **2. faveur**, estime, prestige, réputation **3. force**, importance **II. avance**, prêt

credo N. M. foi, conviction, dogme, principe, règle

crédule ADJ. candide, confiant, ingénu, naïf, gobeur (fam.)

créer V. TR. **1. concevoir**, enfanter, engendrer, imaginer, inventer, faire naître, tirer du néant **2. réaliser**, bâtir, composer, construire, édifier, élaborer, ériger, former, produire **3. aménager**, établir, instituer, mettre en place, organiser **4. causer**, amener, faire apparaître, déclencher, engendrer, faire naître, générer, occasionner, produire, provoquer, susciter

crème N. F. **1. baume**, liniment, onguent **2. élite**, fine fleur, gratin (fam.), dessus du panier (fam.)

crépiter V. INTR. craquer, grésiller, pétiller

crépuscule N. M. **1. tombée du jour**, tombée de la nuit, déclin du jour, brune (littér.) **2. décadence**, déclin, fin

crête N. F. **1. faîte**, cime, haut, sommet **2. huppe**

crétin, ine ADJ. et N. imbécile, abruti, âne, débile, idiot, niais, sot, stupide, andouille (fam.), ballot (fam.), brèle (fam.), buse (fam.), con (très fam.), connard (très fam.), corniaud (fam.), cornichon (fam.), couillon (fam.), cruche (fam.), cul (très fam.), moule (fam.), patate (fam.), gourde (fam.), poire (fam.), saucisse (fam.)

crétinerie N. F. imbécillité, bêtise, débilité, idiotie, connerie (très fam.)

creuser V. TR. **I. 1. percer**, forer, ouvrir **2. bêcher**, labourer, piocher **3. évider 4. éroder**, affouiller, ronger **5. cambrer**, rentrer **II. 1. approndir**, explorer, fouiller, s'appesantir sur, sonder **2. accentuer**, augmenter, agrandir

♦ **se creuser** V. PRON. **1. s'accentuer**, augmenter, grandir **2.** [fam.] **chercher**, se casser (la tête) (fam.), se prendre la tête (fam.)

creux, euse

▸ ADJ. **1. évidé**, vide **2. encaissé**, enfoncé **3. amaigri**, maigre, émacié **4. enfoncé**, cave, creusé **5. futile**, insignifiant, vain, vide de sens

▸ N. M. **1. cavité**, anfractuosité, caverne, excavation, trou **2. dépression**, cuvette, fosse, fossé, gorge, ornière

crevasse N. F. **1. faille 2. anfractuosité**, cassure, craquelure, entaille, fente, fissure, lézarde **3. engelure**, gerçure

crever

▸ V. INTR. **éclater**, claquer, péter (fam.)

▸ V. TR. **percer**, déchirer, péter (fam.)

cri N. M. **1. appel 2.** [fort, désagréable] **clameur**, beuglement, braillement, hurlement, rugissement **3.** [de douleur, de désarroi] **gémissement**, lamentation, plainte, râle **4.** [de dispute] **éclat de voix**, braillement, criaillerie **5.** [de désapprobation] **huée**, protestation, vocifération **6.** [d'approbation] **acclamation**, bravo, hourra, ovation, viva

criailler V. INTR. rouspéter, piailler, brailler (fam.)

criant, criante ADJ. **1. choquant**, révoltant, scandaleux **2. évident**, éclatant, flagrant, manifeste, patent

criard, criarde ADJ. **1. brailleur**, criailleur, braillard (fam.), gueulard (fam.) **2. perçant**, strident **3. tapageur**, clinquant, tape-à-l'œil

crier V. TR. et INTR. **1.** [fort] **hurler**, criailler, s'égosiller, s'époumoner, rugir, tempêter, tonner, vociférer, beugler (fam.), brailler (fam.), braire (fam.), bramer (fam.), gueuler (fam.) **2.** [de douleur] **gémir**, se plaindre, piailler **3. crisser**, gémir, grincer, hurler **4. affirmer**, annoncer, claironner, clamer, proclamer, trompeter

crime N. M. **1. meurtre**, assassinat, homicide **2. délit**, faute, infraction, forfait (littér.)

criminel, elle
▸ ADJ. **condamnable**, coupable, répréhensible
▸ N. **1. coupable**, bandit, délinquant, gangster, malfaiteur **2. meurtrier**, assassin

crise N. F. **1. accès**, attaque, atteinte, poussée **2. phase critique**, désarroi, malaise, perturbation, trouble

crisper V. TR. **1. agacer**, énerver, exaspérer, irriter, gonfler (fam.) **2. contracter**, convulser, décomposer, déformer
♦ **se crisper** V. PRON. **se contracter**, se convulser

critère N. M. **1. indice**, marque, preuve **2. facteur**, donnée, paramètre, raison

critiquable ADJ. **1. attaquable**, contestable, discutable, sujet à caution **2. blâmable**, condamnable, répréhensible

critique[1] ADJ. **1. décisif**, capital, crucial, déterminant **2. dangereux**, explosif, grave, périlleux, tendu

critique[2]
▸ ADJ. **négatif**, défavorable, sévère, contempteur (littér.)
▸ N. F. **1. analyse**, appréciation, examen, jugement **2. attaque**, accusation, coup de bec, coup de patte, coup de griffe, [sévère] blâme, condamnation, diatribe, éreintement **3. reproche**, remontrance, réprimande, réprobation, réserve

critiquer V. TR. **1. analyser**, commenter, discuter, étudier, examiner, juger **2. attaquer**, blâmer, condamner, décrier, désapprouver, réprouver, trouver à redire à

crochet N. M. **I. 1. croc**, pendoir **2. agrafe**, croc, esse, patte **3. passe-partout**, rossignol **II. détour**

crochu, ue ADJ. courbé, recourbé, [nez] aquilin

croire V. TR. **1. accepter**, admettre (comme vrai), ajouter foi à **2.** [naïvement] prendre pour argent comptant, avaler (fam.), gober (fam.), [sans complément] mordre à l'hameçon, marcher (fam.)
♦ **se croire** V. PRON. **s'estimer**, s'imaginer, se prendre pour, se trouver

croisement N. M. **1. carrefour**, croisée (des chemins), embranchement, fourche, intersection, jonction, patte d'oie **2. mélange**, métissage, hybridation

croiser V. TR. **1. entrecroiser**, entrelacer **2. couper**, franchir, traverser **3. rencontrer**, passer à côté de, tomber sur (fam.) **4. mélanger**, hybrider, mâtiner, mêler, métisser
♦ **se croiser** V. PRON. **1. se chevaucher**, se recouvrir **2. se couper**, se rencontrer, se traverser

croissance N. F. **1. accroissement**, agrandissement, augmentation, développement, poussée **2. développement**, essor, expansion, progression, progrès

croître V. INTR. **1. grandir**, pousser, se développer **2. augmenter**, s'agrandir, se développer, s'étendre, gagner, grossir, s'intensifier, redoubler

croquer
▸ V. INTR. **croustiller**, craquer
▸ V. TR. **1. mordre 2. dessiner**, ébaucher, esquisser **3. camper**, caricaturer

croquis N. M. dessin, ébauche, épure, esquisse, schéma, crobard (fam.)

crotte N. F. **1. excrément**, étron, caca (lang. enfants), merde (très fam.) **2.** [de cheval] **crottin**, [de vache] bouse, [d'oiseau] fiente

crotté, ée ADJ. sale, boueux, souillé

crouler V. INTR. s'abattre, s'affaisser, s'écrouler, s'effondrer, [bâtiment] se délabrer, menacer ruine, tomber en ruine, [terre] s'ébouler

croupe N. F. arrière-train, derrière, fesses, postérieur, croupion (fam.)

croupir V. INTR. **1. moisir**, pourrir **2. stagner**, se corrompre **3. séjourner**, s'encroûter, moisir, pourrir, stagner, végéter

croustillant, ante ADJ. **1. croquant**, craquant **2. grivois**, épicé, poivré, salé **3. piquant**, pittoresque, plaisant

croûte N. F. couche, dépôt, pellicule, plaque

croyable ADJ. crédible, digne de foi, imaginable, plausible, vraisemblable

croyance N. F. **1. conviction**, doctrine, dogme, doxa, foi, religion, superstition (péj.) **2. confiance**, espérance, foi

croyant, ante ADJ. et N. **1. dévot**, mystique, pieux, religieux **2. fidèle**, pratiquant, bigot (péj.)

cru, crue ADJ. **1. vif**, brutal, criard **2. direct**, brutal, franc **3. choquant**, réaliste, rude **4. graveleux**, grivois, leste, libre, licencieux, salé

cruauté N. F. **1. barbarie**, bestialité, férocité, inhumanité, méchanceté, sadisme, sauvagerie **2. méchanceté**, dureté, rudesse, sévérité **3. atrocité**, excès

cruche N. F. **1. cruchon**, pichet **2. imbécile**, abruti, âne, débile, idiot, niais, sot

crucial, ale, aux ADJ. **1. critique**, décisif, déterminant **2. capital**, central, essentiel, majeur, primordial, vital

cruel, elle ADJ. **1. barbare**, féroce, sadique, sanguinaire, sauvage **2. méchant**, dur, sévère **3. implacable**, inexorable, inflexible **4. douloureux**, affreux, atroce, épouvantable, insupportable **5. amer**, âpre, cinglant, cuisant

cruellement ADV. **1. férocement**, brutalement, sadiquement **2. méchamment**, durement **3. douloureusement**, affreusement, atrocement, durement, péniblement, terriblement

crûment ADV. brutalement, durement, franchement, tout net, rudement, sans détour, sèchement, vertement, sans tourner autour du pot (fam.), sans faire dans la dentelle (fam.)

crypter V. TR. chiffrer, brouiller, cryptographier, encoder

cueillir V. TR. **1. récolter**, faire la cueillette de, ramasser, [du raisin] vendanger **2.** [fam.] **arrêter**

cuirasse N. F. **1. corselet**, cotte **2. blindage 3. défense**, carapace, protection, rempart

cuirasser V. TR. **1. barder**, armer, blinder, caparaçonner **2. aguerrir**, endurcir, fortifier, blinder (fam.)

♦ **se cuirasser** V. PRON. **s'aguerrir**, s'endurcir, se fortifier, se blinder (fam.)

cuire
▸ V. TR. [façons] bouillir, braiser, frire, griller, mijoter, mitonner, rissoler, rôtir
▸ V. INTR. **1. piquer**, brûler, être en feu **2. brûler**, cramer (fam.), étouffer (fam.)

cuisant, ante ADJ. **1. âpre**, mordant **2. douloureux**, amer, cinglant, humiliant

cuisine N. F. **1. art culinaire**, gastronomie **2. nourriture**, manger, chère (littér.), bouffe (fam.), popote (fam.), tambouille (fam.) **3. manœuvres**, manigances, fricotage (fam.), grenouillage (fam.), magouille (fam.)

cuisiner V. TR. **1. accommoder**, apprêter, mitonner, [sans complément] être aux fourneaux, faire la tambouille (fam.) **2.** [fam.] **interroger**, mettre sur le gril, questionner

cuisinier, ière N. **1. chef**, maître coq, maître queux (plaisant), rôtisseur, saucier, cuistot (fam.) **2.** [bon] **cordon-bleu**

culbute N. F. **1. cabriole**, galipette, roulade, roulé-boulé, soleil **2. chute**, dégringolade **3. banqueroute**, faillite, ruine

culbuter
▸ V. INTR. **basculer**, dégringoler, s'écrouler, faire un soleil, tomber, verser
▸ V. TR. **1. renverser**, bousculer, mettre sens dessus dessous **2. battre**, défaire, enfoncer, renverser, repousser, vaincre

culminer V. INTR. **1. dominer**, surplomber **2. plafonner**

culot N. M. **1. fond 2.** [fam.] **aplomb**, assurance, audace, effronterie, toupet (fam.)

culotté, ée ADJ. audacieux, effronté, gonflé (fam.)

culte N. M. **1. liturgie**, rite **2. messe**, cérémonie, office, service **3. religion**, confession **4. admiration**, adoration, adulation, amour, attachement, vénération, idolâtrie (péj.)

cultivé, ée ADJ. érudit, instruit, lettré, savant

cultiver V. TR. **I. 1. labourer**, exploiter, travailler, [sans complément] travailler la terre **2. faire pousser II. développer**, éduquer, former, perfectionner **III. s'adonner à**, se donner à, s'intéresser à, se plaire à, travailler
♦ **se cultiver** V. PRON. **apprendre**, s'enrichir, s'éduquer, s'instruire, se perfectionner

culture N. F. **I. 1. civilisation 2. connaissances**, éducation, érudition, formation, instruction, savoir, science **II. 1. agriculture**, exploitation (d'une terre) **2.** [souvent au plur.] **plantation**

cumuler V. TR. **1. réunir**, associer, allier, conjuguer, rassembler **2. amasser**, collectionner, masser

cupide ADJ. âpre (au gain), avare, avide, rapace, vénal

cupidité N. F. âpreté (au gain), avarice, avidité, convoitise, rapacité, vénalité

curieusement ADV. bizarrement, drôlement, étonnamment, étrangement, singulièrement

curieux, euse ADJ. **1. indiscret**, fouineur, fureteur **2. bizarre**, drôle, étonnant, étrange, incompréhensible, singulier, surprenant **3. original**, singulier

curiosité N. F. **1. intérêt**, appétit, soif de connaître **2. indiscrétion 3. bizarrerie**, singularité

cursus N. M. INVAR. études, parcours

cuve N. F. bac, baquet, citerne, réservoir

cuvette N. F. **1. bassine**, lavabo **2. bassin**, creux, dépression, doline (Géog.)

cycle[1] N. M. **1. séquence**, boucle, suite **2.** [Astron.] révolution **3.** [Littérat.] saga, geste (Moyen Âge)

cycle[2] N. M. bicyclette, vélo

cyclique ADJ. périodique, récurrent

cyclone N. M. ouragan, tornade, typhon, hurricane (anglic.)

cylindre N. M. rouleau, tambour, tube

cynique ADJ. immoral, impudent, insolent

cynisme N. M. immoralité, impudence

d

daigner V. TR. accepter, condescendre à, s'abaisser à, consentir à, se plier à, vouloir bien

damné, ée ADJ. **1. réprouvé** **2. maudit**, sacré, fichu (fam.), foutu (fam.), sale (fam.), satané (fam.)

dandy N. M. esthète

danger N. M. **1. péril**, menace **2. hasard**, aléa, risque **3. piège**, écueil, embûche

dangereusement ADV. **1. gravement**, grièvement **2. sérieusement**

dangereux, euse ADJ. **1. périlleux**, menaçant, redoutable **2. violent**, agressif, méchant **3. malsain**, mauvais, nocif, nuisible, pernicieux **4. grave**, mauvais, sérieux **5. critique**, brûlant, délicat, difficile, épineux, glissant, scabreux, sensible **6. aventureux**, hasardeux, imprudent, périlleux, risqué, téméraire, casse-gueule (fam.)

danser V. INTR. **1. valser** **2. trembler**, osciller, tanguer, vaciller

dater V. INTR. **1. être démodé**, avoir vieilli, être passé de mode, remonter au déluge **2. marquer**, faire date

déambuler V. INTR. se promener, cheminer, errer, flâner, marcher, se balader (fam.), vadrouiller (fam.)

débâcle N. F. **1.** [Milit.] **déroute**, débandade, déconfiture **2. faillite**, défaite, effondrement, krach, naufrage, ruine

déballer V. TR. **1. désemballer**, dépaqueter **2. étaler**, exposer **3. confesser**, avouer, dévoiler, s'ouvrir de, lâcher (fam.)

débarrasser V. TR. **1. déblayer**, dégager, désencombrer, [une table] desservir **2. décharger**, délester, exonérer, libérer, soulager

♦ **se débarrasser de** V. PRON. **1. abandonner**, se défaire de, en finir avec, jeter, mettre au rebut, rejeter, balancer (fam.), bazarder (fam.), mettre au rancart (fam.), virer (fam.) **2. enlever**, ôter, quitter, retirer **3. oublier**, évacuer **4. se délivrer**, s'affranchir, se libérer **5. congédier**, repousser, envoyer promener (fam.), envoyer paître (fam.) **6. licencier**, débaucher, se défaire de, remercier, renvoyer, mettre à la porte, se séparer de, débarquer (fam.), sacquer (fam.), virer (fam.) **7. tuer**, éliminer, liquider (fam.)

débat N. M. **1. discussion**, explication **2. conférence**, forum, table ronde, [d'assemblée politique] séance **3. contestation**, controverse, différend, polémique

débattre V. TR. **1. discuter (de)**, agiter, délibérer de, examiner, traiter, [sans complément] parlementer **2. négocier**, marchander

♦ **se débattre** V. PRON. **s'agiter**, se démener

débauche N. F. **I. dépravation**, dévergondage, écarts (de conduite), libertinage, licence, luxure, stupre (littér.), turpitude (littér.), gaudriole (fam.) **II. 1. abus**, débordement, excès **2. abondance**, foule, luxe, orgie, pléthore, profusion, surabondance

débauché, ée

► ADJ. **corrompu**, dépravé, dissolu, immoral, libertin, perverti, vicieux

► N. **libertin**, coureur

débaucher V. TR. congédier, licencier, mettre à la porte, renvoyer, se séparer de, débarquer (fam.), sacquer (fam.), vider (fam.), virer (fam.)

débile ADJ. et N. **1. faible**, fragile, frêle, malingre, rachitique **2. déficient (mental)**, arriéré (mental), attardé (mental), demeuré, retardé (mental), simple d'esprit

débiliter V. TR. **1. affaiblir**, anémier **2. décourager**, démoraliser, déprimer

débit N. M. **1. rythme**, cadence **2. diction**, élocution

débiter V. TR. **I. 1. dire**, raconter, servir (péj.), sortir (fam., péj.), débagouler (fam., péj.), dégoiser (fam., péj.) **2. réciter**, déclamer **II. 1. couper**, découper, diviser, partager **2. produire**, fabriquer, fournir, sortir, vendre

déblayer V. TR. **1. dégager**, débarrasser, désencombrer **2. enlever**, ôter, retirer

débloquer V. TR. **1. décoincer**, dégager, dégripper **2. libérer**, dégeler

déboire N. M. **1. déception**, amertume, déconvenue, désillusion, mécompte (littér.) **2.** [souvent au plur.] **échec**, ennui, épreuve

déboîter V. TR. **1. démonter**, disjoindre **2. désarticuler**, démettre, disloquer, fouler, luxer, démancher

débonder (se) V. PRON. se confier, ouvrir son cœur, se déboutonner, s'épancher, s'ouvrir, vider son sac (fam.)

débordé, ée ADJ. dépassé, noyé, sous pression, submergé, surchargé, charrette (fam.)

débordement N. M. **1. déchaînement**, explosion **2. profusion**, déferlement, déluge, exubérance, flot, surabondance, torrent **3. excès**, écart de conduite, libertinage, licence **4. crue**, inondation

déborder

▸ V. INTR. **1. couler**, s'échapper, se répandre **2. se déchaîner**, éclater, exploser **3. faire saillie**, ressortir, saillir, surplomber

▸ V. TR. **1. dépasser**, empiéter sur, franchir, mordre sur **2. contourner**, dépasser, encercler, tourner

débotté (au) LOC. ADV. à l'improviste, au dépourvu, de but en blanc

débouché N. M. **1. marché**, clientèle **2. perspective (d'avenir)**, opportunité, ouverture

déboucher V. TR. **1. dégager**, désengorger, désobstruer **2. ouvrir**, décapsuler

débourser V. TR. dépenser, payer, verser, décaisser (Comptabilité), aligner (fam.), casquer (fam.), cracher (fam.), lâcher (fam.)

déboussolé, ée ADJ. désorienté, affolé, désemparé, troublé, qui a perdu le nord (fam.), paumé (fam.), qui a perdu les pédales (fam.)

débraillé, ée

▸ ADJ. **1. négligé**, en désordre, dépoitraillé (fam.) **2. libre**, sans retenue

▸ N. M. **désordre**, laisser-aller, liberté, négligé

débridé, ée ADJ. déchaîné, effréné, sans retenue

débris N. M. **1. fragment**, morceau, [de verre, de poterie] tesson, [de tissu] lambeau, [de bois] copeau, sciure **2. reste**, [de repas] relief, rogaton (fam.) **3. déchet**, détritus, ordure, rebut, résidu, rognure

débrouillard, arde ADJ. et N. habile, adroit, astucieux, dégourdi, malin, rusé, démerdard (fam.), démerde (fam.), roublard (fam., souvent péj.)

débrouillardise N. F. habileté, adresse, astuce, ruse, débrouille (fam.), démerde (fam.), roublardise (fam., souvent péj.)

débrouiller V. TR. **1. démêler**, dénouer, séparer, trier **2. élucider**, clarifier, déchiffrer, éclaircir, expliquer, tirer au clair

♦ **se débrouiller** V. PRON. **s'arranger**, se défendre, s'en sortir, y arriver, se tirer d'affaire, s'en tirer (fam.), se démerder (fam.), se dépatouiller (fam.)

débroussailler V. TR. **1. défricher**, éclaircir, essarter **2. débrouiller**, défricher, dégrossir, éclaircir, tirer au clair

début N. M. **1. commencement**, départ, origine, prémices (littér.) **2. entrée en matière**, ouverture, exorde **3. ABC**, b.a.-ba

♦ **débuts** PLUR. **apprentissage**, balbutiements, premières armes, premiers pas

débutant, ante ADJ. et N. novice, apprenti, néophyte, nouveau, bizut (fam.), bleu (fam.)

débuter V. INTR. **1. commencer**, s'ouvrir, démarrer (fam.) **2. faire ses débuts**, commencer, faire ses premières armes, faire ses premiers pas, démarrer (fam.)

décadence N. F. déclin, chute, déchéance, décrépitude, dégénérescence, déliquescence, écroulement, effondrement

décadent, ente ADJ. déliquescent, dégénéré, fin de race, fin de siècle

décalage N. M. **1. écart**, distance, intervalle, variation **2. désaccord**, différence, discordance, dissonance, rupture

décaler V. TR. **1. avancer 2. retarder**, reculer, remettre, reporter, repousser **3. changer**, déplacer, modifier

décamper V. INTR. déguerpir, s'enfuir, filer, fuir, lever le camp, quitter la place, se sauver, plier bagage (fam.), prendre la poudre d'escampette (fam.), prendre le large (fam.), ficher le camp (fam.), détaler (fam.), décaniller (fam.)

décapant, ante ADJ. **1. abrasif 2. corrosif**, caustique, mordant, subversif, virulent

décaper V. TR. frotter, gratter, nettoyer, poncer

décapiter V. TR. **1. couper la tête de**, faire tomber/rouler la tête de, guillotiner, trancher le cou de, raccourcir (fam.) **2. écimer**, étêter, découronner

décédé, ée ADJ. mort, défunt, disparu, trépassé (littér.), feu (devant un nom)

décéder V. INTR. mourir, s'en aller, disparaître, s'éteindre, passer de vie à trépas, périr, rendre l'âme, rendre le dernier soupir, expirer (littér.), trépasser (littér.), avaler son acte/bulletin de naissance (fam.), caner (fam.), casser sa pipe (fam.), clamser (fam.), claquer (fam.), crever (fam.), passer l'arme à gauche (fam.), y rester (fam.)

déceler V. TR. **1. découvrir**, détecter, mettre au jour, pointer sur, repérer, trouver **2. indiquer**, annoncer, attester, démontrer, manifester, montrer, prouver, révéler, signaler, trahir

décence N. F. **1. bienséance**, convenance, honnêteté **2. pudeur**, chasteté, pudicité (littér.) **3. politesse**, correction, savoir-vivre, tact

décent, ente ADJ. **1. de bon ton**, convenable, correct **2. pudique**, chaste, convenable **3. correct**, acceptable, convenable, honnête, raisonnable, suffisant

décentraliser V. TR. délocaliser, régionaliser, déconcentrer (Admin.)

déception N. F. déconvenue, désappointement, désenchantement, désillusion, désabusement (littér.), déboire (littér.), décompte (littér.), mécompte (littér.)

décerner V. TR. accorder, adjuger, allouer, attribuer, concéder, conférer, doter, octroyer, procurer, remettre

décès N. M. mort, disparition, trépas (littér.), dernier sommeil (littér.), sommeil éternel (littér.)

décevoir V. TR. désappointer, frustrer, tromper les attentes de

déchaîné, ée ADJ. **1. démonté**, furieux **2. excité**, exalté, exubérant, fougueux, surexcité **3. débordant**, débridé, effréné

déchaînement N. M. **1. emportement**, débordement, débridement, déferlement, explosion, libération, soulèvement, transport, tempête **2. fureur**, emportement, violence

déchaîner V. TR. **1. déclencher**, entraîner, exciter, inciter à, occasionner, provoquer, soulever, susciter **2. désenchaîner**, détacher, libérer
♦ **se déchaîner** V. PRON. **éclater**, s'emporter, exploser

décharge N. F. **I. déchetterie**, dépôt d'ordures, dépotoir **II. tir**, bordée, fusillade, salve, volée **III. quittance**, acquit

décharger V. TR. **1. débarder**, débarquer **2. asséner**, décocher **3. disculper**, blanchir, innocenter, laver (de tout soupçon) **4. libérer**, soulager

déchéance N. F. **1. abaissement**, avilissement, chute, décadence, déclin, dégradation, disgrâce **2.** [physique] **décrépitude**, vieillissement

déchet N. M. **1.** [surtout au plur.] **détritus**, ordure **2.** [surtout au plur.] **débris**, bris, chute, épluchure, rebut, résidu, rognure, scorie **3. gaspillage**, déperdition, perte

déchiffrer V. TR. **1. décrypter**, décoder **2. deviner**, comprendre, découvrir, démêler, éclaircir, pénétrer (le sens de), percer, saisir

déchiqueter V. TR. déchirer, broyer, découper, hacher, lacérer, mettre en lambeaux, mettre en pièces, taillader, tailler en pièces

déchirant, ante ADJ. **1. bouleversant**, émouvant, pathétique, poignant, tragique **2. aigu**, perçant, strident

déchirement N. M. **1. chagrin**, affliction, arrachement, douleur, peine, tourment **2. discorde**, désunion, division **3. déchirure**, claquage, lacération, rupture

déchirer V. TR. **1. déchiqueter**, arracher, lacérer **2.** [la peau] **balafrer**, égratigner, entamer, érafler, érailler, griffer, labourer **3. attrister**, affliger, bouleverser, fendre le cœur de, meurtrir, tourmenter **4. diviser**, scinder, tirailler **5.** [cri] **fendre**, percer, rompre, trouer **6. calomnier**, diffamer, médire, offenser, outrager

déchirure N. F. **1. accroc 2. blessure**, coupure, crevasse, écorchure, égratignure, éraflure **3. ouverture**, percée, trouée

déchu, ue ADJ. détrôné, déposé, destitué

décidé, ée ADJ. **1. déterminé**, ferme, hardi, résolu, volontaire **2. fixé**, convenu, entendu, réglé, résolu **3. certain**, arrêté, déclaré, délibéré, franc, manifeste

décider V. TR. **1. fixer**, arrêter, décréter, déterminer, se mettre dans la tête **2. commander**, ordonner **3. arbitrer**, juger, trancher **4. convaincre**, entraîner, persuader, pousser

décimer V. TR. anéantir, détruire, exterminer, massacrer, tuer, rayer de la carte

décisif, ive ADJ. **1. capital**, crucial, déterminant, important, prépondérant, principal **2. concluant**, convaincant, incontestable, irréfutable, péremptoire **3. définitif**, dernier **4. affirmatif**, décidé, dogmatique, péremptoire, tranchant

décision N. F. **1. choix**, délibération, parti, résolution **2.** [administrative] **arrêt**, arrêté, décret, résolution **3.** [arbitraire] **diktat**, ukase

déclamer V. TR. dire, réciter, débiter (péj.), [vers] scander

déclaration N. F. **1. affirmation**, annonce, communication, proclamation **2.** [de principes] **manifeste**, profession de foi **3. dires**, parole, propos **4. aveu**, confession, confidence, révélation **5. attestation**

déclarer V. TR. **1. affirmer**, annoncer, exprimer, indiquer, manifester, proclamer, professer, signifier **2. avouer**, confier, reconnaître **3. révéler**, dévoiler, porter à la connaissance (de), signaler **4. attester**, certifier, notifier

♦ **se déclarer** V. PRON. **apparaître**, se déclencher, éclater, survenir

déclasser V. TR. **1. déranger**, déplacer **2. rétrograder**, faire régresser

déclenchement N. M. commencement, démarrage, lancement, mise en marche, mise en route

déclencher V. TR. **1. provoquer**, catalyser, entraîner, déterminer, occasionner, susciter **2. mettre en marche**, démarrer, lancer, mettre en branle, mettre en route

♦ **se déclencher** V. PRON. **survenir**, apparaître, se déclarer, éclater, se manifester, se produire, surgir

déclin N. M. **1. décadence**, affaiblissement, déchéance, dégénérescence, étiolement, fin **2. baisse**, décroissance, diminution

décliner

▸ V. TR. **1. repousser**, écarter, refuser, rejeter **2. dire**, énoncer, énumérer

▸ V. INTR. **1. baisser**, décroître, diminuer, tomber **2. dépérir**, s'affaiblir, empirer, s'étioler, languir **3. faiblir**, déchoir, dégénérer, s'effondrer, péricliter

décoder V. TR. **1. déchiffrer**, décrypter **2. comprendre**, deviner, interpréter, pénétrer, percer, saisir

décoiffer V. TR. dépeigner, ébouriffer, hérisser, écheveler (littér.)

décollage N. M. **1. envol 2. essor**, démarrage, envolée

décoller

▸ V. INTR. **1. s'envoler**, s'élever dans les airs, quitter le sol, prendre son essor (littér.) **2. progresser**, s'envoler, se développer, prendre son essor

▸ V. TR. **1. enlever**, détacher, ôter **2. distancer**, décrocher, lâcher (fam.)

décolorer V. TR. **1. ternir**, affadir, effacer **2. blondir**, blanchir, oxygéner

♦ **se décolorer** V. PRON. **déteindre**, s'affadir, s'effacer, se faner, se ternir

décombres N. M. PL. ruines, débris, déblais, éboulis, gravats, restes, vestiges

décomposer V. TR. **I. 1. dissocier**, désagréger, résoudre (littér.) **2. analyser**, diviser, scinder **II. 1. pourrir**, altérer, corrompre, dégrader, gâter, putréfier **2. détruire**, déliter, désorganiser, disloquer, dissoudre **3. troubler**, altérer, convulser

♦ **se décomposer** V. PRON. **1. pourrir**, s'altérer, se corrompre, se dégrader, se putréfier, [viande] faisander **2. se troubler**, perdre contenance, se démonter **3. se désagréger**, se déliter, se désorganiser, se disloquer, s'effriter

décomposition N. F. **I. 1. dissociation**, désagrégation, résolution (littér.) **2. analyse**, division **II. 1. pourriture**, altération, corruption, putréfaction, [de la viande] faisandage **2. décadence**, déliquescence, délitement, dissolution, effritement **3. trouble**, altération, convulsion

décompte N. M. **1. compte**, dénombrement, détail, relevé **2. déduction**, défalcation, retranchement, soustraction

décompter V. TR. **1. compter**, dénombrer, énumérer **2. déduire**, défalquer, retrancher, soustraire

déconcertant, ante ADJ. **1. déroutant**, désarçonnant, déstabilisant, troublant **2. bizarre**, étonnant, imprévu, inattendu, surprenant

déconcerter V. TR. décontenancer, démonter, dérouter, désarçonner, désemparer, désorienter, déstabiliser, interdire, surprendre, troubler

déconfiture N. F. **1. déroute**, défaite, échec, effondrement, fiasco, naufrage, ruine **2. banqueroute**, faillite, insolvabilité, ruine

décongestionner V. TR. dégager, désembouteiller, désencombrer, désengorger

déconnecter V. TR. **1. débrancher 2. séparer**, décorréler

décontenancer V. TR. **déconcerter**, démonter, dérouter, désarçonner, désemparer, désorienter, déstabiliser, interdire, troubler

♦ **se décontenancer** V. PRON. **se troubler**, se démonter, perdre contenance

décontracté, ée ADJ. **1. détendu**, cool (fam.), relax (fam.) **2. dégagé**, désinvolte, libre

décontracter V. TR. **1. détendre**, relaxer **2. relâcher**, décrisper

♦ **se décontracter** V. PRON. **se relaxer**, se détendre

décontraction N. F. **1. détente**, relaxation **2. relâchement 3. désinvolture**, aisance, calme, détachement

déconvenue N. F. déception, dépit, désappointement, désillusion, désenchantement

décor N. M. **1. décoration**, ornementation, parure **2. environnement**, cadre, milieu, paysage, toile de fond

décoration N. F. **1. embellissement**, ornementation **2. ornements**, décor **3. médaille**, croix, étoile, insigne, palme, plaque, rosette, ruban, banane (fam.)

décorer V. TR. **1. agrémenter**, embellir, enjoliver, orner, parer **2. médailler**

décortiquer V. TR. analyser, disséquer, désosser, éplucher (fam.)

décorum N. M. **1. bienséance**, convenances **2. apparat**, cérémonial, étiquette, protocole

découler V. INTR. dériver, se déduire, émaner, procéder, provenir, résulter, venir

découper V. TR. **1. couper**, tailler, trancher **2. débiter**, dépecer, équarrir **3. détacher**, lever **4. diviser**, fractionner, morceler, partager **5. échancrer**, denteler, entailler, évider

♦ **se découper** V. PRON. **se détacher**, se dessiner, se profiler, se silhouetter, ressortir

décourageant, ante ADJ. **1. affligeant**, démoralisant, désespérant **2. démotivant**, démobilisateur, dissuasif, rebutant

découragement N. M. abattement, accablement, démoralisation, désenchantement, écœurement, lassitude, blues (fam.), cafard (fam.)

décourager V. TR. **1. abattre**, accabler, couper bras et jambes à, dégoûter, démonter, démoraliser, déprimer, désenchanter, désespérer, écœurer **2. démotiver**, démobiliser, lasser, rebuter, doucher (fam.), refroidir (fam.) **3. empêcher**, enrayer, prévenir **4.** [qqn de faire qqch.] **dissuader**, détourner

♦ **se décourager** V. PRON. **perdre courage/espoir**, se lasser, baisser les bras, jeter le manche après la cognée

décousu, ue ADJ. désordonné, confus, haché, illogique, incohérent, inconséquent, sans suite

découverte N. F. **1. invention**, création, illumination, trait de génie, trouvaille **2. exploration**, recherche, reconnaissance **3. révélation**

découvrir V. TR. **1. apercevoir**, discerner, distinguer, remarquer, repérer, surprendre **2. déceler**, détecter, dépister, trouver, dégoter (fam.), dénicher (fam.) **3. inventer**, concevoir, imaginer, trouver **4. dévoiler**, divulguer, exposer, mettre au jour, lever le voile sur, révéler **5. deviner**, percer (à jour), pénétrer, saisir **6. exposer**, dégager, dénuder

♦ **se découvrir** V. PRON. **1. se déshabiller**, se dénuder, se dévêtir, se désaper (fam.) **2. se dégager**, s'éclaircir, s'éclairer **3. s'exposer**

décrasser V. TR. **1. nettoyer**, laver **2. dégrossir**, décrotter, déniaiser

décrépitude N. F. **1. délabrement**, usure **2. sénilité**, déchéance **3. décadence**, déchéance, dégénérescence, déliquescence

décrier V. TR. critiquer, dénigrer, déprécier, discréditer, médire de/sur, vilipender (littér.), débiner (fam.)

décrire V. TR. **1. raconter**, dépeindre, expliquer, exposer, peindre, représenter, retracer, faire le tableau de **2. tracer**, dessiner, esquisser

décrocher

▸ V. TR. **1. dépendre**, descendre **2.** [fam.] **obtenir**, gagner, dégoter (fam.), dénicher (fam.)

▸ V. INTR. **1. abandonner**, démissionner, lâcher pied, renoncer, s'avouer vaincu **2.** [fam.] **déconnecter**, débrancher (fam.)

décroître V. INTR. baisser, s'affaiblir, s'amoindrir, diminuer, décliner, faiblir

décrypter V. TR. **1. déchiffrer**, décoder **2. deviner**, comprendre, lire, pénétrer (le sens de), percer, saisir

déçu, ue ADJ. **1. dépité**, désappointé, désenchanté **2. frustré**, inassouvi, insatisfait

dédaigner V. TR. **1. mépriser**, faire fi de, faire bon marché de, se moquer de **2. refuser**, décliner, rejeter, repousser

dédaigneux, euse ADJ. condescendant, altier, arrogant, hautain, méprisant, supérieur

dédain N. M. condescendance, arrogance, hauteur, mépris

dédale N. M. **1. labyrinthe**, lacis, réseau **2. embrouillamini**, complications, confusion, écheveau, enchevêtrement, forêt

dédire (se) V. PRON. se contredire, se déjuger, se désavouer, se rétracter, revenir sur ses propos, se raviser, manger son chapeau (fam.)

dédommagement N. M. **1. indemnité**, compensation, consolation, réparation, [Assurances] dommages et intérêts **2. consolation**, compensation

dédommager V. TR. **1. compenser**, indemniser, réparer **2. remercier**, consoler, récompenser

déduction N. F. **1. remise**, abattement, décompte, défalcation, réduction, retranchement, soustraction **2. inférence 3. conclusion**

déduire V. TR. **1. décompter**, défalquer, enlever, retenir, retrancher, soustraire **2. conclure**, inférer, tirer comme conséquence

défaillance N. F. **1. défaut**, défectuosité, erreur, panne **2. évanouissement**, étourdissement, faiblesse, malaise, syncope **3. incapacité**, incompétence

défaillir V. INTR. **1. s'évanouir**, se trouver mal, tomber dans les pommes/les vapes (fam.), tourner de l'œil (fam.) **2. baisser**, s'affaiblir, décliner, diminuer **3. faiblir**, flancher (fam.)

défaire V. TR. **1. déconstruire**, démolir, démonter, désassembler **2. détacher**, déboutonner, dégrafer, délacer, dénouer, dessangler **3. déballer**, ouvrir **4. vaincre**, battre, culbuter, enfoncer, écraser, tailler en pièces **5.** [qqn de] **débarrasser**, affranchir, dégager, délivrer, dépêtrer
♦ **se défaire** V. PRON. **1. se décomposer**, se déliter, se désagréger, s'écrouler, s'effondrer **2. se déshabiller**, se dévêtir, se mettre à l'aise, se désaper (fam.)
- se défaire de abandonner, se débarrasser de, se dessaisir de, se démettre de, céder, délaisser, jeter, rejeter, renoncer à, se séparer de, balancer (fam.), bazarder (fam.), mettre au rancart (fam.)

défait, aite ADJ. **1. abattu**, affaibli, décomposé, épuisé, exténué **2. décontenancé 3. en désordre**

défaite N. F. **1. échec**, déconfiture, fiasco, revers, branlée (fam.), brossée (fam.), déculottée (fam.), dérouillée (fam.), pile (fam.), piquette (fam.), raclée (fam.) **2. débâcle**, débandade, déroute

défaut N. M. **I. 1. imperfection**, anomalie, défectuosité, malformation, tare, vice **2. travers**, vice **3. inconvénient**, désavantage, faiblesse, lacune **II. 1. absence**, carence, insuffisance, manque, pénurie **2.** [Droit] **défaillance**, contumace

défavorable ADJ. **1. désavantageux**, hostile, mauvais, néfaste, nuisible **2. opposé**, adverse, contraire **3. péjoratif**, dépréciatif, négatif

défavorisé, ée ADJ. pauvre, démuni, déshérité, indigent, laissé pour compte, sous-développé

défavoriser V. TR. désavantager, contrarier, desservir, gêner, handicaper, nuire à

défection N. F. abandon, désertion, retrait, trahison

défectueux, euse ADJ. **1. hors d'état**, hors service **2. imparfait**, déficient, insuffisant, mauvais, laissant à désirer **3. incorrect**, bancal, boiteux, vicieux

défectuosité N. F. défaut, anomalie, imperfection, malfaçon, malformation, tare, vice

défendre V. TR. **I. 1. protéger**, garantir, garder, sauvegarder **2. secourir**, aller à la rescousse de **II. 1. plaider pour**, intercéder en faveur de, soutenir, se faire l'avocat de, prendre la défense de, prendre fait et cause pour, plaider la cause de **2. se prononcer pour**, être en faveur de **III. interdire**, prohiber, proscrire
♦ **se défendre** V. PRON. **1. lutter**, se battre, se débattre, résister **2. riposter**, réagir, répondre

défendu, ue ADJ. interdit, illégal, illicite, prohibé

défense N. F. **I. 1. protection**, bouclier, cuirasse, rempart **2. aide**, rescousse, sauvegarde, secours, soutien **II. excuse**, justification **III. 1. plaidoirie**, plaidoyer **2. avocat**, défenseur **IV. interdiction**, prohibition

défenseur N. M. **1. avocat**, adepte, apôtre, champion, intercesseur, partisan, soutien, tenant **2. protecteur**, gardien

déférence N. F. **1. considération**, égards, estime, respect **2.** [excessive] **bassesse**, obséquiosité, servilité

déferlement N. M. **1. invasion**, afflux, flot, vague **2. débordement**, effusion, explosion

déferler V. INTR. **1.** [vague] **se briser 2. envahir**, affluer, se répandre

défi N. M. **1. bravade**, provocation **2. challenge**, gageure, performance

défiance N. F. méfiance, crainte, doute, circonspection, incrédulité, réserve, scepticisme, suspicion

défiant, ante ADJ. méfiant, circonspect, incrédule, sceptique, soupçonneux

déficience N. F. insuffisance, carence, défaillance, défaut, faiblesse, lacune, limite

déficient, ente ADJ. insuffisant, défaillant, faible, lacunaire, limité, médiocre

déficit N. M. **1. dette**, découvert, perte, trou (fam.), mali (Belgique) **2. insuffisance**, déficience, manque, pénurie

défier V. TR. **1. provoquer**, challenger (anglic.), mettre au défi, jeter le gant à **2. affronter**, braver, se dresser contre, narguer, résister à, faire la nique à (fam.)

défigurer V. TR. **1. abîmer**, altérer, contrefaire, décomposer, dégrader, enlaidir, gâter **2. dénaturer**, altérer, caricaturer, fausser, transformer, travestir

défilé N. M. **1. gorge**, canyon, couloir, détroit, goulet, passage, [dans désignations] pas **2. colonne**, cortège, file, parade, procession, [de chars] corso **3. succession**, chapelet, cortège, procession

défiler V. INTR. se succéder, se dérouler, (se) passer

défiler (se) V. PRON. se dérober, s'esquiver, fuir

défini, ie ADJ. déterminé, clair, délimité, précis

définir V. TR. **1. déterminer le sens de**, expliquer **2. fixer**, décider, indiquer, préciser, spécifier **3. délimiter**, cerner, circonscrire

définitif, ive ADJ. **1. fixe**, arrêté, déterminé, inébranlable, invariable, irrémédiable, irrévocable, sans appel **2. dernier**, final, finalisé, ultime

définition N. F. signification, explication, sens

définitivement ADV. irrémédiablement, à jamais, irrévocablement, pour toujours, une fois pour toutes

défoncer V. TR. enfoncer, briser, détériorer, éventrer

déformation N. F. **1. altération**, modification, transformation **2. distorsion**, gauchissement **3. défiguration**, falsification **4. difformité**, dysmorphie, malformation

déformer V. TR. **1. altérer**, changer, modifier, transformer **2. distendre**, avachir, bosseler, courber, distordre, gauchir, tordre **3. caricaturer**, défigurer, dénaturer, distordre, falsifier, fausser, travestir

♦ **se déformer** V. PRON. **gauchir**, s'avachir, se distendre, gondoler

défricher V. TR. **1. débroussailler**, essarter **2. préparer**, déblayer, débrouiller, dégrossir, démêler, éclaircir

défriper V. TR. déchiffonner, défroisser, déplisser, lisser

défunt, unte ADJ. et N. mort, disparu, trépassé (littér.), feu (devant un nom)

dégagé, ée ADJ. **1. désinvolte**, cavalier, décontracté, léger, cool (fam.), relax (fam.) **2. libre**, désencombré

dégager V. TR. **1. débloquer**, désobstruer, déblayer, désencombrer, libérer **2. délivrer**, sortir **3. extraire**, enlever, ôter, retirer, tirer **4. découvrir**, dénuder, dépouiller **5. distinguer**, isoler, séparer **6. émettre**, exhaler, produire, répandre

♦ **se dégager** V. PRON. **1. se délivrer**, s'extirper, s'extraire, se dépêtrer, se libérer, se tirer **2. se découvrir**, s'éclaircir **3. émaner**, s'exhaler, se répandre, sortir, sourdre (littér.) **4. se manifester**, ressortir, résulter

dégaine N. F. allure, air, apparence, genre, style, look (fam.), touche (fam.)

dégarni, ie ADJ. chauve, déplumé (fam.)

dégarnir V. TR. **1. débarrasser**, dépouiller, vider **2. élaguer**, émonder, tailler

♦ **se dégarnir** V. PRON. **1. se vider**, se désemplir **2. perdre ses cheveux**, se déplumer (fam.)

dégât N. M. dommage, casse, dégradation, déprédation, destruction, détérioration, méfait, ravage, [sur un bateau] avarie

dégeler V. TR. **1. faire fondre**, décongeler, réchauffer **2. débloquer**, libérer **3. détendre**, décrisper, dérider, décoincer (fam.), [l'atmosphère] réchauffer

dégénérer V. INTR. **1. s'abâtardir** **2. s'appauvrir**, s'avilir, se dégrader, se pervertir **3. s'aggraver**, se détériorer, empirer, mal tourner, tourner au vinaigre (fam.)

dégonflé, ée ADJ. **1. à plat**, crevé **2. lâche**, peureux, poltron, couard (littér.), pleutre (littér.), pusillanime (littér.), froussard (fam.), trouillard (fam.), pétochard (fam.)

dégonfler (se) V. PRON. **1. désenfler**, se vider **2.** [fam.] **mollir**, lâcher pied, se déballonner (fam.), flancher (fam.)

dégourdi, ie ADJ. débrouillard, éveillé, futé, malin, démerdard (fam.)

dégourdir V. TR. **délurer**, dégrossir, déniaiser, dessaler (fam.)

♦ **se dégourdir** V. PRON. **1. se dérouiller** **2. s'affranchir**, s'émanciper, se dessaler (fam.)

dégoût N. M. **1. écœurement**, inappétence, nausée **2. aversion**, horreur, mépris, répugnance, répulsion, exécration (littér.)

dégoûtant, ante ADJ. **1. infect**, écœurant, ignoble, immangeable, imbuvable, innommable, repoussant, répugnant, dégueulasse (fam.) **2. nauséabond**, fétide, puant **3. sale**, crasseux, immonde, malpropre, dégueu (fam.), dégueulasse (fam.) **4. odieux**, abject, honteux, ignoble, révoltant, dégueulasse (fam.), salaud (très fam.) **5. obscène**, grossier, grivois, licencieux, sale, cochon (fam.), dégueulasse (fam.)

dégoûté, ée ADJ. écœuré, blasé, déçu, désenchanté, revenu de tout

dégoûter V. TR. **1. écœurer**, indisposer, rebuter, répugner, débecter (fam.) **2. révolter**, débecter (fam.) **3.** [qqn de faire qqch.] **dissuader**, détourner

dégradant, ante ADJ. humiliant, avilissant, déshonorant, infamant, honteux

dégradation N. F. **1. dégât**, délabrement, destruction, dommage, endommagement, profanation **2. abaissement**, avilissement, déchéance **3. destitution**, déposition

dégrader V. TR. **1. abîmer**, délabrer, détériorer, détruire, endommager, profaner, ruiner **2. abaisser**, avilir, déshonorer, rabaisser

♦ **se dégrader** V. PRON. **1. s'aggraver**, se détériorer, empirer **2. se délabrer**, tomber en ruine

degré N. M. **1. marche**, échelon **2. gradin**, rang, rangée **3. gradation**, nuance **4. grade**, classe, échelon, niveau, position, rang **5. stade**, étape, palier, phase, point **6. titrage**, titre

dégrever V. TR. exempter, exonérer

dégringolade N. F. **1. culbute**, chute **2. baisse**, chute, effondrement

dégringoler
▸ V. INTR. **1. chuter**, culbuter, faire la culbute, tomber, s'étaler (fam.), se casser la figure/la binette (fam.) **2. s'affaisser**, s'ébouler, s'écrouler **3. baisser**, chuter, s'effondrer, sombrer
▸ V. TR. **dévaler**, descendre, débouler (fam.)

dégriser V. TR. **1. désenivrer**, dessoûler **2. désillusionner**, faire revenir sur terre, refroidir, doucher (fam.)

dégrossir V. TR. **1. débrouiller**, défricher, démêler **2. dégourdir**, débrouiller, décrotter, déniaiser, dessaler (fam.)

déguerpir V. INTR. décamper, s'enfuir, filer, fuir, partir, quitter la place, se sauver, se casser (fam.), se débiner (fam.), décaniller (fam.), détaler (fam.), ficher/lever le camp (fam.), prendre la poudre d'escampette (fam.), plier bagage (fam.), prendre le large (fam.), se tailler (fam.), se tirer (fam.)

déguisement N. M. **1. travestissement** **2. costume**, accoutrement

déguiser V. TR. **1. accoutrer**, affubler, costumer, travestir **2. cacher**, camoufler, dissimuler, farder, habiller, maquiller, voiler, celer (littér.) **3. contrefaire**, dénaturer, falsifier **4. arranger**, enrober, farder

déguster V. TR. savourer, apprécier, se délecter de, se régaler de

dehors N. M. **1. air**, abord, apparence, aspect, façade, figure, surface **2. extérieur**

déjections N. F. PL. excréments, fèces, crottes, [d'oiseau] fientes

déjouer V. TR. **1. contrecarrer**, contrarier, faire échec à **2. échapper à**, tromper, se soustraire à

délabré, ée ADJ. croulant, décrépit, en ruine

délabrement N. M. **1. ruine**, dégradation, vétusté **2. déclin**, décadence, décomposition, décrépitude, déliquescence

délabrer V. TR. **abîmer**, dégrader, détériorer, endommager, gâter, ruiner
♦ **se délabrer** V. PRON. **s'abîmer**, se dégrader, se détériorer, [bâtiment] tomber en ruine, menacer ruine

délai N. M. **1. prolongation**, extension **2. sursis**, moratoire, répit, suspension **3. échéance**, terme **4. période**, laps de temps

délaissement N. M. abandon, désertion, isolement, déréliction (littér.)

délaisser V. TR. abandonner, se désintéresser de, déserter, se détourner de, négliger, renoncer à, lâcher (fam.)

délassant, ante ADJ. **1. reposant**, défatigant, relaxant **2. distrayant**, divertissant

délassement N. M. **1. détente**, loisir, relâchement, repos **2. distraction**, divertissement

délasser V. TR. **1. détendre**, défatiguer, relaxer, reposer **2. distraire**, divertir, changer les idées de

délateur, trice N. accusateur, dénonciateur, indicateur, rapporteur, sycophante (littér.), balance (fam.), cafard (fam.), cafteur (fam.), donneur (fam.), mouchard (fam.), mouton (argot)

délation N. F. dénonciation, cafardage (fam.), mouchardage (fam.), rapportage (fam.)

délavé, ée ADJ. décoloré, défraîchi, éteint, fade, fané, pâle, passé

délayer V. TR. **1. diluer**, dissoudre, étendre, [du plâtre] gâcher **2. paraphraser** **3.** [sans complément] **faire du remplissage**, allonger la sauce (fam.)

délectable ADJ. délicieux, exquis, savoureux, succulent

délecter (se) V. PRON. déguster, goûter, jouir (de), se régaler, se réjouir, se repaître (de), savourer

délétère ADJ. **1. asphyxiant**, irrespirable, méphitique, nocif, nuisible, toxique **2. nuisible**, corrupteur, malsain, néfaste

délibération N. F. **1. débat**, discussion, examen, réflexion, délibéré (Droit) **2. décision**, résolution

délibéré, ée ADJ. **1. intentionnel**, conscient, pesé, réfléchi, volontaire, voulu **2. décidé**, assuré, déterminé, ferme, résolu

délibérément ADV. **1. intentionnellement**, à dessein, consciemment, de propos délibéré, exprès, volontairement **2. résolument**

délibérer V. INTR. **1. se concerter**, se consulter, débattre, tenir conseil, tenir un conciliabule **2. réfléchir**, méditer, penser **3. hésiter**, tergiverser

délicat, ate ADJ. **I. 1. savoureux**, délicieux, fin, raffiné, recherché, suave, subtil, succulent **2. beau**, élégant, gracieux, harmonieux, joli, raffiné **3. léger**, aérien, éthéré, vaporeux **II. 1. fragile**, fin, tendre, ténu **2. chétif**, débile, faible, fluet, frêle, malingre **3. susceptible**, chatouilleux, ombrageux **III. pénétrant**, délié, exigeant, fin, raffiné, sensible, sophistiqué, subtil **IV. 1. embarrassant**, difficile, épineux, malaisé, périlleux, risqué, scabreux **2. complexe**, compliqué, subtil **V. 1. attentionné**, prévenant, gentil **2. scrupuleux**, honnête, probe (littér.)

délicatement ADV. **1. doucement**, précautionneusement, soigneusement **2. élégamment**, finement, gracieusement **3. savoureusement**, délicieusement, exquisément

délicatesse N. F. **I. 1. finesse**, raffinement, recherche, suavité, subtilité, succulence **2. beauté**, élégance, finesse, grâce, harmonie, raffinement, joliesse (littér.) **II. 1. fragilité**, finesse, ténuité **2. chétivité**, débilité, faiblesse **III. complexité**, difficulté, subtilité **IV. 1. attention**, prévenance, soin **2. discrétion**, tact, scrupule

délice N. **1. bonheur**, délectation, enchantement, jouissance, plaisir, régal **2. charme**, plaisir, séduction

délicieusement ADV. agréablement, divinement, merveilleusement

délicieux, euse ADJ. **1. savoureux**, délectable, délicat, exquis **2. merveilleux**, adorable, divin, charmant, enchanteur, exquis

délimitation N. F. **1. bornage**, marquage **2. détermination**, définition, fixation **3. limite**, frontière

délimiter V. TR. **1. borner**, entourer, limiter, marquer **2. déterminer**, définir, fixer **3. circonscrire**, cantonner, cerner, restreindre

déliquescence N. F. décadence, chute, déchéance, déclin, décrépitude, dégénérescence, dégradation, dégringolade, détérioration, écroulement, effondrement

délirant, ante ADJ. **1. insensé**, dément, démentiel, fou, dingue (fam.) **2. extravagant**, déréglé, effréné **3. surexcité**, frénétique

délire N. M. **1. divagation**, confusion, déraison, égarement, folie **2. enthousiasme**, exaltation, exultation, frénésie, transport

délirer V. INTR. divaguer, déraisonner, perdre l'esprit/la raison/le bon sens, débloquer (fam.), déconner (fam.), déjanter (fam.), déménager (fam.), dérailler (fam.)

délit N. M. crime, contravention, infraction

délivrance N. F. **1. libération**, affranchissement **2. soulagement**, débarras **3. accouchement**

délivrer V. TR. **1. libérer**, affranchir **2. débarrasser**, décharger, dégager, soulager **3. livrer**, fournir, remettre
♦ **se délivrer** V. PRON. **s'affranchir**, se débarrasser, se dégager, se libérer

déloger V. TR. **1. chasser**, expulser, vider (fam.) **2. débusquer 3. extraire**, extirper, retirer

déloyal, ale, aux ADJ. **1. malhonnête**, incorrect, indélicat **2. faux**, félon, fourbe, hypocrite, parjure, perfide, traître, trompeur

déloyauté N. F. **1. malhonnêteté**, indélicatesse **2. fausseté**, félonie, fourberie, hypocrisie, perfidie, traîtrise, forfaiture (littér.)

déluge N. M. **1. averse**, cataracte, pluie diluvienne/torrentielle, trombe **2. abondance**, avalanche, déferlement, flot, flux, pluie, torrent, [d'injures] bordée, tombereau

déluré, ée ADJ. **1. dégourdi**, éveillé, malin, vif **2. effronté**, coquin, dessalé, hardi

demande N. F. **1. sollicitation**, réclamation, requête, revendication, [pressante] instance, [écrite] pétition **2. imploration**, prière, supplique **3. désir**, souhait **4. commandement**, exigence, injonction, ordre, sommation **5. question**, interrogation

demander V. TR. **1. solliciter**, réclamer, requérir, revendiquer, [humblement] implorer, quémander (péj.), mendier (péj.), quêter (péj.) **2. commander**, enjoindre, exiger, imposer, ordonner, prescrire **3. nécessiter**, appeler, exiger, imposer, réclamer, requérir **4. désirer**, souhaiter, vouloir **5. convoquer**, appeler, faire venir
♦ **se demander si** V. PRON. délibérer sur, réfléchir à, se poser la question de savoir si, se tâter (fam.)

démangeaison N. F. **1. irritation**, chatouillement, picotement **2. envie**, désir

démanger V. TR. **1. irriter**, chatouiller, picoter, gratouiller (fam.) **2. tenter**, faire envie à, titiller (fam.)

démantèlement N. M. **1. démolition**, destruction **2. abolition**, destruction, désorganisation

démanteler V. TR. **1. démolir**, abattre, détruire, raser **2. anéantir**, abolir, désorganiser, réduire à néant, ruiner

démarcation N. F. délimitation, limitation, séparation

démarche N. F. **1. allure**, marche, pas, port **2. cheminement (intellectuel)**, forme de pensée, raisonnement **3. demande**, requête, sollicitation, tentative **4. procédure**, formalité

démarquer V. TR. **1. copier**, calquer, piller, plagier **2. solder**, dégriffer

démarrage N. M. **1. départ 2. commencement**, début, lancement, mise en route, mise en train, mise en jambes (Sport ou fam.)

démarrer
▸ V. TR. **1. commencer**, amorcer, entamer, lancer, ouvrir, mettre en branle, mettre en route, mettre en train **2. mettre en route**, actionner, faire partir
▸ V. INTR. **1. partir**, se mettre en marche, se mettre en branle **2. commencer**, débuter, se mettre en jambes (Sport ou fam.) **3. faire ses débuts**, faire ses premiers pas, faire ses premières armes

démasquer V. TR. découvrir, confondre, ôter/lever le masque de, percer à jour

démêlé N. M. dispute, altercation, contestation, désaccord, différend, litige, querelle

démêler V. TR. I. 1. **désentortiller**, dévider 2. **coiffer**, peigner II. 1. **clarifier**, débrouiller, éclaircir, élucider, percer, tirer au clair 2. **séparer**, différencier, discerner, distinguer, faire le départ entre 3. **comprendre**, déchiffrer, décrypter, deviner

démembrement N. M. 1. **découpage**, division, fractionnement, morcellement, partage, séparation, [Pol.] balkanisation 2. **démantèlement**, dislocation

démembrer V. TR. 1. **découper**, diviser, fractionner, morceler, partager, séparer, [Pol.] balkaniser 2. **démanteler**, disloquer

déménager
▸ V. TR. **vider**, débarrasser, démeubler
▸ V. INTR. 1. **partir**, s'en aller, vider les lieux, [sans prévenir] déménager à la cloche de bois 2. [fam.] **déraisonner**

démence N. F. 1. **aliénation**, folie 2. **aberration**, délire, égarement, folie

démener (se) V. PRON. 1. **s'agiter**, se débattre, se remuer, [violemment] s'agiter comme un beau diable/comme un diable dans un bénitier 2. **se donner de la peine/du mal**, se remuer, remuer ciel et terre, se bagarrer (fam.), se bouger (fam.), se décarcasser (fam.), se défoncer (fam.), se démancher (fam.), faire des pieds et des mains (fam.), se mettre en quatre (fam.)

démenti N. M. contradiction, dénégation, désaveu, infirmation

démentiel, elle ADJ. 1. **déraisonnable**, exagéré, fou, insensé, dingue (fam.) 2. **colossal**, fou, phénoménal, prodigieux, dingue (fam.), monstre (fam.)

démentir V. TR. 1. **contredire**, désavouer 2. **infirmer**, s'inscrire en faux contre, nier, réfuter

démesure N. F. excès, exagération, gigantisme, outrance

démesuré, ée ADJ. 1. **énorme**, colossal, gigantesque, immense, incommensurable, monumental, monstrueux, titanesque 2. **exagéré**, déraisonnable, excessif, exorbitant, immodéré

démesurément ADV. 1. **énormément**, immensément, monstrueusement 2. **exagérément**, excessivement, immodérément

démettre[1] V. TR. disloquer, déboîter, luxer, démancher (fam.), démantibuler (fam.)

démettre[2] V. TR. **destituer**, chasser, donner congé à, relever, renvoyer
♦ **se démettre** V. PRON. **abandonner**, se défaire de, démissionner de, quitter, renoncer à, se retirer de

demeure N. F. domicile, habitation, logement, logis, maison, résidence

demeurer V. INTR. 1. **habiter**, loger, résider, séjourner, crécher (fam.), nicher (fam.), percher (fam.) 2. **durer**, continuer, se maintenir, persister, perdurer, rester, subsister, survivre, tenir 3. **persister**, continuer, persévérer, rester 4. **s'attarder**, rester

démission N. F. 1. **abandon**, abdication, renonciation, résignation 2. **dém** (fam.)

démissionner V. INTR. 1. **se démettre de ses fonctions**, se retirer, donner son congé, filer sa dém (fam.), rendre son tablier (fam.) 2. **renoncer**, abandonner, abdiquer, se résigner, baisser les bras (fam.), laisser tomber (fam.)

demi-tour N. M.
- **faire demi-tour** 1. **revenir sur ses pas**, rebrousser chemin 2. **se retourner**, faire volte-face, tourner les talons

démobiliser V. TR. 1. **démotiver**, décourager 2. **rendre à la vie civile**

démocratique ADJ. égalitaire, égalitariste

démocratiser V. TR. populariser, généraliser, vulgariser

démodé, ée ADJ. désuet, archaïque, arriéré, dépassé, obsolète, rétrograde, suranné, vieillot, vieux, vieux jeu, qui a fait son temps, ringard (fam.), tarte (fam.)

démolir V. TR. I. 1. **détruire**, abattre, briser, casser, démanteler, démonter, raser, renverser 2. **abolir**, faire table rase de 3. **ruiner**, anéantir, saper II. 1. **abîmer**, détériorer, saccager, bigorner (fam.), bousiller (fam.), déglinguer (fam.), démantibuler (fam.), esquinter (fam.) 2. [fam.] **battre**, terrasser, arranger (fam.), abîmer le portrait à (fam.), casser la figure/la gueule à (fam.), rentrer dans (fam.) 3. **critiquer**, éreinter, descendre (en flammes) (fam.), casser les reins à (fam.) 4. **épuiser**, anéantir, exténuer, crever (fam.), tuer (fam.), vider (fam.)

démolition N. F. destruction, démantèlement

démon N. M. 1. **esprit**, dieu, génie, lutin, [arabe] djinn 2. [mauvais] **génie du mal** 3. **garnement**, petit diable

démoniaque ADJ. 1. **diabolique**, infernal, luciférien, machiavélique, satanique, méphistophélique (littér.) 2. **sarcastique**, diabolique, sardonique

démonstratif, ive ADJ. 1. **communicatif**, expansif, expressif, extraverti, exubérant, ouvert 2. **convaincant**, probant

démonstration N. F. 1. **argumentation**, justification, raisonnement 2. **manifestation**, déploiement, expression, marque, signe, témoignage, étalage (péj.) 3. **exhibition**

démonté, ée ADJ. 1. **déconcerté**, décontenancé, troublé 2. **agité**, déchaîné, houleux, tumultueux

démonter V. TR. 1. **désassembler**, désosser, désunir, disjoindre, disloquer, mettre en pièces 2. **déconcerter**, décontenancer, désarçonner, désemparer, désorienter, déstabiliser, troubler 3. **désarçonner**, jeter à bas, renverser, vider
♦ **se démonter** V. PRON. **se décontenancer**, s'affoler, perdre contenance, perdre son sang-froid, se troubler

démontrer V. TR. 1. **prouver**, attester, établir 2. **indiquer**, manifester, montrer, prouver, révéler, témoigner de

démoralisant, ante ADJ. décourageant, déprimant, désespérant

démoraliser V. TR. décourager, abattre, dégoûter, démonter, démotiver, déprimer, désespérer

démotiver V. TR. décourager, démobiliser

démuni, ie
▸ ADJ. 1. **à court (d'argent)**, désargenté (fam.), fauché (comme les blés) (fam.), raide (fam.), sans le sou (fam.), sans un kopeck (fam.) 2. **impuissant**, désarmé, faible
▸ N. **déshérité**, misérable, pauvre

démunir V. TR. **priver**, déposséder, dépouiller, dénantir (Droit)
♦ **se démunir** V. PRON. **se dessaisir**, se priver, se séparer

démystifier V. TR. **1. détromper**, tirer de l'erreur **2.** [abusivement] **démythifier**, banaliser

dénaturer V. TR. **1. gâter**, altérer, corrompre, vicier **2. frelater**, adultérer, trafiquer **3. déformer**, défigurer, falsifier, fausser, pervertir, trahir, travestir

dénégation N. F. **1. contestation**, démenti, déni, désaveu, inscription en faux **2. refus**, négation

dénicher V. TR. trouver, découvrir, tomber sur, dégoter (fam.), pêcher (fam.)

dénier V. TR. **1. contester**, nier, récuser, refuser de reconnaître **2. refuser (d'accorder)**

dénigrement N. M. attaque, critique, médisance, détraction (littér.), éreintement (fam.)

dénigrer V. TR. attaquer, critiquer, déblatérer contre, déchirer à belles dents, décrier, déprécier, discréditer, médire de, rabaisser, détracter (littér.), dépriser (littér.), débiner (fam.), descendre (fam.), éreinter (fam.)

dénivellation N. F. dénivelé, dénivelée, pente

dénombrement N. M. compte, calcul, chiffrage, détail, énumération, inventaire, quantification, recensement

dénombrer V. TR. calculer, compter, détailler, énumérer, faire le compte de, inventorier, quantifier, recenser

dénomination N. F. appellation, désignation, nom, étiquette (souvent péj.)

dénommer V. TR. appeler, désigner, nommer, qualifier, étiqueter (souvent péj.)

dénoncer V. TR. **1. accuser**, rapporter, trahir, balancer (fam.), cafarder (fam.), cafeter (fam.), donner (fam.), griller (fam.), moucharder (fam.), vendre (fam.) **2. condamner**, faire connaître, révéler **3. annuler**, résilier, rompre

♦ **se dénoncer** V. PRON. **1. se livrer**, se rendre **2. se trahir**

dénonciateur, trice N. accusateur, délateur, indicateur, sycophante (littér.), balance (fam.), cafard (fam.), cafteur (fam.), donneur (fam.), mouchard (fam.), rapporteur (fam.), mouton (argot criminel)

dénonciation N. F. **1. accusation**, délation, trahison, cafardage (fam.), mouchardage (fam.), rapportage (fam.) **2. condamnation**, révélation **3. annulation**, résiliation, rupture

dénoter V. TR. annoncer, attester, désigner, indiquer, marquer, montrer, signifier, témoigner de, trahir

dénouement N. M. achèvement, conclusion, épilogue, fin, issue, résultat, solution, terme, [heureux] happy end (anglic.)

dénouer V. TR. **1. détacher**, défaire, délacer, délier, desserrer **2. débrouiller**, démêler, éclaircir, résoudre, percer à jour, tirer au clair **3. assouplir**, dégager, désengourdir, développer

♦ **se dénouer** V. PRON. **aboutir**, s'achever, se conclure, finir, se terminer

denrée N. F. **1. aliment**, comestible, [au plur.] victuailles, vivres **2. article**, marchandise, produit

dense ADJ. **1. concis**, condensé, dru, ramassé, riche **2. compact**, abondant, épais, fort, impénétrable, serré, tassé, touffu, [brouillard] à couper au couteau

densité N. F. **1. concision**, concentration, richesse **2. compacité**, épaisseur

dent N. F. **1. quenotte** (fam.), croc (argot) **2. croc**, crochet, canine **3. cran**, denture

dénudé, ée ADJ. **1. dépouillé**, dégarni, [terre] pelé **2. nu**, [épaules, etc.] dégagé **3. chauve**, dégarni

dénuder V. TR. **1. découvrir**, dégager, révéler **2. dépouiller**, dégarnir **3. déshabiller**, dévêtir

dénué, ée ADJ. démuni, dépouillé, dépourvu, exempt, privé

dénuement N. M. besoin, gêne, indigence, misère, pauvreté, dèche (fam.), mouise (fam.)

dépanner V. TR. **1. réparer 2. remorquer 3. aider**, tirer d'embarras, donner un coup de main/de pouce à (fam.)

déparer V. TR. enlaidir, altérer, gâter, faire tache avec/dans, jurer avec

déparier V. TR. dépareiller, désassortir

départ N. M. **I. 1. décollage**, envol **2. appareillage II. 1. démission 2. licenciement**, limogeage, renvoi, congédiement (surtout Admin.) **III. commencement**, début, démarrage, origine

départager V. TR. **1. arbitrer 2. séparer**, faire le départ entre

départir V. TR. [littér.] **accorder**, distribuer, impartir
♦ **se départir de** V. PRON. **abandonner**, se défaire de, se détacher de, quitter, renoncer à, sortir de, se déprendre de (littér.)

dépassé, ée ADJ. **1. démodé**, archaïque, caduc, désuet, obsolète, périmé, rétrograde, vieillot, ringard (fam.) **2. débordé**, noyé, pas à la hauteur, submergé

dépasser V. TR. **I. 1. doubler**, devancer, distancer, gagner de vitesse, gratter (fam.) **2.** [en taille] **être plus grand que**, manger la soupe sur la tête de (fam.) **3. surpasser**, devancer, l'emporter sur, griller (fam.), coiffer sur le poteau (fam.) **II. 1. franchir**, déborder sur, mordre sur, sortir de **2. surplomber III. excéder**, outrepasser

dépayser V. TR. déconcerter, décontenancer, dérouter, désorienter

dépecer V. TR. **1. couper**, débiter, découper, équarrir, tailler en pièces **2. diviser**, démembrer, morceler, partager, balkaniser (Pol.)

dépêche N. F. **1. avis**, correspondance, lettre, message, missive (littér.) **2. câble**, câblogramme, pneumatique, télégramme, télex

dépêcher V. TR. **envoyer**, expédier
♦ **se dépêcher** V. PRON. **s'empresser**, se hâter, se presser, faire vite, faire diligence (soutenu), s'activer (fam.), se décarcasser (fam.), se dégrouiller (fam.), faire fissa (fam.), se grouiller (fam.), se magner (fam.), se magner le train/le popotin (fam.)

dépeindre V. TR. décrire, brosser le tableau de, camper, peindre, représenter, raconter, retracer

dépenaillé, ée ADJ. déguenillé, débraillé, haillonneux, loqueteux

dépendance N. F. **1. corrélation**, interdépendance, liaison, lien de causalité, rapport, solidarité **2. asservissement**, assujettissement, esclavage, servitude, soumission, subordination, sujétion, chaînes (littér.), joug (littér.) **3. accoutumance**, addiction, assuétude (soutenu) **4. annexe**, succursale, [au plur., d'un château] communs

dépendant, ante ADJ. **1. non autonome 2. accro** (fam.)

dépendre V. TR. IND.
- dépendre de 1. être conditionné par, découler de, être lié à, procéder de, provenir de, résulter de, reposer sur, tenir à **2. être du ressort de**, relever de, ressortir à **3. être sous l'autorité de**, être subordonné à **4. être soumis à**, être sous l'emprise de, être à la merci de

dépens de (aux) LOC. PRÉP. **1. au détriment de**, au préjudice de **2. à la charge de**, aux frais de, aux crochets de (fam.)

dépense N. F. **1. frais**, débours, [imprévu] extra, faux frais **2.** [Comptabilité] **décaissement**, débours, sortie **3. consommation**, usage, utilisation

dépenser V. TR. **1. débourser**, payer, aligner (fam.), casquer (fam.), cracher (fam.), lâcher (fam.) **2. dilapider**, dévorer, dissiper, écorner, engloutir, gaspiller, claquer (fam.), croquer (fam.) **3. employer**, consommer, déployer, prodiguer, utiliser, user

♦ **se dépenser** V. PRON. **se démener**, se fatiguer, se donner du mal, se décarcasser (fam.)

dépensier, ière ADJ. et N. dissipateur, dilapidateur, gaspilleur, gouffre, prodigue, panier percé

déperdition N. F. **1. diminution**, fuite, perte **2. affaiblissement**, dégradation, dépérissement, épuisement

dépérir V. INTR. **1. s'affaiblir**, s'anémier, décliner, s'étioler, languir, se consumer (littér.) **2. se faner**, s'étioler, sécher sur pied **3. se délabrer**, dégénérer, se détériorer, péricliter

dépérissement N. M. **1. affaiblissement**, anémie, épuisement, langueur **2. étiolement 3. délabrement**, décadence, dégénérescence, détérioration, ruine

dépêtrer V. TR. **dégager**, délivrer, libérer, sortir, tirer, tirer d'affaire

♦ **se dépêtrer** V. PRON. **se dégager**, se délivrer, se libérer, (se) sortir, se déprendre (littér.), se tirer (fam.), se dépatouiller (fam.)

dépeuplement N. M. **1. dépopulation**, [des campagnes] déruralisation, exode rural **2. déboisement**, déforestation

déphasé, ée ADJ. décalé, dépassé, hors du coup (fam.), à côté de la plaque (fam.)

dépiauter V. TR. **1. dépouiller**, écorcher **2. éplucher**, peler **3. analyser**, décortiquer, disséquer, éplucher

dépistage N. M. **1. recherche 2. découverte**, détection, repérage

dépister V. TR. **1. découvrir**, rattraper, repérer, retrouver **2. déceler**, découvrir

dépit N. M. **1. aigreur**, amertume, désappointement, ressentiment, vexation **2. jalousie**, rancœur

dépité, ée ADJ. déçu, contrarié, désappointé, marri (littér.)

dépiter V. TR. chagriner, contrarier, décevoir, désappointer, froisser, vexer

déplacé, ée ADJ. **1. inopportun**, hors de saison, malvenu, mal à propos **2. choquant**, incongru, inconvenant, intempestif, malséant, scabreux

déplacement N. M. **I. 1. mouvement**, va-et-vient, navette **2. voyage**, [au plur.] pérégrinations **3. locomotion 4. migration**, flux **5. mutation**, changement, détachement, transfert **II. 1. dérangement**, déclassement **2. déboîtement**, dislocation

déplacer V. TR. **I. 1. bouger**, déménager, manipuler **2. muter**, détacher, transférer **3. décaler**, avancer, changer, modifier, repousser **II. 1. déranger**, déclasser, intervertir **2. déboîter**, démettre

♦ **se déplacer** V. PRON. **1. bouger**, aller et venir, circuler, se déranger **2. avancer**, aller, marcher, se mouvoir, venir **3. voyager**, circuler, vadrouiller (fam.)

déplaire à V. TR. IND. **1. contrarier**, fâcher, froisser, importuner, indisposer, offenser, offusquer, peiner, vexer, défriser (fam.) **2. dégoûter**, rebuter, répugner à

déplaisant, ante ADJ. **1. antipathique**, désagréable, désobligeant **2. contrariant**, désagréable, ennuyeux, fâcheux, gênant, irritant, pénible, rébarbatif **3. dégoûtant**, répugnant **4. laid**, disgracieux, ingrat, repoussant, vilain, moche (fam.)

déplaisir N. M. amertume, contrariété, désagrément, mécontentement

dépliant N. M. prospectus, brochure, imprimé

déplier V. TR. **1. ouvrir**, déployer, étaler **2. allonger**, étendre, étirer

♦ **se déplier** V. PRON. **s'ouvrir**

déploiement N. M. **1. ouverture**, dépliage, déroulement, extension **2. démonstration**, étalage, exhibition **3.** [de troupes] **positionnement**

déplorable ADJ. **1. misérable**, effroyable, piètre, piteux, pitoyable, triste **2. regrettable**, désastreux, fâcheux, funeste, tragique **3. détestable**, exécrable, lamentable, mauvais **4. affligeant**, attristant, catastrophique, choquant, lamentable, navrant, pitoyable, révoltant, scandaleux

déplorer V. TR. regretter, trouver mauvais, pleurer

déployer V. TR. **I. 1. déplier**, dérouler, étendre, ouvrir **2.** [une voile] **déferler**, tendre, [un drapeau] arborer **3.** [des troupes] **positionner**, disposer **II. 1. exhiber**, faire étalage de, faire parade de, manifester, montrer **2. employer**, prodiguer, user de

dépolluer V. TR. assainir, décontaminer, épurer

déportation N. F. exil, bannissement, relégation, transportation

déporter V. TR. **1. dévier 2. exiler**, bannir, expulser, reléguer

déposer

▸ V. TR. **1. mettre**, mettre à terre, placer, poser **2. consigner**, emmagasiner, entreposer, [de l'argent] verser **3. destituer**, démettre, [un roi] détrôner, chasser du trône

▸ V. INTR. **1. témoigner**, intervenir **2. se décanter**, précipiter

déposition N. F. **1. témoignage**, déclaration **2. destitution**, déchéance, dégradation

déposséder V. TR. **1. dépouiller**, dessaisir, priver, spolier **2. évincer**, supplanter

dépôt N. M. **I. 1. remise**, versement **2. cautionnement**, consignation, couverture, gage, garantie, provision **II. 1. entrepôt**, magasin, stock **2. garage 3. prison**, bloc (fam.), violon (argot) **III. sédiment**, alluvion, boue, vase, [de calcaire] tartre, [de vin] lie

dépouille N. F. **1. cadavre**, corps **2. mue**, exuvie

dépouillé, ée ADJ. **1. austère**, sévère, sobre **2. concis**, sans fioritures, sobre

dépouillement N. M. **1. austérité**, simplicité, sobriété **2. privation**, renoncement **3. analyse**, examen

dépouiller V. TR. **I. 1. écorcher**, dépiauter (fam.) **2. déshabiller**, dénuder, dévêtir **3. dégarnir**, dénuder **II. 1. déposséder**, démunir, spolier, dénantir (Droit) **2. voler**, dévaliser, gruger (fam.), nettoyer (fam.), plumer (fam.), tondre (fam.), [au jeu] lessiver (fam.), rincer (fam.) **III. analyser**, examiner, décortiquer, disséquer, éplucher (fam.)

♦ **se dépouiller de** V. PRON. **abandonner**, se défaire de, se départir de, renoncer à, abdiquer (littér.)

dépravation N. F. **1. perversion**, corruption, débauche, luxure, vice **2. avilissement**, dégradation, profanation **3.** [vieux] **altération**, corruption

dépravé, ée ADJ. **1. altéré**, corrompu, faussé, perverti **2. amoral**, immoral, vicieux, vil

dépréciation N. F. baisse, chute, décote, dévalorisation, dévaluation

déprécier V. TR. **1. critiquer**, décrier, dénigrer, dévaloriser, discréditer, mépriser, mésestimer, rabaisser, ravaler, débiner (fam.), dépriser (littér.) **2. minimiser**, diminuer **3. dévaloriser**, faire tort à

♦ **se déprécier** V. PRON. **1. baisser**, diminuer, [monnaie] se dévaloriser, se dévaluer **2. se rabaisser**, se ravaler

déprédation N. F. **malversation**, concussion, détournement, dilapidation, gaspillage, prévarication

♦ **déprédations** PLUR. **dégâts**, dégradations, destructions, détériorations, dévastations, dommages, saccages, vandalisme

dépressif, ive ADJ. déprimé, abattu, neurasthénique, cafardeux (fam.)

dépression N. F. **I. 1. abattement**, accablement, apathie, langueur, blues (fam.), bourdon (fam.), cafard (fam.), coup de calcaire (fam.), déprime (fam.), flip (fam.), spleen (littér.) **2. récession**, crise **II. 1. affaissement**, creux **2. bassin**, cañon, cuvette, fosse, vallée **3. cyclone**, zone dépressionnaire

déprimant, ante ADJ. démoralisant, débilitant, décourageant, flippant (fam.)

déprimé, ée ADJ. dépressif, abattu, découragé, démoralisé, cafardeux (fam.)

déprimer

▸ V. INTR. **avoir le cafard** (fam.), avoir le blues (fam.), broyer du noir (fam.), avoir un coup de calcaire (fam.), flipper (fam.), être au trente-sixième dessous (fam.), avoir le moral à zéro (fam.), avoir le moral dans les chaussettes (fam.)

▸ V. TR. **1. décourager**, abattre, démoraliser, déforcer (Belgique) **2. enfoncer**, affaisser

député, ée N. **1. parlementaire** **2. ambassadeur**, délégué, envoyé, légat, mandataire, représentant

déracinement N. M. **1. arrachement**, extirpation **2. déportation**, exil, expatriation

déraciner V. TR. **1. arracher**, enlever, extirper, extraire **2. détruire**, arracher, éradiquer, extirper **3. déporter**, exiler, expatrier

déraison N. F. démence, folie, inconséquence

déraisonnable ADJ. **1. absurde**, insensé, irraisonnable, irrationnel, irréfléchi **2. exagéré**, excessif, extravagant

déraisonner V. INTR. divaguer, délirer, perdre l'esprit/la raison/le bon sens, avoir une araignée dans le/au plafond (fam.), débloquer (fam.), déconner (très fam.), déjanter (fam.), déménager (fam.), dérailler (fam.), yoyotter de la touffe (fam.)

dérangement N. M. **1. gêne**, ennui, perturbation, trouble **2. désordre**, bouleversement, désorganisation, remue-ménage, chambardement (fam.), pagaille (fam.) **3. dérèglement**, détraquement, perturbation

dérangé, ée ADJ. **1. en désordre** **2. malade**, déréglé, détraqué, embarrassé, patraque (fam.)

déranger V. TR. **1. bouger**, déclasser, déplacer, intervertir, mettre sens dessus dessous, toucher (à), chambarder (fam.), chambouler (fam.) **2. perturber**, bouleverser, bousculer, désorganiser, troubler **3. importuner**, contrarier, embarrasser, ennuyer, gêner, troubler **4. dérégler**, détraquer, déglinguer (fam.)

♦ **se déranger** V. PRON. **se déplacer**, bouger

dérapage N. M. **1. glissade**, tête-à-queue **2. dérive**

déraper V. INTR. **1. glisser**, chasser, patiner, riper **2. dévier**, dérailler

déréglé, ée ADJ. **1. débauché**, désordonné, dissolu, libertin **2. dérangé**, détraqué, patraque (fam.)

dérèglement N. M. **1. dérangement**, bouleversement, détraquement, perturbation **2. débauche**, dissolution, libertinage, licence, vice

dérégler V. TR. **déranger**, bouleverser, détraquer, perturber, troubler, déglinguer (fam.)

♦ **se dérégler** V. PRON. **se détraquer**, se déglinguer (fam.)

dérider V. TR. amuser, distraire, égayer, réjouir, faire sourire, décoincer (fam.), dégeler (fam.)

dérision N. F. dédain, ironie, mépris, moquerie, persiflage, raillerie, sarcasme

dérisoire ADJ. **1. insignifiant**, infime, minime, négligeable **2.** [péj.] **médiocre**, futile, minable, pauvre, piètre, ridicule, risible, vain

dérivatif N. M. distraction, divertissement, diversion, exutoire

dérivation[1] N. F. **1. détournement**, déviation **2. court-circuit**, shunt

dérive N. F. déviation, dérapage

dériver[1] V. TR. détourner, dévier

dériver[2] V. INTR. **1. dévier**, glisser, perdre le cap **2. déraper**, perdre le cap

dernier, ière

▸ ADJ. **1. final**, terminal, ultime **2. extrême**, suprême **3. décisif**, définitif **4. passé**, précédent **5. récent**, nouveau

▸ N. **1. lambin**, traînard **2. benjamin**

dérobade N. F. échappatoire, faux-fuyant, fuite, reculade, pirouette (fam.)

dérobé, ée ADJ. secret, caché, dissimulé

dérober V. TR. **voler**, détourner, s'emparer de, escamoter, escroquer, extorquer, piller, soustraire, subtiliser, barboter (fam.), chaparder (fam.), chiper (fam.), choper (fam.), chourer (fam.), faucher (fam.), piquer (fam.), rafler (fam.)

♦ **se dérober** V. PRON. **1. s'éclipser**, s'esquiver, fuir, se sauver **2. user de faux-fuyants**, faire faux-bond, se défiler (fam.) **3. faiblir**, céder, défaillir, mollir, manquer (à), flancher (fam.)

dérogation N. F. **1. dispense**, exception **2. atteinte**, entorse, infraction, manquement, violation

déroulement N. M. **1. développement**, cours, enchaînement, évolution, marche, processus, séquence, succession, suite **2. déploiement**

dérouler V. TR. **1. déplier**, déployer, développer, étaler, étendre **2. dévider**, débobiner, faire défiler **3. passer en revue**, revoir

♦ **se dérouler** V. PRON. **1. avoir lieu**, advenir, s'écouler, se passer, se produire, survenir **2. se succéder**, s'enchaîner, se suivre **3. onduler**, serpenter **4. défiler**

déroutant, ante ADJ. déconcertant, déstabilisant, perturbant

déroute N. F. **1. débâcle**, débandade, déconfiture, dispersion, retraite, bérézina (fam.) **2. échec**, débâcle, défaite, désastre

dérouter V. TR. **1. déconcerter**, confondre, décontenancer, démonter, désarçonner, désorienter, déstabiliser, ébranler, interloquer, perturber **2. détourner**, dévier

derrière[1] PRÉP. et ADV. **1. en arrière** **2. sur l'envers**, au dos, au revers, au verso **3. en retrait**, en arrière, à la queue, à la traîne (péj.) **4. après**, à la suite

derrière[2] N. M. **1. arrière**, dos, fond **2. envers**, revers, verso **3. arrière-**

train, croupe, fesses, cul (très fam.), lune (fam.), popotin (fam.), postérieur (fam.), train (fam.)

désabusé, ée ADJ. blasé, découragé, déçu, dégoûté, désenchanté, désillusionné, revenu de tout

désabusement N. M. déception, dégoût, désillusionnement (littér.)

désaccord N. M. **1. mésentente**, brouille, différend, discorde, dispute, dissension, dissentiment, fâcherie, incompatibilité (d'humeur), malentendu, opposition, querelle, mésintelligence (littér.) **2. contradiction**, antagonisme, contraste, décalage, différence, discordance, dissonance, divergence, divorce, écart, incohérence, incompatibilité, opposition

désaffecté, ée ADJ. abandonné, à l'abandon, inutilisé

désaffection N. F. détachement, désintérêt, désamour (littér.)

désagréable ADJ. **1. antipathique**, acariâtre, bourru, discourtois, impoli, réfrigérant, revêche, rude **2. blessant**, acerbe, agressif, désobligeant, offensant, vexant **3. acide**, âcre, aigre, âpre, dégoûtant, écœurant, fade, insipide **4. fétide**, incommodant, nauséabond, putride **5. contrariant**, déplaisant, ennuyeux, fâcheux, fastidieux, gênant, importun, malencontreux, malheureux, pénible **6. disgracieux**, ingrat, laid, moche (fam.)

désagréger V. TR. **décomposer**, déliter, dissocier, dissoudre, désunir, disloquer, effriter, morceler, pulvériser, scinder

♦ **se désagréger** V. PRON. **s'écrouler**, se décomposer, se disloquer, se déliter, s'effondrer, s'effriter, se scinder

désagrément N. M. **1. ennui**, déboire, souci, tracas, embêtement (fam.), emmerdement (très fam.) **2. déplaisir**, contrariété, mécontentement

désaltérer V. TR. **abreuver**, étancher la soif de

♦ **se désaltérer** V. PRON. **boire**, étancher sa soif

désamorcer V. TR. enrayer, neutraliser, tuer dans l'œuf

désappointé, ée ADJ. déçu, dépité

désappointement N. M. déception, déconvenue, dépit, désenchantement, désillusion, douche (froide)

désappointer V. TR. décevoir, dépiter, tromper les attentes de, défriser (fam.)

désapprobation N. F. réprobation, blâme, condamnation, désaveu

désapprouver V. TR. blâmer, censurer, condamner, critiquer, désavouer, donner tort à, réprouver, trouver mauvais, trouver à redire à, vitupérer (littér.)

désarçonner V. TR. **1. démonter**, jeter à bas, renverser **2. déconcerter**, décontenancer, démonter, dérouter, déstabiliser, troubler, déboussoler (fam.)

désargenté, ée ADJ. démuni, à court (d'argent), gêné, impécunieux (littér.), à sec (fam.), dans la dèche (fam.), fauché (comme les blés) (fam.), raide (fam.), sans le sou (fam.), sans un kopeck (fam.)

désarmant, ante ADJ. attendrissant, émouvant, touchant

désarmé, ée ADJ. démuni, impuissant, sans défense

désarmer V. TR. **I. 1. toucher**, adoucir, attendrir, émouvoir, fléchir **2. décontenancer**, déconcerter **II. 1. démilitariser 2. déséquiper 3. désamorcer**

désarroi N. M. **1. angoisse**, détresse, égarement, trouble **2. confusion**, désordre

désarticuler V. TR. **déboîter**, démettre, démonter, disloquer, démantibuler (fam.), déglinguer (fam.)
♦ **se désarticuler** V. PRON. **se contorsionner**, se désosser

désassembler V. TR. démonter, désunir, disjoindre, démantibuler (fam.)

désastre N. M. **1. calamité**, cataclysme, catastrophe, fléau, malheur **2. faillite**, banqueroute, déconfiture, krach, ruine **3. échec**, fiasco, bérézina (fam.), bide (fam.), [pièce] four (fam.)

désastreux, euse ADJ. **1. catastrophique**, calamiteux, funeste, tragique **2. désolant**, déplorable, lamentable, navrant

désavantage N. M. **1. handicap**, entrave, obstacle **2. inconvénient**, défaut, désagrément

désavantager V. TR. défavoriser, desservir, handicaper, léser, nuire à, pénaliser

désaveu N. M. **1. condamnation**, désapprobation **2. dénégation**, apostasie, démenti, reniement, rétractation

désavouer V. TR. **1. condamner**, blâmer, désapprouver, réprouver **2. renier**, nier **3. revenir sur**, rétracter (littér.)
♦ **se désavouer** V. PRON. **se dédire**, se raviser, se rétracter, se renier

désaxé, ée ADJ. déséquilibré, instable, fou, détraqué (fam.)

descendance N. F. **1. progéniture**, lignée, postérité, semence (lang. biblique) **2. extraction**, filiation, généalogie, lignage, parenté, race, souche

descendre
▸ V. INTR. **1. baisser**, décroître, diminuer, faiblir **2.** [astre] se coucher, [nuit] tomber, [mer] se retirer **3. rétrograder**, baisser, être relégué **4. loger**, résider, séjourner
▸ V. TR. **1. dégringoler**, dévaler **2. suivre**, emprunter, longer **3. décharger**, débarquer **4. décrocher**, déposer **5. abaisser**, baisser, [une voile] affaler, amener

descente N. F. **1. pente**, déclivité **2. chute**, affaissement, baisse, dégringolade **3. raid**, coup de main, incursion, [de la police] rafle

descriptif N. M. **1. plan**, schéma **2. résumé**, rapport

description N. F. **1. exposé**, état, rapport, récit **2. portrait**, signalement **3. croquis**, graphique, tableau

désemparé, ée ADJ. déconcerté, décontenancé, dérouté, désarmé

désenchantement N. M. déception, déconvenue, désillusion, désabusement (littér.), désillusionnement (littér.)

désengager (se) V. PRON. se retirer, s'affranchir, se libérer

déséquilibre N. M. **1. instabilité** **2. disparité**, écart, disproportion, distorsion, inégalité **3. folie**, névrose, psychopathie

déséquilibré, ée
▸ ADJ. **bancal**, disproportionné, dissymétrique, inégal
▸ N. **névrosé**, désaxé, psychopathe

déséquilibrer V. TR. déstabiliser, ébranler, perturber, rendre instable, secouer

désert[1], erte ADJ. **1. inhabité**, abandonné, dépeuplé **2. vide**, déserté, sans âme qui vive

désert[2] N. M. **1. vide**, néant **2. coin perdu/retiré**, bled (fam.), trou (fam.)

déserter V. TR. **1. abandonner**, délaisser, quitter **2. renier**, trahir

désertion N. F. **1. insoumission**, [à l'ennemi] trahison **2. abandon**, délaissement **3. reniement**, défection

désertique ADJ. aride, inculte, infertile, sec, stérile

désespérant, ante ADJ. désolant, affligeant, décourageant, navrant

désespéré, ée ADJ. **1. effondré**, atterré, catastrophé, inconsolable **2. extrême**, intense, suprême **3. catastrophique**, pitoyable **4. perdu**, cuit (fam.), fichu (fam.), foutu (fam.)

désespérer
▸ V. TR. **affliger**, consterner, chagriner, décourager, désoler
▸ V. INTR. **se décourager**, perdre patience, perdre espoir
♦ **se désespérer** V. PRON. **se désoler**, perdre espoir

désespoir N. M. abattement, accablement, affliction, découragement, désolation, détresse, désespérance (littér.)

déshabiller V. TR. **1. dévêtir**, dénuder, désaper (fam.), mettre à poil (très fam.) **2. démasquer**, découvrir, étaler, exhiber, mettre à nu, montrer
♦ **se déshabiller** V. PRON. **1. se dévêtir**, se mettre nu, se dénuder, se désaper (fam.), se mettre à poil (très fam.) **2. se mettre à l'aise**, se découvrir, se défaire

déshabituer V. TR. désaccoutumer, [d'une substance] désintoxiquer

déshérité, ée ADJ. misérable, défavorisé, démuni, indigent

déshériter V. TR. **1. déposséder**, dépouiller, exhéréder (Droit) **2. désavantager**, défavoriser

déshonneur N. M. honte, ignominie, indignité, infamie, opprobre (littér.), turpitude (littér.)

déshonorant, ante ADJ. avilissant, dégradant, honteux, ignoble, infamant, ignominieux (littér.)

déshonorer V. TR. **avilir**, déconsidérer, discréditer, flétrir, salir, souiller, couvrir de boue, traîner dans la boue
♦ **se déshonorer** V. PRON. **s'abaisser**, s'avilir, se compromettre

déshydrater V. TR. **1. dessécher**, sécher **2. lyophiliser**

desiderata N. M. PL. désirs, aspirations, souhaits, vœux, revendications, [de salaire] prétentions

désignation N. F. **1. appellation**, dénomination **2. choix**, élection, nomination

designer N. M. dessinateur, styliste

désigner V. TR. **1. indiquer**, marquer, montrer, signaler **2. appeler**, dénommer, nommer **3. dénommer**, nommer, représenter, signifier **4. s'appliquer à**, qualifier, symboliser **5. choisir**, élire, nommer **6. destiner**, qualifier

désillusion N. F. déception, déboire, déconvenue, désappointement, désenchantement, mécompte (littér.)

désinfecter V. TR. aseptiser, assainir, purifier, stériliser, verduniser

désinfection N. F. antisepsie, asepsie, aseptisation, assainissement, purification, stérilisation

désinformation N. F. intoxication, matraquage, propagande, intox (fam.), bourrage de crâne (fam.)

désinhiber V. TR. décomplexer, débloquer (fam.), décoincer (fam.)

désintégration N. F. **1. désagrégation**, dématérialisation, déstructuration **2. destruction**, anéantissement

désintégrer V. TR. **1. désagréger**, dématérialiser, déstructurer, pulvériser **2. détruire**, annihiler, réduire à néant

désintéressé, ée ADJ. **1. altruiste**, généreux **2. bénévole**, gratuit **3. objectif**, impartial

désintéressement N. M. **1. altruisme**, abandon de soi-même, abnégation, bonté, générosité, oubli de soi **2. dédommagement**, indemnisation

désintéresser V. TR. **dédommager**, indemniser, payer

♦ **se désintéresser de** V. PRON. **négliger**, délaisser, se détacher de, se moquer de, se laver les mains de

désintérêt N. M. indifférence, détachement

désintoxiquer V. TR. déshabituer, désaccoutumer

désinvolte ADJ. **1. aisé**, dégagé, détaché, léger, libre, cool (fam.) **2. impertinent**, cavalier, inconvenant, insolent, sans-gêne

désinvolture N. F. **1. aisance**, facilité, laisser-aller, légèreté, liberté **2. impertinence**, familiarité, inconvenance, insolence, sans-gêne

désir N. M. **1. souhait**, envie, rêve, vœu **2. ambition**, but, dessein, envie, intention, volonté **3. appétit**, appétence, aspiration, faim, goût, inclination, intérêt, passion, penchant, soif, velléité **4. convoitise**, ardeur, concupiscence, libido, sensualité

désirable ADJ. **1. affriolant**, appétissant, attrayant, excitant, séduisant, tentant, sexy (fam.) **2. souhaitable**, enviable, tentant

désirer V. TR. **1. souhaiter**, ambitionner, aspirer à, avoir du goût pour, avoir des vues sur, briguer, convoiter, prétendre à, rêver de, soupirer après, lorgner (sur) (fam.), loucher sur **2. convoiter**, avoir envie de

désistement N. M. abandon, renoncement, retrait

désister (se) V. PRON. abandonner, abandonner/quitter la partie, renoncer, se retirer

désobéir à V. TR. IND. **1. se rebeller contre**, résister à, se révolter contre **2. contrevenir à**, enfreindre, passer outre, transgresser, violer

désobéissance N. F. **1. indiscipline**, indocilité, insoumission, insubordination, mutinerie, rébellion, résistance, révolte **2. contravention**, opposition, transgression, violation

désobéissant, ante ADJ. difficile, entêté, indiscipliné, insoumis, insubordonné, mutin, rebelle, récalcitrant, réfractaire, résistant, révolté, indocile (littér.)

désobligeant, ante ADJ. désagréable, blessant, déplaisant, discourtois, malveillant, sec, vexant

désodorisant, ante ADJ. , N. M. déodorant, anti-transpirant

désœuvré, e ADJ. inactif, inoccupé, oisif

désœuvrement N. M. inaction, inoccupation, oisiveté

désolant, ante ADJ. **1. affligeant**, déplorable, lamentable, navrant, à pleurer (fam.) **2. contrariant**, ennuyeux

désolation N. F. **1. destruction**, calamité, dévastation, ravage, ruine **2. affliction**, chagrin, consternation, détresse, douleur, souffrance, tourment

désolé, ée ADJ. **1. contrarié**, chagriné, confus, embêté, navré **2. désert**, désertique

désoler V. TR. **1. affliger**, attrister, chagriner, consterner, navrer **2. détruire**, dévaster, ravager, ruiner, saccager

désolidariser V. TR. **1. disjoindre**, désassembler, découpler, dissocier **2. désunir**, diviser

♦ **se désolidariser de** V. PRON. **1. abandonner**, se détourner de, se séparer de, lâcher (fam.) **2. désavouer**, renier

désopilant, ante ADJ. comique, cocasse, drôle, hilarant, bidonnant (fam.), crevant (fam.), fendant (fam.), gondolant (fam.), marrant (fam.), poilant (fam.), rigolo (fam.), tordant (fam.)

désordonné, ée ADJ. **1. sans soin**, bordélique (fam.), pagailleux (fam.) **2. confus**, brouillé, brouillon, décousu, embrouillé, indistinct, incohérent, cafouilleux (fam.) **3. bouleversé**, dérangé, désorganisé **4. ébouriffé**, échevelé, embrouillé, embroussaillé **5. débauché**, déréglé, dissolu, licencieux, sans frein

désordre N. M. **1. fouillis**, bric-à-brac, chaos, capharnaüm, fatras, fourbi, bazar (fam.), binz (fam.), chantier (fam.), pagaille (fam.), souk (fam.), bordel (très fam.), boxon (très fam.), foutoir (très fam.), merdier (très fam.) **2. désorganisation**, anarchie, gabegie, perturbation, pétaudière, pandémonium (littér.), binz (fam.), chienlit (fam.), merde (très fam.), pagaille (fam.) **3. confusion**, égarement, désarroi, panique, perturbation, trouble **4. chahut**, tapage, tumulte, tohubohu, boucan (fam.), chambard (fam.) **5. agitation**, anarchie, bagarre, bouleversement, embrasement, émeute, trouble **6. dérèglement**, dissipation, licence

désorganisation N. F. **1. désordre**, bouleversement, dysfonctionnement, perturbation, trouble **2. décomposition**, désagrégation, déstructuration

désorganiser V. TR. **1. déranger**, bouleverser, perturber, troubler **2. décomposer**, désagréger, déstructurer

désorienter V. TR. **1. déconcerter**, décontenancer, dérouter, démonter, désarçonner, déstabiliser, embrouiller, troubler **2. dérouter**, égarer, perdre, faire perdre ses repères à, déboussoler (fam.)

despote N. M. autocrate, césar, dictateur, dominateur

despotique ADJ. absolu, arbitraire, autocratique, dictatorial, dominateur, tyrannique

despotisme N. M. absolutisme, autoritarisme, dictature, tyrannie

dessaisir V. TR. **démunir**, déposséder, dépouiller, priver, spolier

♦ **se dessaisir de** V. PRON. **abandonner**, céder, délaisser, se démunir de, se déposséder de, renoncer à, se séparer de

dessaler

▸ V. TR. dégourdir, délurer, déniaiser

▸ V. INTR. chavirer, se renverser, se retourner

desséché, ée ADJ. **1. aride**, désertique **2. décharné**, étique, maigre, momifié, squelettique **3. dur**, endurci, froid, insensible, racorni, sec

dessèchement N. M. **1. assèchement**, déshydratation, dessiccation **2. endurcissement**, racornissement, sclérose

dessécher V. TR. **1. sécher**, assécher, déshydrater, lyophiliser **2. épuiser**, tarir, vider **3. amaigrir**, décharner, exténuer **4. appauvrir**, racornir, scléroser **5. endurcir**, racornir

♦ **se dessécher** V. PRON. **1. se déshydrater 2. s'endurcir**, se racornir

dessein N. M. but, désir, intention, objectif, plan, programme, projet, propos, visée, vue

desserrer V. TR. **1. relâcher**, défaire **2. écarter**

desservir[1] V. TR. **1. passer par**, s'arrêter à, aller à, relier **2.** [une pièce] **donner dans**, faire communiquer

desservir[2] V. TR. **1. défavoriser**, contrecarrer, désavantager, entraver, gêner, handicaper, jouer un sale tour à, nuire à, plomber (fam.), pourrir (fam.), véroler (fam.) **2. débarrasser**, enlever les plats/les couverts de

dessin N. M. **1. croquis**, ébauche, esquisse, graffiti, schéma **2.** [Art] carton, étude, [coloré] aquarelle, gouache, lavis, sépia, [à un crayon] crayon, fusain, sanguine, [gravé] gravure, pointe-sèche **3. illustration**, image, représentation, vue **4. motif**, ornement, arabesque **5. contour**, figure, forme, ligne, tracé, trait

dessinateur, trice N. illustrateur, caricaturiste, portraitiste

dessiner V. TR. **1. représenter**, reproduire, tracer, [rapidement] crayonner, croquer, délinéer (didact.), ébaucher, esquisser, [mal] gribouiller, griffonner **2. faire ressortir**, accuser, dévoiler, exposer, révéler **3. former**, présenter, tracer

♦ **se dessiner** V. PRON. **1. paraître**, apparaître, se détacher, se dévoiler, se former, se montrer, se profiler, se révéler, ressortir **2. se développer**, se préciser, prendre forme/tournure **3. approcher**, s'annoncer, se profiler (à l'horizon)

dessoûler

▸ V. TR. **dégriser**, désenivrer (littér.)

▸ V. INTR. **cuver** (fam.)

dessous-de-table N. M. INVAR. bakchich, enveloppe, pot-de-vin, gratification

déstabiliser V. TR. **1. ébranler**, déséquilibrer, secouer **2. désorienter**, déranger, décontenancer, désarçonner, mettre mal à l'aise, perturber, troubler

destin N. M. **1. destinée**, fatalité, nécessité, prédestination, fatum (littér.) **2. hasard**, chance, fortune, providence **3. lot**, sort, destinée, étoile **4. existence**, destinée, vie

destination N. F. **1. fin**, finalité **2. mission**, destinée, raison d'être, rôle, vocation **3. emploi**, affectation, usage, utilisation **4. but**, direction

destinée N. F. **1. fatalité**, destin **2. sort**, destin, lot **3. existence**, vie **4. finalité**, destination, vocation

destiner V. TR. **1. prédestiner**, promettre **2. assigner**, affecter, appliquer, attribuer, garder, réserver

♦ **se destiner à** V. PRON. **s'orienter vers**, s'engager dans, se préparer pour, viser

destituer V. TR. **1. licencier**, congédier, démettre, renvoyer, déboulonner (fam.), dégommer (fam.), démissionner (fam., iron.), faire sauter (fam.), [haut personnage, fonctionnaire] disgracier, limoger, mettre à pied, révoquer, [militaire] dégrader, casser, [roi] détrôner, déposer **2. dépouiller**, priver

destitution N. F. licenciement, renvoi, [d'un haut personnage, fonctionnaire] disgrâce, limogeage, mise à pied, révocation, [d'un militaire] cassation, dégradation, [d'un roi] déposition

destructeur, trice ADJ. **1. dévastateur**, meurtrier, ravageur **2. néfaste**, nuisible, funeste, [passion] dévorant **3. subversif**, séditieux

destruction N. F. **1. démolition** **2. anéantissement**, annihilation, écroulement, effondrement, désagrégation, suppression **3. dégât**, dégradation, détérioration, dévastation, dommage, ravage, ruine **4. désorganisation**, démantèlement, désintégration **5. extermination**, génocide, massacre, tuerie

désuet, ète ADJ. démodé, ancien, archaïque, obsolète, passé de mode, périmé, suranné, vieillot, vieilli, vieux, antédiluvien (fam. ou plaisant), de papa (fam.), rétro (fam.), ringard (fam.)

désunion N. F. **1. désaccord**, divergence, division, mésentente **2. divorce**, rupture, séparation

désunir V. TR. **1. brouiller**, diviser, séparer **2. désassembler**, détacher, dissocier, disjoindre, disloquer

détaché, ée ADJ. désinvolte, flegmatique, impassible, indifférent, insensible, insouciant, cool (fam.)

détachement N. M. 1. **calme**, désinvolture, désintérêt, impassibilité, indifférence, insensibilité, insouciance, ataraxie (soutenu) 2. **patrouille**, arrière-garde, avant-garde, commando, escorte, escouade, flanc-garde

détacher[1] V. TR. I. 1. **défaire**, déboutonner, dégrafer, dénouer 2. **déchaîner**, désenchaîner, délivrer, libérer 3. **disjoindre**, découpler, dételer 4. **découper**, prélever 5. **décoller**, enlever, séparer II. **déléguer**, affecter, dépêcher, députer, mandater, nommer III. 1. **écarter**, isoler 2. **articuler**, marteler

♦ **se détacher** V. PRON. 1. **tomber**, s'échapper, se décoller, glisser 2. **apparaître**, se découper, se dessiner, se profiler, surgir 3. **ressortir**, saillir, trancher

détacher[2] V. TR. décrasser, dégraisser, nettoyer

détail N. M. 1. **élément**, morceau, partie 2. **bagatelle**, babiole, broutille, rien, vétille, bricole (fam.) 3. **renseignement**, information, explication, précision 4. **relevé**, décompte, exposé, liste

détaillé, ée ADJ. approfondi, analytique, circonstancié, minutieux, précis

détailler V. TR. 1. **décrire**, énumérer, exposer, préciser, raconter 2. **découper**, débiter 3. **dévisager**, examiner

détaler V. INTR. décamper, déguerpir, s'enfuir, décaniller (fam.), filer (fam.), jouer des flûtes (fam.), prendre les jambes à son cou (fam.), se tirer (fam.)

détecter V. TR. déceler, débusquer, découvrir, dépister, discerner, localiser, repérer

déteindre V. INTR. se décolorer, passer

dételer V. INTR. s'arrêter, décompresser, décrocher, se relâcher

détendre V. TR. **décontracter**, calmer, délasser, désénerver, relâcher

♦ **se détendre** V. PRON. 1. **se décontracter**, s'abandonner, se délasser, se distraire, se laisser aller, se relâcher, se relaxer, se reposer 2. **se distendre**, se relâcher, s'avachir (péj.)

détendu, ue ADJ. 1. **calme**, apaisé, décontracté, relâché, serein 2. **distendu**, lâche

détenir V. TR. 1. **posséder**, disposer de, être en possession de 2. **garder**, [un objet volé] receler 3. **séquestrer**, garder prisonnier

détente N. F. 1. **décontraction**, délassement, relâchement, relaxation, répit, repos 2. **apaisement**, décrispation

détenteur, trice N. propriétaire, possesseur, titulaire, [d'un record, titre] tenant, [d'objet volé] receleur

détention N. F. 1. **captivité**, emprisonnement, enfermement, incarcération 2. **séquestration** 3. **propriété**, possession

détenu, ue N. prisonnier, captif, réclusionnaire (Droit)

détergent, ente ADJ. et N. M. 1. **lessive**, nettoyant, poudre à laver, savon 2. **détersif**, lessiviel, nettoyant

détérioration N. F. 1. **dégât**, dégradation, dommage, [de navire, de marchandise] avarie 2. **abaissement**, baisse, décadence, déclin

détériorer V. TR. 1. **abîmer**, casser, dégrader, démolir, détraquer, endommager, gâter, amocher (fam.), bousiller (fam.), déglinguer (fam.), esquinter (fam.) 2. **attaquer**, détruire, nuire à, ruiner

♦ **se détériorer** V. PRON. 1. **se dégrader**, se délabrer, se gâter, [denrée] s'avarier, pourrir, se corrompre 2. **s'aggra-**

ver, aller de mal en pis, dégénérer, empirer, s'envenimer, se gangrener, se gâter, se pourrir

déterminant, ante ADJ. capital, crucial, décisif

détermination N. F. **I. 1. délimitation**, définition, estimation, fixation, limitation, précision **2. caractérisation**, définition, qualification **3. évaluation**, appréciation, calcul, estimation, mesure **II. résolution**, énergie, fermeté, opiniâtreté, volonté

déterminé, ée ADJ. **1. arrêté**, certain, défini, délimité, fixe, fixé, précis, précisé, réglé, spécifique **2. résolu**, décidé, ferme, inébranlable

déterminer V. TR. **I. 1. délimiter**, définir, établir, fixer, indiquer, limiter, préciser, régler, spécifier **2. caractériser**, définir, qualifier **3. évaluer**, apprécier, calculer, estimer, mesurer **4. identifier**, diagnostiquer **II. 1. causer**, amener, conditionner, déclencher, engendrer, entraîner, être à l'origine de, occasionner, produire, susciter **2.** [qqn à faire qqch.] **encourager**, décider, amener, conduire, conseiller, engager, entraîner, inciter, inspirer, persuader, pousser

♦ **se déterminer** V. PRON. **se décider**, fixer son choix (sur), opter (pour), se prononcer (pour), se résoudre (à)

déterrer V. TR. **1. arracher**, déraciner **2. exhumer 3. découvrir**, exhumer, ressortir, ressusciter, tirer de l'oubli, trouver, dénicher (fam.), dégoter (fam.)

détestable ADJ. **1. haïssable**, abominable, antipathique, exécrable, insupportable, méprisable, odieux, imbuvable (fam.) **2. catastrophique**, calamiteux, épouvantable, [temps] de chien (fam.), pourri (fam.)

détester V. TR. haïr, avoir en horreur, abhorrer (littér.), abominer (littér.), exécrer (littér.), avoir dans le nez/le pif (fam.), ne pas pouvoir blairer (fam.), ne pas pouvoir encadrer (fam.), ne pas pouvoir piffer (fam.), ne pas pouvoir sacquer (fam.), ne pas pouvoir sentir (fam.)

détonation N. F. déflagration, éclatement, explosion

détonner V. INTR. faire contraste, faire tache, jurer, trancher

détour N. M. **I. 1. crochet**, déviation **2. tournant**, angle, boucle, coude, courbe, contour, lacet, méandre, sinuosité, virage, zigzag **II. 1. biais**, faux-fuyant, louvoiement, manœuvre, manigance, ruse, subterfuge **2. circonlocution**, circonvolution, périphrase

détourné, ée ADJ. indirect, allusif, oblique, voilé

détournement N. M. **1. dérivation**, déroutage, déroutement **2. concussion**, abus de biens sociaux, dissipation, malversation, pillage, soustraction, vol

détourner V. TR. **I. 1. dévier**, dériver, dérouter **2. esquiver**, éluder, éviter, parer **3. voler**, distraire, soustraire **II. 1.** [qqn de] **distraire**, arracher (à), divertir, éloigner, dégoûter (péj.) **2. dissuader**, empêcher

♦ **se détourner de** V. PRON. **1. abandonner**, négliger, renoncer à **2. dévier de**, [du droit chemin] s'égarer, se fourvoyer

détracteur, trice N. accusateur, adversaire, critique, dépréciateur, diffamateur, ennemi, médisant, mauvaise langue, contempteur (littér.), zoïle (littér.)

détraqué, ée ADJ. **1. en panne**, hors service, h.s. (fam.) **2. dérangé**, patraque (fam.)

détraquer V. TR. dérégler, détériorer, déglinguer (fam.)

détresse N. F. **1. désespoir**, affliction, angoisse, chagrin, désarroi, douleur, peine **2. misère**, dénuement, indigence, infortune, malheur

détriment de (au) N. M. aux dépens de, au préjudice de, au désavantage de

détritus N. M. déchet, débris, résidu, reste, rebut

détromper V. TR. désabuser, éclairer, dessiller les yeux de, ouvrir les yeux à, tirer de l'erreur

détrôner V. TR. **1. chasser (du trône)**, déposer, destituer **2. évincer**, éclipser, effacer, supplanter

détrousser V. TR. voler, dépouiller, dévaliser, lester (plaisant)

détruire V. TR. **I. 1. démolir**, abattre, jeter bas/à bas, jeter à terre, raser, renverser **2. briser**, atomiser, broyer, casser, défoncer, démolir, écraser, fracasser, pulvériser, rompre, [flammes] consumer, dévorer, réduire en cendres, [des livres] pilonner, mettre au pilon **3. dévaster**, ravager, saccager **4. anéantir**, annihiler, réduire à néant, bousiller (fam.) **II. 1. tuer**, décimer, éliminer, exterminer, faire périr, massacrer **2. annuler**, infirmer, invalider **3. supprimer**, déraciner, dissiper, enlever, extirper **4. attaquer**, atteindre, corroder, corrompre, entamer, ronger **III. 1. désorganiser**, démanteler, désintégrer **2. ébranler**, grignoter, miner, ronger, saper **3. gâter**, troubler
♦ **se détruire** V. PRON. **1. se tuer**, se massacrer **2. se suicider**, se supprimer

dette N. F. **1. dû**, débet, découvert, passif, solde débiteur **2. engagement**, devoir, obligation

deuil N. M. **1. affliction**, chagrin, douleur, malheur, souffrance, tristesse **2. perte**

dévaler
▸ V. TR. **descendre**, dégringoler, débouler (fam.)
▸ V. INTR. **rouler**, dégringoler, tomber, débouler (fam.)

dévaliser V. TR. **1. cambrioler**, piller **2. voler**, dépouiller, délester (iron.), soulager (iron.)

dévalorisation N. F. **1. dépréciation**, dévaluation **2. déconsidération**, dénigrement, dépréciation, dévaluation, discrédit

dévaloriser V. TR. **1. dévaluer**, déprécier **2. déconsidérer**, dénigrer, déprécier, dévaluer, discréditer, rabaisser, ravaler, sous-estimer, dépriser (littér.)

dévaluation N. F. dévalorisation, dépréciation

dévaluer V. TR. dévaloriser, déprécier

devancer V. TR. **1. dépasser**, distancer, gagner de vitesse, prendre l'avantage sur, passer devant, semer (fam.) **2. primer sur**, dépasser, l'emporter sur, surpasser **3. aller au-devant de**, anticiper sur, prévenir **4. précéder**, être avant

devant[1]
▸ ADV. **1. en avant**, en face, en vis-à-vis **2. en tête**, au début
▸ PRÉP. **1. à l'égard de**, vis-à-vis de **2. en présence de**, à la vue de, au nez et à la barbe de

devant[2] N. M. partie antérieure, avant, [d'une maison] façade, [d'un bateau] nez, proue

dévastateur, trice ADJ. destructeur, meurtrier, ravageur

dévastation N. F. destruction, dégât, désolation, ravage, ruine, saccage

dévaster V. TR. **1. détruire**, désoler, ravager, ruiner, saccager **2. emporter**, inonder

déveine N. F. malchance, infortune (littér.), guigne (fam.), poisse (fam.)

développé, ée ADJ. **1. ample**, épanoui, fort, grand **2. évolué** **3.** [sens] **aigu**, aiguisé

développement N. M. **I. 1. accroissement**, amplification, augmentation, croissance, épanouissement, essor, extension, progression **2. multiplication**, prolifération **3. propagation**, extension, rayonnement **II. 1. germination**, naissance **2. pousse**, épanouissement **III. enrichissement**, épanouissement, formation **IV. 1. déroulement**, avancement, cours, évolution, progrès **2. évolution**, transformation **3. prolongement**, rebondissement, suite **V. exposé**, détail, [trop long] tirade, longueurs

développer V. TR. **I. 1. accroître**, agrandir, allonger, amplifier, augmenter, élargir, étendre, grossir **2. aiguiser**, cultiver, éduquer, enrichir, exercer, former **II. 1. exposer**, détailler, éclaircir, expliquer, traiter, [trop longuement] délayer, broder sur **2. élaborer**, mettre au point **III. déplier**, déployer, dérouler, étaler, étendre

♦ **se développer** V. PRON. **1. s'accroître**, augmenter, grandir, se multiplier, progresser, prospérer, fleurir (littér.) **2. se former**, germer, naître **3. pousser**, s'épanouir, fleurir, fructifier **4. se propager**, s'amplifier, grossir, prendre de l'ampleur, rayonner, se répandre

devenir[1] V. INTR. **1. se transformer en**, se métamorphoser en **2. changer**, évoluer

devenir[2] N. M. **1. avenir**, futur **2. évolution**, changement, mouvement, mutation, transformation

dévergondé, ée ADJ. débauché, dépravé, libertin, licencieux

déverser V. TR. **1. répandre**, verser, épancher (littér.) **2. décharger**, débarquer, vomir (péj.)

♦ **se déverser** V. PRON. **1. s'écouler**, s'évacuer, se répandre, se vider **2. affluer**, déferler

dévêtir V. TR. **déshabiller**, dénuder, désaper (fam.), mettre à poil (très fam.)

♦ **se dévêtir** V. PRON. **se déshabiller**, se dénuder, se mettre nu, se désaper (fam.), se mettre à poil (très fam.)

dévêtu, ue ADJ. nu, déshabillé, dénudé, à poil (très fam.), en tenue d'Adam/d'Ève (fam.)

déviation N. F. **I. 1. dérivation**, délestage, détour **2. dérive** **3.** [d'un rayon] **diffraction**, déflexion, réfraction **4.** [de la colonne] **déformation**, cyphose, lordose, scoliose **II. 1. écart**, aberration, variation **2. déviationnisme**, dissidence, hétérodoxie

dévier

▸ V. TR. **1. détourner**, déporter, dérouter **2. déformer**, déjeter, infléchir

▸ V. INTR. **s'infléchir**, dériver

devin, devineresse

▸ N. **voyant**, astrologue, sorcier, visionnaire, vaticinateur (littér.), [surtout Antiquité] aruspice, augure, auspice, oracle, prophète

▸ N. F. **diseuse de bonne aventure**, Cassandre (Antiquité ou littér.), prophétesse, pythie (Antiquité ou littér.), pythonisse (Bible ou plaisant), sibylle (Antiquité ou littér.)

deviner V. TR. **1. découvrir**, déceler, discerner, entrevoir, pénétrer, trouver **2. démasquer**, pénétrer, reconnaître **3. se douter de**, flairer, pressentir, sentir, soupçonner, subodorer **4. comprendre**, interpréter, lire entre les lignes **5. prédire**, prophétiser

devinette N. F. charade, énigme, logogriphe, question à cent francs, rébus

devis N. M. estimation, évaluation

dévisager V. TR. examiner, détailler, fixer, observer, scruter

devise[1] N. F. 1. **slogan**, mot d'ordre, maxime, cri de ralliement 2. **légende**

devise[2] N. F. monnaie, eurodevise, xénodevise

deviser V. INTR. bavarder, causer, converser, dialoguer, discuter, s'entretenir, parler, palabrer (souvent péj.)

dévoiler V. TR. 1. **découvrir**, laisser voir 2. **déclarer**, divulguer, expliquer, livrer, révéler 3. **démasquer**, lever le masque de, mettre à nu

♦ **se dévoiler** V. PRON. **apparaître**, éclater, s'étaler, paraître, percer, poindre

devoir[1] V. TR. 1. [qqch. à qqn] **être redevable à**, être en reste avec, être le débiteur de, être l'obligé de 2. [+ infinitif] **être dans l'obligation de**, avoir à, être tenu de, être obligé de

devoir[2] N. M. 1. **loi morale** 2. **obligation**, impératif, nécessité 3. **charge**, fonction, obligation, office, responsabilité, rôle, service, tâche, travail 4. **composition**, contrôle, épreuve, interrogation (écrite), copie

♦ **devoirs** PLUR. **hommages**, respects, civilités

dévorant, ante ADJ. 1. **ardent**, avide, débordant, démesuré, insatiable, inextinguible (littér.) 2. **destructeur**, dévastateur, ravageur

dévorer V. TR. 1. **manger**, absorber, avaler, engloutir, engouffrer, se repaître de, bouffer (fam.), bâfrer (fam.), se bourrer de (fam.), s'empiffrer de (fam.), se gaver de (fam.), se goinfrer de (fam.) 2. **dépenser**, dilapider, dissiper, engloutir, flamber, gaspiller, claquer (fam.), croquer (fam.) 3. **anéantir**, brûler, consumer, détruire, ravager 4. **tourmenter**, consumer, hanter, miner, obséder, poursuivre, ronger 5. **accaparer**, absorber, bouffer (fam.)

dévot, ote ADJ. et N. 1. **fervent**, pieux, religieux 2. [péj.] **bigot**, bondieusard (fam.), calotin (fam.), cul-bénit (fam.), grenouille de bénitier (fam.), punaise de sacristie (fam.), rat d'église (fam.)

dévotement ADV. pieusement, religieusement

dévotion N. F. 1. **piété**, ferveur, religion 2. **adoration**, culte, passion, vénération

dévoué, ée ADJ. 1. **fidèle**, loyal, serviable, sûr 2. **empressé**, assidu, zélé

dévouement N. M. 1. **abnégation**, don de soi, sacrifice 2. **loyalisme**, attachement, fidélité

dévouer V. TR. **consacrer**, dédier, donner, livrer, offrir, sacrifier, vouer

♦ **se dévouer** V. PRON. **se sacrifier**, payer de sa personne

dévoyé, ée N. M., F. dépravé, débauché, délinquant

dextérité N. F. adresse, agilité, art, astuce, doigté, habileté, savoir-faire

diabolique ADJ. démoniaque, infernal, machiavélique, maléfique, satanique, méphistophélique (littér.)

diagnostic N. M. évaluation, expertise

diagnostiquer V. TR. discerner, déceler

diagramme N. M. 1. **croquis**, plan, schéma 2. **courbe**, graphique, [circulaire] camembert, [rond] patate (fam.)

dialecte N. M. parler, idiome, patois

dialectique N. F. 1. **argumentation**, logique, raisonnement 2. [Philo.] **dialogue**, maïeutique

dialogue N. M. 1. **conversation**, discussion, échange, entretien, face-à-face, tête-à-tête 2. **concertation**, négociation

dialoguer V. INTR. 1. **converser**, conférer, s'entretenir, échanger (des propos), parler 2. **se concerter**, négocier

diaphane ADJ. translucide, pâle, transparent

diarrhée N. F. colique, lientérie, chiasse (fam.), courante (fam.)

diatribe N. F. attaque, factum, libelle, pamphlet, satire, philippique (littér.)

dictateur, trice N. autocrate, césar, despote, potentat, tyran

dictatorial, ale, aux ADJ. **1. absolu**, autocratique, autoritaire, despotique, totalitaire, tyrannique **2. impérieux**, tranchant

dictature N. F. **1. autocratie**, absolutisme, autoritarisme, caporalisme, césarisme, fascisme, nazisme, totalitarisme **2. diktats**, tyrannie

dicter V. TR. **1. ordonner**, commander, prescrire, stipuler **2. conditionner**, décider de, régler **3. suggérer**, inspirer, souffler

diction N. F. élocution, articulation, débit, énonciation, prononciation

dictionnaire N. M. **1. lexique**, encyclopédie, glossaire, thésaurus, vocabulaire, dico (fam.) **2. index**, concordance

dicton N. M. adage, maxime, proverbe

didactique

▸ ADJ. **1. pédagogique** **2. savant**, scientifique, technique

▸ N. F. **pédagogie**

diète N. F. régime, [complète] jeûne, abstinence

diététique ADJ. équilibré, allégé, hypocalorique, sain

dieu N. M. **1. déité**, divinité, esprit **2.** [au plur., esprits domestiques] **lares**, mânes, pénates **3. idole** **4.** [avec une majuscule] **le Créateur**, l'Éternel, l'Être Suprême, le Tout-Puissant, le Très-Haut

diffamant, ante ADJ. calomnieux, diffamatoire, infamant, mensonger

diffamation N. F. accusation, calomnie, médisance

diffamatoire ADJ. calomnieux, mensonger

diffamer V. TR. attaquer, calomnier, couvrir de boue, discréditer, ternir la réputation/l'honneur de, traîner dans la boue

différence N. F. **I. 1. disparité**, contraste, dissimilitude, dissemblance, distinction, [petite] nuance, [grande] abîme, fossé **2. particularité**, spécificité, altérité **3. distinction**, départ, partage **II. 1. écart**, différentiel, distance, intervalle **2. complément**, appoint, reste, solde, supplément **3. inégalité**, disproportion **III. contradiction**, désaccord, discordance, divergence, incohérence, incompatibilité, opposition **IV. diversité**, hétérogénéité, mélange, variété **V. changement**, modification, variation

différenciation N. F. distinction, démarcation, discrimination, distinguo, séparation

différencier V. TR. **distinguer**, séparer, discriminer (littér.)

♦ **se différencier** V. PRON. **se distinguer**, différer, se particulariser, se singulariser, se détacher du lot

différend N. M. conflit, contestation, contentieux, démêlé, désaccord, discussion, dispute, litige, querelle

différent, ente ADJ. **1. autre**, dissemblable, distinct **2. contraire**, contradictoire, divergent, éloigné, opposé **3. changé**, méconnaissable, modifié, transformé **4. singulier**, à part, exceptionnel, nouveau

différer

▸ V. TR. **remettre**, ajourner, reculer, renvoyer, reporter, repousser, retarder, surseoir à

▸ V. INTR. **1. tarder**, atermoyer, attendre, temporiser **2. se différencier**, se distinguer, s'éloigner, s'écarter **3. s'opposer**, diverger

difficile ADJ. **I. 1. ardu**, dur, laborieux, malaisé, pénible, calé (fam.), chiadé (fam.), coton (fam.), trapu (fam.), musclé (argot scol.) **2. délicat**, complexe, embarrassant, épineux, scabreux, sensible **3. obscur**, abscons, compliqué, confus, énigmatique, ésotérique, impénétrable, mystérieux **4. escarpé**, périlleux, raide **II. douloureux**, pénible, triste **III. 1. acariâtre**, contrariant, coriace, intraitable, irascible, ombrageux, querelleur **2. désobéissant**, capricieux, indiscipliné, indocile **IV. 1. délicat**, exigeant, raffiné **2. chicaneur**, exigeant, maniaque, pointilleux, tatillon

difficilement ADV. **1. laborieusement**, à grand-peine, à l'arraché, malaisément, péniblement, tant bien que mal **2. à peine**, tout juste

difficulté N. F. **1. complexité**, complication, confusion, obscurité **2. embarras**, gêne, mal, peine **3. problème**, contrariété, empêchement, ennui, résistance, tracas, cheveu (fam.), épine (fam.), hic (fam.), os (fam.), pépin (fam.) **4. obstacle**, accroc, barrière, écueil **5. objection**, chicane, contestation, opposition, résistance

difforme ADJ. déformé, contrefait, déjeté, monstrueux, mal fait, mal bâti, tordu, tors (littér.)

difformité N. F. déformation, dystrophie, malformation, monstruosité

diffus, use ADJ. **1. tamisé**, voilé **2. abondant**, prolixe, verbeux

diffuser V. TR. **1.** [Radio, TV] **émettre**, mettre sur les ondes, programmer, retransmettre, transmettre **2. disperser**, émettre, propager, répandre **3. distribuer 4. populariser**, vulgariser

diffusion N. F. **1.** [Radio, TV] **émission**, programmation, transmission, retransmission **2. distribution 3. propagation**, dissémination, vulgarisation

digérer V. TR. **1. assimiler 2. intégrer**, assimiler, absorber **3.** [fam.] **accepter**, endurer, supporter, tolérer, avaler (fam.), encaisser (fam.)

digne ADJ. **1. estimable**, convenable, honnête, méritant, respectable **2. louable**, méritoire, noble **3. grave**, sobre, solennel

dignement ADV. **1. convenablement**, honnêtement, honorablement **2. fièrement**, noblement

dignitaire N. M. autorité, hiérarque, personnalité, (grand) ponte (fam.), (grosse) huile (fam.), grosse légume (fam.), gros bonnet (fam.)

dignité N. F. **1. amour-propre**, fierté, orgueil **2. grandeur**, noblesse, respectabilité **3. noblesse**, gravité, réserve, retenue, solennité

digression N. F. parenthèse, incise

digue N. F. **1. jetée**, barrage, brise-lames, levée, môle **2. obstacle**, barrière, frein, rempart

dilapidateur, trice ADJ. et N. dépensier, dissipateur, gaspilleur, prodigue

dilapidation N. F. **1. dissipation 2. gaspillage**

dilapider V. TR. dissiper, engloutir, flamber, gaspiller, prodiguer, jeter par les fenêtres, claquer (fam.), craquer (fam.), croquer (fam.)

dilatation N. F. **1. élargissement**, extension, distension, gonflement, grossissement **2.** [du gaz] **expansion**

dilater V. TR. **élargir**, agrandir, distendre, gonfler

♦ **se dilater** V. PRON. **enfler**, se distendre, s'élargir, gonfler, grossir, s'ouvrir

dilettante N. amateur, fumiste (péj.), touche-à-tout (péj.)

diligence N. F. **1. empressement**, hâte, promptitude, rapidité, vitesse, célérité (littér.) **2. application**, attention, soin, zèle

diligent, ente ADJ. **1. actif**, empressé, expéditif, prompt, rapide **2. appliqué**, assidu, attentif, soigneux, zélé

diluer V. TR. **1. délayer**, allonger, étendre, mouiller, noyer **2. affaiblir**, diminuer

dimension N. F. **1. étendue**, calibre, format, gabarit, mesure, surface, taille, épaisseur, grandeur, grosseur, hauteur, largeur, longueur, mensuration, pointure, profondeur **2. importance**, envergure, portée, valeur

diminuer

▸ V. INTR. **1. baisser**, s'affaisser, s'amenuiser, se calmer, décroître, décliner, descendre, faiblir, mollir, tomber **2. rétrécir**, raccourcir, rapetisser, [jour] décroître **3. dégonfler**, désenfler, rapetisser

▸ V. TR. **1. amoindrir**, abaisser, ramener (à), réduire, resserrer, restreindre **2. rétrécir**, raccourcir **3. abréger**, comprimer, condenser, contracter, écourter, résumer, tronquer **4. modérer**, attiédir, calmer, émousser, freiner, rabattre, ralentir, refroidir, relâcher **5. atténuer**, adoucir, alléger, amortir, apaiser, calmer, estomper, mitiger, modérer, tempérer **6. assourdir**, baisser, descendre **7. dévaloriser**, abaisser, avilir, dégrader, dénigrer, déprécier, discréditer, rabaisser, ravaler

diminution N. F. **I. 1. amoindrissement**, abaissement, affaissement, amenuisement, baisse, décroissance, décroissement, déperdition, réduction **2. rétrécissement**, raccourcissement **3. abrègement**, compression, concentration, contraction **4. dégonflement**, réduction **5. allégement**, soulagement **6. modération**, ralentissement **II. 1. dépréciation**, dévalorisation, dévaluation, moins-value **2. rabais**, réduction, remise **3. abattement**, décharge, dégrèvement, exemption, exonération, réduction

diplomate

▸ ADJ. **habile**, adroit, fin, politique, rusé, subtil

▸ N. **ambassadeur**, attaché, consul, légat, nonce, émissaire, envoyé

diplomatie N. F. adresse, doigté, finesse, habileté, savoir-faire, tact

diplomatique ADJ. adroit, habile, fin

diplôme N. M. **1. parchemin** (plaisant), peau d'âne (plaisant) **2. certificat**, brevet, titre **3. récompense**, médaille, prix

dire V. TR. **I. 1. articuler**, formuler, émettre, énoncer, lancer, proférer, prononcer, balancer (péj.), débiter (péj.), déblatérer (péj.), lâcher (fam.), sortir (fam.) **2. exprimer**, annoncer, communiquer **3. raconter**, conter, narrer **4. préciser**, indiquer, fixer **5. affirmer**, assurer, certifier, prétendre **6. répondre**, répliquer, rétorquer, objecter **II. 1. dévoiler**, divulguer, ébruiter, répandre, révéler **2. confier**, avouer **III. ordonner**, commander, enjoindre, sommer, stipuler **IV. manifester**, dénoter, exprimer, marquer, montrer, signifier, trahir

♦ **se dire** V. PRON. **se prétendre**, s'autoproclamer

direct, ecte ADJ. **1. droit**, rectiligne **2. franc**, carré, droit, net et précis, sans détour **3. immédiat** **4. sans arrêt**, non-stop, rapide, sans escale

directement ADV. **1. tout droit** **2. immédiatement** **3. complètement**, diamétralement, exactement, totalement **4. franchement**, carrément, nettement, ouvertement, sans détour, sans ambages, sans tourner autour du pot (fam.), tout de go (fam.), bille en tête (fam.)

directeur, trice N. **1. dirigeant**, administrateur, gérant, manager, patron, président, boss (fam.) **2. supérieur**, chef, boss (fam.)

directif, ive ADJ. **1. autoritaire**, autocratique **2. directionnel**

direction N. F. **I. organisation**, administration, commandement, conduite, gestion, pilotage **II. 1. responsables**, dirigeants, présidence **2. service**, département, section **III. 1. axe**, azimut, ligne, sens **2. chemin**, orientation, voie **3. allure**, tour, tournure

directive N. F. instruction, commandement, consigne, injonction, ordre, recommandation, stipulation

dires N. M. PL. affirmations, déclaration, paroles, propos, témoignage

dirigeant, ante N. administrateur, chef, directeur, gérant, patron, président, responsable, boss (fam.)

diriger V. TR. **1. gouverner**, administrer, commander, encadrer, gérer, organiser, piloter, présider à, régir, être aux commandes de, être aux manettes de, être à la tête de, tenir la barre/le gouvernail de, avoir la haute main sur, tenir les rênes de **2. ordonner**, régler, régenter **3. inspirer**, guider, entraîner, mener, pousser **4. manœuvrer**, conduire, guider, piloter **5. braquer**, orienter, pointer
♦ **se diriger (vers)** V. PRON. **1. s'acheminer (vers)**, aller vers, s'avancer vers, gagner, marcher vers, mettre le cap sur, prendre le chemin de, se rendre à, se tourner vers, se mettre en mouvement vers, [foule] confluer vers **2. voguer vers**, cingler vers, faire route/voile vers, mettre le cap sur **3. s'orienter**, se repérer

discernement N. M. **1. jugement**, bon sens, circonspection, perspicacité, jugeote (fam.) **2. discrimination**, distinction, identification

discerner V. TR. **1. voir**, distinguer, entrevoir, percevoir **2. entendre**, percevoir **3. sentir**, ressentir **4. différencier**, démêler, distinguer, discriminer, identifier, reconnaître **5. deviner**, déceler, percevoir, saisir, sentir

disciple N. **1. élève 2. adepte**, apôtre, fidèle, partisan, prosélyte, tenant

discipline N. F. **1. loi**, règlement, règle(s) de conduite **2. obéissance**, docilité, soumission **3. matière**, art, domaine, science, sujet

discipliné, ée ADJ. obéissant, docile, soumis

discipliner V. TR. **1. assujettir**, soumettre **2. éduquer**, élever, former, dresser (péj.) **3. maîtriser**, dompter

discontinu, ue ADJ. **1. alternatif**, intermittent, irrégulier, momentané, sporadique, temporaire **2. coupé**, divisé, interrompu **3. dénombrable**, discret

discordance N. F. **1. dissonance**, inharmonie (littér.), cacophonie (péj.) **2. divergence**, décalage, désaccord, différence, disparité, écart, incompatibilité, incohérence

discordant, ante ADJ. **1. dissonant**, faux, inharmonique **2. criard 3. divergent**, contraire, incompatible, opposé

discorde N. F. désaccord, dissension, mésentente, querelle

discothèque N. F. boîte de nuit, boîte (fam.), disco (fam.)

discount N. M. rabais, déduction, remise, ristourne

discourir V. INTR. disserter, palabrer, pérorer, baratiner (fam.), laïusser (fam.), tenir le crachoir (fam.)

discours N. M. **1. allocution**, adresse, conférence, déclaration, proclamation, speech (fam.) **2. exposé**, laïus (fam.), speech (fam.), topo (fam.) **3. exhortation**, harangue **4. traité**, exposé **5.** [religieux, moral] **sermon**, homélie, instruction, morale, oraison, prêche, prédication, prône, prêchi-prêcha (fam., péj.) **6.** [en faveur de qqn] **apologie**, compliment, éloge, louange, panégyrique, plaidoyer **7.** [contre qqn] **réquisitoire**, charge, réprimande, catilinaire (littér.), philippique (littér.)

discourtois, oise ADJ. impoli, désobligeant, grossier, irrespectueux, irrévérencieux, rustre, incivil (littér.)

discrédit N. M. défaveur, déconsidération (littér.)

discréditer V. TR. déconsidérer, décrier, dénigrer, déprécier, disqualifier, nuire à, brûler (fam.), couler (fam.), griller (fam.)

discret[1], ète ADJ. **1. réservé**, secret, pudique, silencieux **2. furtif**, rapide **3. retiré**, isolé, à l'abri des regards, secret, tranquille **4. modeste**, effacé, réservé, retenu **5. sobre**, simple **6. léger**, modéré, ténu, voilé

discret[2], ète ADJ. **1. discontinu 2. digital**, numérique

discrètement ADV. **1. en catimini**, à pas de loup, sur la pointe des pieds, en douce (fam.) **2. à la dérobée**, furtivement, [filer] à l'anglaise **3. sobrement**, sans ostentation, sans tambour ni trompette

discrétion N. F. **1. réserve**, délicatesse, retenue, tact **2. simplicité**, sobriété

discrimination N. F. ségrégation, apartheid, racisme, sexisme

discriminer V. TR. distinguer, différencier, séparer, faire le départ entre (littér.)

disculper V. TR. **1. innocenter**, blanchir, laver (de tout soupçon), mettre hors de cause **2. excuser**, justifier

discussion N. F. **1. conversation**, débat, délibération, échange (de vues), [sur des détails] argutie, ergotage **2. examen 3. controverse**, polémique **4. dispute**, altercation, contestation, différend, empoignade, explication, querelle, prise de bec (fam.)

discutable ADJ. attaquable, contestable, critiquable, douteux, sujet à caution

discuté, ée ADJ. controversé, contesté, critiqué

discuter

▸ V. INTR. **1. bavarder**, causer, conférer, converser, tenir conseil, colloquer (plaisant), discutailler (fam., péj.) **2. polémiquer**, épiloguer, ergoter, palabrer, parlementer, chercher la petite bête (fam.) **3. se chicaner** (fam.), se disputer, se quereller

▸ V. TR. **1. débattre de**, agiter, argumenter sur **2. contester**, critiquer, mettre en question, mettre en cause **3. négocier**, marchander

disert, erte ADJ. bavard, à la parole facile, causant, éloquent, loquace, prolixe

disgrâce N. F. défaveur, discrédit

disgracieux, euse ADJ. **1. laid**, ingrat **2. discourtois**, déplaisant, désagréable, revêche

disjoindre V. TR. **1. désassembler**, désunir, détacher, diviser, scinder, séparer **2. fendiller**, fendre, fissurer, lézarder **3. déboîter**, démonter, disloquer **4. isoler**, déconnecter, décorréler, distinguer, séparer

disjoint, ointe ADJ. différent, déconnecté, décorrélé, dissocié, distinct, séparé

dislocation N. F. **1. déboîtement**, désarticulation, entorse, foulure, luxation **2. démantèlement**, démembrement, désagrégation, dissolution

disloquer V. TR. **1. déboîter**, démettre, démancher, désarticuler, luxer, démantibuler (fam.) **2. démanteler**, démembrer, désunir, dissoudre, diviser, disperser **3. détraquer** (fam.), fausser **4. briser**, casser, démolir

disparaître V. INTR. **I. 1. se cacher**, se dissimuler, se voiler, [soleil] se coucher **2. s'effacer**, se dissiper, s'enlever, s'estomper, s'évanouir, s'en aller en fumée, passer **3. s'en aller**, s'éclipser, s'évanouir, s'évaporer **4. fuir**, se défiler, s'enfuir, filer, se retirer, décamper (fam.) **5. s'égarer**, s'envoler, se volatiliser **II. 1. mourir**, décéder, s'éteindre, quitter cette terre **2.** [navire] **couler**, périr, se perdre, sombrer

disparate ADJ. composite, bigarré, divers, hétéroclite, hétérogène, mélangé, panaché, discordant (péj.)

disparité N. F. diversité, contraste, différence, dissemblance, hétérogénéité, discordance (péj.), dissonance (péj.)

disparition N. F. **1. absence 2. dissipation**, dissolution, éclipse, effacement, évanouissement **3. décès**, mort **4. suppression**, extinction, fin, mort, perte

disparu, ue N. défunt, mort

dispatcher V. TR. répartir, distribuer, envoyer

dispendieux, ieuse ADJ. coûteux, cher, onéreux, ruineux, chérot (fam.)

dispense N. F. **1. autorisation**, dérogation, exemption, permission **2. exonération**, franchise

dispenser V. TR. **I. 1. accorder**, donner, distribuer, répandre, départir (littér.) **2. partager**, répartir **II.** [qqn de] **1. exempter**, décharger, délivrer, exonérer, dégager, libérer, soustraire, tenir quitte **2. épargner**, faire grâce

disperser V. TR. **1. éparpiller**, disséminer, dissiper, parsemer, répandre, semer **2. dissiper 3. diviser**, fragmenter, morceler, séparer **4. émietter**, éparpiller **5. chasser**, débander, mettre en fuite

♦ **se disperser** V. PRON. **1. partir**, s'égailler, s'éparpiller, essaimer **2. s'enfuir**, se débander, fuir **3. diffuser**, irradier, rayonner **4. se déconcentrer**, s'éparpiller

dispersion N. F. **1. éparpillement**, dissémination **2. dissipation 3. division**, fragmentation, morcellement, séparation **4. débandade**, déroute, mise en fuite **5. diaspora**, éparpillement

disponibilité N. F. **1. loisir**, temps libre **2. vacance**

♦ **disponibilités** PLUR. **trésorerie**, fonds de roulement, espèces, réserve

disponible ADJ. **1. inoccupé**, libre, vacant **2. accessible**, abordable

dispos, ose ADJ. agile, alerte, allègre, en forme, gaillard, ingambe

disposé, ée à ADJ. prêt à, enclin à, partant pour (fam.)

disposer V. TR. **1. agencer**, arranger, combiner, composer, configurer, construire, établir, installer, monter, ordonner, orienter, placer, ranger, [table] dresser **2.** [loi, contrat] **dicter**, décréter, prescrire, régler

♦ **se disposer à** V. PRON. **se préparer à**, s'apprêter à, être sur le point de

dispositif N. M. **1. machine**, mécanisme, système **2. méthode**, dispositions, mesures, organisation, plan (d'action), procédé

disposition N. F. **I. 1. agencement**, arrangement, assemblage, combinaison, composition, construction, distribution, ordonnance, organisation, orientation, placement, rangement, répartition **2. place**, orientation, position, situation **3. structure**, configuration, ordre **II. humeur**, état d'esprit, composition **III. prescription**, règle

♦ **dispositions** PLUR. **1. mesures**, plan d'action, résolutions **2. précautions** **3. intentions**, sentiments **4. aptitudes**, don, facilités, facultés, goût, inclination, qualités

disproportion N. F. déséquilibre, différence, disparité, inégalité

disproportionné, ée ADJ. **1. inégal**, déséquilibré **2. démesuré**, exagéré, excessif, surdimensionné

dispute N. F. **1. querelle**, altercation, chicane, conflit, démêlé, différend, discorde, discussion, escarmouche, explication, friction, heurt, accrochage (fam.), bisbille (fam.), bouffage de nez (fam.), chamaillerie (fam.), crêpage de chignon (fam.), engueulade (fam.), prise de bec (fam.), [entre villages, partis] querelle/rivalité de clocher, [entre époux] scène (de ménage) **2. brouille**, fâcherie, rupture

disputer V. TR. **1.** [Sport] **jouer**, participer à **2.** [fam.] **réprimander**, gourmander, gronder, sermonner, admonester (littér.), morigéner (littér.), tancer (littér.), attraper (fam.), crier après (fam.), enguirlander (fam.), engueuler (comme du poisson pourri) (très fam.), incendier (fam.), passer un savon à (fam.), remettre à sa place (fam.), remonter les bretelles à (fam.), secouer les puces à (fam.), sonner les cloches à (fam.), taper sur les doigts à (fam.), tirer les oreilles à (fam.)

♦ **se disputer** V. PRON. **se quereller**, avoir des mots, se chamailler, avoir maille à partir, se bagarrer (fam.), se bouffer le nez (fam.), se chicaner (fam.), se chipoter (fam.), s'engueuler (fam.), se crêper le chignon (fam.)

disqualifier V. TR. **1. éliminer**, exclure, scratcher **2. discréditer**, déconsidérer, déshonorer

disque N. M. **1. cercle**, galet, halo, rond **2. album**, microsillon, vinyle, noir (fam.)

disséminer V. TR. **1. disperser**, éparpiller, répandre, semer **2. diffuser**, propager, répandre

dissension N. F. désaccord, déchirement, discorde, dissentiment, divorce, guerre, mésentente, opposition, querelle, mésintelligence (littér.)

disséquer V. TR. **1. dépecer** **2. analyser**, décortiquer, désosser, passer au crible, éplucher (fam.)

dissertation N. F. composition, essai, étude, mémoire, traité

disserter V. INTR. discourir, causer, parler, palabrer (péj.), pérorer (péj.), pontifier (péj.)

dissidence N. F. division, rébellion, révolte, schisme, scission, sécession, séparation

dissident, ente ADJ. et N. rebelle, hérétique, hétérodoxe, non-conformiste, opposé, révolté, séparatiste

dissimulateur, trice N. fourbe, cachottier, hypocrite, sournois

dissimulation N. F. **1. duplicité**, fausseté, fourberie, hypocrisie, sournoiserie **2. cachotterie** **3. déguisement**, camouflage

dissimulé, ée ADJ. cachottier, double, faux, hypocrite, sournois

dissimuler V. TR. **1. cacher**, escamoter, celer (littér.) **2. masquer**, dérober/soustraire aux regards, occulter, voiler, offusquer (littér.) **3. camoufler**, atténuer **4. garder secret**, taire

♦ **se dissimuler** V. PRON. **se cacher**, disparaître, s'éclipser, se faire tout petit (fam.), rentrer sous terre (fam.)

dissipation N. F. **1. disparition**, dispersion, éparpillement **2. dépense**, dilapidation, gaspillage **3. distraction** **4. indiscipline**, turbulence

dissipé, ée ADJ. **1. turbulent**, désobéissant, indiscipliné, indocile (littér.) **2. débauché**, dévergondé, dissolu

dissiper V. TR. **1. chasser**, faire disparaître, disperser, éliminer, éparpiller, supprimer **2. écarter**, ôter de la tête **3. dépenser**, dévorer, dilapider, engloutir, gaspiller, jeter par les fenêtres, manger, claquer (fam.) **4. distraire**, déconcentrer

♦ **se dissiper** V. PRON. **1. disparaître**, se disperser, s'évaporer, se volatiliser **2. s'apaiser**, s'atténuer, se calmer

dissociation N. F. **1. distinction**, dédoublement, différenciation, disjonction, séparation **2. désintégration**, séparation

dissocier V. TR. **1. distinguer**, déconnecter, décorréler, départager, différencier, disjoindre, isoler, séparer **2. désunir**, désagréger, désintégrer, séparer

dissolu,ue ADJ. débauché, agité, corrompu, dépravé, déréglé, léger, libertin, relâché

dissolution N. F. **1. décomposition**, désagrégation, désintégration **2. annulation**, cessation, rupture **3. anéantissement**, disparition, écroulement, ruine

dissonance N. F. **1. cacophonie**, discordance, rupture de ton **2. désaccord**, contradiction, divergence, opposition, inharmonie (littér.)

dissonant, ante ADJ. **1. cacophonique**, discordant, faux **2. divergent**, discordant

dissoudre V. TR. **1. faire fondre**, diluer **2. annuler**, mettre fin à, rompre

♦ **se dissoudre** V. PRON. **fondre**

dissuader V. TR. détourner, déconseiller à, décourager, faire renoncer

dissymétrie N. F. asymétrie, déséquilibre, irrégularité

dissymétrique ADJ. asymétrique, déséquilibré, irrégulier, biscornu (péj.)

distance N. F. **1. écart**, écartement, éloignement, espace, espacement, étendue, intervalle **2. chemin**, course, parcours, trajet **3. différence**, abîme, écart, monde **4. recul**

distancer V. TR. **1. dépasser**, devancer, décoller de (fam.), décrocher (fam.), gratter (fam.), lâcher (fam.), semer (fam.) **2. surpasser**, dominer (de la tête et des épaules), laisser loin derrière, surclasser, enfoncer (fam.) **3. disqualifier**

distant, ante ADJ. **1. éloigné**, loin **2. froid**, altier, hautain, inaccessible, réservé, sur la réserve

distendre V. TR. **1. étirer**, allonger, tendre, tirer **2. gonfler**, ballonner

♦ **se distendre** V. PRON. **se détendre**, se relâcher, s'avachir (péj.)

distiller V. TR. **1. sécréter**, épancher, exsuder, répandre **2. rectifier**, cohober, réduire, sublimer **3. raffiner**

distinct, incte ADJ. **1. visible**, perceptible **2. clair**, net, tranché **3. différent**, autre, contrasté, dissemblable, indépendant, séparé

distinctif, ive ADJ. caractéristique, particulier, propre, singulier, spécifique, typique

distinction N. F. **1. différenciation**, démarcation, départ, discrimination, distinguo, séparation **2. décoration**, dignité, récompense **3. classe**, élégance, finesse, raffinement, tenue

distingué, ée ADJ. **1. élégant**, chic, raffiné, bcbg (fam.), chicos (fam.), classe (fam.), classieux (fam.), smart (fam.) **2. choisi**, d'élite, sélect (fam.) **3. brillant**, célèbre, éminent, insigne, supérieur

distinguer V. TR. **1. discriminer**, différencier, discerner, dissocier, isoler, mettre à part, séparer, [sans complément] ne pas faire d'amalgame, ne pas tout mélanger, ne pas mélanger les torchons et les serviettes (fam.) **2. caracté-**

riser, différencier, spécifier **3. apercevoir**, discerner, percevoir, reconnaître, repérer, voir **4. choisir**, préférer, remarquer
♦ **se distinguer** V. PRON. **1. différer**, se détacher, se différencier, s'opposer, se particulariser, se singulariser **2. s'illustrer**, briller, percer, se détacher du lot, se faire remarquer, se signaler, triompher

distorsion N. F. **1. altération**, déformation, transformation, travestissement (péj.) **2. décalage**, déséquilibre, disparité, écart

distraction N. F. **I. 1. inattention**, étourderie, inadvertance, inapplication **2. bévue**, erreur, étourderie, oubli, gaffe (fam.) **II. 1. loisir**, détente **2. amusement**, divertissement, passe-temps, récréation, hobby (anglic.) **3. dérivatif**, diversion

distraire V. TR. **1. divertir**, amuser, changer les idées de, désennuyer, égayer, récréer (littér.) **2. dissiper**, déranger
♦ **se distraire** V. PRON. **se divertir**, s'amuser, se délasser, se détendre, se changer les idées, se récréer (littér.)

distrait, aite ADJ. **1. inattentif**, absent, absorbé, rêveur **2. étourdi**, écervelé, évaporé, tête en l'air

distraitement ADV. **1. rêveusement**, [écouter] d'une oreille **2. étourdiment**

distrayant, ante ADJ. divertissant, amusant, délassant, distractif, récréatif

distribuer V. TR. **I. 1. donner**, dispenser, octroyer, prodiguer **2. répartir**, partager **3. allouer**, assigner, attribuer **II. amener**, conduire, répandre **III. 1. catégoriser**, classer, classifier **2. arranger**, agencer, aménager, ordonner, organiser, ranger

distributeur, trice N. vendeur, concessionnaire, débitant, détaillant, diffuseur, grossiste, revendeur

distribution N. F. **1. diffusion 2. attribution**, partage, répartition, [Cartes] donne **3. don**, dispensation **4. arrangement**, agencement, aménagement, disposition **5. affiche**, casting (anglic.)

dithyrambique ADJ. élogieux, laudatif, louangeur

divagation N. F. **1. délire**, folie **2. digression**, élucubration, rêverie

divaguer V. INTR. **1. délirer**, déraisonner, perdre l'esprit/la raison/le bon sens, avoir des papillons dans le compteur (fam.), avoir une araignée dans le/au plafond (fam.), débloquer (fam.), déconner (fam.), déjanter (fam.), déménager (fam.), dérailler (fam.), yoyotter de la touffe (fam.) **2. errer**, s'égarer, vagabonder, vaguer (littér.)

divergence N. F. **1. désaccord**, contradiction, différence, écart, opposition **2. dispersion**, écartement

divergent, ente ADJ. différent, discordant, éloigné, opposé

diverger V. INTR. **1. différer**, se différencier, se distinguer **2. se contredire**, s'opposer **3. s'écarter**, s'éloigner

divers, erse ADJ. **1. composite**, bariolé, changeant, disparate, diversiforme, hétérogène, mélangé, varié **2. diversifié**, différent, éclectique

diversifier V. TR. changer, élargir, varier

diversion N. F. dérivatif, antidote, distraction, divertissement

diversité N. F. **1. variété**, éclectisme, hétérogénéité **2. multiplicité**, pluralité

divertir V. TR. **1. amuser**, changer les idées de, distraire, égayer, récréer (littér.) **2. faire rire**, réjouir

♦ **se divertir** V. PRON. **s'amuser**, se distraire, se récréer (littér.)

divertissant, ante ADJ. distrayant, amusant, drôle, plaisant, récréatif, réjouissant

divertissement N. M. 1. **amusement**, agrément, délassement, distraction, plaisir, réjouissance, récréation (littér.) 2. **jeu**, passe-temps, distraction, hobby (anglic.), loisir, (partie de) plaisir

divin, ine ADJ. 1. **céleste**, surnaturel 2. **sublime**, délicieux, exquis, merveilleux, parfait, suprême

divination N. F. prédiction, clairvoyance, prémonition, prescience, prophétie, révélation, voyance, vaticination (littér.)

diviniser V. TR. 1. **déifier**, sacraliser, sanctifier 2. **exalter**, glorifier, idéaliser, magnifier

divinité N. F. déité (littér.), déesse, dieu

diviser V. TR. 1. **fractionner**, décomposer, désagréger, dissocier, fragmenter, morceler, parceller, scinder 2. **cloisonner**, compartimenter 3. **distribuer**, répartir, partager 4. [un terrain] **lotir**, démembrer, morceler 5. **brouiller**, déchirer, désunir, opposer, semer la discorde chez

♦ **se diviser** V. PRON. 1. **bifurquer**, se séparer 2. **se ramifier**, se scinder, se segmenter 3. **se disperser**, s'éparpiller

division N. F. I. 1. **fractionnement**, fragmentation, morcellement, scission, sectionnement, segmentation, séparation 2. **partage**, distribution 3. **lotissement**, démembrement, morcellement II. **classement**, classification III. **désaccord**, clivage, dispute, divorce, mésentente, querelle, rupture, scission, schisme, mésintelligence (littér.)

divorce N. M. 1. **désaccord**, clivage, désunion, rupture, séparation 2. **contradiction**, conflit, divergence, opposition

divorcer V. INTR. rompre, se quitter, se séparer

divulguer V. TR. dévoiler, ébruiter, mettre au grand jour, proclamer, propager, publier, répandre, révéler, crier sur (tous) les toits (fam.)

docile ADJ. 1. **discipliné**, obéissant, sage 2. **flexible**, malléable, maniable, pliant, souple, soumis, qui file doux (fam.)

docilité N. F. 1. **obéissance**, sagesse 2. **flexibilité**, malléabilité, soumission

docte ADJ. 1. **érudit**, instruit, savant 2. **doctoral**, doctrinaire, dogmatique, professoral, sentencieux, pédantesque (péj.), pontifiant (péj.)

doctrinaire ADJ. dogmatique, sectaire, systématique

doctrine N. F. 1. **dogme**, doxa, idéologie, opinion, système, théorie, thèse 2. **religion**, croyance 3. **philosophie**

document N. M. 1. **écrit**, formulaire, papier, pièce (justificative), texte 2. **documentaire**

documentation N. F. annales, archives, dossier, matériaux, doc (fam.)

documenter V. TR. 1. **informer**, renseigner 2. **étayer**, appuyer

dodeliner V. INTR. balancer, osciller

dodu, ue ADJ. gras, grassouillet, potelé, rebondi, replet, rondouillard (fam.)

dogmatique ADJ. 1. **doctrinaire**, sectaire, systématique 2. **catégorique**, absolu, affirmatif, tranchant 3. **doctoral**, professoral, sentencieux

dogme N. M. article de foi, croyance, credo, doctrine, doxa, règle

doigté N. M. diplomatie, adresse, entregent, habileté, savoir-faire, tact

doléances N. F. PL. griefs, plaintes, réclamations, récriminations, revendications

domaine N. M. **I. 1. propriété**, bien (foncier), terre **2. fief**, terrain **II. 1. matière**, discipline, spécialité, sujet **2. compétence**, ressort, spécialité, partie (fam.), rayon (fam.) **3. monde**, sphère, univers

domestique[1] ADJ. **1. privé**, familial, intime **2. familier**, de compagnie **3. national**, intérieur

domestique[2] N. **1. employé de maison 2.** [sortes] bonne, bonne d'enfants, cuisinier, femme de chambre/de charge/de journée/de ménage, gouvernante, groom, intendant, jardinier, maître d'hôtel, majordome, nourrice, nurse, servante, serviteur, soubrette, valet (de chambre/de ferme/de pied) **3. esclave**, valet, larbin (péj., fam.), bonniche (péj., fam.)

♦ **domestiques** PLUR. **domesticité**, personnel de maison

domestiquer V. TR. **1. apprivoiser**, dompter, dresser **2. asservir**, assujettir, soumettre

domicile N. M. **1. résidence**, chez-soi, demeure, habitation, logement, maison, home (anglic.) **2. adresse**, siège

dominant, ante ADJ. **1. important**, premier, prépondérant, primordial, principal **2. déterminant**, caractéristique **3. général**, régnant, répandu **4. culminant**, élevé, éminent, haut, supérieur

dominateur, trice

▸ ADJ. **1. despotique**, oppressif, tyrannique **2. autoritaire**, impérieux, volontaire

▸ N. **1. conquérant**, maître, vainqueur **2. despote**, dictateur, oppresseur, tyran

domination N. F. **1. dictature**, joug, oppression, tyrannie **2. autorité**, empire, maîtrise, omnipotence, pouvoir, prépondérance, suprématie **3. emprise**, ascendant, influence **4.** [de soi-même] **maîtrise**, self-control (anglic.)

dominer

▸ V. INTR. **1. prédominer**, avoir le dessus, l'emporter, prévaloir, régner, tenir le haut du pavé, triompher **2.** [vieux] **culminer**

▸ V. TR. **1. diriger**, gouverner, régir, soumettre **2. asservir**, assujettir, enchaîner, mater, subjuguer **3. surpasser**, avoir l'avantage sur, avoir barre sur, damer le pion à, écraser, l'emporter sur, prendre le meilleur sur **4. primer 5. maîtriser**, contenir, contrôler, dompter, surmonter, avoir bien en main **6. surplomber**, couronner, surmonter, se dresser au-dessus de

♦ **se dominer** V. PRON. **se maîtriser**, se contenir, prendre sur soi, se posséder (surtout au négatif)

dommage N. M. **1. dégât**, avarie, dégradation, détérioration, endommagement, perte, ravage **2.** [Assurances] **sinistre 3. atteinte**, préjudice, tort

dommageable ADJ. nuisible, fâcheux, préjudiciable

dompter V. TR. **1. apprivoiser**, domestiquer, dresser **2. asservir**, assujettir, dominer, maîtriser, mater, plier (à son autorité), réduire, soumettre, subjuguer, terrasser, triompher de, vaincre **3. maîtriser**, contrôler, juguler, museler, surmonter

don N. M. **I. 1. donation**, legs **2. cadeau**, gratification, offrande, présent, libéralité (littér.) **3. aumône**, bienfait **4. subside**, subvention **II. 1. aptitude**, art, capacité, facilité, génie, habileté, qualité, talent **2. bienfait**, bénédiction, faveur, grâce

don Juan N. M. séducteur, casanova, lovelace, tombeur (fam.), coureur de jupons (fam., péj.)

donnée N. F. élément, circonstance, condition, facteur, item, renseignement

donner V. TR. **I. 1. offrir**, faire cadeau de, faire présent de, céder, laisser, présenter, remettre, faire l'aumône de (péj.) **2. fournir**, administrer, distribuer, octroyer, procurer, prodiguer, répartir, balancer (fam.), coller (fam.), filer (fam.), fourguer (fam.), refiler (fam.) **3. infliger**, assener, allonger (fam.), ficher (fam.), flanquer (fam.), foutre (fam.) **4. accorder**, concéder, consentir **5. allouer**, attribuer, doter de, gratifier de, impartir **6. décerner à**, déférer à **7. consacrer**, employer, sacrifier, vouer **II. dénoncer**, livrer (à la police), balancer (fam.), balanstiquer (fam.), cafter (fam.), moucharder (fam.) **III.** [Théâtre-]**jouer**, avoir à l'affiche, représenter **IV. causer**, apporter, provoquer, susciter **V. 1. communiquer**, dire, exposer, exprimer, indiquer, informer de, livrer, porter à la connaissance, signifier **2. établir**, fixer, imposer, indiquer, prescrire

♦ **se donner** V. PRON. **1. s'accorder**, s'attribuer, se permettre, s'approprier (péj.), s'arroger (péj.) **2. échanger**, se passer, se transmettre

donneur, euse N. **1. donateur 2. dénonciateur**, délateur, indicateur, balance (argot), mouchard (fam.)

don Quichotte N. M. justicier, défenseur des opprimés/de la veuve et de l'orphelin, redresseur de torts

dopant N. M. anabolisant, excitant, remontant, stimulant

doper V. TR. **1. droguer 2. stimuler**, donner un coup de fouet à, remonter, revigorer, booster (anglic.)

doré, ée ADJ. **1. brillant**, ambré, cuivré, mordoré **2. bronzé**, basané, bruni, hâlé, tanné

dorer
- V. TR. **cuivrer**, bronzer
- V. INTR. **bronzer**, griller, rôtir (fam.)

dorloter V. TR. choyer, cajoler, caresser, mitonner, bouchonner (fam.), chouchouter (fam.)

dormir V. INTR. **1. reposer**, être dans les bras de Morphée, faire un somme (fam.), faire dodo (lang. enfants), pioncer (fam.), ronfler (fam.), roupiller (fam.), [profondément] en écraser (très fam.), [légèrement] sommeiller, somnoler **2. traîner**, lanterner, lambiner (fam.)

dos N. M. **1. colonne (vertébrale)**, échine, [d'animal ou fam.] râble **2. arrière**, derrière, envers, revers, verso **3. dossier**

dosage N. M. **1. posologie 2. mesure**, proportion

dose N. F. **1. quantité**, partie, portion, proportion, couche (fam.) **2. mesure**, part, ration

doser V. TR. mesurer, proportionner, régler

dossier[1] N. M. **1. dos 2. tête de lit**

dossier[2] N. M. **1. répertoire 2. affaire**, cas, question, sujet

dotation N. F. **1. attribution**, équipement **2. pension**, traitement

doter V. TR. équiper, attribuer à, douer, gratifier, munir, nantir, octroyer à, pourvoir

double
- N. M. **1. copie**, duplicata, reproduction, ampliation (Admin.), expédition (Admin.) **2. sosie**, alter ego, clone, jumeau, ombre, réplique
- ADJ. **ambigu**, amphibologique, équivoque

doubler V. TR. **1. dépasser 2. augmenter**, intensifier, redoubler **3. fourrer**, molletonner, ouater **4. remplacer**, se substituer à **5. postsynchroniser**

douceâtre ADJ. **1. fade**, doucereux, insipide **2. mielleux**, doucereux, sirupeux

doucement ADV. **1. délicatement**, en douceur, posément, précautionneusement, doucettement (fam.) **2. lentement**, mollement, mollo (fam.), mou (fam.), piane-piane (fam.), pianissimo (fam.), piano (fam.) **3. à voix basse**, mezzo voce **4. faiblement**, légèrement **5. peu à peu**, graduellement, pas à pas, petit à petit **6. moyennement**, comme ci comme ça (fam.), couci-couça (fam.), cahin-caha (fam.), tout doux (fam.)

doucereux, euse ADJ. **1. doux**, douceâtre **2. mielleux**, benoît, sucré, tout sucre et tout miel, melliflue (littér.), papelard (littér.), patelin (littér.)

douceur N. F. **1. onctuosité**, moelleux, suavité, velouté **2. délicatesse**, modération **3. affabilité**, amabilité, aménité, bienveillance, bonté, clémence, gentillesse, humanité, indulgence, mansuétude

doucher V. TR. **1. arroser**, tremper, rincer (fam.), saucer (fam.) **2.** [fam.] **refroidir**, remettre les pieds sur terre à, faire revenir sur terre (fam.)

doué, ée ADJ. capable, brillant, fort

douer V. TR. doter, donner en partage, gratifier, nantir, pourvoir, affliger (péj. ou plaisant)

douillet, ette ADJ. **1. confortable**, cosy (anglic.), doux, ouaté **2. délicat**, chatouilleux, sensible

douleur N. F. **1. mal**, souffrance, [intense] supplice, torture **2. affliction**, chagrin, contrition, crève-cœur, déchirement, détresse, deuil, peine, tristesse

douloureux, euse ADJ. **1. endolori**, sensible **2. pénible**, cruel, cuisant **3. affligeant**, attristant, déchirant, navrant

doute N. M. **1. hésitation**, flottement, incertitude, indécision, indétermination, irrésolution, perplexité, vacillation **2. scepticisme**, pyrrhonisme (Philo.) **3. soupçon**, défiance, méfiance, suspicion

douter V. TR. IND.

- douter de **1. désespérer de** **2. se défier de**, se méfier de

- douter que, si se demander si, ne savoir si

♦ **se douter de** V. PRON. **deviner**, avoir idée de, conjecturer, flairer, imaginer, pressentir, soupçonner, subodorer

douteux, euse ADJ. **1. incertain**, aléatoire, hypothétique, improbable, problématique **2. contestable**, discutable, suspect, sujet à caution **3. ambigu**, amphibologique, équivoque, obscur

doux, douce ADJ. **I. sucré**, liquoreux, mielleux, sirupeux **II. 1. lisse**, fin, satiné, soyeux, velouté **2. douillet**, confortable, moelleux, mollet, mou, souple **III. 1. faible**, modéré, [lumière] tamisé, [couleur] pâle **2. tempéré**, clément **3. léger**, délicat **4. anodin**, bénin, inoffensif **IV. 1. caressant**, harmonieux, mélodieux, suave **2. agréable**, délicieux, exquis **3. facile**, doré, douillet, indolent, plaisant **V. 1. affable**, aimable, amène, angélique, bénin, bienveillant, complaisant, conciliant, coulant, débonnaire, indulgent, souple, tolérant **2. docile**, maniable, obéissant, sage, soumis, souple **3. affectueux**, aimant, câlin, caressant, tendre

draconien, ienne ADJ. rigoureux, drastique, inexorable, intransigeant, radical, sévère

draguer V. TR. **1. curer**, débourber, désenvaser, désensabler **2.** [fam.] **courtiser**, faire la cour à, racoler, faire du gringue à (fam.), faire du plat à (fam.), faire du rentre-dedans à (fam.)

dragueur, euse N. coureur, séducteur, cavaleur (fam.), [femme] allumeuse (fam.)

drainer V. TR. **1. assainir**, assécher **2. attirer**, faire affluer

dramatique ADJ. **1. grave**, sérieux, terrible, tragique **2. émouvant**, passionnant, pathétique, poignant, saisissant **3. théâtral**

dramatiser V. TR. exagérer, amplifier, faire une montagne de, prendre au tragique, faire tout un plat de (fam.)

drame N. M. **1. catastrophe**, désastre, tragédie **2. théâtre**

drapeau N. M. bannière, couleurs, fanion

draper V. TR. cacher, couvrir, envelopper

draperie N. F. rideau, cantonnière, tenture

drastique ADJ. **1. draconien**, contraignant, radical, rigoureux, sévère, strict **2. hydragogue**, purgatif

dresser V. TR. **I. 1. lever**, mettre à la verticale, redresser **2. élever**, ériger, installer, monter, préparer **3. établir**, fixer **II. 1. apprivoiser**, dompter, mater **2. éduquer**, élever, instruire, styler **3. exercer**, familiariser, former, habituer **III.** [contre qqn, qqch.] **exciter**, braquer, monter **IV. équarrir**, aplanir, dégauchir

♦ **se dresser** V. PRON. **1. se hausser**, se hisser **2. se mettre debout**, se lever **3. se hérisser**

drogue N. F. **1. stupéfiant**, came (fam.), camelote (fam.), dope (fam.), matos (fam.), merde (très fam.), [héroïne] blanche (fam.), poudre (fam.), [à fumer] fumette (fam.), herbe (fam.), [à priser] reniflette (fam.) **2. médicament**, mixture, potion **3. remède de bonne femme**, décoction, onguent

drogué, ée ADJ. et N. toxicomane, accro (fam.), camé (fam.), chargé (fam.), défoncé (fam.), speed (fam.), speedé (fam.), shooté (fam.)

droguer (se) V. PRON. fumer, se piquer, se camer (fam.), se charger (fam.), se défoncer (fam.), se shooter (fam.), sniffer (fam.)

droit[1], droite ADJ. **I. 1. raide 2. direct**, rectiligne **3. aligné**, d'aplomb **4. vertical**, debout **II. 1. honnête**, équitable, intègre, juste, probe (littér.) **2. franc**, loyal, sincère

droit[2] ADV. **1. en ligne droite 2. directement**

droit[3], droite ADJ.

- côté droit [d'un bateau] tribord

droit[4] N. M. **1. autorisation**, permission **2. faculté**, habilité, possibilité, pouvoir, prérogative, privilège **3. légalité**, justice, légitimité **4. contribution**, imposition, impôt, redevance, taxe

droiture N. F. **1. honnêteté**, équité, probité **2. franchise**, loyauté, sincérité **3. rectitude**, impartialité

drolatique ADJ. **1. cocasse**, curieux, drôle, plaisant **2. bouffon**, burlesque

drôle ADJ. **1. amusant**, cocasse, comique, désopilant, hilarant, inénarrable, ineffable, plaisant, risible, bidonnant (fam.), gondolant (fam.), impayable (fam.), marrant (fam.), poilant (fam.), rigolo (fam.), tordant (fam.), à se tordre (fam.) **2. facétieux**, comique, humoristique **3. bizarre**, curieux, étonnant, étrange, singulier, surprenant **4. mal à l'aise**, tout chose (fam.)

drôlement ADV. **1. bizarrement**, curieusement, étrangement **2. extrêmement**, diablement, joliment, bigrement (fam.), fichtrement (fam.), rudement (fam.), sacrément (fam.), vachement (fam.)

drôlerie N. F. cocasserie, bouffonnerie, comique

dru, ue ADJ. épais, dense, fourni, serré, touffu

duel N. M. **1. affaire (d'honneur)**, rencontre, réparation (par les armes) **2. combat**, joute **3. antagonisme**, lutte, opposition, rivalité

dune N. F. butte, colline

duo N. M. paire, couple

dupe
- ▸ ADJ. **crédule**, facile à tromper, naïf
- ▸ N. F. **pigeon** (fam.), bonne poire (fam.), dindon de la farce (fam.), gogo (fam.)

duper V. TR. abuser, attraper, berner, flouer, se jouer de, leurrer, mystifier, piéger, tromper, avoir (fam.), baiser (très fam.), couillonner (très fam.), embobiner (fam.), empiler (fam.), enfoncer (fam.), estamper (fam.), faire (fam.), feinter (fam.), foutre dedans (fam.), mettre dedans (fam.), gruger (fam.), pigeonner (fam.), refaire (fam.), rouler (fam.)

duperie N. F. tromperie, imposture, leurre, supercherie, arnaque (fam.)

duplicata N. M. INVAR. copie, double

duplicité N. F. fausseté, dissimulation, double jeu, hypocrisie

dupliquer V. TR. copier, reproduire

dur[1], dure ADJ. **I. 1. ferme**, fort, résistant, rigide, robuste, solide **2. rêche**, rude, rugueux **3. coriace**, duraille (fam.), [pain] rassis **II. 1. abrupt**, raide, rude **2. ardu**, difficile, calé (fam.), chiadé (fam.), coton (fam.), duraille (fam.), musclé (fam.), trapu (fam.), vache (fam.) **3. rigoureux**, pénible, sévère, inclément (littér.) **III. 1. aguerri**, courageux, endurant, endurci, stoïque **2. acharné**, âpre, farouche, féroce, implacable, sauvage **IV. 1. autoritaire**, brutal, inhumain, insensible, musclé, sévère, strict, vache (fam.) **2. impitoyable**, implacable, inébranlable, inexorable, inflexible, intraitable, intransigeant, rigoriste **3. turbulent**, difficile, dissipé, indiscipliné **4. blessant**, acéré, cassant, choquant, cinglant, offensant, rogue, sévère **5. draconien**, drastique, rigoureux, strict

dur[2] ADV. **1. fort**, ferme, rudement, sec **2. énergiquement**, sérieusement

durable ADJ. **1. constant**, permanent, persistant, stable, [maladie] chronique **2. profond**, enraciné, solide, tenace, vif, vivace **3. viable**

durcir
- ▸ V. TR. **1. affermir**, endurcir, fortifier, tremper **2. radicaliser 3.** [l'acier] **tremper 4.** [une artère] **indurer**
- ▸ V. INTR. **1. rassir**, sécher **2. se solidifier**, prendre
- ♦ **se durcir** V. PRON. **se radicaliser**

durcissement N. M. **1. raffermissement**, renforcement **2.** [Méd.] **induration**, sclérose **3. callosité**, corne, durillon

durée N. F. **1. temps**, longueur (du temps) **2. moment**, instant, période **3. continuité**, pérennité, permanence, persistance

durement ADV. **1. sèchement**, brutalement, désagréablement, méchamment, vertement **2. rudement**, brutalement, [élever] à la dure **3. douloureusement**, cruellement, péniblement

durer V. INTR. **1. se prolonger**, se maintenir **2. se conserver**, demeurer, résister, rester, subsister, tenir **3. vivre**, se perpétuer **4. aller loin**, faire du profit, faire de l'usage

dureté N. F. **1. consistance**, fermeté, rigidité **2. rigueur**, rudesse, inclémence (littér.) **3. insensibilité**, sécheresse **4. brutalité**, cruauté, méchanceté, rudesse, sévérité

durillon N. M. cal, callosité, [sur le pied] cor

dynamique ADJ. actif, énergique, entreprenant, plein d'allant, battant (fam.), fonceur (fam.), pêchu (fam.)

dynamiser V. TR. stimuler, activer, donner un coup de fouet à, booster (fam.)

dynamisme N. M. énergie, allant, entrain, pep, punch, ressort, tonus, vitalité, vivacité, frite (fam.), pêche (fam.)

dynamite N. F. explosif, plastic

e

eau N. F. **1. flots** (littér.), onde (littér.), flotte (fam.), baille (argot marine) **2. pluie**, flotte (fam.) **3. flotte** (fam.), château-la-Pompe (fam., plaisant)

ébahi, ie ADJ. abasourdi, éberlué, époustouflé, interdit, interloqué, médusé, stupéfait, baba (fam.), épaté (fam.), estomaqué (fam.), scié (fam.), sidéré (fam.), soufflé (fam.)

ébattre (s') V. PRON. s'amuser, batifoler, se divertir, folâtrer, gambader, jouer

ébauche N. F. **1. premier jet**, croquis, esquisse, essai **2. canevas**, modèle, plan, projet, schéma **3. amorce**, commencement, début, embryon, esquisse, germe

ébaucher V. TR. **1. amorcer**, commencer, engager, entamer, entreprendre, esquisser, tracer les grandes lignes de **2. crayonner**, croquer, dessiner, esquisser, tracer **3. préparer**, projeter
♦ **s'ébaucher** V. PRON. **s'esquisser**, apparaître, se dessiner, naître, percer, poindre

éberlué, ée ADJ. ébahi, époustouflé, interdit, interloqué, médusé, stupéfait, baba (fam.), ébaubi (fam.), épaté (fam.), estomaqué (fam.), scié (fam.), sidéré (fam.), soufflé (fam.)

éblouir V. TR. **1. aveugler**, blesser les yeux/la vue de **2. émerveiller**, époustoufler, fasciner, impressionner, séduire, subjuguer, épater (fam.), en mettre plein la vue à (fam.), jeter de la poudre aux yeux à (péj.)

éblouissant, ante ADJ. **1. aveuglant**, brillant, éclatant, étincelant **2. beau**, brillant, enchanteur, fabuleux, fantastique, merveilleux, somptueux, splendide **3. impressionnant**, brillant, époustouflant, étourdissant, bluffant (fam.)

éblouissement N. M. **1. aveuglement** **2. vertige**, malaise, syncope, trouble **3. émerveillement**, enchantement, ravissement

éboulement N. M. **1. chute**, affaissement, écroulement, effondrement, glissement, dégringolade (fam.) **2. éboulis**

ébouler (s') V. PRON. s'affaisser, crouler, s'écrouler, s'effondrer, tomber, dégringoler (fam.)

ébouriffer V. TR. **1. hérisser**, décoiffer, dépeigner, écheveler, embrouiller **2.** [fam.] **abasourdir**, ahurir, ébahir, étonner, surprendre, décoiffer (fam.), souffler (fam.)

ébranler V. TR. **I. 1. agiter**, faire chanceler, secouer, faire trembler **2. mouvoir**, faire bouger, remuer **II. 1. compromettre**, affaiblir, attaquer, atteindre, entamer, mettre en danger, miner, saper **2. éprouver**, abattre, décourager, détruire, secouer **III. 1. émouvoir**, agiter, atteindre, bouleverser, remuer, secouer, toucher, troubler **2. faire hésiter**, troubler
♦ **s'ébranler** V. PRON. **1. trembler**, branler, osciller **2. démarrer**, avancer, partir, se mettre en branle, se mettre en marche, se mettre en route **3. s'animer**

ébrécher V. TR. **1. casser**, abîmer, écorner, endommager, entamer **2. amoindrir**, diminuer, écorner, endommager, entamer

ébrouer (s') V. PRON. **1. renifler**, souffler **2. s'agiter**, folâtrer, s'ébattre, se secouer

ébruiter V. TR. **divulguer**, colporter, crier sur les toits, dire, éventer, propager, publier, répandre
♦ **s'ébruiter** V. PRON. **se savoir**, percer, se répandre, transpirer

ébullition N. F. **1. bouillonnement**, bouillon **2. agitation**, bouillonnement, effervescence, exaltation, excitation

écaille N. F. **1. coque**, coquille, écale **2. lamelle**, croûte **3. plaque**, squame

écailler V. TR. [des huîtres] **ouvrir**
♦ **s'écailler** V. PRON. **s'effriter**, se crevasser, se fendiller

écart N. M. **I. 1. distance**, éloignement **2. écartement**, fourchette, intervalle **II. 1. différence**, distance, marge **2. variation**, décalage, différence **III. embardée**, déviation

écarteler V. TR. **1. démembrer 2. partager**, déchirer, mettre devant un dilemme, tirailler

écartement N. M. éloignement, distance, écart, espace, [entre des roues] empattement

écarter V. TR. **I. 1. désunir**, disjoindre, diviser, partager, séparer **2. espacer**, desserrer **3. ouvrir**, entrouvrir **II. 1. exclure**, faire abstraction de, laisser de côté, mettre à l'écart, négliger, passer sur **2. supprimer**, éliminer, retrancher **3. refuser**, décliner, rejeter, repousser **III. 1. évincer**, mettre à l'écart, marginaliser, mettre au placard (fam.), mettre sur la touche (fam.) **2. exiler**, bannir, chasser, reléguer
♦ **s'écarter** V. PRON. **1. se disperser**, s'éloigner **2. faire place**, s'effacer, s'ôter, se pousser, se ranger **3. diverger**, bifurquer **4. s'ouvrir**, s'entrouvrir

ecchymose N. F. contusion, bleu, coup, hématome, pinçon

écervelé, ée
► ADJ. **étourdi**, distrait, évaporé, inconséquent, irréfléchi, léger, foufou (fam.)
► N. **tête de linotte**, petite tête (fam.), tête en l'air (fam.)

échafaudage N. M. **1. amoncellement**, édifice, monceau, pyramide, tas **2. combinaison**, construction

échafauder V. TR. **1. amasser**, accumuler, amonceler, empiler, entasser, superposer **2. bâtir**, combiner, construire, élaborer, mettre sur pied **3. baser**, établir, fonder

échancrer V. TR. **1. entailler**, creuser, entamer, évider **2. couper**, décolleter, découper, tailler

échancrure N. F. **1. découpure**, coupure, encoche, entaille, indentation **2. décolleté**, entournure **3. baie**, golfe

échange N. M. **1. remplacement**, interversion, inversion, permutation, substitution **2. commerce**, transaction **3. troc 4.** [surtout plur.] **conversation**, discussion

échanger V. TR. **1. changer**, intervertir, inverser, permuter, remplacer **2. troquer 3.** [des devises] **changer 4.** [sans complément] **communiquer**, dialoguer, s'expliquer, (se) parler
♦ **s'échanger** V. PRON. **s'adresser**, se communiquer, s'envoyer

échantillon N. M. **1. panel**, collection **2. spécimen**, exemplaire, exemple, modèle, prototype, représentant **3. aperçu**, abrégé, avant-goût, idée

échappatoire N. F. **1. dérobade**, esquive, excuse, faux-fuyant, fuite, prétexte, ruse, subterfuge **2. issue**, porte de sortie

échappée N. F. **1. perspective**, dégagement, ouverture, vue **2. trouée**, clairière **3. escapade**, fugue, fuite, promenade, sortie

échapper v. intr. [des mains] **glisser**, tomber
♦ **s'échapper** v. pron. **1. se sauver**, déguerpir, s'enfuir, fuir, se barrer (fam.), filer (fam.), se faire la malle (fam.), prendre la clé des champs (fam.), se tirer (fam.) **2.** [prisonnier] **s'évader**, se faire la belle (fam.), [Milit.] faire le mur **3. s'éclipser**, brûler la politesse, disparaître, s'esquiver **4. s'épandre**, couler, déborder, se répandre, suinter, transpirer

écharper v. tr. **1. entailler**, balafrer, mutiler **2. lyncher**, massacrer, mettre en charpie, mettre/tailler en pièces **3. vilipender**, démolir, descendre (fam.), éreinter (fam.), esquinter (fam.)
♦ **s'écharper** v. pron. **s'entre-tuer**, se tailler en pièces

échauffement n. m. **1. réchauffement 2. excitation**, animation, ardeur, effervescence, exaltation, surexcitation

échauffer v. tr. **1. chauffer**, réchauffer **2. enflammer**, agiter, animer, énerver, enfiévrer, exalter, exciter **3. énerver**, impatienter, chauffer les oreilles à (fam.), filer/foutre les boules à (très fam.)
♦ **s'échauffer** v. pron. **1. s'animer**, s'emballer, s'envenimer **2. s'exalter**, bouillonner, s'enthousiasmer

échauffourée n. f. accrochage, bagarre (fam.), combat, empoignade, engagement, escarmouche, rixe

échéance n. f. **1. expiration**, terme **2. date 3. délai**

échec n. m. **1. insuccès**, malheur **2. avortement**, chute, défaite, faillite, naufrage, ratage (fam.) **3. fiasco**, bide (fam.), flop (fam.), foirade (fam.), four (fam.) **4. déboire**, déception, déconvenue, revers, veste (fam.)

échelle n. f. **1. escabeau**, escalier **2. suite**, gamme, hiérarchie, série, succession **3. indexation**, barème **4. graduation**, degrés **5. niveau**, échelon

échelon n. m. **1. barreau**, degré, marche, ranche (région.) **2. niveau**, degré, grade, palier, position, rang **3. phase**, étape, palier, stade

échelonner v. tr. **1. répartir**, distribuer, diviser, espacer, étaler **2. graduer**, étager, sérier

écheveau n. m. dédale, imbroglio, jungle, labyrinthe, embrouillamini (fam.), méli-mélo (fam.), micmac (fam.)

échevelé, ée adj. **1. ébouriffé**, hérissé, hirsute **2. déchaîné**, effréné, enragé, fébrile, frénétique **3. insensé**, désordonné

échiner (s') v. pron. s'épuiser, s'éreinter, s'esquinter, s'exténuer, se fatiguer, se crever (fam.), se tuer (fam.)

écho n. m. **1. bruit**, nouvelle, on-dit, rumeur, potin (fam.) **2. impact**, retentissement **3. expression**, reflet, résonance **4. approbation**, réponse, résonance, sympathie

échouer v. intr. **1. arriver**, atterrir, débarquer **2. perdre la partie**, essuyer/subir un échec, manquer/rater son coup (fam.), boire un bouillon (fam.), se casser les dents (fam.), se casser la gueule (fam.), se casser le nez (fam.), faire chou blanc (fam.), prendre/ramasser une pelle (très fam.), prendre/ramasser une veste (fam.), se faire étendre (fam.), se ramasser (fam.) **3. mal tourner**, avorter, faire long feu, faire naufrage, manquer, rater, s'en aller en eau de boudin, capoter (fam.), faire un bide (fam.), foirer (fam.), merder (très fam.), tomber à l'eau (fam.), tomber dans le lac (fam.)
♦ **s'échouer** v. pron. **toucher le fond**, s'ensabler, s'envaser

éclabousser V. TR. **1. arroser**, asperger, mouiller **2. rejaillir sur**, compromettre, salir, souiller, tacher, ternir [la réputation de]

éclaboussure N. F. salissure, souillure, tache

éclair N. M. **1. éclat**, flamboiement, flamme, fulgurance, lueur **2. illumination**, révélation

éclairage N. M. **1. lumière**, clarté **2. angle**, aspect, côté, jour, perspective, point de vue

éclaircie N. F. **1. embellie**, trouée **2. amélioration**, accalmie, détente, répit **3. clairière**, trouée

éclaircir V. TR. **1. dégager 2. délaver 3. fluidifier**, allonger, diluer, étendre **4. tailler**, élaguer **5. expliquer**, clarifier, débrouiller, défricher, dégrossir, démêler, éclairer, élucider, expliciter, tirer au clair

♦ **s'éclaircir** V. PRON. **1. se découvrir**, se dégager **2. se raréfier**, se dégarnir

éclaircissement N. M. **1. élucidation**, explication **2.** [surtout plur.] **précision**, commentaire, explication, justification, renseignement

éclairé, ée ADJ. **1. lumineux**, clair **2. averti**, avisé, évolué, expérimenté, instruit, savant **3. clairvoyant**, judicieux, lucide, sage, sensé

éclairer V. TR. **1. illuminer**, embraser **2.** [sans complément] **allumer (la lumière) 3. clarifier**, éclaircir, élucider, expliquer **4. renseigner**, apprendre à, édifier, guider, informer, initier, instruire **5. détromper**, désabuser, dessiller les yeux de, ouvrir les yeux de

♦ **s'éclairer** V. PRON. **1. s'allumer 2. s'illuminer**, devenir radieux, rayonner

éclat N. M. **I. fragment**, brisure, débris, morceau, [de bois] écharde, éclisse, [d'os] esquille, [de pierre] recoupe **II. 1. retentissement**, bruit, claquement, fracas, tumulte, vacarme, boucan (fam.) **2. scandale**, esclandre, tapage **III. 1. clarté**, lumière, splendeur **2. brillance**, chatoiement, éclair, feu, flamboiement, lustre, miroitement, scintillement **IV. 1. beauté**, épanouissement, fraîcheur, rayonnement **2. brio**, couleur, relief **3. animation**, éclair, feu, flamme, pétillement, vivacité **4. apparat**, faste, luxe, magnificence, pompe, richesse, somptuosité, splendeur **5. prestige**, auréole, célébrité, gloire, grandeur

éclatant, ante ADJ. **I. brillant**, ardent, éblouissant, étincelant, flamboyant, rutilant, vif, voyant **II. bruyant**, aigu, fracassant, perçant, retentissant, sonore, strident, tonitruant **III. évident**, aveuglant, criant, flagrant, frappant, incontestable, indéniable, indiscutable, irrécusable, manifeste, notoire **IV. 1. triomphal**, fracassant, retentissant **2. remarquable**, brillant, éblouissant, étincelant, lumineux, supérieur **3. épanoui**, radieux, ravi, rayonnant, resplendissant **4. fastueux**, luxueux, magnifique, riche

éclater V. INTR. **I. 1. exploser**, péter (fam.), sauter (fam.) **2. se briser**, se casser, se fendre, s'ouvrir, se rompre, crever (fam.), péter (fam.) **3. se diviser**, se scinder, voler en éclats **II. retentir**, crépiter **III. se mettre en colère**, exploser, s'emporter, fulminer **IV. 1. commencer**, se déclarer, se déclencher **2. se manifester**, se montrer, se révéler, sauter aux yeux (fam.)

éclectique ADJ. diversifié, divers, hétérogène, varié

éclipser V. TR. **1. cacher**, camoufler, dissimuler, masquer, obscurcir, occulter, voiler, offusquer (littér.) **2. dominer**, effacer, détrôner, supplanter, surclasser, surpasser, vaincre, faire de l'ombre à

♦ **s'éclipser** V. PRON. **1. s'en aller**, déguerpir, disparaître, s'esquiver, partir, se retirer, se sauver, sortir, filer (fam.), mettre les bouts (fam.), mettre les voiles (fam.), se tirer (fam.), tirer sa révérence (fam.) **2. disparaître**, s'évanouir

éclopé, ée ADJ. et N. boiteux, blessé, claudicant, estropié, infirme

éclore V. INTR. **1. s'épanouir**, fleurir, s'ouvrir **2. apparaître**, commencer, s'éveiller, se manifester, naître, paraître, se produire, surgir

éclosion N. F. **1. épanouissement**, floraison **2. apparition**, avènement, commencement, début, éveil, naissance, production, surgissement

écœurant, ante ADJ. **1. dégoûtant**, fade, fétide, immonde, infâme, infect, nauséabond, puant, rebutant, repoussant, répugnant **2. révoltant**, choquant, répugnant **3. décourageant**, démoralisant, désespérant

écœurement N. M. **1. nausée**, dégoût, haut-le-cœur **2. répugnance**, dégoût, indignation, mépris, répulsion **3. découragement**, abattement, démoralisation, lassitude, ras-le-bol (fam.)

écœurer V. TR. **1. dégoûter**, faire horreur à, lever/soulever le cœur à, rebuter, répugner à **2. révolter**, dégoûter, indigner, scandaliser, débecqueter (fam.) **3. décourager**, abattre, démoraliser, lasser

école N. F. **I. 1. établissement (scolaire)**, bahut (fam.), boîte (fam.) **2. cours**, classe, leçon **II. 1. mouvement**, chapelle, coterie, groupe, tendance **2. doctrine**, système, tendance

éconduire V. TR. **1. repousser**, refuser, envoyer balader (fam.), envoyer bouler (fam.), envoyer paître (fam.), envoyer promener (fam.), envoyer aux/sur les pelotes (fam.), envoyer sur les roses (fam.) **2. congédier**, chasser, se débarrasser de, mettre à la porte, reconduire, renvoyer

économe ADJ. avare, parcimonieux, fourmi (fam.), regardant (fam.)

économie N. F. **1. parcimonie 2. gain 3. administration**, gestion, ménage **4. agencement**, aménagement, arrangement, disposition, distribution, ordonnance, ordre, organisation, plan, structure

♦ **économies** PLUR. **épargne**, disponibilités, pécule, réserve, bas de laine (fam.), magot (fam.), matelas (fam.), éconocroques (fam.), tirelire (fam.)

économique ADJ. avantageux, intéressant, bon marché (fam.)

économiser V. TR. **1. épargner**, amasser, emmagasiner, thésauriser, mettre de côté (fam.) **2.** [avec excès] **lésiner sur**, gratter sur (fam.), mégoter sur (fam.), rogner sur (fam.) **3.** [sans complément] **regarder à la dépense**, dépenser au compte-gouttes **4. ménager**, réserver **5. être avare de**, être chiche de

écorce N. F. **1. croûte 2. peau**, pelure, zeste

écorcher V. TR. **1. dépouiller**, dépiauter **2. érafler**, blesser, déchirer, égratigner, excorier, griffer, labourer **3. racler**, râper **4. déformer**, altérer, estropier

écorchure N. F. égratignure, déchirure, entaille, éraflure, excoriation, griffure, plaie

écorner V. TR. **1. ébrécher**, casser, entamer **2. diminuer**, amoindrir, dissiper, entamer, faire une brèche dans, réduire

écoulement N. M. **1. flux**, dégoulinement, déversement, égouttement, filet, flot, fuite, ruissellement, suintement **2.** [Méd.] **épanchement**, excrétion, sécrétion, suppuration

écouler V. TR. **vendre**, débiter, placer
♦ **s'écouler** V. PRON. **1. couler**, dégouliner, dégorger, dégoutter, se déverser, s'échapper, fuir, se répandre, suinter **2. disparaître**, s'en aller, se consumer, se dissiper, s'enfuir, s'évanouir, s'envoler **3. se débiter**, se placer, se vendre, s'enlever (fam.)

écourter V. TR. **1. abréger**, alléger, résumer, tronquer (péj.) **2. couper**, diminuer, raccourcir, rapetisser, rogner

écouter V. TR. **1. être à l'écoute de**, prêter l'oreille à, [sans complément] dresser l'oreille, tendre l'oreille **2. croire**, suivre, tenir compte de **3. exaucer**, céder à, obéir à, satisfaire

écran N. M. **1. rideau**, filtre, voile **2. paravent**, abri, bouclier, protection

écrasant, ante ADJ. **1. lourd**, pesant **2. accablant**, pénible, pesant **3. étouffant**, lourd, oppressant, pesant, suffocant **4. cuisant**, humiliant

écrasement N. M. anéantissement, destruction, élimination

écraser V. TR. **I. 1. broyer**, briser, concasser, égruger, fouler, moudre, piler, presser, mettre/réduire en bouillie, pulvériser, écrabouiller (fam.) **2. aplatir**, comprimer, tasser **II. 1. accabler**, pressurer, surcharger **2. vaincre**, anéantir, battre à plate couture, tailler en pièces, défaire (littér.) **3. dominer**, éclipser, surclasser, surpasser, triompher de, enfoncer (fam.), laminer (fam.), mettre la pâtée à (fam.) **III. 1. désespérer**, abattre, accabler, anéantir, terrasser **2. opprimer**, étouffer, soumettre
♦ **s'écraser** V. PRON. **1. s'aplatir 2. s'entasser**, se serrer **3. tomber**, s'abattre, se crasher (fam.)

écrier (s') V. PRON. s'exclamer, clamer, crier, hurler, vociférer

écrin N. M. étui, boîte, cassette, coffre, coffret

écrire V. TR. **I. 1. inscrire**, noircir du papier, [avec soin] calligraphier, [mal, rapidement] barbouiller, brouillonner, crayonner, gribouiller, griffonner, gratter (fam.) **2. consigner**, marquer, noter **3. orthographier II. 1. rédiger**, composer, coucher (par écrit), jeter (par écrit), libeller, produire, accoucher de (fam.), pondre (fam., péj.) **2. publier**, signer
♦ **s'écrire** V. PRON. **correspondre**

écrit N. M. **1. texte**, composition, rédaction **2. œuvre**, livre, ouvrage, publication

écriteau N. M. pancarte, affiche, enseigne, étiquette, panneau, placard

écriture N. F. **1.** [soignée] **calligraphie**, [hâtive] gribouillage, barbouillage, gribouillis, griffonnage, [illisible] pattes de mouche **2. style**, plume, griffe (fam.), patte (fam.) **3. graphie**

écrivain, aine N. **1. auteur**, homme/femme de lettres, littérateur, plume **2.** [mauvais] **écrivailleur**, écrivaillon, écrivassier, plumitif, pisseur de copie (fam.)

écrouer V. TR. incarcérer, emprisonner, coffrer (fam.), mettre à l'ombre (fam.)

écroulement N. M. **1. effondrement**, affaissement, chute, dégringolade, éboulement **2. anéantissement**, chute, culbute, destruction, disparition, dissolution, naufrage, renversement, ruine

écrouler (s') V. PRON. **1. s'effondrer**, s'abattre, s'affaisser, céder, s'ébouler, tomber, dégringoler (fam.) **2. s'anéantir**, se désagréger, disparaître, se dissoudre, sombrer, tomber **3. s'affaler**, s'effondrer, tomber **4. tomber**, perdre l'équilibre, trébucher, choir (littér.), s'étaler (fam.), dégringoler (fam.), se ramasser (fam.), se vautrer (fam.)

écueil N. M. **1. brisant**, banc de sable, chaussée, récif, rocher **2. danger**, chausse-trappe, obstacle, péril, piège

écume N. F. **1. mousse**, [sur la mer] moutons **2. salive**, bave, spume (Méd.)

écumer
- V. INTR. **1. mousser**, moutonner **2. enrager**, bouillir, rager
- V. TR. **piller**, razzier

éden N. M. paradis, eldorado, lieu de délices, pays de cocagne

édicter V. TR. décréter, fixer, promulguer, publier

édifiant, ante ADJ. **1. instructif** **2. moralisateur**, exemplaire, modèle, moral, pieux, vertueux

édification N. F. **1. construction**, érection **2. constitution**, création, élaboration, établissement, fondation **3. instruction**, éducation, information, moralisation, perfectionnement

édifice N. M. **1. bâtiment**, bâtisse, construction, monument, immeuble **2. organisation**, architecture, arrangement, assemblage, combinaison, ensemble **3. entreprise**, œuvre, ouvrage

édifier V. TR. **1. bâtir**, construire, dresser, élever, ériger **2. établir**, composer, constituer, créer, échafauder, élaborer, élever, fonder, organiser **3. instruire**, éclairer, renseigner

éducateur, trice
- N. **pédagogue**, guide, initiateur, instructeur, maître, mentor, précepteur
- ADJ. **pédagogique**, éducatif, formateur

éducation N. F. **1. enseignement**, apprentissage, formation, initiation, instruction **2. culture**, connaissances, instruction **3. pédagogie** **4. perfectionnement**, affinement, amélioration, développement **5. savoir-vivre**, bienséance, distinction, (bonnes) manières, politesse

édulcorer V. TR. **1. sucrer**, adoucir, dulcifier (littér.) **2. atténuer**, adoucir, affaiblir, envelopper

éduquer V. TR. **1. élever**, instruire **2. former**, cultiver, développer, entraîner, exercer **3. discipliner**, façonner

effacé, ée ADJ. **1. modeste**, humble, timide **2. terne**, éteint, falot, insignifiant, quelconque

effacer V. TR. **I. 1. gratter**, barrer, biffer, gommer, raturer, rayer, [tableau] essuyer **2. enlever**, caviarder, censurer, couper, oblitérer, sabrer, supprimer **3. estomper**, éteindre, faner, faire passer, ternir **II. 1. abolir**, annuler, éliminer, faire table rase de, rayer de ses tablettes, supprimer **2. oublier**, enterrer (fam.) **3. faire oublier**, estomper, faire disparaître **III. 1. réparer**, laver, racheter **2. absoudre**, pardonner, passer l'éponge sur (fam.)

♦ **s'effacer** V. PRON. **1. disparaître**, s'enlever, partir **2. se décolorer**, s'obscurcir, pâlir, passer **3. s'estomper**, s'assoupir, s'éteindre, s'évanouir **4. s'écarter**, se dérober, se retirer, [pour qqn] laisser sa place

effarant, ante ADJ. **1. effrayant**, alarmant, affolant, inquiétant, terrifiant **2. stupéfiant**, consternant, incroyable, inouï, sidérant (fam.)

effarement N. M. stupéfaction, ahurissement, ébahissement, effroi, saisissement, stupeur, trouble

effarer V. TR. **1. effrayer**, affoler, alarmer, apeurer, effaroucher, épouvanter, horrifier, faire peur à, glacer d'effroi, terrifier **2. stupéfier**, consterner, sidérer (fam.)

effaroucher V. TR. **1. apeurer**, affoler, alarmer, effrayer, faire peur à, inquiéter, paniquer (fam.) **2. choquer**, blesser, intimider, offusquer, troubler

effectif, ive ADJ. concret, positif, réel, solide, tangible, véritable

effectuer V. TR. accomplir, faire, mener, pratiquer, procéder à, réaliser

effervescence N. F. **1. ébullition**, bouillonnement **2. agitation**, échauffement, embrasement, émoi, exaltation, excitation, trouble, tumulte

effet N. M. **1. action**, impact, influence, portée **2. conséquence**, fruit, incidence, produit, résultante, résultat, suite, [fâcheux] séquelle **3. réaction**, choc en retour, contrecoup, répercussion, retentissement, retour, ricochet **4. impression**, sensation
♦ **effets** PLUR. **affaires**, habits, vêtements, fringues (fam.), frusques (fam.), sapes (fam.)

efficace ADJ. **1. actif**, agissant, efficient, opérant **2. capable**, compétent, valable (fam.)

efficacité N. F. **1. pouvoir**, action, effet, énergie, force, propriété, puissance, vertu **2. productivité**, efficience, rendement

effigie N. F. **1. figure**, image, portrait, représentation, symbole **2. empreinte**, marque, sceau

effilé, ée ADJ. **1. allongé**, délié (littér.) **2. élancé**, fuselé, mince, svelte

effilocher V. TR. **effiler**, défiler, détisser, éfaufiler, effranger, érailler, parfiler
♦ **s'effilocher** V. PRON. **s'effranger**, s'effiler

efflanqué, ée ADJ. décharné, amaigri, maigre, osseux, sec, squelettique, étique (littér.)

effleurement N. M. contact, atteinte, attouchement, caresse, frôlement

effleurer V. TR. **1. frôler**, friser, lécher, raser, toucher (à) **2. caresser**, attoucher **3. évoquer (rapidement)**, aborder, dire deux mots de, glisser sur, survoler

effluve N. M. **1. souffle**, émanation, exhalaison, vapeur **2. arôme**, fumet, odeur, parfum

effondrement N. M. **1. affaissement**, chute, éboulement, écroulement **2. anéantissement**, débâcle, décadence, destruction, disparition, fin, ruine **3. abattement**, accablement, consternation, découragement, dépression **4. baisse**, chute, dégringolade, [boursier] krach

effondrer V. TR. **détruire**, briser, défoncer, rompre
♦ **s'effondrer** V. PRON. **1. crouler**, s'abattre, s'abîmer, s'affaisser, se briser, céder, s'ébouler, s'écraser, tomber **2. s'affaler**, tomber, s'étaler (fam.), se ramasser (fam.), se vautrer (fam.) **3. s'anéantir**, agoniser, se désagréger, disparaître, sombrer **4. baisser**, chuter, dégringoler, s'écrouler **5. craquer** (fam.)

efforcer (s') V. PRON.
- **s'efforcer de** s'appliquer à, s'attacher à, chercher à, se démener pour, se donner du mal pour, s'escrimer à, essayer de, s'évertuer à, s'ingénier à, tâcher de, tendre à, tenter de, travailler à, viser (à), se mettre en quatre pour (fam.), se décarcasser pour (fam.)

effort N. M. **1. application**, attention, concentration, peine, tension, travail, volonté, contention (littér.), huile de coude/de bras (fam.) **2.** [financier, etc.] **sacrifice** **3. coup de collier** (fam.) **4. force**, poussée, pression, travail

effrayant, ante ADJ. **1. inquiétant**, alarmant, affolant, effarant, terrifiant, flippant (fam.), paniquant (fam.) **2. repoussant**, abominable, affreux, atroce, effroyable, épouvantable, horrible, ignoble, laid, monstrueux, sinistre

effrayer V. TR. **1. faire peur à**, alarmer, angoisser, apeurer, affoler, effarer, effaroucher, épouvanter, horrifier, terrifier, terroriser, glacer d'effroi, glacer le sang de, faire dresser les cheveux sur la tête de, faire flipper (fam.), paniquer (fam.) **2. tourmenter**, inquiéter, causer du souci à

♦ **s'effrayer de** V. PRON. **avoir peur de**, craindre, redouter

effréné, ée ADJ. **1. déchaîné**, débridé, délirant, échevelé, fou, frénétique, passionné, vertigineux **2. excessif**, démesuré, exagéré, immodéré, insensé, outré

effritement N. M. **1. déclin**, dégradation, désagrégation, épuisement, usure **2. baisse**, déclin, diminution, fléchissement

effriter (s') V. PRON. **1. se désagréger**, s'écailler, s'émietter, se pulvériser **2. s'amenuiser**, décroître, décliner, diminuer, fléchir, fondre

effroi N. M. **1. frayeur**, alarme, affolement, effarement, épouvante, panique, peur, terreur, trouille (fam.) **2.** angoisse, anxiété, crainte

effronté, ée ADJ. **1. insolent**, impertinent, impudent, malappris, mal élevé, sans gêne, sans vergogne, outrecuidant (littér.), culotté (fam.), gonflé (fam.) **2. éhonté**, cynique

effronterie N. F. insolence, aplomb, audace, front, hardiesse, impertinence, impudence, sans-gêne, outrecuidance (littér.), culot (fam.), toupet (fam.)

effroyable ADJ. **1. angoissant**, effrayant, affolant, effarant, terrifiant, terrorisant, flippant (fam.), paniquant (fam.) **2. affreux**, abominable, apocalyptique, atroce, catastrophique, épouvantable, horrible, terrible, tragique, dantesque (littér.) **3. laid**, monstrueux, repoussant **4. incroyable**, excessif, invraisemblable

effusion N. F. **1. épanchement**, flot, débordement **2. enthousiasme**, ferveur, élan, exaltation, transport

égal, ale, aux ADJ. **1. équivalent**, identique, pareil, semblable, similaire **2. constant**, invariable, régulier, uniforme **3. lisse**, plain, plan, plat, ras, uni **4. monotone**, monocorde **5. équitable**, égalitaire, impartial, neutre **6. détaché**, indifférent **7. calme**, paisible, pondéré, tranquille

également ADV. **1. aussi**, de plus, de surcroît, en outre, en plus **2. autant**, pareillement

égaler V. TR. **1. équivaloir**, faire, valoir **2. rivaliser avec**, atteindre, le disputer à, parvenir à, valoir

égaliser V. TR. **1. équilibrer**, ajuster **2. aplanir**, araser, niveler, unir, régaler (Techn.)

égalité N. F. **1. équivalence**, concordance, conformité, identité, parité, péréquation **2. équilibre** **3. régularité**, continuité, uniformité **4. constance**, calme, équanimité, pondération, sérénité, tranquillité

égard N. M. [surtout plur.] attention, considération, déférence, politesse, prévenance, respect

égarement N. M. **1. folie**, aberration, absence, aveuglement, délire, démence, dérèglement, divagation **2. désarroi**, affolement, trouble **3. désordre**, dérèglement, écart, erreur, faute

égarer V. TR. **1. perdre**, paumer (fam.) **2. désorienter**, dérouter, dévoyer, fourvoyer, perdre **3. abuser**, aveugler, dévoyer, pervertir, tromper, troubler, tourner la tête de

♦ **s'égarer** V. PRON. **1. se perdre**, se fourvoyer, faire fausse route, se paumer (fam.) **2. se disperser**, errer, se noyer, aller dans tous les sens **3. divaguer**, dérailler (fam.)

égayer V. TR. **1. amuser**, animer, dérider, désennuyer, distraire, divertir, réjouir **2. orner**, agrémenter, animer, colorer, décorer, embellir, enjoliver
♦ **s'égayer** V. PRON. **s'amuser**, se distraire, se divertir, se réjouir, rire

égide N. F. appui, auspices, patronage, protection, tutelle

égocentrique ADJ. égocentriste, égotiste, individualiste, narcissique

égoïsme N. M. égocentrisme, amour de soi, individualisme, égotisme (littér.)

égoïste ADJ. égocentrique, égocentriste, individualiste, personnel

égosiller (s') V. PRON. crier, s'époumoner, hurler, tonitruer, beugler (fam.), brailler (fam.), gueuler (fam.)

égoutter V. TR. **drainer**, faire écouler
♦ **s'égoutter** V. PRON. **dégoutter**, goutter, suinter

égratigner V. TR. **1. érafler**, écorcher, déchirer, effleurer, gratter, griffer **2. critiquer**, dénigrer, médire de/sur, piquer, donner un coup de griffe à, épingler (fam.)

égratignure N. F. éraflure, déchirure, écorchure, griffure, bobo (fam.)

égrillard, arde ADJ. coquin, cru, épicé, gaillard, gaulois, grivois, hardi, leste, libertin, polisson, salé

éhonté, ée ADJ. **1. cynique**, effronté, impudent, sans vergogne **2. scandaleux**, honteux

éjecter V. TR. **1. projeter 2.** [fam.] **chasser**, se débarrasser de, évincer, jeter (dehors), renvoyer, balancer (fam.), flanquer/ficher à la porte (fam.), sacquer (fam.), vider (fam.), virer (fam.)

élaboration N. F. **1. conception**, composition, constitution, construction, création, formation, mise au point, préparation **2. production**, confection, fabrication, réalisation

élaborer V. TR. **1. concevoir**, composer, construire, échafauder, former, mettre au point, préparer, concocter (fam.) **2. produire**, confectionner, créer, fabriquer, réaliser

élaguer V. TR. **1. tailler**, couper, ébrancher, écimer, éclaircir, égayer, émonder, étêter **2. retrancher**, couper, enlever, ôter, soustraire, supprimer

élan N. M. **1. impulsion**, essor, lancée, poussée **2. ardeur**, chaleur, fougue, vivacité **3. accès**, effusion, emportement, envolée, mouvement, transport

élancé, ée ADJ. mince, délié, fin, fuselé, long, longiligne, svelte

élancer (s') V. PRON. **1. prendre son élan 2. s'envoler 3. se précipiter**, bondir, courir, se jeter, se lancer, se ruer, voler, foncer (fam.) **4. se dresser**, s'élever, jaillir, pointer

élargir V. TR. **1. augmenter**, accroître, agrandir, amplifier, développer, enrichir, étendre **2. dilater**, évaser **3. libérer**, relâcher, relaxer, faire sortir
♦ **s'élargir** V. PRON. **1. enfler**, forcir, s'étoffer, gonfler **2. se relâcher**, s'avachir

élargissement N. M. **1. agrandissement**, dilatation, distension, évasement, extension **2. augmentation**, accroissement, développement, extension **3. libération**, levée d'écrou, relâchement, relaxe

élasticité N. F. **1. extensibilité**, compressibilité, ductilité **2. souplesse**, agilité, ressort **3. adaptabilité**, flexibilité, souplesse

élastique
▸ ADJ. **1. extensible**, compressible, ductile, étirable **2. souple**, agile **3. variable**, flexible, à la carte **4. accommodant**, complaisant, flexible, lâche, laxiste, souple **5. changeant**, malléable, mobile
▸ N. M. **caoutchouc**

électricité N. F. **1. courant**, jus (fam.) **2. lumière**

électriser V. TR. enthousiasmer, enflammer, exalter, exciter, galvaniser, passionner, soulever, surexciter, survolter, transporter

élégance N. F. **I. 1. allure**, chic, classe, distinction, goût, raffinement **2. beauté**, agrément, harmonie **3. délicatesse**, charme, finesse, grâce, sveltesse **II. 1. adresse**, doigté, habileté **2. aisance**, savoir-vivre **3. style**, bien-dire

élégant, ante ADJ. **1. bien habillé**, bien mis, chic, pimpant, chicos (fam.), fringué (fam.), sapé (fam.), tiré à quatre épingles (fam.), sur son trente-et-un (fam.), bichonné (fam., péj.), coquet (péj.), endimanché (péj.), pomponné (fam., péj.) **2. habillé**, chic, seyant, chicos (fam.) **3. distingué**, chic, choisi, raffiné, chicos (fam.), classieux (fam.), sélect (fam.), smart (fam.) **4. gracieux**, charmant, fin, élancé, svelte **5. adroit**, habile

élément N. M. **1. composant**, composante, constituant, item, morceau, partie **2. donnée**, critère, détail, facteur, paramètre **3. cause**, condition, principe **4. environnement**, biotope, cadre, milieu

élémentaire ADJ. **1. fondamental**, basique, essentiel, principal **2. rudimentaire**, grossier, primitif, simple, basique (péj.)

élévation N. F. **I. 1. montée**, ascension **2. altitude**, hauteur **3. butte**, bosse, éminence, hauteur, monticule, tertre **II. construction**, édification, érection **III. accroissement**, augmentation, hausse **IV. accession**, ascension, avancement, nomination, promotion

élevé, ée ADJ. **1. haut**, grand **2. important**, considérable, gros, lourd, [facture] salé (fam., péj.), sévère (fam., péj.) **3. supérieur**, dominant, éminent **4. noble**, beau, généreux, grand, sublime, supérieur **5. soigné**, relevé, soutenu **6.** [rythme] **rapide**, effréné, endiablé, soutenu

élève N. **1. écolier**, collégien, lycéen, étudiant, potache (fam.) **2. apprenti** **3. aspirant**, cadet **4. disciple**

élever V. TR. **I. 1. dresser**, hisser, lever, monter, soulever **2. exhausser**, hausser, rehausser, relever, surélever, surhausser **II. 1. bâtir**, construire, dresser, édifier, ériger **2. créer**, établir, fonder **III. accroître**, augmenter, hausser, majorer, relever **IV. 1. grandir**, anoblir, édifier, ennoblir **2. promouvoir** **V. 1. éduquer**, cultiver, dresser, former, gouverner, instruire **2. entretenir**, nourrir, soigner, prendre soin de
♦ **s'élever** V. PRON. **1. grimper**, se hisser, monter **2. se dresser**, être érigé, pointer **3. apparaître**, naître, surgir, survenir **4. augmenter**, s'accroître **5. progresser**, monter

élimé, ée ADJ. râpé, usagé, usé (jusqu'à la corde)

élimination N. F. **1. disqualification**, recalage (fam.) **2. suppression**, effacement **3. exclusion**, refus, rejet **4. éviction**, expulsion **5. liquidation** (fam.), suppression **6. évacuation**, excrétion, expulsion, rejet

éliminer V. TR. **1. disqualifier**, recaler, [à un examen] coller (fam.) **2. supprimer**, balayer, chasser, détruire, dissiper, effacer, enlever, rayer **3. exclure**, bannir, écarter, proscrire, refuser, rejeter **4. évincer**, chasser, expulser, jeter dehors, renvoyer, balancer (fam.), flanquer à la porte (fam.), vider (fam.), virer (fam.) **5. tuer**, abattre, assassiner, se débarrasser de, supprimer, descendre (fam.), liquider (fam.) **6. évacuer**, excréter

élire V. TR. choisir, adopter, coopter, désigner, plébisciter

élite N. F. aristocratie, (fine) fleur, crème (fam.), dessus du panier (fam.), gratin (fam.)

elliptique ADJ. concis, allusif, bref, laconique, lapidaire, télégraphique

élocution N. F. diction, articulation, débit, prononciation

éloge N. M. **1. compliment**, félicitation, louange **2. apologie**, célébration, dithyrambe, glorification, panégyrique

élogieux, ieuse ADJ. flatteur, avantageux, dithyrambique, laudatif, louangeur

éloigné, ée ADJ. **1. distant**, lointain, séparé **2. écarté**, perdu, reculé **3. ancien**, antique, lointain, reculé, vieux **4. différent**, divergent

éloignement N. M. **1. distance**, écart, espacement, intervalle, recul, séparation **2. différence**, écart **3. absence**, départ, disparition, fuite, retraite **4. bannissement**, exil

éloigner V. TR. **1. emporter (loin de)** **2. écarter**, espacer, pousser, reculer, repousser, retirer, séparer **3. chasser**, bannir, congédier, éconduire, évincer, rejeter, reléguer **4. différer**, reculer, repousser, retarder **5. détourner**, dérouter, détacher, dévier, distraire

♦ **s'éloigner** V. PRON. **1. s'en aller**, s'écarter, partir, se retirer **2. dévier**, déborder, s'écarter, perdre le fil, sortir **3. différer**, diverger, s'opposer **4. s'affaiblir**, s'atténuer, décroître, s'effacer, s'estomper, s'évanouir, disparaître **5. déserter**, tourner le dos à

éloquence N. F. **1. facilité (d'expression)**, faconde, loquacité, verve, volubilité, bagout (fam.), tchatche (fam.) **2. conviction**, feu, flamme, force, vigueur, passion, véhémence **3. rhétorique**, art oratoire

éloquent, ente ADJ. **1. disert**, bavard, loquace **2. convaincant**, persuasif **3. expressif**, parlant, probant, significatif

élu, ue N. délégué, représentant, député, parlementaire

élucider V. TR. clarifier, faire la lumière sur, débrouiller, démêler, dénouer, éclaircir, éclairer, expliquer

éluder V. TR. éviter, se dérober à, se détourner de, escamoter, esquiver, fuir, laisser de côté, passer par-dessus/sur

émacié, ée ADJ. maigre, amaigri, décharné, en lame de couteau, étique, hâve, sec, squelettique

émailler V. TR. **1. parsemer**, consteller, cribler, semer, truffer **2.** [agréablement] **agrémenter**, embellir, enjoliver, enrichir, orner, parer

émanation N. F. **1. émission**, bouffée, dégagement, effluence, effluve, exhalaison, odeur, souffle, vapeur, vent **2. parfum**, fumet **3. relent**, miasme **4. expression**, manifestation, produit

émancipation N. F. libération, affranchissement, délivrance

émanciper V. TR. **libérer**, affranchir, délivrer

♦ **s'émanciper** V. PRON. **se libérer**, s'affranchir, prendre sa volée, voler de ses propres ailes, couper le cordon (ombilical)

emballage N. M. **1. conditionnement**, empaquetage, packaging **2. boîte**, caisse, carton, étui

emballement N. M. engouement, coup de cœur, coup de foudre, enthousiasme, exaltation, passion, transport, tocade (fam.)

emballer V. TR. **1. conditionner**, empaqueter, envelopper **2. plaire à**, enchanter, enthousiasmer, exalter, griser, passionner, ravir, séduire, transporter, botter (fam.), chanter à (fam.)

♦ **s'emballer** V. PRON. **s'enthousiasmer**, avoir un coup de cœur/de foudre, s'engouer, se passionner, prendre le mors aux dents, se toquer (fam.)

embarcation N. F. bateau, barque, canot, rafiot (fam.)

embarquer V. TR. **1. charger**, emporter, enlever, mettre, monter, prendre **2. impliquer**, engager, entraîner, pousser, embringuer (fam.), mouiller (fam.)

embarras N. M. **1. difficulté**, accroc, anicroche, complication, contrariété, embêtement, empêchement, inconvénient, obstacle, problème, cactus (fam.), emmerde (très fam.), emmerdement (très fam.) **2. charge**, désagrément, ennui, gêne, souci, tracas **3. malaise**, confusion, émotion, gaucherie, gêne, honte, timidité, trouble **4. hésitation**, indécision, indétermination, irrésolution **5. indisposition**, crise, dérangement, indigestion **6. embouteillage**, encombrement, engorgement, bouchon (fam.)

embarrassant, ante ADJ. **1. volumineux**, encombrant **2. délicat**, compromettant, difficile, épineux, ennuyeux, gênant, scabreux

embarrassé, ée ADJ. **1. confus**, contrit, gêné, honteux, l'oreille basse, penaud **2. emprunté**, constipé, contraint, empoté, gauche, timide **3. indécis**, hésitant, incertain, irrésolu, perplexe, troublé **4. compliqué**, confus, embrouillé, obscur, emberlificoté (fam.), entortillé (fam.) **5. lourd**, gauche, laborieux, maladroit, pénible, pesant **6. inquiet**, ennuyé, préoccupé, soucieux

embarrasser V. TR. **1. encombrer**, congestionner, embouteiller, gêner, obstruer **2. ennuyer**, gêner, incommoder, importuner, embêter (fam.), emmerder (très fam.) **3. déconcerter**, décontenancer, dérouter, désorienter, interdire, interloquer, réduire à quia, troubler **4. alourdir**, entraver, ralentir

embauche N. F. recrutement, engagement, enrôlement

embaucher V. TR. engager, recruter, enrôler

embaumer V. TR. **1. sentir bon**, fleurer (bon) **2. parfumer**

embellie N. F. **1. accalmie**, éclaircie **2. amélioration**, apaisement, détente, mieux

embellir V. TR. **1. décorer**, égayer, enjoliver, ornementer, orner, parer **2. avantager**, améliorer, arranger, flatter **3. enrichir**, agrémenter, émailler, enjoliver, fleurir, rehausser **4. idéaliser**, magnifier, poétiser

embellissement N. M. **1. décoration**, ornementation, fioriture (péj.) **2. amélioration**, arrangement, enjolivement, enrichissement **3. idéalisation**

embêtant, ante ADJ. **1. contrariant**, empoisonnant, ennuyeux, fâcheux, importun, casse-pieds (fam.), emmerdant (très fam.), enquiquinant (fam.) **2. ennuyeux**, assommant (fam.), barbant (fam.), casse-pieds (fam.), chiant (très fam.), rasoir (fam.), tannant (fam.)

embêtement N. M. contrariété, désagrément, ennui, souci, tracas, tourment (littér.), emmerde (fam.), emmerdement (fam.), prise de tête (fam.)

embêter V. TR. **1. contrarier**, déranger, empoisonner, importuner, chiffonner (fam.), enquiquiner (fam.) **2. ennuyer**, assommer (fam.), barber (fam.), bassiner (fam.), casser les pieds à (fam.), emmerder (fam.), faire suer (fam.), raser (fam.), tanner (fam.)
♦ **s'embêter** V. PRON. **s'ennuyer**, se morfondre, se barber (fam.), s'emmerder (très fam.), se faire chier (très fam.), se faire suer (fam.)

emblée (d') LOC. ADV. d'abord, aussitôt, du premier coup, d'entrée de jeu, immédiatement, sur-le-champ, incontinent (littér.), illico (fam.), bille en tête (fam.)

emblème N. M. **1. attribut**, image, insigne, signe, symbole **2. blason**, cocarde, drapeau, écusson, insigne

emboîter V. TR. **assembler**, encastrer, enchâsser, emmancher, imbriquer
♦ **s'emboîter** V. PRON. **s'encastrer**

embonpoint N. M. grosseur, adiposité, corpulence, rondeur, surcharge pondérale, rotondité (fam., plaisant)

embourber V. TR. **enliser**, envaser
♦ **s'embourber** V. PRON. **1. s'enliser**, s'envaser **2. s'empêtrer**, s'emmêler, s'enferrer, s'enfoncer, s'enliser, patauger, se perdre, s'emberlificoter (fam.)

embouteillage N. M. encombrement, bouchon (fam.), embarras de circulation, ralentissement, retenue

embouteillé, ée ADJ. encombré, bloqué

emboutir V. TR. percuter, défoncer, enfoncer, heurter, télescoper, emplafonner (fam.), tamponner (fam.)

embranchement N. M. **1. bifurcation**, carrefour, croisement, fourche, intersection, patte d'oie, [d'autoroute] bretelle (de raccordement) **2. division**, branche, classification, ramification, subdivision

embrasement N. M. **1. incendie**, feu **2. illumination**, clarté, lumière **3. trouble**, conflagration, conflit, guerre **4. exaltation**, effervescence, excitation, passion

embraser V. TR. **1. allumer**, enflammer, incendier **2. brûler**, chauffer **3. éclairer**, illuminer **4. exalter**, échauffer, électriser, enfiévrer, enflammer, exciter, passionner
♦ **s'embraser** V. PRON. **s'enflammer**, prendre feu, devenir la proie des flammes

embrassade N. F. accolade, enlacement, étreinte

embrasser V. TR. **I. 1. baiser**, faire la bise à (fam.), biser (fam.), sauter au cou de (fam.), [amoureusement] bécoter (fam.), rouler une pelle à (très fam.), rouler un patin à (très fam.) **2. prendre dans ses bras**, donner l'accolade à, enlacer, étreindre, serrer dans ses bras **II. 1. choisir**, adopter, épouser, prendre, suivre **2. accepter**, adopter, partager, prendre, suivre, faire sien **III. contenir**, comprendre, couvrir, englober, recouvrir, renfermer, toucher (à)
♦ **s'embrasser** V. PRON. se bécoter (fam.), se sucer la pomme (fam.)

embrayer V. TR. **1. enclencher**, amorcer, entamer, entreprendre **2. engrener**

embrigader V. TR. recruter, enrégimenter, enrôler, incorporer, mobiliser

embrouillamini N. M. confusion, fouillis, imbroglio, mélange, maquis (littér.), brouillamini (fam.), cafouillis (fam.), micmac (fam.), sac de nœuds (fam.)

embrouillé, ée ADJ. obscur, brouillon, compliqué, confus, emmêlé, entortillé, fumeux, trouble, emberlificoté (fam.)

embrouiller V. TR. **1. emmêler**, brouiller, confondre, enchevêtrer, entortiller, mélanger, mêler, emberlificoter (fam.) **2. obscurcir**, brouiller, compliquer, embrumer, troubler **3. désorienter**, circonvenir, emberlificoter (fam.), embobiner (fam.)
♦ **s'embrouiller** V. PRON. **1. s'empêtrer**, s'embourber, s'emmêler, s'enferrer, s'enliser, patauger, se perdre, perdre le fil, cafouiller (fam.), s'emberlificoter (fam.), se mélanger les pinceaux/les crayons/les pédales (fam.), se prendre les pieds dans le tapis (fam.), vasouiller (fam.) **2. bafouiller**, bredouiller

embryon N. M. **1. œuf**, fœtus **2. amorce**, commencement, début, ébauche, germe, prémices

embryonnaire ADJ. larvaire, en germe, en gestation

embûche N. F. piège, difficulté, écueil, obstacle, problème, traquenard, cactus (fam.), hic (fam.), os (fam.)

embuscade N. F. guet-apens, piège, traquenard

embusquer V. TR. **cacher**, camoufler, dissimuler, planquer (fam.)
♦ **s'embusquer** V. PRON. **se cacher**, se dissimuler, se tapir, se planquer (fam.)

éméché, ée ADJ. ivre, gai, gris (fam.), parti (fam.), pompette (fam.)

émergence N. F. apparition, arrivée, irruption, naissance, survenue

émerger V. INTR. **1. sortir 2. affleurer**, apparaître, poindre **3. se dégager**, se faire jour, se montrer, naître, paraître, poindre **4. s'imposer**, percer

émérite ADJ. distingué, accompli, brillant, chevronné, éminent, expérimenté, insigne

émerveillement N. M. **1. éblouissement**, enchantement, plaisir, ravissement **2. admiration**, engouement, enthousiasme, emballement (fam.)

émerveiller V. TR. **éblouir**, charmer, enchanter, enthousiasmer, fasciner, ravir, subjuguer, transporter, laisser pantois, emballer (fam.)
♦ **s'émerveiller** V. PRON. **admirer**, s'extasier, se pâmer

émettre V. TR. **1. répandre**, propager **2. transmettre**, diffuser, porter sur les ondes **3. formuler**, articuler, avancer, exprimer, hasarder, lâcher, incontinent (littér.), proférer, prononcer **4. lancer**, darder, jeter **5. dégager**, exhaler, répandre

émeute N. F. insurrection, agitation, désordre, rébellion, révolte, sédition, soulèvement, trouble

émietter V. TR. morceler, atomiser, désagréger, disperser, disséminer, effriter, éparpiller, fractionner, fragmenter, parcelliser, [Pol.] balkaniser

émigration N. F. expatriation, migration, exode, fuite, transplantation

émigré, ée N. et ADJ. migrant, exilé, expatrié, réfugié (politique)

émigrer V. INTR. s'expatrier, s'exiler, se réfugier

éminence N. F. **1. hauteur**, bosse, butte, colline, élévation, mamelon, montagne, mont, monticule, pic, piton, sommet, tertre **2. protubérance**, apophyse, excroissance, proéminence, saillie, tubercule, tubérosité

éminent, ente ADJ. **1. distingué**, brillant, émérite, insigne, remarquable, supérieur **2. renommé**, célèbre, fameux, grand, réputé **3. important**, considérable, élevé, haut

émission N. F. **1. diffusion**, transmission **2. programme** **3. lancement**, mise en circulation **4. émanation**, production

emmagasiner V. TR. **1. entreposer**, stocker **2. accumuler**, amasser, engranger, entasser

emmêler V. TR. **1. embrouiller**, enchevêtrer, entrelacer, entremêler, mêler **2. brouiller**, compliquer, embrouiller, obscurcir

♦ **s'emmêler** V. PRON. **s'embrouiller**, s'empêtrer, s'enferrer, s'enliser, patauger, se perdre, cafouiller (fam.), s'emberlificoter (fam.)

emmener V. TR. conduire, accompagner, escorter, mener

émoi N. M. **1. émotion**, trouble **2. agitation**, effervescence, excitation

émoluments N. M. PL. rétribution, rémunération, appointements, cachet, gains, honoraires, indemnité, paie, salaire, traitement, vacations

émotif, ive ADJ. **1. émotionnel**, affectif **2. impressionnable**, nerveux, sensible

émotion N. F. **1. trouble**, agitation, bouleversement, choc, commotion, désarroi, émoi **2. sensibilité**, sentiment

émousser V. TR. **1. épointer**, casser, user **2. atténuer**, affaiblir, amortir, endormir, éteindre

♦ **s'émousser** V. PRON. **s'affaiblir**, s'atténuer, perdre de sa force, perdre de sa vigueur

émoustiller V. TR. **1. griser**, étourdir, (faire) tourner la tête à **2. aguicher**, affrioler, exciter, provoquer

émouvant, ante ADJ. **1. touchant**, attendrissant **2. bouleversant**, déchirant, pathétique, poignant, saisissant

émouvoir V. TR. **1. affecter**, aller (droit) au cœur de, atteindre, attendrir, parler au cœur de, trouver le chemin du cœur de, impressionner, toucher, troubler, faire vibrer **2. ébranler**, bouleverser, frapper, remuer, saisir, secouer, retourner (fam.), prendre aux entrailles/aux tripes (fam.), remuer les tripes de (fam.), tirer des larmes à (fam.)

♦ **s'émouvoir** V. PRON. **1. se troubler** **2. s'alarmer**, s'inquiéter, se préoccuper, se soucier

empaqueter V. TR. conditionner, emballer, envelopper

emparer de (s') V. PRON. **1. prendre**, agripper, saisir **2. accaparer**, s'approprier, mettre la main sur, faire main basse sur, mettre le grappin sur (fam.), rafler (fam.), usurper (péj.) **3. envahir**, gagner, saisir, submerger **4. subjuguer**, conquérir, fasciner

empâté, ée ADJ. bouffi, épais

empâtement N. M. embonpoint, bouffissure

empêchement N. M. **1. obstacle**, barrière, entrave, frein, opposition **2. complication**, accroc, contrariété, contretemps, difficulté, embarras, gêne

empêcher V. TR. **1. faire obstacle à**, barrer (la route à), bloquer, déjouer, écarter, endiguer, enrayer, entraver, éviter, faire barrage à, juguler, s'opposer à, prévenir, stopper **2. interdire**, défendre, prohiber, s'opposer à

♦ **s'empêcher de** V. PRON. **se retenir de**, se défendre de, se priver de

empesé, ée ADJ. **1. amidonné**, dur **2. apprêté**, compassé, guindé, pincé, raide, gourmé (littér.), coincé (fam.), constipé (fam.)

empester V. TR. **1. empuantir**, empoisonner, vicier **2.** [sans complément] **puer**, chlinguer (fam.), cocoter (fam.), fouetter (fam.)

empêtrer V. TR. **embarrasser**, encombrer, entraver, gêner

♦ **s'empêtrer** V. PRON. **s'embarrasser**, s'embourber, s'embrouiller, s'enferrer, s'enfoncer, s'enliser, patauger, barboter (fam.), cafouiller (fam.), s'emberlificoter (fam.), se mélanger les crayons/les pédales/les pinceaux (fam), se prendre les pieds dans le tapis (fam.)

emphase N. F. grandiloquence, enflure, exagération, outrance, pathos, pédantisme

emphatique ADJ. ampoulé, académique, affecté, apprêté, boursouflé, déclamatoire, guindé, pédantesque, pompeux, prétentieux, ronflant, sentencieux, solennel, sonore, théâtral

empiéter sur V. INTR. **1. chevaucher**, déborder sur, envahir, gagner, grignoter, mordre sur, recouvrir **2. usurper**, dépasser, outrepasser, marcher sur les plates-bandes de

empilement N. M. superposition, amas, amoncellement, entassement, pile, tas

empiler V. TR. **1. superposer**, accumuler, amasser, entasser **2. presser**, compresser, serrer

empire N. M. **1. contrôle**, commandement, gouvernement, souveraineté **2. ascendant**, autorité, emprise, influence, pouvoir, mainmise, puissance **3. crédit**, autorité, prestige **4. maîtrise**, sang-froid **5. colonies**

empirer V. INTR. s'aggraver, aller de mal en pis, dégénérer, se dégrader, se détériorer, s'envenimer, se gâter, se corser (fam.), tourner au vinaigre (fam.)

emplacement N. M. lieu, aire, coin, endroit, espace, place, position, secteur, site, situation, terrain, zone

emplette N. F. achat, acquisition, commission, course

emplir V. TR. **1. remplir**, bonder, bourrer, charger, combler, farcir, saturer, truffer **2. encombrer**, occuper **3. envahir**, se répandre dans **4. combler**, gonfler

emploi N. M. **1. travail**, activité, métier, place, position, poste, profession, service, situation, boulot (fam.), gagne-pain (fam.), job (fam.) **2. usage**, utilisation, maniement, mise en jeu, mise en œuvre **3. application 4. destination**, fonction, rôle

employé¹, ée ADJ. utilisé, usité

employé², ée N. agent, préposé, subordonné, salarié, travailleur

employer V. TR. **1. se servir de**, consommer, dépenser, disposer de, mettre en œuvre, user de, utiliser **2. exercer**, agir avec, appliquer, recourir à, user de **3. consacrer**, apporter, consumer, dépenser, déployer, donner, mettre, vouer **4. occuper**, consacrer, mettre à profit, passer, remplir **5. faire travailler**, occuper, charger, préposer, commettre (littér.)

♦ **s'employer** V. PRON. **1. s'utiliser**, être usité **2. s'appliquer à**, s'attacher à, se consacrer à, se dépenser pour, à, se multiplier pour, se préoccuper de

empocher V. TR. ramasser, encaisser, gagner, percevoir, recevoir, toucher, se mettre dans la poche (fam.)

empoigner V. TR. **1. saisir**, accrocher, agripper, attraper, prendre, serrer **2. émouvoir**, bouleverser, remuer, retourner, secouer

♦ **s'empoigner** V. PRON. **se disputer**, se quereller, se colleter (littér.)

empoisonner V. TR. **1. intoxiquer 2. tuer 3. gâter**, corrompre, dénaturer, pervertir, troubler **4. tourmenter**, incommoder **5. ennuyer**, barber (fam.), embêter (fam.), enquiquiner (fam.), emmerder (très fam.), raser (fam.), tanner (fam.)

empoisonneur, euse N. gêneur, fâcheux, importun, casse-couilles (très fam.), casse-pieds (fam.), emmerdeur (fam.), enquiquineur (fam.), peste (fam.), poison (fam.), raseur (fam.)

emporté, ée ADJ. coléreux, bouillant, chaud, fougueux, impétueux, impulsif, irascible, irritable, violent, soupe au lait (fam.)

emportement N. M. **1. colère**, fureur, furie, irritation **2. débordement**, délire, dérèglement, égarement

emporter V. TR. **1. transporter**, charrier, emmener **2. entraîner**, arracher, balayer, emmener **3. détruire**, anéantir, dévaster, submerger **4. faire mourir**, tuer **5. voler**, enlever, piller, prendre, ravir, soustraire, embarquer (fam.), rafler (fam.) **6. conquérir**, enlever, gagner, obtenir, remporter **7. conserver**, garder

♦ **s'emporter** V. PRON. **se mettre en colère**, éclater, se fâcher, fulminer, pester, tempêter, tonner, monter sur ses grands chevaux, piquer une colère, prendre le mors aux dents, prendre la mouche, sortir de ses gonds, avoir la moutarde qui monte au nez, s'emballer (fam.)

empoté, ée ADJ. maladroit, gauche, peu dégourdi, godiche (fam.)

empreinte N. F. **1. trace**, marque **2. sceau**, griffe, seing **3. moulage** **4. cicatrice**, marque, stigmate, trace

empressé, ée ADJ. **1. diligent**, zélé **2. attentif**, attentionné, complaisant, dévoué, prévenant **3. galant**, ardent

empressement N. M. **1. diligence**, complaisance, dévouement, zèle **2. galanterie**, ardeur, assiduité **3. promptitude**, hâte **4. avidité**

empresser (s') V. PRON. **1. se dépêcher**, courir, se hâter, se presser, se précipiter **2. s'affairer**, se démener, se mettre en quatre (fam.)

emprise N. F. ascendant, autorité, domination, empire, influence, pouvoir, puissance

emprisonnement N. M. captivité, détention, enfermement, incarcération, internement, prison, réclusion, collocation (Belgique)

emprisonner V. TR. **1. mettre en prison**, écrouer, incarcérer, interner, mettre sous les verrous, boucler (fam.), coffrer (fam.), embastiller (fam.), mettre à l'ombre (fam.), mettre en taule (fam.), mettre au trou (fam.) **2. enfermer**, cadenasser, claquemurer, claustrer, cloîtrer, consigner, détenir, retenir, séquestrer, reclure (littér.) **3. cerner**, entourer, environner **4. serrer**, enserrer, envelopper, comprimer, renfermer

emprunt N. M. **1. crédit**, prêt **2. imitation**, calque, copie, plagiat

emprunté, ée ADJ. **1. contraint**, embarrassé, gauche, godiche (fam.) **2. d'emprunt**

emprunter V. TR. **1. passer par**, prendre, suivre **2. prendre**, taper (fam.) **3. aller chercher**, devoir, prendre **4. copier**, imiter, se modeler sur, plagier, répéter, reproduire, singer

empuantir V. TR. empester, empoisonner, vicier

émulation N. F. concurrence, compétition, lutte, rivalité

émule N. **1. concurrent**, adversaire, compétiteur, rival **2. égal**, équivalent

encadrement N. M. **1. bordure**, cadre, chambranle, châssis, entourage **2. direction**, cadres, hiérarchie, staff (fam.)

encadrer V. TR. **1. entourer**, border **2. diriger**, mener

encaissé, ée ADJ. resserré, étroit, profond

encaisser V. TR. percevoir, gagner, recevoir, recouvrer, toucher, empocher (fam.), ramasser (fam.)

encastrer V. TR. emboîter, enchâsser, enclaver, insérer, loger

enceinte[1] ADJ. F. grosse, en cloque (fam.)

enceinte[2] N. F. 1. **clôture**, barrière, ceinture, mur, muraille, palissade, rempart 2. **périmètre** 3. **haut-parleur**, baffle

encenser V. TR. flatter, louer, porter aux nues, avoir la bouche pleine de

encercler V. TR. 1. **cercler**, encadrer, entourer 2. **être autour de**, enclore, enfermer, enserrer 3. **cerner**, assiéger, attaquer

enchaînement N. M. 1. **déroulement**, agencement, cours, ordre, suite 2. **série**, chaîne, succession, suite 3. **liaison**, transition 4. **association**, connexion, filiation 5. **conséquence**, résultat, suite

enchaîner V. TR. 1. **attacher**, charger de chaînes, lier, [un prisonnier] mettre aux fers 2. **soumettre**, asservir, assujettir, contraindre, dompter, maîtriser, museler, opprimer, plier (à), subjuguer 3. **lier**, unir (à) 4. **coordonner**, associer, lier, relier

♦ **s'enchaîner** V. PRON. 1. **se suivre**, se succéder 2. **découler**, se déduire

enchanté, ée ADJ. 1. **magique**, féerique 2. **ravi**, charmé, content, heureux

enchantement N. M. 1. **sortilège**, charme, ensorcellement, envoûtement, incantation, magie, maléfice, sort 2. **ravissement**, bonheur, émerveillement, griserie, ivresse, joie

enchanter V. TR. 1. **ensorceler**, envoûter, jeter un sort sur 2. **ravir**, captiver, charmer, conquérir, émerveiller, fasciner, séduire, subjuguer, botter (fam.)

enchanteur, teresse

▸ ADJ. **merveilleux**, charmant, charmeur, de rêve, féerique, paradisiaque, ravissant, séduisant

▸ N. **magicien**, ensorceleur, mage, sorcier

enchâsser V. TR. 1. **encastrer**, emboîter, [une pierre] enchatonner, monter, sertir 2. **insérer**, intercaler 3. **encadrer**, entourer

enchevêtrement N. M. 1. **réseau**, entrelacement, imbrication, interpénétration, intrication, tissu 2. **mélange**, dédale, désordre, embrouillement, imbroglio, labyrinthe, embrouillamini (fam.), fouillis (fam.)

enclencher V. TR. déclencher, amorcer, commencer, débuter, engager, entamer, initier, lancer, mettre en route, mettre sur les rails, mettre en train

enclin, ine ADJ. disposé, porté, prédisposé, sujet

enclore V. TR. 1. **clôturer**, ceindre, clore, enceindre, entourer, fermer 2. **enclaver**, encercler, enfermer, enserrer, entourer

enclos N. M. 1. **clos**, corral, parc 2. **clôture**, enceinte, mur

encoche N. F. entaille, cran

encoder V. TR. crypter, chiffrer

encombrant, ante ADJ. 1. **volumineux**, embarrassant 2. **importun**, indiscret, nuisible, parasite, pesant 3. **compromettant**, gênant

encombrement N. M. 1. **entassement**, accumulation, amas 2. **embouteillage**, bouchon (fam.), embarras de circulation, ralentissement, retenue

encombrer V. TR. 1. **embarrasser**, gêner, boucher, obstruer 2. **surcharger**, embouteiller

encourageant, ante ADJ. **1. prometteur**, engageant **2. stimulant**, dynamisant, motivant, réconfortant

encouragement N. M. **1. stimulation**, aiguillon, exhortation, incitation **2. aide**, appui, réconfort, soutien

encourager V. TR. **1. stimuler**, aiguillonner, enhardir, exciter **2. conforter**, aider, appuyer, favoriser, soutenir, supporter (Sport)

encourir V. TR. s'exposer à, mériter, être passible de, risquer, tomber sous le coup de

encrasser V. TR. **salir**, entartrer

♦ **s'encrasser** V. PRON. **se salir**, se calaminer, s'entartrer

encroûter (s') V. PRON. s'abêtir, s'abrutir, croupir, dégénérer, s'encrasser, moisir, se scléroser, végéter

endeuiller V. TR. attrister, assombrir

endiablé, ée ADJ. infernal, débridé, déchaîné, effréné, frénétique

endiguer V. TR. **1. canaliser 2. contenir**, barrer (le passage à), brider, enrayer, entraver, freiner, juguler, faire obstacle à

endoctriner V. TR. enrégimenter, catéchiser, fanatiser, subjuguer, bourrer le crâne de (fam.), embobiner (fam.), matraquer (fam.)

endommager V. TR. abîmer, altérer, avarier, dégrader, détériorer, gâter, saccager, amocher (fam.), bousiller (fam.), déglinguer (fam.), détraquer (fam.), esquinter (fam.), flinguer (fam.), fusiller (fam.)

endormi, ie ADJ. **1. assoupi**, inerte **2. ensommeillé**, somnolent, dans les vapes (fam.) **3. lent**, appesanti, inactif, indolent, lourd, mou, paresseux

endormir V. TR. **I. 1. assoupir 2. anesthésier**, chloroformer, engourdir, insensibiliser **3. hypnotiser 4. atténuer**, adoucir, apaiser, attiédir, calmer, émousser, soulager **II. 1. ennuyer**, assommer, lasser, barber (fam.), enquiquiner (fam.), raser (fam.) **2. tromper**, bercer, enjôler, leurrer, amuser (fam.), embobiner (fam.), entortiller (fam.), mener en bateau (fam.) **3. vaincre**, surmonter

♦ **s'endormir** V. PRON. **1. s'assoupir**, s'appesantir, somnoler, fermer l'œil, piquer du nez (fam.) **2. s'atténuer**, s'adoucir, s'apaiser, se calmer, s'effacer, s'engourdir, s'estomper, mourir

endosser V. TR. **1. mettre**, enfiler, revêtir **2. assumer**, accepter, se charger de, prendre sur soi, prendre sous son bonnet (fam.)

endroit N. M. **1. lieu**, coin, emplacement, place, position, situation **2. localité**, bourg, village **3. passage**, moment **4. recto**, dessus, devant

enduire V. TR. badigeonner, barbouiller, couvrir, frotter, imprégner, recouvrir, oindre (littér.), tartiner (fam.)

endurance N. F. résistance, énergie, fermeté, force

endurant, ante ADJ. résistant, dur, dur au mal, costaud (fam.), dur à cuire (fam.)

endurci, ie ADJ. **1. dur**, durci **2. résistant**, aguerri, endurant, éprouvé **3. insensible**, indifférent, dur, impitoyable, implacable, inflexible, sec, blindé (fam.) **4. invétéré**, avéré, confirmé, impénitent, irrécupérable

endurcir V. TR. **1. durcir 2. aguerrir**, armer, cuirasser, fortifier, tremper, blinder (fam.)

endurer V. TR. **1. subir**, souffrir, soutenir, supporter, encaisser (fam.), essuyer (fam.) **2. tolérer**, permettre, supporter, avaler (fam.), digérer (fam.)

énergie N. F. **1. vitalité**, force, ressort, ressource, tonus, vie, vigueur, punch (fam.) **2. volonté**, ardeur, constance, courage, détermination, dynamisme, fermeté, force, persévérance, poigne, résolution

énergique ADJ. **1. dynamique**, actif, décidé, résolu **2. vigoureux**, fort, mâle, musclé, puissant, robuste, vif, violent **3. efficace**, actif, agissant, puissant **4. rigoureux**, draconien, drastique, dur

énergiquement ADV. **1. fermement**, dur, fort, avec force, fortement, vigoureusement, violemment, tambour battant **2. courageusement**, fermement, hardiment, résolument

énergumène N. **1. individu 2. fanatique**, exalté, excité, forcené, fou furieux, possédé

énervant, ante ADJ. agaçant, crispant, exaspérant, excédant, horripilant, irritant, rageant, gonflant (fam.), râlant (fam.), tuant (fam.)

énervé, ée ADJ. nerveux, à cran, à bout de nerfs (fam.), sous pression (fam.), speedé (fam.)

énervement N. M. **1. agacement**, exaspération, impatience, irritation **2. irritabilité**, nervosité **3. agitation**, effervescence, excitation, surexcitation

énerver V. TR. **1. agacer**, crisper, exaspérer, excéder, horripiler, impatienter, irriter, gonfler (très fam.), porter/taper sur les nerfs à (fam.), taper sur le système à (fam.), filer/foutre les boules à (très fam.), courir sur le haricot à (très fam.) **2. échauffer**, exciter, surexciter
♦ **s'énerver** V. PRON. **1. s'impatienter**, bouillir **2. s'échauffer**, s'emporter, s'enflammer, s'exciter, avoir la moutarde qui monte au nez (fam.), monter sur ses grands chevaux (fam.) **3. s'affoler**, paniquer, péter les plombs (fam.), péter un câble (fam.)

enfance N. F. **1. âge tendre**, jeunesse **2.** [littér.] **origine**, commencement, début, aube (littér.), aurore (littér.), matin (littér.)

enfant N. M. **1. petit**, petite fille, fillette, petit garçon, garçonnet, bambin, chiard (fam., péj.), gosse (fam.), lardon (fam., péj.), loupiot (fam.), marmot (fam.), mioche (fam.), môme (fam.), mouflet (fam.), moutard (fam.), pitchoun (fam.), têtard (fam., péj.), tête blonde (souvent plur.), miston (argot) **2. descendant**, fils, fille, rejeton (fam.), [au plur.] progéniture, postérité, marmaille (fam.) **3. fruit**, produit **4. innocent**, enfant de chœur, petit saint, idiot, imbécile

enfanter V. TR. **1. accoucher de**, donner le jour à, donner la vie à, mettre au monde **2. procréer**, engendrer **3. produire**, créer, donner naissance à, élaborer, engendrer, mettre au jour, préparer, accoucher de (fam.)

enfantillage N. M. puérilité, gaminerie, bagatelle, bêtise, caprice, futilité, niaiserie, sottise

enfantin, ine ADJ. **1. puéril**, immature, infantile **2. naïf**, ingénu **3. élémentaire**, facile, simple, bête comme chou (fam.)

enfermement N. M. emprisonnement, captivité, détention, internement, réclusion, séquestration

enfermer V. TR. **I. 1. confiner**, claquemurer, claustrer, cloîtrer, séquestrer, verrouiller, reclure (littér.), parquer (fam.) **2. interner**, écrouer, emprisonner, incarcérer, mettre sous les verrous, boucler (fam.), coffrer (fam.), mettre à l'ombre (fam.) **3. mettre sous clé**, serrer, boucler (fam.) **II. 1. entourer**, cerner, clore, enceindre, encercler, enclaver, enclore, enserrer, environner, ceindre (littér.) **2. contenir**, comporter, comprendre, impliquer, renfermer **3. faire**

entrer, circonscrire, emprisonner, limiter
♦ **s'enfermer** V. PRON. 1. **se barricader**, se cadenasser, se calfeutrer, se claquemurer, se claustrer, se cloîtrer, s'isoler 2. **se confiner**, se cantonner, s'emmurer, se murer

enferrer (s') V. PRON. s'enfoncer, s'embarrasser, s'embourber, s'embrouiller, s'empêtrer, s'enliser, s'emberlificoter (fam.)

enfilade N. F. alignement, file, rangée, série, succession, suite

enfiler V. TR. 1. **mettre**, endosser, chausser, passer, revêtir 2. **embrocher** 3. **s'engager dans**, prendre

enflammé, ée ADJ. 1. **brûlant**, en feu 2. **empourpré**, en feu 3. **irrité**, rouge 4. **animé**, ardent, embrasé, enthousiaste, passionné, surexcité

enflammer V. TR. 1. **mettre le feu à**, allumer, embraser 2. **enluminer**, empourprer, rougir 3. **envenimer**, infecter, irriter 4. **animer**, échauffer, électriser, embraser, enthousiasmer, exalter, galvaniser, survolter, chauffer (fam.), doper (fam.)
♦ **s'enflammer** V. PRON. 1. **prendre feu**, brûler, s'embraser, flamber, devenir la proie des flammes 2. **se mettre en colère**, s'emporter, s'énerver, s'irriter, prendre la mouche, monter sur ses grands chevaux (fam.) 3. **s'exalter**, s'enthousiasmer

enflé, ée ADJ. 1. **gonflé**, ballonné, bouffi, boursouflé, hypertrophié, intumescent, tuméfié, tumescent, turgescent, volumineux 2. **ampoulé**, boursouflé, emphatique, grandiloquent, ronflant

enfler
► V. TR. 1. **gonfler**, grossir 2. **ballonner**, bouffir, boursoufler 3. **augmenter**, majorer 4. **amplifier**, exagérer
► V. INTR. **gonfler**, grossir

enflure N. F. 1. **gonflement**, bouffissure, boursouflure, congestion, intumescence, œdème, tuméfaction 2. **emphase**, grandiloquence, outrance

enfoncé, ée ADJ. 1. **bas**, profond, en dedans, en retrait 2. **rentré**, cave, creusé, creux

enfoncement N. M. 1. **défoncement** 2. **cavité**, creux 3. **renfoncement**, angle (rentrant), niche, réduit, alcôve 4. **immersion**

enfoncer V. TR. 1. **introduire**, engager, fourrer (fam.) 2. **planter**, ficher, plonger 3. **défoncer**, emboutir 4. **battre (à plate couture)**, écraser, surpasser, vaincre, laminer (fam.), piler (fam.), filer la raclée à (fam.), rosser (fam.)
♦ **s'enfoncer** V. PRON. 1. **s'engloutir**, s'abîmer, couler, plonger, sombrer 2. **s'embourber**, s'enliser 3. **s'empêtrer**, s'enliser, patauger, s'emberlificoter (fam.) 4. **péricliter**, s'enferrer, plonger, se ruiner, sombrer 5. **s'engager**, avancer, s'avancer, se couler, disparaître, s'enfouir, s'engouffrer, entrer, pénétrer, rentrer (fam.)

enfouir V. TR. 1. **enterrer**, ensevelir 2. **cacher**, dissimuler 3. **plonger**, enfoncer 4. **taire**, garder secret
♦ **s'enfouir** V. PRON. 1. **s'enfoncer**, se plonger 2. **se blottir** 3. **se réfugier**, se retirer

enfreindre V. TR. contrevenir à, désobéir à, manquer à, outrepasser, passer outre, transgresser, violer, faire une entorse à

enfuir (s') V. PRON. 1. **fuir**, battre en retraite, déguerpir, disparaître, filer, partir, prendre la fuite, s'en aller, s'éclipser, s'envoler, s'esquiver, se sauver, se barrer (fam.), calter (pop.), décamper (fam.), détaler (fam.), se faire la malle (fam.), se faire la paire (fam.), mettre les bouts (fam.), mettre les voiles (fam.), prendre le large (fam.), prendre la poudre d'escampette (fam.), prendre la tangente (fam.), se tailler (fam.), se tirer (fam.) **2. s'échapper**, s'évader, faire le mur (fam.) **3. se retirer**, se réfugier **4. disparaître**, se dissiper, s'envoler, s'évanouir, passer

engageant, ante ADJ. **1. attrayant**, affriolant, aguichant, alléchant, appétissant, attirant, séduisant **2. affable**, aimable, amène (littér.), avenant, bienveillant, charmant, sympathique **3. encourageant**, prometteur

engagement N. M. **1. obligation**, contrat, convention, pacte **2. promesse**, parole, serment, vœu **3. embauche**, recrutement **4. combat**, assaut, bataille, échauffourée, escarmouche **5. mise en jeu**, service

engager V. TR. **I. 1. recruter**, s'attacher, embaucher, enrégimenter, enrôler, prendre, racoler (fam., péj.) **2. entraîner**, aventurer, compromettre, embarquer (fam.), embringuer (fam.), fourrer (fam.) **II. 1. lier**, astreindre, contraindre, obliger, tenir **2. mettre en gage**, hypothéquer **III. 1. introduire**, enfoncer, glisser, mettre **2. investir**, mettre, placer **3. commencer**, amorcer, attaquer, entamer, entreprendre, initier, lancer, livrer, mettre en route, mettre sur les rails, mettre en train, ouvrir

♦ **s'engager** V. PRON. **commencer**, s'amorcer, débuter

- **s'engager à promettre**, se faire fort de, jurer, faire vœu de, donner sa parole

- **s'engager dans 1. entrer dans**, s'avancer dans, enfiler, pénétrer dans, prendre, suivre **2. s'aventurer dans**, entreprendre, se jeter dans, se lancer dans, s'embarquer dans (fam.), s'embringuer dans (fam.), se fourrer dans (fam.), [sans complément] se jeter à l'eau

engendrer V. TR. **1. procréer**, accoucher de, concevoir, enfanter, faire **2. causer**, amener, créer, déterminer, entraîner, faire naître, générer, occasionner, produire, provoquer, susciter

engin N. M. **1. appareil**, dispositif, instrument, machine, outil, ustensile **2. missile**

englober V. TR. **1. comporter**, comprendre, compter, contenir, embrasser, inclure, intégrer, rassembler, réunir, amalgamer (péj.) **2. annexer**, enclaver, joindre

engloutir V. TR. **1. dévorer**, absorber, avaler, ingurgiter, enfourner (fam.), engouffrer (fam.), s'enfiler (fam.) **2. dilapider**, dépenser, dévorer, dissiper, gaspiller, claquer (fam.), croquer (fam.), manger (fam.) **3. ensevelir**, abîmer, enterrer, noyer, submerger

♦ **s'engloutir** V. PRON. **sombrer**, couler, disparaître, s'abîmer (littér.)

engoncé, ée ADJ. guindé, raide, rigide, coincé (fam.)

engorgement N. M. **1. encombrement**, obstruction, saturation **2. embouteillage**, bouchon (fam.), ralentissement, retenue

engouement N. M. enthousiasme, admiration, coup de cœur, emballement (fam.), [passager] tocade (fam.)

engouer de (s') V. PRON. s'enticher de, s'éprendre de, s'enthousiasmer pour, se passionner pour, s'emballer pour (fam.), se toquer de (fam.)

engouffrer V. TR. **dévorer**, avaler, engloutir, ingurgiter, s'enfiler (fam.), enfourner (fam.)

♦ **s'engouffrer** V. PRON. **s'élancer**, se jeter, se précipiter

engourdi, ie ADJ. **1. gourd**, ankylosé, paralysé, raide, rigide **2. empoté**, lent **3. léthargique**, endormi, hébété, inerte

engourdir V. TR. **1. ankyloser**, paralyser, raidir, transir **2. appesantir**, alourdir **3. assoupir**, endormir
♦ **s'engourdir** V. PRON. **1. s'ankyloser**, se raidir **2. s'assoupir**, s'endormir

engourdissement N. M. **1. ankylose**, courbature, raideur, rigidité **2. alourdissement**, appesantissement, atonie, hébétude, stupeur **3. assoupissement**, léthargie, somnolence, torpeur

engraisser
▸ V. TR. **1. gaver**, gorger **2. fertiliser**, améliorer, amender, bonifier, enrichir, fumer
▸ V. INTR. **prendre du poids**, s'alourdir, s'arrondir, s'empâter, (s')épaissir, forcir, grossir, prendre de l'embonpoint, faire du lard (fam.)
♦ **s'engraisser** V. PRON. **s'enrichir**, prospérer

engranger V. TR. emmagasiner, accumuler, amasser, stocker

enhardir V. TR. **encourager**, aiguillonner, stimuler
♦ **s'enhardir** V. PRON. oser, prendre de l'assurance, se lancer, sortir de sa réserve

énigmatique ADJ. **1. hermétique**, ésotérique, obscur, abscons (littér.), abstrus (littér.), sibyllin (littér.) **2. étrange**, impénétrable, indéchiffrable, inexplicable, insondable, mystérieux, secret, ténébreux **3. ambigu**, équivoque

énigme N. F. **1. devinette**, charade, logogriphe, colle (fam.) **2. mystère**, secret

enivrant, ante ADJ. **1. grisant**, capiteux, entêtant, étourdissant **2. troublant**, séduisant **3. enthousiasmant**, exaltant, excitant, grisant, passionnant

enivrement N. M. **1. ivresse**, ébriété **2. griserie**, enthousiasme, exaltation, excitation, extase, transport, vertige

enivrer V. TR. **1. soûler**, griser **2. étourdir**, griser **3. exciter**, exalter, soulever, transporter
♦ **s'enivrer** V. PRON. **se soûler**, boire, s'émécher, se griser, se prendre de boisson, se beurrer (fam.), se biturer (fam.), se cuiter (fam.), se noircir (fam.), picoler (fam.), prendre une biture/une caisse/une cuite (fam.), se bourrer/se péter la gueule (très fam.), se pinter (fam.), se piquer le nez (fam.)

enjamber V. TR. passer par-dessus, franchir, sauter, traverser

enjoindre V. TR. commander, imposer, ordonner, prescrire

enjôler V. TR. séduire, cajoler, conquérir, duper, embobiner (fam.), empaumer (fam.), entortiller (fam.), envelopper (fam.)

enjoliver V. TR. **1. décorer**, agrémenter, embellir, orner, parer **2. exagérer**, amplifier, embellir, broder sur (fam.)

enjoué, ée ADJ. gai, allègre, aimable, badin, folâtre, guilleret, jovial, joyeux, léger

enjouement N. M. gaieté, allégresse, bonne humeur, entrain, joie, jovialité

enlacement N. M. **1. croisement**, entrecroisement, entrelacement, entremêlement, nœud **2. embrassade**, étreinte, embrassement (littér.)

enlacer V. TR. **1. croiser**, entrecroiser, entrelacer, entremêler **2. entourer** **3. attacher**, lier **4. embrasser**, étreindre

enlaidir V. TR. déparer, abîmer, défigurer

enlèvement N. M. **1. ramassage**, déblai, déblayage, dégagement, levée **2. rapt**, kidnapping, prise en otage, vol

enlever V. TR. **I. 1. retrancher**, déduire, défalquer, ôter, prélever, prendre, retirer, soustraire **2. extirper**, arracher, dégager, extraire, ôter, tirer **3. détacher**, couper, prélever **4. dérober**, prendre, rafler, ravir, voler **5. confisquer**, priver de **6. kidnapper**, prendre en otage, voler, ravir (littér.) **II. 1. faire disparaître**, effacer, laver **2. éliminer**, excepter, exclure, ôter, supprimer **3. faire cesser**, balayer, détruire, lever, faire passer **III. 1. débarrasser**, dégager, ramasser **2. se défaire de**, se débarrasser de, ôter, quitter, retirer, tomber (fam.) **3. emporter**, embarquer (fam.) **4.** [littér.] **hisser**, élever, lever, monter, soulever **IV. 1. conquérir 2. enthousiasmer**, électriser, enflammer, exalter, galvaniser, emballer (fam.) **3. obtenir**, arracher, conquérir, s'emparer de, emporter, gagner, prendre, remporter, rafler (fam.)

♦ **s'enlever** V. PRON. **1. s'élever**, s'envoler, se dresser **2. disparaître**, s'effacer, partir **3. se vendre**, s'écouler, partir (fam.)

enliser V. TR. **embourber**, ensabler, envaser

♦ **s'enliser** V. PRON. **1. s'embourber**, s'ensabler, s'envaser, échouer **2. s'embrouiller**, s'empêtrer, s'enferrer, s'enfoncer, s'emberlificoter (fam.) **3. patauger**, piétiner

ennemi, ie

▸ N. **adversaire**, antagoniste, détracteur, opposant, rival

▸ ADJ. **contraire**, adverse, hostile, opposé

ennui N. M. **I. 1. désœuvrement 2. abattement**, accablement, cafard, découragement, dégoût (de la vie/de tout), langueur, lassitude, mélancolie, neurasthénie, idées noires, tristesse, spleen (littér.) **II. 1. souci**, désagrément, contrariété, embarras, incident, mésaventure, problème, tracas, tracasserie, vicissitude (littér.) **2. complication**, accident, anicroche, avanie, contretemps, coup dur, difficulté, déboire, embarras, misère, problème, embêtement (fam.), emmerde (très fam.), emmerdement (très fam.), histoire (fam.), hic (fam.), os (fam.), pépin (fam.), tuile (fam.) **3. inconvénient**, incommodité, embêtement (fam.), hic (fam.)

ennuyé, ée ADJ. **1. confus**, embarrassé, embêté (fam.), emmerdé (fam.) **2. mécontent**

ennuyer V. TR. **1. gêner**, agacer, déplaire à, déranger, embarrasser, empoisonner, énerver, excéder, importuner, incommoder, bassiner (fam.), casser les pieds à (fam.), cavaler (fam.), courir sur le haricot de (fam.), emmerder (très fam.), enquiquiner (fam.), faire chier (très fam.), faire suer (fam.), tanner (fam.) **2. inquiéter**, obséder, préoccuper, soucier, tracasser, tourmenter, chicaner (Québec), embêter (fam.) **3. lasser**, abrutir, assommer, endormir, fatiguer, barber (fam.), raser (fam.) **4. chagriner**, contrarier, mécontenter

♦ **s'ennuyer** V. PRON. **se morfondre**, trouver le temps long, se languir, se barber (fam.), s'embêter (fam.), s'emmerder (très fam.), se faire chier (très fam.), se faire suer (fam.)

ennuyeux, euse ADJ. **1. contrariant**, déplaisant, fâcheux, embêtant (fam.), emmerdant (très fam.), empoisonnant (fam.) **2. embarrassant**, désagréable, difficile, gênant, malencontreux, pénible **3. soporifique**, embêtant, ennuyant, fastidieux, insipide, lassant, rébarbatif, assommant (fam.), barbant (fam.), chiant (très fam.), emmerdant (très fam.), enquiquinant (fam.), mortel (fam.), rasant (fam.), raseur (fam.), rasoir (fam.) **4. fatigant**, fâcheux, importun, sciant (fam.), casse-pieds (fam.), soûlant (fam.), suant (fam.), tannant (fam.)

énoncer V. TR. **1. formuler**, avancer, décliner, émettre, énumérer, exposer, exprimer, mentionner, stipuler **2. prononcer**, articuler, dire

enorgueillir V. TR. **gonfler d'orgueil**
♦ **s'enorgueillir de** V. PRON. se glorifier de, se flatter de, s'honorer de, se prévaloir de, se targuer de, se vanter de

énorme ADJ. **1. colossal**, considérable, formidable, gigantesque, immense, incalculable, incommensurable, monumental, méga (fam.), monstre (fam.) **2. hypertrophié**, anormal, astronomique, cyclopéen, démesuré, fou, incroyable, monstrueux, phénoménal **3. obèse**, éléphantesque

énormément ADV. abondamment, à profusion, ardemment, colossalement, considérablement, copieusement, en quantité, excessivement, extrêmement, follement, formidablement, fortement, immensément, infiniment, intensément, largement, prodigieusement, profondément, suprêmement, terriblement, rudement (fam.), bigrement (fam.), bougrement (fam.), sacrément (fam.), vachement (fam.)

énormité N. F. **1. grandeur**, immensité **2. bêtise**, bévue, gaffe, sottise **3. invraisemblance**

enquérir de (s') V. PRON. demander, chercher, s'informer de, rechercher, se renseigner sur, aller aux nouvelles de, s'inquiéter de

enquête N. F. **1. instruction**, information **2. examen**, investigation, recherche **3. sondage**, consultation, étude (de marché), [dans la rue] micro-trottoir

enquêter V. INTR. s'informer, s'enquérir, se renseigner

enraciné, ée ADJ. ancré, tenace, vivace

enraciner V. TR. **ancrer**, implanter
♦ **s'enraciner** V. PRON. **1. s'établir**, se fixer, s'implanter, s'installer **2. s'ancrer**, se consolider, s'incruster, prendre (racine)

enragé, ée ADJ. **1. acharné**, effréné, forcené **2. extrémiste**, excessif, fanatique **3. furieux**, furibond **4. fanatique**, fou, passionné, fan (fam.), mordu (fam.)

enrager V. INTR. fulminer, écumer, fumer, rager, bisquer (fam.), râler (fam.)

enrayer V. TR. **1. bloquer**, arrêter, empêcher, étouffer, stopper **2. freiner**, brider, briser, contenir, endiguer, juguler

enrégimenter V. TR. **1. endoctriner**, embrigader **2. enrôler**, mobiliser, recruter

enregistrement N. M. **1. inscription**, immatriculation **2. transcription** **3. prise de son**

enregistrer V. TR. **1. immatriculer**, homologuer **2. noter**, archiver, consigner, inscrire, recueillir, relever, répertorier, saisir, transcrire **3. prendre acte de**, constater, prendre bonne note de, tenir compte de **4. mémoriser**, assimiler, retenir, imprimer (fam.), faire entrer dans sa tête (fam.) **5. graver**, filmer, repiquer

enrichir V. TR. **1. accroître**, augmenter, agrandir, compléter, développer, élargir, étendre, étoffer, meubler, orner **2. fertiliser**, améliorer, amender, bonifier
♦ **s'enrichir** V. PRON. **prospérer**, faire fortune, gagner de l'argent, s'engraisser, faire son beurre (fam.), se remplir les poches (fam.)

enrichissant, ante ADJ. instructif, profitable

enrichissement N. M. **1. fortune**, richesse **2. progrès**, approfondissement, développement **3. acquisition**

enrobé, ée ADJ. enveloppé, grassouillet, replet, rondelet, bien en chair, rondouillard (fam.)

enrober V. TR. 1. **envelopper**, entourer 2. **voiler**, déguiser, masquer

enrôlement N. M. 1. **conscription**, incorporation 2. **recrutement**, engagement

enrôler V. TR. 1. **incorporer**, lever, mobiliser 2. **engager**, associer, enrégimenter, recruter
♦ **s'enrôler** V. PRON. **s'engager**, adhérer

enroué, ée ADJ. cassé, éraillé, rauque, rocailleux, voilé

enrouler V. TR. 1. **envelopper** 2. **bobiner**, caneter, embobiner, envider, peloter, renvider
♦ **s'enrouler** V. PRON. **se lover**, se pelotonner, se ramasser

enseignant, ante N. professeur, instituteur, lecteur, maître-assistant

enseigne N. F. 1. **panonceau**, panneau, pancarte 2. **drapeau**, bannière, étendard

enseignement N. M. 1. **éducation**, formation, instruction 2. **discipline**, matière 3. **cours**, conférence, exposé, leçon 4. **préceptes**, doctrine, principes, système 5. **exemple**, leçon 6. **conclusion**, leçon, morale

enseigner V. TR. 1. **inculquer**, apprendre, expliquer, transmettre 2. **donner des cours de**, [Relig.] prêcher, [sans complément] professer 3. **éclairer**, éduquer, former, initier 4. **indiquer**, dévoiler, montrer, révéler

ensemble[1] ADV. 1. **conjointement**, collectivement, en commun, de concert, en concordance, de conserve, à l'unisson, en chœur, coude à coude (fam.), main dans la main (fam.), comme un seul homme (fam.) 2. **simultanément**, à la fois, en même temps 3. **en bloc**, à la fois, de front

ensemble[2] N. M. 1. **globalité**, intégralité, somme, totalité, tout 2. **assemblage**, assortiment, collection, jeu, lot 3. **assemblée**, collectivité, collège, corps, formation, groupe, groupement, réunion

ensemencer V. TR. 1. **semer**, planter, emblaver 2. **aleviner**, empoissonner 3. **féconder**, mettre la petite graine dans (fam.)

enserrer V. TR. 1. **serrer**, corseter, emprisonner, immobiliser, ceindre (littér.) 2. **embrasser** 3. **entourer**, ceinturer, cerner, encercler, enclore, enfermer, englober, renfermer, ceindre (littér.)

ensevelir V. TR. 1. **inhumer**, enterrer, donner une sépulture à 2. **submerger**, engloutir 3. **cacher**, enfouir, plonger

ensoleillé, ée ADJ. lumineux, clair, radieux

ensorceler V. TR. 1. **envoûter**, enchanter, marabouter 2. **enjôler**, charmer, fasciner, subjuguer, séduire

ensuite ADV. 1. **puis**, après, par la suite 2. **en second lieu**, a posteriori, ultérieurement

ensuivre (s') V. PRON. résulter, découler, procéder

entacher V. TR. 1. **salir**, gâter, souiller, ternir 2. **compromettre**, flétrir, ternir

entaille N. F. 1. **encoche**, brèche, coupure, cran, échancrure, fente, sillon 2. **estafilade**, balafre, blessure, coupure, taillade (littér.) 3. **crevasse**, faille

entailler V. TR. 1. **inciser** 2. **balafrer**, blesser, couper, écharper, entamer, taillader
♦ **s'entailler** V. PRON. **s'entamer**, s'ouvrir, se charcuter (fam.)

entamer V. TR. 1. **commencer**, aborder, amorcer, attaquer, débuter, ébaucher, engager, entreprendre, initier, se lancer dans, mettre en train, ouvrir **2. attaquer**, corroder, manger, mordre, percer, piquer, rayer, ronger, toucher, user **3. entailler**, blesser, égratigner, inciser, ouvrir **4. affaiblir**, battre en brèche, ébranler **5. amoindrir**, ébrécher, écorner, toucher à

entassement N. M. **1. accumulation**, amas, amoncellement, échafaudage, empilement, pile, superposition, tas **2. rassemblement 3. cohue**, foule, presse

entasser V. TR. **1. amonceler**, empiler, superposer **2. accumuler**, amasser, amonceler, collectionner, emmagasiner, stocker **3. économiser**, capitaliser, épargner, thésauriser **4. masser**, empiler, presser, serrer, tasser
♦ **s'entasser** V. PRON. **se serrer**, s'agglutiner, s'écraser, se presser, se tasser

entendement N. M. **1. compréhension**, conception, intellection **2. intelligence**, jugement, raison, bon sens, comprenette (fam.), jugeote (fam.)

entendre V. TR. **1. percevoir**, discerner, distinguer, écouter **2. vouloir dire**, insinuer **3.** [infinitif] **vouloir**, compter, exiger, prétendre, désirer, préférer
♦ **s'entendre** V. PRON. **1. s'associer**, s'arranger, se coaliser, pactiser **2.** [voix] **porter 3.** [mot] **se dire**, s'employer, être usité

entendu, ue ADJ. convenu, arrangé, décidé, réglé, résolu

entente N. F. **I. 1. arrangement**, accommodement, accord, compromis, conciliation, transaction **2. alliance**, accord, association, coalition, convention, pacte, traité, union **3. collusion**, complicité, connivence, intelligence (littér.) **II. harmonie**, accord, amitié, amour, camaraderie, concorde, paix, union

entériner V. TR. approuver, confirmer, consacrer, enregistrer, homologuer, ratifier, sanctionner, valider

enterrement N. M. **1. inhumation**, mise en terre, mise au tombeau, ensevelissement (littér.) **2. funérailles**, obsèques **3. effondrement**, abandon, échec, fin, mort, rejet

enterrer V. TR. **1. porter/mettre en terre**, ensevelir, inhumer **2. enfouir**, cacher **3. étouffer**, passer sous silence **4. abandonner**, renoncer à, mettre au rancart (fam.) **5. anéantir**, détruire
♦ **s'enterrer** V. PRON. **se retirer**, se cacher, se confiner, s'isoler

entêtant, ante ADJ. **1. enivrant**, capiteux, grisant **2. obsédant**

entêté, ée ADJ. et N. **1. têtu**, buté, cabochard (fam.), tête de cochon (fam.), tête de mule (fam.), tête de pioche (fam.) **2. obstiné**, acharné, opiniâtre, persévérant, tenace, volontaire

entêtement N. M. acharnement, obstination, opiniâtreté, persévérance, persistance, ténacité

entêter V. TR. **étourdir**, griser, monter à la tête de
♦ **s'entêter** V. PRON. **s'acharner**, s'obstiner, persévérer, s'opiniâtrer (littér.), se buter (péj.)

enthousiasmant, ante ADJ. exaltant, grisant, passionnant, emballant (fam.)

enthousiasme N. M. **1. admiration**, coup de cœur/de foudre, engouement, ravissement, emballement (fam.) **2. ardeur**, chaleur, empressement, entrain, exaltation, excitation, ferveur, feu, flamme, fougue, passion, zèle, emballement (fam.) **3. plaisir**, allégresse, joie **4. lyrisme**, inspiration

enthousiasmer V. TR. **1. remplir d'admiration**, captiver, enivrer, ravir, botter (fam.), emballer (fam.) **2. passion-**

ner, électriser, embraser, enflammer, exalter, fanatiser, galvaniser, griser, soulever, transporter
♦ **s'enthousiasmer** V. PRON. **1. se passionner**, admirer, s'engouer (littér.) **2. s'enflammer**, s'exalter, s'exciter, s'emballer (fam.), se toquer (fam.)

enthousiaste ADJ. **1. passionné**, ardent, chaud (avant nom), fanatique, fervent **2. chaleureux**, cordial, [applaudissements] frénétique, à tout rompre, [éloge] enflammé, lyrique **3. exalté**, excité, en délire, transporté

enticher de (s') V. PRON. **1. s'enthousiasmer pour**, s'enflammer pour, s'engouer de, se passionner pour, s'emballer pour (fam.), se toquer de (fam.) **2. s'éprendre de**, tomber amoureux de, s'amouracher de (fam.), tomber en amour avec (Québec)

entier, ière ADJ. **1. complet**, inentamé, intact, intégral, total, [liste] exhaustif **2. parfait**, absolu, franc, plein, plénier, pur, sans réserve **3. catégorique**, absolu, entêté, intransigeant, intraitable, obstiné, opiniâtre, têtu, tout d'une pièce, à tout crin **4. indemne**, intact, sain et sauf

entièrement ADV. **1. parfaitement**, absolument, à cent pour cent, complètement, pleinement, sans partage, sans réserve, sans restriction, totalement, tout à fait **2. intégralement**, complètement, de A à Z, de fond en comble, de point en point, dans sa totalité, dans son entier, du tout au tout, sur toute la ligne

entorse N. F. **1. foulure**, luxation **2. infraction**, accroc, atteinte, contravention, manquement, violation

entortiller V. TR. **1. envelopper**, enrober **2. attacher**, nouer **3. circonvenir**, enjôler, séduire, avoir (fam.), emberlificoter (fam.), embobiner (fam.), rouler (dans la farine) (fam.) **4. embrouiller**, compliquer, emberlificoter (fam.)
♦ **s'entortiller** V. PRON. **1. s'enrouler**, s'envelopper **2. s'embarrasser**, s'embrouiller, s'emmêler, s'emberlificoter (fam.), se prendre les pieds dans le tapis (fam.)

entourage N. M. **1. cercle**, compagnie, milieu, proches, société, voisinage **2. bordure**, bord, cadre, encadrement

entourer V. TR. **I. 1. encercler**, border, ceinturer, cerner, circonscrire, encadrer, enceindre, enclaver, enserrer, environner, ceindre (littér.) **2. clôturer**, clore, enclore, enfermer, fermer **3. envelopper**, enrober, s'enrouler autour de **4. baigner**, auréoler, nimber **5. approcher**, s'empresser auprès de/autour de, se presser autour, se ranger autour **II. 1. choyer**, combler, être aux petits soins pour, s'occuper de, soutenir **2. fréquenter**, accompagner

entracte N. M. **1. interruption**, pause **2. interlude**, divertissement, intermède, intermezzo

entraide N. F. solidarité, secours (mutuel)

entraider (s') V. PRON. s'épauler, se soutenir, se serrer les coudes (fam.)

entrailles N. F. PL. **1. boyaux**, abats, intestins, tripes, viscères **2. sein**, flancs

entrain N. M. **1. allant**, activité, ardeur, chaleur, cœur, enthousiasme, feu, fougue, gaieté, joie (de vivre), pétulance, vie, vitalité, vivacité, zèle **2. animation**, vie, vivacité

entraînant, ante ADJ. **1. rythmé**, dansant **2. convaincant**, éloquent

entraînement N. M. **I. exercice**, habitude, pratique, préparation, training **II. 1. force**, courant, élan, enchaînement, engrenage, impulsion **2. feu**, chaleur, enthousiasme, exaltation, passion, emballement (fam.) **III. transmission**

entraîner V. TR. **1. emporter**, arracher, balayer, charrier, enlever **2. conduire**, attirer, emmener, guider, mener, pousser, tirer, traîner **3. captiver**, galvaniser, séduire, soulever, transporter, emballer (fam.), embarquer (fam.) **4. causer**, amener, appeler, déclencher, engendrer, impliquer, occasionner, produire, provoquer, être à l'origine de **5. exercer**, dresser, familiariser, former, habituer, préparer ♦ **s'entraîner** V. PRON. **s'exercer**, apprendre, faire des gammes, se faire la main (fam.)

entraîneur, euse N. **1. instructeur**, coach, manager, moniteur **2. chef**, animateur, conducteur, meneur

entrave N. F. **1. obstacle**, empêchement, frein, gêne **2. attache**, chaîne, fer, lien **3. assujettissement**, contrainte, joug, chaînes (littér.)

entraver V. TR. **1. attacher**, empêtrer **2. contrarier**, empêcher, enrayer, freiner, gêner, faire de l'obstruction à, s'opposer à, mettre des bâtons dans les roues de (fam.)

entrechoquer (s') V. PRON. se heurter, se percuter, se tamponner

entrée N. F. **I. 1. hall**, antichambre, vestibule **2. seuil**, porte, orée **3. ouverture**, accès, bouche, embouchure, orifice **II. place**, billet **III. début**, hors-d'œuvre **IV. 1. apparition**, arrivée, irruption **2. admission**, intégration, introduction, réception, adhésion, affiliation

entregent N. M. doigté, adresse, diplomatie, habileté, savoir-faire, tact

entrelacer V. TR. **entrecroiser**, entremêler, mélanger, natter, tisser, tresser ♦ **s'entrelacer** V. PRON. **s'entrecroiser**, se confondre, s'enchevêtrer, s'entremêler, se mêler

entremêler V. TR. **1. mélanger**, mêler **2. entrecroiser**, entrelacer, enchevêtrer **3. entrecouper**, entrelarder, larder, parsemer

entremettre (s') V. PRON. **1. intervenir**, intercéder **2. s'immiscer**, s'ingérer, se mêler

entremise N. F. médiation, arbitrage, bons offices, intercession, interposition, intervention

entreposer V. TR. stocker, emmagasiner

entrepôt N. M. dépôt, halle, hangar, magasin, réserve, resserre

entreprenant, ante ADJ. **1. actif**, dynamique, audacieux, hardi, téméraire **2. galant**, hardi

entreprendre V. TR. **1. commencer**, amorcer, attaquer, déclencher, démarrer, enclencher, engager, entamer, initier, intenter, mettre sur le métier, s'atteler à, avoir, prendre l'initiative de, montrer/ouvrir la voie de **2.** [de faire qqch.] **se disposer à**, essayer de, se proposer de, tenter de

entreprise N. F. **1. société**, affaire, commerce, établissement, exploitation, firme, industrie, négoce, usine **2. œuvre**, action, affaire, opération, ouvrage, projet, travail **3. essai**, tentative **4. aventure**, équipée

entrer V. INTR. aller, s'introduire, se couler, s'engager, s'engouffrer, s'enfoncer, faire irruption, se faufiler, se glisser, s'infiltrer, s'insinuer, pénétrer, se plonger

entretenir V. TR. **1. maintenir**, alimenter, conserver, garder, prolonger **2. exercer 3. tenir**, soigner **4. culti-**

ver, soigner **5. couver**, caresser, nourrir **6. faire vivre**, avoir à (sa) charge, se charger de, nourrir, pourvoir/subvenir aux besoins de

♦ **s'entretenir** V. PRON. **1. se maintenir**, se conserver **2. converser**, bavarder, causer, conférer, deviser, dialoguer, discuter, parlementer, parler

entretien N. M. **1. entrevue**, audience, interview, rendez-vous, [particulier] tête-à-tête **2. conversation**, causerie, conciliabule, dialogue, discussion **3. conservation**, maintenance

♦ **entretiens** PLUR. conférence, colloque, sommet

entrevoir V. TR. **1. apercevoir**, entrapercevoir, distinguer **2. pressentir**, deviner, percevoir, présager, prévoir, soupçonner, subodorer

entrevue N. F. **1. entretien**, audience, conversation, discussion, interview, [en particulier] tête-à-tête **2. rencontre**, rendez-vous, visite

énumération N. F. **1. décompte**, compte, dénombrement, recensement **2. liste**, catalogue, détail, inventaire, répertoire, table, tableau

énumérer V. TR. décompter, analyser, citer, compter, dénombrer, détailler, inventorier, recenser

envahir V. TR. **I. conquérir**, s'emparer de, entrer dans, se rendre maître de, occuper, prendre (d'assaut), subjuguer **II. 1. déborder sur**, empiéter sur, s'étendre à/sur **2. inonder**, recouvrir, se répandre dans **3. couvrir**, remplir **4. infester**, proliférer dans, pulluler dans **III. 1.** [émotion] **gagner**, emplir, submerger **2.** [idée] **se propager dans**, se communiquer à, gagner

envahissant, ante ADJ. **1. accaparant**, dévorant, exigeant **2. importun**, indiscret, collant (fam.) **3. débordant**, impérieux, pressant

enveloppe N. F. **I. 1. étui**, chape, contenant, écrin, fourreau, gaine, housse **2. pli 3. membrane**, capsule, gangue, peau, sac, tunique **II. apparence**, aspect, dehors, écorce, extérieur, façade, semblant **III. 1. budget**, compte, crédit **2. dessous-de-table**, commission, gratification, pot-de-vin, bakchich (fam.)

envelopper V. TR. **I. 1. emballer**, empaqueter, enrober **2. draper**, bander, emmailloter, emmitoufler, entourer, nouer, rouler **3. couvrir**, entourer, recouvrir **4. baigner**, auréoler, encadrer **5. cacher**, déguiser, dissimuler, emballer, enrober, farder, voiler **II. englober**, comprendre, impliquer, inclure **III.** [Milit.] **cerner**, assiéger, encercler, investir

envenimer V. TR. **1. infecter**, enflammer, irriter **2. aggraver**, attiser, aviver, enflammer, exaspérer

♦ **s'envenimer** V. PRON. **se gâter**, s'aggraver, aller de mal en pis, dégénérer, se dégrader, se détériorer, empirer

envergure N. F. **1. largeur**, ampleur, dimension, étendue, importance, rayon **2. classe**, calibre, carrure, étoffe, poids, qualité, stature, surface, trempe **3. développement**, extension, portée

envers N. M. **1. derrière**, dos, revers, verso **2. contraire**, inverse, opposé **3. revers**, contrepartie, rançon

envie N. F. **1. désir**, besoin, faim, goût, inclination, soif, appétence (littér.) **2. convoitise**, tentation **3. caprice**, fantaisie, goût, lubie, gré, humeur **4. jalousie 5. tache de vin**

envier V. TR. **1. jalouser 2. convoiter**, désirer, guigner (fam.), lorgner (fam.), loucher sur (fam.), reluquer (fam.), soupirer après (littér.)

envieux, euse ADJ. **1. jaloux 2. avide**, désireux

environ PRÉP. , ADV. à peu près, approximativement, grosso modo, presque, dans les (fam.), en gros (fam.), à la louche (fam.), à vue de nez (fam.)

environnant, ante ADJ. **1. proche**, avoisinant, voisin **2. ambiant**

environnement N. M. **1. cadre (de vie)**, milieu, situation **2. ambiance**, atmosphère, cadre, entourage, milieu **3. nature**, écologie

environner V. TR. entourer, cerner, enceindre, encercler, encadrer, enclore, enfermer, envelopper

environs N. M. PL. abords, parage, voisinage

envisager V. TR. **1. considérer**, examiner, imaginer, passer en revue, penser à, peser, réfléchir à **2. regarder**, contempler, voir

envoi N. M. expédition, colis, courrier, paquet

envol N. M. **1. départ**, essor **2. décollage**

envolée N. F. **1. envol**, vol **2. élan**, mouvement **3. développement**, essor, [des prix] escalade, flambée

envoler (s') V. PRON. **I. 1. décoller**, partir **2. se disperser**, voler **3. s'élancer**, s'élever, monter **4.** [prix] **flamber**, décoller **II. 1. se dissiper**, s'anéantir, s'écouler, s'effacer, s'enfuir, s'estomper, passer, se perdre **2.** [fam.] **partir**, s'en aller, disparaître, s'éclipser, s'enfuir, s'évader, s'évanouir, s'évaporer

envoûtant, ante ADJ. fascinant, captivant, ensorcelant, magnétique, prenant

envoûtement N. M. **1. ensorcellement**, charme, enchantement, maléfice, sortilège **2. magnétisme**, hypnotisme **3. fascination**, charme, séduction

envoûter V. TR. **1. ensorceler**, jeter un sort sur **2. dominer**, assujettir, posséder **3. captiver**, charmer, enchanter, ensorceler, fasciner, séduire, subjuguer

envoyé, ée N. représentant, ambassadeur, délégué, diplomate, émissaire, mandataire, messager, missionnaire, plénipotentiaire

envoyer V. TR. **I. 1. transmettre**, adresser, expédier, poster **2. déléguer**, dépêcher, détacher **II. 1. jeter**, décocher, lancer, projeter, balancer (fam.) **2. appliquer**, décocher, donner, allonger (fam.), coller (fam.), ficher (fam.), filer (fam.), flanquer (fam.)

épais, épaisse ADJ. **1. consistant**, dur, fort, grossier **2. pâteux**, gluant, sirupeux, visqueux **3.** dense, dru, impénétrable, profond, serré, touffu **4. opaque**, compact, profond, [brouillard] à couper au couteau (fam.) **5. corpulent**, courtaud, empâté, enveloppé, fort, gras, gros, lourd, massif, râblé, ramassé, trapu, mastoc (fam.) **6. obtus**, crasse, grossier, lent, lourd, pesant

épaisseur N. F. **1. couche 2. consistance**, compacité, densité **3. étendue**, profondeur **4. empâtement**, corpulence, grosseur **5. lenteur**, lourdeur

épaissir

▸ V. TR. **1. renforcer 2. faire grossir**, alourdir, arrondir **3. solidifier**, faire prendre, conglutiner, figer, lier, réduire

▸ V. INTR. **engraisser**, s'alourdir, s'empâter, forcir, grossir, prendre de l'embonpoint, se remplumer (fam.)

épancher V. TR. **confier**, décharger, déverser, soulager

♦ **s'épancher** V. PRON. **parler**, s'abandonner, se confier, se déboutonner, se débonder, se livrer, s'ouvrir, ouvrir son cœur, vider son sac (fam.)

épandre V. TR. étaler, disperser, éparpiller, répandre

épanoui, ie ADJ. **1. gai**, joyeux, radieux, réjoui **2. équilibré**, sain, bien dans sa peau, bien dans ses baskets (fam.)

épanouir V. TR. **1. dérider**, détendre, réjouir **2. déployer**, étaler, étendre
♦ **s'épanouir** V. PRON. **1. éclore**, fleurir, se déployer, s'ouvrir **2. s'évaser** **3. s'éclairer**, se dérider, s'illuminer **4. s'accomplir**, s'affirmer, se réaliser, prendre toute sa dimension

épanouissement N. M. **1. éclosion**, efflorescence, floraison **2. ampleur**, plénitude **3. éclat**, plénitude, rayonnement, splendeur **4. accomplissement**

épargne N. F. **1. économies**, réserve, bas de laine (fam.), magot (fam.), tirelire (fam.) **2. thésaurisation**, capitalisation **3. parcimonie**, économie

épargner V. TR. **1. économiser**, mettre de côté, accumuler, entasser, thésauriser **2. compter**, ménager, lésiner sur (péj.) **3. ménager**, respecter **4. gracier**, sauver, faire grâce à **5.** [qqch. à qqn] **dispenser de**, décharger de, dégager de, éviter à, exempter de, exonérer de, libérer de, préserver de

éparpiller V. TR. **1. disperser**, disséminer, émietter, épandre, étaler, étendre, répandre, semer **2. dissiper**, distribuer, gaspiller
♦ **s'éparpiller** V. PRON. **1. s'égailler**, se disperser **2. s'égarer**, se disperser, papillonner

épars, arse ADJ. éparpillé, clairsemé, dispersé

épatant, ante ADJ. sensationnel, formidable, chouette (fam.), extra (fam.), génial (fam.), super (fam.), terrible (fam.)

épate N. F. ostentation, bluff, chiqué (fam.), esbroufe (fam.), frime (fam.)

épaté, ée ADJ. **1. impressionné**, ahuri, ébahi, époustouflé, étonné, stupéfait, surpris, scié (fam.), soufflé (fam.) **2. camus**, aplati, écrasé

épater V. TR. impressionner, ahurir, ébahir, étonner, en imposer à, stupéfier, surprendre, en mettre plein la vue à (fam.), décoiffer (fam.), en boucher un coin à (fam.), scier (fam.), souffler (fam.)

épauler V. TR. **1. aider**, assister, seconder, soutenir **2. appuyer**, recommander

épave N. F. débris, déchet, loque, ruine

éperdu, ue ADJ. **1. bouleversé**, affolé, agité, désespéré, égaré, ému, retourné **2. transporté**, enivré, fou, ivre **3. extrême**, enragé, exalté, fou, frénétique, furieux, intense, passionné, vif, violent

éphémère ADJ. **1. fugitif**, bref, court, rapide **2. temporaire**, momentané, de passage, passager, provisoire **3. fragile**, fugace, périssable, précaire

épicé, ée ADJ. **1. relevé**, assaisonné, échauffant, fort, pimenté, poivré **2. gaillard**, coquin, gaulois, grivois, leste, licencieux, osé, piquant, salé, cochon (fam.)

épicurien, ienne ADJ. et N. bon vivant, hédoniste, jouisseur, sensuel, voluptueux, sybarite (littér.)

épidermique ADJ. **1. cutané** **2. superficiel**, à fleur de peau **3. instinctif**, irréfléchi, réflexe, spontané, viscéral, tripal (fam.)

épier V. TR. **1. observer**, être à l'affût de, espionner, guetter, guigner, lorgner, scruter, surveiller **2.** [sans complément] **faire le guet**, faire sentinelle, être aux aguets, être à l'affut, monter la garde, être en planque (argot policier), planquer (argot policier)

épiloguer sur V. TR. IND. **1. discourir sur**, disserter sur, gloser sur, palabrer sur **2. chicaner sur**, ergoter sur, trouver à redire à

épine N. F. aiguille, aiguillon, piquant (fam.)

épineux, euse ADJ. délicat, ardu, difficile, embarrassant

épingler V. TR. **1. attacher**, accrocher, agrafer **2. stigmatiser**, montrer du doigt

épisode N. M. **1. moment**, acte, page, partie, phase, époque **2. fait**, aventure, circonstance, événement, incident, péripétie

épisodique ADJ. intermittent, sporadique

éploré, ée ADJ. **1. en larmes**, en pleurs, larmoyant **2. affligé**, désolé, triste

éplucher V. TR. **1. peler**, décortiquer, écaler, écosser, dépiauter (fam.) **2. étudier**, décortiquer, disséquer, inspecter, passer au crible, scruter

épluchure N. F. peau, pelure, déchet

éponger V. TR. **1. essuyer 2. absorber**, étancher **3. payer**, s'acquitter de, résorber

époque N. F. **1. période**, âge, division, ère, étape, règne, siècle **2. temps**, date, moment, saison

épouse N. F. femme, compagne, dame (pop.), bourgeoise (pop.), dulcinée (fam., souvent plaisant), légitime (fam.), moitié (fam.)

épouser V. TR. **1. se marier avec**, s'unir à, passer la bague au doigt de (fam.) **2. partager**, s'attacher à, embrasser, prendre parti pour, soutenir **3. mouler**, gainer, serrer, suivre

épousseter V. TR. dépoussiérer, essuyer, nettoyer

époustoufler V. TR. abasourdir, couper le souffle à, étonner, méduser, stupéfier, décoiffer (fam.), épater (fam.), estomaquer (fam.), souffler (fam.)

épouvantable ADJ. **1. effrayant**, apocalyptique, effroyable, horrible, horrifiant, terrible, terrifiant **2. abominable**, affreux, atroce, cruel, odieux, monstrueux, révoltant, scandaleux **3. mauvais**, catastrophique **4. détestable**, ignoble, infernal, insupportable, intolérable **5. énorme**, extraordinaire, extrême, formidable, phénoménal

épouvante N. F. terreur, affolement, effroi, frayeur, horreur, panique

épouvanter V. TR. **1. faire peur à**, affoler, angoisser, effrayer, faire fuir, horrifier, terrifier, terroriser **2. abasourdir**, ahurir, atterrer, catastropher, effarer, stupéfier

époux N. M. **1. conjoint 2. mari**, compagnon, homme (fam.), (chère) moitié (fam., plaisant)

éprendre de (s') V. PRON. **1. tomber amoureux de**, s'attacher à, s'enticher de, s'amouracher de (fam.), s'énamourer de (littér.), se toquer de (fam.) **2. se passionner pour**, s'engouer de, s'enthousiasmer pour, s'enticher de

épreuve N. F. **I. 1. souffrance**, adversité, détresse, douleur, malheur, tourment **2. mauvais moment**, calvaire, coup du sort, croix, purgatoire, revers de fortune **3. attaque**, assaut, atteinte, coup, persécution **II. 1. examen**, audition, composition, devoir, écrit, interrogation, oral, colle (fam.) **2. compétition**, challenge, critérium, match, rencontre **III. 1. reproduction**, cliché, photographie **2. copie**, morasse, placard **IV. critère**, pierre de touche **V. essai**, expérience, expérimentation, test

épris, ise ADJ. **1. amoureux**, entiché, mordu (fam.), toqué (fam.) **2. passionné**, avide, féru, fou, séduit, mordu (fam.)

éprouvant, ante ADJ. pénible, épuisant, éreintant, exténuant, harassant, crevant (fam.), tuant (fam.)

éprouvé, ée ADJ. **I. 1. certain**, confirmé, sûr, vérifié **2. fidèle**, sûr **3. expert**, expérimenté **II. atteint**, ébranlé, marqué, touché

éprouver V. TR. **1. ressentir**, concevoir, rencontrer, percevoir, sentir, vivre, goûter **2. endurer**, souffrir, subir, supporter **3. expérimenter**, essayer, mettre à l'épreuve, mettre en pratique, prendre la mesure de, tâter de, tester, vérifier **4. tenter**, hasarder, risquer **5. peiner**, atteindre, ébranler, frapper, marquer, secouer, toucher

épuisant, ante ADJ. éreintant, exténuant, harassant, pénible, claquant (fam.), crevant (fam.), tuant (fam.)

épuisé, ée ADJ. **1. exténué**, à bout de souffle, à bout de course, anéanti, brisé (de fatigue), à bout, éreinté, fourbu, harassé, moulu, claqué (fam.), crevé (fam.), flagada (fam.), flapi (fam.), mort (fam.), raplapla (fam.), rétamé (fam.), vanné (fam.), vidé (fam.), sur la jante (fam.), sur les genoux (fam.), sur les rotules (fam.), recru (littér.), rompu (littér.) **2. fini**, à sec, saigné à blanc, vidé

épuisement N. M. **1. fatigue**, abattement, accablement, éreintement, exténuation, harassement **2. affaiblissement**, anémie, anéantissement, consomption, débilitation, débilité, délabrement, déperdition, dépérissement, étiolement **3. tarissement**, appauvrissement, assèchement, exhaustion, raréfaction

épuiser V. TR. **I. 1. fatiguer**, briser, éreinter, exténuer, harasser, user, claquer (fam.), crever (fam.), lessiver (fam.), mettre à plat (fam.), pomper (fam.), tuer (fam.), vanner (fam.), vider (fam.), rompre (littér.) **2.** [fam.] **excéder**, fatiguer, lasser, mettre à bout **II. 1. appauvrir**, assécher, dessécher, mettre à sec, ruiner, saigner à blanc, sécher, tarir, vider **2. absorber**, anéantir, consommer, dépenser, détruire, dévorer, terminer, user, venir à bout de, vider **3. écouler**, liquider

♦ **s'épuiser** V. PRON. **1. s'user**, disparaître **2. s'écouler**, s'enlever, se vendre **3. s'échiner**, s'éreinter, se fatiguer, s'user, se tuer (fam.)

épurer V. TR. **1. assainir**, apurer, purger, purifier, [un liquide] clarifier, décanter, distiller, filtrer **2. améliorer**, affiner, châtier, dépouiller, nettoyer, parfaire, perfectionner, polir, purger, toiletter **3. censurer**, châtrer, couper, expurger **4. éliminer**, écarter, exclure, expulser, purger

équilibre N. M. **1. stabilité**, aplomb, assiette **2. balance**, égalité **3. harmonie**, accord, balancement, eurythmie, pondération, proportion, symétrie **4. santé mentale**, raison

équilibré, ée ADJ. **1. stable**, assuré, ferme, solide **2. proportionné**, bien bâti, harmonieux, balancé (fam.) **3. mesuré**, raisonnable, pondéré, sage, sain (d'esprit), solide, épanoui, qui a la tête sur les épaules

équilibrer V. TR. **1. compenser**, balancer, contrebalancer, contrepeser, corriger, égaler, équivaloir, neutraliser, pondérer **2. stabiliser 3. harmoniser**, coordonner, répartir

équipage N. M. **1. escorte**, cortège, suite **2. attelage 3.** [Naut., Aviat.] **personnel (navigant)**

équipe N. F. **1. groupe**, bande, brigade, escouade, pool **2.** [Sport] **écurie**

équipement N. M. **1. appareillage**, matériel, outillage, dotation **2. installation**, aménagement **3.** [Mar.] **arme-**

ment 4. [Milit.] **matériel**, arme, armement, attirail, bagage, fourniment, barda (fam.), bataclan (fam.), fourbi (fam.)

équiper V. TR. 1. **munir**, doter, garnir, nantir, pourvoir 2. **aménager**, agencer, installer, monter, outiller 3. [Mar.] **armer**, appareiller, fréter, gréer 4. **développer**, industrialiser, moderniser

♦ **s'équiper** V. PRON. 1. **se munir**, s'armer, se doter, se pourvoir 2. **se vêtir**, se mettre en tenue

équitable ADJ. 1. **juste**, correct 2. **impartial**, loyal, neutre, objectif 3. **égal**

équité N. F. 1. **droiture**, justice 2. **égalité**, impartialité

équivalent[1], **ente** ADJ. 1. **égal** 2. **similaire**, comparable, identique, pareil, semblable 3. [mot, terme] **synonyme**

équivalent[2] N. M. 1. **pareil**, semblable 2. **substitut**, synonyme, traduction

équivaloir à V. TR. IND. 1. **égaler**, équipoller, valoir autant que 2. **signifier**, correspondre à, représenter, revenir à

équivoque

▸ ADJ. 1. **ambigu**, à double sens, amphibologique, amphigourique, obscur 2. **douteux**, louche, suspect 3. **licencieux**, libidineux

▸ N. F. **ambiguïté**, amphibologie, malentendu, quiproquo

éradiquer V. TR. supprimer, arracher, extirper

érafler V. TR. 1. **égratigner**, écorcher, érailler, griffer 2. **rayer**

éraflure N. F. égratignure, écorchure, éraillure, excoriation, griffure

ère N. F. époque, âge, période, temps

éreintant, ante ADJ. épuisant, exténuant, harassant, pénible, claquant (fam.), crevant (fam.), tuant (fam.)

éreinté, ée ADJ. exténué, brisé (de fatigue), à bout, éreinté, fourbu, harassé, las, moulu, claqué (fam.), crevé (fam.), flagada (fam.), flapi (fam.), mort (fam.), raplapla (fam.), rétamé (fam.), vanné (fam.), vidé (fam.), sur les genoux (fam.), sur les rotules (fam.), recru (littér.), rompu (littér.)

éreinter V. TR. 1. **épuiser**, briser, esquinter, exténuer, fatiguer, harasser, rompre (littér.), claquer (fam.), crever (fam.), pomper (fam.), tuer (fam.), vanner (fam.), vider (fam.) 2. **critiquer**, étriller, malmener, maltraiter, aplatir (fam.), démolir (fam.), descendre (en flammes) (fam.)

ergoter V. INTR. argumenter, chicaner, discuter du sexe des anges, disputailler, épiloguer, chinoiser (fam.), chipoter (fam.), couper les cheveux en quatre (fam.), discutailler (fam.), pinailler (fam.), enculer les mouches (très fam.), ratiociner (littér.), vétiller (littér.)

ériger V. TR. 1. **bâtir**, construire, dresser, édifier, élever, lever 2. **créer**, établir, fonder, instituer

♦ **s'ériger en** V. PRON. **agir comme**, se conduire comme/en, se poser en, se présenter comme, s'autoproclamer

éroder V. TR. 1. **ronger**, corroder 2. **user**, affaiblir, dégrader, émousser, miner, saper

érosion N. F. 1. [Géog.] **ablation**, corrosion, désagrégation, usure 2. **corrosion**, usure 3. **baisse**, dégradation, dépréciation, détérioration, usure

érotique ADJ. 1. **amoureux** 2. **sensuel**, sexuel, voluptueux 3. **excitant**, bandant (très fam.), sexy (fam.), torride (fam.) 4. **pornographique**, cochon (fam.)

errant, ante ADJ. 1. **vagabond**, itinérant, nomade 2. **abandonné**, égaré, perdu, vagabond 3. **flottant**, fugitif, furtif, vague

errements N. M. PL. 1. **fautes**, écarts, égarements, erreurs, folies, péchés 2. **hésitation**, divagation, errance, flottement, indécision, irrésolution

errer V. INTR. **1. aller à l'aventure**, aller et venir, battre le pavé, courir les champs/les rues, déambuler, flâner, marcher, se promener, vagabonder, rôder (péj.), traînasser (péj., fam.), traîner (péj.), vadrouiller (fam.), vaguer (littér.) **2. s'égarer**, se perdre, dévier de son chemin **3. flotter**, passer, se promener **4.** [littér.] **se tromper**, divaguer

erreur N. F. **1. faute**, ânerie, connerie (fam.) **2. confusion**, bévue, malentendu, méprise, quiproquo **3. impair**, bavure, faux pas, maladresse, boulette (fam.), bourde (fam.), gaffe (fam.) **4. inexactitude**, contresens, contrevérité, faux sens, non-sens, perle **5. égarement**, débordement, dérèglement, écart, errements, folie, péché **6. aberration**, absurdité, aveuglement, bêtise, préjugé **7. illusion**, fausse apparence, fausseté, mensonge

erroné, ée ADJ. **1. fautif**, faux, incorrect, inexact **2. aberrant**, bancal, mal fondé

érudit, ite

▸ ADJ. **cultivé**, docte, instruit, lettré, savant

▸ N. **lettré**, mandarin, savant, puits de science

érudition N. F. savoir, connaissance(s), culture, science

éruption N. F. **1. jaillissement**, débordement, explosion **2.** [Méd.] **poussée**, accès

esbroufe N. F. parade, bluff, poudre aux yeux, chiqué (fam.), épate (fam.), flafla (fam.), frime (fam.)

escalader V. TR. **1. gravir**, grimper, monter **2. franchir**, enjamber, passer

escale N. F. **1. arrêt**, étape, halte, relâche, stop-over **2. port**, relâche

escalier N. M. degrés, marches

escamoter V. TR. **1. faire disparaître**, cacher, camoufler, dissimuler, effacer, masquer, occulter, recouvrir, voiler **2. rentrer**, replier **3. voler**, attraper, dérober, subtiliser **4. éluder**, contourner, esquiver, éviter, sauter, se soustraire à, couper à (fam.)

escapade N. F. sortie, bordée, équipée, fugue, virée (fam.)

escarmouche N. F. **1. accrochage**, échauffourée, engagement **2. altercation**, chamaillerie, dispute, duel, joute, prise de bec (fam.)

escarpé, ée ADJ. **1. abrupt**, à pic **2. raide**, ardu, malaisé, montant

escarpement N. M. à-pic, abrupt, falaise, paroi, pente

esclaffer (s') V. PRON. rire, éclater de rire, pouffer (fam.), se gondoler (fam.), se tordre (fam.)

esclandre N. M. éclat, scandale, scène, tapage

esclavage N. M. **1. asservissement**, assujettissement, servage, servitude, subordination, sujétion **2. tyrannie**, contrainte, domination, oppression, chaînes (littér.), joug (littér.)

esclave N. **1. serf 2. serviteur**, valet **3. jouet**, chose, marionnette, pantin

escompter V. TR. espérer, attendre, s'attendre à, compter sur, miser sur, prévoir, tabler sur

escorte N. F. **1. garde**, détachement **2. suite**, cortège, accompagnateur, accompagnement

escorter V. TR. **1. accompagner**, chaperonner, flanquer, suivre **2. convoyer**, conduire

escrimer (s') V. PRON. s'acharner, s'appliquer, se battre, se démener, s'échiner, s'efforcer, s'évertuer, s'ingénier

escroc N. M. voleur, bandit, gangster, malfaiteur, pirate, aigrefin (littér.), chevalier d'industrie (littér.), arnaqueur (fam.), entubeur (très fam.), faisan (argot), filou (fam.), fripouille (fam.)

escroquer V. TR. **1. voler**, extorquer, soustraire, soutirer, faire main basse sur, barboter (fam.), carotter (fam.), chouraver (fam.), piquer (fam.), rafler (fam.) **2. tromper**, arnaquer (fam.), avoir (fam.), blouser (fam.), entuber (très fam.), estamper (fam.), filouter (fam.), flouer (fam.), gruger (fam.), matraquer (fam.), rouler (fam.), truander (fam.)

escroquerie N. F. **1. vol**, arnaque (fam.), carambouillage (fam.) **2. fraude**, malhonnêteté **3. abus de confiance**, tromperie, entourloupe (fam.)

ésotérique ADJ. **1. occulte**, cabalistique, caché, secret, voilé **2. hermétique**, énigmatique, impénétrable, incompréhensible, indéchiffrable, inintelligible, nébuleux, obscur, abscons (littér.), abstrus (littér.), sibyllin (littér.)

espace N. M. **I. 1. immensité**, infini **2. univers**, cosmos **3. atmosphère**, ciel, éther (littér.) **II. étendue**, aire, place, superficie, surface, volume, sphère, zone **III. 1. espacement**, distance, écart, écartement, interstice, intervalle, vide **2. distance**, course, route, trajet, trajectoire

espacé, ée ADJ. **1. éloigné**, distant, séparé **2. clairsemé**, disséminé, échelonné, éparpillé, épars

espacer V. TR. **1. éloigner**, détacher, disséminer, distancer, échelonner, éparpiller, étaler, séparer **2.** [dans le temps] **échelonner**, étaler, répartir

espèce N. F. **1. genre**, catégorie, classe, groupe, qualité, sorte, engeance (péj.) **2. variété**, essence, race, sous-classe, sous-ordre, type

♦ **espèces** PLUR. **numéraire**, liquide, cash

espérance N. F. **1. espoir**, aspiration, attente, désir, souhait **2. croyance**, assurance, certitude, confiance, conviction, expectative, promesse **3. prévision**, estimation, perspective, pressentiment **4. possibilité**, chance

espérer V. TR. **1. désirer**, aspirer à, souhaiter, [sans complément] avoir espoir, garder espoir **2. attendre**, s'attendre à, compter sur, escompter, penser, tabler sur **3.** [+ infinitif] **aimer à croire/vouloir croire**, se promettre de, se flatter de (littér.)

espiègle ADJ. malicieux, coquin, facétieux, gamin, malin, mutin, polisson, taquin, turbulent, fripon (fam.)

espion, onne N. **1. agent (secret)**, barbouze (fam.), taupe (fam.) **2. indicateur**, indic (fam.), barbouze (fam.), mouchard (fam.), mouche (fam.), mouton (argot)

espionner V. TR. épier, guetter, surveiller, [avec micro] mettre sur écoute

espoir N. M. **1. espérance**, aspiration, attente, désir, souhait **2.** [ferme] **assurance**, certitude, conviction

esprit N. M. **I. 1. âme**, conscience, moi, sujet **2. entendement**, intelligence, raison, bon sens, sens (commun), cerveau (fam.), cervelle (fam.), méninges (fam.), tête (fam.) **3. pensée**, culture, idées, imagination, opinion, réflexion **II. intention**, but, désir, dessein, idée, optique **III. finesse**, adresse, à-propos, brio, ingéniosité, malice, humour, sel, verve **IV. 1. génie**, démon, djinn, elfe, farfadet, fée, gnome, kobold, korrigan, lutin **2. fantôme**, revenant, spectre, mânes (littér.)

esquinter V. TR. **1. abîmer**, casser, démolir, détériorer, endommager, amocher (fam.), bousiller (fam.), cramer (fam.), déglinguer (fam.) **2. épuiser**, éreinter, exténuer, fatiguer, harasser, crever (fam.) **3. critiquer**, éreinter, étriller, malmener, démolir (fam.), descendre (en flammes) (fam.)

esquisse N. F. **1. croquis**, crayon, ébauche, essai, étude, premier jet, modèle, plan, pochade **2. ébauche**, abrégé, aperçu, canevas, carcasse, grandes lignes, idée générale, ossature, plan, schéma

esquisser V. TR. **1. crayonner**, croquer, dessiner, ébaucher, indiquer, pocher, tracer **2. amorcer**, commencer, ébaucher, dessiner les contours de

esquiver V. TR. **1. éviter**, échapper à, se soustraire à, couper à (fam.) **2. se dérober à**, éluder, escamoter

♦ **s'esquiver** V. PRON. **s'éclipser**, décamper, se dérober, disparaître, s'échapper, s'enfuir, filer (à l'anglaise), se sauver, se défiler, se barrer (fam.), prendre la tangente (fam.), se tirer (fam.)

essai N. M. **I. 1. expérience**, épreuve, expérimentation, test, vérification **2. essayage 3. audition 4. tentative**, démarche, effort **II. début**, apprentissage, bégaiement, commencement, ébauche, esquisse, premiers pas, tâtonnement **III. traité**, étude, monographie

essaim N. M. **1. colonie 2. multitude**, armée, nuée, quantité, troupe, troupeau, volée

essayer V. TR. **1. expérimenter**, contrôler, éprouver, mettre à l'épreuve, mettre à l'essai, tester, vérifier **2. enfiler**, passer **3. tâter de**, aborder, goûter de, se lancer dans, tenter

♦ **s'essayer à** V. PRON. **1. s'exercer à 2. se hasarder à**, s'aventurer à, se risquer à

essence N. F. **1. carburant 2.** [d'arbre] **espèce 3. extrait**, arôme, concentré, élixir, huile (essentielle), oléolat **4. substance**, caractère, esprit, fond, principe, quintessence **5.** [Philo.] **entité**, nature, substrat

essentiel[1], ielle ADJ. **1. caractéristique**, constitutif, foncier, fondamental, intrinsèque **2. principal**, dominant, majeur **3. important**, capital, primordial, vital **4. véritable**, vrai **5.** [Philo.] **absolu**

essentiel[2] N. M. essence, substance, cœur, fond, nœud, noyau

essentiellement ADV. **1. par définition**, fondamentalement, typiquement **2. principalement**, absolument, avant tout, majoritairement, surtout

essor N. M. **1. envol**, envolée, vol, volée **2. impulsion**, élan **3. croissance**, activité, boom, développement, épanouissement, expansion, extension, progrès, progression

essouffler (s') V. PRON. **1. s'époumoner**, haleter, souffler, suffoquer **2. ralentir**, baisser, connaître une éclipse, connaître un passage à vide, s'épuiser, stagner

essuyer V. TR. **1. éponger**, nettoyer **2.** [cheval] **bouchonner 3. dépoussiérer**, épousseter **4. éprouver**, endurer, recevoir, subir, souffrir (littér.), encaisser (fam.)

estampille N. F. **1. marque (de fabrique)**, garantie, griffe, label (de qualité), signature **2. cachet**, sceau

esthétique

▸ N. F. **1. beauté**, art, beau, harmonie, plastique **2. design**, style

▸ ADJ. **1. beau**, décoratif, harmonieux, joli, sculptural **2. artistique 3.** [Chir.] **plastique**, reconstructeur

estimable ADJ. **1. appréciable**, louable, méritoire **2. respectable**, digne, honorable, recommandable

estimation N. F. **1. calcul**, appréciation, détermination, devis, évaluation, expertise, prisée **2. à-peu-près**, aperçu, approximation **3. prévision**, espoir

estime N. F. **1. considération**, déférence, égard, respect **2. faveur**, honneur

estimer V. TR. **I. 1. apprécier**, admirer, considérer, honorer, faire grand cas de, vénérer, avoir une bonne/haute opinion de, priser (littér.) **2. goûter**, priser (littér.) **II. 1. expertiser**, apprécier, coter, évaluer, examiner, jauger **2. calculer**, apprécier, chiffrer, évaluer, mesurer **III. 1. être d'avis**, considérer, croire, juger, penser, présumer, tenir, trouver **2. considérer comme**, croire, juger, regarder comme, tenir pour, trouver
♦ **s'estimer** V. PRON. **se sentir**, se considérer, se croire, se juger, se trouver

estomac N. M. ventre, panse, bedaine (fam.)

estomaquer V. TR. abasourdir, ahurir, ébahir, étonner, suffoquer, épater (fam.), époustoufler (fam.), sidérer (fam.), souffler (fam.)

estomper V. TR. **1. effacer**, éteindre **2. adoucir**, affaiblir, atténuer, diminuer, édulcorer, modérer, tamiser, voiler
♦ **s'estomper** V. PRON. **s'effacer**, décroître, faiblir, mourir, pâlir, passer

estropié, ée ADJ. infirme, éclopé, impotent, invalide

établi,ie ADJ. **1. situé 2. démontré**, acquis, admis, avéré, certain, incontestable, indiscutable, prouvé, reconnu, réel, sûr **3. en place**, en usage, en vigueur

établir V. TR. **I. 1. installer**, disposer, fixer, implanter, loger, placer, poser, poster, caser (fam.), [des troupes] cantonner **2. bâtir**, construire, dresser, échafauder, édifier, élever, ériger **3. créer**, constituer, élaborer, fonder, instaurer, instituer, mettre en place/sur pied, monter, organiser **4.** [liens] **nouer**, créer **II. 1. confirmer**, démontrer, montrer, poser, prouver **2. déterminer**, fixer, préciser, mettre en vigueur **3. découvrir**, reconnaître **4. arrêter**, calculer, dresser **5. faire régner III. accréditer**, affecter, introniser, nommer, placer
♦ **s'établir** V. PRON. **1. élire domicile**, se fixer, habiter, s'installer, planter ses pénates (plaisant) **2. s'ancrer**, s'enraciner, prendre place **3. se poster**

établissement N. M. **I. 1. installation**, disposition, implantation, placement **2. construction**, érection **II. 1. création**, constitution, fondation, instauration, institution, mise en place, organisation **2. rédaction**, édition **III. démonstration**, confirmation, preuve **IV. entreprise**, affaire, exploitation, firme, maison, société, usine, boîte (fam.)

étage N. M. **1. niveau**, degré, palier **2. plateforme 3. catégorie**, classe, couche, degré, échelon, gradin, rang, stade

étagère N. F. rayonnage, rayon, tablette

étalage N. M. **1. devanture**, éventaire, vitrine **2. démonstration**, déballage, déploiement, exhibition, parade

étalement N. M. **1. échelonnement**, répartition **2. décalage**

étaler V. TR. **I. 1. mettre à plat**, étendre **2. déplier**, déployer, dérouler, développer, étendre, ouvrir **3. éparpiller**, répandre **4.** [fam.] **faire tomber**, jeter à terre, étendre (fam.) **II. enduire**, badigeonner, barbouiller (fam.), épandre, répartir, tartiner (fam.) **III. échelonner**, espacer, répartir, décaler **IV. 1. exposer**, dérouler, montrer, déballer (fam.) **2. exhiber**, afficher, arborer, exposer, faire étalage de, faire montre de, faire parade de **3. révéler**, dévoiler, exposer, raconter, déballer (fam.)
♦ **s'étaler** V. PRON. **1. se déployer**, se dérouler, se développer, s'étendre **2. s'échelonner**, se répartir **3. s'affi-**

cher, s'exhiber, parader, se pavaner **4. s'étendre**, se laisser tomber, s'affaler (fam.), s'avachir (fam.), se vautrer (fam.) **5.** [fam.] **tomber (de tout son long)**, choir (littér.), se ramasser (fam.), se prendre une gamelle (fam.)

étalon N. M. archétype, modèle, référence, standard, type

étanche ADJ. imperméable, hermétique

étancher V. TR. **1. sécher**, assécher, éponger **2. assouvir**, apaiser, satisfaire

étang N. M. pièce d'eau, lac, mare, [artificiel] bassin, réservoir

étape N. F. **1. halte**, escale, relais **2. parcours**, route, trajet **3. époque**, période, phase, stade **4. degré**, échelon, palier, pas

état N. M. **I. 1. situation**, condition **2. identité**, âge, nationalité, sexe **3. position (sociale)**, condition, destin, existence, sort, vie **4. métier**, profession, travail **II. 1. niveau**, degré, étape, point, rang **2. version**, mouture **III. bilan**, bulletin, compte rendu, description, exposé, inventaire, recensement, statistique

État N. M. **1. nation**, empire, puissance, pays, royaume **2. chose publique**, cité, communauté nationale, corps politique, société **3. gouvernement**, pouvoir (central), administration, service (public) **4. service public**, société nationale

étayer V. TR. **1. consolider**, appuyer, assurer, caler, renforcer, soutenir **2. appuyer**, conforter, renforcer, soutenir, apporter de l'eau au moulin de
♦ **s'étayer** V. PRON. **se fonder**

éteindre V. TR. **1. étouffer 2. fermer 3. souffler 4. assouvir**, affaiblir, amortir, apaiser, calmer, diminuer, endormir, étancher **5. effacer**, assourdir, éclipser, faner, faire passer, obscurcir, ternir **6. anéantir**, abolir, consumer, détruire, exterminer, supprimer **7.** [une dette] **annuler**, acquitter, amortir
♦ **s'éteindre** V. PRON. **1. mourir**, disparaître, expirer, périr, succomber, trépasser (littér.), crever (fam.) **2. s'affaiblir**, s'assoupir, se calmer, décliner, décroître, s'effacer, s'estomper, mourir, passer, retomber **3. finir**, s'achever, périr

éteint, einte ADJ. **1. décoloré**, défraîchi, délavé, effacé, estompé, fané, pâle, pâli, passé, terne **2. étouffé**, sourd **3. inexpressif**, fade, morne, mort **4. apathique**, amorphe, atone, inerte, fatigué, usé

étendard N. M. drapeau, bannière, gonfalon

étendre V. TR. **I. 1. allonger**, coucher **2. déployer**, déplier, dérouler, détendre, développer, étaler, étirer, pendre, tendre **3. mettre**, placer, poser **4. éparpiller II. appliquer**, enduire, étaler, répandre **III. accroître**, accentuer, agrandir, amplifier, augmenter, développer, élargir, généraliser, grossir, propager, renforcer, répandre, reculer les frontières de **IV. délayer**, allonger, couper, diluer, éclaircir, fluidifier, mélanger
♦ **s'étendre** V. PRON. **1. se coucher**, s'allonger **2. s'agrandir**, s'allonger, se détendre, s'élargir, s'étirer, grandir **3. croître**, se déployer, se développer, envahir, gagner (du terrain), se généraliser, grandir, grossir, prendre de l'ampleur, progresser, se propager, rayonner, se renforcer, se répandre **4. continuer**, courir, se dérouler, durer, se prolonger

étendu, ue ADJ. **1. vaste**, ample, large, spacieux **2. varié**, riche **3. important**, considérable **4. couché**, gisant

étendue N. F. **I. 1. espace**, aire, grandeur, superficie, surface **2. dimension**, amplitude, largeur, longueur, volume **3. distance**, portée **II. 1. extension**, ampleur, développement **2. importance**, envergure, immensité, portée, proportion **III. domaine**, cercle, champ, horizon, sphère **IV. durée**, temps

éternel, elle ADJ. **1. divin 2. immortel**, inaltérable, immuable **3. durable**, impérissable, indéfectible, indestructible, indissoluble, infini **4. continuel**, constant, incessant, interminable, permanent, perpétuel, sempiternel

éternellement ADV. **1. indéfiniment**, interminablement, pour l'éternité, (pour) toujours, ad vitam aeternam **2.** [péj.] **inévitablement**, continuellement, perpétuellement, sempiternellement

éterniser V. TR. **1. immortaliser**, pérenniser, perpétuer **2. faire durer**, prolonger

♦ **s'éterniser** V. PRON. **1. durer**, se prolonger, traîner (en longueur), n'en plus finir **2. s'attarder**, rester, traîner

éternuement N. M. sternutation, atchoum (fam.)

étêter V. TR. décapiter, découronner, écimer, tailler

éthéré, ée ADJ. **1. aérien**, délicat, irréel, léger, surnaturel, vaporeux **2. élevé**, haut, noble, pur, serein, sublime, platonique

éthique

► N. F. **morale**, déontologie

► ADJ. **moral**, déontologique

étincelant, ante ADJ. **1. brillant**, chatoyant, flamboyant, luisant, rayonnant, resplendissant, rutilant, scintillant **2. éblouissant**, éclatant, incandescent, radieux

étinceler V. INTR. **1. éclairer**, briller, chatoyer, flamboyer, luire, rayonner, resplendir, rutiler, scintiller, brasiller (littér.) **2. briller**, pétiller, lancer des éclairs

étincelle N. F. **1. flammèche 2. éclair**, éclat, lueur

étioler V. TR. **affaiblir**, anémier, appauvrir, atrophier, rabougrir

♦ **s'étioler** V. PRON. **1. se faner**, s'anémier, s'atrophier, dépérir, se rabougrir **2. languir**, s'affaiblir, décliner, dépérir

étique ADJ. amaigri, cachectique, décharné, efflanqué, émacié, famélique, hâve, maigre, squelettique

étiqueter V. TR. **1. dénommer**, indiquer, noter **2. cataloguer**, classer, juger

étiquette N. F. **1. protocole**, bienséance, cérémonial, décorum, formes, règles, savoir-vivre **2. label 3. inscription**, timbre, vignette

étirement N. M. allongement, extension

étirer V. TR. **allonger**, détirer, distendre, élonger, étendre, tirer

♦ **s'étirer** V. PRON. **1. se dérouler**, s'étendre, se tendre **2. se détendre 3. s'effilocher**, s'effiler

étoffe N. F. **1. tissu**, textile **2. valeur**, aptitudes, calibre, capacités, envergure, trempe

étoffer V. TR. **enrichir**, développer, donner du corps à, nourrir

♦ **s'étoffer** V. PRON. **grossir**, s'élargir, se remplumer (fam.)

étoile N. F. **1. astre**, planète, comète **2. astérisque 3. célébrité**, star, vedette

étonnant, ante ADJ. **1. surprenant**, déconcertant, étourdissant, frappant, inconcevable, incroyable, renversant, saisissant, stupéfiant, suffoquant, ébouriffant (fam.), raide (fam.) **2. étrange**, anormal, bizarre, curieux, drôle, inattendu, insolite, original, singulier, troublant **3. exceptionnel**, extraordinaire, fantastique, impressionnant, merveilleux, prodigieux, remarquable, épatant (fam.), époustouflant (fam.), extra (fam.), fabuleux (fam.), formidable (fam.), sensass (fam.), sensationnel (fam.), soufflant (fam.), super (fam.), terrible (fam.) **4. gigantesque**, écrasant, faramineux, monstrueux, phénoménal **5. magique**, miraculeux, mirifique (fam.), mirobolant (fam.)

étonné, ée ADJ. surpris, abasourdi, ahuri, déconcerté, ébahi, éberlué, frappé, interdit, interloqué, médusé, renversé, saisi, stupéfait, suffoqué, baba (fam.), soufflé (fam.)

étonnement N. M. surprise, ahurissement, ébahissement, saisissement, stupéfaction, stupeur

étonner V. TR. **1. surprendre**, abasourdir, ahurir, confondre, déconcerter, décontenancer, ébahir, interdire, interloquer, méduser, renverser, saisir, sidérer, stupéfier, suffoquer, couper les bras et les jambes à, asseoir (fam.), éberluer (fam.), estomaquer (fam.), scier (fam.) **2. impressionner**, couper le souffle à, faire son effet sur, en boucher un coin à (fam.), décoiffer (fam.), épater (fam.), époustoufler (fam.), souffler (fam.)

♦ **s'étonner** V. PRON. **être surpris**, trouver étrange (que)

étouffant, ante ADJ. irrespirable, accablant, caniculaire, lourd, oppressant, pesant, suffocant

étouffé, ée ADJ. assourdi, faible, sourd

étouffement N. M. **I. 1. asphyxie**, dyspnée, étranglement, oppression, suffocation **2. moiteur**, touffeur (littér.) **II. répression**, anéantissement, destruction, écrasement, neutralisation, suppression

étouffer

▸ V. TR. **I. 1. asphyxier**, étrangler, suffoquer **2. incommoder**, gêner, oppresser **3.** [un incendie] **éteindre**, noyer **II. amortir**, assourdir, atténuer, couvrir, noyer **III. 1. cacher**, dissimuler, enterrer, escamoter, noyer, passer sous silence **2. anéantir**, écraser, étrangler, mater, museler, neutraliser, opprimer, stopper, tuer (dans l'œuf) **3. arrêter**, contenir, enrayer, juguler, refouler, réprimer, retenir

▸ V. INTR. **mal respirer**, suffoquer, manquer d'air

♦ **s'étouffer** V. PRON. **1. s'asphyxier**, s'étrangler, suffoquer **2. s'écraser**, se presser **3. s'atténuer**, mourir, se perdre

étourderie N. F. **1. distraction**, inadvertance, inattention, légèreté **2. bêtise**, bévue, imprudence, oubli

étourdi, ie

▸ ADJ. **distrait**, écervelé, évaporé, imprudent, inattentif, insouciant, irréfléchi, léger

▸ N. **hurluberlu**, étourneau (fam.), tête de linotte (fam.), tête en l'air (fam.), tête folle (fam.)

étourdir V. TR. **1. assommer**, estourbir (fam.), mettre k.-o. (fam.), sonner (fam.) **2. enivrer**, chavirer, griser, monter à la tête de, soûler, tourner la tête de **3. abrutir**, assommer, assourdir, fatiguer, incommoder, casser la tête à (fam.), casser les oreilles à (fam.)

♦ **s'étourdir** V. PRON. **1. s'enivrer**, se griser, se soûler **2. se distraire**, oublier

étourdissant, ante ADJ. **1. assourdissant**, abrutissant, fatigant **2. éblouissant**, brillant, prodigieux, sensationnel, époustouflant (fam.), décoiffant (fam.), ébouriffant (fam.)

étourdissement N. M. **1. vertige**, défaillance, éblouissement, évanouissement, faiblesse, syncope **2. griserie**, égarement, enivrement, fièvre, ivresse, vertige

étrange ADJ. bizarre, anormal, curieux, drôle, énigmatique, étonnant, incompréhensible, inexplicable, inhabituel, insolite, singulier, surprenant

étranger, ère

▸ N. **1. apatride**, immigrant, immigré, réfugié, métèque (injurieux) **2. intrus** **3. inconnu**, tiers

▸ ADJ. **1. extérieur**, allogène **2. exotique**, lointain **3. différent**, distinct, isolé **4. inconnu**, ignoré

étranglement N. M. **1. strangulation** **2. étouffement**, suffocation **3.** [d'une activité, etc.] **paralysie**, asphyxie, étouffement **4. répression**, musellement, oppression **5. resserrement**, rétrécissement

étrangler V. TR. **1. tuer**, assassiner, prendre à la gorge, serrer le kiki de (fam.) **2. oppresser**, étouffer **3. ruiner**, asphyxier, étouffer, mettre à mal, nuire à **4. opprimer**, juguler, mater, museler, réprimer **5. resserrer**, rétrécir

♦ **s'étrangler** V. PRON. **1. s'étouffer**, suffoquer **2. se resserrer**, rétrécir

être[1] V. INTR. **I. 1. exister**, vivre **2.** [suivi d'un adj.] **se sentir**, aller, se porter **II. 1. se trouver**, loger, résider **2. demeurer**, rester **III. consister en**, représenter

être[2] N. M. **1. créature** **2. individu**, personne, type **3. âme**, conscience, esprit, individualité, moi, nature, personnalité, personne **4. essence**, nature intime **5. existence**

étreindre V. TR. **1. embrasser**, enlacer, prendre/serrer dans ses bras, presser dans ses bras/sur son cœur, serrer **2. oppresser**, empoigner, étouffer, presser, serrer, tenailler

étreinte N. F. **1. embrassade**, enlacement **2. accouplement**, coït

étriller V. TR. **1. brosser**, bouchonner, frotter, panser **2. critiquer**, éreinter, malmener, maltraiter, rudoyer

étriper V. TR. **1. éviscérer**, vider **2. éventrer** **3.** [fam.] **agresser**, attaquer, critiquer

étriqué, ée ADJ. **1. étroit**, court, exigu, juste, limité, maigre, restreint, rétréci, riquiqui (fam.) **2. borné**, étroit, intolérant, limité, médiocre, mesquin, petit, sectaire, minable (fam.)

étroit, oite ADJ. **I. 1. étréci**, effilé, étiré, rétréci **2. étranglé**, encaissé, resserré **3. serré**, collant, court, étriqué, juste, moulant, petit **4. mince**, court, faible, fin, maigre **5. restreint**, confiné, exigu, juste, limité, réduit, riquiqui (fam.) **II. exact**, restreint, restrictif **III. intime**, fort, privé, profond **IV. 1. rigoureux**, strict, scrupuleux **2. borné**, étriqué, intolérant, limité, médiocre, mesquin, petit, sectaire

étroitement ADV. **1. intimement**, fortement **2. exactement**, expressément, rigoureusement, scrupuleusement, strictement **3. de (très) près** **4. à l'étroit**

étude N. F. **1. analyse**, enquête, examen, expérimentation, expertise, exploration, observation **2. article**, essai, mémoire, traité, travail **3. dessin**, ébauche **4. affectation**, apprêt, recherche, afféterie (littér.)

♦ **études** PLUR. **apprentissage**, cursus, parcours scolaire, scolarité, travail scolaire

étudié, ée ADJ. **1. médité**, mûri, pensé, réfléchi **2. recherché**, pensé, soigné, sophistiqué, travaillé, chiadé (fam.) **3. affecté**, apprêté, artificiel, calculé, contraint, emprunté, faux, feint

étudier V. TR. **1. apprendre**, s'instruire sur, travailler, bûcher (fam.), potasser (fam.) **2. analyser**, approfondir, ausculter, considérer, éplucher, examiner, fouiller, observer, explorer, s'intéresser à, se pencher sur, tâter **3. chercher**, rechercher **4. composer**, mettre au point, préméditer, préparer

étui N. M. boîte, boîtier, écrin, emballage, enveloppe, fourreau, gaine

euphorie N. F. bien-être, allégresse, enthousiasme, entrain, excitation, extase, joie, jubilation, liesse, surexcitation

euphorique ADJ. **1. euphorisant 2. heureux**, enjoué, enthousiaste, excité, aux anges (fam.), au septième ciel (fam.)

évacuation N. F. **1. dégorgement**, débordement, déversement, écoulement, flux **2. éjection**, élimination, excrétion, expulsion **3. départ**, abandon, exode, retrait, retraite

évacuer V. TR. **1. éliminer**, excréter, expulser, rejeter **2. dégorger**, déverser, faire écouler, vidanger, vider **3. abandonner**, déguerpir de, quitter, se retirer de, sortir, [les lieux] vider **4. faire partir**, faire sortir

évader (s') V. PRON. **1. fuir**, s'échapper, s'enfuir, se sauver, cavaler (fam.), jouer la fille de l'air (fam.), se faire la belle (argot) **2. s'en aller**, s'éclipser, s'esquiver, filer (à l'anglaise), fuir, se libérer, se retirer, sortir, se soustraire

évaluation N. F. **1. appréciation**, calcul, chiffrage, dénombrement, détermination, estimation, mesure **2. mesure**, prix, valeur **3. approximation**, à-peu-près, estimation

évaluer V. TR. **1. apprécier**, estimer, jauger, juger, soupeser, supputer **2. déterminer**, calculer, chiffrer, coter, expertiser, mesurer, peser

évanouir (s') V. PRON. **1. perdre connaissance**, défaillir, se trouver mal, perdre ses esprits, tourner de l'œil (fam.), tomber dans les pommes/dans les vapes (fam.) **2. disparaître**, s'anéantir, cesser, se dissiper, s'éclipser, s'effacer, s'enfuir, s'envoler, s'évaporer, fondre, mourir

évanouissement N. M. **1. malaise**, défaillance, faiblesse, syncope **2. anéantissement**, disparition, effacement, perte

évaporé, ée ADJ. et N. étourdi, écervelé, folâtre, frivole, insouciant, léger, sans cervelle (fam.), tête en l'air (fam.)

évaporer (s') V. PRON. **1. se vaporiser**, se volatiliser **2. se dissiper**, s'éventer **3. s'exhaler**, s'exprimer **4. disparaître**, s'éclipser, s'envoler, se volatiliser

évaser V. TR. agrandir, élargir

évasif, ive ADJ. **1. ambigu**, allusif, détourné, équivoque, imprécis, laconique, vague **2. fuyant**, dilatoire

évasion N. F. **1. fuite**, belle (argot), cavale (argot) **2. distraction**, changement, délassement, divertissement

éveillé, ée ADJ. vif, alerte, dégourdi, déluré, malin, futé (fam.)

éveiller V. TR. **1. réveiller 2. déclencher**, animer, exciter, faire naître, piquer, provoquer, susciter **3. évoquer**, rappeler **4. développer**, révéler, stimuler

♦ **s'éveiller** V. PRON. **se réveiller**, ouvrir les yeux, ouvrir un œil (fam.)

événement N. M. **1. fait**, action, aventure, épisode, péripétie, [inattendu] coup de théâtre **2. histoire**, affaire **3. situation**, cas, circonstance, conjoncture, occasion **4. nouvelle**

éventail N. M. **1. gamme**, assortiment, choix, sélection **2. échelle**, fourchette

éventer V. TR. **1. divulguer**, dévoiler, raconter, répandre **2. découvrir**, déjouer, deviner, flairer **3. rafraîchir**

♦ **s'éventer** V. PRON. **1. s'aérer 2. s'altérer**, tourner

éventrer V. TR. **1. étriper 2. ouvrir**, crever, défoncer

éventualité N. F. **1. cas**, hypothèse, possibilité **2. circonstance**, événement, occurrence **3. contingence**, hasard, incertitude

éventuel, elle ADJ. **1. possible 2. aléatoire**, contingent, hypothétique, imprévisible, incertain

éventuellement ADV. **1. le cas échéant**, à l'occasion **2. peut-être**, probablement

évertuer à (s') V. PRON. s'appliquer à, s'acharner à, s'attacher à, batailler pour, se battre pour, s'échiner à, s'efforcer de, s'épuiser à, s'escrimer à, se fatiguer à, s'ingénier à, lutter pour, peiner pour, tâcher de, se tuer à (fam.)

éviction N. F. **1. expulsion**, congédiement, élimination, exclusion, rejet, renvoi **2. dépossession**, supplantation

évidemment ADV. **1. absolument**, assurément, bien sûr, cela s'entend, cela va de soi, certainement, et comment (donc), bien entendu, naturellement **2. à l'évidence**, à coup sûr, assurément, incontestablement, indubitablement, sans aucun doute, sans conteste, sans contredit

évidence N. F. **1. certitude 2. transparence**, vérité **3. truisme**, généralité, lapalissade

évident, ente ADJ. **1. visible**, apparent, clair, incontestable, indéniable, indiscutable, indubitable, irréfutable, manifeste, net, patent **2. flagrant**, aveuglant, criant, clair comme le jour, éclatant, gros comme une maison (fam.) **3. trivial**, facile

évincer V. TR. **1. écarter**, chasser, éliminer, exclure, expulser, blackbouler (fam.), débarquer (fam.), virer (fam.) **2. l'emporter sur**, détrôner, supplanter

éviter V. TR. **1. esquiver**, détourner, échapper à, écarter, se garer de, parer, passer au travers de, se préserver de, se soustraire à **2. contourner**, se détourner de, s'écarter de, s'éloigner de, fuir **3. se dérober à**, se dispenser de, éluder, s'épargner, passer outre/au travers de, se soustraire à, obvier à (littér.), couper à (fam.) **4. s'interdire**, bannir, supprimer

évocation N. F. **1. rappel**, allusion, mention, remémoration, représentation **2. incantation**, sortilège

évolué, ée ADJ. **1. civilisé**, développé **2. cultivé**, éclairé, large d'esprit

évoluer V. INTR. **1. se mouvoir**, manœuvrer **2. changer**, bouger, se modifier, se transformer, varier **3. progresser**, innover, s'adapter, vivre avec son temps

évolution N. F. **1. mouvement**, [Milit.] manœuvre **2. changement**, bouleversement, développement, métamorphose, modification, transformation **3. progrès**, avancement, cours, processus, progression

évoquer V. TR. **1. invoquer 2. décrire**, montrer **3. rappeler**, réveiller, faire revivre, remémorer (littér.) **4. suggérer**, appeler, éveiller, rappeler, susciter **5. faire allusion à**, aborder, citer, effleurer, mentionner, nommer, poser **6. représenter**, incarner, symboliser

exacerber V. TR. **1. porter à son paroxysme**, aiguiser, aviver, exalter, enflammer, exciter, intensifier **2. aggraver**, attiser, envenimer, exaspérer, irriter

exact, exacte ADJ. **1. correct**, bon, juste **2. précis**, net **3. authentique**, réel, véridique, véritable, vrai **4.** [sens] **propre**, littéral, strict **5. fidèle**, conforme, textuel **6. sûr**, certain, fiable, solide **7. ponctuel**, à l'heure, assidu, consciencieux, régulier **8. minutieux**, attentif, précis, rigoureux, scrupuleux, strict

exactement ADV. **1. en tout point**, régulièrement, religieusement, rigoureusement, scrupuleusement, [respecter] à la lettre **2. objectivement**, fidèlement, littéralement, mot à mot, de point en point, textuellement **3. bien**, adéquatement, correctement **4. précisément**, justement **5. parfaitement**, en plein, rigoureusement, tout à fait, au quart de poil (fam.) **6.** [exclamatif] **tout juste**, absolument, certes, oui, parfaitement, tout à fait

exaction N. F. **abus de pouvoir**, extorsion, pillage, vol, malversation (littér.), prévarication (littér. ou Droit), [d'un fonctionnaire] concussion

♦ **exactions** PLUR. **mauvais traitements**, excès, sévices, violences

exactitude N. F. **1. ponctualité**, assiduité, régularité **2. justesse**, correction, précision, rectitude, rigueur **3. fidélité**, justesse, ressemblance, véracité, vérité, véridicité (littér.) **4. application**, attention, conscience, minutie, soin, scrupule

exagération N. F. **1. amplification**, dramatisation, grossissement, surestimation **2. emphase**, enflure, hyperbole **3. excès**, abus, démesure, outrance

exagéré, ée ADJ. **1. outrancier**, caricatural, chargé, excessif, extrême, fort, hyperbolique, outré **2. inabordable**, astronomique, excessif, exorbitant **3. abusif**, surfait **4. démesuré**, débridé, effréné, fou, immodéré, insensé **5. forcé**, affecté

exagérément ADV. trop, abusivement, démesurément, à l'excès, excessivement, à outrance

exagérer V. TR. **I. 1. amplifier**, agrandir, augmenter, enfler, gonfler, grandir, grossir, majorer, surestimer, [en mal] dramatiser, pousser au noir **2. forcer**, accentuer, accuser, amplifier, charger, grossir, outrer **II.** [sans complément]**1. en ajouter**, fabuler, broder, se vanter, bluffer (fam.), se gonfler (fam.), hâbler (littér.) **2. abuser**, aller trop loin, dépasser les bornes, ne pas y aller de main morte, passer la mesure, attiger (fam.,), charrier (fam.), faire fort (fam.), forcer la dose (fam.), pousser (fam.), tirer sur la ficelle (fam.), pousser le bouchon trop loin (fam.)

exaltant, ante ADJ. excitant, électrisant, enivrant, enthousiasmant, galvanisant, grisant, passionnant, stimulant, vivifiant, emballant (fam.)

exaltation N. F. **1. agitation**, déchaînement, délire, effervescence, surexcitation **2. ardeur**, chaleur, enthousiasme, feu, fièvre, fougue, passion, véhémence **3. griserie**, enivrement, extase, exultation, ivresse, ravissement, transport, emballement (fam.) **4. glorification**, célébration, louange, apologie

exalté, ée

▸ ADJ. **1. intense**, délirant, exacerbé, vif **2. excité**, frénétique, surexcité, survolté **3. ardent**, enthousiaste, fougueux, passionné

▸ N. **tête brûlée**, énergumène, enragé, excité, fanatique, fou

exalter V. TR. **1. animer**, chauffer (à blanc), échauffer, électriser, enflammer, enivrer, enthousiasmer, exciter, fanatiser, galvaniser, griser, passionner, soulever, survolter, transporter, emballer (fam.) **2. intensifier**, aviver, fortifier, ranimer, raviver, réchauffer, renforcer, réveiller, stimuler, vivifier **3. rehausser**, relever, faire ressortir **4. améliorer**, développer, grandir, hausser, perfectionner **5. glorifier**, bénir, déifier, diviniser, magnifier, porter aux nues, mettre sur un piédestal **6. célébrer**, chanter, louer, vanter

♦ **s'exalter** V. PRON. **s'enthousiasmer**, s'enflammer, s'engouer, se passionner, se monter la tête (fam.), s'emballer (fam.)

examen N. M. **1. étude**, analyse, auscultation, contrôle, enquête, exploration, inspection, investigation, recherche, test, vérification **2.** [rapide] **tour d'horizon**, survol **3. consultation**, visite, [complet] bilan de santé, check-up (anglic.) **4. épreuve**, test, audition, composition, écrit, interrogation, oral, partiel **5. brevet**, certificat

examiner V. TR. **I. 1. observer**, considérer, contempler, étudier, explorer, inspecter, passer en revue, regarder, scruter, visiter, [avec dédain] toiser **2. compulser**, consulter, dépouiller **II. 1. analyser**, étudier, sonder **2. contrôler**, éprouver, essayer, expérimenter, vérifier **3. ausculter**, palper, tâter, toucher **III. 1. réfléchir à**, repasser, repeser, ressasser, retourner dans son esprit, revoir **2. débattre**, délibérer de/sur, discuter, mettre sur le tapis

exaspérant, ante ADJ. excédant, agaçant, crispant, énervant, horripilant, insupportable, irritant, rageant (fam.)

exaspération N. F. **1. agacement**, colère, énervement, irritation, rage **2. exacerbation**, aggravation, exaltation, excitation, intensification

exaspérer V. TR. **1. excéder**, agacer, crisper, énerver, fâcher, faire bouillir, irriter, pousser à bout, courir sur le système à (fam.), courir sur le haricot à (très fam.), gonfler (tres fam.), porter sur les nerfs de (fam.), taper sur les nerfs à (fam.) **2. intensifier**, accroître, aggraver, aiguiser, aviver, envenimer, exacerber, exciter

exaucer V. TR. **1. combler**, contenter, satisfaire **2. accomplir**, accorder, réaliser

excavation N. F. **1. cavité**, anfractuosité, antre, caverne, creux, grotte **2. fosse**, entonnoir, puits, souterrain, tranchée, trou

excédent N. M. **1. surplus**, différence (en plus), excès, résidu, reste, supplément, surcroît, surcharge, trop-plein **2. bénéfice**, boni, gain, plus-value, reste, solde

excédentaire ADJ. en trop, en surnombre, en surcharge

excéder V. TR. **1. dépasser**, surpasser, l'emporter sur **2. outrepasser**, passer **3. exaspérer**, agacer, crisper, énerver, horripiler, importuner, insupporter, irriter, casser la tête/les pieds à (fam.)

excellence N. F. perfection, qualité, supériorité, suprématie

excellent, ente ADJ. **1. délicieux**, divin, exquis, fameux, goûteux, succulent, extra (fam.) **2. admirable**, de premier ordre, en or, incomparable, magistral, merveilleux, parfait, remarquable, supérieur, de première bourre (fam.), extra (fam.), super (fam.) **3. talentueux**, accompli, doué, remarquable, balèze (fam.), calé (fam.), fortiche (fam.)

exceller V. INTR. briller, se distinguer, s'illustrer, triompher

excentricité N. F. bizarrerie, extravagance, fantaisie, folie, originalité, singularité

excentrique ADJ. **1. bizarre**, baroque, extravagant, farfelu, insolite, original **2. périphérique**, excentré

excepté PRÉP. à l'exception de, abstraction faite de, non compris, en dehors de, à l'exclusion de, hormis, hors, à part, à la réserve de, sauf, sinon

excepter V. TR. écarter, enlever, exclure, mettre de côté, mettre à part, retirer, retrancher

exception N. F. 1. **dérogation**, restriction 2. **anomalie**, entorse, irrégularité, particularité, singularité 3. **phénomène**

exceptionnel, elle ADJ. 1. **rare**, occasionnel 2. **anormal**, étonnant, extraordinaire 3. **spécial**, d'exception 4. **remarquable**, émérite, hors du commun, hors ligne, hors pair, rare, supérieur, unique

excès N. M. 1. **excédent**, reste, surplus, trop-plein 2. **profusion**, débauche, luxe, orgie, pléthore, surabondance 3. **démesure**, abus, exagération, outrance, trop (fam.) 4. **débordement**, abus, dérèglement, dévergondage, écart, inconduite, libertinage, licence

excessif, ive ADJ. 1. **démesuré**, abusif, énorme, extrême, immodéré, surabondant 2. **inabordable**, abusif, ahurissant, exagéré, exorbitant, prohibitif 3. **outrancier**, exagéré, outré 4. **extraordinaire**, exceptionnel, extrême, infini, prodigieux

excessivement ADV. 1. **outrageusement**, à l'excès, démesurément, exagérément, surabondamment 2. **extraordinairement**, extrêmement, fabuleusement, incroyablement, infiniment

excitable ADJ. 1. **irritable**, coléreux, nerveux, susceptible 2. **réceptif**, sensible

excitant, ante

▸ ADJ. 1. **enivrant**, électrisant, enthousiasmant, exaltant, galvanisant, grisant, passionnant, stimulant, emballant (fam.) 2. **attrayant**, appétissant, alléchant, engageant, plaisant, séduisant, tentant 3. **aphrodisiaque**, stimulant 4. **provoquant**, affriolant, aguichant, émoustillant, troublant, voluptueux, bandant (très fam.), sexy (fam.)

▸ N. M. 1. **aiguillon**, stimulus 2. **euphorisant**, réconfortant, remontant, stimulant, tonique

excitation N. F. 1. **stimulation**, coup de fouet 2. **encouragement**, appel, exhortation, incitation, invitation, provocation, sollicitation 3. **exaltation**, ardeur, passion, ravissement, transport 4. **agitation**, animation, bouillonnement, ébullition, effervescence, fébrilité, fièvre, surexcitation, délire 5. **énervement**, exaspération, irritation

excité, ée

▸ ADJ. **agité**, ardent, énervé, nerveux, dans tous ses états (fam.), speed (fam.)

▸ N. **énergumène**, enragé

exciter V. TR. I. 1. **causer**, déclencher, éveiller, faire naître, insuffler, provoquer, ranimer, raviver, réveiller, solliciter, susciter 2. **activer**, aiguillonner, attiser, aviver, éperonner, fouetter, piquer, stimuler, doper (fam.) 3. **exacerber**, aggraver, envenimer, exaspérer 4. **caresser**, chatouiller, flatter II. 1. **agiter**, animer, enfiévrer, passionner, surexciter 2. **déchaîner**, électriser, embraser, enflammer, galvaniser 3. **exalter**, enivrer, enlever, enthousiasmer, ravir, transporter, emballer (fam.) 4. **émoustiller**, affrioler, aguicher, attirer, attiser le désir de, troubler, allumer (fam.), faire bander (très fam.) 5. **échauffer**, enivrer, mettre en verve III. **agacer**, énerver, irriter, provoquer, taquiner

♦ **s'exciter** V. PRON. 1. **s'énerver**, s'agiter, s'emporter 2. **s'enthousiasmer**, s'enflammer, se monter la tête (fam.)

exclamation N. F. 1. **clameur**, cri 2. **interjection**, juron

exclamer (s') V. PRON. s'écrier, se récrier, dire

exclu, ue N. paria, marginal, laissé-pour-compte, réprouvé (littér.)

exclure V. TR. 1. **bannir**, chasser, écarter, éliminer, épurer, évincer, excommunier, exiler, expulser, mettre à la porte, proscrire, radier, rejeter, renvoyer, repousser, éjecter (fam.), vider (fam.), virer (fam.), [momentanément] mettre à l'écart, mettre sur la touche (fam.) 2. **ôter**, rayer, retrancher, supprimer 3. **excepter**, écarter, faire abstraction de, ne pas tenir compte de 4. **empêcher**, interdire, s'opposer à, être incompatible avec 5. **interdire**, prohiber, proscrire

exclusif, ive ADJ. 1. **absolu**, particulier, personnel, propre, spécial, spécifique, unique 2. **possessif**, égoïste, jaloux 3. **étroit**, buté, entier, entêté, de parti pris

exclusion N. F. 1. **expulsion**, radiation, rejet, renvoi, [momentanée] mise à l'écart, mise sur la touche (fam.) 2. **élimination**, suppression 3. **destitution**, dégradation, révocation 4. **isolement**, désocialisation, marginalisation, ostracisme

excréments N. M. PL. 1. **déjections**, matières fécales, fèces, selles, excrétions (littér.) 2. **étrons**, crottes, caca (fam.), colombins (fam.), merde (très fam.) 3. **crotte**, bouse, crottin, purin, [d'insecte] chiasse, chiure, [de cerf, sanglier] fumées, laissées, [d'oiseau] fiente, guano

excroissance N. F. protubérance, bosse, kyste, polype, proéminence, saillie, tumeur

excursion N. F. promenade, course, expédition, partie de campagne, randonnée, sortie, tournée, voyage, balade (fam.), virée (fam.)

excusable ADJ. compréhensible, défendable, justifiable, pardonnable, supportable, tolérable

excuse N. F. 1. **justification**, défense, décharge, explication, motif, raison 2. **prétexte**, dérobade, échappatoire, faux-fuyant 3. [souvent plur.] **regret**, (demande de) pardon

excuser V. TR. 1. **expliquer**, justifier, légitimer, motiver 2. **pardonner**, absoudre, décharger 3. **admettre**, accepter, pardonner, passer sur, supporter, tolérer, fermer les yeux sur, passer l'éponge sur (fam.)

♦ **s'excuser** V. PRON. 1. **se justifier**, se défendre 2. **demander pardon**, faire amende honorable, regretter

exécrable ADJ. 1. **abominable**, détestable, épouvantable, horrible, insupportable, odieux, [humeur] de chien, de dogue 2. **dégoûtant**, imbuvable, immangeable, immonde, infect, répugnant 3. **déplorable**, affligeant, calamiteux, consternant, désastreux, lamentable, navrant, nul, pitoyable, minable (fam.)

exécrer V. TR. détester, haïr, avoir en horreur, maudire, rejeter, repousser, ne pas pouvoir souffrir, vomir, abhorrer (littér.), abominer (littér.), ne pas pouvoir sentir (fam.)

exécuter V. TR. I. 1. **accomplir**, effectuer, opérer, réaliser, mener à bien/à bonne fin, mettre à exécution, procéder à, travailler à 2. **fabriquer**, confectionner, réaliser 3. **interpréter**, jouer, massacrer (fam., péj.) II. **obéir à**, s'acquitter de, exercer, observer, remplir, satisfaire à, tenir III. 1. **tuer**, abattre, assassiner, décapiter, éliminer, fusiller, guillotiner, mettre à mort, pendre (haut et court), descendre (fam.), expédier (fam.), liquider (fam.), supprimer (fam.), [un soldat] passer par les armes **2. critiquer**, discréditer, démolir, éreinter, esquinter, descendre (en flammes) (fam.)

♦ **s'exécuter** V. PRON. **obéir**, obtempérer

exécution N. F. **1. accomplissement**, conduite, réalisation **2. construction**, composition, rédaction **3. facture**, forme **4. interprétation 5. mise à mort**, assassinat, décapitation, pendaison, supplice

exemplaire[1] ADJ. **1. remarquable**, modèle, parfait, vertueux **2. sévère**, dissuasif

exemplaire[2] N. M. **1. copie**, épreuve, imitation, réplique **2. numéro**, édition, épreuve **3. échantillon**, exemple, spécimen

exemple N. M. **1. modèle**, idéal, image, parangon, type **2. précédent**, antécédent **3. spécimen**, cas, exemplaire **4. aperçu**, échantillon, esquisse, idée, illustration, notion, preuve

exempt, exempte ADJ. dépourvu, démuni, dénué, privé

exempter V. TR. **1. réformer 2. affranchir**, alléger, décharger, dégager, dégrever, dispenser, exonérer, libérer **3. garantir**, immuniser (contre), mettre à l'abri, préserver

exercé, ée ADJ. entraîné, adroit, averti, expérimenté, expert, formé, habile

exercer V. TR. **1. entraîner**, aguerrir, cultiver, dresser, éduquer, endurcir, façonner, former, habituer, plier, rompre **2. pratiquer**, s'acquitter de, se consacrer à, se livrer à, remplir **3. employer**, mettre en action, déployer **4. travailler**

♦ **s'exercer** V. PRON. **1. s'entraîner**, s'appliquer, s'essayer, s'entretenir, faire des/ses gammes, se faire la main (fam.) **2. se manifester**, s'appliquer, se faire sentir

exercice N. M. **1. pratique**, usage **2. entraînement**, expérience, habitude **3. activité physique**, culture physique, gymnastique, sport **4.** [Scol.] **devoir 5.** [Milit.] **manœuvre**, instruction

exhaler V. TR. **1. dégager**, émettre, produire, répandre **2. respirer**, transpirer, suer (fam.) **3. pousser**, laisser échapper, rendre **4. exprimer**, donner libre cours à, proférer

♦ **s'exhaler** V. PRON. **s'évaporer**, émaner, transpirer

exhaustif, ive ADJ. complet, entier, intégral, total

exhiber V. TR. **1. montrer**, exposer, présenter, produire, faire voir **2. dénuder**, découvrir, dévoiler **3. arborer**, afficher, déployer, étaler, faire étalage de, faire montre de, faire parade de

♦ **s'exhiber** V. PRON. **se montrer**, parader, se pavaner, se produire, se donner/s'offrir en spectacle

exhibition N. F. **1. présentation**, exposition, numéro, représentation, show, spectacle **2. déploiement**, dépense, étalage, parade

exhortation N. F. **1. encouragement**, appel, incitation, invitation **2. sermon**, admonestation, harangue, leçon

exhorter V. TR. **1. haranguer 2. encourager**, appeler, convier, engager, exciter, inciter, inviter

exhumer V. TR. **1. déterrer 2. ressortir**, rappeler, ressusciter, réveiller, déterrer (fam.), ressortir du placard (fam.)

exigeant, ante ADJ. **1. difficile (à contenter)**, intraitable **2. pointilleux**, maniaque, minutieux, perfectionniste, sourcilleux, tatillon **3. sévère**, dur, strict **4. astreignant**, accaparant, absorbant, prenant

exigence N. F. **1. contrainte**, besoin, impératif, loi, nécessité, obligation, ordre, règle **2. désir**, appétit, besoin **3. demande**, condition, revendication, [au plur., salariales] prétentions

exiger V. TR. **1. revendiquer**, réclamer, requérir **2. ordonner**, enjoindre, commander, imposer, requérir **3. nécessiter**, appeler, astreindre à, commander, contraindre à, imposer, obliger à, réclamer, requérir

exigu, uë ADJ. étroit, étriqué, minuscule, petit, réduit, restreint, riquiqui (fam.)

exil N. M. **1. expatriation**, départ **2. bannissement**, déportation, expulsion, proscription, renvoi **3. éloignement**, isolement, séparation **4. réclusion**, retraite

exiler V. TR. **1. bannir**, chasser, déporter, exclure, expatrier, expulser, ostraciser, proscrire **2. éloigner**, écarter, reléguer

♦ **s'exiler** V. PRON. **1. s'expatrier**, émigrer, se réfugier **2. se retirer**, disparaître, fuir, s'enterrer (fam.)

existant, ante ADJ. **1. actuel**, présent, en vigueur **2. concret**, effectif, palpable, positif, réel

existence N. F. **1. présence**, matérialité, réalité **2. vie**, jours **3. sort**, destin, destinée, état

exister V. INTR. **1. être**, vivre, être sur terre **2. se rencontrer**, se trouver, régner **3. durer**, continuer, demeurer, persister, subsister **4. compter**, importer, valoir

exode N. M. **1. émigration**, expatriation **2. fuite**, sauve-qui-peut **3.** [des cerveaux, des capitaux] **évasion**, fuite

exonérer V. TR. **1. affranchir**, décharger, dégager, dispenser, exempter, libérer **2. dégrever**

exorbitant, ante ADJ. excessif, démesuré, exagéré, extravagant, immodéré, inabordable, invraisemblable, dingue (fam.), faramineux (fam.), fou (fam.), monstrueux (fam.)

exorciser V. TR. **1. chasser**, conjurer **2. désenvoûter**, désensorceler

exotique ADJ. **1. lointain 2. tropical 3. étrange**, différent, inhabituel, dépaysant

expansif, ive ADJ. communicatif, démonstratif, extraverti, exubérant

expansion N. F. **1. croissance**, boom, développement, épanouissement, essor **2. diffusion**, extension, propagation **3. débordement**, effusion, épanchement **4.** [d'un gaz] **dilatation**, décompression, détente, explosion

expatrier V. TR. **exiler**, expulser

♦ **s'expatrier** V. PRON. **émigrer**, s'exiler, se réfugier

expectative N. F. attente, espérance, espoir, perspective

expectorer V. TR. cracher, expulser, [sans complément] tousser

expédient[1], ente ADJ. adéquat, à propos, commode, convenable, indiqué, opportun, utile, idoine (littér. ou plaisant)

expédient[2] N. M. **1. palliatif 2. moyen**, astuce, échappatoire, ressource, solution, combine (fam.), truc (fam.)

expédier V. TR. **1. envoyer**, adresser, dépêcher, poster, transmettre **2. régler 3. bâcler**, liquider, torcher (fam.), trousser (littér.) **4. congédier**, se débarrasser de, renvoyer, éconduire (littér.), envoyer paître/péter/promener/sur les roses (fam.)

expéditif, ive ADJ. **1. rapide**, prompt, vif **2. sommaire**, court, hâtif, précipité

expédition N. F. **I. envoi**, transport **II. 1. voyage**, périple, randonnée, virée (fam.) **2. entreprise**, aventure, campagne, croisade, équipée, mission **3. coup (de main)**, descente, raid

expérience N. F. **1. savoir-faire**, acquis, connaissance(s), expertise, métier, qualification, science **2. expérimentation**, épreuve, essai, observation, tentative, test **3. pratique**, familiarité, habitude, routine, usage

expérimental, ale, aux ADJ. **1. empirique**, pragmatique **2. d'avant-garde**, modèle, pilote

expérimentation N. F. expérience, épreuve, essai, étude, test

expérimenté, ée ADJ. exercé, accompli, averti, chevronné, compétent, confirmé, connaisseur, expert, qualifié

expérimenter V. TR. **1. éprouver**, essayer, goûter de, tâter de, tester, vérifier **2. constater**, se rendre compte de, éprouver

expert, erte

▸ ADJ. **exercé**, accompli, adroit, assuré, averti, chevronné, compétent, connaisseur, éprouvé, expérimenté, instruit, savant, orfèvre en la matière

▸ N. **1. professionnel**, connaisseur, maître, spécialiste **2. virtuose**, as (fam.), crack (fam.)

expertise N. F. estimation, évaluation, investigation, vérification

expertiser V. TR. estimer, apprécier, évaluer

expiration N. F. **1. souffle**, haleine **2. échéance**, fin, terme

expirer V. INTR. **1. souffler**, exhaler **2. mourir**, décéder, s'éteindre, succomber, passer (littér.), périr (littér.), rendre l'âme (littér. ou plaisant), trépasser (littér.) **3. finir**, cesser, prendre fin, se terminer, arriver à terme **4. s'affaiblir**, baisser, décliner, décroître, diminuer, se dissiper, s'éteindre, s'évanouir

explication N. F. **1. commentaire**, éclaircissement, exégèse, exposé, glose, indication, légende, précision, renseignement **2. clé**, élucidation, solution **3. cause**, justification, motif, raison (d'être) **4. dispute**, altercation, discussion, mise au point, règlement de compte

explicite ADJ. **1. exprès**, formel **2. clair**, détaillé, limpide, net, positif, précis **3. catégorique**, clair, formel, net

explicitement ADV. expressément, clairement, distinctement, en toutes lettres, formellement, nettement

expliciter V. TR. **1. formuler**, énoncer, exposer **2. préciser**, éclaircir, expliquer

expliquer V. TR. **1. communiquer**, décrire, dire, exposer, exprimer, manifester, montrer, raconter **2. préciser**, développer, expliciter **3. interpréter**, commenter, traduire **4. enseigner**, apprendre, montrer **5. justifier**, excuser, légitimer, motiver, rendre compte de **6. élucider**, débrouiller, démêler, éclaircir, faire la lumière sur, tirer au clair

♦ **s'expliquer** V. PRON. **1. se disculper**, se défendre, se justifier **2. vider une querelle**

exploit N. M. prouesse, performance, record, succès, tour de force

exploitation N. F. **I. 1. domaine**, ferme, plantation, propriété **2. fabrique**, industrie, manufacture, usine **3. commerce**, entreprise, établissement **4. concession** **II. 1. mise en valeur**, culture, production **2. mise à profit**, utilisation

exploiter V. TR. **1. faire valoir**, tirer profit de, [à l'excès] saigner à blanc **2. utiliser**, profiter de, tirer parti de **3. abuser de**, profiter de, pressurer, rançonner, sous-payer, voler, rouler (fam.), spolier (littér.)

exploiteur, euse N. profiteur, affameur, spoliateur (littér.), vampire, vautour

exploration N. F. **1. voyage**, expédition, incursion, mission, reconnaissance **2. sondage**, prospection **3. étude**, analyse, approfondissement, auscultation, examen, sondage

explorer V. TR. **1. parcourir**, découvrir, fouiller, inspecter, prospecter, reconnaître, visiter **2. étudier**, approfondir, ausculter, examiner, fouiller, sonder, tâter

exploser V. INTR. **1. détoner**, éclater, sauter, péter (fam.) **2. éclater**, déborder, se déchaîner **3. s'emporter**, fulminer, tonner

explosif, -ive ADJ. **1. explosible** **2. critique**, dangereux, sensible, tendu **3. impétueux**, bouillant, fougueux, violent, volcanique

explosion N. F. **1. déflagration**, désintégration, détonation, éclatement **2. accès**, bouffée, débordement, déchaînement, éruption, jaillissement **3. flambée**, boom

exposé N. M. **1. communication**, conférence, discours, briefing, laïus (fam.), speech (fam.), topo (fam.) **2. analyse**, compte rendu, description, énoncé, exposition, narration, présentation, rapport, récit

exposer V. TR. **1. communiquer**, déclarer, décrire, détailler, développer, énoncer, expliquer, indiquer, présenter, publier, raconter, retracer **2. montrer**, afficher, étaler, exhiber, présenter, offrir à la vue **3. orienter**, diriger, disposer, placer, tourner (vers) **4. soumettre**, présenter **5. compromettre**, mettre en danger, mettre en péril, risquer, commettre (littér.) **6. abandonner à**, livrer à, mettre en butte à

♦ **s'exposer** V. PRON. **1. se montrer**, s'afficher, s'exhiber **2. courir un risque**, s'aventurer, se découvrir **3. se compromettre**, se commettre (littér.), se mouiller (fam.)

exposition N. F. **I. 1. présentation**, étalage, exhibition, montre (littér.) **2. salon**, concours, foire, forum, rétrospective **II. orientation**, situation **III. 1. exposé**, compte rendu, description, explication, narration, présentation, rapport, récit **2. introduction**, exorde, prélude, proposition **3. argument**

exprès[1], esse ADJ. **1. explicite**, net, positif, précis **2. absolu**, catégorique, formel, impératif

exprès[2] ADV. **1. délibérément**, à dessein, intentionnellement, sciemment, volontairement **2. spécialement**, expressément, juste, précisément

expressément ADV. **1. explicitement**, formellement, nettement, précisément **2. exprès**, juste, spécialement

expressif, ive ADJ. **1. significatif**, démonstratif, éloquent, évocateur, parlant, suggestif **2. coloré**, animé, haut en couleur, mobile, pittoresque, vivant

expression N. F. **I. 1. formule**, énoncé, locution, mot, terme, tour, tournure **2. style**, forme, manière **II. mimique**, air, figure, masque, mine **III. manifestation**, émanation, incarnation, matérialisation **IV. chaleur**, ferveur, vie

exprimer V. TR. **1. communiquer**, dire, énoncer, expliquer, exposer, formuler, présenter, signifier, témoigner, transmettre **2. manifester**, extérioriser, faire entendre, exhaler, représenter, révéler, traduire **3. vouloir dire**, rendre, signifier, symboliser, traduire **4. respirer**, peindre, rendre, représenter **5. extraire**

♦ **s'exprimer** V. PRON. **1. parler 2. s'extérioriser 3. s'accomplir**, se réaliser

expulser V. TR. **1. chasser**, reconduire à la frontière, refouler, renvoyer, repousser **2. exclure**, évincer, sortir, éjecter (fam.), vider (fam.), virer (fam.) **3. déloger**, mettre à la porte, vider (fam.) **4. bannir**, exiler, expatrier, proscrire **5. éliminer**, évacuer, rejeter

expulsion N. F. **1. exclusion**, éviction, évincement, mise à la porte, rejet, renvoi, [Sport] carton rouge **2. refoulement**, rejet, renvoi **3. bannissement**, exil, proscription **4. élimination**, évacuation, excrétion

expurger V. TR. **1. épurer 2. censurer**, châtrer, corriger, couper, mutiler, charcuter (fam.)

exquis, ise ADJ. **1. savoureux**, délectable, délicieux, excellent, fin, succulent **2. délicat**, distingué, raffiné, rare **3. adorable**, aimable, charmant, délicieux **4. suave**, charmant, doux

exsangue ADJ. **1. blafard**, blême, cadavérique, hâve, livide, pâle **2. faible**, anémique, asthénique

extase N. F. **1. béatitude**, enivrement, exaltation, ravissement **2. contemplation**, émerveillement

extasier (s') V. PRON. s'émerveiller, crier au miracle, s'écrier, s'exclamer, se pâmer

extensible ADJ. élastique, ductile, malléable, souple

extension N. F. **1. allongement**, déploiement, détente, distension, étirement **2. développement**, amplification **3. accroissement**, agrandissement, allongement, dilatation, élargissement, grossissement, prolongement **4. expansion**, accroissement, augmentation, croissance, développement, essor, intensification, multiplication **5. propagation**, diffusion

exténuant, ante ADJ. épuisant, éreintant, harassant, claquant (fam.), crevant (fam.), tuant (fam.)

exténué, ée ADJ. épuisé, à bout (de course), à bout de souffle, anéanti, brisé (de fatigue), éreinté, fourbu, harassé, moulu, claqué (fam.), crevé (fam.), flagada (fam.), flapi (fam.), mort (fam.), raplapla (fam.), rétamé (fam.), vanné (fam.), vidé (fam.), sur les genoux (fam.), sur les rotules (fam.), recru (littér.), rompu (littér.)

exténuer V. TR. épuiser, affaiblir, anéantir, briser, éreinter, fatiguer, harasser, mettre sur le flanc, claquer (fam.), crever (fam.), lessiver (fam.), tuer (fam.), vanner (fam.), vider (fam.)

extérieur[1], eure ADJ. **1. étranger**, externe, extrinsèque **2. périphérique**, externe **3. superficiel**, apparent, de façade **4. visible**, apparent, manifeste

extérieur[2] N. M. **1. dehors**, plein air **2. air**, allure, apparence, aspect, dehors, façade, manière, masque, mine

extérioriser V. TR. exprimer, faire connaître, manifester, montrer

extermination N. F. anéantissement, destruction, massacre, génocide, liquidation (fam.)

exterminer V. TR. anéantir, détruire, éteindre, massacrer, supprimer, tuer, liquider (fam.)

externe ADJ. **1. extérieur**, périphérique **2. extrinsèque**

extinction N. F. **1. disparition**, destruction, épuisement, fin, mort **2. abolition**, abrogation, annulation, suppression

extirper V. TR. **1. extraire**, arracher, déraciner, enlever, ôter **2. détruire**, anéantir, éradiquer **3. arracher**, tirer **4. soutirer**, arracher, extorquer, tirer
♦ **s'extirper** V. PRON. **s'extraire**, se dégager, sortir

extorquer V. TR. **1. soutirer**, arracher, extirper, tirer **2. voler**, dérober, carotter (fam.)

extraction N. F. **1. ablation**, arrachage, déracinement, éradication, excision, extirpation **2. ascendance**, lignage, lignée, naissance, origine, race, souche

extraire V. TR. **1. sortir**, dégager, détacher, isoler, prélever, prendre, relever, tirer **2. enlever**, ôter, retirer **3. arracher**, déraciner, énucléer, extirper **4. exprimer**, tirer
♦ **s'extraire** V. PRON. se dégager, s'extirper, sortir

extrait N. M. **1. essence**, concentré, quintessence **2. passage**, bribe, citation, fragment, morceau (choisi), page, partie **3. abrégé**, analyse, résumé, sommaire

extraordinaire ADJ. **I. 1. inhabituel**, exceptionnel, hors du commun, insolite, inusité, rare, sans exemple, sans pareil, sans précédent, singulier, unique **2. spécial**, particulier **3. accidentel**, imprévu **II. 1. inconcevable**, ahurissant, incroyable, inexplicable, inimaginable, invraisemblable, inouï **2. bizarre**, abracadabrant, abracadabrantesque, curieux, étrange, excentrique, extravagant, fantasque, original, surprenant, décoiffant (fam.), ébouriffant (fam.) **III. extrême**, colossal, démesuré, énorme, immense, phénoménal, faramineux (fam.) **IV. 1. fabuleux**, fantasmagorique, fantastique, féerique, merveilleux, mirifique, mirobolant **2. miraculeux**, prodigieux, surnaturel **V. 1. supérieur**, admirable, d'exception, remarquable, sublime **2. excellent**, fameux, sensationnel, au poil (fam.), épatant (fam.), extra (fam.), à tout casser (fam.)

extravagance N. F. **1. excentricité**, bizarrerie, loufoquerie **2. frasque**, caprice, erreur de conduite, folie, incartade, lubie **3. élucubration**, absurdité, divagation, énormité

extravagant, ante ADJ. **1. déraisonnable**, absurde, délirant, dément, fou, grotesque, incohérent, insensé, irrationnel, loufoque (fam.), tordu (fam.), à la mords-moi-le-nœud (très fam.), [histoire] à dormir debout **2. excentrique**, bizarre, étrange, farfelu, fou, loufoque

extraverti, ie ADJ. ouvert, communicatif, démonstratif, sociable

extrême ADJ. **1. dernier**, final, terminal, ultime **2. grand**, infini, intense, exceptionnel, extraordinaire, passionné, profond **3. excessif**, démesuré, disproportionné, exagéré, immodéré, outré **4. radical**, drastique
♦ **extrêmes** N. M. PL. **antipodes**, contraires, opposés

extrêmement ADV. extraordinairement, exceptionnellement, excessivement, fabuleusement, formidablement, immensément, infiniment, prodigieusement, suprêmement, terriblement, au possible, en diable, on ne peut plus, au plus haut point, diablement, comme tout (fam.)

extrémisme N. F. jusqu'au-boutisme, fondamentalisme, intégrisme

extrémiste N. jusqu'au-boutiste, enragé, fondamentaliste, intégriste, ultra

extrémité N. F. bout, bord, coin, fin, limite, lisière, pointe, terminaison

exubérance N. F. **1. abondance**, débordement, luxuriance, profusion **2. expansivité**, exagération, faconde, pétulance, prolixité, vitalité, volubilité

exubérant, ante ADJ. **1. abondant**, débordant, luxuriant, surabondant **2. communicatif**, débordant, démonstratif, expansif, pétulant

exulter V. INTR. se réjouir, déborder de joie, éclater de joie, être fou de joie, jubiler, être aux anges, être au septième ciel

exutoire N. M. dérivatif, antidote, distraction, diversion, défouloir, soupape de sécurité

f

fable N. F. **1. conte**, allégorie, folklore, histoire, légende, mythe, parabole **2. mensonge**, affabulation, invention

fabrication N. F. **1. production**, confection, création **2. façon**, façonnage

fabriquer V. TR. **1. réaliser**, créer, élaborer, monter **2. manufacturer**, façonner, produire, usiner, bricoler (fam.) **3. manigancer**, tramer, fabricoter (fam.), ficher (fam.), foutre (très fam.), mijoter (fam.), trafiquer (fam.) **4. inventer**, bâtir, concocter, échafauder, forger **5. former**, entraîner

fabuleux, euse ADJ. **1. légendaire**, mythique, mythologique **2. imaginaire**, chimérique, fictif, irréel **3. étonnant**, extraordinaire, fantastique, prodigieux **4. énorme**, astronomique, colossal, exorbitant **5. exceptionnel**, hors du commun, merveilleux

façade N. F. **1. devant**, face, front, devanture **2. apparence**, dehors, enveloppe, extérieur, vernis

face N. F. **1. figure**, visage, tête, minois, mine, physionomie, frimousse (fam.), faciès (péj.), gueule (fam.) **2. devant**, façade, front **3. côté**, plan, facette, paroi, versant **4. aspect**, allure, apparence, physionomie, tournure

facétie N. F. **1. plaisanterie**, blague, bouffonnerie, pitrerie **2. farce**, espièglerie, mystification, tour, canular (fam.), niche (fam.)

facétieux, euse ADJ. **1. comique**, drôle, spirituel **2. farceur**, blagueur, gouailleur, moqueur, plaisantin, taquin, rigolo (fam.)

facette N. F. **1. face**, côté **2. aspect**, angle, côté

fâché, ée ADJ. contrarié, mécontent, de mauvaise humeur, en colère, irrité, courroucé (littér.)

fâcher V. TR. **1. agacer**, mettre en colère, exaspérer, irriter, mécontenter, piquer, vexer, courroucer (littér.) **2. affliger**, attrister, chagriner, contrarier, navrer, peiner, chiffonner (fam.), embêter (fam.)

♦ **se fâcher** V. PRON. **1. s'emporter**, s'irriter, se mettre en colère, montrer les dents, prendre la mouche, rouspéter, sortir de ses gonds, se mettre en rogne (fam.), gueuler (très fam.), râler (fam.), voir rouge (fam.) **2. se formaliser**, se froisser, s'offenser, se piquer, se vexer, la trouver mauvaise (fam.) **3. se brouiller**, se disputer, rompre

fâcheux, euse ADJ. **1. contrariant**, déplaisant, désagréable, malencontreux, regrettable **2. accablant**, affligeant, cruel

facile ADJ. **1. simple**, abordable, accessible, commode, enfantin, aisé (littér.), fastoche (fam.) **2. agréable**, doux, tranquille **3. coulant**, courant **4. clair**, compréhensible, intelligible, limpide, simple **5. accommodant**, arrangeant, complaisant, conciliant

facilement ADV. **1. sans difficulté**, aisément, à l'aise, commodément, sans effort, sans peine, haut la main, comme une fleur (fam.), comme un rien (fam.), les doigts dans le nez (fam.), dans un fauteuil (fam.) **2. couramment**, naturellement **3. volontiers**, de bon gré **4. pour peu de chose** **5. au moins**, au bas mot, au minimum, pour le moins

facilité N. F. **I. 1. simplicité**, accessibilité, commodité **2. clarté**, intelligibilité **II. 1. possibilité**, avantage, commodité, latitude, liberté, marge, moyen, occasion **2. arrangement**, concession **III. 1. aptitude**, capacité, disposition, don, prédisposition **2. adresse**, agilité, aisance, habileté **3.** [d'élocution] **brio**, aisance, faconde, éloquence **4. naturel**, agrément, grâce, désinvolture

faciliter V. TR. simplifier, aider, aplanir les difficultés de, arranger, favoriser

façon N. F. **1. manière**, mode, procédé **2. allure**, air, attitude, genre, maintien, mine, tournure, dégaine (fam.) **3. exécution**, confection, fabrication, facture, travail

♦ **façons** PLUR. **1. manières**, comportement, conduite, habitudes, pratiques **2. affectation**, cérémonies, manières, minauderie, chichis (fam.), simagrées (fam.)

façonner V. TR. **1. transformer**, arranger, modeler, sculpter, travailler **2. fabriquer**, bâtir, composer, confectionner, créer, élaborer, usiner **3. dresser**, dégourdir, dégrossir, éduquer, former, polir

facteur, trice

▸ N. **préposé**, agent, porteur, messager

▸ N. M. **élément**, agent, cause, principe

factice ADJ. **1. imité**, artificiel, faux, postiche, bidon (fam.), en carton-pâte (fam.) **2.** [péj.] **affecté**, apprêté, artificiel, contraint, de commande, d'emprunt, faux, feint, forcé

faction N. F. **1. parti**, brigue, cabale, clan, ligue **2. agitation**, complot, conspiration, intrigue, mutinerie, sédition **3. coterie**, chapelle, secte **4. surveillance**, garde, guet

facture[1] N. F. **1. manière**, style, ton, patte (fam.) **2. exécution**, faire, façon, technique, travail

facture[2] N. F. **1. bordereau**, compte, décompte, état, mémoire, note, relevé **2. addition**, note, douloureuse (fam.)

facturer V. TR. compter, chiffrer, faire payer

faculté N. F. **1. droit**, capacité, liberté, moyen, possibilité, pouvoir **2. aptitude**, capacité, disposition, don, facilité, force, moyen, talent **3. propriété**, vertu **4. université**, enseignement supérieur, école, fac (fam.)

♦ **facultés** PLUR. **1. moyens**, ressources **2. lucidité**, intelligence, raison, tête

fadaise N. F. **1. baliverne**, faribole, ineptie, niaiserie, sornette, sottise, billevesée (littér.) **2. bagatelle**, bricole, broutille, futilité, niaiserie

fade ADJ. **1. insipide**, douceâtre, plat, fadasse (fam.) **2. écœurant 3. terne**, décoloré, délavé, éteint, neutre, pâle, passé **4. anodin**, banal, inexpressif, insipide, plat, quelconque, terne

fagoter V. TR. accoutrer, affubler, arranger (fam.), ficeler (fam.)

faible[1] ADJ. et N.

▸ ADJ. **1. frêle**, anémique, chétif, débile, déficient, fragile, malingre, rachitique, souffreteux, crevard (fam.), faiblard (fam.) **2. affaibli**, anéanti, bas, cacochyme, chancelant, épuisé, fatigué, impotent, invalide **3. déficient**, défaillant, fragile **4. sans défense**, désarmé, fragile, impuissant, vulnérable **5.** [jour, lumière, couleur] **blême**, insuffisant, pâle, vague **6.** [son] **étouffé**, bas, imperceptible, insaisissable, léger, mourant **7. modéré**, bas, doux, léger, modeste, modique, petit **8. médiocre**, insuffisant, mauvais, nul, faiblard (fam.) **9. réfutable**, chancelant, incertain, indécis, vacillant **10. indécis**,

inconsistant, influençable, mou, pusillanime, velléitaire, veule **11. accommodant**, complaisant, indulgent, bonne poire (fam.), coulant (fam.)
▸ N. **1. opprimé**, pauvre, petit **2. gringalet**, freluquet, mauviette, avorton (fam.) **3. mannequin**, pantin

faible² N. M. goût, attirance, inclination, péché mignon, penchant, prédilection, préférence

faiblement ADV. **1. peu**, guère (littér.) **2. avec peine**, mal **3. insuffisamment**, médiocrement **4. à peine**, doucement, légèrement, mollement, vaguement, sans force, timidement

faiblesse N. F. **I. 1. affaiblissement**, abattement, apathie, défaillance, épuisement, fatigue, inanition **2. étourdissement**, défaillance, évanouissement, malaise, syncope **3. vulnérabilité**, délicatesse, fragilité, impuissance, infériorité, petitesse **II. petitesse**, minceur, modicité **III. 1. défaut**, carence, déficience, désavantage, faille, inconvénient, lacune, travers, talon d'Achille **2. médiocrité**, indigence, inintérêt, insignifiance, nullité, platitude **IV. 1. irrésolution**, apathie, indécision, laisser-aller, mollesse, pusillanimité, veulerie **2. complaisance**, indulgence **3. inclination**, attirance, complaisance, goût, penchant, point faible, prédilection, préférence

faiblir V. INTR. **1. diminuer**, s'affaiblir, s'atténuer, baisser, décliner, décroître, mollir **2. s'effacer**, s'estomper, pâlir **3. fléchir**, chanceler, mollir, se relâcher, s'user, vaciller, flancher (fam.) **4. céder**, défaillir, fléchir, lâcher, plier, ployer

faille N. F. **1. cassure**, brèche, crevasse, fêlure, fente, fissure, fracture **2. défaut**, carence, faiblesse, insuffisance, lacune, point faible, défaut de la cuirasse, talon d'Achille

faillite N. F. **1. dépôt de bilan**, banqueroute, liquidation (judiciaire) **2. débâcle**, culbute, déconfiture, krach, ruine, baccara (argot), carambouillage (fam.) **3. échec**, fiasco, insuccès, ratage

faim N. F. **1. appétit**, creux (fam.), fringale (fam.) **2. famine**, disette **3. désir**, appétit, boulimie, envie **4. avidité**, ambition, cupidité

fainéant, ante N. et ADJ. paresseux, propre à rien, vaurien, cossard (fam.), feignant (fam.), flemmard (fam.), tire-au-flanc (fam.), tire-au-cul (fam.)

fainéanter V. INTR. paresser, buller (fam.), coincer la bulle (fam.), flemmarder (fam.), traîner (fam.)

fainéantise N. F. paresse, indolence, flemmardise (fam.), flemme (fam.)

faire V. TR. **I. 1. réaliser**, être l'artisan de, confectionner, constituer, créer, fabriquer, façonner, forger, produire, usiner, [un bâtiment] bâtir, construire, édifier, élever, [une œuvre] composer, écrire, élaborer, accoucher de (fam.) **2. accomplir**, effectuer, exécuter, s'appuyer (fam.), s'enfiler (fam.), s'envoyer (fam.), se farcir (fam.), se taper (fam.), [une action, un crime] commettre, perpétrer **3. agir**, intervenir, décider, entreprendre **4. s'occuper à**, fabriquer (fam.), bricoler (fam.), ficher (fam.), foutre (très fam.), traficoter (fam.), trafiquer (fam.) **5. pratiquer**, apprendre, étudier, exercer, préparer **6. produire**, émettre, fabriquer, sortir **7. engendrer**, concevoir, enfanter, mettre bas, procréer **8. instruire**, former, dresser, façonner, forger, modeler **II. 1. constituer**, composer, former, dessiner **2. valoir**, contenir, coûter, mesurer, peser **3. causer**, créer, déterminer, entraîner, occasionner, provoquer, susciter **III. représenter**, jouer, agir comme, faire fonction de **IV. 1. parcourir**, franchir **2. visiter**, prospecter **3. obtenir**, amasser, gagner, ramasser **V. 1. fournir**, débiter, écouler, vendre **2. donner**, allouer, offrir, procurer, servir

♦ **se faire** V. PRON. **1. se former**, s'améliorer, se bonifier, mûrir **2. se produire**, arriver, survenir **3. se pratiquer**, être courant

faisable ADJ. possible, exécutable, réalisable

faisceau N. M. **1. ensemble**, accumulation, assemblage **2. gerbe**, botte, bouquet, grappe **3. rayon**, pinceau, rai

fait[1] N. M. **1. acte**, action **2. événement**, affaire, anecdote, aventure, cas, épisode, incident, phénomène, trait **3. réalité**, concret, vérité **4. sujet**, cas

fait[2], faite ADJ. **1. constitué**, bâti, balancé (fam.), foutu (fam.), [femme] roulé (fam.) **2. mûr**, dans la force de l'âge **3. à point** **4. fardé**, verni

faîte N. M. **1. faîtage**, arête, couronnement **2. cime**, crête, haut, point culminant, sommet **3. apogée**, acmé, apothéose, comble, limite, pinacle, summum, zénith

falaise N. F. escarpement, à-pic

fallacieux, euse ADJ. **1. trompeur**, faux, fourbe, hypocrite, mensonger, perfide, [argument] captieux, spécieux **2. illusoire**, vain

falsifier V. TR. **1. contrefaire**, maquiller, truquer **2. altérer**, adultérer, frelater, trafiquer, tripatouiller (fam.) **3. défigurer**, changer, déformer, dénaturer, fausser, gauchir, travestir

famélique ADJ. **1. affamé**, crève-la-faim, meurt-de-faim, misérable, miséreux, pauvre **2. décharné**, efflanqué, maigre, squelettique, étique (littér.)

fameux, euse ADJ. **1. célèbre**, connu, renommé, réputé **2. glorieux**, brillant, grand, illustre **3. mémorable** **4. extraordinaire**, achevé, consommé, insigne, fier (fam.), fieffé (fam.), foutu (fam.), méchant (fam.), rude (fam.), sacré (fam.) **5. excellent**, délectable, délicieux, exquis, succulent

familiariser V. TR. **1. accoutumer à**, dresser à, entraîner à, former à, habituer à, rompre à (littér.) **2. apprivoiser**

familiarité N. F. **1. intimité**, camaraderie, cordialité **2. contact**, commerce, fréquentation, promiscuité **3. désinvolture**, effronterie, sans-gêne **4. naturel**, abandon, liberté, simplicité **5. grossièreté**, liberté, privauté

familier, ière

▸ ADJ. **1. domestique**, apprivoisé **2. intime**, lié, proche **3. connu** **4. coutumier**, accoutumé, habituel, ordinaire **5. accessible**, liant, sociable **6. libre**, cavalier, désinvolte, grossier, insolent, sans-gêne **7.** [langage] **relâché** **8. aisé**, facile, simple, usuel

▸ N. **habitué**, ami, intime, proche, relation

familièrement ADV. simplement, librement, naturellement, sans façon

famille N. F. **I. 1. parenté**, ascendance, descendance, postérité **2. dynastie**, branche, lignée, race, sang, souche **II. 1. foyer**, logis, maison, ménage **2. maisonnée**, progéniture, marmaille (fam.), nichée (fam.), smala (fam.), tribu (fam.) **III. 1. classe**, catégorie, collection, espèce, genre, race, type **2. groupe**, clan, coterie, école

famine N. F. disette, faim

fan N. admirateur, inconditionnel, fana (fam.), fondu (fam.), groupie (fam.)

fanatique ADJ. et N. **1. enthousiaste**, ardent, chaud, convaincu, fervent, fou, passionné, accro (fam.), enragé (fam.), fan (fam.), groupie (fam.), mordu (fam.), [en sport] tifosi (fam.) **2. intolérant**, doctrinaire, extrémiste, illuminé, sectaire

fanatisme N. M. **1. intolérance**, esprit de parti, étroitesse de vue, extrémisme, sectarisme **2. passion**, engouement, enthousiasme, ferveur, folie

fané, ée ADJ. **1. desséché**, flétri **2. défraîchi**, éteint, flétri, fripé, passé

faner V. TR. **1. flétrir**, friper, gâter, sécher **2. défraîchir**, affadir, altérer, décolorer, éclaircir, éteindre, ternir

♦ **se faner** V. PRON. **1. se flétrir**, s'étioler, sécher **2. se décolorer**, jaunir, pâlir, passer

fanfaron, onne ADJ. et N. vantard, hâbleur, bravache (littér.), matamore (littér.), crâneur (fam.), faraud (fam.), fier-à-bras (fam.), frimeur (fam.), m'as-tu-vu (fam.)

fanfaronner V. INTR. parader, faire le brave, faire le fier, faire le malin, plastronner, poser, se vanter, crâner (fam.), frimer (fam.), faire de l'esbroufe (fam.), faire de l'épate (fam.), faire le mariolle (fam.), la ramener (fam.), se la jouer (fam.)

fantaisie N. F. **1. créativité**, imagination, invention, inventivité **2. caprice**, folie, lubie, passade, tocade, foucade (littér.) **3. originalité**, excentricité, imprévu

fantaisiste ADJ. **1. original**, baroque, bohème, extravagant, fantasque, farfelu (fam.), loufoque (fam.) **2. imaginaire**, arbitraire, inventé, faux

fantasme N. M. **1. illusion**, fantôme, vision, chimère (littér.) **2. rêve**, utopie, château en Espagne

fantasque ADJ. **1. lunatique**, capricieux, changeant, versatile, volage, foufou (fam.) **2. extravagant**, abracadabrant, baroque, saugrenu, farfelu (fam.)

fantastique

▸ ADJ. **1. imaginaire**, chimérique, fabuleux, fantasmagorique, féerique, irréel, surnaturel **2. étonnant**, bizarre, délirant, démentiel, déraisonnable, étrange, extraordinaire, extravagant, fou, inouï, insensé, invraisemblable, stupéfiant, dingue (fam.) **3. colossal**, énorme, phénoménal, sensationnel

▸ N. M. **merveilleux**, imaginaire, surnaturel

fantoche N. M. marionnette, pantin, polichinelle, homme de paille, prête-nom

fantôme N. M. **1. revenant**, apparition, ectoplasme, esprit, spectre, vision, zombie **2. simulacre**, double, semblant **3. apparence**, fantasme, illusion

faramineux, euse ADJ. **1. extraordinaire**, fabuleux, fantastique, fou, phénoménal, prodigieux, stupéfiant **2. colossal**, astronomique, démesuré, effarant, gigantesque

farce N. F. **1. comédie**, bouffonnerie, pantalonnade **2. tour**, blague, galéjade, plaisanterie, mystification, tromperie, attrape (fam.), canular (fam.), niche (fam.)

farceur, euse N. et ADJ. **1. espiègle**, facétieux, malicieux, moqueur, polisson **2. blagueur**, boute-en-train, plaisantin **3. amuseur**, baladin, bouffon, clown

farcir V. TR. **1. garnir**, bourrer, emplir, remplir **2. truffer**, entrelarder, larder **3. surcharger**, bourrer, encombrer

fardeau N. M. **1. charge**, faix (littér.) **2. poids**, charge, boulet, croix (littér.)

farfelu, ue ADJ. et N. **1. bizarre**, excentrique, extravagant, hurluberlu, foldingue (fam.), loufoque (fam.) **2. absurde**, baroque, biscornu, drôle, saugrenu

farouche ADJ. **I. 1. indompté**, sauvage **2. timide**, craintif, méfiant **3. ombrageux**, asocial, misanthrope, sauvage **II. acharné**, âpre, chaud, convaincu, opiniâtre, tenace, véhément

fascicule N. M. brochure, carnet, livret, opuscule, plaquette

fascinant, ante ADJ. ensorcelant, envoûtant, magnétique

fascination N. F. **1. attrait**, charme, ensorcellement, envoûtement, magie, séduction **2. attraction**, aimant, appel, ascendant, attirance, magnétisme

fasciner V. TR. **1. captiver**, attirer, éblouir, émerveiller, ensorceler, envoûter, magnétiser, subjuguer **2. charmer**, plaire à, séduire **3. hypnotiser**

faste[1] N. M. magnificence, apparat, éclat, luxe, opulence, pompe, richesse, somptuosité, splendeur

faste[2] ADJ. bénéfique, avantageux, favorable, heureux, opportun, propice

fastidieux, ieuse ADJ. ennuyeux, assommant, lassant, monotone, barbant (fam.), bassinant (fam.), casse-pieds (fam.), chiant (très fam.), embêtant (fam.), emmerdant (très fam.), enquiquinant (fam.), mortel (fam.), rasant (fam.), rasoir (fam.), suant (fam.)

fastueux, euse ADJ. **1. luxueux**, éclatant, somptueux, opulent, riche **2. dépensier**, large, prodigue

fat, fate ADJ. vaniteux, arrogant, content de soi, plein de soi-même, poseur, prétentieux, suffisant, infatué (de sa personne) (littér.), outrecuidant (littér.)

fatal, ale, als ADJ. **1. immanquable**, forcé, imparable, inéluctable, inévitable, obligatoire, sûr **2. funeste**, désastreux, néfaste, nuisible **3. mortel**, létal **4. fatidique**

fataliste ADJ. résigné, passif

fatalité N. F. **1. destin**, destinée, sort **2. malédiction**, mauvais sort **3. adversité**, hasard, malchance, malheur, déveine (fam.)

fatidique ADJ. **1. fatal 2. inéluctable**, inévitable, inexorable, obligatoire

fatigant, ante ADJ. **1. épuisant**, éreintant, exténuant, harassant, pénible, crevant (fam.), tuant (fam.) **2. lassant**, ennuyeux, fastidieux, assommant (fam.), barbant (fam.), casse-pieds (fam.), chiant (fam.), emmerdant (fam.), rasant (fam.), rasoir (fam.)

fatigue N. F. **1. faiblesse**, lassitude, coup de bambou (fam.), coup de barre (fam.), coup de pompe (fam.) **2. épuisement**, harassement, surmenage

fatigué, ée ADJ. **1. épuisé**, las, éreinté, exténué, fourbu, harassé, surmené, recru (littér.), rompu (littér.), à plat (fam.), cassé (fam.), claqué (fam.), crevé (fam.), flagada (fam.), flapi (fam.), h. s. (fam.), lessivé (fam.), mort (fam.), moulu (fam.), nase (fam.), pompé (fam.), sur le flanc (fam.), sur les genoux (fam.), sur les rotules (fam.), vanné (fam.), vidé (fam.) **2.** [traits, visage] **tiré 3. usagé**, abîmé, avachi, défraîchi, déformé, fané, usé

fatiguer V. TR. **1. épuiser**, éreinter, exténuer, harasser, user, consumer (littér.), casser (fam.), claquer (fam.), crever (fam.), lessiver (fam.), tuer (fam.), vanner (fam.), vider (fam.) **2. importuner**, exaspérer, assommer (fam.), bassiner (fam.), embêter (fam.), enquiquiner (fam.), tanner (fam.) **3. ennuyer**, barber (fam.), pomper (fam.), raser (fam.), faire chier (très fam.)

♦ **se fatiguer** V. PRON. **1. s'épuiser**, s'échiner, s'éreinter, s'exténuer, se surmener, se casser (la nénette, le cul) (fam.), se claquer (fam.), se crever (fam.), se fouler (fam.), se tuer (fam.) **2. se lasser**, se blaser, en avoir assez

fatras N. M. **1. amas**, amoncellement, désordre, fouillis, ramassis **2. confusion**, désordre, fouillis, mélange

faucher V. TR. **1. moissonner**, tondre **2. abattre**, coucher, anéantir, décimer, détruire, renverser, terrasser

faufiler V. TR. **bâtir**, coudre

♦ **se faufiler** V. PRON. **se glisser**, se couler, s'immiscer, s'insinuer, s'introduire

faussaire N. **1. contrefacteur**, falsificateur, imitateur, [de monnaie] faux-monnayeur **2. imposteur**, mystificateur, trompeur

faussement ADV. **1. à tort**, erronément (littér.) **2. trompeusement**, fallacieusement

fausser V. TR. **1. altérer**, défigurer, dénaturer, falsifier, maquiller, travestir, truquer **2. pervertir**, corrompre, détraquer, gâter, vicier **3. forcer**, abîmer, déformer, gauchir, tordre, voiler

fausseté N. F. **1. erreur**, inexactitude **2. déloyauté**, dissimulation, duplicité, fourberie, hypocrisie, jésuitisme, pharisaïsme, tartuferie **3. tromperie**, imposture, mensonge

faute N. F. **1. erreur**, ânerie, bêtise, connerie (fam.), couillonnade (fam.) **2. bévue**, impair, tort, faux pas, boulette (fam.), bourde (fam.), gaffe (fam.) **3.** [de langage] **incorrection**, impropriété, barbarisme, solécisme, lapsus **4.** [Typo] **coquille 5. imprudence**, négligence **6. imperfection**, défaut, faiblesse, inconvénient, travers **7. méfait**, crime, délit, forfait, inconduite, péché **8. culpabilité**, responsabilité, tort

fautif, ive ADJ. **1. erroné**, défectueux, faux, imparfait, incorrect, inexact, vicieux **2. coupable**, responsable

faux[1], fausse ADJ. **1. erroné**, fautif, incorrect, inexact, mauvais, tortu (littér.) **2. trompeur**, factice, fallacieux, mensonger, subreptice, truqué, captieux (littér.) **3. affecté**, artificiel, emprunté, étudié, feint, forcé, insincère, postiche, simulé, supposé, prétendu, pseudo, soi-disant, usurpé, bidon (fam.) **4. falsifié**, apocryphe, inauthentique, inventé, pastiche **5. artificiel**, factice **6. imaginaire**, chimérique, fabuleux, fictif, factice, illusoire, vain **7. déloyal**, cabotin, fourbe, hypocrite, perfide, sournois, faux-derche (fam.), faux-jeton (fam.)

faux[2] N. M. contrefaçon, copie, imitation, toc (fam.)

faux-fuyant N. M. dérobade, détour, échappatoire, excuse, pirouette, prétexte, subterfuge

faveur N. F. **1. considération**, crédit, estime, popularité, sympathie **2. aide**, appui, bénédiction, protection, recommandation **3. privilège**, bénéfice, bienfait, service, fleur (fam.), piston (fam.) **4. cadeau**, don, largesse **5. ruban**

favorable ADJ. **1. bienveillant**, approbateur, clément, indulgent, positif **2. avantageux**, bénéfique, faste, opportun, propice

favori, ite

▸ ADJ. **1. chéri**, préféré, bien-aimé **2. préféré**, de prédilection, fétiche

▸ N. **1. protégé 2. chouchou** (fam.), coqueluche (fam.)

▸ N. F. **concubine**, créature, maîtresse

favorisé, ée ADJ. privilégié, fortuné, heureux, bien loti, prospère

favoriser V. TR. **1. aider**, appuyer, avantager, privilégier, protéger, seconder, soutenir, pistonner (fam.) **2. faciliter**, promouvoir, servir

favoritisme N. M. **1. partialité 2. népotisme**, copinage (fam.), piston (fam.)

fébrile ADJ. **1. fiévreux**, chaud **2. agité**, énervé, excité, impatient, nerveux **3. ardent**, frénétique, passionné, vif

fécond, onde ADJ. **1. fertile**, prolifique **2. productif**, fertile, fructifiant, généreux, plantureux, riche **3. fructueux**, productif **4. créateur**, créatif, fertile, imaginatif, inventif

féconder V. TR. **1. fertiliser 2. enrichir**, améliorer, ensemencer, imprégner

fécondité N. F. **1. productivité**, fertilité, générosité **2. créativité**, inventivité, prolificité **3. richesse**, abondance, fertilité

fédération N. F. **1. association**, coalition, ligue, société, union **2. État fédéral**, confédération

fédérer V. TR. grouper, coaliser, liguer, rassembler, regrouper, réunir, unir

féerique ADJ. **1. fabuleux**, fantastique, irréel, magique, prodigieux, surnaturel **2. enchanteur**, magnifique, merveilleux

feindre V. TR. **1. affecter**, imiter, simuler, faire semblant de **2. mentir**, déguiser, dissimuler

feint, feinte ADJ. artificiel, affecté, de commande, étudié, faux, simulé

feinte N. F. **1. leurre**, attrape, piège, ruse, stratagème, subterfuge, tromperie **2. artifice**, comédie, déguisement, dissimulation, faux-semblant, hypocrisie, mensonge

fêler V. TR. fissurer, fendiller, fendre

félicitations N. F. PL. **1. compliments**, hommages **2. applaudissements**, éloges, louanges

félicité N. F. **1. bonheur**, béatitude, contentement, extase, joie **2.** [Relig.] **salut**

féliciter V. TR. **1. complimenter 2. applaudir**, complimenter, louanger, louer, tresser des couronnes/des lauriers à

♦ **se féliciter de** V. PRON. **se réjouir de**, être content de, se louer de

fêlure N. F. cassure, faille, fente, fissure, lézarde

femme N. F. **1. dame**, gonzesse (fam.) **2. poupée** (fam.), gosse (fam.), môme (fam.), pépée (fam.), poulette (fam.), souris (fam.) **3. épouse**, compagne, dame (pop.), bourgeoise (pop.), dulcinée (fam., souvent plaisant), légitime (fam., souvent plaisant), moitié (fam., souvent plaisant)

fendiller V. TR. craqueler, crevasser, fêler, fissurer, lézarder, [les doigts, lèvres] gercer

fendre V. TR. **1. couper**, cliver, diviser, tailler, trancher **2. fendiller**, lézarder **3. casser**

♦ **se fendre** V. PRON. **1. se disjoindre**, s'entrouvrir, s'ouvrir **2. se craqueler**, se crevasser, se fêler, se lézarder

fenêtre N. F. **1. croisée**, baie, hublot, lucarne, lunette, œil-de-bœuf, soupirail, trappe, vasistas **2. vitre**, carreau, vitrage **3. ouverture**, orifice

fente N. F. **1. fissure**, brisure, cassure, coupure, crevasse, déchirure, faille **2. entaille**, enture, estafilade, incision **3. espace**, interstice, intervalle, jour, trou, vide

ferme ADJ. **1. consistant**, compact, dur, résistant, solide **2. assuré**, autoritaire, décidé, déterminé, énergique, inflexible, opiniâtre, résolu, tenace **3. droit**, fort, raide, robuste, solide, vigoureux **4. courageux**, impassible, imperturbable, stoïque **5. fixe**, ancré, arrêté, décidé, déterminé, définitif, formel, immuable

fermé, ée ADJ. **1. sélectif**, clos, exclusif, snob (fam.) **2. borné**, buté, obtus

ferment N. M. **1. levure**, moisissure, bacille, bactérie, suc **2. agent**, cause, germe, levain, principe, source

fermenter V. INTR. **1. lever**, travailler **2. s'agiter**, bouillonner, s'échauffer, s'exalter

fermer V. TR. **I. 1. entourer**, borner, enclore, enfermer **2. serrer**, refermer, resserrer **II. 1. clore**, claquer, barricader, cadenasser, condamner, verrouiller **2. boucher**, barrer, bloquer, obstruer, obturer **3. boucler**, boutonner, cacheter, clore, plier, rabattre, sceller, tirer **III. 1. couper**, éteindre, interrompre **2. arrêter**, faire cesser, clore, clôturer, solder, terminer
♦ **se fermer** V. PRON. **1. cicatriser**, guérir, se refermer **2. se renfrogner**, s'assombrir, se renfermer, se (re)fermer comme une huître

fermeté N. F. **1. consistance**, dureté, résistance, solidité **2. stabilité**, bonne tenue **3. autorité**, assurance, détermination, inflexibilité, résolution, poigne (fam.) **4. constance**, endurance, opiniâtreté, persévérance, ténacité

fermeture N. F. **1. clôture**, barrage, bouclage, interdiction, verrouillage **2. obturation**, obstruction, occlusion **3. attache**, fermoir, barre, cadenas, loquet, pêne, serrure, verrou **4. arrêt**, cessation, coupure, interruption

féroce ADJ. **1. sauvage**, fauve **2. cruel**, barbare, impitoyable, inhumain, sanguinaire

férocité N. F. **1. barbarie**, brutalité, cruauté, inhumanité, sadisme, sauvagerie **2. acharnement**, fureur, rage, violence

fertile ADJ. **1. prolifique**, fécond **2. productif**, fécond, généreux, gras, plantureux, riche **3. inventif**, créatif, ingénieux, subtil

fertiliser V. TR. améliorer, amender, bonifier, engraisser, enrichir, fumer

fertilité N. F. **1. richesse**, fécondité, générosité, rendement **2. prolificité**, fécondité **3. inventivité**, créativité, ingéniosité

féru, ue ADJ. passionné, amoureux, enragé, fanatique, fervent, accro (fam.), fou (fam.), mordu (fam.), toqué (fam.)

fervent, ente ADJ. **1. ardent**, chaleureux, enthousiaste, passionné **2. fanatique**, dévot, exalté, zélé

ferveur N. F. **1. dévotion**, piété, zèle **2. ardeur**, chaleur, effusion, enthousiasme, exaltation, feu, flamme, passion

fessée N. F. correction, déculottée (fam.)

fesser V. TR. corriger, battre, botter le derrière/le train à (fam.), filer une déculottée à (fam.)

fesses N. F. PL. postérieur, derrière, fessier, arrière-train (fam.), croupe (fam.), cul (fam.), fion (pop.), joufflu (fam.), miches (fam.), panier (fam.), pétard (fam.), popotin (fam.), train (fam.), pot (fam.), baba (argot)

festin N. M. **1. banquet**, agapes (littér.), bombance (fam.), gueuleton (fam.), ripaille (fam.) **2. régal**

fêtard, arde N. viveur, bambocheur (fam.), jouisseur (fam.), noceur (fam.)

fête N. F. **1. célébration**, cérémonie, commémoration, festivités, réjouissances **2. festival 3. foire**, kermesse **4. réception**, gala, garden-party, soirée, boum (fam.), raout (fam.), sauterie (fam.) **5. fiesta**, bamboula (fam.), bombe (fam.), bringue (fam.), foire (fam.), java (fam.), noce (fam.), nouba (fam.) **6. régal**, bonheur, enchantement, joie, plaisir

fêter V. TR. **1. célébrer**, commémorer, honorer, solenniser **2. arroser** (fam.)

fétiche N. M. amulette, grigri, idole, mascotte, porte-bonheur, porte-chance, talisman

fétide ADJ. **1. malodorant**, dégoûtant, écœurant, méphitique, nauséabond, puant, putride **2. abominable**, ignoble, immonde, infect, innommable, repoussant, répugnant

feu N. M. **1. flambée**, brasier, flammes, fournaise, incendie **2. âtre**, cheminée, foyer **3. éclairage**, lumière, fanal, flambeau, lamparo, lampe, torche, [de voiture] code, lanterne, phare, veilleuse **4. inflammation**, démangeaison, irritation **5. animation**, ardeur, chaleur, élan, enthousiasme, exaltation, ferveur, flamme, fougue, impétuosité, passion, véhémence

feuille N. F. **1. lame**, lamelle, plaque **2. feuillet**, copie **3. journal**, bulletin, gazette, canard (fam.), feuille de chou (fam.) **4. fiche**, bulletin, formulaire

♦ **feuilles** PLUR. feuillage, feuillée (littér.), feuillure (littér.), frondaison (littér.), ramée (littér.), ramure (littér.)

feuilleter V. TR. consulter, compulser, lire en diagonale, parcourir, survoler

fiable ADJ. **1. sérieux**, consciencieux, sûr **2. crédible**, digne de foi, exact, sûr **3. sécurisé**, sûr

fiancé, ée

▸ N. M. **promis** (littér.), futur (fam.), ami

▸ N. F. **bien-aimée**, dulcinée

fiasco N. M. échec, faillite, insuccès, ratage, bide (fam.), flop (fam.), [pièce] four

ficeler V. TR. attacher, brider, saucissonner (fam.)

ficelle N. F. **1. corde 2. astuce**, artifice, ruse, procédé, stratagème, truc (fam.)

ficher[1] V. TR. **planter**, clouer, enfoncer, fixer, introduire

♦ **se ficher de** V. PRON. **1. dédaigner**, négliger, se balancer de (fam.), se battre l'œil de (fam.), se contreficher de (fam.), se foutre de (très fam.) **2. se moquer de**, rire de, faire des gorges chaudes de, se foutre de (très fam.)

fichu, ue ADJ. **1. condamné**, fini, incurable, inguérissable, perdu, cuit (fam.), foutu (fam.) **2. hors service**, irrécupérable, H.S. (fam.), bousillé (fam.), foutu (fam.) **3. fâcheux**, maudit, sale, fieffé (fam.), foutu (fam.), sacré (fam.), satané (fam.)

fictif, ive ADJ. **1. imaginaire**, fabriqué, inventé, irréel **2. trompeur**, factice, faux, feint, illusoire

fiction N. F. **1. roman**, conte, fable, allégorie, apologue **2. illusion**, chimère, mirage, songe

fidèle

▸ ADJ. **1. dévoué**, honnête, loyal, probe **2. assidu**, régulier **3. durable**, éprouvé, sincère, solide, sûr **4. conforme**, correct, exact, fiable, juste, véridique

▸ N. **1. croyant**, paroissien, ouaille (fam., surtout plur.), brebis (littér.) **2. partisan**, adepte, sectateur **3. habitué**, client

fidélité N. F. **1. dévouement**, attachement, honnêteté, loyauté **2. exactitude**, correction, véracité, vérité **3. obéissance**, allégeance

fieffé, ée ADJ. accompli, achevé, complet, consommé, parfait, fichu (fam.), fini (fam.), foutu (très fam.), sacré (fam.), satané (fam.)

fier à (se) V. PRON. **1. croire**, ajouter foi à, écouter, faire crédit à **2. faire confiance à**, avoir foi en, compter sur, se reposer sur, s'en remettre à

fier, fière ADJ. **1. orgueilleux**, altier, arrogant, avantageux, bouffi (d'orgueil), dédaigneux, fat, froid, hautain, méprisant, prétentieux, suffisant, supérieur, vaniteux, crâneur (fam.), faraud (littér.) **2. digne**, noble **3. entier**, indomptable, farouche, sauvage

fièrement ADV. **1. dignement**, bravement, courageusement, crânement, le front haut, la tête haute **2. dédaigneusement**, orgueilleusement

fioriture N. F. ornement, agrément, décoration, enjolivement, parement, parure

firme N. F. entreprise, établissement, maison, société, boîte (fam.)

fissure N. F. **1. brèche**, cassure, crevasse, faille, fêlure, fente, lézarde, scissure, sillon **2. faiblesse**, faille, lacune

fissurer V. TR. craqueler, crevasser, fêler, fendiller, fendre, lézarder

fixation N. F. **1. accrochage**, amarrage, arrimage **2. ancrage**, établissement, implantation, sédentarisation **3. attache 4. détermination**, arrêt, définition, délimitation, établissement, mise au point **5. obsession**, fixette (fam.)

fixe ADJ. **1. immobile**, figé **2. sédentaire 3. inchangé**, inaltérable, immuable, invariable, stable, stationnaire **4. régulier**, constant, continu, permanent, persistant, stable **5. défini**, arrêté, définitif, déterminé, ferme, réglementé

fixer V. TR. **I. 1. immobiliser**, amarrer, ancrer, arrimer, assujettir, assurer, attacher, caler, maintenir, retenir, suspendre **2. assembler**, clouer, coincer, coller, épingler, lier, nouer, river, sceller, visser **3. retenir**, ancrer, enraciner, ficher, graver, imprimer, planter **4. sédentariser**, ancrer, établir, implanter **5. stabiliser**, arrêter, asseoir **II. observer**, dévisager, examiner, regarder avec insistance, scruter **III. 1. décider**, arrêter, conclure, se mettre d'accord sur **2. délimiter**, définir, déterminer, établir, régler, réglementer **3. assigner**, indiquer, marquer, prescrire, spécifier **IV.** [qqn sur] **renseigner**, éclairer, édifier, informer, instruire, mettre au fait, mettre au courant, mettre au parfum (fam.), rancarder (fam.)

♦ **se fixer** V. PRON. **1. s'implanter**, s'établir, s'installer, prendre pied **2. s'ancrer**, se cristalliser, s'imprimer

flacon N. M. bouteille, fiole, burette, flasque, gourde, [de parfum] atomiseur, vaporisateur

flageoler V. INTR. chanceler, tituber, trembler, vaciller

flagrant, ante ADJ. aveuglant, criant, éclatant, évident, incontestable, indéniable, indiscutable, indubitable, manifeste, notoire, patent

flair N. M. **1. odorat 2. clairvoyance**, discernement, instinct, intuition, perspicacité, sagacité, nez (fam.)

flairer V. TR. **1. humer**, sentir, renifler, prendre le vent **2. deviner**, pressentir, sentir, soupçonner, subodorer, se douter de

flambeau N. M. **1. torche**, bougie, brandon **2. chandelier**, candélabre, torchère **3. guide**, lumière, phare

flambée N. F. **1. feu 2. bouffée**, crise, explosion, poussée **3. augmentation**, envol, escalade

flamber

▸ V. INTR. **1. brûler**, se consumer, s'enflammer **2. étinceler**, briller, flamboyer, scintiller **3. augmenter**, s'envoler, grimper, atteindre des sommets

▸ V. TR. **dépenser**, dilapider, dissiper, gaspiller, claquer (fam.), croquer (fam.)

flamboyer V. INTR. **1. brûler**, flamber **2. briller**, étinceler, rayonner, resplendir, rutiler, scintiller

flamme N. F. **I. feu**, flammèche, flammerole **II. 1. éclat**, clarté, éclair, feu, lueur, lumière **2. ardeur**, chaleur, élan, exaltation, ferveur, feu, fièvre, fougue **3. amour**, désir, passion **III. banderole**, bannière, drapeau, fanion, oriflamme

♦ **flammes** PLUR. **incendie**, feu, sinistre

flanc N. M. côté, aile, bord, pan, versant, travers

flancher V. INTR. faiblir, abandonner, céder, lâcher pied, mollir, plier, reculer, craquer (fam.), se dégonfler (fam.)

flâner V. INTR. **1. se promener**, déambuler, errer, se balader (fam.), vadrouiller (fam.), musarder (littér.) **2. paresser**, traîner, flemmarder (fam.), lambiner (fam.), lanterner (littér.)

flanquer V. TR. **1. escorter**, accompagner **2. couvrir**, garantir, protéger **3. encadrer**, border

flasque ADJ. **1. mou**, avachi, mollasse, ramolli **2. inconsistant**, amorphe, atone, inerte, lâche

flatter V. TR. **I. 1. complimenter**, honorer **2. louer**, courtiser, encenser, faire des courbettes à, flagorner (littér.), louanger (littér.), lancer des fleurs à (fam.), lécher les bottes de (fam.), lécher le cul de (très fam.), passer la main dans le dos à (fam.), passer de la pommade à (fam.), passer la brosse à reluire à (fam.) **II. avantager**, embellir, idéaliser **III. 1. charmer**, délecter, plaire à, faire plaisir à **2. caresser**, amadouer, cajoler, câliner **3. chatouiller**, exciter **4. encourager**, entretenir, favoriser

♦ **se flatter de** V. PRON. **1. prétendre**, compter, se faire fort de, se piquer de, se targuer de, se vanter de **2. se glorifier de**, s'enorgueillir de, se prévaloir de, se gargariser de

flatterie N. F. compliment, hommage, louange, [péj.] courtisanerie, courbettes, coups d'encensoir, flagornerie, lèche (fam.)

flatteur, euse

▸ N. complimenteur, courtisan, encenseur, flagorneur (littér.), thuriféraire (littér.), lèche-botte (fam.), lèche-cul (fam.), lécheur (fam.)

▸ ADJ. **1. élogieux**, laudatif, obligeant **2. hypocrite**, complaisant, obséquieux, patelin **3. seyant**

fléau N. M. calamité, catastrophe, désastre, malheur, plaie

flécher V. TR. baliser, jalonner, marquer, signaliser

fléchir

▸ V. INTR. **1. se courber**, s'arquer, gauchir, s'incurver, s'infléchir **2. décliner**, baisser, diminuer, faiblir, reculer **3. faiblir**, chanceler, mollir, vaciller, lâcher pied, céder, désarmer, flancher (fam.) **4. se soumettre**, capituler, céder, s'incliner, plier

▸ V. TR. **1. émouvoir**, apitoyer, attendrir, ébranler, toucher **2. plier**, courber, incliner, ployer, recourber

flegmatique ADJ. **1. détaché**, calme, décontracté, froid, impassible, imperturbable, maître de soi, placide **2. paresseux**, lymphatique

flegme N. M. calme, décontraction, détachement, froideur, impassibilité, imperturbabilité, maîtrise de soi, placidité, sang-froid

flétrir V. TR. **1. faner**, dessécher, sécher **2. rider**, friper, marquer, ravager **3. défraîchir**, altérer, décolorer, faner, gâter, ternir **4. entacher**, déshonorer, salir, souiller, ternir

♦ **se flétrir** V. PRON. **1. se rider**, se chiffonner, se friper, se parcheminer, se ratatiner **2. se ternir**, s'altérer, se décolorer, se faner, passer

flétrissure N. F. souillure, déshonneur, honte, infamie, tache, opprobre (littér.), stigmate (littér.)

fleurir V. INTR. **1. éclore**, s'épanouir **2. être florissant**, croître, se développer, s'épanouir, grandir, prospérer **3. orner**, émailler

fleuve N. M. **1. cours d'eau**, rivière **2. flot**, déluge, torrent

flexible ADJ. **1. élastique**, plastique, pliable, pliant, souple **2. accommodant**, docile, malléable, maniable, souple **3. modulable**, aménagé, souple, à la carte

flexion N. F. **1. fléchissement**, courbure **2. désinence**, conjugaison, déclinaison

flirter V. INTR.
- flirter avec 1. courtiser, sortir avec, avoir une histoire avec **2. approcher**, friser, frôler, se rapprocher de

florilège N. M. anthologie, extraits, morceaux choisis, recueil, best of (fam.), chrestomathie (littér.), spicilège (littér.)

florissant, ante ADJ. **1. épanoui**, coloré, fleuri, rayonnant, rebondi **2. très bon**, éclatant, resplendissant, splendide **3. prospère**, riche, en pleine expansion

flot N. M. **1. courant**, flux, marée **2. écoulement**, cours **3. débordement**, débauche, déluge, torrent **4. affluence**, afflux, foule, marée, nuée, flopée (fam.)
♦ **flots** PLUR. **mer**, océan, lames, vagues, onde (littér.)

flottant, ante ADJ. **I. 1. mobile 2. dénoué**, libre, épars **3. ample**, flou, lâche, vague **II. 1. fluctuant**, instable, variable **2. hésitant**, fluctuant, incertain, inconstant, indécis, indéterminé, instable, irrésolu, mouvant

flottement N. M. **1. balancement**, agitation, ondulation **2. hésitation**, doute, incertitude, indécision, tâtonnement **3. fluctuation**

flotter V. INTR. **1. surnager**, nager **2. onduler**, battre, claquer, voler, voleter, voltiger **3. hésiter**, balancer, osciller

flou, floue
▸ ADJ. **1. brouillé**, brumeux, effacé, flouté, indistinct, nébuleux, trouble **2. flottant**, ample, lâche, large, vague **3. imprécis**, incertain, fumeux, nébuleux, vague
▸ N. M. **imprécision**

flouer V. TR. tromper, berner, duper, escroquer, leurrer, posséder (fam.), refaire (fam.), rouler (fam.)

fluctuant, ante ADJ. **1. incertain**, flottant, hésitant, indécis, indéterminé, irrésolu **2. changeant**, flottant, inconstant, instable, mobile, mouvant, variable

fluctuer V. INTR. **1. changer**, évoluer, se modifier, se transformer, varier **2. se balancer**, flotter

fluet, ette ADJ. menu, délicat, faible, gracile, grêle, maigre, mince

fluide
▸ ADJ. **1. liquide 2. aisé**, coulant, clair, délié, limpide, souple
▸ N. M. **1. liquide 2. force**, courant, flux, influx, magnétisme, onde, radiation, rayonnement

flux N. M. **1. écoulement**, évacuation **2. abondance**, affluence, débordement, déferlement, déluge, flot, profusion, torrent **3. mouvement**, balancement, agitation

foi N. F. **1. croyance**, conviction **2. religion**, confession, culte, dogme, église **3. confiance**, crédit **4. conscience**, honneur, loyauté, probité, sincérité

foire N. F. **1. braderie 2. fête foraine**, kermesse **3. exposition**, salon

foison N. F. abondance, foule, kyrielle, masse, multitude, nuée, flopée (fam.)

foisonnant, ante ADJ. abondant, généreux, riche, surabondant

foisonner V. INTR. abonder, fourmiller, grouiller, proliférer, pulluler

folâtrer V. INTR. s'amuser, batifoler (fam.), s'ébattre, gambader, jouer, papillonner

folie N. F. **I. 1. démence**, aliénation, délire, déséquilibre (mental), égarement, insanité **2. égarement**, aveuglement, emportement, vertige **II. 1. marotte**, dada, manie, passion **2. caprice**, coup de tête, lubie, toquade **3. fantaisie**, bizarrerie, extravagance **4. écart de conduite**, escapade, frasque, fredaine, incartade **III. aberration**, absurdité, bêtise, sottise, stupidité, connerie (fam.)

fomenter V. TR. allumer, causer, faire naître, provoquer, susciter

foncé, ée ADJ. **1. sombre**, obscur, profond **2. brun**, basané, bistre, mat

foncer V. TR. **assombrir**, bronzer, brunir

- foncer sur charger, assaillir, attaquer, bondir sur, s'élancer sur, fondre sur, se précipiter sur, se ruer sur, sauter sur

foncier, ière ADJ. **1. terrien 2. constitutif**, essentiel, fondamental, inné, naturel

fonction N. F. **1. activité**, charge, devoir, mandat, mission, rôle, service, tâche, travail **2. situation**, emploi, métier, place, poste, profession **3. pouvoir**, attribution, compétence, qualité **4. utilité**, rôle

fonctionnement N. M. **1. action**, activité, marche, service, travail **2. processus**, mécanisme, organisation, rouage

fonctionner V. INTR. aller, marcher, travailler, tourner rond (fam.), carburer (fam.)

fond N. M. **I. 1. profondeurs**, tréfonds (littér.) **2. bas**, base, fondement **II. 1. bout**, extrémité, fin **2. arrière-plan**, lointain **III. 1. contenu**, substance, substrat, sujet, thème **2. cœur**, nœud **3. canevas**, intrigue, trame

fondamental, ale, aux ADJ. **1. essentiel**, constitutif, basal **2. élémentaire**, primaire, premier, rudimentaire, basique (fam.) **3. capital**, central, crucial, déterminant, primordial, vital **4. radical**, foncier

fondateur, trice N. créateur, auteur, bâtisseur, mère, père

fondation N. F. **1. institution 2. constitution**, création, édification, établissement, instauration **3.** [généralement au plur.] **assise**, armature, assiette, base, charpente, fondement, soubassement

fondé, ée ADJ. justifié, légitime, motivé, recevable, valable

fondement N. M. **1. cause**, condition, consistance, justification, motif, objet, raison, sujet **2. principe**, origine, source **3.** [généralement au plur.] **base**, assiette, assise, fondations, soubassement

fonder V. TR. **1. bâtir**, construire, créer, édifier, élever, ériger, établir, instaurer **2. constituer**, établir, former, instituer, ouvrir **3. appuyer**, asseoir, baser, échafauder, établir, faire reposer **4. justifier**, appuyer, motiver

♦ **se fonder sur** V. PRON. **s'appuyer sur**, compter sur, se baser sur (fam.)

fondre

▸ V. TR. **1. liquéfier**, délayer, dissoudre **2. couler**, mouler **3. amalgamer**, fusionner, incorporer, mélanger, mêler, réunir **4. atténuer**, adoucir, estomper

▸ V. INTR. **1. se désagréger**, se dissoudre, se liquéfier **2. disparaître**, s'anéantir, se dissiper, s'évanouir, se volatiliser **3. maigrir 4. s'émouvoir**, s'attendrir, craquer (fam.)

♦ **se fondre** V. PRON. **1. s'estomper**, s'évanouir, disparaître, se réduire **2. se confondre**, se mêler, se rejoindre

fonds N. M. **1. propriété**, foncier **2. magasin**, boutique, débit, établissement, exploitation **3.** [au plur.] **argent**, bien, capital, espèces, finances, moyens, ressources, somme

force N. F. **I. 1. vigueur**, résistance, robustesse, solidité **2. intensité**, profondeur, vivacité, [du vent] vitesse **3. véhémence**, ardeur, éloquence, feu, vigueur **II. 1. qualité**, habileté, mérite, talent, valeur **2. capacité**, faculté, possibilité **III. 1. niveau**, difficulté **2. portée**, importance, influence, valeur **IV. 1. impulsion**, dynamisme, nerf, ressort, souffle, vitalité **2. efficacité**, action, effet, puissance **V. 1. contrainte**, pression, violence **2. nécessité**, obligation

forcé, ée ADJ. **I. 1. obligatoire**, nécessaire **2. inévitable**, automatique, fatal, immanquable, obligé **3. involontaire**, non prévu **II. 1. affecté**, artificiel, contraint, factice, faux **2. outré**, exagéré, excessif

forcément ADV. inévitablement, immanquablement, fatalement, inéluctablement, nécessairement, obligatoirement, automatiquement (fam.)

forcené, ée ADJ. **1. fou**, déraisonnable, insensé **2. acharné**, enragé, frénétique, furibond, furieux, infernal, passionné

forcer V. TR. **I. 1. briser**, crocheter, enfoncer, fracturer, ouvrir, rompre **2. violenter**, violer **3. épuiser**, fatiguer, claquer (fam.), crever (fam.) **II. s'attirer**, acquérir, gagner **III. 1. augmenter**, hausser, monter, pousser **2. exagérer**, accentuer, charger, grossir, outrer **3. altérer**, déformer, dénaturer, détourner **IV.** [qqn à] **obliger**, astreindre, acculer, condamner, contraindre, entraîner, pousser, réduire

♦ **se forcer** V. PRON. **1. se contraindre**, se dominer, se faire violence **2. s'obliger**, s'imposer

forger V. TR. **1. construire**, fabriquer, façonner, produire **2. constituer**, établir, fonder, former, monter **3. inventer**, imaginer, monter de toutes pièces, trouver

formaliser V. TR. modéliser, axiomatiser, mathématiser

formaliste ADJ. **1. cérémonieux**, conventionnel, formel, protocolaire, traditionaliste **2. scrupuleux**, maniaque, pointilleux, tatillon, vétilleux (littér.)

formalité N. F. **démarche**, procédure, règle

♦ **formalités** PLUR. **cérémonial**, cérémonie, étiquette, usages

format N. M. **1. gabarit**, calibre, dimension, taille **2. importance**, acabit, carrure, envergure

formateur, trice ADJ. instructif, éducatif, enrichissant

formation N. F. **I. 1. création**, composition, constitution, élaboration, genèse, institution **2. apparition**, naissance, développement, production **3. développement**, croissance, évolution, puberté **II. groupe**, groupement, organisation, parti, unité, [Sport] équipe, [Milit.] détachement, troupe **III. 1. apprentissage**, éducation, instruction **2. connaissances**, bagage, culture, éducation **IV. orchestre**, ensemble, groupe

forme N. F. **I. 1. apparence**, allure, aspect, morphologie **2. tracé**, contour, dessin, ligne, modelé, relief **3. apparition**, ombre, vision, silhouette **II. santé**, équilibre, état (physique/psychologique) **III. 1. sorte**, catégorie, espèce, genre, mode, type, variété **2. façon**, arrangement, coupe, structure, style **IV. tournure**, évolution

V. gabarit, matrice, modèle, moule, patron **VI. expression**, formulation, style, ton, tour, tournure

♦ **formes** PLUR. **usages**, (bonnes) manières, cérémonial, étiquette, protocole, règles

formel, elle ADJ. **1. catégorique**, absolu, clair, explicite, exprès, net **2. assuré**, certain, évident, flagrant, incontestable, indéniable, indiscutable, indubitable, irréfutable, manifeste, sûr **3. conventionnel**, cérémonieux, formaliste, protocolaire, traditionaliste

formellement ADV. **1. sans équivoque**, clairement, explicitement, nettement **2. catégoriquement**, absolument, expressément, rigoureusement

former V. TR. **I. 1. créer**, fabriquer, façonner, modeler, [une association] constituer, établir, fonder, instituer, [une argumentation] articuler, bâtir, construire **2. déterminer**, causer, engendrer, produire **3. composer**, constituer **4.** [des lettres] **calligraphier**, dessiner, écrire, tracer **5. concevoir**, élaborer, forger, imaginer, nourrir **6. émettre**, énoncer, exprimer, formuler **II. cultiver**, éduquer, élever, instruire, préparer

♦ **se former** V. PRON. **1. apparaître**, se constituer, se créer, se développer, naître, se nouer **2. s'instruire**, apprendre son métier **3. s'améliorer**, se parfaire, se perfectionner

formidable ADJ. **1. sensationnel**, extraordinaire, fantastique, dément (fam.), du tonnerre (fam.), épatant (fam.), géant (fam.), génial (fam.), sensass (fam.), super (fam.) **2. étonnant**, prodigieux, renversant, stupéfiant, beau (fam.), fumant (fam.), marrant (fam.) **3. considérable**, énorme, gigantesque, imposant **4. effrayant**, épouvantable, redoutable, terrible (fam.)

formulaire N. M. imprimé, bordereau, questionnaire

formulation N. F. expression, énonciation, style, tour, tournure

formule N. F. **1. énoncé**, expression, locution, paroles, phrase, tournure, intitulé, libellé, [sage] aphorisme, précepte, proverbe, sentence, [Pol.] slogan **2. moyen**, astuce, méthode, mode, procédé, système, technique, solution, remède, truc (fam.)

formuler V. TR. énoncer, émettre, expliciter, exposer, exprimer, présenter, prononcer, mettre des mots sur, oraliser, tourner

fort¹, forte ADJ. **I. 1. robuste**, athlétique, bien bâti, musclé, puissant, bien taillé, vigoureux, balèze (fam.), baraqué (fam.), costaud (fam.) **2. corpulent**, épais, gras, gros, massif, obèse **3. cartonné**, dur, épais, résistant, rigide, solide **II. 1. intense**, puissant, vif, vigoureux, violent, du diable (fam.), [mal de tête] carabiné (fam.), soigné (fam.), [fièvre] de cheval (fam.) **2. pénétrant**, tenace, enivrant, lourd **3. corsé**, épicé, piquant, relevé, [café] noir, serré, tassé **4. sonore**, claironnant, puissant, retentissant, d'enfer (fam.) **5. accusé**, grave, lourd, marqué, prononcé **III. 1. capable**, adroit, doué, expérimenté, ferré, habile, imbattable, malin, savant, calé (fam.), fortiche (fam.) **2. résolu**, aguerri, armé, courageux, énergique, ferme, tenace, trempé **IV. 1. extraordinaire**, étonnant, incroyable, inouï, invraisemblable, stupéfiant **2. exagéré**, outré, poussé, raide (fam.) **V. 1. efficace**, énergique, influent, puissant **2. autoritaire**, énergique, violent **3. convaincant**, décisif, efficace **4. invincible**, irrésistible

fort² ADV. **I. énergiquement**, dur, ferme, fortement, vigoureusement, violemment, [crier, frapper] comme un sourd (fam.) **II. 1. beaucoup**, excessivement, extrêmement, grandement, nettement **2. extrêmement**, tout à fait

fort³ N. M. **1. spécialité**, domaine, partie **2. forteresse**, citadelle, fortification, fortin, place forte **3. cœur**, milieu **4. puissant**

fortement ADV. **1. vigoureusement**, énergiquement, fort, violemment **2. fermement**, solidement **3. intensément**, ardemment, farouchement, passionnément, profondément, puissamment, vivement **4. beaucoup**, considérablement, grandement, nettement

forteresse N. F. **1. citadelle**, château fort, fort, fortin, place forte **2. rempart**, mur, bastion, citadelle

fortifiant, ante

▸ ADJ. **1. réconfortant**, revigorant, stimulant, tonifiant, vivifiant **2. nutritif**, roboratif

▸ N. M. **reconstituant**, cordial, tonique, remontant (fam.)

fortifier V. TR. **1. ragaillardir**, réconforter, remonter, revigorer, tonifier, vivifier, retaper (fam.), requinquer (fam.), remettre d'aplomb (fam.), remettre sur pied (fam.) **2. affermir**, durcir, endurcir, retremper, tremper **3. conforter**, encourager **4. développer**, agrandir, augmenter, renforcer **5. consolider**, étayer, renforcer, soutenir **6. armer**, défendre, protéger

fortuit, uite ADJ. accidentel, casuel, contingent, imprévu, inattendu, inopiné

fortune N. F. **I. 1. argent**, avoir, bien, capital, patrimoine, ressources, richesse **2. opulence**, luxe, richesse **3. prospérité**, réussite, succès **II. 1. hasard**, chance **2. destin**, avenir, destinée, sort, vie

fortuné, ée ADJ. **1. riche**, aisé, nanti, riche à millions, friqué (fam.), plein aux as (fam.), argenté (littér.) **2. chanceux**, veinard (fam.), verni (fam.)

fosse N. F. **1. trou**, boyau, douve, excavation, fossé, tranchée **2. tombe** **3. gouffre**, abysse, dépression

fossé N. M. **1. fosse**, douve, ruisseau, tranchée **2. séparation**, abîme, écart, gouffre

fou, folle ADJ. et N. **I. 1. déséquilibré**, aliéné, dément, désaxé, malade (mental), névrosé, obsédé **2.** [péj.] **allumé** (fam.), atteint (fam.), azimuté (fam.), barjo (fam.), branque (fam.), branquignol (fam.), braque (fam.), brindezingue (fam.), cinglé (fam.), cinoque (fam.), cintré (fam.), débile (fam.), déjanté (fam.), demeuré (fam.), dérangé (fam.), détraqué (fam.), dingo (fam.), dingue (fam.), fada (fam.), fêlé (fam.), foldingue (fam.), fondu (fam.), frappé (fam.), givré (fam.), jeté (fam.), louf (fam.), loufoque (fam.), maboul (fam.), marteau (fam.), à la masse (fam.), piqué (fam.), ravagé (fam.), sinoque (fam.), siphonné (fam.), sonné (fam.), tapé (fam.), timbré (fam.), toc-toc (fam.), toqué (fam.), tordu (fam.), zinzin (fam.) **3. évaporé**, écervelé, étourdi, fantasque, folâtre **4. égaré**, fixe, hagard, halluciné **II. passionné**, amoureux, enragé, entiché, fanatique, obsédé, accro (fam.), dingue (fam.), fana (fam.), mordu (fam.) **III. 1. déraisonnable**, aberrant, anormal, bizarre, extravagant, idiot, insensé, irrationnel, saugrenu, farfelu (fam.), loufoque (fam.), tordu (fam.) **2. dangereux**, hasardé, hasardeux **3. déréglé**, capricieux, débridé, déchaîné, désordonné, effréné, vertigineux **IV. 1. énorme**, astronomique, exorbitant, fabuleux, prodigieux, vertigineux, faramineux (fam.) **2. incoercible**, irrépressible, irrésistible, violent

foudroyant, ante ADJ. **1. soudain**, brusque, brutal, fulgurant, subit **2. renversant**, terrassant, terrible, violent **3. mortel**

foudroyer V. TR. **1. tuer**, faucher, terrasser **2. abattre**, anéantir, annihiler, briser, écraser, détruire, ruiner

fouetter V. TR. **1. cingler**, cravacher, gifler, sangler, fouailler (littér.) **2. aiguillonner**, aiguiser, attiser, éperonner, exciter, stimuler

fougue N. F. impétuosité, allant, ardeur, élan, emballement, enthousiasme, entrain, exaltation, feu, fièvre, flamme, pétulance, véhémence, vivacité

fougueux, euse ADJ. ardent, bouillant, enflammé, enthousiaste, exubérant, impétueux, pétulant, vaillant, véhément

fouille N. F. **1. perquisition**, inspection, visite **2. recherche**, examen
♦ **fouilles** PLUR. excavations, chantier, site

fouiller
▸ V. TR. **1. remuer**, creuser, gratter, retourner, [animal] fouir **2. explorer**, examiner, inspecter, scruter, sonder, passer au peigne fin (fam.), passer au crible (fam.), [police] perquisitionner **3. approfondir**, analyser, creuser, disséquer (fam.), éplucher (fam.) **4. consulter**, compulser, dépouiller, étudier, examiner, éplucher (fam.) **5. travailler**, ciseler, détailler, chiader (très fam.), fignoler (fam.), peaufiner (fam.)
▸ V. INTR. **fouiner**, fureter, farfouiller (fam.), fourgonner (fam.), fourrager (fam.), fourrer son nez partout (fam.), trifouiller (fam.)

fouillis N. M. confusion, désordre, fatras, méli-mélo, pêle-mêle, bazar (fam.), bordel (fam.), capharnaüm (fam.), pagaille (fam.)

fouiner V. INTR. fureter, fouiller, farfouiller (fam.), fourrager (fam.), fourrer son nez partout (fam.)

foulard N. M. **1. fichu**, carré, madras, pointe, cache-col, cache-nez, écharpe **2.** [islamique] **voile**, hidjab

foule N. F. **1. affluence**, attroupement, bousculade, cohue, encombrement, grouillement, monde **2. agitation**, animation **3. assistance**, assemblée, auditoire, public, [en mouvement] cortège, défilé, troupe **4. peuple**, masse, multitude, plèbe, populace (péj.), tourbe (péj.), troupeau (péj.), populo (fam.)

fouler V. TR. **1. marcher sur 2. écraser**, presser
♦ **se fouler** V. PRON. **se tordre**, se luxer

four N. M. **1. autoclave**, étuve **2. fournaise**, étuve **3. échec**, désastre, fiasco, insuccès, bide (fam.), flop (fam.)

fourbe
▸ ADJ. **déloyal**, dissimulé, faux, hypocrite, perfide, rusé, sournois, traître, trompeur
▸ N. **tartufe**, faux-jeton (fam.)

fourberie N. F. **1. duplicité**, déloyauté, fausseté, hypocrisie **2. duperie**, mensonge, ruse, traîtrise, tromperie, entourloupe (fam.)

fourbi N. M. **1. attirail**, bagage, équipement, barda (fam.), bastringue (fam.), bazar (fam.), saint-frusquin (fam.) **2. désordre**, fouillis, bazar (fam.), bordel (fam.), capharnaüm (fam.)

fourbu, ue ADJ. éreinté, épuisé, exténué, moulu, rompu, claqué (fam.), crevé (fam.), flagada (fam.), flapi (fam.), lessivé (fam.), vanné (fam.), vidé (fam.), sur les genoux (fam.), sur les rotules (fam.)

fourche N. F. **1. trident**, croc, crochet **2. bifurcation**, carrefour, embranchement, patte-d'oie

fourmiller V. INTR. 1. **abonder**, grouiller, foisonner, pulluler 2. **démanger**, picoter

fournaise N. F. 1. **brasier**, four, fourneau 2. **chaleur**, canicule, feu

fourni, ie ADJ. abondant, dense, dru, épais, étoffé, touffu

fournir V. TR. 1. **alimenter**, approvisionner, ravitailler 2. **procurer**, livrer, servir 3. **équiper**, armer, munir, outiller, pourvoir 4. **exposer**, apporter, donner, présenter, produire 5. **accomplir**, produire

♦ **se fournir** V. PRON. **s'approvisionner**, se ravitailler, se servir, faire ses courses

fournisseur, euse N. 1. **commerçant**, marchand, grossiste 2. **approvisionneur**, pourvoyeur, ravitailleur 3. **entrepreneur**

fourniture N. F. 1. **livraison**, délivrance, remise 2. **prestation** 3. **approvisionnement**, alimentation, ravitaillement

♦ **fournitures** PLUR. **matériel**, équipement

fourrer V. TR. 1. **doubler**, garnir, molletonner, ouater 2. **farcir**, garnir 3. **enfoncer**, enfourner, introduire, plonger, ficher (fam.), flanquer (fam.)

fourrure N. F. pelage, poil, toison

fourvoyer V. TR. 1. **égarer**, perdre 2. **abuser**, induire en erreur, tromper

♦ **se fourvoyer** V. PRON. 1. **s'égarer**, se perdre 2. **se tromper**, faire erreur, faire fausse route

foyer N. M. 1. **âtre**, cheminée, feu 2. **brasier**, feu, flamme 3. **demeure**, domicile, intérieur, logis, maison, toit, bercail (souvent plaisant), nid (littér.), pénates (littér.), home (anglic.) 4. **ménage**, famille 5. **centre**, cœur, noyau

fracas N. M. agitation, tintamarre, tumulte, vacarme, boucan (fam.), raffut (fam.)

fracassant, ante ADJ. 1. **retentissant**, éclatant, assourdissant, tonitruant 2. **provocant**, tapageur

fracasser V. TR. briser, casser, rompre, mettre/réduire en miettes, faire voler en éclats

fraction N. F. morceau, parcelle, part, partie, portion, segment

fractionner V. TR. fragmenter, démembrer, diviser, morceler, parcelliser, scinder, sectionner, segmenter

fracture N. F. 1. **cassure**, brisure, rupture, bris (Assurances) 2. **faille**, brèche, crevasse 3. **blessure**, fêlure, fracas

fracturer V. TR. 1. **casser**, briser, rompre 2. **défoncer**, enfoncer, forcer

fragile ADJ. 1. **cassable**, cassant 2. **chétif**, débile, délicat, faible, frêle, malingre 3. **vulnérable**, sensible, faible, sans défense 4. **éphémère**, fugace, fugitif, précaire, passager

fragiliser V. TR. affaiblir, amoindrir, précariser

fragilité N. F. 1. **faiblesse**, délicatesse 2. **vulnérabilité**, faillibilité 3. **précarité**, instabilité

fragment N. M. 1. **bout**, bribe, brisure, débris, éclat, lambeau, miette, morceau, parcelle, partie, tronçon, [d'os] esquille 2. **extrait**, échantillon, citation, passage

fragmentaire ADJ. incomplet, lacunaire, morcelé, partiel

fragmenter V. TR. morceler, découper, diviser, fractionner, partager, scinder, segmenter

fraîcheur N. F. I. 1. **froid**, froidure, fraîche (fam.) 2. **froideur**, réserve II. 1. **éclat**, beauté, jeunesse 2. **nouveauté**, originalité 3. **allant**, jeunesse, vivacité 4. **candeur**, authenticité, ingénuité, naturel, spontanéité

frais[1]**, fraîche**
▸ ADJ. 1. **neuf**, nouveau, récent 2. **vivant**, présent 3. **propre**, net, sain 4. **reposé**, florissant 5. [couleur] **éclatant**, vif 6. **candide**, ingénu, naïf, naturel, spontané 7. **réservé**, froid
▸ ADV. 1. **froid**, frisquet (fam.) 2. **nouvellement**, fraîchement, récemment

frais[2] N. M. PL. coût, débours, dépense(s)

franc, franche ADJ. 1. **droit**, honnête, loyal, carré (fam.) 2. **ouvert**, naturel, sincère, spontané 3. **catégorique**, clair, certain, direct, limpide, net, précis, sans détour 4. [couleur] **tranché**, cru, naturel, pur

franchement ADV. 1. **loyalement**, en conscience 2. **ouvertement**, clair, clairement, à cœur ouvert, en toute franchise, honnêtement, librement, sincèrement 3. **sans ambages**, sans mâcher ses mots, sans tourner autour du pot, brutalement, sans détour, tout cru, tout net, carrément (fam.) 4. **à dire vrai**, vraiment 5. **certainement**, évidemment, indiscutablement, nettement, vraiment 6. **très**, extrêmement, sacrément (fam.) 7. **résolument**, sans hésiter, rondement, carrément (fam.), franco (fam.), sans faire dans la dentelle (fam.)

franchir V. TR. 1. **enjamber**, escalader, passer, sauter 2. **traverser**, dépasser, doubler, passer 3. **parcourir**, couvrir 4. **surmonter**, triompher de, vaincre, avoir raison de 5. **dépasser**, outrepasser, transgresser, violer

franchise N. F. 1. **sincérité**, droiture, loyauté 2. **franc-parler**, parler-vrai 3. **dispense**, dérogation, exemption, exonération

frange N. F. 1. **bord**, limite 2. **marge**, minorité 3. **chiens**

frappant, ante ADJ. 1. **impressionnant**, étonnant, saisissant, spectaculaire 2. **évident**, éclatant, criant, lumineux, manifeste

frappe N. F. choc, coup, allonge (fam.), [Foot] shoot, tête

frapper V. TR. I. 1. **battre**, brutaliser, corriger, taper, porter la main sur, cogner (fam.), casser la gueule à (très fam.), éclater (fam.), passer à tabac (fam.), tabasser (fam.) 2. [une balle] **shooter**, botter 3. **heurter**, cogner (contre), entrer en collision avec, percuter 4. **marteler**, tambouriner, tapoter II. 1. **impressionner**, interloquer, méduser, saisir 2. **affecter**, affliger, atteindre, bouleverser, choquer, émouvoir, éprouver, donner un choc à, remuer, secouer, toucher 3. **sauter aux yeux à**, éblouir

fraternel, elle ADJ. 1. **affectueux**, amical, cordial, sympathique 2. **charitable**, généreux, secourable

fraternité N. F. 1. **amour (du prochain)**, charité, solidarité 2. **camaraderie**, amitié, confraternité, solidarité 3. **entente**, communion, harmonie, union

fraude N. F. 1. **contrefaçon**, dol, escroquerie, falsification, resquille (fam.) 2. **artifice**, ruse, supercherie, tromperie, trucage 3. **tricherie**, dissimulation, hypocrisie

frauder V. TR. et INTR. 1. **tricher** 2. **voler**, tromper, resquiller (fam.), truander (fam.)

fraudeur, euse N. tricheur, resquilleur (fam.)

frauduleux, euse ADJ. 1. **illégal**, illicite, irrégulier 2. **faux**, falsifié

frayeur N. F. peur, affolement, alarme, crainte, effroi, épouvante, panique, terreur

frein N. M. 1. **obstacle**, empêchement, entrave, limitation 2. **mors**

freiner
► V. INTR. **décélérer**, ralentir, [brutalement] piler (fam.)
► V. TR. **1. contrarier**, enrayer, gêner, limiter, ralentir **2. brider**, endiguer, modérer, refréner, refroidir

frelater V. TR. adultérer, dénaturer, falsifier, trafiquer

frêle ADJ. **1. chétif**, délicat, faible, fluet, malingre **2. fragile**, délicat, menu, mince, ténu **3. fugitif**, passager, périssable

frémir V. INTR. **1. frissonner**, trembler, tressaillir **2. vibrer**, palpiter **3. mijoter**, bouillir **4. bruire**, frissonner

frénésie N. F. **1. enthousiasme**, ardeur, acharnement, exaltation, fièvre, folie, passion **2. débordement**, déchaînement, délire, emportement, fureur, furie, rage, violence **3. désir**, faim, boulimie (fam.), fringale (fam.)

frénétique ADJ. **1. agité**, déchaîné, délirant, dément, exalté, fou, furieux, hystérique, surexcité **2. ardent**, débordant, effréné, forcené, passionné, violent **3. acharné**, enragé, éperdu, fiévreux **4. endiablé**, effréné, vif

fréquemment ADV. **1. souvent**, communément, régulièrement, maintes fois (littér.) **2. constamment**, continuellement, perpétuellement

fréquence N. F. rythme, périodicité

fréquent, ente ADJ. **1. commun**, banal, courant, habituel, ordinaire, répandu, standard, usuel **2. réitéré**, répété **3. périodique**, régulier

fréquentation N. F. **1. contact**, compagnie, société, commerce (littér.) **2. connaissance**, relation, accointance (littér.) **3. assiduité 4. pratique**, familiarité, usage

fréquenter V. TR. **1. courir**, hanter, peupler **2. frayer avec**, sortir avec, copiner avec (fam.), être maqué avec (fam.) **3. côtoyer**, approcher, coudoyer, se frotter à, s'attacher aux pas de **4. connaître**, visiter, voir **5. lire**, pratiquer

frère N. M. **1. frangin** (fam.), frérot (fam.) **2. ami**, camarade, compagnon, copain (fam.), pote (fam.) **3. semblable**, congénère, égal, pair, pareil, prochain

frétiller V. INTR. se trémousser, s'agiter, remuer

friand, ande ADJ. amateur, avide, gourmand

friandise N. F. bonbon, chatterie, confiserie, douceur, gâterie, gourmandise, sucrerie

friction N. F. **1. grippage**, frottement **2. massage**, frottement **3. conflit**, désaccord, dispute, froissement, heurt, accrochage (fam.)

frictionner V. TR. frotter, masser, [un cheval] bouchonner

frigorifié, ée ADJ. glacé, gelé, transi, congelé

frileux, euse ADJ. timoré, craintif, hésitant, pusillanime (littér.)

frime N. F. **1. épate**, fanfaronnade, bluff (fam.), esbroufe (fam.) **2. comédie**, blague, simulacre, simulation, bluff (fam.)

frimer V. INTR. parader, fanfaronner, faire le brave, faire le malin, plastronner, crâner (fam.), faire de l'esbroufe (fam.), faire de l'épate (fam.), faire le mariolle (fam.), la ramener (fam.), se la jouer (fam.)

fringant, ante ADJ. alerte, allègre, frétillant, gaillard, guilleret, leste, pétillant, pétulant, pimpant, sémillant, ingambe (littér.)

friper V. TR. **1. chiffonner**, froisser, plisser **2. rider**, faner, flétrir, marquer

fripouille N. F. bandit, brigand, canaille, coquin, crapule, escroc, fripon, gibier de potence, gredin, racaille, scélérat, vaurien, vermine, voyou

frisé, ée ADJ. ondulé, bouclé, crépu, crêpelé, permanenté

friser
▸ V. TR. 1. **boucler**, onduler, crêper, permanenter 2. **raser**, approcher de, effleurer, frôler 3. **approcher de**, avoisiner, confiner à, flirter avec, frôler
▸ V. INTR. **frisotter**, boucler, onduler

frisson N. M. 1. **tremblement**, frissonnement, tressaillement, [de froid] grelottement, [d'horreur] crispation, haut-le-corps, horripilation, saisissement 2. **vertige**, émoi

frissonner V. INTR. 1. **grelotter**, trembler 2. **frémir**, tressaillir

frivole ADJ. 1. **inconsistant**, creux, futile, léger, oiseux, spécieux, superficiel, vain 2. **étourdi**, futile, inconsistant, insouciant, léger, vain, je-m'en-foutiste (fam.) 3. **volage**, léger, infidèle

frivolité N. F. 1. **futilité**, inanité, légèreté, vanité 2. **légèreté**, insouciance, je-m'en-foutisme (fam.) 3. **inconstance**
♦ **frivolités** PLUR. **amusement**, bagatelles, bêtises, broutilles, enfantillages, fadaises, futilités, niaiseries

froid¹ N. M. I. 1. **fraîcheur** 2. **hiver**, froidure II. 1. **embarras**, gêne, malaise, trouble 2. **brouille**, fâcherie, mécontentement, mésentente

froid², froide ADJ. I. 1. **frais**, gelé, glacé, glacial, frisquet (fam.) 2. [climat, hiver] **rude** II. 1. **calme**, détaché, flegmatique, posé, impassible, imperturbable, de marbre 2. **distant**, austère, glacial, hautain, indifférent, réfrigérant, renfermé 3. **dur**, aride, insensible, sec 4. **terne**, ennuyeux, inexpressif, monotone, nu, plat, sec

froideur N. F. I. 1. **froid** 2. **fraîcheur** II. 1. **calme**, détachement, flegme, impassibilité, imperturbabilité 2. **austérité**, indifférence, insensibilité, réserve, sévérité 3. **sécheresse**, aridité, dureté 4. **antipathie**, hostilité

froisser V. TR. 1. **chiffonner**, friper, plisser, bouchonner 2. **aplatir**, écraser, fouler, piétiner 3. **contusionner**, meurtrir 4. **blesser**, choquer, déplaire à, fâcher, heurter, meurtrir, mortifier, offenser, offusquer, toucher, ulcérer, vexer, piquer, toucher au vif, braquer (fam.)
♦ **se froisser** V. PRON. **se formaliser**, se fâcher, se hérisser, s'offusquer, se vexer

frôlement N. M. 1. **attouchement**, caresse, effleurement 2. **frémissement**, frissonnement, froissement, frou-frou

frôler V. TR. 1. **effleurer**, caresser, toucher 2. **raser**, serrer 3. **approcher de**, confiner à, côtoyer, coudoyer, passer (bien) près de, être à la frontière de, être à la limite de, friser

front N. M. 1. **tête**, visage 2. **audace**, effronterie, impudence, culot (fam.), toupet (fam.) 3. **façade**, devant, fronton 4. **frontière** 5. [Milit.] **avant**, première ligne 6. **champ de bataille**, champ d'honneur, guerre 7. **coalition**, bloc, cartel, groupement, ligue, union

frontière N. F. 1. **démarcation**, délimitation, ligne, limite 2. **bordure**, confins, lisière 3. **borne**, limite

frontispice N. M. 1. **façade** 2. **en-tête**, titre, vignette

frottement N. M. 1. **abrasion**, friction, mouvement, pression 2. **grippage**

frotter V. TR. 1. **astiquer**, brosser, cirer, encaustiquer, fourbir, lustrer, nettoyer, polir, briquer (fam.) 2. **décaper**, gratter, limer, poncer, racler, râper 3. **frictionner**, masser, [un cheval] bouchonner, étriller 4. **débarbouiller**, laver

♦ **se frotter** V. PRON. 1. **fréquenter**, frayer 2. **s'affronter**, se heurter 3. **attaquer**, défier, provoquer 4. **entreprendre**, affronter, risquer

froussard, arde ADJ. peureux, lâche, couard (littér.), pleutre (littér.), pusillanime (littér.), dégonflé (fam.), péteux (fam.), pétochard (fam.), poltron (littér.), trouillard (fam.)

frousse N. F. peur, crainte, frayeur, trouille (fam.)

fructifier V. INTR. 1. **se développer**, s'accroître 2. **produire**, rapporter, rendre (fam.)

fructueux, euse ADJ. 1. **avantageux**, lucratif, payant, profitable, rémunérateur, rentable, juteux (fam.) 2. **fécond**, productif, utile

frugal, ale, aux ADJ. 1. **maigre**, chiche, léger, pauvre 2. **ascétique**, austère, simple

fruit N. M. 1. **profit**, bénéfice, rapport, revenu, avantage, récompense 2. **conséquence**, effet, produit, résultat

fruste ADJ. 1. **rudimentaire**, brut, primitif, rustique, simple 2. **inculte**, balourd, grossier, lourdaud, rustre

frustration N. F. insatisfaction, déception

frustrer V. TR. 1. **décevoir**, désappointer, trahir, tromper 2. **défavoriser**, déposséder, dépouiller, déshériter, léser, spolier

fugace ADJ. éphémère, bref, fugitif, furtif, passager, précaire, provisoire, évanescent (littér.)

fugitif, ive

► ADJ. 1. **bref**, éphémère, fragile, fugace, furtif, passager, transitoire, évanescent (littér.) 2. **inconstant**, changeant, instable, mobile, mouvant, variable

► N. 1. **évadé**, fuyard 2. **banni**, proscrit

fugue N. F. escapade, échappée, équipée, fuite

fuir

► V. TR. 1. **se dérober à**, éluder, esquiver, éviter, se soustraire à 2. **se garder de**, éviter, ne pas approcher 3. **abandonner**, quitter

► V. INTR. 1. **s'en aller**, s'échapper, s'éclipser, s'enfuir, s'esquiver, prendre la fuite, décamper (fam.), déguerpir (fam.), détaler (fam.), filer (fam.), se barrer (fam.), se débiner (fam.), caleter (fam.), se carapater (fam.), se cavaler (fam.), filer à l'anglaise (fam.), prendre le large (fam.), prendre la poudre d'escampette (fam.), prendre la clé des champs (fam.), prendre la tangente (fam.), prendre ses jambes à son cou (fam.), se tailler (fam.), ficher/foutre le camp (fam.) 2. **se réfugier**, se cacher, s'exiler 3. **passer**, couler, se dissiper, s'écouler, s'évanouir 4. **couler**, s'échapper, pisser (fam.) 5. **céder**, se dérober, s'enfoncer

fuite N. F. I. 1. **évasion**, disparition, échappée, cavale (argot) 2. **débâcle**, débandade, déroute, panique, sauve-qui-peut 3. **émigration**, exode 4. **fugue**, escapade II. **indiscrétion**, révélation III. **déperdition**, exode, hémorragie, perte IV. **dérobade**, échappatoire, esquive, excuse, faux-fuyant

fulgurant, ante ADJ. 1. **foudroyant**, brusque, rapide, soudain 2. **violent**, vif 3. **aveuglant**, éblouissant, éclatant, étincelant

fulminer V. INTR. s'emporter, éclater, exploser, pester, tempêter, tonner, gueuler (fam.)

fumée N. F. vapeur, exhalaison, [de volcan] fumerolle

fumet N. M. 1. **odeur**, arôme, bouquet, senteur 2. **goût**, odeur, parfum, saveur

fumeux, euse ADJ. compliqué, amphigourique, brumeux, confus, embrouillé, filandreux, nébuleux, obscur, ténébreux, vague, cafouilleux (fam.)

fumier N. M. engrais, compost, fertilisant

fumiste N. 1. **charlatan**, farceur, imposteur, mystificateur, mauvais plaisant, plaisantin 2. **amateur**, dilettante 3. **désinvolte**, je-m'en-fichiste (fam.), je-m'en-foutiste (fam.)

funèbre ADJ. 1. **funéraire**, mortuaire 2. **lugubre**, macabre, sinistre, sépulcral, triste, ténébreux

funérailles N. F. PL. enterrement, obsèques, inhumation, mise au tombeau

funeste ADJ. 1. **fatal**, meurtrier, mortel 2. **tragique**, violent 3. **affligeant**, catastrophique, désastreux, malheureux, navrant, pitoyable, regrettable, sinistre, tragique 4. **dangereux**, malsain, néfaste, nocif, nuisible, pernicieux, préjudiciable 5. **funèbre**, lugubre, sinistre, sombre, triste

fureter V. INTR. fouiller, chercher, explorer, farfouiller (fam.), fouiner (fam.)

fureur N. F. 1. **colère**, emportement, furie, rage, courroux (littér.), ire (littér.) 2. **acharnement**, ardeur, exaltation, fougue, frénésie, impétuosité, passion, rage, véhémence 3. [d'éléments naturels] **agitation**, impétuosité, violence

furibond, onde ADJ. furieux, courroucé (littér.), fumasse (fam.), furax (fam.), furibard (fam.)

furie N. F. 1. **bacchante**, dragon, harpie, mégère 2. **fureur**, emportement, rage 3. **acharnement**, ardeur, exaltation, fièvre, fougue, impétuosité, passion, rage, véhémence

furieux, euse ADJ. 1. **en colère**, furibond, en furie, hors de soi, hors de ses gonds, en rage, courroucé (littér.), fumasse (fam.), furax (fam.), furibard (fam.), en pétard (fam.), remonté (fam.) 2. **déchaîné**, impétueux, violent 3. **excessif**, exacerbé, extrême, fameux, fou, sacré (fam.) 4. **acharné**, enragé, fanatique, forcené, frénétique

furtif, ive ADJ. 1. **caché**, clandestin, secret, subreptice 2. **discret**, rapide, fugace, fugitif

furtivement ADV. en cachette, à la dérobée, discrètement, en catimini, en secret, en tapinois, secrètement, subrepticement, en douce (fam.)

fuselé, ée ADJ. mince, délié, effilé, élancé, svelte

fusion N. F. 1. **fonte**, liquéfaction 2. **réunion**, amalgame, combinaison, mélange, regroupement, union 3. [d'entreprises] **concentration**, intégration, mariage, réunion

fusionner

▸ V. TR. **réunir**, allier, amalgamer, assembler, associer, combiner, rassembler, unifier, unir

▸ V. INTR. **s'allier**, s'assembler, se fondre, se grouper, se regrouper, se rejoindre, se réunir, s'unifier, s'unir

fustiger V. TR. 1. **fouetter**, cingler, cravacher, flageller 2. **blâmer**, condamner, critiquer, réprouver, stigmatiser, vitupérer (littér.), abîmer (fam.)

futé, ée ADJ. malin, astucieux, débrouillard, déluré, dégourdi, éveillé, fute-fute (fam., souvent au négatif)

futile ADJ. 1. **insignifiant**, creux, dérisoire, frivole, léger, oiseux, superficiel, stérile, vain, vide 2. **frivole**, léger, puéril, superficiel

futilité N. F. 1. **superficialité**, frivolité, inanité, inconsistance, insignifiance, légèreté, puérilité, stérilité, vanité, vide **2.** [souvent au plur.] **bagatelle**, broutille, enfantillage, fadaise, rien, sottise, vétille, connerie (très fam.)

futur, ure

▸ ADJ. **postérieur**, à venir, prochain, suivant, ultérieur

▸ N. M. **avenir**, lendemain

g

gabarit N. M. **1. dimension**, calibre, format, taille, tonnage **2. modèle**, forme, patron **3. carrure**, envergure, stature **4. sorte**, acabit, calibre, catégorie, classe, espèce, genre, nature, type, farine (fam.)

gabegie N. F. gaspillage, confusion, désordre, gâchis, pagaille

gâchage N. M. gaspillage, gâchis, perte, sabotage, bousillage (fam.)

gâcher V. TR. **1. bâcler**, saboter, bousiller (fam.), cochonner (fam.), saloper (fam.), torcher (fam.), torchonner (fam.) **2. gaspiller**, dissiper, galvauder **3. manquer**, rater **4. abîmer**, gaspiller, gâter, massacrer, perdre **5. assombrir**, attrister, empoisonner, gâter, ruiner **6. délayer**, diluer, dissoudre

gâchis N. M. **1. gaspillage**, gabegie, perte **2. sabotage**, gâchage, massacre, bousillage (fam.) **3. désordre**, pagaille, pastis (fam.) **4. mortier**

gadoue N. F. **1. boue**, fange (littér.), crotte (fam.), gadouille (fam.) **2. vidange**, ordures ménagères

gaffe N. F. impair, balourdise, bêtise, bévue, bourde, maladresse, sottise, pas de clerc (littér.), ânerie (fam.), boulette (fam.), connerie (fam.)

gaffer V. INTR. [fam.] commettre un impair, mettre les pieds dans le plat (fam.)

gaffeur, euse N. et ADJ. maladroit, balourd, lourd, lourdaud

gage N. M. **1. caution**, arrhes, cautionnement, dépôt, garantie, hypothèque, nantissement, sûreté **2. assurance**, promesse **3. preuve**, témoignage

♦ **gages** PLUR. **salaire**, appointements, émoluments, rémunération, rétribution

gageure N. F. **1. pari 2. défi**, challenge

gagnant, ante N. vainqueur, champion, lauréat

gagne-pain N. M. INVAR. emploi, travail, job (fam.)

gagner V. TR. **I. 1. percevoir**, remporter, toucher, empocher (fam.), encaisser (fam.), palper (fam.), rafler (fam.), ramasser (fam.), se mettre dans les fouilles (très fam.) **2. acquérir**, conquérir, moissonner, rapporter, récolter, recueillir, retirer, ramasser (fam.) **3.** [iron.] **attraper**, contracter, prendre **II. 1. s'attirer**, capter, conquérir, s'assujettir, s'attacher, séduire, subjuguer, se concilier **2. convaincre**, appâter, convertir, persuader, rallier, séduire, tenter, circonvenir (péj.), corrompre (péj.) **III. 1. accéder à**, aborder, approcher de, arriver à, atteindre, parvenir à, rejoindre, toucher **2. s'emparer de**, envahir, se communiquer à, toucher, [sans complément] s'étendre, progresser, se propager, se répandre **IV.** [Sport] **battre**, dominer, l'emporter sur, prendre l'avantage sur, triompher de, vaincre

gai, gaie ADJ. **1. joyeux**, allègre, badin, content, enjoué, folâtre, gaillard, guilleret, jovial, réjoui **2. ivre**, éméché, émoustillé, gris, parti (fam.), pompette (fam.) **3. animé 4. amusant**, comique, divertissant, drôle, rigolo (fam.) **5. éclatant**, riant, vif

gaiement ADV. **1. joyeusement**, allègrement, jovialement, plaisamment **2. volontiers**, de bon cœur, avec entrain

gaieté N. F. **1. joie**, allégresse, enjouement, entrain, exultation, hilarité, belle, bonne humeur, jovialité, jubilation, rires, liesse (littér.) **2. humour**, ironie, sel

gaillard[1], arde ADJ. **1. vigoureux**, alerte, allègre, dispos, frais, fringant, sain, solide, vaillant, valide, vert, vif, ingambe (littér.) **2.** [humeur] **enjoué**, gai, guilleret, jovial, joyeux **3.** [allure] **décidé**, ferme **4.** [propos] **cru**, coquin, égrillard, épicé, gaulois, gras, graveleux, grivois, léger, leste, libre, licencieux, osé, poivré, polisson, rabelaisien, salé

gaillard[2] N. M. gars (fam.), bonhomme (fam.), lascar (fam.), loustic (fam.), type (fam.), zèbre (fam.)

gain N. M. **1. avantage**, bénéfice, fruit, intérêt, produit, profit, rapport, rendement **2. revenu**, argent, appointements, émoluments, honoraires, rémunération, rétribution, salaire, solde, traitement **3. économie 4. accroissement**, acquisition, agrandissement, augmentation

gaine N. F. **1. enveloppe**, étui, fourreau, housse **2. ceinture**, corset

gala N. M. cérémonie, fête, réception, réjouissance, spectacle

galant, ante

► ADJ. **1. attentionné**, chevaleresque, courtois, délicat, empressé, prévenant **2. libertin**, érotique

► N. M. **amant**, amoureux, cavalier, chevalier servant, soupirant

galanterie N. F. **1. politesse**, amabilité, bonnes manières, civilité, courtoisie, délicatesse, gentillesse, prévenance, respect **2. séduction**, coquetterie, cour, marivaudage **3. compliment**, douceur, baratin (fam.)

galbe N. M. **1. courbe**, arrondi, cintrage, courbure, panse **2. forme**, contour, ligne, profil

galbé, ée ADJ. arrondi, cambré, courbe, pansu, renflé

gale N. F. **1. grattelle** (pop.), rogne (pop.) **2. peste**, poison, teigne, vipère, chameau (fam.)

galère N. F. **1. trière**, trirème, galéasse, galiote, prame **2. mésaventure**, guêpier, piège, traquenard **3.** [plur.] **bagne**, travaux forcés **4. enfer**

galerie N. F. **1. passage**, corridor, couloir, [à colonnes] péristyle, portique, [vitrée] véranda **2. souterrain**, boyau, tunnel, [de mine] albraque, descenderie, taille, travers-banc, bovette (région.) **3. balcon**, accourse, loge, loggia, jubé, tribune, triforium **4.** [au théâtre] **paradis**, poulailler (fam.) **5. assistance**, auditoire, monde, public, spectateurs, témoins **6. musée**, collection **7. porte-bagages**

galet N. M. **1. caillou 2. roulette**

galimatias N. M. charabia, embrouillamini, fatras, imbroglio, jargon, sabir, amphigouri (littér.), baragouin (fam.)

galipette N. F. culbute, cabriole, roulade, roulé-boulé

galon N. M. **1. ruban**, ganse, passement, extra-fort, soutache **2. centimètre 3. grade**, chevron, ficelle (fam.), sardine (fam.)

galoper V. INTR. **1. se dépêcher**, courir, se hâter, cavaler (fam.) **2. s'emballer**

galopin N. M. chenapan, garnement, polisson, vaurien (péj.)

galvaniser V. TR. **1. animer**, électriser, enflammer, enthousiasmer, entraîner, exalter, exciter, réveiller, stimuler **2. métalliser**, argenter, chromer, dorer, nickeler, zinguer

galvauder V. TR. 1. **gâcher**, gaspiller, perdre 2. **avilir**, abaisser, compromettre, dégrader, déshonorer, flétrir, salir, souiller, ternir

♦ **se galvauder** V. PRON. **se dégrader**, s'abaisser

gambade N. F. bond, cabriole, entrechat, saut

gambader V. INTR. batifoler, bondir, cavalcader, danser, s'ébattre, folâtrer, sauter, sautiller

gamin, ine

▸ N. **enfant**, petit, gosse (fam.), mioche (fam.), môme (fam.), mouflet (fam.), moutard (fam.), titi (fam.), morveux (fam., péj.), gone (fam., région.), minot (fam., région.), pitchoun (fam., région.)

▸ ADJ. 1. **enfantin**, immature, puéril, bébête (fam.) 2. **espiègle**, farceur, malicieux, mutin

gaminerie N. F. 1. **enfantillage**, puérilité 2. **espièglerie**, facétie

gamme N. F. 1. **ligne**, collection, éventail, palette, panoplie, spectre 2. **série**, succession

gang N. M. bande, cohorte, groupe

ganglion N. M. renflement, grosseur

gangrène N. F. 1. **nécrose**, mortification, putréfaction 2. **mal**, chancre, cancer, corruption, décomposition, destruction, pourriture

gangrener V. TR. empoisonner, corrompre, dénaturer, infecter, pervertir, pourrir, ronger, souiller, vicier

gangster N. M. 1. **malfaiteur**, bandit, voleur, truand 2. **crapule**, brigand, canaille, filou, pirate, fripouille (fam.), forban (littér.)

gangstérisme N. M. banditisme, criminalité

gant N. M. mitaine, moufle

garage N. M. 1. **stationnement** 2. **box**, parking 3. **remise**, dépôt

garant, ante N. 1. **caution**, assurance, gage, garantie, sûreté 2. **preuve**, témoignage 3. **protecteur**, défenseur, gardien

garantie N. F. 1. **engagement**, signature 2. **aval**, caution 3. **gage**, arrhes, cautionnement, consignation, couverture, dépôt, hypothèque, nantissement, warrant 4. **assurance**, précaution, sûreté (littér.)

garantir V. TR. 1. **promettre**, répondre de 2. **affirmer**, assurer, attester, certifier, confirmer, jurer, soutenir 3. **cautionner**, avaliser, couvrir, se porter garant de, répondre de 4. **authentifier**, certifier, légaliser, valider 5. **préserver**, assurer, abriter, couvrir, défendre, immuniser, prémunir, protéger, sauvegarder, sauver

♦ **se garantir de** V. PRON. 1. **se mettre à l'abri de**, se garder de, se garer de (fam.) 2. **se prémunir contre**, parer à

garce N. F. peste, chipie, poison, sorcière, teigne, vipère, chameau (fam.), salope (très fam.)

garçon N. M. 1. **fils**, enfant, rejeton (fam.) 2. **homme**, gars (fam.), mec (fam.), type (fam.) 3. **célibataire**, vieux garçon

garde[1] N. F. 1. **conservation**, défense, préservation, protection, soin 2. **surveillance** 3. **escorte**, milice, troupe

garde[2] N. 1. **conservateur**, dépositaire 2. **gardien**, sentinelle, surveillant, veilleur, vigile 3. **gardien (de prison)**, garde-chiourme (fam.), maton (fam.)

garde[3] N. infirmier, garde-malade

garde-fou N. M. 1. **barrière**, balustrade, bastingage, filière, garde-corps, parapet, rambarde 2. **protection**, rempart

garder V. TR. I. 1. **conserver**, entreposer, [un objet volé] receler 2. **détenir**, tenir sous sa garde/sous bonne garde, [contre son gré] séquestrer 3. **maintenir**, tenir 4. **économiser**, épargner, mettre

de côté, réserver **II. 1. veiller sur**, surveiller **2. défendre**, préserver, protéger, sauvegarder **III. observer**, pratiquer, respecter
♦ **se garder de** V. PRON. **1. s'abstenir de**, éviter de, prendre garde de **2. se méfier de**, se défier de **3. éviter**, se défendre de, se garantir de, se prémunir contre, se préserver de

garderie N. F. crèche, jardin d'enfants, pouponnière

gardien, ienne N. **1. garde**, sentinelle, veilleur, vigile **2. garant**, conservateur, défenseur, protecteur, tuteur **3. dépositaire**, détenteur, consignataire, magasinier

gare N. F. station, arrêt

garer V. TR. **parquer**, ranger
♦ **se garer** V. PRON. **stationner**

gargantuesque ADJ. pantagruélique, abondant, copieux, énorme, monumental, plantureux

gargariser de (se) V. PRON. se délecter de, se régaler de, savourer

gargote N. F. auberge, taverne, bouiboui (fam.)

gargouillement N. M. **1. gargouillis**, glouglou (fam.) **2. borborygme**

garnement N. M. galopin (fam.), coquin, diable, fripon, polisson, vaurien, voyou, affreux jojo (fam.), sacripant (fam.)

garnir V. TR. **1. approvisionner**, fournir, munir, pourvoir **2. remplir**, bourrer, emplir, farcir **3. rembourrer**, doubler, capitonner, fourrer, matelasser, ouatiner **4. occuper**, combler, remplir **5. agrémenter**, border, décorer, embellir, encadrer, enjoliver, étoffer, ornementer, orner, parer

garniture N. F. **1. ornement**, accessoire, assortiment, parure, [Couture] bordure, broderie, passementerie, volant **2. renfort**, protection **3. couche**, change, protection, serviette **4.** [Cuisine] **accompagnement**

garrotter V. TR. **1. ligoter**, attacher **2. museler**, bâillonner, enchaîner

gars N. M. **1. homme**, garçon, individu, bonhomme (fam.), gaillard (fam.), mec (fam.), type (fam.) **2. fils**, fiston (fam.)

gaspillage N. M. gâchis, coulage, dépense, dilapidation, dissipation, gabegie, perte

gaspiller V. TR. **1. gâcher**, galvauder, perdre **2. dépenser**, dévorer, dilapider, dissiper, engloutir, jeter par la fenêtre, manger, prodiguer, claquer (fam.), craquer (fam.), croquer (fam.)

gaspilleur, euse N. et ADJ. dépensier, dilapidateur, dissipateur, prodigue, flambeur (fam.)

gastronome N. M. gourmet, gourmand, fine gueule (fam.)

gastronomie N. F. cuisine, art culinaire, table

gâté, ée ADJ. **1. détérioré**, pourri, [dent] carié, malade **2. choyé**, dorloté **3. capricieux**

gâter V. TR. **I. 1. endommager**, abîmer, détériorer **2.** [la nourriture] **altérer**, aigrir, avarier, corrompre, pourrir, putréfier **II. 1. gâcher**, compromettre, massacrer, saboter **2. empoisonner**, gâcher, gangrener, infecter, vicier **3. défigurer**, déparer, enlaidir, entacher, flétrir **4. pervertir**, corrompre, déformer, dégrader, dépraver, fausser, frelater **III. 1. cajoler**, câliner, choyer, couver, dorloter, chouchouter (fam.) **2. combler**, pourrir (fam.)
♦ **se gâter** V. PRON. **1. s'abîmer**, s'aigrir, s'avarier, blettir, se décomposer, s'éventer, moisir, se piquer, pourrir, tourner **2. se détériorer**, s'aggraver, s'assombrir, se brouiller, se dégrader

3. mal tourner, s'envenimer, barder (fam.), chauffer (fam.), tourner au vinaigre (fam.)

gâterie N. F. **1. cajolerie**, caresse, chatterie **2. sucrerie**, chatterie, douceur, gourmandise

gâteux, euse ADJ. sénile, décrépit, retombé en enfance, gaga (fam.), ramolli (fam.)

gâtisme N. M. sénilité, abêtissement, abrutissement, ramollissement

gauche ADJ. **1. maladroit**, balourd, inhabile, malhabile, lourdaud, nigaud, pataud, emmanché (fam.), empoté (fam.), godiche (fam.) **2. embarrassé**, contraint, empêché, emprunté, gêné, laborieux, lourd, pesant, piteux, timide **3. dévié**, gauchi, oblique, tordu **4.** [Mar.] **bâbord**

gaucherie N. F. **1. maladresse**, lourdeur, inhabileté (littér.) **2. embarras**, timidité **3. impair**, balourdise, bourde, maladresse, pas de clerc (littér.), gaffe (fam.)

gauchir
▸ V. INTR. **se courber**, se déformer, dévier, jouer, gondoler, se tordre, travailler, se voiler
▸ V. TR. **déformer**, biaiser, dévier, fausser, tordre, voiler

gaulois, oise ADJ. **1. celte 2. égrillard**, coquin, cru, épicé, gaillard, gras, graveleux, grivois, leste, licencieux, osé, pimenté, poivré, polisson, rabelaisien, salé

gauloiserie N. F. gaillardise, grivoiserie, paillardise, polissonnerie, gaudriole (fam.)

gausser (se) V. PRON. se moquer, s'amuser, plaisanter, railler, ridiculiser, se rire, charrier (fam.)

gaver V. TR. **1. gorger**, rassasier, saturer, repaître (littér.), bourrer (fam.) **2. engraisser**, embecquer

♦ **se gaver** V. PRON. se bourrer, bâfrer (fam.), bouffer (fam.), s'empiffrer (fam.), se goinfrer (fam.)

gavroche N. M. gamin, titi (fam.), poulbot (fam.)

gaz N. M. INVAR. **1. fluide 2. émanation**, exhalaison, fumée, fumerolle, vapeur **3.** [souvent au plur.] **flatuosité**, vent, flatulence (littér.), pet (fam.), prout (fam.)

gaze N. F. **1. mousseline**, voile **2. compresse**

gazette N. F. **1. journal**, revue, canard (fam.), feuille de chou (fam.) **2. chronique 3. bavard**, commère, concierge

gazon N. M. herbe, pelouse, pré, verdure

gazouillement N. M. **1. pépiement**, chant, gazouillis, ramage (littér.) **2. babil**, babillage, gazouillis, lallation, areu-areu (fam.) **3. susurrement**, bruissement, chuchotement, chuchotis, gazouillis, murmure

gazouiller V. INTR. **1. pépier**, chanter, jaser, ramager **2. babiller 3. bruire**, chuchoter, murmurer, susurrer

géant, ante
▸ N. **1.** [Mythol.] **monstre**, cyclope, ogre, titan **2. colosse**, hercule, titan, malabar (fam.) **3. génie**, héros, surhomme **4. superpuissance**, supergrand (fam.)
▸ ADJ. **colossal**, cyclopéen, énorme, gigantesque, grand, immense, titanesque, méga (fam.)

geignard, arde ADJ. et N. plaintif, dolent, gémissant, larmoyant, pleurnichard, pleurnicheur

geignement N. M. **1. plainte**, cri, gémissement, pleur, soupir **2. lamentation**, complainte, jérémiade, récrimination

geindre V. INTR. **1. gémir**, chouiner (fam.) **2. se lamenter**, se plaindre, pleurer, pleurnicher, récriminer

gel N. M. 1. **givre**, glace, verglas 2. **gelée** 3. **blocage**, arrêt, immobilisation, interruption, suspension

gelé, ée ADJ. 1. **transi**, engourdi, glacé, gourd 2. **glacial**, froid, glacé

gelée N. F. 1. **glace**, gel, verglas, [au plur.] frimas 2. **gélatine**, blanc-manger 3. **confiture** 4. **gel**, pâte

geler

▸ V. INTR. 1. **se congeler**, se figer, se prendre en glace, se solidifier 2. **avoir froid**, cailler (très fam.), peler (très fam.)

▸ V. TR. 1. **transir**, congeler, frigorifier, glacer 2. **gêner**, glacer, paralyser, pétrifier, réfrigérer, refroidir, tétaniser 3. **arrêter**, bloquer, immobiliser, interrompre, suspendre

gélule N. F. capsule, cachet

gémir V. INTR. 1. **crier**, geindre, se plaindre, chouiner (fam.) 2. **se lamenter**, larmoyer, se plaindre, pleurer, pleurnicher, récriminer 3. **grincer**, crisser

gémissant, ante ADJ. plaintif, geignard, larmoyant, pleurnichard, pleurard

gémissement N. M. 1. **plainte**, cri, geignement, pleur, soupir 2. **jérémiade**, lamentation, récrimination, doléance (littér.)

gemme N. F. 1. **pierre**, joyau 2. **résine**

gênant, ante ADJ. 1. **encombrant**, embarrassant 2. **inconfortable**, incommode 3. **déplaisant**, désagréable, embarrassant, ennuyeux, pénible, emmerdant (très fam.) 4. **contraignant**, assujettissant 5. **envahissant**, fâcheux, gêneur, importun, incommodant, indiscret, pesant

gendarme N. M. 1. **brigadier**, garde (mobile), cogne (pop.) 2. **virago**, furie 3. **gardien**

gêne N. F. 1. **difficulté**, embarras 2. **désavantage**, ennui, frein, handicap, incommodité, inconvénient, obstacle 3. **dérangement**, contrainte, charge, entrave, nuisance 4. **confusion**, embarras, froid, malaise, trouble 5. **pauvreté**, besoin, embarras, privations, dèche (fam.), mouise (fam.), panade (fam.)

gêné, ée ADJ. 1. **mal à l'aise**, mal dans sa peau, confus, embarrassé, intimidé 2. **affecté**, contraint, emprunté, gauche 3. **désargenté** (fam.), à court (fam.), fauché (fam.), raide (fam.), dans la dèche (fam.), dans la mouise (fam.), impécunieux (littér.)

généalogie N. F. 1. **ascendance**, descendance, filiation, lignée 2. **pedigree**

gêner V. TR. 1. **serrer**, brider, empêtrer, engoncer 2. **encombrer**, embarrasser, obstruer 3. **oppresser**, angoisser, tourmenter 4. **déranger**, déplaire à, ennuyer, importuner, incommoder, indisposer, embêter (fam.), emmerder (très fam.), empoisonner (fam.) 5. **handicaper**, bloquer, brider, contraindre, contrarier, désavantager, entraver, empêcher, nuire à, faire obstacle à, paralyser, restreindre, mettre des bâtons dans les roues à 6. **mettre mal à l'aise**, décontenancer, embarrasser, intimider, troubler

♦ **se gêner** V. PRON. **se contraindre**, s'en faire (fam.)

général, ale, aux ADJ. I. 1. **global**, d'ensemble, synoptique 2. **collectif**, générique II. 1. **courant**, constant, commun, habituel, ordinaire 2. **unanime**, total, universel 3. **dominant**, partagé, répandu III. **large**, générique

généralement ADV. communément, à l'accoutumée, classiquement, couramment, d'habitude, d'ordinaire, en général/d'une manière générale, habituellement, le plus souvent, normalement, ordinairement, en règle générale, traditionnellement, usuellement

généralisation N. F. **1. extension**, développement, propagation **2. banalisation**, démocratisation, diffusion, popularisation, vulgarisation **3. extrapolation**, induction

généraliser V. TR. **1. étendre**, extrapoler, systématiser, universaliser **2. répandre**, étendre, propager **3. banaliser**, démocratiser, diffuser, populariser, vulgariser

♦ **se généraliser** V. PRON. **1. se répandre**, s'étendre, se propager **2. se banaliser**, se démocratiser, se diffuser, se populariser, se vulgariser

généralité N. F. **1. totalité**, ensemble **2. majorité**, plupart **3. banalité**, cliché, lieu commun, platitude, poncif

générateur, trice ADJ. créateur, producteur, source

génération N. F. **1. âge**, tranche d'âge **2. création**, engendrement, formation, genèse, production **3. procréation**, reproduction

générer V. TR. causer, créer, déclencher, engendrer, produire, provoquer, être à l'origine de, être (à la) source de

généreusement ADV. **1. beaucoup**, en abondance, abondamment, amplement, copieusement, grassement, largement, libéralement, sans compter, à pleines mains **2. noblement**, chevaleresquement, magnanimement (littér.)

généreux, euse ADJ. **I. 1. noble**, altruiste, beau, désintéressé, élevé, fier, fort, grand **2. bienveillant**, bienfaisant, bon, charitable, chrétien, fraternel, gentil, humain, magnanime **II. 1. large**, libéral, prodigue **2. fécond**, fertile, productif, riche **III. 1. abondant**, copieux, inépuisable, intarissable **2. plantureux**, opulent

générosité N. F. **1. noblesse (de sentiments/de cœur)**, altruisme, abnégation, cœur, grandeur d'âme, désintéressement, dévouement, oubli de soi, magnanimité (littér.) **2. bienveillance**, bienfaisance, bonté, charité, clémence, humanité, indulgence **3. largesse**, libéralité, munificence (littér.), magnificence (littér.), prodigalité (péj.) **4. opulence**, grosseur **5. fécondité**, fertilité, richesse **6.** [souvent au plur.] **bienfait**, cadeau, don, largesse, libéralité

genèse N. F. création, apparition, élaboration, formation, génération, gestation, origine, naissance

génétique ADJ. héréditaire, atavique

gêneur, euse N. importun, indésirable, intrus, fâcheux (littér.), casse-pieds (fam.), emmerdeur (très fam.), empêcheur de tourner en rond (fam.), empoisonneur (fam.), enquiquineur (fam.), plaie (fam.), raseur (fam.)

génial, ale, aux ADJ. **1. de génie**, astucieux, ingénieux, lumineux **2. sensationnel**, fabuleux, fantastique, formidable, fort, chouette (fam.), dément (fam.), du tonnerre (fam.), extra (fam.), géant (fam.), super (fam.)

génie N. M. **1. divinité**, dieu, démon, djinn, dragon, éfrit, elfe, esprit, fée, gnome, lutin, ondin, sylphe, troll **2. caractère**, esprit, nature, spécificité **3. disposition**, art, capacité, don, instinct, talent, bosse (fam.) **4. prodige**, as (fam.), crack (fam.), lumière (fam.), phénix (fam.)

genre N. M. **1. classe**, espèce, famille, ordre, race, variété **2. sorte**, catégorie, espèce, nature, style, type, acabit (péj.) **3. allure**, air, apparence, aspect, attitude, extérieur, façons, manière, style, tenue, tournure, dégaine (fam.), look (fam.), touche (fam.)

gens N. PL. **1. monde**, foule, public **2. personnes**, êtres humains

gentil, ille ADJ. **1. aimable**, affable, attentionné, complaisant, délicat, empressé, fin (Québec), généreux, obligeant, prévenant, sympathique, chic (fam.), sympa (fam.) **2. doux**, tendre **3. obéissant**, mignon, sage, tranquille **4. joli**, agréable, aimable, beau, charmant, coquet, gracieux, mignon, plaisant, gentillet (souvent péj.) **5.** [fam., somme] **important**, coquet (fam.), joli (fam.), rondelet (fam.)

gentillesse N. F. **1. amabilité**, affabilité, attention, bonne grâce, complaisance, délicatesse, douceur, empressement, obligeance, prévenance, serviabilité, aménité (littér.) **2. bienveillance**, bonté, générosité, indulgence

gentiment ADV. **1. aimablement** **2. sagement**, tranquillement

gentleman N. M. homme d'honneur, galant (homme), gentilhomme (littér.)

génuflexion N. F. **1. agenouillement**, prosternation **2. adulation**, adoration, flatterie, obséquiosité, servilité

geôle N. F. cellule, cachot, prison

geôlier, ière N. gardien, surveillant, garde-chiourme (fam.), maton (argot)

géométrique ADJ. exact, mathématique, précis, régulier, rigoureux

gérance N. F. administration, gestion, régie

gérant, ante N. **1. administrateur**, agent, directeur, dirigeant, gestionnaire, mandataire, régisseur, responsable **2.** [d'immeuble] **syndic** **3.** [de bar, d'hôtel] **directeur**, patron (fam.), taulier (fam.), tenancier (Admin. ou péj.)

gerbe N. F. **1. botte**, bouquet, faisceau **2.** [d'étincelles] **fusée** **3.** [d'eau] **colonne**

gercer V. TR. crevasser, craqueler, fendiller, fendre

gerçure N. F. crevasse, craquelure, entaille, excoriation, fendillement, fissure

gérer V. TR. **1. administrer**, conduire, diriger, gouverner, piloter, régir, driver (fam.), manager (fam.) **2. organiser**, user de, utiliser **3. manier**, manipuler

germe N. M. **1. bactérie**, microbe, virus **2. embryon** **3. origine**, cause, commencement, fondement, point de départ, principe, racine, semence, source

germer V. INTR. se développer, se former, éclore, se faire jour, naître

gestation N. F. **1. grossesse** **2. genèse**, conception, élaboration, formation, mise au point, préparation

geste N. M. **1. mouvement**, signe, mimique, pantomime **2. action**, acte

gesticuler V. INTR. s'agiter, bouger, remuer, se trémousser, gigoter (fam.)

gestion N. F. **1. administration**, conduite, direction, gérance, gouvernance, gouvernement, management **2. intendance**, organisation **3. maniement**, manutention

gestionnaire N. gérant, administrateur, intendant

gibecière N. F. sac, carnassière, carnier, sacoche

gibier N. M. **1. proie** **2.** [gros] **venaison**

giboulée N. F. averse, grain, ondée, pluie

gicler V. INTR. jaillir, fuser

gifle N. F. **1. soufflet**, baffe (fam.), beigne (fam.), calotte (fam.), claque (fam.), mandale (fam.), taloche (fam.), tape (fam.), tarte (fam.), torgnole (fam.) **2. affront**, humiliation, vexation, avanie (littér.), camouflet (littér.)

gifler V. TR. **1. claquer** (fam.), calotter (fam.), talocher (fam.), souffleter (littér.) **2. cingler**, fouetter

gigantesque ADJ. **1. immense**, colossal, cyclopéen, démesuré, éléphantesque, énorme, géant, monumental, monstrueux, pharaonique, titanesque **2. énorme**, étonnant, fabuleux, fantastique, formidable, phénoménal, prodigieux, faramineux (fam.) **3. incommensurable**, insondable

gigoter V. INTR. remuer, s'agiter, frétiller, se trémousser

gilet N. M. cardigan, tricot

girond, onde ADJ. [surtout au fém.] bien en chair, dodu, grassouillet, replet

gisement N. M. **1. couche**, amas **2. mine**, filon, veine **3. banc**

gîte N. M. **1. habitation**, abri, demeure, logement, maison, refuge, toit **2.** [d'animal] **repaire**, antre, bauge, refuge, retraite, tanière, terrier

gîter V. INTR. résider, coucher, demeurer, habiter, loger

givre N. M. frimas, gelée (blanche), glace

glabre ADJ. **1. imberbe**, lisse, nu **2. rasé**

glaçant, ante ADJ. glacé, froid, glacial, réfrigéré

glace N. F. **I. 1. givre**, gelée blanche, verglas **2. banquise**, iceberg, glacier, sérac **II. crème glacée**, sorbet **III. 1. vitre**, carreau, verre, vitrage **2. miroir**, psyché

glacé, ée ADJ. **1. gelé 2. dur**, glacial, glaçant, réfrigérant

glacer V. TR. **I. 1. transir**, engourdir, geler, refroidir **2. congeler**, geler **3. refroidir**, frapper, réfrigérer **II. 1. effrayer**, figer, pétrifier **2. intimider**,

réfrigérer **III. 1. calandrer**, cirer **2. lustrer**

glacial, ale, als ADJ. **1. glaçant**, très froid, hivernal, polaire, sibérien **2. hostile**, dur, froid, glaçant, glacé, hautain, réfrigérant, sec **3. imperturbable**, de glace, de marbre, insensible, marmoréen (littér.)

glaire N. F. **1. mucosité 2. expectoration**, crachat

glaise N. F. argile, marne

glaive N. M. épée, lame

glaner V. TR. récolter, butiner, grappiller, puiser, ramasser, recueillir

glapir V. INTR. **1. japper**, aboyer **2. crier**, brailler, hurler, gueuler (très fam.)

glapissement N. M. **1. jappement**, aboiement **2. cri**, braillement, hurlement

glauque ADJ. **1. verdâtre**, bleuâtre **2. blafard**, livide **3. malsain**, lugubre, sinistre, sordide, triste, craignos (fam.)

glissade N. F. dérapage, chute

glissant, ante ADJ. **1. fuyant**, insaisissable **2. dangereux**, hasardeux, instable, précaire, risqué, [pente] savonneux

glissement N. M. **1. affaissement**, chute, éboulement **2. évolution**, changement, modification, transformation, variation, dérapage (péj.)

glisser

▸ V. TR. **1. engager**, fourrer, insinuer, introduire **2. donner**, couler, passer, remettre, filer (fam.) **3. dire**, confier, insinuer, souffler

▸ V. INTR. **1. patiner**, skier **2. déraper**, chasser, patiner, riper **3. coulisser** **4. échapper**, se dérober, filer, tomber

♦ **se glisser** V. PRON. **se couler**, entrer, se faufiler, s'infiltrer, s'insinuer, s'introduire, pénétrer

glissière N. F. coulisse, zip (nom déposé)

global, ale, aux ADJ. **1. général**, d'ensemble **2. entier**, complet, intégral, total **3. mondial**, planétaire

globalement ADV. en bloc, dans l'ensemble, en gros (fam.)

globe N. M. **1. monde**, planète, terre **2. boule**, rond, sphère, orbe (littér.)

globule N. M. boulette, bulle, grain

globuleux, euse ADJ. **1. globulaire 2. saillant**, gros

gloire N. F. **I. 1. célébrité**, notoriété, popularité, renom, renommée, réputation **2. honneur**, lauriers, mérite **II. 1. vedette**, célébrité, personnalité, star **2. fleuron**, fierté, orgueil, ornement, succès **III. 1. éclat**, grandeur, illustration, prestige, rayonnement, splendeur, lustre (littér.), [Relig.] majesté **2. auréole**, halo, nimbe, splendeur

glorieux, euse ADJ. **1.** [personne] **célèbre**, brillant, fameux, grand, illustre, prestigieux, renommé, réputé **2.** [événement, chose] **mémorable**, célèbre, éclatant, fameux, grand, illustre, magnifique, prestigieux, splendide

glorification N. F. louange, apologie, célébration, éloge, exaltation, panégyrique (littér.)

glorifier V. TR. **1. louer**, célébrer, chanter, exalter, honorer, louanger, vanter, élever des autels à, rendre gloire à, rendre hommage à **2. bénir**, adorer **3. déifier**, diviniser, magnifier ♦ **se glorifier** V. PRON. **s'applaudir**, s'enorgueillir, se flatter, se louer, se piquer, se prévaloir, se targuer, se vanter

gloriole N. F. ostentation, orgueil, prétention, suffisance, vanité

glose N. F. explication, annotation, commentaire, interprétation, note

gloser V. TR. annoter, commenter, éclaircir, expliquer, interpréter, traduire

glossaire N. M. dictionnaire, lexique, vocabulaire

gloussement N. M. **1. caquet 2. ricanement**, rire

glousser V. INTR. **1. caqueter 2. ricaner**, pouffer

glouton, onne ADJ. et N. gourmand, goinfre, goulu, insatiable, vorace, bâfreur (fam.), morfal (fam.)

gloutonnerie N. F. appétit, avidité, goinfrerie, gourmandise, voracité

glu N. F. **1. colle forte 2.** [fam.] **importun**, crampon (fam.), pot de colle (fam.)

gluant, ante ADJ. collant, glutineux, poisseux, visqueux

gnome N. M. **1. esprit**, farfadet, lutin **2. nain**, avorton (fam., péj.), demi-portion (fam., péj.), nabot (fam., péj.)

gobelet N. M. godet, chope, quart, tasse, timbale

gober V. TR. **1. manger**, avaler **2. croire**, avaler (fam.)

goberger (se) V. PRON. prendre ses aises, se prélasser, faire bombance

goder V. INTR. pocher, grimacer, grigner, godailler (fam.)

godet N. M. **1. gobelet**, timbale **2.** [fam.] **verre**, canon (fam.), pot (fam.) **3. auge**, auget

goémon N. M. algue, fucus, varech

gogo (à) LOC. ADV. à discrétion, à foison, à profusion, en quantité, à satiété, à souhait, à volonté, en veux-tu en voilà (fam.)

goguenard, arde ADJ. moqueur, gouailleur, ironique, narquois, railleur, sarcastique

goinfre N. M. glouton, goulu, gourmand, vorace, bâfreur (fam.), morfal (fam.), gueulard (fam., région.)

goinfrer (se) V. PRON. se gaver, dévorer, engloutir, se repaître (littér.), se bâfrer (fam.), se bourrer (fam.), s'empiffrer (fam.), manger à s'en faire crever la panse/la sous-ventrière (fam.)

goinfrerie N. F. gloutonnerie, avidité, voracité

golfe N. M. baie, anse

gommage N. M. **1. effacement**, atténuation, estompage **2. exfoliation**, peeling (anglic.)

gomme N. F. baume, résine

gommer V. TR. effacer, atténuer, estomper, lisser, ôter, supprimer

gondoler V. INTR. se bomber, se courber, se déformer, se déjeter, gauchir, se gonfler, jouer, travailler, se voiler

gonflé, ée ADJ. bouffi, boursouflé, enflé, soufflé, tuméfié, turgescent

gonflement N. M. **1. gonflage** **2. bombement**, boursouflure, dilatation, distension, grossissement **3.** [Méd.] bouffissure, cloque, emphysème, enflure, grosseur, hypertrophie, intumescence, œdème, renflement, tuméfaction, turgescence **4. inflation**, augmentation, montée **5. exagération**, emphase

gonfler

▸ V. TR. **1. bomber**, dilater, enfler **2. remplir**, [d'eau] gorger **3. ballonner**, bouffir, boursoufler, congestionner, dilater, distendre, enfler, tuméfier **4. exagérer**, amplifier, grossir, monter, surestimer, surfaire

▸ V. INTR. **1. s'arrondir**, s'élargir, s'empâter, enfler, grossir **2.** [cours d'eau] **grossir**, enfler, monter **3. fermenter**, lever **4. s'accroître**, s'arrondir, augmenter, croître, enfler, grossir

gorge N. F. **1. buste**, poitrine, sein(s) **2. gosier**, kiki (fam.) **3. canyon**, couloir, défilé, porte, vallée

gorgée N. F. **1. trait**, coup (fam.), goulée (fam.), lampée (fam.) **2. bouffée**

gorger V. TR. **1. gaver**, bourrer, engraisser, rassasier **2. combler**, abreuver, couvrir, gaver, rassasier, remplir, repaître, saturer

♦ **se gorger de** V. PRON. **1. se gaver de**, se bourrer de (fam.), s'empiffrer de (fam.), se goinfrer de (fam.) **2. se rassasier de**, se repaître de, se soûler de

gouaille N. F. goguenardise, persiflage, raillerie, verve

gouailleur, euse ADJ. moqueur, facétieux, goguenard, narquois, persifleur, railleur

goudron N. M. bitume, asphalte, macadam, [de houille] coaltar

goudronner V. TR. bitumer, asphalter, macadamiser

gouffre N. M. **1. abîme**, précipice, fosse, puits, [calcaire] aven, bétoire **2. ruine**, catastrophe, désastre

goujat N. malotru, grossier personnage, malappris, mufle, rustre, goujafier (fam.), pignouf (fam.)

goujaterie N. F. grossièreté, impolitesse, incorrection, indélicatesse, muflerie

goulet N. M. couloir, chenal, passage

goulu, ue ADJ. et N. glouton, avide, goinfre, gourmand, vorace, bâfreur (fam.), morfal (fam.)

goulûment ADV. avidement, gloutonnement, voracement

gourbi N. M. **1. cabane**, hutte **2. baraque**, bouge, réduit, taudis, cambuse (fam.), galetas (fam.), piaule (fam.)

gourd, gourde ADJ. engourdi, ankylosé

gourde N. F. **1. courge 2. bidon 3.** [fam.] **bête**, idiot, imbécile, maladroit, niais, sot, buse (fam.), corniaud (fam.), cornichon (fam.), crétin (fam.), cruche (fam.), godiche (fam.)

gourdin N. M. matraque, bâton, massue, trique

gourmand, ande ADJ. et N. **1. goulu**, vorace, glouton, goinfre **2. gourmet**, gastronome, bec fin, fine bouche, fine gueule (fam.) **3.** [menu, étape, etc.] **gastronomique**

gourmander V. TR. gronder, réprimander, sermonner, admonester (littér.), chapitrer (littér.), morigéner (littér.), tancer (littér.), engueuler (fam.), houspiller (fam.)

gourmandise N. F. 1. **voracité**, gloutonnerie, goinfrerie 2. **friandise**, douceur, chatterie (fam.), gâterie (fam.)

gourmé, ée ADJ. affecté, apprêté, cérémonieux, compassé, empesé, guindé, pincé

gourmet N. M. gastronome, connaisseur, fine bouche, gourmand, fine gueule (fam.)

gourou N. M. maître à penser, mentor

goût N. M. 1. **saveur**, sapidité 2. **envie**, appétit, désir, faim 3. **attirance**, amour, attachement, attrait, cœur, engouement, faible, faiblesse, inclination, intérêt, penchant, prédilection, vocation

goûter[1] V. TR. 1. **déguster**, se délecter de, jouir de, savourer 2. **éprouver**, ressentir, sentir 3. **aimer**, apprécier, approuver, estimer, raffoler de, être amateur de, être fou de, priser (littér.)

goûter[2] N. M. collation, quatre-heures (lang. enfants)

goûteux, euse ADJ. savoureux, délicieux, fameux, succulent

goutte N. F. gouttelette, globule, perle

goutter V. INTR. dégoutter, s'égoutter

gouvernant, ante ADJ. et N. dirigeant, responsable

gouvernante N. F. 1. **nurse**, bonne d'enfant, nourrice 2. **bonne** 3. **chaperon**, duègne

gouvernement N. M. 1. **autorité(s)**, État, force publique, pouvoir (politique) 2. **ministère**, conseil des ministres 3. **régime**, institution, système

gouverner V. TR. 1. **piloter**, manœuvrer, être aux commandes de, tenir la barre de, tenir le gouvernail de 2. **diriger**, administrer, commander, conduire, gérer, manier, mener, régir, régner sur, être aux leviers de, [sans complément] tenir les rênes du pouvoir 3. **guider**, éduquer, élever, influencer, instruire 4. **dominer**, mener, régenter, tenir en lisière (littér.) 5. **maîtriser**, être maître de, freiner, refréner

grabuge N. M. 1. **dispute**, querelle 2. **dégât**, désordre, bagarre (fam.), casse (fam.), charivari (fam.), vilain (fam.)

grâce N. F. I. 1. **faveur**, avantage, bienfait, don, gracieuseté (littér.) 2. **plaisir**, faveur, honneur II. 1. **amabilité**, affabilité, aménité, bienveillance, bonté, douceur, gentillesse 2. **indulgence**, miséricorde, pardon, pitié 3. **aide**, assistance, secours 4. [de Dieu] **bénédiction**, secours 5. **amnistie**, pardon III. **charme**, agrément, attrait, beauté, délicatesse, élégance, finesse, vénusté (littér.)

gracier V. TR. pardonner, absoudre, amnistier

gracieusement ADV. 1. **poliment**, affablement, aimablement, courtoisement, civilement (littér.) 2. **élégamment**, agréablement, délicatement, délicieusement, joliment 3. **gratuitement**, bénévolement

gracieux, euse ADJ. 1. **attrayant**, beau, charmant, distingué, élégant, harmonieux, joli, mignon, plaisant, raffiné 2. **aimable**, affable, agréable, avenant, bienveillant, charmant, civil, cordial, courtois, doux, empressé, engageant, gentil, poli, sympathique, accort (littér.), amène (littér.) 3. **bénévole**, gratuit

gracile ADJ. délicat, élancé, filiforme, fin, fluet, frêle, grêle, menu, mince

gradation N. F. 1. **accroissement**, augmentation, échelonnement, montée en puissance, progression **2. degré**, cran, échelon, étape, grade, palier, phase, stade

grade N. M. **1. échelon**, catégorie, degré, niveau, rang **2.** [Univ.] **titre**

gradin N. M. **1. degré**, banc, marche **2. étage**, palier, terrasse

graduation N. F. **1. division**, degré, repère **2. échelle**

graduel, elle ADJ. progressif, échelonné

graduellement ADV. progressivement, doucement, petit à petit, peu à peu, pas à pas, pied à pied, de proche en proche, de jour en jour, d'heure en heure

graduer V. TR. échelonner, étager

graffiter V. TR. inscrire, bomber, taguer

graffiti N. M. PL. inscription, tag

graillon N. M. **1. friture**, graisse **2. rogaton**

grain N. M. **I. 1. graine**, semence **2. céréale II. granulation**, granule **III. parcelle**, corpuscule, fragment, morceau, particule **IV. averse**, bourrasque, giboulée, ondée, pluie, tempête, tornade

graine N. F. **1. semence**, grain **2. pépin**, amande, noyau

graisse N. F. **1. gras**, matière grasse, lipide **2. friture**, graillon **3.** [alimentaire] **beurre**, huile, lanoline, margarine **4.** [animale] **saindoux**, panne, spermaceti, suif **5.** [minérale] **paraffine**, vaseline **6. lubrifiant 7. cambouis**

graisser V. TR. **1. huiler**, lubrifier **2. oindre** (littér.) **3. encrasser**, salir, tacher

graisseux, euse ADJ. **1. gras**, huileux, sale **2. adipeux**

grand[1], grande ADJ. **I. 1. élevé**, élancé, haut **2. long 3. large**, ample, étendu, spacieux, vaste **4. profond 5.** [choix] **varié**, vaste **II. 1. essentiel**, considérable, important, majeur, principal **2. intense**, fort, vif, violent **3. invétéré**, fieffé, gros, sacré (fam.) **4.** [péj.] **exagéré**, emphatique, grandiloquent **III. 1. influent**, puissant **2. fameux**, excellent, glorieux, illustre, prestigieux, remarquable, réputé, supérieur **3. éminent**, magistral, talentueux **4. noble**, beau, élevé, généreux, magnifique

grand[2] N. M. **1. puissant**, magnat **2. noble**, aristocrate

grandement ADV. beaucoup, amplement, bien, énormément, extrêmement, fort, fortement, largement, puissamment, tout à fait

grandeur N. F. **I. 1. dimension**, amplitude, étendue, format, gabarit, mesure, taille **2. quantité**, valeur, variable **3. importance**, ampleur, intensité, magnitude, poids, portée **II. 1. gloire**, force, influence, pouvoir, prestige, puissance, rayonnement **2.** [d'âme] **noblesse**, dignité, distinction, élévation, générosité, majesté, mérite, valeur, magnanimité (littér.)

♦ **grandeurs** PLUR. **dignités**, distinctions, gloire, honneurs, pompe

grandiloquence N. F. emphase, boursouflure, enflure, pompe, solennité

grandiloquent, ente ADJ. emphatique, ampoulé, boursouflé, déclamatoire, phraseur, pompeux, ronflant, solennel

grandiose ADJ. majestueux, imposant, impressionnant, magnifique, monumental, royal

grandir

▸ V. INTR. **1. pousser**, s'allonger, croître, se développer, monter **2. augmenter**, s'accroître, s'amplifier, croître, enfler, s'étendre, gonfler, grossir, s'intensifier **3.** [psychologiquement] **mûrir**, s'élever

▸ V. TR. **1. hausser 2. agrandir**, grossir **3. ennoblir**, élever **4. élever**, exalter **5. exagérer**, amplifier, dramatiser, grossir, outrer
♦ **se grandir** V. PRON. **s'élever**, se hausser

grand-mère N. F. **1. aïeule**, mamie (fam.), mémé (fam.) **2.** [péj.] **vieille**, aïeule, ancêtre, fossile (fam.), mamie (fam.), mémé (fam.)

grand-père N. M. **1. aïeul**, papi (fam.), papy (fam.), pépé (fam.) **2.** [péj.] **vieillard**, vieux, aïeul, ancêtre, croulant (fam.), fossile (fam.), géronte (littér.), papi (fam.), pépé (fam.)

grange N. F. grenier, hangar, fenil, gerbier

granulé, ée
▸ ADJ. **granulaire**, granuleux
▸ N. M. **granule**, pilule

granuleux, euse ADJ. **1. granulaire 2. granité**, granulé, grenu, papilleux

graphie N. F. **1. écriture**, transcription **2. orthographe**

graphique N. M. courbe, diagramme, tableau, tracé, [rond] camembert (fam.)

grappe N. F. faisceau, groupe

grappiller V. TR. **1. glaner**, cueillir, ramasser, recueillir **2. rogner**, gratter (fam.), grignoter (fam.), rabioter (fam.)

grappin N. M. crampon, croc, crochet, harpon

gras, grasse ADJ. **1. graisseux**, glissant, gluant, huileux, poisseux, visqueux **2. fort**, adipeux, bien en chair, charnu, corpulent, dodu, empâté, épais, étoffé, grassouillet, gros, obèse, pansu, plantureux, potelé, rebondi, replet, rond, rondelet, rondouillard (fam.) **3.** [sol] **fertile**, abondant, plantureux **4. égrillard**, cru, épicé, gaillard, gaulois, graveleux, grivois, grossier, licencieux, obscène, poivré, polisson, rabelaisien, salé

grassement ADV. abondamment, amplement, confortablement, copieusement, généreusement, grandement, largement

grassouillet, ette ADJ. gras, dodu, potelé, replet, rond, rondelet, rondouillard (fam.)

gratifiant, ante ADJ. valorisant, satisfaisant

gratification N. F. **1. cadeau**, avantage, don, libéralité, pourboire, récompense, [en fin d'année] étrennes **2. commission**, arrosage, dessous de table, enveloppe, faveur, pot-de-vin, bakchich (fam.) **3. bonus**, allocation, indemnité, prime **4.** [Psych.] **valorisation**

gratifier V. TR. **1. donner à**, accorder à, allouer à, attribuer à, dispenser à, doter, octroyer à **2. douer**, favoriser, nantir, affliger (plaisant) **3. imputer à**, attribuer à **4.** [iron.] **administrer**, donner, flanquer (fam.), foutre (très fam.) **5.** [Psych.] **valoriser**

gratin N. M. élite, crème, fine fleur, dessus du panier, gotha

gratitude N. F. reconnaissance, obligation

gratte-ciel N. M. tour, building

gratte-papier N. M. bureaucrate (péj.), plumitif (péj.), rond-de-cuir (péj.), scribouillard (fam., péj.)

gratter V. TR. **1. racler**, gratouiller (fam.) **2. enlever**, effacer **3. fouiller**, remuer, [animal] fouir **4. démanger**, picoter, gratouiller (fam.)

grattoir N. M. **1. racloir 2. décrottoir**, gratte-pieds **3. gratte-dos**

gratuit, uite ADJ. **1. non payant**, libre, gratis (fam.), gratos (fam.) **2. bénévole**, désintéressé, gracieux **3. arbitraire**, absurde, hasardeux, immotivé, infondé, injustifié

gratuitement ADV. **1. sans rien débourser**, gracieusement, pour rien, sans bourse délier (littér.), gratis (fam.), gratos (fam.), pour pas un rond (fam.), à l'œil (fam.), aux frais de la princesse (fam.) **2. bénévolement**, gracieusement, pour l'honneur, pour rien **3. par jeu**, arbitrairement

gravats N. M. PL. débris, décombres, déblais, plâtras

grave ADJ. **I. bas**, caverneux, profond **II. 1. solennel**, digne, posé, réfléchi, réservé, sage, sérieux **2. compassé**, affecté, empesé, raide, rigide, gourmé (littér.) **3. imposant**, majestueux **III. 1. sévère**, gros, important, lourd, sérieux, mortel, [rhume] carabiné (fam.) **2. critique**, alarmant, angoissant, dangereux, dramatique, inquiétant, préoccupant, redoutable, sérieux, tragique **3. cruel**, pénible, triste

graveleux, euse ADJ. **1. caillouteux**, pierreux, rocailleux **2. cru**, égrillard, épicé, gaillard, gaulois, gras, grivois, libre, licencieux, obscène, poivré, polisson, rabelaisien, salé

gravement ADV. **1. solennellement**, dignement, posément, sérieusement **2. dangereusement**, grièvement, sérieusement, sévèrement **3. considérablement**, énormément, terriblement

graver V. TR. **1. buriner**, sculpter, [sur pierre] lithographier **2. fixer**, enregistrer, imprimer, incruster, marquer, empreindre (littér.)

gravier N. M. caillou, gravillon, ballast

gravir V. TR. **1. escalader**, ascensionner, monter, grimper **2. franchir**

gravitation N. F. attraction, pesanteur

gravité N. F. **1. sérieux**, austérité, componction, raideur, réserve, rigidité, sévérité, solennité **2. importance**, acuité, étendue, poids, portée, sévérité

graviter V. INTR.
- **graviter autour de 1. tourner autour de**, être en orbite autour de **2. fréquenter**, se mouvoir dans la sphère de

gravure N. F. **1. ciselure**, entaille, glyphe, nielle **2. illustration**, estampe, photographie, planche, reproduction

gré N. M.
- **au gré de** au goût de, à la convenance de, au choix de, à la fantaisie de, au bon plaisir de
- **de bon gré, de plein gré** de bonne grâce, de bon cœur, de gaieté de cœur, librement, volontairement, volontiers
- **de gré à gré** à l'amiable
- **contre son gré** à contrecœur, à son corps défendant, contre sa volonté, de mauvais cœur, la mort dans l'âme, malgré soi
- **savoir gré à** remercier, avoir de la gratitude pour, être reconnaissant à

greffe N. F. **1. greffon**, ente **2. transplantation**

greffer V. TR. **1. enter 2. transplanter 3. ajouter**, insérer, introduire, enter (littér.)

♦ **se greffer sur** V. PRON. **s'ajouter à**, s'adjoindre à

grêle[1] ADJ. **1. filiforme**, délié, élancé, fin, fluet, gracile, long, maigre, mince **2. faible**, délicat, fragile, menu, ténu

grêle[2] N. F. **1. grêlon**, grésil **2. volée**, avalanche, bordée, cascade, chapelet, déluge, kyrielle, pluie

grelot N. M. clochette, sonnette

grelotter V. INTR. frissonner, claquer des dents, trembler, trembloter

grenier N. M. 1. **combles**, mansarde 2. **grange**, fenil, pailler

grenouillage N. M. intrigues, combines (fam.), magouille (fam.), tripotage (fam.)

grenouiller V. INTR. intriguer, magouiller (fam.)

grenu, ue ADJ. granité, granulé, granuleux, grené

grésillement N. M. 1. **crépitement** 2. **friture**, parasites

grésiller V. INTR. crépiter, craquer, craqueler, pétiller

grève[1] N. F. rive, bord, plage, rivage

grève[2] N. F. arrêt de travail, débrayage

grever V. TR. 1. **charger**, accabler, frapper, imposer, surcharger, obérer (littér.) 2. **alourdir**, affecter, hypothéquer, plomber (fam.)

gribouillage N. M. gribouillis, barbouillage, griffonnage

gribouiller V. TR. et INTR. griffonner, barbouiller

grief N. M. doléance, charge, plainte, récrimination, reproche

grièvement ADV. gravement, sérieusement, sévèrement

griffe N. F. 1. **ongle**, serre 2. **crampon**, crochet 3. **signature**, cachet, empreinte, estampille, étiquette, marque, sceau

griffer V. TR. écorcher, égratigner, érafler, rayer, [fort] balafrer

griffonnage N. M. barbouillage, gribouillage, gribouillis

griffonner V. TR. 1. **gribouiller**, barbouiller 2. **écrire**, crayonner, dessiner 3. **rédiger à la hâte**, jeter sur le papier

griffure N. F. écorchure, éraflure, égratignure, griffe (Belgique), rayure, [profonde] balafre

grignoter V. TR. 1. **ronger**, manger 2. **picorer**, manger du bout des lèvres, [sans complément] chipoter, pignocher 3. **gagner**, prendre, rattraper

grigri N. M. amulette, fétiche, mascotte, porte-bonheur, talisman

grillage N. M. treillage, claire-voie, clôture, treillis

grille N. F. 1. **clôture**, barreaux, herse 2. [TV, Radio] **programmation**

griller

▸ V. TR. 1. **rôtir**, [café] torréfier 2. **dessécher**, racornir 3. [cigarette] **fumer**

▸ V. INTR. 1. **brûler**, flamber, cramer (fam.) 2. [fam.] **bronzer**, cuire, dorer, rôtir (fam.)

grillon N. M. cri-cri (fam.), grillot (région.)

grimace N. F. **moue**, mimique, rictus, [involontaire] tic

♦ **grimaces** PLUR. **simagrées**, cérémonie(s), façons, minauderies, mines, singeries, afféterie (littér.)

grimacer V. INTR. faire la moue, bouder, faire grise mine, se renfrogner

grimer V. TR. maquiller, farder

grimpée N. F. 1. **ascension**, escalade, montée, grimpette (fam.) 2. **côte**, montée, grimpette (fam.)

grimper

▸ V. TR. **escalader**, gravir

▸ V. INTR. 1. **s'élever**, monter 2. **augmenter**, monter, [prix] flamber

grimpeur, euse N. alpiniste, ascensionniste, varappeur

grinçant, ante ADJ. 1. **discordant**, dissonant 2. **acerbe**, aigre, amer, caustique, mordant

grincement N. M. crissement, couinement

grincer V. INTR. crisser, couiner (fam.)

grincheux, euse ADJ. acariâtre, bougon, hargneux, revêche, grognon (fam.), râleur (fam.), rogue (fam.), ronchon (fam.), ronchonneur (fam.), rouspéteur (fam.)

gringalet N. freluquet, avorton (fam.), demi-portion (fam.), minus (fam.), moustique (fam.)

gripper V. INTR. se bloquer, s'arrêter, se coincer

gripper (se) V. PRON. se bloquer, se coincer

gris, grise ADJ. **I. 1.** [nuances] **ardoise**, anthracite, cendré, cendreux, mastic, plombé, souris, tourterelle, [cheval] pinchard **2.** [cheveux] **argenté**, grisonnant, poivre et sel **3.** [temps] **couvert**, nuageux **II. morne**, grisâtre, maussade, monotone, morose, terne **III. un peu ivre**, entre deux vins, gai, éméché (fam.), parti (fam.), pompette (fam.)

grisaille N. F. monotonie, morosité, tristesse

grisant, ante ADJ. **1. exaltant**, enivrant, enthousiasmant, excitant **2. capiteux**, enivrant, entêtant

grisâtre ADJ. terne, maussade, monotone, morose, triste

griser V. TR. **1. soûler**, enivrer, étourdir, monter/porter à la tête/tourner la tête de **2. enthousiasmer**, enivrer, étourdir, exalter, exciter

griserie N. F. **1. ivresse**, enivrement, étourdissement **2. exaltation**, enivrement, excitation, ivresse, vertige

grisonnant, ante ADJ. gris, argenté, poivre et sel

grivois, oise ADJ. égrillard, coquin, croustillant, cru, épicé, gaillard, gaulois, gras, graveleux, léger, leste, libertin, libre, licencieux, osé, poivré, rabelaisien, salé, cochon (fam.)

grivoiserie N. F. gaillardise, gauloiserie, licence, obscénité, gaudriole (fam.), joyeuseté (fam.)

groggy ADJ. INVAR. **1. étourdi**, k.-o. (fam.), sonné (fam.) **2. épuisé**, éreinté, exténué, claqué (fam.), crevé (fam.), k.-o. (fam.), lessivé (fam.), pompé (fam.), vanné (fam.), vidé (fam.)

grogne N. F. mécontentement, protestations, récriminations, rouspétances (fam.)

grognement N. M. **1.** [du chien] **grondement**, [du sanglier] grommellement **2. grommellement**, bougonnement (fam.), ronchonnement (fam.)

grogner V. INTR. **1.** [chien] **gronder**, [sanglier] grommeler **2. grommeler**, marmonner, pester, protester, maugréer (littér.), bougonner (fam.), grognonner (fam.), râler (fam.), ronchonner (fam.), rouspéter (fam.)

grognon ADJ. et N. **1. acariâtre**, grincheux, pleurnicheur, bougon (fam.), râleur (fam.), rouspéteur (fam.) **2. mécontent**, boudeur, maussade, morose, renfrogné, ronchon (fam.)

grommeler V. TR. et INTR. marmonner, grogner, murmurer, maugréer (littér.), bougonner (fam.), ronchonner (fam.)

grommellement N. M. grognement, bougonnement (fam.), ronchonnement (fam.)

grondement N. M. **1.** [de chien] **grognement**, [de sanglier] grommellement **2.** [de tonnerre] **roulement**

gronder

▸ V. INTR. **1.** [chien] **grogner**, [sanglier] grommeler **2. tonner 3. menacer**, couver

▸ V. TR. **disputer**, se fâcher contre, gourmander, houspiller, rabrouer, réprimander, tempêter contre, tonner contre, admonester (littér.), morigéner (littér.), tancer (littér.), attraper (fam.), crier après (fam.), engueuler (très fam.), enguirlander (fam.), passer un savon à (fam.), savonner la tête à (fam.), sonner les cloches à (fam.)

gros, grosse

▸ ADJ. **I.** [physiquement, concrètement] **1. volumineux**, colossal, épais, important, large, massif **2. corpulent**, bedonnant, boulot, courtaud, empâté, énorme, enveloppé, épais, fort, gras, imposant, massif, obèse, pansu, pesant, potelé, puissant, replet, rond, rondelet, trapu, ventripotent, ventru, en surcharge pondérale (Méd.), membru (littér.), maous (fam.) **3. arrondi**, ample, bombé, charnu, épanoui, généreux, opulent, rebondi, renflé **4.** [visage] **bouffi**, boursouflé, joufflu **5.** [yeux] **globuleux**, saillant **6.** [lèvres] **charnu**, épais **7.** [femme] **enceinte**, [femelle] pleine **8.** [mer, temps] **mauvais**, houleux **II.** [en intensité, importance] **1. fort**, intense, profond, violent, bon (fam.), [baiser] appuyé, sonore **2. considérable**, colossal, immense, important, maous (fam.) **3. élevé**, éminent, haut, important, remarquable **4. riche**, grand, important, influent, opulent **5. grave**, énorme, lourd, sérieux **III. commun**, épais, grossier, ordinaire, rudimentaire, simple, solide, vulgaire

▸ N. **mastodonte**, baleine, éléphant, hippopotame, poussah, patapouf (fam.)

grossesse N. F. **1. gestation**, gravidité **2. maternité**

grosseur N. F. **1. corpulence**, bouffissure, embonpoint, épaisseur, générosité, obésité, opulence, rondeur, rotondité (littér.) **2. dimension**, calibre, épaisseur, format, gabarit, largeur, taille, volume **3. abcès**, bosse, boule, bourrelet, enflure, excroissance, gonflement, tumeur

grossier, ière ADJ. **I. 1. brut**, commun, ordinaire, brut de fonderie (fam.), brut de décoffrage (fam.) **2. rudimentaire**, élémentaire, primitif **3. approximatif**, imprécis, rapide, sommaire **II. 1. imparfait**, informe, mal fini, ni fait ni à faire **2. sans grâce**, épais, gros, lourd, massif, mastoc (fam.) **3. maladroit**, gros, peu subtil, cousu de fil blanc **III. 1. discourtois**, butor, effronté, familier, impoli, incivil, incorrect, indélicat, inélégant, insolent **2. vulgaire**, choquant, cru, dégoûtant, inconvenant, malhonnête, ordurier, trivial, malséant (littér.), malsonnant (littér.) **3. gaulois**, obscène, poivré, salé, cochon (fam.) **IV. 1. balourd**, mal dégrossi, lourdaud, rustaud, rustre **2. béotien**, philistin **3.** [littér.] **inculte**, barbare, fruste, primitif, rude, rustique, sauvage **4.** [littér.] **bestial**, animal, bas, charnel, sensuel

grossièrement ADV. **1. approximativement**, en gros, grosso-modo (fam.), à la louche (fam.), à vue de nez (fam.) **2. imparfaitement**, schématiquement, sommairement, à la va-vite **3. lourdement**, beaucoup, sacrément (fam.) **4. impoliment**, effrontément **5. vulgairement**, trivialement

grossièreté N. F. **1. vulgarité**, inconvenance, obscénité, trivialité **2. gros mot**, incongruité, obscénité, ordure, saleté, cochonceté (fam.), cochonnerie (fam.) **3. injure**, insulte **4. impolitesse**, goujaterie, inconvenance, incorrection, insolence, muflerie

grossir

▸ V. INTR. **1. forcir**, se développer, prendre du poids, prendre des kilos, profiter, [trop] s'alourdir, engraisser, (s')épaissir, s'empâter, enfler, faire du lard (fam.) **2. croître**, gonfler, monter **3. se dilater**, s'arrondir, s'élargir, enfler, gonfler, se tuméfier **4. augmenter**, s'amplifier, se développer, enfler, s'étendre, grandir

▸ V. TR. **1. agrandir**, élargir **2. accroître**, augmenter, enfler, enrichir, étendre, renforcer **3. exagérer**, amplifier, dramatiser, forcer, outrer

grossissement N. M. **1. augmentation**, accroissement, agrandissement, développement, extension **2. dilatation**, gonflement **3. exagération**, amplification

grotesque ADJ. ridicule, absurde, bouffon, burlesque, caricatural, extravagant, risible, saugrenu, loufoque (fam.)

grotte N. F. caverne, cavité, excavation

grouiller V. INTR. fourmiller, abonder, foisonner, pulluler

groupe N. M. **I. 1. association**, collectif, groupement, réunion, [fermé] cénacle, cercle, école, chapelle (péj.), clique (péj.), coterie (péj.), gang (péj.) **2. communauté**, collectivité, nation, société, [ethnique] phratrie, clan, tribu, ethnie, race **3.** [Sport] **équipe**, formation **4. bande**, bataillon, brochette, chapelet, constellation, escadron, escouade, essaim, grappe, peloton, pléiade, régiment, tribu, troupe **II. catégorie**, classe, division, ensemble, espèce, famille, ordre, section, sorte **III. 1. complexe**, ensemble **2. consortium**, holding, trust **3. collection**, ensemble

groupement N. M. **I. association**, bloc, coalition, confédération, fédération, formation, front, ligue, organisation, rassemblement, syndicat, union **II. 1. assemblage**, arrangement, disposition **2. accumulation**, concentration, rassemblement, regroupement, réunion

grouper V. TR. **1. amasser**, accumuler, agglomérer, assembler, collectionner, masser, rassembler, réunir, unir **2. classer**, organiser, ranger, répartir **3. apparier**, accoupler **4. bloquer**, concentrer, condenser

♦ **se grouper** V. PRON. **1. s'associer**, s'assembler, se coaliser, se fédérer, se liguer, se regrouper, se réunir, s'unir **2. s'agglomérer**, s'attrouper, se réunir

guenille N. F. chiffon, chiffe, loque

♦ **guenilles** PLUR. haillons, défroque, hardes, loques, oripeaux, nippes (fam.)

guéri, ie ADJ. rétabli, debout, remis, d'aplomb (fam.), sur pied (fam.), retapé (fam.)

guérillero N. M. franc-tireur, maquisard, partisan, pistolero

guérir

▸ V. INTR. **1. se rétablir**, aller mieux, être en convalescence, en réchapper, recouvrer la santé, récupérer, se remettre, sortir de maladie, se remettre d'aplomb (fam.), se retaper (fam.), s'en sortir (fam.), s'en tirer (fam.) **2. (se) cicatriser**, se fermer, se refermer

▸ V. TR. **1. sauver**, arracher à la maladie/à la mort, remettre sur pied, remettre d'aplomb (fam.) **2. désintoxiquer** **3. cicatriser**, refermer **4. adoucir**, apaiser, calmer, consoler, pallier, remédier à, soulager **5.** [qqn de] **corriger**, délivrer, débarrasser, faire passer le goût (de ...) à

♦ **se guérir** V. PRON. **se rétablir**, s'en tirer (fam.)

guérison N. F. **1. rétablissement**, [inespérée] résurrection **2. cicatrisation**, apaisement, cessation

guérisseur, euse N. **1. magnétiseur**, rebouteux **2. sorcier**, charlatan (péj)

guérite N. F. **1. poste de garde**, guitoune (fam.) **2. échauguette**, échiffe, poivrière **3. abri**

guerre N. F. **1. conflit**, combat(s), conflagration, embrasement, hostilités, lutte armée **2.** [péj.] **carnage**, boucherie (fam.), casse-pipe (fam.) **3. campagne**, croisade, expédition **4. combat**, bataille, lutte, bagarre (fam.) **5. hostilité**, dispute, inimitié, querelle, guéguerre (fam.)

guerrier, ière
► ADJ. 1. **militaire** 2. **martial** 3. **combatif**, belliqueux, va-t-en-guerre (fam.)
► N. 1. **combattant**, militaire, soldat 2. **conquérant**, capitaine 3. **belliciste**, épervier, faucon, va-t-en-guerre (fam.)

guerroyer V. INTR. 1. **faire la guerre**, combattre 2. **lutter**, batailler, se battre

guet-apens N. M. 1. **attaque**, attentat, embuscade 2. **piège**, traquenard

guetter V. TR. 1. **épier**, surveiller, [sans complément] faire le guet 2. **attendre**, être à l'affût de, convoiter, guigner

gueule N. F. bouche, gosier

gueux, euse N. 1. **mendiant**, clochard, indigent, misérable, miséreux, nécessiteux, pauvre, pouilleux, traîne-misère, vagabond, va-nu-pieds 2. **vaurien**, brigand, coquin, malandrin (littér.)

guichet N. M. 1. **billetterie**, distributeur (de billets) 2. **caisse** 3. **judas**

guide[1] N. 1. **accompagnateur**, cornac (fam.) 2. **conseiller**, conducteur, directeur, gouverneur, mentor, [surtout Relig.] berger, pasteur, gourou

guide[2] N. M. 1. **manuel**, abrégé, aide-mémoire, indicateur, mémento, mode d'emploi, notice, résumé, synopsis, vade-mecum 2. **fil conducteur**, boussole, flambeau (littér.) 3. **glissière**

guider V. TR. 1. **conduire**, mener, piloter, cornaquer (fam.) 2. **commander**, diriger, déterminer, gouverner, mener 3. **télécommander**, radioguider, téléguider 4. **conseiller**, éclairer, éduquer, inspirer, orienter 5. **aiguiller**, mettre sur la voie, orienter
♦ **se guider sur** V. PRON. 1. **prendre pour repère**, se diriger d'après, se repérer sur 2. **prendre pour exemple**

guigner V. TR. 1. **lorgner**, loucher sur, reluquer (fam.) 2. **convoiter**, avoir des vues sur, viser 3. **guetter**, attendre, épier, être à l'affût de

guignol N. M. pantin, bouffon, clown, fantoche, marionnette, charlot (fam.), rigolo (fam.)

guilleret, ette ADJ. 1. **gai**, allègre, badin, frétillant, fringant, éveillé, jovial, joyeux, léger, réjoui, sémillant, vif, primesautier (littér.) 2. **leste**, gaillard

guillotine N. F. échafaud, bois de justice, veuve (argot)

guillotiner V. TR. décapiter, couper la tête de, trancher le cou/la tête de, raccourcir (fam.)

guindé, ée ADJ. 1. **contraint**, affecté, apprêté, collet monté, compassé, corseté, engoncé, étudié, maniéré, pincé, raide (comme la justice), solennel, gourmé (littér.), coincé (fam.), constipé (fam.) 2. **académique**, ampoulé, apprêté, boursouflé, empesé, emphatique, pompeux, solennel

guinguette N. F. auberge, bal, estaminet, bastringue (fam.)

guirlande N. F. 1. **feston**, [électrique] girandole 2. **chapelet**

guitoune N. F. tente, abri, cagna, gourbi

gymnaste N. acrobate, athlète

gymnastique N. F. culture physique, éducation physique, gym (fam.), exercice, aérobic

h

habile ADJ. **1. adroit**, capable, industrieux (littér.) **2. expert**, émérite, virtuose **3. diplomate**, fin, politique **4. astucieux**, débrouillard, ingénieux, malin, rusé, subtil, roublard (péj.), roué (péj.)

habilement ADV. **1. adroitement** **2. expertement**, finement, ingénieusement, subtilement, talentueusement **3. astucieusement**, ingénieusement, subtilement

habileté N. F. **1. adresse**, aptitude, capacité, dextérité, tour de main, industrie (littér.), patte (fam.) **2. expertise**, art, don, savoir-faire, talent **3. brio**, facilité, maîtrise, maestria, talent, virtuosité **4. diplomatie**, doigté, savoir-faire, tact **5. astuce**, débrouillardise, ingéniosité, ruse, subtilité, roublardise (péj.), rouerie (péj.)

habiliter V. TR. autoriser, permettre, qualifier

habillé, ée ADJ. chic, élégant, chicos (fam.)

habillement N. M. **1. vêtement(s)**, habit(s), tenue, effets (littér.), accoutrement (péj.), attifement (péj.) **2. déguisement**, costume **3. confection**, couture **4. habillage**

habiller V. TR. **1. vêtir**, mettre des vêtements à, accoutrer (péj.), affubler (péj.), attifer (péj.), fagoter (péj.), ficeler (péj.), harnacher (péj.) **2. entourer**, draper, envelopper, recouvrir **3. décorer**, arranger, orner, parer **4. camoufler**, couvrir, déguiser, dissimuler

♦ **s'habiller** V. PRON. se vêtir, se couvrir, se fringuer (fam.), se nipper (fam.), se saper (fam.)

habit N. M. **1. vêtement**, affaire, effet (littér.), atours (littér.), fringue (fam.), nippe (fam.), fripe (fam.), frusques (fam., péj.), guenille (péj.), hardes (péj.), sape (fam.), oripeaux (littér., péj.) **2. costume**, déguisement **3. habillement**, tenue, toilette, accoutrement (fam.), défroque (fam.) **4. uniforme**, livrée **5. frac**, queue-de-pie

habitacle N. M. cabine, cockpit, poste (de pilotage)

habitant, ante N. **1. occupant**, hôte, résident, âme (littér. ou plaisant) **2. citoyen**, administré, sujet **3. autochtone**, aborigène, indigène, natif

habitat N. M. **1. milieu**, environnement **2.** [Écol.] biotope **3. logement**

habitation N. F. **1. logement**, appartement, demeure, logis, maison, résidence **2. domicile**, logement, chez-soi, home (fam.), pénates (fam.), séjour (littér.) **3. abri**, gîte, nid, toit

habiter

▸ V. INTR. **demeurer**, loger, résider, vivre, crécher (fam.), percher (fam.)

▸ V. TR. **1. occuper**, vivre dans/à **2. hanter**, obséder, poursuivre, tourmenter, tarabuster **3. animer**, posséder

habitude N. F. **1. coutume**, mœurs, règle, rite, tradition, usage, us (littér.) **2. manie**, automatisme, déformation, marotte, péché mignon, penchant, pli, tic **3. routine**, train-train **4. accoutumance**, adaptation, entraînement **5. expérience**, pratique

habitué, ée N. familier, client, fidèle, [de bar, etc.] pilier (nom)

habituel, elle ADJ. **1. courant**, classique, commun, ordinaire, normal **2. coutumier**, accoutumé, familier, ordinaire, traditionnel, rituel **3. consacré**, usuel, d'usage

habituellement ADV. **1. d'ordinaire**, ordinairement, généralement, normalement, à l'accoutumée, en temps ordinaire **2. couramment**, communément, rituellement, traditionnellement

habituer V. TR. **1. accoutumer**, acclimater, adapter, entraîner, familiariser **2. éduquer**, dresser, entraîner, façonner, former

♦ **s'habituer** V. PRON. **s'acclimater**, s'accommoder, s'accoutumer, s'adapter, se familiariser (avec), se plier (à)

hâblerie N. F. fanfaronnade, bluff, forfanterie, vantardise, esbroufe (fam.), gasconnade (littér.), rodomontade (littér.)

hâbleur, euse N. et ADJ. fanfaron, vantard, fier-à-bras, gascon, matamore, rodomont (littér.)

haché, ée ADJ. heurté, saccadé

hacher V. TR. **1. tailler**, couper, découper, trancher **2. interrompre**, couper, entrecouper **3. hachurer**

hachure N. F. raie, rayure

hachurer V. TR. rayer, hacher

hagard, arde ADJ. effaré, égaré, hébété

haie N. F. **1. bordure**, baragne (provençal) **2. barrière**, obstacle **3. rangée**, cordon, file, rang

haillons N. M. PL. guenilles, hardes, loques, défroque (fam.), oripeaux (littér.)

haine N. F. aversion, antipathie, animosité, dégoût, détestation, exécration, horreur, hostilité, inimitié, répulsion, répugnance, ressentiment, abomination (littér.), animadversion (littér.), fiel (littér.), venin (littér.)

haineux, euse ADJ. **1. hostile**, malveillant **2. enfiellé**, fielleux, venimeux

haïr V. TR. détester, avoir horreur de, ne pas pouvoir souffrir, abhorrer (littér.), abominer (littér.), exécrer (littér.), honnir (littér.), ne pas pouvoir pifer (fam.), ne pas pouvoir sentir (fam.), ne pas pouvoir voir (fam.)

haïssable ADJ. détestable, exécrable, infâme, ignoble, insupportable, odieux

hâlé, ée ADJ. brun, basané, boucané, bronzé, cuivré, doré, tanné

haleine N. F. souffle, respiration

haler V. TR. **1. remorquer**, tirer, touer **2.** [Mar.] **paumoyer**

hâler V. TR. bronzer, basaner, brunir, cuivrer, dorer, tanner

haletant, ante ADJ. **1. essoufflé**, à bout de souffle, pantelant, anhélant (littér.) **2. précipité**, saccadé

halètement N. M. essoufflement, [Méd.] anhélation, dyspnée

haleter V. INTR. souffler, s'essouffler, [Méd.] anhéler

hall N. M. **1. entrée**, antichambre, salle, vestibule **2. salle**

halle N. F. **1. hangar**, entrepôt, magasin **2. marché**

hallucinant, ante ADJ. extraordinaire, fabuleux, impressionnant, saisissant, stupéfiant

hallucination N. F. illusion, fantasme, vision, berlue (fam.)

halluciné, ée ADJ. égaré, dément, hagard, visionnaire

halo N. M. aura, auréole, cerne, nimbe

halte N. F. **1. pause**, arrêt, interruption, relâche, répit, trêve **2. escale**, étape

hameçon N. M. piège, amorce, appât, leurre

hampe N. F. **1. bâton**, digon (Mar.) **2.** [de lettre] queue

handicap N. M. **1. incapacité**, impotence, invalidité **2. désavantage**, entrave, frein, gêne, inconvénient, obstacle, pénalité **3. infériorité**

handicapé, ée ADJ. et N. infirme, impotent, invalide

handicaper V. TR. défavoriser, désavantager, desservir, entraver, freiner, pénaliser, plomber (fam.)

hangar N. M. abri, bâtiment, entrepôt, grange, remise

hanter V. TR. **1. obséder**, miner, poursuivre, ronger, tarabuster, tourmenter **2. habiter**, courir, fréquenter, peupler

hantise N. F. **1. obsession**, idée fixe **2. peur**, psychose

happer V. TR. attraper, agripper, saisir

harangue N. F. **1. allocution**, discours **2. exhortation**, prêche, sermon **3. diatribe**, catilinaire (littér.), philippique (littér.), prosopopée (littér.)

haranguer V. TR. exhorter, sermonner

harassant, ante ADJ. fatigant, épuisant, éreintant, exténuant, pénible, rude, crevant (fam.), tuant (fam.)

harassé, ée ADJ. fatigué, à bout, épuisé, éreinté, exténué, fourbu, recru (littér.), rompu (littér.), à plat (fam.), cassé (fam.), claqué (fam.), crevé (fam.), h.s. (fam.), lessivé (fam.), mort (fam.), moulu (fam.), nase (fam.), pompé (fam.), sur le flanc (fam.), sur les genoux (fam.), sur les rotules (fam.), vanné (fam.), vidé (fam.)

harasser V. TR. **1. fatiguer**, anéantir, épuiser, éreinter, exténuer, surmener, user, casser (fam.), claquer (fam.), crever (fam.), lessiver (fam.), tuer (fam.), vanner (fam.), vider (fam.) **2.** [un cheval] **estrapasser**, éreinter

harceler V. TR. **1. assaillir**, presser, talonner, traquer **2. importuner**, assaillir, empoisonner, fatiguer, persécuter, tarabuster, tourmenter, asticoter (fam.) **3. hanter**, miner, obséder, poursuivre, tourmenter, travailler (fam.)

hardes N. F. PL. haillons, guenilles, loques, défroque (fam.), oripeaux (littér.)

hardi, ie ADJ. **1. courageux**, brave, intrépide, téméraire, risque-tout **2. audacieux**, aventureux, présomptueux **3. effronté**, cavalier, impudent, insolent, culotté (fam.) **4. impudique**, gaillard, leste, libre, licencieux, osé, risqué, salé (fam.) **5. original**, novateur, nouveau, osé

hardiesse N. F. **1. courage**, bravoure, cœur, intrépidité, témérité **2. audace**, présomption **3. effronterie**, aplomb, front, impudence, insolence, culot (fam.), toupet (fam.) **4. licence**, liberté **5. originalité**, nouveauté, innovation

hardiment ADV. **1. courageusement**, bravement, intrépidement **2. effrontément**, impudemment, insolemment

hargne N. F. **1. agressivité**, animosité, colère, rogne (fam.) **2. ténacité**, combativité

hargneux, euse ADJ. agressif, acariâtre, colérique, méchant, querelleur, rageur, revêche

haricot N. M. flageolet, chevrier, coco, dolic, fayot (fam.)

harmonie N. F. **I. 1. entente**, accord, concorde, paix, union, unité **2. concordance**, conformité **3. équilibre**, alliance, balancement, eurythmie, grâce, homogénéité, régularité, symétrie **4. consonance**, euphonie **II. 1. musique**, mélodie **2. fanfare**, orphéon, philharmonie

harmonieux, euse ADJ. **1. mélodieux**, musical, doux, suave **2. équilibré**, cohérent, homogène, proportionné, régulier **3. agréable**, beau, esthétique, gracieux

harmonisation N. F. **1. coordination**, conciliation, équilibrage **2. accompagnement**, arrangement, orchestration

harmoniser V. TR. **1. accorder**, allier, concilier, faire concorder, coordonner, équilibrer **2. orchestrer**, arranger
♦ **s'harmoniser** V. PRON. **s'accorder**, aller (ensemble), s'appareiller, se combiner, concorder, correspondre, se marier, s'approprier (littér.)

harnachement N. M. accoutrement, attirail, équipement

harnacher V. TR. **1. équiper 2. accoutrer**, affubler, attifer (fam.)

harnais N. M. **1. harnachement**, caparaçon **2. baudrier**, ceinture de sécurité

harpie N. F. démon, furie, mégère, (vieille) sorcière

harponner V. TR. attraper, agrafer (fam.), alpaguer (fam.), épingler (fam.), mettre le grappin sur (fam.), pincer (fam.)

hasard N. M. **1. coïncidence**, imprévu **2. circonstances**, conjoncture **3. destin**, fatalité, sort

hasarder V. TR. **1. essayer**, tenter **2. émettre**, avancer, proposer, suggérer **3. aventurer**, commettre, exposer, jouer, risquer **4. s'exposer à**, risquer
♦ **se hasarder** V. PRON. **s'aventurer**, s'aviser de, oser, se risquer à

hasardeux, euse ADJ. aléatoire, audacieux, aventureux, dangereux, fou, imprudent, risqué, téméraire

haschisch N. M. cannabis, kif, marijuana, hasch (fam.), herbe (fam.), marie-jeanne (fam.), shit (fam.)

hâte N. F. **1. diligence**, empressement, promptitude, rapidité, vitesse, célérité (littér.) **2. précipitation**, empressement **3. impatience**

hâter V. TR. **1. accélérer**, activer, brusquer, précipiter, presser **2. avancer**, brusquer, précipiter
♦ **se hâter** V. PRON. **1. se dépêcher**, s'empresser, se presser, faire vite, faire diligence (littér.), activer (fam.), se bouger (fam.), se décarcasser (fam.), se dégrouiller (fam.), faire fissa (fam.), se grouiller (fam.), se magner (fam.), se magner le train/le popotin (fam.) **2. courir**, se précipiter

hâtif, ive ADJ. **1. précipité**, prématuré **2. expéditif**, bâclé (fam.) **3. précoce**

hâtivement ADV. **1. précipitamment**, rapidement, en coup de vent (fam.) **2. expéditivement**, à la diable, à la va-vite, dare-dare (fam.), à-la-six-quatre-deux (fam.)

hausse N. F. **1. accroissement**, augmentation, bond, boom, crescendo, montée, poussée, progression, [de violence] escalade, recrudescence, [des prix] flambée **2. majoration**, augmentation, élévation, relèvement, valorisation **3. crue**, élévation

hausser V. TR. **1. élever**, hisser, lever, monter **2. surélever**, exhausser, surhausser, remonter **3.** [la voix] **élever**, enfler, forcer **4. augmenter**, accroître, majorer, relever
♦ **se hausser** V. PRON. **se dresser**, se hisser, se soulever

haut¹, haute ADJ. **I. 1. élevé**, grand, élancé **2. dressé**, levé **II. 1. intense**, extrême, grand, vif **2. aigu**, élevé **3. éclatant**, puissant, retentissant, sonore **III. 1. éminent**, dominant, grand, important, puissant, supérieur, transcendant **2. noble**, édifiant, élevé, héroïque

haut² N. M. et ADV. **1. sommet**, cime, faîte **2. corsage**, top (fam.)

hautain, aine ADJ. **1. altier**, fier, conquérant, aux grands airs, impérieux, orgueilleux **2. arrogant**, condescendant, dédaigneux, méprisant

hauteur N. F. **I. 1. altitude 2. taille**, stature **3. niveau II. butte**, colline, élévation, éminence, mamelon, mont, montagne, monticule, tertre **III. no-**

blesse, élévation, grandeur, sublimité, supériorité **IV. arrogance**, condescendance, dédain, fierté, morgue, orgueil

haut-fond N. M. banc, barre, bas-fond

haut-le-cœur N. M. INVAR. **1. nausée**, mal de cœur **2. dégoût**, écœurement, répugnance, répulsion

haut-le-corps N. M. INVAR. soubresaut, sursaut, tressaillement

haut-parleur N. M. baffle, enceinte

hâve ADJ. **1. décharné**, émacié, étique, maigre **2. blafard**, blême, cireux, livide

havre N. M. abri, oasis, port, refuge

héberger V. TR. abriter, accueillir, loger, recevoir

hébété, ée ADJ. ahuri, abruti, sidéré, stupide, troublé

hébétement N. M. abrutissement, ahurissement, hébétude, stupeur

hébétude N. F. ahurissement, abrutissement, hébétement, stupeur

hécatombe N. F. **1. boucherie**, carnage, massacre, tuerie **2. immolation**, sacrifice

hégémonie N. F. autorité, domination, empire, pouvoir, prépondérance, supériorité, suprématie

hégémonique ADJ. dominant, dominateur, prépondérant

héler V. TR. appeler, interpeller

hélice N. F. spirale, vis, vrille

hématome N. M. ecchymose, bleu, contusion

hémorragie N. F. **1. saignement** **2. fuite**, déperdition, exode, perte

herbage N. M. prairie, pâturage, pâture, pré

herbe N. F. **1. graminée**, ray-grass **2. foin**, fourrage **3. gazon**, pelouse, verdure

herbicide ADJ. et N. M. désherbant, débroussaillant, défoliant

herboriser V. INTR. botaniser (littér.)

hercule N. M. **1. colosse**, force de la nature, armoire à glace (fam.) **2. bateleur**, lutteur

herculéen, éenne ADJ. titanesque, colossal, gigantesque

héréditaire ADJ. **1. atavique**, congénital, génétique, inné **2. séculaire**, traditionnel

hérédité N. F. atavisme, génétique

hérésie N. F. **1. dissidence**, hétérodoxie **2. sacrilège**, crime

hérétique ADJ. **1. hérésiarque**, apostat, hétérodoxe, relaps, renégat **2. impie**, incroyant, infidèle **3. déviationniste**, dissident, non-conformiste

hérisser V. TR. **1. horripiler**, crisper, exaspérer, indisposer, irriter **2. ébouriffer**, redresser

♦ **se hérisser** V. PRON. **1. se raidir**, se dresser **2. se fâcher**, se cabrer, se crisper, s'irriter

héritage N. M. **1. legs**, succession **2.** [fig.] **patrimoine**, legs **3. tradition**

hériter V. TR. recevoir (en partage), recueillir

héritier, ière N. **1. légataire**, successeur **2. continuateur**, disciple, fils spirituel, successeur

hermétique ADJ. **1. étanche**, clos, fermé **2. obscur**, énigmatique, ésotérique, impénétrable, opaque, secret, sibyllin, abscons (littér.), abstrus (littér.), imbitable (très fam.)

hermétisme N. M. **1. ésotérisme**, occultisme **2. impénétrabilité**, opacité

héroïne[1] N. F. **1. protagoniste** **2. grande dame**, femme d'exception, modèle

héroïne[2] N. F. blanche (fam.), héro (fam.)

héroïque ADJ. **1. épique**, glorieux, homérique **2. brave**, courageux, valeureux **3. stoïque**

héroïquement ADV. **1. courageusement**, bravement, vaillamment, valeureusement **2. stoïquement**

héroïsme N. M. **1. bravoure**, courage, vaillance **2. stoïcisme**

héros N. M. **1. protagoniste**, personnage principal **2. brave**, grand homme, modèle **3.** [Mythol.] **demi-dieu**

hésitant, ante ADJ. **1. incertain**, flottant, fluctuant, indécis, indéterminé, irrésolu, perplexe **2. chancelant**, vacillant

hésitation N. F. **1. incertitude**, balancement, flottement, indécision, indétermination, perplexité **2. atermoiement**, errements, tâtonnement, tergiversation, valse-hésitation **3. réticence**, réserve, résistance, scrupule

hésiter V. INTR. **1. balancer**, flotter, fluctuer, s'interroger, osciller, se tâter (fam.), ne pas savoir sur quel pied danser (fam.) **2. atermoyer**, tâtonner, tergiverser, tourner autour du pot (fam.) **3. avoir des scrupules 4. chanceler**, vaciller **5. balbutier**, bégayer, chercher ses mots, ânonner

hétéroclite ADJ. composite, bigarré, disparate, divers, hétérogène, hybride, mélangé, varié, de bric et de broc

hétérodoxe ADJ. **1. hérétique 2. dissident**, déviationniste, indépendant, non-conformiste

hétérogène ADJ. **1. bigarré**, composite, disparate, divers, diversifié, hétéroclite, de bric et de broc **2. dissemblable**, différent

hétérogénéité N. F. disparité, dissemblance, diversité

heure N. F. **1. plombe** (fam.) **2. période**, époque, instant, temps **3. circonstance**, occasion

heureusement ADV. **1. avantageusement**, bien, favorablement **2. élégamment**, avec bonheur, harmonieusement, idéalement

heureux, euse ADJ. **I. 1. content**, béat, épanoui, radieux, ravi, satisfait, aux anges (fam.), aise (littér.) **2. serein**, comblé, tranquille **3. charmé**, enchanté, ravi **II. 1. chanceux**, favorisé, fortuné, veinard (fam.) **2. avantageux**, bon, favorable **3. harmonieux**, beau, réussi, bien trouvé

heurt N. M. **1. coup**, choc, collision, impact, tamponnement, télescopage **2. à-coup**, cahot, saccade, secousse **3. conflit**, affrontement, antagonisme, friction, froissement, querelle

heurté, ée ADJ. abrupt, rocailleux, rude, saccadé

heurter V. TR. **1. percuter**, choquer, cogner, emboutir, tamponner, taper, télescoper **2. contrarier**, atteindre, blesser, froisser, offenser, offusquer, scandaliser, vexer **3. affronter**, attaquer, combattre

♦ **se heurter** V. PRON. **1. s'affronter**, s'accrocher **2. se cogner**, s'entrechoquer

hiatus N. M. **1. désaccord**, décalage **2. interruption**, rupture, solution de continuité **3. fente**, interstice

hideur N. F. **1. horreur**, monstruosité **2. abjection**, bassesse, ignominie, infamie, monstruosité

hideux, euse ADJ. **1. laid**, affreux, atroce, difforme, horrible, ignoble, monstrueux, repoussant **2. ignoble**, abject, infâme, répugnant, monstrueux

hiérarchie N. F. **1. classement**, classification, gradation, ordre **2. subordination**, voie hiérarchique

hiérarchique ADJ. **1. ordonné**, structuré, organisé **2. subordonné**

hiérarchiser V. TR. **1. classer**, graduer, ordonner **2. structurer**, organiser

hiératique ADJ. **1. sacré**, solennel **2. immobile**, figé, impassible

hilarant, ante ADJ. comique, burlesque, cocasse, désopilant, drôle, facétieux, inénarrable, bidonnant (fam.), crevant (fam.), fendant (fam.), gondolant (fam.), impayable (fam.), marrant (fam.), pliant (fam.), poilant (fam.), rigolo (fam.), tordant (fam.)

hilare ADJ. gai, radieux, réjoui, rieur

hilarité N. F. allégresse, gaieté, jubilation

hippisme N. M. courses, équitation, turf

hippodrome N. M. champ de courses, turf

hirsute ADJ. ébouriffé, échevelé, hérissé, coiffé avec un pétard (fam.), [cheveux] en bataille, en pétard (fam.)

hisser V. TR. **1. lever**, élever, soulever, guinder (Techn.) **2.** [pavillon] **arborer**

♦ **se hisser** V. PRON. **s'élever**, se hausser

histoire N. F. **I. 1. anecdote**, épisode, récit, relation (littér.) **2. conte**, légende, fable **3. biographie**, autobiographie, mémoires, vie **4. annales**, archives, chronique **II. affaire**, aventure, événement **III. embarras**, anicroche, complication, ennui, incident, problème, hic (fam.), os (fam.), pépin (fam.) **IV. mensonge**, balivernes, blague (fam.), chanson (fam.), salade (fam.)

♦ **histoires** PLUR. [péj.]comédie, façons, manières, chichis (fam.), simagrées (fam.)

historiette N. F. anecdote, conte, nouvelle

historique ADJ. **1. réel**, authentique, vrai **2. célèbre**, connu, illustre **3. mémorable**, marquant, qui fait date **4. diachronique**

HIV N. M. V.I.H., L.A.V.

hobby N. M. passe-temps (favori), manie, marotte, violon d'Ingres, dada (fam.)

hocher V. TR. [la tête] dodeliner de, remuer, secouer

hold-up N. M. attaque à main armée, braquage (fam.)

holocauste N. M. **1. sacrifice**, immolation **2.** [juif] **Shoah**, extermination, génocide

homélie N. F. **1. prêche**, instruction, prône, sermon **2. discours**, remontrance, réprimande, sermon

homérique ADJ. épique, héroïque

homicide[1] N. et ADJ. criminel, assassin, meurtrier

homicide[2] N. M. **1. crime**, assassinat, meurtre **2.** [sortes] infanticide, fratricide, matricide, parricide

hommage N. M. **1. considération**, respect **2. expression**, témoignage, tribut

♦ **hommages** PLUR. compliments, civilités, devoirs, respects, salutations

hommasse ADJ. masculin, viril, garçonnier

homme N. M. **1. mâle**, garçon, bonhomme (fam.), gars (fam.), mec (fam.), mecton (fam.), gonze (pop.), gus (fam.), type (fam.) **2. individu**, personne, quidam **3. humain**, mortel, créature, humanité, espèce humaine, animal raisonnable (plaisant) **4.** [fam.] **époux**, mari, amant, jules, mec (fam.), régulier (fam.), grand amour

homogène ADJ. **1. cohérent**, harmonieux, régulier, uni, uniforme **2. semblable**, équivalent, similaire

homogénéité N. F. cohérence, cohésion, harmonie, régularité, unité

homologation N. F. autorisation, entérinement, officialisation, ratification, validation

homologue
▸ ADJ. **analogue**, correspondant, équivalent, semblable, similaire
▸ N. **collègue**, confrère

homologuer V. TR. autoriser, confirmer, entériner, officialiser, ratifier, sanctionner, valider

homosexualité N. F. **1. homophilie**, pédérastie, uranisme **2. lesbianisme**, saphisme

homosexuel N. M. gay, homophile, inverti, pédéraste, homo (fam.), pédé (fam., souvent injurieux), pédale (fam., injurieux), tapette (fam., injurieux)

homosexuelle N. F. lesbienne, invertie, gouine (fam., injurieux)

hongre ADJ. castré, châtré, coupé

honnête ADJ. **I. 1. intègre**, droit, incorruptible, irréprochable, loyal, moral, scrupuleux, vertueux, probe (littér.), réglo (fam.) **2. équitable**, juste, raisonnable, de bonne guerre **3. brave**, décent, digne **4. franc**, sincère **II. 1. acceptable**, convenable, décent, honorable, moyen, passable, satisfaisant, suffisant **2. consciencieux**, scrupuleux **III. chaste**, fidèle, modeste, pudique, pur, sage, vertueux

honnêtement ADV. **1. loyalement**, en toute franchise, sans détour, sincèrement **2. irréprochablement**, loyalement, vertueusement **3. convenablement**, correctement, honorablement, moyennement, passablement, raisonnablement, suffisamment

honnêteté N. F. **1. intégrité**, dignité, droiture, loyauté, moralité, probité **2. franchise**, bonne foi, loyauté, sincérité **3. bienséance**, correction, délicatesse, décence **4. chasteté**, modestie, pudeur, pureté, sagesse, vertu

honneur N. M. **1. dignité**, fierté, estime, réputation, respect (de soi-même) **2. faveur**, grâce **3. prérogative**, privilège **4. gloire**, fleuron, fierté, orgueil
♦ **honneurs** PLUR. **1. considération**, égards, estime **2. distinctions**, titres

honnir V. TR. [littér.] blâmer, mépriser, vomir, vilipender (littér.), vouer à l'opprobre/aux gémonies (littér.)

honorabilité N. F. honneur, respectabilité

honorable ADJ. **1. digne**, estimable, noble, respectable **2. acceptable**, convenable, correct, honnête, moyen, suffisant

honorablement ADV. **1. dignement**, noblement, respectueusement **2. convenablement**, correctement, honnêtement, raisonnablement, suffisamment

honoraire ADJ. émérite, d'honneur

honoré, ée ADJ. **1. estimé**, respecté **2. flatté**, ravi

honorer V. TR. **I. 1. célébrer**, glorifier, rendre gloire à, rendre hommage à, saluer **2. estimer**, respecter, révérer, vénérer **II. 1. remplir**, respecter, s'acquitter de **2. payer**, acquitter, régler **III. gratifier**
♦ **s'honorer de** V. PRON. **s'enorgueillir de**, se flatter de, se faire gloire de, se targuer de

honorifique ADJ. d'honneur, honoraire, honoris causa

honte N. F. **1. déshonneur**, abjection, humiliation, ignominie, infamie, indignité, opprobre (littér.), turpitude (littér.) **2. scandale**, abomination, flétrissure, ignominie, infamie **3. embarras**, gêne, réserve, retenue, timidité **4. pudeur**, scrupule

honteux, euse ADJ. **1. avilissant**, dégradant, déshonorant, ignominieux, scandaleux **2. abject**, bas, dégoûtant, ignoble, immoral, inavouable, infâme, méprisable, vil **3. confus**, déconfit, penaud

hôpital N. M. centre hospitalier, clinique, établissement de soins, établissement hospitalier, sanitaire, maison de santé, maternité, hosto (fam.)

horaire N. M. **1. indicateur**, guide **2. emploi du temps**, planning, programme

horde N. F. **1. bande**, colonie, gang, meute **2. tribu**, peuplade

horizon N. M. **1. paysage**, étendue, environnement, vue **2. avenir**, futur, perspective

horloge N. F. pendule, carillon, comtoise

hormis PRÉP. excepté, abstraction faite de, à l'exception de, hors, à part, sauf, fors (littér.)

horreur N. F. **I. 1. effroi**, épouvante, peur, terreur **2. aversion**, abomination, dégoût, haine, répugnance, répulsion, détestation (littér.), exécration (littér.) **II. 1. abjection**, atrocité, hideur, infamie, noirceur **2. crime**, monstruosité **III. 1. grossièreté**, obscénité, cochonnerie (fam.) **2. insulte**, injure **IV. monstre**, mocheté (fam.), [femme] laideron, cageot (fam.), guenon (fam.), (gros) tas (fam.), thon (fam.)

horrible ADJ. **1. hideux**, affreux, immonde, laid, monstrueux **2. infect**, dégoûtant, exécrable, dégueulasse (fam.) **3. abominable**, affreux, atroce, effrayant, effroyable, épouvantable, infâme, monstrueux, révoltant **4. excessif**, extrême, terrible

horriblement ADV. **1. affreusement**, atrocement, effroyablement, hideusement, monstrueusement **2. excessivement**, extrêmement, terriblement

horrifiant, ante ADJ. effrayant, effroyable, épouvantable, terrible, terrifiant

horrifier V. TR. **1. épouvanter**, terrifier **2. choquer**, scandaliser

horripilant, ante ADJ. agaçant, crispant, énervant, exaspérant, irritant

horripiler V. TR. agacer, crisper, énerver, exaspérer, hérisser, irriter, impatienter, insupporter (fam.), taper sur les nerfs à (fam.)

hors PRÉP. en dehors de, excepté, hormis, sans, sauf, fors (littér.)

hors-d'œuvre N. M. **1. entrée** **2. avant-goût**, préliminaires, préambule, prélude

hospitalier, ière ADJ. accueillant, ouvert

hostile ADJ. **1. adverse**, ennemi **2. inamical**, froid, glacé, inhospitalier, malveillant

hostilité N. F. **1. haine**, animosité, antipathie, inimitié, malveillance **2. opposition**, défaveur

♦ **hostilités** PLUR. **guerre**, combat, conflit, lutte (armée)

hôte N. **1. maître (de maison)**, amphitryon (plaisant) **2. invité** **3. habitant**, locataire, occupant

hôtel N. M. auberge, pension, motel

hôtelier, ière N. aubergiste, hôte, taulier (fam.)

hôtesse N. F. **1. maîtresse de maison** **2.** [d'accueil] **réceptionniste**

houleux, euse ADJ. mouvementé, agité, orageux, tumultueux

houppe N. F. **1. pompon**, houppette, freluche, floche (région.) **2. toupet**, touffe **3. huppe**, aigrette, panache

hourra

▸ INTERJ. **bravo**, youpi

▸ N. M. **acclamation**, ovation, vivat

houspiller V. TR. réprimander, gourmander, gronder, chapitrer, sermonner, admonester (littér.), morigéner (littér.), tancer (littér.), attraper (fam.), crier après (fam.), disputer (fam.), enguirlander (fam.), tirer les oreilles à (fam.)

housse N. F. enveloppe, gaine

huées N. F. PL. chahut, charivari, clameur, sifflets, tollé

huer V. TR. siffler, chahuter, conspuer

huile N. F. 1. **graisse**, lubrifiant 2. [fam.] **notable**, gros bonnet (fam.), grosse légume (fam.), (grand) ponte (fam.)

huiler V. TR. graisser, lubrifier

huileux, euse ADJ. graisseux, gras, visqueux

huissier N. M. appariteur, portier

humain, aine

► ADJ. **bienveillant**, altruiste, bon, charitable, compatissant, généreux, philanthrope, secourable, sensible

► N. M. 1. **individu**, personne, mortel (littér. ou plaisant) 2. [Sciences] **hominidé**, homo sapiens

♦ **humains** PLUR. **humanité**, gens, hommes

humainement ADV. charitablement, généreusement

humaniser V. TR. adoucir, apprivoiser, civiliser

humanitaire ADJ. 1. **altruiste**, bon, humain 2. **caritatif**, philanthropique

humanité N. F. 1. **bienveillance**, altruisme, bonté, charité, clémence, compassion, indulgence, philanthropie 2. **humains**, hommes, espèce humaine, genre humain

humble ADJ. 1. **effacé**, modeste, réservé 2. **petit**, médiocre, obscur, pauvre, simple 3. **soumis**, servile (péj.)

humblement ADV. 1. **modestement**, en toute humilité 2. **médiocrement**, modestement, pauvrement, petitement

humecter V. TR. **humidifier**, asperger, imbiber, imprégner, mouiller

♦ **s'humecter** V. PRON. s'embuer, se mouiller

humer V. TR. 1. **inhaler**, aspirer, respirer 2. **flairer**, renifler, sentir

humeur N. F. 1. **caractère**, disposition, nature, naturel, tempérament 2. **disposition**, état d'esprit/d'âme 3. **caprice**, fantaisie, impulsion

humide ADJ. 1. **mouillé** 2. **embrumé**, embué 3. **moite** 4. **pluvieux**

humidifier V. TR. humecter, mouiller

humiliant, ante ADJ. avilissant, abaissant, dégradant, déshonorant, mortifiant

humiliation N. F. 1. **avilissement**, abaissement, dégradation, déshonneur, honte, mortification 2. **affront**, gifle, vexation, avanie (littér.), camouflet (littér.)

humilié, ée ADJ. honteux, mortifié, penaud

humilier V. TR. 1. **abaisser**, avilir, déshonorer, rabaisser 2. **blesser**, mortifier, offenser, vexer, faire honte à

♦ **s'humilier** V. PRON. **s'abaisser**, s'aplatir (péj.), ramper (péj.)

humilité N. F. 1. **modestie**, réserve, retenue 2. **soumission**, déférence

humoriste N. amuseur, comique, fantaisiste, caricaturiste

humoristique ADJ. amusant, cocasse, comique, drôle, désopilant, hilarant, plaisant, spirituel, marrant (fam.), rigolo (fam.), bidonnant (fam.), poilant (fam.)

humour N. M. esprit, drôlerie, ironie, raillerie, sel

huppe N. F. aigrette, houppe, panache

huppé, ée ADJ. [fam.] chic, distingué, fortuné, b.c.b.g. (fam.)

hurlement N. M. 1. **cri**, clameur, vocifération, glapissement, beuglement (fam.) 2. **mugissement**, rugissement

hurler V. INTR. **1. crier**, vociférer, beugler (fam.), brailler (fam.), gueuler (très fam.) **2. s'époumoner**, s'égosiller **3.** [vent] **mugir**, rugir **4.** [couleurs] **jurer**, détonner, dissoner

hurluberlu N. M. farfelu, extravagant, loufoque (fam.)

hutte N. F. cabane, baraque, bicoque, cahute, paillote, buron (région.)

hybride ADJ. **1. croisé**, bâtard, mâtiné, métis **2. disparate**, composite, hétérogène, mixte

hygiène N. F. **1. propreté**, soin du corps **2. salubrité**, santé publique

hygiénique ADJ. salubre, propre, sain

hyperbole N. F. emphase, exagération, outrance

hyperbolique ADJ. **1. emphatique**, grandiloquent **2. exagéré**, excessif, outré

hypersensible ADJ. hyperémotif, écorché vif

hypertrophie N. F. **1. surdéveloppement**, gonflement **2. exagération**, excès, outrance, hyperbole

hypertrophié, ée ADJ. **1. gonflé**, enflé, dilaté **2. démesuré**, surdimensionné

hypnotique ADJ. narcotique, somnifère, soporifique

hypnotiser V. TR. **1. magnétiser**, endormir **2. éblouir**, captiver, ensorceler, fasciner

hypocrisie N. F. **1. duplicité**, dissimulation, fausseté, fourberie, jésuitisme, patelinage **2. bigoterie**, tartuferie, cagoterie (littér.), papelardise (littér.), pharisaïsme (littér.) **3. comédie**, feinte, mensonge, tromperie

hypocrite

► ADJ. **1. fourbe** (soutenu), faux, cauteleux (littér.) **2. affecté**, artificieux, dissimulé, double, faux **3. bigot**, tartufe, cagot (littér.), papelard (littér.), pharisien (littér.)

► N. **1. comédien**, fourbe, imposteur, judas, janus, sainte-nitouche, sournois, faux-cul (fam.), faux jeton (fam.) **2. jésuite**

hypocritement ADV. faussement, sournoisement, en jouant un double jeu

hypothèque N. F. gage, garantie

hypothéquer V. TR. engager, grever, lier

hypothèse N. F. **1. supposition**, assomption, conjecture, présomption **2. éventualité**, possibilité **3. axiome**, postulat, prémisse

hypothétique ADJ. **1. supposé**, conjectural, présumé **2. douteux**, aléatoire, improbable, incertain

hystérie N. F. délire, excitation, folie

hystérique ADJ. surexcité, déchaîné, frénétique, nerveux

I

idéal[1], ale, als ou aux ADJ. **1. optimal**, parfait, rêvé **2. accompli**, achevé, complet, consommé, pur **3. abstrait**, conceptuel, idéel, théorique **4. imaginaire**, chimérique, idéalisé, mythique, rêvé, utopique **5. platonique**

idéal[2] N. M. **1. utopie**, chimère, fantasme, rêve **2. modèle**, canon, exemple, type (même), parangon (littér.) **3. absolu**, perfection

idéaliser V. TR. embellir, ennoblir, flatter, glorifier, magnifier, poétiser, sublimer

idéaliste ADJ. **1. utopiste**, rêveur, boy-scout (fam., péj.) **2. irréaliste**, chimérique

idée N. F. **1. concept**, abstraction, conception, notion **2. hypothèse**, pensée, réflexion, théorie **3. sujet**, argument, source, thème **4. opinion**, avis, position, sentiment, vue **5. doctrine**, croyance, idéologie, philosophie, système, théorie **6. aperçu**, abrégé, avant-goût, ébauche, échantillon, esquisse **7. imagination** **8. intention**, dessein, désir, plan, projet, volonté **9. chimère**, fantaisie, fantasme, imagination, invention, mythe, rêve, vision **10. apparence**, fantôme, ombre

identifier V. TR. **1. assimiler**, confondre (péj.) **2. reconnaître**, dépister, déterminer, diagnostiquer
♦ **s'identifier à** V. PRON. **entrer dans la peau de**, faire un avec

identique ADJ. **1. analogue**, égal, équivalent, même, pareil, semblable **2. inchangé**, constant, égal, immuable, inaltérable **3. commun**, partagé

identité N. F. **1. égalité**, équivalence, homologie, ressemblance, similarité, similitude **2. communauté**, accord, coïncidence **3. état-civil**

idéologie N. F. doctrine, pensée, philosophie, système, théorie, thèse

idiome N. M. **1. langue** **2. dialecte**, parler, patois

idiot, idiote
▸ ADJ. **1. bête**, inintelligent, sot, stupide, bête comme ses pieds (fam.), cloche (fam.), con (fam.), crétin (fam.), débile (fam.) **2. absurde**, aberrant, déraisonnable, extravagant, fou, illogique, inepte, insensé, irrationnel, ridicule
▸ N. **1. imbécile**, niais, abruti (fam.), ahuri (fam.), andouille (fam.), ballot (fam.), brèle (fam.), brute (fam.), con (très fam.), corniaud (fam.), cornichon (fam.), couillon (très fam.), crétin (fam.), cruche (fam.), débile (fam.), dinde (fam.), gourde (fam.) **2. arriéré**, crétin, débile, dégénéré, demeuré, innocent, simple d'esprit, taré (fam.)

idiotie N. F. **1. crétinisme**, arriération, débilité, imbécillité **2. bêtise**, crétinerie, débilité, imbécillité, inintelligence, nullité, sottise, stupidité, connerie (fam.) **3. absurdité**, bêtise, ineptie, niaiserie, sottise

idoine ADJ. approprié, adapté, adéquat, ad hoc, convenable, pertinent

idolâtre ADJ. et N. **1. adorateur**, dévot, exalté, fanatique, fou, inconditionnel, passionné, sectateur, fan (fam.), groupie (fam.) **2. païen**, gentil

idolâtrer V. TR. adorer, déifier, diviniser, révérer, vénérer

idole N. F. **1. statue**, effigie, fétiche **2. dieu**, déité

idylle N. F. **1. amourette**, aventure, passade, béguin (fam.), flirt (fam.) **2. entente**, lune de miel

idyllique ADJ. **1. merveilleux**, idéal, paradisiaque, parfait, sublime, aux petits oignons (fam.), [relation] sans nuages **2. idéalisé**, embelli, rêvé **3. bucolique**, arcadien, pastoral, agreste (littér.)

ignare ADJ. ignorant, analphabète, illettré, inculte

ignoble ADJ. **1. abject**, bas, déshonorant, dégradant, infâme, innommable, méprisable, odieux, vil, ignominieux (littér.) **2. dégoûtant**, affreux, effrayant, hideux, horrible, immonde, infect, repoussant, répugnant, sordide, à faire vomir, dégueulasse (très fam.)

ignoblement ADV. abjectement, affreusement, bassement, hideusement, horriblement, ignominieusement, indignement, odieusement

ignominie N. F. **1. abjection**, bassesse, dégradation, déshonneur, honte, infamie, opprobre (littér.), turpitude (littér.), vilenie (littér.) **2. horreur**, monstruosité

ignominieux, euse ADJ. abject, avilissant, dégradant, déshonorant, flétrissant, honteux, ignoble, infamant, infâme, méprisable, répugnant, vil

ignorance N. F. **1. méconnaissance**, inconscience **2. inculture**, lacunes, illettrisme, analphabétisme, barbarie, obscurantisme **3. incapacité**, incompétence, insuffisance, nullité **4. inexpérience**, candeur, ingénuité, innocence, naïveté

ignorant, ante
▸ ADJ. **1. inculte**, illettré, analphabète, ignare **2. inexpérimenté**, ingénu, novice **3. incapable**, incompétent, inhabile **4. profane**, béotien, novice
▸ N. **âne**, ilote (littér.), nullard (fam.), nullité (fam.)

ignoré, ée ADJ. **1. inconnu**, inexploré, vierge **2. obscur**, anonyme, méconnu **3. négligé**, passé sous silence

ignorer V. TR. **1. ne pas savoir**, être dans l'ignorance de, être ignorant de **2. méconnaître**, se moquer de, faire fi de (littér.) **3. dédaigner**, mépriser, faire mine de ne pas voir, faire la sourde oreille à, fermer les yeux sur

illégal, ale, aux ADJ. **1. illicite**, défendu, frauduleux, interdit, irrégulier, prohibé **2. arbitraire**, usurpatoire **3. clandestin**, parallèle

illégalement ADV. illicitement, clandestinement, frauduleusement, illégitimement, irrégulièrement

illégalité N. F. irrégularité, illicéité (Droit)

illégitime ADJ. **I. 1. illégal**, illicite, irrégulier **2. abusif**, infondé, injuste, injustifié, indu (littér ou Droit) **II. 1. coupable**, adultérin, incestueux **2. bâtard**, adultérin, naturel

illicite ADJ. **1. défendu**, frauduleux, illégal, interdit, irrégulier, prohibé **2. adultère**, clandestin, coupable, illégitime

illicitement ADV. illégalement, clandestinement, frauduleusement, illégitimement, irrégulièrement

illico ADV. aussitôt, immédiatement, promptement, séance tenante, sur-le-champ, tout de suite, rapido(-presto) (fam.)

illimité, ée ADJ. **1. grand**, immense, infini, sans bornes **2. démesuré**, gigantesque, immense, incalculable, incommensurable **3. arbitraire**, absolu, discrétionnaire **4. indéfini**, indéterminé

illogique ADJ. **1. absurde**, alogique, antilogique, faux **2. aberrant**, contradictoire, incohérent, inconséquent, irrationnel

illumination N. F. **1. découverte**, éclair, idée, inspiration (subite), trait de génie, flash (fam.) **2. éclairement**, éclairage, lumière

illuminé, ée ADJ. et N. **1. inspiré**, mystique, visionnaire **2. exalté**, enragé, fanatique, forcené

illuminer V. TR. **1. éclairer 2. enflammer**, allumer, embraser **3. ensoleiller**, embellir

♦ **s'illuminer** V. PRON. **s'éclairer**, briller, rayonner

illusion N. F. **1. chimère**, fantasme, fiction, irréalité, leurre, rêve, songe, utopie **2. hallucination**, leurre, mirage, vision **3. erreur**, aberration

illusionner V. TR. **éblouir**, épater

♦ **s'illusionner** V. PRON. **s'abuser**, se bercer d'illusions, se faire des illusions, se flatter, se leurrer, se méprendre, se tromper, croire au père Noël (fam.), se monter la tête (fam.), se monter le bourrichon (fam.)

illusionniste N. prestidigitateur, escamoteur, magicien

illusoire ADJ. faux, apparent, chimérique, fallacieux, fictif, imaginaire, spécieux, trompeur, utopique, vain

illustration N. F. **I. 1. dessin**, figure, gravure, image, photographie, planche, reproduction **2. iconographie 3. enluminure**, miniature **II. exemple**, échantillon

illustre ADJ. **1. légendaire**, fameux, glorieux, mémorable, noble, prestigieux **2. célèbre**, de grand renom, renommé, réputé

illustrer V. TR. **1. orner**, décorer **2. éclairer**, exemplifier, expliquer **3. démontrer**, montrer, prouver

♦ **s'illustrer** V. PRON. **se distinguer**, briller, se faire remarquer, se signaler

îlot N. M. **1. île 2. bloc**, pâté de maisons **3.** [de résistance, etc.] **poche**

image N. F. **I. 1. illustration**, caricature, dessin, effigie, épreuve, gravure, peinture, photo, planche **2. reflet**, réplique, représentation, reproduction **3. icône II. 1. comparaison**, allégorie, figure, métaphore, portrait **2. description**, reflet, reproduction, tableau, vue **III. 1. incarnation**, expression, personnification, représentation **2. apparence**, face, figure, manifestation, visage **3. emblème**, figure, icône, signe, symbole

imagé, ée ADJ. **1. métaphorique**, figuré **2. animé**, coloré, expressif, haut en couleur, vivant

imaginaire ADJ. **1. fabuleux**, fantastique, fictif, irréel, magique, mythique, onirique **2. inventé**, fabriqué, fantaisiste, faux, fictif, sans fondement **3. chimérique**, fallacieux, fantasmagorique, idéal, illusoire, spécieux, trompeur, utopique

imagination N. F. **1. imaginaire 2. créativité**, esprit d'invention, fantaisie, inspiration, inventivité, la folle du logis (littér.) **3. mensonge**, affabulation, conte, fable, fantaisie, fiction, invention **4. illusion**, chimère, divagation, extravagance, fantasme, folie, rêve, songe **5. évasion**, rêverie

imaginer V. TR. **I. 1. inventer**, créer, construire, concevoir, découvrir, trouver, pêcher (fam.) **2. rêver**, évoquer, se représenter **3.** [péj.] **combiner**, manigancer, goupiller (fam.) **II. 1. se faire une idée de**, concevoir, envisager, se figurer, se représenter **2. croire**, conjecturer, deviner, penser, supposer

♦ **s'imaginer** V. PRON. **1. se voir**, se projeter **2. croire**, se figurer, penser, se représenter, se mettre dans la tête

imbattable ADJ. **1. fort**, invincible **2. inégalable**, hors pair, indépassable, insurpassable, sans égal

imbécile

▸ ADJ. **1. bête**, abruti, borné, idiot, inepte, inintelligent, niais, sot, stupide, bouché (fam.), con (fam.), couillon (fam.), crétin (fam.), débile (fam.), dégénéré (fam.) **2.** [Méd.] **arriéré**, crétin, débile, faible d'esprit, simple d'esprit

▸ N. **âne**, abruti, crétin, idiot, incapable, niais, propre à rien, sot, andouille (fam.), ballot (fam.), bourricot (fam.), brèle (fam.), buse (fam.), cloche (fam.), con (très fam.), conard (très fam.), corniaud (fam.), cornichon (fam.), couillon (très fam.), courge (fam.), cruche (fam.), débile (fam.), dégénéré (fam.), empaffé (fam.), gourde (fam.)

imbécillité N. F. **1.** [Méd.] **arriération mentale**, crétinisme **2. stupidité**, absurdité, balourdise, bêtise, crétinerie, idiotie, inintelligence, niaiserie, sottise, débilité (fam.) **3. bévue**, ânerie, bêtise, idiotie, ineptie, niaiserie, sottise, boulette (fam.), bourde (fam.), connerie (très fam.)

imberbe ADJ. glabre, lisse, nu

imbiber V. TR. **humecter**, détremper, imprégner, mouiller, tremper

♦ **s'imbiber** V. PRON. **absorber**, boire, s'imprégner

imbriquer V. TR. emboîter, combiner, enchâsser, enchevêtrer, entrecroiser, entrelacer

imbroglio N. M. confusion, mélange, embrouillamini (fam.), méli-mélo (fam.), pastis (fam.), sac de nœuds (fam.)

imbuvable ADJ. mauvais, dégoûtant, écœurant, exécrable, infect, insipide

imitateur, trice N. **1. copieur**, plagiaire, pasticheur, suiveur, épigone (littér.) **2. contrefacteur**, faussaire

imitation N. F. **1. copie**, calque, reproduction, [frauduleuse] contrefaçon, faux **2.** [péj.] **décalquage**, démarquage, pastiche, plagiat, [outrée] caricature, parodie, singerie **3. simili**, toc (fam.) **4. simulation**, affectation, simulacre **5. mimétisme**

imiter V. TR. **1. copier**, calquer, s'inspirer de, [frauduleusement] contrefaire, falsifier **2.** [péj.] **décalquer**, démarquer, pasticher, parodier, piller, pirater, plagier **3. mimer**, faire le/la, jouer, reproduire, simuler, singer (fam.) **4. suivre**, s'aligner sur, prendre pour modèle, s'inspirer de, marcher sur les traces de, prendre de la graine de (fam.), emboîter le pas à (fam.) **5. ressembler à**, rappeler

immaculé, ée ADJ. **1. pur**, chaste, intact, vierge **2. net**, blanc, impeccable, propre, sans tache

immangeable ADJ. infect, dégoûtant, écœurant, inconsommable, mauvais

immanquablement ADV. **1. assurément**, inévitablement, infailliblement, sûrement, à coup sûr, sans faute, à tous les coups (fam.), neuf fois sur dix (fam.) **2. invariablement**

immatériel, elle ADJ. **1. incorporel**, impalpable, spirituel **2. pur**, platonique, éthéré (littér.) **3. aérien**, léger, vaporeux, arachnéen (littér.)

immatriculation N. F. inscription, enregistrement, identification

immédiat, ate ADJ. **I. 1. instantané 2. présent 3. imminent**, proche, prochain **4. subit**, prompt **II. 1. direct 2. brut**, primitif, simple

immédiatement ADV. **1. directement 2. aussitôt**, à l'instant, sur-le-champ, sans délai, sur l'heure, incessamment, instantanément, tout de suite, séance tenante, sans tarder, sur le coup, hic et nunc (littér.), incontinent (littér.), illico (fam.), aussi sec (fam.) **3. d'emblée**, dès l'abord, d'entrée, tout de suite

immémorial, ale, aux ADJ. ancestral, antique, lointain, millénaire, séculaire

immense ADJ. **1. illimité**, infini, incommensurable, sans bornes **2. ample**, grand, vaste **3. colossal**, démesuré, géant, gigantesque, monumental **4. intense**, profond

immensité N. F. **1. infini**, espace, infinitude (littér.), vastitude (littér.) **2. énormité**, gigantisme **3. infinité**, multitude, quantité

immerger V. TR. **baigner**, plonger
♦ **s'immerger** V. PRON. **1. se plonger 2. couler**

immeuble
▸ ADJ. **immobilier**
▸ N. M. **1. bien**, bien-fonds, fonds, propriété **2. bâtiment**, bâtisse, construction, édifice, ensemble, habitation, [à plusieurs étages] barre, building (anglic.), gratte-ciel, tour

immigré, ée ADJ. et N. immigrant, migrant

imminent, ente ADJ. immédiat, prochain, proche

immiscer dans (s') V. PRON. s'ingérer dans, s'insinuer dans, intervenir dans, se mêler de, se fourrer dans (fam.), mettre/fourrer son nez dans (fam.)

immobile ADJ. **1. fixe 2. à l'arrêt**, immobilisé, rivé, statique **3. stagnant**, croupi, croupissant, dormant **4. inerte**, engourdi, gisant, inanimé **5. hiératique**, figé, de pierre **6. inactif**, en repos, passif **7. pétrifié**, cloué, figé, médusé, paralysé **8. invariable**, ferme, immuable, inébranlable

immobilisation N. F. **1. arrêt**, blocage **2. gel**, paralysie

immobiliser V. TR. **I. 1. arrêter**, figer, fixer, stopper **2. maintenir**, assujettir, assurer, attacher, bloquer, clouer, retenir, river, tenir, visser **3. tenir au lit II. 1. paralyser**, clouer, figer, pétrifier, statufier, tétaniser **2. geler**, paralyser **3. scléroser**, figer, fossiliser
♦ **s'immobiliser** V. PRON. **1. s'arrêter**, stopper **2. se figer**, se raidir

immobilisme N. M. attentisme, conservatisme, fossilisation, inertie, sclérose, stagnation

immobilité N. F. **1. inactivité**, inertie, repos **2. ankylose**, engourdissement, paralysie **3. fixité**, impassibilité **4. immobilisme**, immuabilité, invariabilité, sclérose, stagnation

immodéré, ée ADJ. **1. abusif**, démesuré, excessif, outrancier, outré **2. déréglé**, effréné, exagéré

immodérément ADV. abusivement, à l'excès, démesurément, excessivement, exagérément

immoler V. TR. **1. sacrifier**, offrir en sacrifice, égorger **2. exterminer**, assassiner, massacrer, mettre à mort, tuer
♦ **s'immoler** V. PRON. **1. se suicider**, se faire hara-kiri **2. se sacrifier**

immonde ADJ. **1. dégoûtant**, écœurant, infect, repoussant, répugnant, sale **2. avilissant**, abject, dégradant, honteux, ignoble, infâme, odieux, révoltant, sordide, vil

immondices N. F. PL. déchets, balayures, détritus, ordures, saletés, fange (littér.)

immoral, ale, aux ADJ. **1. malhonnête**, amoral, corrompu, cynique

2. honteux, déréglé, impur, malpropre **3. débauché**, corrompu, dépravé, dévergondé, dissolu, vicieux **4. indécent**, licencieux, obscène

immortaliser V. TR. **1. éterniser**, perpétuer, pérenniser **2. faire passer à la postérité**

immortel, elle ADJ. **1. éternel**, immuable, impérissable, indestructible, indéfectible (littér.) **2. célèbre**, glorieux, illustre

immuable ADJ. **1. invariable**, constant, continu, durable, fixe, stable **2. éternel**, impérissable, inaltérable, indestructible **3. figé**, immobile, stéréotypé **4. ferme**, inébranlable

immuniser V. TR. **1. vacciner**, mithridatiser **2. protéger**, mettre à l'abri, préserver, garantir, blinder (fam.), cuirasser (fam.)

immunité N. F. **1. dispense**, exemption, exonération, franchise, liberté, privilège **2. immunisation**, mithridatisme, préservation, protection **3. inviolabilité**, irresponsabilité

impact N. M. **1. choc**, collision, coup, heurt **2. effet**, conséquence, incidence, influence, répercussion, retentissement, [négatif] séquelle

impair N. M. maladresse, pas de clerc, boulette (fam.), bourde (fam.), gaffe (fam.)

imparable ADJ. **1. inévitable 2. implacable**, incontournable, inéluctable, inexorable

impardonnable ADJ. inexcusable, injustifiable, irrémissible (littér.)

imparfait, aite ADJ. **1. approximatif**, embryonnaire, fragmentaire, grossier, inachevé, incomplet, imprécis, partiel, rudimentaire, sommaire, vague **2. insuffisant**, faible, lacunaire **3. défectueux**, inégal, manqué, médiocre

impartial, ale, aux ADJ. neutre, désintéressé, droit, équitable, intègre, juste, objectif, sans parti pris

impartialité N. F. neutralité, droiture, équité, intégrité, justice, objectivité

impartir V. TR. accorder, attribuer, départir, donner, octroyer, réserver

impasse N. F. voie sans issue, cul-de-sac

impassibilité N. F. **1. calme**, flegme, imperturbabilité, placidité, sang-froid **2. indifférence**, froideur, insensibilité **3. stoïcisme**, ataraxie (littér.) **4. immobilité**, apathie, fixité

impassible ADJ. **1. calme**, flegmatique, imperturbable, inébranlable, placide **2. stoïque**, apathique **3. immobile**, impénétrable, insensible, de glace, de marbre

impatiemment ADV. **1. avidement**, coléreusement, fiévreusement **2. anxieusement**, fébrilement, nerveusement

impatience N. F. **1. impétuosité**, avidité, désir, empressement, fièvre, fougue, hâte, précipitation **2. irascibilité**, irritabilité **3. agacement**, colère, énervement, exaspération, irritation **4. anxiété**, inquiétude, nervosité

impatient, ente ADJ. **1. ardent**, bouillant, fougueux, impétueux, nerveux, vif, brusque **2. agacé**, énervé, fébrile **3. avide**, curieux, désireux, empressé

impatienter V. TR. **1. agacer**, crisper, énerver, exaspérer, excéder, horripiler, irriter, échauffer (les oreilles/la tête de) (fam.) **2. lasser**, faire perdre patience à

♦ **s'impatienter** V. PRON. **perdre patience**, bouillir, piaffer, ronger son frein, faire les cent pas, tourner comme un lion en cage

impeccable ADJ. **1. sans défaut**, pur **2. propre**, net, nickel chrome (fam.) **3. irréprochable**, excellent, parfait, impec (fam.)

impénétrable ADJ. **1. inaccessible**, inabordable, dense, serré, touffu **2. impassible**, imperméable, inaccessible **3. énigmatique**, hermétique, insaisissable, mystérieux, secret **4. incompréhensible**, hermétique, indéchiffrable, inintelligible, insondable, obscur, sibyllin, ténébreux, abscons (littér.), abstrus (littér.)

impénitent, ente ADJ. endurci, incorrigible, incurable, invétéré, irrécupérable, indécrottable (fam.)

impensable ADJ. inconcevable, incroyable, inimaginable, insensé, invraisemblable

impératif[1], ive ADJ. **1. autoritaire**, dominateur, impérieux, péremptoire, tranchant, bref **2. injonctif 3. impérieux**, absolu, pressant, urgent

impératif[2] N. M. contrainte, exigence, nécessité, prescription, condition sine qua non

impérativement ADV. absolument, à tout prix, coûte que coûte, nécessairement, obligatoirement

imperceptible ADJ. **1. indiscernable**, insaisissable, insensible, inaudible, invisible **2. minuscule**, infime, insignifiant, microscopique, minime, négligeable **3. léger**, faible

imperfection N. F. **1. travers**, carence, défaut, faiblesse, faille, faute, lacune, manque, tare, vice **2. défectuosité**, défaut, malfaçon, vice (de forme/de fabrication) **3. médiocrité**, déficience

impérialiste ADJ. **1. colonialiste**, expansionniste **2. absolutiste**, autoritariste, despotique

impérieux, euse ADJ. **1. irrésistible**, absolu, irrépressible, pressant, urgent, violent, incoercible (littér.) **2. impératif**, autoritaire, cassant, catégorique, dictatorial, dominateur, magistral, péremptoire, tranchant, tyrannique

impérissable ADJ. éternel, immortel, immuable, inaltérable, indéfectible, indestructible, perpétuel

impéritie N. F. ignorance, inaptitude, incapacité, incompétence, inhabileté

imperméable ADJ. **1. étanche**, hermétique, imperméabilisé **2. indifférent**, fermé, impénétrable, inaccessible, insensible, rebelle, réfractaire, sourd

impersonnel, elle ADJ. **1. neutre**, objectif **2. banal**, aseptisé, dépersonnalisé, insignifiant, quelconque

impertinence N. F. **1. effronterie**, arrogance, audace, impolitesse, impudence, inconvenance, incorrection, insolence, irrespect, irrévérence (littér.), outrecuidance (littér.), culot (fam.), toupet (fam.) **2. écart (de langage)**, moquerie, offense

impertinent, ente ADJ. insolent, arrogant, cavalier, effronté, hardi, impudent, inconvenant, incorrect, irrespectueux, outrecuidant (littér.), culotté (fam.)

imperturbable ADJ. impassible, apathique, calme, constant, détaché, flegmatique, froid, inébranlable, olympien, placide, stoïque

impétueux, euse ADJ. **1. déchaîné**, effréné, endiablé, enragé, frénétique, furieux **2. torrentueux 3. ardent**, bouillant, exalté, fougueux, véhément, vif **4. explosif**, emporté, de feu, pétulant, volcanique

impétuosité N. F. **1. ardeur**, flamme, fougue, vivacité **2. emballement**, exaltation, fièvre, frénésie, pétulance, véhémence **3. fureur**, furie, rage, violence

impitoyable ADJ. **1. cruel**, féroce, implacable, inflexible, inhumain, intraitable, sans merci, sans pitié **2. sévère**, accablant, rigoureux, sans indulgence **3. acharné**, farouche, forcené, inexpiable, mortel **4. insensible**, endurci, de fer, de granit, de pierre

implacable ADJ. **1. inéluctable**, fatal, immanquable, imparable, inévitable, inexorable, infaillible, irrésistible **2. impitoyable**, inflexible, irréductible **3. acharné**, farouche, forcené

implanter V. TR. **1. introduire**, établir, installer, mettre en place **2. fixer**, ancrer, enraciner, insérer
♦ **s'implanter** V. PRON. **1. s'établir**, se fixer, s'installer **2. s'enraciner**, s'ancrer, prendre

implication N. F. incidence, conséquence, impact, prolongement, retombée, suite

implicite ADJ. tacite, informulé, non dit, sous-entendu

impliquer V. TR. **1. compromettre**, engager, mêler, mettre en cause, mouiller (fam.) **2. comporter**, comprendre, contenir, inclure, renfermer, supposer **3. nécessiter**, exiger, imposer, réclamer **4. causer**, amener, emporter, engendrer, entraîner, occasionner, provoquer **5. signifier**, montrer, supposer, vouloir dire
♦ **s'impliquer** V. PRON. **s'engager**, s'investir, monter au créneau

implorer V. TR. **1. supplier**, adjurer, en appeler à, conjurer, prier **2. réclamer**, mendier, quémander, quêter, solliciter

impoli, ie ADJ. mal élevé, effronté, grossier, impertinent, inconvenant, incorrect, insolent, irrespectueux, irrévérencieux, mal poli, sans gêne, discourtois (littér.)

impolitesse N. F. inconvenance, goujaterie, grossièreté, impertinence, incorrection, insolence, irrespect, irrévérence, muflerie, sans-gêne

impondérable
▸ ADJ. **1. imprévisible**, imprédictible **2. impalpable**, léger, subtil
▸ N. M. **incertitude**, aléa, hasard, imprévu, risque

impopulaire ADJ. mal-aimé, mal vu

importance N. F. **I. 1. ampleur**, dimension, étendue, grandeur, taille **2. portée**, étendue, intérêt, poids, rôle, valeur **II. influence**, autorité, crédit, poids, prestige, puissance **III. arrogance**, fatuité, orgueil, prétention, suffisance, vanité, outrecuidance (littér.)

important, ante ADJ. **I. 1. considérable**, conséquent, d'envergure, grand, gros, de taille (fam.) **2. grave**, sérieux **3. substantiel**, appréciable, conséquent, considérable, fort, grand, gros, insigne, net, notable, sensible, de taille (fam.), [somme] coquet (fam.), joli (fam.) **II. 1. fondamental**, capital, crucial, décisif, de conséquence, de poids, essentiel, majeur, primordial, vital, d'importance, qui tient à cœur **2. marquant**, mémorable **III. 1. éminent**, célèbre, connu, considérable, illustre, de marque, renommé, respectable **2. influent**, puissant **IV. prétentieux**, arrogant, affecté, avantageux, fat, glorieux, infatué, suffisant, vain, outrecuidant (littér.), ramenard (fam.)

importer[1] V. TR. **1. introduire**, rapporter **2. rapatrier**

importer[2] V. INTR. compter, entrer en ligne de compte, jouer, peser, être important, avoir de l'importance

importun, une
► ADJ. **1. indésirable**, envahissant, indiscret, casse-pieds (fam.), collant (fam.), crampon (fam.), embêtant (fam.), enquiquinant (fam.), tannant (fam.) **2. agaçant**, déplaisant, désagréable, embarrassant, ennuyeux, intempestif
► N. **gêneur**, indésirable, casse-pieds (fam.), chieur (très fam.), colique (fam.), crampon (fam.), enquiquineur (fam.), emmerdeur (très fam.), fléau (fam.), glu (fam.), plaie (fam.), pot de colle (fam.), raseur (fam.)

importuner V. TR. **1. déranger**, embarrasser, ennuyer, gêner, incommoder, indisposer, embêter (fam.), enquiquiner (fam.), faire chier (très fam.) **2. agacer**, excéder, persécuter, tourmenter, assommer (fam.), asticoter (fam.), casser les pieds à (fam.), casser les couilles à (très fam.), cavaler (très fam.), courir (fam.), empoisonner (fam.), pomper (fam.), tarabuster (fam.) **3. assiéger**, assaillir, être après, harceler, poursuivre, talonner

imposant, ante ADJ. **1. corpulent**, massif **2. majestueux**, auguste, impérial, noble, superbe **3. grave**, solennel **4. considérable**, formidable, impressionnant, important

imposer V. TR. **I. 1. commander**, demander (impérativement), exiger, ordonner, prescrire **2. dicter**, édicter, fixer, soumettre à **3. nécessiter**, exiger, réclamer, requérir **II. infliger**, faire subir **III. inspirer**, susciter **IV. taxer**, grever, [indûment] mettre en coupe réglée
♦ **s'imposer** V. PRON. **1. se faire un devoir/une obligation de**, s'astreindre à, se contraindre à, se forcer à, s'obliger à **2. avoir le dessus**, dominer, triompher **3. prédominer**, occuper le terrain, prévaloir **4. être nécessaire**, être incontournable

imposition N. F. **1. taxation 2. impôt**, charge, contribution, droit, taxe

impossibilité N. F. **1. empêchement**, obstacle (majeur) **2. incapacité**, impuissance

impossible ADJ. **I. 1. infaisable**, irréalisable, inapplicable, inexécutable, impraticable **2. impensable**, inconcevable, incroyable, inenvisageable **3. insoluble**, inextricable **II. 1. invraisemblable**, extravagant, inimaginable, inouï, ridicule **2. inadmissible**, indu, inexcusable **III. chimérique**, illusoire, insensé, utopique, vain **IV.** [fam.] **1. invivable**, infernal, insupportable **2. intenable**, insupportable, intolérable

imposteur N. M. **1. simulateur**, charlatan, faux prophète, menteur, mystificateur, bluffeur (fam.) **2. hypocrite**, faux dévot, tartufe **3. usurpateur**

imposture N. F. **1. mensonge**, mystification, supercherie, tromperie, charlatanisme, blague (fam.), canular (fam.) **2. hypocrisie**, fausseté

impôt N. M. **1. taxe**, charge, contribution, droit, imposition, patente, prélèvement, redevance **2. fiscalité**, système fiscal **3. fisc**

impotent, ente ADJ. et N. infirme, estropié, invalide, paralytique, perclus

impraticable ADJ. **1. inaccessible**, malaisé **2. impossible**, inapplicable, inexécutable, infaisable, irréalisable

imprécis, ise ADJ. **1. approximatif**, grossier, vague **2. indistinct**, flou, indéfinissable, indéterminé, indiscernable **3. confus**, flou, vague

imprécision N. F. **1. flou**, indétermination, vague **2. à-peu-près**, approximation

imprégner V. TR. **1. humecter**, gorger, imbiber, tremper **2. envahir**, pénétrer **3. influencer**, déteindre sur, imprimer, marquer

♦ **s'imprégner** V. PRON. **1. absorber**, boire **2. assimiler**, apprendre, se pénétrer de

impression N. F. **I. 1. sensation**, émotion, sentiment **2. intuition**, feeling (fam.) **3. appréciation**, avis, jugement, opinion, pensée, sentiment, vues **II. 1. empreinte**, marque **2. souvenir**, trace **3. effet**, action, impact, influence **III. tirage**, édition, gravure, reproduction

impressionnant, ante ADJ. **1. étonnant**, bouleversant, frappant, émouvant, saisissant **2. grandiose**, imposant, majestueux, monumental, spectaculaire **3. remarquable**, brillant, virtuose

impressionner V. TR. **1. frapper**, bouleverser, ébranler, émouvoir, remuer, saisir, toucher, [en mal] secouer, traumatiser, troubler, retourner (fam.) **2. éblouir**, en imposer à, intimider, bluffer (fam.), épater (fam.), en mettre plein la vue à (fam.), souffler (fam.), taper dans l'œil de (fam.), [sans complément] en jeter (fam.)

imprévoyant, ante ADJ. et N. insouciant, étourdi, imprudent, irréfléchi, léger, négligent, écervelé (fam.), tête de linotte (fam.), tête en l'air (fam.)

imprévu[1], ue ADJ. **1. fortuit**, accidentel, inattendu, inopiné **2. brusque**, soudain, subit **3. inespéré**, extraordinaire **4. déconcertant**

imprévu[2] N. M. **1. hasard**, aléa, [malheureux] accident, accroc, tuile (fam.) **2. fantaisie**, originalité, pittoresque

imprimer V. TR. **I. 1. tirer**, éditer **2. publier**, faire paraître **II. 1. marquer**, graver **2. appliquer**, apposer, estamper, gaufrer **III. 1. communiquer**, donner, inculquer, inspirer, insuffler **2. animer**, imprégner, pénétrer

♦ **s'imprimer** V. PRON. **se graver**, se fixer, se marquer

improbable ADJ. douteux, hypothétique, incertain

improductif, ive ADJ. **1. inefficace** **2. inutile**, infructueux, stérile, vain **3. ingrat**, aride, stérile

impropre ADJ. **1. abusif**, incorrect, inexact, vicieux **2. inapproprié**, inadéquat, inadapté **3. incapable**, inapte, incompétent

impropriété N. F. incorrection, erreur, barbarisme

improvisation N. F. **1. imagination**, invention **2.** [Jazz] **jam-session**, bœuf (argot)

improviser V. TR. **1. inventer**, imaginer **2.** [Jazz, sans complément] **faire un bœuf** (argot)

improviste (à l') LOC. ADV. **1. inopinément**, ex abrupto, soudainement, subitement, tout à coup, sans crier gare **2. par surprise**, au dépourvu, abruptement, ex abrupto, au débotté, tout à trac (fam.)

imprudence N. F. **1. irréflexion**, imprévoyance, inconscience, inconséquence, légèreté **2. hardiesse**, témérité **3. étourderie**, maladresse

imprudent, ente

▸ ADJ. **1. téméraire**, audacieux, aventureux, hardi **2. écervelé**, étourdi, inconséquent, inconsidéré, léger, malavisé **3. dangereux**, hasardé, hasardeux, osé, périlleux, risqué

▸ N. casse-cou (fam.), risque-tout (fam.)

impudence N. F. effronterie, aplomb, arrogance, front, impertinence, insolence, outrecuidance (littér.), culot (fam.), toupet (fam.)

impudent, ente ADJ. effronté, arrogant, impertinent, insolent, outrecuidant (littér.), culotté (fam.)

impudique ADJ. 1. **indécent**, inconvenant, lascif, libidineux, licencieux, paillard, obscène, sale, salé 2. **dévergondé**, débauché, immodeste

impuissance N. F. 1. **faiblesse**, inaptitude, insuffisance 2. **impossibilité**, incapacité

impuissant, ante ADJ. 1. **faible**, démuni, désarmé, fragile, inapte, incapable 2. **inopérant**, improductif, inefficace, infructueux, inutile, stérile, vain

impulsif, ive ADJ. fougueux, bouillant, emporté, irréfléchi, spontané

impulsion N. F. 1. **poussée**, force 2. [Sport] **appel**, élan 3. **élan**, entraînement, essor, lancée, poussée 4. **effet**, action, empire, emprise, influence, mouvement, pression 5. **instinct**, penchant, tendance

impur, ure ADJ. pollué, empesté, sale, souillé, vicié

impureté N. F. 1. **saleté**, cochonnerie (fam.), saloperie (très fam.) 2. **pollution**, corruption, souillure

imputation N. F. 1. **accusation**, allégation, charge, incrimination, inculpation 2. **affectation**, assignation, attribution

imputer V. TR. 1. **attribuer**, prêter 2. **affecter**, appliquer, assigner, porter en compte

inabordable ADJ. 1. **inaccessible**, inapprochable 2. **très cher**, hors de prix, exorbitant, prohibitif

inacceptable ADJ. 1. **inadmissible**, inconcevable, insupportable, intolérable, scandaleux 2. [Droit] **irrecevable**

inaccessible ADJ. 1. **inapprochable**, inabordable, [lieu] impénétrable, impraticable, hors d'atteinte, hors de portée 2. **incompréhensible**, hermétique, inconnaissable 3. **distant**, fier, froid, hautain, inabordable 4. **hors de prix**, exorbitant, inabordable

inaccoutumé, ée ADJ. inhabituel, anormal, exceptionnel, insolite, inusité, nouveau, rare

inachevé, ée ADJ. inabouti, imparfait, incomplet, lacunaire, en suspens

inactif, ive ADJ. 1. **immobile**, en repos 2. **inoccupé**, désœuvré, oisif 3. **inopérant**, inefficace

inaction N. F. 1. **inactivité**, désœuvrement, oisiveté 2. **léthargie**, immobilité, inertie, torpeur

inactivité N. F. 1. **immobilité**, inaction 2. **inertie**, stagnation, sommeil 3. [Admin.] **congé**

inadaptation N. F. 1. **inadéquation** 2. **asocialité**

inadapté ADJ. et N. 1. **inadéquat**, impropre, inapproprié 2. **antisocial**, asocial, caractériel, délinquant, marginal

inadéquat, ate ADJ. inadapté, impropre, inapproprié

inadmissible ADJ. inacceptable, inconcevable, irrecevable, inexcusable, insupportable, intolérable

inaltérable ADJ. 1. **incorruptible**, imputrescible, inattaquable, inoxydable, inusable 2. [couleur] **fixe**, grand/bon teint 3. **immuable**, constant, éternel, impérissable, indestructible, perpétuel, stable, indéfectible (littér.)

inanimé, ée ADJ. 1. **inerte**, immobile 2. **évanoui**, sans connaissance 3. **inexpressif**, froid

inapplicable ADJ. impraticable, inexécutable, infaisable, irréalisable, impossible

inappréciable ADJ. **1. considérable**, d'importance, inestimable, précieux, sans prix **2. incalculable**, indéterminable

inapproprié, ée ADJ. impropre, inadapté, inadéquat

inapte ADJ. **1. incapable**, incompétent, inhabile **2. impropre**, inadapté

inaptitude N. F. incapacité, insuffisance, impéritie (littér.)

inassouvi, ie ADJ. insatisfait, frustré, inapaisé (littér.)

inattaquable ADJ. **1. imprenable**, hors d'atteinte, imbattable, invincible, invulnérable **2. inaltérable**, incorruptible **3. incontestable**, indiscutable, irréfutable, irréfragable (Droit) **4. irréprochable**, impeccable, irrépréhensible

inattendu, ue ADJ. **1. fortuit**, accidentel, imprévu, inopiné **2. imprévisible**, inespéré **3. déconcertant**, déroutant, surprenant

inattention N. F. **1. distraction**, étourderie, inadvertance, inconséquence, insouciance, irréflexion, légèreté **2. imprudence**, négligence **3. indifférence**

inauguration N. F. lancement, ouverture, [d'une exposition] vernissage

inaugurer V. TR. **1. ouvrir**, [Relig.] consacrer **2. étrenner 3. entreprendre**, instaurer, mettre en pratique

inavouable ADJ. honteux, coupable, déshonorant, infâme

incalculable ADJ. **1. indénombrable**, incommensurable, indéterminable, innombrable **2. considérable**, démesuré, énorme, illimité, immense, infini, inimaginable

incandescent, ente ADJ. **1. brûlant**, ardent, chauffé à blanc, igné (littér.) **2. exalté**, ardent, brûlant **3. embrasé**, enflammé, lumineux

incantation N. F. **1. enchantement**, évocation, formule magique **2. prière**, mélopée

incapable

▸ ADJ. **1. incompétent**, inapte, en dessous de tout, maladroit, malhabile **2. imbécile**, ignare, ignorant

▸ N. **bon à rien**, médiocre, nul, nullité, propre à rien, minable (fam.), nullard (fam.), ringard (fam.), zéro (fam.)

incapacité N. F. **1. impossibilité**, impuissance, inaptitude, insuffisance **2. ignorance**, incompétence, inhabileté, impéritie (littér.) **3. handicap**, infirmité, invalidité **4.** [Droit] **déchéance**

incarcération N. F. emprisonnement, captivité, détention, enfermement, internement

incarcérer V. TR. enfermer, écrouer, emprisonner, interner, mettre en prison, mettre sous les verrous, boucler (fam.), coffrer (fam.), mettre à l'ombre (fam.), mettre en taule (fam.), mettre au trou (fam.)

incarnation N. F. **1. avatar**, métamorphose **2. image**, expression, personnification, symbole

incarner V. TR. **1. personnifier**, figurer, représenter, symboliser **2. interpréter**, jouer

incartade N. F. écart de conduite, caprice, extravagance, faux-pas, folie, frasque, fredaine, peccadille

incendie N. M. feu, brasier, flammes, sinistre

incendier V. TR. **1. brûler**, consumer, détruire par le feu, mettre le feu à **2. échauffer**, enflammer, exalter **3. injurier**, réprimander

incertain, aine ADJ. **I. 1. indécis**, fluctuant, hésitant, irrésolu **2. variable**, changeant, flottant, inconstant, instable, précaire **3.** [démarche] **chancelant**, hésitant **II. 1. aléatoire**, contingent, douteux, hypothétique **2. hasardeux**, aventuré, aventureux, osé, risqué **III. 1. ambigu**, contestable, douteux, équivoque, nébuleux **2. obscur**, ténébreux **IV. 1. indéterminé 2. imprécis**, brouillé, confus, flou, indécis, indéfini, indistinct, obscur, trouble, vague, vaporeux

incertitude N. F. **1. doute**, flottement, hésitation, indécision, indétermination, irrésolution, perplexité, tergiversation **2. variabilité**, fluctuation, inconstance, instabilité, oscillation, précarité **3. aléa**, danger, hasard, impondérable, imprévu, péril, risque

incessant, ante ADJ. **1. continu**, constant, continuel, ininterrompu, permanent, suivi **2. perpétuel**, continuel, éternel, sempiternel (péj.)

incidence N. F. effet, conséquence, contrecoup, implication, influence, prolongement, répercussion, retombée, suite, [négative] séquelle

incident N. M. accroc, anicroche, complication, difficulté, ennui, péripétie, coup dur (fam.), os (fam.), pépin (fam.)

incinérer V. TR. brûler, réduire en cendres

inciser V. TR. couper, blesser, entailler, entamer, ouvrir, scarifier

incisif, ive ADJ. acerbe, acéré, acide, caustique, mordant, tranchant

incision N. F. **1. coupure**, entaille, fente, excision, boutonnière (Chir.) **2. scarification**

incitation N. F. **1. encouragement**, appel, excitation, exhortation, instigation, invitation, provocation **2. récompense**, carotte (fam.)

inciter V. TR. **1. conseiller à**, encourager, engager, exciter, exhorter, inviter **2. pousser**, déterminer, disposer, entraîner, incliner, porter, stimuler

inclinaison N. F. pente, déclivité, dévoiement, obliquité

inclination N. F. **1. tendance**, appétit, appétence, disposition, envie, goût, penchant, pente, préférence, propension **2. affection**, amitié, amour, attachement, attirance, complaisance, faible, faiblesse, pente (naturelle), prédilection, sympathie **3. inclinaison**, mouvement, [pour saluer] courbette, révérence, salut

incliner V. TR. **abaisser**, baisser, coucher, courber, fléchir, pencher, plier ♦ **s'incliner** V. PRON. **1. se pencher**, se baisser, se courber **2. s'infléchir**, descendre, pencher **3. saluer**, se prosterner, faire une courbette, faire une révérence **4. se soumettre**, obéir, obtempérer, courber le front/la nuque **5. abandonner**, capituler, céder, lâcher prise, se résigner, baisser les bras (fam.), caler (fam.), jeter l'éponge (fam.), laisser tomber (fam.)

inclure V. TR. **1. insérer**, enfermer, glisser, intégrer, introduire, mettre **2. adjoindre**, ajouter, joindre **3. comporter**, comprendre, contenir, impliquer, intégrer, renfermer

incohérence N. F. **1. désordre**, absurdité, décousu, illogisme, inconséquence, irrationalité **2. contradiction**, désaccord, différence

incohérent, ente ADJ. **1. désordonné**, brouillon, chaotique, confus, décousu, sans queue ni tête, sans suite **2. délirant**, contradictoire, illogique, inconséquent, insensé, irrationnel

incolore ADJ. **1. pâle**, blanc, transparent **2. terne**, fade, inexpressif, insipide, plat

incomber à V. TR. IND. échoir à, appartenir à, retomber sur, revenir (en partage) à

incommoder V. TR. gêner, déranger, ennuyer, empoisonner, importuner, [odeur] indisposer

incomparable ADJ. **1. inégalable**, hors pair, indépassable, insurpassable, sans égal, sans pareil, supérieur, unique **2. accompli**, admirable, parfait

incompatibilité N. F. **1. antagonisme**, antinomie, désaccord, opposition **2. contradiction**, discordance

incompatible ADJ. **1. antagonique**, contraire, exclusif (de), inconciliable, irréconciliable, opposé **2. contradictoire**, discordant

incompétence N. F. **1. incapacité**, inaptitude, nullité, impéritie (littér.) **2. ignorance**, inexpérience, méconnaissance

incompétent, ente ADJ. **1. incapable**, inapte, nul **2. ignorant**, ignare

incomplet, ète ADJ. **1. inachevé**, inabouti, en suspens **2. fragmentaire**, lacunaire, partiel, [collection, série] dépareillé **3. imparfait**, insuffisant

incompréhensible ADJ. **1. inexplicable**, inconcevable **2. impénétrable**, inscrutable, insondable **3. illisible**, indéchiffrable **4. inintelligible**, amphigourique, cabalistique, hermétique, mystérieux, obscur, opaque, sibyllin, ténébreux, abscons (littér.), abstrus (littér.), imbitable (très fam.) **5. déconcertant**, bizarre, curieux, étrange

incompréhensif, ive ADJ. étroit d'esprit, fermé, intolérant, sectaire

incompréhension N. F. **1. intolérance**, étroitesse/fermeture d'esprit, manque d'indulgence **2. méconnaissance**, inintelligence

inconcevable ADJ. **1. inimaginable**, impensable, invraisemblable, paradoxal **2. étonnant**, incroyable, inouï, stupéfiant, surprenant **3. inadmissible**, inacceptable

inconditionnel, elle

► ADJ. **1. absolu**, complet, entier, illimité, intégral, sans réserve, total, aveugle (péj.) **2. impératif**, systématique

► N. **admirateur**, fanatique, fan (fam.), fana (fam.), fondu (fam.), groupie (fam.)

inconfortable ADJ. **1. incommode**, malcommode, spartiate **2. embarrassant**, délicat, déplaisant, désagréable, épineux, gênant, malaisé

incongru, ue ADJ. inconvenant, déplacé, inopportun, intempestif, malvenu, malséant (littér.)

inconnu, ue

► ADJ. **1. ignoré**, indéterminé, [auteur] anonyme **2. étranger**, inexploré **3. mystérieux**, énigmatique, impénétrable, occulte, secret

► N. **étranger**, tiers

inconsciemment ADV. involontairement, à son insu, instinctivement, machinalement, mécaniquement

inconscience N. F. **1. insouciance**, irréflexion, irresponsabilité, légèreté **2. aveuglement**, égarement, folie **3. ignorance**, méconnaissance

inconscient, ente ADJ. **1. machinal**, automatique, instinctif, involontaire, irraisonné, irréfléchi, spontané **2. insouciant**, fou, irréfléchi, irresponsable, léger

inconséquent, ente ADJ. **1. incohérent**, absurde, déraisonnable, fou, illogique, insensé, irrationnel **2. inconsidéré**, imprudent, irréfléchi, malavisé **3. écervelé**, étourdi, imprudent, irréfléchi, irresponsable, léger

inconsidéré, ée ADJ. **1. absurde**, stupide, non pertinent **2. indiscret**, maladroit

inconsistant, ante ADJ. **1. mou**, fluide **2. fragile 3. amorphe**, faible, mollasse, mou **4. léger**, frivole, changeant, inconstant, versatile **5. insignifiant**, creux, insipide, sans intérêt, vide

inconstant, ante ADJ. **1. infidèle**, frivole, léger, volage **2. changeant**, capricieux, flottant, fluctuant, instable, mobile, variable, versatile **3. fragile**, fugitif, fuyant, précaire

incontestable ADJ. **1. certain**, avéré, indéniable, indiscutable, indubitable, sûr, hors de doute **2. évident**, flagrant, manifeste **3. inattaquable**, formel, irrécusable, irréfutable, irréfragable (Droit)

incontestablement ADV. assurément, certainement, sans conteste, sans aucun doute, évidemment, indéniablement, indiscutablement, indubitablement, irréfutablement, manifestement

incontournable ADJ. **1. inéluctable**, fatal, fatidique, immanquable, imparable, implacable, inévitable, inexorable, obligé **2. indispensable**, inévitable, obligatoire, primordial, must (fam.) (nom)

incontrôlable ADJ. **1. invérifiable**, improuvable, indémontrable, injustifiable **2. indomptable**, ingouvernable, non maîtrisable **3. impérieux**, invincible, irrépressible, irrésistible, incoercible (littér.)

inconvenant, ante ADJ. **1. impoli**, cavalier, déplacé, désinvolte, effronté, impertinent, impudent, incorrect, insolent, irrespectueux, irrévérencieux, inopportun, malvenu, malséant (littér.), outrecuidant (littér.) **2. choquant**, grossier, incongru, indécent, licencieux, libre, malsonnant, obscène

inconvénient N. M. **1. défaut**, désavantage, mauvais côté, ombre au tableau **2. empêchement**, difficulté, écueil, entrave, frein, gêne, handicap, objection, obstacle **3. désagrément**, embarras, ennui, incommodité (littér.) **4. danger**, risque, péril (littér.)

incorporer V. TR. **1. amalgamer**, agréger, combiner, mélanger **2. insérer**, intégrer, introduire **3. annexer**, joindre, rattacher, réunir, unir **4. assimiler**, intégrer **5. affilier**, agréer, associer **6. enrôler**, appeler, engager, enrégimenter, mobiliser, recruter

♦ **s'incorporer** V. PRON. **s'intégrer**, s'assimiler, entrer, se fondre

incorrect, ecte ADJ. **1. faux**, bancal, défectueux, erroné, inexact, mauvais **2. fautif**, abusif, barbare, impropre **3. impoli**, discourtois, impertinent, irrespectueux, mal poli **4. indécent**, déplacé, incongru, inconvenant, malséant (littér.) **5. déloyal**, indélicat, irrégulier, malhonnête

incorrection N. F. **1. impropriété**, barbarisme, faute **2. impolitesse**, grossièreté, impertinence **3. indécence**, inconvenance, incongruité

incorrigible ADJ. **1. entêté**, endurci, impénitent, incurable, invétéré, indécrottable (fam.), irrécupérable (fam.) **2. incurable**

incorruptible ADJ. **1. imputrescible**, inaltérable, inattaquable **2. honnête**, intègre, probe (littér.)

incrédule

▸ ADJ. **1. sceptique**, dubitatif **2. incroyant**, agnostique, irréligieux, noncroyant, sceptique

▸ N. **athée**, libre penseur, esprit fort

incrédulité N. F. **1. doute**, scepticisme, défiance **2. athéisme**, incroyance, irréligion, libre pensée

incriminer V. TR. accuser, attaquer, blâmer, mettre en cause, suspecter, s'en prendre à

incroyable ADJ. **I. 1. invraisemblable**, impensable, inconcevable, inimaginable **2. étonnant**, fabuleux, fantastique, prodigieux, surprenant **3. extravagant**, bizarre, grotesque, impayable, ridicule, rocambolesque, à dormir debout (fam.), sacré (fam.) **II.** [péj.] **1. effarant**, excessif, exorbitant, fou, inouï, phénoménal, renversant, stupéfiant **2. inadmissible**, insupportable, intolérable, révoltant, scandaleux

incroyablement ADV. **1. extraordinairement**, fabuleusement, formidablement **2. extrêmement**, énormément, excessivement, effroyablement, terriblement, drôlement (fam.), sacrément (fam.), vachement (fam.)

incroyant, ante ADJ. et N. athée, impie, irréligieux, libre penseur, esprit fort

incruster V. TR. **insérer**, introduire, [d'or, d'argent] damasquiner

♦ **s'incruster** V. PRON. **1. se déposer**, adhérer **2. se graver**, s'imprimer **3. s'imposer**, s'enraciner, prendre racine (fam.), taper l'incruste (fam.)

inculquer V. TR. enseigner, apprendre, graver dans l'esprit, imprimer dans l'esprit, faire entrer dans la tête

inculte ADJ. **1. en friche**, vague, vierge, sauvage **2. ignorant**, analphabète, ignare, illettré **3. barbare**, fruste, grossier, primitif

incurable ADJ. **1. inguérissable 2. condamné**, inguérissable, perdu, fichu (fam.), fini (fam.), foutu (fam.) **3. incorrigible**, indécrottable (fam.)

incursion N. F. **1. attaque**, coup de main, descente, invasion, raid, razzia **2. irruption 3. intervention**, immixtion, ingérence, intrusion **4. détour**, crochet (fam.)

indécence N. F. **1. impertinence**, impudence, inconvenance, insolence, culot (fam.) **2. impudeur**, obscénité, impudicité (littér.)

indécent, ente ADJ. **1. inconvenant**, choquant, déplacé, impudent, insolent, malséant (littér.) **2. impudique**, débraillé, immodeste (littér.) **3. licencieux**, grossier, hardi, impur, malpropre, obscène, sale, scabreux **4. incroyable**, honteux, insolent

indéchiffrable ADJ. **1. illisible 2. embrouillé**, impénétrable, incompréhensible, indécodable, inintelligible

indécis, ise ADJ. **1. hésitant**, désorienté, perplexe **2. inconsistant**, flottant, fluctuant, incertain, irrésolu, ondoyant, vacillant **3. douteux**, incertain **4. imprécis**, confus, flou, incertain, indéfini, indéterminé, indistinct, nébuleux, trouble, vague, vaporeux, ni chair ni poisson **5. ambigu**, équivoque, général

indécision N. F. hésitation, doute, errements, flottement, incertitude, indétermination, irrésolution, perplexité

indéfectible ADJ. éternel, immuable, impérissable, indestructible, indissoluble, solide, sûr

indéfendable ADJ. **1. insoutenable 2. inexcusable**, impardonnable, injustifiable

indéfini, ie ADJ. **1. illimité**, infini, sans bornes, sans fin **2. imprécis**, confus, flou, incertain, indécis, indéterminé, trouble, vague

indéfiniment ADV. éternellement, continuellement, perpétuellement, sans fin, toujours

indéfinissable ADJ. **1. indéterminable**, confus, incertain, ni chair ni poisson, vague **2. étrange**, inclassable, inexplicable **3. indescriptible**, indicible, ineffable, inexprimable **4. énigmatique**

indélébile ADJ. **1. ineffaçable 2. indestructible**, immuable, inaltérable, perpétuel **3. inoubliable**, éternel, immortel, impérissable, ineffaçable, mémorable

indélicat, ate ADJ. **1. impoli**, cavalier, déplacé, grossier, inconvenant, inélégant, malséant (littér.) **2. malhonnête**, déloyal, inélégant, irrégulier, véreux

indélicatesse N. F. **1. impolitesse**, goujaterie, grossièreté, inélégance, muflerie **2. malhonnêteté**, déloyauté

indemne ADJ. sauf, sain et sauf, entier, sans une égratignure

indemnisation N. F. **1. compensation**, dédommagement, défraiement **2. indemnité**

indemniser V. TR. dédommager, compenser, défrayer, rembourser

indemnité N. F. **1. compensation**, dédommagement, dommages-intérêts, réparation **2. allocation**, prestation, prime

indéniable ADJ. **1. certain**, évident, flagrant, incontestable, indiscutable, manifeste **2. formel**, inattaquable, irrécusable, irréfutable

indépendamment de LOC. PRÉP. **1. outre**, en plus de **2. abstraction faite de**, en dehors de, sans parler de, mis à part

indépendance N. F. **1. liberté**, émancipation, autonomie **2. souveraineté**, autonomie, non alignement **3. individualisme**, indocilité, insoumission, non conformisme **4.** [des pouvoirs, etc.] **séparation**

indépendant, ante

▸ ADJ. **1. libre**, autonome **2. souverain**, autonome, non aligné **3. individualiste**, non-conformiste, dissident, hétérodoxe, indocile (littér.), insoumis **4. free-lance 5. distinct**, dissocié, séparé

▸ N. **franc-tireur**, électron libre

indépendantiste ADJ. et N. autonomiste, sécessionniste, séparatiste

indescriptible ADJ. **1. indéfinissable 2. indicible**, ineffable, inénarrable, inexprimable **3. inimaginable**, extraordinaire, incroyable, inouï

indésirable

▸ ADJ. **importun**, de trop

▸ N. **intrus**, gêneur, importun, persona non grata

indestructible ADJ. **1. inusable**, inaltérable, incassable, indélébile, infrangible (littér.) **2. impérissable**, éternel, immortel, immuable, perpétuel **3. solide**, indéfectible, indissoluble, inébranlable

indéterminé, ée ADJ. **1. imprécis**, confus, flou, vague, vaporeux **2. inconnu**, indéfini **3. illimité 4. indécis**, flottant, fluctuant, hésitant, incertain, irrésolu, perplexe

index N. M. INVAR. **1. catalogue**, inventaire, liste, répertoire, table **2. lexique**, glossaire **3. indice**

indicateur[1] N. M. **1. guide 2. indice**, signe

indicateur[2]**, trice** N. dénonciateur, espion, informateur, donneur (fam.), indic (fam.), mouchard (fam.), balance (argot), doulos (argot), mouton (argot)

indicatif N. M. **1. signal 2. générique**, jingle, sonal (recomm. offic.)

indication N. F. **1. indice**, annonce, marque, preuve, signe, symptôme, trace **2. renseignement**, information, info (fam.), tuyau (fam.), rancard (argot) **3. avis**, conseil, recommandation, suggestion **4. directive**, instruction, ordre, prescription

indice N. M. **1. indication**, marque, preuve, signe, symptôme, trace **2. annonce**, augure, présage **3. renseignement**, indication **4. présomption**, argument, charge **5. coefficient**, index

indicible ADJ. **1. indescriptible**, ineffable, inexprimable, inénarrable, inracontable, intraduisible **2. extraordinaire**, incroyable, inouï

indifférence N. F. **1. désintérêt**, inattention, insensibilité, tiédeur, inappétence (littér.) **2. détachement**, flegme, impassibilité **3. froideur**, dédain, mépris **4. passivité**, apathie, ataraxie, indolence **5. athéisme**, agnosticisme, incrédulité, irréligion, scepticisme

indifférent, ente ADJ. **1. impassible**, détaché, flegmatique, imperturbable **2. passif**, apathique, inattentif, indolent, insouciant, je-m'en-foutiste (fam.) **3. résigné**, blasé, désabusé, fataliste **4. froid**, égoïste, sans cœur, sec **5. quelconque**, anodin, banal, inintéressant, insignifiant

indigent, ente ADJ. insuffisant, fruste, pauvre, rare, rudimentaire, simpliste, sommaire

indigeste ADJ. **1. lourd**, inassimilable, pesant **2. incompréhensible**, confus, embrouillé, imbitable (très fam.)

indignation N. F. **1. colère**, fureur, révolte **2. scandale**

indigne ADJ. **1. méprisable**, abject, coupable, vil **2. honteux**, avilissant, bas, condamnable, déshonorant, immoral, impur, infamant, inqualifiable, odieux, révoltant, scandaleux **3.** [parent] **dénaturé**, maltraitant

indigner V. TR. **scandaliser**, choquer, écœurer, mettre en colère, outrer, révolter

♦ **s'indigner** V. PRON. **s'emporter**, se fâcher, s'irriter, fulminer, s'offenser, protester, se révolter, vitupérer

indiquer V. TR. **1. mentionner**, citer, dire, donner, énumérer, nommer, préciser, spécifier **2. désigner**, montrer, pointer, signaler **3. marquer**, écrire, graver, inscrire, noter **4. apprendre**, enseigner, faire connaître, faire savoir **5. dénoter**, accuser, attester, démontrer, dénoncer, être le signe de, laisser augurer/présager, laisser supposer, manifester, marquer, prouver, révéler, signaler, témoigner, trahir

indirect, ecte ADJ. **1. écarté**, éloigné **2. allusif**, détourné, évasif, insinuant, oblique, sournois, voilé **3. de biais**, latéral, biaisé **4. collatéral 5. de seconde main**

indirectement ADV. **1. par ricochet**, par contrecoup, par la bande (fam.) **2. sournoisement 3. par ouï-dire**, de seconde main, par le téléphone arabe (fam.)

indiscernable ADJ. **1. identique**, équivalent, pareil, semblable **2. imperceptible**, inaudible, insaisissable, insensible, invisible

indiscipline N. F. **1. désobéissance**, dissipation, indocilité (littér.) **2. insoumission**, mauvais esprit, insubordination, sédition

indiscipliné, ée ADJ. désobéissant, insoumis, insubordonné, rebelle, rétif, forte/mauvaise tête, indocile (littér.)

indiscret, ète ADJ. et N. **1. bavard**, cancanier **2. inconvenant 3. curieux**, fouineur, fureteur, inquisiteur, écouteur (aux portes) **4. importun**, fâcheux, intrus

indiscrétion N. F. **1. curiosité 2. révélation**, fuite **3. bavardage**, commérage, racontar, cancan (fam.)

indiscutable ADJ. **1. certain**, aveuglant, évident, flagrant, indéniable, indubitable, manifeste **2. formel**, authentique, inattaquable, incontestable, irrécusable, irréfutable

indispensable ADJ. **1. nécessaire**, incontournable, inéluctable, obligatoire, obligé, must (fam.) (nom) **2. essentiel**, important, primordial, utile, vital

indisposé, ée ADJ. malade, incommodé, souffrant, mal fichu (fam.), patraque (fam.)

indisposer V. TR. **1. gêner**, déranger, importuner, incommoder **2. déplaire à**, agacer, contrarier, fâcher, froisser, hérisser, mécontenter, se mettre à dos, faire tiquer

indistinct, incte ADJ. flou, confus, imprécis, indécis, indéfini, nébuleux, obscur, trouble, vague, [bruit] sourd

individu N. M. **1. spécimen**, échantillon, exemplaire, unité, individualité **2. être (humain)**, personne, femme, homme, humain **3. individualité**, moi **4. personne**, bonhomme (fam.), citoyen (fam.), gaillard (fam.), gars (fam.), mec (fam.), quidam (fam.), type (fam.), zèbre (fam.), zigoto (fam.)

individualiser V. TR. **1. particulariser**, caractériser, distinguer, individuer (littér.) **2. personnaliser**

individualiste ADJ. et N. **1. non-conformiste** **2.** [péj.] **égoïste**, égocentrique, personnel

individualité N. F. **1. ego**, moi, caractère, personnalité, personne **2. originalité**, particularité

individuel, elle ADJ. **1. distinct**, particulier, propre, spécifique, singulier **2. personnel**, particulier **3. isolé**, seul **4. spécial**, singulier, particulier **5. privé**

indivisible ADJ. **1. insécable** **2. inséparable**, indissociable

indolence N. F. **1. mollesse**, apathie, engourdissement, inertie, langueur, torpeur **2. nonchalance**, inertie, mollesse, paresse, sybaritisme (littér.)

indolent, ente ADJ. **1. mou**, amorphe, apathique, atone, avachi, endormi, mollasse (fam.), mollasson (fam.) **2. nonchalant**, fainéant, inactif, inerte, oisif, paresseux **3. alangui**, langoureux, languissant, languide (littér.)

indomptable ADJ. **1. inapprivoisable** **2. courageux**, fier, indocile (littér.) **3. inflexible**, inébranlable, invincible, irréductible

indubitable ADJ. **1. évident**, aveuglant, certain, flagrant, incontestable, indéniable, indiscutable, manifeste, sûr **2. formel**, irrécusable, irréfutable

induire V. TR. **1. inférer**, conclure **2. conduire**, amener, convier, encourager, engager, inciter, inviter, porter, pousser **3. entraîner**, catalyser, causer, déclencher, occasionner, provoquer

indulgence N. F. **1. bienveillance**, bonté, charité, clémence, compréhension, générosité, humanité, tolérance, longanimité (littér.), magnanimité (littér.), mansuétude (littér.), miséricorde (surtout Relig.) **2. complaisance**, faiblesse, facilité, mollesse

indulgent, ente ADJ. **1. compréhensif**, bienveillant, bon, clément, conciliant, généreux, tolérant, magnanime (littér.), coulant (fam.), miséricordieux (surtout Relig.) **2.** [péj.] **complaisant**

industrie N. F. entreprise, établissement, exploitation, fabrique, manufacture, usine

inébranlable ADJ. **1. indestructible**, à toute épreuve, robuste, solide, bâti à chaux et à sable **2. imperturbable**, impassible, impavide, stoïque **3. intransigeant**, déterminé, ferme, inflexible **4. arrêté**, tenace

inédit, ite ADJ. nouveau, neuf, original, sans précédent, premier du genre

inefficace ADJ. **1. inactif**, impuissant, inopérant **2. infructueux**, improductif, inutile, stérile, vain **3. incapable**, incompétent

inefficacité N. F. **1. impuissance 2. incapacité**, incompétence **3. inutilité**, stérilité

inégal, ale, aux ADJ. **1. différent**, disparate, divers **2. imparfait 3. déséquilibré**, disproportionné, injuste **4. bosselé**, accidenté, cahoteux, irrégulier, raboteux, rugueux **5. changeant**, instable, irrégulier, en dents de scie, avec des hauts et des bas, variable, versatile

inégalable ADJ. **1. imbattable**, hors pair, indépassable, sans concurrence, sans égal, sans pareil, supérieur, unique **2. hors pair**, sans égal, sans pareil

inégalité N. F. **1. différence**, déséquilibre, disparité, disproportion **2. variation**, changement, fluctuation, oscillation, saute **3. aspérité**, bosse, cahot, dénivellation, irrégularité

inéluctable ADJ. **1. immanquable**, fatal, fatidique, imparable, implacable, indubitable, inexorable, irrésistible **2. inévitable**, incontournable, obligatoire

inénarrable ADJ. **1. inracontable**, indicible, ineffable, inexprimable **2. comique**, ineffable, impayable (fam.)

inepte ADJ. **1. bête**, idiot, inintelligent, niais, sot, stupide, crétin (fam.) **2. absurde**, incohérent, insensé, insane (littér.)

ineptie N. F. **1. bêtise**, absurdité, idiotie, imbécillité, inintelligence, insanité, niaiserie, sottise, stupidité **2. ânerie**, idiotie, insanité

inépuisable ADJ. **1. intarissable 2. infini**, inexhaustible (littér.) **3. infatigable**, inlassable **4. fécond**, généreux

inerte ADJ. **1. inanimé 2. immobile**, figé **3. amorphe**, apathique, atone, indolent, léthargique, mou, passif

inertie N. F. **1. apathie**, atonie, immobilisme, inaction, indolence, léthargie, mollesse, passivité, paresse **2. résistance passive**

inespéré, ée ADJ. inattendu, imprévu

inestimable ADJ. **1. incalculable**, inappréciable **2. précieux**, sans prix **3. considérable**, immense

inévitable ADJ. **1. immanquable**, certain, fatal, fatidique, imparable, incontournable, inéluctable, inexorable, obligé **2. nécessaire**, assuré, forcé, incontournable, indispensable, logique, obligatoire **3.** [plaisant] **habituel**, rituel, sempiternel

inévitablement ADV. fatalement, certainement, forcément, immanquablement, inéluctablement, infailliblement, nécessairement, obligatoirement, tôt ou tard

inexact, acte ADJ. **1. faux**, erroné, incorrect, mauvais **2. infidèle**, déformé

inexactitude N. F. **1. fausseté 2. erreur**, faute **3. à-peu-près**, approximation, imprécision **4. mensonge**, contrevérité

inexcusable ADJ. **1. impardonnable**, irrémissible (littér.) **2. injustifiable**, indéfendable

inexistant, ante ADJ. **1. absent 2. négligeable**, insignifiant, nul (et non avenu), moins que rien, néant, zéro (fam.) **3. irréel**, chimérique, fabriqué, faux, fictif, imaginaire, inventé

inexorable ADJ. **1. impitoyable**, implacable, inflexible, intraitable, sans pitié **2. immanquable**, fatal, imparable, inéluctable, inévitable

inexpérimenté, ée ADJ. 1. **débutant**, ignorant, inexercé, maladroit, neuf, nouveau, novice, profane, inexpert (littér.) 2. **ingénu**, jeune, naïf

inexplicable ADJ. 1. **incompréhensible**, énigmatique, impénétrable, inconcevable, indéchiffrable, mystérieux, obscur 2. **inexprimable**, indéfinissable 3. **étrange**, déconcertant, extraordinaire, singulier

inexploré, ée ADJ. inconnu, ignoré, nouveau, vierge

inexpressif, ive ADJ. 1. **éteint**, atone, figé, froid, inanimé, inerte, vague 2. **fade**, insipide, plat, sans relief, terne

inexprimable ADJ. 1. **indéfinissable** 2. **incommunicable**, indescriptible, indicible, ineffable, inénarrable, inexplicable, intraduisible

in extenso

► LOC. ADV. **complètement**, entièrement, exhaustivement, intégralement, totalement, d'un bout à l'autre, en entier

► LOC. ADJ. **complet**, entier, exhaustif, intégral

inextricable ADJ. 1. **embrouillé**, emmêlé, enchevêtré, indébrouillable 2. **tortueux**, dédaléen (littér.) 3. **compliqué**, embrouillé, incompréhensible, inintelligible

infaillible ADJ. 1. **efficace**, fiable, parfait, radical, souverain 2. **assuré**, certain, immanquable, inévitable, sûr

infailliblement ADV. 1. **immanquablement**, à coup sûr, fatalement, inéluctablement, sûrement, à tous les coups (fam.) 2. **inévitablement**, forcément, nécessairement, obligatoirement

infaisable ADJ. impossible, impraticable, inexécutable, irréalisable

infamant, ante ADJ. honteux, avilissant, dégradant, déshonorant, infâme (littér.), ignominieux (littér.)

infâme ADJ. 1. **honteux**, avilissant, dégradant, déshonorant, infamant, odieux, répugnant, sordide, ignominieux (littér.) 2. **détestable**, odieux 3. **dégoûtant**, immonde, infect, innommable, malpropre, sale 4. **atroce**, horrible, laid, monstrueux

infantile ADJ. puéril, enfantin, immature, gamin (fam.), bébête (fam.)

infatigable ADJ. 1. **endurant**, résistant, robuste, solide, increvable (fam.) 2. **inlassable**, incessant, inépuisable

infatué, ée ADJ. vaniteux, fat, fier, hautain, orgueilleux, prétentieux, suffisant, vain, outrecuidant (littér.), puant (fam.)

infect, ecte ADJ. 1. **dégoûtant**, écœurant, ignoble, immonde, infâme, innommable, repoussant, répugnant, dégueulasse (très fam.) 2. **nauséabond**, fétide, pestilentiel, puant 3. [temps, etc.] **pourri**, dégueulasse (très fam.) 4. **odieux**, abject, détestable, exécrable, ignoble, infâme, répugnant, révoltant

infecter V. TR. 1. **contaminer** 2. **corrompre**, polluer, souiller

infection N. F. 1. **contagion**, contamination, épidémie, infestation 2. **puanteur**, pestilence (littér.)

inférieur, eure ADJ. 1. **bas**, profond 2. **mineur**, dépendant, moindre, secondaire, subalterne, subordonné 3. **médiocre**, commun

infériorité N. F. 1. **faiblesse** 2. **handicap**, défaut, désavantage, faiblesse, inconvénient 3. **servitude**, subordination

infernal, ale, aux ADJ. 1. **démoniaque**, diabolique, satanique, méphistophélique (littér.) 2. **accéléré**, démentiel, endiablé, d'enfer, forcené 3. **insupportable**, exécrable, impossible, intenable, invivable, terrible

infertile ADJ. **1. aride**, désertique, incultivable, pauvre, stérile **2. improductif**, stérile, infécond (littér.)

infester V. TR. **1. ravager**, attaquer, dévaster, envahir, écumer, piller, saccager **2. hanter**, harceler, tourmenter **3. empoisonner**

infidèle
► N. **païen**, gentil, hérétique, impie
► ADJ. **1. inconstant**, adultère, volage **2. inexact**, déformé, erroné, incorrect, mensonger **3. défaillant**, fantaisiste, incertain

infidélité N. F. **1. inconstance**, adultère, trahison, tromperie **2. manquement**, dérogation, entorse, transgression, violation **3. inexactitude**, écart, erreur

infiltration N. F. **1. pénétration**, filtration, introduction, passage, percolation, suintement **2. injection**, piqûre **3. noyautage**, entrisme

infiltrer V. TR. **1. traverser**, pénétrer, s'insinuer dans **2. introduire**, injecter
♦ **s'infiltrer** V. PRON. **1. s'introduire**, s'insinuer, pénétrer **2. se faufiler**, se glisser

infime ADJ. **1. infinitésimal**, imperceptible, microscopique, minime, minuscule **2. insignifiant**, dérisoire, minime, négligeable, ridicule

infini[1], ie ADJ. **1. interminable**, éternel, sans fin, perpétuel **2. illimité**, colossal, démesuré, énorme, immense, vaste **3. incalculable**, incommensurable, innombrable **4. extrême**, absolu, parfait

infini[2] N. M. infinité, immensité, infinitude (littér.), vastitude (littér.)

infiniment ADV. **1. à l'infini 2. extrêmement**, diablement, énormément, excessivement, follement, furieusement, immensément, incomparablement, terriblement, beaucoup

infinité N. F. **1. immensité**, infini, infinitude (littér.), vastitude (fam.) **2. multitude**, multiplicité, myriade, profusion, quantité, surabondance, foultitude (fam.)

infinitésimal, ale, aux ADJ. infime, imperceptible, microscopique, minime, minuscule

infirme ADJ. handicapé, éclopé, estropié, impotent, invalide, mutilé, béquillard (fam.)

infirmer V. TR. **1. annuler**, casser **2. démentir**, détruire, réfuter, ruiner **3. diminuer**, affaiblir

infirmité N. F. handicap, impotence, incapacité, invalidité

inflammation N. F. **1. irritation**, rougeur **2. ignition**

inflation N. F. **1. hausse**, augmentation, escalade, montée **2. multiplication**, extension, intensification, progression

infléchir V. TR. **1. courber**, incliner, plier **2. modifier**, dévier
♦ **s'infléchir** V. PRON. **ployer**, s'arquer, se courber, fléchir, gauchir, s'incurver, plier

inflexible ADJ. **1. ferme**, inébranlable, intraitable, irréductible, de fer **2. implacable**, draconien, impitoyable, inexorable, intraitable, intransigeant **3. incontournable**, absolu

inflexion N. F. **1. flexion**, inclination, infléchissement **2. courbure**, courbe, déviation, sinuosité **3. accent**, intonation, modulation, tonalité

infliger V. TR. **1. administrer**, donner, coller (fam.), ficher (fam.), filer (fam.), flanquer (fam.) **2. imposer**

influençable ADJ. manipulable, docile, malléable, maniable

influence N. F. **1. effet**, action, impact, incidence **2. impulsion**, pression

3. crédit, audience, poids, prestige **4. ascendant**, charisme, emprise, magnétisme, pouvoir, [d'un pays, d'une théorie] rayonnement **5. empreinte**, griffe, marque

influencer V. TR. **1. agir sur**, influer sur, orienter, peser sur, [personne] déteindre sur **2.** [péj.] **manipuler**, embobiner (fam.)

influent, ente ADJ. important, puissant

influer V. TR. IND. [sans complément] faire pencher la balance
- influer sur agir sur, influencer, orienter, peser sur

informateur, trice N. indicateur, espion, dénonciateur, indic (fam.), mouchard (fam.), balance (argot), mouton (argot)

information N. F. **1. communication**, annonce, avis, briefing, communiqué, message, nouvelle **2. renseignement**, donnée, indication, précision, scoop (fam.), tuyau (fam.) **3. enquête**, étude, examen, investigation, instruction (préparatoire)
♦ **informations** PLUR. **actualités**, flash, journal (télévisé), nouvelles, infos (fam.)

informe ADJ. **1. grossier**, ébauché, imparfait, inachevé, incomplet **2. confus**, indistinct **3. laid**, disgracieux

informer V. TR. **renseigner**, avertir, aviser, éclairer, instruire, mettre au courant, mettre au fait, prévenir, briefer (critiqué), affranchir (fam.), mettre au parfum (fam.), rancarder (fam.), tuyauter (fam.)
♦ **s'informer** V. PRON. **1. se renseigner**, s'enquérir, interroger, aller aux nouvelles **2. se documenter**

infortuné, ée ADJ. malheureux, malchanceux, maudit, pauvre

infraction N. F. **1. délit**, crime **2. manquement**, atteinte, attentat, contravention, dérogation, désobéissance, entorse, transgression, violation

infrastructure N. F. **1. fondation**, fondement, sous-œuvre **2. équipement(s)**, installations

infructueux, euse ADJ. improductif, impuissant, inefficace, inopérant, inutile, sans résultat, stérile, vain

ingénier à (s') V. PRON. s'efforcer de, s'escrimer à, s'évertuer à, chercher à

ingénieux, euse ADJ. astucieux, adroit, habile, intelligent, inventif, subtil, industrieux (littér.)

ingéniosité N. F. astuce, adresse, habileté, intelligence

ingénu, ue ADJ. candide, ignorant, inexpérimenté, innocent, naïf, simple, simplet (péj.)

ingérer V. TR. avaler, absorber, ingurgiter, manger, prendre

ingérer dans (s') V. PRON. s'immiscer dans, s'entremettre dans, intervenir dans, se mêler de, s'occuper de, mettre/fourrer son nez dans (fam.)

ingrat, ate ADJ. **1. oublieux**, égoïste **2. aride**, improductif, pauvre, sec, stérile **3. difficile**, pénible **4. disgracieux**, déplaisant, désagréable, disgracié, inesthétique, laid, moche (fam.)

ingrédient N. M. composant, constituant, élément

inguérissable ADJ. incurable, condamné, perdu, fichu (fam.), foutu (fam.)

ingurgiter V. TR. **1. avaler**, absorber, boire, engloutir, ingérer, enfourner (fam.), engouffrer (fam.) **2. apprendre**, assimiler, se mettre dans la tête

inhabile ADJ. **1. maladroit**, gauche, malhabile, novice **2. inapte**, incapable, incompétent

inhabité, ée ADJ. **1. désert**, sauvage, solitaire **2. inoccupé**, abandonné, délaissé, dépeuplé, vide

inhabituel, elle ADJ. **1. inaccoutumé**, exceptionnel, rare, inusuel (littér.) **2. étrange**, anormal, insolite, singulier

inhaler V. TR. inspirer, absorber, aspirer, humer, respirer

inhérent, ente ADJ.
- **inhérent à** propre à, essentiel à, immanent à, inséparable de, intrinsèque à

inhiber V. TR. **1. prohiber**, défendre, empêcher, interdire **2. enrayer**, bloquer, juguler, paralyser, [Psych.] refouler **3. complexer**, coincer (fam.)

inhospitalier, ière ADJ. **1. froid**, glacial, revêche **2. farouche**, sauvage

inhumain, aine ADJ. **1. monstrueux**, barbare, bestial, brutal, féroce, odieux, sadique **2. insensible**, dur, impitoyable, implacable **3. insupportable**, affreux, atroce, épouvantable, infernal

inhumer V. TR. enterrer, ensevelir, mettre, porter en terre

inimaginable ADJ. **1. inconcevable**, impensable, incroyable, inenvisageable, inouï, invraisemblable **2. extraordinaire**, étonnant, fabuleux, phénoménal, stupéfiant, sidérant (fam.)

inimitable ADJ. **1. incomparable**, imbattable, inégalable, unique **2. hors pair**, sans égal, sans pareil

inimitié N. F. antipathie, animosité, aversion, haine, hostilité, rancune, ressentiment

inintelligible ADJ. **1. hermétique**, ésotérique, illisible, incompréhensible, obscur, opaque, sibyllin, abscons (littér.), abstrus (littér.) **2. confus**, nébuleux **3. insaisissable**, impénétrable, indéchiffrable, inexplicable, insondable

inintéressant, ante ADJ. banal, commun, insignifiant, quelconque, sans intérêt, [personne] falot

ininterrompu, ue ADJ. **1. continu**, non-stop, 24 heures sur 24 **2. permanent**, incessant, continuel

initial, ale, aux ADJ. originel, original, premier, primitif

initialement ADV. à l'origine, au début, originairement, originellement

initiateur, trice N. **1. introducteur**, instigateur, pionnier **2. auteur**, créateur, promoteur **3. innovateur**, novateur, précurseur **4. éducateur**, maître

initiation N. F. **1. apprentissage**, éducation, formation, instruction **2. baptême**, introduction, affiliation, [avec brimades] bizutage

initiative N. F. **1. action**, intervention **2. mesure(s)**, disposition(s) **3. volonté**, décision

initier V. TR. **1. apprendre**, conduire, enseigner, former, instruire **2. déclencher**, amorcer, engager, entamer, impulser, lancer, mettre en branle, mettre en route

♦ **s'initier** V. PRON. **s'instruire**, apprendre, étudier, se former

injecter V. TR. **1. inoculer**, infiltrer, introduire **2. insuffler**, introduire, transmettre, infuser (littér.)

injection N. F. piqûre, infiltration, inoculation, perfusion, transfusion, vaccination, [Drogue] fixe (fam.), shoot (fam.)

injonction N. F. ordre, commandement, diktat, mise en demeure, sommation, ukase, ultimatum

injure N. F. **1. insulte**, apostrophe, insolence, invective, gros mot (fam.), nom d'oiseau (fam.), sottise (fam.) **2. offense**, affront, atteinte, blessure, coup, indignité, insulte, outrage

injurier V. TR. **1. insulter**, apostropher, offenser, agonir (d'injures) (littér.), invectiver (littér.), donner des noms d'oiseau à (fam.), traiter de tous les noms (fam.) **2. outrager**, offenser

injurieux, euse ADJ. insultant, blessant, grossier, mortifiant, offensant, outrageant

injuste ADJ. **1. illégitime**, abusif, arbitraire, illégal **2. inégal**, inégalitaire, à deux vitesses **3. inéquitable**, inique, partial, léonin (littér.) **4. immérité**, infondé, injustifié, indu (littér. ou Droit)

injustice N. F. **1. iniquité**, partialité **2. abus**, passe-droit

injustifié, ée ADJ. **1. injuste**, arbitraire, gratuit, immérité **2. abusif**, illégitime, immotivé, infondé, indu (littér. ou Droit)

inné, ée ADJ. **1. naturel**, foncier, infus (littér.) **2. atavique**, congénital, héréditaire

innocence N. F. **1. candeur**, fraîcheur, ingénuité, naïveté, simplicité **2. pureté**, virginité **3. innocuité**

innocent, ente ADJ. et N. **1. non coupable**, non responsable, blanc comme neige (fam., souvent iron.) **2. naïf**, benêt, bête, crédule, demeuré, idiot, niais, nigaud, simple, simple d'esprit, simplet **3. candide**, chaste, immaculé, ingénu, pur **4. inoffensif**, anodin, bénin, irrépréhensible **5. angélique**, comme l'enfant qui vient de naître

innocenter V. TR. **1. blanchir**, disculper, justifier, laver, réhabiliter **2. absoudre**, acquitter, excuser, pardonner

innombrable ADJ. **1. incalculable**, illimité, infini **2. considérable**, nombreux

innommable ADJ. **1. dégoûtant**, immonde, infect, dégueulasse (très fam.) **2. bas**, abominable, honteux, ignoble, indigne, infâme, inqualifiable, odieux, scandaleux, sordide, vil

innovation N. F. **1. nouveauté**, création, changement, nouveau, transformation **2. audace**, hardiesse, inventivité, originalité **3. découverte**, invention

innover V. TR. **1. changer 2. inventer**, créer, trouver

inoccupé, ée ADJ. **1. vacant**, disponible, libre, vide **2. inhabité**, vide **3. désœuvré**, inactif, oisif

inoculer V. TR. **1. injecter 2. transmettre**, inspirer, insuffler, propager, infuser (littér.), instiller (littér.)

inoffensif, ive ADJ. **1. innocent**, anodin, bénin **2. pacifique**, calme, doux, paisible, tranquille

inondation N. F. **1. débordement**, sinistre **2. déferlement**, invasion

inonder V. TR. **1. submerger**, noyer **2. arroser**, asperger, baigner, mouiller, tremper **3. affluer sur/dans**, envahir, déferler sur, prendre d'assaut

inopérant, ante ADJ. impuissant, inefficace, inutile, sans résultat, vain

inopiné, ée ADJ. **1. fortuit**, imprévu, inattendu **2. soudain**, subit **3. surprenant**

inopportun, une ADJ. **1. fâcheux**, importun, inconvenant, regrettable **2. intempestif**, déplacé, hors de propos, hors de saison, incongru, mal choisi, malvenu, malséant (littér.)

inoubliable ADJ. **1. mémorable**, fameux, historique, marquant **2. indélébile**, ineffaçable

inouï, ïe ADJ. étonnant, extraordinaire, formidable, incroyable, prodigieux, sensationnel, unique

inqualifiable ADJ. indigne, honteux, ignoble, infâme, innommable, odieux, scandaleux, sordide, vil, dégueulasse (très fam.)

inquiet, ète ADJ. 1. **alarmé**, agité, anxieux, angoissé, préoccupé, soucieux, tourmenté, troublé, tracassé 2. **apeuré**, effaré, effarouché, effrayé 3. **pessimiste** 4. **crispé**, anxieux, fiévreux, impatient, tendu

inquiétant, ante ADJ. 1. **alarmant**, angoissant, effrayant, menaçant, préoccupant 2. **grave**, sérieux 3. **sinistre**, louche, menaçant, craignos (fam.), [mine] patibulaire, sombre

inquiéter V. TR. 1. **alarmer**, agiter, affoler, alerter, angoisser, apeurer, chagriner, effrayer, ennuyer, épouvanter, tourmenter, tracasser, troubler, travailler (fam.) 2. **harceler**, tourmenter
♦ **s'inquiéter** V. PRON. **s'alarmer**, s'affoler, s'émouvoir, se faire du souci, se soucier, se tracasser, se biler (fam.), s'en faire (fam.), se faire du mouron (fam.), se faire de la bile (fam.), se faire des cheveux (fam.), se faire du mauvais sang (fam.), se frapper (fam.), se ronger les sangs (fam.)

inquiétude N. F. 1. **alarme**, appréhension, crainte, peine, peur, préoccupation, souci, tourment 2. **angoisse**, agitation, anxiété, émoi, malaise, trouble

inquisiteur, trice ADJ. 1. **curieux**, fouineur, fureteur, indiscret, inquisitorial (littér.) 2. **soupçonneux**, scrutateur

insaisissable ADJ. 1. **fuyant**, fluide, fugace, impalpable, évanescent (littér.) 2. **imperceptible**, indiscernable, insensible 3. **incompréhensible**, ésotérique, impénétrable, fumeux (fam.)

insalubre ADJ. 1. **malsain**, impur, pollué 2. **polluant**

insanité N. F. 1. **bêtise**, ânerie, idiotie, imbécillité, ineptie, sottise 2. **folie**, démence

insatiable ADJ. 1. **avide**, affamé, boulimique 2. **vorace**, glouton, goinfre, goulu 3. **inassouvissable**, dévorant, inapaisable (littér.), inextinguible (littér.)

insatisfaisant, ante ADJ. décevant, faible, insuffisant, médiocre

insatisfait, aite ADJ. 1. **mécontent**, déçu 2. **inassouvi**, frustré, inapaisé (littér.)

inscription N. F. 1. **écrit**, devise, graffiti, tag, [sur une œuvre, un édifice] exergue, ex-libris, épigraphe, [sur une tombe] épitaphe 2. **immatriculation**, adhésion, affiliation, conscription, enregistrement 3. **citation**, mention

inscrire V. TR. 1. **graver** 2. **écrire**, coucher sur le papier, consigner, indiquer, marquer, mentionner, noter, porter 3. **enregistrer**, copier 4. **enrôler**, immatriculer, matriculer
♦ **s'inscrire** V. PRON. **s'affilier**, adhérer

insécurité N. F. 1. **danger**, dangerosité, risques, péril(s) (littér.) 2. **instabilité**, précarité

insensé, ée ADJ. 1. **irrationnel**, aberrant, absurde, démentiel, extravagant, fou, inepte, irréfléchi, saugrenu 2. [rythme] **effréné**, démentiel, échevelé, enragé, excessif, forcené, frénétique, tumultueux 3. [fam.] **incroyable**, fou, délirant (fam.), dingue (fam.)

insensibiliser V. TR. 1. **endormir** 2. **anesthésier**, chloroformer, éthériser (anciennt)

insensibilité N. F. 1. **paralysie**, apathie, inconscience, léthargie 2. **analgésie** 3. **détachement**, ataraxie, impassibilité, indifférence 4. **désintérêt**, imperméabilité, indifférence 5. **dureté**, cruauté, froideur

insensible ADJ. **1. engourdi**, paralysé **2. apathique**, assoupi, indolent, léthargique **3. détaché**, impassible, imperturbable **4. dur**, de pierre, froid, glacial, impitoyable, implacable, indifférent, inexorable, inhumain, sec, sans cœur **5. imperceptible**, faible, indécelable, indiscernable, léger, minime, minuscule

inséparable ADJ. **1. indivisible**, insécable, joint, uni **2. inévitable**, éternel

insérer V. TR. **1. introduire**, glisser, intercaler **2. incorporer**, emboîter, encastrer, enchâsser, enclaver, implanter, incruster, [feuille] encarter, interfolier, [pierre] enchatonner, sertir **3. ajouter**, inclure, introduire, mettre, fourrer (fam.)

♦ **s'insérer** V. PRON. **1. se placer**, s'attacher, s'implanter, s'encastrer **2. s'assimiler**, s'intégrer **3. s'inscrire**, s'intégrer

insidieux, euse ADJ. **1. sournois**, traître **2. trompeur**, fallacieux, illusoire **3. piégé**, rusé, spécieux, captieux (littér.)

insigne[1] ADJ. **1. remarquable**, éclatant, éminent, fameux **2. important**, signalé (littér.)

insigne[2] N. M. **1. emblème**, symbole **2. marque**, badge, plaque, signe **3. décoration**, médaille, récompense, ruban

insignifiant, ante ADJ. **1. banal**, anodin, fade, falot, inconsistant, inodore et sans saveur, insipide, médiocre, nul, ordinaire, quelconque, terne **2. frivole**, accessoire, dérisoire, futile, vain, vide, sans intérêt **3. infime**, dérisoire, mince, minime, mineur, minuscule, négligeable, petit **4.** [péj.] **misérable**, malheureux, mesquin, de rien du tout (fam.)

insinuation N. F. allusion, sous-entendu

insinuer V. TR. **1. suggérer**, glisser, laisser entendre, sous-entendre **2. vouloir dire**, entendre (littér.)

♦ **s'insinuer** V. PRON. **s'introduire**, se couler, entrer, envahir, se faufiler, se glisser, s'infiltrer, pénétrer

insipide ADJ. **1. fade**, douceâtre **2. ennuyeux**, fastidieux, (incolore) inodore et sans saveur, plat, sans sel **3. effacé**, anodin, banal, falot, inconsistant, insignifiant, ordinaire, quelconque, terne

insistance N. F. **1. obstination**, acharnement, constance, entêtement, opiniâtreté, persévérance, ténacité **2. indiscrétion**

insistant, ante ADJ. **1. appuyé**, pressant, instant (littér.) **2. indiscret**

insister V. INTR. **1. s'obstiner**, s'acharner, s'entêter, continuer, persévérer, persister **2. mettre les points sur les i**, enfoncer le clou, en remettre une couche/une louche (fam.)

insolence N. F. **1. effronterie**, impertinence, irrespect, culot (fam.), toupet (fam.) **2. offense**, impertinence, insulte **3. arrogance**, dédain, impudence, mépris, morgue, outrecuidance (littér.), superbe (littér.)

insolent, ente ADJ. **1. impertinent**, effronté, grossier, impoli, irrespectueux **2. arrogant**, désinvolte, hautain, impudent, orgueilleux, prétentieux, outrecuidant (littér.) **3. déplacé**, cavalier, familier, hardi, inconvenant, indécent, injurieux, insultant, leste **4. extraordinaire**, honteux, incroyable, indécent, inouï, provocant

insolite ADJ. **1. singulier**, anormal, bizarre, étonnant, étrange, exceptionnel, extraordinaire, inaccoutumé, inhabituel, rare **2. excentrique**, extravagant, ovni (nom)

insondable ADJ. **1. impénétrable**, incompréhensible, inexplicable, inintelligible, insaisissable, obscur **2. immense**, abyssal, incommensurable, infini, intense, profond

insouciance N. F. **1. frivolité**, étourderie, imprévoyance, irréflexion, légèreté **2. détachement**, décontraction, désinvolture, indifférence, indolence, nonchalance

insouciant, ante ADJ. étourdi, désinvolte, frivole, évaporé, imprévoyant, irréfléchi, léger, négligent

insoumis, ise
▸ ADJ. **rebelle**, désobéissant, frondeur, indiscipliné, récalcitrant, réfractaire, rétif, révolté, séditieux, indocile (littér.)
▸ N. **réfractaire**, déserteur, mutin, objecteur de conscience, séditieux

insoupçonné, ée ADJ. **1. ignoré**, inconnu, nouveau **2. inattendu**, secret, stupéfiant

insoutenable ADJ. **1. insupportable**, épouvantable, infernal, intolérable **2. inadmissible**, inacceptable, indéfendable, injustifiable

inspecter V. TR. **1. contrôler**, superviser, surveiller, vérifier, visiter **2. examiner**, étudier, explorer, fouiller, ratisser, sonder, passer au peigne fin **3. scruter**, regarder des pieds à la tête

inspection N. F. contrôle, examen, fouille, ronde, vérification, surveillance, visite, [de bateau] arraisonnement, [de troupes] revue

inspiration N. F. **I. aspiration**, inhalation **II. 1. intuition**, éclair (de génie), idée **2. veine**, verve **3. grâce**, esprit, illumination, souffle **III. conseil**, avis, impulsion, influence, instigation, suggestion

inspirer
▸ V. INTR. **aspirer**, respirer
▸ V. TR. **I. 1. susciter**, communiquer, donner, inoculer, imprimer, insuffler, faire naître, provoquer, suggérer, instiller (littér.) **2. imposer**, commander, dicter **II. 1. conseiller**, diriger, encourager, persuader **2. animer**, déterminer
♦ **s'inspirer de** V. PRON. **imiter**, copier, prendre modèle sur, plagier (péj.)

instabilité N. F. **1. déséquilibre 2. variabilité**, fluctuation, inconstance, mobilité, versatilité **3. fragilité**, précarité

instable ADJ. **I. bancal**, boiteux, branlant, chancelant, vacillant **II. 1. changeant**, fluctuant, mobile, mouvant, variable **2. capricieux**, changeant, fluctuant, inconstant, versatile **3. fragile**, fugitif, labile, précaire **III. nomade**, errant, vagabond **IV. déséquilibré**, caractériel

installation N. F. **1. emménagement 2. arrangement**, agencement, aménagement, équipement, organisation **3. pose**, établissement, mise en place **4. intronisation**, investiture
♦ **installations** PLUR. infrastructure, équipement

installer V. TR. **1. placer**, mettre en place, poser, caser (fam.) **2. aménager**, agencer, arranger, disposer, équiper **3. introniser**, asseoir, établir
♦ **s'installer** V. PRON. **1. emménager**, se loger, planter ses pénates/sa tente (plaisant) **2. s'établir**, s'enraciner, se fixer, s'implanter, prendre pied, prendre racine **3. se mettre**, s'asseoir, prendre place, se placer, [dans un fauteuil] se carrer

instance N. F. **1. demande**, pression, prière, requête, sollicitation **2. procédure**, procès **3. institution**, autorité

instant[1], ante ADJ. **1. pressant**, appuyé, insistant **2. imminent**

instant[2] N. M. moment, heure, minute, période, seconde, temps

instantané, ée ADJ. **1. immédiat**, brutal, prompt, rapide, soudain, subit **2. bref**, fugace, fugitif

instantanément ADV. aussitôt, à l'instant, immédiatement, sur-le-champ, tout de suite, incontinent (littér.)

instaurer V. TR. établir, constituer, créer, ériger, fonder, implanter, inaugurer, instituer, mettre en place, organiser, promouvoir

instigateur, trice N. inspirateur, âme, cause, incitateur, meneur, moteur, promoteur

instiller V. TR. insuffler, inoculer, insinuer, inspirer

instinct N. M. **1. intuition**, flair, inspiration, perspicacité, feeling (fam.), pif (fam.) **2. aptitude**, disposition, don, sens, talent, bosse (fam.) **3. nature**, inclination, penchant, tendance **4. pulsion**

instinctif, ive ADJ. **1. irréfléchi**, automatique, inconscient, involontaire, irraisonné, machinal, mécanique, réflexe, spontané **2. viscéral**, animal, instinctuel, irraisonné, tripal (fam.) **3. inné**, naturel

instinctivement ADV. **1. spontanément**, impulsivement, inconsciemment, d'instinct **2. machinalement**, mécaniquement, par automatisme, par habitude

instituer V. TR. établir, constituer, créer, ériger, fonder, implanter, instaurer, mettre en place

institution N. F. **1. création**, fondation, érection, établissement, instauration, organisation **2. établissement** **3. école**, collège, pension, pensionnat ♦ **institutions** PLUR. **État**, pouvoir, régime, système

instructeur, trice N. éducateur, entraîneur, moniteur, professeur

instructif, ive ADJ. formateur, édifiant, éducatif, enrichissant, plein d'enseignement

instruction N. F. **I. 1. savoir**, connaissances, culture, éducation, lettres, science, bagage (fam.) **2. apprentissage**, édification, initiation **3. enseignement**, formation, pédagogie **II. consigne**, directive, indication, ordre, prescription **III. enquête**, information

instruire V. TR. **1. éduquer**, enseigner, former, initier **2.** [Droit] **examiner** **3.** [qqn de, sur] **apprendre à**, annoncer à, avertir de, aviser de, informer, notifier, faire part à, prévenir, renseigner
♦ **s'instruire** V. PRON. **apprendre**, se cultiver, étudier, se former

instruit, ite ADJ. cultivé, éclairé, érudit, expérimenté, lettré, sage, savant, calé (fam.)

instrument N. M. **1. outil**, appareil, engin, machine, ustensile **2. moyen**, organe **3. agent**, âme, bras, exécutant, jouet (péj.), pantin (péj.)

insubordination N. F. **1. rébellion**, contestation, révolte **2. désobéissance**, indiscipline, manquement (à la discipline/à l'obéissance), insoumission

insuffisance N. F. **1. carence**, défaut, déficience, déficit, faiblesse, lacune, manque, pauvreté, pénurie **2. médiocrité**, faiblesse, imperfection, infériorité, inintérêt, insignifiance **3. inaptitude**, ignorance, impuissance, incapacité, incompétence, nullité, impéritie (littér.)

insuffisant, ante ADJ. **1. maigre**, mesquin, pauvre, court (fam.), juste (fam.) **2. imparfait**, déficient, faible, incomplet, insignifiant, jeune, mauvais, médiocre **3. incapable**, ignare, inapte, incompétent, nul

insuffler V. TR. injecter, communiquer, imprimer, inoculer, inspirer, instiller (littér.)

insultant, ante ADJ. injurieux, blessant, grossier, offensant, outrageant

insulte N. F. 1. **affront**, attaque, atteinte, injure, offense, outrage 2. **invective**, grossièreté, insolence

insulter V. TR. 1. **injurier**, invectiver (littér.), agonir (littér.), donner des noms d'oiseau à (fam.), traiter de tous les noms (fam.) 2. **offenser**, outrager

insupportable ADJ. 1. **odieux**, antipathique, détestable, exécrable, haïssable, impossible, infernal, invivable, imbuvable (fam.) 2. **turbulent**, impossible, infernal, intenable, pénible 3. **atroce**, épouvantable, insoutenable, intenable, intolérable, terrible

insurgé, ée ADJ. et N. émeutier, factieux, insoumis, mutin (nom), révolté, rebelle, séditieux

insurger (s') V. PRON. 1. **se révolter**, se mutiner, se rebeller, se soulever, se rebiffer (fam.) 2. **s'indigner**, se cabrer, se dresser, s'inscrire en faux, protester, regimber

insurmontable ADJ. 1. **infranchissable**, insurpassable, invincible 2. **incontrôlable**, indomptable

insurrection N. F. émeute, levée (de boucliers), mouvement (insurrectionnel), mutinerie, rébellion, résistance (à l'oppression), révolte, révolution, sédition, soulèvement, trouble, [Hist.] jacquerie

intact, acte ADJ. 1. **indemne**, entier, (sain et) sauf 2. **inchangé**, inaltéré, tel quel 3. **propre**, immaculé, net, pur, sans tache 4. **sauf**

intarissable ADJ. 1. **inépuisable**, inlassable 2. **abondant**, débordant, fécond, généreux, inépuisable

intégral, ale, aux ADJ. 1. **complet**, entier, exhaustif, total 2. **absolu**

intégralement ADV. 1. **complètement**, entièrement, parfaitement, totalement 2. **in extenso**, en entier, en totalité, exhaustivement, dans son intégralité, dans sa totalité, du début à la fin, de A à Z

intégralité N. F. 1. **ensemble**, totalité 2. **intégrité**, entièreté, complétude (littér.)

intégration N. F. 1. **concentration**, absorption, fusion, imbrication, unification, union 2. **assimilation**, incorporation, adaptation, appropriation, imprégnation, acculturation

intègre ADJ. 1. **honnête**, incorruptible, vertueux, probe (littér.) 2. **équitable**, impartial, juste

intégrer V. TR. 1. **incorporer**, assimiler, fondre 2. **comprendre**, associer, inclure, réunir, unir

♦ **s'intégrer** V. PRON. **s'insérer**, s'assimiler

intégrisme N. M. fondamentalisme, traditionalisme

intégriste ADJ. et N. fondamentaliste, traditionaliste

intégrité N. F. 1. **totalité**, intégralité 2. **honnêteté**, incorruptibilité, probité

intellect N. M. entendement, esprit, intelligence

intellectuel, elle

▸ ADJ. 1. **mental**, idéologique, moral, psychique, spirituel 2. **cérébral**, abstrait, intello (fam.)

▸ N. **cérébral**, cerveau, tête, intello (fam.), tête d'œuf (péj.)

intelligence N. F. 1. **esprit**, entendement, intellect, matière grise, pensée, raison 2. **clairvoyance**, discernement, jugement, pénétration, perspicacité, sagacité, subtilité, jugeote (fam.) 3. **compréhension**, intellection, perception 4. **complicité**, collusion, connivence, entente

intelligent, ente ADJ. **1. pensant**, raisonnable **2. brillant**, capable, doué, éveillé, fin, fort, vif, futé (fam.) **3. perspicace**, clairvoyant, pénétrant, sagace, subtil **4. habile**, adroit, astucieux, ingénieux, malin

intelligible ADJ. accessible, clair, compréhensible, facile, limpide, lumineux, net, simple

intempéries N. F. PL. mauvais temps, rigueurs du climat

intempestif, ive ADJ. déplacé, importun, incongru, inconvenant, indiscret, inopportun, malvenu, malséant (littér.)

intemporel, elle ADJ. **1. éternel**, atemporel, immuable **2. immatériel**, désincarné, incorporel

intenable ADJ. **1. intolérable**, épouvantable, infernal, insupportable, invivable **2. turbulent**, impossible, infernal, insupportable, indocile (littér.), terrible (fam.) **3. indéfendable**, injustifiable

intense ADJ. **1. vif**, extrême, fort, profond, violent, [mal de tête] carabiné (fam.) **2. dense 3. soutenu**, cru, vif, **passionné**, ardent, tumultueux

intensif, ive ADJ. soutenu, accentué, prononcé

intensification N. F. accroissement, amplification, augmentation, exacerbation, extension, renforcement, [en mal] aggravation

intensifier V. TR. **augmenter**, accroître, amplifier, développer, exacerber, renforcer, [en mal] aggraver
♦ **s'intensifier** V. PRON. **s'accentuer**, s'accroître, s'amplifier, augmenter, croître, se développer, grandir, monter, redoubler, se renforcer, [en mal] s'aggraver

intensité N. F. **1. force**, acuité, amplitude, puissance, véhémence, violence **2.** [d'un son] **volume 3.** [de la lumière] **brillance**, vivacité **4. ampérage**

intenter V. TR.
- **intenter une action contre** attaquer, actionner, attraire en justice, ester en justice

intention N. F. **1. but**, dessein, fin, objectif, objet, plan, projet, visée **2. détermination**, décision, désir, résolution, volonté, vouloir, [vague] velléité **3. préméditation 4. mobile**, cause, motif **5. disposition**

intentionnel, elle ADJ. délibéré, conscient, prémédité, préparé, volontaire, voulu

intentionnellement ADV. exprès, délibérément, de propos délibéré, à dessein, sciemment, volontairement

intercaler V. TR. **insérer**, enchâsser, glisser, incorporer, interpoler, introduire, joindre, mettre entre, placer entre
♦ **s'intercaler** V. PRON. **1. s'insérer**, se glisser **2. s'interposer**

intercéder V. INTR.
- **intercéder pour, en faveur de** intervenir pour, s'entremettre pour, parler pour, défendre

intercepter V. TR. **1. s'emparer de**, attraper au vol, saisir **2. surprendre**, capter, saisir **3. arrêter**, interrompre, boucher, cacher, éclipser, masquer, occulter, voiler

interception N. F. arrêt, blocage, interruption

interchangeable ADJ. **1. commutable**, permutable, substituable **2. jetable**, remplaçable

interdiction N. F. **1. défense**, prohibition **2. tabou**, interdit

interdire V. TR. **I. 1. défendre**, prohiber, proscrire, mettre hors la loi **2. em-**

pêcher, exclure, s'opposer à, faire obstacle à **3. censurer**, condamner, frapper d'interdit **4.** [sa porte] **fermer** **5. suspendre**, frapper d'interdiction **II. interloquer**, confondre, étonner, laisser pantois, laisser sans voix
♦ **s'interdire de** V. PRON. **1. s'abstenir de**, s'empêcher de, se garder de, se retenir de **2. se refuser à**, se défendre de

interdit[1], ite ADJ. **I. 1. défendu**, illégal, illicite, prohibé **2. tabou**, proscrit **II. ahuri**, déconcerté, décontenancé, ébahi, médusé, pantois, pétrifié, saisi, sans voix, stupéfait, stupide, ébaubi (littér.), sidéré (fam.)

interdit[2] N. M. **1. condamnation**, censure **2. tabou** **3. mise à l'index**, boycott, exclusive

intéressant, ante ADJ. **1. captivant**, palpitant, passionnant, prenant **2. pertinent**, important, valable **3. curieux**, piquant, remarquable **4. profitable**, avantageux, fructueux, lucratif, payant, rémunérateur, rentable, juteux (fam.) **5. attrayant**, alléchant, attirant, attractif, [prix] modique, raisonnable

intéressé, ée ADJ. **1. calculateur** **2. cupide**, vénal **3. attiré**, captivé, passionné, séduit

intéresser V. TR. **1. plaire à**, captiver, passionner, accrocher (fam.), brancher (fam.) **2. concerner**, s'appliquer à, se rapporter à, relever de, avoir rapport à/avec, toucher, avoir trait à **3. importer à**, préoccuper, toucher
♦ **s'intéresser à** V. PRON. **1. aimer**, cultiver, étudier, pratiquer, s'adonner à **2. s'occuper de**, se pencher sur, suivre **3. se soucier de**, se préoccuper de

intérêt N. M. **I. 1. avantage**, bien, importance, profit, utilité **2. qualité**, piment, sel **II. curiosité**, attirance, désir (d'apprendre), goût, inclination, penchant **III. bienveillance**, attention, compréhension, gentillesse, sollicitude, sympathie **IV. 1. prix de l'argent**, agio, escompte, loyer, [excessif] usure **2. revenu**, dividende, gain, rapport, rente

interférer V. INTR. interagir, intervenir, jouer un rôle

intérieur[1], eure ADJ. **1. interne** **2. civil**, intestin (littér.) **3. domestique** **4. intime**, privé, secret **5. psychique**, spirituel

intérieur[2] N. M. **1. dedans** **2. contenu**, centre, entrailles **3. foyer**, chez-soi, home (anglic.), logis, maison, nid **4. arrière-pays**, hinterland

intérieurement ADV. **1. au-dedans** **2. mentalement**, intimement, dans son for intérieur, secrètement, tout bas, in petto, à part soi

intérim N. M. **1. remplacement**, suppléance, interrègne (plaisant) **2. travail temporaire**

intérimaire
▸ ADJ. **temporaire**, momentané, passager, provisoire, transitoire, précaire
▸ N. **remplaçant**, suppléant, vacataire

interlope ADJ. **1. douteux**, équivoque, louche, mal famé, suspect, [hôtel] borgne **2. frauduleux**, de contrebande, illégal, illicite

interloqué, ée ADJ. ahuri, confondu, déconcerté, décontenancé, désarçonné, déstabilisé, médusé, muet, pantois, pétrifié, saisi, sans voix, stupéfait, stupide, ébaubi (littér.), sidéré (fam.)

interlude N. M. intermède, entracte, interruption

intermède N. M. **1. arrêt**, entracte, interruption, intervalle **2. interlude**, divertissement, intermezzo

intermédiaire[1] ADJ. **1. moyen**, médian, entre les deux (fam.) **2. transitoire**

intermédiaire[2]
▸ N. **1. négociateur**, arbitre, médiateur **2. agent**, entremetteur, interprète, boîte aux lettres (fam.), homme de paille (péj.), prête-nom (péj.) **3. commerçant 4. agent**, commissionnaire, courtier, mandataire, représentant
▸ N. M. **1. entre-deux**, milieu, moyen terme, moyenne **2. entremise**, médiation, truchement **3. transition**, lien, pont

interminable ADJ. **1. incessant**, continuel, éternel, fastidieux, infini, long, sans fin, sempiternel, long comme un jour sans pain **2. démesuré**, énorme, gigantesque, immense

intermittence N. F. **1. discontinuité**, irrégularité **2.** [d'une douleur] **intermission**, rémission **3.** [du rythme cardiaque] **arythmie**

intermittent, ente ADJ. **1. discontinu**, irrégulier **2. épisodique**, sporadique **3.** [lumière] **clignotant**, à éclipse

international, ale, aux ADJ. **1. mondial**, global, planétaire **2. cosmopolite**

interne ADJ. **1. intérieur**, [querelle] intestine (littér.) **2. intrinsèque**, endogène, profond

internement N. M. enfermement, captivité, emprisonnement, détention, incarcération

interner V. TR. enfermer, emprisonner, boucler (fam.)

Internet N. M. le réseau des réseaux, la Toile, le Net, le Web

interpellation N. F. **1. apostrophe 2. arrestation**, capture **3. injonction**, mise en demeure, sommation

interpeller V. TR. **1. apostropher**, appeler, héler **2. arrêter**, appréhender, capturer, agrafer (fam.), alpaguer (fam.), cueillir (fam.), épingler (fam.), pincer (fam.), ramasser (fam.) **3. intéresser**, susciter un écho/un intérêt chez

interposer V. TR. intercaler, mettre, placer, poser
♦ **s'interposer** V. PRON. **s'entremettre**, intervenir

interprétation N. F. **1. explication**, commentaire, exégèse, glose, paraphrase, herméneutique **2. lecture**, version **3. exécution**, jeu

interprète N. **1. traducteur 2. intermédiaire**, porte-parole **3. commentateur**, exégète **4. artiste**, acteur, comédien, chanteur, musicien

interpréter V. TR. **1. commenter**, éclaircir, expliquer, gloser **2. comprendre**, déchiffrer, décoder, décrypter, deviner, expliquer, lire, pénétrer, saisir **3. jouer**, exécuter, incarner, représenter

interrogateur, trice ADJ. interrogatif, inquisiteur (péj.)

interrogation N. F. **1. demande**, question **2. épreuve**, contrôle, devoir, examen, colle (fam.), interro (fam.) **3. interrogatoire**

interroger V. TR. **1. questionner**, poser une/des question(s) à, presser de questions, cuisiner (fam.), mettre sur le gril (fam.), mettre sur la sellette (fam.) **2. demander à**, s'enquérir auprès de, se renseigner auprès de **3. sonder**, consulter, interviewer, tâter (le pouls de) **4. interpeller 5. scruter**, examiner, fouiller
♦ **s'interroger** V. PRON. **1. hésiter**, se tâter **2. descendre en soi-même**

interrompre V. TR. **1. arrêter**, briser, cesser, couper (court à), discontinuer, finir, rompre **2. abandonner**, suspendre **3. couper la parole à 4. rompre**, trancher **5. déranger**, entrecouper, hacher, perturber, traverser, troubler
♦ **s'interrompre** V. PRON. **cesser**, (s')arrêter, finir

interruption N. F. **1. arrêt**, cessation, coupure, discontinuation, discontinuité, halte, suspension **2. relâche**, vacances **3. pause**, battement, entracte, intermède, répit, break (fam.) **4. intervalle**, hiatus, rupture, saut, solution de continuité **5. coupure**, dérangement, panne, rupture **6.** [Méd.] **rémission**, répit

intersection N. F. **1. croisement**, carrefour, croisée **2. arête**, concours

interstice N. M. **1. fente 2. intervalle**, écart, espace

intervalle N. M. **1. distance**, écart, éloignement, espace **2. fente**, interstice **3. battement**, entracte, intermède, interruption, pause, répit, rémission, silence, suspension, temps (d'arrêt), break (fam.) **4. intérim**, interrègne **5. différence**, écart, [grand] abîme, fossé

intervenir V. INTR. **1. agir**, entrer en action, entrer en jeu, entrer en scène, opérer **2. s'entremettre**, s'interposer, faire un geste, [au négatif] lever, remuer le petit doigt (fam.) **3. la ramener** (fam.), mettre/mêler son grain de sel (fam.), ramener sa fraise (fam.)

intervention N. F. **1. action 2. aide**, bons offices, concours, entremise, intercession, médiation, piston (fam.) **3. ingérence**, immixtion, incursion, intrusion **4. opération (chirurgicale)**

interversion N. F. **1. inversion**, permutation, transposition **2.** [Ling.] **métathèse**, anastrophe

intervertir V. TR. inverser, permuter, renverser, retourner, transposer

interview N. F. entretien, conversation

interviewer V. TR. interroger, questionner

intestins N. M. PL. **1. viscères**, entrailles (didact. ou littér.), boyaux (fam. pour l'homme), tripes (fam. pour l'homme), tripaille (fam.) **2. ventre**

intime

▸ ADJ. **1. profond**, intérieur **2. essentiel 3. personnel**, domestique, particulier, privé, secret **4. étroit**, familier **5.** [rapport] **sexuel**, charnel, physique

▸ N. **ami**, confident, familier, proche

intimement ADV. **1. profondément**, foncièrement, dans son for intérieur **2. étroitement**

intimer V. TR. commander, enjoindre, notifier, signifier

intimidation N. F. menace, pression, chantage

intimider V. TR. **1. impressionner**, en imposer à **2. effaroucher**, embarrasser, gêner, mettre mal à l'aise, troubler **3. glacer**, frigorifier, inhiber, paralyser, terroriser **4. menacer**, faire pression sur

intimité N. F. **1. vie personnelle**, vie privée **2. familiarité**

intituler V. TR. appeler, dénommer, nommer, baptiser (plaisant)

intolérable ADJ. **1. aigu**, atroce, épouvantable, horrible, insoutenable, insupportable, intenable **2. accablant**, abominable, désagréable, importun **3. inadmissible**, inacceptable, insupportable, odieux, révoltant, scandaleux

intolérance N. F. **1. étroitesse d'esprit**, intransigeance, rigidité **2. fanatisme**, sectarisme **3. allergie**

intolérant, ante ADJ. **1. étroit**, intransigeant, intraitable **2. fanatique**, sectaire

intonation N. F. accent, inflexion, mélodie, modulation, prosodie

intouchable ADJ. **1. sacré**, intangible, inviolable, tabou, sacro-saint (fam.) **2. inapprochable 3. invulnérable**, inamovible, indéboulonnable (fam.)

intoxication N. F. **1. empoisonnement 2. endoctrinement**, désinformation, bourrage de crâne (fam.), intox (fam.), matraquage (fam.)

intoxiquer V. TR. **empoisonner**
♦ **s'intoxiquer** V. PRON. **1. s'empoisonner 2. se droguer**

intraitable ADJ. **1. exigeant**, intransigeant **2. impitoyable**, implacable, inflexible, irréductible **3. désobéissant**, difficile, dur, entier, farouche, fier, indomptable

intransigeance N. F. inflexibilité, rigidité, intolérance, raideur, sévérité

intransigeant, ante ADJ. **1. intraitable**, absolu, farouche, inflexible, irréductible **2. raide**, rigide, rigoriste, rigoureux, sévère, strict **3. intolérant**, sectaire **4. autoritaire**, draconien, dur

intrépide ADJ. **1. audacieux**, brave, courageux, fier, hardi, héroïque, impavide, vaillant, valeureux **2. inébranlable**, ferme **3. déterminé**, imperturbable, enragé (fam.), sacré (fam.)

intrigue N. F. **1. complot**, agissements, cabale, conspiration, imbroglio, machination, manège, manœuvres, menées, combine (fam.), cuisine (fam.), embrouille (fam.), fricotage (fam.), grenouillage (fam.), magouille (fam.), manigance (fam.), micmac (fam.), trafic (fam.), tripotage (fam.) **2. scénario**, action, argument, histoire, nœud

intriguer
▸ V. TR. **étonner**, appeler/attirer l'attention de, paraître/sembler bizarre à, interpeller, mettre la puce à l'oreille à, surprendre
▸ V. INTR. **manœuvrer**, comploter, magouiller (fam.)

intrinsèque ADJ. **1. inhérent**, constitutif, essentiel, immanent, propre **2. interne**, intérieur

introduction N. F. **I. 1. commencement 2. entrée en matière**, avant-propos, avertissement, avis (au lecteur), (discours) préliminaire, exorde, exposition, préambule, préface, prélude, prodrome, prolégomènes, prologue **II. 1. admission**, entrée, infiltration (péj.) **2. importation**, acclimatation, adoption **3. présentation**, recommandation **4. pénétration**, intromission **III. initiation**, apprentissage, préparation

introduire V. TR. **1. insérer**, caser, enfoncer, enfourner, engager, entrer, glisser, incorporer, injecter, intégrer, intercaler, (faire) passer, planter, plonger, rentrer, ficher (fam.), fourrer (fam.) **2. conduire**, faire entrer, faire passer **3. importer**, acclimater, adopter, implanter **4. infuser**, injecter, inoculer, inspirer, insuffler, instiller (littér.) **5. présenter**, faire connaître, lancer, ouvrir les portes à, parrainer, patronner, pousser
♦ **s'introduire** V. PRON. **1. entrer**, se couler, se faufiler, se glisser, (s') infiltrer, s'insinuer, pénétrer, se fourrer (fam.) **2. s'ingérer**, s'immiscer, se mêler

introverti, ie ADJ. inhibé, renfermé, replié sur soi

intrus, use ADJ. et N. importun, gêneur, indésirable, indiscret

intuition N. F. **1. pressentiment**, prémonition, prescience **2. sagacité**, flair, instinct, sixième sens, feeling (fam.), nez (fam.)

inusable ADJ. solide, inaltérable, indestructible, à toute épreuve

inusité, ée ADJ. **1. inutilisé**, inemployé, rare, inusuel (littér.) **2. inhabituel**, anormal, exceptionnel, extraordinaire, inaccoutumé, rare, singulier

inutile ADJ. **1. superflu**, accessoire, superfétatoire (littér.) **2. inefficace**, infructueux, stérile, vain **3. creux**, oiseux, vide

inutilement ADV. en vain, en pure perte, sans nécessité, stérilement, vainement, pour rien, pour des prunes (fam.)

inutilisable ADJ. inemployable, inexploitable

inutilisé, ée ADJ. **1. inusité**, inemployé **2. inexploité**, inemployé

inutilité N. F. inefficacité, futilité, inanité, stérilité, vanité

invalide N. handicapé, impotent, infirme

invalider V. TR. annuler, abolir, détruire, réduire à néant

invalidité N. F. infirmité, handicap, impotence, incapacité

invariable ADJ. **1. constant**, égal, éternel, fixe, immuable, permanent **2. certain**, immobile, inaltérable, stable, stationnaire

invariablement ADV. toujours, constamment, immanquablement, immuablement, rituellement, perpétuellement, à tous les coups (fam.)

invasion N. F. **1. envahissement**, occupation **2. irruption**, incursion, ruée **3. déferlement**, débordement, inondation, pénétration **4. diffusion**, propagation

invective N. F. injure, affront, insulte, sortie

invectiver

▸ V. TR. **injurier**, insulter, agonir (littér.), incendier (fam.)

▸ V. INTR. **crier**, déclamer, fulminer, pester

inventaire N. M. **1. dénombrement**, énumération, recensement **2. catalogue**, état, liste, nomenclature, récapitulation, relevé, répertoire, revue, table, tableau

inventer V. TR. **1. découvrir**, concevoir, créer, imaginer, trouver **2. forger**, arranger, broder, fabriquer, imaginer, improviser, rêver, monter de toutes pièces, controuver (littér.) **3. chercher**, supposer

inventeur, trice N. auteur, créateur, découvreur, fondateur, mère, père

inventif, ive ADJ. **1. créatif**, fécond, fertile **2. astucieux**, habile, imaginatif, ingénieux

invention N. F. **1. création**, découverte, innovation **2. découverte**, idée, trouvaille **3. imagination**, créativité, inspiration, inventivité **4. astuce**, combinaison, expédient, ressource **5. mensonge**, affabulation, conte, fable, fiction, histoire, blague (fam.), craque (fam.)

inventorier V. TR. **1. dénombrer**, chiffrer, compter, évaluer, mesurer **2. répertorier**, cataloguer, ficher, lister, recenser

invérifiable ADJ. **1. incontrôlable** **2. indémontrable**, improuvable

inverse[1] ADJ. **1. contraire**, antithétique, opposé **2. renversé** **3. réciproque**

inverse[2] N. M. **1. contraire**, opposé **2. contrepartie** **3. antipode**, antithèse, contre-pied

inversement ADV. **1. réciproquement**, vice versa **2. à l'inverse**, au contraire, en revanche, par contre (fam.)

inverser V. TR. **1. intervertir**, permuter **2. renverser**, retourner

inversion N. F. **1. permutation**, interversion **2. renversement**, retournement

investigation N. F. enquête, analyse, étude, examen, information, observation, recherche

investir V. TR. **1. engager**, placer **2. conférer à**, doter, pourvoir, revêtir **3. assiéger**, bloquer, cerner, encercler, environner
♦ **s'investir** V. PRON. **s'impliquer**, donner de soi-même

investissement N. M. **1. placement** **2. blocus**, encerclement, siège

invétéré, ée ADJ. **1. ancien**, ancré, chronique, enraciné, fortifié, vieux **2. endurci**, impénitent, incorrigible, incurable

invincible ADJ. **1. imbattable**, irréductible, invulnérable **2. imprenable**, inexpugnable (littér.) **3. insurmontable**, indomptable, irrépressible, irrésistible, incoercible (littér.) **4. irréfutable**, inattaquable, incontestable, indiscutable, irrécusable **5. inaltérable**, impérissable, indestructible

inviolable ADJ. **1. sacré**, intangible, tabou, sacro-saint (fam.) **2. imprenable**, invulnérable, inexpugnable (littér.)

invisible ADJ. **1. imperceptible**, indécelable, indiscernable, [encre] sympathique, [avion, navire] furtif **2. introuvable**, insaisissable **3. mystérieux**, occulte, secret

invitation N. F. **1. faire-part**, convocation, carton (fam.), flyer (anglic.) **2. prière**, appel, appel du pied, demande, exhortation, invite **3. attrait**, appel, incitation, excitation

invité, ée N. hôte, convive, commensal (littér.)

inviter V. TR. **1. convier**, convoquer, recevoir **2. conseiller**, encourager, engager, exciter, exhorter, presser, recommander à, stimuler **3. prier**, demander à, enjoindre à, ordonner à, sommer **4. inciter**, induire, porter, pousser

invivable ADJ. insupportable, impossible, infernal, intenable, intolérable

involontaire ADJ. **1. automatique**, inconscient, machinal, mécanique, réflexe **2. spontané**, instinctif, incontrôlé, irraisonné, irréfléchi **3. forcé**

invoquer V. TR. **1. appeler**, adjurer, conjurer, implorer, prier **2. en appeler à**, faire appel à, citer, avoir recours à **3. alléguer**, s'appuyer sur, arguer de, avancer, prétexter, se prévaloir de

invraisemblable ADJ. **1. incroyable**, impensable, impossible, inconcevable, inimaginable, inouï, ébouriffant (fam.), [histoire] à dormir debout (fam.), sans queue ni tête (fam.) **2. douteux**, improbable **3. chimérique**, fabuleux, fantastique

invulnérable ADJ. **1. imprenable**, invincible, inviolable, inexpugnable (littér.) **2. imbattable**, indomptable **3. intouchable**, inamovible, indéboulonnable (fam.)

irascible ADJ. coléreux, emporté, irritable, ombrageux, atrabilaire (littér.), soupe au lait (fam.)

ironie N. F. **1. humour**, moquerie **2. dérision**, goguenardise, persiflage, raillerie, sarcasme

ironique ADJ. moqueur, blagueur, goguenard, narquois, persifleur, railleur, sarcastique

ironiser V. INTR. (se) railler, se moquer, rire, faire de l'humour, se gausser (littér.)

irradier V. INTR. **1. briller**, se diffuser, rayonner **2. se propager**, se développer, se diffuser, se disperser, gagner, se répandre

irraisonné, ée ADJ. incontrôlé, instinctif, irréfléchi, irrépressible, viscéral, tripal (fam.)

irrationnel, elle ADJ. **1. absurde**, anormal, extravagant, déraisonnable, fou, illogique, incohérent **2. gratuit**, irréfléchi

irréalisable ADJ. **1. inexécutable**, impossible, impraticable, infaisable **2. chimérique**, inaccessible, utopique

irréaliste ADJ. utopique, chimérique

irrécupérable ADJ. **1. irréparable**, irrattrapable, fichu (fam.), foutu (fam.), mort (fam.) **2. incorrigible**, impénitent, invétéré, perdu, indécrottable (fam.)

irréel, elle ADJ. chimérique, fabuleux, fantasmagorique, fantasmatique, fantastique, imaginaire

irréfléchi, ie ADJ. **1. écervelé**, étourdi, impulsif, irrationnel, léger **2. spontané**, inconscient, instinctif, involontaire, irraisonné, machinal, mécanique **3. déraisonnable**, inconsidéré, irresponsable

irréfutable ADJ. inattaquable, évident, formel, incontestable, indiscutable, irrécusable, manifeste

irrégularité N. F. **1. inégalité**, asymétrie, dissymétrie **2. exception**, particularité **3. anomalie**, défaut, perturbation **4. illégalité**, incorrection, illicéité (Droit) **5. erreur**, caprice, désordre, écart, faute, manquement

irrégulier, ière ADJ. **1. accidenté**, bosselé, inégal **2. asymétrique**, dissymétrique, baroque, biscornu (fam.) **3. anormal**, accidentel **4. discontinu**, capricieux, convulsif, déréglé, erratique, intermittent, saccadé, sporadique **5. inégal 6. incorrect**, arbitraire, déloyal, frauduleux, illicite, illégal, illégitime, malhonnête

irrégulièrement ADV. **1. par à-coups**, sporadiquement **2. illégalement**, frauduleusement, par la bande (fam.), en sous-main (fam.)

irrémédiable ADJ. **1. irréparable**, définitif, sans recours, irrémissible (littér.) **2. incurable**, insoignable

irremplaçable ADJ. unique, exceptionnel, d'exception, extraordinaire, hors du commun, incomparable, inégalable

irréparable ADJ. **1. irrécupérable**, fichu (fam.), foutu (fam.), mort (fam.) **2. irrémédiable**, définitif, irrémissible (littér.)

irrépressible ADJ. impérieux, incontrôlable, invincible, irrésistible, incoercible (littér)

irréprochable ADJ. **1. irrépréhensible**, impeccable, parfait, sans défaut, sans reproche, sans tare **2. inattaquable**, indiscutable

irrésistible ADJ. **1. impérieux**, incontrôlable, invincible, irrépressible, plus fort que soi, tyrannique, incoercible (littér.) **2. inéluctable 3. implacable 4. séduisant**, adorable, délicieux, craquant (fam.)

irrésolu, ue ADJ. **1. indécis**, flottant, hésitant, incertain, indéterminé, perplexe, vacillant **2. indécidé**, en suspens

irrésolution N. F. indécision, hésitation, incertitude, indétermination, perplexité

irrespectueux, euse ADJ. impertinent, audacieux, impoli, insolent, irrévérencieux (littér.)

irrespirable ADJ. **1. pollué**, asphyxiant, délétère, méphitique, nocif, toxique **2. oppressant**, étouffant, suffocant **3. insupportable**, accablant, insoutenable, invivable, délétère (littér.)

irresponsable ADJ. **1. inconscient**, insensé **2. inconsidéré**, irréfléchi

irréversible ADJ. irrévocable, définitif, sans appel, sans retour

irrévocable ADJ. définitif, arrêté, fixe, inébranlable, sans appel

irritable ADJ. **1. coléreux**, chatouilleux, irascible, nerveux, ombrageux, susceptible, atrabilaire (littér.), soupe au lait (fam.) **2. excitable**, sensible

irritant, ante ADJ. **1. agaçant**, crispant, désagréable, énervant, enrageant, exaspérant, excitant, horripilant **2. âcre**, agressif, suffocant

irritation N. F. **1. agacement**, colère, énervement, exaspération, impatience, nervosité **2. rougeur**, brûlure, démangeaison, feu, inflammation, prurit

irrité, ée ADJ. énervé, à cran, enragé, exaspéré, hors de soi, nerveux, courroucé (littér.)

irriter V. TR. **1. mettre en colère**, agacer, crisper, énerver, exacerber, exaspérer, excéder, fâcher, faire sortir de ses gonds, hérisser, horripiler, indigner, insupporter (fam.), mettre en boule (fam.), porter sur les nerfs de (fam.), taper sur les nerfs de (fam.), courroucer (littér.) **2. enflammer**, brûler, démanger, donner des rougeurs à, piquer
♦ **s'irriter** V. PRON. **se mettre en colère**, bouillir, s'emporter, s'enflammer, se fâcher, se hérisser, se mettre en boule (fam.), monter sur ses grands chevaux (fam.), voir rouge (fam.)

irruption N. F. **1. intrusion**, incursion **2. attaque**, invasion, raid, razzia **3. apparition**

isolé, ée ADJ. **I. 1. séparé**, détaché **2. écarté**, perdu, reculé, retiré, paumé (fam.) **II. 1. délaissé**, abandonné, esseulé **2. seul**, solitaire, ermite **III. unique**, exceptionnel, individuel, particulier, rare

isolement N. M. **1. solitude 2. abandon**, délaissement, déréliction (littér.) **3. claustration**, exil, séquestration, [Méd.] quarantaine **4. isolation**

isoler V. TR. **1. détacher**, disjoindre, dissocier, écarter, extraire, séparer **2. éloigner**, cloîtrer, confiner, écarter, reclure (littér.), [Méd.] mettre en quarantaine **3. abstraire**, considérer à part, dégager, discerner, distinguer, individualiser, séparer **4. calfeutrer**, insonoriser
♦ **s'isoler** V. PRON. **se retirer**, se barricader, se claustrer, se confiner, s'enfermer, s'enterrer, se réfugier, se terrer, faire le vide autour de soi

issu, ue ADJ. **1. natif**, originaire **2. né 3. produit**, dérivé, résultant

issue N. F. **1. sortie**, débouché, dégagement, ouverture, passage, porte **2. solution**, échappatoire **3. aboutissement**, conclusion, débouché, dénouement, fin, résultat

itinéraire N. M. **1. parcours**, chemin, circuit, route, trajet, voyage **2. cheminement**, parcours, progression, trajectoire, voie

itinérant, ante ADJ. **1. ambulant 2. nomade**

ivre ADJ. **1. aviné**, en état d'ivresse, pris de boisson, soûl (fam.), beurré (fam.), biture (fam.), blindé (fam.), bourré (fam.), cuité (fam.), défoncé (fam.), noir (fam.), paf (fam.), parti (fam.), pété (fam.), pinté (fam.), plein (comme une barrique/comme une outre) (fam.), rétamé (fam.), rond (comme une queue de pelle) (fam.), schlass (fam.) **2. transporté**, enivré, fou, grisé, troublé

ivresse N. F. **1. ébriété**, hébétude, soûlerie (fam.) **2. enivrement**, enthousiasme, exaltation, excitation, étourdissement, griserie, joie **3. transport**, émotion, enchantement, extase, volupté

ivrogne

▸ ADJ. **alcoolique**, éthylique, intempérant, buveur, dipsomane (Méd.)

▸ N. alcoolo (fam.), picoleur (fam.), pilier de bar/de bistrot (fam.), pochard (fam.), poivrot (fam.), sac à vin (fam.), soiffard (fam.), soûlard (fam.), soûlot (fam.), soûlographe (fam.)

j

jacasser V. INTR. bavarder, caqueter, jaser, palabrer, papoter, bavasser (fam.)

jaillir V. INTR. **1. couler**, gicler, se répandre **2. se dresser**, pointer, saillir, s'élever **3. s'élancer**, bondir, surgir **4. fuser**, s'élever, partir, monter

jaillissement N. M. **1. jet 2. surgissement**, éruption, explosion

jalon N. M. marque, balise, repère

jalonner V. TR. **1. s'échelonner le long de**, marquer, ponctuer **2. marquer**, baliser, piqueter, signaliser

jalouser V. TR. envier, convoiter

jalousie N. F. **1. dépit**, convoitise, envie **2. persienne**, contrevent, store, volet

jaloux, ouse ADJ. **1. envieux 2. exclusif**, possessif, craintif, défiant, soupçonneux, ombrageux (littér.)

jamais ADV. **1. en aucun cas**, en aucune façon, à aucun prix, pour un empire, pour rien au monde, pour tout l'or du monde **2. à la saint glinglin** (fam.), quand les poules auront des dents (fam.), tous les trente-six du mois (fam.)

jambe N. F. **1. membre inférieur**, béquille (fam.), canne (fam.), gambette (fam.), gigot (fam.), guibole (fam.), jambonneau (fam.), patte (fam.), poteau (fam., péj.), [au plur.] échasses (fam.), flûtes (fam.), quilles (fam.) **2. jambage**

jambière N. F. guêtre, houseau, [au plur.] leggings

janséniste ADJ. austère, ascétique, intransigeant, puritain, rigide, rigoriste

jappement N. M. aboiement, glapissement

japper V. INTR. **1. aboyer**, glapir **2. crier**, criailler

jaquette N. F. **1. habit**, frac, queue-de-pie **2. couverture**

jardin N. M. parc, clos, closerie, jardinet

jardinier, ière N. **1. horticulteur**, pépiniériste **2. jardiniste**, paysagiste

jargon N. M. **1. argot 2. galimatias**, sabir, baragouin (fam.), charabia (fam.) **3. lexique**, terminologie, vocabulaire

jaser V. INTR. **1. bavarder**, babiller, cancaner, caqueter, causer, jacasser, parler, potiner **2. médire**, critiquer, déblatérer **3. gazouiller**, jacasser, piailler

jaseur, euse ADJ. et N. babillard, bavard, causeur

jatte N. F. bol, coupe, jale

jauge N. F. **1. contenance**, capacité, tonnage **2. jaugeage 3. règle**

jauger V. TR. **1. contenir**, cuber, tenir **2. apprécier**, estimer, évaluer, juger, mesurer

jaunir V. INTR. pâlir, se décolorer, se faner, passer

je-m'en-foutisme N. M. indifférence, légèreté, je-m'en-fichisme (fam.)

je-m'en-foutiste ADJ. et N. indifférent, léger, je-m'en-fichiste (fam.)

jérémiade N. F. lamentation, doléance, gémissement, plainte, pleurnicherie, récrimination

jet N. M. **1. jaillissement**, émission, giclée **2. lancer**, projection **3. faisceau 4. trait 5.** [Bot.] **drageon**, bourgeon, pousse, rejet, rejeton

jetée N. F. digue, brise-lames, débarcadère, embarcadère, môle

jeter V. TR. **I. 1. lancer**, envoyer, projeter, balancer (fam.), flanquer (fam.) **2. pousser**, envoyer, précipiter, rejeter

3. répandre, déverser, disperser, éparpiller, parsemer, semer, verser, épandre (littér.) **II. 1. proférer**, aboyer, crier, émettre, pousser **2. écrire**, noter **III. construire**, établir, poser **IV. se débarrasser de**, abandonner, se défaire de, mettre à la poubelle, mettre au rebut, balancer (fam.), bazarder (fam.), liquider (fam.), mettre au rancart (fam.) **V. causer**, provoquer, plonger dans, semer

♦ **se jeter** V. PRON. **1. sauter**, plonger **2. se déverser**, aboutir, affluer, déboucher, se décharger

jeu N. M. **I. 1. amusement**, distraction, divertissement, récréation, activité ludique, passe-temps, [au plur.] ébats **2. partie 3. sport II. interprétation**, exécution **III. espièglerie**, badinage, bagatelle, batifolage, plaisanterie **IV. 1. fonctionnement**, action **2. marge**, liberté **3. stratégie**, manigances (fam.) **V. assortiment**, ensemble, lot

jeun (à) LOC. ADV. le ventre creux (fam.), le ventre vide (fam.)

jeune ADJ. et N. M. **1. juvénile**, jeunet (fam.), jeunot (fam.) **2. nouveau**, neuf, récent **3. inexpérimenté**, candide, ingénu, naïf, novice, tendre **4. fils**, cadet, junior **5.** [vin] **vert 6.** [fam.] **insuffisant**, court, juste, léger, maigre, misérable, parcimonieux, pauvre, ric-rac (fam.)

jeûne N. M. **1. abstinence**, ascèse, carême, pénitence **2. privations 3. diète**

jeunesse N. F. **1. adolescence**, âge tendre, fleur de l'âge, printemps (de la vie) **2. jeunes 3. fraîcheur**, verdeur, vigueur, vivacité **4. tendron** (littér.), gamine (fam.), minette (fam.), petite (fam.)

joie N. F. **1. allégresse**, bonheur, délice, enchantement, euphorie, exaltation, exultation, griserie, ivresse, jubilation, ravissement, réjouissance, liesse (littér.) **2. contentement**, aise, avantage, fierté, honneur, plaisir, satisfaction **3.** [souvent plur.] **agrément**, bienfait, douceur, félicité, jouissance, plaisir, satisfaction

joindre V. TR. **I. 1. lier**, accoler, attacher, assembler, relier, réunir, unir **2. annexer**, adjoindre, ajouter, attacher, englober, inclure, incorporer, insérer, intercaler **3. allier**, assembler, associer, conjuguer, combiner, grouper, marier, rassembler, réunir, unir **II. contacter**, atteindre, toucher

♦ **se joindre à** V. PRON. **1. participer à**, s'associer à, se mêler à, prendre part à, suivre, s'unir à **2. adhérer à**

joint, jointe ADJ. **1. attenant**, accolé **2. adhérent**, attaché, jointif **3. conjugué 4. annexé**, additionnel **5. inhérent**, attaché, connexe

jointure N. F. **1. articulation**, article, attache **2. jonction**, charnière, joint, suture **3. assemblage**

joli, ie ADJ. **1. agréable**, beau, aimable, attrayant, charmant, gentil, gracieux, mignon, pimpant, ravissant, chouette (fam.), avenant (littér.) **2.** [fam.] **avantageux**, important, intéressant **3.** [fam.] **substantiel**, important, beau (fam.), coquet (fam.), gentil (fam.), rondelet (fam.)

joliment ADV. **1. agréablement**, bien, délicieusement, gentiment **2. délicatement 3.** [fam.] **beaucoup**, bien, terriblement, très, bigrement (fam.), bougrement (fam.), drôlement (fam.), fameusement (fam.), rudement (fam.), sacrément (fam.), vachement (fam.)

joncher V. TR. couvrir, éparpiller, parsemer, recouvrir, semer, tapisser

jonction N. F. **I. 1. embranchement**, confluent **2. jointure**, articulation, suture, [des lèvres] commissure **II. 1. raccordement**, abouchement, aboutage, branchement, connexion, couplage, liaison, réunion, union **2. conjonction**, assemblage, conjugaison, union

jongler V. INTR.
- jongler avec jouer avec, se débrouiller avec, manier

jouer
▸ V. INTR. **1. s'amuser**, se divertir, folâtrer, s'ébattre (littér.), faire joujou (lang. enfants), faire mumuse (lang. enfants) **2. plaisanter**, s'amuser, badiner, rire, blaguer (fam.) **3. intervenir**, compter, entrer en jeu, entrer en ligne de compte, importer, influer, peser **4.** [dans un film] **tourner**, avoir un rôle **5. se déformer**, se fausser, gauchir, se gondoler, travailler, se voiler
▸ V. TR. **1. exécuter**, interpréter **2.** [pièce de théâtre] **donner**, passer, monter, représenter **3.** [film] **projeter**, passer, programmer, avoir à l'affiche **4. tenir le rôle de**, incarner, interpréter, personnifier **5. imiter**, affecter, contrefaire, feindre, mimer, simuler, singer **6. risquer**, aventurer, compromettre, exposer, hasarder, mettre en jeu
♦ **se jouer de** V. PRON. **1. mépriser**, se rire de **2.** [qqn] **abuser**, berner, tromper, rouler (fam.)

jouet N. M. **1. jeu**, joujou (lang. enfants) **2. marionnette**, pantin **3. victime**, esclave, proie

joufflu, ue ADJ. bouffi, poupin, rebondi, mafflu (littér.)

joug N. M. **1. attelage**, harnachement, harnais **2. domination**, assujettissement, attache, contrainte, dépendance, emprise, esclavage, oppression, servitude, sujétion **3. chaîne**, carcan, collier

jouir V. INTR. [sexuellement] avoir/prendre du plaisir, être au septième ciel, prendre son pied (fam.), grimper aux rideaux (fam.), s'envoyer en l'air (fam.)
- jouir de 1. profiter de, apprécier, goûter, savourer **2. se délecter de**, se régaler de, se repaître de (littér.) **3. avoir**, bénéficier de, connaître, disposer de, posséder

jouissance N. F. **1. délectation**, délice, plaisir, régal, satisfaction **2. bien-être**, douceur, volupté **3. orgasme**, plaisir **4.** [Droit] **usage**, possession, usufruit

jouisseur, euse N. **1. épicurien**, hédoniste, sybarite (littér.) **2. bon vivant**, bambocheur, viveur, fêtard (fam.), noceur (fam.) **3. libertin**, débauché

jouissif, ive ADJ. jubilatoire, réjouissant

jour N. M. **1. journée 2. date 3. lumière**, clarté, lueur **4. angle**, apparence, aspect, éclairage **5. ouverture**, fente, fissure, vide
♦ **jours** PLUR. **1. vie**, existence **2. époque**, période, temps

journal N. M. **1. mémoires**, cahier **2. quotidien**, gazette, canard (fam.), feuille de chou (fam., péj.), torchon (fam., péj.), [Pol] organe **3. magazine**, hebdomadaire **4. bulletin**, périodique, revue **5. nouvelles**, actualités, informations

journaliste N. **1. rédacteur**, chroniqueur, commentateur, correspondant, critique, échotier, éditorialiste, envoyé spécial, localier, reporter, articlier (péj.), folliculaire (péj.), journaleux (péj.) **2. pamphlétaire**, polémiste

joute N. F. **1. lutte**, combat, compétition, dispute, duel, rivalité **2.** [Moyen Âge] **tournoi**

jovial, ale, aux ADJ. gai, allègre, enjoué, gaillard, joyeux, réjoui

jovialité N. F. gaieté, bonne humeur, enjouement

joyau N. M. **1. bijou**, gemme, [au plur.] pierreries **2. merveille**, bijou, chef-d'œuvre **3.** [d'une collection] **perle**, clou

joyeusement ADV. allègrement, gaiement, gaillardement, jovialement

joyeuseté N. F. plaisanterie, bouffonnerie, farce, pitrerie

joyeux, euse ADJ. **1. gai**, allègre, enjoué, épanoui, gaillard, heureux, jovial, radieux, réjoui, jouasse (fam.) **2. agréable**, amusant, bon

jubilation N. F. allégresse, euphorie, gaieté, joie, liesse, réjouissance

jubilatoire ADJ. réjouissant, jouissif

jubiler V. INTR. exulter, se réjouir, triompher, bicher (fam.)

jucher V. TR. **hisser**, percher, placer (en hauteur)

♦ **se jucher** V. PRON. **se percher**, se hisser, monter

judas N. M. **1. traître**, fourbe, hypocrite **2. guichet**, œil, ouverture

judicieusement ADV. **1. intelligemment**, adroitement, finement, habilement **2. à bon escient**, (avec) à propos, opportunément

judicieux, euse ADJ. **1. raisonnable**, bien, bon, opportun, sage, sensé **2. intelligent**, astucieux, pertinent, rationnel

juge N. **1. magistrat 2. arbitre 3. expert**

jugé (au) LOC. ADV. **1. à l'estime 2. à première vue**, à la louche (fam.), à vue de nez (fam.), à vue de pays (fam.)

jugement N. M. **1. décision**, arbitrage, arrêt, décret, sentence, verdict **2. avis**, appréciation, idée, opinion, pensée, point de vue, position, sentiment **3. affirmation**, proposition **4. discernement**, clairvoyance, entendement, esprit, finesse, intelligence, perspicacité, raison, bon sens/sens commun, jugeote (fam.)

juger V. TR. **1. arbitrer**, rendre un jugement sur, rendre une sentence sur, rendre un verdict sur, statuer sur **2. trancher**, conclure, décider, se prononcer **3. estimer la valeur de**, apprécier, coter, évaluer, expertiser, peser **4. considérer**, envisager, examiner, jauger, cataloguer (fam.), classer (fam.), étiqueter (fam.) **5. penser**, croire, considérer, estimer, trouver

♦ **se juger** V. PRON. **se considérer**, se voir

juguler V. TR. **1. arrêter**, dompter, enrayer, étouffer, interrompre, maîtriser, mater, neutraliser, stopper **2. asservir**, tenir en bride

jumeau, elle

▸ ADJ. **identique**, semblable

▸ N. **double**, clone, copie conforme, sosie

jumeler V. TR. accoupler, coupler

junior ADJ. et N. cadet, jeune, puîné

jurer

▸ V. TR. **1. affirmer**, assurer, déclarer, prétendre, soutenir **2. promettre**, donner sa parole que, s'engager à, faire le serment de

▸ V. INTR. **1. prêter serment 2. blasphémer 3.** [contre qqn, qqch.] **crier**, grogner, maugréer, pester, râler (fam.) **4. détonner**, dissoner, hurler

♦ **se jurer** V. PRON. **se promettre**, décider

juridiction N. F. **1. tribunal**, chambre, conseil, cour **2. compétence**, circonscription, ressort

juriste N. homme de loi, jurisconsulte, légiste

jus N. M. suc, sauce

jusqu'au-boutisme N. M. extrémisme, maximalisme

jusqu'au-boutiste N. extrémiste, maximaliste, ultra (fam.)

justaucorps N. M. body, (maillot) collant

juste[1] ADJ. **I. 1. équitable**, impartial **2. honnête**, correct, droit, intègre, loyal **3. fondé**, justifié, légitime, mérité, motivé **II. 1. exact**, authentique, correct, réel, véritable, vrai **2.** [heure] **précis**, exact **III. 1. adéquat**, approprié, bon, convenable, précis, propre **2. rationnel**, harmonieux, heureux, logique, pertinent, raisonnable, rigoureux, sensé, strict **IV. 1. insuffisant**, maigre, court (fam.), jeune (fam.) **2. étroit**, collant, étriqué, serré **3. tangent**, limite (fam.)

juste[2] ADV. **1. exactement**, précisément, pile (fam.) **2. correctement**, rigoureusement **3.** [parler] **sagement**, avec à-propos, d'or **4. avec précision** **5. seulement**, rien que

justement ADV. **1. équitablement**, impartialement **2. adéquatement**, convenablement, correctement, logiquement, pertinemment, avec pertinence, avec à propos, avec raison **3. à bon droit**, à juste titre, dûment, légitimement **4. exactement**, précisément

justesse N. F. **1. exactitude**, convenance, correction, précision, propriété **2. bien-fondé**, correction, raison, vérité **3. authenticité**, exactitude, objectivité, précision, rectitude, véracité, vérité **4. perspicacité**, finesse, lucidité

justice N. F. **1. équité**, droiture, impartialité, intégrité, probité **2. bien-fondé**, légitimité **3. droit**, légalité, loi

justicier N. M. vengeur, redresseur de torts, Robin des bois, Zorro

justifiable ADJ. défendable, compréhensible, excusable, explicable, soutenable

justification N. F. **I. 1. fondement**, motif, motivation, raison (d'être) **2. explication**, argument, compte, raison **3. preuve**, justificatif **II. 1. défense**, décharge, excuse, [pour sa propre cause] plaidoyer pro domo **2. apologie**, défense, plaidoyer

justifié, ée ADJ. légitime, fondé, juste, mérité, motivé

justifier V. TR. **1. défendre**, blanchir, couvrir, décharger, disculper, excuser, innocenter, laver, mettre hors de cause **2. autoriser**, légitimer, permettre **3. expliquer**, fonder, légitimer, motiver **4. démontrer**, prouver, témoigner de **5. confirmer**, vérifier

♦ **se justifier** V. PRON. **s'expliquer**, se défendre, se disculper, se trouver des excuses

juteux, euse ADJ. **1. fondant** **2.** [fam.] **rentable**, avantageux, fructueux, intéressant, lucratif, payant, rémunérateur

juvénile ADJ. **1. jeune**, adolescent **2. vif**, vert

juxtaposer V. TR. accoler, rapprocher

juxtaposition N. F. accolement, assemblage

k

kayak N. M. canoé, canot

kermesse N. F. fête, foire, ducasse (région.)

kidnapper V. TR. enlever, prendre en otage, ravir (littér.)

kidnappeur, euse N. ravisseur, preneur d'otages

kidnapping N. M. enlèvement, rapt

kiosque N. M. pavillon, belvédère, édicule, gloriette

klaxon N. M. avertisseur, signal sonore, [anciennt] corne, trompe

klaxonner V. TR. et INTR. avertir, [anciennt] corner

knock-out, k.-o. ADJ. INVAR. **1. assommé**, hors de combat, groggy (fam.), sonné (fam.) **2. épuisé**, h.s. (fam.), lessivé (fam.), à plat (fam.), vanné (fam.), vidé (fam.)

krach N. M. banqueroute, débâcle (financière), effondrement boursier, faillite

kyrielle N. F. quantité, avalanche, cascade, chapelet, déluge, flot, foule, infinité, multiplicité, multitude, myriade, nuée, pluie, ribambelle, série, succession, suite, flopée (fam.), foultitude (fam.), tapée (fam.)

kyste N. M. tumeur, ganglion, [du cuir chevelu] loupe, tanne

l

label N. M. **1. marque**, étiquette **2. maison de disques**

labeur N. M. besogne, activité, occupation, ouvrage, tâche, travail

laborieusement ADV. péniblement, difficilement, lourdement, malaisément

laborieux, euse ADJ. **1. travailleur**, actif, appliqué, studieux, bosseur (fam.), bûcheur (fam.) **2. ardu**, difficile, dur, fatigant, malaisé, pénible **3.** [péj.] **lourd**, embarrassé, gauche, maladroit, pesant, qui sent l'huile de coude (fam.)

labourer V. TR. **1. ameublir**, défoncer, retourner **2. déchirer**, écorcher, égratigner, griffer, lacérer, taillader

labyrinthe N. M. **1. dédale**, entrelacement, lacis, réseau **2. confusion**, complication, désordre, détours, embrouillamini, enchevêtrement, forêt, maquis, méandres

labyrinthique ADJ. enchevêtré, indébrouillable, inextricable, dédaléen (littér.)

lacer V. TR. attacher, lier

lacération N. F. déchiquetage, déchirement, mise en lambeaux/en pièces

lacérer V. TR. **1. déchiqueter**, déchirer, mettre en charpie, mettre en lambeaux, mettre en pièces **2. labourer**, déchirer, taillader

lacet N. M. **1. attache**, aiguillette, corde, ganse **2. virage**, détour, méandre, tournant, zigzag **3. piège**, collet, filet, lacs

lâchage N. M. abandon, délaissement

lâche

▸ ADJ. **1. peureux**, poltron, couard (littér.), pleutre (littér.), pusillanime (littér.), dégonflard (fam.), dégonflé (fam.), froussard (fam.), trouillard (fam.) **2. bas**, abject, déloyal, honteux, indigne, méprisable, vil **3. desserré**, détendu, flasque, mou **4. flottant**, flou, large, vague **5. relâché**, languissant, mou, traînant

▸ N. **1. déserteur**, fuyard, traître **2. lope** (fam.), lopette (fam.), couille molle (très fam.)

lâchement ADV. bassement, honteusement, indignement, vilement (littér.)

lâcher

▸ V. TR. **1. laisser échapper**, laisser tomber **2. desserrer**, détendre, relâcher, donner du mou à **3.** [fam.] **abandonner**, délaisser, laisser (tomber), quitter, balancer (fam.), jeter (fam.), larguer (fam.), plaquer (fam.) **4. distancer**, dépasser, se détacher de, semer (fam.) **5. laisser partir 6. envoyer**, lancer, larguer **7. dire**, laisser échapper, lancer, pousser

▸ V. INTR. **(se) casser**, céder, (se) rompre, claquer (fam.), péter (fam.)

lâcheté N. F. **1. peur**, poltronnerie, couardise (littér.), pleutrerie (littér.), pusillanimité (littér.) **2. bassesse**, indignité, trahison, vilenie (littér.)

lacis N. M. **1. entrelacement**, dédale, réseau **2. confusion**, complication, désordre, détours, embrouillamini, enchevêtrement, forêt, labyrinthe, maquis, méandres

laconique ADJ. bref, concis, court, cursif, elliptique, lapidaire, sommaire, succinct

lacs N. M. collet, filet, lacet, piège, rets (littér.)

lacté, ée ADJ. laiteux, lactescent (littér.)

lacunaire ADJ. fragmentaire, incomplet, imparfait, inachevé, insuffisant

lacune N. F. 1. **défaut**, carence, défectuosité, déficience, faiblesse, insuffisance 2. **omission**, manque, oubli, trou 3. **interruption**, hiatus, vide

laid, laide ADJ. 1. **disgracieux**, disgracié, ingrat, inesthétique, vilain, mochard (fam.), moche (fam.), tarte (fam.), tartignole (fam.) 2. **bas**, honteux, lâche, malhonnête

laideron N. M. mocheté (fam.), boudin (fam.), cageot (fam.), épouvantail (fam.), guenon (fam.), thon (fam.), remède à l'amour (plaisant)

laideur N. F. 1. **disgrâce**, hideur, mocheté (fam.) 2. **bassesse**, abjection, ignominie, indignité, infamie, turpitude 3. **horreur**, verrue

lainage N. M. pull, pull-over, chandail, gilet, tricot, petite laine (fam.)

laisse N. F. attache, lien

laisser V. TR. I. 1. **abandonner**, déserter, quitter, camper là (fam.), lâcher (fam.), planter (là) (fam.) 2. **oublier** II. 1. **donner**, abandonner, céder, confier, léguer, remettre, transmettre, vendre 2. **renoncer à**, lâcher III. **maintenir**, conserver, garder, tenir IV. **permettre**, consentir à, souffrir V. **déposer**

laisser-aller N. M. INVAR. 1. **légèreté**, abandon, désinvolture, insouciance, liberté, relâchement 2. **négligence**, désordre, incurie 3. **débraillé**, négligé

laissez-passer N. M. INVAR. 1. **coupe-file** 2. **sauf-conduit**, passeport, permis

laiteux, euse ADJ. blanc, blanchâtre, opalin, lactescent (littér.)

laïus N. M. discours, exposé, intervention, blabla (fam.), boniment (fam.), speech (fam.), topo (fam.)

lambeau N. M. 1. **loque**, haillon 2. **morceau**, débris, bout, bribe, fragment, partie

lambin, ine

▸ ADJ. lent, indolent, mou, mollasson (fam.), traînard (fam.)

▸ N. escargot, tortue

lambiner V. INTR. s'attarder, lanterner, musarder, traîner, traînasser (fam.)

lambris N. M. boiserie, frisette

lame N. F. 1. **vague**, paquet de mer 2. **plaque**, feuille, lamelle, languette

lamelle N. F. 1. **lame**, plaquette 2. **pellicule**, plaque

lamentable ADJ. 1. **déplorable**, affligeant, désolant, douloureux, malheureux, misérable, navrant, pitoyable, sinistre, triste 2. **mauvais**, catastrophique, déplorable, désastreux, nul, minable, pathétique, piètre, piteux, à pleurer (fam.)

lamentation N. F. 1. **complainte**, cri, geignement, gémissement, plainte, pleur, pleurnicherie 2. [souvent plur.] **jérémiade**, doléance, plainte, récrimination

lamenter (se) V. PRON. 1. **gémir**, geindre, se plaindre, pleurer 2. **se désoler**, se plaindre, pleurer, pleurnicher

laminer V. TR. 1. **étirer**, écrouir 2. **réduire**, diminuer, rogner 3. **vaincre**, battre à plate(s) couture(s), écraser, mettre la pâtée à (fam.)

lampe N. F. 1. **lampadaire**, applique, globe (lumineux), lustre, suspension, torche, [petite] lumignon, veilleuse, loupiote (fam.) 2. **éclairage**, lumière

lampée N. F. gorgée, goulée (fam.)

lance N. F. 1. **pique**, dard, javeline, javelot, pertuisane 2. [Chir.] **lancette**

lancée N. F. élan, impulsion, [de bateau] erre

lancement N. M. **1. publication**, émission, mise en circulation **2. promotion 3. jet**, lancer

lancer[1] V. TR. **1. jeter**, catapulter, darder, décocher, déverser, détacher, envoyer, projeter, lâcher, larguer, balancer (fam.) **2. donner**, appliquer, envoyer, allonger (fam.), balancer (fam.), coller (fam.), ficher (fam.), filer (fam.), flanquer (fam.), foutre (fam.) **3. dire**, émettre, lâcher, pousser, éructer (péj.), vomir (péj.) **4. déclencher**, engager, initier, mettre en branle, mettre en route, mettre en train, mettre sur les rails, mettre sur orbite **5. promouvoir**, introduire, pousser, patronner
♦ **se lancer** V. PRON. s'élancer, fondre, se jeter, plonger, se précipiter

lancer[2] N. M. jet, lâcher, lancement, projection

lancinant, ante ADJ. **1. obsédant**, torturant **2. ennuyeux**, fatigant, lassant

lanciner V. TR. **1. élancer 2. obséder**, hanter, poursuivre, tenailler, tourmenter, tracasser, travailler (fam.)

lande N. F. brande, bruyère, garrigue, maquis

langage N. M. **1. langue**, parler, verbe (lang. biblique) **2. discours**, paroles, propos **3. vocabulaire**, code, lexique, terminologie, jargon (péj.) **4. sémiotique**, gestuelle

langoureux, euse ADJ. tendre, alangui, amoureux, énamouré, languissant, mourant, transi, languide (littér.)

langue N. F. **1. langage**, jargon, idiome, parler **2. style 3. discours**, langage, paroles, propos

langueur N. F. apathie, indolence, léthargie, mollesse, nonchalance, paresse, somnolence, relâchement, torpeur

languide ADJ. **1. langoureux**, alangui, enamouré, transi **2. languissant**, mourant

languir V. INTR. **1. attendre (longuement/vainement)**, moisir, sécher **2. traîner (en longueur)**, stagner, végéter **3.** [vieux ou littér.] **s'ennuyer**, se morfondre

languissant, ante ADJ. **1. langoureux**, alangui, enamouré, transi, languide (littér.) **2. nonchalant**, indolent, mou **3. abattu**, atone, défaillant, déprimé, faible, somnolent, stagnant, traînant **4. morne**, ennuyeux, terne

lanière N. F. courroie, attache, bretelle

lanterne N. F. **1. falot**, fanal, [anciennt] réverbère **2. projecteur**, rétroprojecteur

lanterner V. INTR. traîner, s'amuser, flâner, lambiner, musarder, tarder

lapalissade N. F. évidence, tautologie, truisme

lapidaire ADJ. concis, bref, court, cursif, laconique, ramassé, succinct

laquais N. M. valet, domestique, groom, serviteur, larbin (fam., péj.)

larcin N. M. vol, maraudage, barbotage (fam.), chapardage (fam.)

larder V. TR. **1. entrelarder 2. émailler**, entrecouper, entremêler, farcir, parsemer, semer, truffer, bourrer (fam.)

largage N. M. **1. parachutage 2.** [fam.] **renvoi**, vidage (fam.)

large[1] ADJ. **I. 1. ouvert**, évasé **2. ample**, étendu, grand, lâche, spacieux, vaste **3.** [sourire] **épanoui II. 1. abondant**, considérable, copieux, important, vaste **2. généreux**, fastueux, prodigue, munificent (littér.) **III. 1. lâche**, ample, flou, vague **2. souple**, compréhensif, indulgent, libéral, libre, ouvert, tolérant, latitudinaire (péj.), laxiste (péj.), coulant (fam.)

large² N. M. **1. largeur 2. haute mer**

largement ADV. **1. abondamment**, amplement, beaucoup, copieusement, généreusement, grassement, libéralement, [dépenser] sans compter **2. au moins**, au minimum, bien, au bas mot (fam.) **3.** [gagner] **sans difficulté**, haut la main, dans un fauteuil (fam.), les doigts dans le nez (fam.)

largesse N. F. **1. générosité**, libéralité, prodigalité, munificence (littér.) **2.** [souvent plur.] **cadeau**, bienfait, don, présent

largeur N. F. **1. large 2. envergure**, ampleur, carrure, diamètre, grosseur **3.** [de tissu, papier] **lé**, laize

larguer V. TR. **1. lancer**, déverser, envoyer, jeter, lâcher, laisser tomber, parachuter, balancer (fam.) **2.** [les amarres] **détacher**, filer, lâcher, [une voile] déferler, déployer **3.** [fam.] **abandonner**, délaisser, déserter, quitter, droper (fam.), lâcher (fam.), laisser tomber (fam.), plaquer (fam.) **4.** [fam.] **distancer**, semer, laisser loin derrière

larme N. F.
♦ **larmes** PLUR. sanglots, pleurs, [feintes] larmes de crocodile

larmoiement N. M. pleurnichement, pleurnicherie

larmoyant, ante ADJ. **1. éploré**, en larmes, en pleurs, en sanglot, sanglotant **2. geignard**, gémissant, pleurnichard, pleurnicheur

larmoyer V. INTR. **1. pleurer 2. se plaindre**, geindre, gémir, pleurnicher

larvé, ée ADJ. **1. latent**, insidieux, rampant, sous-jacent **2. embryonnaire**, larvaire

las, lasse ADJ. **1. fatigué**, faible, abattu, épuisé, fourbu, recru (littér.) **2. dégoûté**, blasé, écœuré, ennuyé, excédé, irrité, lassé

lascif, ive ADJ. **1. sensuel**, amoureux, charnel, érotique, suggestif, voluptueux **2.** [péj.] **impudique**, concupiscent, impur, libidineux, lubrique, luxurieux, salace, vicieux

lascivement ADV. **1. sensuellement**, voluptueusement **2. impudiquement**, lubriquement

lascivité N. F. **1. sensualité**, érotisme, volupté **2. impudicité**, licence, lubricité, obscénité

lassant, ante ADJ. ennuyeux, fatigant, assommant (fam.), barbant (fam.), embêtant (fam.), rasoir (fam.), tannant (fam.)

lasser V. TR. **1. ennuyer**, impatienter, importuner, assommer (fam.), barber (fam.), embêter (fam.), raser (fam.), tanner (fam.) **2. fatiguer**, épuiser, excéder, harasser **3. décourager**, rebuter **4. dégoûter**, écœurer

lassitude N. F. **1. abattement**, fatigue **2. découragement**, désespérance

latent, ente ADJ. **1. caché**, implicite, inexprimé, masqué, profond, secret, sous-entendu **2. en germe**, en gestation, larvé, rampant, sous-jacent

latéral, ale, aux ADJ. **1. de côté 2. indirect**, détourné

latitude N. F. liberté, champ, facilité, faculté, marge

laudateur, trice N. louangeur, adulateur, apologiste, thuriféraire (littér.)

laudatif, ive ADJ. élogieux, complimenteur, flatteur, louangeur, [terme] mélioratif

lauréat, ate ADJ. et N. vainqueur, gagnant, [d'un diplôme] impétrant

lavage N. M. **1. nettoyage**, lessivage **2. lessive**

laver V. TR. **1. nettoyer**, décrasser, décrotter, dégraisser, lessiver, lotionner, savonner, [sans complément] faire la plonge (fam.) **2. baigner**, débarbouiller (fam.), ablutionner (littér.) **3. enlever**, effacer, ôter **4. venger** **5. innocenter**, blanchir, décharger, disculper, justifier

♦ **se laver** V. PRON. **se nettoyer**, se débarbouiller, faire sa toilette, se décrasser (fam.), [les dents] (se) brosser

laverie N. F. blanchisserie, pressing

lavette N. F. [fig.] mou, chiffe molle, larve (fam.)

laxatif, ive ADJ. purgatif, dépuratif, cathartique (littér.)

laxiste ADJ. permissif, latitudinaire (littér.)

lazzi N. M. moquerie, plaisanterie, pointe, quolibet, raillerie, sarcasme, brocard (littér.)

leader N. M. **1. chef de file**, figure de proue **2. meneur**, chef **3. premier**, numéro un

leadership N. M. autorité, commandement, direction, domination, hégémonie, prédominance, prééminence, prépondérance, suprématie

lécher V. TR. **1. léchouiller** (fam.) **2. laper**, boire **3. effleurer**, atteindre **4. peaufiner**, polir, soigner, chiader (fam.), fignoler (fam.)

leçon N. F. **1. cours**, classe, conférence, répétition **2. conclusion**, enseignement, instruction, morale, moralité, précepte **3. avertissement**, exhortation, réprimande, admonestation (littér.) **4. châtiment**, correction, punition **5. version**, lecture, variante

lecture N. F. **1. décodage**, déchiffrage, déchiffrement, décryptage, herméneutique **2. consultation** **3. explication**, interprétation

légal, ale, aux ADJ. **1. juridique**, réglementaire **2. légitime**, licite, permis, régulier

légalement ADV. licitement, réglementairement

légaliser V. TR. **1. officialiser** **2. authentifier**, authentiquer, certifier, confirmer, garantir, valider

légalisme N. M. formalisme, juridisme, rigorisme

légaliste ADJ. et N. formaliste, rigoriste

légalité N. F. **1. régularité**, licéité **2. droit**, justice

légendaire ADJ. **1. fabuleux**, imaginaire, mythique **2. célèbre**, connu, fameux, mémorable, notoire (péj.), proverbial

légende N. F. **1. conte**, fable, histoire **2. mythe**, épopée **3. folklore**, mythologie

léger, ère ADJ. **I. 1. petit**, discret, faible, imperceptible, indécelable, indiscernable, infime, insensible, mince, minime, négligeable, ténu **2. sans gravité**, anodin, bénin, [faute] véniel **3. vaporeux**, aérien, délicat, fin, immatériel, arachnéen (littér.) **II. 1. élancé**, délié, fin, frêle, gracile, grêle, menu, mince, svelte **2. agile**, alerte, fringant, guilleret, ingambe, leste, sémillant, souple, vif **III. 1. digeste**, digestible, frugal, sobre, sommaire **2. diététique**, allégé, light (anglic.) **IV. 1. dégagé**, allègre, désinvolte, enjoué **2. insouciant**, distrait, écervelé, étourdi, évaporé, folâtre, frivole, futile, inattentif, superficiel **V. 1. irresponsable**, déraisonnable, imprévoyant, imprudent, inconséquent, inconsidéré, irréfléchi, négligent **2. insuffisant**, faible, inconsistant, jeune, juste, superficiel **VI. 1. volage**, coureur, frivole, inconstant, infidèle, cavaleur (fam.) **2. dissipé**, dissolu, libertin **3. grivois**, badin, égrillard, leste, libre, licencieux, osé

légèrement ADV. **1. délicatement**, doucement, en douceur, faiblement, imperceptiblement **2. frugalement**, sobrement **3. un peu**, superficiellement, vaguement **4. inconsidérément**, frivolement, futilement, imprudemment, à la légère, [traiter] par-dessus la jambe (fam.)

légèreté N. F. **1. agilité**, grâce, souplesse **2. aisance**, facilité, grâce, naturel **3. finesse**, délicatesse, gracilité **4. insouciance**, désinvolture, frivolité, futilité, imprudence, inconscience, irréflexion **5. peu de poids**, finesse, immatérialité, minceur

légiférer V. INTR. **1. édicter des lois 2. réglementer**, codifier, régler

légion N. F. cohorte, armada, armée, bataillon, flot, kyrielle, meute, multitude, nuée, quantité, régiment, ribambelle, flopée (fam.), foultitude (fam.), tapée (fam.)

législation N. F. loi, droit, textes de loi

légitime ADJ. **1. compréhensible**, à bon droit, admissible, à juste titre, fondé, juste, justifié, motivé, normal, permis, raisonnable **2. équitable**, juste, mérité **3. légal**

légitimer V. TR. **1. reconnaître 2. excuser**, défendre, justifier

légitimité N. F. **1. bien-fondé**, bon droit **2. souveraineté**

legs N. M. **1. héritage**, succession **2. donation**, aliénation, don, libéralité **3. tradition**, héritage

léguer V. TR. laisser, donner, faire parvenir, transmettre

leitmotiv N. M. refrain, couplet, histoire, litanie, rabâchage, rengaine, ritournelle, antienne (littér.), chanson (fam.), disque (fam.), musique (fam.)

lendemain N. M. **1. avenir**, futur **2. suite**, conséquence, impact, prolongement, répercussion

lénifiant, ante ADJ. **1. apaisant**, adoucissant, calmant, lénitif (littér.) **2. rassurant**, consolant, optimiste, rassérénant **3. amollissant**, débilitant

lénifier V. TR. **1. adoucir**, apaiser, assoupir, atténuer, calmer, endormir, modérer, soulager, tempérer **2. amollir**, débiliter

lent, lente ADJ. **1. long**, d'une lenteur d'escargot, lambin (fam.) **2.** [voix] **traînant 3. calme**, posé, tranquille **4. lourd**, engourdi, épais, lourdaud **5. apathique**, alangui, endormi, indolent, mou, nonchalant, pataud

lentement ADV. **1. avec lenteur**, doucement, au pas, à pas comptés, piano, pianissimo, au ralenti, lento **2. graduellement**, insensiblement, pas à pas, peu à peu **3. posément**

lenteur N. F. **1. apathie**, mollesse, nonchalance **2.** [d'esprit] **épaisseur**, lourdeur, pesanteur

♦ **lenteurs** PLUR. **1. atermoiements**, barguignage, délais, retards, tergiversations **2. longueurs**, temps morts

lèpre N. F. [fig.] cancer, gangrène, peste

lépreux, euse ADJ. galeux, misérable, miteux, pouilleux

lesbien, ienne

▸ ADJ. **saphique**

▸ N. F. **homosexuelle**, invertie, gomorrhéenne (littér.), gouine (fam., injurieux)

léser V. TR. **1. désavantager**, défavoriser, desservir, frustrer, nuire à, porter préjudice à, faire du tort à **2. blesser**, attaquer, atteindre, endommager, toucher

lésiner V. INTR. économiser, épargner, regarder à la dépense, rogner, chicaner (fam.), mégoter (fam.)

lésion N. F. **1. blessure**, contusion, dégénérescence, ecchymose, engelure, hématome, inflammation, nécrose, plaie, trauma, ulcération **2. dommage**, préjudice, tort

lessive N. F. **1. blanchissage**, lavage, nettoyage **2. linge 3. détergent**, détersif, poudre à laver

lessiver V. TR. laver, blanchir, nettoyer

lest N. M. charge, estive (anciennt)

leste ADJ. **1. preste**, agile, alerte, allègre, dégagé, dispos, fringant, gaillard, guilleret, léger, prompt, rapide, vert, vif, allant (littér.) **2. cavalier**, désinvolte, hardi, irrespectueux, irrévérencieux (littér.) **3. cru**, coquin, égrillard, épicé, gaillard, gaulois, grivois, hardi, libertin, libre, licencieux, osé, poivré, polisson, salé

lester V. TR. **1. charger**, alourdir, plomber **2.** [l'estomac] **remplir**

léthargie N. F. **1. apathie**, atonie, engourdissement, inaction, inertie, langueur, nonchalance, prostration, somnolence, torpeur **2. catalepsie**, mort apparente **3. marasme**, paralysie, stagnation

lettre N. F. **1. caractère**, signe, graphème (Ling.) **2. message**, billet, dépêche, écrit, mot, pli, missive (littér.), épître (littér. ou Bible), bafouille (fam.), [en prison] biffeton (argot)

♦ **lettres** PLUR. **littérature**, humanités (littér.)

lettré, ée ADJ. et N. cultivé, érudit, savant, docte (littér.)

leurre N. M. **1. appât**, amorce, appeau, piège **2. tromperie**, artifice, feinte, illusion, imposture, mystification, supercherie, miroir aux alouettes, poudre aux yeux, duperie (littér.), poudre de perlimpinpin (fam.), attrape-nigaud (fam.), pipeau (fam.)

leurrer V. TR. **abuser**, attraper, berner, décevoir, duper, endormir, enjôler, mystifier, tromper, avoir (fam.), bluffer (fam.), embobiner (fam.), pigeonner (fam.), rouler (fam.), mener en bateau (fam.), rouler dans la farine (fam.)

♦ **se leurrer** V. PRON. **s'illusionner**, s'abuser, se faire des illusions, se méprendre, se mettre le doigt dans l'œil (jusqu'au coude) (fam.), se monter la tête (fam.), se raconter des histoires (fam.)

levée N. F. **I. digue**, banc, banquette, chaussée, remblai, talus **II. 1. disparition**, dissipation **2. arrêt**, cessation, fin, interruption, suppression, suspension **III. 1. récolte**, collecte, perception **2. enlèvement**, ramassage **IV. enrôlement**, appel aux armes, mobilisation, recrutement **V.** [Cartes] **main**, pli

lever[1]

► V. TR. **1. soulever**, élever, dresser, hausser, enlever, hisser, monter, redresser, relever **2. dessiner**, dresser **3. supprimer**, abolir, annuler, effacer, enlever, écarter, ôter, retirer, [des difficultés] aplanir **4. arrêter**, faire cesser, interrompre, mettre fin à, suspendre **5. découper**, couper, prélever **6. percevoir**, collecter, prélever, ramasser, recueillir **7. enrôler**, mobiliser, recruter

► V. INTR. **1. fermenter**, gonfler **2.** [plante] **pousser**

♦ **se lever** V. PRON. **1. se mettre debout 2. se dresser**, monter **3. apparaître**, arriver, commencer, germer, naître, pointer, surgir, montrer le bout de son nez **4. disparaître**, se dissiper **5. se dégager**, s'éclaircir

lever[2] N. M. levé, plan

levier N. M. commande, manette, pédale

lèvre N. F. **1.** [inférieure] **lippe 2.** [d'une plaie] **bord**

♦ **lèvres** PLUR. bouche, babines (fam.)

lexique N. M. 1. **vocabulaire**, nomenclature, terminologie, jargon (péj.) 2. **dictionnaire**, glossaire, index

lézarde N. F. fente, brèche, crevasse, fêlure, fissure

lézarder[1] V. TR. crevasser, disjoindre, fendiller, fendre, fissurer

lézarder[2] V. INTR. [fam.] paresser, se dorer au soleil

liaison N. F. 1. **relation**, communication, contact, fréquentation, lien 2. **aventure (amoureuse)**, flirt, histoire, passade, relation 3. **corrélation**, connexion, correspondance, dépendance, fil conducteur, filiation, interdépendance, jonction, lien, rapport, relation 4. **enchaînement**, association, cohérence, contiguïté, continuité, succession, suite, transition

liant, liante

▸ ADJ. **engageant**, affable, aimable, doux, sociable, amène (littér.)

▸ N. M. 1. **agglomérant**, agglutinant 2. **affabilité**, aménité (littér.)

libelle N. M. pamphlet, satire, diatribe, factum (littér.)

libellé N. M. formule, formulation, rédaction

libeller V. TR. écrire, rédiger, remplir

libéral, ale, aux ADJ. 1. **tolérant**, compréhensif, large d'esprit, ouvert 2. **généreux**, large, prodigue, munificent (littér.) 3. **antiprotectionniste**

libéralement ADV. abondamment, généreusement, largement

libéralisme N. M. 1. **tolérance**, largeur d'esprit, ouverture d'esprit 2. **capitalisme (privé)**

libéralité N. F. 1. **générosité**, charité, largesse, prodigalité, magnificence (littér.), munificence (littér.) 2. [surtout plur.] **cadeau**, aumône, bienfait, don, donation, générosité, gratification, largesse, legs

libérateur, trice N. et ADJ. 1. **sauveur** 2. **émancipateur**

libération N. F. 1. **remise en liberté**, élargissement 2. **affranchissement**, dégagement, délivrance, émancipation 3. **déréglementation**, dérégulation 4. **soulagement**, délivrance

libéré, ée ADJ. 1. **affranchi**, émancipé 2. **libre**

libérer V. TR. 1. **délivrer**, élargir, relâcher, relaxer, sortir/tirer de prison, [par mesure spéciale] amnistier, gracier 2. [des troupes] **démobiliser** 3. **affranchir**, déchaîner, dégager, délier, émanciper, briser le joug de (littér.), rompre les chaînes de (littér.) 4. **dégager**, débarrasser, déblayer, désencombrer, évacuer 5. **débloquer**, décoincer, dégager, extirper 6. [d'une charge] **décharger**, débarrasser, dégager, délivrer, dispenser, éviter à, exempter, exonérer, relever, tenir quitte, soulager

♦ **se libérer** V. PRON. 1. **se rendre disponible**, se dégager 2. **devenir vacant** 3. **s'affranchir**, s'émanciper, rompre ses liens/ses chaînes

liberté N. F. 1. **autonomie**, indépendance 2. **disponibilité**, loisir, temps (libre) 3. **latitude**, autorisation, facilité, faculté, loisir, permission, possibilité, pouvoir, licence (littér.) 4. **franchise**, franc-parler, hardiesse 5. **désinvolture**, familiarité, laisser-aller, laxisme, permissivité, sans-gêne 6. **aisance**, jeu, souplesse

♦ **libertés** PLUR. **licences**, audace, familiarités, hardiesse, privautés

libertin, ine

▸ ADJ. 1. **débauché**, déréglé, dévergondé, dissolu, licencieux 2. **leste**, coquin, gaillard, galant, grivois, osé, polisson

▸ N. 1. **jouisseur**, coureur, débauché 2. **libre penseur**, esprit fort

libertinage N. M. **1. galanterie 2. immoralité**, débauche, vice, licence (littér.) **3. débordements**, dérèglements, dévergondage, frasques

libidineux, euse ADJ. **1. lascif**, sensuel **2. licencieux**, impudique, lubrique, salace, vicieux

libido N. F. appétit sexuel, désir

libre ADJ. **I. disponible**, dégagé, inoccupé, vacant, vide **II. 1. autonome**, affranchi, indépendant, souverain **2. volontaire**, délibéré **III. permis**, autorisé, possible **IV. 1. accessible**, dégagé **2.** [entrée] **gratuit 3.** [cheveux] **flottant**, détaché **V. 1. dégagé**, aisé, désinvolte, facile, léger, libéré **2. familier**, cavalier, désinvolte **3. spontané**, franc **4. coquin**, cru, égrillard, épicé, gaillard, gaulois, graveleux, grivois, guilleret, hardi, inconvenant, leste, libertin, licencieux, osé, pimenté, polisson, salé

librement ADV. **1. de plein gré**, volontairement **2. franchement**, à cœur ouvert, ouvertement, sans détour **3. familièrement 4. sans entrave**

licence N. F. **I. 1. permis**, autorisation, droit, permission **2. liberté (d'action)**, latitude **II. 1. libertinage**, débauche, débordement, dérèglement, désordre, dévergondage, excès, immoralité, impudicité, inconduite, luxure **2. grivoiserie**

licenciement N. M. **1. renvoi**, congédiement, destitution, mise à pied, révocation, départ (euph.) **2.** [au plur.] **dégraissage** (fam.), charrette (fam.)

licencier V. TR. **1. congédier**, chasser, débaucher, destituer, limoger, mettre à pied, mettre à la porte, mettre au chômage, remercier, renvoyer, révoquer, balancer (fam.), débarquer (fam.), dégommer (fam.), lourder (fam.), sabrer (fam.), sacquer (fam.), vider (fam.), virer (fam.), [un domestique] donner son compte/ses huit jours à **2.** [effectifs] **dégraisser** (fam.)

licencieux, euse ADJ. **1. leste**, audacieux, croustillant, cru, égrillard, épicé, érotique, gaillard, gaulois, gras, graveleux, grivois, immodeste, inconvenant, indécent, léger, libre, pimenté, poivré, polisson, salé, scabreux, vert, raide (fam.) **2. dévergondé**, dépravé, déréglé, désordonné, effronté, immoral, impudique, libertin, libidineux, luxurieux (littér.)

licite ADJ. permis, admis, autorisé, légal, possible, toléré

lie N. F. **1. dépôt**, résidu **2. rebut**, basfond, racaille

lié, liée ADJ. **1. relié**, connexe, coordonné, imbriqué, interdépendant, joint, solidaire, uni **2. familier**, intime, proche

lien N. M. **I. 1. attache**, corde, cordon, courroie, ficelle, ligature, sangle **2.** [au plur.] **chaînes**, entraves, fers **II. 1. corrélation**, connexion, correspondance, filiation, rapport, rapprochement, relation **2. cohérence**, continuité, enchaînement, fil conducteur, liaison, suite **3. intermédiaire**, passerelle, trait d'union **III. 1. relation**, liaison **2. affinité**, attachement, attache, point commun

lier V. TR. **I. 1. nouer**, attacher, enchaîner, fixer, joindre, relier, unir **2. ficeler**, botteler **3. ligoter**, attacher, ficeler, garrotter **II. engager**, assujettir, astreindre, attacher, obliger **III. associer**, faire dépendre de, faire le lien avec, rattacher, relier, faire le rapprochement entre

♦ **se lier** V. PRON. **sympathiser**, fraterniser, s'aboucher (littér.), s'accointer (littér., péj.), s'acoquiner (péj.)

liesse N. F. réjouissance, allégresse, exultation, gaieté, joie

lieu N. M. **1. endroit**, espace, site, coin (fam.), [d'un drame, etc.] scène **2. emplacement**, place, point, position

lieutenant N. M. adjoint, aide, assistant, alter ego, bras droit, second

lifting N. M. **1. déridage**, lissage (recomm. offic.), remodelage (recomm. offic.) **2. toilettage**

ligature N. F. **1. lien**, attache **2. nœud**

ligaturer V. TR. attacher, lier

lignage N. M. lignée, descendance, extraction, famille, filiation, naissance, nom, race, sang, souche

ligne N. F. **I. 1. trait**, droite, courbe, raie **2. contour**, dessin, forme, galbe, modelé, profil, délinéament (littér.), linéament (littér.) **3. silhouette**, allure **4. ride II. 1. limite**, démarcation, front, frontière, séparation **2. rangée**, alignement, bordure, cordon, file, rang, rideau **III.** [politique, etc.] **orientation**, axe, direction, voie **IV.** [de transport] **liaison**, connexion, voie **V.** [de produits] **gamme VI. filiation**, descendance, lignée, parenté **VII. fil à pêche**

lignée N. F. **1. descendance**, filiation, ligne, postérité **2. famille**, dynastie, extraction, lignage, maison, naissance, race, sang, souche

ligoter V. TR. attacher, enchaîner, entraver, ficeler, garrotter, lier

ligue N. F. **1. alliance**, association, coalition, confédération, front, fédération, groupement, organisation, union **2. faction**, bande, parti

liguer V. TR. **allier**, associer, coaliser, fédérer, grouper, organiser, unir

♦ **se liguer** V. PRON. **s'allier**, s'associer, se coaliser, comploter, se conjurer, se fédérer, se grouper, s'organiser, s'unir

limer V. TR. **1. polir**, ébarber **2. élimer**, râper, user

limier N. M. détective, enquêteur, espion, inspecteur (de police)

limitation N. F. **1. bornage**, délimitation, démarcation **2. restriction**, contingentement, contrôle, limite

limite N. F. **I. 1. extrémité**, bord, bout, confins, [d'un bois] lisière, orée **2. démarcation**, frontière, séparation **II. 1. borne**, barrière, bordure, enceinte **2. cadre**, contour, domaine, mesure, périmètre, sphère **III. fin**, terme **IV. maximum**, extrême

♦ **limites** PLUR. possibilités, capacités, moyens

limité, ée ADJ. **1. borné**, étroit, simpliste, qui a des œillères, qui ne voit pas plus loin que le bout de son nez (fam.) **2. sommaire**, superficiel **3. réduit**, restreint **4. fini**

limiter V. TR. **1. borner**, circonscrire, délimiter, renfermer **2. restreindre**, contingenter, diminuer, freiner, mesurer, modérer, rationner, réduire **3. entraver 4. terminer**, arrêter

♦ **se limiter** V. PRON. **se restreindre**

limitrophe ADJ. **1. frontalier**, limite, périphérique **2. contigu**, adjacent, attenant, proche, voisin

limoger V. TR. démettre, casser, chasser, se débarrasser de, disgracier, destituer, mettre à pied, relever de ses fonctions, renvoyer, révoquer, se séparer de, balancer (fam.), débarquer (fam.), dégommer (fam.), sacquer (fam.), vider (fam.), virer (fam.)

limon N. M. dépôt, alluvions, boue, vase, bourbe (littér.)

limpide ADJ. **1. clair**, cristallin, diaphane, pur, translucide, transparent **2. compréhensible**, clair, intelligible, lumineux, simple, clair comme de l'eau de roche (souvent iron.) **3. franc**

limpidité N. F. **1. clarté**, brillance, netteté, pureté, transparence **2. intel-**

ligibilité, accessibilité, clarté, lisibilité

linge N. M. toile, tissu

lingerie N. F. 1. **dessous**, sous-vêtements 2. **buanderie** 3. **bonneterie**

liniment N. M. baume, onguent, pommade

liquéfier V. TR. 1. **condenser** 2. **fondre**

♦ **se liquéfier** V. PRON. 1. **fondre** 2. **s'amollir**

liqueur N. F. alcool, digestif, eau-de-vie, spiritueux

liquidation N. F. 1. **règlement** 2. **braderie**, solde 3. **réalisation**, vente 4. [fam.] **élimination**, meurtre

liquide

▸ ADJ. **fluide**

▸ N. M. 1. **fluide**, solution 2. **boisson** 3. **espèces**, numéraire, liquidités

liquider V. TR. I. 1. **réaliser**, vendre 2. **régler**, partager 3. **solder**, brader, bazarder (fam.) II. [fam.] 1. **se débarrasser de**, en finir avec, expédier, régler, terminer 2. **terminer**, faire un sort à 3. **tuer**, abattre, se débarrasser de, se défaire de, éliminer, supprimer, envoyer dans l'autre monde (fam.), zigouiller (fam.)

liquoreux, euse ADJ. doux, doucereux, sirupeux

lire V. TR. 1. **déchiffrer**, décoder, décrypter 2. **réciter**, dire, prononcer 3. **compulser**, consulter 4. **bouquiner** (fam.) 5. **interpréter**, expliquer 6. **pénétrer**, découvrir, discerner

lisibilité N. F. clarté, intelligibilité

lisible ADJ. 1. **déchiffrable**, décodable, décryptable 2. **compréhensible**, clair, intelligible

lisière N. F. bord, bordure, extrémité, frontière, limite, orée

lisse ADJ. 1. **égal**, plat, uni 2. **poli** 3. **glabre**, imberbe

lisser V. TR. 1. **aplanir**, aplatir 2. **défriper**, déchiffonner, défroisser 3. **lustrer**, polir

liste N. F. 1. **énumération**, dénombrement, inventaire, recensement 2. **relevé**, bordereau, catalogue, état, inventaire, nomenclature, répertoire 3. **index**, répertoire, table, [de lauréats] palmarès

lit N. M. 1. **couche** (littér.), dodo (lang. enfants), paddock (fam.), page (fam.), pageot (fam.), pieu (fam.), plumard (fam.), plume (fam.), pucier (fam.), sac à puce (fam.), [de bébé] berceau, [sommaire] couchette, natte, paillasse 2. **tapis**, matelas 3. **dépôt**, couche, strate 4. **cours**, ravin, ravine

litanie N. F. 1. **chant**, prière, antienne (littér.) 2. **rabâchage**, couplet, histoire, leitmotiv, refrain, rengaine, scie, antienne (littér.), chanson (fam.), disque (fam.)

litige N. M. 1. **affaire**, cause, procès 2. **conflit**, contestation, controverse, démêlé, différend, dispute, discussion

litigieux, euse ADJ. 1. **contentieux**, contestable, contesté 2. **douteux**

littéral, ale, aux ADJ. 1. **exact**, propre, (au sens) strict 2. **textuel**, à la lettre, mot à mot

littéralement ADV. 1. **à la lettre**, mot à mot, textuellement 2. **véritablement**

littérateur N. M. auteur, écrivain, homme de lettres, écrivassier (péj.), plumitif (péj.)

littoral N. M. bord de mer, côte, rivage

liturgie N. F. rite, cérémonial, culte, rituel

livide ADJ. 1. **blafard**, blanc (comme un linge/comme un cachet d'aspirine), blême, pâle, hâve (littér.) 2. **cada-**

vérique, cireux, exsangue, plombé, terreux, verdâtre, vitreux, cadavéreux (littér.)

livraison N. F. **1. remise**, délivrance, fourniture **2. fascicule**, numéro

livre N. M. **1. volume**, édition, écrit, ouvrage, texte, bouquin (fam.), [de magie ou plaisant] grimoire **2. tome**, partie
♦ **livres** PLUR. **registre**, comptabilité

livrer V. TR. **1. remettre**, délivrer, donner, fournir, porter, procurer **2.** [à la justice] **déférer**, confier, remettre **3. exposer**, communiquer, confier, dévoiler, révéler **4. dénoncer**, trahir, vendre, donner (fam.)
♦ **se livrer** V. PRON. **1. se rendre**, se constituer prisonnier **2. se confier**, s'abandonner, s'épancher, s'ouvrir, ouvrir son cœur, se déboutonner (fam.)

local[1], ale, aux ADJ. et N. indigène, autochtone

local[2] N. M. pièce, atelier, bureau

localisation N. F. **1. détection**, repérage **2. implantation**, emplacement, position, situation, locus (Biol.)

localiser V. TR. **1. repérer**, détecter, positionner, situer **2. circonscrire**, délimiter, limiter

localité N. F. agglomération, bourg, bourgade, commune, village

location N. F. **1. louage 2. bail**, affermage

locomotion N. F. **1. déplacement**, marche, transport, voyage **2. traction**

locuteur, trice N. sujet parlant, émetteur, énonciateur, interlocuteur

locution N. F. expression, formule, tour, tournure, [propre à une langue] idiotisme

loge N. F. **1. alvéole**, cellule, compartiment, niche **2. box**, stalle **3. avant-scène**, baignoire

logement N. M. **1. hébergement 2. gîte**, abri, toit **3. demeure**, domicile, habitation, résidence, nid, chez-soi (fam.), home (anglic.), pénates (littér.), [types] appartement, maison, [d'appoint] pied-à-terre, chambre, garçonnière, studio **4. habitat**

loger
▸ V. INTR. **1. demeurer**, habiter, résider, vivre, crécher (fam.), percher (fam.) **2. gîter**, nicher **3. séjourner**, descendre
▸ V. TR. **1. héberger**, accueillir, recevoir, offrir un toit à **2. abriter**, contenir, tenir **3. mettre**, installer, placer, ranger, caser (fam.), fourrer (fam.)
♦ **se loger** V. PRON. **1. s'installer**, trouver un toit **2. s'introduire**, s'enfoncer, se ficher, pénétrer, se fourrer (fam.)

logiciel N. M. application, programme, progiciel, [de jeu] ludiciel

logique[1] ADJ. **1. cohérent**, conséquent, judicieux, juste, rigoureux, suivi, vrai **2. cartésien**, déductif, discursif, méthodique, rationnel, systématique **3. inévitable**, forcé, naturel, nécessaire, normal

logique[2] N. F. **1. cohérence**, méthode, raison, rigueur **2. enchaînement**, fatalité **3. dialectique**, argumentation, raisonnement, sophistique

logiquement ADV. **1. normalement**, en principe **2. méthodiquement**, rationnellement, rigoureusement

logis N. M. habitation, foyer, logement, maison, chez-soi (fam.), home (anglic.), pénates (littér.)

logo N. M. symbole, emblème

logorrhée N. F. verbiage, verbalisme, logomachie (littér.)

loi N. F. **I. 1. droit**, code, législation, textes **2.** [sortes] arrêté, décret, [anciennt] édit, charte, ordonnance, règlement, statut **3. autorité**, commandement, domination, empire, pouvoir, puissance **II. 1. norme**, canon, dogme, principe, règle **2. contrainte**, devoir, impératif, nécessité, obligation, précepte, prescription, principe, règle **3. devise**, règle

loin ADV. éloigné, lointain, à distance, à l'écart

lointain, aine
▸ ADJ. **1. distant**, écarté, éloigné, loin, reculé **2. reculé**, éloigné, immémorial **3. absorbé**, distant, distrait, dans le vague **4. indirect 5. vague**, petit
▸ N. M. **arrière-plan**, fond, horizon

loisir N. M. **1. temps libre**, temps à soi, liberté, oisiveté, vacances **2. passe-temps**, activité, distraction, hobby (anglic.), occupation

long, longue ADJ. **1. allongé**, élancé, étendu, oblong **2. grand**, interminable **3. lent**, ennuyeux, fastidieux, interminable, longuet (fam.), mortel (fam.) **4. bavard**, diffus, prolixe, verbeux **5. ancien**, vieux **6. lointain 7. entier**, tout

longer V. TR. **1. border**, côtoyer, raser **2. emprunter**, suivre

longtemps ADV. **1. longuement**, (pendant) des heures, des heures durant, des heures et des heures, un long moment **2. beaucoup**

longuement ADV. abondamment, amplement, beaucoup, longtemps, [réfléchir] mûrement

longueur N. F. **1. taille**, envergure, étendue, grandeur **2. distance**, espace, trajet **3. durée**, lenteur

look N. M. allure, apparence, dégaine, genre, style, touche (fam., péj.)

lopin N. M. parcelle, morceau

loquace ADJ. bavard, prolixe, volubile, causant (fam.)

loquacité N. F. volubilité, prolixité, verve, faconde (littér.), bagou (fam.)

loque N. F. **1. lambeau 2. guenille 3. épave**, déchet (humain)
♦ **loques** PLUR. guenilles, haillons, oripeaux (littér.)

loqueteux, euse ADJ. **1. déchiré**, en loques **2. déguenillé**, en haillons, en loques

lorgner V. TR. **1. regarder**, loucher sur (fam.), reluquer (fam.) **2. convoiter**, guigner, viser, loucher sur (fam.)

lorsque CONJ. quand, au moment où, à l'instant où, à l'époque où

lot N. M. **1. part**, portion **2. lotissement 3. assortiment**, ensemble, jeu, stock **4. kit 5. apanage**, destin, destinée, héritage, sort

loti, ie ADJ.
- **bien loti** favorisé, avantagé
- **mal loti** défavorisé, désavantagé

lotir V. TR. **1. partager**, morceler, répartir **2. doter**, attribuer à, munir, pourvoir

louable ADJ. bien, bon, digne, estimable, honnête, honorable, méritoire

louange N. F. **1. éloge**, apologie, exaltation, glorification, dithyrambe (littér.), panégyrique (littér.) **2. applaudissement**, compliment, encouragement, félicitation **3. gloire**, mérite

louanger V. TR. **1. louer**, célébrer, chanter les louanges de, encenser, exalter, faire l'éloge de, glorifier, porter aux nues, tresser des couronnes/des lauriers à, magnifier (littér.) **2. flatter**, flagorner

louche ADJ. **1. trouble**, douteux, équivoque, incertain, suspect, troublant, pas clair (fam.), pas net (fam.) **2. interlope**, borgne, inquiétant, mal famé **3.** [vieux] **oblique**, torve, de travers

loucher V. INTR. bigler (fam.), avoir une coquetterie dans l'œil (fam.), avoir un œil qui dit merde à l'autre (fam.), avoir un œil qui joue du billard et l'autre qui compte les points (fam.), avoir les yeux qui se croisent (les bras) (fam.)

louer[1] V. TR. **1. complimenter**, féliciter **2. célébrer**, bien parler de, chanter les louanges de, couvrir de fleurs, élever aux nues, encenser, exalter, faire l'éloge de, glorifier, porter aux nues/au pinacle, tresser des couronnes/des lauriers à, louanger (littér.), magnifier (littér.) **3. prôner**, vanter **4.** [Relig.] **bénir**, glorifier

♦ **se louer de** V. PRON. **se féliciter de**, s'applaudir de, se glorifier de, se vanter de

louer[2] V. TR. **1. donner en location**, donner à bail, donner à loyer, [une terre] affermer **2. prendre en location**, prendre à bail, prendre à loyer **3. affréter**, fréter, noliser **4. réserver**, retenir

loup N. M. **1.** [poisson] **bar 2. masque 3. défaut**, défectuosité, malfaçon, ratage, raté, loupage (fam.), loupé (fam.)

lourd, lourde ADJ. **I. 1. pesant 2. dense**, compact **3. massif**, corpulent, épais, fort, gros, imposant, opulent, mastoc (fam.) **4.** [terre] **collant**, gras, détrempé **II. 1. indigeste**, pesant, bourratif (fam.) **2.** [estomac] **chargé**, appesanti, embarrassé **III. 1. important**, écrasant **2. grave**, grossier **3. accablant**, douloureux, dur, pénible, sévère **IV. 1. couvert**, bas, chargé **2. menaçant**, oppressant, orageux **V. 1.** [regard] **appuyé**, insistant **2.** [sommeil] **profond VI. 1. stupide**, balourd, béotien, bête, bovin, crasse, empoté, endormi, épais, fruste, gros, grossier, lent, lourdaud, maladroit, malhabile, niais, obtus, pataud, pesant, rustaud, rustre, sot, lourdingue (fam.) **2. embarrassé**, confus, gauche, indigeste, laborieux, tarabiscoté

lourdaud, aude

► ADJ. **1. maladroit**, balourd, gauche, pataud (fam.) **2. grossier**, balourd, béotien, bête, lourd, fruste, obtus, lourdingue (fam.)

► N. **rustaud**, rustre, cruche (fam.)

lourdement ADV. **1. fortement 2. durement**, rudement, sévèrement **3. grossièrement 4. pesamment**

lourdeur N. F. **1. poids**, masse, pesanteur **2. alourdissement**, appesantissement, engourdissement

loustic N. M. mauvais plaisant, coco (fam.), gaillard (fam.), lascar (fam.), numéro (fam.), type (fam.), zèbre (fam.), zigoto (fam.)

louvoiement N. M. atermoiement, détour, faux-fuyant, manœuvre, tergiversation

louvoyer V. INTR. **1. biaiser**, atermoyer, tergiverser, user de faux-fuyants, finasser (fam.) **2. remonter (au vent)**

lover (se) V. PRON. s'enrouler, se blottir, se pelotonner, se recroqueviller

loyal, ale, aux ADJ. **1. franc**, droit, carré, correct, de bonne foi, fair-play, honnête, régulier, réglo (fam.), probe (littér.) **2. de bonne guerre 3. fidèle**, dévoué, sûr

loyalement ADV. **1. honnêtement**, cartes sur table, sportivement **2. fidèlement**

loyalisme N. M. fidélité, dévouement

loyauté N. F. **1. droiture**, bonne foi, fair-play, franchise, honnêteté, probité **2. fidélité**, dévouement

lubie N. F. envie, caprice, coup de tête, fantaisie, folie, manie, passade, dada (fam.), tocade (fam.)

lubrification N. F. graissage, huilage

lubrifier V. TR. graisser, huiler, oindre

lubrique ADJ. concupiscent, lascif, libidineux, luxurieux, salace, sensuel, vicieux

lucarne N. F. fenêtre, chien-assis, œil-de-bœuf, faîtière, tabatière, Velux (nom déposé)

lucide ADJ. 1. **sensé**, conscient 2. **clairvoyant**, intelligent, pénétrant, perspicace, sagace

lucidité N. F. 1. **raison**, bon sens, conscience 2. **clairvoyance**, intelligence, netteté, pénétration, perspicacité, sagacité

lucratif, ive ADJ. rémunérateur, attractif, avantageux, fructueux, intéressant, payant, rentable, juteux (fam.)

lucre N. M. gain, bénéfice, profit

lueur N. F. 1. **lumière**, clarté, flamme, nitescence (littér.) 2. **éclat**, éclair, étincelle, flamme

lugubre ADJ. 1. **triste**, funeste, sinistre, sombre, glauque (fam.) 2. [littér.] **funèbre**, macabre

lugubrement ADV. sinistrement, tristement

luire V. INTR. 1. **briller**, éclairer, étinceler, flamboyer, rayonner, resplendir, rutiler 2. **miroiter**, chatoyer, reluire, scintiller

luisant, ante ADJ. 1. **brillant**, étincelant, rutilant 2. **chatoyant**, moiré 3. **lustré**

lumière N. F. 1. **clarté**, jour, lueur, [vive] éclat 2. **électricité**, éclairage, feu, illumination, lampe, lanterne, luminaire 3. **rayonnement**, éclairement, reflet 4. **éclat**, brillant, feu, splendeur 5. **génie**, savant, sommité, as (fam.), crack (fam.), flambeau (littér.), [au négatif] aigle, phénix

♦ **lumières** PLUR. **connaissances**, éclaircissements, explications, indications, informations, intelligence, lueurs, précisions, renseignements, savoir, science

lumineux, euse ADJ. I. 1. **éclairé** 2. **brillant**, éclatant, éblouissant, incandescent 3. **luminescent**, fluorescent, phosphorescent, nitescent (littér.) 4. **radieux**, clair, ensoleillé, étincelant II. 1. **éclairant**, clair, évident, limpide, net 2. **génial**, brillant, clair, lucide, pénétrant

luminosité N. F. 1. **clarté**, lumière 2. **brillance**, brillant, éclat

lunatique ADJ. capricieux, fantasque, d'humeur changeante, instable, versatile

lunettes N. F. PL. verres, besicles (littér.), binocles (fam.), carreaux (fam.), hublots (fam.)

luron, onne N.
- **gai, joyeux luron** boute-en-train, bon vivant, joyeux drille

lustre N. M. 1. **poli**, brillant, éclat, luisant, miroitement, vernis 2. **faste**, éclat, magnificence, relief, somptuosité, splendeur 3. **gloire**, réputation, valeur 4. **luminaire**, plafonnier, suspension, couronne de lumière, lampe astrale

lustré, ée ADJ. 1. **brillant**, luisant, satiné 2. **usé**, élimé, râpé

lustrer V. TR. 1. **frotter**, polir 2. [étoffe] **calandrer**, cylindrer, glacer 3. [cuir] **lisser**, satiner

luter V. TR. colmater, boucher

lutiner V. TR. harceler, peloter (fam.)

lutte N. F. 1. **affrontement**, bataille, combat, duel, échauffourée, guerre, mêlée, pugilat, rixe, bagarre (fam.) 2. **opposition**, antagonisme, collision, combat, conflit, duel, guerre, hostilité, rivalité 3. **résistance**, action, agitation, révolte 4. **débat**, assaut, controverse, discussion, dispute, escrime (fig.), joute (oratoire), querelle 5. **compétition**, concours, course, match

lutter V. INTR. **1. combattre**, batailler, se battre, en découdre, se bagarrer (fam.), guerroyer (littér.) **2. se défendre**, se débattre, résister

luxation N. F. **1. déboîtement**, désarticulation, dislocation **2. élongation**, entorse, foulure

luxe N. M. **1. somptuosité**, apparat, éclat, faste, magnificence, opulence, pompe, raffinement, richesse, splendeur **2. superflu**, dépense superflue, superfluité (littér.) **3. abondance**, débauche, foisonnement, excès, profusion, pullulement

luxer V. TR. déboîter, démettre, désarticuler, disloquer

luxueusement ADV. fastueusement, magnifiquement, princièrement, richement, royalement, somptueusement, splendidement

luxueux, euse ADJ. **1. fastueux**, éclatant, magnifique, opulent, princier, riche, royal, somptueux, splendide **2. de luxe**

luxure N. F. **1. débauche**, dépravation, licence, paillardise, vice, stupre (littér.) **2. sensualité**, concupiscence, incontinence, lascivité, lubricité

luxuriance N. F. exubérance, abondance, floraison, foisonnement, surabondance

luxuriant, ante ADJ. exubérant, abondant, riche, surabondant, touffu

lycée N. M. établissement, école, bahut (fam.), boîte (fam.), athénée (Belgique), cégep (Québec), gymnase (Suisse)

lymphatique ADJ. **1. apathique**, indolent, mou, nonchalant **2.** [Méd. ancienne] **flegmatique**

lyncher V. TR. mettre en pièces, écharper, massacrer

lyrique ADJ. **1. poétique 2. exalté**, ardent, enflammé, enthousiaste, passionné

lyrisme N. M. ardeur, chaleur, enthousiasme, exaltation, feu, passion

m

macabre ADJ. **1. funèbre 2. lugubre**, noir, sépulcral, sinistre, triste

macadam N. M. **1. revêtement**, asphalte, bitume, goudron **2. chaussée**

mâcher V. TR. mastiquer, mâchonner, mâchouiller (fam.)

machiavélique ADJ. **1. diabolique**, démoniaque **2. perfide**, pervers, retors

machinal, ale, aux ADJ. automatique, inconscient, instinctif, involontaire, irréfléchi, mécanique, réflexe

machination N. F. **1. manœuvre**, agissements, intrigue, manège, manigance, menées, ruse **2. complot**, conspiration

machine N. F. **1. appareil**, dispositif, engin, instrument, mécanique, mécanisme, outil, bécane (fam.) **2. automate 3. ordinateur**, bécane (fam.) **4. lave-vaisselle**

machiste ADJ. et N. M. phallocrate, sexiste, macho (fam.)

maculer V. TR. salir, barbouiller, crotter, encrasser, noircir, souiller, tacher

maelström N. M. **1. tourbillon**, gouffre, vortex **2. tourmente**, cyclone, ouragan, tempête, tornade, tourbillon

maestria N. F. brio, adresse, facilité, habileté, maîtrise, virtuosité

magasin N. M. **1. commerce**, affaire, boutique, échoppe, fonds de commerce **2. entrepôt**, abri, dépôt, docks, réserve, resserre **3. réserve 4. chargeur**, boîtier

magazine N. M. revue, périodique

magicien, enne N. **1. prestidigitateur**, escamoteur, illusionniste **2. mage**, alchimiste, astrologue, devin, enchanteur, ensorceleur, fée, nécromancien, sorcier, thaumaturge

magie N. F. **1. prestidigitation**, illusionnisme, tour de passe-passe **2. sorcellerie**, alchimie, astrologie, divination, enchantement, envoûtement **3. charme**, beauté, prestige, puissance, séduction

magique ADJ. **1. enchanté**, féérique, surnaturel **2. cabalistique**, ésotérique, occulte **3. merveilleux**, enchanteur, ensorcelant, envoûtant, fantastique, fascinant, féerique

magistral, ale, aux ADJ. **1.** [littér.] **doctoral**, pédant (péj.), péremptoire, pontifiant (péj.), professoral, solennel **2. excellent**, magnifique, splendide, superbe, supérieur

magma N. M. mélange, agglomérat, bouillie, masse (informe)

magnanime ADJ. bon, beau, chevaleresque, clément, généreux, grand, noble

magnat N. M. potentat, gros bonnet (fam.), baron (fam.), roi (fam.)

magnétique ADJ. ensorcelant, envoûtant, fascinant, hypnotisant, subjuguant

magnétiser V. TR. **1. aimanter 2. hypnotiser**, envoûter, fasciner, subjuguer

magnétisme N. M. **1. charme**, attraction, fascination **2. ascendant**, autorité, charisme, influence **3. hypnotisme**, envoûtement, hypnose, suggestion

magnifier V. TR. **1. exalter**, célébrer, glorifier, louer, chanter les louanges de **2. idéaliser**, embellir

magnifique ADJ. **1. admirable**, brillant, éclatant, féerique, grandiose, magistral, merveilleux, splendide, superbe **2. fastueux**, luxueux, princier, royal, somptueux

magouille N. F. escroquerie, fraude, intrigue, machination, manœuvre, manigance, trafic, combine (fam.), cuisine (fam.)

magouiller V. TR. combiner, intriguer, cuisiner (fam.), traficoter (fam.), trafiquer (fam.)

maigre ADJ. **I. 1. mince**, chétif, décharné, efflanqué, étique, fluet, gringalet, hâve, menu, rachitique, sec, squelettique, maigrichon (fam.), maigriot (fam.) **2.** [visage] **anguleux**, creusé, émacié, hâve **II. 1. aride**, pauvre, stérile **2. rare**, clairsemé, pauvre, rabougri **III. médiocre**, chiche, faible, insuffisant, juste, mince, misérable, pauvre, petit, piètre **IV. écrémé**, allégé

maigreur N. F. **1. minceur**, amaigrissement **2. insuffisance**, médiocrité, pauvreté

maigrir
▸ V. INTR. **perdre du poids**, se dessécher, fondre, mincir, décoller (fam.), [visage] s'émacier
▸ V. TR. **amaigrir**, amincir, [le visage] émacier

maille N. F. **1. chaînon**, maillon **2. point 3. tricot**, jersey

maillon N. M. chaînon, anneau, maille

maillot N. M. **1. débardeur**, polo, tee-shirt **2.** [de danse, gymnastique] **collant**

main N. F. menotte (fam.), cuiller (fam.), louche (fam.), paluche (fam.), patte (fam.), pince (fam.), pogne (fam.), [puissante] poigne, battoir (fam.)

mainmise N. F. **1. ascendant**, emprise, influence, pouvoir **2. prise**, rafle

maintenance N. F. entretien, suivi

maintenant ADV. **1. actuellement**, à l'heure qu'il est, à présent, aujourd'hui, de nos jours, en ce moment **2. désormais**, à l'avenir

maintenir V. TR. **1. soutenir**, appuyer, caler, retenir, supporter, tenir **2. attacher**, assembler, fixer **3. conserver**, entretenir, garder, perpétuer, poursuivre, sauvegarder **4. immobiliser**, assujettir, bloquer **5. confirmer**, affirmer, certifier, réitérer, répéter, soutenir
♦ **se maintenir** V. PRON. **1. durer**, demeurer, perdurer, persister, rester, subsister **2. se tenir**

maintien N. M. **1. contenance**, air, allure, attitude, port, posture, présentation, prestance, tenue **2. conservation**, continuité, préservation, sauvegarde

maison N. F. **1. bâtiment**, bâtisse, construction, habitation, logement, résidence, pavillon, villa, baraque (péj.), bicoque (péj.), masure (péj.) **2. domicile**, bercail (souvent plaisant), chez-soi, demeure, foyer, gîte, habitation, logis, nid, pénates, toit, home (fam.) **3. intérieur**, ménage **4. famille**, dynastie, lignée, maisonnée **5. établissement**, entreprise, firme, société, boîte (fam.), boutique (fam.)

maître, maîtresse
▸ ADJ. **1. expert**, adroit, compétent, virtuose **2. principal**, capital, essentiel, fondamental, majeur, primordial
▸ N. **1. chef**, dirigeant, gouvernant, patron, [Hist.] seigneur, souverain **2. enseignant**, éducateur, instituteur, pédagogue, précepteur, professeur des écoles **3. possesseur**, propriétaire **4. modèle**, exemple, gourou, initiateur, mentor **5. virtuose**, expert

maîtresse N. F. **1. compagne**, petite amie, concubine, copine (fam.), nana (fam.) **2.** [du roi] **favorite**

maîtrise N. F. **1. autorité**, contrôle, domination, empire, pouvoir, suprématie **2. habileté**, maestria, savoir-faire, tour de main, virtuosité **3. manécanterie**

maîtriser V. TR. **1. vaincre**, terrasser **2. discipliner**, asservir, assujettir, soumettre **3. stopper**, arrêter, enrayer, juguler **4. dominer**, commander à, contrôler, dompter, être maître de, surmonter **5. posséder**, dominer
♦ **se maîtriser** V. PRON. **se contenir**, se contrôler, se dominer, prendre sur soi

majestueux, euse ADJ. **1. noble**, digne, hiératique, imposant, olympien, solennel, auguste (littér.) **2. grandiose**, impressionnant, monumental

majeur, eure ADJ. **1. capital**, essentiel, fondamental, primordial, principal **2. adulte**, grand

majorer V. TR. augmenter, élever, hausser, rehausser, relever, revaloriser

mal¹ ADV. **1. difficilement**, malaisément, péniblement **2. maladroitement**, de travers, comme un pied (fam.), comme une patate (fam.), comme une savate (fam.) **3. médiocrement** **4. défavorablement**, désagréablement **5. malencontreusement**, inopportunément **6. incomplètement**, imparfaitement, insuffisamment

mal² N. M. **I. 1. douleur**, affection, maladie, bobo (fam.) **2. martyre**, douleur, supplice, torture **3. peine**, affliction, chagrin **II. 1. tort**, préjudice **2. calamité**, désolation, dommage, malheur, souffrance **III. vice**, crime, faute, péché

malade
▸ ADJ. **1. souffrant**, en mauvaise santé, maladif **2. incommodé**, indisposé, mal (en point), mal fichu (fam.), mal foutu (fam.), patraque (fam.) **3.** [dent] **gâté**, carié **4. bouleversé**, retourné, secoué
▸ N. **patient**, client

maladie N. F. **1. affection**, mal, pathologie, syndrome **2. manie**, obsession, passion, rage, vice, virus (fam.)

maladif, ive ADJ. **1. souffreteux**, chétif, malingre **2. morbide**, malsain, pathologique

maladresse N. F. **1. gaucherie**, inhabileté, lourdeur **2. erreur**, balourdise, bêtise, bévue, faux pas, impair, pas de clerc (littér.), le pavé de l'ours (littér.), boulette (fam.), bourde (fam.), gaffe (fam.)

maladroit, oite
▸ ADJ. **1. gauche**, lourdaud, malhabile, pataud, inhabile (littér.), empoté (fam.), godiche (fam.), gourde (fam.), manchot (fam.) **2. grossier**, lourd, [mensonge, etc.] cousu de fil blanc **3. laborieux**, embarrassé, pesant **4. malavisé**, inconsidéré, sot
▸ N. **propre à rien**, ballot, balourd, gaffeur (fam.), gourde (fam.), manche (fam.)

malaise N. M. **1. évanouissement**, défaillance, éblouissement, étourdissement, vertige **2. indisposition**, dérangement, incommodité, trouble **3. crise**, mécontentement **4. embarras**, froid, gêne, tension **5. angoisse**, inquiétude, souffrance, tourment, trouble

malaisé, ée ADJ. difficile, ardu, compliqué, délicat, laborieux

malaxer V. TR. **1. pétrir**, manier, travailler, tripoter, triturer **2. mélanger**

malchance N. F. **1. adversité**, malheur, infortune (littér.) **2. malédiction**, fatalité, mauvais œil, mauvais sort, déveine (fam.), guigne (fam.), manque de pot (fam.), poisse (fam.)

mâle ADJ. **1. masculin** **2. viril**, courageux, énergique, vigoureux

malédiction N. F. **1. anathème**, imprécation **2. malchance**, fatalité, malheur, mauvais sort

maléfice N. M. sortilège, ensorcellement, envoûtement, sort

maléfique ADJ. malfaisant, démoniaque, diabolique, infernal, malin, satanique

malencontreux, euse ADJ. **1. ennuyeux**, contrariant, fâcheux, gênant **2. inopportun**, déplacé, mal à propos, malheureux, regrettable

malentendu N. M. méprise, confusion, équivoque, quiproquo, maldonne (fam.)

malfaçon N. F. défaut, anomalie, défectuosité, imperfection, tare, vice

malfaisant, ante ADJ. **1. maléfique**, mauvais **2. malsain**, néfaste, nocif, pernicieux, pervers, préjudiciable **3. nuisible**, ennemi

malfaiteur N. M. bandit, criminel, escroc, gangster, voleur, truand, gibier de potence, malfrat (fam.)

malfamé, ée ADJ. louche, interlope, mal fréquenté

malformation N. F. défaut, difformité, dystrophie

malgré PRÉP. **1. contre**, en dépit de/que, au mépris de, nonobstant (littér.) **2. cependant**

malhabile ADJ. maladroit, gauche, lourdaud, pataud, empoté (fam.), godiche (fam.), gourde (fam.)

malheur N. M. **1. adversité**, affliction, chagrin, douleur, détresse, épreuve, peine, infortune (littér.) **2. malédiction**, fatalité, malchance, mauvaise fortune, mauvais sort, infortune (littér.) **3. épreuve**, accident, coup du destin/du sort, deuil, drame, échec, misère, revers, tragédie **4. calamité**, catastrophe, désastre, fléau **5. inconvénient**, désagrément, ennui

malheureux, euse

▸ ADJ. **I. 1. triste**, affligé, désolé, navré, peiné **2. éprouvé**, infortuné, misérable, pauvre, pitoyable **3. pénible**, misérable, rude **II. 1. fâcheux**, maladroit, funeste, malencontreux, regrettable **2. malchanceux 3. affligeant**, attristant, déplorable, désolant, lamentable **III. insignifiant**, lamentable, minable, misérable, pauvre, pitoyable

▸ N. pauvre, miséreux

malhonnête ADJ. **1. immoral**, véreux, marron, improbe (littér.) **2. déloyal**, incorrect, indélicat

malice N. F. **1. méchanceté**, malveillance, malignité (littér.) **2. espièglerie**, esprit, ironie, moquerie, raillerie

malicieux, euse ADJ. **1. coquin**, espiègle, farceur, taquin **2. astucieux**, futé, malin, rusé **3. ironique**, moqueur, narquois, railleur

malin, maligne

▸ ADJ. **1. intelligent**, débrouillard, dégourdi, déluré, éveillé, fin, futé, habile **2.** [péj.] **rusé**, madré (littér.), matois (littér.), démerdard (fam.), roublard (fam.) **3. malicieux**, moqueur, railleur **4. maléfique**, néfaste, nocif, pernicieux **5. grave**, cancéreux

▸ N. **fine mouche**, fine guêpe

malingre ADJ. chétif, débile, délicat, faible, fragile, frêle, maladif, rachitique, souffreteux

malléable ADJ. **1. influençable**, flexible, maniable **2. élastique**, extensible, flexible, maniable, souple

mallette N. F. porte-documents, attaché-case, serviette

malmener V. TR. **1. maltraiter**, battre, brusquer, brutaliser, molester, rudoyer, secouer (fam.) **2. houspiller**, chahuter, conspuer, huer, tomber sur le paletot de (fam.) **3. critiquer**, éreinter, arranger (fam.), assaisonner (fam.), étriller (littér.)

malodorant, ante ADJ. puant, fétide, infect, méphitique, nauséabond, pestilentiel

malotru N. M. grossier personnage, goujat, mufle, rustre, gougnafier (fam.)

malpropre ADJ. **1. sale**, crasseux, dégoûtant, cradingue (fam.), crado (fam.), dégueulasse (très fam.) **2. grossier**, inconvenant, indécent, obscène, cochon (fam.) **3. immoral**, malhonnête, sale, sordide

malsain, aine ADJ. **1. nocif**, dangereux, délétère, insalubre, nuisible, pollué, pourri **2. morbide**, maladif, pathologique **3. pernicieux**, étouffant, glauque **4. immoral**, corrupteur, malfaisant, pervers

maltraiter V. TR. **1. battre**, brutaliser, frapper, malmener, molester, rudoyer **2. brimer**, brusquer, malmener, secouer (fam.) **3. critiquer**, éreinter, arranger (fam.), esquinter (fam.), étriller (littér.)

malveillance N. F. **1. hostilité**, agressivité, animosité, malignité, méchanceté **2. sabotage**

malveillant, ante ADJ. **1. hostile**, haineux, malintentionné, médisant **2. aigre**, blessant, désobligeant, venimeux

malvenu, ue ADJ. déplacé, fâcheux, hors de propos, incongru, inconvenant, inopportun, intempestif, mal à propos, malséant (littér.)

malversation N. F. exaction, concussion, détournement (de fonds), trafic d'influence, tripotage, prévarication (littér. ou Droit), magouilles (fam.)

management N. M. administration, conduite, direction, exploitation, gestion

manager V. TR. administrer, conduire, diriger, gérer, être à la tête de, être aux manettes de

manageur, euse N. **1. administrateur**, cadre, directeur, dirigeant, gestionnaire **2. impresario**, agent (artistique) **3. entraîneur**, coach (anglic.)

mandarin N. M. sommité, patron, pontife, (grand) ponte (fam.)

mandat N. M. **1. mission**, charge **2. pouvoir**, commission, délégation, procuration **3. effet (de commerce)**, ordre

mandataire N. **1. fondé de pouvoir**, agent, délégué, gérant, intermédiaire, représentant **2. commissionnaire**

mandater V. TR. déléguer, dépêcher, envoyer

manège N. M. **1. carrousel 2. agissements**, intrigue, jeu, machination, manigances, manœuvres, menées

mangeable ADJ. comestible, consommable, digeste, bouffable (très fam.)

mangeoire N. F. auge, râtelier

manger V. TR. **I. 1. consommer**, absorber, avaler, croquer, déguster, gober, ingérer, ingurgiter, mâcher, mastiquer, ronger, savourer, becqueter (fam.), bouffer (fam.), boulotter (fam.), s'enfiler (fam.), grailler (pop.), tortorer (pop.) **2.** [animaux] **brouter**, paître, pâturer **II.** [sans complément] **1. s'alimenter**, se nourrir, prendre quelque chose, se restaurer, se sustenter, casser la croûte/la graine (fam.), croûter (pop.), se remplir/se caler l'estomac (fam.) **2. passer à table**, se mettre à table, collationner, déjeuner, dîner, souper **III. dépenser**, consumer, dévorer, dilapider, dissiper, engloutir, gaspiller, claquer (fam.), croquer (fam.), flamber (fam.) **IV. corroder**, attaquer, dévorer, ronger

maniable ADJ. **1. manœuvrable 2. commode**, pratique **3. élastique**, ductile, malléable **4. docile**, flexible, malléable, souple

maniaque ADJ. **1. exigeant**, méticuleux, pointilleux, tatillon, vétilleux (littér.), pinailleur (fam.) **2. obsédé**

manie N. F. **1. idée fixe**, monomanie, obsession **2. habitude**, tic **3. goût**, fantaisie, marotte, toquade, dada (fam.)

maniement N. M. utilisation, emploi, manipulation, usage

manier V. TR. **1. manipuler**, tâter, toucher **2. pétrir**, malaxer, modeler, travailler, tripoter, triturer **3. employer**, se servir de, faire usage de, user de, utiliser **4. manœuvrer**, conduire, diriger, gouverner **5. gérer**, brasser, manipuler, remuer, traiter

manière N. F. **1. façon**, méthode, modalité, mode, moyen, procédé, système, technique, tour (de main), truc (fam.) **2. style**, façon, facture, forme, genre, technique, griffe, patte
♦ **manières** PLUR. **1. minauderies**, mignardise, préciosité **2. cérémonies**, embarras, façons, simagrées, chichis (fam.)

maniéré, ée ADJ. **1. guindé**, affecté, compassé, pincé, poseur, chichiteux (fam.), chochotte (fam.), [femme] mijaurée, pimbêche **2. apprêté**, contourné, entortillé, précieux, recherché

manifestation N. F. **I. 1. expression**, démonstration, marque, signe, témoignage **2. phénomène**, symptôme **3. apparition**, éclosion **II. défilé**, marche (de protestation), meeting, rassemblement, manif (fam.)

manifeste ADJ. **1. évident**, aveuglant, clair, criant, éclatant, flagrant, palpable, patent, tangible, visible **2. net**, affirmé, assuré, décidé

manifester
▸ V. TR. **1. extérioriser**, déployer, donner libre cours à, exprimer, faire éclater, marquer, montrer, révéler, témoigner de **2. dire**, affirmer, annoncer, faire connaître, déclarer, faire part de, proclamer **3. révéler**, déceler, faire ressortir, indiquer, laisser paraître, mettre en lumière, traduire, trahir
▸ V. INTR. défiler, descendre dans la rue
♦ **se manifester** V. PRON. **1. se faire connaître**, se présenter **2. surgir**, apparaître, se déclarer, se dévoiler, éclater, émerger, entrer en jeu/en scène, se faire jour, se faire sentir, se montrer, se révéler, sortir de l'ombre, survenir **3. se traduire 4. agir**, s'exercer

manigance N. F. agissements, machination, manège, manœuvre, tripotage, combine (fam.), magouille (fam.), micmac (fam.)

manigancer V. TR. **1. imaginer**, combiner, tramer, ourdir (littér.) **2. comploter**, fricoter (fam.), magouiller (fam.), traficoter (fam.), trafiquer (fam.)

manipulable ADJ. influençable, docile

manipulation N. F. **1. emploi**, maniement, usage, utilisation **2. opération**, traitement **3. désinformation**, intoxication, propagande, bourrage de crâne (fam.), intox (fam.) **4. manœuvre**, tripotage, combine (fam.), cuisine (fam.), grenouillage (fam.), magouille (fam.)

manipuler V. TR. **1. manier**, malaxer, mélanger, palper, pétrir, tâter, toucher, tripoter **2. gérer**, brasser, manier, remuer, traiter **3. influencer**, manœuvrer, suggestionner, télécommander, téléguider

manœuvre[1] N. F. **1.** [Milit.] **exercice**, évolution, mouvement **2. manigance**, intrigue, jeu, machination, ruse, combine (fam.), magouille (fam.), [au plur.]

agissements, manège, menées, tripotage, grenouillage (fam.) **3.** [Mar.] **câble**, cordage, filin

manœuvre² N. M. ouvrier, travailleur manuel, O.S.

manœuvrer

▸ V. TR. **1. gouverner**, conduire, diriger, manier, mener **2. influencer**, manipuler, suggestionner

▸ V. INTR. **ruser**, intriguer, magouiller (fam.)

manque N. M. **1. absence**, carence, défaut, déficience, déficit, insuffisance, pénurie **2. privation**, besoin, dénuement, embarras, indigence, paupérisme, pauvreté **3. lacune**, omission, trou, vide **4. manquement**, défaillance

manqué, ée ADJ. raté, perdu, fichu (fam.), foutu (fam.), râpé (fam.)

manquement N. M. infraction, écart, entorse, irrégularité, transgression, violation

manquer

▸ V. INTR. **1. faire défaut**, se faire, devenirrare, disparaître **2. s'absenter**, être absent, faillir, faire défaut, se dérober

▸ V. TR. **1. échouer à**, rater, louper (fam.) **2. perdre**, gâcher, louper (fam.) **3. ne pas se présenter à**, sécher (fam.)

manuel N. M. cours, abrégé, aide-mémoire, guide, livre, mémento, précis

maquette N. F. **1. modèle réduit** **2. canevas**, ébauche, esquisse, ossature, plan, projet, schéma, synopsis, trame

maquillage N. M. **1. cosmétique(s)**, fard **2. camouflage**, déguisement, falsification, trucage

maquiller V. TR. **1. farder**, grimer **2. camoufler**, déguiser, falsifier, farder, fausser, travestir, truquer

♦ **se maquiller** V. PRON. **se farder**, se grimer, se faire une beauté (plaisant), se refaire/se ravaler la façade (fam., péj.)

maquis N. M. **1. garrigue**, friche **2. labyrinthe**, dédale, écheveau, jungle, méandres

marasme N. M. **1. crise**, malaise, récession, stagnation **2. abattement**, découragement, dépression

marauder V. INTR. voler, dérober, piller, chaparder (fam.)

marbrure N. F. **1. moirure**, bigarrure, jaspure **2.** [Méd.] **livedo**

marchand, ande N. commerçant, fournisseur, négociant, vendeur, maquignon (péj.)

marchandage N. M. négociation, tractation

marchandise N. F. article, denrée, produit, [collectif] came (fam.), camelote (fam., souvent péj.), pacotille (fam., péj.)

marche N. F. **I. échelon**, degré, gradin **II. 1. pas**, allure, démarche, train **2. cheminement**, déambulation **3. promenade**, course, excursion, randonnée, tour **4. défilé**, manifestation **III. 1. cours**, courant, déroulement, évolution, processus **2. progression**, avancée, [d'un feu, d'une épidémie, etc.] propagation **IV. fonctionnement**, activité

marché N. M. **I. accord**, affaire, contrat, convention, négociation, pacte, transaction **II. 1. foire**, braderie **2. halle**, bazar, [arabe] souk **III. 1. commerce**, bourse, échange **2. débouché**, clientèle

marcher V. INTR. **1. se mouvoir**, se déplacer **2. avancer**, cheminer, déambuler, se promener, [sans but] errer, flâner **3. fonctionner**, rouler (sur du velours) (fam.)

mare N. F. **1. étang**, pièce d'eau **2. flaque**

marécage N. M. **1. marais**, étang **2. bas-fond**, bourbier

marécageux, euse ADJ. **1. bourbeux**, fangeux **2. aquatique**, uligineux

marée N. F. flot, déluge, flux, ruée, vague

marge N. F. **1. bord**, bordure **2. écart**, différence **3. délai**, sursis, temps

marginal, ale, aux
▸ ADJ. **1. en marge 2. secondaire**, accessoire, anecdotique, annexe, contingent **3. asocial**, désocialisé, exclu, paumé (fam.)
▸ N. **exclu**, paria, clochard (fam.), paumé (fam.), zonard (fam.)

marginaliser V. TR. exclure, écarter, mettre à l'écart, laisser de côté, laisser sur la touche (fam.), [de la société] désocialiser

mari N. M. conjoint, époux, jules (fam.), homme (fam.), mec (fam.)

mariage N. M. **1. union**, alliance **2. noce(s) 3. ménage**, union **4. association**, alliance, assemblage, combinaison, mélange, union

marier V. TR. **1. unir 2. allier**, assembler, associer, combiner, joindre, mélanger **3. assortir**, apparier, harmoniser
♦ **se marier** V. PRON. **1. s'unir**, convoler (en justes noces) (plaisant), prendre femme, mari **2. se combiner**, s'accorder, s'assortir, s'harmoniser

marijuana N. F. cannabis, chanvre (indien), haschisch, hasch (fam.), herbe (fam.), kif (fam.), marie-jeanne (fam.), shit (fam.)

marin N. M. **1. navigateur**, [aguerri] loup de mer (fam.), [mauvais] marin d'eau douce/de bateau-lavoir **2. matelot**, mataf (argot)

marionnette N. F. fantoche, guignol, mannequin, pantin

marmite N. F. faitout, caquelon

marmonner V. TR. grommeler, bougonner, mâchonner, marmotter, maugréer, murmurer, ronchonner (fam.)

marotte N. F. **1. manie**, habitude, tic, travers **2. violon d'Ingres**, caprice, folie, dada (fam.)

marquant, ante ADJ. **1. remarquable**, notable, saillant **2. mémorable**

marque N. F. **I. appellation**, enseigne, griffe, label, logo, nom **II. 1. estampille**, cachet, chiffre, empreinte, poinçon, sceau, tampon, timbre **2. monogramme**, paraphe, seing, signature **3. insigne**, chevron, galon, signe, symbole **III. 1. balise**, borne, bouée, jalon, repère **2. encoche**, coche, repère, trait (de scie) **IV. 1. manifestation**, démonstration, empreinte, indice, indication, preuve, signe, symptôme, témoin, trace, trait, vestige **2. présage**, annonce **V. 1. pli**, impression **2. tache**, flétrissure **3. stigmate**, bleu, cicatrice, ecchymose, marbrure, vergeture, zébrure **VI. 1. score**, résultat **2. cale**, butoir, starting-block

marqué, ée ADJ. **1. net**, accentué, accusé, évident, prononcé **2. grêlé**, picoté **3. flétri**, buriné, fatigué, vieilli

marquer V. TR. **I. 1. écrire**, consigner, inscrire, noter, relever **2. pointer**, cocher, désigner, indiquer, signaler **3. repérer**, coter, étiqueter, matriculer, numéroter **4. matérialiser**, baliser, jalonner, signaler, tracer **II. 1. imprimer**, estamper, estampiller, poinçonner, timbrer **2. stigmatiser**, buriner, flétrir, marbrer, tacher, taveler, zébrer **3. imprégner**, déteindre sur, empreindre, influencer **4. affecter**, impressionner, toucher **5.** [sans complément] **laisser des traces**, [événement] faire date **III. 1. manifester**, dire, exprimer, montrer, témoigner **2. mettre en évidence**, accentuer, ponctuer, faire ressortir, scander **3. dénoter**, attester, dénoncer, indiquer, manifester, montrer, prouver, révéler, signaler, témoigner de **IV.** [Sport]**1. obtenir**, réussir **2. serrer**

marteler V. TR. **1. pilonner**, écraser **2. battre**, frapper (sur), tambouriner sur **3. accentuer**, détacher, prononcer avec force

martial, ale, aux ADJ. guerrier, belliqueux, combatif, militaire

martyr N. M. victime, bouc émissaire, souffre-douleur, tête de turc

martyre N. M. **1.** [Relig.] **supplice**, baptême du sang **2. calvaire**, croix, supplice, torture, tourment

martyriser V. TR. **1. brutaliser**, maltraiter, faire souffrir **2. torturer**, crucifier, supplicier, tourmenter

mascarade N. F. **1. carnaval 2. hypocrisie**, comédie, imposture, mystification, supercherie

mascotte N. F. porte-bonheur, amulette, fétiche, porte-chance

masculin, ine ADJ. **1. mâle**, viril **2. garçonnier**, garçon manqué, hommasse (péj.)

masque N. M. **1. loup 2. apparence**, couvert, dehors, extérieur, façade, semblant, vernis **3. air**, expression, faciès, physionomie, visage

masquer V. TR. **1. camoufler**, cacher, déguiser, dissimuler, farder, travestir, voiler **2. dérober à la vue**, cacher, couvrir, éclipser, faire écran à, occulter, recouvrir

massacre N. M. **1. tuerie**, assassinat, boucherie, carnage, hécatombe, holocauste **2. anéantissement**, destruction, dévastation, extermination, génocide **3. désastre**, gâchis, sabotage, saccage

massacrer V. TR. **1. détruire**, décimer, exterminer **2. tuer**, assassiner, bousiller (fam.) **3. abîmer**, défigurer, détériorer, gâter, saccager, bousiller (fam.), démolir (fam.), esquinter (fam.) **4. critiquer**, éreinter, descendre (en flammes) (fam.), tirer à boulets rouges sur (fam.)

masse N. F. **I. 1. bloc.**, morceau, paquet **2. poids**, volume **3. tas**, amas, amoncellement, agglomérat, agrégat, magma **4. ensemble**, somme, totalité **II. 1. groupe**, foule, multitude, rassemblement **2. multitude**, armée, cohorte, foule, kyrielle, légion, meute, myriade, nuée, ribambelle, flopée (fam.), foultitude (fam.), tapée (fam.)

masser[1] V. TR. **rassembler**, agglomérer, concentrer, réunir

♦ **se masser** V. PRON. **se presser**, se concentrer, s'ameuter, s'agglutiner (péj.)

masser[2] V. TR. frictionner, frotter, malaxer, palper, pétrir, presser

massif[1], ive ADJ. **1. épais**, compact, corpulent, imposant, lourd, opulent, pesant, maous (fam.), mastoc (fam.) **2. important**, considérable, intense

massif[2] N. M. **1. corbeille**, parterre, plate-bande **2. bosquet**, buisson **3. montagne**, chaîne

massue N. F. **1. gourdin**, batte, bâton, casse-tête, masse **2.** [adjt] **décisif**, indiscutable, irréfutable, de poids

mastiquer V. TR. mâcher, mâchonner, mâchouiller (fam.)

masure N. F. baraque, bicoque, cabane, gourbi, taudis

mat, mate ADJ. **1. terne**, dépoli **2. foncé 3. sourd**, étouffé

match N. M. compétition, combat, concours, épreuve, partie, rencontre, tournoi

matelas N. M. **1. couche**, paillasse **2. lit**, coussin **3. sécurité**, protection

matelasser V. TR. **1. rembourrer**, bourrer, capitonner **2. cuirasser**

matelot N. M. marin, homme d'équipage, mathurin (argot), mataf (argot), [aguerri] loup de mer

mater V. TR. **1. dompter**, dresser, soumettre, serrer la vis à (fam.), visser (fam.) **2. réprimer**, étouffer, juguler, terrasser, vaincre

matérialiser V. TR. **1. symboliser**, incarner, représenter **2. marquer**, concrétiser **3. réaliser**, faire aboutir, concrétiser

♦ **se matérialiser** V. PRON. **se réaliser**, se concrétiser, prendre corps, voir le jour

matérialiste ADJ. **1. pratique**, matériel, prosaïque, réaliste, terre à terre **2.** [Philo.] **positif**

matériau N. M. **1. matière 2. éléments**, documents, données, informations

matériel[1], elle ADJ. **1. concret**, effectif, palpable, physique, sensible, tangible **2. financier**, pécuniaire **3. matérialiste**, prosaïque, réaliste, terre à terre

matériel[2] N. M. **1. matériau**, matière **2. équipement**, instruments, outillage, matos (fam.) **3. données**, documents, matériau

materner V. TR. dorloter, choyer, surprotéger

maternité N. F. **1. enfantement**, génération, procréation **2. accouchement 3. grossesse**

mathématique ADJ. **1. cartésien**, logique **2. exact**, précis, rigoureux, scientifique

matière N. F. **I. 1. substance 2. corps 3. matériau 4. étoffe**, tissu **II. 1. sujet**, contenu, fond, objet, propos, substance, teneur, thème **2. discipline**, champ, domaine, secteur, sujet, terrain **3. point**, article, question, sujet

matin N. M. **1. matinée 2. jour**, aube, aurore, lever du jour/du soleil **3.** [de la vie] **commencement**, début, aube (littér.), aurore (littér.), printemps (littér.)

mâtiné, ée ADJ. **1. métissé**, bâtard, croisé **2. mêlé**, mélangé, panaché

matois, oise ADJ. rusé, finaud, malin, retors, roué, madré (littér.)

matraquage N. M. intoxication, bourrage de crâne (fam.), intox (fam.)

matraque N. F. trique, bâton, casse-tête

matraquer V. TR. **1. frapper**, assommer, battre **2. critiquer**, démolir, descendre (en flammes) (fam.), tirer à boulets rouges sur

maturité N. F. **1. âge adulte**, force de l'âge, automne de la vie (littér.) **2. plénitude**, épanouissement, vigueur **3. sagesse**, modération, pondération

maudire V. TR. **1. anathématiser 2. condamner**, réprouver **3. détester**, exécrer, haïr, vomir, abominer (littér.) **4. pester contre**, injurier, envoyer au diable

maudit, ite ADJ. **1. réprouvé**, damné **2. infortuné**, malheureux **3. détestable**, exécrable, haïssable, damné (fam.), fichu (fam.), foutu (très fam.), sacré (fam.), sale (fam.), satané (fam.)

maugréer V. INTR. bougonner, grogner, grommeler, marmonner, pester, râler (fam.), ronchonner (fam.), rouspéter (fam.)

maussade ADJ. **1. désagréable**, acariâtre, acrimonieux, boudeur, bourru, grincheux, grognon, renfrogné, revêche **2. désabusé**, mélancolique, pessimiste **3. morose**, morne, terne, triste

mauvais, aise ADJ. **I. 1. infect**, dégoûtant, imbuvable, immangeable, immonde, dégueulasse (très fam.) **2. nauséabond**, dégoûtant, délétère, fétide, pestilentiel, puant **II. 1. faux**, erroné, incorrect, inexact, infidèle **2. inadéquat**, impropre, inadapté, inapproprié, inefficace **III. 1. dangereux**, dommageable, malsain, néfaste, nuisible, pernicieux, préjudiciable **2. défavorable**, funeste, sinistre **IV. 1. grave**, sérieux, sévère **2. pénible**, atroce, difficile, épouvantable, horrible, sale (fam.) **V. 1. immoral**, bas, corrompu, coupable, indigne, malhonnête, vicieux **2. malveillant**, fielleux, haineux, malfaisant, méchant, médisant, vache (fam.) **3. détestable**, désagréable, odieux, rébarbatif, revêche, fichu (fam.), foutu (très fam.), sale (fam.) **VI. 1. faible**, imparfait, insuffisant, médiocre, piètre **2. piteux**, lamentable, misérable, triste **3. déplorable**, minable, nul, à la godille (fam.), à la gomme (fam.), à la manque (fam.), nase (fam.), ringard (fam.), zéro (fam.), merdique (très fam.)

mauviette N. F. **1. lâche**, poltron, lavette (fam.), lopette (fam.) **2. gringalet**, avorton (fam.), demi-portion (fam.)

maxime N. F. **1. précepte**, devise, loi, moralité, principe, règle **2. axiome**, proposition, vérité **3. aphorisme**, pensée, sentence, apophtegme (littér.) **4. adage**, dicton, proverbe

maximum
- ADJ. **maximal**, plafond, [vitesse] de pointe
- N. M. **plafond**, comble, limite

méandre N. M. courbe, boucle, coude, courbure, détour, lacet, sinuosité, zigzag

mécaniquement ADV. automatiquement, instinctivement, involontairement, machinalement

mécanisme N. M. **1. mécanique**, machine, système **2. processus**, fonctionnement, mouvement

mécénat N. M. parrainage, patronage, sponsorisation

mécène N. M. bienfaiteur, protecteur, sponsor

méchamment ADV. hargneusement, agressivement, cruellement, durement

méchanceté N. F. **1. malveillance**, cruauté, dureté, perversité, venin, vacherie (fam.) **2. coup d'épingle**, médisance, pique, pointe **3. misère**, crasse, mauvais, vilain, sale tour, rosserie, saloperie (fam.), vacherie (fam.), vilenie (littér.)

méchant[1], ante ADJ. **1. malveillant**, cruel, malfaisant, malintentionné, mauvais, nuisible, odieux, rosse, sans-cœur, vache (fam.) **2. démoniaque**, diabolique, satanique **3. féroce** **4.** [enfant] **insupportable**, indiscipliné, intraitable, turbulent, vilain **5. blessant**, acerbe, acrimonieux, agressif, fielleux, haineux, médisant, venimeux **6. grave**, important, malin, mauvais, sérieux, moche (fam.), sale (fam.), vilain (fam.) **7. infime**, insignifiant, maigre, malheureux, misérable, piètre, de rien du tout (fam.)

méchant[2], ante N. **1. scélérat**, criminel, vilain **2. peste**, charogne, rosse, teigne, sale bête (fam.), carne (fam.), chameau (fam.), salaud (fam.), vache (fam.), [femme] chipie, dragon, harpie, mégère, garce (fam.), vipère (fam.)

mèche N. F. **1.** [de cheveux] **touffe**, accroche-cœur, boucle, épi, houppe, toupet **2. foret**, vrille **3. cordon**, lumignon, rat-de-cave

méconnaissable ADJ. métamorphosé, transformé

méconnaître V. TR. **1. déprécier**, méjuger, mésestimer, se méprendre sur, sous-estimer, se tromper sur **2. ignorer**, dédaigner, faire fi de, se moquer de, négliger, oublier

méconnu, ue ADJ. **1. ignoré**, obscur **2. incompris**

mécontent, ente ADJ. **1. fâché**, contrarié, ennuyé, irrité **2. de mauvaise humeur**, grincheux, grognon, maussade, ronchon (fam.) **3. insatisfait**, déçu, dépité, désappointé

mécontentement N. M. **1. déplaisir**, colère, contrariété, désagrément, insatisfaction **2.** [collectif] **grincements de dents**, grogne (fam.), rogne (fam.), rouspétance (fam.)

mécontenter V. TR. fâcher, agacer, contrarier, déplaire à, irriter

médecin N. M. docteur, praticien, thérapeute, toubib (fam.)

médiateur, trice N. arbitre, conciliateur, intermédiaire, négociateur

médiation N. F. arbitrage, conciliation, entremise, intermédiaire, interposition, intervention, bons offices

médical, ale, aux ADJ. **1. thérapeutique**, curatif **2. soignant**

médicament N. M. remède, médication, produit pharmaceutique, drogue (souvent péj.)

médiocre ADJ. **1. inférieur**, humble, obscur **2. incapable**, incompétent, nul **3. insuffisant**, insatisfaisant, mauvais **4. négligeable**, faible, insignifiant, minime, pauvre, piètre **5. commun**, insignifiant, ordinaire, quelconque **6. borné**, étriqué, étroit, limité

médiocrité N. F. **1. modestie**, obscurité, pauvreté **2. insuffisance**, maigreur, pauvreté **3. bassesse**, mesquinerie, petitesse **4. faiblesse**, inintérêt, insignifiance, pauvreté

médire V. TR. IND. [sans complément] **critiquer**, cancaner (fam.), déblatérer (fam.), jaser (fam.), potiner (fam.)
- médire de attaquer, décrier, dénigrer, calomnier, dire pis que pendre de, baver sur (fam.), cracher sur (fam.), débiner (fam.), déblatérer contre/sur (fam.), taper sur (fam.), casser sur sucre sur le dos de (fam.), vilipender (littér.)

médisance N. F. **1. dénigrement**, calomnie, diffamation **2. commérage**, on-dit, cancan (fam.), potin (fam.), racontar (fam.), ragot (fam.)

médisant, ante
► ADJ. **diffamatoire**, calomnieux, cancanier, fielleux, malveillant, venimeux
► N. **calomniateur**, diffamateur, mauvaise/méchante langue, langue d'aspic/de serpent/de vipère

méditation N. F. **1. pensée**, réflexion **2. contemplation**, recueillement

méditer
► V. INTR. **1. réfléchir 2. rêver**, songer **3. contempler**, se recueillir
► V. TR. **1. réfléchir à**, approfondir **2. mûrir**, combiner, échafauder, préparer, projeter

méduser V. TR. stupéfier, ébahir, éberluer, interloquer, pétrifier, sidérer (fam.), couper la chique à (fam.)

meeting N. M. **1. assemblée**, manifestation, rassemblement, réunion **2. rencontre**

méfait N. M. **1. mauvais coup**, crime, faute, forfait (littér.) **2. dégât**, dommage, nuisance, ravage

méfiance N. F. défiance, réserve, scepticisme, soupçons, suspicion

méfiant, ante ADJ. soupçonneux, circonspect, réservé, sceptique, suspicieux

méfier (se) V. PRON. **être sur ses gardes**, être aux aguets, être sur le qui-vive, faire attention, faire gaffe (fam.)

- se méfier de **1. se défier de**, se garder de **2. douter de**, mettre en doute

mégarde (par) LOC. ADV. par erreur, par distraction, par étourderie, par inadvertance, par inattention, involontairement, sans le faire exprès

mégère N. F. dragon, furie, harpie, (vieille) sorcière, virago, poison (fam.)

meilleur, eure
▶ ADJ. **mieux**, supérieur
▶ N. **premier**
- le meilleur le fin du fin, le must, le nec plus ultra, le summum, le top (fam.)

méjuger V. TR. déprécier, méconnaître, se tromper sur, sous-estimer, mésestimer (littér.)

mélancolie N. F. **1. dépression**, asthénie, neurasthénie **2. tristesse**, abattement, idées noires, vague à l'âme, blues (fam.), cafard (fam.), spleen (littér.) **3. nostalgie**, regret

mélancolique ADJ. **1. triste**, cafardeux, dépressif, pessimiste, sombre, ténébreux **2. morne**, sombre, triste **3. nostalgique** **4. neurasthénique**

mélange N. M. **1. réunion**, alliance, amalgame, assemblage, association, combinaison, fusion, panachage **2.** [de races] **croisement**, accouplement, alliance, métissage, union **3. assortiment**, cocktail, mariage, mosaïque, patchwork **4. composé**, combinaison, mixture (souvent péj.), préparation **5. confusion**, désordre, embrouillamini, enchevêtrement, fouillis, imbroglio, méli-mélo (fam.), salade (fam.), salmigondis (fam.)

mélangé, ée ADJ. **1. métis**, bâtard, croisé, hybride, mêlé, métissé **2. composite**, bigarré, disparate, divers, hétéroclite, mixte, varié

mélanger V. TR. **1. mêler**, allier, amalgamer, associer, combiner, incorporer, joindre, marier, mixer, panacher, réunir **2.** [avec de l'eau, etc.] **couper**, étendre, frelater, recouper, tremper **3. croiser**, mâtiner **4. agiter**, fouetter, malaxer, touiller **5. emmêler**, brouiller, enchevêtrer, entremêler, mettre en désordre **6.** [des cartes] **brasser**, battre, mêler **7. confondre**, embrouiller
♦ **se mélanger** V. PRON. **1. se mêler**, fusionner **2. s'embrouiller**, se confondre

mêlée N. F. **1. bataille**, bagarre, combat, échauffourée, lutte, rixe **2. confusion**, chaos, cohue

mêler V. TR. **1. allier**, amalgamer, assembler, associer, combiner, incorporer, joindre, mixer, panacher, réunir, unir **2. emmêler**, brouiller, mettre en désordre, enchevêtrer, entremêler **3.** [qqn à qqch.] **impliquer**, associer, compromettre, entraîner
♦ **se mêler** V. PRON. **1. s'unir**, s'entrelacer, fusionner **2. s'emmêler**, se mélanger **3. se confondre**, s'embrouiller
- se mêler de **1. s'occuper de**, toucher à **2. s'immiscer dans**, s'ingérer dans, intervenir dans, mettre/fourrer son nez dans (fam.), se fourrer dans (fam.)

méli-mélo N. M. **1. mélange**, capharnaüm, confusion, fouillis, bazar (fam.) **2. imbroglio**, embrouillamini (fam.), micmac (fam.), salade (fam.), sac d'embrouilles/de nœuds (fam.)

mélodie N. F. **1. air** **2. chant**, aria, ariette, cantilène, chanson, lied **3. harmonie**, rythme **4. intonation**, inflexions

mélodieux, euse ADJ. harmonieux, chantant, doux, musical, suave

mélodramatique ADJ. **1. grandiloquent**, emphatique, larmoyant, pompeux, ronflant **2. sentimental**, romantique

membre N. M. **1. bras**, jambe **2. partie 3. associé**, adhérent, affilié, inscrit, sociétaire

même ADJ. **1. identique**, égal, équivalent, pareil, semblable, similaire **2. commun 3. strict**, exact **4. propre 5. inchangé**, identique

mémoire[1] N. F. **1. souvenir**, rémanence, souvenance, trace **2. renommée**, réputation

mémoire[2] N. M. **dissertation**, étude, exposé, monographie, traité

♦ **mémoires** PLUR. **1. autobiographie**, cahiers, journal, souvenirs **2. annales**, chroniques, commentaires

mémorable ADJ. **1. inoubliable**, indélébile, ineffaçable **2. marquant**, fameux, glorieux, historique, remarquable

menaçant, ante ADJ. **1. inquiétant**, dangereux, incertain, sinistre, sombre **2. agressif**, comminatoire (littér.)

menace N. F. **1. intimidation**, contrainte **2. avertissement 3. danger**, risque, spectre, péril (littér.), [permanente] épée de Damoclès

menacé, ée ADJ. fragile, incertain, en danger, en péril

menacer V. TR. **1. intimider**, mettre le couteau/le pistolet sous la gorge de **2. mettre en danger**, mettre en péril, [l'avenir] hypothéquer **3. attendre**, pendre au nez à (fam.)

ménage N. M. **1. couple 2. famille**, foyer, maison, maisonnée **3. entretien**

ménagement N. M. **1. mesure**, circonspection, prudence, réserve **2. attention**, délicatesse, égards, précaution, tact

ménager[1] V. TR. **1. être indulgent avec**, épargner, prendre des précautions avec, mettre/prendre des gants avec (fam.) **2. économiser**, épargner **3. mesurer**, modérer **4. assurer**, donner, fournir, garantir, procurer, réserver **5. organiser**, arranger, préparer **6. aménager**, installer, pratiquer

♦ **se ménager** V. PRON. **1. se garder**, se réserver **2. se soigner**, se dorloter, s'écouter, se chouchouter (fam.)

ménager[2]**, ère** ADJ. domestique, familial

mendier

▸ V. INTR. **tendre la main**, demander la charité, faire la manche (fam.)

▸ V. TR. **implorer**, quémander, quêter, solliciter

mener V. TR. **1. accompagner**, amener, conduire, emmener **2. transporter**, convoyer **3. diriger**, administrer, commander, conduire, gérer, gouverner, piloter, régir, régenter (péj.), être aux commandes/aux manettes de, être à la tête de **4. animer**, guider, faire marcher **5.** [compétition] **être en tête de**, dominer

meneur, euse N. **1. chef**, dirigeant, leader **2. agitateur**, instigateur, provocateur

mensonge N. M. **1. contrevérité**, canular, histoire, imposture, invention, mystification, tromperie, conte (littér.), fable (littér.), blague (fam.), baratin (fam.), bobard (fam.), boniment (fam.), craque (fam.), salade (fam.), galéjade (région.) **2. fabulation**, mythomanie **3. duplicité**, fausseté, imposture **4. désinformation**, manipulation, bourrage de crâne (fam.)

mensonger, ère ADJ. **1. faux**, erroné, inexact, controuvé (littér.) **2. trompeur**, fallacieux (littér.)

mental, ale, aux

▸ ADJ. **1. cérébral**, intellectuel **2. psychique**, psychologique

▸ N. M. **moral**, psychisme

mentalité N. F. **1. état d'esprit**, psychologie **2. moralité**, mœurs, morale

menteur, euse
▸ ADJ. 1. **mensonger**, faux, trompeur, fallacieux (littér.) 2. **fourbe**, hypocrite, perfide
▸ N. 1. **fabulateur**, mystificateur, mythomane 2. **hâbleur**, bluffeur, esbroufeur, vantard 3. **imposteur**, simulateur

mention N. F. 1. **indication**, note 2. **citation**, évocation, rappel

mentionner V. TR. 1. **citer**, nommer, parler de 2. **signaler**, évoquer, indiquer, stipuler 3. **consigner**, citer, enregistrer, inscrire, noter, rapporter

mentir V. INTR. inventer, fabuler, raconter des blagues/des histoires/des craques (fam.)

mentor N. M. conseiller, directeur de conscience, gouverneur, guide

menu, ue ADJ. 1. **fin**, délicat, fluet, gracile, grêle, mince 2. **petit**, insignifiant, léger, négligeable

méphitique ADJ. malsain, asphyxiant, délétère, fétide, irrespirable, nocif, puant, toxique

méprendre (se) V. PRON. se tromper, s'abuser, faire erreur, faire fausse route, se fourvoyer

mépris N. M. 1. **indifférence**, dédain, détachement 2. **insolence**, arrogance, dédain, hauteur, morgue, superbe (littér.) 3. **dégoût**, dédain, mésestime

méprisable ADJ. vil, abject, avilissant, bas, détestable, honteux, ignoble, ignominieux, indigne, infâme

méprisant, ante ADJ. dédaigneux, arrogant, hautain

méprise N. F. confusion, erreur, maldonne, malentendu, quiproquo, fourvoiement (littér.)

mépriser V. TR. 1. **dédaigner**, déprécier, honnir (littér.), cracher sur (fam.) 2. **braver**, bafouer, faire fi de, se jouer de, se moquer de, narguer, se rire de, transgresser, fouler aux pieds (littér.) 3. **négliger**, se désintéresser de, dédaigner, ne faire aucun cas de, snober

mer N. F. 1. **océan**, large 2. **flots**, onde (littér.) 3. **marée** 4. **abondance**, flot, flux, masse, océan, multitude, surabondance

mérite N. M. 1. **qualité**, capacité, talent, valeur 2. **avantage**, force, vertu 3. **honneur**, éloge, gloire

mériter V. TR. 1. **valoir**, être digne de, valoir la peine de 2. **donner droit à**, justifier 3. **encourir**, être passible de, risquer 4. **réclamer**, exiger

merveille N. F. miracle, bijou, chef-d'œuvre, émerveillement, enchantement, joyau, prodige

merveilleux, euse ADJ. 1. **magique**, fantastique, fantasmagorique, féerique, surnaturel 2. **remarquable**, admirable, extraordinaire, fabuleux, formidable, prodigieux, épatant (fam.), sensationnel (fam.), super (fam.) 3. **magnifique**, admirable, éblouissant, enchanteur, splendide, superbe

mésaventure N. F. 1. **accident**, aventure, incident, malchance, [au plur.] tribulations, vicissitudes 2. **déconvenue**, déboire

mésentente N. F. désaccord, brouille, discorde, dispute, dissension, divergence, division, froid, zizanie

mesquin, ine ADJ. 1. **étriqué**, borné, étroit, limité, médiocre 2. **bas**, médiocre, sordide, minable (fam.), moche (fam.) 3. **avare**, chiche, parcimonieux, avaricieux (littér.), radin (fam.)

mesquinerie N. F. 1. **petitesse**, bassesse, étroitesse d'esprit, médiocrité 2. **avarice**, parcimonie, lésine (littér.), radinerie (fam.)

message N. M. 1. **correspondance**, dépêche, lettre, missive, pli 2. **dis-**

cours, annonce, avis, communiqué, déclaration **3. commission**, communication

messagerie N. F. **1. courrier électronique**, boîte aux lettres (électronique), alphapage (nom déposé) **2. transport** **3. routage**

mesure N. F. **I. 1. évaluation**, détermination **2. dimension**, grandeur, largeur, longueur, mensuration, taille **3. étalon**, unité **4. dose**, ration **II. cadence**, mouvement, rythme **III. disposition**, acte, décision, initiative, plan d'action **IV. modération**, circonspection, pondération, précaution, prudence, retenue, sobriété

mesuré, ée ADJ. **1. calculé** **2. lent** **3. réglé**, régulier, rythmique **4. modéré**, circonspect

mesurer V. TR. **1. métrer**, arpenter, prendre les mesures/les dimensions de, toiser **2. calibrer**, cuber, jauger **3. doser**, compter, limiter, proportionner, régler **4. évaluer**, apprécier, calculer, déterminer, jauger, juger, quantifier **5. modérer**, ménager **6. distribuer**, compter, départir

♦ **se mesurer** V. PRON. **se battre**, s'affronter, en découdre, lutter, s'opposer, rivaliser, se tirer la bourre (fam.)

métamorphose N. F. **1. transformation**, changement, évolution, mutation, révolution, transmutation (littér.) **2. avatar**, incarnation

métamorphoser V. TR. **1. transformer**, transfigurer **2. bouleverser**, révolutionner

métaphore N. F. image, allégorie, comparaison, figure

métaphorique ADJ. imagé, allégorique, figuré

méthode N. F. **1. démarche**, formule, marche à suivre, mode, procédure, système, technique **2. façon (de faire)**, manière, moyen, procédé, recette, tactique, truc (fam.) **3. logique**, méthodologie, ordre **4. discipline**, organisation

méthodique ADJ. **1. systématique**, organisé, régulier **2. cartésien**, logique, ordonné, rationnel, rigoureux, réfléchi, systématique

méticuleux, euse ADJ. **1. consciencieux**, minutieux, scrupuleux, soigneux **2.** [péj.] **maniaque**, pointilleux, tatillon, vétilleux (littér.)

métier N. M. **1. profession**, carrière, gagne-pain, travail, boulot (fam.), job (fam.) **2. fonction** **3. savoir-faire**, art, expérience, habileté, maîtrise, tour de main

métis ADJ. **1. métissé**, mulâtre, quarteron **2. hybride** **3. bâtard**, mâtiné

métisser V. TR. croiser, hybrider

métrer V. TR. mesurer, arpenter

métropole N. F. **1. capitale**, centre urbain, conurbation, ville **2. mère-patrie**

mettre V. TR. **1. revêtir**, endosser, enfiler, passer **2. placer**, déposer, installer, poser, ranger, coller (fam.), ficher (fam.), flanquer (fam.), fourrer (fam.), foutre (très fam.) **3. appliquer**, apposer, appuyer, coller, déposer, étaler, étendre, imposer, poser **4. disposer**, arranger **5. étendre**, coucher **6. dresser**, appuyer, asseoir **7. introduire**, emboîter, enfoncer, engager, glisser, inclure, insérer, nicher **8. planter**, enfouir, enfoncer, enterrer, plonger **9. loger**, ranger, serrer, caser (fam.) **10. verser** **11. établir**, camper, fixer, poster **12. investir**, engager, placer, miser, jouer

♦ **se mettre** V. PRON. **se placer**, s'installer, prendre place, se carrer, se glisser, s'installer

meubler V. TR. **1. aménager**, équiper, garnir, installer **2. occuper**, remplir **3. enrichir**, étoffer, nourrir

meugler V. INTR. mugir, beugler

meurtre N. M. homicide, assassinat, crime, liquidation (fam.)

meurtri, ie ADJ. marqué, endommagé, en compote, en marmelade, [fruit] talé

meurtrier, ière
► ADJ. **1. mortel**, destructeur, funeste, sanglant **2. homicide**, criminel
► N. **assassin**, criminel, homicide, tueur

meurtrir V. TR. **1. contusionner**, écraser, endolorir, mettre en compote (fam.) **2. taler**, endommager **3. blesser**, peiner, navrer (littér.), faire des bleus à l'âme de

meurtrissure N. F. **1. contusion**, bleu, ecchymose **2. talure 3. blessure**, peine, plaie

meute N. F. **1. bande**, troupe **2. foule**, populace (péj.) **3. armada**, armée, bataillon, cohorte, colonie, essaim, flot, horde, kyrielle, légion, masse, myriade, nuée, régiment, ribambelle, tas, troupe, flopée (fam.)

microscopique ADJ. imperceptible, infime, infinitésimal, invisible, minime, minuscule

mielleux, euse ADJ. doucereux, mièvre, onctueux, sucré, patelin (littér.)

miette N. F. **1. fragment**, morceau **2. débris**, bribe, brisure, éclat **3. atome**, brin, once

mieux N. M. amélioration, progrès, [temps] accalmie, embellie

mièvre ADJ. **1. affecté**, maniéré, sucré, mignard (littér.) **2. doucereux**, fade, gentillet, plat, [histoire] à l'eau de rose

mignon, onne ADJ. **1. joli**, charmant, délicat, gracieux, craquant (fam.), à croquer (fam.), croquignolet (fam.), mimi (fam.) **2. adorable**, gentil, chic (fam.), chou (fam.), trognon (fam.)

migraine N. F. mal de tête, céphalée, mal de crâne (fam.)

migrant, ante ADJ. émigrant, immigrant

migration N. F. déplacement, émigration, immigration, transhumance

mijaurée N. F. pimbêche, pécore, prétentieuse, bêcheuse (fam.), chichiteuse (fam.)

mijoter
► V. INTR. **mitonner**, cuire
► V. TR. **1. cuisiner**, mitonner, préparer **2. combiner**, manigancer, tramer, ourdir (littér.), fricoter (fam.)

milieu N. M. **I. 1. centre**, cœur, foyer, noyau **2. moitié II. 1. ambiance**, atmosphère, cadre, climat, décor, bain (fam.) **2. entourage**, monde, société, sphère, univers **3.** [Écol.] **environnement**, biotope, élément, espace, habitat **4. classe (sociale)**, catégorie (sociale), condition (sociale), rang

militaire
► ADJ. **1. guerrier**, martial **2. stratégique**
► N. **soldat**, appelé, homme de troupe

militant, ante
► ADJ. **actif**, activiste
► N. **1. activiste 2. adepte**, partisan, prosélyte

militer V. INTR. lutter, se battre, combattre, s'engager

millénaire ADJ. ancestral, ancien, immémorial

million N. M. bâton (fam.), brique (fam.), patate (fam.)

mimer V. TR. **1. imiter**, copier, reproduire, singer (fam.) **2. simuler**, affecter, contrefaire, feindre, jouer

mimique N. F. expression, gestuelle, grimace, moue, rictus

minable
► ADJ. **1. misérable**, lamentable, pitoyable **2.** [fam.] **dérisoire**, de rien du

tout, infime, insignifiant, misérable, piètre, piteux **3.** [fam.] **étriqué**, misérable **4.** [fam.] **consternant**, affligeant, au-dessous de tout, calamiteux, déplorable, lamentable, nul, foireux (fam.), ringard (fam.), à la gomme (fam.), à la noix (fam.) **5. méprisable**, bas, médiocre, mesquin, sordide
▸ N. **nullité**, loser (fam.), minus (fam.), nullard (fam.), pauvre type (fam.), tocard (fam.), zéro (fam.)

minauderies N. F. PL. affectation, façons, grâces, manières, mines, simagrées, mignardises (littér.), chichis (fam.)

mince ADJ. **1. fin**, délicat, menu, délié (littér.) **2. allongé**, effilé, élancé, fuselé, longiligne, svelte **3. ténu**, étroit **4. insignifiant**, léger, maigre, médiocre, négligeable **5. limité**, faible, modeste, petit

minceur N. F. **1. finesse**, gracilité, sveltesse **2. faiblesse 3. ténuité**

mincir
▸ V. INTR. **s'amincir**, s'affiner, s'allonger, maigrir, fondre (fam.)
▸ V. TR. **amincir**, affiner, allonger

mine[1] N. F. **I. 1. air**, allure, apparence, aspect, dehors, extérieur **2. maintien**, allure, contenance, prestance, tenue **II. 1. expression**, physionomie **2. figure**, face, minois, tête, visage, bouille (fam.), frimousse (fam.)
♦ **mines** PLUR. **1. affectation**, maniérisme **2. minauderies**, coquetteries, grâces, simagrées, singeries, chichis (fam.), mignardises (littér.)

mine[2] N. F. **1. gisement**, carrière **2. fonds**, filon, gisement, source, trésor

miner V. TR. **1. éroder**, affouiller, attaquer, caver, creuser, ronger, saper **2. affaiblir**, attaquer, détruire, dévorer, ravager, ronger, ruiner, saper, user **3. consumer**, brûler, corroder, ronger

mineur, eure ADJ. accessoire, annexe, marginal, minime, second, secondaire, de second ordre, de second plan

minime ADJ. **1. infime**, imperceptible, infinitésimal, microscopique, minuscule **2. insignifiant**, dérisoire, [somme] modique **3.** [péj.] **médiocre**, misérable, piètre

minimiser V. TR. **1. minorer**, abaisser, réduire **2. sous-estimer**, sous-évaluer **3. dédramatiser**, dépassionner

minimum ADJ. minimal, le plus bas, [valeur, prix] plancher

ministère N. M. **1. charge**, emploi, fonction, mission **2.** [Relig.] **sacerdoce**, apostolat **3. gouvernement 4. portefeuille**, département

minorer V. TR. **1. minimiser 2. sous-estimer**, sous-évaluer

minorité N. F. petite partie, frange

minuscule ADJ. **1. microscopique**, infime, minime **2. petit**, étriqué, exigu, riquiqui (fam.), grand comme un mouchoir de poche (fam.) **3. dérisoire**, mesquin, négligeable

minutie N. F. soin, application, précision, rigueur, scrupule, méticulosité (littér.)

minutieux, euse ADJ. **1. consciencieux**, appliqué, méticuleux, scrupuleux, soigneux **2.** [péj.] **pointilleux**, pointu, tatillon, vétilleux (littér.) **3. détaillé**

miracle N. M. prodige, merveille, mystère

miraculeux, euse ADJ. **1. surnaturel 2. extraordinaire**, fabuleux, fantastique, inespéré, prodigieux

mirage N. M. **1. hallucination**, illusion, image, vision **2. attrait**, séduction **3. leurre**, chimère, fantasme, illusion

miroir N. M. **1. glace**, [sur pied] psyché **2. image**, reflet, représentation

miroiter V. INTR. briller, chatoyer, étinceler, luire, scintiller

mis, mise ADJ. habillé, vêtu

misanthrope
▸ N. **solitaire**, atrabilaire, ermite, ours, sauvage
▸ ADJ. **farouche**, atrabilaire, insociable, sauvage, solitaire

mise N. F. **1.** [Jeux] **enjeu**, cave, masse, poule **2. tenue**, accoutrement (souvent péj.), habillement, toilette, attifement (fam., péj.)

miser V. TR. jouer, parier, ponter, risquer, [sans complément] caver

misérable
▸ ADJ. **1. pauvre**, déshérité, indigent, miséreux, nécessiteux, impécunieux (littér.), fauché (fam.), sans le sous (fam.) **2. sordide**, miteux, pouilleux (fam.) **3. déplorable**, lamentable, pitoyable, regrettable **4. dérisoire**, insignifiant, malheureux, médiocre, pauvre, piètre, minable (fam.) **5. malhonnête**, honteux, méprisable, mesquin
▸ N. **1. miséreux**, va-nu-pieds, crève-la-faim (fam.), meurt-de-faim (fam.), pouilleux (fam.) **2. bandit**, crapule, scélérat, fripouille (fam.)

misère N. F. **1. pauvreté**, besoin, dénuement, gêne, indigence, pénurie, dèche (fam.), mélasse (fam.), mouise (fam.), mouscaille (fam.), panade (fam.) **2. chagrin**, détresse, malheur, peine **3. ennui**, malheur, infortune (littér.), pépin (fam.), mélasse (fam.), mistoufle (fam.), pastis (fam.), purée (fam.) **4. tracasserie**, méchanceté, méchant tour **5. babiole**, bagatelle, broutille, vétille, bricole (fam.)

miséreux, euse ADJ. et N. misérable, pauvre, pauvre diable, va-nu-pieds, crève-la-faim (fam.), meurt-de-faim (fam.), pouilleux (fam.)

miséricorde N. F. clémence, grâce, indulgence, pardon

mission N. F. **1. mandat**, ministère, office **2. commission**, délégation, députation **3. tâche**, besogne, charge, travail **4. but**, destination, fonction, objectif, raison d'être, rôle, vocation **5. expédition**

missive N. F. lettre, billet, dépêche, message, mot, bafouille (fam.), épître (littér. ou Bible)

mité, ée ADJ. usé, mangé, rongé, troué

miteux, euse ADJ. misérable, lamentable, piètre, piteux, pitoyable, pouilleux, sordide, minable (fam.)

mitigé, ée ADJ. **1. mêlé**, mélangé, nuancé, partagé, mi-figue mi-raisin (fam.), [résultats] en demi-teinte, avec des hauts et des bas, en dents de scie **2. relâché**, incertain

mitonner
▸ V. INTR. **mijoter**, bouillir, cuire
▸ V. TR. **1. cuisiner**, mijoter **2. préparer**, concocter **3. dorloter**, choyer, soigner

mitoyen, enne ADJ. adjacent, attenant, contigu, voisin

mitrailler V. TR. **1. arroser** (fam.) **2. assaillir**, bombarder, harceler **3.** [fam.] **photographier**

mi-voix (à) LOC. ADV. à voix basse, doucement, mezza-voce

mixte
▸ ADJ. **1. combiné**, composé, hybride, mélangé, mêlé, panaché **2. interracial**
▸ N. M. **composé**, hybride, mélange

mixture N. F. mélange, composition, mixtion

mobile[1] ADJ. **1. amovible**, volant **2. itinérant**, ambulant, errant, nomade **3. agile**, vif **4. adaptable**, flexible, modulable, souple **5. variable**, changeant, flottant, fluctuant

6. mouvant, chatoyant, fugitif **7. animé**, expressif **8. versatile**, capricieux, changeant, fantasque

mobile[2] N. M. **1. motif**, cause, moteur, raison **2.** [téléphone] **portable**, cellulaire

mobilisation N. F. appel, ralliement, rappel, rassemblement

mobiliser V. TR. **1. appeler**, rappeler (sous les drapeaux), embrigader, enrégimenter, enrôler, lever, recruter, réquisitionner **2. faire appel à**, battre le rappel de, rallier, rassembler **3. concentrer**, canaliser, focaliser

mobilité N. F. **1.** [Physiol.] **motilité** **2. agilité** **3. souplesse**, flexibilité **4. variabilité**, fluctuation

mobylette N. F. cyclomoteur, vélomoteur, bécane (fam.), mob (fam.)

modalité N. F. **1. circonstance**, condition, particularité **2. mode**, formule, manière, type

mode[1] N. F. **1. vogue**, engouement **2. style**, goût **3. confection**, couture, prêt-à-porter

mode[2] N. M. **1. genre**, façon, forme, manière, style, ton **2. formule**, méthode, modalité, type

modèle N. M. **I. 1. type**, archétype, canon, étalon, exemple, idéal, parangon, référence, spécimen, standard **2. prototype** **3. patron**, carton, esquisse, gabarit, maquette, moule **4. corrigé**, canevas, formule, plan **5. sujet**, original, motif **6. mannequin**, cover-girl, top-modèle **II.** [en adjectif] **1. parfait**, accompli, achevé, consommé, exemplaire, idéal, irréprochable **2. pilote**

modeler V. TR. **1. façonner**, manier, pétrir, sculpter **2. conformer à**, former sur, régler sur
♦ **se modeler sur** V. PRON. **se conformer à**, se mouler sur, se régler sur

modération N. F. **1. mesure**, circonspection, discrétion, pondération, réserve, retenue **2. frugalité**, sobriété, tempérance **3. diminution**, adoucissement, mitigation, réduction, remise

modéré, ée ADJ. et N. **1. doux**, tempéré **2. moyen**, abordable, bas, doux, faible, modique, raisonnable **3. mesuré**, modeste, pondéré, sage, sobre **4.** [Pol.] **centriste**, conservateur, modérantiste

modérément ADV. sans excès, avec modération

modérer V. TR. **1. tempérer**, adoucir, atténuer, estomper, mitiger, nuancer, pondérer **2. réprimer**, apaiser, calmer, contenir, freiner, ralentir, réfréner, mettre en sourdine, mettre un frein à, mettre en mode mineur, mettre un bémol à **3. limiter**, borner, réduire, régler, restreindre

moderne ADJ. **1. actuel**, contemporain, présent **2. neuf**, nouveau, récent, high-tech (anglic.), dernier cri (fam.) **3. de son temps**, à la mode, branché (fam.), câblé (fam.), dans le coup (fam.), in (fam.), à la page (fam.)

modernisation N. F. **1. rénovation**, réforme, renouvellement **2. actualisation**, mise à jour, réactualisation

moderniser V. TR. **1. rénover**, rajeunir, réformer, renouveler, donner un coup de jeune à (fam.) **2. actualiser**, mettre à jour, réactualiser

modernité N. F. actualité, contemporanéité, modernisme

modeste ADJ. **1. effacé**, discret, réservé **2. simple**, humble, pauvre **3. limité**, bas, faible, [somme] modique **4. modéré**, limité, raisonnable, sage **5. chaste**, décent, discret, pudique, réservé

modestie N. F. **1. effacement**, discrétion, humilité, réserve, retenue **2. décence**, honnêteté, pudeur, vertu **3. médiocrité**, modicité, petitesse

modification N. F. **1. changement**, évolution, transformation, variation, [radicale] métamorphose, [en mieux] amélioration, progression, [en pire] aggravation, altération **2. correction**, rectification, remaniement, révision, retouche **3. amendement**, avenant, rectificatif

modifier V. TR. **1. changer**, transformer, [profondément] bouleverser, métamorphoser **2. corriger**, rectifier, retoucher, réviser, revoir **3. amender**, adapter, améliorer, corriger, réformer **4. déformer**, altérer, dénaturer, fausser, travestir, truquer **5. infléchir**, dévier

♦ **se modifier** V. PRON. **changer**, évoluer, fluctuer, se transformer, varier

modique ADJ. **1. petit**, bas, faible, infime, insignifiant, minime, modeste **2. abordable**, à la portée de toutes les bourses

modulation N. F. inflexion, accent, intonation, tonalité

moduler V. TR. **1. chanter**, siffler, siffloter **2. adapter**, ajuster, pondérer

moelleux, euse ADJ. **1. doux**, mou, souple **2. onctueux**, fondant, savoureux, tendre, velouté **3. confortable**, douillet, élastique, mollet

mœurs N. F. PL. **1. coutumes**, (genre de) vie, habitudes, pratiques, usages, us (littér.) **2. conduite**, mentalité, morale, moralité, principes

moi N. M. **1. ego**, personnalité **2. bibi** (fam.), mézigue (pop.)

moiré, ée ADJ. chatoyant, irisé, iridescent (littér.), ondé (littér.)

moisir V. INTR. se gâter, chancir, se piquer, pourrir

moisson N. F. récolte, collecte, cueillette, ramassage

moissonner V. TR. **1. faucher**, couper **2. récolter**, cueillir, ramasser **3. accumuler**, amasser, engranger, multiplier

moite ADJ. humide, mouillé

molester V. TR. malmener, battre, brutaliser, frapper, maltraiter, mettre à mal, rudoyer, secouer (fam.), faire passer un mauvais quart d'heure à (fam.)

mollesse N. F. **1. souplesse**, moelleux **2. apathie**, indolence, langueur, nonchalance **3. laisser-aller**, abandon

mollir V. INTR. **1. blettir**, se ramollir **2. diminuer**, baisser, décliner, faiblir **3. s'attendrir**, fléchir **4. chanceler**, faiblir, flancher, lâcher (prise), plier, baisser les bras, se dégonfler (fam.)

moment N. M. **1. instant**, intervalle, (laps de) temps, heure, minute, seconde **2. période**, époque, ère, passage, passe, saison **3. date**, heure, jour **4. circonstance**, conjoncture, occasion, situation

momentané, ée ADJ. **1. bref**, éphémère, fugace, passager **2. provisoire**, temporaire **3. discontinu**, intermittent

monarchie N. F. **1. couronne**, royauté **2. royaume**, empire

monarque N. M. **1. souverain**, empereur, prince, roi **2. autocrate**, potentat, tyran

monastère N. M. **1. cloître**, communauté, couvent **2.** [en Orient] **ashram**, bonzerie, lamaserie

monastique ADJ. **1. monacal**, religieux **2. claustral**

monceau N. M. amas, amoncellement, empilement, pile, masse, monticule, tas

mondain, aine ADJ. frivole, futile, vain

mondanité N. F. frivolité, futilité, vanité

monde N. M. **I. 1. univers**, cosmos, macrocosme **2. terre**, globe, planète **3. création**, nature **II. humanité**, genre humain, hommes, société **III. 1. milieu**, microcosme, société, classe (sociale) **2. haute société**, aristocratie, gotha, grand monde, beau monde (fam.), gratin (fam.), haut du pavé (fam.) **IV. écart**, abîme, gouffre, océan

mondial, ale, aux ADJ. planétaire, global, international, universel

mondialisation N. F. globalisation, internationalisation, planétarisation, universalisation

monnaie N. F. **1. devise 2. pièces**, espèces sonnantes et trébuchantes (souvent plaisant) **3. espèce**, numéraire **4. appoint**

monnayer V. TR. **1. monétiser 2. faire payer 3. convertir**, réaliser, vendre

monopole N. M. **1.** [d'État] **régie 2. exclusivité**, apanage, privilège

monopoliser V. TR. accaparer, s'emparer de, truster (fam.)

monotone ADJ. **1. monocorde 2. uniforme**, grisâtre, plat, terne, uni

monotonie N. F. uniformité, ennui, grisaille, prosaïsme

monsieur N. M. homme, individu, quidam, bonhomme (fam.), gars (fam.), mec (fam.), type (fam.)

monstre N. M. **1. phénomène**, prodige, être difforme **2. animal fabuleux/fantastique**, chimère, dragon **3. barbare**, sauvage

monstrueux, euse ADJ. **1. difforme**, laid, hideux, horrible, repoussant **2. colossal**, démesuré, éléphantesque, gigantesque **3. phénoménal**, bizarre, étonnant, prodigieux **4. inhumain**, abominable, affreux, atroce, effroyable, épouvantable, horrible, ignoble, terrible

monstruosité N. F. **1. difformité**, anomalie, malformation **2. atrocité**, abomination, horreur, ignominie

mont N. M. butte, colline, élévation, hauteur, mamelon, massif, montagne, monticule

montage N. M. **1. assemblage**, ajustage, pose **2. arrangement**, disposition **3. dressage**, installation

montagne N. F. **1. mont**, colline, élévation (de terrain), éminence, massif, pic **2. amas**, amoncellement, empilement, monceau, tas **3. quantité**, foule

montant N. M. **1. chiffre**, coût, somme, total **2. jambage**, portant, barre (verticale)

montée N. F. **I. 1. ascension**, escalade, grimpée, grimpette (fam.) **2. côte**, grimpée, pente, raidillon, rampe, grimpette (fam.) **II. 1. augmentation**, accroissement, hausse, poussée, progression, [forte] escalade, explosion **2. amplification**, crescendo, développement, intensification

monter

▸ V. INTR. **1. grimper**, s'élever **2. être en crue**, s'élever, gonfler, grossir **3. augmenter**, s'accentuer, s'amplifier, croître, grandir, s'intensifier, [énormément] crever les plafonds, battre des records **4. être promu**, gravir des échelons, s'élever dans la hiérarchie, avoir/recevoir de l'avancement, prendre du galon **5. percer**, avoir le vent en poupe

▸ V. TR. **1. gravir**, escalader, grimper **2. élever**, exhausser, hausser, lever, rehausser, relever, remonter, surélever **3. dresser**, installer, planter **4. ajuster**, assembler, enchâsser, sertir **5. équiper**, installer **6. constituer**, bâtir, créer, établir, organiser **7. combiner**, arranger, échafauder, organiser, préparer **8.** [Théâtre] **réaliser**, mettre en scène **9.** [Vétér.] **s'accoupler avec**, couvrir, saillir, servir

♦ **se monter à** V. PRON. coûter, atteindre, se chiffrer à, s'élever à, revenir à

monticule N. M. butte, éminence, hauteur, mamelon, tertre

montrer V. TR. **1. désigner**, indiquer, pointer, signaler **2. exposer**, brandir, déployer, étaler, exhiber, présenter **3. découvrir**, dégager, dénuder, dévoiler, laisser deviner, mettre en évidence, accuser (péj.) **4. attester**, dénoter, exprimer, extérioriser, manifester, marquer, présenter, révéler, témoigner de **5. arborer**, afficher, déclarer, extérioriser, faire montre de, faire preuve de **6. dépeindre**, caractériser, décrire, évoquer, raconter, représenter, retracer **7. démontrer**, confirmer, démasquer, dévoiler, établir, illustrer, prouver, souligner, vérifier **8. enseigner**, apprendre, expliquer, faire entendre, instruire de

♦ **se montrer** V. PRON. **1. apparaître**, percer, poindre, pointer (le bout de son nez), sortir, surgir **2. se dessiner**, se dégager, se distinguer, émerger **3. s'afficher**, s'étaler, s'exhiber, s'exposer aux regards, parader, se pavaner **4. être**, s'avérer, se révéler **5. paraître**, se présenter

monument N. M. **1. bâtiment**, construction, édifice, palais **2. chef d'œuvre**

monumental, ale, aux ADJ. **1. colossal**, démesuré, énorme, gigantesque, immense **2. grandiose**, imposant, majestueux, prodigieux

moquer V. TR. **railler**, ridiculiser

♦ **se moquer** V. PRON. **plaisanter**, blaguer, se gausser (littér. ou plaisant), ironiser, persifler, railler

- **se moquer de 1. s'amuser de**, faire des gorges chaudes de, narguer, ridiculiser, rire de, tourner en ridicule, brocarder (littér.), chambrer (fam.), charrier (fam.), se ficher de (fam.), se foutre de (très fam.), mettre en boîte (fam.), se payer la tête de (fam.), rire au nez de (fam.) **2. abuser**, berner, se jouer de, se ficher de (fam.), se foutre de (très fam.), mener en bateau (fam.), rouler (fam.) **3. braver**, dédaigner, faire fi de, faire la nique à **4. bafouer**, mépriser **5. ne pas se soucier de**, n'avoir rien à cirer de (fam.), se ficher de (fam.), se foutre de (très fam.)

moquerie N. F. **1. ironie**, dérision, impertinence, malice, persiflage, raillerie, satire **2. affront**, attaque, lazzi, pied de nez, pointe, quolibet, sarcasme, trait, mise en boîte (fam.)

moqueur, euse

▸ ADJ. **ironique**, caustique, facétieux, frondeur, goguenard, narquois, piquant, persifleur, railleur, sardonique

▸ N. **blagueur** (fam.), pince-sans-rire

moral[1], ale, aux ADJ. **1. éthique 2. honnête**, convenable, juste, probe, vertueux **3. édifiant**, exemplaire, instructif **4. intellectuel**, spirituel **5. mental**, psychique, psychologique

moral[2] N. M. **1. mental**, psychique **2. état psychologique**

morale N. F. **I. 1. éthique**, déontologie, sens du devoir, valeurs **2. honnêteté**, probité, vertu **3. moralité**, mentalité, mœurs **II. 1. enseignement**, apologue, leçon, maxime, moralité **2. réprimande**, leçon, admonestation (littér.)

moralement ADV. psychologiquement, mentalement, dans la tête

moralisateur, trice ADJ. **1. édifiant 2. sermonneur**, prêcheur

moralité N. F. **1. conscience**, mentalité, mœurs, morale, principes **2. hon-**

nêteté, probité **3. enseignement**, apologue, conclusion, maxime, morale, sentence

moratoire N. M. **1. suspension**, interruption **2. délai**, répit, sursis

morbide ADJ. **1. pathologique**, maladif, malsain **2. anormal**, dépravé

morceau N. M. **1. division**, fraction, parcelle, part, partie, pièce, portion, quartier, segment, tronçon **2. fragment**, bout, bribe, brin, grain, particule, [d'aliment] bouchée, miette, rondelle, tranche, lichette (fam.) **3. débris**, brisure, éclat, lambeau **4. extrait**, page, passage

morceler V. TR. **1. découper**, démembrer, dépecer, fractionner, fragmenter, émietter, [un terrain] lotir **2. partager**, diviser, répartir **3. désagréger**, atomiser, [Pol.] balkaniser

mordant, ante

▸ ADJ. **1. vif**, âpre, cuisant, piquant **2. acerbe**, acéré, âpre, caustique, corrosif, à l'emporte-pièce, grinçant, incisif, piquant, acrimonieux (littér.), mordicant (littér.)

▸ N. M. **1. allant**, force, fougue, vivacité **2. piquant**, agressivité

mordiller V. TR. mâchonner, ronger, mâchouiller (fam.)

mordre V. TR. **1. croquer**, déchiqueter, déchirer, mordiller, ronger, mâchouiller (fam.) **2.** [serpent] **piquer 3. entamer**, attaquer, corroder, détruire, ronger, user

- mordre sur empiéter sur, avancer sur, chevaucher, déborder sur, dépasser sur

morfondre (se) V. PRON. attendre, s'ennuyer, se désespérer, languir, ronger son frein

morgue N. F. arrogance, dédain, hauteur, insolence, mépris, orgueil, suffisance

moribond, onde ADJ. agonisant, mourant, à l'agonie, à l'article de la mort, expirant, qui a un pied dans la tombe (fam.)

morigéner V. TR. réprimander, chapitrer, corriger, gronder, sermonner, frotter les oreilles à (fam.), secouer (fam.), admonester (littér.), gourmander (littér.), tancer (littér.)

morne ADJ. **1. abattu**, cafardeux, éteint, morose, sombre, taciturne, triste **2. monotone**, atone, gris, inexpressif, insipide, morose, plat, terne, uniforme

morose ADJ. abattu, atrabilaire, bilieux, cafardeux, maussade, mélancolique, morne, renfrogné, sombre, taciturne, triste, chagrin (littér.)

morphologie N. F. anatomie, corps, plastique

morsure N. F. **1. blessure**, meurtrissure, plaie **2. piqûre**, brûlure

mort^1, morte ADJ. **1. décédé**, disparu, défunt (soutenu), feu (avant le nom), trépassé (littér.), crevé (fam.), clamsé (pop.), entre quatre planches (fam.) **2. éteint 3. désert**, immobile, vide **4. stagnant**, dormant **5.** [fam.] **épuisé**, éreinté, fourbu, rompu, claqué (fam.), crevé (fam.), lessivé (fam.), moulu (fam.), vanné (fam.), vidé (fam.), sur les genoux (fam.), sur les rotules (fam.) **6.** [fam.] **usé**, abîmé, hors d'usage, fichu (fam.), foutu (fam.), h.s. (fam.)

mort^2 N. F. **1. décès**, disparition, fin, perte, trépas (littér.) **2. agonie**, dernière heure, dernier souffle (littér.) **3. anéantissement**, destruction, disparition, écroulement, effondrement, enterrement, fin, perte, ruine

mort^3, morte N. **1. défunt** (soutenu), disparu **2. victime 3. cadavre**, corps, dépouille, restes, macchabée (pop.) **4. esprit**, fantôme, mânes, spectre, revenant

mortel, elle ADJ. **1. létal**, mortifère **2. meurtrier**, fatal, foudroyant, funeste **3. périssable**, éphémère **4. implacable**, irréductible **5. intense**, absolu, complet, extrême, total

mortification N. F. **1. vexation**, affront, humiliation, camouflet (littér.), soufflet (littér.) **2. gangrène**, momification, nécrose **3. ascèse**, ascétisme, continence, macération, pénitence

mortifier V. TR. **1. blesser**, froisser, humilier, offenser, outrager, ulcérer, vexer **2.** [Relig.] **affliger**, châtier, macérer, mater (sa chair) **3. dévitaliser**, nécroser

mosaïque N. F. **1. carrelage**, dallage **2. marqueterie**, patchwork **3. mélange**, patchwork, pot-pourri

mot N. M. **1. terme**, expression **2. lettre**, écrit, message, missive (littér.)

♦ **mots** PLUR. **1. paroles**, phrases, propos **2. discours**

moteur N. M. **1. instigateur**, âme, animateur, artisan, cerveau, cheville ouvrière, inspirateur, meneur, promoteur **2. mécanique**, machine, machinerie, moulin (fam.) **3. cause**, mobile, motif, motivation, ressort

motif N. M. **I. 1. cause**, mobile, motivation, origine, pourquoi, prétexte, raison **2. objet**, matière, occasion, propos, raison d'être, sujet **3. justification**, excuse, explication **4.** [Droit] **attendu**, considérant **II. dessin**, modèle, ornement **III. thème**, leitmotiv

motivation N. F. justification, explication, cause, motif

motivé, ée ADJ. **1. fondé**, justifié **2. mobilisé**, stimulé

motiver V. TR. **1. causer**, déclencher, déterminer, donner lieu à, engendrer, entraîner, faire naître, occasionner, provoquer, susciter **2. expliquer**, justifier, légitimer **3. mobiliser**, stimuler

moto N. F. motocyclette, bécane (fam.), engin (fam.), machine (fam.), meule (fam.)

mou, molle

► ADJ. **1. moelleux**, cotonneux, pâteux, tendre **2. souple**, élastique, flexible, plastique **3. flasque**, avachi, ramolli, relâché **4. faible**, inconsistant, lâche, veule, gnangnan (fam.) **5. amorphe**, apathique, atone, avachi, endormi, indolent, lymphatique, nonchalant, mollasse (fam.), mollasson (fam.)

► N. **velléitaire**, chiffe (fam.), limace (fam.)

moucheté, ée ADJ. **1. tacheté**, ocellé, tigré **2. chiné**, bigarré

moudre V. TR. broyer, écraser, mettre en poudre, piler, pulvériser

mouillé, ée ADJ. **1. humide**, [mains] moite **2. trempé**, dégouttant, détrempé, ruisselant **3. compromis**

mouiller

► V. TR. **1. humecter**, arroser, asperger, baigner, éclabousser, humidifier, imbiber, inonder, tremper **2. tremper**, doucher (fam.), rincer (fam.), saucer (fam.) **3. diluer**, couper, étendre (d'eau), baptiser (fam.)

► V. INTR. **jeter l'ancre**, faire escale

moulant, ante ADJ. ajusté, collant, près du corps, serré

moule N. M. forme, matrice, modèle, type

mouler V. TR. **1. gainer**, s'ajuster à, dessiner, épouser, serrer **2. façonner**, couler, fondre, sculpter

mourant, ante ADJ. **1. moribond**, agonisant, expirant, à l'article de la mort **2. faible**, affaibli, déclinant, expirant

mourir V. INTR. **1. décéder**, agoniser, disparaître, s'en aller, s'éteindre, être emporté, partir, succomber, expirer (littér.), passer (de vie à trépas) (littér.), passer dans l'autre monde (littér.), quitter la vie (littér.), quitter cette terre/ce bas monde/cette vallée de larmes (souvent plaisant), être rappelé par Dieu (littér.), rendre l'âme (littér.), rendre le dernier soupir (littér.), trépasser (littér.), aller ad patres (fam.), casser sa pipe (fam.), s'en aller/partir les pieds devant (fam.), passer l'arme à gauche (fam.), clamser (fam.), claquer (fam.), crever (fam.), calancher (pop.), caner (pop.), claboter (pop.), avaler son bulletin de naissance, partir entre quatre planches (pop.) **2. périr**, perdre la vie, se tuer, y rester (fam.) **3. dépérir**, souffrir, crever (fam.) **4. disparaître**, cesser, s'anéantir, finir, péricliter **5. s'affaiblir**, diminuer, s'effacer, s'estomper, s'éteindre, s'évanouir, passer

mousseux, euse ADJ. **1. écumeux**, spumeux (littér.) **2. champagnisé**

moutonner V. INTR. **1. écumer**, blanchir **2. se pommeler 3. friser**, boucler, frisotter

moutonnier, ière ADJ. grégaire, imitateur, suiveur, suiviste

mouture N. F. version, état, variante

mouvant, ante ADJ. **1. ondoyant**, moutonnant, ondulant **2. changeant**, flottant, fluctuant, instable, ondoyant, versatile

mouvement N. M. **I. 1. déplacement**, cours, course, évolution, marche, trajectoire, trajet, [circulaire] rotation, giration, révolution **2.** [en avant] **progression**, avance, avancée, pénétration **3.** [vers le haut] **montée**, ascension, élévation, hausse, soulèvement **4.** [en arrière] **recul**, récession, reflux, retour, rétrogradation **5.** [vers le bas] **affaissement**, baisse, chute, décroissement, descente **6.** [inégal, alternatif] **va-et-vient**, balancement, ballottement, battement, navette, ondulation, oscillation, pulsation, vibration **7.** [de terrain] **glissement**, plissement, soulèvement **8.** [de l'eau] **courant**, écoulement, flot, flux, reflux, clapotis, remous **II. 1. mobilité**, motilité **2. geste**, gesticulation, signe **3.** [involontaire] **réflexe**, automatisme, contraction, convulsion, crispation, soubresaut, sursaut, tremblement, tressaillement **III. 1. action**, acte, geste, initiative, réaction **2. élan**, impulsion, inclination, passion, sentiment **3. insurrection**, agitation, émeute, sédition, soulèvement, troubles **4. école (de pensée)**, mouvance, tendance **IV. 1. animation**, activité, agitation, passage, trafic, va-et-vient, vie **2. allant**, dynamisme, effervescence, entrain, fougue

mouvementé, ée ADJ. **1. animé**, agité, tumultueux, vivant, [en mal] houleux, orageux **2. accidenté**, tourmenté, vallonné

mouvoir V. TR. **1. actionner**, manœuvrer, remuer **2. faire agir**, animer, ébranler, émouvoir, exciter, pousser, remuer (fam.)

♦ **se mouvoir** V. PRON. **1. bouger**, se déplacer, marcher, (se) remuer **2. fréquenter**, évoluer dans

moyen[1], enne ADJ. **1. médian**, intermédiaire **2. acceptable**, convenable, correct, honnête, honorable, médiocre, passable **3. standard**, banal, commun, courant, normal, ordinaire, quelconque **4. modéré**, abordable

moyen[2] N. M. **I. 1. procédé**, clé, façon, formule, manière, marche à suivre, méthode, recette, solution, voie **2.** [astucieux] **artifice**, astuce, ruse, stratégie, subterfuge, tactique, combine (fam.), filon (fam.), joint (fam.), plan (fam.), système (fam.), truc (fam.) **3. instrument**, arme, technique, levier, ressort **II. 1. possibilité**, faculté, pouvoir **2.** [personnel] **aptitude**, capacité, disposition, force, don, facilité

♦ **moyens** PLUR. **argent**, revenu, fonds, ressources, richesse

moyennant PRÉP. **1. contre**, avec, au prix de, en échange de, grâce à, pour **2. à condition que**

moyenne N. F. norme, normale, standard

moyennement ADV. **1. médiocrement 2. correctement**, honnêtement, convenablement, honorablement **3. médiocrement**, passablement **4.** [en réponse] **couci-couça** (fam.), moitié-moitié (fam.)

mue N. F. **1. métamorphose**, changement, transformation **2. dépouille**, peau

muet, ette ADJ. **1. aphone 2. interloqué**, bouche bée, interdit, sans voix, coi (littér.) **3. taciturne**, silencieux

mufle

► N. M. **1. museau 2. goujat**, malotru, rustre, gougnafier (fam.)

► ADJ. **grossier**, indélicat, mal élevé

mugir V. INTR. **1. beugler**, meugler **2. hurler**, rugir, tonitruer, brailler (fam.), gueuler (fam.)

multicolore ADJ. **1. polychrome 2. bariolé**, bigarré, chamarré

multiforme ADJ. **1. divers**, multiple, varié **2. protéiforme**

multiple ADJ. **1. divers**, multiforme, pluriel, varié **2.** [au plur.] **nombreux**, abondants, plusieurs, maints (littér.)

multiplication N. F. **1. accroissement**, augmentation, développement, hausse, répétition **2.** [forte] **escalade**, explosion, inflation, intensification, prolifération, pullulement **3. reproduction**

multiplicité N. F. **1. abondance**, foisonnement, multitude, profusion **2. variété**, diversité, gamme, pluralité

multiplier V. TR. **1. répéter 2. accroître**, augmenter **3. doubler**, tripler, quadrupler, quintupler, décupler **4. accumuler**, collectionner, entasser (fam.)

♦ **se multiplier** V. PRON. **1. s'accroître**, augmenter, croître, se développer **2. se reproduire**, engendrer, procréer, proliférer, se propager

multitude N. F. **I. 1. quantité**, abondance, grand nombre, infinité, multiplicité **2. tas**, kyrielle, tombereau, cargaison (fam.), flopée (fam.), foultitude (fam.), tapée (fam.), chiée (très fam.) **3.** [en mouvement] **avalanche**, flot, foisonnement, fourmillement, kyrielle, torrent **II.** [d'animés] **1. foule**, armée, essaim, horde, légion, meute, myriade, nuée, régiment, ribambelle, troupe, tapée (fam.), tripotée (fam.) **2.** [en mouvement] **affluence**, afflux, cohue, presse **III. masse**, foule, peuple (péj.), populace (péj.), tourbe (péj.), populo (fam.), vulgum pecus (fam.)

municipalité N. F. **1. commune**, mairie, ville **2. mairie**, hôtel de ville

munir V. TR. **doter**, armer, équiper, fournir à, garnir, nantir, outiller, pourvoir, procurer à, ravitailler

♦ **se munir de** V. PRON. **prendre**, s'armer de, se doter de, s'équiper de, se pourvoir de

mur N. M. **1. paroi**, cloison, séparation **2. clôture**, muret, murette **3. enceinte**, fortification, muraille, rempart **4. obstacle**, barrage, barrière, fossé

mûr, mûre ADJ. **1. adulte**, développé, fait, grand **2. pondéré**, posé, raisonnable, réfléchi, sérieux **3. prêt**

muraille N. F. **1. rempart**, enceinte, fortification, mur **2. paroi**, mur

murer V. TR. **1. emmurer 2. aveugler**, boucher, condamner

♦ **se murer** V. PRON. **s'enfermer**, se calfeutrer, se claustrer, se cloîtrer, se confiner, s'isoler, se renfermer

mûrir
► V. TR. **préparer**, approfondir, méditer, préméditer, projeter, réfléchir à, tramer, concocter (fam.), mijoter (fam.), ourdir (littér.)
► V. INTR. **1. grandir**, changer, se développer, s'étoffer, se former **2. se préciser**, prendre forme, prendre tournure

murmure N. M. **1. marmonnement**, bourdonnement, chuchotement, marmottement, susurrement **2. bruissement**, babil, chanson, chuchotis, gazouillement, gazouillis **3. plainte**, grognement, grondement, protestation **4. rumeur**, on-dit

murmurer
► V. TR. **chuchoter**, marmonner, marmotter, souffler, susurrer
► V. INTR. **1. parler bas**, parler à voix basse **2. bruire**, bourdonner, chuinter, gazouiller **3. se plaindre**, bougonner, grogner, gronder, maugréer (littér.), râler (fam.), rognonner (fam.), ronchonner (fam.), rouspéter (fam.)

musarder V. INTR. s'amuser, baguenauder, déambuler, flâner, lambiner, lanterner, se promener, traîner (péj.), se balader (fam.), muser (littér.), vadrouiller (fam.)

musclé, ée ADJ. **1. athlétique**, musculeux, robuste, solide, vigoureux, costaud (fam.) **2. solide**, énergique **3. autoritaire**, brutal

muscler V. TR. renforcer, consolider, dynamiser, fortifier, booster (fam.), donner du punch à (fam.)

museau N. M. mufle, groin, truffe

musée N. M. **1. muséum 2. conservatoire**, cabinet, galerie **3. collection**, glyptothèque, pinacothèque

museler V. TR. **1. bâillonner**, faire taire, garrotter, réduire au silence **2. brider**, contenir, dompter, juguler, refréner, réprimer

musical, ale, aux ADJ. chantant, doux, harmonieux, mélodieux

musique N. F. **1. harmonie**, euphonie, eurythmie **2.** [fig.] **mélodie**, chant, chanson, harmonie, murmure **3. fanfare**, clique, harmonie, orchestre, orphéon

mutation N. F. **1. transformation**, changement, conversion, évolution, révolution, transmutation **2. déplacement**, (changement d')affectation

muter V. TR. déplacer, affecter

mutilation N. F. **1. amputation**, ablation **2. coupe**, coupure, altération, déformation, dégradation

mutiler V. TR. **1. couper**, amputer, estropier **2. tronquer**, abréger, amputer, castrer, couper, raccourcir **3. altérer**, amoindrir, déformer, dénaturer **4. détériorer**, abîmer, dégrader, endommager

mutin, ine
► ADJ. **espiègle**, gai, gamin, malicieux, malin, piquant, vif, badin (littér.)
► N. **mutiné**, factieux, insoumis, insurgé, rebelle, révolté, séditieux

mutiner (se) V. PRON. s'insurger, se rebeller, se révolter, se soulever

mutinerie N. F. **1. insurrection**, émeute, rébellion, révolte, révolution, sédition, soulèvement **2. faction**

mutuel, elle ADJ. réciproque, partagé

myope N. et ADJ. amétrope, bigleux (fam.), miro (fam.)

myriade N. F. multitude, kyrielle, profusion, flopée (fam.), foultitude (fam.), tapée (fam.)

mystère N. M. **1. secret**, cachotterie (fam.) **2. discrétion**, ombre, secret, silence **3. énigme**, profondeurs, secret, arcanes (littér.) **4.** [Littérat.] **miracle**, diablerie

mystérieux, euse ADJ. **1. inexplicable**, énigmatique, obscur, secret, sibyllin, ténébreux **2. discret**, énigmatique, impénétrable, insaisissable, secret **3. hermétique**, cabalistique, ésotérique, indéchiffrable, occulte, abscons (littér.), abstrus (littér.) **4. caché**, invisible, voilé

mystification N. F. **1. tromperie**, imposture, supercherie **2. plaisanterie**, attrape, attrape-nigaud, canular, duperie, mensonge, mauvais tour, blague (fam.) **3. mythe**

mystifier V. TR. tromper, abuser, berner, duper, leurrer, faire grimper à l'arbre/à l'échelle (fam.), faire marcher (fam.), posséder (fam.)

mystique ADJ. et N. inspiré, exalté, fanatique, illuminé

mythe N. M. **1. légende**, fable, mythologie, tradition **2. allégorie 3. utopie**, chimère, fantasme, illusion, mirage, rêve

mythique ADJ. **1. fabuleux**, imaginaire, légendaire **2. irréel**, chimérique, illusoire, irréaliste, utopique **3. admiré**, culte

n

nacré, ée ADJ. irisé, opalin, iridescent (littér.)

nævus N. M. grain de beauté, tache de naissance, tache de vin, envie (fam.), fraise (fam.)

nage N. F. **natation**
- **être en nage** être en sueur, être en eau, être couvert de sueur, être trempé, suer, transpirer, dégouliner (de sueur) (fam.)

nager V. INTR. **1. se baigner**, se tremper, patauger (fam.) **2. flotter**, baigner, surnager

nageur, euse N. baigneur, crawleur, brasseur, plongeur

naïf, naïve
▸ ADJ. **1. candide**, benêt, confiant, crédule, dupe, inexpérimenté, innocent, niais, nigaud, simple, simplet, ingénu (littér.), gobeur (fam.), gogo (fam.) **2. intuitif**, naturel, spontané
▸ N. poire (fam.), pomme (fam.), cave (argot)

nain, naine
▸ ADJ. **petit**, minuscule, lilliputien
▸ N. **lutin**, farfadet, gnome, tom-pouce (fam.), avorton (péj.), nabot (péj.)

naissance N. F. **1. accouchement**, enfantement, mise au monde, parturition, venue au monde, [Relig. chrétienne] nativité **2. commencement**, apparition, début, départ, création, éclosion, genèse, origine, racine, aube (littér.), aurore (littér.), prémices (littér.) **3. ascendance**, extraction, famille, filiation, origine

naître V. INTR. **1. venir au monde**, voir le jour, entrer dans le monde/dans la vie **2. commencer**, apparaître, débuter, éclore, germer, paraître, percer, poindre, pointer, s'élever, se développer, se former, sortir de, sourdre, surgir, [jour] se lever

naïvement ADV. candidement, ingénument, innocemment

naïveté N. F. candeur, crédulité, fraîcheur, ingénuité, innocence

nanti, ie ADJ. riche, fortuné, opulent, (bien) pourvu

nantir V. TR. doter, donner à, douer, gratifier, munir, pourvoir, procurer à, affliger (péj.)

narcissique ADJ. égotiste, égocentriste, nombriliste

narcissisme N. M. égocentrisme, égotisme, infatuation (littér.)

narcotique
▸ ADJ. **anesthésique**, assoupissant, calmant, hypnotique, sédatif, soporifique
▸ N. M. **somnifère**, calmant, sédatif, drogue

narguer V. TR. braver, défier, mépriser, provoquer, se moquer de, faire la nique à (fam.)

narquois, oise ADJ. rusé, goguenard, caustique, ironique, malicieux, moqueur, persifleur, railleur, ricaneur, sarcastique

narration N. F. récit, compte rendu, exposé, exposition, rapport, relation

narrer V. TR. conter, dire, exposer, faire le récit de, raconter, rapporter, relater, retracer

nasse N. F. piège, casier, claie, filet, panier

natal, ale, als ADJ. originel, [langue] maternel

natif, ive ADJ. et N. **1. inné**, naturel **2. indigène**, autochtone, habitant, [Australie] aborigène

nation N. F. **1. peuple**, communauté, population **2. état**, pays, patrie, puissance **3.** [vieux] **race**, groupe, ethnie, gent (littér.)

national, ale, aux N. ressortissant, citoyen

nationalisation N. F. étatisation, collectivisation, socialisation

nationaliser V. TR. étatiser, collectiviser, socialiser

nationalisme N. M. **1. patriotisme**, chauvinisme (péj.) **2. autonomisme**, indépendantisme, séparatisme

nationaliste ADJ. et N. **1. patriote**, chauvin (péj.) **2. autonomiste**, indépendantiste, séparatiste

natte N. F. **1. matelas**, tapis (de sol), paillasson **2. tresse**, macaron **3.** [Mar.] **paillet**

naturalisation N. F. **1. acquisition de la nationalité 2. acclimatation**, acclimatement **3. empaillage**, taxidermie

naturaliser V. TR. **1. acclimater 2. empailler**

nature N. F. **1. essence**, entité, substance **2. caractère**, constitution, génie, inclination, naturel, penchant, personnalité, tempérament, complexion (littér.) **3. catégorie**, classe, espèce, genre, manière, ordre, sorte, type **4. condition**, état, réalité **5. monde**, univers, cosmos **6. campagne**, vert

naturel[1], elle ADJ. **1. brut**, cru, pur, vierge, [soie] grège **2. physiologique**, corporel **3. constitutif**, inhérent, inné, intrinsèque, natif, originel, propre, infus (littér.) **4. normal**, commun, compréhensible, légitime, logique, raisonnable **5. authentique**, franc, honnête, simple, sincère, spontané, vrai **6. aisé**, facile **7.** [enfant] **illégitime**, bâtard (péj.)

naturel[2] N. M. **1. caractère**, complexion, constitution, humeur, nature, tempérament **2. authenticité**, ingénuité, simplicité, sincérité, spontanéité, fraîcheur **3. aisance**, facilité, familiarité

naturellement ADV. **1. inévitablement**, forcément, inéluctablement, infailliblement, nécessairement **2. aisément**, facilement, spontanément **3. simplement 4.** [exclamatif] **évidemment**, certainement, bien entendu, bien sûr, et comment

naufrage N. M. **1. submersion**, sinistre, fortune de mer **2. échec**, banqueroute, débâcle, déconfiture, désastre, déroute, écroulement, effondrement, faillite, perte, ruine

- faire naufrage échouer, couler, sombrer, disparaître sous les flots, s'engloutir, périr (corps et biens), s'abîmer (littér.)

nauséabond, onde ADJ. **1. fétide**, dégoûtant, écœurant, empesté, empuanti, méphitique, malodorant, pestilentiel, puant, rebutant, répugnant **2. abject**, ignoble, immonde, infâme, infect, repoussant, répugnant, sordide

nausée N. F. **1. mal au cœur**, haut-le-cœur, malaise **2. aversion**, dégoût, écœurement, horreur, répugnance, répulsion

nauséeux, euse ADJ. **1. abject**, dégoûtant, écœurant, ignoble, immonde, infâme, infect, nauséabond, répugnant, sordide **2.** [médicament] **émétique**, vomitif

nautique ADJ. **1. naval**, marin, maritime **2. aquatique**

navette N. F. allées et venues, allers et retours, va-et-vient

naviguer V. INTR. **1. voguer**, cingler, fendre les flots, faire route, faire voile, sillonner les mers **2. voyager**, bourlinguer **3.** [Internet] **surfer**

navrant, ante ADJ. **1. affligeant**, attristant, consternant, décourageant, déplorable, désespérant, désolant, lamentable, pitoyable **2. ennuyeux**, contrariant, fâcheux, regrettable **3. déchirant**, cruel, émouvant, poignant

navré, ée ADJ. attristé, chagriné, désolé, confus, déçu, dépité, désappointé

navrer V. TR. **1. affliger**, affecter, attrister, chagriner, déchirer, dépiter, désoler, désappointer, fendre le cœur de, meurtrir, peiner, contrister (littér.) **2. ennuyer**, contrarier, désoler, fâcher

néanmoins ADV. et CONJ. cependant, cela étant, en tout cas, mais, malgré cela, pourtant, quand même, tout de même, toujours est-il que, toutefois, nonobstant (littér.)

néant N. M. **1. rien**, zéro **2. nullité**, inanité, vacuité, vide **3. vide**, non-être, rien

nébuleux, euse ADJ. **1. brumeux**, couvert, embrumé, nuageux, obscur, obscurci, vaporeux, voilé **2. confus**, alambiqué, brumeux, énigmatique, flou, fumeux, hermétique, incompréhensible, indistinct, inintelligible, insaisissable, obscur, trouble, vague, vaseux (fam.), abscons (littér.), abstrus (littér.), amphigourique (littér.)

nécessaire

▸ ADJ. **1. obligatoire**, essentiel, fondamental, impératif, indispensable, primordial **2. inévitable**, fatal, forcé, immanquable, inéluctable, infaillible, logique, mathématique, obligatoire, obligé

▸ N. M. **minimum**, indispensable

nécessairement ADV. **1. obligatoirement**, absolument, impérativement **2. inévitablement**, certainement, fatalement, obligatoirement, par force, forcément, immanquablement, indispensablement, infailliblement, mathématiquement, sûrement

nécessité N. F. **1. obligation**, devoir, exigence, impératif **2. utilité**, besoin **3. dénuement**, besoin, détresse, gêne, indigence, pauvreté **4.** [Philo.] **destin**, fatalité

nécessiter V. TR. **1. réclamer**, appeler, commander, demander, exiger, requérir **2. impliquer**, déterminer, motiver

nécessiteux, euse ADJ. et N. pauvre, indigent, malheureux, misérable, miséreux, sans-le-sou (fam.), impécunieux (littér.)

néfaste ADJ. **1. défavorable**, désastreux, fatal, funeste **2. nuisible**, corrupteur, dangereux, délétère, dommageable, hostile, malsain, mauvais, nocif, pernicieux, préjudiciable

négatif, ive

▸ ADJ. **critique**, défavorable, hostile, opposé

▸ N. M. **cliché**, contretype

négation N. F. **1. refus**, condamnation, contestation, contradiction, dénégation, déni, réfutation, rejet **2. antithèse**, contraire, contre-pied

négligé N. M. **1. débraillé**, laisser-aller, relâchement **2. déshabillé**

négligeable ADJ. dérisoire, infime, insignifiant, médiocre, menu, mince, minime, peanuts (anglic.)

négligemment ADV. **1. sans soin**, à la diable, à la légère, de manière désordonnée, inconsidérément, sans méthode, sans réfléchir **2. mollement**, nonchalamment, paresseusement

négligence N. F. **1. nonchalance**, mollesse, paresse, abandon **2. inattention**, distraction, insouciance, irréflexion, laisser-aller, relâchement, incurie (littér.) **3. étourderie**, omission, oubli

négligent, ente ADJ. distrait, étourdi, inattentif, indolent, insouciant, irréfléchi, nonchalant, oublieux (de), je-m'en-foutiste (fam.)

négliger V. TR. **1. omettre**, oublier, laisser échapper, laisser passer, manquer à **2. abandonner**, dédaigner, délaisser, mépriser, passer outre/par-dessus, se désintéresser de, se détourner de, faire fi de (littér.), faire litière de (littér.), laisser tomber (fam.), se ficher de (fam.), se foutre de (fam.), [une maladie] mal soigner

♦ **se négliger** V. PRON. **se relâcher**, se laisser aller

négoce N. M. commerce, business (fam.), trafic (péj.)

négociable ADJ. **1. cessible**, transférable **2.** [prix] **à débattre**

négociant, ante N. commerçant, concessionnaire, distributeur, exportateur, grossiste, importateur, marchand, trafiquant (péj.)

négociateur, trice N. **1. arbitre**, conciliateur, courtier, intermédiaire, médiateur **2. diplomate**, agent diplomatique, délégué, émissaire, envoyé, plénipotentiaire

négociation N. F. **1. pourparlers**, discussion, marchandage, tractation, transaction **2. dialogue**, concertation

négocier

▸ V. TR. **1. acheter**, commercer, marchander, monnayer, faire trafic de, trafiquer, vendre **2. débattre de**, traiter

▸ V. INTR. **dialoguer**, discuter, parlementer, être en pourparlers

néophyte

▸ N. **1. novice**, débutant, bleu (fam.) **2. (nouveau) converti**, prosélyte

▸ ADJ. **inexpérimenté**, neuf, nouveau

nerf N. M. **1. dynamisme**, énergie, force, muscle, ressort **2. concision**, vigueur

nerveusement ADV. **1. fébrilement**, impatiemment **2. énergiquement** **3. convulsivement**, spasmodiquement

nerveux, euse ADJ. **1. coriace**, filandreux, tendineux **2. dynamique**, concis, énergique, musclé, vigoureux **3. agité**, brusque, énervé, excité, excitable, fébrile, fiévreux, impatient, irritable **4. convulsif**, spasmodique **5. psychosomatique**

nervosité N. F. énervement, agacement, agitation, exaspération, excitation, fébrilité, impatience, irritation, surexcitation

nervure N. F. **1. veine**, veinure **2.** [Archit.] **branche**, lierne, tierceron

net[1], nette

▸ ADJ. **1. propre**, astiqué, bien tenu, entretenu, frais, immaculé, impeccable, lumineux, propret, pur, soigné, briqué (fam.), nickel (fam.) **2. clair**, catégorique, distinct, exact, explicite, exprès, formel, précis, régulier, tranché **3. droit**, franc, honnête, loyal, transparent **4. marqué**, sensible, significatif, tangible, visible **5.** T.T.C., toutes taxes comprises

▸ ADV. **1. catégoriquement**, crûment, franchement, nettement, ouvertement **2. d'un coup**, brusquement, brutalement

Net[2] N. M. le réseau des réseaux, Internet, la Toile, le Web

nettement ADV. clairement, carrément, catégoriquement, distinctement, expressément, fermement, formellement, fortement, franchement, ouvertement, sans ambages, sans ambiguïté, sans détour

netteté N. F. **1. propreté**, éclat, limpidité, pureté, transparence **2. clarté**, justesse, précision, rigueur

nettoyage N. M. **1. lavage**, décrassage, détachage, entretien, époussetage, récurage, coup de balai (fam.) **2.** [d'une façade] **ravalement**, [d'un métal] astiquage, décapage, dérochage, fourbissage, [du linge] blanchissage **3.** [de l'estomac] **purge**

nettoyer V. TR. **1. laver**, décrasser, détacher, entretenir, épousseter, lessiver, récurer, briquer (fam.) **2.** [le corps] **débarbouiller**, décrasser, éponger, frictionner, laver, savonner **3.** [une plaie] **laver**, déterger, purifier **4.** [l'estomac] **purger** **5.** [du métal] **astiquer**, blanchir, décaper, dérocher, fourbir **6.** [une arme] **dérouiller**, écouvillonner **7.** [une bouteille] **rincer**, goupillonner **8.** [un puits, un bassin] **curer**, désengorger, draguer, écurer **9.** [un bateau] **briquer**, caréner **10.** [un cheval] **toiletter**, bouchonner, brosser, étriller

♦ **se nettoyer** V. PRON. **se laver**, faire sa toilette, se débarbouiller, se décrasser, se savonner

neuf, neuve ADJ. **1. moderne**, audacieux, frais, nouveau, récent **2. inconnu**, inédit, nouveau, original **3. inexpérimenté**, novice **4. novice**, débutant, inexpérimenté, néophyte, nouveau, bleu (fam.)

neurasthénie N. F. mélancolie, abattement, dépression, spleen (littér.), blues (fam.), cafard (fam.), déprime (fam.), flip (fam.)

neurasthénique ADJ. et N. mélancolique, dépressif, déprimé, cafardeux (fam.)

neuroleptique ADJ. et N. M. anxiolytique, psycholeptique, psychotrope, tranquillisant

neutraliser V. TR. **1. anéantir**, annihiler, annuler, désamorcer, enrayer, étouffer, maîtriser, paralyser, rendre inoffensif **2. corriger**, amortir, compenser, contrebalancer, contrecarrer, équilibrer

neutralité N. F. **1. impartialité**, objectivité **2. abstention**, non-engagement

neutre ADJ. **1. impartial**, objectif, indifférent **2. anodin**, banal, insignifiant, quelconque **3. discret**, aseptisé, fade, incolore, insipide, morne, terne

névralgie N. F. mal de tête, céphalée, migraine

nez N. M. **1. pif** (fam.), blair (fam.), blase (fam.), nase (fam.), tarin (fam.), truffe (fam.), [long, plaisant] appendice, piton (fam.), trompe (fam.) **2. odorat**, flair **3. intuition**, flair, perspicacité, sagacité **4.** [de bateau] **avant**, proue

niais, niaise

▸ ADJ. **naïf**, béat, bête, crétin, idiot, inepte, imbécile, nigaud, simple, simplet, sot, stupide, ballot (fam.), balourd (fam.), bêta (fam.), cruche (fam.), godiche (fam.), gourde (fam.), nunuche (fam.)

▸ N. **idiot**, benêt, crétin, dadais, imbécile, naïf, nigaud, simplet, sot, andouille (fam.), bêta (fam.), bille (fam.), branquignol (fam.), cruche (fam.), godiche (fam.), gourde (fam.), nouille (fam.), patate (fam.)

niaiserie N. F. **1. bêtise**, crédulité, idiotie, imbécillité, naïveté, nigauderie, sottise, stupidité **2. bagatelle**, ânerie, babiole, bêtise, baliverne, broutille, fadaise, futilité, ineptie, rien, sottise, vétille

niche N. F. cavité, alcôve, creux, renfoncement

nicher
▸ V. INTR. **1. nidifier**, faire son nid **2.** [fam.] **loger**, demeurer, habiter, résider, séjourner, crécher (fam.), percher (fam.), squatter (fam.)
▸ V. TR. **placer**, caser, coincer, mettre
♦ **se nicher** V. PRON. **1. nidifier**, faire son nid **2. s'abriter**, se blottir, se cacher, se placer, se presser, se réfugier, se serrer, se tapir, se caser (fam.)

nid N. M. foyer, abri, demeure, gîte, habitation, home, logement, maison, retraite, toit

nier V. TR. **1. contester**, contredire, démentir, dire le contraire de, disconvenir, mettre en doute, se défendre de, s'inscrire en faux contre **2. refuser**, dénier, désavouer, récuser, rejeter, renier

nigaud, aude
▸ ADJ. **niais**, benêt, simplet, sot, nouille (fam.), nunuche (fam.)
▸ N. **dadais**, cornichon (fam.), couillon (fam.), cruche (fam.), godiche (fam.), gourde (fam.), nicodème (fam.), patate (fam.)

nimber V. TR. auréoler, baigner, entourer, envelopper

niveau N. M. **1. degré**, classe, échelon, force, hauteur, ligne, qualité, rang, sorte, type, valeur **2. étage**

niveler V. TR. aplanir, araser, égaliser, mettre de niveau

noble
▸ ADJ. **1. aristocratique 2. distingué**, auguste, chevaleresque, courageux, digne, éminent, fier, généreux, héroïque, imposant, magnanime, magnifique, majestueux, olympien, respectable, vénérable **3. élevé**, beau, de qualité, grand, haut, pur, sublime, éthéré (littér.)
▸ N. **1. aristocrate**, gentilhomme, patricien, seigneur, nobliau (péj.) **2.** [d'Angleterre] **lord**, [d'Espagne] **hidalgo**, **menin**, [de la Rome antique] **patricien**, [de la campagne] **hobereau**

noblement ADV. dignement, aristocratiquement, chevaleresquement, élégamment, fièrement, généreusement, grandement, magnifiquement, magnanimement (littér.)

noblesse N. F. **1. distinction**, dignité, élégance, élévation, fierté, générosité, grandeur, hauteur, magnanimité, majesté **2. aristocratie**, [d'Angleterre] gentry

noce N. F. **1. mariage 2.** [fam.] **fête**, bombe (fam.), bringue (fam.), java (fam.), nouba (fam.)

noceur, euse N. et ADJ. fêtard (fam.), noctambule, patachon (fam.)

nocif, ive ADJ. **1. dangereux**, dommageable, funeste, malfaisant, malin, mauvais, néfaste, négatif, nuisible, pernicieux, préjudiciable **2. toxique**, délétère, pathogène

nocivité N. F. toxicité, malignité

nœud N. M. **1. lien**, boucle, ruban, bouffette, catogan, rosette **2. centre**, cœur, fond, point chaud, point sensible **3. difficulté**, problème, hic (fam.), [Littérat.] **intrigue**, péripétie **4.** [Techn.] **épissure**, [Bot.] nodosité

noir, noire ADJ. **1. obscur**, sombre, ténébreux **2. bronzé**, basané, foncé, hâlé **3. triste**, funeste, funèbre, glauque, lugubre, macabre, malheureux, sinistre, sombre, alarmiste **4. diabolique**, atroce, effroyable, épouvantable, mauvais, méchant, odieux, pervers, sombre, terrible **5. sale 6.** [ciel] **couvert**, menaçant, orageux, sombre

noir N. M. **1. obscurité**, ténèbres (littér.) **2. mascara**, khôl

noirceur N. F. **1. saleté**, crasse **2. perfidie**, atrocité, bassesse, horreur, indignité, infamie, méchanceté, monstruosité, vilenie (littér.)

noircir V. TR. **1. salir**, barbouiller, charbonner, maculer **2. assombrir**, brunir, obscurcir **3. calomnier**, dénigrer, déshonorer, diffamer, discréditer, traîner dans la boue **4. exagérer**, charger, dramatiser, forcer, outrer

noliser V. TR. affréter, [un avion] chartériser, [un navire] fréter

nom N. M. **1. mot**, signe, substantif, terme, vocable **2. dénomination**, appellation, désignation, label, marque, qualificatif, qualification, titre **3. lignée**, famille, race, sang **4. réputation**, renom, renommée, célébrité, gloire **5. prénom**, nom de baptême, petit nom (fam.)

nomade
- ADJ. **itinérant**, ambulant, errant, migrateur, mobile, vagabond, voyageur, instable (péj.)
- N. **bohémien**, forain, gitan, manouche, romanichel, tsigane, [du désert] bédouin

♦ **nomades** PLUR. gens du voyage

nombre N. M. **1. chiffre**, numéro **2. quantité**, contingent, effectif **3. cadence**, harmonie, rythme

nombreux, euse ADJ. **1.** [au plur.] **abondants**, innombrables, multiples, maints (littér.) **2. dense**, considérable, grand, important **3. cadencé**, harmonieux, rythmé

nomenclature N. F. **1. catalogue**, classification, collection, inventaire, liste, recueil, répertoire **2. terminologie**, lexique, thésaurus, vocabulaire

nomination N. F. **1. désignation**, affectation, élection, élévation, promotion, catapultage (péj.), parachutage (péj.) **2.** [dans une distribution de prix] **mention**, sélection

nommé, ée ADJ.
- **à point nommé** à temps, à propos, à point, opportunément, à pic (fam.), pile (fam.)

nommément ADV. **1. nominalement**, nominativement **2. spécialement**, en particulier

nommer V. TR. **1. appeler**, baptiser, dénommer, donner un nom à, prénommer, qualifier **2. citer**, énumérer, indiquer, faire mention de, mentionner **3. désigner**, choisir, commettre (Droit), élire, établir, instituer, bombarder (fam.), catapulter (péj.), parachuter (péj.) **4. dénoncer**, donner (fam.)

non
- ADV. **négatif** (Milit.), niet (fam.)
- N. M. **refus**

nonchalamment ADV. mollement, distraitement, doucement, indolemment, lentement, négligemment, paresseusement

nonchalance N. F. **1. apathie**, indolence, inertie, langueur, léthargie, mollesse, paresse, torpeur, atonie (littér.), morbidesse (littér.) **2. décontraction**, désinvolture, détachement, indifférence, insouciance, légèreté, négligence, je-m'en-foutisme (fam.)

nonchalant, ante ADJ. **1. apathique**, alangui, endormi, indolent, languide (littér.), languissant, léthargique, mou, paresseux **2. décontracté**, désinvolte, indifférent, insouciant, léger, négligent, je-m'en-foutiste (fam.)

non-conformisme N. M. **1. anticonformisme**, indépendance, individualisme **2. originalité**, excentricité, fantaisie

non-conformiste N. et ADJ. anticonformiste, dissident, hétérodoxe, indépendant, individualiste, marginal, original

nonne N. F. religieuse, moniale, sœur

non-sens N. M. INVAR. **1. absurdité**, bêtise, ineptie, stupidité **2. contresens**

non-stop ADJ. INVAR. **1. direct**, sans arrêt **2. d'affilée**, continuellement, continûment, sans arrêt, sans cesse, sans dételer, sans discontinuer, sans relâche, sans s'arrêter, 24 heures sur 24

nord N. M. INVAR. et ADJ. INVAR.

▸ ADJ. INVAR. **septentrional**, boréal, [pôle] arctique

▸ N. M. INVAR. **septentrion** (littér.)

normal, ale, aux ADJ. INVAR. **1. courant**, classique, habituel, ordinaire, régulier, sans surprise **2. compréhensible**, attendu, légitime, logique, naturel, raisonnable

normale N. F. moyenne, norme

normalement ADV. ordinairement, communément, couramment, d'habitude, d'ordinaire, généralement, habituellement, régulièrement, traditionnellement, usuellement, de coutume (soutenu)

normalisation N. F. **1. codification**, rationalisation, réglementation **2. standardisation**, homogénéisation, systématisation, unification, uniformisation **3.** [de relations] **rétablissement**, apaisement, assainissement

normaliser V. TR. **1. codifier**, rationaliser, réglementer **2. standardiser**, homogénéiser, systématiser, unifier, uniformiser **3.** [des relations] **rétablir**, apaiser, assainir

norme N. F. **1. modèle**, canon, code, convention, loi, principe, règle, règlement, standard **2. moyenne**, normale **3.** [Sociol.] **idéologie**, loi, règle, valeur

nostalgie N. F. **1. regret**, ennui, mal du pays, passéisme **2. mélancolie**, tristesse, vague à l'âme, blues (fam.), cafard (fam.), spleen (littér.)

nostalgique ADJ. **1. passéiste 2. mélancolique**, morose, sombre, triste

notable

▸ ADJ. **important**, appréciable, considérable, frappant, marquant, notoire, remarquable, saillant, saisissant, sensible, visible, fameux (fam.), insigne (littér.), signalé (littér.)

▸ N. M. **personnalité**, figure, notabilité, sommité, bourgeois, huile (fam.), (grosse) légume (fam.), (grand) ponte (fam.)

notamment ADV. particulièrement, entre autres, par exemple, principalement, singulièrement, spécialement, spécifiquement, surtout

notation N. F. **1. symbole 2. appréciation**, annotation, indication, note, observation, remarque

note N. F. **1. ton**, nuance, tonalité, touche **2. commentaire**, annotation, apostille, appréciation, avis, considération, indication, nota bene, notice, notule, observation, pensée, point, réflexion, remarque, scolie, [au plur.] addenda **3. communiqué**, avis, circulaire, communication, information, mémorandum **4. addition**, compte, facture, relevé, total, douloureuse (fam.)

noter V. TR. **1. écrire**, cocher, consigner, copier, enregistrer, indiquer, inscrire, marquer, mentionner, prendre note de/en note, souligner, relever, transcrire **2. remarquer**, apercevoir, constater, observer, relever **3. juger**, apprécier, coter, évaluer

notice N. F. **1. préface**, avant-propos, avertissement, avis, explication, exposé, note, préambule, résumé **2. guide**, conseils d'utilisation, mode d'emploi

notification N. F. annonce, avis, communication, signification, exploit (Droit)

notifier V. TR. signifier, annoncer, communiquer, faire connaître, faire part de, faire savoir, informer de, instruire de, intimer, signaler

notion N. F. **1. élément**, base, concept, idée, rudiment **2. hypothèse**, axiome, postulat, prémisse, principe **3. conscience**, idée, représentation, sens, sentiment **4.** [souvent au plur.] **connaissance**, acquis, culture, lueurs, lumières, savoir, bagage (fam.)

notoire ADJ. connu, avéré, clair, certain, éclatant, évident, flagrant, incontestable, indéniable, manifeste, notable, patenté, public, reconnu, de notoriété publique

notoriété N. F. célébrité, gloire, nom, renom, renommée, réputation

noué, ée ADJ. **1. contracté**, contrarié, crispé, tendu **2. noueux**, tordu, tors

nouer V. TR. **1. attacher**, entortiller, entrelacer, envelopper, fermer, fixer, joindre, lacer, lier, serrer, réunir **2. établir**, contracter, tisser

noueux, euse ADJ. **1. osseux**, décharné, maigre, rugueux, sec **2. tordu**, tors

nourri, ie ADJ. abondant, continu, gros, dense, étoffé, intense, riche

nourrice N. F. **1.** assistante maternelle, baby-sitter (anglic.), garde/gardienne d'enfants, gouvernante, nounou (fam.) **2. bidon**, jerrycan, réservoir

nourrir V. TR. **1. alimenter**, abreuver, allaiter, approvisionner, donner à manger à, donner le sein à, ravitailler, sustenter (littér.) **2. augmenter**, alimenter, amplifier, enfler, enrichir, entretenir, étoffer, façonner, grossir, soutenir **3. échafauder**, caresser, entretenir, former, préparer **4. élever**, éduquer, former

♦ **se nourrir** V. PRON. manger, consommer, s'alimenter, se repaître de, se restaurer, bouffer (fam.), becqueter (fam.), boulotter (fam.), croûter (fam.)

nourrissant, ante ADJ. nutritif, calorique, consistant, énergétique, énergisant, fortifiant, nourricier, riche, substantiel, qui tient au corps (fam.), roboratif (littér.)

nourrisson N. M. bébé, nouveau-né, petit, poupon

nourriture N. F. **1. alimentation**, nutrition **2. aliment**, cuisine, denrées, manger, mets, ordinaire, pain, pitance (péj.), subsistance, vivres, victuailles, soupe (fam.), bectance (fam.), bouffe (fam.), bouffetance (fam.), boustifaille (fam.), croûte (fam.), mangeaille (fam.), tambouille (fam.)

nouveau, nouvelle

▸ ADJ. **1. récent**, jeune, moderne, naissant, neuf **2. original**, différent, hardi, inconnu, inaccoutumé, inattendu, inédit, inhabituel, innovant, insolite, inusité, neuf, novateur **3. inexpérimenté**, débutant, jeune, neuf, novice, néophyte

▸ N. **débutant**, néophyte, novice, bizuth (fam.), bleu (fam.)

▸ N. M. **nouveauté**, inédit, neuf, nouvelle(s)

nouveau-né, nouveau-née N. bébé, nourrisson, poupon

nouveauté N. F. **1. originalité**, changement, fraîcheur, hardiesse, jeunesse, modernisme **2. innovation**, création **3. actualité**, primeur (littér.)

nouvelle N. F. **information**, annonce, dépêche, écho, fait divers, vent, [non vérifiée] bruit, rumeur, [exclusive] scoop (anglic.)

♦ **nouvelles** PLUR. **actualités**, bulletin, flash d'informations, informations, journal (télévisé), infos (fam.)

novateur, trice ADJ. innovant, audacieux, créateur, d'avant-garde, futuriste, innovateur, pionnier, précurseur, révolutionnaire

novice
▸ N. **débutant**, apprenti, jeune, néophyte, nouveau, jeune recrue, bleu (fam.)
▸ ADJ. **ignorant**, candide, incompétent, inexpérimenté, inexpert (littér.)

noyau N. M. 1. **graine**, pépin 2. **centre**, âme, cœur, foyer, origine, siège 3. **groupe**, association, cellule, cercle, clan, chapelle, comité, groupuscule, organisation, section

noyautage N. M. infiltration, entrisme

noyer V. TR. 1. **engloutir**, dévaster, immerger, inonder, plonger, submerger, tremper, baigner 2. **occulter**, étouffer 3. **délayer**, diluer 4. **égarer**, embrouiller, perdre
♦ **se noyer** V. PRON. 1. **sombrer**, couler, boire la tasse (fam.) 2. **se perdre**, s'égarer, s'embarrasser, s'embrouiller, se fondre, se fourvoyer 3. **disparaître**, se fondre

nu, nue ADJ. 1. **dénudé**, déshabillé, dévêtu, dans le plus simple appareil, en costume d'Adam/d'Ève, à poil (fam.) 2. **(à) découvert**, dénudé 3. **chauve**, dégarni, pelé, déplumé (fam.), [visage] glabre 4. **dépouillé**, aride, austère, désert, monacal, pauvre, pelé, sobre, strict, vide, [vérité] cru, pur

nuage N. M. nébulosité, mouton, nue (littér.), nuée (littér., souvent plur.)

nuageux, euse ADJ. couvert, brumeux, ennuagé, gris, nébuleux, obscur, orageux, sombre

nuance N. F. 1. **teinte**, couleur, ton, tonalité, demi-teinte 2. **brin**, grain, once, pointe, soupçon 3. **degré**, gradation 4. **finesse**, différence, précision, subtilité

nuancé, ée ADJ. 1. **varié**, diversifié 2. **modéré**, adouci, atténué, tempéré 3. **mitigé**, en demi-teinte

nuancer V. TR. 1. **préciser**, différencier, distinguer 2. **modérer**, adoucir, atténuer, mesurer, mettre un bémol à, pondérer, tempérer

nubile ADJ. pubère, formé, mariable, réglé

nucléaire ADJ. atomique, nucléarisé

nudité N. F. dépouillement, austérité, vide

nuée N. F. 1. **nuage**, brume, buée, vapeur, nue (littér.) 2. **multitude**, abondance, affluence, armada, armée, avalanche, bande, bataillon, chapelet, cohorte, collection, cortège, déluge, essaim, flot, foule, fourmillement, horde, kyrielle, légion, masse, meute, myriade, pluie, régiment, ribambelle, troupe, troupeau, flopée (fam.), foultitude (fam.)

nuire à V. TR. IND. 1. **desservir**, causer du tort à, défavoriser, désavantager, léser, faire (du) tort à, porter atteinte à, porter préjudice à, porter tort à, mettre des bâtons dans les roues à (fam.), tirer dans les pattes à (fam.) 2. **discréditer**, compromettre, déconsidérer 3. **endommager**, compromettre, contrarier, contrecarrer, entraver, freiner, faire obstacle à, gêner, handicaper, miner, ruiner

nuisance N. F. 1. **gêne**, dérangement, dommage, ennui, inconvénient, préjudice, tort, trouble 2. **pollution**, saleté, souillure

nuisible ADJ. dangereux, dommageable, ennemi, hostile, maléfique, malfaisant, malsain, mauvais, néfaste, nocif, parasite, pernicieux, pervers, préjudiciable, redoutable, toxique, délétère (littér.), funeste (littér.)

nuit N. F. obscurité, noir, ombre, pénombre, ténèbres (littér.)

nul, nulle

▸ ADJ. **1. insignifiant**, inexistant, infime, insuffisant **2. incompétent**, inapte, incapable, inefficace, ignare, ignorant **3. minable**, bête, idiot, inepte, lamentable, mauvais, raté, sot, stupide, à la gomme (fam.), à la noix (de coco) (fam.) **4. caduc**, invalide, périmé

▸ N. nullité, bon à rien, cancre, moins que rien, nullard (fam.), ringard (fam.), tocard (fam.), zéro (fam.)

nullement ADV. aucunement, en rien, pas (du tout), point (littér.)

nullité N. F. **1. caducité**, invalidité **2. ignorance**, imbécillité, incapacité, incompétence, sottise, stupidité **3. bon à rien**, idiot, ignare, ignorant, incapable, incompétent, minable, nul, crétin (fam.), nase (fam.)

numéraire N. M. espèces, argent, cash, change, liquide, liquidités, monnaie, blé (fam.), cacahuètes (fam.), flouze (fam.), fric (fam.), galette (fam.), oseille (fam.), pépètes (fam.), pèze (fam.), pognon (fam.), ronds (fam.), picaillons (fam.), radis (fam.), sous (fam.)

numéro N. M. **1. chiffre**, nombre, matricule **2. exemplaire**, livraison, parution **3. spectacle**, show (anglic.), sketch, tour **4. phénomène**, original, gaillard (fam.), lascar (fam.), loustic (fam.), rigolo (fam.), spécimen (fam.), zèbre (fam.), zigoto (fam.)

numérotation N. F. numérotage, foliotage, immatriculation, pagination

numéroter V. TR. chiffrer, coter, immatriculer, folioter, paginer

nursery N. F. crèche, garderie, pouponnière

nutritif, ive ADJ. nourrissant, consistant, fortifiant, nourricier, riche, substantiel, roboratif (littér.)

O

oasis N. F. abri, asile, refuge, retraite, havre (littér.)

obédience N. F. **1.** [littér.] **obéissance**, dépendance, soumission, subordination, sujétion **2. religion 3. mouvance**

obéir V. TR. IND. [sans complément] s'incliner, s'exécuter, se soumettre, courber la tête/le front (littér.)

- obéir à 1. écouter, se mettre aux ordres de **2. observer**, obtempérer à, respecter, sacrifier à, suivre, s'assujettir à, se conformer à, se plier à, se ranger à, se soumettre à **3. satisfaire à**, correspondre à, remplir, répondre à

obéissance N. F. **1. soumission**, subordination, sujétion, obédience (littér.) **2. docilité 3. respect**, observance, observation, obédience (littér.)

obéissant, ante ADJ. **1. docile**, discipliné, doux, gouvernable, sage, soumis **2. malléable**, flexible, maniable, souple

obèse

▸ ADJ. **gros**, corpulent, énorme, gras, bedonnant, massif, ventripotent, ventru, en surcharge pondérale (Méd.)

▸ N. **mastodonte**, baleine, éléphant, hippopotame, poussah, gros lard (fam., péj.), gros patapouf (fam., péj.), tonneau (fam., péj.)

objecter V. TR. **1. répondre**, arguer, rétorquer, riposter, répliquer **2. prétexter**, alléguer, invoquer

objectif[1], ive ADJ. **1. concret**, effectif, positif, tangible, vrai **2. impartial**, détaché, désintéressé, équitable, extérieur, juste, neutre

objectif[2] N. M. **1. but**, ambition, dessein, fin, intention, objet, visée, vues **2. cible**, but, point de mire **3. téléobjectif**, fish-eye, grand-angle, zoom

objection N. F. **1. critique**, réfutation, remarque, réplique **2. contestation**, contradiction, difficulté, opposition, protestation, reproche **3. inconvénient**, empêchement, obstacle

objectivement ADV. **1. impartialement**, fidèlement, sans parti pris **2. en fait**, concrètement, en réalité, pratiquement

objectivité N. F. **1. impartialité**, neutralité **2. impersonnalité**

objet N. M. **I. 1. chose**, bidule (fam.), machin (fam.), truc (fam.), zinzin (fam.) **2. outil**, instrument, ustensile **3.** [de toilette, etc.] **article**, affaire **4.** [petit, sans importance] **bibelot**, bagatelle, broutille, colifichet **II. 1. but**, dessein, fin, intention, objectif, visées **2. cause**, motif, raison (d'être) **3. thème**, matière, propos, substance, sujet

obligation N. F. **1. responsabilité**, devoir **2. nécessité**, astreinte, contrainte, exigence, impératif **3. charge**, corvée, servitude, tâche **4. engagement**, promesse, serment

obligatoire ADJ. **1. imposé**, exigé, essentiel, de rigueur **2.** [fam.] **inévitable**, fatal, forcé, immanquable, imparable, incontournable, inéluctable, infaillible, obligé

obligatoirement ADV. **1. nécessairement**, forcément **2. inévitablement**, fatalement, forcément, immanquablement, infailliblement

obligé, ée ADJ. **1. indispensable**, nécessaire, obligatoire **2.** [fam.] **inévitable**, fatal, forcé, immanquable, imparable, incontournable, inéluctable, infaillible **3.** [soutenu] **reconnaissant**, redevable

obligeance N. F. affabilité, amabilité, bienveillance, bonté, complaisance, gentillesse, prévenance

obligeant, ante ADJ. affable, aimable, bienveillant, bon, complaisant, généreux, gentil, officieux, prévenant, secourable, serviable, chic (fam.)

obliger V. TR. **1. forcer**, acculer, astreindre, commander, condamner, contraindre, pousser, réduire **2.** [soutenu] **rendre service à**, aider, secourir ♦ **s'obliger à** V. PRON. **1. se forcer à**, s'astreindre à, se contraindre à **2. s'engager à**, promettre

oblique ADJ. **1. de biais**, de côté **2. indirect**, détourné, louche, tortueux

obliquement ADV. **1. de biais**, de côté, en diagonale, en oblique, [regarder] d'un œil torve **2. de travers**, de guingois

obliquer V. INTR. **1. braquer**, tourner, virer **2. dévier**, bifurquer

oblitérer V. TR. **1. tamponner 2. boucher**, obstruer **3.** [littér.] **effacer**, estomper, gommer

obnubiler V. TR. **1. obséder**, hanter, harceler, poursuivre, tarauder **2. obscurcir**

obole N. F. **1. don**, offrande **2. contribution**, écot, quote-part

obscène ADJ. graveleux, immoral, impudique, inconvenant, indécent, licencieux, ordurier, pornographique, salace, cochon (fam.)

obscénité N. F. **1. grossièreté**, ordure, cochonnerie (fam.), cochonceté (fam.), saleté (fam.) **2. indécence**, grossièreté, immoralité, inconvenance, trivialité

obscur, ure ADJ. **I. 1. noir**, sombre, ténébreux, enténébré (littér.) **2.** [ciel] **assombri**, chargé, couvert, nébuleux, nuageux **II. 1. incompréhensible**, difficile, énigmatique, impénétrable, indéchiffrable, inexplicable, inintelligible, insaisissable, abscons (littér.), abstrus (littér.) **2. ambigu**, brumeux, confus, diffus, douteux, équivoque, flou, fumeux, indistinct, louche, nébuleux, trouble, vague **3. embrouillé**, alambiqué, amphigourique, complexe, compliqué, entortillé **4. hermétique**, cabalistique, caché, ésotérique, mystérieux, secret, sibyllin, voilé **5. ignoré**, humble, inconnu

obscurcir V. TR. **I. 1. assombrir**, voiler, couvrir de ténèbres (littér.), enténébrer (littér.) **2.** [nuages] **cacher**, éclipser, offusquer (littér.) **3.** [fumée] **noircir**, troubler **II. 1. cacher**, voiler **2. obnubiler 3. brouiller**, embrouiller, opacifier, troubler

obscurité N. F. **1. noir**, noirceur, nuit, ténèbres (littér.) **2. hermétisme 3. anonymat**

obsédé, ée N. obsessionnel, maniaque

obséder V. TR. hanter, poursuivre, obnubiler, tarauder, tracasser, travailler, tourmenter, prendre la tête de (fam.), turlupiner (fam.)

obsèques N. F. PL. funérailles, enterrement

obséquieux, euse ADJ. **1. servile**, plat, rampant, soumis **2. flatteur**, flagorneur

obséquiosité N. F. **1. servilité**, platitude **2. flatterie**, flagornerie

observance N. F. **1. obéissance**, observation, pratique, respect, soumission **2.** [vieux] **loi**, règle

observateur, trice
- N. **témoin**, spectateur
- ADJ. **attentif**, vigilant

observation N. F. **I. 1. examen**, étude **2. surveillance II. 1. constat**, constatation **2. commentaire**, annotation, note, réflexion, remarque **3. critique**, avertissement, remontrance, réprimande, reproche **III. obéissance**, observance, respect, obédience (littér.)

observatoire N. M. mirador, nid de pie, poste d'observation

observer V. TR. **I. 1. examiner**, considérer, contempler, étudier, regarder **2. épier**, contrôler, espionner, guetter, surveiller **3. dévisager**, fixer, scruter, toiser **4. constater**, apercevoir, faire le constat que, marquer, noter, relever, remarquer **II. se conformer à**, s'assujettir à, exécuter, obéir à, se plier à, pratiquer, remplir, respecter, se soumettre à, suivre

obsession N. F. **1. manie**, idée fixe, marotte **2. hantise**, cauchemar, phobie, tourment, bête noire, prise de tête (fam.)

obsolète ADJ. périmé, ancien, démodé, dépassé, désuet, passé de mode, suranné, vieux, vieilli, obsolescent (littér.)

obstacle N. M. **1. barrage**, écran, mur, [sur cours d'eau] embâcle **2. empêchement**, accroc, adversité, barrage, barrière, blocage, contretemps, difficulté, écueil, embarras, entrave, frein, gêne, obstruction, opposition, pierre d'achoppement, résistance, restriction, anicroche (fam.), bec (fam.), cactus (fam.), os (fam.)

obstination N. F. **1. persévérance**, constance, opiniâtreté, ténacité **2. entêtement**, acharnement

obstiné, ée ADJ. **1. constant**, opiniâtre, persévérant, résolu, tenace, volontaire **2. entêté**, buté, têtu

obstinément ADV. résolument, farouchement, opiniâtrement, mordicus (fam.)

obstiner (s') V. PRON. **1. s'acharner**, continuer, insister, persévérer, persister, ne pas lâcher **2. s'entêter**, se buter, ne pas en démordre

obstruction N. F. encombrement, engorgement, obturation

obstruer V. TR. **1. boucher**, engorger, encombrer **2. bloquer**, barrer, embarrasser, encombrer, fermer

obtempérer V. TR. IND. [sans complément] s'exécuter, s'incliner
- **obtempérer à** obéir à, se soumettre à

obtenir V. TR. **1. gagner**, acquérir, conquérir, enlever, prendre, se procurer, rallier, remporter, [difficilement] arracher, soutirer, décrocher (fam.) **2. recevoir**, recueillir **3. trouver**, dénicher (fam.), dégoter (fam.)

obturer V. TR. **1. boucher**, calfater, calfeutrer, colmater, combler **2. condamner**, aveugler, murer **3.** [une dent] **plomber**

obtus, use ADJ. bête, balourd, borné, épais, lourd, lourdaud, pesant, stupide, bouché (fam.), lourdingue (fam.)

obvier à V. INTR. éviter, empêcher, pallier, parer à, prévenir, remédier à, faire obstacle à

occasion N. F. **1. aubaine**, chance, opportunité, occase (fam.) **2. circonstance**, cas, conjoncture, événement, situation **3. motif**, cause, matière, prétexte, raison

occasionnel, elle ADJ. **1. accidentel**, contingent, fortuit, imprévu **2. exceptionnel**, épisodique, inhabituel, irrégulier

occasionnellement ADV. **1. exceptionnellement**, épisodiquement, sporadiquement, de temps en temps **2. accidentellement**, fortuitement, incidemment, inopinément

occasionner V. TR. amener, apporter, attirer, être cause de, catalyser, causer, créer, déclencher, donner lieu à, engendrer, entraîner, générer, produire, provoquer, soulever, susciter

occulte ADJ. 1. **clandestin**, secret, souterrain 2. **caché**, inconnu, mystérieux, secret, cryptique 3. **cabalistique**, ésotérique, hermétique, magique

occulter V. TR. 1. **dissimuler**, cacher, faire écran à, masquer 2. **taire**, étouffer, passer sous silence

occupant, ante N. 1. **habitant**, hôte, locataire, résident 2. **envahisseur**, oppresseur

occupation N. F. 1. **affaire**, besogne, emploi, engagement, ouvrage, tâche 2. **loisir**, distraction, hobby (anglic.), passe-temps 3. **carrière**, fonction, métier, profession, travail 4. **invasion**, envahissement

occupé, ée ADJ. 1. **affairé**, absorbé, pris 2. **envahi**, conquis 3. **habité**

occuper V. TR. 1. **habiter**, loger dans, [illégalement] squatter 2. **envahir**, assujettir, contrôler, se rendre maître de 3. **employer** 4. **exercer**, détenir, remplir 5. **absorber**, accaparer 6. **emplir**, couvrir, garnir, meubler, remplir 7. **amuser**, distraire, faire passer le temps à (fam.) 8. [le temps] **passer**, tromper, tuer

♦ **s'occuper** V. PRON. **passer le temps**, se distraire

- **s'occuper de** 1. **se consacrer à**, s'adonner à, s'appliquer à, se charger de, s'employer à, travailler à, vaquer à 2. **prendre soin de**, veiller sur 3. **se mêler de**, s'intéresser à, s'immiscer dans (péj.), mettre son nez dans (péj.)

octroi N. M. attribution, allocation, concession, don, dotation, remise

octroyer V. TR. **accorder**, allouer, attribuer, concéder, consentir, distribuer, donner, impartir, offrir

♦ **s'octroyer** V. PRON. s'adjuger, s'approprier, s'arroger, usurper (péj.)

odeur N. F. 1. **effluve**, émanation, exhalaison 2. [agréable] **arôme**, bouquet, fumet, parfum, senteur 3. [désagréable] **puanteur**, relent

odieux, euse ADJ. 1. **ignoble**, détestable, exécrable, haïssable, infâme, répugnant 2. **antipathique**, détestable, insupportable, intolérable, imbuvable (fam.)

odorant, ante ADJ. aromatique, parfumé, odoriférant (littér.)

œdème N. M. gonflement, enflure, stase, tuméfaction

œil N. M. 1. **globe oculaire** 2. **regard**, vision, vue 3. **bourgeon**, bouton, pousse 4. **espion**, judas 5. [d'aiguille] **chas** 6. **œillet**, œilleton

♦ **yeux** PLUR. mirettes (fam.), billes (fam.), calots (fam.), carreaux (fam.), châsses (argot), neuneuils (lang. enfants)

œuvre N. F. 1. **création**, composition, réalisation, production 2. **ouvrage**, écrit, livre 3. **activité**, travail, tâche, besogne (littér.), labeur (littér.)

offensant, ante ADJ. blessant, désobligeant, grossier, injurieux, insultant, mortifiant, outrageant

offense N. F. affront, humiliation, injure, insulte, outrage, avanie (littér.), camouflet (littér.), claque (fam.), gifle (fam.)

offenser V. TR. 1. **blesser**, choquer, fâcher, froisser, offusquer, humilier, piquer au vif, vexer, insulter, outrager 2. [littér.] **braver**, manquer à

♦ **s'offenser** V. PRON. se formaliser, se froisser, s'offusquer, se vexer, prendre ombrage (de), prendre la mouche (fam.)

offensif, ive ADJ. agressif, batailleur, combatif, belliqueux, pugnace (littér.)

offensive N. F. **1. attaque**, assaut, charge **2. campagne**, bataille, croisade, lutte, opération

office N. M. **1. organisme**, agence, bureau **2. culte**, messe, service

officiel, elle ADJ. **1. réglementaire**, administratif **2. solennel**, formel **3. autorisé**, accrédité

offrande N. F. **1. obole**, aumône, don, secours **2.** [Relig.] **libation**, immolation, oblation, sacrifice

offre N. F. **1. proposition**, ouverture, [à appel d'offres] soumission, [aux enchères] surenchère, [galante] avances **2.** [Écon.] **marché**

offrir V. TR. **1. donner**, céder, faire cadeau de, faire don de, faire présent de (soutenu), payer **2. proposer**, mettre à disposition, prêter **3. accorder**, allouer, concéder, octroyer **4. sacrifier**, immoler, vouer **5. comporter**, donner lieu à, fournir, présenter, procurer
♦ **s'offrir** V. PRON. **se payer**, s'accorder, se donner, s'octroyer

offusquer V. TR. **choquer**, blesser, déplaire à, froisser, indigner, heurter, offenser, piquer (au vif), scandaliser, vexer
♦ **s'offusquer** V. PRON. se formaliser, se froisser, s'indigner, se scandaliser, se vexer, prendre la mouche, prendre ombrage (de)

ogre N. M. gargantua, glouton, goulu

oignon N. M. **1. rhizome**, bulbe **2. cor**, durillon **3. derrière**

oiseux, euse ADJ. inutile, creux, dérisoire, futile, insignifiant, stérile, superflu, vain

oisif, ive ADJ. désœuvré, inactif, inoccupé

oisiveté N. F. désœuvrement, inaction, inactivité, inoccupation

o.k.
▸ ADV. **oui**, d'accord, entendu, ça marche (fam.)
▸ ADJ. INVAR. **bien**, bon, correct, passable

olibrius N. M. [fam.] original, excentrique, phénomène, zèbre (fam.), zigoto (fam.)

ombrageux, euse ADJ. **1. défiant**, méfiant, soupçonneux **2. peureux**, craintif, farouche **3. difficile**, susceptible

ombre N. F. **I. 1. ombrage**, couvert **2. obscurité**, nuit, noir, ténèbres (littér.) **3. demi-jour**, clair-obscur, pénombre **4. contour**, silhouette **II. 1. secret**, mystère, obscurité, silence **2. apparence**, chimère, fantôme, illusion, mirage, simulacre (littér.) **3. inquiétude**, contrariété, malaise, préoccupation

omettre V. TR. négliger, faire l'impasse sur, laisser de côté, oublier, passer sur, passer sous silence, taire, laisser tomber (fam.), sauter (fam.)

omission N. F. **1. oubli**, négligence **2. lacune**, absence, manque, trou, vide

omnipotence N. F. toute-puissance, autorité, domination, hégémonie, pouvoir absolu, suprématie

omnipotent, ente ADJ. tout-puissant, hégémonique

onctueux, euse ADJ. **1. doux**, moelleux, velouté **2. gras**, huileux, savonneux **3.** [péj.] **mielleux**, doucereux, douceâtre, sucré, patelin (littér.)

ondée N. F. averse, giboulée, grain, pluie, douche (fam.), saucée (fam.)

on-dit N. M. INVAR. racontar, bruit, commérage, ouï-dire, ragot, rumeur, cancan (fam.), potin (fam.)

ondoyant, ante ADJ. ondulant, dansant, mobile, mouvant, onduleux, souple

ondoyer V. INTR. onduler, flotter

ondulation N. F. **I. 1.** [de la mer] **agitation**, onde, ondoiement, remous, vague **2.** [des blés] **balancement**, frémissement, frisson, ondoiement **II. 1. méandre**, coude, courbure, détour, sinuosité **2. vallonnement**, pli, repli **3.** [dans les cheveux] **cran**

ondulé, ée ADJ. **1. bouclé**, frisé **2. onduleux**, courbe, sinueux

onduler V. INTR. **1. ondoyer**, flotter **2. serpenter 3. boucler**, friser

onéreux, euse ADJ. cher, coûteux, dispendieux, exorbitant, hors de prix, inabordable, ruineux, salé (fam.)

opacité N. F. **1. obscurité**, ombre, nuit, ténèbres **2. inintelligibilité**, obscurité

opaque ADJ. **1. dense**, épais **2. noir**, obscur, sombre, ténébreux (littér.) **3. incompréhensible**, énigmatique, hermétique, impénétrable, indéchiffrable, inintelligible, insondable, mystérieux, obscur, sibyllin, abscons (littér.), abstrus (littér.)

opérateur, trice N. **1. manipulateur 2. standardiste**, téléphoniste **3. cadreur**, cameraman **4.** [Bourse] **agent (de change)**, broker, courtier, donneur d'ordres, trader

opération N. F. **1. calcul 2. acte**, action, entreprise, réalisation, tâche, travail **3. processus**, manipulation, traitement **4. intervention (chirurgicale) 5.** [Milit.] **bataille**, campagne, combat, expédition, intervention, offensive **6. transaction**, affaire

opérer V. TR. **1. exécuter**, accomplir, effectuer, pratiquer, procéder à, réaliser **2. déclencher**, amener, entraîner, occasionner, produire, provoquer, susciter

opiniâtre ADJ. **1. entêté**, obstiné, têtu, cabochard (fam.) **2. acharné**, déterminé, ferme, inébranlable, persévérant, résolu, tenace

opiniâtreté N. F. **1. entêtement**, obstination **2. acharnement**, détermination, fermeté, persévérance, résolution, ténacité

opinion N. F. **1. avis**, appréciation, idée, jugement, manière de voir, pensée, point de vue, position, sentiment, son de cloche **2. théorie**, thèse **3.** [assurée] **certitude**, conviction, credo, croyance, foi **4.** [incertaine] **conjecture**, soupçon **5.** [subjective] **impression**, sentiment **6.** [toute faite] **parti pris**, préjugé, prévention

opportun, une ADJ. **1. à propos**, bienvenu, judicieux, souhaitable **2.** [moment, temps] **approprié**, favorable, propice, utile

opportunément ADV. à propos, [arriver] à point, à point nommé, à pic (fam.), pile (fam.), pile-poil (fam.)

opportunité N. F. **1. à-propos**, bien-fondé, pertinence **2.** [abusivt] **occasion**, aubaine, chance, possibilité

opposant, ante N. adversaire, antagoniste, contradicteur, détracteur, ennemi

opposé[1], ée ADJ. **1. contraire**, inverse, symétrique **2. incompatible**, antagoniste, divergent, inconciliable **3. antinomique**, antithétique, contradictoire **4.** [Sport, Pol.] **adverse 5. dissident**, opposant, rebelle

opposé[2] N. M. **1. antithèse**, contrepied **2. inverse**, contraire

opposer V. TR. **I. 1. diviser**, séparer, semer la discorde entre **2. dresser contre**, exciter contre, soulever contre

II. objecter, alléguer, invoquer, rétorquer **III. confronter**, comparer, mettre en balance, mettre en face, mettre en regard

♦ **s'opposer** V. PRON. **1. s'affronter**, se faire face, lutter, se mesurer **2. contraster**, différer, diverger

opposition N. F. **1. antagonisme**, combat, conflit, duel, heurt, hostilité, lutte, rivalité **2. désaccord**, contestation, désapprobation **3. discorde**, dissension, dissentiment **4. symétrie** **5. contraste**, discordance, disparité **6. obstacle**, barrage, empêchement, obstruction, veto

oppressant, ante ADJ. **1. étouffant**, lourd, pesant, suffocant **2. angoissant**, accablant, pénible

oppresser V. TR. **1. étouffer**, gêner, suffoquer **2. angoisser**, accabler, écraser, étrangler, étreindre, tenailler, torturer, tourmenter

oppresseur N. M. despote, autocrate, dictateur, potentat, tyran

oppressif, ive ADJ. coercitif, opprimant, totalitaire, tyrannique

oppression N. F. **1. étouffement**, asphyxie, gêne, suffocation **2. angoisse** **3. asservissement**, assujettissement, esclavage, servitude, soumission, sujétion, tyrannie, chaînes (littér.), joug (littér.)

opprimé, ée N. esclave, exploité

opprimer V. TR. **1. écraser**, asservir, assujettir, enchaîner, persécuter, plier sous sa loi, réduire en esclavage, soumettre, tyranniser **2. bâillonner**, enchaîner, garrotter, mater, museler

opprobre N. M. **1. déshonneur**, discrédit, honte, ignominie, flétrissure (littér.) **2. avilissement**, abjection, déchéance, ignominie, infamie, turpitude

opter V. INTR.

- **opter pour** adopter, choisir, arrêter son choix sur, se décider pour, jeter son dévolu sur, pencher pour, préférer, prendre le parti de

optimal, ale, aux ADJ. **1. maximal**, maximum **2. idéal**, parfait

optimisme N. M. **1. espoir 2. enthousiasme**, euphorie

optimiste ADJ. **1. enthousiaste**, euphorique **2. rassurant**, encourageant

option N. F. choix, alternative

optionnel, elle ADJ. **1. facultatif** **2. en option**

optique N. F. **1. perspective**, angle, aspect **2. conception**, avis, façon de voir (les choses), idée, opinion, point de vue, sentiment, vision

opulence N. F. **1. abondance**, aisance, fortune, luxe, prospérité, richesse **2. ampleur**, générosité, plénitude

opulent, ente ADJ. **1. riche**, aisé, fortuné, nanti **2. fastueux**, cossu **3. plantureux**, fort, généreux, gros, plein

opuscule N. M. brochure, écrit, fascicule, livre, ouvrage

orage N. M. ouragan, tempête, tourmente

orageux, euse ADJ. **1. lourd 2. agité**, fiévreux, houleux, mouvementé, troublé, tumultueux

oral, ale, aux ADJ. **1. verbal 2. parlé** **3. buccal**

oralement ADV. verbalement, de vive voix

orateur, trice N. **1. conférencier**, intervenant, déclamateur (péj.) **2.** [de talent] **tribun**, débatteur, rhéteur **3. prédicateur**

orbite N. F. mouvance, domaine, sphère, zone d'action

orchestration N. F. **1. instrumentation**, arrangement, harmonisation **2. organisation**, direction, planification

orchestre N. M. **1. ensemble**, formation, groupe **2. harmonie**, fanfare, orphéon

orchestrer V. TR. **1.** [Mus.] **instrumenter**, arranger, harmoniser **2. organiser**, diriger, planifier

ordinaire ADJ. **1. courant**, classique, coutumier, familier, habituel, normal, standard, traditionnel, usuel **2. banal**, médiocre, moyen, quelconque, simple, trivial, vulgaire

ordinairement ADV. habituellement, à l'accoutumée, communément, couramment, en général, généralement, d'habitude, le plus souvent, normalement

ordinateur N. M. calculateur, machine (fam.), bécane (fam.)

ordonnance N. F. **1. acte**, arrêté, décret, décret-loi, règlement **2.** [Méd.] **prescription**

ordonnancement N. M. agencement, aménagement, arrangement, disposition, distribution, organisation, structure

ordonné, ée ADJ. méthodique, méticuleux, organisé, rangé, soigneux

ordonner V. TR. **I. 1. agencer**, arranger, coordonner, disposer, distribuer, ordonnancer, organiser **2. classer**, classifier, hiérarchiser, trier **3. ranger**, débrouiller, démêler **II. 1. commander**, demander impérativement, dicter, donner ordre de, réclamer **2.** [à qqn] **sommer de**, enjoindre de, mettre en demeure de **III.** [Méd.] **prescrire IV.** [Relig.] **consacrer**

ordre N. M. **I. commandement**, consigne, demande, directive, injonction, instruction, oukase (péj.), précepte, prescription, sommation **II. 1. organisation**, rangement **2. classement**, agencement, aménagement, arrangement, disposition, distribution, rangement **3.** [de termes] **enchaînement**, succession, suite **III. niveau**, importance, plan **IV. minutie**, méticulosité, soin **V. 1. calme**, équilibre, harmonie, paix, sécurité, sérénité, tranquillité **2. discipline VI. 1. catégorie**, genre, nature, sorte, type **2. communauté**, association, congrégation, corporation, corps

ordure N. F. **1. détritus**, balayure, débris, déchet, résidu, salissure **2. saleté**, crasse, caca (fam.), merde (très fam.) **3. grossièreté**, infamie, obscénité, saleté, cochonnerie (fam.), saloperie (très fam.) **4.** [injurieux] **pourriture**, charogne (fam.), fumier (très fam.), enfoiré (très fam.), pourri (fam.), salaud (très fam.), salopard (très fam.), salope (très fam.)

ordurier, ière ADJ. grossier, graveleux, ignoble, immonde, infâme, obscène, trivial, cochon (fam.)

oreille N. F. **1. esgourde** (argot), feuille (argot), portugaise (argot) **2. ouïe**, audition **3.** [de lièvre] **oreillard**, [de sanglier] écoute **4. ailette**, anse, orillon

organe N. M. **1. voix 2. émanation**, expression **3. âme**, centre, instrument, moteur **4. accessoire**, élément, équipement, instrument **5. pénis**, membre (viril), sexe

organisateur, trice N. animateur, cheville ouvrière, pivot, promoteur

organisation N. F. **I. 1. structuration**, agencement, aménagement, arrangement, architecture, composition, disposition, distribution, planification **2. classement**, classification, rangement **3. coordination**, articulation, combinaison **II. 1. mise sur pied**, mise en place, planification, préparation **2. constitution**, établissement, formation, instauration **III. planning**, programme **IV. méthode**, ordre, systématisme **V. association**, entreprise, groupement, organisme, parti, société

organisé, ée ADJ. **1. structuré**, cohérent, construit, hiérarchisé, ordonné, planifié **2. méthodique**, discipliné, ordonné, systématique

organiser V. TR. **I. 1. structurer**, agencer, aménager, arranger, composer, disposer, distribuer, ordonner, planifier, ordonnancer (littér.) **2. classer**, classifier, ranger, trier **3. coordonner**, articuler, combiner **II. 1. concerter**, diriger, monter, mettre sur pied, mettre en place, planifier, préparer, programmer **2. constituer**, créer, édifier, établir, fonder, former, instaurer, instituer

organisme N. M. **1. corps**, constitution **2. agence**, bureau, comité, commission, institut, organisation, service, structure

orgie N. F. **1. beuverie**, débauche, ripaille (fam.), soûlographie (fam.) **2. excès**, débauche, débordement, profusion, surabondance

orgueil N. M. **1. arrogance**, autosatisfaction, fatuité, hauteur, morgue, prétention, présomption, suffisance, vanité, infatuation (littér.), outrecuidance (littér.), superbe (littér.), puant (fam.) **2. amour-propre**, dignité, estime de soi-même, fierté **3. gloire**, fierté, honneur

orgueilleux, euse ADJ. **1. arrogant**, présomptueux, prétentieux, suffisant, vain, vaniteux, fat (littér.), infatué (littér.), outrecuidant (littér.) **2.** [de qqn, qqch.] **fier**, content, satisfait

orientation N. F. **1. exposition**, disposition, position, situation **2. voie**, direction, piste, sens **3. ligne**, tendance

orienté, ée ADJ. partial, biaisé, engagé, partisan, de parti pris

orienter V. TR. **1. exposer**, diriger, disposer, placer, tourner **2. conduire**, canaliser, diriger, guider, mener **3. infléchir**, entraîner, influencer, influer sur, peser sur **4. aiguiller**, diriger, mettre sur la voie, brancher (fam.)

♦ **s'orienter** V. PRON. **se repérer**, se diriger, se reconnaître, se retrouver, trouver ses marques/ses repères

orifice N. M. **1. ouverture**, bouche, entrée **2. trou 3.** [Anat.] **foramen**, méat

originaire ADJ. **1. natif**, aborigène, autochtone, indigène, naturel **2. congénital**, inné **3. premier**, d'origine, initial, primitif, originel

original[1] N. M. **1. modèle**, archétype, prototype, source **2. manuscrit**, minute (Droit)

original[2]**, ale, aux**

▸ ADJ. **1. inédit**, neuf, nouveau, sans précédent, [édition] princeps **2. personnel**, innovant, inventif, non-conformiste, révolutionnaire, singulier **3. bizarre**, atypique, excentrique, fantasque, farfelu, particulier, pittoresque, singulier, spécial

▸ N. **1. fantaisiste**, phénomène, numéro (fam.), olibrius (fam.), ovni (fam.) **2. anticonformiste**, bohème, marginal

originalité N. F. **1. nouveauté**, innovation, audace, invention, inventivité, non-conformisme **2. spécificité**, particularité, traits distinctifs **3. bizarrerie**, excentricité, fantaisie, pittoresque, singularité

origine N. F. **1. ascendance**, extraction, famille, filiation, parenté, souche, [d'un animal] pedigree **2. provenance**, [d'un mot] étymologie **3. commencement**, début, genèse, (point de) départ **4. naissance**, aube (littér.), aurore (littér.) **5. embryon**, germe **6. source**, base, cause, fondement, motif, pourquoi, principe, raison

ornement N. M. **1. décoration**, embellissement, enjolivement, garniture, ornementation **2.** [de vêtement] **accessoire**, colifichet, falbala, fanfreluche, parure

orner V. TR. **1. décorer**, agrémenter, animer, égayer, embellir, enjoliver, garnir, ornementer, parer, rehausser **2.** [un livre] **enluminer**, illustrer **3.** [un tissu] **broder**, galonner, passementer, pomponner, soutacher, tapisser

orthodoxe ADJ. et N. conventionnel, conformiste, traditionnel, traditionaliste

orthographe N. F. graphie, écriture

oscillation N. F. **1. balancement**, ballottement, bercement, vacillement, va-et-vient, [de la tête] dodelinement, [du bateau] roulis, tangage **2. fluctuation**, flottement, hésitation, instabilité, tergiversation

osciller V. INTR. **1. se balancer**, ballotter, branler, bringuebaler, tanguer, vaciller, [de la tête] dodeliner **2. fluctuer**, balancer, flotter, hésiter, tergiverser

osé, ée ADJ. **1. risqué**, audacieux, aventureux, hardi, téméraire, culotté (fam.) **2. grivois**, cru, égrillard, leste, licencieux, salé, scabreux

oser V. TR. **1. entreprendre**, essayer, tenter, se lancer dans, risquer, [une remarque] avancer, hasarder **2.** [infinitif] **ne pas craindre de**, se hasarder à, se risquer à, avoir le front/l'impudence de (péj.)

ossature N. F. **1. squelette**, carcasse, charpente, os, ossements **2. armature**, architecture, contexture, structure, texture **3. canevas**, armature, plan, structure, trame

ostensible ADJ. apparent, évident, flagrant, manifeste, ostentatoire, ouvert, patent, visible, voyant

ostensiblement ADV. ouvertement, à la face du monde, au grand jour, en public, manifestement, visiblement, au vu et au su de tout le monde

ostentatoire ADJ. voyant, indécent, ostensible, tapageur

otage N. M. gage, caution, garant, répondant

ôter V. TR. **1. dégager**, débarrasser, déplacer, enlever **2.** [un vêtement] **enlever**, se débarrasser de, quitter, retirer **3. barrer**, biffer, radier, rayer, supprimer **4. déduire**, défalquer, retrancher, soustraire **5.** [qqch. à qqn] **déposséder**, dépouiller, priver, spolier

ou CONJ. sinon, autrement, faute de quoi, sans ça, sans quoi

oubli N. M. **1. amnésie**, absence, perte de mémoire, trou de mémoire **2. étourderie**, distraction, inadvertance, inattention, négligence **3. manque**, lacune, omission, trou (fam.) **4. abandon**, manquement, négligence **5. anonymat**, effacement, néant, obscurité

oublier V. TR. **1. désapprendre 2. ne pas penser à**, omettre **3.** [qqch. qqpart] **laisser 4. négliger**, escamoter, faire l'impasse sur, laisser de côté, passer sous silence, sauter (fam.) **5. délaisser**, abandonner, se détacher de, négliger, faire son deuil de, faire une croix sur (fam.), lâcher (fam.), laisser tomber (fam.) **6. pardonner**, effacer, enterrer, passer l'éponge sur (fam.) **7. se déconnecter de**, débrancher de (fam.)

oui
▸ ADV. **assurément**, bien entendu, bien sûr, certes, d'accord, tout à fait, affirmatif (Mil. ou fam.), O.K. (fam.), ouais (fam.), ça marche (fam.), comment donc ! (fam.)
▸ N. M. **acceptation**, accord, acquiescement, agrément, aval, feu vert

ouï-dire N. M. INVAR. bruit, on-dit, racontar, rumeur, potin (fam.), radio-trottoir (fam.), téléphone arabe/de brousse (fam.)

ouïe N. F. 1. **audition**, oreille 2. **branchie**

ouragan N. M. 1. **cyclone**, hurricane, tornade, tourbillon, typhon, tempête 2. **bourrasque**, rafale, tourmente 3. **déferlement**, frénésie, tempête, tourbillon

ourdir V. TR. manigancer, combiner, comploter, machiner, monter, tramer, mijoter (fam.)

outil N. M. 1. **instrument**, accessoire, appareil, engin, machine, ustensile 2. **moyen**, aide, instrument

outillage N. M. équipement, instruments, matériel, matos (fam.)

outrage N. M. 1. **insulte**, affront, injure, offense, avanie (littér.), camouflet (littér.) 2. **atteinte**, attentat, coup, dommage, tort

outrager V. TR. insulter, bafouer, cracher sur, humilier, injurier, mortifier, offenser, vexer

outrance N. F. 1. **démesure**, abus, exagération, excès, extravagance 2. **emphase**, enflure

outrancier, ière ADJ. 1. **démesuré**, exagéré, excessif, forcé, hyperbolique, immodéré, outré 2. **criard**, tapageur, voyant

outré, ée ADJ. 1. **démesuré**, caricatural, exagéré, excessif, outrancier, surfait 2. **révolté**, choqué, indigné, offensé, scandalisé, suffoqué

outrecuidance N. F. 1. **prétention**, fatuité, suffisance, vanité, infatuation (littér.) 2. **effronterie**, aplomb, arrogance, impertinence, impudence, culot (fam.), toupet (fam.)

outrecuidant, ante ADJ. 1. **prétentieux**, fat, présomptueux, suffisant, vaniteux, crâneur (fam.) 2. **effronté**, arrogant, impertinent, impudent, culotté (fam.)

outrepasser V. TR. dépasser, empiéter sur, enfreindre, franchir, passer, transgresser

outrer V. TR. 1. **amplifier**, caricaturer, dramatiser, exagérer 2. **révolter**, choquer, indigner, irriter, offenser, offusquer, scandaliser, couper le souffle à

ouvert, erte ADJ. I. 1. **béant** 2. **accessible**, libre 3. **découvert**, à l'air libre II. **déclaré**, flagrant, franc, manifeste, notoire, patent, public III. 1. **communicatif**, cordial, démonstratif, expansif, extraverti 2. **tolérant**, libéral

ouvertement ADV. 1. **franchement**, carrément, clairement, sans ambages, sans détour, sans tourner autour du pot (fam.) 2. **au grand jour**, à découvert, à la face du monde, au vu et au su de tout le monde

ouverture N. F. I. 1. **accès**, entrée, issue, passage 2. **trou**, brèche, faille, fente, fissure, jour, interstice, orifice, percée, trouée 3. **fenêtre**, baie, hublot 4. **bec**, bouche, goulot, gueule II. **entrebâillement**, écartement III. 1. **commencement**, début, départ 2. **lancement**, inauguration IV. **débouché**
♦ **ouvertures** PLUR. **avances**, offres, propositions

ouvrage N. M. 1. **travail**, occupation, œuvre, tâche, besogne (littér.), labeur (littér.) 2. **livre**, écrit, essai, étude, manuel, opuscule, volume 3. **construction**, bâtiment, édifice, monument

ouvrir V. TR. **I. 1. déballer**, décacheter, défaire, déficeler, dépaqueter **2. déboucher**, décapsuler **3. déboutonner**, défaire, dégrafer, délacer **II. 1. déverrouiller**, entrebâiller, entrouvrir **2. écarter**, tirer **3. déplier**, déployer, étendre **4.** [les yeux] **écarquiller** **III. 1. couper**, entamer, fendre **2. creuser**, percer, pratiquer **3. inciser**, entailler, percer **IV. 1. allumer**, brancher, mettre en marche **2. commencer**, amorcer, débuter, engager, entamer, inaugurer, lancer **3. créer**, fonder
♦ **s'ouvrir** V. PRON. **éclore**, se déplier, s'épanouir

ovation N. F. acclamation, applaudissement, ban, bis, hourra, cri, vivat

p

pacifier V. TR. apaiser, adoucir, calmer (les esprits de), tranquilliser

pacifique ADJ. **1. doux**, calme, débonnaire, paisible, placide, serein, tranquille **2. inoffensif**

pacifiste N. antimilitariste, colombe, non-violent

pacotille N. F. camelote (fam.), verroterie, cochonnerie (fam.), nanar (fam.), toc (fam.)

pacte N. M. traité, accord, alliance, arrangement, convention, contrat, engagement, entente, marché

pactiser V. INTR. **1. composer**, négocier, transiger **2. s'accorder**, s'entendre, fraterniser

pagaille N. F. **1. fouillis**, désordre, bazar (fam.), foutoir (fam.), souk (fam.), bordel (très fam.) **2. anarchie**, gabegie, chienlit (très fam.), merdier (très fam.)

page N. F. **1. folio 2. événement**, épisode, fait

paginer V. TR. folioter, numéroter

paiement N. M. **1. règlement**, acquittement, versement **2. rétribution**, récompense, rémunération, salaire

païen, ïenne ADJ. et N. **1. idolâtre**, polythéiste **2. impie**, infidèle

paillard, arde

▸ ADJ. **licencieux**, coquin, égrillard, gaulois, grivois, impudique, polisson, salace, cochon (fam.)

▸ N. **débauché**, libertin, libidineux, cochon (fam.)

paillardise N. F. **1. débauche**, dépravation, lascivité, licence, lubricité, luxure, salacité **2. grivoiserie**, gaillardise, gaudriole, gauloiserie

paillasse N. F. matelas, couchette, grabat, litière, natte

paillasson N. M. **1. tapis-brosse 2. abri**, abrivent, brise-vent

paille N. F. **1. chaume**, éteule **2. fétu**, tige **3.** [de pierre précieuse] **défaut**, crapaud, imperfection

pair N. M. **1. semblable**, collègue, condisciple, égal **2. pareil**

paire N. F. **1. tandem**, binôme, duo **2. couple**, pariade

paisible ADJ. calme, débonnaire, doux, pacifique, placide, quiet, serein, tranquille, peinard (fam.), pépère (fam.)

paisiblement ADV. calmement, doucement, pacifiquement, placidement, posément, sereinement, tranquillement

paître V. INTR. brouter, manger, pacager, pâturer

paix N. F. **1. calme**, repos, silence, tranquillité, quiétude (littér.) **2. tranquillité (d'âme)**, sérénité **3. pacification**, accalmie, apaisement, conciliation, réconciliation **4. armistice**, pacte, traité, trêve **5. concorde**, accord, entente, harmonie, ordre

palabrer V. INTR. **1. discourir**, discuter, pérorer (péj.), laïusser (fam.) **2. marchander**, discutailler (fam.)

palabres N. F. PL. **1. discours**, conciliabule, conférence, conversation, discussion, paroles **2. pourparlers**, marchandage

pâle ADJ. **1. clair 2. décoloré**, affadi, délavé, déteint, éteint **3. blafard**, blanc, blême, cireux, défait, exsangue, hâve, livide, plombé, terreux, pâlichon (fam.), pâlot (fam.), de papier mâché (fam.) **4. faible**, doux **5. fade**, faible, incolore, inodore et sans saveur, insipide, médiocre, pauvre, piètre, terne

palette N. F. **1. gamme**, choix, collection, ensemble, éventail, panoplie **2. aube**, pale

pâleur N. F. **1. lividité**, blancheur **2. fadeur**, insipidité, pauvreté, platitude, tiédeur

palier N. M. **1. plateforme**, étage **2. échelon**, degré, étape, gradation, niveau, phase, stade

pâlir
- ► V. INTR. **1. blêmir**, changer de couleur, verdir **2. se décolorer**, se faner, jaunir, passer, se ternir **3. s'affaiblir**, s'atténuer, s'effacer, s'estomper
- ► V. TR. **décolorer**, faner, jaunir, ternir

palissade N. F. clôture, banquette, barrière, lice

palliatif N. M. expédient, exutoire, pis-aller, remède

pallier V. TR. **1. remédier à**, atténuer, diminuer, parer à, pourvoir à, obvier à (soutenu) **2. cacher**, couvrir, déguiser, dissimuler, masquer, voiler

palpable ADJ. **1. concret**, matériel, réel, sensible, tangible **2. manifeste**, certain, clair, évident, patent

palper V. TR. **1. toucher**, examiner, manier, masser, tâter, peloter (fam.), tripoter (fam.) **2.** [de l'argent, fam.] **gagner**, percevoir, recevoir, empocher (fam.), encaisser (fam.), ramasser (fam.), se faire (fam.), toucher (fam.)

palpitant, ante ADJ. **1. pantelant**, frémissant, tremblant **2. excitant**, angoissant, captivant, émouvant, intéressant, passionnant, saisissant

palpitation N. F. battement, frémissement, tremblement, trépidation, vibration

palpiter V. INTR. **1. battre 2. frémir**, panteler, trembler, tressaillir, vibrer **3. scintiller**

paludisme N. M. malaria, palu (fam.)

pâmer (se) V. PRON. **1. s'évanouir**, défaillir, perdre connaissance, tomber dans les pommes/les vapes (fam.) **2. s'extasier**, s'émerveiller, tomber en extase, tomber en pâmoison (plaisant)

pamphlet N. M. diatribe, libelle, placard, satire, tract, factum (littér.)

pan N. M. **1. côté**, face, flanc, paroi, versant **2. morceau**, partie, portion **3. aspect**, facette **4. basque**

panacée N. F. remède (universel), solution

panache N. M. **1. aigrette**, bouquet, houppe, huppe, plume, plumet **2. brio**, aisance, éclat, (fière) allure, maestria, prestige, talent, virtuosité

panaché, ée ADJ. **1. mélangé**, divers, mêlé, varié **2. bariolé**, bigarré, multicolore **3. disparate**

panacher V. TR. **1. mélanger**, mêler **2. barioler**, chamarrer

pancarte N. F. écriteau, affiche, enseigne, panneau, placard

panégyrique N. M. apologie, dithyrambe, éloge, glorification, louange

panégyriste N. **1. apologiste**, encenseur, laudateur (littér.), thuriféraire (littér.), zélateur (littér.) **2.** [péj.] **adulateur**, flagorneur, flatteur, caudataire (littér.), prôneur (littér.)

panel N. M. échantillon, assortiment

panier N. M. corbeille, banne, barquette, bourriche, cabas, couffin, hotte, paneton, panière

panique N. F. **1. terreur**, affolement, effroi, épouvante, peur **2. déroute**, désordre, fuite, sauve-qui-peut

paniquer
- ► V. TR. **terrifier**, affoler, épouvanter
- ► V. INTR. **s'affoler**, s'angoisser, avoir/

prendre peur, perdre la tête, perdre son sang-froid, perdre le nord (fam.), perdre les pédales (fam.)

panne N. F. arrêt (de fonctionnement), coupure, interruption

panneau N. M. **1. écriteau**, indication, pancarte, plaque, signal, tableau **2. planche**, battant, vantail, volet **3. piège**, filet **4.** [Couture] **pan**, lé

panoplie N. F. **1. arsenal**, assortiment, cargaison, choix, collection, éventail, gamme, sélection, série **2. déguisement**

panorama N. M. **1. vue**, décor, paysage, perspective, site, spectacle **2. tour d'horizon**, vue d'ensemble

panse N. F. **1. ventre**, estomac, bedaine (fam.), bedon (fam.), bide (fam.) **2.** [de ruminants] **rumen 3. galbe**

pansement N. M. **1. bande**, adhésif, agglutinatif, bandage, bandelette, charpie, compresse, coton, gaze, linge, ouate **2. remède**, baume

panser V. TR. **1. bander**, soigner **2. bouchonner**, brosser, étriller **3. adoucir**, apaiser, calmer

pansu, ue ADJ. **1. ventru**, replet, ventripotent, bedonnant (fam.) **2. galbé**, rebondi, renflé

pantagruélique ADJ. gargantuesque, abondant, copieux, énorme, monumental, d'ogre, plantureux

pantalon N. M. culotte, ben (fam.), bénard (fam.), falzar (fam.), froc (fam.), futal (fam.), fute (fam.)

pantin N. M. **1. marionnette**, fantoche, polichinelle **2.** [péj.] **bouffon**, clown, girouette, guignol, charlot (fam.) **3. esclave**

pantois, oise ADJ. abasourdi, ahuri, ébahi, interdit, interloqué, médusé, sans voix, sidéré, stupéfait, estomaqué (fam.), soufflé (fam.), suffoqué (fam.)

pantomime N. F. **1. mimodrame**, saynète **2.** [péj.] **comédie**, cirque, contorsions, gesticulations

pantouflard, arde ADJ. casanier, sédentaire, popote (fam.)

pantoufle N. F. chausson, babouche, charentaise, mule, savate

papa N. M. père, dab (argot), paternel (fam.), vieux (fam.)

pape N. M. **1. souverain pontife**, chef de l'Église, Saint-Père, Sa Sainteté **2. chef (de file)**, gourou, leader

paperasserie N. F. bureaucratie, tracasseries administratives

papier N. M. **1. écrit**, article, copie, imprimé, papelard (fam.) **2. document**, note **3. pièce d'identité 4.** [péj.] **paperasse** (fam.) **5.** [Fin.] **titre**, valeur

papillon N. M. **1. lépidoptère 2. avis**, prospectus, tract

papillonner V. INTR. **1. s'agiter**, battre, clignoter, papilloter **2. s'éparpiller**, s'amuser, batifoler, changer, s'ébattre, folâtrer, marivauder, virevolter, voltiger

papilloter V. INTR. **1. miroiter**, scintiller, trembler, trembloter, vaciller **2. cligner**, ciller, clignoter, papillonner

papotage N. M. **1. bavardage**, babillage, caquetage (péj., fam.), parlote (péj., fam.) **2. commérage**, cancan (fam.), potin (fam.), ragot (fam.)

papoter V. INTR. **1. bavarder**, babiller, causer, discuter le bout de gras (fam.), jacasser (fam.), faire la parlote (fam.), tailler une bavette (fam.), caqueter (péj., fam.) **2. cancaner**, potiner

paquebot N. M. bateau, bâtiment, navire

paquet N. M. **1. colis 2. emballage**, boîte, pack, sac, sachet **3. bagage**, balluchon, barda (fam.)

paquetage N. M. bagage, affaires, équipement, barda (fam.), fourniment (littér.)

parabole N. F. allégorie, apologue, comparaison, fable

parachever V. TR. **1. achever**, accomplir, conclure, couronner, finir, mettre la dernière main à, terminer, mettre la touche finale à **2. parfaire**, ciseler, fignoler, peaufiner, perfectionner, polir, chiader (fam.), lécher (fam.) **3. compléter**, enrichir

parachutage N. M. **1. largage**, droppage **2. désignation**, nomination, catapultage (fam.)

parachuter V. TR. **1. larguer**, droper, lâcher **2. affecter**, nommer, bombarder (fam.), catapulter (fam.)

parade N. F. **1. revue**, cérémonie, défilé **2. ostentation**, exhibition, esbroufe (fam.), montre (littér.) **3. défense**, diversion

parader V. INTR. s'afficher, s'étaler, faire le beau, faire le fier, faire l'important, faire la roue, se montrer, se pavaner, poser, frimer (fam.), plastronner (littér.)

paradigme N. M. **1. exemple**, modèle, référence, type **2. classe**, ensemble, série

paradis N. M. **1. ciel**, cieux, cité céleste, cour céleste, céleste demeure, royaume de Dieu, le royaume éternel **2. (lieu de) délice(s)**, éden, Élysée (poétique) **3. eldorado**, pays de cocagne **4. nirvana 5.** [au théâtre] **galerie**, poulailler (fam.)

paradisiaque ADJ. enchanteur, divin, édénique, féerique, idyllique, merveilleux, sublime

paradoxal, ale, aux ADJ. contradictoire, aberrant, absurde, antinomique, bizarre, illogique, inconcevable

paradoxalement ADV. curieusement, bizarrement, étrangement

paradoxe N. M. contradiction, absurdité, antinomie, bizarrerie, illogisme, incohérence, inconséquence, sophisme

parages N. M. PL. **1. environs**, alentours, pays, secteur, voisinage, coin (fam.) **2.** [Mar.] **approche**, atterrage

paragraphe N. M. alinéa, section, verset

paraître V. INTR. **1. apparaître**, se dessiner, se dévoiler, éclater, éclore, émerger, se manifester, se montrer, naître, percer, pointer, se présenter, ressortir, surgir, transparaître, venir, poindre (littér.) **2.** [en public, sur scène, à l'écran] **se produire 3. briller**, poser, se faire valoir, plastronner (fam.) **4. sembler**, avoir l'air, avoir la mine, faire figure, passer pour, faire (fam.) **5. être édité**, être dans les librairies, être publié, sortir

parallèle

▸ ADJ. **1. analogue**, comparable, équivalent, proche, ressemblant, semblable, similaire **2. clandestin**, illégal, marginal, noir, occulte, souterrain, [médecine] alternative, douce

▸ N. M. **rapprochement**, analogie, comparaison, parallélisme

parallèlement ADV. corrélativement, à la fois, dans le même temps, en même temps, simultanément

parallélisme N. M. **1. comparaison 2. ressemblance**, analogie, similitude

paralysé, ée

▸ ADJ. **1. engourdi**, ankylosé, glacé, insensible, pétrifié, tétanisé, transi, perclus (littér.) **2. bloqué**, figé, gelé, immobile, inerte

▸ ADJ. et N. **paralytique**, impotent

paralyser V. TR. **1. arrêter**, annihiler, bloquer, empêcher, entraver, figer, gêner, immobiliser, mettre au point mort, neutraliser, stopper **2. figer**, clouer (sur place), engourdir, glacer, pétrifier, statufier, stupéfier, tétaniser, transir **3. intimider**, complexer, couper ses moyens à, inhiber

paralysie N. F. **1. arrêt**, asphyxie, blocage, étouffement, étranglement **2. engourdissement**, ankylose, assoupissement, immobilité, inaction, impuissance, inertie, inhibition

paralytique ADJ. et N. paralysé, impotent

paramètre N. M. facteur, donnée, élément, indice, variable

parangon N. M. modèle, canon, étalon, exemple, idéal, paradigme, prototype

paranoïaque ADJ. et N. mégalomane, persécuté, mégalo (fam.), parano (fam.)

parapet N. M. balustrade, garde-corps, garde-fou, rambarde

paraphe N. M. signature, émargement, griffe

paraphrase N. F. **1. commentaire**, explication, glose **2. périphrase**

parapluie N. M. **1. pébroc** (fam.), pépin (fam.) **2. protection**, couverture

parasite
- ADJ. **inutile**, encombrant, importun, superflu
- N. **profiteur**, pique-assiette (fam.)
- N. M. **grésillement**, brouillage, bruit, friture (fam.)

parasiter V. TR. **1. perturber**, brouiller **2. abuser de**, profiter de, vivre aux crochets de

paravent N. M. **1. écran**, couverture, façade, prétexte **2. protection**, abri

parc N. M. **1. jardin (public) 2. enclos 3. ensemble**, totalité, [de véhicules] flotte

parcelle N. F. **1. morceau**, éclat, fraction, fragment, part, partie, portion **2. atome**, bribe, brin, grain, miette, ombre, once, soupçon **3. terrain**, lopin, lot, lotissement, terre

parce que LOC. CONJ. car, c'est que, comme, dans la mesure où, en effet, étant donné que, du fait que, pour ce que, puisque, par la raison que, sous prétexte que, vu que (fam.), à cause que (pop.), attendu que (Droit)

parcimonie N. F. économie, épargne, mesure, mesquinerie (péj.)

parcimonieux, euse ADJ. **1. mesuré**, économe, modeste, chiche (fam.) **2.** [péj.] **avare**, mesquin, regardant, pingre (fam.) **3. maigre**, court, insuffisant, juste, pauvre, serré, jeune (fam.), riquiqui (fam.), mesquin (péj.)

parcourir V. TR. **1. traverser**, couvrir, franchir **2. arpenter**, battre, faire le tour de, patrouiller dans, sillonner, visiter **3. feuilleter**, lire (en diagonale), regarder, survoler **4. passer en revue**, explorer, inspecter, prospecter

parcours N. M. **1. distance**, traite **2. itinéraire**, chemin, circuit, cours, course, route, trajet **3. carrière**, cheminement, curriculum vitæ, trajectoire, [scolaire] cursus

pardessus N. M. manteau, gabardine, imperméable, pelure (fam.)

pardon N. M. absolution (soutenu ou Relig.), amnistie, grâce, indulgence, miséricorde, rédemption, rémission

pardonnable ADJ. **1. excusable**, graciable, rémissible **2. acceptable**, tolérable

pardonner V. TR. **1. faire grâce**, absoudre, amnistier, gracier, oublier, remettre **2. excuser**, faire crédit à **3. tolérer**, passer (l'éponge) sur, supporter

paré, ée ADJ. **1. orné**, décoré, endimanché, habillé, vêtu, bichonné (fam.), pomponné (fam.) **2. pourvu**, doté, équipé, nanti **3. (fin) prêt**

pareil, eille
▸ ADJ. **1. identique**, même, similaire **2. comparable**, analogue, équivalent, semblable **3. tel**
▸ N. **1. égal**, équivalent **2. semblable**, congénère, pair

pareillement ADV. **1. de la même façon**, à l'avenant, identiquement, semblablement **2. aussi**, également, de même, idem (fam.), pareil (fam.)

parent[1], ente ADJ.
- parent (de) apparenté (à), analogue (à), proche (de), semblable (à), similaire (à), voisin (de)

parent[2], ente N. **1. mère**, père **2. ascendant**, ancêtre, aïeul, bisaïeul, trisaïeul **3. proche**, allié, ascendant, collatéral, descendant
♦ **parents** PLUR. **1. géniteurs** (plaisant.), vieux (fam.) **2. proches**, famille, familiers, siens **3. famille**, dynastie, lignée, maison, parenté

parenté N. F. **1. famille**, dynastie, lignage, ligne, lignée **2. lien**, alliance, ascendance, descendance, cousinage, filiation, fraternité **3. sang**, consanguinité, origine, souche **4. analogie**, affinité, corrélation, lien, proximité, rapport, ressemblance, similitude

parenthèse N. F. digression, incise

parer[1] V. TR. **1. décorer**, agrémenter, arranger, embellir, enjoliver, fleurir, garnir, ornementer, orner **2. endimancher**, apprêter, habiller, bichonner (fam.), pomponner (fam.), attifer (fam., péj.) **3. colorer**, embellir, farder (péj.) **4.** [Cuisine] **préparer**
♦ **se parer** V. PRON. **s'apprêter**, s'ajuster, s'arranger, s'endimancher, se bichonner (fam.), se pomponner (fam.), s'attifer (fam., péj.)

parer[2] V. TR. **1. éviter**, détourner, échapper à, esquiver **2. défendre de**, garantir de, protéger de
- parer à 1. se protéger de, se mettre à l'abri de, se garantir contre/de, se prémunir contre, prévenir **2. faire face à**, pourvoir à **3. remédier à**, pallier, obvier à (soutenu)

paresse N. F. **1. fainéantise**, flemmardise (fam.), flemme (fam.) **2. apathie**, assoupissement, engourdissement, indolence, inertie, langueur, lourdeur, mollesse, nonchalance **3. désœuvrement**, oisiveté

paresser V. INTR. lézarder, se prélasser, traîner, buller (fam.), coincer la bulle (fam.), fainéanter (fam.), faire le lézard (fam.), flemmarder (fam.), glander (fam.), ne pas en ficher une rame (fam.), se la couler douce (fam.), se les rouler (fam.), se tourner les pouces (fam.), tirer au flanc (fam.), traînasser (fam.)

paresseusement ADV. nonchalamment, indolemment, lentement, mollement, languissamment (littér.)

paresseux, euse
▸ ADJ. **1. indolent**, fainéant, languissant, mou, nonchalant, cossard (fam.), feignant (fam.), flemmard (fam.) **2. désœuvré**, inactif, oisif **3. endormi**, apathique, inerte, lent
▸ N. **fainéant**, cancre, partisan du moindre effort, branleur (fam.), clampin (fam.), cossard (fam.), feignant (fam.), flemmard (fam.), glandeur (fam.), jean-foutre (fam.), tire-au-flanc (fam.)
▸ N. M. **aï (ou bradype)**, unau

parfaire V. TR. **1. achever**, parachever **2. compléter**, enrichir **3. perfectionner**, ajouter à, améliorer, ciseler, épurer, fignoler, finir, mettre la dernière main à, mettre la touche finale à, polir, chiader (fam.), lécher (fam.), peaufiner (fam.)

parfait, aite ADJ. **1. admirable**, accompli, achevé, beau, (très) bien, (très) bon, complet, en or, excellent, exemplaire, exquis, extraordinaire, idyllique, impeccable, idéal, incomparable, irréprochable, modèle, réussi, aux petits oignons (fam.), au poil (fam.) **2. sublime**, céleste, divin **3. pur**, sans faute, sans tache **4. entier**, absolu, complet, total **5. adéquat**, infaillible **6. exact**, strict **7.** [péj.] **consommé**, complet, fameux, fieffé, fini, franc, pur, sacré

parfaitement ADV. **1. admirablement**, à la perfection, à merveille, divinement, excellemment, impeccablement, magnifiquement, merveilleusement, souverainement, superbement, supérieurement, on ne peut mieux, [travailler] comme un ange **2. tout à fait**, absolument, complètement, entièrement, intégralement, pleinement, totalement **3. bien sûr**, exactement, oui

parfois ADV. quelquefois, de temps à autre, de temps en temps, à certains moments, par moments, des fois (fam.)

parfum N. M. **1. arôme**, effluve, exhalaison, fumet, odeur, senteur, fragrance (littér.) **2.** [d'un vin] **bouquet 3. extrait**, eau de toilette, essence

parfumé, ée ADJ. **1. odorant**, aromatique, odoriférant **2. aromatisé**, épicé

parfumer V. TR. **1. embaumer 2. aromatiser**, relever **3. imprégner**, vaporiser

pari N. M. **1. enjeu 2. défi**

paria N. M. **1. exclu**, marginal **2. misérable**, défavorisé **3. maudit**, réprouvé **4.** [en Inde] **hors-caste**, intouchable

parier V. TR. **1. jouer**, engager, mettre en jeu, miser, risquer **2. affirmer**, être sûr de, ficher son billet que (fam.), mettre sa main au feu que (fam.)

parité N. F. égalité, concordance, communauté, identité, ressemblance, similitude

parjure
- N. M. **faux serment**
- N. **traître**, félon (littér.)
- ADJ. **déloyal**, infidèle

parking N. M. **1. stationnement 2. parc de stationnement**, box, garage

parlant, ante ADJ. **1. expressif**, éloquent, probant, significatif **2.** [fam., surtout au nég.] **bavard**, démonstratif, extraverti

parlementaire
- ADJ. **constitutionnel**, représentatif
- N. **député**, élu, représentant, sénateur

parlementer V. INTR. débattre, argumenter, discuter, négocier, palabrer, traiter

parler[1] V. INTR. **1. s'exprimer**, ouvrir la bouche, l'ouvrir (fam.), en placer une (fam.) **2. deviser**, discourir, bavarder, causer, conférer, converser, dialoguer, discuter, s'entretenir, baratiner (fam.), jacter (fam.), tailler une bavette (fam.), tchatcher (fam.) **3.** [en public] **discourir**, déclamer, avoir/prendre la parole, amuser le tapis (fam.), laïusser (fam.), tenir le crachoir (fam.) **4.** [péj.] **pérorer**, jargonner, jaser **5.** [jeu] **annoncer 6. avouer**, accoucher (fam.), vider son sac (fam.), se mettre à table (fam.), manger le morceau (fam.) **7. s'abandonner**, se communiquer, se confier, se déboutonner

parler[2] N. M. **1. idiome**, dialecte, idiolecte, langue, patois, sociolecte **2. diction**, articulation, élocution, prononciation

parmi PRÉP. **1. au milieu de**, dans, entre **2. au sein de**, avec, à/au côté de, près de, au nombre de, au rang de, chez, sur

parodie N. F. **1. imitation**, pastiche **2. simulacre**, caricature, travestissement

parodier v. tr. caricaturer, contrefaire, imiter, mimer, pasticher, railler, ridiculiser, singer (fam.)

paroi n. f. 1. **cloison**, mur, muraille 2. **à-pic**

paroisse n. f. 1. **communauté**, village 2. **chapelle**, église

parole n. f. I. 1. **langage**, verbe (littér.) 2. **phonation**, voix 3. **éloquence**, discours, langue, verbe 4. **diction**, élocution, parler, ton II. 1. **mot**, discours, expression, formule, propos 2. **assurance**, engagement, foi, promesse, serment 3. **déclaration**, dire 4. **texte**

parolier, ière n. auteur, chansonnier, dialoguiste, librettiste, scénariste

paroxysme n. m. 1. **comble**, extrême, maximum, point culminant, sommet, summum 2. **exacerbation**, crise

parquer v. tr. 1. **garer** 2. **enfermer**, confiner, entasser, rassembler

parrain n. m. 1. **tuteur** 2. **caution**, garant, répondant 3. **sponsor**

parrainage n. m. 1. **patronage**, appui, caution, égide, protection, recommandation, soutien, tutelle 2. **sponsorisation**, financement, sponsoring

parrainer v. tr. 1. **sponsoriser**, commanditer, financer 2. **patronner**, aider, appuyer, protéger, soutenir 3. **introduire**, cautionner, présenter, recommander, pistonner (fam.)

parsemé, ée adj.
- **parsemé de** couvert de, constellé de, criblé de, émaillé de, jonché de, pailleté de, recouvert de, saupoudré de, semé de

parsemer v. tr. disperser, disséminer, répandre, semer

part n. f. 1. **partie**, division, fraction, fragment, morceau, parcelle, portion, ration, tranche, [de terre] lopin 2. **participation**, appoint, apport, contingent, contribution, écot, lot, quote-part 3. **prorata**, quotité

partage n. m. 1. **partition**, découpage, démembrement, division, fractionnement, fragmentation, morcellement, séparation 2. **distribution**, répartition 3. **communion**, participation 4. [Droit] **liquidation**, succession 5. **part**, destinée, lot, sort

partagé, ée adj. 1. **commun**, général 2. **mutuel**, réciproque 3. **hésitant**, déchiré, écartelé, embarrassé, perplexe, tiraillé

partager v. tr. I. 1. **diviser**, cloisonner, démembrer, fractionner, fragmenter, morceler, scinder, séparer, subdiviser 2. **sectionner**, couper, débiter, découper, dépecer 3. **écarteler**, tirailler II. 1. **distribuer**, attribuer, départager, départir, lotir, répartir, dispatcher (fam.) 2. **avoir/mettre en commun** III. 1. **embrasser**, épouser, se solidariser avec 2. **prendre part à**, s'associer à, compatir à, éprouver, participer à

♦ **se partager** v. pron. **se ramifier**, se diviser, se dissocier, se scinder, se séparer, se subdiviser

partant, ante adj. d'accord, disposé, favorable, volontaire, chaud (fam.), emballé (fam.), pour (fam.)

partenaire n. 1. **compagnon (de jeu)**, équipier 2. **cavalier**, danseur 3. **interlocuteur** 4. **allié**, associé, coéquipier, collaborateur, complice

parterre n. m. 1. **massif**, corbeille, plate-bande 2. **auditoire**, assistance, orchestre, public, salle, spectateurs

parti¹, ie adj. 1. **absent**, disparu 2. [bien, mal] **commencé**, engagé, barré (fam.), embarqué (fam.)

parti² n. m. 1. **association**, formation, groupe, mouvement, organisation, rassemblement, union 2. **camp**, clan, chapelle (péj.), coterie (péj.), faction (péj.), ligue (péj.), secte (péj.) **3. tendance**, bord, cause, côté **4. décision**, résolution **5. solution**

partial, ale, aux ADJ. **1. partisan**, de parti pris, orienté, sectaire **2. injuste**, prévenu, subjectif, tendancieux

partialité N. F. **1. parti pris**, préjugé **2. aveuglement**, faiblesse, favoritisme, préférence **3. injustice**, prévention

participant, ante ADJ. et N. **1. présent** **2. acteur**, protagoniste **3. concurrent**, compétiteur **4. adhérent**, membre

participation N. F. **1. collaboration**, aide, concours, coopération **2. apport**, contribution, mise (de fonds), part, quote-part, souscription **3. adhésion**, complicité, connivence **4. intéressement**, actionnariat (ouvrier)

participer V. TR. IND. **se mettre/être de la partie**, s'impliquer, entrer dans la danse/le jeu, mettre la main à la pâte **- participer à** **1. se joindre à**, se mêler à/de, s'immiscer dans (péj.) **2. assister à**, prendre part à **3. collaborer à**, concourir à, contribuer à, coopérer à, être complice de (péj.), être mouillé dans (péj., fam.), tremper dans (péj., fam.)

particulariser V. TR. **individualiser**, singulariser
♦ **se particulariser** V. PRON. **se différencier**, différer, se distinguer, se faire remarquer, se signaler, se singulariser, sortir du lot

particularisme N. M. **1. particularité**, caractère **2. régionalisme**

particularité N. F. **1. caractéristique**, attribut, idiosyncrasie, modalité, propriété, qualité, spécificité **2. originalité**, différence, individualité, particularisme, singularité **3. anomalie**, exception, irrégularité

particule N. F. **1. élément**, fragment, parcelle **2. corpuscule**, atome **3.** [Ling.] **affixe**, préfixe, suffixe

particulier, ière ADJ. **1. individuel**, distinct, isolé, séparé **2. personnel**, intime, privé **3. caractéristique**, distinctif, propre, spécial, spécifique, sui generis, typique **4. original**, bizarre, extraordinaire, remarquable, singulier **5. précis**

particulièrement ADV. **1. notamment**, en particulier, principalement, spécialement, spécifiquement, surtout **2. extrêmement**, éminemment, exceptionnellement, notablement, prodigieusement, remarquablement, singulièrement

partie N. F. **1. division**, fraction, fragment, morceau, parcelle, part, portion, quartier, section, segment, tranche, tronçon **2. sous-ensemble**, branche, embranchement, rameau, ramification **3. chapitre**, fragment, morceau, passage, subdivision, [de pièce de théâtre] acte, scène **4. élément**, composant, membre, organe, pièce **5. côté**, bout, extrémité **6. détail**, bribe, miette **7. phase**, étape, stade **8. spécialité**, domaine, métier, profession, secteur, branche (fam.), créneau (fam.), rayon (fam.), sphère (fam.) **9. jeu**, manche, match, rencontre **10.** [Mus.] **morceau**, mouvement, passage, voix

partiel, elle ADJ. fragmentaire, incomplet, lacunaire, limité, parcellaire, relatif

partiellement ADV. en partie, à demi, incomplètement

partir V. INTR. **I. 1. s'en aller**, se mettre en marche, se mettre en chemin/en route, démarrer **2. se sauver**, battre en retraite, décamper, déguerpir, quitter la place, se barrer (fam.), calter (fam.), se carapater (fam.), se casser (fam.), débarrasser le plancher (fam.), se débiner (fam.), dégager (fam.), se faire la malle (fam.), se faire la valise (fam.), ficher/foutre le camp (fam.), jouer la fille de l'air (fam.), lever l'ancre (fam.), lever le siège (fam.), mettre la clé sous la porte (fam.), les mettre (fam.), mettre les bouts (fam.), mettre les voiles (fam.), plier bagage (fam.), prendre la clé des champs (fam.), prendre la poudre d'escampette (fam.), prendre le large (fam.), se tailler (fam.), tailler la route (fam.), se tirer (fam.), tourner/montrer les talons (fam.), vider les lieux (fam.) **3. déménager 4.** [en vitesse] **détaler**, s'enfuir, fuir, prendre ses jambes à son cou (fam.) **5. sortir**, gagner la porte/la sortie, prendre congé, se retirer **6.** [discrètement] **s'esquiver**, s'échapper, s'éclipser, fausser compagnie, filer (à l'anglaise) **7. s'absenter**, disparaître, voyager, émigrer, faire son balluchon/ses valises/ses paquets (fam.) **8. se disperser**, circuler **9.** [navire] **appareiller**, lever l'ancre **10. s'envoler**, décoller **11. fuser**, jaillir, sauter **II. 1.** [euph.] **mourir**, disparaître **2. s'effacer**, disparaître, s'enlever **III. commencer**, débuter, démarrer, s'engager

partisan, ane

▸ N. **1. adepte**, allié, ami, disciple, fidèle, supporter **2. adhérent**, affilié, associé, recrue **3. militant**, défenseur, propagandiste (péj.), prosélyte (péj.), sectateur (péj.) **4.** [péj.] **affidé**, conspirateur, factieux, fauteur, suppôt **5. résistant**, franc-tireur, guérillero

▸ ADJ. **de parti pris**, orienté, partial, sectaire, subjectif, tendancieux

partout ADV. de tous côtés, de toutes parts, à tous les coins de rue, tous azimuts (fam.)

parure N. F. **1. ornement**, décoration **2. mise**, toilette, atours (littér.) **3. bijoux**, joyaux

parution N. F. publication, édition, lancement, sortie

parvenir V. TR. IND.

- parvenir à 1. joindre, aboutir à, aller jusqu'à, arriver à, atteindre, venir à **2. s'élever à**, accéder à **3. trouver moyen de**, obtenir, réussir à, venir à bout de

- faire parvenir 1. acheminer 2. transmettre, adresser, envoyer

parvenu N. M. **1. nouveau riche**, arrivé, arriviste **2. vulgaire**

parvis N. M. esplanade, agora, place

pas N. M. **I. 1. enjambée**, foulée **2. allure**, marche, train, vitesse **3. démarche**, marche **4. empreinte**, trace **5. avance**, bond, progrès **II. 1. étape**, degré, palier, seuil **2. passage**, col, défilé, détroit **3. devant**, seuil

passable ADJ. acceptable, admissible, assez bon, correct, honnête, moyen, suffisant, supportable, potable (fam.)

passablement ADV. **1. assez**, plutôt, relativement **2. moyennement**, raisonnablement, pas mal (fam.)

passade N. F. **1. aventure**, affaire, amourette, flirt, liaison, béguin (fam.) **2. caprice**, coup de tête, fantaisie, toquade

passage N. M. **I. 1. voie**, allée, chemin, gué **2. ouverture**, accès, entrée, porte/galerie de communication, issue, seuil, sortie, col, débouché, pas, passe, trouée **3.** [étroit] **boyau**, chenal, corridor, couloir, dégagement, défilé, détroit, galerie, gorge, goulet **II. 1. franchissement**, traversée **2. écoulement**, fuite **3. voyage 4. circulation**, allée et venue, trafic, va-et-vient **5. transition**, changement, gradation **III. 1. moment**, circonstance, passe, période **2. extrait**, fragment, morceau, page

passager, ère
▸ N. **voyageur**
▸ ADJ. **1. court**, bref, de courte durée **2. fugitif**, éphémère, fragile, frêle, fugace, précaire **3. épisodique**, momentané, provisoire, temporaire, transitoire

passagèrement ADV. **1. momentanément**, provisoirement, temporairement **2. brièvement**, fugitivement

passant, ante
▸ ADJ. **fréquenté**, animé, populeux, passager (fam.)
▸ N. **piéton**, badaud, flâneur, promeneur

passation N. F. transmission, dévolution, transfert

passe N. F. **1. passage**, canal, chenal, détroit, goulet **2. moment**, circonstance, passage, période

passé[1], ée ADJ. **I. 1. accompli**, écoulé, révolu **2.** [heure] **bien sonné** **3. dernier**, précédent **II. 1. ancien**, démodé, désuet, vieilli **2. flétri**, avancé, fané, [fruit] blet **3. décoloré**, défraîchi, délavé, éteint, jauni, pâli, terni, pisseux (péj., fam.)

passé[2] N. M. **1. histoire (ancienne)**, tradition **2. vie**, antécédents, histoire, mémoire, souvenirs, vieilles lunes

passe-droit N. M. **1. privilège**, avantage, dispense, faveur, préférence, prérogative, piston (fam.) **2. inégalité**, injustice

passe-partout
▸ N. M. INVAR. **clé**, crochet de serrurier, passe
▸ ADJ. **banal**, commun, courant, insignifiant, ordinaire, quelconque, bateau (fam.)

passeport N. M. laissez-passer, pièce d'identité, papiers (d'identité), sauf-conduit

passer[1] V. INTR. **1. circuler**, aller (et venir), défiler, marcher **2. transiter**, entrer et sortir, traverser **3. venir**, se présenter, se rendre, rendre visite, faire un saut (fam.) **4. couler**, courir, s'écouler, se succéder, filer (fam.), s'enfuir (littér.), s'envoler (littér.), fuir (littér.) **5. (se) faner**, se décolorer, s'éclaircir, s'effacer, s'estomper, pâlir, (se) ternir **6. finir**, cesser, disparaître, s'en aller, se dissiper, se résorber, s'éteindre, se terminer **7. être accepté**, être admis, être voté **8. être digéré**, descendre (fam.)

passer[2] V. TR. **I. 1. dépasser**, devancer, passer devant, surpasser **2. franchir**, enjamber, escalader, sauter, traverser **3. dépasser**, excéder, outrepasser **II. 1. donner**, glisser, prêter, remettre, refiler (fam.) **2. transmettre**, communiquer, [un film] jouer, projeter, avoir à l'affiche **III. appliquer**, enduire de, étaler, étendre, frotter de **IV. 1. vivre**, couler, subir, traîner **2.** [son temps] **employer**, consacrer, occuper, consumer (péj.), gaspiller (péj.), perdre (péj.) **V. filtrer**, clarifier, cribler, tamiser **VI. 1.** [un vêtement] **revêtir**, endosser, enfiler, essayer, mettre **2. introduire**, glisser, enfoncer **VII. 1. omettre**, laisser, oublier, sauter, faire l'impasse sur **2. accepter**, céder sur, concéder, être indulgent pour, excuser, pardonner, permettre, supporter, tolérer
♦ **se passer** V. PRON. **1. se dérouler**, advenir, arriver, avoir lieu, se produire **2. s'écouler**, cesser, finir

passerelle N. F. passage, pont

passe-temps N. M. INVAR. distraction, amusement, délassement, divertissement, jeu, loisir, occupation, récréation

passible ADJ.
- **passible de** **1. sous le coup de** **2. assujetti à**, redevable de, soumis à
- **être passible de** encourir, s'exposer à, mériter, risquer

passif[1]**, ive** ADJ. **1. inactif**, amorphe, apathique, atone, éteint, indifférent, inerte **2. docile**, obéissant

passif[2] N. M. débit, arriéré, découvert, dette, dû

passion N. F. **1. ardeur**, chaleur, élan, enthousiasme, exaltation, feu, flamme, fougue, lyrisme, sensibilité, véhémence, vie **2. folie**, éréthisme, excitation, fièvre, frénésie, fureur, furie, maladie, manie, rage **3. adoration**, adulation, culte, fanatisme, idolâtrie, vénération **4. amour**, affection, attachement, désir, engouement, sentiment **5.** [passagère] **caprice**, passade, béguin (fam.), tocade (fam.) **6. emballement**, entraînement, ivresse **7. appétit**, désir, virus (fam.)

passionnant, ante ADJ. captivant, attachant, électrisant, enivrant, exaltant, excitant, fascinant, intéressant, palpitant

passionné, ée

▸ ADJ. **1. ardent**, bouillonnant, brûlant, chaud, enflammé, enthousiaste, exalté, de feu, tout feu tout flammes, véhément, vif **2. frémissant**, doux, fervent, lyrique, romanesque **3. effréné**, fébrile, forcené, frénétique

▸ N. **exalté**, énergumène, enthousiaste, enragé, fanatique

passionnel, elle ADJ. **1. affectif**, amoureux **2. extrême**, ardent, fanatique, fervent

passionnément ADV. **1. beaucoup**, éperdument, extrêmement, fanatiquement, follement, à la folie, à la fureur, furieusement, intensément, violemment **2. ardemment**, fougueusement, impétueusement, vivement

passionner V. TR. **1. captiver**, attacher, fasciner, intéresser **2. enthousiasmer**, animer, électriser, enfiévrer, enflammer, exalter, galvaniser

♦ **se passionner** V. PRON. **s'enthousiasmer**, se piquer au jeu, s'emballer (fam.)

passivité N. F. **1. inertie**, apathie, indifférence, indolence, mollesse **2. docilité**, obéissance

passoire N. F. **1. tamis**, crible, filtre **2. égouttoir**, chinois, couloire, passe-bouillon, passe-thé, passette

pastiche N. M. **1. imitation**, parodie **2. plagiat**, copie, faux

pasticher V. TR. **1. imiter**, caricaturer, contrefaire, mimer, parodier, singer (fam.) **2. copier**, démarquer, s'inspirer de, plagier

pastille N. F. **1. cachet**, comprimé, gélule, pilule, tablette **2. bonbon**, dragée **3. pois**

pastoral, ale, aux ADJ. bucolique, campagnard, champêtre, idyllique, paysan, rural, rustique, agreste (littér.)

patachon N. M. noctambule, bambocheur (fam.), bringueur (fam.), fêtard (fam.), noceur (fam.)

pataquès N. M. **1. impair**, gaffe (fam.) **2. cuir**, faute

pataud, aude

▸ ADJ. **gauche**, balourd, empoté, lent, lourd, maladroit

▸ N. **lourdaud**, empoté, maladroit, patapouf

patauger V. INTR. **1. barboter 2. s'enliser**, patouiller (fam.) **3. s'embarrasser**, s'embourber, s'embrouiller, s'empêtrer, s'enferrer, s'enliser, nager, se noyer, se perdre, piétiner, s'emberlificoter (fam.), vasouiller (fam.)

pâte N. F. composition, crème, pommade, préparation

pâté N. M. **1. terrine**, mousse **2. friand**, croustade **3. bloc**, groupe **4. tache d'encre**, bavure, macule

patelin, ine ADJ. doucereux, faux, flatteur, hypocrite, mielleux, onctueux, sucré, benoît (littér.)

patent, ente ADJ. évident, clair, criant, éclatant, flagrant, manifeste, visible

pâteux, euse ADJ. **1. épais**, farineux, lourd **2.** [voix] **assourdi**, gras, mou

pathétique
► ADJ. **touchant**, bouleversant, déchirant, dramatique, émouvant, poignant, qui prend aux entrailles/aux tripes (fam.)
► N. M. **pathos**, éloquence

pathologique ADJ. maladif, morbide

pathos N. M. INVAR. **1. mélodrame 2. emphase**, pathétique

patibulaire ADJ. inquiétant, menaçant, sinistre, sombre

patiemment ADV. calmement, infatigablement, sereinement, tranquillement

patience N. F. **1. endurance**, résignation, stoïcisme **2. persévérance**, constance, courage, effort, ténacité **3. indulgence**, tolérance, longanimité (soutenu) **4. calme**, douceur **5. flegme**, sang-froid

patient, ente
► ADJ. **1. indulgent**, débonnaire, doux, endurant, longanime (soutenu) **2. imperturbable**, calme, résigné, stoïque **3. tenace**, constant, inlassable, persévérant
► N. **malade**, client

patienter V. INTR. attendre, prendre son mal en patience, poireauter (fam.)

patiner V. INTR. **1. déraper**, chasser, glisser **2. piétiner**, faire du sur place (fam.)

pâtir V. INTR. souffrir, endurer, subir, supporter

patois N. M. dialecte, idiome, parler

patouiller
► V. TR. **tripoter**, tripatouiller (fam.)
► V. INTR. **patauger**

patraque ADJ. malade, faible, fatigué, incommodé, indisposé, souffrant, mal fichu (fam.), mal foutu (fam.), pas dans son assiette (fam.)

patricien, enne
► N. **1. noble**, aristocrate **2. puissant**, privilégié
► ADJ. **aristocratique**, distingué

patrie N. F. nation, cité, communauté, métropole, pays, sol/terre natal(e)

patrimoine N. M. **1. bien**, capital, domaine (familial), fortune, propriété **2. héritage**, apanage **3. trésor**, capital, richesse

patriote
► N. **1. résistant 2. nationaliste**, patriotard (péj.), chauvin (péj.), cocardier (péj.)
► ADJ. **1. patriotique**, citoyen **2. nationaliste**, chauvin (péj.), cocardier (péj.)

patriotique ADJ. **1. civique**, citoyen **2. nationaliste**, patriote

patriotisme N. M. amour de la patrie, esprit de clocher, nationalisme

patron[1], onne N. **1. employeur**, boss (fam.) **2. dirigeant**, chef (d'entreprise), directeur, manager, p.-d. g. **3. gérant**, tenancier, taulier (fam.) **4.** [Méd.] **professeur**, mandarin, (grand) manitou (fam.), (grand) ponte (fam.) **5. (saint) protecteur**

patron[2] N. M. forme, modèle, carton, dessin, pochoir

patronage N. M. **1. protection**, appui, concours, parrainage, recommandation, soutien **2. égide**, auspice

patronner V. TR. **1. cautionner**, aider, épauler, protéger, recommander, pistonner (fam.) **2. appuyer**, promouvoir, soutenir

patrouiller V. INTR. parcourir, quadriller, surveiller

patte N. F. **1. membre**, pince, serre **2. jambe**, pied **3. adresse**, habileté, technique, tour de main, virtuosité **4. style**, cachet, empreinte, griffe, ton **5. croc**, crochet

pâturage N. M. herbage, alpage, champ, pacage, pâquis, pâtis, pâture, prairie

pâture N. F. **1. pâturage**, herbage, pacage **2. nourriture**, aliment, pitance (fam.)

pâturer V. TR. et INTR. paître, brouter, se nourrir, [Vénerie] viander

pause N. F. **1. (temps d')arrêt**, interruption, intervalle, silence, suspension, break (fam.) **2. halte**, arrêt, séjour, station **3. entracte**, mi-temps **4. délassement**, (temps de) battement, récréation, relâche, répit, repos, trêve

pauvre

▸ ADJ. **1. indigent**, dans le besoin, défavorisé, dépourvu, misérable, miséreux, impécunieux (littér.), désargenté (fam.), fauché (comme les blés) (fam.), raide (comme un passe-lacet) (fam.), sans un (fam.), sans le sou (fam.), sans un sou vaillant (fam.) **2. ruiné**, appauvri **3. modeste**, humble, simple **4. malheureux**, à plaindre, infortuné (littér.) **5. déplorable**, lamentable, misérable, piteux, pitoyable, triste **6. insuffisant**, dérisoire, faible, malheureux, médiocre, mince, de misère, modeste, piètre, piteux, ridicule, chiche (fam.), minable (fam.) **7. usé**, déformé, éculé, élimé, râpé, miteux (fam.) **8. infertile**, aride, improductif, infécond, ingrat, maigre, médiocre, sec, stérile **9. plat**, banal, indigent, quelconque

▸ N. **exclu**, défavorisé, démuni, (économiquement) faible, indigent, malheureux, clochard, mendiant, meurt-de-faim, misérable, nécessiteux (soutenu), crève-la-faim (fam.)

pauvrement ADV. **1. misérablement**, à l'étroit, chichement, dans la gêne, humblement **2. mal**, exécrablement, lamentablement

pauvreté N. F. **1. dénuement**, besoin, embarras, gêne, indigence, misère, pénurie, privation, débine (fam.), dèche (fam.), mistoufle (fam.), mouise (fam.), mouscaille (fam.), panade (fam.), panne (fam.), pétrin (fam.), purée (fam.), impécuniosité (littér.), nécessité (littér), gueuserie (péj.), pouillerie (péj.) **2. appauvrissement**, paupérisation, paupérisme, ruine **3. infertilité**, aridité, stérilité **4. faiblesse**, déficience, indigence, maigreur, médiocrité **5. insuffisance**, défaut, disette, manque, pénurie **6. banalité**, médiocrité, platitude

pavaner (se) V. PRON. parader, s'exhiber, faire le beau, faire la roue, se faire voir, paraître, plastronner, poser, se rengorger, crâner (fam.), frimer (fam.)

pavé N. M. **1. pavage**, carrelage, dallage, pavement **2. rue**, chaussée, voie publique **3. carreau**, dalle **4. steak**

paver V. TR. carreler, couvrir, daller, recouvrir, revêtir

pavillon N. M. **1. maison**, bungalow, chalet, cottage, villa **2. kiosque**, belvédère, rotonde **3. drapeau**, bannière, couleurs, étendard, grand/petit pavois

pavoiser V. INTR. se réjouir, boire du petit lait, crier victoire, être fier, triompher, ne plus se sentir (de joie) (fam.)

payant, ante ADJ. lucratif, avantageux, efficace, fructueux, intéressant, profitable, rémunérateur, rentable, satisfaisant, juteux (fam.), valable (fam.)

paye N. F. salaire, appointements, émoluments, gages, gains, rémunération, rétribution, solde, mois (fam.)

payer V. TR. **I. 1. débourser**, décaisser, dépenser, donner, verser, aligner (fam.), allonger (fam.), cracher (fam.), se fendre de (fam.), lâcher (fam.) **2. financer**, offrir, subventionner, banquer (fam.), casquer (fam.), [sans complément] mettre la main à la poche (fam.), raquer (fam.), régaler (fam.) **3. acheter**, donner, offrir **4. soudoyer**, acheter, corrompre, arroser (fam.), stipendier (littér.) **5. acquitter**, régler, se libérer de, liquider, rembourser, solder, contenter, désintéresser, satisfaire, servir **II. 1. récompenser**, rétribuer **2. dédommager**, défrayer, indemniser, rembourser **3. appointer**, rémunérer, salarier, [mal] payer avec un lance-pierre (fam.) **III. 1. expier**, racheter **2. faire les frais de IV. rapporter**, rendre

♦ **se payer** V. PRON. **acheter**, acquérir, s'accorder, se donner, s'octroyer, s'offrir, se procurer

pays N. M. **1. État**, nation, puissance **2. peuple**, nation **3. patrie**, foyer, sol/terre natal(e) **4. province**, endroit, lieu, région, bourg, bourgade, coin (fam.), bled (fam.), patelin (fam.), trou (fam.) **5. terroir**, cru **6. domaine**, empire, royaume, sphère, univers **7. territoire**, région, terre, zone

paysage N. M. **1. panorama**, perspective, (point de) vue, site **2. décor 3. situation**, conjoncture

paysan, anne

▸ N. **1. agriculteur**, exploitant agricole, cultivateur, éleveur, fermier, métayer **2. campagnard**, rural **3.** [péj.] **rustre**, bouseux (fam., péj.), cul-terreux (fam., péj.), péquenot (fam., péj.), plouc (fam., péj.)

▸ ADJ. **1. rural**, rustique, terrien **2. agricole**

peau N. F. **1. épiderme**, derme, couenne (fam.), cuir (fam.), [de chèvre] maroquin, [de veau] vélin, velot, [de poisson] galuchat **2. teint 3. écorce**, enveloppe, pelure, zeste **4. fourrure 5. parchemin**

peaufiner V. TR. parfaire, ciseler, mettre la dernière main à, perfectionner, polir, soigner, fignoler (fam.), lécher (fam.)

peccadille N. F. bêtise, bricole, enfantillage, misère, rien, vétille

péché N. M. **1. mal 2. chute 3. faute**, manquement, offense (à Dieu), sacrilège, transgression, violation **4. erreur**, écart, errements, impénitence, débauche, luxure, vice, stupre (littér.)

pécher V. INTR. **1. fauter**, faillir, offenser Dieu **2.** [fam., à la 3ᵉ personne] **clocher** (fam.), ne pas tourner rond (fam.)

pêcher V. TR. prendre, attraper, [sans complément] taquiner le goujon (fam.)

pécule N. M. magot, bas de laine, économies, épargne, réserves

pécuniaire ADJ. financier, budgétaire, matériel

pédagogique ADJ. **1. éducatif**, formateur **2. didactique**, scolaire

pédagogue N. **1. éducateur**, enseignant, maître, précepteur, professeur **2. didacticien**

pédant, ante

▸ ADJ. **doctoral**, dogmatique, magistral, professoral, solennel, suffisant

▸ N. **vaniteux**, cuistre (littér.)

pédantisme N. M. emphase, cuistrerie (littér.), pédanterie (littér.)

pédéraste N. M. **1. pédophile 2. homosexuel**, pédale (fam., injurieux), pédé (fam., souvent injurieux)

pedigree N. M. généalogie, extraction, origine

pédophile ADJ. et N. pédéraste, pédale (fam.), pédé (fam.)

pègre N. F. **1. milieu 2. racaille**, canaille, vermine

peigner V. TR. **1. coiffer**, démêler **2.** [laine] **carder**, démêler, dénouer

peignoir N. M. **1. sortie de bain 2. déshabillé**, négligé, robe de chambre, saut de lit

peindre V. TR. **I. 1. mettre en couleurs**, badigeonner, laquer, ripoliner **2.** [maladroitement] **peinturlurer**, barbouiller, barioler, peinturer **3. farder**, grimer, maquiller **4.** [sans complément] **brosser un tableau**, faire de la/une peinture, [bien] avoir un bon coup de pinceau **II. 1. brosser**, camper, croquer, portraiturer **2. dépeindre**, conter, décrire, exprimer, raconter, représenter, retracer, traduire

peine N. F. **1. difficulté**, embarras, mal **2. effort**, fatigue, travail **3. chagrin**, affliction, blessure, déchirement, désolation, détresse, douleur, mal, meurtrissure, souffrance, tristesse **4. malheur**, épreuve, misère, souci, tourment, tracas **5. punition**, sanction, tarif (fam.), châtiment (soutenu)

peiner

▸ V. TR. **affliger**, affecter, attrister, chagriner, éprouver, navrer, désobliger, fâcher, meurtrir

▸ V. INTR. **avoir du mal**, (se) fatiguer, se démener, s'évertuer, en baver (fam.), galérer (fam.), ramer (fam.), suer (fam.), trimer (fam.)

peintre N. M. artiste, badigeonneur (fam., péj.), barbouilleur (fam., péj.)

peinture N. F. **1. recouvrement**, ravalement **2. badigeon**, laque, revêtement **3. couleur**, gouache **4. tableau**, toile, croûte (péj.), [murale] fresque **5. barbouillage** (péj.), barbouille (péj.), gribouillage (péj.) **6. description**, image, panorama, représentation, tableau

peinturer V. TR. barbouiller, barioler, peinturlurer

peinturlurer V. TR. barbouiller, barioler, peinturer

péjoratif, ive ADJ. dépréciatif, critique, défavorable

pelage N. M. fourrure, livrée, poil, robe, toison

pelé, ée ADJ. **1. nu**, aride, dénudé **2.** [crâne] **chauve**, dégarni, dénudé, tondu, déplumé (fam.)

pêle-mêle

▸ ADV. **1. en désordre**, en vrac, sens dessus dessous **2. çà et là**

▸ N. M. INVAR. **désordre**, capharnaüm, fatras, fouillis, bazar (fam.), bordel (très fam.)

peler

▸ V. TR. **éplucher**, écorcher, gratter

▸ V. INTR. **desquamer**

pellicule N. F. **1. couche**, dépôt, enduit, épaisseur, film **2. enveloppe**, membrane, peau **3. écaille**, squame **4. film**, bobine, rouleau, bande

peloton N. M. groupe, troupe

pelotonner (se) V. PRON. se blottir, s'enrouler, se lover, se ramasser, se recroqueviller

pelure N. F. épluchure, écorce, peau

pénalisation N. F. **1. pénalité**, punition, sanction **2. répression 3. désavantage**, handicap

pénaliser V. TR. **1. sanctionner**, frapper, condamner, punir, réprimer, châtier (soutenu) **2. désavantager**, handicaper

pénalité N. F. sanction, pénalisation, [Football] coup franc, coup de pied de réparation, penalty

pénates N. M. PL. foyer, bercail, domicile, habitation, maison, nid, toit

penaud, aude ADJ. confus, contrit, déconcerté, déconfit, embarrassé, gêné, honteux, humilié, mortifié, piteux, repentant

penchant N. M. **1. attirance**, affection, amour, désir, faible, intérêt, passion, sympathie, tendresse **2. propension**, faiblesse, goût, habitude, impulsion, inclination, tendance **3. aptitude**, disposition, facilité, génie, nature, prédisposition, vocation **4.** [mauvais] **défaut**, démon, vice

pencher
▸ V. INTR. **1. s'incliner**, ployer **2. déverser**, s'incurver
▸ V. TR. **abaisser**, baisser, coucher, courber, fléchir, incliner, renverser
♦ **se pencher** V. PRON. **se baisser**, se courber, s'incliner, se prosterner

pendant[1], ante ADJ. **1. tombant 2. ballant 3. en instance**, en attente, en suspens

pendant[2] N. M. **I. 1. réplique**, semblable **2. correspondant**, symétrique **3. contrepartie II. pendeloque**, girandole, pendentif

pendant[3] PRÉP. durant, au cours de, dans, en, au milieu de

pendentif N. M. sautoir, girandole, pendant, pendeloque

pendre
▸ V. INTR. **1. retomber**, tomber, traîner, pendouiller (fam.) **2. s'affaisser**, s'avachir (fam.)
▸ V. TR. **1. suspendre**, accrocher, attacher, fixer **2.** [le linge] **étendre 3. mettre la corde au cou de**
♦ **se pendre** V. PRON. **1. se suspendre**, s'accrocher **2. se suicider**, se passer la corde autour du cou

pénétrant, ante ADJ. **1. aigu**, clairvoyant, délié, fin, lucide, ouvert, perçant, perspicace, profond, sagace, subtil, vif **2. fort**, puissant **3. mordant**, incisif, piquant

pénétration N. F. **1. acuité**, clairvoyance, finesse, lucidité, perspicacité, sagacité, subtilité, flair (fam.), nez (fam.) **2. intrusion**, incursion, invasion **3. infiltration**, envahissement, montée **4. introduction**, intromission

pénétrer
▸ V. INTR. **1. s'introduire**, s'avancer, s'aventurer, se couler, s'enfoncer, s'engager, entrer, se glisser, s'infiltrer, s'insinuer, plonger, se fourrer (fam.) **2. parvenir**, accéder, avoir accès, aller, arriver, atteindre, gagner, toucher
▸ V. TR. **1. transpercer**, filtrer, mordre, passer, percer, traverser, transir **2. briser**, enfoncer, percer, rompre, trouer, crever (fam.) **3. imprégner**, baigner, imbiber, infiltrer, inonder, tremper **4. comprendre**, apercevoir, déchiffrer, découvrir, démêler, deviner, lire, mettre au jour, percer, percevoir, pressentir, saisir **5. approfondir**, scruter, sonder **6. atteindre**, gagner, toucher
♦ **se pénétrer** V. PRON. **se combiner**, se mêler

pénible ADJ. **I. 1. fatigant**, éprouvant, épuisant, éreintant, exténuant, harassant, lourd, tuant (fam.) **2. ardu**, âpre, difficile, dur, épineux, ingrat, laborieux, malaisé **3. astreignant**, assujettissant, contraignant, exigeant, pesant **II. 1. douloureux**, âpre, atroce, brutal, cruel, éprouvant, grave, lourd, mortel **2. affligeant**, amer, angoissant, attristant, consternant, déchirant, déplorable, désolant, funeste, malheureux, mauvais, navrant, poignant, triste, cruel (littér.) **III. 1. déplaisant**, désagréable, embarrassant, ennuyeux, gênant, chiant (fam.) **2. intenable**, épouvantable, impossible, infernal, insupportable, invivable, terrible, chiant (très fam.)

péniblement ADV. **1. difficilement**, avec peine, à l'arraché, à grand-peine, laborieusement, mal, malaisément, tant bien que mal, cahin-caha (fam.)

2. cruellement, amèrement, douloureusement, durement **3. tout juste**, à peine

péniche N. F. chaland, barge

pénis N. M. sexe (masculin), membre (viril), phallus, verge, bistouquette (fam.), braquemart (fam.), dard (fam.), machin (fam.), manche (fam.), quéquette (fam.), queue (fam.), zizi (fam.), zob (fam.), biroute (argot)

pénitence N. F. **1. contrition**, regret, repentance, repentir, résipiscence (littér.) **2. confession 3. mortification**, ascétisme, austérité **4. punition**, châtiment (littér.)

pénitentiaire ADJ. carcéral, cellulaire

pénombre N. F. **1. clair-obscur**, demi-jour, jour douteux, lumière incertaine/tamisée **2. ombre**, obscurité

pensable ADJ. concevable, acceptable, croyable, envisageable, faisable, imaginable, possible

pense-bête N. M. aide-mémoire, mémento, guide-âne (fam.)

pensée N. F. **1. entendement**, compréhension, esprit, intelligence, jugement, raison, raisonnement **2. méditation**, réflexion, rêverie, spéculation **3. avis**, conception, idée, opinion, point de vue, position, sentiment **4. préoccupation 5. projet**, dessein, idée, intention **6. observation**, considération, impression, réflexion, remarque **7. philosophie**, doctrine, idéologie, système, théorie **8. adage**, axiome, dicton, maxime, proverbe, sentence, aphorisme (didact.), apophtegme (didact.)

penser

▸ V. INTR. **raisonner**, méditer, réfléchir, spéculer, cogiter (fam.), ruminer (fam.)

▸ V. TR. **1. imaginer**, concevoir, croire, se douter de, espérer, estimer, juger, présumer, supposer, soupçonner, trouver **2. étudier**, calculer, élaborer, mûrir **3. compter**, avoir en vue de, avoir l'intention de, envisager de, projeter de, se proposer de, songer à, caresser l'idée de

pensif, ive ADJ. **1. songeur**, contemplatif, méditatif, rêveur **2. absent**, absorbé, occupé, préoccupé, soucieux

pension N. F. **1. pensionnat**, internat, institution, école **2. allocation**, rente, retraite

pensionnaire N. **1. interne 2. hôte 3.** [Théâtre] **acteur**, comédien

pensionnat N. M. pension, internat, institution

pensum N. M. corvée, punition, purge (fam.), servitude (littér.)

pente N. F. **1. déclivité**, inclinaison, obliquité **2. côte**, descente, dévers, escarpement, grimpée, grimpette (fam.), montée, rampe, raidillon **3. versant**, côté, pan **4. inclination**, penchant, propension, tendance

pénurie N. F. **1. manque**, besoin, carence, défaut, disette, épuisement, insuffisance, rareté, indigence (littér.) **2. gêne**, misère, pauvreté, famine, vaches maigres (fam.)

pépier V. INTR. gazouiller, chanter, crier

pépinière N. F. **1. gisement**, mine, réserve, réservoir, source **2. école**, laboratoire

perçant, ante ADJ. **1. aigu**, inquisiteur, pénétrant **2. perspicace**, clairvoyant, lucide, pointu, sagace, subtil **3. strident**, assourdissant, criard, déchirant, éclatant, suraigu **4. aigre**, incisif, mordant, pénétrant, piquant, vif

percée N. F. **1. ouverture**, brèche, déchirure, trouée **2. montée**, développement, progrès, réussite, succès

perceptible ADJ. **1. sensible**, appréciable, discernable **2. apercevable**, apparent, visible **3. audible 4. intelli-**

gible, clair, compréhensible, évident **5. manifeste**, net, palpable **6.** [d'impôt] **percevable**, recouvrable

perception N. F. **1. impression**, sens, sensation **2. représentation**, idée, image **3.** [d'impôt] **recouvrement**, collecte, encaissement, levée, rentrée

percer

▸ V. TR. **1. s'enfoncer dans**, pénétrer **2. transpercer**, crever, faire un trou dans, forer, perforer, piquer, poinçonner, trouer **3.** [plusieurs fois] **cribler**, larder (fam.) **4.** [son] **déchirer**, transpercer, vriller **5.** [une voie] **ouvrir 6.** [Archit.] **fenêtrer**, ajourer **7. déchiffrer**, comprendre, déceler, découvrir, deviner, lire, mettre au jour, pénétrer, saisir

▸ V. INTR. **1. apparaître**, affleurer, émerger, se montrer, paraître, poindre, pointer, sortir, surgir **2. s'ébruiter**, s'éventer, filtrer, se répandre, transpirer **3. réussir**, arriver, se distinguer, s'imposer, se faire un nom, sortir de l'ombre/de l'anonymat/de l'obscurité

perceuse N. F. chignole, foreuse, vrille

percevable ADJ. **1. perceptible**, appréciable, discernable, sensible **2.** [impôt] **recouvrable**

percevoir V. TR. **1. discerner**, distinguer, saisir **2. apercevoir**, découvrir, entrevoir, remarquer, repérer, voir **3. sentir**, flairer **4. entendre**, ouïr (littér.) **5. se rendre compte de**, comprendre, concevoir, se figurer, imaginer, se représenter **6. recevoir**, collecter, empocher, encaisser, ramasser, récolter, recueillir, retirer, toucher **7.** [impôt] **lever**, collecter, recouvrer

perche N. F. **1. gaule**, bâton, croc, tige **2.** [de prise de son] **girafe**

perclus, use ADJ. **1. impotent**, paralytique **2. inerte**, inactif, paralysé

percussion N. F. **1. choc**, coup **2.** [Mus.] **batterie**, drums (anglic.)

percussionniste N. batteur, drummer (anglic.)

percutant, ante ADJ. **1. frappant**, saisissant **2. convaincant**, persuasif, massue (fam.)

percuter

▸ V. TR. **heurter**, emboutir, rentrer dans, tamponner, télescoper, emplafonner

▸ V. INTR. [fam.] **comprendre**, saisir, imprimer (fam.), piger (fam.)

perdant, ante

▸ ADJ. **battu**, défait, vaincu

▸ N. **vaincu**, raté (fam.), loser (fam.)

perdre V. TR. **1. égarer**, oublier, paumer (fam.) **2. dérouter**, désorienter, égarer **3. être dépouillé de**, se dépouiller de **4. gaspiller**, dissiper, gâcher, galvauder, [une occasion] manquer, louper (fam.), rater (fam.) **5. quitter**, se défaire de, déposer, renoncer à **6. corrompre**, causer la ruine de, ruiner, démolir (fam.) **7.** [sans complément] **se faire battre**, avoir le dessous, échouer, se faire laminer (fam.)

♦ **se perdre** V. PRON. **1. prendre le mauvais chemin**, s'égarer, faire fausse route, se fourvoyer (littér.), se paumer (fam.) **2. décroître**, diminuer, disparaître, faiblir, se relâcher, tomber **3.** [voix, bruit] **s'étouffer**, mourir **4. s'abîmer**, s'avarier, dégénérer, se gâter **5. causer sa propre ruine**, se corrompre, se débaucher, se dévoyer, se sacrifier

perdu, ue ADJ. **I. 1. introuvable**, égaré **2. éloigné**, abandonné, écarté, désert, isolé, reculé, retiré, paumé (fam.) **II. révolu**, disparu, envolé, évanoui, oublié **III. errant**, égaré **IV. 1. désaxé**, fou **2. désorienté**, déboussolé, dépaysé, déphasé, dérouté, largué (fam.), paumé (fam.) **V. 1. condamné**, désespéré, incurable, frappé à mort **2. abîmé**, endommagé, gâté, inutilisable, irrécupérable **3. sans espoir**, cuit (fam.), fini (fam.), fichu (fam.), foutu (fam.), flambé (fam.), frit (fam.), mort (fam.) **4. corrompu**, débauché, dépravé, dévoyé, fourvoyé

père N. M. **1. papa**, dab (argot.), pater (fam.), paternel (fam.), vieux (fam.), auteur des jours (littér.), géniteur (littér.) **2. ancêtre**, ascendant, aïeul **3. créateur**, auteur, fondateur, initiateur, instaurateur, instigateur, inventeur **4. abbé**, moine, religieux **5. protecteur**

pérégrination N. F. errance, aventure, odyssée, voyage

péremptoire ADJ. **1. décisif**, absolu, concluant, indiscutable, irréfutable, sans réplique **2. catégorique**, autoritaire, cassant, coupant, magistral, tranchant

pérenniser V. TR. perpétuer, conserver, continuer, faire durer, immortaliser, maintenir, préserver, reproduire, transmettre

pérennité N. F. continuité, durée, éternité, immortalité, perpétuité

perfection N. F. **1. absolu**, bien, beau, beauté, excellence, idéal **2. perle**, ange, bijou, joyau, merveille, trésor **3. achèvement**, consommation, couronnement, fin, parachèvement

perfectionné, ée ADJ. **1. amélioré** **2. châtié**, affiné, épuré **3. optimisé**

perfectionnement N. M. **1. amélioration**, correction **2. avancement**, couronnement, édification **3. progrès**, mieux, plus

perfectionner V. TR. **1. améliorer**, achever, affiner, compléter, parfaire **2. cultiver**, civiliser, faire évoluer, faire progresser, sophistiquer **3. corriger**, châtier, épurer, polir, retoucher

perfide

▸ ADJ. **1. méchant**, empoisonné, envenimé, fielleux, sournois, venimeux **2. machiavélique**, cauteleux, fallacieux, fourbe, hypocrite, sournois, trompeur **3. dangereux**, traître

▸ N. [littér.] **fourbe**, scélérat, traître

perfidie N. F. **1. déloyauté**, fausseté, fourberie, machiavélisme, traîtrise **2.** [littér.] **infidélité**, trahison

perforation N. F. trou, ouverture

perforatrice N. F. **1. perforeuse**, poinçonneuse **2. marteau-piqueur**

perforer V. TR. **1. percer**, crever, forer, transpercer, traverser, trouer **2. poinçonner**

performance N. F. **1. exploit**, prouesse, record, succès, tour de force **2. résultat**

performant, ante ADJ. compétitif, bon, efficace

péricliter V. INTR. décliner, aller mal, baisser, couler, dépérir, aller à vau-l'eau, pâtir (littér.)

péril N. M. danger, difficulté, écueil, épreuve, hasard, risque

périlleux, euse ADJ. **1. dangereux**, acrobatique, difficile, hasardeux, risqué, casse-gueule (fam.) **2. brûlant**, délicat, scabreux, sensible

périmé, ée ADJ. **1. caduc**, nul **2. ancien**, anachronique, arriéré, attardé, démodé, dépassé, désuet, obsolète, rétrograde, suranné, de papa (fam.), inactuel (soutenu)

périmètre N. M. **1. tour**, bord, ceinture, circonférence, contour, limite, périphérie, pourtour **2. portée**, étendue, rayon **3. zone**, région, sphère

période N. F. **1. durée**, intervalle, laps de temps, moment **2. époque**, âge, ère, saison, temps **3. phase**, cycle, étape, stade **4.** [Arts] **manière**

périodique

▸ ADJ. **1. régulier**, fréquent **2. alternatif**, cyclique, intermittent

► N. M. **magazine**, journal, publication, revue

périodiquement ADV. régulièrement, cycliquement

péripétie N. F. 1. **épisode**, aléa, circonstance, événement, imprévu, incident, rebondissement 2. [Littérat.] **nœud**, catastrophe, coup de théâtre

périphérie N. F. 1. **bord**, circonférence, contour, limite, périmètre, pourtour 2. **banlieue**, abords, faubourgs

périphérique
► ADJ. 1. **excentrique**, limitrophe, périurbain, suburbain 2. **extérieur**, extrinsèque
► N. M. 1. [Inform.] **terminal** 2. **rocade**, boulevard/voie circulaire express, périph (fam.)

périphrase N. F. 1. **circonlocution** (soutenu), circuit, détour 2. **paraphrase**

périple N. M. 1. **voyage**, circuit, expédition, tour, tournée 2. [Mar.] **circumnavigation**, cercle

périr V. INTR. 1. **mourir**, disparaître, s'éteindre, expirer, finir, tomber, trépasser (littér.) 2. **s'anéantir**, crouler, entrer en décadence, s'écrouler, finir, tomber en ruine

périssable ADJ. 1. **corruptible** 2. [littér.] **caduc**, court, éphémère, fragile, fugace, instable, mortel, précaire

perle N. F. 1. **goutte**, gouttelette 2. **perfection**, ange, bijou, joyau, merveille, oiseau rare, trésor 3. **bévue**, erreur, sottise, bourde (fam.)

permanence N. F. 1. **constance**, continuité, durée, fixité, immuabilité, invariabilité, pérennité, perpétuation, persistance, stabilité 2. **bureau**, local, salle 3. **salle d'études**, perm (fam.)

permanent, ente
► ADJ. 1. **constant**, fixe, inaltérable, invariable, stable 2. **continu**, ininterrompu, endémique 3. **durable**, persistant
► N. **militant**

perméabilité N. M. porosité, pénétrabilité

perméable ADJ. 1. **poreux**, pénétrable 2. **accessible**, ouvert, sensible 3. [péj.] **influençable**, docile

permettre V. TR. 1. **accepter**, accorder, acquiescer à, admettre, agréer, approuver, consentir, trouver bon, vouloir bien 2. **donner l'occasion de**, autoriser, donner lieu à, aider à, favoriser, laisser place à 3. **tolérer**, autoriser, endurer, laisser aller, passer sur, supporter, souffrir (littér.)
♦ **se permettre** V. PRON. **s'accorder**, s'autoriser, s'octroyer, s'offrir, se passer (fam.)

permis[1], ise ADJ. 1. **autorisé**, admis, légal, licite, toléré 2. **légitime** 3. **possible**

permis[2] N. M. 1. **permission**, autorisation 2. **droit**, licence 3. **laissez-passer**, sauf-conduit

permissif, ive ADJ. laxiste, latitudinaire (littér.)

permission N. F. 1. **autorisation**, droit, liberté, licence, pouvoir 2. **acquiescement**, acceptation, accord, agrément, approbation, aval, consentement, feu vert 3. **habilitation**, dispense, [Droit] permis 4. [Milit.] **congé**, perm(e) (fam.)

permutation N. F. commutation, échange, interversion, inversion, substitution

permuter V. TR. intervertir, changer, commuter, échanger, inverser, substituer

pernicieux, euse ADJ. **1. dangereux**, grave, malfaisant, malsain, mauvais, nocif, nuisible **2. diabolique**, funeste, sinistre

perpétrer V. TR. accomplir, commettre, consommer, exécuter

perpétuel, elle ADJ. **1. infini**, éternel, immuable, impérissable, inaltérable, indéfini, indélébile, indestructible, indissoluble **2. continuel**, constant, continu, éternel, fréquent, habituel, incessant, ininterrompu, permanent, réitéré, renouvelé, répété, sans fin, sempiternel (péj.)

perpétuellement ADV. **1. constamment**, assidûment, continuellement, sans arrêt, sans cesse, sans interruption, sans trêve **2. immuablement**, définitivement, éternellement, indéfectiblement, indéfiniment, invariablement, à jamais, (pour) toujours, ad vitam æternam

perpétuer V. TR. **1. maintenir**, conserver, continuer, entretenir, éterniser, garder, pérenniser, transmettre **2. immortaliser**

♦ **se perpétuer** V. PRON. **durer**, se conserver, demeurer, se maintenir, perdurer, se reproduire, rester, se transmettre, survivre

perpétuité N. F. [littér.] perpétuation, pérennité

perplexe ADJ. indécis, dubitatif, embarrassé, hésitant, incertain, indéterminé, irrésolu, embêté (fam.), entre le zist et le zest (fam.)

perplexité N. F. indécision, confusion, doute, embarras, hésitation, incertitude, indétermination, irrésolution

perquisition N. F. visite (domiciliaire), fouille, descente de police

perquisitionner V. INTR. fouiller, faire une descente

perruque N. F. postiche, faux cheveux, moumoute (fam.)

persécuté, ée

► ADJ. **1. opprimé**, martyrisé **2. brimé**, harcelé, importuné, molesté, tyrannisé

► N. **1. victime**, martyr **2.** [Psych.] **paranoïaque**

persécuter V. TR. **1. martyriser**, molester, opprimer, torturer **2. s'acharner contre**, brimer, harceler, importuner, poursuivre, presser, tourmenter, tyranniser

persécuteur, trice

► N. **bourreau**, despote, oppresseur, tourmenteur, tyran

► ADJ. **oppressif**, cruel, despotique, persécutant, tyrannique

persévérance N. F. constance, acharnement, courage, endurance, énergie, esprit de suite, fermeté, fidélité, insistance, obstination, opiniâtreté, patience, ténacité, volonté, entêtement (péj.)

persévérant, ante ADJ. acharné, constant, endurant, fidèle, insistant, obstiné, opiniâtre, tenace, volontaire, entêté (péj.), têtu (péj.)

persévérer V. INTR. **1. persister**, continuer **2. s'acharner**, aller contre vents et marées, insister, s'obstiner, persister, poursuivre, soutenir son effort, s'opiniâtrer (littér.)

persifler V. TR. railler, se moquer de, mettre en boîte (fam.), brocarder (littér.)

persifleur, euse ADJ. moqueur, ironique, narquois, railleur

persistance N. F. **1. continuité**, durée **2. constance**, fermeté, obstination, opiniâtreté, persévérance, entêtement (péj.), esprit de suite, suite dans les idées **3. permanence**, stabilité

persistant, ante ADJ. **1. constant**, continu, durable, fixe, inébranlable, permanent, stable **2. obstiné**, incessant, ininterrompu, opiniâtre, soutenu **3.** [image] **rémanent**

persister V. INTR. **1. persévérer**, s'obstiner, s'opiniâtrer, poursuivre **2. durer**, se conserver, continuer, demeurer, se maintenir, perdurer, se prolonger, rester, subsister, tenir

personnage N. M. **1. notable**, autorité, célébrité, (grande) figure, gloire, grand, dignitaire, mandarin, notabilité, personnalité, potentat, pontife, sommité, vedette, V.I.P., gros bonnet (fam.), grosse légume (fam.), huile (fam.), (grand) manitou (fam.), pointure (fam.), (grand) ponte (fam.), ténor (fam.) **2. individu**, homme, citoyen (fam.), coco (fam.), type (fam.), zèbre (fam.), zigoto (fam.) **3. héros**, protagoniste **4. rôle**

personnaliser V. TR. particulariser, individualiser

personnalité N. F. **1. individualité**, ego, être, moi, originalité, soi **2. nature**, caractère, constitution, tempérament **3. personne célèbre**, autorité, célébrité, dignitaire, (grande) figure, mandarin, notable, notabilité, personnage, potentat, pontife, sommité, vedette, V.I.P., gros bonnet (fam.), grosse légume (fam.), huile (fam.), (grand) manitou (fam.), pointure (fam.), (grand) ponte (fam.), ténor (fam.)

personne N. F. **1. être (humain)**, homme, individu, citoyen, sujet, créature (fam.), mortel (fam.), quidam (fam.), type (fam.) **2. individualité**, âme, moi, personnalité, sujet **3. personnage**

personnel[1], elle ADJ. **1. individuel**, particulier, propre, spécifique, perso (fam.) **2. original**, particulier, spécial, typique, de son cru (fam.) **3. subjectif**, relatif **4. privé**, confidentiel, intime **5. égoïste**, égocentrique **6. exclusif**

personnel[2] N. M. main-d'œuvre, effectif, employés, ressources humaines

personnellement ADV. **1. en personne**, soi-même **2. individuellement**, particulièrement, singulièrement **3. pour ma part**, à mon avis, en ce qui me concerne, quant à moi, selon moi

personnification N. F. symbole, allégorie, incarnation, type

personnifier V. TR. incarner, représenter, symboliser

perspective N. F. **1. vue**, coup d'œil, échappée, panorama **2. champ**, horizon **3. éventualité**, attente, expectative, idée, projection **4. aspect**, angle, côté, éclairage, optique, point de vue

perspicace ADJ. clairvoyant, avisé, fin, lucide, pénétrant, perçant, psychologue, sagace, subtil

perspicacité N. F. clairvoyance, acuité, discernement, finesse, habileté, intelligence, intuition, jugement, lucidité, pénétration, psychologie, sagacité, subtilité, flair (fam.), jugeote (fam.), nez (fam.)

persuadé, ée ADJ. certain, convaincu

persuader V. TR. convaincre, agir sur, amadouer, décider, déterminer, entraîner, faire entendre raison à, gagner, séduire, toucher, vaincre, conduire à ses raisons (littér.)

persuasif, ive ADJ. convaincant, éloquent

persuasion N. F. **1. habileté**, adresse, diplomatie, éloquence **2. assurance**, certitude, conviction, croyance

perte N. F. **1. mort**, deuil **2. anéantissement**, décadence, dégénérescence, dégradation, dépérissement, extinction **3. insuccès**, défaite, naufrage, ruine **4. déperdition**, déficit, fuite, hémorragie **5. dommage**, appauvrissement, dégât, mal, malheur, préjudice, sinistre **6. déchéance**, privation **7. mutilation**, privation **8. gaspillage**, déchet, gâchage, coulage (fam.)

pertinemment ADV. en connaissance de cause, convenablement, correctement, judicieusement, justement

pertinence N. F. bien-fondé, actualité, à-propos, convenance, correction

pertinent, ente ADJ. **1. approprié**, convenable, judicieux, juste, congru (soutenu) **2. distinctif**, discriminant

perturbant, ante ADJ. dérangeant, désorientant, déstabilisant, déstructurant, troublant

perturbateur, trice N. agitateur, contestataire, gêneur, provocateur, séditieux, trublion

perturbation N. F. **1. dérangement**, dérèglement, dysfonctionnement, détraquement (fam.) **2.** [Radio] **parasite**, friture **3. bouleversement**, crise **4.** [Méd.] **déséquilibre**, désordre, lésion, trouble **5.** [Météo] **dépression**

perturber V. TR. **1. désorganiser**, bouleverser, dérégler, chambarder (fam.), chambouler (fam.), détraquer (fam.) **2. déranger**, affecter, déconcerter, dérouter, désarçonner, désorienter, ébranler, troubler, retourner (fam.)

pervers, erse
▸ ADJ. **1. malsain**, corrompu, débauché, dépravé, déréglé, dévoyé, vicieux, tordu (fam.) **2. méchant**, diabolique, malfaisant, noir, satanique, sournois
▸ N. **dépravé**, débauché, satyre, vicieux, cochon (fam.)

perversion N. F. **1. corruption**, altération, dépravation, dérangement, dérèglement, égarement **2. anomalie**, dégénérescence, détraquement **3.** [sexuelle] **déviance**, déviation **4. folie**, perversité

perversité N. F. **1. malignité**, méchanceté, perfidie, vice, scélératesse (littér.) **2. corruption**, dépravation

pervertir V. TR. **1. débaucher**, dépraver, dévoyer, égarer, perdre, encanailler (fam.) **2. corrompre**, altérer, dénaturer, détériorer, empoisonner, gâter, infecter, pourrir, vicier **3. fausser**, déformer, déranger, dérégler, détraquer, troubler

pesamment ADV. **1. lourdement**, comme une masse **2. gauchement**, maladroitement

pesant, ante ADJ. **I. 1. lourd**, alourdi, appesanti **2. accablant**, écrasant, étouffant, oppressant **3. indigeste**, inassimilable **4. massif**, gros **5. embarrassé**, gauche, laborieux, maladroit **II. 1. astreignant**, assujettissant, asservissant, contraignant, pénible, tyrannique **2. importun**, encombrant, ennuyeux, gênant, assommant (fam.), embêtant (fam.), rasoir (fam.)

pesanteur N. F. **1. lourdeur**, masse, poids **2. attraction**, gravitation, gravité **3. malaise 4. lenteur**, inertie, lourdeur

peser
▸ V. INTR. **avoir un poids de**, faire
- **peser à 1. coûter à**, ennuyer **2. importuner**, ennuyer, fatiguer, gêner, embêter (fam.)
- **peser sur 1. incomber à**, retomber sur (les épaules de) **2. influencer**, agir sur, compter dans, influer sur, jouer dans, se répercuter sur **3. accabler**, écraser, étouffer, oppresser, opprimer **4. assombrir**, appesantir, grever
▸ V. TR. **1. soupeser 2. apprécier**, mettre en balance, calculer, comparer, estimer, évaluer, jauger, juger, mesurer

pessimisme N. M. défaitisme, catastrophisme, sinistrose

pessimiste ADJ. **1. sombre**, bilieux, inquiet, maussade, mélancolique, noir **2. alarmiste**, défaitiste, négatif

peste N. F. **1. empoisonneur**, démon, poison, chameau (fam.), gale (fam.), plaie (fam.), teigne (fam.) **2.** [femme] **mégère**, virago

pester V. INTR. fulminer, s'emporter, grogner, invectiver, jurer, maudire, protester, rager, fumer (fam.), râler (fam.), rouspéter (fam.), maugréer (soutenu)

pestiféré, ée N. paria, brebis galeuse, exclu, maudit, réprouvé

pestilentiel, elle ADJ. **1. puant**, écœurant, fétide, infect, irrespirable, nauséabond **2. corrupteur**, impur, malfaisant, néfaste, nuisible, pernicieux **3. délétère**, contagieux, malsain, méphitique (littér.)

pet N. M. gaz, flatuosité, pétard (fam.), prout (fam.)

pétillant, ante ADJ. **I. gazeux**, mousseux, spittant (Belgique) **II. 1. fringant**, sémillant **2. éveillé**, brillant, intelligent **3. brillant**, flamboyant, scintillant

pétillement N. M. **1. crépitement**, grésillement, décrépitation (didact.) **2. scintillement**, éclat, étincellement, flamboiement

pétiller V. INTR. **1. crépiter**, craquer, grésiller, péter (fam.), craqueter (littér.), décrépiter (didact.) **2. chatoyer**, scintiller **3. éclater**, briller, étinceler, rayonner, resplendir

petit[1], ite ADJ. **I. 1. bas**, court, ras **2. bas sur pattes** (fam.), haut comme trois pommes (à genoux) (fam.) **3. menu**, fin, fluet, mince **4. en miniature**, au petit pied **II. 1. exigu**, étroit, réduit, restreint, riquiqui (fam.), grand comme un mouchoir de poche (fam.) **2. étriqué**, juste **III. 1. bref**, concis, laconique, sommaire, succinct **2. rapide**, élémentaire, rudimentaire, superficiel **IV. 1. faible**, dérisoire, insignifiant, léger, mince, mineur, minime, négligeable, ténu **2. limité**, chiche, humble, maigre, misérable, modeste, modique, pauvre, restreint, riquiqui (fam.) **3. médiocre**, borné, bas, étriqué, étroit, mesquin, piètre, vil **4. mineur**, négligeable, obscur, quelconque, secondaire

petit[2] ADV.

- en petit réduit, en miniature

- petit à petit 1. par degré, doucement, graduellement, insensiblement, lentement, pas à pas, peu à peu, progressivement **2. de proche en proche**, de fil en aiguille

petit[3], ite N. **1. bout d'homme**, miniature, nain, demi-portion (fam.), microbe (fam.), puce (fam.), avorton (péj.), gringalet (péj.), nabot (péj.) **2. enfant**, bébé, jeune, bambin (fam.), bout de chou (fam.), gamin (fam.), gosse (fam.), môme (fam.), mouflet (fam.)

♦ **petite** N. F. **petite fille**, jeune fille, bout (de femme) (fam.), gamine (fam.), puce (fam.)

petitesse N. F. **I. 1. petite taille 2. exiguïté**, étroitesse **3. finesse II. 1. modicité**, faiblesse, insignifiance, modestie, pauvreté **2. médiocrité**, bassesse, étroitesse, faiblesse, mesquinerie, vilenie (littér.) **3. obscurité**, humilité

pétri, ie ADJ.

- pétri de 1. plein de, gorgé de, rempli de, riche de, bouffi de (péj.), imbu de (péj.) **2. mélangé de**, empreint de, pénétré de

pétrifié, ée ADJ. **1. figé**, changé en statue (de sel), cloué, foudroyé, glacé, immobile, paralysé, statufié, tétanisé **2. ébahi**, interdit, médusé, sidéré, stupéfait, suffoqué (fam.)

pétrifier V. TR. **1. lapidifier**, fossiliser **2. figer**, ankyloser, clouer, foudroyer, glacer, horrifier, méduser, paralyser, sidérer, statufier, tétaniser, suffoquer (fam.) **3. fixer**, bloquer, immobiliser

pétrir V. TR. **1. malaxer**, brasser, écraser, manier, manipuler, travailler, tripoter, triturer **2. façonner**, modeler

pétrolier N. M. tanker, navire-citerne

pétulance N. F. vivacité, ardeur, brio, chaleur, entrain, exubérance, feu, flamme, fougue, impétuosité, turbulence, vitalité

pétulant, ante ADJ. vif, bouillant, débordant (de vie), exubérant, fougueux, fringant, impétueux, turbulent

peuplade N. F. groupe, horde, tribu

peuple N. M. **1. nation**, pays, société **2. ethnie**, peuplade **3. masse**, couches populaires, gens du commun, plèbe, prolétariat, populace (péj.), populo (péj.) **4. foule**, grand public, masse, monde, multitude

peuplé, ée ADJ. habité, animé, fréquenté, populeux, vivant

peuplement N. M. **1. colonisation**, établissement, implantation **2.** [Écol.] **biocénose**, biote, faune, flore

peupler V. TR. **1. habiter**, occuper **2. s'implanter dans**, coloniser **3. planter**, semer **4. remplir**, envahir, occuper, hanter (littér.)

peur N. F. **1. crainte**, alarme, alerte, angoisse, anxiété, appréhension, inquiétude, frousse (fam.), pétoche (fam.), trouille (fam.) **2.** [grande] **panique**, affolement, effroi, épouvante, frayeur, hantise, terreur, trac, suée (fam.), affres (littér.) **3. lâcheté**, poltronnerie, couardise (littér.), pleutrerie (littér.) **4. aversion**, phobie, répulsion

peureux, euse ADJ. et N. craintif, lâche, poltron, dégonflé (fam.), foireux (fam.), froussard (fam.), lope (fam.), lopette (fam.), péteux (fam.),pétochard (fam.), poule mouillée (fam.), trouillard (fam.), couard (littér.), pleutre (littér.), pusillanime (littér.)

peut-être ADV. possiblement, éventuellement, probablement, sans doute

phallocrate N. M. phallocentrique, machiste, misogyne, sexiste, macho (fam.)

phallus N. M. membre (viril), pénis, sexe (masculin), verge, ithyphalle (didact.), priape (didact.)

phare N. M. **1. feu**, lanterne **2.** [littér.] **flambeau**, guide, lumière

pharisien, enne N. et ADJ. hypocrite, tartufe

phase N. F. **1. étape**, degré, échelon, palier, stade **2. période**, épisode, moment, partie

phénix N. M. génie, aigle, gloire, lumière, oiseau rare, prodige, surdoué, as (fam.), crack (fam.)

phénoménal, ale aux ADJ. étonnant, colossal, exceptionnel, extraordinaire, fabuleux, fantastique, gigantesque, formidable, incroyable, inimaginable, inouï, monstrueux, monumental, prodigieux, renversant, sensationnel, stupéfiant, décoiffant (fam.), ébouriffant (fam.), époustouflant (fam.), faramineux (fam.), monstre (fam.)

phénomène N. M. **1. fait**, événement, manifestation, réalité **2. merveille**, miracle, prodige **3. monstre 4. excentrique**, énergumène, fantaisiste, farfelu, original, numéro (fam.), ovni (fam.)

philanthrope N. bienfaiteur, altruiste, donateur, humanitariste, mécène

philanthropie N. F. altruisme, bienfaisance, charité, générosité

philantropique ADJ. **1. altruiste**, bon, charitable, généreux, humaniste **2. caritatif**, de bienfaisance, de charité, humanitaire, humanitariste

philosophe
▸ N. **1. sage 2. penseur**, métaphysicien **3. encyclopédiste**
▸ ADJ. **1. optimiste 2. calme**, fataliste, résigné, sage

philosophie N. F. **1. doctrine**, conception, école, idéologie, pensée, principes, système, théorie, thèse, vision du monde **2. esthétique**, éthique, logique, métaphysique, morale, ontologie, téléologie **3. calme**, fatalisme, indifférence, optimisme, raison, résignation, sagesse, sérénité, équanimité (littér.)

philtre N. M. charme, breuvage (magique), potion magique

phobie N. F. aversion, crainte, dégoût, haine, hantise, horreur, peur, terreur, bête noire (fam.)

phonique ADJ. acoustique, sonore

phosphorescence N. F. luminescence, brasillement

phosphorescent, ente ADJ. **1. luminescent**, fluorescent, luisant, lumineux, photogène **2. brillant**, étincelant

photo N. F. cliché, diapositive, épreuve, image, instantané, photographie, prise de vue, tirage

photographie N. F. **1. prise de vue**, cliché, épreuve, instantané, tirage **2. reproduction**, illustration, image, photo **3. description**, peinture, représentation

phrase N. F. **1. énoncé**, expression, formule, mot, sentence **2. style**
♦ **phrases** PLUR. **1. propos**, mots, paroles **2.** [péj.] **discours**, circonvolutions, détours, périphrases, tirade, circonlocutions (soutenu)

phraséologie N. F. style, langue, terminologie, jargon (péj.)

phraseur, euse
▸ N. **1. bavard**, beau parleur, bonimenteur, discoureur, palabreur, baratineur (fam.) **2. déclamateur**, rhéteur (littér.)
▸ ADJ. **grandiloquent**, déclamatoire

physiologique ADJ. **1. corporel**, naturel **2. somatique**, organique, physique

physionomie N. F. **1. figure**, face, faciès, physique, tête, traits, visage, binette (fam.), bouille (fam.), gueule (très fam.), tronche (fam.) **2. air**, attitude, expression, masque, mine, mimique **3. apparence**, allure, aspect, caractère, dehors, extérieur, face

physique
▸ ADJ. **1. matériel**, corporel, réel **2. organique**, physiologique, somatique **3. charnel**, intime, sensuel, sexuel
▸ N. M. **apparence**, constitution, corps, forme, organisme, plastique, physionomie, complexion (littér.)

physiquement ADV. **1. matériellement 2. au physique**, corporellement **3. sexuellement**, charnellement (soutenu)

piaffer V. INTR. s'impatienter, s'agiter, bouillir, piétiner, trépigner, ronger son frein

piaillement N. M. **1. piaulement 2. criaillerie**, cri, criaillement, piaillerie

piailler V. INTR. **1. crier**, criailler, jaser, piauler, couiner **2. protester**, brailler, criailler, chouiner (fam.), couiner (fam.), râler (fam.)

piauler V. INTR. **1. crier**, glapir, miauler, couiner **2. grincer**

pic[1] N. M. pioche, [d'alpiniste] piolet, [de maçon] picot

pic[2] N. M. sommet, aiguille, cime, crête, dent, mont, montagne, piton

pic (à)
▸ LOC. ADJ. **escarpé**, abrupt, raide
▸ LOC. ADV. [fam.] **à propos**, à point nommé, bien, opportunément, pile (poil) (fam.)

pichet N. M. cruche, pot

picorer V. TR. et INTR. **1. becqueter**, picoter **2. grignoter**, manger comme un moineau/du bout des dents, pignocher, mangeotter (fam.) **3. grappiller**, glaner

picotement N. M. chatouillement, démangeaison, fourmillement, fourmis, irritation, picotis, piqûre

picoter V. TR. **1. becqueter**, picorer **2. piquer**, chatouiller, démanger

pie N. F. bavard, jacasseur, jaseur, moulin à paroles, phraseur, commère (fam.), concierge (fam.), pipelette (fam.)

pièce N. F. **1. division**, fragment, morceau **2. élément**, constituant, fragment, morceau, organe, partie **3. unité**, l'un, morceau, tête, [de tissu] coupon **4.** [monnaie] **espèce**, jeton, monnaie, piécette **5. acte**, certificat, diplôme, document, note, papier, titre **6. salle**, chambre **7.** [de théâtre] **œuvre dramatique**, comédie, drame, tragédie, revue, vaudeville **8.** [en vers] **poème**, poésie

pied N. M. **1. peton** (fam.), nougat (pop.), panard (pop.), patte (fam.), pince (pop.), pinceau (pop.), ripaton (pop.), arpion (argot) **2.** [d'animal] **patte 3. bas**, assise, base **4.** [de vigne] **cep 5.** [Versification] **mètre**

piédestal N. M. base, piédouche, socle, support

piège N. M. **1. filet**, nasse, rets (littér.), [à souris] souricière, tapette **2. astuce**, artifice, chausse-trappe, embûche, feinte, leurre, machine, miroir aux alouettes, panneau, ruse, stratagème, subterfuge, traquenard, attrape-nigaud (fam.), attrape-couillon (très fam.), piège à cons (très fam.) **3. embuscade**, guêpier, guet-apens, souricière **4. écueil**, complication

piéger V. TR. **1. traquer 2. berner**, abuser, attraper, tromper, avoir (fam.), coincer (fam.), faire tomber dans le panneau (fam.), baiser (très fam.), se jouer de (littér)

pierre N. F. **1. roche 2. caillou**, galet, roc, rocher

pierreries N. F. PL. gemmes, bijoux, joyaux, pierres précieuses

pierreux, euse ADJ. **1. caillouteux**, rocailleux, rocheux **2. graveleux**, grumeleux

piété N. F. **1. ferveur**, culte, dévotion, religion **2. affection**, amour, respect

piétinement N. M. stagnation, immobilité, immobilisme, marasme

piétiner
▸ V. TR. **1. marcher sur**, écraser, fouler aux pieds, froisser **2. malmener**, s'acharner sur, insulter, s'essuyer les pieds sur **3. transgresser**, enfreindre, violer
▸ V. INTR. **1. trépigner**, piaffer **2. marquer le pas 3. aller et venir (sur place) 4. traîner (en longueur)**, ne pas avancer, durer, être en panne, faire du sur-place, ne pas en finir, patauger, patiner, stagner, tourner en rond, végéter

piètre ADJ. sans valeur, affligeant, bas, déplorable, dérisoire, faible, insignifiant, insuffisant, lamentable, maigre, médiocre, mesquin, minime, misérable, modique, négligeable, passable, pauvre, petit, piteux, pitoyable, ridicule, minable (fam.)

pieu N. M. piquet, bâton, échalas, épieu, poteau

pieusement ADV. **1. dévotement**, dévotieusement, religieusement **2. précieusement**, jalousement, religieusement, respectueusement, soigneusement, scrupuleusement, tendrement

pieux, pieuse ADJ. croyant, pratiquant, religieux, bigot (péj.), dévot (péj.)

pile¹ N. F. **1. amoncellement**, amas, empilage, empilement, entassement, monceau, montagne, tas **2. batterie**, générateur **3. pilier**, colonne, montant, pied-droit, pilastre, pylône

pile² ADV. **1. à propos**, à pic, à point (nommé), bien, opportunément **2. précis**, juste, juste à temps, sonnant, pétant (fam.), tapant (fam.) **3. net**, brusquement

piler¹ V. INTR. [fam.] freiner brutalement, s'arrêter net

piler² V. TR. broyer, concasser, écraser, pulvériser, réduire en miettes/en poudre, triturer

pilier N. M. **1. colonne**, pied-droit, pilastre, pile, pylône **2. appui**, défenseur, étai, partisan, soutien, support **3. habitué**, familier, fidèle

pillage N. M. **1. mise à sac**, déprédation, sac, saccage **2. vol**, brigandage, larcins, razzia, maraudage (littér.), rapine (littér.) **3. concussion**, détournement, exaction **4. plagiat**, calque, copie, démarquage, emprunt, imitation

pillard, arde N. voleur, brigand, maraudeur, pilleur, pirate

piller V. TR. **1. voler**, dérober, dévaliser, mettre à sac **2. plagier**, calquer, copier, démarquer, emprunter à, imiter

pilon N. M. **1. broyeur 2. dame**, hie **3. jambe de bois 4.** [de poulet] **cuisse**

pilonner V. TR. **1. broyer**, écraser **2. marteler**, matraquer **3. bombarder**, canonner

pilotage N. M. conduite, direction, guidage, navigation

pilote N. **1. barreur**, skipper, timonier (littér.) **2. aviateur**, copilote **3. conducteur**, chauffeur **4. guide**, cornac (fam.), cicérone (littér.) **5.** [en apposition] **expérimental**, modèle, test

piloter V. TR. **1. manœuvrer**, conduire, être au volant de **2. gouverner**, administrer, commander, diriger, être à la tête de, être aux commandes de, être aux manettes de, gérer, mener, tenir la barre de, tenir le gouvernail de, tenir les rênes de, manager (fam.) **3. guider**, accompagner, escorter, mener, cornaquer (fam.)

pilule N. F. **1. pastille**, cachet, comprimé, grain, granule, granulé **2. contraceptif (oral)**

pimbêche N. F. prétentieuse, mijaurée, péronnelle, bêcheuse (fam.), chichiteuse (fam.), pécore (littér.)

piment N. M. **1. chili**, poivre de Cayenne **2. esprit**, piquant, saveur, sel

pimenté, ée ADJ. **1. épicé**, corsé, fort, piquant, relevé **2. osé**, grivois, licencieux, salé

pimenter V. TR. épicer, agrémenter, assaisonner, corser, relever

pimpant, ante ADJ. **1. élégant**, gracieux, joli **2. fringant**, allègre, joyeux, pétillant, sémillant, vif

pinailler V. INTR. ergoter, chicaner, discutailler, chercher la petite bête (fam.), chinoiser (fam.), chipoter (fam.), couper les cheveux en quatre (fam.), enculer les mouches (très fam.), ratiociner (littér.)

pinailleur, euse N. ergoteur, chicaneur, discutailleur, chipoteur (fam.), coupeur de cheveux en quatre (fam.), ratiocineur (littér.), vétilleux (littér)

pince N. F. **1. tenaille 2.** [Couture] **fronce**, pli

pincé, ée ADJ. **1. guindé**, empesé, raide, sec, coincé (fam.), constipé (fam.), gourmé (littér.) **2.** [bouche, lèvre, nez] **fermé**, mince, serré **3.** [fam.] **amoureux**, mordu (fam.)

pinceau N. M. **1. brosse**, blaireau, houppe, queue-de-morue **2.** [lumineux] **faisceau**

pincer V. TR. **1. serrer**, coincer, saisir **2.** [froid] **piquer**, mordre

pingre N. et ADJ. avare, mesquin, parcimonieux, regardant, grippe-sou (fam.), radin (fam.), rapiat (fam.), ladre (littér.)

pingrerie N. F. avarice, mesquinerie, radinerie (fam.), ladrerie (littér.), lésine (littér.)

piocher V. TR. **1. creuser**, fouir **2. prendre**, puiser, dégoter (fam.)

pion¹ N. M. élément, pièce

pion², pionne N. [fam.] surveillant, maître d'étude

pionnier, ière N. **1. défricheur**, colon, conquérant, explorateur **2. bâtisseur**, créateur, fondateur, initiateur, innovateur, inspirateur, instigateur, père, précurseur, promoteur

pipe N. F. bouffarde (fam.), brûle-gueule (fam.), [des Indiens] calumet, [orientale] narguilé

pipeau N. M. **1. flûte**, chalumeau, flageolet, flûtiau, musette **2. appeau**

pipeline N. M. **1. oléoduc 2. canalisation**, canal, collecteur, conduite, tube, tuyau

pipi N. M. urine, pisse (fam.)

piquant¹, ante ADJ. **1. pointu**, acéré, aigu, perforant **2. vif**, mordant **3. épicé**, fort **4. aigre**, acide, piqué **5. gazeux**, pétillant **6. acerbe**, acide, âcre, aigre, amer, blessant, caustique, vexant **7. malicieux**, fin, incisif, mordant, mutin, satirique, savoureux, spirituel, vif **8. amusant**, charmant, curieux, drôle, excitant, inattendu, intéressant, pittoresque, plaisant

piquant² N. M. **1. aiguillon**, épine **2. relief**, agrément, mordant, piment, saveur, sel **3. charme**, chien (fam.)

pique¹ N. F. lance, dard, hallebarde, javelot, pointe, sagaie

pique² N. F. raillerie, méchanceté, moquerie, pointe, quolibet, rosserie, sarcasme, vanne (fam.), brocard (littér.)

piqué, ée ADJ. **1.** [bois] **vermoulu**, mangé aux vers, pourri, rongé **2.** [vin] **acide**, aigre, aigrelet, sur, tourné **3.** [Mus.] **détaché**, staccato

pique-assiette N. INVAR. parasite, profiteur

piquer V. TR. **I. 1. trouer**, percer **2. attaquer**, manger, ronger **3.** [serpent] **mordre 4. planter**, enfoncer, ficher, plonger **5. coudre 6. vacciner 7. euthanasier**, tuer **II. 1. aiguillonner**, éperonner **2. attiser**, chatouiller, éveiller, exciter, stimuler **III. 1. picoter**, brûler, cuire, démanger, gratter, pincer **2. irriter**, atteindre, blesser, fâcher, froisser, offenser, vexer

♦ **se piquer** V. PRON. **1. se droguer**, se fixer (fam.), se piquouser (fam.), se shooter (fam.) **2. s'aigrir**, se gâter, surir, tourner **3. se fâcher**, s'emporter, se formaliser, se froisser, s'offenser, s'offusquer, prendre la mouche, se vexer

piqueté, ée ADJ. piqué, tacheté, tavelé

piqûre N. F. **1. blessure**, morsure, picotement, urtication **2. injection**, inoculation, vaccin, piquouse (fam.) **3. couture 4. vermoulure 5. tache**, oxydation, rousseur **6. pique**, méchanceté, moquerie, pointe, quolibet, raillerie, rosserie, sarcasme, vanne (fam.), brocard (littér.)

pirate

▸ N. M. 1. **écumeur de mer**, corsaire, forban, boucanier (Antilles) 2. **escroc**, aigrefin, bandit, filou, fripouille, gangster, requin, scélérat, truand, voleur, forban (littér.) 3. [informatique] **hacker** (anglic.)

▸ ADJ. **illégal**, clandestin, illicite, irrégulier

pirater V. TR. 1. **plagier**, copier, démarquer, piller 2. [un avion] **détourner**

piraterie N. F. 1. **flibuste**, flibusterie 2. **escroquerie**, exaction, filouterie, fraude, vol

pirouette N. F. 1. **cabriole**, gambade, tour, virevolte, volte 2. **dérobade**, échappatoire, esquive, excuse, faux-fuyant, fuite, plaisanterie 3. **revirement**, changement, retournement, volte-face, palinodie (littér.)

pirouetter V. INTR. pivoter, tourbillonner, tournoyer, virevolter

pis N. M. tétine, mamelle

piscine N. F. bassin, baignoire, bain, pièce d'eau, réservoir

pisser

▸ V. INTR. **uriner**, faire pipi (fam.), se soulager (fam.)

▸ V. TR. **évacuer**, perdre

piste N. F. 1. **voie**, chemin, sentier 2. **trace**, indication, [d'animal] foulée 3. **circuit**

pister V. TR. suivre, filer, prendre en filature, suivre (la trace de), filocher (fam.)

pistolet N. M. revolver, arme, feu (fam.), flingue (fam.), pétard (fam.), calibre (argot)

piston N. M. [fam.] appui, coup de pouce, parrainage, recommandation, soutien

pistonner V. TR. [fam.] recommander, appuyer, favoriser, parrainer, pousser, donner un coup de pouce à (fam.)

pitance N. F. nourriture, aliments, subsistance, ordinaire (littér.), rata (argot militaire)

piteux, euse ADJ. 1. **affligeant**, déplorable, lamentable, mal en point, médiocre, misérable, pauvre, pitoyable, triste, minable (fam.), piètre (littér.) 2. **confus**, contrit, honteux, penaud, la queue basse/entre les jambes (fam.)

pitié N. F. 1. **commisération**, apitoiement, attendrissement, compassion 2. **bonté**, bienveillance, charité, clémence, cœur, humanité, indulgence, sensibilité, mansuétude (littér.) 3. [Relig.] **grâce**, merci, miséricorde 4. **condescendance**, dédain, mépris

piton N. M. 1. **clou**, broche, vis 2. [rocheux] **éminence**, aiguille, montagne, pic

pitoyable ADJ. 1. **piteux**, affligeant, calamiteux, consternant, déplorable, désastreux, exécrable, lamentable, misérable, médiocre, méprisable, pauvre, triste, dans un triste état, minable (fam.) 2. **douloureux**, malheureux, moche, triste

pitre N. M. clown, bouffon, comique (de la troupe), guignol

pitrerie N. F. clownerie, facétie, farce, plaisanterie, singerie (fam.)

pittoresque

▸ ADJ. 1. **original**, bizarre, curieux, exotique, folklorique, insolite 2. **expressif**, cocasse, coloré, haut en couleur, piquant, savoureux, truculent

▸ N. M. **couleur (locale)**, caractère, exotisme, insolite, originalité

pivot N. M. 1. **axe**, arbre 2. **base**, centre, clé de voûte, fondement, soutien, support 3. **organisateur**, cheville ouvrière, pilier, responsable

placard N. M. **1. affiche**, écriteau, pancarte **2. armoire**, buffet

placarder V. TR. afficher, apposer, coller

place N. F. **I. 1. espace**, volume **2. emplacement**, endroit, lieu, position, siège, site, situation **3. esplanade**, agora, forum, parvis, square **4. disposition**, agencement, arrangement, ordre, position **II. 1. fauteuil**, siège, loge, strapontin **2. billet**, entrée **III. 1. classement**, position, rang **2. emploi**, charge, dignité, fonction, métier, position, poste, rang, rôle, situation, travail, job (fam.)

placement N. M. **1. installation**, agencement, rangement **2. investissement**, mise (de fonds) **3. hospitalisation**, internement

placer V. TR. **I. 1. agencer**, ajuster, arranger, disposer, ordonner, ranger **2. déposer**, mettre, poser, ficher (fam.), flanquer (fam.), foutre (très fam.) **3. faire tenir**, loger, mettre, ranger, caser (fam.), fourrer (fam.), nicher (fam.), serrer (littér.) **4. installer**, asseoir, mettre, poster **5. situer**, centrer, établir, localiser **II. 1. investir**, engager **2.** [des espoirs] **fonder**, mettre **3. vendre**, louer

♦ **se placer** V. PRON. **1. s'installer**, s'asseoir, se mettre, se ranger **2. se classer**

placide ADJ. **1. paisible**, calme, mesuré, pacifique, patient, pondéré, serein, tranquille, cool (fam.) **2. flegmatique**, froid, impassible, imperturbable

placidité N. F. **1. calme**, nonchalance, patience, sang-froid, sérénité, tranquillité **2. flegme**, impassibilité, imperturbabilité

plafond N. M. **1. voûte 2. maximum**, limite (haute), seuil, sommet

plafonner

▸ V. INTR. **1. culminer**, atteindre la limite **2. stagner**, faire du sur-place, marquer le pas

▸ V. TR. **limiter**, brider

plage N. F. grève, bord de mer, marina, rivage

plagiaire N. contrefacteur, copieur, copiste, imitateur, pasticheur, pillard, pilleur

plagiat N. M. copie, calque, copiage, démarquage, emprunt, imitation, pastiche, pillage

plagier V. TR. copier, calquer, contrefaire, démarquer, imiter, pasticher, piller, reproduire

plaid N. M. couverture, tartan

plaider V. TR. défendre, affirmer, attester, faire valoir, soutenir

plaidoyer N. M. **1. plaidoirie**, défense **2. justification**, apologie, défense, éloge

plaie N. F. **1. blessure**, écorchure, égratignure, lésion, meurtrissure, bobo (lang. enfants) **2. affliction**, blessure, douleur, peine, souci, tracas

plaignant, ante N. demandeur, accusateur, partie, plaideur

plaindre V. TR. **avoir pitié de**, s'apitoyer sur, s'attendrir sur, compatir avec, prendre en pitié

♦ **se plaindre** V. PRON. **1. se lamenter**, conter ses peines **2. geindre**, crier, gémir, pleurer, bêler (fam.), couiner (fam.), pleurnicher (fam.) **3. protester**, criailler, grommeler, jeter/pousser les hauts cris, maugréer, récriminer, râler (fam.), rouspéter (fam.) **4. réclamer**, revendiquer, crier misère

plain-pied (de) LOC. ADJ. au même niveau, de niveau

plainte N. F. **1. cri (de douleur)**, gémissement, hurlement, lamentation, pleur, soupir (littér) **2. doléance**, grief, protestation, réclamation, récrimination, reproche, revendication, criaillerie (péj.), jérémiade (péj.)

plaintif, ive ADJ. gémissant, larmoyant (péj.), geignard (péj., fam.), pleurnichard (péj., fam.), dolent (péj., littér.)

plaire V. INTR. **avoir du succès**, être populaire, être en vogue, réussir
- plaire à **1. convenir à**, agréer à, aller à, contenter, être à la convenance de, avoir la faveur de, faire plaisir à, sembler bon à, satisfaire, tenter, botter (fam.), chanter à (fam.), dire à (fam.) **2. séduire**, attirer, charmer, conquérir, avoir un ticket avec (fam.), avoir une touche avec (fam.), taper dans l'œil à (fam.), tourner la tête à (fam.)
♦ **se plaire** V. PRON. **s'aimer**, s'apprécier

plaisamment ADV. **1. drôlement** **2. agréablement**, délicieusement, gracieusement, joliment

plaisant, ante
▸ ADJ. **1. agréable**, attrayant, charmant, gentil, gracieux, joli, riant **2. aimable**, amène, attirant, attachant, avenant, gai, séduisant, sympathique **3. engageant**, excitant **4. amusant**, comique, divertissant, drôle, piquant, réjouissant, risible, spirituel, rigolo (fam.)
▸ N. M. [vieux] **bouffon**, farceur, loustic

plaisanter
▸ V. INTR. **s'amuser**, badiner, rire, blaguer (fam.), rigoler (fam.)
▸ V. TR. **se moquer de**, railler, taquiner, charrier (fam.), mettre en boîte (fam.)

plaisanterie N. F. **1. boutade**, bon mot, saillie, trait d'esprit, blague (fam.) **2. moquerie**, pointe, raillerie, taquinerie, mise en boîte (fam.), vanne (fam.) **3. facétie**, badinerie, bouffonnerie, pitrerie, couillonnade (très fam.), gag (fam.) **4. farce**, mystification, attrape (fam.), bateau (fam.), blague (fam.), bobard (fam.), canular (fam.) **5. jeu**, bagatelle, rigolade (fam.)

plaisantin N. M. **1. farceur**, blagueur, bouffon, pitre **2.** [péj.] **amateur**, dilettante, fumiste (fam.), rigolo (fam.)

plaisir N. M. **1. satisfaction**, bien-être, bonheur, contentement, délectation, délice, félicité, joie **2. hédonisme**, épicurisme **3. jouissance**, volupté **4. distraction**, amusement, divertissement, jeu, passe-temps, récréation, réjouissance

plan[1], plane ADJ. égal, plain, plat, uni, de niveau

plan[2] N. M. **1. surface** **2. hauteur**, niveau **3. importance**, catégorie, ordre **4. domaine**, perspective, registre **5.** [Cinéma] **prise de vue**

plan[3] N. M. **I. 1. intention**, dessein, idée, programme, projet, visée, vue **2. planification**, calcul, combinaison, entreprise, stratégie, système, tactique **II. 1. cadre**, canevas, charpente, ébauche, esquisse, ordre (des matières), ossature, squelette, structure, synopsis, trame **2. schéma**, carte, coupe, croquis, dessin, diagramme, épure, levé

planche N. F. **1. latte**, planchette **2. rayon**, tablette **3. image**, estampe, gravure, illustration, reproduction **4.** [Hortic.] **carré**
♦ **les planches** PLUR. **la scène**, le théâtre, les tréteaux

plancher N. M. **1. sol** **2. parquet** **3. minimum**, limite (basse), [en apposition] limite

planer V. INTR. **1. voler** **2. flotter dans l'air** **3. rêver**, être dans les nuages (fam.), être dans les vapes (fam.), être à côté de ses pompes (fam.), être à l'ouest (fam.), rêvasser (fam.)

planétaire ADJ. mondial, global, intercontinental, international, terrestre, universel

planète N. F. **1. corps céleste**, astre **2. terre**, globe, monde

planifier V. TR. **1. programmer**, calculer, ordonner, organiser, préparer, prévoir **2. projeter**, envisager, penser, préméditer, se proposer de, songer à

planning N. M. **1. calendrier**, agenda, emploi du temps, programme **2. organisation**, arrangement, ordonnancement, plan de travail

planque N. F. **1. cachette**, cache **2.** [fam.] **sinécure**, combine (fam.), filon (fam.), fromage (fam.)

plantation N. F. **I. implantation**, installation, pose **II. 1. champ**, culture, exploitation (agricole), [de jeunes végétaux] pépinière, [de légumes] potager, [d'arbres fruitiers] verger **2.** [d'arbres] **boisement**, peuplement

plante N. F. **végétal**
♦ **plantes** PLUR. **végétation**, flore

planter V. TR. **1. semer**, repiquer, transplanter **2. ensemencer**, [d'arbres] arborer, boiser, reboiser **3. enfoncer**, ficher, implanter, piquer **4. installer**, camper, élever, placer, poser, [une tente] dresser, monter
♦ **se planter** V. PRON. **se poster**, s'arrêter, se camper, se mettre

plantureux, euse ADJ. **1. abondant**, copieux, gargantuesque, d'ogre, pantagruélique **2. rond**, corpulent, dodu, gras, gros, potelé, replet **3. épanoui**, avantageux, opulent, plein, rebondi

plaque N. F. **1. feuille**, carreau, lame, lamelle, plaquette, table, tablette **2. écriteau**, panonceau **3. médaille**, badge **4. écaille**, croûte

plaquer V. TR. **1. appliquer**, coller, couvrir de, recouvrir de, placarder (fam.) **2. aplatir**, appuyer, mettre à plat **3. pousser**, coincer (fam.)

plaquette N. F. **1. publication**, brochure, livret, monographie, opuscule, recueil **2. lamelle**, planchette, plaque

plastique[1] ADJ. flexible, malléable, mou, souple

plastique[2]
▸ N. F. **forme**, physique, corps
▸ N. M. **plastoc** (fam.)

plastronner V. INTR. parader, faire l'intéressant, fanfaronner, se mettre en valeur, se pavaner, poser, crâner (fam.), frimer (fam.)

plat[1]**, plate** ADJ. **I. 1. plan**, égal, horizontal, lisse, plain, uni **2. aplati**, mince **3.** [cheveux] **raide**, aplati **4.** [nez] **camard**, aplati, camus **II. 1. servile**, humble, obséquieux, rampant, vil **2. terne**, banal, creux, fade, falot, incolore, inconsistant, insipide, médiocre, monotone, morne, pâle, prosaïque, quelconque, uniforme, vide, fadasse (fam.)

plat[2] N. M. **1. plateau**, ustensile **2. mets**, spécialité

plateau N. M. **1. plate-forme**, table, [de tourne-disque] platine **2.** [Théâtre] **scène**, planches, tréteaux **3.** [TV] **studio**, décor **4. plat**, assortiment

plate-bande N. F. parterre, corbeille, massif

plateforme N. F. **1. terrasse**, balcon, belvédère, terre-plein **2. étage**, palier **3. plateau 4.** [en montagne] **épaule**, replat **5.** [politique] **programme**, base, projet

platitude N. F. **1. fadeur**, banalité, facilité, faiblesse, inconsistance, insignifiance, insipidité, médiocrité, monotonie, pauvreté, prosaïsme, uniformité **2. cliché**, banalité, bêtise, évidence, fadaise, généralité, lapalissade, lieu commun, niaiserie, poncif, sottise, stéréotype, truisme

platonique ADJ. **1. chaste**, désincarné, idéal, immatériel, pur, spirituel, sublime, éthéré (littér.) **2. théorique**, formel

plâtras N. M. gravats, déblais, débris, décombres

plausible ADJ. **1. admissible**, acceptable, concevable, crédible, croyable, pensable, possible, recevable, vraisemblable **2. probable**, possible

pléiade N. F. **1. aréopage**, cénacle, école, groupe **2. grande quantité**, affluence, armée, contingent, essaim, flot, foule, légion, multitude, myriade, nuée, régiment, ribambelle, flopée (fam.)

plein, pleine ADJ. **I. 1. rempli**, farci, garni **2. complet**, [à l'excès] bondé, comble, plein comme un œuf, plein à craquer, saturé, bourré (fam.) **3.** [avant le nom] **total**, absolu, complet, entier, plénier, tout **4. rassasié**, repu **5.** [femelle] **gravide**, grosse **II. 1. épanoui**, arrondi, avantageux, charnu, dodu, généreux, gras, gros, opulent, plantureux, potelé, rebondi, replet, rond **2. ample**, dense, étoffé, nourri, soutenu

pleinement ADV. **1. entièrement**, absolument, complètement, tout (à fait), totalement **2. parfaitement**, très

plénipotentiaire N. M. fondé de pouvoir, ambassadeur, diplomate, émissaire, envoyé

plénitude N. F. **1. épanouissement**, force (de l'âge), maturité **2. bonheur**, contentement **3. intégrité**, totalité **4. abondance**, ampleur, profusion **5. comblement**, saturation

pléonasme N. M. redondance, tautologie

pléthore N. F. profusion, abondance, débordement, excès, surabondance, surplus

pléthorique ADJ. excessif, foisonnant, surabondant, surchargé

pleurer

▸ V. INTR. **1. être en larmes**, répandre des larmes, verser des larmes, larmoyer, sangloter, chialer (fam.) **2. crier**, brailler, braire, couiner, hurler **3. se plaindre**, geindre, gémir, se lamenter, larmoyer, pleurnicher, réclamer, chouiner (fam.) **4. implorer**

▸ V. TR. **1. regretter**, déplorer, se lamenter sur **2. se repentir de**

pleurnichard, arde ADJ. et N. pleurnicheur, geignard, larmoyant, plaintif, pleurard (fam.), dolent (littér.)

pleurnicher V. INTR. geindre, gémir, se lamenter, avoir la larme à l'œil, larmoyer, se plaindre, pleurer

pleurs N. M. PL. **1. larmes**, sanglots **2. cris**, geignements, gémissements, jérémiades, lamentations, plaintes, pleurnicheries, soupirs (littér.)

pleutre N. M. et ADJ. peureux, craintif, lâche, poltron, dégonflé (fam.), foireux (fam.), froussard (fam.), péteux (fam.), pétochard (fam.), poule mouillée (fam.), trouillard (fam.), couard (littér.), pusillanime (littér.)

pleuvoir

▸ V. IMPERS. **bruiner**, crachiner, pleuvasser, pleuviner, pleuvoter, flotter (fam.), pisser (fam.)

▸ V. INTR. **affluer**, arriver en abondance, s'amonceler

pli[1] N. M. **1. pliure**, arête, corne, nervure **2. poche**, bourrelet, fanon, repli, ride, ridule, [du coude] saignée **3.** [Couture] **fronce**, godron, pince, tuyau **4.** [de terrain] **plissement**, accident, cuvette, dépression, dôme, éminence, ondulation **5. habitude**, manie, réflexe, rite, rituel

pli[2] N. M. **1. lettre**, feuillet, mot (fam.), billet (littér.), missive (littér.) **2. levée**

plier
▸ V. TR. **1. replier**, fermer, rabattre, ranger **2. plisser**, corner, enrouler, froncer, rouler **3. courber**, arquer, couder, fausser, fléchir, incliner, incurver, infléchir, recourber, tordre, ployer (littér.)
▸ V. INTR. **1. s'incliner**, se courber, se déformer, fléchir, s'incurver, pencher, ployer, se tordre **2. céder**, faiblir, flancher, fléchir, s'incliner, mollir, obtempérer, reculer, se rendre

plissé, ée ADJ. **1. froncé**, ruché **2. fripé**, chiffonné, marqué, parcheminé, raviné, ridé

plissement N. M. froncement, froissement, contraction

plisser V. TR. **1. froncer**, rucher **2. froisser**, chiffonner

pliure N. F. **1. pli**, arête, corne, nervure **2. creux**

plomb N. M. **1. sceau**, scellé **2. charge**, grenaille, chevrotine **3. fusible**

plombage N. M. **1. obturation** **2. amalgame**

plombé, ée ADJ. **1. scellé** **2. grevé**, alourdi, lesté **3.** [ciel] **nuageux**, chargé, lourd, sombre **4.** [teint] **pâle**, blafard, blême, cadavérique, cireux, exsangue, hâve, livide, olivâtre, terreux, verdâtre **5.** [dent] **obturé**

plomber V. TR. **1. lester**, alourdir **2. sceller** **3.** [une dent] **boucher**, obturer

plongeant, ante ADJ. profond, échancré

plongée N. F. **1.** [de sous-marin] **immersion**, descente **2.** [d'avion] **piqué**, descente **3. voyage**, descente, immersion **4. vue plongeante**

plongeon N. M. **1. chute**, saut **2. faillite**, culbute, bouillon (fam.) **3. immersion**, descente

plonger
▸ V. TR. **1. immerger**, baigner, noyer, submerger, tremper **2. enfoncer**, enfouir, introduire, mettre, faire pénétrer, fourrer (fam.) **3. jeter**, précipiter
▸ V. INTR. **1. piquer** **2. sauter**, piquer une tête **3. s'immerger**, disparaître, s'enfoncer, s'engloutir, sombrer

plongeur, euse N. **1. homme-grenouille** **2.** [fam.] **laveur**, rinceur

ployer
▸ V. TR. **courber**, arquer, couder, fausser, fléchir, incliner, incurver, infléchir, plier, recourber, tordre
▸ V. INTR. **1. s'incliner**, se courber, se déformer, fléchir, s'incurver, pencher, (se) plier, se tordre **2. céder**, faiblir, flancher, fléchir, s'incliner, mollir, obtempérer, reculer, se rendre

pluie N. F. **1. précipitation**, averse, eau (du ciel), giboulée, gouttes, grain, ondée, orage, douche (fam.), flotte (fam.), rincée (fam.), sauce (fam.), saucée (fam.) **2.** [forte] **déluge**, cataracte, hallebardes

plume N. F. **1. aigrette**, panache, plumet **2. stylo**, crayon **3. style**, écriture
♦ **plumes** PLUR. **plumage**, duvet

plupart N. F. et PRON. INDÉF.
- **la plupart (de)** la majorité (de), l'essentiel (de), le gros de, le plus grand nombre (de), presque tous
- **la plupart du temps** ordinairement, d'ordinaire, le plus souvent, généralement, habituellement, neuf fois sur dix

pluralité N. F. multiplicité, diversité, variété

plus[1] ADV. **davantage**, encore
- **en plus** **1. à côté de ça**, au surplus, de surcroît, par surcroît, et pour couronner le tout (fam.), par-dessus le marché (fam.) **2. en prime**, en complément, en sus

plus² N. M. **1. avantage**, atout **2. amélioration**, bonification, gain, mieux

plusieurs

▸ ADJ. **1. quelques**, plus d'un, un certain nombre de, maint (littér.) **2. différent**, divers **3. beaucoup de**, bon nombre de, pas mal de, quantité de, moult (littér.)

▸ N. **d'aucuns**, certains, quelques-uns

plus-value N. F. **1. bénéfice**, boni, excédent, gain, profit **2. amélioration**, valorisation

plutôt ADV. **1. assez**, passablement, moyennement, relativement **2. en fait**, en réalité, du moins **3. de préférence**

pluvieux, euse ADJ. humide, bruineux

poche N. F. **1. emballage**, pochette, sac, sachet **2. gousset**, pochette, fouille (fam.) **3. cerne**, valise (fam.), valoche (fam.)

pocher

▸ V. TR. **1. ébouillanter**, blanchir, échauder **2. meurtrir**

▸ V. INTR. **goder**, faire des plis, godailler

pochette N. F. poche, emballage, sac, sachet

poésie N. F. **1. poème**, chant, pièce en vers **2. lyrisme**, romantisme **3. beauté**, charme, émotion **4. littérature**, rimaillerie (péj.)

poète

▸ N. **1. auteur**, écrivain, aède (littér.), barde (littér.), faiseur de vers (péj.), rimailleur (péj.), rimeur (péj.), versificateur (péj.) **2. chantre**, troubadour

▸ ADJ. **rêveur**, idéaliste, utopiste

poétique ADJ. **1. lyrique** **2. beau**, idéal **3. romantique**, touchant

poids N. M. **I. 1. masse**, charge, lourdeur, pesanteur, poussée **2. ligne** **3. bloc**, masse, morceau **4.** [d'un diamant] **carat** **5. densité**, titre **II. 1. charge**, faix, fardeau, responsabilité **2. souci**, accablement, fatigue **3. embarras**, gêne, oppression, pesanteur, pression, boulet (fam.) **III. 1. importance**, force, portée, valeur **2. autorité**, influence

poids lourd N. M. camion, semi-remorque, gros cul (fam.)

poignant, ante ADJ. pathétique, bouleversant, déchirant, émouvant

poigne N. F. énergie, autorité, fermeté, force, vigueur

poignée N. F. manette, levier, bouton, béquille, [de pot, de casserole] anse, oreille, [de fenêtre] crémone, espagnolette, [de porte] bec de cane

poil N. M. **1. pelage**, fourrure, toison, [de cheval] robe **2. barbe**, moustache, duvet **3. soie**, crin

poilu, ue ADJ. **1. velu**, barbu, chevelu, moustachu **2. cotonneux**, duveteux, pubescent, velu

poinçon N. M. **1. garantie**, estampille, label, marque, sceau **2. pointeau**, alène, coin, matrice

poinçonner V. TR. **1. estampiller**, frapper, graver, marquer **2. percer**, perforer, transpercer, trouer

poindre V. INTR. **1. percer**, éclore, pointer, saillir, sortir **2. apparaître**, émerger, se faire jour, se lever, se montrer, naître, paraître, se présenter, se profiler, surgir, survenir, venir, montrer le bout de son nez (fam.)

poing N. M.

- coup de poing châtaigne (fam.), marron (fam.), allonge (argot)

point N. M. **I. 1. position**, emplacement, endroit, lieu, place **2. repère**, coordonnée **II.** [d'un score, d'un résultat] **marque**, note **III. ponctuation**, signe **IV. 1. sujet**, chapitre, matière, problème, question, rubrique, thème **2.** [d'un discours, d'un écrit] **partie**, lieu, article, disposition, chef (littér.)

V. 1. moment, étape, phase, stade **2. état**, situation **3. degré**, échelon, niveau, seuil

pointage N. M. **1. contrôle**, vérification **2. enregistrement 3. visée**

point de vue N. M. **1. panorama**, coup d'œil, paysage, site, vue **2. approche**, aspect, optique, perspective **3. opinion**, appréciation, avis, conception, idée, jugement, pensée, position, sentiment

pointe N. F. **I. 1. bout**, extrémité, apex **2. bec**, cap **3. sommet**, cime, haut, pic **II. 1. aiguille**, flèche **2. piquant**, épine **3. clou III. 1. émergence**, point **2. avant-garde IV. châle**, fichu, foulard **V. moquerie**, épigramme, pique, plaisanterie, quolibet, raillerie, sarcasme, lazzi (littér.), vanne (fam.)

pointer[1] V. TR. **1. signaler**, montrer du doigt **2. cocher**, contrôler, marquer, noter, relever, vérifier **3. diriger**, braquer, orienter, viser

pointer[2] V. INTR. **1. pousser**, percer **2. jaillir**, se dresser, s'élancer **3. apparaître**, émerger, naître, paraître, poindre, se profiler, surgir, montrer le bout de son nez (fam.)

pointilleux, euse ADJ. **1. minutieux**, consciencieux, méticuleux, rigoureux, scrupuleux, soigneux, vigilant, maniaque (péj.) **2. exigeant**, formaliste, sourcilleux, tatillon, chicaneur (fam.), ergoteur (fam.), pinailleur (fam.), vétilleux (littér.) **3. chatouilleux**, délicat, difficile, irascible, susceptible

pointu, ue ADJ. **1. acéré**, aigu, effilé, piquant **2. élevé**, aigu, haut perché **3. spécialisé**, affûté

pointure N. F. taille, dimension

poison N. M. **1. toxique**, venin, bouillon d'onze heures (fam.) **2. importun**, empoisonneur, enquiquineur (fam.) **3. démon**, peste, vipère, carne (fam.), chameau (fam.), teigne (fam.), vache (fam.)

poisseux, euse ADJ. collant, gluant, gras, visqueux

poisson N. M. **1.** [collectif] **marée**, poissonnaille (fam.), poiscaille (pop.), [petit] fretin **2.** [jeune] **alevin**, nourrain

poitrine N. F. **1. buste**, poitrail, poumons, sein, thorax, torse, buffet (fam.), caisse (fam.), coffre (fam.) **2.** [féminine] **seins**, gorge, mamelles (fam.), lolos (fam.), nénés (fam.), nichons (fam.)

poivré, ée ADJ. **1. relevé**, assaisonné, épicé, fort **2.** [propos] **grivois**, coquin, croustillant, cru, égrillard, épicé, gaillard, gaulois, graveleux, léger, leste, libertin, libre, licencieux, osé, rabelaisien, salé, cochon (fam.)

polaire ADJ. **1. glacial**, sibérien **2. arctique**, antarctique, hyperboréen (littér.)

polariser V. TR. attirer, concentrer, focaliser

♦ **se polariser sur** V. PRON. se concentrer sur, se fixer sur, se focaliser sur

pôle N. M. **1. extrémité**, calotte **2. centre**, cœur, noyau

polémique

▸ N. F. **controverse**, contestation, désaccord, différend, dispute, querelle

▸ ADJ. **critique**, agressif, défavorable, négatif, sévère

poli[1]**, ie** ADJ. **1. lisse**, bruni **2. brillant**, briqué, éclatant, étincelant, frotté, luisant, lustré **3. fini**, soigné, fignolé (fam.)

poli[2]**, ie** ADJ. **1. bien élevé**, bienséant, convenable, correct, courtois, de bon ton, policé, respectueux **2. aimable**, affable, amène, déférent **3. distingué**, civilisé, délicat, éduqué, élégant, raffiné

police[1] N. F. **1. ordre**, administration, justice **2. force publique**, forces de l'ordre, flics (fam.), flicaille (fam., péj.), poulets (fam.), poulaille (argot), rousse (argot) **3. commissariat**

policer V. TR. civiliser, adoucir, affiner, cultiver, éduquer, humaniser, polir, raffiner

polichinelle N. M. **1. fantoche**, girouette, marionnette, pantin **2. bouffon**, clown, guignol, pitre, rigolo (fam.)

policier, ière
▸ N. **1. agent (de police)**, gardien de la paix, flic (fam.), poulet (fam.), bourre (argot), cogne (argot), condé (argot), vache (argot) **2. détective**, limier, espion, indicateur
▸ ADJ. et N. M.
- **(roman) policier** roman noir, thriller (anglic.), polar (fam.)

poliment ADV. courtoisement, affablement, respectueusement, civilement (littér.)

polir V. TR. **I. 1. aplanir**, adoucir, aléser, égaliser, limer, planer, poncer, raboter **2. astiquer**, briquer, décaper, faire briller, fourbir, frotter, lustrer **II. 1. civiliser**, affiner, cultiver, dégrossir, éduquer, humaniser, policer **2. parfaire**, apporter la dernière main/la dernière touche à, châtier, ciseler, épurer, fignoler, peaufiner, soigner, lécher (fam.)

polisson, onne
▸ N. **1. galopin**, garnement, vaurien **2. débauché**
▸ ADJ. **canaille**, coquin, égrillard, gaulois, gras, graveleux, grivois, hardi, libertin, licencieux, osé, paillard

polissonnerie N. F. espièglerie, farce, niche, tour

politesse N. F. **1. bienséance**, bon ton, convenances, correction, décence, éducation, (bonnes) manières, savoir-vivre, usages **2. affabilité**, amabilité, aménité, complaisance, galanterie, tact, urbanité (littér.) **3. égard**, courtoisie, déférence, respect

politique[1]
▸ ADJ. **1. civil**, civique, public, social **2. habile**, adroit, diplomate, diplomatique, fin, rusé
▸ N. M. **1. État**, gouvernement, pouvoir **2. politicien**, politicard (péj.)

politique[2] N. F. **1. stratégie**, calcul, gouvernance, gouvernement, tactique **2.** [extérieure] **diplomatie**

polluer V. TR. contaminer, corrompre, infecter, infester, souiller, vicier

pollution N. F. **1. souillure 2. nuisance**, agression

poltron, onne ADJ. et N. peureux, craintif, lâche, dégonflé (fam.), froussard (fam.), pétochard (fam.), poule mouillée (fam.), trouillard (fam.), couard (littér.), pleutre (littér.), pusillanime (littér.)

pomme N. F. **1.** [pour distinguer de pomme de terre] **pomme en l'air**, pomme fruit **2. fruit défendu** (littér.) **3. boule**, [de canne] pommeau, [de douche] douchette

pommelé, ée ADJ. **1. tacheté**, moucheté **2.** [ciel] **moutonné**

pompe N. F. **1. apparat**, appareil, cérémonial, cérémonie, décorum, éclat, faste, grandeur, lustre, luxe, magnificence, majesté, panache, richesse, solennité, somptuosité, splendeur, clinquant (péj.) **2. rhétorique**, affectation, bouffissure, emphase, enflure, grandiloquence, solennité, vanité

pomper V. TR. **1. aspirer**, absorber, boire, sucer **2. puiser**, tirer

pompeux, euse ADJ. **1. solennel**, cérémonieux, fastueux, majestueux **2. affecté**, ampoulé, apprêté, boursouflé, cérémonieux, déclamatoire, empesé, emphatique, enflé, grandiloquent, pédant, pontifiant, prétentieux, ronflant, sentencieux, solennel

pompier[1] N. M. sapeur(-pompier), soldat du feu

pompier[2]**, ière** ADJ. académique, conventionnel, ringard (fam.)

pompon N. M. houppe, houppette

pomponner V. TR. **parer**, toiletter, bichonner (fam.)

♦ **se pomponner** V. PRON. **s'apprêter**, se faire beau, se parer, se bichonner (fam.), s'endimancher, se mettre sur son trente et un

poncif N. M. stéréotype, banalité, cliché, idée reçue, lieu commun

ponctionner V. TR. **1.** [Méd.] **dégorger**, vider **2.** [les contribuables] **taxer**, traire (fam.)

ponctualité N. F. exactitude, assiduité, régularité

ponctuation N. F. pause, temps d'arrêt, silence

ponctuel, elle ADJ. **1. exact**, à l'heure **2. assidu**, régulier, scrupuleux **3. localisé**, local **4. isolé**, limité, spécial, spécifique

ponctuer V. TR. **1. entrecouper 2. souligner**, accentuer, scander **3. jalonner**, baliser

pondération N. F. **1. mesure**, égalité de caractère/d'humeur, calme, modération, prudence, retenue **2. balance**, équilibre

pondéré, ée ADJ. **1. posé**, calme, prudent, raisonnable, réfléchi, sage **2. mesuré**, égal, modéré, nuancé, raisonné, réservé, retenu, tempéré **3. équilibré**, proportionné

pondérer V. TR. **1. tempérer**, modérer, nuancer **2. équilibrer**, balancer, compenser

pont N. M. **1. arche**, passerelle, ponceau, viaduc **2. appontement**, passerelle **3. intermédiaire**, liaison, passage, passerelle, transition **4. essieu**

pontifiant, ante ADJ. doctoral, empesé, emphatique, pédant, professoral, sentencieux, solennel

pontificat N. M. papauté, règne

pontifier V. INTR. pérorer, faire donner les grandes orgues

pool N. M. **1. groupement**, communauté, consortium, groupe, syndicat **2. équipe**

populace N. F. **1. prolétariat**, masse, peuple, populaire, populo (fam.), vulgaire (littér.) **2. foule**, multitude **3. racaille**, canaille, pègre

populaire ADJ. **1. démocratique 2. laborieux**, ouvrier, pauvre, petit **3. humble**, ordinaire, plébéien, roturier, simple **4. commun**, plébéien, vulgaire **5. folklorique**, traditionnel **6. célèbre**, apprécié, connu, fameux, renommé, réputé

populariser V. TR. répandre, démocratiser, diffuser, généraliser, massifier, propager, vulgariser

popularité N. F. **1. célébrité**, audience, gloire, notoriété, renom, renommée, réputation **2. vogue**, cote, estime, faveur **3. sympathie**, cote d'amour

population N. F. **1. habitants**, gens, individus, peuple **2. collectivité**, corps social, nation, pays, peuple, public

populeux, euse ADJ. animé, fréquenté, habité, passant, peuplé, populaire

porc N. M. **1. cochon**, [mâle] **verrat 2.** [jeune] **porcelet**, cochon de lait, cochonnet, goret **3. charcuterie 4.** [péj.] **débauché**, cochon, dégoûtant, dépravé, vicieux

porche N. M. **1. abri 2. portique**, arc, entrée, porte cochère

poreux, euse ADJ. perméable, ouvert, percé

pornographie N. F. obscénité, sexe, porno (fam.), cul (très fam.)

pornographique ADJ. obscène, X, porno (abrév. fam.), cochon (fam.), hard (fam.)

port[1] N. M. 1. **rade**, bassin 2. **col**, passage, passe 3. **refuge**, abri, asile, havre

port[2] N. M. 1. **transport**, affranchissement, expédition 2. **air**, allure, contenance, démarche, maintien, prestance, tenue

portable ADJ. 1. **portatif**, mobile, transportable 2. **mettable**, convenable

portant, ante
▸ N. M. **montant**, pied-droit
▸ ADJ.
- **bien portant** sain, en bonne santé, en pleine forme
- **mal portant** malade, en mauvaise santé, souffrant, mal en point (fam.)

porte N. F. 1. **accès**, entrée, issue, ouverture, sortie 2. **vantail**, battant, lourde (argot) 3. **portière** 4. **portail**, grille, porche, portique, propylée, [triomphale] arc

porté, ée ADJ.
- **être porté sur** aimer, affectionner, avoir du goût pour, avoir un faible pour, avoir un penchant pour, être amateur de, être attiré par, s'intéresser à, se passionner pour, raffoler de

porte-bonheur N. M. INVAR. amulette, fétiche, grigri, mascotte, porte-chance, talisman

porte-documents N. M. INVAR. attaché-case, cartable, mallette, serviette

porte-drapeau N. M. 1. **porte-étendard**, enseigne (anciennt) 2. **chef**, cerveau, leader, meneur, représentant, tête

portée N. F. I. 1. **impact**, conséquence, effet, importance, influence, intérêt, place, poids, signification 2. **envergure**, étendue, force, valeur 3. **niveau**, aptitude, force 4. **trajectoire**, amplitude, ampleur, distance II. **progéniture**, petits, nichée

portefeuille N. M. 1. **porte-billets**, porte-carte 2. **titres**, valeurs 3. **ministère**

porte-parole N. M. INVAR. représentant, fondé de pouvoir, interprète

porter V. TR. I. 1. **tenir**, prendre 2. **transporter**, apporter, emporter, livrer, rapporter, transférer, transbahuter (fam.), trimbaler (fam.) 3. **pousser**, conduire, diriger, entraîner, mouvoir, transporter 4. [sur soi] **arborer**, avoir, exhiber, mettre, présenter 5. **supporter**, soutenir, tenir 6. [des fruits] **produire**, donner II. 1. [par écrit] **inscrire**, coucher 2. **contenir**, déclarer, dire, indiquer, préciser, stipuler 3. [une nouvelle] **annoncer** III. 1. **exprimer**, manifester, montrer, présenter, traduire 2. **accorder**, attacher, prêter, vouer (littér.) IV. 1. **assener**, administrer, appliquer, envoyer, lancer, allonger (fam.), coller (fam.), ficher (fam.), filer (fam.), flanquer (fam.) 2. [sans complément] faire mouche, toucher juste, toucher une corde sensible

portion N. F. 1. **subdivision**, morceau, part, partie, section, segment, tronçon 2. [d'aliment] **tranche**, bout, part, quartier, rondelle 3. **ration**, dose, part 4. [de terrain] **parcelle**, lopin 5. **lot**, part, quotité

portrait N. M. 1. **effigie**, image, photo, représentation 2. **peinture**, tableau 3. **signalement**, description

pose N. F. I. 1. **installation**, mise en place, montage 2. **application** II. 1. **position**, attitude, posture 2. **affectation**, façons, snobisme

posé, ée ADJ. pondéré, calme, grave, mûr, réfléchi, sage

posément ADV. **1. calmement**, doucement, paisiblement, tranquillement **2. lentement**, gravement

poser

▸ V. TR. **I. 1. placer**, déposer, mettre, flanquer (fam.), foutre (très fam.) **2. étaler**, étendre **3. installer**, adapter, monter **4. poster**, camper, disposer, dresser, placer **II. 1. postuler**, admettre, établir, fixer, formuler, supposer **2. évoquer**, soulever

▸ V. INTR. **faire le beau**, crâner, faire le paon, parader, se pavaner, frimer (fam.)

♦ **se poser** V. PRON. **1.** [avion] **atterrir**, toucher le sol, [sur l'eau] amerrir, [sur la Lune] alunir **2.** [oiseau] **se percher**, se jucher

poseur, euse ADJ. prétentieux, bêcheur, maniéré, m'as-tu-vu, minaudier, pédant, snob, crâneur (fam.), fat (littér.)

positif, ive ADJ. **1. affirmatif**, favorable **2. assuré**, authentique, incontestable, solide, sûr **3. objectif**, concret, effectif, matériel, réel, tangible **4. réaliste**, matérialiste, pragmatique, pratique **5. constructif**, intéressant

position N. F. **I. 1. emplacement**, coordonnées, disposition, lieu, localisation, place, site, situation **2. exposition**, inclinaison, orientation **3. attitude**, pose, posture, station **II. point de vue**, conception, idée, opinion, parti, vues **III. 1. classement**, degré, échelon, niveau, place, rang **2. condition**, état, place, rang, situation, standing **3. sort**, condition, état, situation **4. charge**, emploi, établissement, fonction, poste, situation

positionner V. TR. localiser, déterminer, placer, situer

possédé, ée

▸ ADJ. **1. ensorcelé**, envoûté **2. hanté**, habité, obsédé, tourmenté

▸ N. **1. énergumène** **2. furieux**, insensé

posséder V. TR. **1. avoir (à sa disposition)**, bénéficier de, détenir, disposer de, être en possession de, être détenteur de, être maître de, être pourvu de, être titulaire de, jouir de **2. comporter**, compter, contenir, être constitué de, renfermer **3. savoir**, connaître, dominer, maîtriser **4. hanter**, envoûter, habiter, obséder

possesseur N. M. détenteur, dépositaire, propriétaire, titulaire

possessif, ive ADJ. abusif, exclusif, jaloux

possession N. F. **1. détention**, disposition, droit d'usage, jouissance, propriété **2. domaine**, fief, propriété **3. avoir**, bien, chose, richesse **4. colonie**, conquête, dépendance, établissement, territoire **5. domination**, contrôle, empire, maîtrise

possibilité N. F. **1. capacité**, force, moyen, potentiel, pouvoir **2. droit**, faculté, loisir, occasion, opportunité (fam.) **3. éventualité**, cas, hypothèse **4. chance**, espoir

♦ **possibilités** PLUR. [financières] **ressources**, moyens

possible ADJ. **1. faisable**, praticable, réalisable, jouable (fam.) **2. permis**, autorisé, licite, loisible, toléré **3. imaginable**, concevable, croyable, envisageable, pensable, plausible, vraisemblable **4. éventuel**, contingent, potentiel, probable, virtuel

poste N. M. **1. position**, emplacement, place **2. antenne** **3. emploi**, affectation, charge, fonction, place, situation, job (fam.) **4. récepteur**, appareil, radio, télévision, transistor

poster[1] V. TR. expédier, adresser, envoyer, mettre à la boite/à la poste

poster[2] V. TR. **placer**, établir, installer, mettre

♦ **se poster** V. PRON. **se placer**, se camper, s'embusquer, s'installer, se mettre, se planter

postérieur¹, eure ADJ. **1. ultérieur 2. futur**, avenir, prochain **3. arrière**

postérieur² N. M. fesses, derrière, fessier, (arrière-)train (fam.), croupe (fam.), cul (très fam.), miches (fam.), pétard (fam.), popotin (fam.)

postérité N. F. **1. descendance**, descendants, enfants, fils, héritiers, lignée, progéniture (fam.), rejetons (fam.) **2. avenir**, futur, générations futures, siècles futurs **3. immortalité**, mémoire **4. successeurs**, continuateurs, disciples, héritiers, épigones (soutenu)

postiche

▸ ADJ. **factice**, artificiel, faux, surajouté

▸ N. M. **perruque**, mèche, moumoute (fam.)

postulant, ante N. candidat, aspirant, prétendant

postulat N. M. **1. convention**, hypothèse **2. axiome**, principe

postuler V. TR. **1. solliciter**, briguer, demander, rechercher **2. supposer**, admettre, poser, présupposer

posture N. F. **1. attitude**, contenance, maintien, port, pose, position, tenue **2. situation**, condition, position

pot N. M. **1. vase**, bocal, broc, cruche, pichet, potiche **2. arrosage 3. verre**, chope, godet (fam.) **4. coup** (fam.), tournée (fam.)

potable ADJ. **1. buvable**, consommable, sain **2. acceptable**, convenable, honorable, moyen, passable

pot-de-vin N. M. commission, enveloppe, gratification, bakchich (fam.), dessous-de-table (fam.)

poteau N. M. pieu, colonne, pilier, pylône

potelé, ée ADJ. dodu, charnu, gras, grassouillet, gros, joufflu, plein, poupin, rebondi, rembourré, replet, rond, rondelet, rondouillard (fam.)

potentat N. M. **1. magnat 2.** [péj.] **autocrate**, despote, dictateur, tyran **3. monarque**, souverain

potentialité N. F. possibilité, éventualité, virtualité

potentiel, elle

▸ ADJ. **1. virtuel**, conditionnel, hypothétique **2. en puissance**

▸ N. M. **1. puissance**, capacité, force, possibilité **2. tension**, charge, voltage

poterie N. F. céramique, faïencerie, terre cuite

potin N. M. **1. commérage**, on-dit, racontar, ragot, cancan (fam.) **2. bruit**, chahut, charivari, tapage, tintamarre, tohu-bohu, vacarme, barouf (fam.), boucan (fam.), foin (fam.), raffut (fam.), ramdam (fam.)

potion N. F. **1. médicament**, purge, remède **2. boisson**

pot-pourri N. M. mélange, cocktail, compilation, macédoine, mosaïque, patchwork

pou N. M. vermine, morpion (fam.), toto (fam.)

poubelle N. F. **1. boîte à ordures**, corbeille, vide-ordures **2. dépotoir**, déversoir

poudre N. F. **1. fard 2. poussière 3. explosif**

pouffer V. INTR. s'esclaffer, éclater de rire, glousser, ricaner, rire

pouilleux, euse

▸ ADJ. **1. déguenillé**, dépenaillé, loqueteux, miséreux, pauvre, pitoyable **2. misérable**, sordide, minable (fam.), miteux (fam.)

▸ N. **pauvre**, clochard, loqueteux, paria, va-nu-pieds, cloche (fam.), clodo (fam.)

poulailler N. M. **1. cage**, mue **2.** [au théâtre] **galerie**, paradis

poulain N. M. **1. jeune cheval**, yearling **2. protégé**, favori, chouchou (fam.)

poule N. F. volaille, poularde, cocotte (lang. enfants), [petite] poulette

poulet N. M. [mâle] poussin, coquelet

poupée N. F. **1. baigneur**, poupon **2. marionnette 3. pansement**, sparadrap

pouponner V. INTR. materner, câliner, dorloter, chouchouter (fam.)

pourboire N. M. service, gratification, pièce (fam.), pourliche (fam.)

pourcentage N. M. rapport, coefficient, proportion, tantième, taux

pourchasser V. TR. **1. poursuivre**, être aux trousses de, talonner, courir après (fam.), courser (fam.) **2. chasser**, poursuivre, traquer

pourfendre V. TR. **1. mettre à mal**, tuer **2. attaquer**, blâmer, condamner, critiquer, s'en prendre à, faire le procès de, stigmatiser, tirer à boulets rouges sur, fustiger (littér)

pourparlers N. M. PL. conférence, conversation, discussion, négociations, palabres (péj.), tractactions, sommet

pourri, ie ADJ. **I. 1. avarié**, abîmé, corrompu, décomposé, faisandé, gâté, moisi, piqué, tourné **2. puant**, infect, dégueulasse (très fam.) **II. 1. perverti**, gangrené, putride **2. corrompu**, vendu, véreux, ripou (fam.) **III. 1.** [temps, climat] **humide**, pluvieux, malsain **2.** [fam.] **mauvais**, insupportable

pourrir

▸ V. INTR. **1. s'altérer**, s'avarier, chancir, se corrompre, se décomposer, se gâter, moisir, se putréfier, tomber en putréfaction, tourner **2.** [fam.] **croupir**, moisir **3.** [fam.] **se détériorer**, s'aggraver, dégénérer, empirer, s'envenimer, se gangrener, se gâter

▸ V. TR. **1. abîmer**, avarier, corrompre, détériorer, gâter, infecter, ronger **2.** [fam.] **pervertir**, corrompre, altérer, dénaturer, empoisonner, gâter, vicier

pourriture N. F. **1. putréfaction**, décomposition **2. corruption**, carie, dépravation, gangrène, perversion **3.** [injurieux] **ordure**, charogne (fam.), fumier (fam.), pourri, enfoiré (très fam.), salaud (très fam.), salopard (très fam.), salope (très fam.)

poursuite N. F. **1. continuation**, prolongation, prolongement, reprise, suite **2. chasse**, pistage, traque **3. recherche**, quête (soutenu) **4. procès**, action (en justice), procédure

poursuivre V. TR. **I. 1. donner la chasse à**, être aux trousses de, pourchasser, talonner, traquer, courir après (fam.), courser (fam.) **2. presser**, acculer, s'acharner sur, assiéger, harceler, importuner, relancer, serrer de près, être après (fam.) **3. obséder**, hanter, importuner, persécuter, tourmenter, torturer **II. 1. rechercher**, ambitionner, aspirer à, briguer, chercher, désirer, prétendre à, solliciter **2. conduire**, mener, pousser **3. continuer**, maintenir, persévérer dans, pousser, prolonger **III. 1. s'attaquer à**, chasser, faire la guerre à **2.** [devant la justice] **attaquer**, accuser, actionner, citer en justice, traduire en justice, traîner en justice

♦ **se poursuivre** V. PRON. **1. continuer**, se maintenir, tenir **2. durer**, se prolonger, suivre son cours

pourtant ADV. cependant, en attendant, mais, malgré cela, néanmoins, pour autant, toutefois, nonobstant (soutenu)

pourtour N. M. tour, bord, bordure, cercle, circonférence, contour, extérieur, périphérie

pourvoir V. TR. **1. fournir**, alimenter, approvisionner, armer, assortir, équiper, garnir, munir, nantir, orner **2.** [qqn] **procurer à**, donner à, doter, douer, gratifier, [d'un poste] nommer à

♦ **se pourvoir** V. PRON. **se munir**, s'approvisionner, s'armer, s'équiper, prendre

pourvu, ue ADJ. **1. fourni**, achalandé **2. doté**, doué, nanti

- être pourvu de avoir, disposer de, posséder, être armé de, être équipé de, être muni de, être nanti de

pousse N. F. bourgeon, jet, rejeton, scion, surgeon

poussé, ée ADJ. **1. exagéré**, fort, osé, culotté (fam.), fort de café (fam.) **2. soigné**, approfondi, détaillé, fouillé, pointu, soigneux, chiadé (fam.)

poussée N. F. **1. impulsion**, élan, mouvement, pression, propulsion, souffle **2. force**, charge, pesée, poids **3. accès**, aggravation, bouffée, crise, éruption **4. augmentation**, flambée, hausse, montée

pousser[1] V. INTR. croître, se développer, forcir, grandir, lever, pointer, sortir, venir

pousser[2] V. TR. **I. 1. bousculer**, écarter, repousser **2. déplacer**, (faire) avancer, charrier, chasser, entraîner, propulser **3.** [une porte] **ouvrir**, fermer, tirer **II. forcer**, accentuer, accroître, exacerber, exagérer **III. 1. activer**, animer, attiser, aviver **2. aiguillonner**, animer, entraîner, éperonner, exciter, stimuler **3. soutenir**, aider, encourager, épauler, favoriser, pistonner (fam.), donner un coup de pouce à (fam.) **4. harceler**, presser **IV. produire**, émettre, exhaler, faire, jeter, lâcher, lancer, proférer **V. 1. continuer**, faire durer, poursuivre, prolonger **2. approfondir**, développer, fouiller

♦ **se pousser** V. PRON. **1. se déplacer**, s'écarter, s'éloigner, s'ôter, se reculer, se retirer **2. se bousculer**, jouer des coudes

poussière N. F. **1. saleté**, ordure, mouton (fam.) **2.** [au plur.] **particules**, cendres, débris, restes, scories, [charbon] poussier **3. poudre**

poussiéreux, euse ADJ. **1. sale**, poudreux (littér.) **2. archaïque**, démodé, dépassé, fossilisé, périmé, rétrograde, suranné, vétuste, vieilli, vieillot, vieux jeu, ringard (fam.)

poussif, ive ADJ. **1. essoufflé**, haletant **2.** [économie, etc.] **ralenti**, mal en point

poutre N. F. **1. madrier 2. poutrelle**, profilé, lattis, longeron

pouvoir[1] V. TR. **1. être en état de**, avoir la capacité de, avoir la force de, être capable de, être à même de, être en mesure de, être en situation de, être susceptible de, être de taille à **2. avoir la possibilité de**, avoir l'autorisation de, avoir la permission de **3. savoir**, avoir l'art de **4. risquer de**, courir le risque de

pouvoir[2] N. M. **I. 1. capacité**, art, don, faculté **2. efficacité**, propriété, vertu **3. liberté**, autorisation, droit, latitude, permission, possibilité **II. 1. souveraineté**, autorité, hégémonie, mainmise, maîtrise, tutelle **2. gouvernement**, État, régime **3. commandement 4. délégation**, commission, mandat, mission, procuration **5. attribution**, ressort **III. 1. influence**, ascendant, autorité, empire, emprise, puissance **2. grandeur**, omnipotence, toute-puissance

pragmatique ADJ. **1. pratique**, concret, matériel, prosaïque, terre à terre, utilitaire **2. efficace**, commode, ingénieux **3. réaliste**, constructif, matérialiste, positif, pragmatiste **4. empirique**, expérimental

praticable ADJ. **1. réalisable**, exécutable, faisable, possible **2. utilisable**, accessible, carrossable, empruntable

praticien, enne N. **1. homme de l'art**, professionnel, spécialiste, technicien **2. médecin**, clinicien, docteur, thérapeute, toubib (fam.)

pratiquant, ante ADJ. croyant, dévot, fervent, pieux, religieux

pratique[1] ADJ. **1. expérimental**, empirique, pragmatique **2. utilitaire**, efficace, ingénieux, pragmatique, utile **3. commode**, aisé, fonctionnel, maniable **4. concret**, matériel, pragmatique, prosaïque, terre à terre

pratique[2] N. F. **1. action**, expérience, praxis **2. habitude**, exercice, apprentissage, entraînement, perfectionnement, savoir-faire **3. utilisation**, emploi, usage **4. coutume**, habitude, mode, tradition, usage **5. action**, actes, application, exécution, réalisation **6.** [Relig.] **observance**, culte

pratiquement ADV. **1. à peu (de choses) près**, pour ainsi dire, presque, quasi, virtuellement, quasiment (fam.) **2. en fait**, concrètement, dans les faits, en pratique, en réalité, matériellement, objectivement

pratiquer V. TR. **1. exécuter**, accomplir, appliquer, garder, mener, observer, opérer, réaliser **2. exercer**, s'adonner à, cultiver, se livrer à **3. utiliser**, adopter, appliquer, employer, éprouver, expérimenter, manier, recourir à, suivre, user de **4. fréquenter**, hanter, [des personnes] côtoyer **5. ménager**, frayer, ouvrir, percer, tracer

pré N. M. prairie, herbage, pacage, pâturage

préalable
► ADJ. **préliminaire**, antécédent, antérieur, précédent, préparatoire
► N. M. **prérequis**, condition (sine qua non)

préalablement ADV. d'abord, auparavant, au préalable, avant (toute chose), en premier (lieu), premièrement

préambule N. M. **1. entrée en matière 2. avant-propos**, avertissement, exorde, exposition, introduction, préface, discours préliminaire, prologue, prolégomènes (soutenu) **3. prélude**, avant-goût, prémices, prodrome (littér.)

préavis N. M. avertissement, annonce, avis, notification, signification

précaire ADJ. **1. incertain**, fragile, instable **2. passager**, court, éphémère, fugace, fugitif, temporaire **3.** [santé] **délicat**, chancelant, fragile

précarité N. F. **1. fragilité**, incertitude, insécurité, instabilité, vulnérabilité **2. inconstance**, variabilité

précaution N. F. **1. disposition**, garantie, mesure **2. prudence**, attention, circonspection, prévoyance, soin, vigilance **3. diplomatie**, discrétion, ménagement, réserve

précautionneusement ADV. **1. soigneusement**, attentivement, délicatement, doucement, lentement, en marchant sur des œufs **2. prudemment**, frileusement

précautionneux, euse ADJ. **1. circonspect**, défiant, méfiant, prévoyant, prudent, réfléchi, pusillanime (péj.) **2. soigneux**, appliqué, méticuleux, minutieux, ordonné, précis, rigoureux, scrupuleux, zélé

précédemment ADV. antérieurement, auparavant, avant

précédent[1]**, ente** ADJ. **1. antérieur**, antécédent (littér.) **2. passé**, dernier

précédent[2] N. M. antécédent, exemple, fait antérieur analogue/semblable, référence

précéder V. TR. **1. aller devant**, dépasser, devancer, ouvrir la voie à, passer devant, prendre le pas sur **2. annoncer**, anticiper, être le signe avant-coureur de, préluder à, préparer

précepte N. M. **1. loi**, commandement, dogme, instruction, règle, prescription, principe **2. aphorisme**, enseignement, formule, leçon, maxime, sentence

prêcher V. TR. **1. conseiller**, encourager à, exhorter à, préconiser, prôner, recommander **2. moraliser**, sermonner **3. enseigner**, annoncer **4. évangéliser**, catéchiser

précieusement ADV. soigneusement, avec soin, jalousement, pieusement

précieux, euse ADJ. **1. cher**, apprécié, prisé **2. de prix**, de valeur, inestimable, introuvable, rare, rarissime, recherché **3. fin**, choisi, délicat, raffiné **4. appréciable**, avantageux, d'un grand secours, inappréciable, irremplaçable, profitable, utile **5.** [péj.] **affecté**, apprêté, contourné, emprunté, maniéré, recherché, chichiteux (fam.), affété (littér.)

préciosité N. F. **1. raffinement**, recherche, subtilité **2.** [péj.] **affectation**, mièvrerie, mignardise, afféterie (littér.)

précipice N. M. **1. gouffre**, abîme, [dans la mer] abysse **2. désastre**, catastrophe, faillite, ruine

précipitamment ADV. **1. prestement**, en courant, en hâte, en vitesse, à toute allure, rapidement, vite, vivement, à la galopade (fam.), à toute vapeur (fam.), à toute blinde (fam.), à toute berzingue (fam.), dare-dare (fam.), [monter un escalier] quatre à quatre **2.** [péj.] **avec précipitation**, brusquement, en catastrophe, à la hâte, à la sauvette, hâtivement, sans réfléchir, tête baissée, la tête la première, bille en tête (fam.), à la diable (fam.), à la va-comme-je-te-pousse (fam.), à la va-vite (fam.)

précipitation N. F. hâte, brusquerie, empressement, frénésie, impatience, impétuosité, promptitude

précipiter V. TR. **1. jeter**, envoyer, lancer, pousser **2. accélérer**, activer, forcer, hâter, presser **3. avancer**, brusquer **4. anéantir**, ruiner

♦ **se précipiter** V. PRON. **1. sauter**, se jeter, plonger, tomber **2. accourir**, courir, s'élancer, se jeter, se lancer, se ruer, foncer (fam.) **3. s'empresser**, se dépêcher, se hâter, se presser **4. s'accélérer**, se bousculer, se brusquer, s'emballer

précis, ise ADJ. **1. clair**, défini, déterminé, distinct **2. méticuleux**, minutieux, soigneux **3. exact**, correct, fidèle, juste, rigoureux **4.** [heure] **juste**, sonnant, pétant (fam.), pile (fam.), tapant (fam.) **5. détaillé**, circonstancié, explicite, exprès, formel **6. assuré**, ferme, sûr **7.** [cas] **particulier**, isolé, ponctuel, spécifique, singulier, unique

précisément ADV. **1. au juste**, exactement, vraiment **2. rigoureusement**, consciencieusement, fidèlement, méticuleusement, minutieusement, religieusement, scrupuleusement, soigneusement **3. clairement**, distinctement, expressément, formellement, nettement **4. à proprement parler**, stricto sensu, textuellement **5. particulièrement**, vraiment, terriblement (fam.)

préciser V. TR. **1. définir**, désigner, déterminer, énoncer, établir, fixer **2. indiquer**, dire, mentionner, relever, signaler, souligner, spécifier, stipuler **3. développer**, clarifier, détailler, expliciter, expliquer

♦ **se préciser** V. PRON. **1. se dessiner**, apparaître (plus) clairement, se faire jour, prendre corps, prendre forme, prendre tournure **2. se confirmer**, se rapprocher

précision N. F. **1. exactitude**, fidélité, justesse, rigueur, sûreté **2. clarté**, netteté **3. adresse**, dextérité, doigté, sûreté **4. détail**, développement, explication, information

précoce ADJ. **1. prématuré**, anticipé **2.** [végétaux] **hâtif**, primeur **3.** [enfant] **avancé (pour son âge)**, prodige, surdoué

préconiser V. TR. recommander, conseiller, indiquer, prêcher (souvent péj.), prôner, vanter

précurseur

▸ N. M. **1. ancêtre**, devancier **2. initiateur**, novateur

▸ ADJ. M. **annonciateur**, avant-coureur

prédécesseur N. M. devancier, aîné, ancêtre

prédestiner V. TR. appeler, destiner, déterminer, vouer

prédéterminé, ée ADJ. **1. inévitable**, nécessaire **2. préréglé**

prédiction N. F. **1. prévision**, conjecture, pronostic **2. prophétie**, annonce, augure, oracle **3. divination**, vaticination (littér.)

prédilection N. F. goût, attirance, attrait, faible, faiblesse, inclination, penchant, préférence, tendresse

prédire V. TR. prévoir, annoncer, augurer, conjecturer, deviner, présager, pronostiquer, prophétiser

prédisposer V. TR. incliner, amener, appeler, inciter, influencer, porter, pousser, préparer

prédisposition N. F. **1. disposition**, aptitude, don, facilité, talent **2. penchant**, goût, inclination, propension, tendance

prédominance N. F. primauté, domination, hégémonie, prééminence, prépondérance, règne, supériorité, suprématie, leadership (anglic.)

prédominant, ante ADJ. principal, dominant, majeur, premier, prépondérant, primordial

prédominer V. INTR. dominer, l'emporter, prévaloir, primer, régner, triompher, [en nombre] être majoritaire

prééminence N. F. primauté, domination, prédominance, prépondérance, supériorité, suprématie, leadership (anglic.)

prééminent, ente ADJ. prédominant, dominant, majeur, premier, prépondérant, primordial, supérieur

préétabli, ie ADJ. prédéterminé, préconçu

préexistant, ante ADJ. antérieur, antécédent, préalable

préface N. F. avant-propos, avertissement, avis (au lecteur), introduction, préambule, prolégomènes, prologue

préféré, ée

▸ ADJ. **1. de prédilection**, bien-aimé, favori, fétiche **2. attitré**

▸ N. **protégé**, favori, chouchou (fam.)

préférence N. F. **1. prédilection**, attirance, faible, faiblesse, faveur, goût, penchant **2. choix**, option **3. favoritisme**, partialité

préférer V. TR. **1. aimer le plus**, estimer le plus, chérir **2. aimer mieux**, avoir une préférence pour, incliner vers, pencher pour **3. adopter**, choisir, élire, opter pour **4. aimer**, se plaire à

préfigurer V. TR. annoncer, être le signe avant-coureur de, préluder, présager

préhistorique ADJ. antédiluvien, anachronique, ancien, démodé, suranné

préjudice N. M. **1. dommage**, lésion, mal **2. atteinte**, détriment, tort **3. persécution**

préjudiciable ADJ. dangereux, dommageable, néfaste, nocif, nuisible

préjugé N. M. jugement préconçu, (idée) a priori, croyance, idée reçue, idée toute faite, idée préconçue, parti pris, préconception, présomption, prévention

prélasser (se) V. PRON. se reposer, se détendre, fainéanter, paresser, se relaxer, buller (fam.), coincer la bulle (fam.), flemmarder (fam.), lézarder (fam.), avoir/rester les doigts de pied en éventail (fam.)

prélèvement N. M. **1. retenue**, [Droit] distraction **2. prise**, ponction, [Méd.] prise de sang

prélever V. TR. **1. enlever**, extraire, lever, prendre **2. retenir**, ôter, retirer, retrancher

préliminaire ADJ. et N. M. **préalable**, introductif, liminaire, préparatoire

♦ **préliminaires** PLUR. **préambule**, commencement, entrée en matière, prélude

prélude N. M. **1. annonce**, avant-goût, présage, promesse, signe (avant-coureur) **2. introduction**, commencement, début, ouverture, préambule, préliminaire, prologue

prématuré, ée ADJ. **1. en avance**, avancé, (né) avant terme, hâtif, précoce **2. anticipé**

prématurément ADV. avant l'heure, avant le temps, précocement, trop tôt

prémédité, ée ADJ. intentionnel, calculé, délibéré, mûri, préparé, prévu, volontaire, voulu

préméditer V. TR. **1. projeter 2. préparer**, calculer, combiner, mûrir, tramer, machiner (fam.), manigancer (fam.), mijoter (fam.), ourdir (littér.)

prémices N. F. PL. **1. amorce**, annonce, commencement, début, embryon **2. avant-goût**, primeur

premier[1], ière ADJ. **I. 1. initial**, originaire, original, originel **2. primitif**, brut, élémentaire, primaire **3. antérieur**, ancien **4. liminaire**, de tête, préalable **II. 1. dominant**, en tête, prédominant, prééminent, prépondérant **2. supérieur**, remarquable **3. capital**, essentiel, fondamental, primordial, principal **4. vital**, indispensable, nécessaire

premier[2], ière N. **1. auteur**, initiateur, introducteur, inventeur, pionnier, promoteur **2. premier-né**, aîné **3. leader**, cacique, gagnant, maître, meilleur, vainqueur, [d'une promotion] major

premièrement ADV. (tout) d'abord, au préalable, avant tout, avant toute chose, en premier (lieu), primo (fam.)

prémisse N. F. hypothèse, postulat, principe, supposition

prémonition N. F. intuition, prescience, pressentiment

prémonitoire ADJ. **1. annonciateur**, avant-coureur **2. prophétique**

prémunir V. TR. **armer**, abriter, assurer, défendre, garder, immuniser, préserver, protéger, vacciner

♦ **se prémunir** V. PRON.

- **se prémunir de, contre** se garantir de/contre, se munir contre, prévenir, se protéger de/contre

prenant, ante ADJ. **1. captivant**, envoûtant, fascinant, haletant, palpitant, passionnant **2. absorbant**, accaparant

prendre[1] V. INTR. **1. épaissir**, durcir, se figer, geler, se solidifier **2. marcher**, s'implanter, réussir **3. raciner**, reprendre

prendre[2] V. TR. **I. 1. (se) saisir (de)**, agripper, arracher, attraper, s'emparer de, empoigner, happer, ramasser, tirer **2. obtenir**, accaparer, s'approprier, s'attribuer, [par la force] confisquer, conquérir, enlever **3. trouver**, dénicher, dégoter (fam.), pêcher (fam.) **4. emmener**, chercher, enlever **5. voler**, déposséder de, dépouiller de, dérober, faire main basse sur, piller, subtiliser, barboter (fam.), carotter (fam.), chiper (fam.), chouraver (fam.), faucher (fam.), piquer (fam.), rafler (fam.), soustraire (littér.), ravir (littér.) **6. appréhender**, arrêter, attraper, capturer, mettre la main au collet de, agrafer (fam.), alpaguer (fam.), choper (fam.), coincer (fam.), cravater (fam.), cueillir (fam.), embarquer (fam.), épingler (fam.), harponner (fam.), pincer (fam.), piquer (fam.), poisser (fam.), ramasser (fam.) **7. surprendre**, attraper, pincer (fam.), piquer (fam.), prendre la main dans le sac (fam.) **8. acquérir**, gagner, grappiller **9. demander**, absorber, coûter, dévorer, exiger, nécessiter, occuper, réclamer **10. consommer**, absorber, avaler, boire, manger, toucher à, ingérer (soutenu) **11. acheter**, se procurer **II. 1. utiliser**, se munir de, se pourvoir de, employer, user, [un vêtement, un accessoire] emporter, enfiler, mettre **2. choisir**, adopter, embrasser, épouser **3. s'adjoindre**, s'attacher, embaucher, engager **4. affecter**, adopter, se donner **5. contracter 6. s'engager dans**, entrer dans, emprunter, suivre, [un virage] aborder **7.** [un véhicule] **monter dans**, embarquer dans, emprunter **III. 1. accueillir**, recueillir **2. considérer**, aborder, envisager **3. interpréter**, entendre

♦ **se prendre** V. PRON.

- s'en prendre à 1. incriminer, accuser, attaquer, blâmer, mettre en cause, suspecter **2. agresser**, (s')attaquer (à), prendre à partie

prénommer V. TR. appeler, baptiser, nommer

préoccupant, ante ADJ. inquiétant, alarmant, critique, ennuyeux, grave, sérieux, flippant (fam.)

préoccupation N. F. **1. souci**, angoisse, ennui, inquiétude, tracas, tourment (littér.) **2. pensée**, sollicitude **3. obsession**, idée fixe

préoccupé, ée ADJ. **1. soucieux**, anxieux, inquiet, tendu, tracassé, chiffonné (fam.), turlupiné (fam.) **2. pensif**, absorbé, songeur

préoccuper V. TR. **absorber**, tourmenter, tracasser, chiffonner (fam.), travailler (fam.), trotter dans la tête de (fam.), turlupiner (fam.)

♦ **se préoccuper** V. PRON.

- se préoccuper de 1. s'intéresser à, s'occuper de, penser à, songer à **2. s'inquiéter de**, se soucier de

- ne pas se préoccuper de laisser de côté, oublier, ne pas prendre en considération/en compte, ne pas s'embarrasser de

préparatifs N. M. PL. organisation, mise au point, mise en route/en train, préparation

préparation N. F. **1. élaboration**, conception, étude, gestation, mise au point, organisation, préparatifs **2.** [Cuisine] **apprêt**, confection, cuisson **3. introduction**, apprentissage, éducation, entraînement, formation, instruction, stage **4. échauffement 5. composition**, concoction, mélange, [pharmaceutique] remède

préparatoire ADJ. préalable, exploratoire, préliminaire

préparer V. TR. **I. 1. apprêter**, aménager, arranger, disposer, dresser, mettre **2. composer**, fabriquer, façonner **3. cuisiner**, accommoder, apprêter, cuire, mijoter, mitonner, parer **4. aplanir**, déblayer, défricher, faciliter, frayer, ouvrir **II. 1. travailler à**, concevoir, ébaucher, élaborer, étudier, organiser, prévoir, projeter **2. étudier pour**, bosser (fam.), potasser (fam.) **III. 1. méditer**, couver, mûrir, nourrir, préméditer **2. tramer**, arranger, concerter, échafauder, monter, combiner (fam.), goupiller (fam.), machiner (fam.), manigancer (fam.), mijoter (fam.), ourdir (littér.) **IV. produire**, amener, entraîner, faciliter, faire le lit de, provoquer **V. former**, instruire, prédisposer

♦ **se préparer** V. PRON. **1. s'apprêter**, faire sa toilette, s'habiller, se parer, se vêtir **2. être imminent**, couver, menacer, s'annoncer

prépondérance N. F. domination, avantage, emprise, hégémonie, prédominance, prééminence, primauté, supériorité, suprématie, leadership (anglic.)

prépondérant, ante ADJ. dominant, essentiel, hégémonique, prédominant, prééminent, premier, primordial, principal

préposer V. TR. charger de, affecter à, employer à, mettre à (la tête de), nommer à, commettre à (littér.)

prérogative N. F. **1. privilège**, apanage, attribut, avantage, droit, faveur, honneur, préséance **2.** [au plur.] **compétences**, attributions, possibilités, pouvoirs

près ADV. et PRÉP. à une petite distance, à côté, à deux/à quatre pas, à proximité, au coin de la rue, dans le voisinage, dans un lieu proche/voisin, la porte à côté (fam.)

présage N. M. annonce, avant-goût, avertissement, marque, préfiguration, prélude, signe (avant-coureur), augure (littér.), auspice (littér.)

présager V. TR. **1. annoncer**, augurer, indiquer, laisser pressentir, préparer, promettre **2. prévoir**, conjecturer, prédire, présumer, promettre, pronostiquer

prescription N. F. **I. 1. commandement**, exigence, impératif, injonction, loi, obligation, précepte, principe, règle **2. indication**, clause, consigne, directive, instruction, (mot d') ordre **3.** [médicale] **ordonnance II.** [Droit] **invalidation**, annulation, extinction, invalidité, nullité, péremption

prescrire V. TR. **I. 1. commander**, demander, exiger, réclamer, requérir, vouloir **2. recommander**, conseiller, inciter à **3. dicter**, arrêter, disposer, édicter, fixer, imposer, indiquer, stipuler **II.** [Droit] **abolir**, annuler, éteindre, rendre caduc, résilier, supprimer

prescrit, ite ADJ. **1. imposé**, requis **2. fixé**, recommandé, voulu **3.** [Droit] **nul**, éteint

présence N. F. **I. 1. existence 2. compagnie**, vue **3. assistance**, assiduité, fréquentation **II. 1. personnalité**, caractère, tempérament **2. influence**, autorité, rayonnement, rôle

présent[1]**, ente** ADJ. **1. actuel**, contemporain, de notre temps, moderne **2. frais**, immédiat **3. en vigueur**

présent[2] N. M. **1. actualité**, modernité **2. instant**, immédiat

présent[4] N. M. 1. **cadeau**, don, étrenne, offrande 2. **bienfait**, bien, cadeau, don, faveur

présentable ADJ. 1. **convenable**, acceptable, correct, montrable, passable, potable (fam.) 2. [personne] **sortable** (fam.)

présentateur, trice N. 1. **animateur**, annonceur, commentateur 2. **démonstrateur**

présentation N. F. 1. **exposition**, exhibition, production, représentation 2. **introduction**, avant-propos, préambule, préface 3. **exposé**, descriptif, développement 4. **apparence**, allure, forme

présenter V. TR. I. 1. **faire voir**, exhiber, exposer, montrer, produire 2. **fournir**, aligner 3. **proposer**, donner, offrir, servir 4. **faire faire la connaissance de**, introduire 5. **tourner**, diriger, exposer, offrir, tendre II. 1. **exprimer**, exposer, formuler 2. **animer**, mettre en valeur III. 1. **comporter**, avoir, offrir 2. **dessiner**, former

♦ **se présenter** V. PRON. 1. **se montrer**, se faire connaître, paraître 2. **décliner son identité** 3. [devant un tribunal] **comparaître** 4. **se porter candidat**, postuler, se proposer 5. **se produire**, arriver, s'offrir, passer, surgir, survenir, venir, advenir (littér.)

préservation N. F. protection, conservation, défense, sauvegarde

préserver V. TR. 1. **assurer**, abriter, défendre, garantir, mettre à l'abri, prémunir, protéger, sauver, garer (fam.) 2. **conserver**, garder, sauvegarder

président, ente N. 1. **chef de l'État**, [en France] locataire de l'Élysée 2. **P.-D. G.**, chef, directeur, [d'université] doyen

présider V. TR. 1. **siéger**, animer, diriger 2. **régner sur**, régler, avoir la haute main sur

présomption N. F. 1. **conjecture**, hypothèse, pressentiment, supposition 2. **indice**, charge, soupçon, suspicion 3. **vanité**, arrogance, fatuité, hauteur, prétention, suffisance, outrecuidance (littér.)

présomptueux, euse ADJ. 1. **prétentieux**, arrogant, fat, orgueilleux, suffisant, vaniteux, vantard, outrecuidant (littér.), vain (littér.) 2. **audacieux**, hardi, imprudent, irréfléchi, osé, téméraire

presque ADV. à peu (de chose) près, approximativement, environ, pas loin de, pour ainsi dire, près de, grosso modo (fam.), quasiment (fam.)

pressant, ante ADJ. 1. **urgent**, ardent, impérieux, pressé 2. **appuyé**, autoritaire, impératif, insistant, instant (littér.) 3. **suppliant**, insistant 4. **chaleureux**, chaud

pressé, ée ADJ. I. 1. **urgent**, pressant 2. **hâtif**, précipité, rapide 3. **empressé**, impatient 4. **en retard**, à la bourre (fam.) II. **comprimé**, compact, serré

pressentiment N. M. prémonition, impression, intuition, prescience

pressentir V. TR. 1. **prévoir**, anticiper, s'attendre à, augurer, deviner, entrevoir, présager 2. **déceler**, détecter, se douter de, flairer, percevoir, sentir, soupçonner, subodorer, renifler (fam.) 3. **sonder**, tâter

presser

▸ V. TR. 1. **appuyer**, comprimer, peser, serrer, tasser 2. **écraser**, broyer, exprimer, fouler, pressurer 3. **tordre**, essorer 4. **entasser**, resserrer, serrer, tasser 5. **embrasser**, étreindre, serrer 6. **accélérer**, activer, brusquer, hâter, précipiter, dépêcher (soutenu) 7. **aiguillonner**, hâter 8. **assaillir**, assiéger, courir après, harceler, persécuter, poursuivre, talonner 9. **accabler**, étrangler, oppresser, serrer, tourmenter

► V. INTR. **être urgent**, ne pas pouvoir attendre, urger (fam.)

♦ **se presser** V. PRON. **1. se dépêcher**, accélérer, aller vite, courir, s'empresser, se hâter, hâter le mouvement, se précipiter, foncer (fam.), se grouiller (fam.), se manier (le train/le popotin/le cul) (fam.) **2. se bousculer**, affluer, s'entasser, se masser, se tasser

pression N. F. **I. 1. compression**, constriction, étreinte, pressage, pressurage, serrage **2. poussée**, effort, force, tension **II. influence**, empire **III.** [souvent au plur.] **1. sollicitations**, demandes **2. contrainte**, chantage

pressurer V. TR. **1. presser**, comprimer, écraser **2. épuiser**, abuser de, exploiter, profiter de **3. accabler**, saigner (à blanc)

prestance N. F. allure, contenance, distinction, maintien, noblesse, tournure, port (littér.)

prestation N. F. **1. aide**, allocation, indemnité **2. fourniture 3. représentation**, exhibition, performance

preste ADJ. agile, alerte, empressé, leste, rapide, vif, prompt (littér.)

prestidigitateur, trice N. illusionniste, escamoteur, magicien, manipulateur

prestidigitation N. F. illusionnisme, escamotage, illusion, magie, manipulation, tour de passe-passe

prestige N. M. **1. ascendant**, aura, auréole, éclat **2. renommée**, gloire, rayonnement, renom, réputation **3. séduction**, attrait, charme, illusion, magie

prestigieux, euse ADJ. **1. éminent**, émérite, prodigieux, remarquable **2. glorieux**, de grande envergure, grandiose, héroïque **3. réputé**, célèbre, fameux, illustre, de marque, renommé

présumé, ée ADJ. **1. censé**, réputé, soi-disant, supposé **2. hypothétique**, présomptif, regardé comme, supposé, putatif (littér.)

présumer V. TR. croire, conjecturer, estimer, penser, supposer

prêt[1], prête ADJ. **1. préparé**, paré **2. décidé**, disposé, mûr

prêt[2] N. M. avance, crédit

prétendant, ante N. **1. amoureux**, fiancé, soupirant, futur (fam. ou région.) **2. postulant**, aspirant, candidat

prétendre V. TR. **1. affirmer**, alléguer, avancer, déclarer, dire, garantir, soutenir **2. se flatter de**, se vanter de **3. vouloir**, demander, entendre, exiger, réclamer, revendiquer

- prétendre à ambitionner, aspirer à, briguer, postuler à, viser, lorgner (fam.)

prétendu, ue ADJ. soi-disant, faux, pseudo, supposé

prête-nom N. M. homme de paille, intermédiaire, représentant, pantin (fam.)

prétentieux, euse ADJ. et N. **1. présomptueux**, arrogant, fat, fier, m'as-tu-vu, orgueilleux, suffisant, supérieur, vaniteux, bêcheur (fam.), crâneur (fam.), ramenard (fam.) **2. maniéré**, académique, affecté, ampoulé, emphatique, pédant, pompeux, pontifiant, précieux, ronflant **3. tapageur**, clinquant, m'as-tu-vu **4.** [femme] **mijaurée**, pimbêche, bêcheuse (fam.)

prétention N. F. **I.** [souvent au plur.] **1. exigence**, condition, revendication **2. ambition**, désir, dessein, espérance, intention, visée **II. 1. arrogance**, fatuité, orgueil, pédantisme, présomption, suffisance, vanité **2. affectation**, bouffissure, emphase

prêter V. TR. **1. mettre à disposition**, avancer, donner, fournir, passer **2. imputer**, attribuer, donner, reconnaître, supposer **3. porter**, accorder, attacher

♦ **se prêter à** V. PRON. **1. céder à**, se plier à, souscrire à, supporter **2. condescendre à**, s'abaisser à, accepter de, consentir à, daigner

prêteur, euse N. bailleur (de fonds), commanditaire, créancier, usurier (péj.)

prétexte N. M. alibi, allégation, couverture, échappatoire, excuse, faux-fuyant, faux-semblant, subterfuge

prétexter V. TR. alléguer, arguer de, s'autoriser de, avancer, invoquer

preuve N. F. **1. confirmation**, affirmation, assurance, attestation, indice, manifestation, marque, signe, symptôme, témoignage, trace **2. pièce à conviction 3. critère**, argument **4. démonstration**

prévaloir V. INTR. **l'emporter**, avoir l'avantage, dominer, prédominer, primer, triompher

♦ **se prévaloir de** V. PRON. **1. alléguer**, arguer de, citer, faire valoir **2. se flatter de**, s'enorgueillir de, se glorifier de, se targuer de, se vanter de

prévenance N. F. amabilité, attention, complaisance, égard, empressement, galanterie, obligeance, serviabilité, soin, sollicitude

prévenant, ante ADJ. aimable, affable, agréable, attentionné, avenant, complaisant, courtois, dévoué, empressé, galant, obligeant, serviable

prévenir V. TR. **1. avertir**, annoncer à, aviser, informer, instruire, mettre au courant, signaler à **2. mettre en garde**, alerter **3. détourner**, éviter, parer à, prémunir contre, obvier à (soutenu) **4. aller au-devant de**, anticiper, devancer

prévention N. F. **1. parti pris**, a priori négatif, défiance, méfiance, partialité, préjugé (défavorable) **2. mesure(s) préventive(s)**, prophylaxie, protection, prudence

prévisible ADJ. attendu, probable

prévision N. F. **1. prédiction**, prophétie, vaticination (littér.) **2. prescience**, pressentiment, divination **3. clairvoyance**, prévoyance **4. prospective**, futurologie **5. anticipation**, calcul, conjecture, estimation, extrapolation, hypothèse, pronostic, supposition

prévoir V. TR. **1. pressentir**, augurer, deviner, flairer, prédire, prophétiser **2. anticiper**, s'attendre à, conjecturer, entrevoir, envisager, imaginer, présager, présumer, pronostiquer **3. préparer**, calculer, organiser, planifier, programmer

prévoyance N. F. **1. prudence**, circonspection, précaution, sagesse, vigilance **2. épargne**, économie **3. assurance**

prévoyant, ante ADJ. **1. avisé**, circonspect, précautionneux, prudent, raisonnable, sage, vigilant **2. économe**

prier

► V. INTR. **se recueillir**

► V. TR. **1. adorer**, invoquer **2. solliciter**, requérir l'aide de **3. supplier**, adjurer, implorer **4. appeler**, réclamer

prière N. F. **I. 1. cri**, adjuration, appel, imploration, invocation, supplication, supplique **2. demande**, instance, invitation, requête, sollicitation **II.** [Relig.] **oraison**, dévotion, litanie

primaire ADJ. **1. premier**, essentiel, fondamental, indispensable, primitif, basique (fam.) **2. simpliste**, caricatural, rudimentaire, sommaire **3.** [péj.] **arriéré**, attardé

primauté N. F. prédominance, domination, prééminence, prépondérance, préséance, priorité, supériorité, suprématie

prime N. F. **1. gratification**, avantage, pourcentage, récompense **2. bonus**

primer[1] V. TR. récompenser, couronner, gratifier, honorer

primer[2] V. INTR. dominer, avoir la préséance, l'emporter, gagner, prédominer, prévaloir

primesautier, ière ADJ. 1. **impulsif**, spontané, vif 2. **guilleret**, allègre, badin, folâtre, frétillant, fringant, sémillant 3. **familier**, leste, gaillard

primeur N. F. nouveauté, commencement

primitif, ive
▸ ADJ. 1. **sauvage**, brut, naturel 2. **archaïque**, rudimentaire 3. **grossier**, fruste, inculte, primaire, rustre, simple 4. **originel**, initial, originaire, original, premier 5. **fondamental**, élémentaire, essentiel, primordial, simple, basique (fam.)
▸ N. M. **aborigène**, sauvage (péj.)

primordial, ale, aux ADJ. 1. **capital**, décisif, essentiel, fondamental, majeur, prédominant, principal 2. **indispensable**, incontournable, nécessaire, vital 3. **premier**, primitif

princier, ière ADJ. splendide, fastueux, luxueux, magnifique, royal, somptueux

principal, ale, aux ADJ. 1. **central**, essentiel, clé, fondamental, important, majeur 2. **déterminant**, capital, décisif, dominant, prédominant, primordial 3. **cardinal**, élémentaire, primordial

principalement ADV. 1. **essentiellement**, avant tout, en majorité, majoritairement, en grande partie, surtout 2. **particulièrement**, notamment, singulièrement, spécialement

principe N. M. 1. **cause (première)**, agent, auteur, créateur, moteur, origine, racine, source 2. **commencement**, début 3. **base**, axe, centre, essence, fondement, pierre angulaire 4. **postulat**, axiome, définition, hypothèse, prémisse, proposition 5. **convention**, doctrine, dogme, loi, maxime, norme, précepte, règle, théorie 6. **opinion**, conviction
♦ **principes** PLUR. 1. **bonnes mœurs**, catéchisme, credo, foi, morale, religion 2. **bases**, abc, notions élémentaires, rudiments

priorité N. F. 1. **antériorité** 2. **primauté**, préséance, primeur 3. **tour de faveur**

pris, prise ADJ. 1. **occupé**, absorbé, accaparé, affairé 2. **attribué**, affecté, réservé 3. **enrhumé**, [nez] enchifrené (fam.)

prise N. F. I. 1. **absorption**, ingestion, inhalation 2. **dose**, sniff (fam.) II. 1. **appropriation**, capture, conquête, enlèvement 2. **butin**, coup de filet, proie III. 1. **préhension**, saisie 2. [Sport de combat] **clé** 3. [Alpinisme] **aspérité**, saillie, gratton (fam.) IV. **emprise**, ascendant, empire, influence, pouvoir V. **solidification**, coagulation, durcissement

prison N. F. 1. **centre pénitentiaire**, centrale, centre de détention, maison d'arrêt, taule (fam.), ballon (argot), geôle (littér.) 2. **emprisonnement**, détention, privation de liberté, réclusion

prisonnier, ière
▸ N. 1. **détenu**, taulard (fam.) 2. **captif**
▸ ADJ. **emprisonné**, captif, détenu, enfermé, incarcéré, interné

privation N. F. I. 1. **défaut**, absence, manque 2. **perte**, suppression II. 1. **ascétisme**, abstinence, continence, renoncement, sacrifice 2. **besoin**, gêne, indigence, misère, pauvreté 3. **restriction**, frustration, renonciation, sacrifice

privé[1], **ée** ADJ. 1. **intime**, intérieur, personnel, propre 2. **particulier**, domestique, personnel, privatif, réservé 3. **officieux**

privé², ée de ADJ. **1. sans**, démuni de, en manque de **2. dénué de**, dépourvu de, exempt de, vide de **3. amputé de**, appauvri de, déchu de, dépossédé de, dépouillé de

priver V. TR. **1. déposséder**, démunir, dépouiller, destituer, spolier (littér.) **2. frustrer**, sevrer

♦ **se priver** V. PRON. se restreindre, faire des sacrifices, se saigner aux quatre veines, se serrer la ceinture (fam.)

privilège N. M. **1. prérogative**, apanage, droit, faveur, passe-droit **2. avantage**, acquis, bénéfice

privilégié, ée

▸ ADJ. **1. favori**, préféré **2. exceptionnel**, idéal, parfait, unique **3. favorisé**, avantagé, chanceux, gâté, heureux

▸ N. **fortuné**, nanti, possédant, riche

privilégier V. TR. **1. avantager**, être partial envers, favoriser **2. préférer**, faire pencher la balance du côté de **3. encourager**, aider, faciliter

prix N. M. **I. 1. coût**, montant, valeur (vénale) **2. tarif**, condition **3. rémunération**, loyer, rétribution, salaire **4. cotation**, cote, cours, taux **II. contrepartie**, conséquence, effet, rançon, tribut **III. importance**, valeur **IV. récompense**, cadeau, coupe, diplôme (d'honneur), médaille, trophée

probabilité N. F. **1. vraisemblance**, chance, plausibilité **2. possibilité**, chance, éventualité **3. conjecture**, hypothèse, prévision

probable ADJ. plausible, croyable, envisageable, possible, vraisemblable

probablement ADV. vraisemblablement, peut-être, sans doute, selon toute vraisemblance

probant, ante ADJ. concluant, convaincant, éloquent, parlant

probité N. F. droiture, équité, honnêteté, impartialité, incorruptibilité, intégrité, loyauté, moralité, rectitude, sens moral

problématique

▸ ADJ. **1. aléatoire**, hasardeux, hypothétique **2. équivoque**, ambigu, douteux, incertain, obscur **3. discutable**, contestable, incontrôlable, invérifiable, sujet à caution **4. compliqué**, confus, difficile

▸ N. F. **questionnement**

problème N. M. **1. cas**, affaire, question, sujet, thème **2. difficulté**, écueil, ennui, blème (fam.), cactus (fam.), enquiquinement (fam.), hic (fam.), os (fam.), pépin (fam.), merde (très fam.) **3. controverse**, conflit **4. énigme**, casse-tête

procédé N. M. méthode, astuce, moyen, procédure, processus, recette, secret, solution, système, technique, combine (fam.), ficelle (fam.), truc (fam.)

procéder V. INTR. **opérer**, agir, se comporter, se conduire

- **procéder à** effectuer, accomplir, exécuter, se livrer à, opérer, pratiquer, réaliser

procédure N. F. **1. marche à suivre**, méthode, procédé, processus **2. formalité**, pratique, règle, règlement, usage, paperasserie (péj.) **3.** [Droit] **action**, instruction, poursuites, procès

procédurier, ière ADJ. chicaneur, belliqueux, tracassier

procès N. M. **1. action**, poursuites **2. affaire**, action, cas, cause, instance, procédure **3. litige**, conflit, désaccord, différend, chicane (péj.)

procession N. F. **1. défilé**, cortège, file, queue **2. série**, succession, suite, théorie **3. cérémonie (religieuse)**

processus N. M. **1. procédé**, méthode, procédure, technique **2. évolution**, cours, déroulement, développement, procès, progrès

procès-verbal N. M. **1. constat**, compte rendu, rapport, relation **2. contravention**, amende, contredanse (fam.), papillon (fam.), prune (fam.), p.-v. (fam.)

prochain, aine
▸ ADJ. **1. proche**, adjacent, attenant, contigu, voisin **2. à venir**, imminent, premier, près d'arriver, qui vient, suivant, ultérieur
▸ N. M. **autrui**, les autres, frère, semblable

prochainement ADV. bientôt, incessamment, sous peu

proche[1] ADJ. **1. prochain**, imminent **2. récent 3. voisin**, adjacent, attenant, avoisinant, contigu, limitrophe, d'à côté (fam.) **4. accessible**, rapproché **5. comparable**, approchant, ressemblant, semblable, similaire, voisin

proche[2] N. **1. parent**, ami, familier, intime **2.** [au plur.] **entourage**, famille, parenté, siens

proclamation N. F. **1. annonce**, avis, ban, communiqué, déclaration, divulgation, publication **2. manifeste**, appel, cri public, dénonciation

proclamer V. TR. clamer, affirmer, annoncer, claironner, déclarer, divulguer, manifester, professer, révéler, crier sur les toits (fam.)

procréer V. TR. concevoir, donner le jour à, engendrer, fabriquer, mettre au monde, produire, enfanter (littér.)

procuration N. F. pouvoir, charge, délégation, mandat

procurer V. TR. **1. fournir**, allouer, approvisionner en, assurer, gratifier de, munir de, nantir de, octroyer, pourvoir de/en **2. produire**, amener, apporter, causer, donner, engendrer, entraîner, faire naître, occasionner, provoquer, rapporter, susciter, valoir
♦ **se procurer** V. PRON. **1. acquérir**, acheter, s'offrir, se payer (fam.) **2. obtenir**, dénicher, recueillir, trouver, décrocher (fam.), dégoter (fam.), pêcher (fam.) **3. s'attirer**, racoler, recruter

prodigalité N. F. **1. générosité**, largesse, libéralité, munificence (littér.) **2. abondance**, débauche, déluge, foisonnement, infinité, luxe, profusion

prodige N. M. **1. miracle**, merveille **2. chef-d'œuvre**, trésor **3. surdoué**, aigle, génie, phénomène, virtuose, as (fam.), crack (fam.), lumière (fam.), phénix (fam.), tête (fam.)

prodigieusement ADV. **1. admirablement**, merveilleusement **2. étonnamment**, follement, incroyablement **3. considérablement**, excessivement, immensément, incommensurablement, infiniment, puissamment

prodigieux, euse ADJ. **1. surnaturel**, fabuleux, fantastique, féerique, merveilleux, miraculeux **2. étonnant**, ahurissant, exceptionnel, extraordinaire, impensable, inconcevable, incroyable, inexplicable, inimaginable, inouï, invraisemblable, renversant, sensationnel, stupéfiant, surprenant, époustouflant (fam.), fou (fam.) **3. considérable**, colossal, énorme, gigantesque, monstrueux, monumental, phénoménal, faramineux (fam.), monstre (fam.) **4. admirable**, éblouissant, formidable, génial, magnifique, mirifique, remarquable, sublime, mirobolant (fam.), terrible (fam.)

prodigue ADJ. **1. généreux**, débordant, large, libéral, munificent (littér.) **2. dépensier**, gaspilleur, panier percé (fam.), dilapidateur (littér.) **3. abondant**, fécond, fertile, prolixe

prodiguer V. TR. **1. répandre**, dépenser, distribuer, donner (à profusion), épancher **2. manifester**, déployer, exposer **3.** [de l'argent] **dilapider**, dépenser, dissiper, gaspiller, jeter par les fenêtres

productif, ive ADJ. **1. fécond**, fertile, généreux **2. prolifique**, créatif, fécond, fertile **3. fructueux**, lucratif, profitable, rentable, juteux (fam.)

production N. F. **1. formation**, dégagement, émission **2. apparition**, éclosion, enfantement, génération, genèse **3. fabrication**, création **4. récolte**, fruit, produit, rendement **5. œuvre**, écrit, ouvrage **6. présentation**, exhibition

productivité N. F. **1. fécondité**, fertilité **2. créativité 3. rendement**, efficacité, efficience

produire V. TR. **I. 1. créer**, confectionner, construire, élaborer, fabriquer, façonner **2. composer**, écrire, forger, accoucher de (fam.), pondre (fam.) **II. 1. voir naître**, enfanter (littér.) **2. donner**, fructifier, porter, procurer, rapporter, rendre **3. causer**, amener, apporter, catalyser, créer, déclencher, engendrer, entraîner, occasionner, provoquer, susciter **4. dégager**, émettre, exhaler **III. 1. présenter**, exhiber, exhumer, fournir, montrer, tendre **2. alléguer**, citer

♦ **se produire** V. PRON. **1. advenir**, arriver, se dérouler, avoir lieu, s'offrir, se présenter, survenir **2. s'accomplir**, se réaliser **3. se montrer**, s'exhiber

produit N. M. **1. substance 2. article**, bien, denrée, marchandise **3. production**, ouvrage **4. fruit**, bénéfice, gain, profit, rapport, recette, rendement, rente, revenu **5. résultat**, artefact, conséquence, effet, rançon, résultante, suite **6.** [d'une union] **enfant**, fruit, progéniture, rejeton (fam.)

proéminence N. F. protubérance, aspérité, avancée, bosse, éminence, mamelon, relief, saillie

proéminent, ente ADJ. protubérant, bombé, en avant, en relief, renflé, saillant

profanation N. F. **1. sacrilège**, atteinte, attentat, outrage **2. violation 3. dégradation**, avilissement, pollution

profane ADJ. et N. **1. laïc**, civil, mondain, séculier **2. ignorant**, béotien, incompétent, inexpérimenté, novice

profaner V. TR. avilir, dégrader, insulter, polluer, salir, souiller, vandaliser, violer

proférer V. TR. prononcer, articuler, débiter, émettre, énoncer, jeter, pousser, sortir (fam.)

professer V. TR. proclamer, afficher, déclarer, manifester

professeur N. enseignant, instructeur, maître, moniteur, prof (fam.)

profession N. F. **1. métier**, activité, occupation, partie, pratique, spécialité **2. carrière**, condition, voie, état (littér.) **3. emploi**, travail, boulot (fam.), gagne-pain (fam.), job (fam.)

professionnel, elle

▸ ADJ. **1. expérimenté**, averti, exercé, expert (en la matière), qualifié **2. technique**

▸ N. **spécialiste**, connaisseur, expert, orfèvre en la matière, pro (fam.)

professoral, ale, aux ADJ. **1. enseignant 2. doctoral**, magistral, pédant (péj.), pontifiant (péj.)

profil N. M. **1. contour**, dessin, galbe, ligne, linéament, silhouette **2. section**, côté, coupe **3. compétences**, aptitudes, caractéristiques

profiler V. TR. **1. découper 2. caréner**

♦ **se profiler** V. PRON. **1. se découper**, se dessiner, se détacher, ressortir, se silhouetter **2. s'esquisser**, apparaître, poindre, se préciser, montrer le bout de son nez (fam.)

profit N. M. **1. produit**, acquêt, avantage, bénéfice, bien, fruit, gain, plus-value, revenu, gâteau (fam.) **2. intérêt**, avantage, fruit, parti, utilité

profitable ADJ. **1. utile**, enrichissant, formateur, fructueux, instructif, intéressant **2. productif**, efficace **3. avantageux**, lucratif, payant, rémunérateur, rentable, juteux (fam.) **4. bénéfique**, bienfaisant, bon, sain, salutaire

profiter V. INTR. se développer, grandir, grossir, pousser

profond, onde ADJ. **I. 1. bas**, inférieur **2. enfoncé**, creux, encaissé **3. éloigné**, caché, lointain, reculé **4. abyssal** **5.** [décolleté] **plongeant**, échancré **6. épais**, impénétrable, sombre **7. gros**, grave, lourd, sérieux **8.** [voix] **grave**, caverneux, sépulcral **II. 1. absolu**, complet, extrême, immense, infini, total, vaste **2. aigu**, ardent, fort, intense, puissant, vif, violent **3. intime**, secret **4. durable**, fidèle, solide **5.** [sommeil] **lourd**, de plomb **III. 1. difficile**, abstrait, abstrus, élevé, fort, mystérieux, obscur, savant **2. pénétrant**, intelligent, perspicace, sagace

profondément ADV. **I. loin**, profond, très avant **II. 1. fortement**, ardemment, extrêmement, intensément, vivement **2. parfaitement**, complètement, pleinement, totalement **III. 1. foncièrement**, intimement **2. intérieurement**, dans son for intérieur, inconsciemment

profondeur N. F. **I. 1. abîme**, abysse, fosse **2. épaisseur**, creux, enfoncement, fond, hauteur **3. dimension**, distance, perspective **II. 1. intérieur**, intériorité, intimité, secret, tréfonds (littér.) **2. pénétration**, acuité, intelligence, perspicacité, sagacité **III. 1. consistance**, densité, fermeté, substance **2. force**, ardeur, intensité, puissance, vigueur, vivacité **3. durabilité**, constance, fidélité, permanence, solidité, stabilité **4. plénitude**, richesse

profusion N. F. **1. abondance**, avalanche, débauche, débordement, déluge, exubérance, foisonnement, flot, luxe, luxuriance, masse, multiplicité, multitude, pluie, prolifération **2. excès**, pléthore, surabondance

progéniture N. F. descendance, enfant(s), petit(s), (petite) famille, héritiers (plaisant), rejeton(s) (fam.)

programme N. M. **I. 1. projet**, dessein, intention, objectif, plan, plate-forme, profession de foi **2. planning**, calendrier, emploi du temps, horaire, plan de travail, planification **3. ordre du jour**, menu (fam.) **II. affiche**, annonce **III. 1. émission** **2. logiciel**, application

programmer V. TR. planifier, orchestrer, organiser, préparer, prévoir, régler

progrès N. M. **1. amélioration**, amendement, avancée, gain, mieux, pas en avant, perfectionnement **2. développement**, ascension, croissance, essor, expansion, extension, montée **3. progression**, avancement, cheminement, cours, évolution, marche, mouvement **4. propagation**, avance, avancée

progresser V. INTR. **I. 1. se développer**, s'accroître, s'amplifier, augmenter, croître, s'étendre, monter en puissance **2. se propager**, gagner du terrain, [en mal] s'aggraver, empirer **II. 1. s'améliorer**, s'amender, mûrir, se perfectionner **2. réussir**, faire du chemin, monter, prospérer **III. 1. avancer**, évoluer **2. cheminer**, aller, (s')avancer, marcher, se mouvoir

progressif, ive ADJ. **1. graduel**, gradué **2. croissant**, grandissant

progression N. F. **1. essor**, accroissement, augmentation, croissance, développement, expansion, extension, hausse, montée en puissance, progrès, propagation **2. avance**, ascension, avancée, cheminement, marche

3. évolution, avancement, cours, courant, développement, marche, mouvement, progrès, [en bien] amélioration, [en mal] aggravation **4. échelonnement**, gradation, paliers

progressiste ADJ. avancé, anti-conformiste, d'avant-garde, révolutionnaire

progressivement ADV. graduellement, doucement, lentement, par degrés, par paliers, pas à pas, petit à petit, peu à peu, (tout) doucettement (fam.)

prohibé, ée ADJ. interdit, défendu, illégal, illicite

prohiber V. TR. interdire, censurer, condamner, défendre, empêcher, exclure, mettre à l'index, proscrire

prohibitif, ive ADJ. inabordable, exagéré, excessif, exorbitant, ruineux

prohibition N. F. interdiction, censure, condamnation, défense, interdit, proscription

proie N. F. **1. capture**, prise **2. victime**, jouet

projection N. F. **1. jet**, éjection, émission, jaillissement, lancement, pulvérisation, vaporisation **2. giclée**, éclaboussure, gerbe **3. prévision**, extrapolation **4. dessin**, perspective, plan **5. représentation**, film, séance **6.** [Psychol.] **transfert**, déplacement, identification

projet N. M. **1. but**, idée, intention, résolution, visée, volonté, vue, dessein (littér.) **2. entreprise**, plan, programme **3. maquette**, canevas, dessin, ébauche, esquisse, plan

projeter V. TR. **1. propulser**, bombarder, cracher, éjecter, envoyer, expulser, jeter, lancer, pulvériser, vomir **2. préparer**, échafauder, combiner (fam.), mijoter (fam.), ourdir (littér.), comploter (péj.), manigancer (péj.), tramer (péj.)

prolétariat N. M. peuple, masses laborieuses, ouvriers, travailleurs

prolifération N. F. multiplication, reproduction

proliférer V. INTR. se multiplier, s'accroître, s'agrandir, augmenter, se développer, envahir, grandir, se propager, pulluler, se reproduire, pousser (comme des champignons/du chiendent) (fam.)

prolifique ADJ. productif, abondant, fécond, fertile, riche

prolixe ADJ. **1. bavard**, intarissable, loquace, volubile, disert (littér.) **2. abondant**, copieux, long, diffus (péj.), verbeux (péj.) **3. expansif**, exubérant

prologue N. M. **1. introduction**, avant-propos, avertissement, avis, entrée en matière, préambule, préface, présentation **2. prélude**, avant-goût, préliminaires, prodrome

prolongation N. F. **1. allongement**, augmentation, continuation, extension, poursuite, prolongement, prorogation, suite **2. délai**, sursis

prolongé, ée ADJ. **1. continu**, suivi, tenu **2. interminable**, grand

prolongement N. M. **1. allongement**, augmentation, extension, prolongation **2. continuation**, continuité **3. conséquence**, aboutissement, développement, effet, incidence, répercussion, suite, [mauvais] séquelle

prolonger V. TR. **I. allonger**, continuer, rallonger, tirer en longueur **II. 1. faire durer**, entretenir, perpétuer, proroger, traîner en longueur **2. continuer**, poursuivre, pousser

♦ **se prolonger** V. PRON. **1. continuer**, s'allonger, s'étendre, s'étirer, se poursuivre, se perpétuer **2. durer**, se maintenir, persister, tenir, tirer en longueur, s'éterniser (péj.), traîner (en longueur) (péj.)

promenade N. F. **1. sortie**, circuit, excursion, flânerie, marche, randonnée, périple, voyage, balade (fam.), tour (fam.), vadrouille (fam.), virée (fam.), échappée (littér.) **2. allée**, avenue, boulevard, cours, mail

promener V. TR. **transporter**, traîner, balader (fam.)

♦ **se promener** V. PRON. **1. marcher**, circuler, déambuler, voyager **2. flâner**, errer, baguenauder (fam.), se balader (fam.), vadrouiller (fam.)

promeneur, euse N. **1. flâneur**, badaud, passant **2. marcheur**, excursionniste, randonneur

promesse N. F. **1. assurance**, déclaration, engagement, foi, parole (d'honneur), protestation, serment **2. annonce**, présage, signe **3. convention**, contrat, engagement

prometteur, euse ADJ. engageant, de bon augure, encourageant, rassurant

promettre V. TR. **1. assurer**, affirmer, certifier, garantir, jurer **2. annoncer**, augurer, laisser présager, laisser prévoir, prédire, préparer **3. proposer**, faire briller, faire miroiter, laisser espérer

promontoire N. M. cap, avancée, bec, belvédère, éminence, éperon, hauteur, pointe, saillie

promoteur, trice N. **1. animateur**, âme, centre, dirigeant, incitateur, instigateur, leader, meneur, moteur, tête, héraut (littér.) **2. auteur**, concepteur, créateur, initiateur, inspirateur, père, pionnier, précurseur

promotion N. F. **1. accession**, ascension, avancement, dignité, distinction, élévation, nomination **2. progrès**, amélioration, émancipation **3. publicité**, communication, lancement, promo (fam.) **4. année**, classe, cuvée (fam.), promo (fam.)

promouvoir V. TR. **1. élever**, nommer, propulser, bombarder (fam.), catapulter (fam.), parachuter (fam.) **2. favoriser**, aider, améliorer, animer, encourager, protéger, soutenir **3. lancer**, mettre en avant, pousser

prompt, prompte ADJ. **1. empressé**, diligent, expéditif, preste, rapide, vif, zélé **2. coléreux**, irascible, susceptible, soupe au lait (fam.) **3. rapide**, brusque, hâtif, immédiat, instantané, soudain, subit **4. de courte durée**, bref, court, succinct **5. prochain**, proche, rapide

promptitude N. F. **1. rapidité**, célérité, diligence, empressement, hâte **2. vivacité**, agilité, dextérité, prestesse, rapidité, vélocité, vitesse

promulguer V. TR. édicter, décréter, proclamer, publier

prôner V. TR. **1. préconiser**, conseiller, prêcher pour, recommander, vanter **2. célébrer**, approuver, encenser, exalter, glorifier, louer, vanter

prononcé, ée ADJ. accentué, accusé, appuyé, fort, marqué, souligné, très visible

prononcer V. TR. **1. émettre**, articuler **2. énoncer**, dire, exprimer, formuler, proférer **3. décréter**, déclarer, proclamer, rendre **4.** [bas] **chuchoter**, murmurer **5.** [distinctement] **accentuer**, détacher, marquer, marteler, scander, [une lettre] faire sentir/sonner **6.** [mal] **écorcher 7.** [indistinctement] **bafouiller**, balbutier, bégayer, bredouiller, zézayer

♦ **se prononcer** V. PRON. **1. opter**, choisir, se décider, se déclarer, se déterminer, pencher, prendre parti **2. conclure à**, juger, statuer, trancher

prononciation N. F. 1. **énonciation** 2. **articulation**, élocution 3. **accentuation**, inflexion, intonation, phrasé, prosodie, ton 4. **diction**, accent

pronostic N. M. prévision, anticipation, conjecture, extrapolation, prédiction

pronostiquer V. TR. annoncer, anticiper, conjecturer, prédire, prévoir, prophétiser

propagande N. F. endoctrinement, intoxication, bourrage de crâne (fam.), intox (fam.)

propagation N. F. 1. **multiplication**, reproduction 2. **dissémination**, contagion, contamination, diffusion 3. **diffusion**, (mise en) circulation, colportage, divulgation, transmission, vulgarisation 4. **extension**, expansion, invasion, marche, progrès, progression

propager V. TR. 1. **répandre**, disséminer, semer 2. **diffuser**, enseigner, populariser, vulgariser 3. **accréditer** 4. **colporter**, crier sur les toits, divulguer, publier à son de trompe

♦ **se propager** V. PRON. 1. **se répandre**, circuler, s'étendre, gagner (du terrain), faire tache d'huile 2. **se développer**, augmenter, s'intensifier 3. **se transmettre**, se diffuser, irradier, rayonner

propension N. F. disposition, appétence, attirance, goût, inclination, penchant, tendance

prophétie N. F. 1. **annonce**, oracle, prédiction, prévision 2. **divination**, vaticination (littér.)

prophétique ADJ. visionnaire, inspiré, prémonitoire

prophétiser V. TR. prévoir, annoncer, conjecturer, deviner, entrevoir, prédire, pronostiquer, vaticiner (littér.)

propice ADJ. 1. **favorable**, opportun 2. **convenable**, bon, faste, heureux

proportion N. F. 1. **dimension**, étendue, mesure 2. **pourcentage**, dose, prorata, taux 3. **dosage**, mesure 4. **équilibre**, eurythmie, harmonie, rapport, symétrie

proportionné, ée ADJ.

- **(bien) proportionné** 1. **équilibré**, harmonieux, homogène, régulier, symétrique 2. **beau**, bien bâti, bien tourné, bien fichu (fam.), bien foutu (fam.), fait au moule, [femme] bien roulée (fam.)

proportionner V. TR. 1. **doser**, calculer, calibrer, mesurer 2. **approprier**, assortir, rapporter, répartir

propos N. M. 1. **discours**, déclaration, dire, mots, parole, phrase 2. **objectif**, but, désir, intention, pensée, résolution, volonté, dessein (littér.) 3. **sujet**, matière, objet, thème

proposer V. TR. 1. **présenter**, mettre en avant, soumettre 2. **montrer**, présenter 3. **offrir**, donner 4. **suggérer**, conseiller, souffler

♦ **se proposer** V. PRON. **présenter sa candidature**, s'offrir, se porter volontaire

proposition N. F. 1. **offre**, marché, ouverture, suggestion, [galante] avance 2. **motion**, résolution 3. **affirmation**, allégation, aphorisme, assertion, jugement, maxime, précepte, thèse

propre[1] ADJ. I. 1. **immaculé**, blanc, frais, lavé, net, propret 2. **bien tenu**, bien entretenu, impeccable, nettoyé, pimpant 3. **soigné**, soigneux II. 1. **individuel**, distinctif, exclusif, particulier, personnel, spécifique, typique 2. **privé**, à soi, personnel III. **adéquat**, adapté, ad hoc, approprié, convenable, exact, juste, précis, idoine (littér.) IV. **honnête**, bien, correct, intègre, moral, réglo (fam.), probe (littér.) V. [sens] **littéral**, textuel

propre² N. M. caractéristique, attribut, nature, particularité, spécificité, apanage (littér.)

proprement ADV. 1. **typiquement**, exclusivement, spécifiquement 2. **exactement**, en fait, pratiquement, précisément, véritablement, vraiment 3. **littéralement** 4. **bien**, comme il faut, convenablement, correctement, décemment, honnêtement 5. **soigneusement**, avec propreté

propreté N. F. 1. **pureté**, salubrité 2. **hygiène**, tenue, toilette 3. **fraîcheur**, blancheur, netteté, pureté

propriétaire N. 1. **possesseur**, détenteur, maître, patron 2. **hôte**, proprio (fam.)

propriété N. F. I. 1. **possession** 2. **bien**, avoir, capital (en nature), domaine, fonds, immeuble, patrimoine, terre II. 1. **attribut**, caractère, caractéristique, essence, nature, particularité, propre 2. **pouvoir**, faculté, qualité, vertu III. **adéquation**, correction, exactitude, justesse, précision

propulser V. TR. 1. **projeter**, lancer, envoyer 2. [fam.] **nommer**, promouvoir, bombarder (fam.), catapulter (fam.), parachuter (fam.)

propulsion N. F. élan, force, impulsion, poussée

prorata N. M. INVAR. pourcentage, proportion, quote-part, quotité, rapport

prorogation N. F. 1. **prolongation**, maintien, reconduction, renouvellement 2. **délai**, moratoire, répit, sursis 3. [Pol.] **ajournement**, renvoi, report

proroger V. TR. 1. **prolonger**, allonger, rallonger, reconduire, renouveler 2. **remettre**, repousser, retarder

prosaïque ADJ. 1. **commun**, banal, ordinaire, plat, quelconque 2. **matériel**, matérialiste, physique, primaire, terre à terre, trivial, au ras des pâquerettes (fam.)

proscription N. F. 1. **expulsion**, ban, banissement, exclusion, exil, ostracisme 2. **élimination**, bannissement, refus, rejet 3. **interdiction**, censure, condamnation, mise à l'index, prohibition

proscrire V. TR. 1. **expulser**, bannir, chasser, exiler, refouler, reléguer, renvoyer 2. **éliminer**, bannir, écarter, enlever, exclure, refuser, rejeter 3. **interdire**, censurer, condamner, défendre, mettre à l'index, prohiber

prosélyte N. adepte, apôtre, militant, missionnaire, partisan, zélateur, sectateur (péj.)

prospecter V. TR. 1. **chercher**, rechercher, se mettre en quête de, partir à la chasse de 2. **sonder**, creuser, fouiller 3. **explorer**, inspecter, parcourir, patrouiller, reconnaître, sillonner, visiter 4. **consulter**, interroger

prospection N. F. 1. **exploration**, fouille, investigation, enquête, recherche, reconnaissance, sondage 2. [de clientèle] **démarchage**, mailing, publipostage

prospère ADJ. 1. **riche**, aisé, fortuné 2. **florissant**, resplendissant 3. **faste**, favorable, heureux

prospérer V. INTR. 1. **se développer**, être florissant, fructifier, progresser, avoir le vent en poupe, marcher (fam.) 2. **croître**, s'épanouir, fleurir, foisonner, se multiplier, pulluler 3. **s'enrichir**, faire ses affaires, réussir, engraisser (fam.), faire son beurre (fam.)

prospérité N. F. 1. **fortune**, richesse, réussite, succès 2. **bonheur**, abondance, aisance, bien-être, opulence, splendeur, félicité (littér.) 3. **activité**, développement, essor, expansion

prosterner (se) v. pron. 1. **s'agenouiller**, mettre un genou à terre, se courber, s'incliner 2. **s'abaisser**, s'humilier, ramper, s'aplatir (fam.), se coucher par terre (fam.)

prostituée n. f. professionnelle, péripatéticienne, belle-de-jour, belle-de-nuit, amazone, entraîneuse, fille de joie, fille publique, fille des rues, fille, racoleuse (fam.), poule (de luxe) (fam.), tapineuse (fam.), créature (péj.), femme de mauvaise vie (péj.), grue (fam., péj.), putain (fam., péj.), pute (fam., péj.), courtisane (littér.), demi-mondaine (littér.), hétaïre (littér.), fleur de macadam (littér.)

prostituer v. tr. 1. **dégrader**, avilir, déshonorer, galvauder, profaner, salir, souiller, vendre 2. **débaucher**, dépraver, dévoyer, maquereauter (fam.)
♦ **se prostituer** v. pron. 1. **se vendre**, s'abaisser 2. **vivre de ses charmes**, faire le trottoir (fam.), faire le tapin (fam.), tapiner (fam.)

prostitution n. f. racolage, tapin (fam.), trottoir (fam.), turbin (fam.), turf (argot)

prostration n. f. abattement, accablement, anéantissement, apathie, hébétude, léthargie, torpeur

prostré, ée adj. accablé, abattu, anéanti, apathique, effondré

protagoniste n. m. 1. **participant**, acteur 2. **personnage**, caractère, héros, rôle 3. **animateur**, instigateur, leader, meneur, pionnier, promoteur

protecteur[1], trice adj. I. 1. **tutélaire** 2. **paternel**, bienveillant 3. [péj.] **condescendant**, dédaigneux, hautain II. **conservateur**, mainteneur, prophylactique

protecteur[2], trice n. 1. **bienfaiteur**, ange gardien, appui, mécène, soutien 2. **défenseur**, champion, gardien, pilier, sauveur 3. [saint] **patron** 4. **chaperon**, chevalier servant

protection n. f. I. 1. **conservation**, préservation, sauvegarde 2. **défense**, sécurité, sûreté, surveillance II. 1. **appui**, assistance, aide, recommandation, secours 2. **garantie**, assurance 3. **tutelle**, parrainage, patronage III. 1. **armure**, blindage, carapace, couverture, cuirasse, habillage 2. **rempart**, bouclier, cache, écran, filtre, parapluie, paravent

protégé, ée
▸ adj. 1. (à) **couvert**, abrité, à l'abri, préservé 2. **en lieu sûr** 3. **sûr** 4. **immunisé**, cuirassé, défendu, vacciné, blindé (fam.)
▸ n. **favori**, chouchou (fam.), poulain (fam.), créature (littér.)

protéger v. tr. I. 1. **sauvegarder**, conserver, garantir, préserver 2. **mettre en sûreté**, accompagner, escorter, garder, surveiller 3. **défendre**, abriter, assurer, garantir, prémunir, préserver 4. **fortifier**, blinder, cuirasser, immuniser, vacciner II. 1. **aider**, assister, secourir, soutenir 2. **bénir**, garder 3. **veiller sur**, mettre/prendre sous son aile, prendre sous sa protection, couver III. 1. **appuyer**, épauler, parrainer, patronner, recommander, pistonner (fam.), pousser (fam.) 2. **encourager**, favoriser, promouvoir, soutenir
♦ **se protéger** v. pron. **se défendre**, s'armer, s'assurer, ouvrir le parapluie (fam.)

protestataire adj. et n. opposant, contestataire

protestation n. f. 1. **objection**, dénégation, opposition 2. **réclamation**, plainte, récrimination, revendication, [au plur.] doléances 3. **murmure**, clameur, cri, levée de bouclier, coup de gueule (fam.)

protester v. intr. s'opposer, broncher, se cabrer, s'indigner, murmurer, se plaindre, pousser les hauts cris, se rebeller, se récrier, récriminer, regimber, se révolter, tempêter, tonner, taper du poing sur la table, gueuler (fam.), râler (fam.), se rebiffer (fam.), ronchonner (fam.), rouspéter (fam.), ruer dans les brancards (fam.)

protocole N. M. **I. 1. étiquette**, bienséance, cérémonial, code, convenances, forme, règle, rituel **2. norme**, règlement **3. décorum**, apparat, cérémonie **II. convention**, accord, acte, traité

prototype N. M. **1. archétype**, étalon, modèle, type **2. original**

protubérance N. F. **1. saillie**, bosse, éminence, excroissance, tubérosité **2. monticule**, mamelon

protubérant, ante ADJ. proéminent, bombé, enflé, saillant

prouesse N. F. exploit, action d'éclat, haut fait, morceau de bravoure, performance

prouvé, ée ADJ. certain, attesté, avéré, confirmé, constaté, démontré, établi, vérifié

prouver V. TR. **1. démontrer (par** A + B), établir, faire comprendre, mettre en évidence, vérifier **2. attester de**, affirmer, confirmer, être le signe de, exprimer, indiquer, manifester, marquer, montrer, révéler, témoigner, trahir

provenance N. F. source, fondement, origine, point de départ, racine

provenir de V. TR. IND. **1. émaner de**, partir de, sortir de **2. résulter de**, découler de, dépendre de, dériver de, procéder de, tenir à, être tiré de, venir de **3. descendre de**, être issu de, être né de

proverbe N. M. adage, aphorisme, dicton, maxime, sentence

proverbial, ale, aux ADJ. légendaire, admis, célèbre, connu, fameux, notoire, reconnu

providence N. F. **1. ciel**, dieu, dieux, divinités **2. chance**, destin, hasard, sort **3. bienfaiteur**, ange (gardien), protecteur, sauveur, secours

providentiel, elle ADJ. opportun, bon, heureux, inespéré, miraculeux, salutaire

provision N. F. **1. réserve**, amas, approvisionnement, fourniture, munition, stock, cargaison (fam.) **2. acompte**, avance, dépôt

♦ **provisions** PLUR. **1. commissions**, courses **2. ravitaillement**, aliments, denrées (alimentaires), viatique, victuailles, vivres

provisionner V. TR. alimenter, approvisionner

provisoire ADJ. **1. temporaire**, momentané, passager, transitoire **2. fugace**, court, bref, éphémère, fugitif, précaire **3. de fortune**

provisoirement ADV. **1. en attendant**, momentanément **2. temporairement**, par intérim, passagèrement, transitoirement

provocant, ante ADJ. **1. agressif**, batailleur, belliqueux, querelleur **2. agaçant**, irritant **3. suggestif**, aguichant, affriolant, émoustillant, excitant, racoleur **4. arrogant**, effronté, hardi, insolent, provocateur

provocateur, trice

▸ N. **1. agitateur**, excitateur, fauteur de troubles, meneur **2. agresseur**, assaillant, attaquant, offenseur

▸ ADJ. **provocant**, arrogant, effronté, hardi, insolent

provocation N. F. **1. défi**, bravade, provoc (fam.) **2. attaque**, agression, menace **3. agacerie**, coquetterie

provoquer V. TR. **I. 1. amener**, amorcer, appeler, apporter, attirer, catalyser, causer, créer, déchaîner, déclencher, engendrer, entraîner, occasionner, produire, susciter **2. exciter**, aiguillonner, allumer, enflammer, éveiller, inspirer, soulever **3. prendre l'initiative de**, animer, promouvoir **II. 1. attaquer**, agresser, menacer, mettre au défi **2. agacer**, harceler **3. narguer**, attaquer, braver, défier, se frotter à **4. aguicher**, émoustiller, allumer (fam.)

proxénète N. protecteur, souteneur, maquereau (fam.), mac (argot), marlou (argot)

proximité N. F. **1. voisinage**, contiguïté, mitoyenneté **2. imminence**, approche **3. parenté**, affinité, analogie, points communs, ressemblance, similitude

prude
▸ ADJ. **puritain**, pudique, bégueule (fam.), collet monté (fam.), pudibond (littér.)
▸ N. F. **sainte-nitouche**

prudemment ADV. **1. sagement**, raisonnablement **2. pas à pas**, avec circonspection, précautionneusement

prudence N. F. **1. pondération**, discernement, mesure, réflexion, sagesse **2. ménagement**, doigté, tact **3. précaution**, attention, circonspection, vigilance **4. hésitation**, réticence

prudent, ente ADJ. **1. prévoyant**, attentif, averti, avisé, circonspect, mesuré, pondéré, raisonnable, réfléchi, sage, vigilant **2. hésitant**, réticent **3.** [à l'excès] **précautionneux**, timoré, pusillanime (littér.)

pseudonyme N. M. nom d'emprunt, faux nom, nom d'artiste, nom de scène, nom de plume, nom de guerre, pseudo (fam.)

psychique ADJ. mental, intérieur, psychologique

psychisme N. M. psychologie, état d'esprit, mental, psyché (littér.)

psychologie N. F. **1. psychisme**, caractère, comportement, mentalité, mœurs **2. perspicacité**, clairvoyance, diplomatie, doigté, finesse (psychologique), intuition, pénétration, sagacité, tact

psychologique ADJ. psychique, mental

psychologue ADJ. perspicace, clairvoyant, diplomate, fin, sagace, subtil

psychopathe N. déséquilibré, fou, malade (mental), pervers

psychose N. F. **1. folie**, aliénation, délire, démence **2. obsession**, angoisse, hantise

puant, ante ADJ. **1. malodorant**, fétide, infect, méphitique, nauséabond, pestilentiel, répugnant **2. vaniteux**, poseur, prétentieux, satisfait, snob, suffisant, fat

puanteur N. F. fétidité, infection, miasmes, pestilence, relent, remugle (littér.)

pubère ADJ. formé, adolescent, nubile (didact.), [fille] réglée

puberté N. F. **1. adolescence**, âge ingrat, âge tendre **2. formation**, nubilité (didact.)

public[1], ique ADJ. **1. commun**, collectif, communautaire, général, national **2. accessible**, libre, ouvert à tous **3. notoire**, connu, répandu **4. manifeste**, visible **5. officiel**, authentique, solennel **6. laïque**

public[2] N. M. **1. assistance**, assemblée, audience, auditeurs, auditoire, parterre, salle, spectateurs, galerie (fam.) **2. masse**, foule, multitude, peuple, population

publication N. F. **I. 1. annonce**, affichage, divulgation, proclamation, promulgation, [de mariage] ban **2. sor-**

tie, édition, lancement, mise en vente, parution, tirage **II. 1. ouvrage**, écrit, fascicule, livraison, livre, recueil, volume **2. périodique**, bulletin, journal, numéro, revue

publicité N. F. **1. message publicitaire**, spot publicitaire, pub (fam.) **2. placard publicitaire**, affiche, affichage **3. propagande**, bruit, battage (fam.), matraquage (fam.), ramdam (fam.) **4. retentissement**, renommée

publier V. TR. **1. rendre public**, annoncer, claironner, clamer, crier, déclarer, dévoiler, divulguer, ébruiter, étaler (au grand jour), exprimer, manifester, proclamer, répandre, trompeter **2. écrire**, donner, accoucher (fam.) **3. éditer**, faire paraître, imprimer, lancer, sortir

publiquement ADV. **1. en public**, officiellement **2. ouvertement**, à la face du monde, à visage découvert, au grand jour, devant tout le monde, haut et fort, tout haut, ostensiblement

pudeur N. F. **1. confusion**, embarras, gêne, honte, scrupule, timidité, vergogne **2. discrétion**, délicatesse, modestie, réserve, respect, retenue, tact **3. décence**, bienséance, pruderie (péj.), pudibonderie (péj.)

pudibond, onde ADJ. prude, pudique, puritain, bégueule (fam.), collet monté (fam.)

pudique ADJ. **1. décent**, chaste, correct, sage, prude (péj.), pudibond (péj.) **2. discret**, délicat, modeste, réservé, retenu

puer V. INTR. et TR. empester, empuantir, sentir mauvais, cocoter (fam.), cogner (fam.), fouetter (fam.), ne pas sentir la rose (fam.), schlinguer (fam.), sentir (fam.), dauber (argot)

puéril, ile ADJ. **1. enfantin**, candide, immature, infantile, naïf, niais, bébé (fam.), bébête (fam.), gamin (fam.) **2. frivole**, dérisoire, futile, superficiel, vain (littér.)

puérilité N. F. **1. infantilisme**, naïveté, niaiserie **2. enfantillage**, frivolité, futilité

pugilat N. M. combat, bataille, échauffourée, lutte, mêlée, rixe, bagarre (fam.)

pugnace ADJ. combatif, accrocheur, agressif, bagarreur, batailleur, belliqueux

puiser V. TR. **1. tirer**, pomper **2. prendre**, emprunter, glaner, récolter, piocher (fam.)

puisque CONJ. étant donné que, attendu que, comme, dans la mesure où, dès l'instant que, du fait que, du moment où/que, parce que, pour la raison que, vu que

puissamment ADV. **1. énergiquement**, âprement, fortement, furieusement, passionnément, redoutablement, solidement, vigoureusement, violemment **2. considérablement**, énormément, extrêmement, fort, fortement, infiniment, intensément, prodigieusement

puissance N. F. **I. 1. force**, vigueur, virilité **2. efficacité**, force, pouvoir **3. capacité**, faculté, possibilité **II. intensité**, dimension, énergie, profondeur, [d'un son] volume **III. 1. autorité**, crédit, influence, pouvoir, souveraineté **2.** [légale] **droit**, autorité **IV. nation**, empire, État, pays, royaume, grand, super-grand **V.** [Mathématiques] **exposant**

puissant, ante ADJ. **1. vigoureux**, fort, musclé, robuste, solide, balèze (fam.), costaud (fam.) **2. influent**, considérable, haut placé, important, omnipotent, qui a le bras long **3. efficace**, agissant, énergique, tout-puissant **4. profond**, fort, intense, soutenu, vif, violent

pulluler V. INTR. **1. abonder**, foisonner, fourmiller, grouiller **2. proliférer**, envahir, se répandre, pousser (comme des champignons/du chiendent) (fam.)

pulsation N. F. battement, frémissement, mouvement alternatif, oscillation, vibration

pulsion N. F. **1. instinct**, besoin, envie, impulsion **2. tendance**, pente

pulvérisateur N. M. **1. atomiseur**, aérosol, brumisateur (nom déposé), nébuliseur, spray, vaporisateur **2. aérographe**, pistolet **3. poudreuse**, sulfateuse

pulvérisation N. F. **1. désagrégation**, division **2. vaporisation**

pulvériser V. TR. **1. écraser**, broyer, atomiser, concasser, effriter, égruger, émietter, moudre, piler, réduire en miettes/en poudre **2. vaporiser**, volatiliser **3. anéantir**, balayer, détruire, fracasser, réduire en cendres/en poussière, tailler en pièces, bousiller (fam.), écrabouiller (fam.), mettre en charpie (fam.)

punch N. M. dynamisme, allant, énergie, force, mordant, tonus, vigueur, vitalité, peps (fam.)

punir V. TR. **1. sanctionner**, infliger une peine à, sévir contre, taper sur les doigts de (fam.), châtier (littér.), [un élève] consigner, coller (fam.) **2. battre**, corriger, frapper, châtier (littér.) **3. réprimer**, interdire, redresser, sanctionner, sévir contre **4. venger**, laver, faire payer

punition N. F. **1. sanction**, condamnation, pénalité, pénitence, châtiment (littér.) **2. correction**, coups, fessée, raclée (fam.) **3. vengeance**, représailles, vindicte

pupitre N. M. **1. lutrin** **2. bureau**, table **3. console**, clavier

pur, pure ADJ. **I. 1. brut**, entier, franc, sans mélange, nature, naturel, nu **2. affiné**, assaini, décanté, épuré, filtré, purifié, rectifié, [eau] potable **3. clair**, cristallin, limpide, lumineux, serein, transparent, [ciel] bleu, sans nuage, [son] argentin **II. 1. soigné**, châtié, correct, délicat, élégant, raffiné **2. net**, clair, immaculé, impeccable, propre, sain, sans tache, blanc comme neige **III. 1. angélique**, candide, frais, ingénu, innocent, virginal **2. chaste**, continent, platonique, pudique, sage, vertueux **3. vierge**, inaltéré, intact **4. immatériel**, aérien, ailé, éthéré, séraphique, sublime **IV. 1. désintéressé**, authentique, sincère, véritable, vrai **2. honnête**, droit, franc, intègre, probe (littér.) **V.** [science, recherche] **théorique**, fondamental

purée N. F. **1. crème**, bouillie, coulis, suprême, [de pommes de terre] (pommes) mousseline **2. miettes**, bouillie, capilotade, charpie, compote, marmelade, poussière

purement ADV. **1. exclusivement**, seulement, simplement, strictement, uniquement **2. absolument**, intégralement, totalement

pureté N. F. **I. 1. limpidité**, clarté, luminosité, netteté, propreté, transparence **2. grâce**, délicatesse, finesse, perfection **II. 1. ingénuité**, candeur, fraîcheur, innocence **2. droiture**, franchise, honnêteté, intégrité, probité **3. désintéressement**, authenticité, sincérité **4. chasteté**, continence, honneur, innocence, pudeur, vertu, virginité **III. correction**, élégance

purger V. TR. **I. 1. nettoyer**, épurer, purifier **2. vidanger**, curer, désobstruer, vider **3. effacer**, laver **II. 1. expurger**, débarrasser de, retrancher **2. chasser de**, balayer, débarrasser, éliminer de, libérer, vider **III. s'acquitter de**, accomplir, exécuter, subir

purification N. F. **1. assainissement**, purge **2. lavage**, désinfection, nettoyage **3. épuration**, clarification, décantation, élimination, filtrage **4. affinage**, raffinage

purifier V. TR. **1. assainir**, désinfecter, purger **2. clarifier**, filtrer, rectifier **3. épurer**, affiner, raffiner

purisme N. M. **1. affectation**, préciosité **2. perfectionnisme**, rigorisme

puritain, aine ADJ. **1. prude**, pudique, pudibond (littér.) **2. austère**, intransigeant, janséniste, rigide, rigoriste, strict

puritanisme N. M. **1. rigorisme**, ascétisme, austérité, intransigeance, jansénisme, rigidité, rigueur **2. pruderie**, pudibonderie (littér)

pusillanime ADJ. craintif, anxieux, faible, frileux, lâche, peureux, poltron, prudent, timoré, froussard (fam.), pétochard (fam.), poule mouillée (fam.), trouillard (fam.), couard (littér.), pleutre (littér.), veule (littér.)

pusillanimité N. F. poltronnerie, faiblesse, frilosité, lâcheté, frousse (fam.), couardise (littér.), pleutrerie (littér.), veulerie (littér.)

pustule N. F. grosseur, bouton, bubon, bulbe, furoncle, vésicule

putréfaction N. F. corruption, décomposition, gangrène, pourriture

putréfier V. TR. **corrompre**, décomposer, gâter

♦ **se putréfier** V. PRON. **s'altérer**, se corrompre, se décomposer, se dissoudre, pourrir

putride ADJ. **1. putrescent**, décomposé, faisandé, gâté, pourri, [odeur] fétide, pestilentiel **2. malsain**, corrupteur, immoral, impur, morbide, pernicieux, pervers

putsch N. M. coup d'État, coup de main, pronunciamiento

P.-V. N. M. contravention, procès-verbal, contredanse (fam.), prune (fam.)

pylône N. M. colonne, mât, pilier, poteau, sapine

q

quadriller V. TR. **1. carreler**, [des rues] carroyer **2. contrôler**, ratisser, passer au peigne fin

quai N. M. **1. appontement**, débarcadère, embarcadère, wharf (anglic.) **2. plateforme**

qualification N. F. **1. appellation**, épithète, nom, qualité, titre **2. éliminatoire**, série, tour

qualifié, ée ADJ. **1. compétent**, apte, capable, exercé, expérimenté, expert, ferré, rompu (à), calé (fam.), trapu (fam.) **2. autorisé**, habilité

qualifier V. TR. **1. appeler**, dénommer, désigner, intituler, nommer, mettre un nom sur, [une personne] traiter **2. caractériser**, déterminer, symboliser **3.** [Sport] **sélectionner**

qualité N. F. **1. attribut**, caractère, caractéristique, essence, particularité, propriété, signe distinctif, spécificité **2. classe**, carrure, distinction, envergure, étoffe, mérite, stature, valeur, calibre (fam.), trempe (fam.) **3. aptitude**, capacité, compétence, disposition, don, mérite, talent, valeur, vertu **4. fonction**, condition, qualification, titre

quant à LOC. PRÉP. en ce qui concerne, concernant, pour ce qui est de, à la rubrique (de), sur le plan de, côté (fam.), question (fam.), rapport à (fam.)

quantifiable ADJ. calculable, chiffrable

quantifier V. TR. calculer, chiffrer, évaluer, mettre un chiffre sur

quantité N. F. **1. volume**, charge, dose, masse, stock **2. nombre**

quarantaine N. F. **1.** [Méd.] **isolement** **2. boycott**, boycottage, mise à l'index, interdit, ostracisme, proscription

quartier N. M. **1. quart** **2. morceau**, fraction, part, partie, pièce, portion, ration, tranche **3.** [de lune] **croissant** **4. secteur**, arrondissement, district, zone **5.** [Milit.] **cantonnement**, campement, caserne, casernement

quartz N. M. cristal de roche, silice

quasiment ADV. [fam.] presque, pratiquement, à peu près, à peu de chose près, quasi (littér. ou région.)

quelconque ADJ. **1. banal**, commun, courant, insignifiant, ordinaire, passe-partout, sans odeur ni saveur **2. inintéressant**, falot, médiocre, terne

quelque

▸ ADV. **environ**, à peu près, approximativement

▸ ADJ. INDÉF. **un**, certain

♦ **quelques** PLUR. un petit nombre de, un certain nombre de, plusieurs, une poignée de

quelquefois ADV. **1. parfois**, certaines fois, quelques fois **2. de temps à autre**, de loin en loin, de temps en temps

quémander V. TR. mendier, implorer, quêter, réclamer, solliciter

quémandeur, euse N. solliciteur, demandeur, quêteur, tapeur (fam.)

qu'en dira-t-on N. M. commérages, on-dit, racontar, cancans (fam.), potins (fam.), ragots (fam.)

querelle N. F. **1. dispute**, altercation, débat, démêlé, désaccord, différend, discorde, discussion, dissension, passe d'armes, bisbille (fam.), bringue (fam., Suisse), brouille (fam.), chamaillerie (fam.), prise de bec (fam.) **2. conflit**, bataille, controverse, guerre, polémique

quereller V. TR.
♦ **se quereller** V. PRON. se disputer, s'accrocher, se bagarrer, se battre, se bringuer (fam., Suisse), se chamailler (fam.), s'engueuler (très fam.)

querelleur, euse
▸ ADJ. **agressif**, batailleur, belliqueux, boute-feu, chamailleur, chicaneur, ferrailleur, hargneux
▸ N. **mauvais coucheur**, mauvaise tête, [femme] harpie

question N. F. **1. interrogation**, demande **2. devinette**, énigme, colle (fam.) **3. affaire**, controverse, discussion, histoire, matière, point, problème, sujet

questionnaire N. M. formulaire, imprimé, [à choix multiple] Q.C.M.

questionner V. TR. interroger, consulter, interviewer, poser des questions/la question à, sonder, tâter, [en insistant] cuisiner (fam.), mettre/tenir sur le gril (fam.), tenir sur la sellette (fam.)

quêter
▸ V. INTR. faire la quête, recueillir des aumônes
▸ V. TR. mendier, quémander, rechercher, réclamer, solliciter

queue N. F. **1.** [Bot.] **tige**, pédicule, pédoncule, pétiole **2. arrière**, bout, extrémité, fin **3. file d'attente 4. manche**, cognée

quiconque PRONOM n'importe qui, personne

quidam N. M. **1. individu**, inconnu, personne, bonhomme (fam.), mec (fam.), type (fam.) **2. monsieur Tout-le-monde**, tout un chacun, l'homme de la rue, le citoyen lambda

quiet, quiète ADJ. tranquille, calme, paisible

quiétude N. F. calme, apaisement, paix, repos, sérénité, tranquillité

quincaillerie N. F. **1. ferblanterie 2.** [fam.] **pacotille**, camelote (fam.), toc (fam.), [bijoux] affûtiaux (fam.)

quintessence N. F. le meilleur, le nec plus ultra, l'essentiel, le principal, la substantifique moelle (littér.)

quiproquo N. M. malentendu, confusion, maldonne, méprise, embrouillamini (fam.)

quittance N. F. acquit, décharge, récépissé, reçu

quitte ADJ. délivré, débarrassé, dégagé, exempté, libéré, libre

quitter V. TR. **1. s'en aller de**, s'absenter de, déménager de, déserter, déguerpir de, s'échapper de, évacuer, laisser **2. abandonner**, fausser compagnie à, rompre avec, se séparer de, lâcher (fam.), laisser choir/tomber (fam.), lourder (fam.), plaquer (fam.) **3. démissionner de**, se démettre de, planter là (fam.) **4. ôter**, enlever, retirer, se débarrasser de, se défaire de, se dépouiller de
♦ **se quitter** V. PRON. rompre, se séparer

qui-vive N. M. INVAR.
- **être sur le qui-vive** être sur ses gardes, être en alerte, être sur les dents

quolibet N. M. plaisanterie, moquerie, persiflage, pointe, raillerie, sarcasme, taquinerie, lazzi (littér.), pique (fam.), vanne (fam.)

quota N. M. contingent, pourcentage

quote-part N. F. contribution, apport, cotisation, écot, part, quotité (Droit)

quotidien[1]**, enne** ADJ. **1. journalier 2. habituel**, banal, commun, normal, ordinaire, régulier, rituel, usuel

quotidien[2] N. M. journal, gazette, feuille de chou (péj.)

quotient N. M. rapport, ratio

quotité N. F. part, fraction, portion, quote-part

r

rabâcher V. TR. radoter, redire, répéter, ressasser, chanter sur tous les tons, rebattre les oreilles (de) (fam.), [sans complément] chanter toujours la même chanson/antienne (littér.)

rabais N. M. réduction, baisse, diminution, discount (anglic.), escompte, remise, ristourne, solde

rabaisser V. TR. **1. diminuer**, abaisser, baisser, limiter, modérer, rabattre, réduire, restreindre **2. avilir**, abaisser, avilir, dégrader, dénigrer, déprécier, déshonorer, humilier, ravaler, ridiculiser

♦ **se rabaisser** V. PRON. **1. s'humilier**, s'abaisser, se déshonorer **2. se déprécier**, se dénigrer

rabat-joie N. INVAR. trouble-fête, bonnet de nuit, empêcheur de tourner en rond, éteignoir (fam.), pisse-froid (fam.), pisse-vinaigre (fam.)

rabattre V. TR. **1. refermer**, abaisser, abattre, aplatir, baisser, coucher, rabaisser, replier **2. déduire**, diminuer, décompter, défalquer, modérer, réduire, retenir, retrancher **3. rabaisser**, abaisser, atténuer, baisser, diminuer, limiter, modérer, restreindre, tempérer **4. racoler**, attirer

♦ **se rabattre sur** V. PRON. **se contenter de**, accepter, faire avec, se satisfaire de

râblé, ée ADJ. trapu, épais, courtaud, ramassé

raboter V. TR. aplanir, dégauchir, polir, varloper

rabougri, ie ADJ. chétif, desséché, difforme, frêle, malingre, racorni, rachitique, ratatiné

rabrouer V. TR. gronder, remettre à sa place, repousser, clouer le bec à (fam.), envoyer au diable (fam.), envoyer balader (fam.), envoyer bouler (fam.), envoyer promener (fam.), envoyer sur les roses (fam.), moucher (fam.), remballer (fam.), remonter les bretelles à (fam.), rembarrer (fam.)

racaille N. F. **1. canaille**, escroc, vermine, crapule (fam.), fripouille (fam.) **2. populace**, lie, rebut, plèbe (littér.)

raccommoder V. TR. **1. rapiécer**, ravauder, recoudre, renforcer, remmailler, réparer, repriser, restaurer, stopper, rafistoler (fam.) **2. réconcilier**, rabibocher (fam.)

♦ **se raccommoder** V. PRON. **se réconcilier**, enterrer la hache de guerre, se remettre (ensemble), se rabibocher (fam.)

raccompagner V. TR. reconduire, ramener, remmener

raccord N. M. **1. jonction**, raccordement **2. enchaînement**, liaison **3. coude**, manchon **4. retouche**

raccordement N. M. **1. branchement**, connexion **2. enchaînement**, liaison, transition **3. embranchement**, bretelle (d'accès)

raccorder V. TR. assembler, connecter, embrancher, joindre, rabouter, rattacher, relier, réunir, unir

raccourci N. M. abrégé, ellipse, résumé

raccourcir

▸ V. TR. **1. abréger**, couper, diminuer, écourter, rapetisser, réduire, rétrécir **2.** [des branches] **élaguer**, ébouter, [un arbre] écimer, émonder, tailler

▸ V. INTR. **1. rétrécir**, rapetisser **2. diminuer**

raccrocher V. TR. **1. racoler**, accoster **2. remettre**, reposer

♦ **se raccrocher** V. PRON. **1. s'agripper**, se cramponner, se rattraper, se retenir **2. se rapporter**, se rattacher, se relier

race N. F. **1. origine**, ascendance, branche, ethnie, extraction, famille, filiation, lignage, lignée, maison, naissance, peuple, sang, souche **2. descendance**, enfants, fils, lignée, postérité **3. espèce**, genre, sorte, type, engeance (péj.), gent (littér.)

rachat N. M. **1. remboursement**, reprise **2. rédemption**, délivrance, expiation, réhabilitation, salut

racheter V. TR. **1. expier**, compenser, délivrer de, effacer, faire oublier, libérer de, payer, rattraper, réparer **2. sauver**, réhabiliter, [Relig.] rédimer **3.** [une entreprise] **reprendre**, absorber, filialiser, récupérer

rachitique ADJ. chétif, atrophié, débile, difforme, étiolé, maigre, malingre, rabougri, maigrichon (fam.), maigriot (fam.), racho (fam.)

racine N. F. **1. bulbe**, bulbille, caïeu, griffe, oignon, pivot, radicelle, radicule, rhizome **2. origine**, base, commencement, naissance, souche, source **3.** [Ling.] **radical**, base, mot souche

racisme N. M. **1. xénophobie**, antisémitisme, nationalisme **2. discrimination**, ségrégation

raciste N. et ADJ. xénophobe, antisémite, nationaliste

racket N. M. rançonnement, chantage, extorsion

racketter V. TR. rançonner, faire chanter

racler V. TR. **1. gratter**, curer, frotter, nettoyer **2. râper**

racolage N. M. **1. enrôlement**, embrigadement, recrutement **2. rabattage**, retape (fam.), tapin (fam.)

racoler V. TR. **1. embrigader**, engager, enrôler, recruter **2. accoster**, aborder, attirer, [sans complément] faire de la retape (fam.)

racoleur, euse

▸ N. **1. recruteur 2. propagandiste**

▸ ADJ. accrocheur, aguicheur, démagogique, raccrocheur, titillant, démago (fam.)

racontar N. M. commérage, bavardage, bruit, calomnie, invention, on-dit, ragot, persiflage, cancan (fam.), potin (fam.), clabaudage (littér.)

raconter V. TR. **1. dire**, débiter (péj.), exposer, rapporter, relater, rendre compte de, retracer, conter (littér.), narrer (littér.) **2. avouer**, confesser

rade N. M. bassin, port, havre

radiation¹ N. F. **1. exclusion**, destitution, expulsion, licenciement, mise à l'écart, renvoi, révocation **2. annulation**, effacement, élimination, suppression

radiation² N. F. **1. rayon**, faisceau, onde, rai, rayonnement **2. propagation**, émanation, émission, irradiation, rayonnement

radical, ale, aux ADJ. **1. absolu**, catégorique, complet, fondamental, irrévocable, profond, total **2. draconien**, drastique, dur, féroce, strict **3. infaillible**, souverain, sûr **4. jusqu'au-boutiste**, extrémiste, ferme, intransigeant, pur et dur, pur jus

radicaliser V. TR. durcir, raidir, renforcer

radier V. TR. **1. congédier**, démettre, déposer, destituer, licencier, limoger, relever, renvoyer, révoquer **2. effacer**, barrer, biffer, éliminer, enlever, ôter, supprimer, rayer

radieux, euse ADJ. **1. éclatant**, éblouissant, ensoleillé, étincelant, lumineux, rayonnant, resplendissant **2. content**, épanoui, ravi, rayonnant, réjoui

radin, ine

▸ ADJ. avare, économe, mesquin, pingre, regardant, chiche (fam.), près de ses sous (fam.), rapiat (fam.), rat (fam.), parcimonieux (littér.)

▸ N. avare, harpagon, pingre, picsou, grigou (fam.), rapiat (fam.), rat (fam.)

radoter V. INTR. **1. divaguer**, débloquer (fam.), délirer (fam.), déménager (fam.), dérailler (fam.), déraisonner (littér.), extravaguer (littér.) **2. rabâcher**, se répéter, chanter toujours la même chanson/antienne

radoucir V. TR. **1. réchauffer**, adoucir, attiédir **2. atténuer**, alléger, calmer, estomper, réduire, soulager **3. modérer**, adoucir, apaiser, assouplir, mettre un bémol à, mitiger, tempérer

♦ **se radoucir** V. PRON. **1. se réchauffer**, s'attiédir, s'adoucir, tiédir **2. s'attendrir**, fléchir, s'adoucir **3. se modérer**, en rabattre, lâcher du lest, mettre de l'eau dans son vin

rafale N. F. **1. bourrasque**, coup de vent, tornade, tourbillon, [Mar.] grain, risée **2. tir**, décharge, salve, giclée (fam.)

raffermir V. TR. **1. renforcer**, cimenter, confirmer, consolider, endurcir, étayer, fortifier, solidifier, tonifier **2. ranimer**, attiser, aviver, exalter, ragaillardir, raviver, réconforter, revigorer, revivifier, stimuler

raffiné, ée ADJ. **1. délicat**, chic, de bon goût, distingué, élégant, subtil, stylé, [personne] bien élevé, bien éduqué, cultivé **2. recherché**, ingénieux, minutieux, perfectionné, sophistiqué, chiadé (fam.)

raffinement N. M. délicatesse, art, classe, distinction, élégance, finesse, minutie, recherche, sophistication, subtilité

raffiner V. TR. **1. distiller**, affiner, purifier **2. perfectionner**, châtier, épurer, policer, polir, fignoler (fam.)

raffoler de V. TR. IND. être fou de, adorer, aimer, s'enflammer pour, avoir un engouement pour, s'enthousiasmer pour, être entiché de, être épris de, être passionné de, avoir le virus de (fam.), être accro à (fam.)

rafle N. F. razzia, arrestation, coup de filet, descente (de police), raid

rafler V. TR. **1. dérober**, accaparer, conquérir, faire une razzia sur, mettre la main sur, s'approprier, s'emparer de, subtiliser, voler, chaparder (fam.), faucher (fam.), piquer (fam.), ratiboiser (fam.) **2. gagner**, empocher, encaisser, percevoir, ramasser, récolter, remporter, toucher, ravir (littér.), souffler (fam.), truster (fam.)

rafraîchir V. TR. **1. refroidir**, réfrigérer **2. rajeunir**, raviver, revigorer, revivifier, rénover, retaper

♦ **se rafraîchir** V. PRON. **1. boire**, se désaltérer, étancher sa soif **2.** [température] **fraîchir**, baisser, diminuer, se refroidir

rafraîchissement N. M. **1. boisson**, consommation, pot (fam.) **2. refroidissement**, baisse des températures

ragaillardir V. TR. revigorer, fortifier, ranimer, réconforter, reconstituer, remonter (fam.), ravigoter (fam.), requinquer (fam.), retaper (fam.), revivifier (fam.)

rage N. F. **1. colère**, exaspération, fureur, furie, hargne, rogne (fam.), courroux (littér.), ire (littér.) **2. frénésie**, ardeur, déchaînement, exaltation **3. manie**, passion

rageant, ante ADJ. enrageant, agaçant, crispant, énervant, exaspérant, excédant, irritant, râlant (fam.)

rageur, euse ADJ. **1. coléreux**, colérique, irascible, irritable, soupe au lait, qui a la tête près du bonnet **2. hargneux**, agressif, emporté, furibond, vindicatif, violent

ragot N. M. commérage, bavardage, calomnie, histoire, invention, médisance, on-dit, racontar, persiflage, cancan (fam.), potin (fam.), clabaudage (littér.)

ragoûtant, ante ADJ. **1. appétissant**, alléchant **2. agréable**, affriolant, attrayant, engageant, séduisant, tentant

raid N. M. **1. commando**, attaque, campagne, coup de main, descente, expédition, incursion, mission, opération (éclair), razzia **2. rallye**, expédition

raide ADJ. **1. rigide**, dur, tendu, ferme **2. ankylosé**, engourdi **3. abrupt**, à pic, droit, escarpé **4. affecté**, collet monté, compassé, guindé, gourmé (littér.) **5. austère**, autoritaire, grave, inflexible, intraitable, intransigeant, rigide, sévère, strict

raideur N. F. **1. ankylose**, contraction, engourdissement, raidissement, rigidité, tension **2. affectation**, componction **3. austérité**, intransigeance, rigueur, rigidité, sévérité

raidir V. TR. **1. bander**, contracter, tendre **2. tirer**, roidir (littér.) **3. engourdir**, ankyloser **4. radicaliser**, durcir, renforcer

raie N. F. trait, bande, hachure, ligne, liseré, rayure, strie, striure, zébrure

rail N. M. **1.** [de sécurité] **barrière**, couloir, glissière **2.** [au plur.] **chemin de fer**, voie (ferrée)

railler V. TR. se moquer de, montrer du doigt, persifler, plaisanter de, ridiculiser, se payer la tête de, charrier (fam.), se ficher de (fam.), se foutre de (fam.), mettre en boîte (fam.), brocarder (littér.), se gausser de (littér.)

raillerie N. F. **1.** [souvent au plur.] **plaisanterie**, moquerie, critique, épigramme, flèche, pointe, quolibet, sarcasme, trait, lazzi (littér.) **2. persiflage**, dérision, ironie, malice, moquerie

railleur, euse N. et ADJ. ironique, blagueur, caustique, moqueur, mordant, narquois, persifleur, piquant, sardonique, satirique, taquin, frondeur (littér.)

rainure N. F. entaille, cannelure, canal, coulisse, glissière, rigole, sillon

raisin N. M. vigne, cépage

raison N. F. **1. intelligence**, entendement, esprit, intellect, jugement, lucidité **2. bon sens**, compréhension, discernement, intelligence, sagesse, sens commun, jugeote (fam.) **3. cause**, argument, excuse, explication, fondement, justification, mobile, motif, origine, pourquoi, prétexte, sujet

raisonnable ADJ. **1. intelligent**, pensant, rationnel **2. judicieux**, mûr, pondéré, posé, prudent, réfléchi, sage, sensé **3. convenable**, acceptable, correct, honnête, modéré, naturel, normal

raisonné, ée ADJ. **1. logique**, rationnel **2. calculé**, réfléchi

raisonnement N. M. démonstration, argumentation, déduction, dialectique, explication, logique

raisonner V. INTR. **1. penser**, calculer, déduire, induire, juger, méditer, philosopher, réfléchir, cogiter (fam.) **2. discuter**, chicaner (fam.), discutailler (fam.), ergoter (fam.), couper les cheveux en quatre (fam.), enculer les mouches (très fam.), ratiociner (littér.)

rajeunir V. TR. moderniser, actualiser, dépoussiérer, rafraîchir, rénover, renouveler, retaper, revigorer, infuser un sang nouveau/neuf à, donner un coup de jeune à (fam.)

ralentir
▸ V. TR. 1. **entraver**, freiner, gêner, modérer, retarder 2. **affaiblir**, atténuer, diminuer, réduire
▸ V. INTR. 1. **décélérer**, freiner, lever le pied (fam.) 2. **baisser**, diminuer 3. [économie, activité] **s'essouffler**, fléchir, marquer le pas

ralentissement N. M. 1. **décélération**, freinage 2. **réduction**, baisse, diminution, essoufflement, fléchissement 3. **relâchement**, répit, repos, trêve 4. **embouteillage**, bouchon, encombrement, retenue

râler V. INTR. grogner, maugréer, pester, protester, ronchonner, bisquer (fam.), fumer (fam.), rager (fam.), rouspéter (fam.)

râleur, euse N. et ADJ. grincheux, bougon (fam.), grognon (fam.), ronchon (fam.), rouspéteur (fam.)

rallier V. TR. 1. **rassembler**, assembler, regrouper, réunir, battre le rappel de 2. **gagner**, acquérir, remporter 3. **rejoindre**, regagner, réintégrer, retourner à
♦ **se rallier à** V. PRON. 1. [une idée] **approuver**, adhérer à, adopter, croire à, se ranger à, souscrire à 2. [un groupe] **rejoindre (les rangs de)**, adhérer à, grossir les rangs de

rallumer V. TR. **ranimer**, raviver, réchauffer, ressusciter, réveiller
♦ **se rallumer** V. PRON. [la haine, l'espoir] **renaître**, revivre

rallye N. M. 1. **circuit (automobile)**, course 2. **réunion**, bal, fête

ramassage N. M. 1. **collecte**, [des ordures] enlèvement 2. **récolte**, cueillette, glanage, grappillage, moisson, [du foin] fenaison

ramassé, ée ADJ. 1. **blotti**, pelotonné, recroquevillé 2. **court**, courtaud, épais, massif, puissant, râblé, trapu, mastoc (fam.) 3. **concentré**, bref, concis, condensé, dense

ramasser V. TR. 1. **collecter**, amasser, rassembler, recueillir, regrouper, réunir, [des ordures] enlever, [des copies] relever 2. **récolter**, cueillir, glaner, grappiller, [du foin] râteler 3. **se procurer**, empocher, encaisser, gagner, recevoir, attraper (fam.), rafler (fam.) 4. **concentrer**, condenser, réduire, resserrer, résumer
♦ **se ramasser** V. PRON. **se blottir**, se pelotonner, se recroqueviller, se replier

rambarde N. F. balustrade, barrière, bastingage, garde-corps, garde-fou, main courante

ramener V. TR. 1. **raccompagner**, reconduire 2. **rapporter**, rendre, restituer 3. **réduire**, limiter, restreindre 4. **rabattre**, remonter, tirer 5. **restaurer**, réintroduire, remettre, rétablir, faire revenir

ramer V. INTR. nager, godiller, pagayer, souquer, [vigoureusement] faire force de rames (soutenu)

rameuter V. TR. 1. **ameuter**, appeler, rassembler, regrouper 2. **mobiliser**, battre le rappel de, embrigader, enrégimenter, enrôler, recruter

ramification N. F. 1. **rameau**, arborescence, arborisation, inflorescence 2. **division**, branche, embranchement, partie, rameau, subdivision

ramifier (se) V. PRON. 1. **se diviser**, se dissocier, se partager, se scinder, se séparer, se subdiviser 2. **s'étendre**, se propager, se répandre

ramollir V. TR. **1. amollir**, attendrir **2. affaiblir**, alanguir, avachir, débiliter, aveulir (littér.) **3.** [la terre] **ameublir**
♦ **se ramollir** V. PRON. **se distendre**, s'avachir, se détendre, se relâcher

rampant, ante ADJ. **1. bas**, plat, servile, soumis, vil **2. flatteur**, obséquieux

rampe N. F. **1. montée**, côte, grimpée, pente, grimpette (fam.) **2. balustrade**, main courante

ramper V. INTR. **1. se traîner**, se glisser **2. s'humilier**, s'aplatir, faire des courbettes, se mettre à plat ventre

rancœur N. F. aigreur, amertume, animosité, dépit, hostilité, rancune, ressentiment

rançon N. F. [du plaisir, du succès, etc.] contrepartie, conséquence, envers, inconvénient, prix, tribut

rançonner V. TR. **1. racketter**, dépouiller **2. exploiter**, pressurer, saigner, voler

rancune N. F. aigreur, amertume, animosité, dépit, hostilité, rancœur, ressentiment, inimitié (soutenu)

randonnée N. F. promenade, circuit, excursion, marche, tour, trek, trekking, balade (fam.)

rang N. M. **1. file**, alignement, colonne, cordon, enfilade, haie, ligne, queue, rangée, série, succession, suite **2. grade**, caste, catégorie, classe, condition, degré, milieu, niveau, qualité, situation **3. numéro**, échelon, ordre, place, position **4.** [élevé] **fonction**, dignité, place, titre

rangé, ée ADJ. **1. ordonné**, aligné, classé, en ordre, net **2. sérieux**, classique, conformiste, sage

rangée N. F. file, alignement, chaîne, colonne, cordon, enfilade, haie, ligne, queue, rang, série, succession, suite

rangement N. M. **1. classement**, agencement, arrangement, disposition, mise en ordre, ordre, organisation **2. placard**, armoire

ranger V. TR. **1. classer**, agencer, aménager, arranger, mettre de l'ordre dans, mettre en place, ordonner, réorganiser, remettre en place, trier **2. mettre à l'abri**, mettre en lieu sûr, remiser **3. placer**, disposer, mettre, caser (fam.), [une voiture] garer, parquer **4. contraindre**, soumettre
♦ **se ranger** V. PRON. **1. se mettre**, s'aligner, s'ordonner, se placer, s'installer, se garer, se parquer **2. s'effacer**, faire place **3. s'assagir**, se calmer, se soumettre **4. rentrer dans le rang**, s'assagir, se ranger des voitures (fam.)

ranimer V. TR. **1. ressusciter**, faire renaître, faire revivre **2. réveiller**, rallumer, raviver, réactiver, stimuler **3. encourager**, réchauffer, réconforter, remonter, revigorer, ravigoter (fam.)

rapace
▸ ADJ. **1. féroce**, impitoyable **2. avide**, âpre au gain, avare, cupide, insatiable, vorace
▸ N. M. **1. oiseau de proie 2. requin** (fam.), vautour (fam.)

râpé, ée ADJ. élimé, usagé, usé (jusqu'à la corde)

râper V. TR. gratter, racler

rapetisser
▸ V. TR. **1. réduire**, amenuiser, diminuer, écourter, restreindre, rétrécir **2. amoindrir**, déprécier, écraser, rabaisser
▸ V. INTR. **raccourcir**, diminuer
♦ **se rapetisser** V. PRON. **se ratatiner**, se recroqueviller

râpeux, euse ADJ. **1.** [au toucher] **rugueux**, rêche, raboteux **2.** [au goût] **âpre**, aigre **3.** [son] **rocailleux**, rude

rapide ADJ. **1. alerte**, diligent, empressé, expéditif (péj.), impétueux, prompt, vif, preste (littér.), véloce (littér.) **2. brusque**, brutal, fulgurant, hâtif, précipité, soudain **3. bref**, accéléré, concis, court, cursif, éphémère, expéditif (péj.), furtif, sommaire (péj.) **4.** [rythme] **soutenu**, enlevé **5.** [pente] **abrupt**, incliné, pentu, raide **6.** [train] **express**

rapidement ADV. **1. vite**, à la hâte, rondement, vivement, prestement (littér.), à fond de train, à bride abattue, à grands pas, à tire d'aile, à toute allure, à toute vitesse, bon train, comme une flèche, comme un éclair, à fond la caisse (fam.), à fond les manettes (fam.), à toute blinde (fam.), à toute vapeur (fam.), à un train d'enfer (fam.), à toute berzingue (fam.), au galop (fam.), au trot, (fam.) en moins de deux, [manger] sur le pouce (fam.), avec un lance-pierre (fam.), [écrire] d'un seul jet, [courir] ventre à terre, [rouler] à tombeau ouvert **2. promptement**, bientôt, d'urgence, en toute hâte, sans tarder **3. en un instant**, en moins de rien, en un tour de main, en deux temps trois mouvements, vite fait, tambour battant, en quatrième vitesse (fam.), en deux coups de cuillère à pot (fam.), dare-dare (fam.), en cinq sec (fam.), illico presto (fam.), presto (fam.), rapido(s) (fam.) **4. brusquement**, brutalement, soudainement **5.** [trop] **expéditivement**, à la sauvette, à la va-vite, au pas de course, hâtivement, précipitamment **6. brièvement**, comme un éclair, en coup de vent (fam.), rapido(s) (fam.) **7. en résumé**, brièvement, en abrégé

rapidité N. F. **1. vitesse**, célérité, diligence, promptitude, prestesse (littér.), vélocité (littér.), [d'élocution] volubilité **2. hâte**, précipitation, soudaineté

rappel N. M. **1. évocation**, allusion, citation, mention **2.** [au spectacle] **bis** **3. avertissement** **4.** [de troupes] **mobilisation**, appel

rappeler V. TR. **1. évoquer**, citer, commémorer, faire allusion à, redire, remémorer, retracer **2. ressembler à**, évoquer, se rapprocher de **3. ramener**, faire revenir, [un artiste] bisser **4.** [une armée] **mobiliser**, appeler

♦ **se rappeler** V. PRON. **se souvenir**, mémoriser, se remémorer, se remettre en mémoire

rapport N. M. **1. compte rendu**, récit, analyse, expertise, exposé, procès-verbal, témoignage **2. bénéfice**, apport, fruit, gain, intérêt, produit, profit, rendement, revenu **3. lien**, filiation, analogie, connexion, corrélation, correspondance, rapprochement, liaison, parenté, relation, ressemblance, similitude **4. relation**, fréquentation, liaison, union, [avec l'ennemi] intelligence **5. mesure**, fraction, proportion, ratio **6. point de vue**, angle, aspect, perspective

rapporter V. TR. **1. restituer**, ramener, remettre (à sa place), redonner, rendre, replacer **2. produire**, apporter, donner, faire gagner, [sans complément] payer, être juteux (fam.) **3. raconter**, citer, colporter, consigner, conter, dire, exposer, relater **4.** [fam.] **répéter**, [sans complément] cafarder (fam.), cafter (fam.), moucharder (fam.) **5. attribuer**, imputer, raccrocher, ramener, rapprocher, rattacher, relier

♦ **se rapporter à** V. PRON. concerner, avoir trait à, être afférent à, correspondre à, être relatif à, intéresser, regarder, se rattacher à, toucher à

rapporteur, euse N. et ADJ. délateur, dénonciateur, mouchard, traître, balance (fam.), cafard (fam.), sycophante (littér.)

rapprochement N. M. **1. réconciliation**, alliance, accord, union

2. contact 3. lien, amalgame, assimilation, association, comparaison, parallèle, rapport

rapprocher V. TR. **1. approcher**, avancer **2. accoler**, assembler, grouper, joindre, presser, unir **3. réconcilier**, concilier, réunir, tisser des liens entre **4. comparer**, amalgamer, assimiler, mettre en parallèle, mettre en regard
♦ **se rapprocher** V. PRON. approcher, s'avancer

rare ADJ. **1. introuvable**, raréfié, recherché **2. inhabituel**, exceptionnel, extraordinaire, hors du commun, inaccoutumé **3.** [cheveux, herbes] **clairsemé**, épars, peu fourni

raréfier (se) V. PRON. diminuer, s'amoindrir, s'appauvrir, disparaître, s'éclaircir, se réduire, se tarir

rarement ADV. guère, à peine, exceptionnellement, peu, peu souvent

rareté N. F. **1. pénurie**, défaut, disette, insuffisance, manque **2. curiosité**, phénomène, mouton à cinq pattes, merle blanc **3. denrée rare**

ras, rase
▸ ADJ. court, pelé, rasé, tondu
▸ ADV. au plus court, au plus près

raser V. TR. **1. tondre**, tonsurer, couper, tailler **2. démolir**, démanteler, détruire, dévaster, pulvériser, renverser, saccager, [un pays, une ville] rayer de la carte **3. effleurer**, friser, frôler, longer, serrer

rassasié, ée ADJ. **1. repu**, assouvi, blindé (fam.), bourré (fam.), calé (fam.), gavé (fam.) **2. comblé**, content, satisfait, saturé

rassasier V. TR. combler, apaiser, assouvir, contenter, satisfaire

rassemblement N. M. **1. réunion**, attroupement, concentration, manifestation, meeting, regroupement, rencontre, rendez-vous **2. collecte**, collection, concentration, regroupement, réunion

rassembler V. TR. **1. unir**, fusionner, mêler, réunir, unifier **2.** [des personnes] **réunir**, ameuter, attrouper, coaliser, concentrer, grouper, masser, rallier, regrouper, unir **3.** [des objets] **collecter**, accumuler, amasser, collectionner, concentrer, joindre, recueillir, regrouper, réunir
♦ **se rassembler** V. PRON. **se réunir**, s'amasser, s'assembler, confluer, se masser, se regrouper

rasséréner V. TR. apaiser, consoler, rassurer, réconforter, remonter, sécuriser, soulager, tranquilliser
♦ **se rasséréner** V. PRON. retrouver son calme, reprendre des esprits

rassurer V. TR. calmer, apaiser, consoler, rasséréner, réconforter, remettre en confiance, remonter, sécuriser, soulager, tranquilliser

ratage N. M. échec, désastre, insuccès, bérézina, bide (fam.), fiasco (fam.), flop (fam.), foirage (fam.), gamelle (fam.), loupage (fam.), plantage (fam.), [spectacle] four

ratatiner V. TR. **rapetisser**, dessécher, rabougrir, racornir
♦ **se ratatiner** V. PRON. **se rabougrir**, se friper, s'étioler, se recroqueviller, se tasser

raté, ée
▸ N. bon à rien, loser (fam.), minus (habens) (fam.), nul (fam.), nullard (fam.), tocard (fam.), zéro (fam.)
▸ N. M. **1. à-coup**, saccade, soubresaut **2. échec**, ratage, revers

rater
▸ V. INTR. **échouer**, avorter, capoter (fam.), faire un flop (fam.), foirer (fam.), louper (fam.), merder (très fam.), partir en vrille (fam.), péter dans la main (fam.)

▸ v. tr. **1. manquer**, passer à côté de, louper (fam.) **2. gâcher**, perdre

ratifier v. tr. **1. autoriser**, adopter, agréer, approuver, confirmer, entériner **2. authentifier**, consacrer, homologuer, officialiser, reconnaître, sanctionner, signer, valider

ration n. f. dose, lot, mesure, part, portion, quantité

rationaliser v. tr. normaliser, standardiser, systématiser

rationnel, elle adj. raisonnable, cartésien, cohérent, judicieux, logique, mathématique, méthodique, ordonné, organisé, réfléchi, scientifique, sensé

rationner v. tr. **1. répartir**, contingenter **2. restreindre**, limiter
♦ **se rationner** v. pron. se limiter, se priver, se restreindre, se surveiller, se serrer la ceinture (fam.)

ratisser v. tr. **1. râteler 2. fouiller**, inspecter, passer au peigne fin

rattachement n. m. annexion, adjonction, incorporation, raccrochement, réunion

rattacher v. tr. **1. relier**, raccrocher, rapporter **2. annexer**, adjoindre, incorporer, réunir

rattraper v. tr. **1. récupérer**, regagner, reprendre, retrouver **2. compenser**, atténuer, racheter, réparer, ravoir (fam.) **3. atteindre**, rejoindre, serrer de près **4. ressaisir**, retenir (au vol)
♦ **se rattraper** v. pron. **1. se raccrocher**, s'accrocher, s'agripper, se cramponner, se retenir **2. se racheter**, s'améliorer, se corriger **3. se reprendre**, se ressaisir

rature n. f. biffure, correction, retouche, surcharge, trait (de plume)

raturer v. tr. barrer, biffer, corriger, rayer, retoucher, surcharger

rauque adj. éraillé, cassé, enroué, guttural, rocailleux, rude

ravage n. m. désastre, dégât, destruction, détérioration, dévastation, dommage, saccage, casse (fam.), [du temps] méfait

ravager v. tr. **1. dévaster**, anéantir, briser, délabrer, démolir, détruire, endommager, mettre à feu et à sang, piller, ruiner, saccager **2.** [un visage, etc.] **marquer**, flétrir, rider

ravaler v. tr. **1. nettoyer**, gratter, refaire, remettre en état, [une façade] ragréer **2. avilir**, abaisser, dénigrer, déprécier, humilier, rabaisser **3. contenir**, dominer, étouffer, maîtriser, mettre dans sa poche, refouler, réfréner, réprimer, retenir, surmonter, taire
♦ **se ravaler** v. pron. descendre, déchoir, s'abaisser, s'humilier, se rabaisser

ravi, ie adj. enchanté, aux anges, charmé, comblé, heureux, radieux, rayonnant, réjoui, satisfait, bien aise (littér.), bienheureux (littér.)

raviné, ée adj. [visage] marqué, buriné, creusé, ravagé, ridé

raviner v. tr. éroder, affouiller, creuser

ravir v. tr. **1. dérober**, arracher, confisquer, emporter, faire main basse sur, s'approprier, s'emparer de, subtiliser, voler, souffler (fam.) **2. enchanter**, charmer, combler, émerveiller, enthousiasmer, plaire à, transporter, emballer (fam.)

raviser (se) v. pron. changer d'avis, faire volte-face, se dédire, se désister, faire machine/marche arrière, revenir sur sa décision, se reprendre, se rétracter

ravissant, ante ADJ. enchanteur, admirable, adorable, charmant, engageant, gracieux, joli, merveilleux, séduisant, superbe, à croquer (fam.)

ravissement N. M. enchantement, délectation, émerveillement

ravisseur, euse N. kidnappeur, preneur d'otages

ravitaillement N. M. **1. approvisionnement**, alimentation, réapprovisionnement, [d'un navire, d'un avion] avitaillement **2. provisions**, denrées, marchandises, réserves, stock, subsistances, victuailles, vivres

ravitailler V. TR. **1. munir**, fournir, pourvoir **2. approvisionner**, alimenter, assurer la subsistance de, nourrir, réapprovisionner, [un navire, un avion] avitailler

raviver V. TR. **1. ranimer**, réactiver, ressusciter, réveiller **2. rafraîchir**, rajeunir, ranimer, renouveler

rayer V. TR. **1. érafler**, couper, entailler, entamer, taillader **2. hachurer**, strier, zébrer **3. barrer**, annuler, biffer, effacer, raturer, supprimer

rayon¹ N. M. jet, faisceau, radiation, trait, rai (littér.)

rayon² N. M. **1. étagère**, planche, rayonnage, tablette **2.** [dans un grand magasin] **stand**, comptoir

rayonnage N. M. étagère, planche, rayon, tablette

rayonnant, ante ADJ. **1. en étoile**, radiant **2. éclatant**, éblouissant, étincelant, flamboyant, lumineux, radieux **3. épanoui**, gai, heureux, joyeux, radieux, ravi, réjoui, resplendissant **4. magnifique**, splendide

rayonnement N. M. **1. radiation**, diffusion, émission, irradiation, propagation, transmission **2. éclat**, clarté, lumière **3. influence**, ascendant, éclat, impact, prestige **4. essor**, expansion

rayonner V. INTR. **1. briller**, éclairer, irradier, luire, se diffuser **2. se développer**, se diffuser, s'étendre, se manifester, se propager, se répandre **3.** [chaleur] **se diffuser**, irradier, se propager, se répandre **4.** [de joie] **éclater**, irradier

rayure N. F. **1. bande**, hachure, ligne, strie, trait, zébrure **2. éraflure**, coupure, entaille, griffure, raie, strie, taillade

razzia N. F. **1. incursion**, attaque, descente, raid **2. pillage**, sac, saccage **3. rafle**

réaction N. F. **1. opposition**, protestation, remous, résistance **2. réponse**, répartie, réplique, riposte, sursaut, réflexe **3. conséquence**, contrecoup, effet

réactionnaire ADJ. et N. conservateur, obscurantiste, rétrograde, réac (fam.)

réagir V. INTR. **1. reprendre (le dessus)**, remonter le courant, se ressaisir, se secouer (fam.) **2. se comporter**, se conduire

réalisable ADJ. faisable, accessible, exécutable, possible, praticable

réalisation N. F. **1. accomplissement**, aboutissement, achèvement, concrétisation, exécution, fabrication, mise en œuvre, production **2. œuvre**, création, production **3.** [Cinéma] **mise en scène**, direction, [Radio] mise en ondes **4.** [Fin.] **liquidation**, vente

réaliser V. TR. **1. accomplir**, concrétiser, créer, donner corps à, effectuer, exécuter, matérialiser, mener à bien, mettre à exécution, mettre en œuvre, opérer **2.** [Cinéma] **mettre en scène**, diriger, [Radio] mettre en ondes **3. comprendre**, s'apercevoir, saisir, voir **4.** [Fin.] **liquider**, vendre

♦ **se réaliser** V. PRON. **1. arriver**, avoir lieu, prendre corps, s'accomplir, se concrétiser, se produire, [rêve] devenir réalité **2. s'épanouir**, s'accomplir

réalisme N. M. 1. **pragmatisme**, bon sens 2. [Art] **naturalisme**, vérisme 3. [d'une description] **crudité**, brutalité

réaliste N. et ADJ. 1. **pragmatique**, concret 2. [Art] **naturaliste**, vériste 3. [description] **cru**, brutal

réalité N. F. 1. **vérité**, évidence, exactitude, véracité 2. **existence**, historicité, matérialité, substance 3. **réel**, faits

réapparaître V. INTR. recommencer, renaître, reprendre, se reproduire, resurgir, se réveiller, revenir, [mal] récidiver

réapparition N. F. retour, recommencement, renaissance, renouveau, reprise, résurgence, réveil, [d'un mal] récidive

rébarbatif, ive ADJ. 1. **ennuyeux**, aride, fastidieux, ingrat, barbant (fam.), chiant (très fam.) 2. **rebutant**, désagréable, dur, farouche, hargneux, hostile, repoussant, revêche, rude

rebattu, ue ADJ. éculé, banal, commun, connu, ressassé, usé, réchauffé (fam.)

rebelle ADJ. et N. 1. **insoumis**, dissident, factieux, insurgé, mutin, récalcitrant, rétif, révolté, révolutionnaire, séditieux, subversif, trublion 2. **désobéissant**, indiscipliné, indocile, insubordonné 3. [toux, mal] **tenace**, opiniâtre

rebeller (se) V. PRON. 1. **s'insurger**, se mutiner, se révolter, se soulever, se rebiffer (fam.), ruer dans les brancards (fam.) 2. **protester**, regimber, renâcler, s'indigner, se récrier, se scandaliser

rébellion N. F. révolte, désobéissance, dissidence, fronde, insoumission, insubordination, insurrection, mutinerie, sédition, soulèvement

rebondi, ie ADJ. 1. **dodu**, bien en chair, charnu, gras, gros, opulent, rondelet, potelé, renflé, rond, boulot (fam.), grassouillet (fam.), rondouillard (fam.) 2. [joues] **joufflu**, mafflu, [ventre] bedonnant, ventripotent, ventru, pansu

rebondir V. INTR. 1. **bondir**, rejaillir, ricocher, sauter 2. **repartir**, renaître, reprendre, revenir

rebondissement N. M. rebond, (nouveau) développement, coup de théâtre, péripétie

rebord N. M. bordure, bord, limite, [d'un puits] margelle

rebours (à) LOC. ADV. et PRÉP. 1. **à l'envers**, à rebrousse-poil, à contrefil, à contre-poil 2. **à contre-courant**, à contresens

rebrousser V. TR.
- **rebrousser chemin** retourner en arrière, faire demi-tour, revenir en arrière/sur ses pas, tourner bride

rebut N. M. 1. **déchet**, débris, détritus, ordure 2. [littér.] **lie** (littér.), fond du panier (fam.)

rebuter V. TR. 1. **repousser**, dégoûter, répugner 2. **décourager**, démoraliser, déplaire à, écœurer, fatiguer, lasser

récalcitrant, ante ADJ. et N. rétif, désobéissant, factieux, indiscipliné, indocile, insoumis, insurgé, mutin, rebelle, séditieux

recaler V. TR. ajourner, refuser, coller (fam.)

récapituler V. TR. reprendre, condenser, faire la synthèse de, passer en revue, résumer

receler V. TR. 1. **cacher**, dissimuler 2. **être dépositaire de**, garder, posséder 3. **contenir**, renfermer

récemment ADV. 1. **il y a peu**, dernièrement, naguère (littér.) 2. **depuis peu**, fraîchement, nouvellement

recensement N. M. dénombrement, compte, énumération, évaluation, inventaire, recension (littér.)

recenser V. TR. dénombrer, compter, énumérer, évaluer, faire le compte/ l'inventaire de

récent, ente ADJ. **1. frais**, dernier, jeune, proche, [connaissance, etc.] de fraîche date **2. moderne**, neuf, nouveau

récépissé N. M. reçu, accusé de réception, acquit, décharge, quittance, reconnaissance (de dettes)

réceptacle N. M. récipient, bassin, contenant, cuve, cuvette, réservoir

réception N. F. **1. accueil**, hospitalité **2. réunion**, cérémonie, cocktail, gala, soirée **3. admission**, intronisation, investiture

récession N. F. **1. recul**, éloignement, fuite **2. baisse**, diminution, fléchissement, ralentissement **3. crise**, dépression, marasme

recette N. F. **1. formule**, manière, méthode, moyen, procédé, secret, système, combine (fam.), ficelle (fam.), truc (fam.) **2. bénéfice**, boni, gain, produit, rentrée (d'argent), revenu **3.** [Comptabilité] **crédit 4.** [d'impôts] **perception**, recouvrement **5.** [de marchandises] **admission**, réception

recevable ADJ. acceptable, admissible, valable

recevoir V. TR. **1. percevoir**, acquérir, capter, encaisser, hériter de, obtenir, recueillir, toucher **2. donner l'hospitalité à**, accueillir, convier, héberger, inviter, recueillir **3. donner audience à**, accueillir **4. traiter 5. subir**, éprouver, essuyer, souffrir, écoper de (fam.), trinquer (fam.) **6. accepter**, admettre

réchauffer V. TR. **1. chauffer**, attiédir, dégeler, déglacer, échauffer, tiédir **2. réveiller**, attiser, aviver, exalter, ranimer, [le cœur] réconforter

rêche ADJ. **1. dur**, abrasif, râpeux, rude, rugueux **2. bourru**, difficile, rétif, revêche, rude, sec

recherche N. F. **1. exploration**, chasse, fouille, prospection, quête **2. quête**, poursuite, tentative **3. étude**, enquête, expérience, expérimentation, investigation **4. raffinement**, apprêt, art, sophistication, [péj.] affectation, maniérisme, préciosité

recherché, ée ADJ. **1. demandé**, couru, prisé, rare, à la mode **2. étudié**, délicat, raffiné, soigné, sophistiqué, travaillé **3.** [péj.] **affecté**, apprêté, compassé, maniéré, mignard, précieux

rechercher V. TR. **1. explorer**, chasser, fouiller, poursuivre, prospecter, [qqn] être aux trousses de, pourchasser **2. étudier**, analyser, enquêter sur, examiner, investiguer **3. chercher**, ambitionner, briguer, convoiter, courir après, désirer, poursuivre, viser

rechigner V. INTR. **bouder**, faire des difficultés, maugréer, râler, ronchonner (fam.), rouspéter (fam.), [en emploi négatif] sourciller, tiquer

- rechigner à renâcler à, ne pas être chaud pour, répugner à, se faire prier pour

rechute N. F. récidive, aggravation, reprise, retour

récidive N. F. **1. rechute 2. réapparition**, recommencement, reprise

récidiver V. INTR. **1. rechuter**, recommencer, réitérer ses erreurs, retomber dans ses anciens travers **2. réapparaître**, recommencer, reprendre

récif N. M. brisant, écueil, rocher, roche, roc

récipient N. M. contenant, boîte, bol, container, réceptacle, saladier

réciproque

▸ N. F. symétrique, pendant, inverse

▸ ADJ. **1. bilatéral**, mutuel, simultané, symétrique, synallagmatique (Droit) **2. mutuel**, partagé

récit N. M. **1. compte rendu**, exposé, histoire, narration, rapport, relation **2. annales**, chronique, mémoires **3. conte**, fable, histoire, historiette, légende

récital N. M. concert, spectacle, tour de chant

réciter V. TR. déclamer, débiter (souvent péj.), dire, énoncer, prononcer, raconter

réclamation N. F. demande, doléance, requête, revendication, [Droit] pétition

réclamer V. TR. **1. exiger**, demander, implorer, quémander, requérir, revendiquer, solliciter **2. avoir besoin de**, appeler, commander, demander, exiger, imposer, mériter, nécessiter, ordonner, requérir, supposer **3. se plaindre**, protester, récriminer, se récrier, râler (fam.), ronchonner (fam.), rouspéter (fam.)

réclusion N. F. détention, captivité, claustration, emprisonnement, enfermement, incarcération, internement, prison, séquestration

récolte N. F. **1. cueillette**, collecte, fenaison, moisson, ramassage, vendange **2. collecte**, butin, gain, levée, moisson, profit

récolter V. TR. **1. cueillir**, arracher, collecter, moissonner, ramasser, vendanger **2. obtenir**, butiner, collecter, glaner, grappiller, recueillir, retirer, tirer, [une punition] se prendre (fam.)

recommandable ADJ. estimable, fiable, fréquentable, honnête, honorable, respectable

recommandation N. F. **1. appui**, intervention, parrainage, patronage, piston (fam.) **2. avertissement**, consigne, directive, exhortation, instruction, ordre **3. avis**, conseil

recommander V. TR. **1. appuyer**, parrainer, patronner, pistonner (péj.) **2. conseiller**, exhorter à, indiquer, préconiser, prescrire, prôner

♦ **se recommander de** V. PRON. se réclamer de, en appeler à, invoquer, se prévaloir de

recommencer

▸ V. TR. **reprendre (à zéro)**, refaire, réitérer, renouveler, répéter, reproduire, se remettre à

▸ V. INTR. **1. récidiver**, revenir à la charge, remettre ça (fam.), repiquer au truc (fam.) **2. se renouveler**, renaître, reprendre, revenir, se reproduire, se répéter

récompense N. F. **1. compensation**, dédommagement, prime, rémunération, rétribution **2. prix**, accessit, décoration, médaille, mention, satisfecit **3. fruit**, bénéfice, prix, salaire, sanction

recomposer V. TR. **1. reconstruire**, refaire, refonder, reformer **2.** [une œuvre] **remanier**, récrire, refondre

réconcilier V. TR. **1. rapprocher**, renouer les liens entre, réunir, rabibocher (fam.), raccommoder (fam.) **2. accorder**, concilier, mettre d'accord

♦ **se réconcilier** V. PRON. **1. renouer**, enterrer la hache de guerre, faire la paix, fumer le calumet de la paix, reprendre des relations, se rabibocher (fam.), se raccommoder (fam.), recoller les morceaux (fam.) **2. se remettre ensemble**

reconduire V. TR. **I. 1. raccompagner**, escorter, ramener **2. éconduire**, expulser, mettre à la porte **II. 1. renouveler**, prolonger, proroger **2. continuer**, confirmer, maintenir, poursuivre

réconfort N. M. consolation, appui, secours, soulagement, soutien

réconfortant, ante ADJ. **1. consolant**, d'un grand soutien **2. revigorant**, remontant, stimulant, tonique, ravigotant (fam.)

réconforter V. TR. **1. consoler**, encourager, faire chaud au cœur à, redonner le moral à, soutenir **2. revigorer**, ragaillardir, ranimer, remonter, stimuler, ravigoter (fam.), regonfler (fam.), requinquer (fam.), retaper (fam.)

reconnaissance N. F. **1. aveu**, confession **2. légitimation**, acception **3. exploration**, découverte, inspection, prospection, visite **4. gratitude**

reconnaissant, ante ADJ. obligé (soutenu)

- être reconnaissant envers savoir gré (de qqch.) à, avoir de la gratitude pour/envers

reconnaître V. TR. **1. identifier**, se rappeler, retrouver, se souvenir de, remettre (fam.) **2. discerner**, deviner, différencier, discriminer, distinguer **3. admettre**, accepter, avouer, concéder, confesser, constater, convenir de **4. accorder**, attribuer, concéder, prêter **5.** [un enfant] **légitimer 6. explorer**, examiner, inspecter, prospecter, sonder, visiter

♦ **se reconnaître** V. PRON. **se repérer**, se diriger, s'orienter, se retrouver

reconnu, ue ADJ. **1. célèbre**, connu, fameux, notoire, renommé, réputé **2. admis**, avéré, de notoriété publique, notoire, prouvé

reconquérir V. TR. retrouver, récupérer, regagner, reprendre, recouvrer (littér.)

reconsidérer V. TR. **1. réexaminer**, réétudier, réviser, revoir **2. remettre en cause/en question**

reconstituer V. TR. **1. rétablir**, recréer, recomposer, reformer, renouveler **2. réparer**, régénérer, tonifier, vivifier

reconstitution N. F. **1. reconstruction**, recréation, recomposition, réfection, renouvellement **2. restitution**, reproduction

reconstruction N. F. **1. rénovation**, réfection, réparation, restauration, rétablissement **2. reconstitution**, reproduction

reconstruire V. TR. **1. rebâtir**, redresser, refaire, relever, réparer, restaurer, rétablir, rénover **2. reconstituer**, reproduire

reconversion N. F. **1. recyclage 2. transformation**, conversion, recyclage

record N. M. **1. exploit**, prouesse, performance **2.** [en apposition] **maximum**, jamais atteint, jamais vu

recoudre V. TR. raccommoder, rapiécer, repriser

recouper V. TR. retailler

♦ **se recouper** V. PRON. **coïncider**, concorder, correspondre, s'accorder

recourir à V. TR. IND. faire appel à, faire usage de, s'appuyer sur, avoir recours à, employer, mettre en jeu, mettre en œuvre, s'adresser à, se servir de, solliciter, user de, utiliser

recours N. M. **1. usage**, emploi, utilisation **2. soutien**, secours, refuge, ressource **3.** [Droit] **appel**, pourvoi, requête

recouvrer V. TR. **1. retrouver**, ravoir, rattraper, reconquérir, récupérer, regagner, reprendre, ressaisir **2. encaisser**, percevoir, toucher

recouvrir V. TR. **1. inclure**, s'appliquer à, coïncider avec, comprendre, correspondre à, embrasser **2. enduire**, coiffer, enrober, envelopper, joncher, napper, parsemer, revêtir, saupoudrer, tapisser, tartiner **3. envahir**, ensevelir, s'étendre sur, inonder **4. dissimuler**, cacher, camoufler, déguiser, masquer, voiler

♦ **se recouvrir** V. PRON. **se chevaucher**, s'imbriquer, se superposer

récréation N. F. **1. amusement**, délassement, détente, distraction, divertissement, temps libre **2. pause**, relâche, repos, break (fam.), [Scol.] interclasse, récré (lang. enfants)

récrier (se) V. PRON. **1. protester**, s'indigner, s'insurger, se plaindre, se rebeller, récriminer, regimber, se révolter, ronchonner (fam.), rouspéter (fam.), se rebiffer (fam.) **2. s'exclamer**, s'écrier

récrimination N. F. protestation, complainte, doléance, grief, objection, plainte, jérémiade (littér.)

récriminer V. INTR. protester, critiquer, objecter, se plaindre, faire des reproches, trouver à redire, pester (fam.), râler (fam.), ronchonner (fam.), rouspéter (fam.), maugréer (littér.)

recroqueviller (se) V. PRON. **1. se replier**, se rabougrir, se racornir, se ramasser, se ratatiner, se recourber, se refermer, se rétracter, se tasser **2. se blottir**, se lover, se pelotonner, se ramasser, se serrer

recru, ue ADJ. épuisé, à bout de course, à bout de forces, assommé, brisé, éreinté, fatigué, fourbu, harassé, las, moulu, rompu, à plat (fam.), claqué (fam.), crevé (fam.), H.S. (fam.), sur les genoux (fam.), sur les rotules (fam.), vanné (fam.), vidé (fam.)

recrudescence N. F. accroissement, aggravation, augmentation, exacerbation, hausse, intensification, progression, regain, redoublement, renforcement, reprise

recrue N. F. **1.** [Milit.] **conscrit**, appelé, bleu (fam.) **2. adepte**, adhérent, membre, partisan

recrutement N. M. **1.** [Milit.] **enrôlement**, appel, conscription, incorporation, mobilisation, rappel, racolage (péj.) **2. embauche**, embrigadement (péj.), engagement

recruter V. TR. **1.** [Milit.] **enrôler**, appeler, enrégimenter, incorporer, lever, mobiliser, rappeler, racoler (péj.) **2. embaucher**, embrigader (péj.), employer, engager

rectification N. F. correction, mise au point, modification, remaniement, retouche, révision

rectifier V. TR. corriger, arranger, rajuster, redresser, remanier, rétablir, retoucher, réviser

reçu N. M. récépissé, accusé de réception, acquit, décharge, quittance, reconnaissance de dettes

recueil N. M. **1. anthologie**, choix, collection, compilation, corpus, florilège **2. assemblage**, réunion **3. catalogue**, [de renseignements] annuaire, almanach, répertoire, [de chansons] chansonnier, [de faits historiques] annales, chronique

recueilli, ie ADJ. absorbé, concentré, contemplatif, méditatif, pensif, songeur

recueillir V. TR. **1. collecter**, amasser, assembler, capter, glaner, grappiller, moissonner, rassembler, récolter, réunir **2. obtenir**, acquérir, enregistrer, gagner, hériter, percevoir, recevoir, remporter, retirer **3. accueillir**, donner/offrir l'hospitalité à, donner refuge/donner asile à, prendre chez soi

recul N. M. **1. régression**, affaiblissement, déclin, ralentissement **2. retrait**, décrochage, reflux, repli, retraite **3. distance**, distanciation, éloignement

reculé, ée ADJ. **1. éloigné**, écarté, isolé, lointain, perdu, retiré, paumé (fam.) **2. ancien**, antique, éloigné, lointain

reculer
▸ V. INTR. **1. s'éloigner**, aller à reculons, faire un/des pas en arrière **2. abandonner**, battre en retraite, céder du terrain, faire machine/marche arrière, fuir, se retirer, renoncer, caler (fam.), caner (fam.), flancher (fam.), lâcher pied (fam.) **3. régresser**, baisser, diminuer, perdre du terrain, refluer, rétrograder
▸ V. TR. **reporter**, ajourner, décaler, déplacer, différer, éloigner, remettre, retarder, renvoyer, repousser

reculons (à) ADV. **1. en allant en arrière 2. contre son gré**, avec réticence, en freinant des quatre fers (fam.), en se faisant tirer l'oreille

récupérer V. TR. **1. retrouver**, reprendre, ravoir, recouvrer (soutenu) **2. remettre en état**, arranger, réparer, recycler, sauver, ravoir (fam.) **3.** [des heures de travail] **compenser**, remplacer **4.** [sans complément] **se rétablir**, se remettre, reprendre du poil de la bête (fam.)

récurer V. TR. frotter, curer, nettoyer

récurrent, ente ADJ. récursif, itératif, répétitif

récuser V. TR. **contester**, dénier, écarter, nier, refuser, rejeter, repousser
♦ **se récuser** V. PRON. **s'abstenir**, fuir, se défiler (fam.)

recycler V. TR. **récupérer**, réutiliser
♦ **se recycler** V. PRON. **se reconvertir**, se requalifier

rédaction N. F. **1. écriture**, [d'un contrat] établissement **2. libellé**, texte **3. dissertation**, composition, narration, dissert (fam.), rédac (fam.)

reddition N. F. capitulation, abdication, abandon

rédemption N. F. rachat, absolution, délivrance, expiation, pardon, réhabilitation, salut

redevable ADJ. débiteur, obligé

redevance N. F. contribution, charge, droit, impôt, prestation, rente, taxe, tribut, royalties (anglic.)

rédiger V. TR. **1. écrire**, formuler, [rapidement] gribouiller, griffonner, jeter sur le papier **2.** [un contrat] **dresser**, établir

redire V. TR. **1. rapporter**, raconter, répéter, révéler **2. rabâcher**, répéter, ressasser, seriner **3. récapituler**, rappeler, répéter, reprendre

redistribution N. F. répartition, transfert

redite N. F. répétition, redondance

redondant, ante ADJ. **1.** [style] **ampoulé**, bavard, délayé, diffus, enflé, surabondant, verbeux **2. superflu**, pléonastique

redonner V. TR. rendre, ramener, rapporter, remettre, restituer, rétrocéder, [de l'argent] rembourser

redoubler V. TR. **1.** [une classe] **refaire**, recommencer, repiquer (fam.) **2. répéter**, doubler, réitérer, renouveler **3. accroître**, accentuer, aggraver, amplifier, augmenter, aviver, exacerber, intensifier, multiplier, renforcer

redoutable ADJ. **1. dangereux**, effrayant, menaçant, rude, terrible **2. grave**, inquiétant, mauvais, sérieux **3. puissant**, considérable, formidable

redouter V. TR. craindre, appréhender, avoir peur de, avoir une peur bleue de, s'effrayer de, s'inquiéter de

redressement N. M. **1. relèvement**, redémarrage, reprise **2.** [fiscal] **correction**, dégrèvement, majoration, rehaussement

redresser V. TR. **1. lever**, hausser, relever **2. détordre**, dégauchir, défausser **3. remettre droit**, remettre d'aplomb, remettre à la verticale **4. rectifier**, corriger, rattraper, réformer, réparer, rétablir

♦ **se redresser** V. PRON. 1. **se relever**, redémarrer, se remettre, repartir, [Bourse] repartir à la hausse 2. **se tenir droit**, bomber le torse/la poitrine

redresseur N. M.

- **redresseur de torts** don Quichotte, justicier, défenseur de la veuve et de l'orphelin, défenseur des opprimés, Robin des bois

réducteur, trice ADJ. simplificateur, schématique

réduction N. F. 1. **diminution**, abaissement, atténuation, baisse, compression, limitation 2. **abrégement**, contraction, raccourcissement 3. **remise**, abattement, décompte, déduction, dégrèvement, escompte, rabais, réfaction (Commerce), ristourne 4. **modèle (réduit)**, maquette, miniature

réduire V. TR. 1. **diminuer**, abaisser, amoindrir, atténuer, baisser, écourter, minorer, modérer, rabaisser, [effectifs] dégraisser 2. **abréger**, comprimer, condenser, contracter, écourter, raccourcir, rapetisser, resserrer, tasser 3. **rationner**, atténuer, borner, diminuer, limiter, restreindre 4. [Cuisine] **épaissir**, concentrer 5. [une fracture, une foulure] **remettre en place**, rebouter (fam.)

réduit[1], ite ADJ. limité, diminué, faible, maigre, mince, minime, modéré, pauvre, petit, restreint

réduit[2] N. M. 1. **cagibi**, débarras, galetas (péj.), taudis (péj.) 2. **niche**, alcôve

réel

▸ N. M. **réalité**, vécu, vrai

▸ ADJ. 1. **authentique**, concret, effectif, établi, exact, factuel, manifeste, notable, palpable, patent, positif, sensible, sérieux, solide, substantiel, tangible, véritable, véridique, vrai, visible 2. [valeur] **juste** 3. **historique**, existant

réellement ADV. vraiment, bel et bien, certainement, concrètement, effectivement, en réalité, en vérité, pour de bon, tout bonnement, véritablement, tout de bon (littér.), pour de vrai (fam.)

refaire V. TR. 1. **reprendre (à zéro)**, [un ouvrage] refondre, récrire 2. **recommencer**, réitérer, renouveler, répéter, rééditer (fam.) 3. **réparer**, rafraîchir, rajuster, reconstruire, rénover, restaurer

référence N. F. 1. **source**, base, référent, repère 2. **modèle**, échantillon, étalon, standard 3. **note**, indication, coordonnées, renvoi

♦ **références** PLUR. **recommandation**, attestation, certificat

référer V. TR. IND.

- **référer à** 1. faire référence à, avoir trait à, concerner, se rapporter à, renvoyer à, viser 2. **reporter à**, être soumis à

- **en référer à** informer, en attester à, s'en remettre à, en appeler à, faire un rapport à, rapporter à

♦ **se référer à** V. PRON. 1. **faire référence à**, avoir trait à, concerner, se rapporter à, renvoyer à, viser 2. **s'appuyer sur**, se fonder sur, se reporter à, s'en remettre à, se reposer sur

réfléchi, ie ADJ. 1. **raisonnable**, avisé, circonspect, mesuré, mûr, pondéré, posé, rassis, sérieux 2. **délibéré**, étudié, mûri, pesé

réfléchir

▸ V. TR. **refléter**, renvoyer, répercuter, réverbérer

▸ V. INTR. 1. **penser**, méditer, se concentrer, songer, cogiter (fam.), faire marcher ses méninges (fam.), faire travailler sa matière grise/sa cervelle (fam.), gamberger (fam.), phosphorer (fam.), se casser/se prendre la tête (fam.), se creuser la tête (fam.), se presser le citron (fam.), se triturer les méninges (fam.) 2. **hésiter**, tergiverser, délibérer (littér.)

reflet N. M. **1. réflexion**, image **2. expression**, écho, image, miroir, représentation, traduction **3. éclat**, brillant, chatoiement, irisation, miroitement, moirure, scintillement

refléter V. TR. **1. réfléchir**, renvoyer, répercuter, réverbérer **2. indiquer**, être le signe de, être le symptôme de, exprimer, manifester, traduire

♦ **se refléter** V. PRON. **1. se réfléchir**, se mirer (littér.) **2. transparaître**, être perceptible, se faire jour

réflexe

► ADJ. **automatique**, instinctif, involontaire, machinal

► N. M. **automatisme**, conditionnement

réflexion N. F. **1. renvoi**, écho, rayonnement, reflet, répercussion, réverbération **2. concentration**, attention, étude, examen, méditation, cogitation (plaisant), délibération (littér.) **3. discernement**, application, attention, circonspection **4. remarque**, commentaire, considération, idée, observation

reflux N. M. **1. baisse (des eaux)**, baissant **2. marée descendante**, jusant, perdant **3. recul**, repli, retrait, refluement (soutenu)

réformateur, trice ADJ. et N. rénovateur, progressiste

réforme N. F. changement, amélioration, modification, révision, transformation

réformer V. TR. **1. changer**, améliorer, amender, corriger, modifier, rectifier, remanier, réviser **2.** [Milit.] **radier**, mettre hors service, retirer du service

refouler V. TR. **1. chasser**, bannir, éconduire, expulser, rejeter, renvoyer, repousser, éjecter (fam.), envoyer au diable (fam.), envoyer balader (fam.), envoyer bouler (fam.), envoyer promener (fam.), envoyer sur les roses (fam.), rabrouer (fam.), rembarrer (fam.) **2. censurer**, bloquer, contenir, dissimuler, endiguer, étouffer, inhiber, ravaler, refréner, rentrer, repousser, réprimer, retenir **3. faire reculer**, faire refluer, maîtriser

réfractaire ADJ. et N. **1. rebelle**, désobéissant, frondeur, indocile, insoumis, récalcitrant, rétif **2.** [à qqch.] **insensible**, étranger, fermé, hermétique, imperméable, rebelle

refrain N. M. rengaine, chanson, leitmotiv, ritournelle, antienne (littér.), disque (fam.), scie (fam.), bringue (Suisse)

refréner V. TR. brider, censurer, contenir, contrôler, dominer, endiguer, enrayer, freiner, inhiber, juguler, mettre un frein à, modérer, refouler, réprimer, tempérer, tenir en bride

♦ **se refréner** V. PRON. se contenir, se contrôler, se dominer, se limiter, se maîtriser, se modérer, se retenir

refroidir V. TR. **1. réfrigérer**, congeler, frigorifier, geler, glacer, rafraîchir **2. décourager**, affaiblir, attiédir, émousser, freiner, glacer, modérer, réfrigérer, tempérer, doucher (fam.)

refroidissement N. M. **1. réfrigération**, congélation **2. attiédissement**, affaiblissement, froid **3. grippe**, froid, rhume

refuge N. M. **1. abri**, asile, havre, retraite **2.** [d'un animal] **tanière**, antre, gîte, repère **3. recours**, ressource, secours, soutien

réfugié, ée N. exilé, expatrié, personne déplacée

réfugier (se) V. PRON. **1. s'abriter**, s'évader, s'isoler, se retirer, se sauver, trouver refuge **2.** [dans un pays étranger] **émigrer**, s'enfuir, s'exiler, s'expatrier, fuir

refus N. M. rejet, fin de non-recevoir, non, opposition, veto

refuser V. TR. **1. décliner**, dédaigner, bouder, dire non à, écarter, exclure, opposer son refus à, ne pas vouloir, s'opposer à, rejeter, repousser, retoquer (fam.) **2. nier**, contester, défendre, dénier, interdire, récuser **3.** [un candidat] **ajourner**, coller (fam.), recaler (fam.) ♦ **se refuser** V. PRON. **s'interdire**, s'abstenir de, se priver de

réfuter V. TR. démentir, contredire, infirmer, s'opposer à, répondre à, repousser

regagner V. TR. **1. rejoindre**, rallier, réintégrer, rentrer à, retourner à, revenir à **2. récupérer**, rattraper, reconquérir, recouvrer, rentrer en possession de, reprendre, retrouver, se réapproprier

regain N. M. recrudescence, accroissement, aggravation, augmentation, exacerbation, intensification, progression, redoublement, remontée, renforcement, renouveau, reprise, résurgence, retour, second souffle

régal N. M. **1. délice**, festin, délectation **2. plaisir**, bonheur, joie, jouissance, ravissement, volupté

régaler V. TR. délecter, traiter (littér.) ♦ **se régaler** V. PRON. déguster, se délecter, savourer, faire bonne chère (soutenu), se lécher les babines (fam.), se taper la cloche (fam.)

regard N. M. **1. coup d'œil**, clignement d'œil, œillade **2. point de vue**, œil, vision, vue **3. ouverture**, fente, lucarne, soupirail

regardant, ante ADJ. **1. avare**, économe, mesquin, parcimonieux, pingre, près de ses sous (fam.), radin (fam.) **2. vigilant**, minutieux, pointilleux, tatillon

regarder V. TR. **1. observer**, attacher/poser son regard sur, braquer ses yeux sur, consulter, contempler, examiner, diriger son regard sur, fixer, parcourir, tourner les yeux vers, aviser (littér.), mirer (littér.), mater (fam.), viser (fam.), zieuter (fam.) **2.** [rapidement] **jeter un coup d'œil à**, [avec beaucoup d'attention] inspecter, scruter, [avec avidité, envie] caresser du regard/des yeux, lorgner, guigner (fam.), loucher sur (fam.), reluquer (fam.), [avec insistance] dévisager, ne pas quitter des yeux, toiser **3.** [un livre] **consulter**, feuilleter, lire en diagonale, jeter un coup d'œil à, parcourir, survoler **4. concerner**, avoir affaire à, avoir trait à, intéresser, toucher, viser **5. faire attention à**, avoir en vue, considérer, envisager, rechercher, se préoccuper de, s'intéresser à

régénérer V. TR. **1. reconstituer**, améliorer, assainir, purifier, redynamiser, renouveler, rénover **2. revigorer**, donner un second souffle à, ragaillardir, redonner vie à, remettre d'aplomb, revivifier, ravigoter (fam.), regonfler (fam.), requinquer (fam.), retaper (fam.)

régenter V. TR. diriger, commander, contrôler, dominer, exercer son empire sur, gouverner, orchestrer, régir

regimber V. INTR. se rebeller, se cabrer, s'insurger, se mutiner, protester, résister, se révolter, se rebiffer (fam.), ruer dans les brancards (fam.)

régime N. M. **1. pouvoir**, État, gouvernement, institutions **2. réglementation**, mode de fonctionnement, structure, système **3. alimentation**, diète, nourriture **4. diète**, cure **5.** [d'un cours d'eau] **débit**, écoulement

région N. F. **1. circonscription**, canton, district, province, pays, territoire, zone, rivage (littér.), terre (littér.) **2. zone**, coin, espace, étendue, partie, secteur

régir V. TR. déterminer, commander, conduire, gouverner, guider, orchestrer, présider à, régenter, régler

registre N. M. **1. cahier**, album, calepin, carnet, journal, livre, recueil, répertoire, [de police] main courante, [d'un notaire] minutier **2. tonalité**, caractère, genre, style, ton, [Ling.] niveau de langue **3. domaine**, plan, ressort **4. gamme**, éventail, palette, spectre **5.** [d'une voix] **ambitus**, tessiture

règle N. F. **1. double décimètre**, carrelet, réglet, réglette **2. loi**, code, commandement, discipline, instruction, ordre, précepte, [au plur.] règlement, réglementation **3. convention**, coutume, habitude, institution, norme, principe, usage **4.** [de la politesse] **étiquette**, cérémonial, convenances, protocole **5.** [d'un ordre religieux] **observance**

♦ **règles** PLUR. menstruations, flux menstruel, ragnagnas (fam.)

réglé, ée ADJ. **1. organisé**, mesuré, ordonné, rangé, sage **2. régulier**, fixe, méthodique, systématique, uniforme **3. décidé**, calculé, déterminé, prévu, fixé **4.** [jeune fille] **formée**, nubile, pubère

règlement N. M. **1. loi**, charte, code, constitution, convention, régime, réglementation **2. arrangement**, accord, arbitrage, conclusion, solution **3. paiement**, acquittement, arrêté, liquidation, solde **4.** [Droit] **décision**, arrêté, décret, prescription, [de police] ordonnance

réglementaire ADJ. **1. administratif** **2. en règle**, conforme, en bonne et due forme, légal, licite, valable, valide

réglementation N. F. **1. aménagement**, codification, normalisation, rationalisation, standardisation, systématisation, [des prix, loyers] fixation **2. loi**, charte, code, convention, régime

réglementer V. TR. fixer, aménager, codifier, légiférer sur, programmer, normaliser, rationaliser, régler, systématiser

régler V. TR. **1. établir**, arrêter, commander, codifier, convenir de, décider de, déterminer, dicter, fixer, gouverner, légiférer, mettre au point, organiser, programmer, réglementer **2. résoudre**, arbitrer, arranger, clore, conclure, expédier, liquider, statuer sur, terminer, trancher, vider, solutionner (fam.) **3. payer**, acquitter, arrêter, liquider, solder, [une dette] honorer **4. tirer/tracer des lignes sur**

♦ **se régler** V. PRON. [événements] rentrer dans l'ordre, revenir à la normale

règne N. M. **1. gouvernement**, pouvoir **2. époque**, âge, cycle, ère, saison, siècle, temps **3. domination**, empire, pouvoir, prédominance, suprématie

régner V. INTR. **1. gouverner**, diriger, être sur le trône **2. dominer**, prédominer, prévaloir, primer, triompher, sévir (péj.) **3. exister**, s'établir

regorger de V. TR. IND. être plein de, abonder en, déborder de, foisonner de/en, fourmiller de, grouiller de, être bourré de (fam.)

régresser V. INTR. décliner, décroître, diminuer, reculer, rétrograder

régression N. F. recul, baisse, déclin, diminution, récession, reflux, repli

regret N. M. **1. nostalgie**, mélancolie, spleen (littér.) **2. remords**, repentir, componction (littér.), contrition (littér.), attrition (Relig.) **3. affliction**, peine **4. déception**, contrariété, déplaisir

regrettable ADJ. déplorable, affligeant, attristant, désolant, fâcheux, gênant, malheureux, navrant, pénible, triste

regretter V. TR. **1. se repentir de**, se reprocher **2.** [suivi de l'infinitif] **s'en vouloir de**, se mordre les doigts de (fam.) **3.** [sans complément] faire son mea-culpa, battre sa coulpe (littér.) **4. déplorer**, désapprouver, pleurer, se lamenter de

5. s'excuser de, demander pardon pour, être désolé de, être navré de

regrouper V. TR. **1.** [des gens] **rallier**, masser, rassembler, réunir, unir **2.** [des choses] **collecter**, assembler, amasser, centraliser, rassembler, réunir

♦ **se regrouper** V. PRON. **1. se réunir**, s'assembler, se grouper, se masser, se rassembler **2. s'associer**, fusionner, se coaliser, se liguer

régulariser V. TR. **1. régler**, légaliser, normaliser, officialiser **2. aménager**, organiser, programmer

régularité N. F. **1. légalité**, conformité, validité **2. homogénéité**, cohérence, égalité, harmonie, symétrie, unité **3. exactitude**, assiduité, ponctualité, rigueur **4. périodicité**, saisonnalité

régulation N. F. contrôle, contingentement, limitation

régulier, ière ADJ. **I. 1. homogène**, cohérent, égal, équilibré, géométrique, harmonieux, proportionné, symétrique, uniforme **2. constant**, continu, fixe, incessant **3. soutenu**, assidu, méthodique, suivi, systématique **4. assidu**, ponctuel **II. fréquent**, habituel, périodique, monotone (péj.), réglé comme une horloge/comme du papier à musique (fam.) **III. 1. honnête**, correct, normal, fair-play (fam.), net (fam.), réglo (fam.) **2. en règle**, légal, normal, rangé, réglementaire, fair-play (fam.), net (fam.), réglo (fam.)

régulièrement ADV. **1. légalement**, réglementairement **2. uniformément**, également, uniment **3. en cadence**, en rythme **4. assidûment**, périodiquement, à date/jour fixe, à intervalles réguliers **5. fréquemment**, habituellement **6. constamment**, méthodiquement, systématiquement

régurgiter V. TR. vomir, dégueuler (très fam.), dégobiller (fam.), gerber (très fam.), rendre (fam.)

réhabiliter V. TR. **1. innocenter**, absoudre, blanchir, disculper, excuser, laver, pardonner, racheter **2. réinsérer**, réintégrer **3. revaloriser**, rehausser, relever, rétablir **4. rénover**, moderniser, refaire, remettre en état, réparer, restaurer

♦ **se réhabiliter** V. PRON. se racheter, se rattraper, [auprès de qqn] recouvrer l'estime de

rehausser V. TR. **1. élever**, exhausser, hisser, lever, monter, relever, redresser, remonter, soulever, surélever **2. augmenter**, accroître, élever, majorer, relever **3. mettre en valeur**, accentuer, faire ressortir, faire valoir, revaloriser, souligner, soutenir **4. agrémenter**, assaisonner, aviver, corser, orner, pimenter, relever

réincarnation N. F. métempsycose, renaissance, palingénésie (didact.), transmigration (didact.)

réinsérer V. TR. **1. réintroduire**, réintégrer **2. réadapter**, réhabiliter, réintégrer, resocialiser

réinsertion N. F. **1. réintroduction**, réintégration **2. réadaptation**, réhabilitation, réintégration, resocialisation

réintégrer V. TR. **1. rejoindre**, regagner, rentrer dans, retourner à, revenir à **2. rétablir**, réhabiliter, renommer, replacer

réitérer V. TR. recommencer, refaire, renouveler, répéter, reprendre, rééditer (fam.)

rejaillir V. INTR.

- rejaillir sur éclabousser, gicler sur, rebondir sur, retomber sur, ricocher sur

rejet N. M. **1. éjection**, évacuation, excrétion **2. refus**, abandon **3. exclu-**

sion, élimination, éviction, expulsion, radiation **4. récusation**, inacceptation (soutenu), enterrement (fam.) **5.** [Bot.] **rejeton**, drageon, surgeon

rejeter V. TR. **1. relancer**, renvoyer, repousser **2. évacuer**, cracher, expulser, rendre, restituer, vomir **3. bannir**, balayer, chasser, éliminer, exclure, mettre à l'écart, refouler, reléguer, répudier, envoyer promener/balader/bouler (fam.), envoyer au diable (fam.), jeter (fam.) **4. condamner**, proscrire, récuser, repousser, réprouver **5.** [une offre] **décliner**, dédaigner, [une solution] écarter, éliminer **6. réfuter**, repousser, nier, envoyer balader/promener (fam.), jeter (fam.), mettre au panier (fam.), remballer (fam.), rembarrer (fam.) **7. refuser**, dire non à, opposer un refus à, opposer une fin de non-recevoir à, [une demande, en Droit] débouter

rejoindre V. TR. **1. rallier**, regagner, réintégrer, rentrer à, retourner à, revenir à **2. aboutir à**, atteindre, rattraper, retrouver **3.** [une personne] **rattraper**, recoller à (fam.) **4.** [une idée, un témoignage] **recouper 5. adhérer à**, adopter, partager, rallier, se rallier à, se ranger à
♦ **se rejoindre** V. PRON. **1. confluer**, converger, se réunir **2. se recouper**, coïncider, concorder, correspondre

réjoui, ie ADJ. joyeux, enjoué, épanoui, gai, guilleret, hilare, jovial, radieux, ravi, rayonnant, rieur

réjouir V. TR. **ravir**, enchanter, faire plaisir à, mettre en joie, rendre joyeux
♦ **se réjouir** V. PRON. **jubiler**, déborder de joie, exulter
- **se réjouir de** être heureux de, applaudir, se faire une fête de, se féliciter de, être bien/fort aise de (soutenu), se frotter les mains de (fam.)

réjouissance N. F. **1. allégresse**, gaieté, joie, jubilation, liesse (littér.) **2.** [généralement au plur.] **amusement**, divertissement, distraction, festivité, fête, récréation

réjouissant, ante ADJ. **1. amusant**, cocasse, divertissant, gai, jouissif, plaisant, marrant (fam.), tordant (fam.) **2. agréable**, drôle, jubilatoire

relâche N. M. OU F. **1. détente**, relaxation, repos **2. interruption**, pause, répit, suspension, trêve

relâché, ée ADJ. **1. laxiste**, permissif **2. flasque**, avachi, distendu, mou **3. dissolu**, corrompu, débauché, libertin

relâchement N. M. **1. laisser-aller**, laxisme, négligence, permissivité **2. desserrement 3.** [des muscles] **relaxation**, décontraction, décrispation **4.** [des mœurs] **dissolution**

relâcher V. TR. **1. détendre**, décontracter, décrisper, relaxer **2. desserrer**, lâcher **3. adoucir**, assouplir, baisser, diminuer, ramollir **4. libérer**, délivrer, lâcher, remettre en liberté, élargir (Droit), relaxer (Droit) **5.** [Mar.] **faire escale**, s'arrêter, toucher au port
♦ **se relâcher** V. PRON. **1. diminuer**, s'assouplir, baisser, chanceler, décroître, faiblir, fléchir, mollir (fam.) **2. se négliger**, se laisser aller **3. se détendre**, se décrisper, se délasser, se calmer, s'apaiser, se décontracter, se reposer **4. se distendre**, s'amollir, s'avachir

relais N. M. **1. étape**, halte, poste **2. auberge**, gîte, hôtel **3. intermédiaire**, médiateur **4.** [Techn.] **retransmetteur**, réémetteur, répéteur

relance N. F. **1. reprise**, redémarrage, réveil **2. rappel**, nouvelle sollicitation

relancer V. TR. **1. renvoyer**, rejeter **2. rappeler**, solliciter **3. poursuivre**, harceler **4. ranimer**, réactiver, donner un second souffle à **5.** [Jeu] **surenchérir**

relater V. TR. raconter, exposer, rapporter, rendre compte de, retracer, conter (littér.), narrer (littér.)

relatif, ive ADJ. **1. subjectif 2. partiel**, imparfait, incomplet, insuffisant, limité, moyen, sommaire

relation N. F. **I. 1. connexion**, corrélation, correspondance, liaison, lien (logique), rapport, rapprochement **2. contact**, liaison, lien, rapport **II. 1. connaissance**, attache, contact, familier, fréquentation, lien, piston (fam.) **2.** [amoureuse] **liaison**, aventure, flirt **3.** [sexuelle] **rapport**, union **III. compte rendu**, exposé, narration, procès-verbal, rapport, récit, témoignage

relaxation N. F. **1.** [des muscles] **relâchement**, décontraction **2. détente**, décontraction, délassement **3. sophrologie 4. désinvolture**, aisance, naturel

relaxer[1] V. TR. [un détenu] libérer, élargir (Droit), relâcher

relaxer[2] V. TR. **décontracter**, calmer, défatiguer, désénerver, délasser, détendre, reposer

♦ **se relaxer** V. PRON. se décontracter, se délasser, se détendre, se reposer, décompresser (fam.)

relayer V. TR. **1. prendre le relais de**, succéder à, relever, reprendre le flambeau des mains de **2. remplacer**, se substituer à **3.** [Radio, TV] **retransmettre**

♦ **se relayer** V. PRON. **alterner**, se remplacer

reléguer V. TR. **1. bannir**, déporter, exiler **2. mettre à l'écart**, écarter, rejeter, remiser **3.** [Sports] **déclasser**

relent N. M. **1. effluve**, émanation, miasme, mauvaise odeur, puanteur, remugle (littér.) **2. trace**, soupçon, ombre, pointe, reste, teinte

relevé, ée ADJ. **1. redressé**, remonté, retroussé **2. épicé**, assaisonné, corsé, fort, pimenté, piquant

relevé N. M. **1. liste**, décompte, détail, état, relèvement, tableau **2. dessin**, plan

relever V. TR. **I. 1. remettre debout**, redresser, lever, remonter, retrousser, soulever **2. reconstruire**, rebâtir, redresser, remettre debout, renflouer, réparer, restaurer, rétablir **II. augmenter**, élever, majorer, monter, rehausser, remonter **III. 1. assaisonner**, agrémenter, épicer, pimenter **2. faire ressortir**, donner du relief à, exhausser, rehausser, souligner **IV. 1. constater**, découvrir, noter, observer, remarquer, trouver **2. noter**, consigner, copier, inscrire, retenir **3.** [un plan] **dresser**, lever **V.** [des copies] **ramasser**, collecter **VI.** [un défi, une remarque] **répondre à VII. 1.** [qqn] **relayer**, prendre le relais de, prendre la relève de, remplacer **2.** [qqn d'une fonction] **démettre**, destituer, limoger, révoquer **3.** [qqn d'un engagement] **libérer**, dégager, détacher, délier (soutenu)

♦ **se relever** V. PRON. **1. se remettre debout**, se redresser, remonter, se ramasser (fam.) **2. renaître**, repartir, ressusciter, se rétablir **3. guérir**, recouvrer la santé, se remettre, se rétablir

relief N. M. **I. 1. saillie**, bosse, monticule, proéminence **2.** [Géog.] **topographie**, configuration, modelé **3.** [Techn.] **modelé**, enlevure **II. force**, caractère, éclat, personnalité, piment, piquant, vigueur, sel (fam.)

relier V. TR. **1. faire communiquer**, connecter, joindre, raccorder, réunir **2.** [des idées] **enchaîner**, associer, lier, rapprocher **3. mettre en rapport**, faire le rapprochement entre, raccrocher

religieux, euse ADJ. **1. sacré**, divin **2. croyant**, fervent, orthodoxe, pieux, pratiquant, dévot (souvent péj.) **3. recueilli**, respectueux

religion N. F. **1. confession**, croyance, culte, foi **2. doctrine**, croyance, dogme **3. avis**, conviction, credo, opinion

reliquat N. M. **1.** [d'un compte] **reste**, solde **2. restant**, excédent, reste, complément, vestige

reluire V. INTR. briller, chatoyer, étinceler, flamboyer, luire, miroiter, resplendir, rutiler, scintiller

remaniement N. M. **1. réorganisation**, remodelage, restructuration, révision, [d'un texte] refonte **2. bouleversement**, métamorphose, révolution **3. transformation**, changement, correction, modification, rectification, retouche, relookage (fam.)

remanier V. TR. **1. réorganiser**, remodeler, restructurer, réviser, [un texte] refondre **2. changer**, arranger, corriger, modifier, rectifier, reprendre, retoucher, revoir, transformer, relooker (fam.) **3. bouleverser**, métamorphoser, révolutionner

remarquable ADJ. **1. extraordinaire**, hors du commun, marquant, notable **2. prestigieux**, brillant, de haut vol, de haute volée, de premier ordre, de premier plan, émérite, éminent, hors pair, insigne, sans égal, sans pareil, supérieur

remarque N. F. **1. observation**, commentaire, considération, réflexion, [en passant] incise **2. annotation**, note **3. critique**, objection, remontrance, réprimande, reproche

remarquer V. TR. apercevoir, constater, découvrir, discerner, noter, observer, relever, se rendre compte de, repérer, s'apercevoir de, s'aviser de, trouver, voir

rembourré, ée ADJ. **1. capitonné**, matelassé **2. grassouillet**, bien en chair, replet, rondouillard (fam.)

remboursement N. M. **1. paiement**, acquittement, amortissement, [d'une rente] rachat, [d'une dette] extinction **2. défraiement**, indemnisation

rembourser V. TR. **1. s'acquitter de**, payer, rendre, [une dette] éteindre **2. défrayer**, couvrir, indemniser

remède N. M. **1. médicament**, drogue, médication, soin, traitement, vaccin **2. solution**, antidote, dérivatif, expédient, exutoire, moyen, palliatif, panacée, potion magique, ressource

remédier à V. TR. IND. **1. calmer**, guérir, soulager **2. pallier**, compenser, parer à, pourvoir à, suppléer à, obvier à (littér.) **3. arranger**, corriger, rattraper, rectifier, réparer

remercier V. TR. **I. 1. dire merci à**, rendre grâce à, savoir gré à **2. bénir**, louer **3. dédommager**, récompenser **II. chasser**, congédier, donner son compte à, éconduire, licencier, limoger, mettre à la porte, renvoyer, révoquer, se séparer de, balancer (fam.), lourder (fam.), sacquer (fam.), vider (fam.), virer (fam.), [un domestique] donner ses huit jours à

remettre V. TR. **1. replacer**, ramener, rapporter, réintégrer **2. ajouter**, rajouter **3. confier**, déposer, donner, laisser, livrer, passer, rendre, restituer, filer (fam.), refiler (fam.) **4. se rappeler**, reconnaître, se souvenir de **5. différer**, ajourner, reculer, renvoyer (à plus tard), reporter, retarder, [un jugement] renvoyer, surseoir à, [indéfiniment] renvoyer aux calendes grecques

♦ **se remettre** V. PRON. **1. récupérer**, guérir, recouvrer la santé, se relever, se rétablir, s'en sortir, s'en tirer (fam.), se retaper (fam.) **2. se calmer**, se tranquilliser, retrouver son calme

- **se remettre à** [une activité] **recommencer**, replonger dans, retourner à, revenir à

remise N. F. **1. abri**, appentis, débarras, hangar, local, réserve, resserre **2. attribution**, délivrance, dépôt, distribution, don, livraison **3. réduction**, abattement, bonification, déduction, discount, escompte, prime, rabais, ristourne **4. ajournement**, atermoiement, délai, renvoi, retardement, sursis **5.** [d'une peine] **grâce**, rémission **6.** [d'un péché] **pardon**, absolution, rémission

rémission N. F. **1. absolution**, effacement, pardon **2. grâce**, amnistie **3. accalmie**, apaisement, arrêt, calme, cessation, répit, relâche, trêve

remodeler V. TR. **1. retravailler**, réorganiser, restructurer **2.** [visage] **dérider**, lisser

remonter

▸ V. INTR. **repartir (à la hausse)**, progresser, se redresser, reprendre, se rétablir

▸ V. TR. **1. élever**, exhausser, hausser, monter, relever, surélever, surhausser **2. retrousser**, relever **3. consoler**, mettre du baume au cœur de, raffermir, ragaillardir, réconforter, revigorer, revivifier, soutenir, ravigoter (fam.), regonfler (fam.), requinquer (fam.), retaper (fam.)

remontrance N. F. reproche, avertissement, blâme, critique, grief, observation, réprimande, sermon, engueulade (fam.), admonestation (littér.), objurgation (littér.), semonce (littér.), prêchi-prêcha (fam.), savon (fam.)

remords N. M. **1. repentir**, regret, contrition (littér.) **2.** [Relig.] **contrition**, attrition, pénitence

remorquer V. TR. **1. tracter**, tirer, traîner **2.** [un bateau] **haler**, touer

remous N. M. **1. bouillonnement**, effervescence, tourbillon, turbulence **2. agitation**, mouvement, remue-ménage, trouble, tumulte

rempart N. M. **1. enceinte**, fortification, mur, muraille **2. bastion**, citadelle **3. protection**, barrière, bouclier, cuirasse

remplaçant, ante N. substitut, adjoint, intérimaire, représentant, successeur, suppléant, [Théâtre, Cinéma] doublure

remplacement N. M. **1. intérim**, suppléance **2. substitution**, échange, relève **3. changement**, renouvellement

remplacer V. TR. **1. changer**, renouveler **2. se substituer à**, relever, prendre le relais de, prendre la relève de, relayer, succéder à, supplanter, suppléer (littér.) **3. représenter**, faire fonction de, faire office de, jouer le rôle de, servir de, tenir la place de, tenir lieu de, suppléer à, [Théâtre, Cinéma] doubler

rempli, ie ADJ. **1. plein**, bourré (fam.), plein comme un œuf (fam.) **2.** [de monde] **bondé**, comble, complet, plein, bourré (fam.), plein à craquer (fam.)

remplir V. TR. **1. emplir**, bourrer, charger, combler, garnir, gorger **2. peupler**, envahir, inonder, occuper **3.** [le temps] **meubler**, occuper, tuer (fam.) **4.** [un formulaire] **compléter**, renseigner (Admin.), [un chèque] libeller **5.** [une obligation] **accomplir**, effectuer, exécuter, exercer, observer, répondre à, respecter, s'acquitter de, satisfaire à, tenir **6.** [une fonction] **exercer**, occuper, tenir

remporter V. TR. **1. reprendre**, remmener, repartir avec **2. gagner**, conquérir, enlever, obtenir, récolter, décrocher (fam.), rafler (fam.), truster (fam.)

remuant, ante ADJ. **1. actif**, animé, dynamique, frétillant, pétulant, sémillant, tonique **2. déchaîné**, agité, excité, fougueux, turbulent

remue-ménage N. M. INVAR. **1. agitation**, animation, branle-bas, désordre, effervescence, pagaille, tohu-bohu, trouble, tumulte, chambardement (fam.) **2. chahut**, brouhaha, tintamarre, vacarme

remuer
▸ V. TR. **1. mélanger**, battre, brasser, brouiller, malaxer, pétrir, tourner, travailler, [la salade] fatiguer (fam.), touiller (fam.) **2.** [la terre] **retourner**, bêcher, fouiller, [animal] fouir **3. secouer**, balancer, ballotter, bercer **4. émouvoir**, attendrir, bouleverser, ébranler, frapper, perturber, secouer, toucher, troubler, chambouler (fam.), émotionner (fam.), prendre aux tripes (fam.)
▸ V. INTR. **1.** [dans le vent] **frémir**, se balancer, frissonner, ondoyer, onduler, osciller, trembler, vaciller **2. s'agiter**, bouger, frétiller, gesticuler, gigoter (fam.), se dandiner (fam.), se tortiller (fam.), se trémousser (fam.) **3.** [la tête] **hocher**, balancer, branler, dodeliner de, secouer
♦ **se remuer** V. PRON. **1. bouger**, s'agiter **2. se démener**, faire des pieds et des mains, se donner de la peine, se bouger (fam.), se décarcasser (fam.), se défoncer (fam.), se mettre en quatre (fam.), se casser le derrière/le cul (très fam.) **3. se dépêcher**, se bouger (fam.), se grouiller (fam.), se manier (le train, le popotin) (fam.)

rémunérateur, trice ADJ. lucratif, avantageux, fructueux, payant, profitable, rentable, juteux (fam.)

rémunération N. F. **1. salaire**, appointements, émoluments, gages, honoraires, mensualité, paye, solde, traitement, vacation **2. avantage**, cachet, commission, gain, jeton (de présence), pourcentage, prime, rétribution

rémunérer V. TR. payer, rétribuer, [une personne] appointer, salarier

renâcler V. INTR. **1. rechigner**, se faire prier, freiner des quatre fers (fam.), se faire tirer l'oreille (fam.), traîner des pieds (fam.) **2. protester**, râler (fam.), rouspéter (fam.)

renaissance N. F. **1. réincarnation**, résurrection **2. renouveau**, renouvellement **3. réapparition**, résurgence, retour, réveil

renaître V. INTR. **1. ressusciter**, reprendre vie, revenir à la vie, revivre **2. resurgir**, réapparaître, refaire surface, reparaître, repousser, revivre

renchérir V. INTR. **1. être en hausse**, augmenter, enchérir, grimper **2. en rajouter** (fam.), en remettre (fam.)

rencontre N. F. **I. 1. entrevue**, contact, conversation, rendez-vous, rancard (fam.) **2. colloque**, conférence, meeting (anglic.), réunion, sommet **II. 1. compétition**, championnat, épreuve, match, partie **2. accrochage**, bataille, combat, duel, échauffourée **III. 1. jonction**, contact, réunion **2. collision**, choc, heurt, télescopage

rencontrer V. TR. **1. faire la connaissance de**, connaître, croiser **2. apercevoir**, atteindre, croiser, tomber sur, trouver, voir **3. affronter**, disputer, combattre **4. joindre**, approcher, toucher, voir **5. heurter**, buter sur, se cogner à, percuter, toucher **6.** [des difficultés] **affronter**, se heurter à, se trouver face à, tomber sur, trouver (sur son chemin), s'achopper à (littér.)
♦ **se rencontrer** V. PRON. **1. se croiser**, faire connaissance, se connaître **2. apparaître**, arriver, avoir lieu, exister, se présenter, se produire, se trouver, se voir **3. se rejoindre**, confluer, se retrouver, se réunir, se toucher

rendement N. M. **1. productivité**, efficacité, fertilité **2. rentabilité**, bénéfice, gain, produit, profit, rapport, revenu

rendez-vous N. M. rencontre, audience, entretien, entrevue, rancard (fam.)

rendre V. TR. **I. 1. restituer**, ramener, rapporter, redonner, remettre, renvoyer, retourner, rétrocéder **2.** [les armes] **poser**, mettre bas **3.** [de l'argent] **rembourser**, s'acquitter de **4.** [la santé] **ramener**, faire recouvrer (littér.) **II. 1.** [un jugement] **prononcer**, émettre **2.** [un son, etc.] **produire**, donner, émettre **3. exprimer**, émettre, présenter, produire, représenter, reproduire, restituer, traduire **III. vomir**, régurgiter, dégobiller (très fam.), dégueuler (très fam.), gerber (très fam.)

♦ **se rendre** V. PRON. **1. aller**, venir, porter ses pas **2. capituler**, baisser les bras, s'avouer vaincu, se livrer, s'incliner

renfermer V. TR. **1. comporter**, comprendre, contenir, enserrer, englober, inclure, posséder, receler **2. cacher**, dissimuler, receler

♦ **se renfermer** V. PRON. **1. se murer**, se claquemurer **2. se replier sur soi**, se fermer (comme une huître), se renfrogner

renflé, ée ADJ. bombé, arrondi, galbé, gonflé, pansu, rond, ventru

renflement N. M. bombement, bosse, grosseur, panse, proéminence, rondeur, ventre

renflouer V. TR. remettre à flot, [Mar.] déséchouer

♦ **se renflouer** V. PRON. se remplumer (fam.), se refaire (la cerise) (fam.)

renfoncement N. M. creux, alcôve, anfractuosité, coin, encoignure, niche, recoin, trou

renforcement N. M. **1. consolidation**, affermissement, durcissement **2. accentuation**, aggravation, augmentation, intensification, recrudescence

renforcer V. TR. **1. armer**, épaissir, fortifier, raffermir **2. accentuer**, accroître, affermir, aggraver, agrandir, s'ajouter à, augmenter, aviver, consolider, exacerber, grossir, intensifier **3. appuyer**, asseoir, conforter, consolider, corroborer, étayer, soutenir

renfort N. M. **1. renforcement**, consolidation **2. aide**, appui, assistance, soutien, coup de main (fam.) **3. supplément**, complément **4.** [d'une chaussure] **contrefort**, [d'un vêtement] épaulement

renfrogné, ée ADJ. maussade, acariâtre, boudeur, bourru, grincheux, morose

rengaine N. F. refrain, chanson, couplet, leitmotiv, litanie, rabâchage, ritournelle, disque (fam.), scie (fam.), antienne (littér.), bringue (Suisse)

rengorger (se) V. PRON. faire le beau, bomber le torse/la poitrine, faire l'important, prendre de grands airs, plastronner, poser, se pavaner, crâner (fam.), faire la roue (fam.), frimer (fam.)

renier V. TR. abandonner, abjurer, désavouer, mentir à, nier, rejeter, renoncer à, répudier

renommé, ée ADJ. célèbre, connu, coté, fameux, illustre, populaire, prestigieux, de renom, réputé, qui fait parler de lui

renommée N. F. célébrité, cote, crédit, gloire, notoriété, popularité, prestige, renom, réputation

renoncement N. M. **1. renonciation**, abandon, abnégation, détachement, privation, sacrifice **2.** [aux plaisirs] **ascèse**, abstinence, ascétisme

renoncer V. TR. IND. abandonner, abdiquer, s'avouer vaincu, baisser les bras, battre en retraite, capituler, céder, déclarer forfait, démissionner, se désister, faire défection, lâcher prise, quitter la partie, se retirer, s'incliner, jeter l'éponge (fam.), jeter le manche après la cognée (fam.), laisser tomber (fam.)

renouveau N. M. **1. regain**, recommencement, relance, renaissance, reprise, retour (en force) **2. modernisation**, régénération, renaissance, renouvellement

renouveler V. TR. **1. changer**, dépoussiérer, moderniser, rajeunir, régénérer, remanier, rénover, donner un coup de jeune à (fam.) **2.** [une douleur] **aviver**, redoubler, réveiller **3. prolonger**, proroger, reconduire **4. recommencer**, refaire, réitérer, répéter

♦ **se renouveler** V. PRON. **1. repousser**, se reformer, renaître **2. changer**, bouger, évoluer, se moderniser, se modifier, se transformer, varier **3. recommencer**, se répéter, se reproduire

rénovation N. F. **1. réforme**, amélioration, dépoussiérage, remodelage, renouvellement, revalorisation **2. remise à neuf**, modernisation, rafraîchissement, réfection, réhabilitation, remise en état, réparation, restauration

rénover V. TR. **1. réformer**, améliorer, dépoussiérer, remodeler, renouveler, revaloriser, transformer **2. remettre à neuf**, moderniser, rafraîchir, réhabiliter, réparer, restaurer, retaper

renseignement N. M. **1. information**, éclaircissement, indication, indice, lumière, précision, rancard (argot), tuyau (fam.) **2. espionnage**

renseigner V. TR. **informer**, avertir, éclairer (la lanterne de), instruire, brancher (fam.), mettre au courant (fam.), mettre au parfum (fam.), rancarder (fam.), tuyauter (fam.), édifier (littér.)

♦ **se renseigner (sur)** V. PRON. enquêter, aller aux nouvelles, se documenter, s'enquérir (de), s'informer (sur), s'instruire (de), interroger (sur)

rentable ADJ. lucratif, avantageux, fructueux, intéressant, payant, profitable, rémunérateur, juteux (fam.)

rente N. F. redevance, arrérages, intérêt, pension, produit, revenu, retraite

rentrée N. F. **1. revenu**, gain, recette **2. encaissement**, perception, recette, recouvrement **3. reprise**, début, recommencement, come-back (anglic.)

rentrer

▸ V. TR. **1. enfoncer**, faire pénétrer, introduire, plonger, ranger, rengainer, fourrer (fam.) **2. refouler**, cacher, dissimuler, étouffer, ravaler, réfréner, réprimer, retenir **3.** [le ventre] **creuser**

▸ V. INTR. **revenir**, faire demi-tour, rebrousser chemin, se retirer, retourner, revenir sur ses pas

- **rentrer à rallier**, regagner, réintégrer, rejoindre, retourner à, revenir à

- **rentrer dans 1.** [une catégorie] **appartenir à**, dépendre de, être compris dans, être contenu dans, faire partie de, relever de **2. emboutir**, heurter, percuter, tamponner, télescoper **3. s'emboîter dans**, s'encastrer dans, s'enfoncer dans, s'insérer dans **4. s'enfoncer dans**, pénétrer dans, s'engager dans, s'introduire dans, s'infiltrer dans **5.** [ses frais] **recouvrer**, récupérer, retrouver

renversant, ante ADJ. étonnant, ahurissant, décoiffant, ébouriffant, inouï, sidérant, stupéfiant, surprenant

renversement N. M. **1. interversion**, commutation, inversion, permutation **2. bouleversement**, basculement, retournement, révolution, chambardement (fam.), chamboulement (fam.) **3. chute**, anéantissement, destruction, écroulement, ruine **4.** [d'un bateau] **chavirement**, dessalage

renverser V. TR. **1. intervertir**, inverser, mettre à l'envers, permuter, retourner **2. vaincre**, abattre, anéantir, briser, broyer, défaire, démolir, détrôner, détruire, foudroyer, ruiner, terrasser, envoyer au tapis (fam.) **3.** [un piéton] **écraser**, faucher **4. bouleverser**, mettre sens dessus dessous, révolutionner, chambarder (fam.), chambouler (fam.) **5. étonner**, abasourdir, couper le souffle à, couper bras et jambes à, ébahir, stupéfier, suffoquer, estomaquer (fam.), sidérer (fam.), souffler (fam.) **6. faire tomber**, répandre, verser **7. coucher**, pencher

♦ **se renverser** V. PRON. **1. tomber**, basculer, culbuter, se retourner **2.** [bateau] **chavirer**, dessaler

renvoi N. M. **1. congé**, congédiement, destitution, exclusion, expulsion, licenciement, limogeage, mise à pied, révocation **2. retour**, réexpédition **3. ajournement**, remise, report **4. appel de note**, référence, [Droit] apostille **5. éructation**, régurgitation, rot, rototo (lang. enfants)

renvoyer V. TR. **I. 1. chasser**, balayer, écarter, éconduire, évincer, exclure, expulser, mettre dehors, mettre à la porte, envoyer balader (fam.), envoyer bouler (fam.), envoyer paître (fam.), envoyer promener (fam.) **2. licencier**, congédier, donner son congé à, éjecter, limoger, mettre à pied, remercier, dégommer (fam.), lourder (fam.), sabrer (fam.), sacquer (fam.), vider (fam.), virer (fam.), [un domestique] donner ses huit jours à **3. destituer**, disgracier **II. 1. réexpédier**, retourner **2. refuser**, rendre **3. répercuter**, faire écho à, réfléchir, refléter, réverbérer

réorganisation N. F. remaniement, réaménagement, remodelage, restructuration

réorganiser V. TR. remanier, réaménager, remodeler, restructurer

repaire N. M. **1. tanière**, gîte, terrier, antre (littér.), retraite (littér.) **2. refuge**, abri, asile, cachette, nid

répandre V. TR. **1. déverser**, arroser, laisser tomber, renverser, verser **2. disperser**, disséminer, distiller, éparpiller, essaimer, semer **3. dégager**, diffuser, distiller, émettre, exhaler **4.** [une nouvelle] **diffuser**, colporter (péj.), divulguer, ébruiter, éventer, propager **5.** [un savoir] **étendre**, populariser, propager, véhiculer, vulgariser **6.** [des bienfaits] **distribuer**, dispenser, prodiguer

♦ **se répandre** V. PRON. **1. s'écouler**, couler, ruisseler **2. déborder**, s'échapper **3. s'étendre**, se dégager, se disséminer, essaimer, se propager, faire tache d'huile **4. proliférer**, pulluler, se reproduire **5. s'ébruiter**, circuler, courir, filtrer, gagner, se propager, transpirer

répandu,ue ADJ. **1. épars**, diffus, profus (littér.) **2. commun**, banal, connu, courant, fréquent

reparaître V. INTR. réapparaître, récidiver, recommencer, renaître, reprendre, se reproduire, ressurgir, se réveiller, revenir à la surface

réparation N. F. **1. restauration**, rafraîchissement, réfection, remise en état, rafistolage (fam.), retapage **2.** [d'un mur] **consolidation**, replâtrage, [d'une machine] dépannage, [d'un navire] carénage, calfatage, radoub, [d'un vêtement] raccommodage, rapiéçage **3.** [d'une faute] **expiation**, rachat **4. indemnisation**, compensation, dédommagement, dommages-intérêts, indemnité

réparer V. TR. **1. restaurer**, arranger, corriger, remettre à neuf, remettre en état, reprendre, retaper, retoucher, rabibocher (fam.), rafistoler (fam.) **2.** [un mur] **consolider**, relever, rempiéter, replâtrer, [une machine] dépanner, [un navire] caréner, calfater, radouber, [un vêtement] raccommoder, rapiécer **3.** [une erreur, un oubli] **corriger**, compenser, effacer, pallier, racheter, rattraper, remédier à, suppléer à **4.** [une faute] **expier**, effacer, racheter, [un tort] redresser **5. dédommager**, indemniser, compenser

repartie N. F. réplique, réponse, riposte

repartir V. INTR. redémarrer, recommencer, reprendre

répartir V. TR. **1. partager**, dispatcher, distribuer, [un risque, des frais] consolider, mutualiser **2. disperser**, disposer, disséminer, éparpiller, ventiler **3. classer**, catégoriser, classifier, disposer, grouper, ordonner, ranger, sérier **4.** [dans le temps] **échelonner**, étaler

répartition N. F. **1. distribution**, attribution, partage, ventilation **2. agencement**, classement, classification, distribution, ordonnance, ordre, [dans le temps] échelonnement, étalement **3. disposition**, dispatching (anglic.), zonage

repas N. M. **1. nourriture**, cuisine, bouffe (fam.), croûte (fam.), frichti (fam.), mangeaille (péj.), pitance (péj.) **2.** [du matin] **petit déjeuner**, [du midi] déjeuner, [du soir] dîner, souper, [léger] collation, dînette, goûter, pique-nique **3.** [de fête] **festin**, gala, banquet, réveillon, gueuleton (fam.), ripaille (fam.)

repasser
▸ V. INTR. **revenir**, retourner, retraverser
▸ V. TR. **1. vérifier** **2. réviser**, apprendre, étudier, répéter, revoir, bachoter (fam.), bûcher (fam.), potasser (fam.) **3. évoquer**, se remettre en mémoire, se remémorer **4. remettre**, passer, filer (fam.), fourguer (fam.), refiler (fam.) **5. défriper**, lisser **6. affûter**, affiler, aiguiser

repenser V. TR. reconsidérer, réexaminer, remettre en cause/en question, revenir sur, réviser, revoir

repentir (se) V. PRON. faire son mea-culpa, faire amende honorable, reconnaître ses torts, s'en vouloir, battre sa coulpe (littér.), s'en mordre les doigts (fam.)

repentir N. M. **1. regret**, remords, contrition (littér.), repentance (littér.) **2. mea-culpa**

répercussion N. F. **1. écho**, réflexion, renvoi, réverbération **2. conséquence**, contrecoup, effet, incidence, onde de choc, prolongement, retentissement, retombée, suite, [mauvaise] séquelle

répercuter V. TR. **1. refléter**, réfléchir, renvoyer, réverbérer **2. transmettre**, communiquer, diffuser, passer, renvoyer, reporter, transférer
♦ **se répercuter** V. PRON. **se transmettre**, se propager

repère N. M. **1. marque**, balise, borne, jalon, piquet, taquet, témoin, trace **2. référence**, indication, indice, norme **3. valeur**, système de valeurs

repérer V. TR. **1. apercevoir**, déceler, dépister, détecter, localiser, situer **2. découvrir**, remarquer **3. baliser**, borner, marquer, jalonner
♦ **se repérer** V. PRON. **s'orienter**, se diriger, se reconnaître, se retrouver, se situer

répertoire N. M. **1. catalogue**, classement, énumération, état, fichier, index, inventaire, liste, nomenclature, recueil, relevé, sommaire, table, tableau **2.** [d'adresses] **agenda**, carnet

répertorier V. TR. cataloguer, classifier, dénombrer, ficher, inventorier, lister

répéter V. TR. **I. 1. redire**, réitérer, rabâcher, radoter, rebattre les oreilles de, ressasser, seriner, dire sur tous les tons (fam.) **2. raconter**, citer, ébruiter, rapporter, se faire l'écho de **3. rapporter**, cafarder (fam.), cafter (fam.), moucharder (fam.) **II. 1. refaire**, recommencer, réitérer, renouveler, reprendre, reproduire **2. imiter**, reproduire **3. réviser**, repasser, revoir

♦ **se répéter** V. PRON. **1. recommencer**, se renouveler, se reproduire, revenir **2. radoter**, être redondant, faire des redites, rabâcher

répétition N. F. **1. recommencement**, récurrence, réitération, reproduction, retour **2.** [d'une faute] **récidive**, rechute **3. redite**, redondance **4. séance de travail**, répète (fam.), [Théâtre] générale, couturière

répit N. M. **1. délai**, moratoire, sursis **2. repos**, battement, éclaircie, halte, pause, relâche, trêve **3. calme**, détente, paix **4.** [pour une douleur, une maladie] **rémission**, accalmie, interruption

replacer V. TR. **1. ranger**, réinstaller, recaser (fam.), refourrer (fam.), refoutre (très fam.) **2.** [dans un contexte] **resituer**, rétablir

replanter V. TR. **1. repiquer**, transplanter **2. reboiser**, repeupler

replet, ète ADJ. dodu, charnu, gras, grassouillet, plantureux, potelet, rebondi, rond, rondouillard (fam.), rondelet (fam.)

repli N. M. **I. 1. ourlet**, pli, rabat, rempli, revers **2. ondulation**, bourrelet, sinuosité **3.** [souvent au plur.] **recoin**, dédale, labyrinthe, méandre, sinuosité, [d'une âme] tréfonds **II. 1. baisse**, diminution, recul, reflux **2.** [Milit.] **retraite**, recul

replier V. TR. **rabattre**, refermer, retrousser

♦ **se replier** V. PRON. **1. se blottir**, se pelotonner, se ramasser, se recroqueviller, se tasser **2.** [sur soi] **se renfermer**, rentrer dans sa coquille **3. reculer**, abandonner (le terrain), battre en retraite, décrocher, fuir, refluer, se retirer **4. se plier**, se courber, fléchir, ployer, se rabattre, se tordre, se tortiller

réplique N. F. **1. réponse**, repartie, riposte **2. objection**, contestation, critique, discussion, observation **3. copie**, calque, double, imitation, reproduction **4. sosie**, clone, double, jumeau

répliquer V. TR. **1. répondre**, rétorquer, riposter **2.** [sans complément] **contester**, objecter, protester

répondre V. TR. **1. dire**, réagir **2. objecter**, contester, protester, répliquer, rétorquer, riposter

- répondre à 1. [une critique, une objection] **réfuter 2.** [une attente, une exigence] **combler**, convenir à, correspondre à, être conforme à, obéir à, remplir, satisfaire (à) **3.** [une invitation, un salut] **rendre**, payer de retour **4.** [un stimulus] **obéir à**, réagir à

- répondre de 1. garantir, affirmer, assurer, certifier, s'engager sur **2.** [de qqn] **cautionner**, se porter garant de

réponse N. F. **1. réplique**, réaction, répartie, riposte **2. explication**, éclaircissement, justification **3. solution**, clé

reportage N. M. enquête, article, document, documentaire, papier

reporter[1] V. TR. **1. rapporter**, déplacer, replacer, remporter, retourner, transporter **2. remettre (à plus tard)**, ajourner, différer, reculer, renvoyer, repousser, retarder, surseoir à (littér. ou Droit) **3. transcrire**, porter, transférer

♦ **se reporter à** V. PRON. se référer à, consulter

reporter[2] N. journaliste, chroniqueur, correspondant, envoyé spécial

repos N. M. **1. congé**, inactivité, loisir, relâchement, vacances **2. tranquillité**, calme, détente, délassement, paix, quiétude **3. accalmie**, arrêt, halte, interruption, pause, relâche, rémission, répit

reposé, ée ADJ. délassé, détendu, dispos, en forme, frais (comme une rose/comme un gardon), relaxé

reposer[1]
▸ V. TR. **délasser**, détendre, relaxer
▸ V. INTR. **rester au repos**, décanter
♦ **se reposer** V. PRON. **se délasser**, prendre du repos, reprendre haleine, reprendre son souffle, se détendre, se relaxer, souffler (fam.)
- **se reposer sur** compter sur, faire confiance à, se décharger sur, s'en remettre à, se fier à

reposer[2] V. TR. remettre en place, ranger, replacer

repoussant, ante ADJ. **1. affreux**, dégoûtant, difforme, effrayant, effroyable, hideux, horrible, laid, monstrueux **2. abject**, atroce, dégoûtant, écœurant, ignoble, immonde, innommable, infect, rebutant, répugnant, [odeur] fétide, nauséabond, pestilentiel, puant

repousser V. TR. **1. pousser en arrière**, faire reculer **2. chasser**, bannir, éconduire, éjecter, éloigner, évincer, rabrouer, refouler, rejeter, renvoyer, envoyer au diable (fam.), envoyer balader (fam.), envoyer bouler (fam.), envoyer dinguer (fam.), envoyer paître (fam.), envoyer promener (fam.), envoyer valser (fam.), remballer (fam.), rembarrer (fam.) **3. écarter**, abandonner, décliner, dédaigner, dire non à, éliminer, mépriser, refuser, résister à, rejeter, retoquer (fam.) **4. ajourner**, différer, reculer, remettre (à plus tard), reporter, retarder, [indéfiniment] renvoyer aux calendes grecques **5. dégoûter**, déplaire à, écœurer, rebuter, répugner

répréhensible ADJ. **1. condamnable**, coupable, délictueux, punissable **2. blâmable**, critiquable

reprendre
▸ V. TR. **I. 1. continuer**, poursuivre **2. regagner**, rejoindre **3. retrouver 4.** [des relations] **renouer**, rétablir **5. récupérer**, recouvrer (littér.) **6. réparer**, corriger, retoucher, revoir **7. redire**, répéter **8. récapituler**, résumer **II. 1. critiquer**, blâmer, censurer, condamner **2. corriger**, chapitrer, gourmander, réprimander, sermonner, morigéner (littér.), remettre à sa place (fam.)
▸ V. INTR. **recommencer**, redémarrer
♦ **se reprendre** V. PRON. **1. réagir**, se ressaisir **2. se corriger**, se rétracter

représentant, ante N. **1. agent**, correspondant, délégué, envoyé, mandataire, porte-parole **2. aperçu**, échantillon, exemple, individu, modèle, spécimen **3.** [du peuple] **député**, élu, parlementaire

représentatif, ive ADJ. caractéristique, remarquable, spécifique, typique

représentation N. F. **1. description**, dessin, illustration, image, peinture, photographie, portrait, reflet, reproduction, tableau, transcription, traduction **2. emblème**, allégorie, effigie, figure, image, incarnation, personnification, symbole **3. diagramme**, carte, graphe, graphique, maquette, plan, schéma, tableau **4. vision**, idée, image, perception **5. séance**, spectacle **6. délégation**, mandat, mission, [diplomatique] ambassade, légation

représenter V. TR. **1. décrire**, brosser le portrait/le tableau de, camper, dessiner, dépeindre, exprimer, évoquer, montrer, peindre, photographier, reproduire **2. symboliser**, désigner, figurer, signifier **3. incarner**, personnifier

4. correspondre à, constituer, équivaloir à, être **5. montrer**, donner à voir, indiquer, rappeler, refléter **6.** [Théâtre] **donner**, interpréter, jouer **7. remplacer**, être le porte-parole de, tenir lieu de

♦ **se représenter** V. PRON. **1. concevoir**, comprendre, se faire une idée de, se figurer, s'imaginer **2. penser à**, reconstituer, se rappeler, se souvenir de, se remémorer (littér.)

répression N. F. **1. punition**, châtiment, sanction **2. étouffement**, écrasement

réprimande N. F. avertissement, blâme, correction, remontrance, reproche, sermon, engueulade (très fam.), lavage de tête (fam.), savon (fam.), scène (fam.), admonestation (littér.)

réprimander V. TR. gronder, blâmer, corriger, critiquer, gourmander, rappeler à l'ordre, sermonner, disputer (fam.), engueuler (très fam.), enguirlander (fam.), faire les gros yeux à (fam.), houspiller (fam.), laver la tête à (fam.), passer un savon à (fam.), remonter les bretelles à (fam.), secouer (fam.), sonner les cloches à (fam.), admonester (littér.), chapitrer (littér.), fustiger (littér.), morigéner (littér.), semoncer (littér.), tancer (littér.)

réprimer V. TR. **1. contenir**, arrêter, brider, étouffer, modérer, ravaler, refouler, refréner, rentrer, retenir **2. punir**, sanctionner, sévir contre, châtier (littér.) **3. étouffer**, briser, écraser, noyer dans le sang

reprise N. F. **1. fois**, coup (fam.) **2. recommencement**, redémarrage, regain, relance, remontée, renouveau, retour **3. reconquête**, récupération **4. répétition 5.** [TV, Radio] **rediffusion 6.** [chanson] **refrain 7.** [Boxe] **round 8. raccommodage**, retouche, stoppage

repriser V. TR. rapiécer, coudre, raccommoder, réparer, stopper

réprobation N. F. **1.** [Relig.] **malédiction 2. blâme**, anathème (littér.), animadversion (littér.) **3. désapprobation**, condamnation, critique

reproche N. M. **1. accusation**, avertissement, blâme, remontrance, réprimande, semonce, admonestation (littér.), objurgation (littér.) **2. grief**, plainte, récrimination **3. objection**, critique, observation, remarque

reprocher V. TR. **accuser de**, blâmer de, critiquer, faire grief de

♦ **se reprocher** V. PRON. **s'en vouloir de**, regretter, se repentir de, se mordre les doigts de (fam.)

reproduction N. F. **1. recommencement**, renouvellement, répétition, retour **2. copie**, calque, contrefaçon, double, duplicata, imitation, facsimilé, reflet, réplique

reproduire V. TR. **1. copier**, calquer, contrefaire, imiter, mimer, répéter, reprendre **2. représenter**, croquer, dessiner, dépeindre, refléter, restituer, traduire **3. éditer**, publier

♦ **se reproduire** V. PRON. **1. recommencer**, se renouveler, se répéter **2. se multiplier**, engendrer, se perpétuer **3. proliférer**, se propager

réprouver V. TR. **1. condamner**, bannir, blâmer, critiquer, désapprouver, stigmatiser, abominer (littér.), fustiger (littér.), honnir (littér.) **2. maudire**, anathématiser, damner, frapper d'anathème

repu, ue ADJ. assouvi, gavé, rassasié

répudier V. TR. rejeter, abandonner, désavouer, refuser, renier

répugnance N. F. **1. horreur**, dégoût, répulsion **2. nausée**, écœurement, haut-le-cœur **3. aversion**, exécration, haine

répugnant, ante ADJ. **1. dégoûtant**, exécrable, infâme, infect, ignoble, immonde, innommable, repoussant, rebutant, dégueulasse (fam.), [odeur] fétide, nauséabond, pestilentiel, puant **2. méprisable**, dégoûtant, abject, affreux, détestable, écœurant, épouvantable, horrible, odieux, révoltant, ignominieux (littér.)

répugner V. TR. dégoûter, déplaire à, donner envie de vomir à, écœurer, faire horreur à, rebuter

répulsion N. F. **1. dégoût**, écœurement, haut-le-cœur, horreur, répugnance **2. antipathie**, aversion, haine, horreur, exécration (littér.)

réputation N. F. **1. notoriété**, célébrité, estime, gloire, popularité, prestige, renom, renommée, aura (littér.), crédit (littér.), considération (littér.) **2. honneur**, nom, vertu

réputé, ée ADJ. célèbre, connu, coté, fameux, illustre, populaire, prestigieux, renommé

requérir V. TR. **1. solliciter**, demander, exiger, réclamer **2. nécessiter**, exiger, imposer, réclamer, vouloir

requête N. F. demande, démarche, prière, sollicitation, supplique

requis, ise ADJ. demandé, exigé, imposé, nécessaire, obligatoire, prescrit

réquisitionner V. TR. mobiliser, engager, enrôler, mettre à contribution, recruter

réquisitoire N. M. **1. accusation**, attaque, diatribe, pamphlet, satire **2.** [Droit pénal] **plaidoirie**, réquisition

réseau N. M. **1. enchevêtrement**, dédale, écheveau, entrecroisement, entrelacement, entrelacs, labyrinthe, lacis **2. circuit**, ensemble, organisation, structure

réserve N. F. **I. 1. discrétion**, quant-à-soi, retenue, timidité **2. modération**, circonspection, mesure, prudence **3. décence**, modestie, pudeur **II. critique**, doute, restriction, réticence **III. 1. entrepôt**, arrière-boutique, magasin, dépôt, remise, resserre **2.** [naturelle] **parc**

♦ **réserves** PLUR. **1. économies**, disponibilités, épargne **2. provision**, stock

réservé, ée ADJ. **1. privé**, gardé, personnel, protégé **2. réticent**, dubitatif, hésitant, prudent, tiède **3. discret**, distant, effacé, modeste, renfermé, secret, taciturne, timide **4. prudent**, circonspect, mesuré, modéré **5. décent**, pudique

réserver V. TR. **1. louer**, faire mettre à part, retenir **2. garder**, économiser, épargner, mettre de côté **3. conserver**, garder, ménager **4.** [un accueil, une surprise] **préparer**, offrir, prévoir

réservoir N. M. **1. citerne**, cuve, château d'eau, réceptacle **2. réserve**, gisement, pépinière, vivier

résidence N. F. **1. séjour**, demeure, habitation **2. adresse**, domicile, foyer, logement **3. logement**, demeure, gîte, maison, propriété

résident, ente N. **1. citoyen**, ressortissant **2. habitant**, occupant, pensionnaire

résider V. INTR. demeurer, être établi, habiter, crécher (fam.)

résidu N. M. **1. déchet**, débris, dépôt, détritus, fond, rebut, reste, scorie **2. boue**, lie, tartre

résignation N. F. fatalisme, abdication, acceptation, démission, renoncement, soumission

résigné, ée ADJ. fataliste, indifférent, philosophe, soumis

résigner V. TR.
♦ **se résigner** V. PRON. **abdiquer**, baisser les bras, céder, démissionner, en prendre son parti, se faire une raison, s'incliner
- **se résigner à** accepter de, s'accommoder de, consentir à, se résoudre à, se soumettre à

résilier V. TR. annuler, casser, dissoudre, invalider, mettre fin à, résoudre, révoquer, rompre

résistance N. F. **1. solidité**, dureté, fermeté, robustesse **2. endurance**, force, solidité, ténacité **3.** [d'un animal, d'une plante] **rusticité 4. défense**, insurrection, lutte, mutinerie, opposition, rébellion, révolte, sédition **5. refus**, désobéissance, levée de boucliers, opposition **6. obstacle**, accroc, barrière, blocage, difficulté, frein, obstruction, opposition **7. inhibition**, blocage, censure, refoulement

résistant, ante
▸ N. **franc-tireur**, maquisard
▸ ADJ. **1. solide**, robuste, tenace **2. endurant**, coriace, fort, infatigable, résilient, solide, tenace, dur à cuire (fam.), increvable (fam.) **3.** [animal, plante] rustique, [plante] vivace **4. désobéissant**, rebelle

résister V. TR. IND. **1. tenir bon**, s'accrocher, ne pas baisser les bras, ne pas se laisser faire (fam.), ne pas lâcher (fam.), tenir le coup/le choc (fam.) **2. durer**, se maintenir, survivre, tenir **3. se débattre**, se démener **4. regimber**, renâcler, se faire prier (fam.), se faire tirer l'oreille (fam.), traîner les pieds (fam.)
- **résister à 1. se défendre contre**, lutter contre, repousser, se dresser contre, s'insurger contre, s'opposer à, se rebeller contre, se refuser à, se révolter contre **2.** [à qqn] **désobéir à**, contrarier, s'opposer à, tenir tête à, se rebiffer contre (fam.) **3.** [un choc] **supporter**, être à l'épreuve de

résolu, ue ADJ. **1. décidé**, assuré, convaincu, déterminé, énergique, ferme, opiniâtre **2.** [à faire qqch.] **prêt (à)**, déterminé

résolution N. F. **1. décision**, choix, dessein, intention, parti, projet, programme, volonté **2. détermination**, acharnement, constance, énergie, fermeté, obstination, opiniâtreté, suite dans les idées, ténacité, volonté **3. dénouement**, achèvement, conclusion, fin, terme **4.** [Méd.] **résorption**, disparition

résonner V. INTR. retentir, sonner, tinter, vibrer

résorber V. TR. **faire disparaître**, absorber, avaler, effacer, éliminer, éponger, supprimer
♦ **se résorber** V. PRON. **s'éteindre**, s'apaiser, se calmer, cesser, disparaître, retomber, tomber

résoudre V. TR. **1. régler**, débrouiller, démêler, dénouer, en finir avec, trancher, vider, solutionner (fam.) **2. deviner**, déchiffrer, élucider, pénétrer, tirer au clair, trouver, trouver la clé de
♦ **se résoudre** V. PRON. **1. se régler**, rentrer dans l'ordre **2. se résigner**, faire contre mauvaise fortune bon cœur, s'incliner, se faire une raison

respect N. M. **1. tolérance**, compréhension, indulgence, largeur d'esprit **2. considération**, déférence, égard, estime, galanterie, politesse **3. obéissance à**, culte, observance, observation **4. adoration**, crainte, piété, vénération
♦ **respects** PLUR. **salutations**, compliments, devoirs, hommages

respectable ADJ. **1. honorable**, convenable, digne de respect, estimable, honnête, sérieux, vénérable, auguste (littér.) **2. conséquent**, appréciable, important, non négligeable, coquet (fam.), gentil (fam.), joli (fam.), rondelet (fam.)

respecter V. TR. **1. tolérer**, accepter **2. estimer**, avoir des égards pour, honorer, vénérer, révérer (littér.) **3. se conformer à**, garder, observer, obéir à, se plier à, suivre, tenir compte de

respectueux, euse ADJ. poli, déférent, humble, soumis, révérencieux (littér.)

respiration N. F. **1. souffle**, haleine **2. ventilation**, [phases] inspiration, aspiration, expiration **3. inhalation**, absorption

respirer
▸ V. INTR. **1. inspirer**, aspirer, expirer **2.** [avec difficulté] **haleter**, suffoquer **3. souffler**, prendre l'air, prendre une bouffée d'oxygène
▸ V. TR. **1. absorber**, humer, inhaler **2. exprimer**, dégager, exhaler, manifester, marquer, transpirer

resplendir V. INTR. briller, étinceler, flamboyer, irradier, luire, rayonner, reluire, rutiler, scintiller

resplendissant, ante ADJ. **1. brillant**, éclatant, étincelant, flamboyant, lumineux, rayonnant, rutilant, scintillant **2. radieux**, splendide, superbe

responsabilité N. F. **1. devoir**, obligation **2. poste**, charge, fonction, mission **3. faute**, implication

responsable
▸ ADJ. **1. garant**, comptable (littér.) **2. raisonnable**, mûr, pondéré, prudent, réfléchi, sérieux
▸ N. **1. auteur**, coupable, fautif **2. chef**, décideur, dirigeant, leader (anglic.)

ressaisir V. TR. **raccrocher**, rattraper, reprendre
♦ **se ressaisir** V. PRON. **1. se maîtriser**, se contrôler **2. réagir**, se reprendre, reprendre le dessus

ressasser V. TR. **1. remâcher**, retourner dans sa tête, ruminer, rouler (littér.) **2. redire**, rebattre les oreilles de, répéter, seriner, rabâcher (fam.)

ressemblance N. F. **1. similarité**, analogie, concordance, parenté, point commun, rapport, relation, similitude, symétrie, voisinage **2. air de famille**, petit air (fam.)

ressemblant, ante ADJ. similaire, analogue, approchant, comparable, équivalent, proche, semblable, voisin

ressembler V. TR. IND.
- ressembler à s'apparenter à, approcher de, avoir des airs de, être comme/pareil à/semblable à, évoquer, rappeler, se rapprocher de, tenir de
♦ **se ressembler** V. PRON. **1. être similaire**, avoir des points communs **2. avoir un air de famille**

ressentiment N. M. aigreur, amertume, animosité, hostilité, rancœur, rancune

ressentir V. TR. éprouver, connaître, endurer, nourrir, être sensible à, goûter, sentir

resserrer V. TR. **1. rapprocher 2. rétrécir**, abréger, condenser, diminuer, ramasser, réduire, restreindre **3. comprimer**, étrangler **4. consolider**, cimenter, intensifier, raffermir, renforcer **5. serrer**, contracter, refermer, presser, tasser
♦ **se resserrer** V. PRON. **1. se rapprocher 2. se rétrécir**, se tasser **3. se raffermir**, se renforcer

ressort[1] N. M. **1. énergie**, allant, ardeur, dynamisme, élan, force, tonus, pêche (fam.), punch (fam.) **2. cause**, agent, énergie, force, moteur **3. suspension**

ressort[2] N. M. domaine, attributions, autorité, compétence, responsabilité(s)

ressortir

▸ V. TR. **déterrer**, exhumer, ressusciter, tirer de l'oubli

▸ V. INTR. **se détacher**, apparaître, contraster, se découper, se dessiner, se distinguer, trancher

ressource N. F. 1. **richesse**, atout, faculté, potentiel, réserve 2. **moyen**, arme, atout, expédient (souvent péj.), procédé, solution, astuce (fam.), combine (fam.), truc (fam.) 3. **recours**, issue, planche de salut, refuge, secours

♦ **ressources** PLUR. **argent**, bourse, économies, finances, fonds, fortune, moyens, revenu, richesses

ressusciter

▸ V. INTR. 1. **renaître**, reprendre vie, revivre 2. **réapparaître**, refleurir, renaître de ses cendres, resurgir, se rallumer, se ranimer, se réveiller

▸ V. TR. 1. **guérir**, ramener à la vie, rétablir, sauver 2. **ranimer**, déterrer, exhumer, redonner vie à, restaurer, rétablir, réveiller, revitaliser, tirer de l'oubli/du sommeil

restant N. M. 1. **reste**, reliquat, résidu 2. **solde**

restaurant N. M. resto (fam.), auberge, brasserie, self-service, boui-boui (péj.), gargote (péj.), [à l'armée] mess

restauration N. F. réparation, embellissement, reconstruction, réfection, réhabilitation, remise en état, rénovation

restaurer[1] V. TR. **nourrir**, régaler

♦ **se restaurer** V. PRON. **s'alimenter**, manger, se nourrir, se remplir le ventre, se sustenter (plaisant), becter (fam.), bouffer (fam.), casser la croûte/la graine (fam.), croûter (fam.), grailler (fam.)

restaurer[2] V. TR. 1. **réparer**, reconstituer, reconstruire, réhabiliter, remettre en état, rénover, retaper 2. **rétablir**, ramener, ranimer, réhabiliter, relever

reste N. M. 1. **complément**, différence, excédent, reliquat, résidu, restant, surplus 2. [d'une somme à payer] **solde** 3. [d'une histoire] **suite**

♦ **restes** PLUR. 1. **ruines**, décombres, [d'un bateau] épave 2. **déchets**, débris, détritus, fragments, rebuts, [d'un repas] reliefs, rogatons (fam.) 3. **cadavre**, cendres, dépouille, os, ossements, relique 4. **traces**, vestiges

rester V. INTR. 1. **habiter**, demeurer, résider, séjourner, stationner, crécher (fam.) 2. **se maintenir**, demeurer, durer, perdurer, persister, se perpétuer, subsister, tenir 3. **s'attarder**, attendre, s'éterniser, traîner, croupir (péj.), moisir (péj.), pourrir (péj.)

restituer V. TR. 1. **redonner**, rembourser, remettre, rendre, retourner 2. **reproduire**, reconstituer, recréer, rétablir, simuler 3. [une énergie] **dégager**, libérer 4. **exprimer**, rendre, reproduire, traduire

restreindre V. TR. 1. **diminuer**, abréger, amoindrir, comprimer, limiter, réduire, resserrer 2. [les mouvements] **gêner**, entraver, limiter

♦ **se restreindre** V. PRON. **se rationner**, se limiter, se modérer, se priver, réduire ses dépenses, se serrer la ceinture (fam.)

restreint, einte ADJ. 1. **limité**, faible, réduit 2. **étroit**, petit, confiné, exigu, grand comme un mouchoir de poche 3. [sens d'un mot] **strict**, étroit

restriction N. F. I. 1. **limitation**, amoindrissement, compression, diminution, réduction, resserrement, [budgétaire] coupe 2. **rationnement**, contingentement, limitation II. 1. **réticence**, arrière-pensée, réserve 2. **barrière**, obstacle

restructuration N. F. réorganisation, réaménagement, recomposition, remodelage

restructurer V. TR. réorganiser, réaménager, recomposer, remodeler

résultante N. F. conséquence, aboutissement, contrecoup, effet, fruit, produit, rançon, résultat, séquelle, suite (logique)

résultat N. M. **1. conséquence**, aboutissement, conclusion, contrecoup, effet, fruit, issue, répercussion, résultante, suite (logique) **2. bilan**, état **3.** [Sport, Pol.] **score**, [au plur., Scol.] notes **4. total**, produit, quotient, reste, somme

résulter de V. INTR. découler de, dériver de, naître de, procéder de, provenir de, venir de

résumé[1], ée ADJ. abrégé, concis, court, schématique, simplifié, succinct, compendieux (littér.)

résumé[2] N. M. **1. récapitulation**, aperçu, bilan, synthèse **2. abrégé**, condensé, extrait, précis, [de scénario] synopsis

résumer V. TR. **1. récapituler**, reprendre, synthétiser **2. abréger**, condenser, écourter, raccourcir, réduire
♦ se résumer à V. PRON. **se limiter à**, consister en, se borner à, se réduire à

rétablir V. TR. **1. réparer**, reconstituer, reconstruire, renouer, reprendre, restaurer **2. redresser**, réédifier, refaire, réinstaller, relever **3. renouer**, reprendre, restaurer **4. réintégrer**, ramener, réhabiliter, remettre en place, remettre en vigueur, replacer **5. guérir**, remettre sur pied, remettre en selle, ressusciter, sauver, remplumer (fam.), requinquer (fam.), retaper (fam.)
♦ se rétablir V. PRON. **guérir**, aller mieux, recouvrer la santé, récupérer, se refaire une santé, se remettre, se remettre sur pied, reprendre le dessus, reprendre du poil de la bête (fam.), se remplumer (fam.), se requinquer (fam.), se retaper (fam.), s'en tirer (fam.)

rétablissement N. M. **1. recouvrement**, remise en fonction, remise en vigueur **2. restauration**, réinstallation, restitution **3. guérison**, convalescence

retaper V. TR. réparer, rafraîchir, refaire, remettre à neuf, remettre en état, reprendre, restaurer

retard N. M. **1. délai**, ajournement **2. piétinement**, lenteur, ralentissement **3.** [intellectuel] **arriération**, déficience

retarder V. TR. **1. attarder**, mettre en retard, ralentir **2. ajourner**, décaler, différer, reculer, remettre, repousser

retenir V. TR. **I. 1. garder**, accaparer, confisquer, conserver, détenir, intercepter, saisir **2. capter**, absorber, accaparer, attirer **3.** [qqn] **accaparer**, garder, occuper, mettre le grappin sur (fam.), tenir la jambe à (fam.) **4. se souvenir de**, assimiler, enregistrer, garder en mémoire, mémoriser, se rappeler **5. sélectionner**, adopter, choisir, se décider pour, élire, opter pour, se prononcer pour **6. réserver**, assurer, louer, [une date] arrêter, fixer **II. 1. attacher**, accrocher, amarrer, bloquer, clouer, coincer, enchaîner, fixer, immobiliser, maintenir (en place), river **2. réprimer**, arrêter, brider, calmer, contenir, contrôler, dominer, endiguer, étouffer, maîtriser, museler, ravaler, refouler, réfréner, tenir en bride **III. prélever**, décompter, déduire, défalquer, ôter, précompter, prendre, rabattre, retirer, retrancher, soustraire, ponctionner (fam.)
♦ se retenir V. PRON. **1. se contenir**, garder son sang-froid, se calmer, se contrôler, se dominer, se faire violence, se maîtriser, se modérer, rester

cool (fam.), rester zen (fam.) **2. s'accrocher**, s'agripper, se cramponner, se raccrocher, se rattraper, se tenir

retentir V. INTR. **1. résonner**, éclater, sonner, tinter, vibrer **2. éclater**

retentissant, ante ADJ. **1. bruyant**, assourdissant, sonore, [voix] claironnant, tonitruant, tonnant **2. éclatant**, fracassant, remarquable, spectaculaire, [succès] triomphal, [échec] cuisant

retentissement N. M. **1. contrecoup**, conséquence, développement, impact, prolongement, répercussion, résonance (littér.) **2. succès**, écho, éclat, publicité

retenue N. F. **1. prélèvement**, précompte **2. modération**, circonspection, mesure, pondération, réserve **3. pudeur**, discrétion, dignité, modestie, tenue **4.** [Scol.] **consigne**, colle (fam.) **5. embouteillage**, encombrement, engorgement, ralentissement, bouchon (fam.) **6.** [d'eau] **barrage**, réservoir

réticence N. F. hésitation, arrière-pensée, circonspection, défiance, réserve

réticent, ente ADJ. hésitant, circonspect, défiant, dubitatif, réservé, tiède, pas très chaud (fam.)

rétif, ive ADJ. désobéissant, indiscipliné, indocile, insoumis, insubordonné, rebelle, récalcitrant, réfractaire

retiré, ée ADJ. isolé, à l'écart, éloigné, perdu, reculé, au diable vauvert, paumé (fam.)

retirer V. TR. **I. 1. arracher**, couper, enlever, extirper, extraire, ôter, soustraire, tirer **2. faire disparaître**, enlever, ôter **3.** [ce qu'on a dit] **revenir sur**, ravaler, reprendre **4. confisquer**, prendre **5. décompter**, déduire, défalquer, enlever, ôter, prélever, retenir, retrancher, soustraire **II. obtenir (en retour)**, gagner, enlever, percevoir, recevoir, récolter, recueillir, sortir

♦ **se retirer** V. PRON. **1. partir**, disparaître, s'éclipser, s'esquiver, fausser compagnie, filer à l'anglaise (péj.), vider les lieux, se barrer (fam.), se casser (fam.), filer (fam.), ficher le camp (fam.) **2. abandonner**, battre en retraite, faire défection, reculer, se replier, [d'une compétition] déclarer forfait, [d'un engagement] se désister, démissionner **3. se cloîtrer**, se cacher, se claustrer, s'exiler, s'isoler, se murer, se réfugier **4.** [mer] **baisser**, descendre, refluer

retombée N. F. répercussion, conséquence, contrecoup, effet, effet secondaire, impact, implication, incidence, portée, résultat, suite, [négative] séquelle

retomber V. INTR. **1. redescendre**, baisser, chuter, rebaisser **2. faiblir**, s'apaiser, se calmer, s'éteindre, diminuer, disparaître **3. pendre**, pendouiller (fam.) **4. rechuter**, récidiver, recommencer

rétorquer V. TR. objecter, répliquer, répondre, riposter, repartir (littér.)

retors, orse ADJ. et N. M. rusé, fin, machiavélique, malin, vicieux, madré (littér.), roué (littér.), chafouin (fam.), finaud (fam.), matois (littér.), roublard (fam.), vicelard (fam.)

retouche N. F. rectification, amélioration, correction, modification

retoucher V. TR. améliorer, arranger, corriger, perfectionner, rectifier, remanier, réviser

retour N. M. **I. 1. recommencement**, réapparition, renaissance, renouveau, répétition, reprise, réveil **2. recrudescence**, accroissement, augmentation, intensification, progression, regain **3. rentrée**, come-back (anglic.) **II. 1. réaction**, commentaire, écho, feedback (anglic.) **2. répercussion**, effet boomerang, ricochet **III. renvoi**, réexpédition

retournement N. M. **1. revirement**, bouleversement, coup de théâtre, péripétie **2.** [d'un bateau] **chavirement**, dessalage

retourner

▸ V. INTR. **rentrer**, faire demi-tour, partir, repartir, revenir (sur ses pas), rebrousser chemin, s'en aller

▸ V. TR. **1. inverser**, intervertir, permuter, renverser **2. faire tomber**, faire basculer, renverser **3. fouiller**, remuer, [la terre] bêcher, labourer, [la salade] fatiguer (fam.), touiller (fam.) **4. mettre sens dessus dessous**, bouleverser, chambarder (fam.), chambouler (fam.) **5. bouleverser**, émouvoir, perturber, remuer, secouer, traumatiser, troubler, tourneboulег (fam.) **6. réexpédier**, renvoyer, refuser

♦ **se retourner** V. PRON. **1.** [bateau] **chavirer**, dessaler **2.** [voiture] **capoter**, faire un tonneau

retracer V. TR. conter, décrire, évoquer, exposer, peindre, raconter, rapporter, relater, rendre compte de, narrer (littér.)

rétractation N. F. désaveu, abandon, abjuration, reniement, palinodie (littér.)

rétracter[1] V. TR. **revenir sur**, annuler, désavouer, démentir, renier, reprendre, retirer

♦ **se rétracter** V. PRON. **se dédire**, faire machine arrière, faire marche arrière, ravaler ses paroles, revenir sur ses dires, se désavouer, se raviser, se reprendre

rétracter[2] V. TR. **rentrer**, contracter, raccourcir

♦ **se rétracter** V. PRON. **se recroqueviller**, se contracter, se crisper, se raccourcir, se rétrécir

retrait N. M. **1. recul**, évacuation, désengagement, marche arrière, repli, retraite **2. abandon**, défection, départ, renoncement **3. annulation**, suppression

retraite N. F. **I. 1. recul**, désengagement, évacuation, marche arrière, reflux, repli, retrait **2. fuite**, débâcle, débandade, défaite, déroute **II. 1. abri**, asile, havre, nid, refuge **2.** [d'un animal, littér.] **terrier**, gîte, repaire, tanière, trou, antre (littér.) **III. solitude**, repos **IV. pension**, allocation vieillesse

retrancher V. TR. **1. couper**, élaguer, éliminer, enlever, ôter, retirer, soustraire, supprimer **2. rayer**, barrer, biffer, élaguer, enlever **3.** [une somme] **prélever**, décompter, déduire, défalquer, rabattre, retenir, soustraire

rétrécir

▸ V. TR. **1. contracter**, rapetisser, raccourcir, réduire, resserrer **2. ratatiner**, racornir **3. limiter**, borner, diminuer, restreindre **4. ajuster**, reprendre, resserrer

▸ V. INTR. **rapetisser**, raccourcir, se rétracter

rétribuer V. TR. payer, appointer, rémunérer, salarier, avoir à sa solde (péj.)

rétribution N. F. paye, appointements, cachet, commission, émoluments, gages, honoraires, rémunération, salaire, solde, traitement

rétrograde ADJ. réactionnaire, arriéré, obscurantiste, passéiste

rétrograder

▸ V. INTR. **1. reculer**, battre en retraite, se retirer, se replier, revenir en arrière **2. régresser**, baisser, déchoir, descendre

▸ V. TR. **déclasser**

retrousser V. TR. relever, remonter, replier, rouler, soulever

retrouver V. TR. **1. récupérer**, reconquérir, recouvrer, remettre la main sur, rentrer en possession de, reprendre, se réapproprier **2. repérer**, localiser **3. re-**

joindre, rencontrer (à nouveau), revoir **4. revenir à**, retourner à **5. se souvenir de**, se rappeler

♦ **se retrouver** V. PRON. **1. se réunir**, se donner rendez-vous, se rejoindre **2. se croiser**, se rencontrer, se revoir **3. s'orienter**, se reconnaître, se repérer, se situer

réunion N. F. **1. assemblée**, assises, colloque, conférence, congrès, débat, meeting, rencontre, séance de travail, séminaire, symposium, table ronde, [solennelle] grand-messe **2. combinaison**, alliance, assemblage, conjonction, convergence, enchaînement, fusion, groupement, jonction, liaison, mariage, mélange, rapprochement, rassemblement, rencontre **3.** [d'un territoire à un autre] **annexion**, adjonction, incorporation, rattachement **4.** [de choses] **ensemble**, amas, bloc, bouquet, chapelet, faisceau, groupe, masse, tas **5.** [de textes] **recueil**, choix, collection, groupement

réunir V. TR. **1. assembler**, amalgamer, centraliser, concentrer, rassembler, regrouper **2. raccorder**, accoupler, adjoindre, apparier, attacher, incorporer, joindre, lier, rassembler, rattacher, recomposer, rejoindre, relier **3. accumuler**, amasser, collecter, collectionner, entasser, grouper, masser, rassembler, récolter, recueillir **4. combiner**, allier, associer, concilier, conjuguer, englober, joindre, marier, unir

♦ **se réunir** V. PRON. **1. se rencontrer**, s'assembler, se rassembler, se retrouver **2. s' associer**, se coaliser, se joindre, se liguer, se regrouper, se rejoindre

réussir

▸ V. TR. **1. mener à bien**, achever, aboutir, mener à bon terme, y arriver, [un pari] gagner **2.** [un but] **marquer**

▸ V. INTR. **1. parvenir à ses fins 2. prospérer**, faire fortune, se développer **3. marcher**, atteindre/toucher le but, fonctionner **4. triompher**, aller loin, avoir le vent en poupe, faire carrière, faire du chemin, percer, faire son trou (fam.), [brillamment] cartonner (fam.), décrocher/gagner le coquetier (fam.), décrocher la timbale (fam.), faire un carton (fam.), faire un malheur (fam.)

- réussir à 1. [suivi de l'infinitif] **arriver à**, parvenir à, trouver le moyen de **2.** [qqn] **profiter à**, convenir à, bien aller à

réussite N. F. succès, exploit, réalisation, triomphe, victoire

revaloriser V. TR. **1. hausser**, majorer, réévaluer, rehausser, relever, remonter **2. réhabiliter**, rénover

revanche N. F. **1. vengeance**, loi du talion **2. retour en force**, riposte

rêvasser V. INTR. rêver, avoir l'esprit/la tête ailleurs, être dans les nuages/dans la lune, bayer aux corneilles (fam.)

rêve N. M. **1. songe**, [mauvais] cauchemar **2. désir**, ambition, espoir, souhait, vœu **3. imagination**, chimère, fantasme, illusion, mirage, utopie

rêvé, ée ADJ. idéal, parfait

revêche ADJ. rebutant, abrupt, bourru, grincheux, intraitable, rébarbatif, renfrogné, acrimonieux (littér.)

réveil N. M. retour, regain, renaissance, renouveau, résurrection

réveiller V. TR. **1. tirer du sommeil 2.** [ses muscles] **dégourdir**, chauffer, déraidir, dérouiller **3. évoquer**, raviver, ressusciter, faire remonter à la surface/à la conscience **4. attiser**, exalter, exciter, galvaniser, raffermir, raviver, ranimer, stimuler

♦ **se réveiller** V. PRON. **1. s'éveiller**, sortir du sommeil, ouvrir un œil (fam.) **2. se ranimer**, reprendre conscience, revenir à soi **3. réapparaître**, refaire surface, reprendre vie, sortir de l'oubli **4. réagir**, se remuer (fam.), se secouer (fam.)

révélateur, trice ADJ. significatif, éloquent, emblématique, expressif, parlant, suggestif, symptomatique

révélation N. F. **1. dévoilement**, aveu, confidence, déclaration, divulgation, indiscrétion **2.** [de l'avenir] **prédiction**, divination, prescience, prévision **3. vision**, intuition, prémonition, pressentiment **4. découverte**, baptême, initiation

révéler V. TR. **1. communiquer**, déclarer, découvrir, dévoiler, divulguer, étaler au grand jour, exposer, lever le voile sur, proclamer, rapporter, trahir, crier sur les toits **2. enseigner**, initier, instruire **3. indiquer**, accuser, annoncer, attester, démontrer, dénoncer, dévoiler, manifester, marquer, montrer, prouver, témoigner de, trahir
♦ **se révéler** V. PRON. **1. apparaître**, se dessiner, se manifester **2.** [suivi d'un adj.] **s'avérer**, se montrer, se trouver

revenant, ante N. apparition, ectoplasme, esprit, fantôme, mort-vivant, spectre

revendication N. F. demande, desiderata, exigence, prétention, réclamation, [au plur.] doléances

revendiquer V. TR. **1. demander**, exiger, prétendre à, réclamer, requérir, solliciter **2. assumer**, s'arroger, s'attribuer, endosser

revenir V. INTR. **1. recommencer**, réapparaître, renaître, reparaître, reprendre, se reproduire, ressurgir **2. repasser**, rappliquer (fam.)
- revenir à 1. rentrer à, rallier, regagner, réintégrer, rejoindre, repartir à, retourner à **2. appartenir à**, concerner, incomber à, retomber sur, échoir à (soutenu) **3. équivaloir à**, consister à, signifier que **4. coûter**, s'élever à, se monter à, valoir, se vendre
- revenir à soi reprendre conscience, se réveiller, retrouver ses esprits, refaire surface (fam.)

revenu N. M. **1. salaire**, rémunération, traitement **2. bénéfice**, fruit, gain, produit, profit, rapport, recette, rentrée d'argent, ressources, [de valeurs] dividende, intérêt, rente

rêver
▸ V. INTR. **1. rêvasser**, avoir la tête dans les étoiles, avoir la tête/l'esprit ailleurs, être dans les nuages/dans la lune, être perdu dans ses pensées, bayer aux corneilles (fam.) **2. fantasmer**, bâtir des châteaux en Espagne, divaguer (fam.), délirer (fam.)
▸ V. TR. **inventer**, forger, imaginer

révérence N. F. **1. considération**, déférence, égard, estime, respect, vénération **2. courbette**, inclination, salut, salutation, plongeon (fam.)

révérer V. TR. honorer, admirer, adorer, estimer, vénérer

rêverie N. F. **1. rêvasserie**, méditation, songe, songerie **2. chimère**, fantasme, illusion, mirage, rêve, utopie

revers N. M. **1. dos**, arrière, derrière, envers, verso, [d'une pièce] côté pile **2. rabat**, parement, repli **3. déboire**, accident, aventure (fâcheuse), coup du sort, défaite, échec, infortune, insuccès

revêtement N. M. enduit, chape, chemise, cuirasse, enveloppe, placage

revêtir V. TR. **1. habiller**, parer **2. porter**, arborer, emprunter, endosser, enfiler, passer **3. couvrir**, enduire, garnir, recouvrir, tapisser

rêveur, euse ADJ. et N. **1. distrait**, absent, contemplatif, méditatif, penseur, songeur, pensif, dans la lune (fam.), dans les nuages (fam.) **2. idéaliste**, utopiste

revigorer V. TR. ragaillardir, fortifier, ranimer, réconforter, remonter, revivifier, booster (fam.), ravigoter (fam.), requinquer (fam.), retaper (fam.)

revirement N. M. **1. retournement**, changement **2. volte-face**, pirouette, palinodie (littér.)

réviser V. TR. **1. modifier**, améliorer, amender, corriger, rectifier, réexaminer, remanier, reprendre, revenir sur, revoir **2. vérifier**, contrôler **3. mettre à jour**, actualiser, revoir **4. repasser**, répéter, revoir

révision N. F. **1. modification**, amélioration, correction, rectification, remaniement **2. vérification**, contrôle, maintenance **3. mise à jour**, actualisation

revisiter V. TR. **1. repenser**, reconsidérer, réexaminer, réviser, revoir **2. réinterpréter**, faire une nouvelle lecture de

revitaliser V. TR. ranimer, doper, raffermir, raviver, régénérer, revigorer, revivifier, tonifier, booster (fam.), ravigoter (fam.), redonner du punch à (fam.)

revivre

▸ V. INTR. **1. ressusciter**, renaître, revenir à la vie **2. resurgir**, réapparaître, renaître, se renouveler

▸ V. TR. **1. passer par**, refaire l'expérience de **2. se remémorer**, se rappeler

revoir V. TR. **I. 1. corriger**, améliorer, réformer, reprendre, retoucher, réviser **2. remettre en cause**, modifier, reconsidérer, réexaminer **3. réviser**, relire, repasser, répéter, bûcher (fam.), potasser (fam.) **II. se souvenir de**, se rappeler, se remémorer

révoltant, ante ADJ. choquant, abject, dégoûtant, honteux, ignoble, inacceptable, indigne, infâme, inqualifiable, odieux, scandaleux

révolte N. F. **1. insurrection**, émeute, lutte, rébellion, sédition, soulèvement, [de marins, de soldats] mutinerie, [Hist., de paysans] jacquerie **2. contestation**, fronde, levée de boucliers, résistance **3. indignation**, colère, répulsion

révolté, ée ADJ. et N. **1. insoumis**, agitateur, contestataire, dissident, émeutier, factieux, insurgé, mutin, rebelle, séditieux **2. outré**, indigné, scandalisé

révolter V. TR. **choquer**, dégoûter, écœurer, horrifier, indigner, offusquer, outrer, scandaliser, ulcérer

♦ **se révolter** V. PRON. **1. s'insurger**, arborer/brandir l'étendard de la révolte, se rebeller, se soulever, [marins, soldats] se mutiner **2. s'indigner**, se cabrer, crier au scandale, protester, se rebiffer (fam.), regimber (fam.)

révolu, ue ADJ. **1. accompli**, achevé, passé, sonné, [ans] bien sonné (fam.) **2. disparu**, dépassé, envolé, évanoui, passé, perdu, périmé

révolution N. F. **1. bouleversement**, cataclysme, ébullition, effervescence, tourmente, chambardement (fam.), chamboulement (fam.), conflagration (littér.) **2. insurrection**, rébellion, révolte **3. rotation**, tour

révolutionnaire ADJ. **1. insurrectionnel**, agitateur, factieux, insurgé, rebelle, révolté, séditieux **2. novateur**, d'avant-garde, futuriste, inédit, nouveau, original, subversif

révolutionner V. TR. **1. transformer**, bouleverser, bousculer, métamorphoser, repousser les limites de, chambarder (fam.), chambouler (fam.) **2. bouleverser**, ébranler, émouvoir, mettre en émoi, secouer, troubler

revolver N. M. pistolet, browning, colt, feu (fam.), flingue (fam.), joujou (fam., plaisant), pétard (fam.)

révoquer V. TR. **1. destituer**, congédier, démettre, licencier, limoger, mettre à pied, relever de ses fonctions, renvoyer, balancer (fam.), débarquer (fam.), déboulonner (fam.), dégommer (fam.), faire sauter (fam.), lourder (fam.), sacquer (fam.), vider (fam.), virer (fam.) **2. annuler**, abolir, abroger, casser, déclarer nul, invalider, résilier, rompre

revue N. F. **1. inspection 2. examen**, bilan, dénombrement, inventaire, récapitulation, recensement **3.** [Milit.] **parade**, défilé, prise d'armes, spectacle **4. magazine**, annales, bulletin, gazette, périodique, publication

révulser V. TR. révolter, dégoûter, écœurer, indigner, scandaliser

ribambelle N. F. quantité, cascade, chapelet, cortège, défilé, kyrielle, légion, meute, multitude, nuée, procession, théorie, troupeau (péj.), flopée (fam.), tapée (fam.), tripotée (fam.)

ricanement N. M. moquerie, persiflage, plaisanterie, quolibet, raillerie, sarcasme, lazzi (littér.)

ricaner V. INTR. **1. glousser**, pouffer **2. se moquer**, railler, se gausser (littér. ou plaisant)

riche

▸ ADJ. **1. aisé**, argenté, fortuné, huppé, nanti, opulent, prospère, friqué (fam.), richard (fam.), rupin (fam.) **2. luxueux**, cossu, coûteux, fastueux, magnifique, somptueux, [quartier] chic **3. florissant**, éclatant, généreux, luxuriant, opulent, plantureux, prospère, [pays] développé, industrialisé **4. fécond**, fertile, productif **5. nourrissant**, abondant, copieux, nutritif, substantiel

▸ N. **nanti**, milliardaire, millionnaire, multimillionnaire, Crésus (fam.), nabab (fam.), richard (fam.), satrape (littér.)

richesse N. F. **I. 1. fortune**, aisance, luxe, opulence, prospérité **2. luxe**, faste, éclat, magnificence, somptuosité **II. 1. abondance**, foisonnement, luxuriance, profusion, prospérité **2. fécondité**, fertilité, productivité

♦ **richesses** PLUR. **1. bien**, argent, capital, fortune, moyens, or, patrimoine, ressources **2.** [d'un pays] **ressources**

ride N. F. **1. ridule**, marque, patte-d'oie **2. plissement**, froncement, onde, ondulation **3. creux**, fente, ligne, pli, raie, sillon

rideau N. M. **1. voile**, draperie, store, tenture, voilage **2. écran**, barrage, barrière, haie, mur

rider V. TR. **plisser**, flétrir, friper, froncer, marquer, raviner

♦ **se rider** V. PRON. **se flétrir**, se friper, se froncer, se plisser, se ratatiner

ridicule ADJ. **1. risible**, grotesque, saugrenu **2. minable**, dérisoire, lamentable, pathétique, piètre, piteux, pitoyable **3. excessif**, caricatural **4. absurde**, bête, déraisonnable, idiot, sot

ridiculiser V. TR. se moquer de, s'amuser de, bafouer, caricaturer, chiner, parodier, persifler, railler, rire de, tourner en dérision/en ridicule, charrier (fam.), se ficher de (fam.), se foutre de (très fam.), mettre en boîte (fam.), brocarder (littér.), se gausser de (littér.)

rien PRON. INDÉF. et N. M. **1. néant**, inanité, vacuité, vide, zéro **2. broutille**, babiole, bagatelle, bêtise, bricole, détail, futilité, vétille **3. que dalle** (fam.)

rigide ADJ. **1. dur**, coriace, ferme, raide, résistant, solide **2. austère**, autoritaire, puritain **3. inflexible**, intolérant, intraitable, intransigeant, rigoriste, rigoureux, sévère, strict **4. sclérosé**, fossilisé

rigidité N. F. **1. dureté**, solidité **2. raideur** **3. austérité**, inflexibilité, intolérance, intransigeance, rigorisme, rigueur

rigoler V. INTR. **1. plaisanter**, s'amuser, se moquer, blaguer (fam.), déconner (fam.) **2. rire**, s'esclaffer, se bidonner (fam.), se fendre la pipe/la gueule (fam.), se gondoler (fam.), se marrer (fam.), se poiler (fam.), se tordre (fam.)

rigoureux, euse ADJ. **1. dur**, âpre, cruel, difficile, excessif, pénible, rude, inclément (littér.) **2. austère**, draconien, implacable, inflexible, rigide, rigoriste, strict **3. minutieux**, absolu, exact, mathématique, méticuleux, précis, scientifique, strict

rigueur N. F. **1. dureté**, âpreté, rudesse, sévérité, inclémence (littér.) **2. austérité**, dureté, fermeté, implacabilité, inflexibilité, intransigeance, rigidité, rigorisme, sévérité **3. exactitude**, cohérence, logique, minutie, netteté, précision, rectitude, régularité

rincer V. TR. laver, nettoyer, passer à l'eau

ringard, arde N. et ADJ.

▸ ADJ. **1. démodé**, dépassé, désuet, kitsch, passé de mode, périmé, rétro, vieillot, tarte (fam.), tartignole (fam.) **2. incapable**, médiocre, nul

▸ N. nullité, tocard (fam.)

riposte N. F. **1. réponse**, répartie, réplique **2. contre-attaque**, contre-offensive, réaction, représailles, vengeance

riposter V. INTR. **1. répondre**, répliquer, rétorquer, repartir (littér.) **2. contre-attaquer**, se défendre, réagir, se venger

rire[1] V. INTR. **1. s'esclaffer**, pouffer, ricaner, rigoler (fam.), se marrer (fam.), [bêtement] glousser **2. plaisanter**, s'amuser, se divertir, se distraire, s'égayer

♦ **se rire de** V. PRON. dédaigner, ignorer, se jouer de, mépriser, se moquer de, ne pas tenir compte de, faire fi de (littér.)

rire[2] N. M. **1. hilarité**, bonne humeur, gaieté, jubilation, rigolade (fam.) **2. rictus**, ricanement, sourire **3. moquerie**, plaisanterie, raillerie

risible ADJ. grotesque, burlesque, cocasse, (d'un haut) comique, ridicule, saugrenu

risque N. M. **1. danger**, aléa, hasard, inconvénient, péril **2.** [Assurances] **préjudice**, sinistre

risqué, ée ADJ. **1. périlleux**, aléatoire, aventureux, dangereux, hardi, hasardeux, imprudent, osé, téméraire, casse-cou (fam.), casse-gueule (fam.) **2. scabreux**, hardi, leste, licencieux, osé

risquer V. TR. **1. engager**, compromettre, exposer, jouer avec, mettre en jeu, mettre en danger/en péril **2. oser**, entreprendre, tenter **3. encourir**, être passible de, s'exposer à

♦ **se risquer à** V. PRON. **1. s'aventurer à**, s'engager dans, essayer de, se frotter à, se hasarder à **2. s'aviser de**, oser, se permettre de

rite N. M. **1. liturgie**, culte, religion, tradition **2. coutume**, cérémonie, cérémonial, habitude, pratique, rituel, usage

rituel, elle

▸ ADJ. **1. sacré**, cultuel, liturgique, religieux **2. habituel**, conventionnel, coutumier, traditionnel, usuel **3. précis**, cérémoniel, ordinaire

▸ N. M. **1. rite**, coutume, cérémonie, cérémonial, habitude, pratique, usage **2. liturgie**, culte, tradition **3. protocole**, étiquette

rivage N. M. **1. bord**, berge, côte, littoral, rive **2. grève**, plage

rival, ale, aux

▸ ADJ. **antagonique**, antagoniste, adverse, concurrent, opposé

▸ N. **adversaire**, antagoniste, compétiteur, concurrent, ennemi

rivaliser V. INTR.

- **rivaliser avec** **1. se comparer à**, approcher de, égaler, le disputer à **2. défier**, combattre (contre), concurrencer, lutter contre, se disputer avec, se mesurer avec

rivalité N. F. **1. compétition**, affrontement, antagonisme, concurrence, conflit, duel, lutte, opposition **2. émulation**

rive N. F. bord, berge, côte, littoral, rivage

river V. TR. **1. fixer**, assujettir, assembler, attacher, clouer, enchaîner, riveter **2. immobiliser**, clouer, figer sur place

rivière N. F. cours d'eau, affluent, fleuve, source, torrent

rixe N. F. dispute, accrochage, affrontement, altercation, bataille, combat, échauffourée, lutte, mêlée, pugilat, règlement de compte, bagarre (fam.), baston (fam.), castagne (fam.)

robe N. F. **1. tunique**, fourreau **2.** [Antiquité ou d'avocat, de professeur] **toge**, épitoge, tunique **3.** [Relig.] **soutane**, aube, froc **4.** [d'un cheval] **pelage**

robuste ADJ. **1. fort**, bâti à chaud et à sable, endurant, puissant, résistant, solide, solide comme un roc/comme le Pont-Neuf, vigoureux, balèze (fam.), costaud (fam.) **2.** [plantes] **rustique**, vivace **3. indestructible**, durable, incassable, inusable, increvable (fam.)

robustesse N. F. force, endurance, puissance, résistance, solidité, vigueur

rocailleux, euse ADJ. **1. rocheux**, caillouteux, graveleux, pierreux **2. dur**, chaotique, confus, heurté, raboteux, râpeux, rêche, rude, rugueux **3.** [voix] **éraillé**, enroué, guttural, râpeux, rauque

rocher N. M. **1. pierre**, bloc, caillou, roc, roche **2. écueil**, brisant, récif

roder V. TR. mettre au point, accoutumer, adapter, entraîner, exercer, familiariser, habituer, mettre en train

rôder V. INTR. errer, vagabonder, traîner, battre le pavé, traînailler (fam.), traînasser (fam.), vadrouiller (fam.)

rogner V. TR. **1.** [livre] **couper**, massicoter **2. diminuer**, écourter, raccourcir, [un angle] arrondir

rognure N. F. déchet, chute, copeau, débris, éclat, miette, résidu, reste

roi N. M. **1. monarque**, souverain, empereur **2. magnat**, baron, grand manitou (fam.), grand sachem (fam.)

rôle N. M. **1. personnage**, emploi, [insignifiant] panne **2. fonction**, attribution, devoir, emploi, métier, mission, responsabilité, tâche

roman N. M. **1. récit**, fiction, histoire, livre, ouvrage, bouquin (fam.) **2. fable**, affabulation, histoire, invention, bateau (fam.), bobard (fam.), craque (fam.)

romantique ADJ. **1. sentimental**, exalté, fleur bleue, passionné, romanesque, rêveur **2. idéaliste**, chimérique, utopiste

rompre

▸ V. TR. **1. briser**, casser, facturer, fracasser, mettre en pièces **2. faire céder**, emporter, enfoncer **3. interrompre**, couper court à, en finir avec, faire

cesser, mettre fin à, mettre un terme à **4. annuler**, dénoncer, dissoudre, invalider, mettre fin à, résilier, révoquer **5. enfreindre**, déroger à, manquer à
► V. INTR. **1. se fâcher**, se brouiller, couper les ponts **2. se quitter**, se séparer
♦ **se rompre** V. PRON. **se briser**, se casser, céder, craquer, éclater, lâcher, sauter, crever (fam.), péter (fam.)

rompu, ue ADJ. épuisé, à bout de forces, éreinté, exténué, fourbu, harassé, moulu, à plat (fam.), claqué (fam.), crevé (fam.), esquinté (fam.), flapi (fam.), flagada (fam.), H.S. (fam.), lessivé (fam.), mort (fam.), sur les genoux/les rotules (fam.), vanné (fam.), vidé (fam.)

ronchonner V. INTR. grogner, broncher, geindre, gémir, grommeler, pester, se plaindre, protester, récriminer, bougonner (fam.), maronner (fam., région.), râler (fam.), rognonner (fam.), rouspéter (fam.), maugréer (littér.)

rond[1], **ronde** ADJ. **1. circulaire**, cylindrique, orbiculaire, sphérique **2. arrondi**, courbe, voûté **3. dodu**, charnu, grassouillet, gros, potelé, rebondi, replet, rondelet, boulot (fam.), rondouillard (fam.)

rond[2] N. M. cercle, cylindre, disque, globe, sphère

ronde N. F. **1. inspection**, examen, guet, patrouille, tour, tournée, visite **2. danse**, farandole

rondelet, ette ADJ. **1. dodu**, charnu, grassouillet, potelé, rebondi, replet, boulot (fam.), rondouillard (fam.) **2. appréciable**, conséquent, considérable, important, substantiel, coquet (fam.), gentil (fam.), joli (fam.)

rondeur N. F. **1. sphéricité**, circularité, convexité, rotondité (littér.) **2. embonpoint**, [au plur.] formes

rond-point N. M. carrefour, croisement, embranchement, étoile, fourche, intersection

ronflant, ante ADJ. ampoulé, creux, déclamatoire, emphatique, grandiloquent, pompeux, prétentieux

ronflement N. M. bourdonnement, grondement, mugissement, rugissement, vrombissement, ronron (fam.)

ronfler V. INTR. bourdonner, gronder, mugir, rugir, vrombir

ronger V. TR. **1. grignoter**, déchiqueter, entamer, mâchouiller (fam.), mordiller **2.** [insectes] **manger**, piquer **3. altérer**, attaquer, brûler, corroder, dissoudre, entamer, éroder, pourrir **4. miner**, consumer, dévorer, hanter, obséder, poursuivre, tenailler, tourmenter, tarabuster (fam.), travailler (fam.)

ronronnement N. M. **1. ronron** (fam.) **2. bourdonnement**, grondement, murmure, ronflement, vrombissement, ronron (fam.)

rotation N. F. **1. cercle**, tour **2. révolution**, circumduction (soutenu), giration (soutenu) **3. alternance**, cycle, roulement, succession, turn-over (anglic.)

rouer V. TR.
- rouer de coups battre, frapper, rosser, taper, tomber à bras raccourcis sur, cogner (fam.), démolir (fam.), passer à tabac (fam.), tabasser (fam.)

rougeaud, aude ADJ. congestionné, coloré, couperosé, cramoisi, écarlate, empourpré, injecté, rouge, rougi, rubicond, sanguin, vermeil

rougeur N. F. inflammation, couperose, érubescence, érythème

rougir V. INTR. s'empourprer, piquer un fard (fam.), piquer un soleil (fam.)

rouiller
► V. INTR. **(s')oxyder**
► V. TR. **ankyloser**, engourdir
♦ **se rouiller** V. PRON. **s'ankyloser**, s'engourdir

rouleau N. M. **1. bobine**, cylindre, tube **2. vague**, déferlante, mouton

roulement N. M. **1. grondement**, battement, rantanplan **2. alternance**, cycle, rotation, succession, turn-over (anglic.) **3.** [d'argent] **circulation**

rouler
▸ V. INTR. **1. dégringoler**, couler, dévaler, s'écrouler, glisser, tomber, tourner **2.** [voiture] **se déplacer**
▸ V. TR. **1. enrouler**, envelopper, mettre en boule **2. charrier**, emporter, entraîner, transporter
♦ **se rouler** V. PRON. **1. se pelotonner**, se lover **2. s'enrouler**, s'envelopper

rouspéter V. INTR. protester, broncher, pester, se plaindre, récriminer, bougonner (fam.), râler (fam.), maugréer (littér.)

roussir V. TR. et INTR. brûler, griller, cramer (fam.)

route N. F. **1. chaussée**, voie, [sortes] autoroute, départementale, nationale **2. itinéraire**, chemin, parcours, trajet, voie **3. voyage**, marche

routine N. F. **1. habitude**, métro/boulot/dodo (fam.), ronron (fam.), train-train (fam.) **2. traditionalisme**, conformisme, conservatisme

routinier, ière ADJ. habituel, conventionnel, rituel

royal, ale, aux ADJ. **1. monarchique**, régalien **2. fastueux**, majestueux, princier, somptueux **3. absolu**, complet, parfait, souverain, total

royaume N. M. **1. monarchie**, royauté **2. domaine**, empire, fief, pays **3. paradis**, haut lieu, Mecque

ruban N. M. **1. bolduc 2. galon**, extrafort, ganse, liseré, passement

rubrique N. F. catégorie, section, chapitre

rude ADJ. **1. froid**, âpre, rigoureux **2.** [au toucher] **raboteux**, râpeux, rêche, rugueux, [à l'oreille] désagréable, heurté, rauque **3. austère**, fruste, rustique, sauvage **4. bourru**, cru, grossier, fruste, inculte, mal dégrossi **5.** [coup] **violent**, brutal, dur **6. revêche**, sévère, [ton] agressif, abrupt, cassant, coupant, incisif, sec, tranchant **7. difficile**, âpre, cruel, dur, pénible, sévère, [adversaire] redoutable, dur à cuire (fam.)

rudesse N. F. **1.** [d'un climat] **dureté**, âpreté, rigueur, rusticité, inclémence (littér.) **2.** [au toucher] **rugosité 3. brutalité**, brusquerie, dureté, rigueur, sécheresse, sévérité **4. grossièreté**, manque de raffinement

rudiment N. M. **ébauche**, commencement, embryon, esquisse, germe, linéament (littér.)
♦ **rudiments** PLUR. **a.b.c.**, b.a-ba, bases, éléments, essentiel, notions, principes

rudimentaire ADJ. **1. élémentaire**, (à l'état) brut, embryonnaire, primitif **2. fruste**, grossier, basique (fam.) **3. insuffisant**, approximatif, imprécis, pauvre, simpliste, schématique, sommaire, succinct, superficiel

rudoyer V. TR. **1. brutaliser**, bousculer, malmener, maltraiter, mettre à mal, molester, secouer, violenter **2. rabrouer**, brusquer, houspiller (fam.)

rue N. F. **1. voie**, impasse, passage, [large] artère, avenue, boulevard, cours, mail, [étroite] boyau, ruelle, venelle **2. chaussée**, route

ruée N. F. afflux, déferlement, déluge, flot, marée, rush, torrent, vague

ruer V. INTR.
♦ **se ruer** V. PRON. s'élancer, bondir, courir, s'empresser, se hâter, se lancer, plonger, se précipiter

rugir V. TR. et INTR. **1.** [félin] **feuler** **2.** [personne] **crier**, hurler, vociférer, tonner, gueuler (fam.) **3.** [moteur, etc.] **gronder**, mugir, ronfler, vrombir

rugueux, euse ADJ. râpeux, raboteux, rêche, rude

ruine N. F. **1. délabrement**, destruction, détérioration, dévastation, ravage **2. décadence**, débâcle, démantèlement, déroute **3. fin**, anéantissement, échec, écroulement, effondrement, faillite, mort **4. banqueroute**, déconfiture, faillite, naufrage **5. gouffre (financier)**, abîme, pompe à fric (fam.) **6. loque (humaine)**, débris, déchet (humain), épave, sous-homme

♦ **ruines** PLUR. **vestiges**, débris, décombres, restes

ruiné, ée ADJ. **1. pauvre**, misérable, désargenté (fam.), fauché (comme les blés) (fam.), sur la paille (fam.), sans le sou (fam.), [au jeu] décavé (fam.), lessivé (fam.), rincé (fam.) **2. en ruine**, délabré, démoli, détruit, dévasté, saccagé, ravagé

ruiner V. TR. **1. dévaster**, délabrer, détériorer, détruire, endommager, ravager, saccager, désoler (littér.) **2.** [la santé] **affaiblir**, altérer, dégrader, détériorer, endommager, miner, ravager, user, esquinter (fam.) **3.** [les espoirs, chances, etc.] **anéantir**, annihiler, briser, réduire à néant, porter le coup de grâce à **4. dépouiller**, couler (fam.), mettre sur la paille (fam.), plumer (fam.), [au jeu] lessiver (fam.), nettoyer (fam.), rincer (fam.)

♦ **se ruiner** V. PRON. **1. faire faillite**, perdre sa fortune **2. dépenser beaucoup/trop**

ruineux, euse ADJ. coûteux, cher, exorbitant, hors de prix, onéreux, prohibitif, dispendieux (soutenu)

ruisseler V. INTR. couler, dégouliner, dégoutter, se répandre, tomber

rumeur N. F. **1. on-dit**, bruit (de couloir), cancan (fam.), commérage (fam.), racontar (fam.), ragot (fam.) **2. bourdonnement**, brouhaha, bruit, murmure

ruminer V. TR. ressasser, méditer, remâcher

rupture N. F. **1. fracture**, arrachement, cassure, déchirure, éclatement, fêlure **2. interruption**, arrêt, cessation **3. annulation**, dénonciation, invalidation, résiliation, révocation **4. décalage**, coupure, écart, fossé, fracture **5. séparation**, brouille, clash (anglic.), divorce, fâcherie

rural, ale, aux

▸ ADJ. **1. agricole**, paysan, terrien **2. rustique**, bucolique, campagnard, champêtre, pastoral, agreste (littér.)

▸ N. **paysan**, agriculteur, campagnard, cultivateur, fermier, terrien

ruse N. F. **1. manœuvre**, artifice, astuce, détour, feinte, stratagème, subterfuge, combine (fam.), ficelle (fam.), truc (fam.) **2. adresse**, artifice, astuce, diplomatie, finesse, fourberie (péj.), habileté, roublardise (péj.), rouerie (péj.), matoiserie (littér.)

rusé, ée ADJ. **1. astucieux**, adroit, diplomate, fin, finaud, futé, habile, malin, retors, roué (péj.), combinard (fam.), roublard (fam.), sioux (fam.), madré (littér.), matois (littér.) **2.** [air, mine] **malicieux**, narquois, sournois

ruser V. INTR. manœuvrer, biaiser, finasser, louvoyer, tergiverser

rush N. M. **1. afflux**, déferlement, flot, marée, ruée, vague **2.** [Cinéma] **épreuve de tournage** (recomm. offic.) **3.** [Sport] **sprint**

rustique ADJ. **1. champêtre**, bucolique, campagnard, pastoral, paysan, rural, agreste (littér.) **2. grossier**, abrupt, fruste, rude, rustaud, rustre **3. aus-**

tère, brut, dépouillé, frugal, minimaliste, simple **4.** [Agric.] **résistant**, robuste, vivace

rustre N. M. et ADJ. **1. brute**, goujat, grossier (personnage), impoli, malappris, mal élevé, malotru, mufle, gougnafier (fam.), pignouf (fam.) **2. balourd**, béotien, fruste, inculte, lourdaud, péquenot (fam.), plouc (fam.)

rythme N. M. **1. tempo**, cadence, harmonie, mesure, mouvement, temps, [Jazz] swing **2. vitesse**, allure, cadence **3. fréquence**, périodicité **4. alternance**, rotation

rythmé, ée ADJ. **1. cadencé**, mesuré, rythmique **2. harmonieux**, mélodieux

rythmer V. TR. **1. cadencer**, régler, scander **2. organiser**, articuler, structurer

S

saborder V. TR. **1. couler**, envoyer par le fond, faire sauter **2. ruiner**, torpiller, couler (fam.)

sabotage N. M. **1. détérioration**, destruction, bousillage (fam.), torpillage (fam.) **2. bâclage**, gâchage, gâchis

saboter V. TR. **1. détériorer**, abîmer, détruire, gâcher, gâter, bousiller (fam.), torpiller (fam.) **2. bâcler**, cochonner (fam.), torcher (fam.)

sabrer V. TR. **1. enlever**, biffer, censurer, couper, rayer, supprimer **2.** [fam., candidat] **refuser**, coller (fam.), recaler (fam.), sacquer (fam.)

sac[1] N. M. **1. enveloppe**, emballage, poche, sachet **2. sacoche**, bagage, besace, cabas, cartable, musette, serviette

sac[2] N. M. pillage, saccage, dévastation

saccade N. F. à-coup, heurt, secousse, soubresaut

saccadé, ée ADJ. discontinu, entrecoupé, haché, heurté, irrégulier

saccage N. M. **1. destruction**, dégât, dévastation, ravage, déprédation (soutenu) **2. pillage**, sac

saccager V. TR. **1. mettre à sac**, dévaster, mettre à feu et à sang, piller, ravager, razzier, ruiner **2. détruire**, abîmer, gâter, massacrer (fam.) **3. bouleverser**, chambarder (fam.), chambouler (fam.)

sachet N. M. **1. emballage**, enveloppe, poche **2. paquet**, sac

sacré, ée ADJ. **1. saint**, béni, consacré, divin **2. religieux**, liturgique, rituel **3. intouchable**, inviolable, révéré, sacro-saint, tabou, vénérable **4.** [avant le nom, fam.] **incroyable**, extraordinaire, achevé, consommé, grand, parfait, fieffé (péj.), satané (péj.), fichu (péj., fam.)

sacrer V. TR. **1. couronner**, introniser **2. consacrer**, bénir, oindre, sanctifier

sacrifice N. M. **1. offrande**, holocauste, immolation **2. don**, offre **3. abnégation**, désintéressement, dévouement, renoncement, résignation **4. privation**, dépense, effort

sacrifier V. TR. **1. immoler**, offrir (en sacrifice) **2. renoncer à**, abandonner, négliger **3. brader**, liquider, solder, vendre (à) bon marché, bazarder (fam.)
♦ **se sacrifier** V. PRON. **se dévouer**, faire don de soi

sacrilège N. M. **1. profanation**, blasphème, outrage, violation **2.** [plaisant] **crime**, hérésie, péché

sacro-saint, sacro-sainte ADJ. **1. intouchable**, révéré, sacré, tabou, vénérable **2. traditionnel**

sadique
▸ ADJ. **1. atroce**, barbare, bestial, inhumain, sanguinaire **2. cruel**, pervers
▸ N. **1. pervers 2. tortionnaire**

sadisme N. M. **1. cruauté**, barbarie, bestialité, férocité, inhumanité **2. perversion**

saga N. F. histoire, cycle, légende, récit

sagace ADJ. sage, avisé, clairvoyant, lucide, pénétrant, perspicace

sage
▸ ADJ. **1. bon**, judicieux **2. averti**, avisé, intelligent, sensé **3. raisonnable**, circonspect, équilibré, mesuré, posé, prudent, réfléchi, sérieux **4. docile**, calme, doux, obéissant **5. vertueux**, chaste, décent, honnête, pudique
▸ N. **philosophe**, savant

sagement ADV. **1. tranquillement**, calmement, gentiment, comme un ange **2. raisonnablement**, prudemment

sagesse N. F. **1. discernement**, circonspection, mesure, prudence, bon sens **2. calme**, docilité, douceur, obéissance, tranquillité

saigner
► V. INTR. **avoir une hémorragie**, pisser (le sang) (fam.)
► V. TR. **égorger**, poignarder, tuer

saillant, ante ADJ. **1. aigu**, anguleux, proéminent, protubérant, en saillie **2.** [yeux] **globuleux**, gonflé, gros **3. marquant**, frappant, mémorable, notable

saillie N. F. **I. relief**, angle (saillant), arête, aspérité, avancée **II. boutade**, bon mot, mot d'esprit, plaisanterie, pointe, trait (d'esprit) **III. accouplement**, copulation, monte

saillir
► V. TR. **s'accoupler avec**, couvrir, monter, servir
► V. INTR. **faire saillie**, avancer, déborder, dépasser, se détacher, ressortir, être en surplomb

sain, saine ADJ. **1. bien portant**, en bonne santé, florissant, frais, gaillard, robuste, valide **2. bon pour la santé**, équilibré, hygiénique, salubre, salutaire **3. sensé**, raisonnable, sage

saint, sainte
► ADJ. **1. consacré**, sacré **2. respectable**, sacré, vénérable
► N. **1. élu**, bienheureux, glorieux **2.** [protecteur] **patron**

saisie N. F. **1. capture**, prise **2. enregistrement**, prise **3. dactylographie**, frappe **4.** [Droit] **confiscation**, mainmise, séquestre

saisir V. TR. **I. 1. attraper**, (s')accrocher (à), (s')agripper (à), empoigner, happer **2. s'emparer de**, conquérir, prendre **3.** [Droit] **confisquer**, réquisitionner **4. profiter de**, exploiter, mettre à profit, se servir de, tirer avantage de, tirer parti de, tirer profit de, utiliser, sauter sur (fam.) **5. enregistrer**, dactylographier, taper **II. 1. comprendre**, appréhender, concevoir, piger (fam.), se mettre dans la tête/le crâne (fam.) **2. apercevoir**, apprécier, découvrir, discerner, percevoir, voir **III. 1. surprendre**, ébahir, étonner, frapper, stupéfier **2. émouvoir**, impressionner, retourner, secouer **3. transir**
♦ **se saisir de** V. PRON. **1. s'approprier**, s'emparer de, monopoliser (péj.), usurper (péj.) **2. conquérir**, se rendre maître de **3. appréhender**, arrêter, capturer, agrafer (fam.), alpaguer (fam.), épingler (fam.), pincer (fam.)

saisissant, ante ADJ. **1. impressionnant**, bouleversant, émouvant, frappant, poignant, touchant **2. surprenant**, étonnant, renversant, sidérant, stupéfiant, décoiffant (fam.), époustouflant (fam.) **3. captivant**, palpitant, troublant **4. piquant**, glacial, vif

saisissement N. M. **1. émotion**, choc, commotion, émoi **2. stupéfaction**, ébahissement, étonnement, stupeur

salace ADJ. obscène, gaulois, grivois, leste, paillard, salé, cochon (fam.)

salaire N. M. **1. rémunération**, appointements, cachet, émoluments, fixe, gages, honoraires, indemnités, revenu, solde, traitement **2. paie**, mensualité, mois (fam.) **3. gain**, profit, gratification, commission, pourboire, prime **4. rétribution**, châtiment, prix, récompense, sanction

salarié, ée ADJ. et N. **1. employé**, ouvrier, travailleur **2.** [au plur.] **personnel**, main d'œuvre

sale ADJ. **I. 1. malpropre**, boueux, crasseux, crotté, dégoûtant, graisseux, poussiéreux, souillé, terreux, dégueulasse (fam.), cracra (fam.), cradingue (fam.), crado (fam.) **2. honteux**, bas, lâche, laid, malhonnête **3. grivois**, indécent, obscène, ordurier, scabreux, salé, cochon (fam.) **II. 1. antipathique**, détestable, ignoble, infect, méprisable, répugnant **2. désagréable**, difficile **3. dangereux**, ennuyeux, embêtant **4.** [temps] **mauvais**, méchant, vilain, de chien (fam.), dégueulasse (fam.) **5. damné**, maudit

salé, ée ADJ. **1. salin**, saumâtre **2. grivois**, cru, gaulois, leste, licencieux, scabreux, cochon (fam.)

saleté N. F. **I. 1. malpropreté**, crasse **2. ordure**, immondice **3. impureté**, salissure, tache, cochonnerie (fam.), saloperie (très fam.) **4. boue**, gadoue **5. crotte**, excréments, merde (très fam.) **II. pacotille**, cochonnerie (fam.), camelote (fam.), merde (très fam.), saloperie (très fam.), toc (fam.) **III. 1. bassesse**, abjection, indignité **2. obscénité**, grossièreté **3. mauvais/vilain tour**, rosserie, crasse (fam.), saloperie (fam.), tour de cochon (fam.), vacherie (fam.), vilenie (littér.) **IV. rosse**, ordure, chameau (fam.), salaud (très fam.), saligaud (très fam.), salope (très fam.), saloperie (très fam.), vache (fam.)

salir V. TR. **1. souiller**, crotter, éclabousser, encrasser, graisser, maculer, tacher, barbouiller (fam.), cochonner (fam.), dégueulasser (fam.), saloper (fam.) **2. contaminer**, polluer **3.** [moralement] **corrompre**, déshonorer, éclabousser, entacher, flétrir, nuire à, souiller, ternir **4. calomnier**, diffamer, discréditer, traîner dans la boue, baver sur (fam.)

salissure N. F. **1. saleté**, souillure **2. éclaboussure**, tache

salle N. F. **1. pièce 2. auditoire**, assistance, auditeurs, public, spectateurs **3.** [de spectacle] **cinéma**, théâtre **4.** [de concert, de conférence] **auditorium**

salubre ADJ. sain, hygiénique, salutaire

saluer V. TR. **1. dire bonjour/au revoir à 2. accueillir 3. rendre hommage à**, applaudir, honorer, s'incliner devant, donner un coup de chapeau à (fam.) **4. s'incliner**, se prosterner

salut N. M. salutation, [parole] bonjour, bonsoir, au revoir, adieu, bye(-bye) (fam.), ciao (fam.), hello (fam.), [geste] inclinaison de tête, poignée de main, révérence, courbette (péj.)

salutaire ADJ. **1. profitable**, avantageux, bienfaisant, utile **2. sain**, salubre

salutation N. F. **1. salut 2. révérence**, courbette (péj.), [exagérée] salamalec (péj., fam.)

salve N. F. **1. décharge**, rafale **2. bordée**, volée

sanctifier V. TR. **1. consacrer**, sacraliser **2. idolâtrer**, célébrer, déifier, diviniser, glorifier

sanction N. F. **1. punition**, amende, condamnation, peine, répression, châtiment (littér.) **2. approbation**, confirmation, entérinement, ratification **3. rançon**, envers, expiation, prix à payer

sanctionner V. TR. **1. punir**, réprimer, sévir contre, châtier (littér.) **2. consacrer**, approuver, confirmer, entériner, homologuer, ratifier

sanctuaire N. M. **1. temple**, église **2. asile**, haut lieu, refuge, réserve

sandale N. F. claquette, nu-pieds, spartiate, tong

sang N. M. lignée, famille, hérédité, lignage, origine, race, souche

sang-froid N. M. maîtrise de soi, aplomb, assurance, flegme, impassibilité, cran (fam.), self-control (fam.)

sanglant, ante ADJ. **1. ensanglanté**, sanguinolent **2. meurtrier**, sanguinaire **3. violent**, blessant, cuisant, injurieux, offensant, saignant

sanglot N. M. **hoquet**, spasme
♦ **sanglots** PLUR. **pleurs**, gémissements, larmes, plaintes

sangloter V. INTR. pleurer, pleurnicher, chialer (fam.), [fort] pleurer à chaudes larmes, pleurer toutes les larmes de son corps

sangsue N. F. **1. exploiteur**, parasite, profiteur **2. pot de colle** (fam.), raseur (fam.)

sanguin, ine ADJ. rouge, congestionné, cramoisi, écarlate, rougeaud, rubicond

sanguinaire ADJ. **1. cruel**, barbare, altéré/ivre de sang **2. sanglant**

sans PRÉP. **1. dépourvu de**, démuni de, privé de **2. faute de**

sans-cœur ADJ. et N. INVAR. égoïste, dur, endurci, indifférent, insensible, impitoyable, inhumain, méchant, cœur de pierre

sans-gêne
► ADJ. INVAR. **désinvolte**, cavalier, envahissant, familier
► N. M. INVAR. **désinvolture**, audace, impolitesse, inconvenance, insolence, outrecuidance (littér.)

santé N. F. **1. vitalité**, équilibre, forme, vie **2. complexion**, constitution, tempérament

saper V. TR. **1. attaquer**, affouiller, creuser, éroder, excaver, miner, ronger **2. abattre**, affaiblir, battre en brèche, défaire, démolir, détruire, dévaster, ébranler, miner

sarcasme N. M. **1. dérision**, ironie, moquerie **2. moquerie**, flèche, lazzi, pique, pointe, quolibet, raillerie, vanne (fam.), brocard (littér.), trait (littér.)

sarcastique ADJ. caustique, ironique, persifleur, railleur, sardonique

sarcler V. TR. **1. extirper 2. désherber**, biner, échardonner, essarter

satanique ADJ. **1. méchant**, pervers **2. démoniaque**, diabolique, infernal, méphistophélique (littér.)

satellite N. M. **1. astre**, lunule, planète **2.** [en apposition] **dépendant**, annexé

satiné, ée ADJ. **1. brillant**, lustré **2. doux**, lisse, soyeux, velouté

satire N. F. **1. dérision**, moquerie, plaisanterie, raillerie **2. caricature**, charge, critique, épigramme, libelle, pamphlet, parodie, catilinaire (littér.)

satirique ADJ. **1. caustique**, mordant, piquant, railleur **2. parodique**

satisfaction N. F. **1. assouvissement**, apaisement, contentement **2. bonheur**, contentement, joie, plaisir **3. gain de cause**, réparation **4. complaisance**, suffisance, triomphe **5. douceur**, avantage, consolation

satisfaire V. TR. **1. convenir à**, contenter, plaire à, agréer à (littér.) **2. combler**, contenter, exaucer **3. assouvir**, apaiser, calmer, étancher, rassasier **4. donner suite à**, faire droit à, répondre à
- satisfaire à se conformer à, accomplir, s'acquitter de, exécuter, faire face à, observer, remplir, respecter, se soumettre à
♦ **se satisfaire de** V. PRON. **se contenter de**, s'accommoder de, s'arranger de, faire avec (fam.)

satisfaisant, ante ADJ. acceptable, convenable, correct, honnête, honorable, suffisant

satisfait, aite ADJ. **1. content**, heureux, béat (péj.) **2. comblé**, exaucé, rassasié **3. fier**, arrogant, avantageux, complaisant, prétentieux, suffisant, vaniteux

saturation N. F. **1. engorgement** **2. satiété**, lassitude, ras-le-bol (fam.)

saturé, ée ADJ. **1. plein**, gonflé, rempli **2. encombré**, embouteillé, engorgé

satyre N. M. **1. faune**, ægipan **2. exhibitionniste**, pervers **3. obsédé**, vicieux, cochon (fam.)

saucissonner V. TR. découper, couper, trancher

sauf, sauve

▸ ADJ. **intact**, entier, rescapé, sauvé

▸ PRÉP. **1. excepté**, à l'exception de, à l'exclusion de, à part, hormis, hors **2. sous réserve de**, à moins de

saugrenu, ue ADJ. **1. étrange**, baroque, bizarre, excentrique, extravagant, insolite, original, singulier, farfelu (fam.), loufoque (fam.) **2. impropre**, inattendu, incongru, insensé

saupoudrer V. TR. **1. poudrer**, enfariner, fariner **2. consteller**, émailler, orner, parsemer **3. disperser**, éparpiller, répandre

saut N. M. **I. 1. bond**, bondissement **2. sautillement**, gambade **3. acrobatie**, cabriole, salto, voltige **4. chute**, plongeon **II. 1. cahot**, soubresaut, sursaut, tressautement **2. saute**, variation brusque **III. cascade**, cataracte, chute (d'eau)

sauter

▸ V. INTR. **1. bondir**, s'élancer **2. sautiller**, cabrioler, gambader, trépigner **3. sursauter**, tressauter, tressaillir **4. descendre**, plonger, tomber **5. éclater**, exploser, péter, voler en éclats

▸ V. TR. **1. franchir**, enjamber, passer **2. oublier**, escamoter, manquer, omettre, passer, faire l'impasse sur, [une étape] brûler

sautiller V. INTR. sauter, caracoler, gambader

sauvage¹ ADJ. **I. 1. fauve**, inapprivoisé, indomptable **2. agreste**, champêtre, rustique **3. désert**, inhabité, retiré, solitaire **4. non civilisé**, à l'état de nature, primitif **II. 1. farouche**, craintif, distant, misanthrope, ombrageux, timide **2. brut**, mal dégrossi, mal embouché, fruste, grossier, inculte, rude **III. barbare**, bestial, cruel, féroce, inhumain, sanglant, sanguinaire **IV. illégal**, illicite, irrégulier, parallèle

sauvage² N. **1. primitif**, barbare **2. solitaire**, ermite, misanthrope, ours **3. brute**, goujat, grossier personnage, malotru, rustaud, rustre

sauvagerie N. F. **1. barbarie**, bestialité, brutalité, cruauté, férocité, sadisme, violence **2. misanthropie**, insociabilité, timidité

sauvegarde N. F. **1. protection**, conservation, défense, maintien, préservation **2. abri**, asile, rempart, refuge

sauvegarder V. TR. sauver, conserver, défendre, garantir, maintenir, préserver, protéger

sauver V. TR. **1. guérir**, rétablir, tirer d'affaire (fam.) **2. préserver**, conserver, défendre, garantir, mettre à l'abri/en sûreté, protéger, sauvegarder **3. racheter**

♦ **se sauver** V. PRON. **1. s'échapper**, s'enfuir, s'évader, prendre la fuite, jouer la fille de l'air (fam.), prendre la poudre d'escampette (fam.), prendre la clé des champs (fam.), [soldat, pensionnaire] faire/sauter le mur (fam.) **2. s'en aller**, déguerpir, s'éclipser, s'esquiver, fuir, prendre congé, se barrer (fam.), se carapater (fam.), se débiner (fam.), détaler (fam.), filer (fam.), se tailler (fam.)

sauvette (à la) LOC. ADV. **1. discrètement**, furtivement, sous le manteau **2. en toute hâte**, hâtivement, précipitamment

sauveur N. M. sauveteur, ange gardien, bienfaiteur, homme providentiel, libérateur

savant[1], ante ADJ. 1. **cultivé**, éclairé, érudit, instruit, lettré, docte (littér.) 2. **compétent**, expert, maître dans, versé dans, calé (fam.), fortiche (fam.) 3. **difficile**, ardu, compliqué, recherché

savant[2], ante N. 1. **chercheur**, scientifique, spécialiste 2. **érudit**, humaniste, lettré, philosophe, sage

saveur N. F. 1. **goût**, sapidité 2. **agrément**, charme, goût, piment, piquant, sel, plaisant (littér.)

savoir[1] V. TR. 1. **connaître**, être au courant de, être au fait de, être informé de, être instruit de 2. **maîtriser**, connaître, dominer, posséder 3. [suivi de l'infinitif] **pouvoir**, être à même de, être capable de, être en état de, être en mesure de, parvenir à, [finement] avoir la manière (pour), s'y connaître (pour) (fam.), s'y entendre (pour) (fam.)

savoir[2] N. M. connaissance, acquis, bagage, culture, érudition, instruction

savoir-faire N. M. INVAR. 1. **compétence**, adresse, dextérité, habileté, ingéniosité, maîtrise, métier, pratique, talent, tour de main, art (littér.) 2. **entregent**, doigté, tact

savoir-vivre N. M. INVAR. 1. **éducation**, correction, délicatesse, doigté, tact 2. **bienséance**, bonne éducation, civilité, convenances, politesse, urbanité (littér.)

savourer V. TR. 1. **apprécier**, déguster, se délecter de, goûter, se régaler de 2. **prendre plaisir à**, se délecter de, jouir de, profiter de

savoureux, euse ADJ. 1. **succulent**, délicat, délicieux, doux, exquis, fameux (fam.), délectable (littér.) 2. **plaisant**, croustillant, piquant, truculent

sbire N. M. homme de main, nervi, tueur

scabreux, euse ADJ. 1. **licencieux**, cru, égrillard, graveleux, leste, obscène, salé, cochon (fam.) 2. **déplacé**, hardi, inconvenant, indécent, libre 3. **dangereux**, hasardeux, périlleux, risqué 4. **embarrassant**, délicat, épineux, inconfortable

scandale N. M. 1. **esclandre**, bruit, tapage, bordel (fam.), foin (fam.), grabuge (fam.) 2. **honte**, horreur, abomination (littér.), infamie (littér.) 3. **affaire**, casserole (fam.)

scandaleux, euse ADJ. honteux, choquant, déplorable, éhonté, indigne, obscène, révoltant

scandaliser V. TR. **choquer**, indigner, offenser, offusquer, outrer, révolter
♦ **se scandaliser** V. PRON. 1. **s'indigner** 2. **se formaliser**, se froisser, se hérisser, s'offenser, s'offusquer

scander V. TR. rythmer, accentuer, ponctuer, souligner

sceau N. M. 1. **cachet**, estampille 2. **plomb**, scellé 3. **marque**, cachet, empreinte, griffe, patte, signature, signe, style

scélérat, ate ADJ. criminel, infâme, méchant, perfide (littér.)

sceller V. TR. 1. **fermer**, cacheter, plomber 2. **assembler**, fixer, cimenter, plâtrer 3. **affermir**, cimenter, confirmer, consacrer, entériner, ratifier

scénario N. M. 1. **trame**, histoire, intrigue, pitch 2. **canevas**, découpage, story-board, synopsis, script 3. **plan (d'action)** 4. **cas de figure**

scène N. F. I. 1. **plateau**, planches, tréteaux, théâtre 2. **décor** 3. **séquence**, passage, tableau 4. **spectacle** 5. [d'un crime, etc.] **lieu**, théâtre **II. querelle**, accrochage, altercation, dispute, prise de bec (fam.)

scepticisme N. M. **1. athéisme**, incrédulité **2. méfiance**, défiance, doute, incrédulité

sceptique
▸ ADJ. **dubitatif**, défiant, incrédule
▸ N. **athée**, impie, incroyant, irréligieux, non-croyant

schéma N. M. **1. diagramme**, arbre, croquis, dessin, plan, représentation **2. canevas**, ébauche, esquisse, grandes lignes, plan, trame, linéaments (littér.)

schématique ADJ. **1. sommaire**, bref, concis, simplifié, succinct **2.** [péj.] **rudimentaire**, grossier, réducteur, simpliste, basique (fam.)

schématiquement ADV. sommairement, en gros, succinctement, grosso modo (fam.)

schématiser V. TR. simplifier, abréger, condenser, résumer, synthétiser, donner les grandes lignes de

schisme N. M. **1. scission**, division, sécession, séparation **2. dissidence**, déviation, hérésie

sciemment ADV. exprès, consciemment, délibérément, en toute connaissance de cause, intentionnellement, volontairement

science N. F. **1. savoir**, connaissance, bagage, culture, érudition, expertise, instruction **2. art**, adresse, compétence, maîtrise, savoir-faire **3. discipline**, domaine, matière, sujet

scientifique
▸ ADJ. **1. objectif**, logique, rationnel **2. didactique**, savant
▸ N. **chercheur**, savant

scinder V. TR. diviser, couper, disjoindre, fractionner, fragmenter, morceler, sectionner, séparer

scintillant, ante ADJ. **1. brillant**, chatoyant, étincelant, luisant, miroitant **2. clignotant**, papillotant

scintillement N. M. **1. miroitement**, chatoiement, reflet, scintillation **2. éclat**, feu **3. clignotement**, papillotement

scintiller V. INTR. **1. étinceler**, briller, chatoyer, flamboyer, luire, miroiter, rutiler **2. clignoter**, papilloter, palpiter

scission N. F. dissidence, division, rupture, schisme, séparation

sclérose N. F. immobilisme, blocage, engourdissement, immobilité, fossilisation, momification, paralysie

scléroser V. TR. **figer**, asphyxier, engourdir, fossiliser, immobiliser, paralyser
♦ **se scléroser** V. PRON. **se dessécher**, s'engourdir, se figer, se fossiliser, s'immobiliser, se momifier, s'encroûter (fam.)

scolarité N. F. cursus, études, parcours scolaire

score N. M. **1. marque**, décompte, note, résultat **2. performance**

scorie N. F. déchet, cendre, poussière, mâchefer, résidu

scrupule N. M. **1. sérieux**, attention, méticulosité, minutie, ponctualité, précision, rigueur, soin, zèle **2. doute**, cas de conscience, état d'âme, hésitation **3. honte**, pudeur, vergogne (littér.)

scrupuleusement ADV. **1. honnêtement**, consciencieusement, sérieusement **2. strictement**, à la lettre, exactement, fidèlement, méticuleusement, minutieusement, précisément, religieusement, rigoureusement, soigneusement

scrupuleux, euse ADJ. **1. consciencieux**, correct, honnête, ponctuel, sérieux **2. attentif**, exact, fidèle, méticuleux, méthodique, minutieux, soigneux **3. strict**, étroit, formaliste (péj.)

scruter V. TR. **1. observer**, examiner, inspecter, regarder **2. dévisager**, fixer, toiser **3. sonder**, analyser, disséquer, étudier, examiner, explorer, fouiller, passer au crible, éplucher (fam.)

sculpter V. TR. façonner, buriner, ciseler, modeler, mouler, tailler

sculpture N. F. **1. statuaire**, figurine, statue, statuette **2. bas-relief**, glyptique, gravure, haut-relief

S.D.F. N. sans-abri, clochard, sans-logis, clodo (fam.)

séance N. F. **1. débat**, audience, réunion, session, vacation (Droit) **2. représentation**, spectacle, matinée, soirée

séant N. M. fessier, derrière, fesses, postérieur, siège, arrière-train (fam.), cul (très fam.), popotin (fam.)

sec[1], sèche ADJ. **I. 1. séché**, déshydraté, desséché, rassis **2. aride**, ingrat, stérile **3. sans accompagnement**, brut **4. maigre**, décharné, efflanqué, émacié, étique **II. 1. bref**, laconique **2. abrupt**, acerbe, brutal, cassant, cinglant, désobligeant, glacial, incisif, mordant **3. insensible**, dur, de marbre, de pierre, endurci, indifférent **4. autoritaire**, raide, revêche, rude, pète-sec (fam.) **5. austère**, étriqué, rébarbatif, rebutant

sécession N. F. **1. dissidence**, révolte, rupture, séparation, séparatisme **2. autonomie**, indépendance

sèchement ADV. **1. brièvement**, vivement **2. brusquement**, brutalement, durement, froidement, rudement, sévèrement

sécher
▸ V. TR. **1. assécher**, mettre à sec, tarir, vider **2. déshydrater**, dessécher, étuver **3. faner**, flétrir, dessécher **4. essuyer**, éponger, étancher
▸ V. INTR. **1. se dessécher**, se déshydrater, s'évaporer **2. dépérir**, se faner, se flétrir, se racornir
♦ **se sécher** V. PRON. **s'essuyer**, s'éponger

sécheresse N. F. **1. aridité**, dessèchement **2. dureté**, brutalité, froideur, indifférence, insensibilité **3. concision**, brièveté, laconisme

second, e N. adjoint, aide, assistant, auxiliaire, bras droit, lieutenant

secondaire ADJ. **1. accessoire**, adventice, annexe, contingent, incident, marginal, mineur, subsidiaire **2. consécutif**, collatéral, corollaire, dérivé, parallèle

seconder V. TR. aider, assister, épauler, prêter main-forte à, servir, soutenir, faire le jeu de (péj.)

secouer V. TR. **I. 1. agiter**, remuer **2.** [la tête] **hocher 3. ballotter**, cahoter, ébranler, faire vibrer **4. se libérer de**, s'affranchir de **II. bouleverser**, choquer, commotionner, perturber, remuer, traumatiser, ficher un coup à (fam.), tourneboule (fam.) **III. réprimander**, houspiller, admonester (littér.), engueuler (fam.)
♦ **se secouer** V. PRON. **1. s'ébrouer 2. réagir**, se prendre en main, se reprendre, se ressaisir, se bouger (fam.), s'y mettre (fam.)

secourir V. TR. **1. porter secours à**, assister, venir à la rescousse de **2. aider**, prêter main-forte à, tendre la main à, donner un coup de main à (fam.) **3. défendre**, intervenir en faveur de, protéger, soutenir

secours N. M. **1. aide**, appui, assistance, coup de main, service, soins, soutien **2. renfort**, rescousse **3. sauvetage**, secourisme **4. don**, aide, allocation, aumône, charité, subside, subvention **5. bienfaisance**, entraide

secousse N. F. **1. à-coup**, cahot, saccade, soubresaut, tremblement, trépidation **2. choc**, commotion, coup, ébranlement, traumatisme **3. convulsion**, frisson, spasme

secret[1], ète ADJ. **1. enfoui**, caché, dérobé, discret, voilé **2. inconnu**, ignoré, invisible **3. clandestin**, furtif, sourd, sournois, souterrain, ténébreux, subreptice (littér.) **4. confidentiel**, caché, intime **5. impénétrable**, caché, ésotérique, hermétique, insondable, mystérieux, obscur, occulte **6. réservé**, insaisissable, renfermé, dissimulé (péj.), fuyant (péj.), cachottier (péj., fam.)

secret[2] N. M. **1. mystère**, cachotterie (fam.) **2. énigme**, mystère, pot aux roses (fam.), [au plur.] dessous, coulisses, arcanes (littér.) **3. discrétion**, confidentialité, silence **4. astuce**, méthode, procédé, recette, combine (fam.), truc (fam.) **5. motif**, clé, raison

secrétaire N. bureau, bonheur-du-jour, scriban

secrètement ADV. **1. en secret**, confidentiellement, dans l'anonymat, dans l'ombre, en cachette, en catimini, clandestinement, en coulisse, en sous-main, furtivement, incognito, subrepticement, en tapinois, sous le manteau, en douce (fam.) **2. intérieurement**, à part soi, en/dans son for intérieur, en soi-même, intimement, in petto

sécréter V. TR. **1. distiller**, dégager, exhaler, exsuder **2. élaborer**, produire

sectaire

► ADJ. **fanatique**, doctrinaire, intolérant, partisan

► N. **sectateur**, adepte

secteur N. M. **1. domaine**, branche, partie, sphère, rayon (fam.) **2. emplacement**, arrondissement, district, quartier, subdivision, zone **3.** [fam.] **alentours**, environs, parages, voisinage, zone, coin (fam.)

section N. F. **1. coupure 2. profil**, coupe **3. division**, partie, subdivision **4. segment**, bout, morceau, portion, tronçon **5. cellule**, groupe

sectionner V. TR. **1. couper**, débiter, trancher **2. fractionner**, compartimenter, fragmenter, morceler, parcelliser, segmenter, subdiviser

séculaire ADJ. **1. centenaire 2. ancien**, âgé, ancestral, antique, immémorial

sécuriser V. TR. **1. rassurer**, apaiser, calmer, désangoisser, tranquilliser **2. assurer/garantir la sécurité de**

sécurité N. F. **1. sérénité**, calme, confiance, tranquillité **2. ordre**, paix **3. protection**, défense, police, sûreté **4. fiabilité**

sédatif, ive ADJ. et N. M. **1. calmant**, analgésique, antalgique **2. soporifique**, dormitif **3. tranquillisant**, anxiolytique, neuroleptique, psycholeptique

sédentaire

► ADJ. **permanent**

► N. [péj.] **casanier**, cul-de-plomb (fam.), pantouflard (fam.), pot-au-feu (fam.)

sédiments N. M. PL. alluvions, couche, dépôt, formation

séditieux, euse

► ADJ. **contestataire**, incendiaire, subversif

► N. **factieux**, agitateur, émeutier, insoumis, rebelle, révolutionnaire

sédition N. F. rébellion, agitation, émeute, insurrection, mutinerie, révolte, soulèvement, putsch

séducteur, trice
▸ ADJ. **charmeur**, aguichant, cajoleur, enjôleur, ensorceleur, séduisant, tentateur
▸ N. M. **don Juan**, bourreau des cœurs, casanova, charmeur, enjôleur, homme à femmes, dragueur (fam.), tombeur (fam.), lovelace (littér.)
▸ N. F. **femme fatale**, aguicheuse (fam.), allumeuse (fam.), vamp (fam.)

séduction N. F. **1. attrait**, agrément, beauté, charme **2. attraction**, ascendant, fascination, magie

séduire V. TR. **1. charmer**, captiver, conquérir, faire la conquête de, fasciner, plaire à, ravir, subjuguer, allumer (fam.), emballer (fam.), faire du gringue à (fam.), lever (fam.), taper dans l'œil à (fam.), tourner la tête à (fam.), tomber (fam.), vamper (fam.) **2. tenter**, allécher, attirer, intéresser

séduisant, ante ADJ. **1. charmant**, agréable, aimable, beau, brillant **2. désirable**, attirant, affriolant, aguichant, irrésistible, sexy (fam.) **3. tentant**, alléchant, attrayant, intéressant

segment N. M. morceau, division, fraction, part, partie, portion, section

segmenter V. TR. découper, couper, diviser, fractionner, fragmenter, sectionner, scinder

ségrégation N. F. discrimination, exclusion, [raciale] apartheid

seigneur N. M. **1. prince**, roi, souverain, sire **2. suzerain**, châtelain, hobereau, maître **3. noble**, gentilhomme, grand, monsieur

sein N. M. **mamelle** (fam.), lolo (fam.), néné (fam.), nichon (fam.), robert (fam.), rotoplot (fam.), téton (fam.)
♦ **seins** PLUR. **poitrine**, buste

séisme N. M. **1. tremblement de terre**, secousse sismique, secousse tellurique **2. bouleversement**, cataclysme, commotion

séjour N. M. résidence, vacances, villégiature

séjourner V. INTR. résider, demeurer, habiter, loger

sel N. M. saveur, esprit, finesse, piment, piquant, plaisant (littér.)

sélect, ecte ADJ. **1. distingué**, chic, élégant **2. fermé**, exclusif, réservé

sélection N. F. **1. choix**, tri **2. assortiment**, choix, éventail

sélectionner V. TR. choisir, opter pour, élire (littér.), [Cinéma, etc.] nominer

selles N. F. PL. excréments, déjections, fèces, caca (fam.), crottes (fam.)

selon PRÉP. **1. conformément à**, suivant **2. d'après**, de l'avis de, suivant

semblable¹ ADJ. **1. identique**, pareil **2. analogue**, assimilé, comparable, équivalent, ressemblant, similaire **3. commun**, même **4. tel**, pareil

semblable² N. prochain, autrui, congénère, égal, frère, pareil

semblant N. M.
- **faire semblant de** feindre de, faire mine de, affecter de

sembler V. INTR. **1. paraître**, avoir l'air de, donner l'impression de **2. ressembler à**

semence N. F. **1. grain**, graine **2. sperme**, liquide séminal

semer V. TR. **1. ensemencer 2. planter 3. disséminer**, disperser, éparpiller, jeter, joncher de, répandre **4. propager**, jeter, répandre

séminaire N. M. cours, colloque, conférence, congrès, forum, rencontre, symposium

semis N. M. **1. plantation**, ensemencement, semailles **2. plant**

semonce N. F. remontrance, réprimande, reproches, admonestation (littér.)

sempiternel, elle ADJ. **1. continuel**, constant, éternel, incessant, ininterrompu, perpétuel **2. immuable**, indéfectible, invariable

sénile ADJ. gâteux, décrépit, gaga (fam.), ramolli (fam.)

sens[1] N. M. **I. 1. sensation 2. conscience**, connaissance **II. 1. discernement**, entendement, jugement, raison, sagesse **2. instinct**, intuition, notion, sentiment **III. 1. signification**, acception, définition **2. esprit**, clé, lettre **3. raison d'être**

sens[2] N. M. **1. direction**, côté, fil **2. orientation**, but, perspective

sensation N. F. **1. émotion**, impression **2. intuition**, impression, sentiment **3. admiration**, effet, étonnement, surprise

sensationnel, elle ADJ. spectaculaire, impressionnant, prodigieux, décoiffant (fam.), d'enfer (fam.), ébouriffant (fam.), énorme (fam.), époustouflant (fam.), fantastique (fam.), génial (fam.)

sensé, ée ADJ. **1. raisonnable**, mesuré, pondéré, posé, rationnel, sage **2. intelligent**, judicieux, pertinent

sensibiliser V. TR. attirer l'attention de, atteindre, faire prendre conscience à, faire réagir, intéresser, toucher

sensibilité N. F. **1. excitabilité**, réceptivité, susceptibilité **2. émotivité**, affectivité, sensiblerie (péj.), sentimentalité (péj.) **3. émotion**, passion, sentiment **4. humanité**, bonté, cœur, compassion, pitié

sensible ADJ. **I. 1. émotif**, délicat, fragile, impressionnable, tendre, vulnérable **2. sensitif**, sensoriel **3. bon**, aimant, compatissant, généreux, humain, tendre **II. susceptible**, chatouilleux, ombrageux **III. 1. perceptible**, apparent, palpable, tangible, visible **2. appréciable**, clair, évident, marqué, net, notable **IV. dangereux**, brûlant, chaud, délicat, douloureux, névralgique

sensiblement ADV. **1. notablement**, clairement, nettement, substantiellement, visiblement **2. presque**, approximativement, à peu près, à peu de choses près, pratiquement, quasiment (fam.), grosso modo (fam.)

sensualité N. F. volupté, désir, érotisme, jouissance, libido, plaisir, sens (plur.), sexualité, chair (littér.)

sensuel, elle ADJ. **1. érotique**, charnel **2. lascif**, amoureux, voluptueux, chaud (fam.)

sentence N. F. **1. arbitrage**, arrêt, décision, décret, jugement, verdict **2. condamnation**, sanction **3. adage**, aphorisme, axiome, dicton, formule, maxime

sentencieux, euse ADJ. solennel, docte, emphatique, grave, pompeux

senteur N. F. parfum, effluve, exhalaison, odeur, fragrance (littér.)

sentier N. M. chemin, layon, passage, piste, voie

sentiment N. M. **I. 1. perception**, sens, sensation **2. connaissance intuitive**, conscience, impression, pressentiment **3. avis**, idée, jugement, opinion, pensée, point de vue, position **4. instinct**, intuition, sens, fibre (fam.) **II. 1. amour**, affection, attachement, inclination, tendresse **2. humanité**, attendrissement, cœur, compassion **III. 1. émotion**, chaleur, feu, passion **2. sensibilité**, délicatesse, finesse, justesse

sentimental, ale, aux ADJ. **1. tendre**, romantique, sensible, fleur bleue (fam.) **2. affectif**, amoureux

sentinelle N. F. garde, factionnaire, guetteur, veilleur, vigie, planton (fam.)

sentir V. TR. **I. humer**, flairer, renifler, respirer **II. ressentir**, éprouver, percevoir **III. 1. comprendre**, deviner, discerner, flairer, percevoir, prendre conscience de, se rendre compte de, soupçonner, subodorer (fam.) **2. apprécier**, comprendre, être sensible à, goûter, percevoir, savourer **IV. 1. avoir l'odeur de**, fleurer (littér.) **2. indiquer**, respirer, révéler, trahir

♦ **se sentir** V. PRON. **1. s'estimer**, se juger, se trouver **2. se manifester**, être perceptible, être prévisible

séparation N. F. **1. dissociation**, démembrement, désagrégation, disjonction, dislocation, fragmentation, morcellement, rupture **2. démarcation**, barrière, borne, cloison, frontière, limite, mur **3. différence**, différenciation, distinction **4. absence**, distance, éloignement, exil **5. divorce**, brouille, cassure, rupture **6. clivage**, dissidence, division, schisme, scission, sécession

séparatisme N. M. autonomisme, dissidence, indépendantisme, sécessionnisme

séparatiste N. et ADJ. autonomiste, dissident, indépendantiste, sécessionniste

séparé, ée ADJ. différent, dissocié, distinct, indépendant, particulier, à part

séparément ADV. **1. isolément**, individuellement, un à un, un par un **2. de côté**, à part

séparer V. TR. **1. isoler**, enlever, extraire, mettre à part, ôter **2. détacher**, décomposer, démembrer, désagréger, disjoindre, dissocier, fragmenter, morceler **3. cloisonner**, diviser, partager **4. espacer**, écarter, éloigner **5. différencier**, départager, discriminer, distinguer, faire le départ entre (littér.) **6. désunir**, brouiller, éloigner, opposer, creuser un abîme/un fossé entre, s'interposer entre

♦ **se séparer** V. PRON. **1. se quitter**, rompre, divorcer, casser (fam.) **2. se diviser**, se dédoubler, fourcher, se ramifier **3. se dissoudre**, se disloquer

sépulture N. F. tombe, tombeau, monument funéraire, sépulcre (littér.)

séquelle N. F. **1. reliquat**, trace **2. conséquence**, effet, incidence, répercussion, retombée, suite **3. complication**

séquence N. F. **1. suite 2. passage 3.** [Cinéma] **découpage**, plan, scène

séquestration N. F. enfermement, détention, emprisonnement, internement, claustration (littér.)

séquestre N. M. saisie, confiscation, mainmise, réquisition

séquestrer V. TR. enfermer, claquemurer, détenir, emprisonner, garder, interner, retenir, claustrer (littér.)

serein, eine ADJ. **1. calme**, confiant, placide, tranquille, cool (fam.) **2. sans nuage**, clair, pur

sereinement ADV. tranquillement, calmement, placidement, en toute quiétude

sérénité N. F. **1. placidité**, calme, égalité d'âme, équanimité (littér.) **2. quiétude**, bien-être, bonheur, calme, paix, tranquillité

série N. F. **I. 1. suite**, séquence, succession **2. cycle 3. quantité**, cascade, chapelet, cortège, festival, kyrielle, ribambelle, vague, flopée (fam.), tas (fam.) **II. collection**, assortiment, choix, jeu **III. feuilleton**, soap(-opéra) **IV.** [Sport, Jeu] **catégorie**, classe, division, groupe

sérier V. TR. classer, échelonner, hiérarchiser, ordonner, ranger

sérieusement ADV. **1. consciencieusement**, scrupuleusement, soigneusement **2. réellement**, véritablement, vraiment, pour de bon (fam.), pour de vrai (fam.) **3. activement**, vigoureusement **4. sans rire**, gravement **5. grièvement**, gravement, sévèrement

sérieux[1]**, euse** ADJ. **I. 1. posé**, adulte, conséquent, raisonnable, réfléchi, responsable, sage **2. appliqué**, bon, consciencieux, minutieux, scrupuleux, soigneux **3. fiable**, soigné, soigneux, solide, sûr **4. convenable**, honnête, rangé, réglé, sage, comme il faut (fam.) **II. 1. important**, considérable, substantiel **2. critique**, dangereux, dramatique, grave, inquiétant, préoccupant **3. sévère**, austère, froid, grave, solennel **III. valable**, bon, fondé, réel, solide

sérieux[2] N. M. **1. conscience**, application, scrupule, soin, zèle **2. solidité**, fiabilité **3. solennité**, gravité

seriner V. TR. répéter, rabâcher, ressasser, rebattre les oreilles de, chanter sur tous les tons

serment N. M. **1. parole**, assurance, engagement, promesse **2. vœu**, résolution

sermon N. M. **1. homélie**, prêche, prédication, prône **2. exhortation**, harangue **3. remontrance**, blâme, leçon, réprimande, semonce, savon (fam.), admonestation (littér.)

sermonner V. TR. faire la morale à, blâmer, gourmander, gronder, réprimander, admonester (littér.), chapitrer (littér.), haranguer (littér.), morigéner (littér.), tancer (littér.), disputer (fam.), engueuler (fam.), passer un savon à (fam.), remonter les bretelles à (fam.)

serpenter V. INTR. sinuer, onduler, zigzaguer, faire des détours, faire des méandres

serré, ée ADJ. **I. 1. entassé**, pressé, tassé **2. dense**, compact, dru, épais, fourni, touffu **3.** [café] **tassé**, fort **II. 1. ajusté**, collant, étroit, moulant, près du corps **2. étriqué**, étroit, juste, petit **3. bridé**, corseté, sanglé, boudiné (fam.) **III. précis**, concis, rigoureux

serrement N. M. contraction, pincement, oppression

serrer V. TR. **I. 1. tenir**, empoigner, pincer, presser **2. assembler**, attacher, bloquer, caler, coincer, joindre, lier, visser **3. presser**, rapprocher, tasser **4. étreindre**, embrasser, enlacer, entourer, presser **5. contracter**, crisper, pincer **6. comprimer**, compresser, étrangler, gêner **7. acculer**, coincer, presser **8. mouler**, coller à, corseter, épouser, gainer, sangler **II. 1. s'approcher de**, effleurer, frôler, raser **2. poursuivre**, presser, talonner

♦ **se serrer** V. PRON. **1. se blottir**, se coller, se pelotonner **2. se rapprocher**, se resserrer, se tasser

servante N. F. domestique, bonne (à tout faire), employée de maison, femme de chambre, bonniche (fam., péj.), [au théâtre] soubrette

serveur N. M. barman, garçon (de café)

serviable ADJ. obligeant (soutenu), aimable, complaisant

service N. M. **1. département**, administration, bureau, direction, office, organisme **2. travail**, activité (rémunérée), emploi **3. aide**, appui, assistance, bienfait, bons offices, concours, collaboration, faveur **4.** [religieux] **cérémonie**, culte, liturgie, messe, office **5.** [funéraire] **funérailles** **6.** [militaire] **régiment** **7.** [Transport] **desserte** **8.** [Sport] **engagement**

serviette N. F. **1. essuie-main** **2. cartable**, porte-documents, sac

servile ADJ. obséquieux, plat, rampant, lèche-bottes (fam.), lèche-cul (très fam.)

servir
▸ V. TR. **1. être au service de**, travailler pour, être à la botte de (péj.), être aux ordres de (péj.), être à la solde de (péj.) **2. rendre service à**, aider, appuyer, seconder, secourir, soutenir **3. être utile à**, appuyer, favoriser **4. donner**, distribuer, payer, verser **5. présenter**, offrir, proposer **6.** [Sport] **engager 7. saillir**, couvrir, monter
▸ V. INT. **faire de l'usage**
♦ **se servir** V. PRON. **se fournir**, [indûment] se sucrer (fam.)

servitude N. F. **1. asservissement**, assujettissement, esclavage, soumission, subordination, sujétion, chaînes (littér.), joug (littér.) **2. contrainte**, obligation

seuil N. M. **1. pas de (la) porte**, entrée **2. lisière**, orée **3. limite**, point critique

seul, seule ADJ. **1. unique**, simple **2. isolé**, abandonné, esseulé **3. célibataire 4. solitaire**

seulement ADV. **1. rien que**, exclusivement, ne ... que, uniquement **2. simplement**, tout bêtement (fam.), tout bonnement (fam.) **3. juste**, en tout et pour tout **4. mais**, cependant, néanmoins, toutefois, malheureusement

sévère ADJ. **1. exigeant**, impitoyable, rigide, rude, strict, pas commode (fam.), pas tendre (fam.), rosse (fam.), vache (fam.) **2. critique**, cinglant, désapprobateur, réprobateur **3. rigoureux**, draconien, dur, exact, sourcilleux, strict **4. lourd**, élevé, grave, gros, important, sérieux, salé (fam.) **5. austère**, aride, dépouillé, froid, sobre **6. difficile**, ardu, aride

sévèrement ADV. **1. durement**, âprement, rigoureusement, [mener] à la baguette (fam.) **2. grièvement**, gravement, sérieusement

sévérité N. F. **1. dureté**, inflexibilité, intransigeance, rigidité, rigorisme **2. austérité**, aridité, dépouillement, froideur, sécheresse **3. gravité**, sérieux

sévices N. M. PL. brutalités, coups (et blessures), maltraitance, mauvais traitements, violence(s), voies de fait

sévir V. INTR. **1. punir 2. faire rage**, se déchaîner

sexe N. M. **1. sexualité**, chair, bagatelle (fam.), chose (fam.), cul (très fam.), fesse (fam.), gaudriole (fam.) **2. organes génitaux**, parties sexuelles **3.** [masculin] **pénis**, phallus, membre, verge, biroute (fam.), bistouquette (fam.), bite (fam.), braquemart (fam.), dard (fam.), quéquette (fam.), queue (fam.), zigounette (fam.), zizi (fam.), zob (fam.) **4.** [féminin] **vulve**, lèvres, nymphes, chatte (fam.), foufoune (fam.), foufounette (fam.), minette (fam.), moule (fam.)

sexuel, elle ADJ. **1. génital**, intime **2. charnel**, érotique, physique, libidinal (Psych.)

sexy ADJ. INVAR. **1. désirable**, excitant, bandant (fam.) **2. affriolant**, aguichant, émoustillant, érotique, excitant, sensuel, suggestif

seyant, ante ADJ. **1. flatteur**, avantageux **2. élégant**

shooter V. INTR. **tirer**, botter, dégager
♦ **se shooter** V. PRON. **se piquer**, se droguer

shopping N. M. courses, achats, emplettes

show N. M. spectacle, exhibition, numéro, représentation, revue

si CONJ. **1. au cas où**, dans le cas où, à supposer que, supposons que **2. à condition que**, à condition de **3. quand**, à chaque fois que, lorsque, toutes les fois que

sibyllin, ine ADJ. **1. énigmatique**, ésotérique, hermétique, impénétrable, indéchiffrable, mystérieux, obscur, occulte, ténébreux, abscons (littér.), abstrus (littér.) **2. brumeux**, fumeux, nébuleux

sidérant, ante ADJ. stupéfiant, ahurissant, confondant, effarant, renversant, époustouflant (fam.), estomaquant (fam.), soufflant (fam.)

sidéré, ée ADJ. ébahi, coi, hébété, stupéfait, estomaqué (fam.), scié (fam.), soufflé (fam.), comme deux ronds de flan (fam.)

sidérer V. TR. stupéfier, couper le souffle de, ébahir, éberluer, époustoufler, interloquer, méduser, renverser, estomaquer (fam.), scier (fam.), souffler (fam.), couper la chique/le souffle à (fam.)

siècle N. M. époque, âge, ère, période, temps

siège N. M. **1. place 2.** [sortes] chaise, fauteuil, pliant, strapontin, tabouret **3. base**, centre, foyer **4. résidence principale**, quartier général **5. encerclement**, blocus **6. fesses**, séant (littér.), derrière (fam.), postérieur (fam.)

siéger V. INTR. **1. tenir séance 2. occuper un siège**, présider, trôner **3. résider**, demeurer, se localiser, se situer, se trouver

sifflement N. M. **1. stridulation**, chant **2. bruissement**, crissement, chuintement

siffler

▸ V. INTR. **1. siffloter 2. chanter**, chuinter

▸ V. TR. **1. appeler 2. conspuer**, chahuter, huer

sifflet N. M. **sifflement**

♦ **sifflets** PLUR. huées, charivari, cris, tollé

signal N. M. **1. signe (convenu) 2. signalisation**, indication, feu, panneau **3. annonce**, amorce, commencement, début, prélude, prémices (littér.) **4. indice**, marque, présage, promesse, signe avant-coureur, prodrome (littér.) **5.** [lumineux] **feu**, balise, sémaphore, voyant **6.** [sonore] **avertisseur**, appel, bip, cloche, gong, klaxon, sifflet, sirène, sonnerie

signalement N. M. description, portrait-robot

signaler V. TR. **1. avertir de**, annoncer, aviser de, faire part de, indiquer, notifier, prévenir de **2. mentionner**, citer, montrer, pointer, souligner **3. indiquer**, annoncer, déceler, désigner, marquer, montrer, révéler **4. dénoncer**, démasquer, vendre (fam.) **5. baliser**, flécher, jalonner

♦ **se signaler** V. PRON. **se distinguer**, s'illustrer, se particulariser, se singulariser, sortir du lot (fam.)

signalisation N. F. **1. balisage 2. indication**, panneau **3.** [lumineuse] **feu**, balise, sémaphore, voyant

signaliser V. TR. **1. matérialiser 2. baliser**, flécher, jalonner

signature N. F. **1. paraphe**, initiales, monogramme, visa **2. émargement 3. nom 4. marque**, empreinte, griffe, sceau

signe N. M. **1. signal**, geste **2. indice**, indication, marque, preuve, symptôme **3. annonce**, augure, auspice, avertissement, présage, promesse **4. attribut**, caractère, caractéristique, trait **5. symbole**, emblème, figure, image, insigne, marque, représentation **6. notation**, caractère, chiffre, graphie, idéogramme, pictogramme

signer V. TR. **1. émarger**, parapher, viser **2. attester**, authentifier **3. approuver**, souscrire à **4.** [Sport] **recruter**, engager

significatif, ive ADJ. **1. caractéristique**, révélateur, symptomatique, typique **2. éloquent**, évocateur, expressif, parlant **3. net**, important, marquant, non négligeable, tangible

signification N. F. **1. sens**, acception, définition, signifié (Ling.) **2. portée**, valeur **3. notification**, annonce, avis

signifier V. TR. **1. vouloir dire**, dénoter, désigner, exprimer, traduire **2. manifester**, indiquer, marquer, montrer, révéler, témoigner de **3. équivaloir à**, impliquer, revenir à, rimer à **4. notifier**, avertir de, aviser de, informer de **5. intimer**, commander, enjoindre, mettre en demeure de, ordonner, sommer de

silence N. M. **1. mutisme 2. black-out 3. calme**, paix, tranquillité **4. temps d'arrêt**, interruption, pause

silencieusement ADV. **1. en silence**, sans mot dire **2. à pas feutrés**, sans bruit **3. en sourdine**

silencieux, euse ADJ. **1. muet**, [de stupeur] coi, sans voix, [d'embarras] sec **2. calme**, endormi, muet, paisible, tranquille **3. discret**, réservé, secret, taciturne, timide **4. feutré**, étouffé, ouaté

silhouette N. F. **1. ligne**, contour, forme, profil **2. ombre**, image, reflet

sillon N. M. **1. rainure**, cannelure, rigole **2. pli**, ligne, ride, ridule **3. fente**, fissure

sillonner V. TR. **1. traverser 2. parcourir**, explorer, patrouiller dans, voyager en/dans, bourlinguer dans/sur (fam.) **3. creuser**, labourer, rayer, rider

simagrées N. F. PL. **1. minauderies**, affectation **2. comédie**, embarras, façons, manières, mines, chichis (fam.), histoires (fam.), grimaces (littér.)

similaire ADJ. semblable, analogue, apparenté, approchant, assimilable, comparable, égal, ressemblant, voisin

similitude N. F. **1. analogie**, parenté, ressemblance, similarité, voisinage **2. communauté**, concordance, harmonie, identité, parité

simple ADJ. **I. 1. élémentaire**, indécomposable, indivisible, insécable, irréductible **2. naturel**, pur **II. seul**, unique, [chambre d'hôtel] single (anglic.) **III. 1. facile**, aisé, commode, enfantin **2. compréhensible**, accessible, clair, intelligible, limpide **IV. 1. primitif**, élémentaire, fruste, rudimentaire, sommaire, basique (fam.) **2. dépouillé**, austère, fruste, nu, sévère, sobre, basique (fam.) **3. banal**, commun, ordinaire, quelconque **4. sans façon**, familier, populaire, nature (fam.) **V. 1. candide**, crédule, ingénu, innocent, pur, naïf, niais, simplet **2. réservé**, humble, modeste, pas fier (fam.)

simplement ADV. **1. facilement**, aisément, naturellement **2. sans cérémonie**, familièrement, sans façon, à la bonne franquette (fam.), sans chichis (fam.) **3. purement**, tout bonnement, uniquement **4. intelligiblement**, en termes clairs **5. franchement**, clairement, sans ambages, sans détour, sans tourner autour du pot (fam.)

simplet, ette ADJ. ingénu, naïf, niais, simple (d'esprit)

simplicité N. F. **1. facilité**, commodité **2. clarté**, limpidité **3. naturel**, bonhomie, cordialité, familiarité **4. dépouillement**, austérité, rusticité, sobriété, sévérité **5. naïveté**, candeur, crédulité, inexpérience, ingénuité, innocence, bêtise (péj.), niaiserie (péj.) **6. droiture**, franchise

simplificateur, trice ADJ. schématique, réducteur

simplifié, ée ADJ. **1. stylisé**, schématisé **2. schématique**, sommaire, basique (fam.)

simplifier V. TR. **1. faciliter**, arranger, aplanir/réduire les difficultés de **2. clarifier**, schématiser, styliser

simpliste ADJ. élémentaire, fruste, grossier, primaire, rudimentaire, sommaire, basique (fam.)

simulacre N. M. **1. semblant**, caricature, faux-semblant, illusion, imitation, parodie, simulation **2. fantôme**, ombre

simulateur, trice N. imposteur, contrefaiseur, menteur

simulation N. F. affectation, comédie, feinte, imitation, chiqué (fam.), cinéma (fam.), cirque (fam.)

simulé, ée ADJ. faux, artificiel, factice, feint, de commande

simuler V. TR. **1. affecter**, contrefaire, faire semblant de, feindre, jouer, mimer, prétexter, singer **2. reproduire**, offrir l'apparence de, représenter, sembler

simultané, ée ADJ. concomitant, coexistant, coïncident, synchrone

simultanéité N. F. concomitance, coexistence, coïncidence, synchronisme

simultanément ADV. **1. en même temps**, au même moment, à la fois, de front, ensemble **2. de concert**, de conserve, à l'unisson

sincère ADJ. **1. franc**, direct, de bonne foi, honnête, loyal, ouvert, spontané, carré (fam.) **2. vrai**, authentique, réel, véridique, véritable **3. exact**, fidèle, sérieux

sincèrement ADV. **1. franchement**, à cœur ouvert, honnêtement, en toute bonne foi, en toute franchise, carrément (fam.) **2. réellement**, vraiment, de bonne foi, du fond du cœur **3. à dire vrai**, franchement, à franchement parler, en réalité

sincérité N. F. **1. franchise**, bonne foi, loyauté, spontanéité **2. authenticité**, exactitude, réalité, sérieux, véracité, vérité

singer V. TR. **1. contrefaire**, affecter, feindre, jouer, simuler **2. imiter**, caricaturer, copier, mimer, parodier, pasticher

singulariser V. TR. **distinguer**, faire remarquer

♦ **se singulariser** V. PRON. **se distinguer**, se caractériser, se différencier, se particulariser, se faire remarquer, se signaler

singularité N. F. **1. particularité**, individualité, originalité, unicité **2. bizarrerie**, anomalie, étrangeté, excentricité, extravagance

singulier, ière ADJ. **1. atypique**, anormal, différent, distinct, inhabituel, insolite, inusité, à part, particulier, rare, spécial, unique **2. surprenant**, bizarre, curieux, étonnant, étrange, inexplicable, paradoxal **3. excentrique**, original **4. extraordinaire**, incroyable, remarquable

singulièrement ADV. **1. très**, considérablement, énormément, extrêmement, particulièrement **2. bizarrement**, curieusement, étrangement, drôlement (fam.) **3. particulièrement**, notamment, principalement **4. individuellement**, personnellement

sinistre[1] ADJ. **1. funeste**, angoissant, inquiétant, menaçant, de mauvais augure **2. lugubre**, funèbre, macabre, mortel, sombre, triste, sépulcral (littér.), ténébreux (littér.) **3. grave**, sévère, sombre, triste **4. patibulaire 5. lamentable**, pauvre, sombre, triste

sinistre[2] N. M. **1. catastrophe**, accident **2.** [Assurances] **dommage(s)**, perte(s)

sinistré, ée ADJ. ravagé, détruit

sinon CONJ. **1. excepté**, à l'exception de, à l'exclusion de, à part, hormis, hors, sauf **2. voire 3. à défaut de 4. autrement**, dans le cas contraire, faute de quoi, ou bien, sans quoi

sinueux, euse ADJ. **1. courbe**, ondoyant, onduleux **2. zigzagant**, tortueux

sinuosité N. F. **1. courbure**, galbe **2. courbe**, coude, détour, lacet, méandre, ondulation, virage **3. pli**, repli

sirène N. F. alarme, avertisseur

siroter V. TR. déguster, boire, laper

sirupeux, euse ADJ. **1. épais**, gluant, poisseux, visqueux **2. doucereux**, mièvre, sucré, dégoulinant (fam.)

site N. M. **1. situation**, emplacement, endroit, lieu, place, position **2. zone 3. panorama**, paysage

situation N. F. **I. 1. emplacement**, endroit, lieu, localisation, place, position, site **2. exposition**, disposition, orientation **II. 1. circonstances**, conjoncture, contexte, état de(s) choses, état de fait, paysage **2.** [Banque] **bilan**, solde **III. 1. emploi**, fonction, métier, place, position, poste, profession, travail, job (fam.) **2. condition**, état, fortune, position, rang

situer V. TR. **1. détecter**, localiser, repérer **2. placer**, implanter, installer, localiser, mettre

♦ **se situer** V. PRON. **1. se trouver**, résider, siéger **2. avoir lieu**, se dérouler, se passer

slogan N. M. devise, formule

snob ADJ. et N. **1. poseur**, affecté, apprêté, prétentieux, m'as-tu-vu (fam.) **2. fermé**, sélect

snober V. TR. dédaigner, mépriser

snobisme N. M. affectation, pose, afféterie (littér.)

sobre ADJ. **1. abstinent**, frugal, tempérant **2. classique**, discret, simple **3. dépouillé**, simple **4. austère**, ascétique, sévère **5. modéré**, mesuré, pondéré, réservé

sobrement ADV. **1. modérément**, légèrement, peu, raisonnablement **2. simplement**, discrètement, sagement, sans ornement

sobriété N. F. **1. abstinence**, frugalité, tempérance **2. simplicité**, discrétion **3. dépouillement**, simplicité **4. austérité**, ascétisme, sévérité **5. mesure**, circonspection, modération, pondération, réserve, retenue

sociabilité N. F. amabilité, aménité, liant, politesse

sociable ADJ. **1. liant**, affable, aimable, amène, avenant, communicatif, engageant, ouvert **2. social**

social, ale, aux ADJ. **1. sociable 2.** [obligations, etc.] **mondain 3. humain**, politique, sociologique

sociétaire ADJ. et N. associé, affilié, membre

société N. F. **I. 1. collectivité**, communauté, corps social **2. groupe**, cercle, clan, famille, tribu **3. assemblée**, assistance, compagnie, public **4. association**, club, fédération **II. 1. entourage**, milieu, monde **2. fréquentation**, compagnie, relation, commerce (littér.) **III. entreprise**, affaire, compagnie, établissement, firme, maison, boîte (fam.)

socle N. M. **1. assise**, base, soubassement, support **2. piédestal**, acrotère **3. fondation**, base, fondement

sœur N. F. frangine (fam.)

sofa N. M. canapé, divan

soi-disant

► ADJ. INVAR. **prétendu**, présumé, pseudo-, supposé

► ADV. **prétendument**

soif N. F. **1. pépie** (fam.) **2. désir**, appétit, besoin, envie, faim **3. curiosité**

soigné, ée ADJ. **1. élégant**, bien tenu, impeccable, net, pimpant, propre, tiré à quatre épingles (fam.), sur son trente et un (fam.) **2. appliqué**, consciencieux, minutieux, peaufiné, soigneux, clean (fam., anglic.), chiadé (fam.), fignolé (fam.), léché (fam.) **3. étudié**, châtié, littéraire, raffiné, recherché, soutenu

soigner V. TR. **1. traiter**, panser **2. guérir**, rétablir, remettre sur pied, remettre d'aplomb (fam.) **3. choyer**, couver, dorloter, gâter, être aux petits soins avec, bichonner (fam.), chouchouter (fam.), élever dans du coton (fam.), pouponner (fam.) **4. entretenir**, conserver, cultiver, ménager **5. travailler**, ciseler, fignoler (fam.), lécher (fam.), mitonner (fam.), peaufiner (fam.)

soigneusement ADV. avec soin, consciencieusement, délicatement, méticuleusement, minutieusement

soigneux, euse ADJ. appliqué, consciencieux, diligent, méticuleux, minutieux, ordonné, scrupuleux, sérieux, soigné

soin N. M. **1. hygiène (corporelle)**, toilette **2. application**, attention, diligence, exactitude, minutie, sérieux **3. délicatesse**, attention, ménagement, précaution, prudence **4. sollicitude**, attention, dévouement, égard, empressement, prévenance **5. charge**, devoir, mission, responsabilité, souci, tracas

♦ **soins** PLUR. **traitement**, thérapeutique

soir N. M. **1. crépuscule**, tombée du jour, tombée de la nuit **2. soirée 3.** [littér.] **fin**, déclin, automne (littér.), hiver (littér.)

soirée N. F. **1. soir 2. veillée**, réunion **3. fête**, bal, réception

soit

▸ CONJ. **1. ou 2. à savoir**, c'est-à-dire

▸ ADV. **bien**, bon, d'accord, entendu, admettons, si vous voulez, d'ac (fam.), ok (fam.), ça marche (fam.), ça roule (fam.)

sol N. M. **1. terre**, terrain, terroir **2. territoire**, pays **3. plancher**

soldat N. M. **1. militaire**, combattant, guerrier, homme de guerre, soudard (péj.), reître (péj., littér.) **2. appelé**, conscrit, recrue, bleu (fam.) **3. homme de troupe**, homme du rang, bidasse (fam.), deuxième pompe (fam.), troufion (fam.)

solde[1] N. F. rétribution, paie, rémunération, salaire

solde[2] N. M. **1. balance**, bilan, situation **2. complément**, appoint, différence, reliquat, restant, reste **3.** [créditeur] **avoir**

♦ **soldes** PLUR. **1. liquidation 2. braderie**, solderie

solder V. TR. **1. acquitter**, payer **2. clôturer**, fermer **3. brader**, discounter, liquider, casser les prix de, sacrifier, vendre au rabais, bazarder (fam.)

♦ **se solder par** V. PRON. **aboutir à**, se conclure par, se traduire par, se terminer par

solennel, elle ADJ. **1. grave**, digne **2.** [péj.] **affecté**, cérémonieux, compassé, doctoral, emphatique, guindé, professoral, sentencieux **3. officiel**, authentique, formel, protocolaire, public **4. cérémoniel**, imposant, majestueux

solennellement ADV. **1. cérémonieusement**, pompeusement, sentencieusement, en grande pompe **2. officiellement**, publiquement

solennité N. F. **1. gravité**, sérieux, componction (péj.), emphase (péj.) **2. apparat**, majesté, pompe

solidaire ADJ. **1. coresponsable 2. uni**, attaché, lié, soudé **3. dépendant**, connexe, corrélatif, interdépendant

solidariser V. TR. **unir**, lier, souder
♦ **se solidariser** V. PRON. s'allier, s'entraider, se soutenir, s'unir, se serrer les coudes (fam.)

solidarité N. F. **1. esprit de corps**, altruisme, cohésion, entraide, fraternité **2. dépendance**, corrélation, interaction, interdépendance

solide ADJ. **I. dur**, consistant, ferme **II. 1. résistant**, incassable, indéchirable, inusable, robuste, costaud (fam.) **2. vigoureux**, endurant, fort, résistant, robuste, vaillant, bâti à chaux et à sable, costaud (fam.), increvable (fam.) **III. durable**, ferme, fiable, indéfectible, indestructible, inébranlable, stable, sûr, à toute épreuve, bon teint (plaisant), (en) béton (fam.) **IV. 1. fondé**, exact, positif, sérieux, sûr, valable, qui tient la route (fam.) **2. réel**, assuré, concret, effectif, tangible

solidement ADV. fortement, fermement, robustement

solidifier V. TR. **durcir**, épaissir, gélifier
♦ **se solidifier** V. PRON. **se figer**, prendre, [lait] cailler, [sang] coaguler, [eau] geler

solidité N. F. **1. consistance**, dureté, résistance, robustesse **2. force**, endurance, résistance, robustesse, vigueur **3. continuité**, durabilité, pérennité, permanence, persistance, stabilité **4. ténacité**, constance, courage, cran (fam.)

solitaire
▸ ADJ. **1. esseulé**, reclus, seul **2. retiré**, abandonné, dépeuplé, désert, inhabité, isolé
▸ N. **1. ermite**, anachorète **2. misanthrope**, ours, sauvage

solitude N. F. **1. isolement 2. abandon**, délaissement, déréliction (littér.) **3. désert**

sollicitation N. F. **1. incitation**, appel, excitation, invite, stimulation **2. demande**, instance, prière, requête

solliciter V. TR. **1. demander**, réclamer, requérir, mendier (péj.), quémander (péj.), quêter (péj.) **2. postuler à**, briguer **3. importuner**, assiéger, prier **4. attirer**, tenter

sollicitude N. F. **1. intérêt**, affection, attention, égard, prévenance, soin **2. inquiétude**, souci

solution N. F. **1. explication**, clé, résolution, résultat **2. moyen**, astuce, méthode, expédient (souvent péj.), procédé, combine (fam.), truc (fam.) **3. achèvement**, aboutissement, conclusion, dénouement, épilogue, fin, issue, règlement, terme **4. soluté**, solvant, teinture

sombre ADJ. **I. 1. noir**, obscur, ombreux, opaque, ténébreux (littér.) **2. foncé**, basané, brun, hâlé, noirâtre, noiraud **3. assombri**, bas, brumeux, couvert, nuageux, voilé **II. 1. triste**, abattu, déprimé, funèbre, lugubre, sinistre, ténébreux (littér.) **2. pessimiste**, atrabilaire, bilieux **3. pauvre**, sinistre, triste **III. 1. inquiétant**, alarmant, angoissant, effrayant, menaçant, préoccupant, sinistre, funeste (littér.) **2. tragique**, dramatique, noir **3. mystérieux**, obscur, occulte, sourd, souterrain

sombrer V. INTR. **1. s'abîmer**, chavirer, couler, disparaître, s'engloutir, faire naufrage, se perdre, périr (corps et biens) **2. s'effondrer**, péricliter, aller à sa ruine **3. s'abandonner**, s'enfoncer, s'enliser, se laisser aller, se noyer, glisser, tomber

sommaire[1] ADJ. **1. court**, bref, concis, condensé, laconique, lapidaire, schématique, succinct **2. rudimentaire**, élémentaire, fruste, grossier, primaire, réducteur, simpliste, superficiel, basique (fam.) **3. expéditif**, hâtif, précipité, rapide **4.** [repas] **léger**, frugal, pris sur le pouce (fam.)

sommaire[2] N. M. **1. table des matières 2. abrégé**, aperçu, digest, extrait, précis, résumé

sommairement ADV. **1. en abrégé**, brièvement, en résumé, schématiquement, succinctement, dans les grandes lignes, en gros (fam.), grosso modo (fam.) **2. grossièrement**, rudimentairement, simplement, superficiellement **3. rapidement**, expéditivement, hâtivement, précipitamment, en deux/trois coups de cuillère à pot (fam.)

sommation N. F. **1. commandement**, demande **2. mise en demeure**, injonction, ordre, ultimatum **3. assignation**, citation, intimation

somme[1] N. F. **1. montant**, chiffre **2. total**, addition, compte, résultat **3. masse**, ensemble, totalité **4. œuvre**, compendium (littér.)

somme[2] N. M. sieste, dodo (fam.), roupillon (fam.)

sommeil N. M. **1. assoupissement**, somnolence, torpeur **2. somme**, dodo (fam.), roupillon (fam.), dormition (Relig.) **3. inactivité**, engourdissement, inertie

sommeiller V. INTR. dormir, somnoler, pioncer (fam.), roupiller (fam.), pousser un roupillon (fam.)

sommer V. TR. ordonner à, commander à, enjoindre à, intimer à, mettre en demeure, signifier à

sommet N. M. **1. dessus 2. faîte**, cime, crête, haut, point culminant, pointe, tête **3. montagne**, massif, pic, pointe **4. couronnement**, apogée, faîte, zénith, pinacle (littér.) **5. summum**, comble, perfection **6. conférence**, rencontre, réunion

sommité N. F. célébrité, autorité, figure, gloire, (grand) maître, lumière, mandarin, monsieur, (grand) nom, notable, personnage, personnalité, ténor, vedette, phare (littér.), gros bonnet (fam.), grosse légume (fam.), grosse pointure (fam.), huile (fam.), (grand) ponte (fam.)

somnifère N. M. narcotique, barbiturique, soporifique

somnolence N. F. **1. assoupissement**, demi-sommeil, sommeil, torpeur **2. engourdissement**, atonie, apathie, inertie, léthargie, mollesse, torpeur

somnolent, ente ADJ. **1. assoupi**, endormi, ensommeillé **2. apathique**, indolent, mou, nonchalant, avachi (fam.), mollasse (fam.)

somnoler V. INTR. sommeiller, s'assoupir, dormir d'un œil

somptueux, euse ADJ. **1. magnifique**, fastueux, luxueux, opulent, princier, riche, royal **2. coûteux**

son N. M. **1. bruit 2. sonorité**, accents, intonation, résonance, timbre, ton, voix **3. musique**, rythme

sondage N. M. **1. consultation**, enquête, questionnaire, radio-trottoir **2. prospection**

sonde N. F. **1. tube**, cathéter, drain **2. tarière**, trépan

sonder V. TR. **1. interroger**, consulter, enquêter auprès de, prendre la température de, pressentir, tâter (le pouls de) (fam.) **2. analyser**, approfondir, creuser, explorer, fouiller, inspecter, scruter **3. forer**, percer

songe N. M. **1. rêve 2. apparence**, chimère, fantasme, illusion, imagination, invention, mirage, rêve, utopie

songer V. TR. IND. **rêver**, méditer, rêvasser (péj.)

- songer à 1. se souvenir de, se rappeler, se remémorer **2. penser à**, réfléchir à **3. tenir compte de**, considérer, faire attention à, se préoccuper de **4.** [suivi de l'infinitif] **envisager de**, avoir l'idée de, penser, projeter de, se mettre en tête de, se proposer de

songeur, euse ADJ. **1. rêveur**, contemplatif, méditatif **2. pensif**, absent, absorbé, préoccupé, soucieux

sonner
▸ V. INTR. **1. carillonner**, corner, résonner, vibrer **2. siffler**, tinter
▸ V. TR. **1. frapper 2.** [fam.] **assommer**, étourdir, estourbir (fam.), mettre k.-o. (fam.) **3.** [fam.] **ébranler**, bouleverser, tourneboulër (fam.)

sonnette N. F. **1. clochette**, cloche **2. sonnerie**, carillon

sonore ADJ. **1. retentissant**, éclatant, tonitruant, tonnant, vibrant **2. bruyant**

sophistication N. F. **1. complexité**, complication **2. raffinement**, recherche, subtilité, [péj.] affectation, maniérisme, préciosité

sophistiqué, ée ADJ. **1. complexe**, de pointe, performant **2. recherché**, évolué, raffiné, [péj.] affecté, maniéré, précieux

soporifique
▸ ADJ. **1. narcotique**, dormitif, hypnotique, sédatif, somnifère **2. ennuyeux**, assommant, barbant (fam.), chiant (très fam.), mortel (fam.), mortifère (fam.), rasoir (fam.)
▸ N. M. **somnifère**

sorcellerie N. F. **1. magie**, diablerie, féerie **2. ensorcellement**, envoûtement, maléfice, sortilège

sorcier N. M. magicien, chaman, enchanteur, envoûteur, jeteur de sorts, marabout, thaumaturge (littér.)

sorcière N. F. **1. magicienne**, envoûteuse, jeteuse de sorts, enchanteresse, méchante fée (lang. enfants) **2. mégère**, harpie

sordide ADJ. **1. sale**, crasseux, dégoûtant, immonde, infect, malpropre, pouilleux, repoussant, répugnant **2. ignoble**, abject, écœurant, hideux, infâme **3. mesquin**, vil

sornettes N. F. PL. bêtises, balivernes, sottises, fables (littér.)

sort N. M. **1. hasard**, providence, fortune (littér.) **2. avenir**, destin, destinée, étoile, fortune (littér.) **3. condition**, état, lot, position **4. sortilège**, charme, enchantement, ensorcellement, envoûtement, maléfice

sortable ADJ. convenable, correct, décent, montrable, présentable

sorte N. F. **1. catégorie**, classe, famille, forme, genre, groupe, ordre, type, variété **2. nature**, espèce, race, trempe **3. façon**, manière

sortie N. F. **1. issue**, débouché, porte, [sur autoroute] bretelle **2. promenade**, balade, escapade, tour, échappée (littér.) **3. lancement**, mise en circulation, édition, parution, publication **4. apparition**, émergence **5. échappement**, écoulement, évacuation **6. invective**, algarade

sortilège N. M. **1. sort**, ensorcellement, envoûtement, charme, enchantement, maléfice, sorcellerie **2. magie**, fascination

sortir[1] V. INTR. **I. 1. aller dehors**, s'aérer, mettre le nez dehors (fam.), s'oxygéner (fam.) **2. aller se promener**, se dégourdir les jambes, faire un tour (fam.) **3. partir**, s'en aller, s'éclipser, s'esquiver, se retirer, décamper, déguerpir, débarrasser le plancher (fam.) **II. 1. déborder**, se répandre, sourdre (littér.) **2. surgir**, affleurer, émerger, percer, poindre, pousser, ressortir

♦ **se sortir** V. PRON.
- **se sortir de** 1. **réchapper de**, se relever de 2. **se dépêtrer de**, se tirer de
- **s'en sortir** 1. **reprendre le dessus**, se tirer d'affaire, s'en tirer (fam.) 2. **y arriver**, se débrouiller, se démerder (très fam.), se dépatouiller (fam.), tirer son épingle du jeu (fam.)

sortir² V. TR. 1. **promener**, balader (fam.) 2. **lancer**, éditer, faire paraître, publier 3. [fam.] **expulser**, vider (fam.), virer (fam.) 4. [Sport] **battre**, éliminer

sosie N. double, clone, jumeau, réplique

sot, sotte
▸ ADJ. 1. **bête**, borné, idiot, imbécile, inintelligent, stupide, balourd (fam.), nunuche (fam.) 2. **absurde**, déraisonnable, inepte, insensé, malavisé, ridicule 3. **confus**, déconcerté, penaud
▸ N. **âne**, abruti, benêt, dadais, étourdi, idiot, imbécile, niais, nigaud, andouille (fam.), bêta (fam.), buse (fam.), cloche (fam.), con (très fam.), cornichon (fam.), couillon (très fam.), crétin (fam.), cruche (fam.), nouille (fam.)

sottement ADV. bêtement, absurdement, idiotement, stupidement, connement (fam.)

sottise N. F. 1. **bêtise**, balourdise, crétinerie, idiotie, imbécillité, inintelligence, niaiserie, stupidité 2. **ânerie**, absurdité, baliverne, bêtise, énormité, fadaise, faribole, ineptie, insanité, sornette 3. **bévue**, faute, impair, maladresse, bourde (fam.), gaffe (fam.) 4. **babiole**, bagatelle, bêtise, bricole, broutille, futilité, misère, rien, vétille, foutaise (fam.)

sou N. M. pièce, centime, kopeck (fam.), liard (fam.), radis (fam.), rond (fam.)

soubassement N. M. 1. **assiette**, assise, base, embasement, fondation, fondement 2. **socle**, piédestal, stylobate

soubresaut N. M. 1. **frisson**, convulsion, haut-le-corps, spasme, tressaillement 2. **saccade**, cahot, secousse, trépidation

souche N. F. 1. **racine** 2. **origine**, ascendance, extraction, famille, filiation, lignage, lignée, naissance, race, sang 3. **talon**

souci N. M. 1. **angoisse**, alarme, anxiété, crainte, inquiétude, préoccupation 2. **contrariété**, désagrément, difficulté, embarras, ennui, problème, tourment, tracas, embêtement (fam.), emmerdement (très fam.), empoisonnement (fam.)

soucier V. TR. **inquiéter**, ennuyer, préoccuper, tourmenter, tracasser, turlupiner (fam.)
♦ **se soucier** V. PRON. **s'inquiéter**, se tourmenter

soucieux, euse ADJ. inquiet, anxieux, contrarié, ennuyé, préoccupé, tourmenté, tracassé, turlupiné (fam.)

soudain¹, aine ADJ. 1. **brusque**, brutal, foudroyant, fulgurant, instantané, prompt, rapide, subit 2. **imprévu**, fortuit, inattendu, inopiné

soudain² ADV. soudainement, brusquement, brutalement, subitement, tout à coup, tout d'un coup, sans crier gare

soudainement ADV. brusquement, brutalement, subitement, tout d'un coup, [demander] à brûle-pourpoint, de but en blanc

souder V. TR. unir, accoler, agglutiner, conglomérer, joindre, réunir

soudoyer V. TR. acheter, corrompre, payer, arroser (fam.), graisser la patte à (fam.), stipendier (littér.), [un témoin] suborner

soudure N. F. 1. **jonction** 2. **assemblage**, raccord, soudage 3. **brasure**

souffle N. M. **I. 1. haleine**, expiration, respiration, soupir **2. bouffée**, effluve, émanation, exhalaison **3. vent**, air, courant, rafale **4. onde de choc** **II. 1. âme**, esprit, vie **2. inspiration**, créativité, enthousiasme, exaltation, lyrisme, veine

souffler
▸ V. INTR. **1. expirer 2. haleter**, s'essouffler **3. se reposer**, se délasser, se détendre, reprendre haleine, reprendre son souffle, respirer
▸ V. TR. **1. exhaler**, cracher, vomir **2. éteindre 3. suggérer**, conseiller

soufflet N. M. affront, humiliation, mortification, offense, outrage, camouflet (littér.)

souffrance N. F. **1. douleur 2. affliction**, chagrin, détresse, croix, larmes, peine **3. épreuve**, calvaire, supplice, torture, tourment

souffrant, ante ADJ. **1. malade**, incommodé, indisposé, mal en point, mal fichu (fam.), patraque (fam.), tout chose (fam.) **2. maladif**, dolent (littér.)

souffre-douleur N. M. victime, bête noire, bouc émissaire, jouet, martyr, tête de Turc

souffreteux, euse ADJ. maladif, chétif, débile, malingre, rachitique, dolent (littér.)

souffrir
▸ V. INTR. **1. avoir mal**, être à la torture, déguster (fam.), dérouiller (fam.), en baver (fam.), morfler (fam.), trinquer (fam.) **2. peiner**, en baver (fam.), galérer (fam.) **3. s'abîmer**, se détériorer, morfler (fam.)
▸ V. TR. **1. endurer**, éprouver, subir, supporter, encaisser (fam.) **2. admettre**, accepter, autoriser, permettre, tolérer **3. supporter**, sentir, voir

souhait N. M. **1. aspiration**, ambition, attente, désir, envie, rêve, volonté **2. vœu**

souhaitable ADJ. **1. indiqué**, adéquat, approprié, conseillé, convenable, opportun, recommandé, requis **2. enviable**, désirable

souhaiter V. TR. **1. appeler (de ses vœux)**, aspirer à, avoir envie de, désirer, espérer, rêver de **2. convoiter**, avoir des vues sur, viser, lorgner sur (fam.)

souiller V. TR. **I. 1. salir**, tacher **2. polluer**, contaminer, infecter **II. 1. avilir**, corrompre, entacher, gâter **2. déshonorer**, profaner, violer **3. calomnier**, diffamer, éclabousser

souillure N. F. **1. contamination**, pollution **2. avilissement**, corruption, flétrissure **3. faute**, péché, tache, tare

soûl, soûle ADJ. ivre, beurré (fam.), bituré (fam.), blindé (fam.), bourré (fam.), déchiré (fam.), gai (fam.), gris (fam.), noir (fam.), paf (fam.), parti (fam.), pinté (fam.), plein (comme une huître/comme une outre/comme une barrique) (fam.), rond (comme une queue de pelle) (fam.)

soulagement N. M. **1. apaisement**, adoucissement, allègement **2. aide**, consolation, palliatif, réconfort, remède

soulager V. TR. **1. secourir**, aider, assister, faire du bien à, décharger, ôter une épine du pied à **2. alléger**, adoucir, apaiser, atténuer, calmer, consoler, modérer, réduire, tempérer

soûler V. TR. **1. enivrer**, étourdir, griser, monter à la tête à **2. abrutir**, assommer, étourdir, fatiguer, gaver (fam.)
♦ **se soûler** V. PRON. **s'enivrer**, boire (plus que de raison), se beurrer (fam.), se biturer (fam.), se bourrer (la gueule) (fam.), se cuiter (fam.), se péter la gueule (fam.), picoler (fam.), se pinter (la gueule) (très fam.), prendre une biture/une caisse/une cuite (fam.)

soulèvement N. M. émeute, insurrection, rébellion, révolte, sédition, [de marins, de soldats] mutinerie, [de paysans, Hist.] jacquerie

soulever V. TR. **I. 1. lever**, élever, hausser, hisser **2. retrousser**, relever, remonter **II. 1. provoquer**, causer, déclencher, engendrer, entraîner, occasionner, produire, susciter **2. poser**, aborder, élever, évoquer **3. enflammer**, déchaîner, enthousiasmer, exalter, exciter

♦ **se soulever** V. PRON. **1. se dresser**, se lever **2. se rebeller**, s'insurger, se mutiner, se rebiffer, se révolter

soulier N. M. chaussure, godasse (fam.), grole (fam.), pompe (fam.), tatane (fam.)

souligner V. TR. **1. accentuer**, accuser, faire ressortir, mettre en avant, mettre en relief, mettre en valeur **2. insister sur**, appuyer sur, faire remarquer, marquer, mettre en évidence, s'étendre sur

soumettre V. TR. **1. assujettir**, asservir, conquérir, contraindre, dominer, dompter, enchaîner, inféoder, maîtriser, mater, museler, opprimer, pacifier (euph.), ranger sous ses lois, réduire, subjuguer **2. exposer**, offrir, présenter, proposer

♦ **se soumettre** V. PRON. **1. abandonner (le combat/la lutte)**, capituler, se livrer, se rendre **2. s'abaisser**, courber la tête/le front/l'échine, ployer le genou, baisser pavillon, baisser son froc (fam.), filer doux (fam.) **3. céder**, fléchir, s'incliner, obéir, obtempérer, plier, se résigner, mettre les pouces (fam.)

soumis, ise ADJ. **1. discipliné**, déférent, docile, maniable, obéissant, souple **2. résigné**, humble **3. servile**, bas **4. asservi**, pacifié

soumission N. F. **1. docilité**, obéissance, obédience (littér.), servilité (péj.) **2. humilité**, acceptation, résignation **3. asservissement**, assujettissement, esclavage, inféodation, servitude, sujétion, vassalité **4. observance**, obéissance **5. conquête**, réduction **6. capitulation**, reddition

soupape N. F. **1. obturateur**, clapet **2. exutoire**, dérivatif, diversion, issue

soupçon N. M. **1. doute**, présomption, suspicion **2. méfiance**, défiance, suspicion

soupçonner V. TR. **1. suspecter**, se défier de, douter de, se méfier de, incriminer **2. se douter**, imaginer, avoir idée **3. croire à**, deviner, entrevoir, pressentir, flairer (fam.), subodorer (fam.), conjecturer (littér.)

soupçonneux, euse ADJ. **1. défiant**, méfiant, suspicieux **2. jaloux**, craintif, ombrageux

soupeser V. TR. apprécier, estimer, évaluer, jauger, juger de

soupir N. M. **1. souffle 2. gémissement**, plainte

soupirant N. M. galant, amant, amoureux, prétendant

soupirer V. INTR. **1. souffler**, expirer **2. pleurer**, gémir, geindre, se plaindre, se lamenter

souple ADJ. **I. 1. mou**, élastique, extensible, flexible, malléable, maniable **2. agile**, alerte, délié, leste, preste, vif **3. décontracté**, aisé, dégagé, félin, gracieux, léger, ondoyant **II. 1. liant**, accommodant, compréhensif, conciliant, diplomate, habile, politique **2. docile**, complaisant, flexible, malléable

souplesse N. F. **1. élasticité**, flexibilité, malléabilité, maniabilité, plasticité **2. agilité**, adresse, légèreté **3. adaptabilité 4. diplomatie**, adresse, compréhension, doigté

source N. F. **1. point d'eau**, fontaine, résurgence **2.** [lumineuse] **foyer 3. cause**, base, commencement, générateur, germe, origine, point de départ, raison **4. mine**, filon, trésor, veine

sourcilleux, euse ADJ. exigeant, chatouilleux, intransigeant, maniaque, strict, scrupuleux, pointilleux (péj.), tatillon (péj.), vétilleux (péj., littér.)

sourd, sourde
▸ ADJ. **1. malentendant**, dur d'oreille, dur de la feuille (fam.), sourdingue (fam.) **2. assourdi**, cotonneux, étouffé, feutré, mat, mou **3. enroué**, voilé **4. diffus**, caché, latent, secret, souterrain, vague
▸ N. **malentendant**

sourdre V. INTR. **1. couler**, s'échapper, filtrer, suinter **2. paraître**, apparaître, éclore, émerger, naître, poindre

souriant, ante ADJ. gai, enjoué, épanoui, jovial, réjoui, rieur, tout sourire

souricière N. F. **1. ratière**, tapette **2. piège**, traquenard

sournois, oise ADJ. **1. hypocrite**, dissimulateur, faux, fourbe **2. insidieux**, perfide, traître, subreptice (littér.)

sournoisement ADV. en cachette, en catimini, à la dérobée, en sous-main, en tapinois, hypocritement, en douce (fam.), mine de rien (fam.), par en dessous (fam.)

souscrire à V. TR. IND. accepter, accéder à, acquiescer à, adhérer à, admettre, consentir à, se prêter à, se rallier à

sous-développé, ée ADJ. **1.** [Écon.] **en voie de développement**, moins avancé **2. en retard 3. sous-équipé**

sous-entendre V. TR. **1. insinuer**, laisser deviner, laisser entendre, suggérer **2. vouloir dire**, impliquer, indiquer

sous-entendu[1], ue ADJ. implicite, inexprimé, informulé, tacite

sous-entendu[2] N. M. allusion, ellipse, insinuation, implicite, non-dit

sous-estimation N. F. sous-évaluation, dépréciation, mésestimation (littér.)

sous-estimer V. TR. déprécier, dévaloriser, méjuger, mésestimer, minimiser, sous-évaluer

sous-jacent, ente ADJ. **1. implicite**, latent, occulte **2. inférieur**, subjacent

sous-main (en) N. M. secrètement, à la dérobée, dans l'ombre, en cachette, en catimini, clandestinement, en coulisse, en secret, incognito, subrepticement, en tapinois (fam.), sous le manteau (fam.)

soustraction N. F. **1. décompte**, déduction **2. détournement**, vol

soustraire V. TR. **1. décompter**, déduire, défalquer, enlever, ôter, prélever, retirer, retrancher **2. s'approprier**, confisquer, dérober, détourner, escamoter, escroquer, subtiliser, voler, chaparder (fam.), débarrasser de (fam.), faucher (fam.), ravir (littér.)
♦ **se soustraire à** V. PRON. **échapper à**, se dégager de, se dérober à, éluder, esquiver, éviter, manquer à, couper à (fam.), s'affranchir de (littér.)

sous-vêtements N. M. PL. dessous, linge de corps, lingerie

soutenable ADJ. **1. supportable**, endurable, tenable, tolérable, vivable **2. défendable**, explicable, justifiable

souteneur N. M. proxénète, protecteur, maquereau (fam.), marlou (fam.), jules (pop.), julot (pop.)

soutenir V. TR. **I. 1. maintenir**, porter, supporter, tenir **2. consolider**, accoter, appuyer, caler, étayer, renforcer **II. 1. aider**, appuyer, assister, donner la main à, encourager, épauler, prêter main-forte à, seconder, secourir, venir à la rescousse de **2. fortifier**, conforter, réconforter, remonter, stimuler, sustenter **3. favoriser**, pistonner, protéger **4. défendre**, épouser la cause de, plaider pour, prendre fait et cause pour, prendre le parti de, recommander **5. financer**, parrainer, sponsoriser, subventionner **III. affirmer**, assurer, attester, avancer, certifier, faire valoir, maintenir, prétendre, professer **IV. continuer**, persévérer dans, persister dans, poursuivre **V. résister à**, faire face à, endurer, souffrir, supporter, tenir contre

♦ **se soutenir** V. PRON. **1. se tenir debout**, se tenir droit **2. durer**, se continuer, subsister **3. s'entraider**, se prêter assistance, se prêter main-forte, être solidaire, se donner un coup de main (fam.), se serrer les coudes (fam.)

soutenu, ue ADJ. **1. assidu**, constant, continu, incessant, ininterrompu, persévérant, persistant, régulier, suivi **2. intense**, profond, vif **3. recherché**, académique, châtié, littéraire, soigné

souterrain[1], aine ADJ. secret, caché, clandestin, larvé, occulte, sourd, ténébreux, subreptice (littér.)

souterrain[2] N. M. tunnel, galerie

soutien N. M. **1. support**, (point d') appui, béquille, contrefort, étai, soutènement **2. aide**, appui, assistance, patronage, protection, recommandation, secours, [financier] allocation, subsides, subvention **3. accord**, appui, collaboration, concours, coopération, encouragement **4. défenseur**, appui, champion, partisan

soutirer V. TR. **1. prélever 2. transvaser**, clarifier **3. extorquer**, arracher, escroquer, taper (fam.), tirer (fam.)

souvenir N. M. **1. réminiscence**, évocation, pensée, rappel **2. mémoire**, souvenance, ressouvenance (littér.) **3. trace**, arrière-goût, ombre, relique, vestige

♦ **souvenirs** PLUR. **1. passé 2. mémoires**, autobiographie

souvenir de (se) V. PRON. **1. se rappeler**, revoir, se remémorer (littér.), avoir souvenance de (littér.) **2. reconnaître**, remettre (fam.) **3. retenir**, penser à, prendre bonne note de

souvent ADV. **1. plusieurs fois**, à maintes reprises, à plusieurs reprises, fréquemment **2. généralement**, communément, d'ordinaire, en général, habituellement, la plupart du temps

souverain[1], aine ADJ. **I. 1. tout-puissant**, absolu, omnipotent, suprême **2. régnant 3. indépendant**, autonome, libre **II. 1. supérieur**, absolu, divin, extrême, idéal, parfait, suprême **2. efficace**, absolu, infaillible, magistral, puissant, radical, sûr

souverain[2], aine N. **1. monarque**, prince, roi **2. maître**, arbitre, chef, seigneur

souveraineté N. F. **1. couronne (royale/impériale)**, empire, royauté **2. pouvoir**, autorité, empire, omnipotence, toute-puissance, supériorité **3. autonomie**, indépendance

soyeux, euse ADJ. doux, lustré, satiné

spacieux, euse ADJ. étendu, ample, grand, immense, large, vaste

spasme N. M. contraction, contracture, convulsion, crispation, soubresaut, tiraillement, tremblement

spatial, ale, aux ADJ. cosmique, interplanétaire, intersidéral, interstellaire

spécial, ale, aux ADJ. **1. caractéristique**, distinctif, particulier, propre, spécifique **2.** [cas] **individuel**, d'espèce, ponctuel **3. singulier**, à part, atypique, extraordinaire, exceptionnel, hors du commun, original, particulier, unique **4. bizarre**, étrange

spécialement ADV. **1. notamment**, par exemple, en particulier, entre autres, particulièrement, surtout, singulièrement (littér.) **2. exprès**, exclusivement, spécifiquement

spécialiste N. expert, grand clerc (en la matière), homme de l'art, professionnel

spécialité N. F. **1. discipline**, branche, domaine, partie, sphère, rayon (fam.) **2. mets**, plat **3. spécialisation**

spécieux, euse ADJ. fallacieux, faux, trompeur, captieux (littér.)

spécification N. F. **1. caractérisation**, définition, détermination **2. précision**, indication, mention

spécificité N. F. caractéristique, particularité, propre, singularité

spécifier V. TR. **1. fixer**, caractériser, déterminer, définir **2. indiquer**, mentionner, préciser, stipuler

spécifique ADJ. particulier, caractéristique, propre, spécial, sui generis, typique

spécifiquement ADV. **1. exprès**, exclusivement, spécialement, uniquement **2. typiquement**, proprement, uniquement **3. particulièrement**, à proprement parler

spécimen N. M. **1. modèle**, archétype, exemple, prototype, type **2. échantillon**, exemplaire, individu, représentant

spectacle N. M. **1. représentation**, divertissement, exhibition, gala, revue, séance, show **2. scène**, tableau, vue

spectaculaire ADJ. impressionnant, extraordinaire, prodigieux, sensationnel

spectateur, trice N. **1. observateur**, témoin **2. assistant**, auditeur, téléspectateur

♦ **spectateurs** PLUR. **assistance**, auditoire, parterre, public, salle, galerie (fam.)

spectre N. M. **1. fantôme**, apparition, ectoplasme, esprit, ombre, mort, revenant **2. menace**, épouvantail, obsession, peur

spéculation N. F. **1. raisonnement**, théorie **2. calcul**, réflexion, supputation **3. agiotage**, opérations boursières, jeu boursier, boursicotage (fam.), coup de Bourse (fam.)

spéculer V. INTR. agioter, jouer en Bourse, boursicoter (fam.)

speech N. M. discours, laïus (fam.), topo (fam.)

sphère N. F. **1. boule**, globe **2.** [terrestre] **globe**, Terre, mappemonde **3. milieu**, cadre, champ, domaine, mouvance, univers, zone

spirale N. F. volute, arabesque, enroulement, hélice, serpentin, torsade, vrille

spiritualité N. F. **1. esprit 2. mysticisme**, dévotion, foi, religiosité

spirituel, elle ADJ. **1. intérieur**, moral **2. mystique**, métaphysique, religieux **3. intellectuel**, mental **4. amusant**, drôle, humoristique, malicieux, pétillant, piquant

spiritueux N. M. alcool, liqueur

splendeur N. F. **1. beauté 2. magnificence**, apparat, brillant, faste, luxe, pompe, richesse, somptuosité **3. gloire**, éclat, grandeur, lustre, panache, prestige, rayonnement **4. prospérité**

splendide ADJ. **1. superbe**, beau, admirable, magnifique, merveilleux, sublime, [temps] radieux **2. somptueux**, brillant, éblouissant, étincelant, fastueux

splendidement ADV. admirablement, divinement, magnifiquement, merveilleusement, somptueusement, superbement

spolier V. TR. voler, déposséder, dépouiller, dessaisir, frustrer, léser, priver, gruger (fam.)

sponsor N. M. mécène, commanditaire (recomm. offic.), parrain (recomm. offic.), parraineur (recomm. offic.)

sponsoriser V. TR. commanditer, financer, parrainer, soutenir

spontané, ée ADJ. **1. naturel**, authentique, direct, franc, sincère, nature (fam.) **2. impulsif**, automatique, inconscient, instinctif, involontaire, irréfléchi, machinal, mécanique **3. sauvage**

spontanéité N. F. naturel, authenticité, fraîcheur, franchise, franc-parler, sincérité

spontanément ADV. **1. librement**, de soi-même **2. instinctivement**, d'instinct, naturellement **3. sans calcul**, sincèrement

sporadique ADJ. intermittent, épisodique, irrégulier, isolé, occasionnel

sporadiquement ADV. irrégulièrement, de temps à autre, de temps en temps, épisodiquement, occasionnellement, par accès, par intermittence, par moments

sport N. M. exercice (physique), culture physique, éducation physique, gymnastique

spray N. M. atomiseur, bombe, pulvérisateur, vaporisateur

sprinter V. INTR. foncer, courir, piquer un cent mètres (fam.)

squelette N. M. **1. ossature**, carcasse **2. ossements**, os, restes **3. structure**, architecture, armature, canevas, charpente, plan, schéma

squelettique ADJ. maigre, décharné, efflanqué, émacié, étique, maigrelet

stabilisation N. F. **1. consolidation**, affermissement, renforcement **2. équilibrage 3. blocage**, gel

stabiliser V. TR. **1. équilibrer**, régler **2. renforcer**, affermir, consolider **3. bloquer**, fixer, geler

stabilité N. F. **1. équilibre**, aplomb, assiette **2. constance**, continuité, fermeté, permanence, solidité **3. calme**, aplomb, équilibre, fermeté

stable ADJ. **1. équilibré**, d'aplomb, solide **2. constant**, continu, durable, ferme, fixe, immuable, inaltérable, invariable, permanent, persistant **3. stationnaire**, sans changement, statique

stade N. M. **1. étape**, degré, échelon, étage, niveau, palier, phase, point **2. terrain (de sport)**, arène

stage N. M. formation, apprentissage, préparation

stagnant, ante ADJ. dormant, immobile, mort

stagnation N. F. **1. immobilité 2. engourdissement**, ankylose, immobilisme, inertie, marasme, paralysie, piétinement, ralentissement

stagner V. INTR. **1. croupir 2. végéter**, s'encroûter, s'enliser, faire du surplace, patiner, piétiner, plafonner, tourner en rond

standard[1]

▸ N. M. **1. norme**, étalon, modèle, moyenne, règle, type **2.** [Jazz] **classique**

▸ ADJ. INVAR. **1. courant**, commun, habituel, ordinaire **2. normalisé**, conforme

standardisation N. F. **1. normalisation**, homogénéisation, rationalisation, unification **2. uniformisation**, alignement, nivellement

standardiser V. TR. **1. normaliser**, homogénéiser, rationaliser, unifier **2. uniformiser**, aligner, niveler

standing N. M. **1. niveau de vie**, classe, position, rang, train de vie, condition (littér.) **2. luxe**, classe, confort

star N. F. célébrité, étoile, vedette

station N. F. **1. arrêt**, gare **2. halte**, arrêt, pause **3. posture**, attitude, position

stationnaire ADJ. stable, étale, fixe, immobile, invariable, stagnant, statique

stationner V. INTR. se garer, se parquer

statique ADJ. **1. immobile**, figé **2. stable**, stationnaire

statuer V. TR. **1. décider**, arrêter, établir, juger, ordonner **2. trancher**, régler, résoudre

statufier V. TR. **1. figer**, pétrifier, tétaniser **2. mettre sur un piédestal**

stature N. F. **1. taille**, gabarit, grandeur, hauteur, mensurations **2. envergure**, carrure, classe, étoffe, qualité, trempe, valeur

statut N. M. **1. position**, état, situation **2. règlement**

stéréotype N. M. cliché, banalité, généralité, lieu commun, poncif, truisme

stéréotypé, ée ADJ. banal, conventionnel, figé, tout fait

stérile ADJ. **1. aseptique 2. infécond**, infertile **3. aride**, désertique, improductif, inculte, incultivable, ingrat, maigre, pauvre, pouilleux, sec **4. inefficace**, inutile, vain **5. oiseux**, vide

stérilisation N. F. **1. aseptisation**, assainissement, désinfection, pasteurisation **2. appauvrissement**, dessèchement **3. castration**, émasculation

stériliser V. TR. **1. aseptiser**, désinfecter, étuver, javelliser, pasteuriser, purifier **2. appauvrir**, dessécher, épuiser, tarir **3. castrer**, châtrer, couper, émasculer

stérilité N. F. **1. infécondité**, infertilité, agénésie (didact.) **2. improductivité**, aridité, pauvreté **3. inutilité**, inefficacité, vanité (littér.)

stigmate N. M. **1. cicatrice**, marque, trace **2. empreinte**, flétrissure, signe, symptôme, vestige

stigmatiser V. TR. condamner, anathématiser, blâmer, critiquer, dénoncer, désapprouver, jeter l'anathème sur, réprouver, fustiger (littér.)

stimulant[1], ante ADJ. **1. vivifiant**, fortifiant, réparateur, revigorant, tonifiant, tonique **2. excitant**, analeptique, dopant, réconfortant **3. encourageant**, incitatif, motivant

stimulant[2] N. M. **1. excitant**, fortifiant, reconstituant, remontant, psychotonique, tonique **2. encouragement**, aiguillon, coup de fouet, éperon, incitation, motivation, stimulation

stimulateur, trice ADJ. et N. M. excitateur, stimulant

stimulation N. F. **1. encouragement**, dynamisation, incitation, motivation **2. excitation**, stimulus

stimuler V. TR. **1. accélérer**, activer, aider, pousser **2. encourager**, donner du cœur à l'ouvrage à, dynamiser, éperonner, motiver, booster (fam.) **3. aviver**, aiguillonner, aiguiser, animer, exalter, exciter, fouetter **4. doper**, donner un coup de fouet à, fortifier, remonter, réveiller, revigorer, tonifier, vivifier, booster (fam.), ravigoter (fam.)

stipulation N. F. **1. clause**, condition, mention **2. précision**

stipuler V. TR. préciser, dire, énoncer, indiquer, mentionner, porter, spécifier

stock N. M. **1. provision**, réserve **2. lot**, assortiment

stockage N. M. emmagasinage, entassement, entreposage

stocker V. TR. emmagasiner, engranger, entasser, entreposer, faire provision de, faire une réserve de

stoïcisme N. M. courage, caractère, fermeté, dureté, héroïsme, impassibilité, imperturbabilité

stoïque ADJ. courageux, dur, ferme, héroïque, impassible, imperturbable, inébranlable

stopper
► V. TR. **1. immobiliser**, arrêter, mettre au point mort **2. faire cesser**, barrer la route/le chemin à, bloquer, cesser, enrayer, interrompre, juguler, mettre fin à, mettre un terme à, suspendre **3. repriser**, raccommoder, ravauder
► V. INTR. **s'arrêter**, s'immobiliser, faire halte

stratagème N. M. ruse, acrobatie, artifice, astuce, subterfuge, subtilité, tour (de passe-passe), combine (fam.), ficelle (fam.), truc (fam.)

strate N. F. **1. niveau**, classe, couche **2.** [Géol.] **banc**, assise, couche, lit

stratégie N. F. tactique, plan (d'action), politique

stratégique ADJ. **1. déterminant**, crucial, essentiel, important **2. tactique**, militaire

stress N. M. **1. agression**, pression, tension **2. angoisse**, anxiété, nervosité

stressé, ée ADJ. angoissé, anxieux, crispé, nerveux, oppressé, tendu

strict, stricte ADJ. **1. précis**, exact, rigoureux, [sens] étroit, littéral **2. exigeant**, autoritaire, dur, inflexible, intraitable, intransigeant, pointilleux, rigide, sévère **3. astreignant**, assujettissant, contraignant, draconien, dur, rigoureux, sévère **4. sobre**, austère, classique, sévère

strictement ADV. **1. absolument**, complètement, entièrement, totalement **2. rigoureusement**, étroitement, stricto sensu

stricto sensu ADV. au sens strict, à la lettre, au pied de la lettre, à proprement parler, littéralement, proprement

strident, ente ADJ. perçant, aigu, criard, sifflant, sonore, suraigu

strie N. F. **1. rayure**, cannelure, raie, rainure, ride, sillon, striure **2. ligne**, hachure, trait

strier V. TR. rayer, hachurer, zébrer, vermiculer (littér.)

structure N. F. **1. agencement**, architecture, arrangement, composition, configuration, disposition, économie, forme, ordonnance, ordonnancement, ordre, organisation, plan **2. armature**, carcasse, charpente, ossature, squelette **3. construction**, bâtiment **4. constitution**, contexture, texture

structurer V. TR. **1. organiser 2. agencer**, arranger, bâtir, charpenter, construire, ordonner

studieux, euse ADJ. travailleur, appliqué, assidu, sérieux, bûcheur (fam.)

stupéfaction N. F. stupeur, abasourdissement, ahurissement, ébahissement, effarement, étonnement

stupéfaire V. TR. stupéfier, abasourdir, ébahir, éberluer, méduser, suffoquer, époustoufler (fam.), estomaquer (fam.), scier (fam.), sidérer (fam.), souffler (fam.)

stupéfait, aite ADJ. abasourdi, ahuri, bouche bée, coi, déconcerté, ébahi, éberlué, interloqué, médusé, suffoqué, confondu (littér.), interdit (littér.), baba (fam.), époustouflé (fam.), estomaqué (fam.), scié (fam.), sidéré (fam.), soufflé (fam.), comme deux ronds de flan (fam.)

stupéfiant, ante ADJ. ahurissant, éberluant, effarant, incroyable, inouï, médusant, renversant, saisissant, suffoquant, à couper le souffle (fam.), époustouflant (fam.), estomaquant (fam.), sidérant (fam.), soufflant (fam.), confondant (littér.)

stupéfier V. TR. stupéfaire, abasourdir, ébahir, éberluer, méduser, renverser, suffoquer, époustoufler (fam.), estomaquer (fam.), scier (fam.), sidérer (fam.), souffler (fam.)

stupeur N. F. **1. stupéfaction**, abasourdissement, ahurissement, ébahissement, saisissement **2. hébétude**, abattement

stupide ADJ. **1. bête**, abruti, absurde, borné, idiot, imbécile, inepte, inintelligent, insensé, niais, obtus, sot, bouché (fam.), con (très fam.), crétin (fam.), débile (fam.), bête comme ses pieds (fam.), bête à manger du foin (fam.), bête comme un âne/une oie (fam.), con comme la lune (fam.) **2. abasourdi**, ahuri, ébahi, éberlué, interloqué, interdit (littér.), sidéré (fam.)

stupidement ADV. bêtement, idiotement, inintelligemment, sottement

stupidité N. F. **1. bêtise**, absurdité, balourdise, crétinerie, crétinisme, débilité, idiotie, imbécillité, ineptie, inintelligence, niaiserie, sottise, connerie (très fam.) **2. ânerie**, bévue, boulette, bourde, crétinerie, erreur, faute, ineptie, blague (fam.), connerie (fam.), gaffe (fam.)

style N. M. **1. écriture**, expression, langue, plume, rhétorique **2. manière**, empreinte, façon, facture, genre, main, patte, ton, touche, tour **3. goût**, caractère, design, esthétique, forme, mode **4. classe**, allure, cachet **5. tournure**, air, allure, apparence, aspect, genre, dégaine (fam.), look (fam.), touche (fam.) **6. catégorie**, calibre, genre, ordre, sorte, type, acabit (péj.), farine (péj.)

styliser V. TR. schématiser, simplifier, symboliser

stylo N. M. crayon à bille, marqueur, stylo-feutre, Bic (marque déposée)

suave ADJ. **1. agréable**, délicat, délicieux, doux, exquis, délectable (soutenu) **2. harmonieux**, céleste, enchanteur, gracieux, mélodieux

subalterne

▸ ADJ. **inférieur**, mineur, petit, secondaire, de second ordre

▸ N. **subordonné**, exécutant, inférieur, second, sous-ordre (péj.), sous-fifre (fam., péj.)

subdiviser V. TR. **diviser**, compartimenter, fractionner, morceler, partager, segmenter

♦ **se subdiviser** V. PRON. **se ramifier**

subdivision N. F. **1. division**, catégorie, classe, classification, embranchement, famille, genre, groupe, ordre, ramification, sous-division **2. case**, compartiment **3.** [d'un texte] **chapitre**, morceau, partie

subir V. TR. **1. faire l'objet de**, essuyer (fam.) **2. supporter**, endurer, éprouver, souffrir, prendre (fam.), ramasser (fam.) **3.** [un importun] **s'appuyer** (fam.), se faire (fam.), se taper (fam.) **4.** [une loi] **obéir à**, suivre **5.** [un examen] **passer**, se soumettre à

subit, ite ADJ. **1. soudain**, brusque, brutal, foudroyant, fulgurant **2. inopiné**, imprévu

subitement ADV. soudain, brusquement, brutalement, instantanément, soudainement, tout à coup, du jour au lendemain, subito (fam.), [demander] à brûle-pourpoint, de but en blanc

subjectif, ive ADJ. **1. individuel**, particulier, personnel **2. relatif**, partial, partisan, tendancieux (péj.)

subjuguer V. TR. **1. captiver**, charmer, conquérir, enchanter, ensorceler, envoûter, fasciner, ravir, séduire **2. circonvenir**, gagner, embobiner (fam.), entortiller (fam.)

sublime ADJ. **1. transcendant**, noble, supérieur **2. beau**, divin, magique, merveilleux, parfait, prodigieux

sublimer V. TR. **1. transcender**, élever, ennoblir, purifier, spiritualiser **2. idéaliser**, magnifier **3. gazéifier**, vaporiser

submerger V. TR. **1. inonder**, couvrir, engloutir, noyer **2. accabler**, déborder, dépasser, écraser, envahir, surcharger

subodorer V. TR. deviner, se douter de, flairer, pressentir, sentir, soupçonner

subordination N. F. **1. dépendance**, assujettissement, soumission, sujétion, vassalité, joug (littér.) **2. hiérarchie**, ordre

subordonné[1], ée à ADJ. dépendant de, lié à, tributaire de

subordonné[2], ée N. subalterne, adjoint, employé, inférieur, sous-ordre (péj.), sous-fifre (fam., péj.)

subordonner V. TR. soumettre, attacher, faire dépendre, asservir (littér.), assujettir (fam.)

suborner V. TR. corrompre, acheter, soudoyer

subreptice ADJ. souterrain, caché, clandestin, furtif, secret, sournois

subrepticement ADV. secrètement, à la dérobée, en cachette, clandestinement, furtivement, sournoisement, en catimini, en tapinois, en douce (fam.)

subside N. M. aide, allocation, contribution, don, secours, subvention

subsidiaire ADJ. **1. annexe**, auxiliaire, complémentaire, supplémentaire **2. secondaire**, accessoire, contingent, incident, marginal, mineur

subsistance N. F. **1. existence**, besoins, entretien, pain, vie, pitance (plaisant) **2. nourriture**, alimentation, aliment

subsister V. INTR. **1. rester**, se conserver, continuer, demeurer, durer, se maintenir, perdurer, se pérenniser, persister, résister à l'épreuve du temps, survivre, tenir **2. vivre**, exister, survivre, végéter, vivoter, surnager (fam.)

substance N. F. **1. corps**, matière **2. essence**, nature, quintessence, substantifique moelle, substrat, suc **3. contenu**, essentiel, fond, matière, objet, sujet

substantiel, elle ADJ. **1. nourrissant**, consistant, nutritif, riche **2. important**, appréciable, conséquent, considérable, notable, sérieux, [somme] coquet (fam.), joli (fam.), rondelet (fam.)

substituer V. TR. **changer**, remplacer par, mettre à la place de

♦ **se substituer à** V. PRON. prendre la place de, remplacer, tenir lieu de, suppléer (littér.)

substitut N. M. **1. suppléant**, remplaçant, représentant **2. succédané**, produit de remplacement, produit de substitution, ersatz (péj.)

substitution N. F. remplacement, échange, changement, commutation, permutation

subterfuge N. M. ruse, artifice, astuce, détour, stratagème

subtil, ile ADJ. **1. léger**, délicat, imperceptible, ténu **2. fin**, clairvoyant, perspicace, sagace (littér.) **3. aiguisé**, affûté, aigu, délié, fin, pénétrant, vif **4. adroit**, astucieux, habile, ingénieux, rusé, sophistiqué, futé, malin

5. [péj.] **abstrait**, compliqué, difficile, alambiqué (fam.), tiré par les cheveux (fam.)

subtiliser V. TR. voler, dérober, faire main basse sur, barboter (fam.), chaparder (fam.), chiper (fam.), chouraver (fam.), chourer (fam.), escamoter (fam.), faucher (fam.), piquer (fam.), rafler (fam.), souffler (fam.)

subtilité N. F. **1. finesse**, adresse, ingéniosité, intelligence **2. délicatesse**, raffinement, préciosité (péj.) **3. complication**, difficulté, casuistique (péj.) **4.** [péj.] **argutie**, artifice, chicane, finasserie

subvenir à V. TR. IND. pourvoir à, fournir à, satisfaire à, suffire à

subvention N. F. allocation, aide, contribution, don, financement, secours, subside (souvent plur.)

subventionner V. TR. financer, doter, soutenir (financièrement)

subversif, ive ADJ. contestataire, destructeur, pernicieux, révolutionnaire, séditieux

succédané N. M. substitut, produit de remplacement, produit de substitution, ersatz (péj.)

succéder à V. TR. IND. **1. suivre**, venir après **2. remplacer**, relayer, relever, prendre la suite de, prendre la relève de

♦ **se succéder** V. PRON. **1. passer**, défiler, se dérouler, s'enchaîner, se suivre **2. alterner**

succès N. M. **1. réussite**, issue heureuse **2. prospérité**, réussite **3. vogue**, mode **4. performance**, exploit, prouesse, tour de force, triomphe, victoire, tabac (fam.) **5. tube** (fam.), hit (fam.)

successeur N. M. continuateur, épigone, héritier, remplaçant, [désigné] dauphin

succession N. F. **1. suite**, chaîne, chronologie, cours, course, déroulement, enchaînement, fil, ordre **2. alternance** **3. série**, cascade, chapelet, cortège, défilé, enfilade, énumération, kyrielle, procession, ribambelle, suite **4. remplacement**, relève **5. héritage**, legs

successivement ADV. **1. alternativement**, tantôt ... tantôt, tour à tour **2. à tour de rôle**, chacun à son tour, l'un après l'autre **3. à la file**, de suite, coup sur coup

succinct, incte ADJ. **1. court**, abrégé, bref, concis, condensé, ramassé, résumé, schématique (péj.), sommaire (péj.) **2. elliptique**, laconique, lapidaire **3. léger**, peu abondant, maigre, modeste

succinctement ADV. brièvement, rapidement, en résumé, schématiquement, sommairement, dans les grandes lignes, en quelques mots

succomber V. INTR. mourir, décéder, disparaître, trouver la mort, expirer (littér.), périr (littér.)

succulent, ente ADJ. délicieux, excellent, exquis, fameux, savoureux, délectable (soutenu)

succursale N. F. agence, annexe, comptoir, dépendance, filiale

sucer V. TR. **1. aspirer**, absorber, boire, manger, téter, pomper (fam.) **2. lécher**, suçoter

sucré, ée ADJ. **1. doux**, miellé, sirupeux **2. doucereux**, hypocrite, mielleux, onctueux, patelin (littér.)

sucrerie N. F. confiserie, bonbon, douceur, friandise, gâterie, gourmandise

suer

▸ V. TR. **1. secréter**, exsuder **2. exhaler**, distiller, respirer, sentir

► V. INTR. **1. transpirer**, être en eau, être en nage, n'avoir plus un poil de sec (fam.) **2. peiner**, s'échiner, travailler dur **3. suinter**, dégouliner, dégoutter, ruisseler

sueur N. F. transpiration, perspiration, sudation

suffire V. INTR. aller, convenir, faire l'affaire

suffisance N. F. vanité, orgueil, présomption, prétention, fatuité (littér.), infatuation (littér.)

suffisant, ante ADJ. **1. assez 2. convenable**, correct, honnête, honorable, passable, raisonnable, satisfaisant **3. vaniteux**, arrogant, fat, infatué, pédant, poseur, prétentieux, satisfait, bêcheur (fam.), crâneur (fam.), frimeur (fam.), vain (littér.)

suffocant, ante ADJ. **1. oppressant**, accablant, asphyxiant, étouffant **2. stupéfiant**, ahurissant, effarant, renversant, confondant (littér.), époustouflant (fam.), estomaquant (fam.), sidérant (fam.), soufflant (fam.)

suffoquer

► V. INTR. **étouffer**, manquer d'air

► V. TR. **1. prendre à la gorge**, asphyxier, étouffer, oppresser **2. stupéfier**, abasourdir, couper le souffle à, laisser sans voix, estomaquer (fam.), scier (fam.), sidérer (fam.), souffler (fam.)

suffrage N. M. **1. vote**, voix **2. scrutin 3. approbation**, adhésion, assentiment, [massif] plébiscite

suggérer V. TR. **1. conseiller**, dicter, inspirer, recommander, souffler **2. insinuer**, faire allusion à, sous-entendre, laisser entendre **3. faire penser à**, évoquer, rappeler

suggestif, ive ADJ. **1. évocateur**, éloquent **2. provoquant**, aguichant, affriolant, excitant, lascif

suggestion N. F. proposition, conseil, indication, recommandation

suicider (se) V. PRON. se tuer, se détruire, se donner la mort, mettre fin à ses jours, se supprimer, se faire harakiri

suinter

► V. INTR. **couler**, dégoutter, s'échapper, s'égoutter, perler, ruisseler, sourdre (littér.)

► V. TR. **exsuder**, distiller, sécréter, suer

suite N. F. **I. série**, cascade, chaîne, chapelet, défilé, enfilade, file, kyrielle, procession, ribambelle, succession **II. 1. cours**, déroulement, enchaînement, fil, succession **2. cohérence**, fil (conducteur), liaison, lien, ordre **III. 1. conséquence**, choc en retour, contrecoup, effet, implication, incidence, prolongement, répercussion, résultat, retombée, [négative] séquelle **2. développement**, continuation **3. séquence**, cycle **IV. escorte**, accompagnement, cortège, cour, gens, équipage (littér.)

suivant[1], ante ADJ. **1. prochain**, futur, postérieur, ultérieur **2. ci-après**, ci-dessous

suivant[2] PRÉP. **1. conformément à 2. selon**, d'après **3. en fonction de**, à proportion de, à raison de

suivi[1], ie ADJ. **1. régulier**, assidu, constant, continu, ininterrompu, soutenu **2. cohérent**, logique

suivi[2] N. M. contrôle, monitoring (anglic.)

suivre V. TR. **I. succéder à**, découler de, s'ensuivre, résulter de, venir de **II. 1. parcourir**, descendre, emprunter, prendre, remonter **2. longer**, côtoyer, épouser **III. 1. accompagner**, emboîter le pas de, escorter, marcher sur les talons de **2. pister**, pourchasser, poursuivre, talonner, traquer, filer (le train à) (fam.), filocher (fam.), s'accrocher aux basques de (fam.) **3. imiter**, marcher sur les brisées de, marcher sur les pas/les traces de **IV. 1. être d'accord avec**, adhérer à, adopter, se joindre à, se régler sur **2. se conformer à**, accomplir, écouter, obéir à, observer, remplir, respecter, sacrifier à **V. 1. s'intéresser à**, assister à, se passionner pour, regarder **2. comprendre**, entraver (fam.), piger (fam.) **VI. surveiller**, épier, observer, regarder

♦ **se suivre** V. PRON. **se succéder**, s'enchaîner, se relayer

sujet[1]**, ette à** ADJ. enclin à, exposé à, porté à, prédisposé à, susceptible de

sujet[2] N. M. **I. 1. matière**, champ, objet, point, question **2. thème**, argument, fond **3. affaire**, problème, question **4. raison**, cause, fondement, mobile, motif, pourquoi, source **II. 1.** [Psych.] **personne 2.** [Méd.] **malade**, patient **3.** [Art] **modèle**

sujet[3]**, ette** N. **1. citoyen**, ressortissant **2. gouverné**, inférieur, vassal

sujétion N. F. **1. obéissance**, asservissement, assujettissement, dépendance, esclavage, oppression, soumission, subordination, servitude, chaînes (littér.), joug (littér.) **2. contrainte**, gêne, incommodité

summum N. M. apogée, comble, faîte, fin du fin, maximum, nec plus ultra, perfection, sommet, top (fam.)

superbe ADJ. **1. très beau**, de toute beauté, magnifique, merveilleux, somptueux, splendide, [personne] canon (fam.) **2. admirable**, excellent, fantastique, remarquable

superbement ADV. magnifiquement, admirablement, divinement, merveilleusement, somptueusement, splendidement

supercherie N. F. tromperie, duperie, fraude, imposture, mensonge, mystification, pot aux roses (fam.)

superficie N. F. surface, aire, dimension, espace, étendue

superficiel, elle ADJ. **1. apparent**, extérieur **2. bénin**, léger **3. sommaire**, incomplet, succinct, à la surface des choses **4. inconsistant**, creux, oiseux, vain, vide **5. frivole**, évaporé, futile, insouciant, léger

superficiellement ADV. **1. légèrement**, en surface **2. sommairement**, brièvement, rapidement, schématiquement, [lire] en diagonale, cursivement **3. à la légère**, par-dessus la jambe (fam.)

superflu, ue

▸ ADJ. **1. surabondant**, en trop, superfétatoire (littér.) **2. inutile**, oiseux, redondant, vain

▸ N. M. **luxe**

supérieur[1]**, eure** ADJ. **I. élevé**, haut, du dessus (fam.), du haut (fam.), plafond **II. 1. suprême**, prééminent, prépondérant **2. dominant**, dirigeant, possédant **III. 1. de qualité**, (des) meilleur(s), haut de gamme, excellent, fameux, extra (fam.) **2. éminent**, distingué, émérite, d'exception, exceptionnel, hors ligne, hors pair, incomparable, unique **IV. arrogant**, condescendant, dédaigneux, fier, hautain, prétentieux, suffisant

supérieur[2]**, eure** N. chef, patron, [au plur.] hiérarchie, encadrement

supériorité N. F. **1. avantage**, atout, dessus, longueur d'avance **2. primauté**, hégémonie, prédominance, prééminence, prépondérance, suprématie, précellence (littér.) **3. distinction**, excellence, transcendance **4. arrogance**, condescendance, dédain, orgueil, suffisance

superposer V. TR. **empiler**, amonceler, entasser, étager

♦ **se superposer** V. PRON. **se recouvrir**, se chevaucher

superposition N. F. **1. empilement**, amoncellement, entassement **2. chevauchement 3. stratification**

superstition N. F. **1. croyance 2. pensée magique**, crédulité

superviser V. TR. contrôler, chapeauter, diriger, mener

supervision N. F. contrôle, direction

supplanter V. TR. prendre la place de, évincer, détrôner, éclipser, remplacer, se substituer à, suppléer (littér.)

suppléant, ante N. **1. remplaçant**, intérimaire **2. adjoint**, assesseur

suppléer V. TR. **1. compenser**, combler, contrebalancer, corriger, pallier, racheter, remédier à, réparer **2. remplacer**, se substituer à, prendre la place de

supplément N. M. **1. complément**, appoint, bonus, à côté (fam.), extra (fam.), rab (fam.), rabiot (fam.), rallonge (fam.) **2. surplus**, excédent, surcroît **3. addenda**, additif, annexe, appendice

supplémentaire ADJ. **1. complémentaire**, additionnel, adjoint, ajouté, en plus, en extra (fam.) **2. adventice**, autre

supplication N. F. prière, conjuration, imploration, supplique, adjuration (littér.)

supplice N. M. **1. torture**, sévices **2. châtiment**, exécution, peine **3. calvaire**, angoisse, martyre, tourment, affres (littér.)

supplicier V. TR. martyriser, torturer

supplier V. TR. prier, conjurer, implorer, tomber aux genoux/aux pieds de, se traîner aux pieds de, adjurer (littér.)

support N. M. **1. appui**, soutien **2. assise**, base, piédestal, socle, soubassement **3. étai**, béquille, colonne, pied, pilier, pylône, poutre

supportable ADJ. **1. tenable**, soutenable, tolérable, vivable **2. excusable**, acceptable, admissible, passable

supporter[1] V. TR. **1. soutenir**, étayer, maintenir **2. être à l'épreuve de**, résister à, tenir bon contre, tolérer **3. subir**, endurer, résister à, digérer (fam.), encaisser (fam.), se farcir (fam.), se faire (fam.) **4. admettre**, accepter, s'accommoder de, tolérer, avaler (fam.), souffrir (littér.) **5. se charger de**, assumer, endosser, prendre à sa charge, prendre sur soi, s'appuyer (fam.), se coltiner (fam.) **6.** [Sport] **encourager**, soutenir

supporter[2] N. M. partisan, aficionado, fan (fam.), [italiens] tifosi

supposé, ée ADJ. **1. censé 2. prétendu**, soi-disant, pseudo- **3. présumé**, hypothétique, putatif (Droit)

supposer V. TR. **1. croire**, penser, présumer, imaginer, conjecturer (littér.) **2. postuler**, admettre, poser, prendre comme prémisse **3. impliquer**, avoir comme corollaire, induire, nécessiter, réclamer **4.** [qqch. à qqn] **attribuer**, prêter

supposition N. F. hypothèse, conjecture, présomption, spéculation, supputation

suppression N. F. **1. abolition**, abandon, abrogation, annulation, levée **2. cessation**, disparition, extinction **3. destruction**, anéantissement **4. assassinat**, meurtre **5. coupure**, amputation, coupe claire, coupe sombre, diminution, élimination, mutilation, retranchement

supprimer V. TR. **1. enlever**, couper, amputer, éliminer, éradiquer, ôter, retirer, retrancher **2. barrer**, biffer, déléaturer, effacer, rayer **3. faire cesser**, arrêter, éteindre, mettre fin à **4. empêcher**, briser, étouffer, inhiber **5. abolir**, abroger, annuler, casser, lever **6. faire disparaître**, aplanir, balayer, bannir, chasser, écarter, escamoter **7. détruire**, anéantir, annihiler, démolir, éliminer **8. tuer**, abattre, assassiner, éliminer, buter (fam.), dégommer (fam.), descendre (fam.), faire la peau de (fam.), rectifier (fam.), refroidir (fam.)

♦ **se supprimer** V. PRON. **se suicider**, se donner la mort, mettre fin à ses jours, se tuer, se faire hara-kiri

supputation N. F. **1. hypothèse**, conjecture, prévision, supposition **2. calcul**, estimation, évaluation, spéculation

supputer V. TR. **1. supposer**, conjecturer, imaginer **2. calculer**, estimer, évaluer, examiner, jauger

suprématie N. F. **1. hégémonie**, domination, omnipotence **2. primauté**, ascendant, prédominance, prépondérance, prééminence, supériorité

suprême ADJ. **1. souverain**, supérieur, [Relig.] divin **2. extrême**, grand, magistral, parfait **3. dernier**, final, ultime, [effort] désespéré

sûr, sûre ADJ. **1. vrai**, assuré, authentique, avéré, certain, établi, évident, garanti, incontestable, indubitable, irrécusable, officiel **2. convaincu**, assuré, certain, confiant, persuadé **3. éprouvé**, bon, fiable, infaillible, sérieux, solide **4. de confiance**, dévoué, fidèle, indéfectible, de parole, loyal, sincère **5. ferme**, assuré, exercé, expert **6. inéluctable**, fatal, immanquable, inévitable **7. sans danger**, calme, paisible, tranquille

surabondance N. F. **1. excès**, redondance, saturation, surcharge, surproduction **2. profusion**, débauche, débordement, déluge, exubérance, luxuriance, pléthore, prodigalité

suranné, ée ADJ. **1. désuet**, ancien, démodé, inactuel, vieilli, vieillot, vieux **2.** [péj.] **dépassé**, antédiluvien, archaïque, arriéré, fossile, obsolète, périmé, rétrograde, ringard (fam.)

surcharge N. F. **1. excédent**, excès, surcroît, surplus **2. surabondance**, débauche, débordement, excès **3. correction**, rajout, rature

surchargé, ée ADJ. **1. bondé**, bourré, comble, complet, [classe] pléthorique **2. chargé**, lourd **3. corrigé**, raturé

surcharger V. TR. **1. charger**, alourdir, encombrer, remplir, bourrer (fam.) **2. accabler**, écraser, [d'impôts] grever, surimposer, surtaxer, ponctionner (fam.)

surcroît N. M. **1. surplus**, excédent, surcharge **2. augmentation**, accroissement, supplément

surdoué, ée N. génie, prodige, fort en thème (fam.)

surélévation N. F. exhaussement, surhaussement

surélever V. TR. exhausser, élever, hausser, rehausser, surhausser

sûrement ADV. **1. oui 2. assurément**, à coup sûr, à l'évidence, à n'en pas douter, certainement, certes, immanquablement, inévitablement, infailliblement, obligatoirement, sans faute, à tous les coups (fam.) **3. sans doute**

surestimer V. TR. **1. majorer**, surévaluer **2. gonfler**, amplifier, (s')exagérer, surfaire

sûreté N. F. **1. sécurité**, ordre **2. adresse**, agilité, assurance, dextérité, fermeté, habileté, justesse, précision **3. acuité**, clairvoyance, justesse, lucidité **4. fiabilité**, efficacité **5. caution**, assurance, gage, garantie

surévaluer V. TR. surestimer, amplifier, (s')exagérer, gonfler, majorer, surfaire

surexcitation N. F. exaltation, déchaînement, échauffement, fièvre, frénésie

surexcité, ée ADJ. exalté, déchaîné, en délire, enflammé, frénétique, survolté

surface N. F. **1. étendue**, espace, plan **2. superficie**, aire, dimension **3. dehors**, apparence, extérieur, façade

surfait, aite ADJ. surestimé, exagéré, surévalué

surgir V. INTR. **1. jaillir**, bondir, déboucher, émerger, faire irruption, se montrer, paraître, poindre, sortir, venir **2. naître**, apparaître, se développer, s'élever, se faire jour, se manifester, percer, pointer, se présenter, se produire, survenir

surhomme N. M. héros, géant, superman

surhumain, aine ADJ. **1. titanesque** **2. surnaturel**, surréel

sur-le-champ LOC. ADV. aussitôt, immédiatement, séance tenante, sur l'heure, sans délai, sans retard, sans tarder, illico (presto) (fam.), incontinent (littér.), sans désemparer (littér.)

surmenage N. M. fatigue, épuisement

surmené, ée ADJ. épuisé, exténué, éreinté, harassé, crevé (fam.), vidé (fam.)

surmonter V. TR. **1. coiffer**, couronner, dominer, surplomber **2. vaincre**, l'emporter sur, franchir, triompher de, venir à bout de **3. maîtriser**, contenir, contrôler, dominer, dompter

surnager V. INTR. **1. flotter**, nager **2. survivre**, garder la tête hors de l'eau, se maintenir (à flot), rester, subsister

surnaturel, elle ADJ. **1. extraordinaire**, fabuleux, fantastique, irréel, merveilleux, prodigieux **2. divin**, magique, miraculeux

surnom N. M. **1. pseudonyme**, nom de guerre, nom de plume, nom de scène, pseudo (fam.) **2. sobriquet**, petit nom (fam.)

surnombre (en)

▸ LOC. ADV. **en excédent**, en surplus, en trop

▸ LOC. ADJ. **excédentaire**, surnuméraire

surnommé, ée ADJ. dit, alias

surpasser V. TR. **devancer**, battre, damer le pion à, dépasser, distancer, dominer, éclipser, effacer, l'emporter sur, être au-dessus de, être supérieur à, primer sur, surclasser, enfoncer (fam.), griller (fam.)

♦ **se surpasser** V. PRON. **se dépasser**, s'arracher (fam.)

surpeuplé, ée ADJ. grouillant, fourmillant, populeux

surplomber V. TR. avancer sur, dépasser, dominer, surmonter

surplus N. M. **1. surproduction** **2. excédent**, excès, reliquat, restant, reste, trop-plein **3. complément**, rab (fam.), rabiot (fam.), rallonge (fam.) **4. surcroît**, augmentation, supplément, surcharge

surprenant,ante ADJ. **1. étonnant**, déconcertant, stupéfiant **2. inattendu**, inopiné **3. remarquable**, incroyable, inouï, époustouflant (fam.) **4. curieux**, bizarre, étrange, insolite, singulier

surprendre V. TR. **1. étonner**, déconcerter, ébahir, prendre au dépourvu, prendre de court, stupéfier, ébouriffer (fam.), épater (fam.), estomaquer (fam.), scier (fam.), souffler (fam.), suffoquer (fam.) **2. capter**, apercevoir, déceler, découvrir, discerner, intercepter, remarquer, saisir **3. prendre (sur le fait)**, attraper, coincer (fam.), pincer (fam.), prendre la main dans le sac (fam.)

surpris, ise ADJ. étonné, déconcerté, désorienté, ébahi, frappé (d'étonnement/de stupeur), saisi, stupéfait, baba (fam.), comme deux ronds de flan (fam.), ébouriffé (fam.), épaté (fam.), estomaqué (fam.), scié (fam.), sidéré (fam.), soufflé (fam.), suffoqué (fam.)

surprise N. F. 1. **étonnement**, consternation, ébahissement, stupéfaction, stupeur 2. **cadeau**, présent (soutenu)

sursaut N. M. 1. **frisson**, haut-le-corps, soubresaut, tressaillement, tressautement 2. **effort**, tentative

sursauter V. INTR. 1. **tressaillir**, sauter, tressauter 2. **bondir**, réagir

surseoir à V. TR. IND. différer, reculer, remettre, reporter, retarder, suspendre

sursis N. M. délai, répit, moratoire

surtout ADV. 1. **par dessus tout**, plus que tout 2. **principalement**, notamment, particulièrement, spécialement

surveillance N. F. 1. **garde**, guet, veille 2. **vigilance**, attention, contrôle, inspection, observation 3. **conduite**, contrôle, direction, suivi 4. **sécurité**, défense, protection, espionnage, contre-espionnage

surveillant, ante N. 1. **garde**, gardien, vigile 2. [Scol.] pion (fam.), surgé (argot) 3. [de prison] **gardien**, garde-chiourme (péj., fam.), maton (argot)

surveiller V. TR. 1. **épier**, espionner, garder à vue, guetter, ne pas quitter des yeux, observer, suivre, tenir de près, avoir à l'œil (fam.), fliquer (fam., péj.) 2. **veiller sur**, faire attention à, garder/avoir l'œil sur (fam.), avoir dans le collimateur (fam.), marquer à la culotte (fam.), [jeune fille] chaperonner 3. **vérifier**, conduire, contrôler, examiner, inspecter, présider à, suivre 4. [son langage] **modérer**, faire attention à

survenir V. INTR. apparaître, arriver, se déclarer, faire irruption, intervenir, se manifester, se présenter, se produire, surgir, venir, advenir (littér.)

survivant, ante N. rescapé, réchappé (littér.)

survivre V. INTR. 1. **se maintenir**, demeurer, durer, persister, subsister, tenir 2. **végéter**, subsister, vivoter

survoler V. TR. 1. **effleurer**, glisser sur 2. **parcourir**, lire en diagonale/cursivement

survolté, ée ADJ. exalté, déchaîné, électrisé, en délire, enflammé, galvanisé, surchauffé, surexcité, comme une pile électrique (fam.)

susceptible ADJ. chatouilleux, irritable, ombrageux, sensitif (littér.)

susciter V. TR. 1. **occasionner**, amener, attirer, catalyser, causer, créer, déclencher, donner lieu à, engendrer, entraîner, provoquer, valoir 2. **éveiller**, allumer, animer, déchaîner, exciter, faire naître, soulever

suspect, ecte ADJ. 1. **douteux**, équivoque, interlope, louche, trouble 2. **peu sûr**, peu fiable, sujet à caution

suspecter V. TR. 1. **soupçonner**, mettre en cause, mettre en doute, incriminer 2. **entrevoir**, conjecturer, deviner, présumer, pressentir, subodorer, supposer, flairer (fam.)

suspendre V. TR. 1. **accrocher**, attacher, fixer, pendre 2. **arrêter**, abandonner, discontinuer, (faire) cesser, geler, interrompre 3. **ajourner**, différer, reculer, remettre, renvoyer, reporter, repousser, retarder, surseoir à (soutenu) 4. **démettre**, dégrader, destituer, mettre à pied, mettre en disponibilité, relever de ses fonctions

suspendu, ue ADJ. 1. **en suspens** 2. **accroché**, pendu, [jardin] en terrasse

suspens (en) LOC. ADV. **1. en attente**, en sommeil, suspendu, en carafe (fam.), en panne (fam.), en plan (fam.), en rade (fam.), en souffrance (littér.) **2. irrésolu**, flottant, hésitant, indécis

suspension N. F. **1. lustre**, plafonnier **2. amortisseurs**, ressorts **3. abandon**, arrêt, cessation **4. interruption**, pause, repos, temps d'arrêt **5. délai**, moratoire

suspicieux, euse ADJ. soupçonneux, défiant, méfiant, sur la défensive, sur ses gardes

suspicion N. F. **1. défiance**, doute, méfiance **2. soupçon**

susurrer
- V. TR. **glisser (à l'oreille)**, souffler
- V. INTR. **murmurer**, chuchoter

svelte ADJ. élancé, délié, effilé, élégant, fin, fuselé, léger, longiligne, mince

symbole N. M. **1. emblème**, attribut, insigne, marque, signe **2. représentation**, allégorie, figure, image **3. archétype**, incarnation, personnification, type **4. notation**, signe, chiffre, nombre, logo

symbolique ADJ. **1. emblématique**, allégorique, figuratif, métaphorique **2. théorique**, formel

symboliser V. TR. **1. représenter**, figurer **2. incarner**, personnifier

symétrie N. F. **1. régularité**, balancement, équilibre, harmonie **2. concordance**, correspondance, ressemblance

symétrique ADJ. **1. régulier**, équilibré **2. inverse**, opposé

sympathie N. F. **1. amitié**, affection, attachement, fraternité, tendresse **2. attirance**, affinité, attraction, faible, inclination, intérêt, penchant **3. bienveillance**, complaisance **4. compassion**, pitié, sensibilité

sympathique ADJ. **1. chaleureux**, amical, accueillant, cordial, fraternel **2. avenant**, aimable, charmant, gentil, plaisant, amène (littér.)

sympathiser V. INTR. s'entendre, fraterniser, se lier, avoir de bons rapports, être en bons termes, copiner (fam.)

symptomatique ADJ. caractéristique, emblématique, révélateur, significatif, typique

symptôme N. M. indice, manifestation, marque, signe, stigmate (péj.)

synchrone ADJ. simultané, coïncidant, concomitant, synchronique

syncope N. F. évanouissement, défaillance, éblouissement, étourdissement, faiblesse, malaise, perte de connaissance

syndicat N. M. **1. groupement (professionnel)**, association, coopérative **2. coordination**, fédération, union

syndrome N. M. affection, maladie

synonyme N. M. équivalent, substitut

synopsis N. M. scénario, canevas, intrigue, plan, trame

synthèse N. F. **1. combinaison**, alliance, association, mariage, réunion **2. déduction**, raisonnement déductif, généralisation **3. conclusion**, enseignement

synthétique ADJ. **1. global 2. fabriqué**, artificiel

synthétiser V. TR. résumer, condenser, récapituler, schématiser

systématique ADJ. **1. méthodique**, déductif, logique, ordonné, organisé, rationnel, réglé **2. constant**, automatique, habituel, invariable, machinal, régulier, entêté (péj.), têtu (péj.)

systématiquement ADV. **1. méthodiquement**, rationnellement **2. automatiquement**, constamment, invariablement, par principe, régulièrement

systématiser V. TR. normaliser, réglementer

système N. M. **1. mécanisme**, appareil, dispositif **2. procédé**, astuce, manière, méthode, moyen, plan, tactique, technique, combine (fam.), recette (fam.), truc (fam.) **3. doctrine**, dogme, école, idéologie, théorie **4. régime**, gouvernement, règle, structure

t

table N. F. **I. bureau**, comptoir, console, crédence, desserte, guéridon **II. index**, liste, répertoire, sommaire, tableau

tableau N. M. **1. peinture**, toile, croûte (péj.) **2. scène**, image, spectacle, vision, vue **3. récit**, analyse, fresque, peinture, représentation, vue d'ensemble **4.** [de prix] **tarif**, barème

tabler V. INTR.
- **tabler sur** compter sur, escompter, espérer, miser sur

tablette N. F. **1. rayon**, étagère, planchette, rayonnage **2. plaque**, plaquette

tablier N. M. **1. blouse**, sarrau **2.** [Techn.] **rideau**

tabou
▸ N. M. **interdit**
▸ ADJ. **1. inviolable**, interdit, intouchable, sacré, sacro-saint **2. prohibé**, brûlant, interdit, intouchable

tache N. F. **1. marque**, moucheture, tacheture, tiqueture **2.** [d'un fruit] **meurtrissure**, tavelure **3.** [Méd.] **nævus**, macule, pétéchie, rougeur, [sur l'ongle] albugo **4. salissure**, bavure, éclaboussure, macule, marque, souillure, trace

tâche N. F. **1. activité**, besogne, occupation, corvée (péj.), pensum (péj.), labeur (littér.), boulot (fam.), job (fam.) **2. devoir**, obligation, fonction, mission, rôle, office (littér.)

taché, ée ADJ. **1. maculé**, sali, souillé, cochonné (fam.) **2.** [naturellement] **moucheté**, tacheté, tavelé, tigré

tacher V. TR. maculer, graisser, marquer, salir, souiller, cochonner (fam.)

tâcher V. TR. et TR. IND.
- **tâcher de** s'efforcer de, s'appliquer à, essayer de, faire des efforts pour, faire son possible pour, s'employer à, s'escrimer à, s'évertuer à, s'ingénier à, œuvrer pour, tenter de, travailler à
- **tâcher que** veiller à ce que, faire en sorte que, s'arranger pour que

tacheté, ée ADJ. **1. moucheté**, piqueté **2.** [cheval] **tisonné**, pommelé, truité

tacite ADJ. implicite, inexprimé, informulé, sous-entendu

taciturne ADJ. silencieux, avare de paroles, renfermé, secret

tact N. M. délicatesse, atttention, diplomatie, doigté, habileté, prévenance, savoir-faire

tactique[1] ADJ. **1. adroit**, astucieux, malin **2. stratégique**, préstratégique

tactique[2] N. F. plan (d'action), manœuvre, méthode, politique, recette, stratégie, technique, truc (fam.)

tag N. M. graffiti, bombage, graff (fam.)

taguer V. TR. graffiter, bomber

taillader V. TR. balafrer, charcuter, déchiqueter, déchirer, entailler, lacérer, labourer

taille N. F. **I. coupe**, ébranchage, écimage, élagage, émondement, étêtage, taillage **II. 1. grandeur**, carrure, gabarit, hauteur, pointure, stature **2. dimension**, calibre, format, grandeur, grosseur, importance, longueur, proportion

tailler V. TR. **1. couper**, [en pointe] appointer, [en biseau] biseauter, [en arrondi] échancrer **2.** [des arbres] **ébourgeonner**, ébrancher, écimer, éclaircir, élaguer, émonder, étêter **3. sculpter**, ciseler **4.** [les cheveux] **couper**, rafraîchir **5.** [Couture] **couper**, découper, patronner

taillis N. M. buissons, bois, fourrés, maquis

taire V. TR. **passer sous silence**, cacher, dissimuler, enfouir, garder secret, omettre, voiler

♦ **se taire** V. PRON. **1. faire silence**, demeurer/rester bouche cousue, demeurer/se tenir coi, ne pas desserrer les dents, ne pas dire un mot, la boucler (fam.), s'écraser (fam.), la fermer (fam.), fermer son bec (fam.), fermer sa gueule (très fam.), mettre sa langue dans sa poche (fam.), ne pas piper (fam.) **2. garder un secret**, être une tombe

talent N. M. **1. aptitude**, aisance, capacité, compétence, disposition, don, génie, faculté, instinct, prédisposition **2. adresse**, art, brio, dextérité, doigté, maestria, virtuosité, savoir-faire **3. prodige**, génie, star, virtuose

talentueux, euse ADJ. doué, de haut vol, de haute volée, émérite

talisman N. M. amulette, charme, fétiche, grigri, mascotte, porte-bonheur

talonner V. TR. **1. serrer de près**, être aux trousses de, marcher sur les talons de, marquer à la culotte, pourchasser, poursuivre, traquer **2. harceler**, assiéger, persécuter, presser, relancer, tarabuster, tourmenter

talus N. M. remblai, butte, levée, parapet

tamiser V. TR. **1. cribler**, bluter, filtrer, passer, sasser, trier, vanner **2. adoucir**, atténuer, estomper, filtrer, voiler

tampon N. M. **1. bouchon**, bonde **2. cachet**, flamme, oblitération

tamponner V. TR. **1. frotter**, étendre, imbiber **2. essuyer**, étancher, sécher **3. emboutir**, défoncer, heurter, percuter, télescoper, emplafonner (fam.), froisser la tôle de (fam.) **4. timbrer**, estampiller, oblitérer, poinçonner

tandem N. M. paire, binôme, couple, duo

tangible ADJ. **1. palpable**, charnel, matériel, sensible **2. concret**, authentique, effectif, établi, incontestable, manifeste, matériel, réel

tanguer V. INTR. **1. se balancer**, onduler, osciller **2. vaciller**, bouger, chanceler, tituber, zigzaguer

tanière N. F. **1. antre**, bauge, gîte, repaire **2. cachette**, refuge, repaire, retraite, trou (fam.)

tank N. M. **1. citerne**, réservoir **2. char d'assaut**, automitrailleuse, blindé, char, panzer

tanner V. TR. **1. préparer**, chromer, mégisser **2. bronzer**, boucaner, brunir, hâler

tapage N. M. **1. vacarme**, chahut, charivari, tintamarre, tohu-bohu, barouf (fam.), bazar (fam.), bordel (fam.), boucan (fam.), chambard (fam.), potin (fam.), raffut (fam.), tintouin (fam.) **2. scandale**, désordre, esclandre, foin (fam.) **3. battage**, bruit, publicité, ramdam (fam.), tam-tam (fam.)

tapageur, euse ADJ. **1. bruyant**, braillard, vociférant, gueulard (fam.), piaillard (fam.) **2. criard**, clinquant, outrancier, provocateur, tape-à-l'œil, voyant

tape N. F. claque, gifle, tapette

tape-à-l'œil ADJ. INVAR. criard, clinquant, outrancier, provocateur, tapageur, voyant

taper

▸ V. TR. **1. battre**, boxer, brutaliser, calotter, cogner, fesser, frapper, rosser, talocher (fam.) **2. pianoter**, tambouriner, tapoter **3. dactylographier**, saisir

▸ V. INTR. **1. frapper**, cogner, donner des coups, tambouriner, tapoter **2.** [soleil] **brûler**, chauffer, cogner (fam.) **3.** [vin] monter à la tête, cogner (fam.)

tapinois (en) LOC. ADV. en cachette, à la dérobée, en catimini, en secret, furtivement, sous cape, subrepticement, en douce (fam.)

tapir (se) V. PRON. se blottir, se cacher, se recroqueviller, se terrer, se planquer (fam.)

tapis N. M. **1. carpette**, descente de lit, kilim, lirette, moquette, [de couloir, d'escalier] chemin **2. natte**, paillasson, [de judo] tatami **3. lit**, couche

tapisser V. TR. **1.** [personne] **tendre**, coller, couvrir, orner, recouvrir, revêtir **2.** [chose] **recouvrir**, cacher, couvrir, joncher, parsemer

tapisserie N. F. **1. tenture**, rideau **2. papier mural**, papier peint

taquin, ine ADJ. et N. malicieux, badin, coquin, espiègle, facétieux, farceur, moqueur

taquiner V. TR. **1. agacer**, chiner, faire enrager, exciter, plaisanter, asticoter (fam.), blaguer (fam.), faire bisquer (fam.), faire marcher (fam.), mettre en boîte (fam.) **2. chatouiller**, agacer, picoter

tarabiscoté, ée ADJ. **1. affecté**, alambiqué, amphigourique, contourné, embrouillé **2.** [explication] **embarrassé**, emprunté **3. chargé**, baroque, lourd, orné, surchargé

tarabuster V. TR. **1. agacer**, harceler, importuner, presser, tourmenter, asticoter (fam.) **2. obséder**, contrarier, miner, ronger, tracasser, travailler, chiffonner (fam.), turlupiner (fam.)

tarauder V. TR. **1. percer**, fileter, forer, perforer, transpercer, trouer, vriller **2. obséder**, miner, ronger, tenailler, torturer, tourmenter

tarder V. INTR. **1. traîner**, atermoyer, faire traîner, lambiner, lanterner, perdre son temps, traînasser **2. se faire attendre**, être lent à venir, se faire désirer

tardif, ive ADJ. **1. retardé**, en retard, hors de saison **2.** [heure] **avancé**, indu

tare N. F. **1. poids 2. malformation**, altération, déficience, handicap, maladie **3. imperfection**, défaut, défectuosité, malfaçon, travers, vice

targuer de (se) V. PRON. **1.** [qqch.] **s'enorgueillir de**, se donner les gants de, être fier de, se flatter de, se piquer de, se prévaloir de, se vanter de, tirer vanité de **2.** [suivi de l'infinitif] **se faire fort de**, compter, espérer, prétendre

tarif N. M. **1. barème 2. prix**, cote, coût, montant, taux

tarir

▸ V. TR. **1. assécher**, dessécher, épuiser, sécher, mettre à sec **2. consumer**, dissiper, engloutir, éteindre

▸ V. INTR. **1. cesser de couler**, s'arrêter, s'assécher **2. s'appauvrir**, s'éteindre, s'épuiser, stopper

tartiner V. étaler, beurrer, enduire, recouvrir

tas N. M. amas, amoncellement, monceau, montagne, pile, pyramide, superposition, [de foin, de blé] meule

tasser V. TR. **1. presser**, bourrer, compacter, comprimer, damer **2. entasser**, empiler, masser, presser, resserrer, serrer

♦ **se tasser** V. PRON. **1. s'affaisser**, s'effondrer **2. se voûter**, rapetisser, se ratatiner, se recroqueviller **3. se serrer**, se blottir, se presser

tâter V. TR. **1. toucher**, fouiller, palper, tâtonner **2. sonder**, ausculter, interroger, prendre le pouls/la température de

tatillon, onne ADJ. pointilleux, maniaque, scrupuleux, strict, tracassier, chipoteur (fam.), pinailleur (fam.), vétilleux (littér.)

tâtonnement N. M. essai, balbutiement, bégaiement, flottement, hésitation

tâtonner V. INTR. **1. tâter 2. essayer**, hésiter, avancer sur la pointe des pieds

tâtons (à) LOC. ADV. **1. à l'aveugle**, à l'aveuglette, en tâtonnant **2. au hasard**, sans méthode

taudis N. M. bouge, bidonville, cambuse, gourbi, masure

tautologie N. F. répétition, lapalissade, pléonasme, redite, redondance, réitération, truisme

taux N. M. **1. barème**, tarif **2. cours**, cote, valeur **3. quotient**, pourcentage, rapport, ratio

tavelé, ée ADJ. marqué, marqueté, piqueté, tacheté

taverne N. F. [vieilli] auberge, brasserie, buvette, cabaret, café, estaminet (région.), guinguette, gargote (péj.)

taxable ADJ. imposable, assujetti (à l'impôt)

taxation N. F. imposition, assujettissement à l'impôt

taxe N. F. contribution, charge, fiscalité, imposition, impôt, redevance, [Hist.] dîme, gabelle, taille

taxer V. TR. **1. imposer 2. qualifier**, appeler, baptiser, nommer, traiter **3. accuser**, charger, reprocher

technicien, enne N. professionnel, exécutant, expert, homme de l'art, praticien, spécialiste

technique

▸ ADJ. **1. spécial**, pointu, professionnel, scientifique, spécialisé **2. mécanique**

▸ N. F. **1. procédé**, art, méthode, métier, pratique, technologie **2. astuce**, recette, combine (fam.), ficelles (du métier) (fam.), truc (fam.) **3. habileté**, adresse, art, patte, savoir-faire, technicité (emploi critiqué), tour de main, virtuosité

teigneux, euse ADJ. mauvais, agressif, batailleur, hargneux

teint N. M. **1. nuance**, coloration, coloris, ton **2.** [de peau] **carnation**, coloris

teinte N. F. nuance, coloris, ton

teinter V. TR. **1. colorer 2. fumer**

♦ **se teinter de** V. PRON. se nuancer de

teinture N. F. coloration, couleur

télécommander V. TR. **1. téléguider**, radioguider, télépiloter **2.** [péj.] **manipuler**, piloter, téléguider

téléguider V. TR. **1. télécommander 2.** [péj.] **manipuler**, piloter, télécommander

téléphone N. M. **1. appareil**, cellulaire, mobile, portable, bigophone (fam.) **2. combiné**

téléphoner à V. TR. IND. appeler, donner/passer un coup de fil à (fam.), bigophoner (fam.)

télescopage N. M. choc, accrochage, carambolage, collision, heurt, tamponnement

télescoper V. TR. accrocher, emboutir, heurter, percuter, rentrer dans, tamponner

télévision N. F. **1. télédistribution 2. le huitième art**, le petit écran, les étranges lucarnes **3. téléviseur**, télé (fam.)

téméraire ADJ. **1. audacieux**, aventureux, casse-cou, entreprenant, hardi, risque-tout, tête brûlée **2. périlleux**, aventureux, dangereux, hasardeux, imprudent, insensé, osé, risqué

témérité N. F. audace, hardiesse, imprudence, intrépidité, présomption

témoignage N. M. **1. déposition**, déclaration, rapport, relation (littér.) **2. démonstration**, attestation, gage, manifestation, marque, preuve, signe, témoin

témoigner V. TR. **1. affirmer**, attester, certifier, déposer, jurer **2. mani-**

fester, faire montre de, montrer **3. attester**, démontrer, indiquer, marquer, montrer, révéler

témoin N. M. **1. spectateur**, assistant, auditeur, observateur, déposant (Droit) **2. attestation**, marque, repère, signe, souvenir, témoignage, trace, vestige **3.** [de course de relais] **bâton**

tempérament N. M. nature, caractère, constitution, mentalité, naturel, personnalité

tempérance N. F. **1. mesure**, modération **2. frugalité**, sobriété **3. continence**, ascétisme

tempérant, ante ADJ. **1. mesuré**, modéré, raisonnable **2. frugal**, sobre **3. continent**, ascète

température N. F. chaleur, [Méd.] fièvre

tempéré, ée ADJ. **1. doux**, clément **2. modéré**, doux, équilibré, pondéré, posé, raisonnable

tempérer V. TR. **1. adoucir**, attiédir, rafraîchir, réchauffer **2. atténuer**, apaiser, assagir, calmer, contenir, diminuer, mitiger, modérer, mettre en mode mineur, mettre un bémol à

tempête N. F. **1. bourrasque**, cyclone, coup de chien, coup de tabac, gros temps, ouragan, tornade, tourmente, typhon **2. déchaînement**, débordement, déferlement, explosion, tonnerre **3. agitation**, bouleversement, chaos, désordre, tourmente, trouble

tempêter V. INTR. se déchaîner, s'emporter, exploser, fulminer, pester, tonner, gueuler (très fam.), pousser un coup de gueule/une gueulante (très fam.)

tempo N. M. cadence, rythme, vitesse

temporaire ADJ. **1. provisoire**, court, de courte durée, éphémère, momentané, passager, transitoire **2. intérimaire**, intermittent, occasionnel, précaire, remplaçant, saisonnier

temporairement ADV. momentanément, passagèrement, provisoirement

temporiser V. INTR. attendre, atermoyer, différer, gagner du temps, user de manœuvres dilatoires (péj.)

temps N. M. **1. durée**, temporalité **2. époque**, âge, ère, moment, période, saison, siècle **3. délai**, marge, répit, sursis **4. distance**, recul **5. pause**, arrêt, interruption **6. étape**, stade **7. météo**, conditions atmosphériques/climatiques, couleur du ciel, températures

tenable ADJ. supportable, endurable, soutenable, tolérable, vivable

tenace ADJ. **1. durable**, indéracinable, indestructible, ineffaçable, inextirpable, résistant **2. acharné**, buté, accrocheur, entêté, ferme, infatigable, irréductible, obstiné, opiniâtre, têtu, coriace (fam.), crampon (fam.)

ténacité N. F. acharnement, entêtement, fermeté, obstination, opiniâtreté, persévérance

tenailler V. TR. étreindre, hanter, mettre au supplice, miner, obséder, ronger, tarauder, torturer, tourmenter

tenant N. M. **1. détenteur 2. adepte**, apôtre, appui, avocat, champion, défenseur, partisan

tendance

- N. F. **1. inclination**, penchant, appétit, aptitude, disposition, pente, prédisposition, propension, appétence (littér.) **2. direction**, orientation, sens **3. mouvement**, couleur politique, courant, école, mouvance
- ADJ. **à la mode**, en vogue, branché (fam.), in (fam.)

tendancieux, euse ADJ. partial, orienté, partisan, subjectif

tendon N. M. tirant (Boucherie)

tendre[1] V. TR. **1. tirer**, bander, contracter, raidir **2. donner**, avancer, présenter **3.** [partie du corps] **allonger**, avancer, étendre **4.** [un piège] **disposer**, dresser **5.** [un mur, une pièce] **tapisser**, recouvrir

♦ **se tendre** V. PRON. **s'aggraver**, dégénérer, se dégrader, se détériorer, empirer, se gâter

tendre[2] ADJ. **1. délicat**, fondant, moelleux, mou **2. câlin**, affectueux, aimant, amoureux, cajoleur, caressant, enjôleur, langoureux, sensible, sentimental **3. attendrissant**, charmant, délicieux, touchant **4.** [couleur] **pastel**, délicat, doux, pâle

tendrement ADV. affectueusement, amoureusement, avec amour, doucement

tendresse N. F. **affection**, amitié, amour, attachement

♦ **tendresses** PLUR. **cajoleries**, amabilités, caresses, chatteries, égards, gentillesse

tendu, ue ADJ. **1. raide**, dur, rigide **2. contracté**, à bout de nerfs, à cran, crispé, stressé **3. difficile**, explosif, lourd, pénible, pesant

ténèbres N. F. PL. **1. obscurité**, noir, ombre, noirceur (littér.) **2. obscurantisme**

ténébreux, euse ADJ. **1. noir**, couvert, obscur, ombreux, sombre **2. incompréhensible**, fumeux, impénétrable, inextricable, abscons (littér.), abstrus (littér.) **3. énigmatique**, mystérieux, secret **4. taciturne**, mélancolique, sombre

teneur N. F. **1. contenu**, fond, objet, sujet **2. degré de concentration**, proportion, quantité, pourcentage, taux, titre

tenir

► V. TR. **1. fixer**, accrocher, amarrer, attacher, immobiliser, retenir **2. soutenir**, maintenir **3. conserver**, détenir, garder, posséder **4. contenir**, jauger, recevoir, renfermer **5. contrôler**, maîtriser, retenir **6.** [une position] **défendre** **7.** [une charge, une fonction] **exercer**, occuper, remplir **8.** [une affaire] **administrer**, diriger, gérer, gouverner, mener, s'occuper de **9.** [un rôle] **jouer**, remplir **10.** [un engagement] **respecter**, être fidèle à, observer

► V. INTR. **1. adhérer**, accrocher, s'attacher, coller **2. résister**, ne pas céder, ne pas baisser les bras, tenir bon, tenir le choc/le coup (fam.) **3. continuer**, durer, persister, subsister

♦ **se tenir** V. PRON. **1. s'accrocher**, s'agripper, se cramponner, se retenir **2. se comporter**, se conduire **3. se camper**, se dresser **4. habiter**, demeurer, loger, séjourner, se trouver

ténor N. M. célébrité, figure, sommité, star, vedette, pointure (fam.)

tension N. F. **1. contraction**, bandage, érection, raidissement **2. attention**, application, concentration, effort **3. crise**, antagonisme, brouille, crispation, discorde, froid, mésentente, tiraillement, tirage (fam.)

tentant, ante ADJ. alléchant, affriolant, aguichant, appétissant, désirable, engageant, excitant, séduisant

tentation N. F. **1. appel**, aiguillon, attraction, attrait, séduction, sollicitation **2. envie**, désir, inclination, penchant, démangeaison (fam.)

tentative N. F. essai, ballon d'essai, effort, expérience, expérimentation

tente N. F. abri, canadienne, [indienne] tipi, wigwam, [d'Asie centrale] yourte, [de cirque] chapiteau

tenter V. TR. **1. essayer**, aventurer, entreprendre, expérimenter, hasarder, oser, risquer **2. allécher**, attirer, faire envie à, plaire à, séduire **3. intéresser**, enthousiasmer, chanter à (fam.), démanger (fam.)

tenture N. F. tapisserie, draperie, écran, portière, rideau

tenu, ue ADJ. occupé, absorbé, accaparé, pris

ténu, ue ADJ. **1. délicat**, frêle, gracile, grêle, menu, mince **2. subtil**, faible, fragile, impalpable, léger

tenue N. F. **1. habit**, accoutrement (péj.), costume, habillement, mise, toilette, vêtements, atours (littér.), effets (littér.), fringues (fam.), frusques (fam.), nippes (fam.), sapes (fam.) **2. comportement**, attitude, conduite **3. correction**, décence, distinction, manières, politesse, savoir-vivre **4. maintien**, attitude, port, posture, prestance

tergiversation N. F. atermoiement, dérobade, détour, esquive, faux-fuyant, hésitation

tergiverser V. INTR. atermoyer, balancer, biaiser, ergoter, finasser, hésiter, louvoyer, se tâter, temporiser, tourner autour du pot (fam.)

terme N. M. **I. 1. fin**, achèvement, aboutissement, bout, conclusion, dénouement, issue **2. échéance**, expiration, limite **II. mot**, nom, vocable
♦ **termes** PLUR. **rapports**, relations

terminaison N. F. **1. bout**, extrémité **2. désinence**, flexion, suffixe

terminal, ale, aux ADJ. final, dernier, extrême, suprême, ultime

terminer V. TR. **1. achever**, conclure, finir, en finir avec, mettre la dernière main à, mener à terme, mettre un point final à, mettre un terme à, venir à bout de, boucler (fam.), liquider (fam.), torcher (fam.) **2. clore**, arrêter, clôturer, conclure, fermer, mettre fin à, régler
♦ **se terminer** V. PRON. **1. s'arrêter**, arriver à son terme, cesser, finir, s'interrompre, prendre fin **2. se dénouer**, se résoudre **3. se conclure**, se solder par, se traduire par

terminologie N. F. vocabulaire, jargon, langage, langue, lexique, nomenclature

terne ADJ. **1. décoloré**, défraîchi, délavé, fade, fané, passé **2. blafard**, blanc, blême, décoloré, pâle, terreux **3. falot**, atone, effacé, inexpressif, inodore et sans saveur **4. triste**, gris, maussade, morose, sombre

ternir V. TR. **1. décolorer**, défraîchir, délaver, effacer, faner **2. avilir**, déprécier, discréditer, entacher, flétrir, salir, souiller
♦ **se ternir** V. PRON. **se dépolir**, se décolorer, se faner, pâlir, passer

terrain N. M. **1. sol**, terre, formation (Géol.) **2. aire**, espace, place, secteur, territoire, zone **3. emplacement**, lotissement, parcelle **4. camp**, base **5. domaine**, matière, partie, secteur, spécialité, sphère, sujet, rayon (fam.)

terrasser V. TR. **1. renverser**, abattre, démolir, écraser, jeter à terre, mater, mettre à terre, vaincre **2. accabler**, anéantir, atterrer, briser **3. foudroyer**, faucher, frapper

terre N. F. **1. globe**, monde, planète, univers **2. sol**, champ, terrain, terroir **3. domaine**, bien, exploitation, foncier, fonds, propriété **4. région**, lieu, pays, territoire **5. continent**, île

terrer (se) V. PRON. **1. se cacher**, s'abriter, s'embusquer, se mettre à couvert, se réfugier, se tapir, se planquer (fam.) **2. s'isoler**, se calfeutrer, se claquemurer, se claustrer, se cloîtrer

terrestre ADJ. **1. tellurique**, tellurien **2. temporel**, mondain, séculier **3. matériel**, charnel, corporel, physique

terreur N. F. **1. effroi**, angoisse, épouvante, frayeur, horreur, panique, peur bleue, affres (littér.), frousse (fam.), trouille (fam.) **2. terrorisme**, intimidation **3. dur**, bandit, fripouille, vaurien, frappe (fam.)

terreux, euse ADJ. **1. sale**, boueux, crotté, maculé **2. blafard**, blême, cadavérique, cireux, hâve, pâle

terrible ADJ. **1. effrayant**, atroce, épouvantable, cauchemardesque, horrible, paniquant, terrifiant, tragique, à donner la chair de poule, à faire frémir, à glacer le sang **2. pénible**, affreux, catastrophique, désastreux **3. méchant**, inquiétant, patibulaire, sinistre **4. déchaîné**, furieux, violent **5. turbulent**, désobéissant, indiscipliné, infernal, intenable

terriblement ADV. **1. énormément**, excessivement, extrêmement, formidablement, prodigieusement, bigrement (fam.), bougrement (fam.), diablement (fam.), drôlement (fam.), rudement (fam.), sacrément (fam.), vachement (fam.) **2. affreusement**, épouvantablement, horriblement, redoutablement

terrier N. M. tanière, abri, cache, gîte, repaire, trou

terrifiant, ante ADJ. **1. affolant**, effrayant, atroce, épouvantable, cauchemardesque, paniquant, tragique, à donner la chair de poule, à faire frémir, à glacer le sang **2. méchant**, inquiétant, patibulaire, sinistre

terrifier V. TR. affoler, alarmer, apeurer, effrayer, épouvanter, donner la chair de poule à, donner des sueurs froides à, faire froid dans le dos à, faire dresser les cheveux sur la tête à, paniquer, terroriser, saisir d'effroi

territoire N. M. **1. état**, nation, patrie, pays, sol **2. zone**, aire, région, secteur **3.** [Admin.] **circonscription**, canton, district, province, région

terroir N. M. **1. terre**, sol, terrain **2. pays**, campagne, province, région, territoire

terroriser V. TR. affoler, effrayer, épouvanter, figer/glacer le sang à, faire dresser les cheveux sur la tête à, horrifier, pétrifier, remplir de terreur, saisir d'effroi, terrifier

test N. M. **1. essai**, expérience, expérimentation **2. vérification**, contrôle, épreuve, essai, expertise, mesure **3.** [Scol.] **examen**, contrôle, évaluation, interrogation, colle (fam.), interro (fam.)

tester V. TR. **1. essayer**, expérimenter **2. contrôler**, éprouver, mettre à l'épreuve, vérifier

testicules N. M. PL. bourses, balles (fam.), bijoux de famille (fam.), burettes (très fam.), couilles (très fam.), joyeuses (fam.), roubignolles (fam.), roupettes (fam.), roustons (fam.), valseuses (fam.)

tétaniser V. TR. paralyser, clouer (sur place), figer, glacer, pétrifier, statufier

tête N. F. **I. 1. figure**, visage, bille (fam.), binette (fam.), bobine (fam.), bougie (fam.), bouille (fam.), gueule (très fam.), trogne (fam.), trombine (fam.), tronche (fam.) **2. caboche** (fam.), caberlot (fam.), carafon (fam.), ciboulot (fam.), cigare (fam.), citron (fam.), citrouille (fam.) **II. 1. facultés**, lucidité **2. raison**, bon sens, cervelle **III. 1. meneur**, cerveau, chef, leader **2. génie**, cerveau, fort en thème **IV. 1. début**, avant-garde, commencement, devant **2.** [d'arbre] **cime**, faîte, haut, sommet

tête-à-tête N. M. entretien, conciliabule, conversation privée, dialogue, entrevue, face-à-face

téter V. TR. sucer, suçoter, tirer sur

têtu, ue

▸ ADJ. **entêté**, acharné, buté, obstiné, opiniâtre, tenace

▸ N. **forte tête**, cabochard (fam.), tête de cochon (fam.), tête de lard (fam.), tête de mule (fam.), tête de pioche (fam.)

texte N. M. 1. **source**, document, écrit 2. **copie**, manuscrit, tapuscrit 3. [d'un acte, d'un devoir] **énoncé**, formulation, libellé 4. [d'un opéra] **livret**, [d'une chanson] paroles

textuel, elle ADJ. 1. **exact**, authentique, conforme, fidèle 2. **littéral**, mot à mot

textuellement ADV. mot à mot, mot pour mot, de point en point, exactement, texto (fam.)

texture N. F. 1. **structure**, composition, consistance, constitution 2. **trame**, composition, plan, structure

théâtral, ale, aux ADJ. 1. **scénique**, dramatique 2. **grandiloquent**, ampoulé, déclamatoire, emphatique, pompeux, ronflant

théâtre N. M. 1. **planches**, scène, tréteaux 2. **compagnie**, troupe 3. [genres] **comédie**, boulevard, café-théâtre, drame, farce, mélodrame, tragédie, vaudeville 4. **cadre**, emplacement, endroit, scène, site

thème N. M. 1. **sujet**, matière, objet, propos, question, thématique 2. [Mus.] **motif**, leitmotiv

théorie N. F. 1. **conception**, doctrine, dogme, pensée, philosophie, thèse 2. **loi**, principe, règle, système 3. **spéculation**, hypothèse

théorique ADJ. 1. **spéculatif**, abstrait, conceptuel 2. [valeur] **conventionnel**, arbitraire, de principe 3. **abstrait**, chimérique, idéal, imaginaire, hypothétique, irréaliste

théoriquement ADV. en principe, dans l'abstrait, logiquement, normalement, sur le papier

thérapie N. F. 1. **thérapeutique**, cure, médicament(s), médication, remède, soins, traitement 2. **analyse**, psychanalyse, psychothérapie

thésauriser V. TR. et INTR. épargner, capitaliser, économiser, mettre de côté, mettre à gauche (fam.)

thèse N. F. 1. **doctrine**, système, théorie, [Univ.] doctorat 2. **argument**, assertion, conception, opinion, pensée, raisonnement

thorax N. M. poitrine, buste, cage thoracique, torse, tronc, caisse (fam.), coffre (fam.)

tic N. M. 1. **grimace**, mimique, rictus 2. **manie**, bizarrerie, habitude, travers (péj.)

ticket N. M. billet, bulletin, carte, coupon, place, [Transport] titre de transport

tiède ADJ. 1. **doux**, moite, tiédi, tiédasse (péj.) 2. **mou**, hésitant, mitigé, modéré, réticent, timide

tiédeur N. F. 1. **douceur**, attiédissement, moiteur 2. **mollesse**, modération, réticence, timidité

tiédir

▸ V. INTR. **s'atténuer**, diminuer, faiblir, mollir, se tempérer

▸ V. TR. **rendre tiède**, chauffer, refroidir, attiédir (littér.)

tiers N. M. 1. **étranger**, autrui, inconnu, intrus, tierce personne 2. **médiateur**, intermédiaire, négociateur

tige N. F. 1. **bâton**, baguette, barre, bielle, broche, cheville, cylindre, fût, tringle 2. [de fleur] **hampe**, pédoncule, queue 3. [de céréales] **chaume**, chalumeau, éteule, paille, tuyau

timbre N. M. 1. **sonorité**, son, ton, tonalité 2. **sonnerie**, cloche, clochette, grelot, sonnette 3. **cachet**, marque, sceau, tampon, vignette 4. **patch**

timbrer V. TR. affranchir, estampiller, marquer, tamponner

timide ADJ. **1. craintif**, complexé, effarouché, introverti, réservé, timoré, pusillanime (littér.), coincé (fam.) **2. faible**, frileux, hésitant, indécis, mou

timidement ADV. **1. craintivement**, avec hésitation, avec réserve, avec retenue, pudiquement **2. faiblement**, frileusement, mollement

timidité N. F. **1. crainte**, gêne, inhibition, introversion, modestie, pusillanimité (littér.) **2. faiblesse**, frilosité, indécision, tiédeur

timoré, ée ADJ. craintif, effarouché, peureux, poltron, couard (littér.), pleutre (littér.), pusillanime (littér.), dégonflé (fam.), froussard (fam.), pétochard (fam.), trouillard (fam.), poule mouillée (fam.)

tintamarre N. M. tapage, tohu-bohu, vacarme, barouf (fam.), boucan (fam.), foin (fam.), raffut (fam.), ramdam (fam.), tintouin (fam.)

tinter V. INTR. résonner, carillonner, retentir, sonner

tiquer V. INTR. **1. tressaillir**, hausser les sourcils, sourciller **2. rechigner**

tir N. M. **1. coup de feu**, décharge, feu, rafale, salve **2.** [Football] **shoot 3. stand**

tirade N. F. **1.** [Théâtre] **monologue**, morceau de bravoure, réplique **2. discours**, couplet, laïus (fam.), tartine (fam.)

tirage N. M. **1.** [Imprimerie] **édition**, impression, typographie **2. gravure 3. cliché**, épreuve, photo

tiraillement N. M. **1. écartèlement 2. conflit**, accrochage, anicroche, désaccord, dissension, friction, mésentente, tirage (fam.) **3. contraction**, crampe, spasme

tirailler V. TR. écarteler, ballotter, déchirer

tiré, ée ADJ. [visage, traits] fatigué, défait

tire-au-flanc N. INVAR. paresseux, feignant, cossard (fam.), flemmard (fam.), tire-au-cul (très fam.)

tirer

▸ V. TR. **1. allonger**, détirer, distendre, étendre, tendre, [ses chaussettes] relever, remonter **2. fermer**, amener **3. traîner**, haler, ramener, remorquer, tracter **4.** [un trait, une droite] **tracer**, abaisser **5.** [une arme] **dégainer**, sortir **6.** [un liquide] **exprimer**, extraire, [d'un puits] pomper, puiser **7.** [une idée] **dégager**, déduire, inférer **8. emprunter**, extraire, prendre, puiser, pomper (fam.) **9. imprimer**, éditer, photocopier, reproduire, sortir **10. gagner**, obtenir, recevoir, recueillir **11. tuer**, abattre, descendre (fam.), flinguer (fam.)

▸ V. INTR. **1. faire feu**, ouvrir le feu, mitrailler, canarder (fam.) **2.** [Foot] **shooter**

tiret N. M. division, coupure, trait, trait d'union

tisane N. F. décoction, infusion, macération

tissu N. M. **1. étoffe**, textile, [de laine] drap, lainage, [de soie] brocart, satin, soierie, [de coton] cotonnade, [de lin] toile **2. enchaînement**, enchevêtrement, enfilade, mélange, série, succession **3. peau**, chair, membrane

titan N. M. colosse, force de la nature, géant, goliath, hercule

titanesque ADJ. colossal, cyclopéen, démesuré, gigantesque, herculéen, monstrueux, monumental

titiller V. INTR. **1. chatouiller 2. tracasser**, préoccuper, tarabuster (fam.), turlupiner (fam.) **3. taquiner**, agacer, provoquer, asticoter (fam.) **4. allécher**, attirer, faire venir l'eau à la bouche de

titre N. M. **I. 1. nom**, appellation, dénomination, intitulé **2.** [de journal] **rubrique**, en-tête, manchette **II. 1. fonction**, qualification, spécification **2. grade**, diplôme **III. cause**, motif, raison **IV.** [Droit] **acte**, certificat, document, instrument, papier, pièce

tituber V. INTR. chanceler, flageoler, osciller, trébucher, vaciller

titulaire N. détenteur, possesseur, tenant

tocade N. F. caprice, coup de tête, lubie, passade, entichement (littér.)

tohu-bohu N. M. brouhaha, tapage, vacarme, tintamarre, barouf (fam.), chahut (fam.), charivari (fam.), foire (fam.), ramdam (fam.)

toile N. F. **1. tissu**, [de lin] batiste, hollande, linon, [de coton] coutil, indienne, mousseline **2.** [plastifiée, vernie] **linoléum**, moleskine **3. peinture**, tableau, croûte (péj.) **4.** [Mar.] **voiles**, voilure

toilette N. F. **1. ablutions** (littér.), [d'un animal] toilettage, [d'une chose] astiquage, nettoiement **2. tenue**, habillement, mise, parure, vêtements, atours (plur.)
♦ **toilettes** PLUR. **w.-c.**, cabinets, cabinet/lieu d'aisances, latrines, water-closet, waters, petit coin (fam.), pipi-room (fam.), chiottes (très fam.), gogues (très fam.)

toiser V. TR. dévisager, examiner, inspecter, observer, regarder de haut, scruter, zieuter (fam.)

toison N. F. **1. fourrure**, laine, pelage, poil **2. cheveux**, chevelure, crinière (fam.), tignasse (péj.)

toit N. M. **1. couverture**, toiture, [plat] terrasse **2. asile**, abri, gîte, refuge, retraite, havre (littér.) **3. domicile**, demeure, habitation, logement

tolérable ADJ. supportable, acceptable, admissible, endurable, tenable, vivable

tolérance N. F. **1. compréhension**, indulgence, largeur d'esprit, libéralisme, ouverture d'esprit, mansuétude (littér.) **2.** [excessive] **complaisance**, laisser-faire, laxisme, permissivité, relâchement **3. résistance**, solidité, tenue **4. latitude**, délai, marge, temps, volant

tolérant, ante ADJ. **1. compréhensif**, accommodant, indulgent, large d'esprit, libéral, ouvert, coulant (fam.) **2. complaisant**

tolérer V. TR. **1. autoriser**, consentir à, passer sur, permettre, souffrir (littér.) **2. excuser**, fermer les yeux sur, pardonner, laisser passer **3. endurer**, souffrir, supporter, avaler (fam.)

tollé N. M. clameur, chahut, charivari, haro, huées, protestations, sifflets

tombant, ante ADJ. pendant, retombant, [chair] flasque

tombe N. F. sépulture, fosse, tombeau, dernier asile (littér.), dernière demeure (littér.)

tombeau N. M. caveau, cénotaphe, mausolée, sépulture, tombe, sépulcre (littér.), dernière demeure (littér.)

tomber V. INTR. **I. 1. culbuter**, s'affaler, basculer, dégringoler, s'écrouler, s'effondrer, faire une chute, chuter (fam.), se casser la figure (fam.), se casser la binette/la figure/la gueule (fam.), dinguer (fam.), s'étaler (fam.), se ficher/se foutre/se flanquer par terre (fam.), prendre/ramasser une bûche (fam.), prendre/ramasser un gadin (fam.), prendre/ramasser une gamelle (fam.), prendre/ramasser une pelle (fam.), se rétamer (fam.), se vautrer (fam.), valdinguer (fam.) **2.** [avion] **piquer**, s'abattre **3.** [liquide] **couler**, dégoutter **4. pleuvoir**, s'abattre **II. 1. baisser**, s'affaiblir, s'apaiser, s'atténuer, se calmer, décliner, diminuer, s'éteindre, faiblir, se réduire **2.** [jour] **diminuer**, décliner, s'affaiblir **III. 1. capituler**, être renversé, être vaincu **2. mourir**, disparaître, périr, succomber, verser son sang

tombeur N. M. séducteur, bourreau des cœurs, casanova, don Juan, homme à femmes

ton N. M. **1. accent**, inflexion, intonation, modulation, registre, timbre, tonalité, voix **2. teinte**, coloris, couleur, degré, nuance, tonalité, [de chair] carnation **3.** [Mus.] **note**, modulation, tonalité

tonalité N. F. **1. intonation**, timbre **2. teinte**, coloris, couleur, nuance, ton **3. style**, coloration, forme, tournure

tondre V. TR. **1. raser**, couper (court), tailler, ratiboiser (fam.) **2. dépouiller**, déposséder, plumer (fam.), saigner (fam.) **3. escroquer**, estamper (fam.), rouler (fam.)

tonifier V. TR. **1. raffermir**, durcir **2. stimuler**, fortifier, ragaillardir, donner un coup de fouet à (fam.), retaper (fam.)

tonique ADJ. **1. dynamique**, énergique **2. revigorant**, remontant, tonifiant, roboratif (littér.)

tonitruant, ante ADJ. éclatant, assourdissant, perçant, strident

tonneau N. M. **1. barrique**, baril, fût, futaille **2.** [Mar.] **jauge**, tonnage

tonnelle N. F. berceau, charmille, gloriette, pavillon de verdure, pergola

tonner V. INTR. crier, exploser, fulminer, tempêter, vitupérer, gueuler (très fam.), rouspéter (fam.)

tonus N. M. **1.** [musculaire] **tonicité 2. dynamisme**, énergie, ressort, frite (fam.), pêche (fam.), punch (fam.)

torche N. F. flambeau, torchère

torchon N. M. linge de cuisine, chiffon, essuie-mains

tordre V. TR. courber, déformer, fausser, gauchir, tortiller

♦ **se tordre** V. PRON. **1. vriller**, se déformer, s'entortiller, gondoler, s'incurver, se plier **2. se fouler**, se faire une entorse à

tordu, ue ADJ. **1. courbe**, arqué, biscornu, déformé, dévié, difforme, tors **2. vrillé**, contourné, tors

tornade N. F. bourrasque, cyclone, hurricane, ouragan, typhon

torpeur N. F. **1. somnolence**, engourdissement, léthargie **2. inactivité**, abattement, dépression, inaction, langueur, prostration

torpiller V. TR. **1. couler 2. saboter**, démolir, faire échec à, faire échouer, ruiner, saper

torrent N. M. déluge, avalanche, déferlement, flot, pluie

torrentiel, elle ADJ. **1. torrentueux 2. diluvien**, abondant, diluvial, impétueux, violent

torride ADJ. **1. brûlant**, bouillant, caniculaire, équatorial, étouffant, tropical **2. ardent**, sensuel, chaud (fam.)

torsader V. TR. tordre, cordeler, corder, tortiller, tresser

torse N. M. poitrine, buste, thorax, tronc

torsion N. F. contraction, crispation, déformation, distorsion

tort N. M. **1. défaut**, erreur, faute, travers **2. dommage**, atteinte, dégât, préjudice **3. affront**, atteinte, injustice, mal

tortiller

▸ V. TR. **tordre**, cordeler, corder, tresser

▸ V. INTR. **1. balancer**, remuer **2.** [fam.] **atermoyer**, balancer, hésiter, tergiverser, tourner autour du pot

♦ **se tortiller** V. PRON. **se balancer**, s'agiter, se déhancher, gigoter, se trémousser

tortueux, euse ADJ. **1. sinueux**, anfractueux, ondoyant, flexueux (littér.), serpentin (littér.) **2. hypocrite**, dissimulé, fourbe, oblique, perfide (littér.)

torture N. F. **1. supplice**, question (Hist.) **2. martyre**, agonie, calvaire, épreuve, souffrance, affres (littér.), tourment (littér.)

torturer V. TR. **1. supplicier**, martyriser, soumettre à la question (Hist.) **2. dévorer**, hanter, mettre au supplice, ronger, tarauder, tenailler, tourmenter (littér.)

tôt ADV. **1. de bonne heure**, à la première heure, à l'aube, à l'heure du laitier, au chant du coq, au matin, au point du jour, au saut du lit, aux premières lueurs du jour, de bon/grand matin, dès potron-minet (littér.), aux aurores (fam.), [se lever] avec les poules **2. précocement**

total[1], ale, aux ADJ. **1. complet**, général, intégral **2. global 3. absolu**, entier, inconditionnel, parfait, plein, sans borne, sans limite, sans réserve, sans restriction

total[2] N. M. addition, ensemble, masse, montant, somme, totalité, tout

totalement ADV. complètement, absolument, de A à Z, de fond en comble, entièrement, intégralement, parfaitement, pleinement, radicalement, tout à fait, à fond (fam.)

totaliser V. TR. **1. additionner**, sommer (Math.) **2. compter**, cumuler, grouper, rassembler, réunir

totalitaire ADJ. absolu, autocratique, despotique, dictatorial, omnipotent, tyrannique

totalitarisme N. M. despotisme, dictature, tyrannie

totalité N. F. ensemble, entièreté, globalité, intégralité, intégrité

touchant[1] PRÉP. concernant, au sujet de, sur, à propos de, relativement à, rapport à (fam.)

touchant[2], ante ADJ. attendrissant, attachant, désarmant, émouvant, poignant

touche N. F. **1. style**, cachet, expression, genre, manière, patte (fam.) **2. note**, brin, nuance, teinte

touché, ée ADJ. ému, affecté, attendri, bouleversé, ébranlé, remué

toucher[1] V. TR. **I. 1. palper**, tâter, tripoter, [légèrement] caresser, effleurer, frôler **2. atteindre**, frapper, cogner, heurter, taper **II. 1. avoisiner**, être en contact avec, confiner, côtoyer, jouxter **2. aborder**, arriver à, faire escale à, gagner, parvenir à, rallier **3. contacter**, atteindre, entrer en contact avec, joindre, se mettre en rapport avec **III. 1. attendrir**, aller droit au cœur de, bouleverser, émouvoir, interpeller, prendre aux entrailles, remuer, prendre aux tripes (fam.) **2. offenser**, affecter, blesser, heurter **IV. encaisser**, émarger à, empocher, gagner, percevoir, recevoir, se faire (fam.), se mettre dans la poche (fam.), palper (fam.), ramasser (fam.)

♦ **se toucher** V. PRON. **être contigu**, être en contact, être voisin

toucher[2] N. M. contact, palpation

touffe N. F. **1.** [d'arbres, de végétaux] **bouquet**, bosquet, buisson **2.** [de poils, cheveux] **épi**, crinière, houppe, mèche, toupet

touffu, ue ADJ. **1. dense**, broussailleux, foisonnant, impénétrable **2. épais**, abondant, dru, fourni **3. compliqué**, compact, dense, embrouillé

toujours ADV. **1. constamment**, à toute heure, continuellement, en toute saison, en toutes circonstances, hiver comme été, jour et nuit, perpétuellement, sans cesse, sans discontinuer, sans relâche, sans répit, tout le temps, continûment (littér.), 24 heures sur 24 **2. encore 3. systématiquement**, inéluctablement, immanquablement, invariablement **4. cependant**, du moins, en tout cas, en tout état de cause, quoi qu'il en soit

toupet N. M. **1. houppe**, épi, touffe **2.** [fam.] **aplomb**, audace, effronterie, impertinence, impudence, sans-gêne, culot (fam.), outrecuidance (littér.)

tour¹ N. F. gratte-ciel, building, [de guet] beffroi, [d'église] campanile, [de château] donjon, [de mosquée] minaret

tour² N. M. **I. 1. circonférence**, bordure, contour, périphérie, pourtour **2. détour**, circonvolution, coude, courbe, méandre, sinuosité **II. promenade**, balade, circuit, excursion, marche, périple, randonnée, sortie, tournée, voyage, virée (fam.) **III. 1. révolution**, giration, mouvement giratoire, rotation **2. pirouette**, cabriole, virevolte, volte **IV. 1. astuce**, artifice, stratagème, subterfuge, combine (fam.), coup (fam.), ficelle (fam.), truc (fam.) **2. farce**, facétie, mystification, plaisanterie, supercherie, blague (fam.) **V. tournure**, air, allure, évolution, façon, forme

tourbillon N. M. **1. cyclone**, grain, ouragan, tempête, tornade, turbulence, typhon **2. maelström**, remous, vortex **3. agitation**, affolement, effervescence, valse

tourbillonner V. INTR. tournoyer, pirouetter, tourner, virevolter, voleter

tourment N. M. affliction, angoisse, anxiété, contrariété, martyre, supplice, torture, tracas, affres (littér.), embêtement (fam.)

tourmente N. F. **1. bourrasque**, cyclone, orage, ouragan, tempête, tornade **2. troubles**, agitation, bouleversement, commotion, perturbations

tourmenté, ée ADJ. **1. accidenté**, bosselé, chaotique, inégal, irrégulier, vallonné **2. angoissé**, anxieux, soucieux, torturé, troublé, tracassé **3. agité**, fiévreux, houleux, mouvementé, orageux, tempétueux (littér.), tumultueux (littér.) **4. compliqué**, alambiqué, contourné, torturé, tarabiscoté (fam.)

tourmenter V. TR. **1. maltraiter**, brutaliser, martyriser, molester **2. harceler**, persécuter, rendre la vie dure à, tarabuster, être toujours après (fam.), faire tourner en bourrique (fam.) **3. préoccuper**, troubler, chiffonner (fam.), tracasser (fam.), turlupiner (fam.) **4. angoisser**, assaillir, dévorer, mettre au supplice, obséder, ronger, tenailler, torturer

♦ **se tourmenter** V. PRON. **s'alarmer**, s'angoisser, s'inquiéter, se soucier, se tracasser, se biler (fam.), s'en faire (fam.), se faire des cheveux (blancs) (fam.), se faire du mauvais sang (fam.), se faire de la bile (fam.), se faire du mouron (fam.), se faire un sang d'encre (fam.)

tournant N. M. **1. virage**, angle, coin, coude, courbure, épingle à cheveux, lacet, méandre, zigzag **2. changement (de direction)**, bouleversement, renversement, rupture, virage

tourné, ée ADJ. **1. exposé**, disposé, orienté **2. aigre**, piqué, sur

tournée N. F. voyage, balade, circuit, déplacement, inspection, parcours, périple, ronde, tour, visite, virée (fam.)

tourner

▸ V. TR. **1. orienter**, braquer, disposer, exposer, présenter **2. retourner**, changer de côté, changer de sens **3.** [en déformant] **tordre**, tortiller **4.** [Cuisine] **mélanger**, brasser, malaxer, remuer, touiller (fam.), [la salade] fatiguer (fam.) **5. éviter**, contourner, éluder **6. filmer**, réaliser **7. exprimer**, formuler, présenter

▸ V. INTR. **1. graviter**, orbiter, pivoter, tournoyer, tournailler (fam.), tournicoter (fam.) **2. pirouetter**, chavirer, pivoter, tournoyer, virevolter **3. papillonner**, voltiger **4. virer**, braquer, obliquer, se rabattre **5. alterner**, changer de place/de rôle, permuter, se relayer, se succéder **6. fonctionner**, être en marche **7.** [bien ou mal] **se dérouler**, évoluer, marcher, se passer **8. s'altérer**, s'aigrir, cailler, se corrompre, se gâter, se piquer

♦ **se tourner** V. PRON. **1. se retourner**, se détourner, [vivement] faire volte-face **2. s'orienter 3. faire appel à**, recourir à

tournoi N. M. championnat, challenge, compétition, épreuve, joute

tournoyer V. INTR. tourner, pirouetter, pivoter, tourbillonner, virevolter, tournailler (fam.), tourniquer (fam.)

tournure N. F. **1. allure**, apparence, aspect, extérieur, maintien, physionomie, port, touche (fam.) **2. cours**, allure, développement, direction, face, évolution, marche, tendance **3. expression**, construction, formule, locution, tour

tousser V. INTR. **1. toussailler**, toussoter **2. expectorer**, cracher, graillonner

tout[1] N. M. totalité, ensemble, globalité, intégralité

tout[2], toute, tous, toutes ADJ. et PRON. **1. complet**, entier, intégral, total **2. chaque**

♦ **tous** PLUR. tout le monde

tout[3] ADV. **1. extrêmement**, très **2. entièrement**, absolument, complètement, pleinement, totalement

toutefois ADV. cependant, malgré cela, néanmoins, pourtant, seulement, pour autant (littér.)

toute-puissance N. F. INVAR. omnipotence, absolutisme, hégémonie, souveraineté, suprématie

tout-puissant, toute-puissante ADJ. omnipotent, absolu, souverain

toxicomane N. drogué, cocaïnomane, éthéromane, héroïnomane, morphinomane, opiomane, accro (fam.), camé (fam.), junkie (fam.), toxico (fam.)

toxicomanie N. F. intoxication, accoutumance, addiction, toxicodépendance

toxique

▸ ADJ. **empoisonné**, mauvais, nocif, nuisible, pathogène, [champignon] vénéneux, [gaz] délétère, asphyxiant, méphitique, suffocant

▸ N. M. **poison**, toxine

trac N. M. crainte, angoisse, anxiété, appréhension, frousse (fam.), pétoche (fam.), trouille (fam.)

tracas N. M. **1. souci**, crainte, inquiétude, tourment (littér.) **2. difficulté**, embarras, embêtement, ennui

tracasser V. TR. **inquiéter**, contrarier, ennuyer, préoccuper, tarabuster, embêter (fam.), travailler (fam.), turlupiner (fam.)

♦ **se tracasser** V. PRON. **se soucier**, s'angoisser, se tourmenter, se mettre martel en tête, se biler (fam.), se faire de la bile (fam.), s'en faire (fam.), se faire des cheveux (blancs) (fam.), se faire du mauvais sang (fam.), se faire du mouron (fam.), se prendre la tête (fam.)

tracassier, ière ADJ. chicaneur, chicanier, ergoteur, procédurier, vétilleux (littér.)

trace N. F. **I. 1. empreinte**, pas **2. piste**, voie **3.** [Vénerie] **erres**, foulées, pas, passée **II. 1. marque**, auréole, traînée, tache **2. cicatrice**, couture, stigmate **3. impression**, marque, souvenir, stigmate **4. reste**, indication, indice, témoignage, témoin, vestige **5. conséquence**, séquelle **III. particule**, lueur, ombre, soupçon

tracé N. M. dessin, forme, configuration, figure, graphique, parcours, plan

tracer V. TR. **1. dessiner**, brosser, crayonner, ébaucher, esquisser, tirer

2. [une courbe] **décrire** 3. [une figure géométrique] **construire** 4. [une voie] **frayer**, indiquer, montrer, ouvrir 5. **baliser**, jalonner, matérialiser, signaliser

tractations N. F. PL. négociations, discussions, marchandages, pourparlers

traction N. F. 1. **remorquage**, remorque 2. **pompe** (fam.)

tradition N. F. 1. **folklore**, légende, croyance, mythe 2. **coutume**, convention, habitude, pratique, rite, usage, us et coutumes

traditionaliste ADJ. et N. conservateur, conformiste, [Relig.] intégriste

traditionnel,elle ADJ. 1. **rituel**, orthodoxe 2. **conformiste**, conventionnel, vieux jeu (péj.) 3. **habituel**, classique, consacré, coutumier, rituel 4. **folklorique**, populaire

traditionnellement ADV. 1. **habituellement**, classiquement, en règle générale, généralement 2. **conventionnellement**, rituellement

traduction N. F. 1. **transcodage**, [Scol.] version, thème 2. **expression**, manifestation, reflet, représentation, transposition

traduire V. TR. 1. **transcoder**, déchiffrer, décoder, décrypter, transcrire, transposer 2. **révéler**, dénoter, exprimer, laisser paraître, manifester, montrer, refléter, trahir

trafic N. M. 1. **circulation**, mouvement, passage 2. [péj.] **commerce**, carambouillage, contrebande, maquignonnage, magouille (fam.)

trafiquer V. TR. 1. **altérer**, contrefaire, dénaturer, falsifier, frelater, truquer, bricoler (fam.) 2. **faire**, combiner, manigancer, fabriquer (fam.), ficher (fam.), foutre (fam.), fricoter (fam.), magouiller (fam.), traficoter (fam.)

tragédie N. F. drame, calamité, catastrophe, désastre, malheur

tragique ADJ. 1. **dramatique**, abominable, catastrophique, effroyable, funeste, pathétique, terrible 2. **sombre**, théâtral

tragiquement ADV. dramatiquement, affreusement, effroyablement, épouvantablement, funestement

trahir V. TR. I. 1. **dénoncer**, livrer, vendre (fam.), donner (fam.) 2. **divulguer**, dévoiler, livrer, révéler 3. **manifester**, dénoter, laisser paraître, prouver, signaler, témoigner de II. 1. **abandonner**, lâcher (fam.), jouer un tour de cochon à (fam.), faire une vacherie/une saloperie à (fam.) 2. [sans complément] **passer à l'ennemi**, déserter, faire défection 3. **abuser de**, tromper III. **dénaturer**, altérer, déformer, desservir, fausser, pervertir

♦ **se trahir** V. PRON. 1. **se couper**, se contredire 2. **se montrer sous son vrai jour**, montrer le bout de l'oreille

trahison N. F. 1. **défection**, désertion 2. **infidélité**, adultère, inconstance, perfidie (littér.), coup de canif dans le contrat de mariage 3. **déloyauté**, coup de poignard dans le dos, traîtrise, baiser de judas (littér.), félonie (littér.), forfaiture (littér.), perfidie (littér.), lâchage (fam.)

train N. M. 1. [Transport] **chemin de fer**, rail, transport ferroviaire 2. **convoi**, rame 3. [sortes] **direct**, aérotrain, autocouchettes, express, omnibus, rapide, tortillard (fam.), T.G.V., turbotrain

traînant, ante ADJ. 1. **pendant** 2. **lent**, monotone, morne, mou, sans nerf

traînard, arde N. et ADJ. lambin, à la traîne, à la remorque (fam.), retardataire, tortue

traînée N. F. 1. **trace**, marque 2. **coulure**, dégoulinade 3. **sillage**, [d'une comète] chevelure

traîner
▸ V. TR. **1. tirer**, amener, remorquer, [bateau] haler, touer **2. transporter**, trimbaler (fam.)
▸ V. INTR. **I. 1. pendre**, tomber, pendouiller (fam.) **2. durer**, s'allonger, s'éterniser, se poursuivre, se prolonger, tarder, n'en pas finir **3. stagner**, piétiner, ne pas avancer, faire du surplace **II. 1. flâner**, musarder, traînailler (fam.), traînasser (fam.) **2. s'attarder**, lanterner, lambiner (fam.) **3. errer**, battre le pavé, déambuler, vagabonder, vadrouiller (fam.), zoner (fam.)
♦ **se traîner** V. PRON. **ramper**, s'abaisser, s'humilier

train-train N. M. routine, monotonie, ronron (fam.)

trait N. M. **1. marque**, barre, coup de crayon, hachure, ligne, rature, rayure, tracé **2.** [Imprimerie] **filet**, glyphe, ligne, tiret **3. caractéristique**, attribut, caractère, marque, particularité, signe **4. raillerie**, attaque, flèche, pique, pointe, sarcasme
♦ **traits** PLUR. visage, physionomie

traite N. F. **1. lettre de change**, billet, effet de commerce **2. trafic**, commerce, négoce

traité N. M. **1. cours**, discours, dissertation, essai, étude, thèse **2. convention**, accord, alliance, charte, concordat, entente, pacte, protocole

traitement N. M. **1. soins**, cure, intervention, médication, thérapie, thérapeutique **2. salaire**, appointements, émoluments, gages, honoraires, paie, rémunération, solde **3. opération**, conditionnement, manipulation, procédé, transformation

traiter V. TR. **1. soigner**, s'occuper de, prodiguer des soins à **2. se comporter avec**, se conduire avec, [rudement] malmener, brusquer, maltraiter **3. qualifier**, appeler **4.** [une question] **aborder**, débattre de, discuter, étudier, examiner, mettre sur le tapis, parler de **5. brasser**, conclure, mener, négocier, s'occuper de **6.** [avec qqn] **négocier**, composer, discuter, parlementer, transiger

traître, traîtresse
▸ ADJ. **déloyal**, faux, félon, fourbe, infidèle, lâche, perfide (littér.)
▸ N. **délateur**, déserteur, espion, judas, parjure, renégat, transfuge, félon (littér.), vendu (fam.)

traîtrise N. F. **1. déloyauté**, fourberie, trahison, félonie (littér.), perfidie (littér.) **2. piège**, chausse-trappe, coup fourré, tromperie, baiser de judas

trajectoire N. F. **1. cheminement**, itinéraire, parcours, route, [d'un satellite] orbite **2. direction**, orientation

trajet N. M. voyage, chemin, course, distance, itinéraire, parcours, route

trame N. F. **1. texture**, enchevêtrement **2.** [d'une histoire] **canevas**, intrigue, plan, ossature, scénario, squelette, synopsis

tramer V. TR. **1. tisser 2. comploter**, combiner, conspirer, échafauder, machiner, manigancer, préparer, ourdir (littér.), fricoter (fam.), magouiller (fam.), mijoter (fam.), trafiquer (fam.)

tranchant, ante
▸ ADJ. **1. aigu**, affûté, aiguisé, coupant **2. cassant**, autoritaire, coupant, impérieux, incisif, péremptoire, sans réplique, sec
▸ N. M. **fil**, taille

tranche N. F. **1. part**, morceau, partie, portion, [de lard] barde, [de viande] bifteck, escalope, [de melon] côte, [de poisson] darne, [de fruit] quartier, [de pain] tartine, toast, [de saucisson, etc.] rondelle **2. côté**, bord, [d'un ski] carre **3. phase**, partie, portion, tronçon **4. classe**, plage

tranché, ée ADJ. **1. catégorique**, clair, défini, déterminé, net, sans nuance (péj.) **2. différent**, distinct, séparé **3.** [couleurs] **franc**, net

tranchée N. F. fossé, boyau, sillon

trancher

▸ V. INTR. **contraster**, détonner, se détacher, ressortir

▸ V. TR. **1. couper**, cisailler, hacher, rompre, sectionner, tailler **2. régler**, arbitrer, juger

tranquille ADJ. **1. calme**, immobile, sage **2. paisible**, en paix, [vie, bonheur] sans nuage **3. silencieux**, quiet (littér.), [personne] coi (littér.) **4. placide**, pacifique, impassible, pondéré, serein **5. pépère** (fam.), cool (fam.), peinard (fam.), relax (fam.), tranquillos (fam.) **6. certain**, assuré, sûr **7. confiant**

tranquillement ADV. **1. calmement**, paisiblement, placidement, posément, sagement, sereinement **2. lentement**, mollement, piano, à la papa (fam.), peinardement (fam.), pépère (fam.), tranquillos (fam.) **3. en confiance**, les yeux fermés, sans inquiétude

tranquillisant, ante

▸ ADJ. **rassurant**, apaisant, calmant, sécurisant

▸ N. M. **calmant**, antidépresseur, anxiolytique, neuroleptique, sédatif

tranquilliser V. TR. calmer, apaiser, rasséréner, rassurer, sécuriser

tranquillité N. F. **1. calme**, paix, repos, sécurité, quiétude (littér.), [publique] ordre **2. sérénité**, assurance, flegme, placidité, sang-froid, quiétude (littér.)

transaction N. F. **1. arrangement**, accommodement, accord, compromis, conciliation, entente **2. affaire**, commerce, échange, marché, négoce, opération, transfert

transcendant, ante ADJ. éminent, exceptionnel, incomparable, sublime, supérieur

transcender V. TR. **1.** [Psych.] **sublimer** **2. dépasser**, prendre le pas sur, surpasser

transcoder V. TR. traduire, transcrire

transcription N. F. **1. copie**, enregistrement, report **2. translittération**, notation

transcrire V. TR. **1. copier**, coucher par écrit, enregistrer, inscrire, mentionner, porter, reporter **2. traduire**, transcoder, transposer **3. translittérer**

transe N. F. **1. hypnose** **2. enthousiasme**, exaltation, extase

♦ **transes** PLUR. appréhension, crainte, inquiétude, affres (littér.)

transférer V. TR. **1. transporter**, déplacer, convoyer, mener, transplanter, véhiculer, transbahuter (fam.) **2. délocaliser**, déménager **3. transmettre**, aliéner, céder, donner, léguer

transfert N. M. **1. transport**, déplacement, transplantation, [d'un prisonnier] translation **2. délocalisation**, déménagement **3. transmission**, aliénation, cession **4.** [Psych.] **identification**, déplacement, projection

transfiguration N. F. transformation, métamorphose

transfigurer V. TR. transformer, changer (radicalement), métamorphoser

transformation N. F. modification, aménagement, changement, conversion, métamorphose, rénovation

transformer V. TR. **1. modifier**, aménager, changer, refaire, remanier, transmuer, [radicalement] **métamorphoser**, transfigurer **2.** [en bien] **améliorer**, arranger, moderniser, rénover **3.** [en mal] **dénaturer**, altérer, défigurer, déformer, travestir **4.** [une matière première] **traiter**, élaborer

♦ **se transformer** V. PRON. **évoluer**, changer, se modifier, se métamorphoser

transfuge N. **1. traître**, déserteur, parjure, félon (littér.), judas (littér.), renégat (littér.) **2. dissident**, rebelle, révolté

transgresser V. TR. contrevenir à, déroger à, désobéir à, enfreindre, faire une entorse à, manquer à, passer/franchir les bornes de, passer outre, tourner, violer

transgression N. F. infraction, contravention, désobéissance, entorse, manquement, viol, violation

transi, ie ADJ. **1.** [de froid] **gelé**, engourdi, glacé, refroidi, saisi **2.** [de peur] **paralysé**, cloué, figé, médusé, pétrifié, saisi, tétanisé

transiger V. INTR. composer, s'arranger, s'entendre, faire des concessions, lâcher du lest, négocier, pactiser (avec), traiter, couper la poire en deux (fam.)

transition N. F. **1. enchaînement**, liaison, lien **2. évolution**, adaptation, ajustement, changement, progression

transitoire ADJ. **1. court**, de courte durée, éphémère, fugace, fugitif, passager, précaire **2. provisoire**, intérimaire, temporaire

translucide ADJ. diaphane, clair, cristallin, hyalin, limpide

transmettre V. TR. **1. donner**, céder, léguer, passer, transférer **2. déléguer** **3. communiquer**, diffuser, faire parvenir, répercuter **4. propager**, communiquer, inoculer, véhiculer

transmissible ADJ. **1.** [Droit] **cessible**, transférable **2. contagieux**, communicable, infectieux

transmission N. F. **1.** [Droit] **cession**, dévolution, passation, transfert **2. communication** **3. diffusion**, émission **4. propagation**, contagion, contamination, inoculation

transparaître V. INTR. apparaître, affleurer, émerger, percer, poindre, se faire jour, se manifester, se profiler, se révéler

transparence N. F. **1. clarté**, limpidité, diaphanéité (littér.) **2.** [d'une pensée] **compréhensibilité**, clarté, intelligibilité, limpidité, netteté

transparent, ente ADJ. **1. translucide**, cristallin, limpide, pur, [tissu, teint] diaphane **2. compréhensible**, clair, évident, intelligible, pénétrable **3. accessible**, ouvert à tous

transpercer V. TR. **1. percer**, crever, éventrer, perforer, trouer, vriller, embrocher (fam.) **2.** [pluie] **traverser**, mouiller, pénétrer, tremper (jusqu'aux os)

transpiration N. F. **1. sudation**, perspiration **2. sueur**, moiteur, suée

transpirer V. INTR. **1. suer**, dégouliner, être en eau, être en nage, être en sueur, ruisseler **2. suinter**, dégoutter, exsuder, perler, se répandre, sourdre **3. s'ébruiter**, se faire jour, s'éventer, filtrer, percer, se répandre

transplantation N. F. **1. repiquage**, plantation **2.** [d'organe] **greffe** **3. transfert**, déplacement

transplanter V. TR. **1. repiquer**, replanter **2. greffer** **3. transférer**, déplacer

transport N. M. **I. 1. déplacement**, locomotion **2. acheminement**, envoi, expédition, portage, transfert, transit, translation, [à cheval] roulage, [en chariot] charroi, [rail et route] ferroutage **3.** [du courrier] **messagerie**, poste **II. ardeur**, déchaînement, délire, élan, exaltation, enthousiasme, excitation, ivresse

transporter V. TR. **1. déplacer**, camionner, charrier, convoyer, déménager, transférer, voiturer, transbahuter (fam.), trimballer (fam.) **2. enthousiasmer**, électriser, enivrer, exalter, exciter, galvaniser, survolter

transporteur N. M. **1. camionneur**, transitaire **2. convoyeur**, cargo

transposer V. TR. **1. intervertir**, inverser, modifier, permuter, renverser l'ordre de **2. traduire**, adapter

transposition N. F. **1. interversion**, changement, inversion, permutation, renversement **2.** [d'une œuvre] **adaptation**

transversal, ale, aux ADJ. **1. latitudinal**, transverse **2. de biais**, oblique, penché **3. pluridisciplinaire**

trapu, ue ADJ. **1. costaud**, courtaud, épais, lourd, massif, râblé, balèze (fam.), baraqué (fam.), mastoc (fam.) **2. ramassé**, massif

traquenard N. M. piège, chausse-trape, embûche, embuscade, guet-apens, souricière

traquer V. TR. poursuivre, chasser, harceler, pourchasser, talonner, courir après (fam.)

traumatiser V. TR. choquer, bouleverser, commotionner, ébranler, perturber, secouer (fam.)

traumatisme N. M. choc, commotion, coup

travail N. M. **I. 1. action**, activité, œuvre, ouvrage, labeur (littér.) **2. emploi**, business (anglic.), fonction, intérim, métier, occupation, place, poste, profession, situation, boulot (fam.), gagne-pain (fam.), job (fam.), turbin (fam.) **3.** [facile] **sinécure**, planque (fam.) **4.** [imposé, pénible] **besogne**, corvée, pensum, tâche, labeur (littér.) **5. peine**, effort, huile de coude (fam.) **II. étude**, livre, œuvre, ouvrage, recherche, texte **III. accouchement**, enfantement

♦ **travaux** PLUR. **réparations**, aménagements, rénovations, transformations

travailler

▸ V. TR. **1.** [une matière] **façonner**, [le marbre] ciseler, [la pâte] malaxer, triturer, [la terre] cultiver **2.** [son style, etc.] **aiguiser**, ciseler, fouiller, polir, chiader (fam.), fignoler (fam.) **3.** [une discipline, un talent] **cultiver 4. occuper**, inquiéter, préoccuper, tourmenter, tracasser

▸ V. INTR. **1. œuvrer**, abattre de la besogne, bosser (fam.), boulonner (fam.), bûcher (fam.), gratter (fam.), marner (fam.) **2.** [avec fatigue, peine] **se crever** (fam.), galérer (fam.), ramer (fam.), trimer (fam.) **3. apprendre**, étudier, bûcher (fam.), piocher (fam.), potasser (fam.) **4.** [bois] **se déformer**, gauchir, gondoler, gonfler, jouer

travailleur, euse

▸ ADJ. **courageux**, laborieux, studieux, zélé, bosseur (fam.), bûcheur (fam.)

▸ N. **1. salarié**, actif, employé, manœuvre, ouvrier, prolétaire **2. bourreau de travail**, bosseur (fam.), bûcheur (fam.)

travers N. M. imperfection, défaut, faiblesse, tare, tort, vice

traverser V. TR. **I. 1. percer**, perforer, trouer **2. transpercer**, passer au travers de, pénétrer dans **II. 1. franchir**, passer **2. parcourir**, courir, sillonner **3.** [fleuve, rivière] **arroser**, baigner, irriguer **III. croiser**, barrer, s'étendre au travers de **IV. vivre**, faire l'expérience de, passer par

travestir V. TR. **1. costumer**, déguiser **2. déformer**, altérer, contrefaire, dénaturer, fausser **3. falsifier**, camoufler, dissimuler, maquiller, masquer, trafiquer, truquer

travestissement N. M. **1. déguisement 2.** [Psych.] **transvestisme**, travestisme **3. déformation**, altération, distorsion **4. parodie**, pastiche, simulacre

trébucher V. INTR. buter, faire un faux pas, perdre l'équilibre, s'emmêler les pieds (fam.)

tremblant, ante ADJ. **1. chancelant**, frémissant, oscillant, tremblotant **2.** [voix] **vacillant**, bredouillant, chevrotant, tremblotant **3. craintif**, alarmé, apeuré, peureux

tremblement N. M. **1. frémissement**, ébranlement, frisson, saccade, secousse, soubresaut **2.** [convulsif] **convulsion**, spasme, tressaillement **3.** [de la voix] **chevrotement**, trémolo, vibrato

trembler V. INTR. **I. 1. s'agiter**, frémir, frissonner, remuer, trembloter **2.** [de froid, de peur] **frémir**, claquer des dents, frissonner, grelotter, trembler comme une feuille/de tous ses membres, tressaillir, [jambes] flageoler **3.** [sol] **trépider**, vibrer **4.** [lumière] **scintiller**, clignoter, papilloter, trembloter **5.** [voix] **chevroter**, trembloter **II. avoir peur**, s'alarmer, s'inquiéter, avoir froid dans le dos, avoir des sueurs froides

trémousser (se) V. PRON. **1. s'agiter**, frétiller, remuer, se tortiller, gigoter (fam.) **2.** [en marchant] **se dandiner**, se déhancher

trempe N. F. qualité, caractère, carrure, énergie, envergure, stature, valeur

trempé, ée ADJ. mouillé, dégoulinant, imbibé, imprégné, ruisselant

tremper

▸ V. TR. **1. imbiber**, arroser, baigner, doucher, humecter, immerger, imprégner, inonder, mouiller, plonger **2. affermir**, aguerrir, endurcir, fortifier, blinder (fam.) **3.** [du vin] **couper**, diluer

▸ V. INTR. **macérer**, baigner, mariner

♦ **se tremper** V. PRON. se baigner, nager, patauger, faire trempette (fam.)

trépasser V. INTR. décéder, mourir, s'éteindre, rendre le dernier souffle/le dernier soupir

trépidant, ante ADJ. agité, animé, échevelé, effervescent, frénétique, mouvementé

trépigner V. INTR. piaffer, s'impatienter, piétiner, sauter, sautiller

très ADV. bien, au dernier point, exceptionnellement, excessivement, extrêmement, fantastiquement, follement, formidablement, grandement, hautement, parfaitement, prodigieusement, remarquablement, terriblement, fort (littér.), bigrement (fam.), bougrement (fam.), diablement (fam.), drôlement (fam.), fichtrement (fam.), foutrement (fam.), hyper (fam.), méchamment (fam.), passablement (fam.), rudement (fam.), sacrément (fam.), salement (fam.), super (fam.), vachement (fam.)

trésor N. M. **1. richesse**, argent, fortune, pactole, réserve, magot (fam.) **2. chef-d'œuvre**, merveille, richesse, [au plur.] patrimoine, ressources

trésorerie N. F. **1. paierie**, finances, trésor **2. disponibilités**, fonds, liquidités, ressources, réserves

tressaillir V. INTR. **1. sursauter**, bondir, tressauter **2. trembler**, frémir, frissonner **3. vibrer**

tresse N. F. **1. natte**, dreadlocks (anglic.) **2. galon**, cordon, passement, soutache

tresser V. TR. natter, entrelacer, tortiller, [du fil] cordonner

trêve N. F. **1. cessez-le-feu**, cessation des hostilités **2. relâche**, halte, interruption, pause, répit

tri N. M. **1. triage**, classement **2. sélection**, choix, écrémage

triage N. M. **1. tri**, classement **2.** [de grains, etc.] **criblage**, calibrage

tribu N. F. groupe, clan, ethnie, peuplade, phratrie, société

tribulations N. F. PL. mésaventures, déboires, vicissitudes

tribunal N. M. **1. palais de justice**, parquet, prétoire **2. juridiction**, cour **3.** [militaire] **cour martiale**

tribune N. F. **1. estrade**, [d'église] ambon, chaire **2. débat**, discussion, forum

tricher V. INTR. **1. frauder**, truander (fam.) **2. copier**, pomper (fam.)

tricherie N. F. **1. triche** (fam.), truandage (fam.) **2. fraude**, malhonnêteté, supercherie, tromperie, arnaque (fam.), truandage (fam.)

tricheur, euse N. **1. fraudeur**, truqueur, arnaqueur (fam.) **2. copieur**

tricot N. M. **1. chandail**, cardigan, gilet, lainage, pull, pull-over, sweater, (petite) laine (fam.) **2. maille**

trier V. TR. **1. choisir**, écrémer, filtrer, sélectionner **2.** [des grains, etc.] **cribler**, sasser, tamiser, [des fruits] calibrer **3. classer**, classifier, ordonner, mettre de l'ordre dans

triomphal, ale, aux ADJ. **1.** [entrée, succès] **éclatant**, retentissant **2.** [accueil] **enthousiaste**, chaleureux, délirant

triomphant, ante ADJ. **1. victorieux 2. content**, heureux, radieux, rayonnant, satisfait

triomphe N. M. **1. victoire 2. consécration**, apothéose **3. satisfaction**, exaltation **4. succès**, réussite, [chanson] tube (fam.), [livre] best-seller

triompher V. INTR. **1. gagner**, vaincre **2. jubiler**, chanter victoire, exulter, pavoiser **3. exceller**, être à son meilleur, réussir brillamment

tripatouiller V. TR. falsifier, trafiquer, truquer, magouiller (fam.)

tripes N. F. PL. intestins, boyaux, entrailles, viscères

tripotage N. M. **1. manipulation**, [attouchements] pelotage (fam.) **2. manigances**, intrigue, manœuvres, trafic, fricotage (fam.), magouille (fam.), micmac (fam.), patouillage (fam.), trifouillage (fam.), tripatouillage (fam.) **3.** [électoral] **fraude**, cuisine, manipulations

tripoter V. TR. **1. toucher**, malaxer, manipuler, palper, tâter, triturer **2.** [attouchements] **lutiner**, peloter (fam.) **3. fouiner**, farfouiller (fam.), trifouiller (fam.) **4. trafiquer**, fricoter (fam.), magouiller (fam.)

trique N. F. gourdin, bâton, casse-tête, matraque

triste ADJ. **I. 1. attristé**, affligé, désolé, éploré, malheureux, peiné, sombre **2. abattu**, découragé, cafardeux (fam.) **3. mélancolique**, morose, rabat-joie, trouble-fête **4. lugubre**, austère, dépouillé, morne, sinistre **5.** [couleur] **obscur**, terne **II. accablant**, affligeant, douloureux, navrant, pénible, regrettable, rude, tragique

tristesse N. F. **1. peine**, affliction, désarroi **2. abattement**, accablement, dépression, morosité, blues (fam.), bourdon (fam.), cafard (fam.), spleen (littér.) **3. grisaille**, austérité, désolation, froideur, monotonie

triturer V. TR. **1. broyer**, concasser, piler, pulvériser **2. malaxer**, pétrir **3. jouer avec**, manier, tripoter

trivial, ale, aux ADJ. choquant, bas, grossier, obscène, sale, vulgaire

trivialité N. F. **1. grossièreté**, bassesse, obscénité, vulgarité **2. prosaïsme**, banalité, platitude **3. lieu commun**, banalité, évidence, platitude, truisme

trombe N. F. cyclone, colonne, tornade, tourbillon

tromper V. TR. **1. abuser**, attraper, bercer de vaines promesses, berner, duper, endormir, leurrer, se jouer de, mystifier, avoir (fam.), baiser (très fam.), blouser (fam.), bourrer le mou à (fam.), couillonner (très fam.), dorer la pilule à (fam.), embobiner (fam.), entuber (très fam.), faire marcher (fam.), faire prendre des vessies pour des lanternes à (fam.), mener en bateau (fam.), posséder (fam.), rouler (dans la farine) (fam.) **2. escroquer**, flouer, voler, empiler (fam.), enfiler (fam.), entôler (fam.), entuber (fam.), estamper (fam.), pigeonner (fam.), rouler (fam.) **3. déjouer**, donner le change à, endormir **4.** [vigilance] **échapper à**, se soustraire à **5.** [attente, espoir] **décevoir**, frustrer **6. être infidèle à**, trahir (soutenu), faire cocu (fam.), cocufier (fam.), faire porter des cornes à (fam.)

♦ **se tromper** v. pron. **1. faire erreur**, faire fausse route, se fourvoyer, se ficher/se foutre/se mettre dedans (fam.), se gourer (fam.), se planter (fam.) **2. s'abuser**, se bercer d'illusions, s'illusionner, se méprendre, avoir tort, se mettre le doigt dans l'œil (jusqu'au coude) (fam.), prendre des vessies pour des lanternes (fam.), se faire de idées (fam.), croire au Père Noël (fam.)

tromperie n. f. **1. feinte**, bluff, imposture, mensonge, mystification, tricherie, duperie (littér.) **2. fourberie**, fausseté, hypocrisie **3. escroquerie**, falsification, fraude, supercherie, arnaque (fam.) **4. attrape**, farce, tour de passe-passe, blague (fam.) **5. illusion**, chimère, leurre

trompeur, euse adj. **1. menteur**, fourbe, hypocrite, mystificateur **2. fallacieux**, chimérique, faux, illusoire, captieux (littér.), spécieux (littér.)

tronc n. m. **1. fût**, [coupé] bille, rondin, souche **2. buste**, bassin, poitrine, thorax, torse **3. boîte**, coffre, coffret

tronçon n. m. **1. morceau**, fragment, part, partie, portion, segment, tranche **2.** [de route] **portion**, segment

tronçonner v. tr. débiter, couper, scier, sectionner, trancher

trône n. m. couronne, pouvoir, souveraineté

tronquer v. tr. abréger, amputer, écourter, élaguer, raccourcir, réduire, rogner

trop adv. **1. à l'excès**, exagérément, excessivement, surabondamment **2. très**, bien, fort (soutenu)

trophée n. m. **1. butin**, capture, dépouille, prise **2. coupe**, médaille, prix, récompense

trop-plein n. m. **1. excédent**, excès, surcharge, surplus **2.** [Techn.] **déversoir**, dégorgeoir, puisard

troquer v. tr. **1. échanger 2. changer**, remplacer

trottoir n. m. **1. accotement**, banquette **2. terrasse**

trou n. m. **I. 1. cavité**, alvéole, anfractuosité, creux, dépression, excavation, [de la peau] pore **2.** [sur la route] **fondrière**, nid de poules, ornière **3. abri**, tanière, terrier **4. brèche**, crevasse, fente, fissure, ouverture, trouée **5. orifice**, [d'une aiguille] chas **6.** [dans un vêtement] **accroc**, déchirure **7. déficit**, gouffre **II. 1. lacune**, manque, omission, oubli **2. perte de mémoire**, absence, blanc **3.** [temps libre] **créneau**, fenêtre

troublant, ante adj. **1. déconcertant**, déroutant, saisissant, surprenant **2. inquiétant**, alarmant **3. ensorcelant**, envoûtant, suggestif

trouble[1] adj. **1. brouillé**, flou, indistinct **2. boueux**, bourbeux, vaseux, fangeux (littér.) **3. ambigu**, confus, équivoque, nébuleux, ténébreux **4. inavouable**, malsain, suspect, louche (fam.)

trouble[2] n. m. **1. bouleversement**, agitation, confusion, désordre, remue-ménage, tumulte, tourmente (littér.) **2. émotion**, émoi (littér.) **3. désarroi**, affolement, détresse, inquiétude **4. embarras**, confusion, malaise, per-

plexité **5. délire**, égarement, folie **6.** [Méd.] **dérèglement**, altération, désordre, dysfonctionnement
♦ **troubles** PLUR. **désordre**, émeute, insurrection, mutinerie, révolte, révolution, soulèvement

troublé, ée ADJ. **I. 1. brouillé**, trouble **2. boueux**, turbide (littér.) **II. 1. agité**, houleux, incertain, mouvementé, tourmenté, tumultueux **2. ému**, déboussolé **3. embarrassé**, confus **4. inquiet**, affolé, perplexe

trouble-fête N. INVAR. importun, empêcheur de tourner en rond, éteignoir, rabat-joie, pisse-froid (fam.), pisse-vinaigre (fam.)

troubler V. TR. **1. obscurcir**, assombrir, brouiller **2. dérégler**, bouleverser, contrarier, contrecarrer, déranger, entraver, perturber **3. désorienter**, décontenancer, désarçonner, déstabiliser, mettre mal à l'aise, déboussoler (fam.) **4. embarrasser**, contrarier, déranger, gêner, incommoder, tracasser (fam.), turlupiner (fam.) **5. affoler**, inquiéter, tourmenter, chambouler (fam.), tournebouler (fam.) **6. émouvoir**, bouleverser, remuer, toucher **7. enivrer**, émoustiller, ensorceler, séduire
♦ **se troubler** V. PRON. **perdre contenance**, se décontenancer, perdre pied, perdre la boussole (fam.), perdre les pédales (fam.)

trouer V. TR. **1. percer**, perforer, transpercer **2.** [les nuages] **déchirer**

troupe N. F. **1.** [Milit.] **unité**, corps, bataillon, brigade, colonne, commando, compagnie, détachement, escadron, escouade, patrouille, peloton, régiment, section **2.** [d'animaux] **troupeau** **3. bande**, cohorte, cortège, horde, légion, flopée (fam.) **4.** [Théâtre] **compagnie**
♦ **troupes** PLUR. **forces armées**, armée

troupeau N. M. **1. cheptel**, bétail, bestiaux, troupe, [de cerfs] harde, harpail **2.** [péj.] **foule**, attroupement, bande, plèbe (littér.), peuple (fam., péj.), populace (péj.), populo (fam.)

trousse N. F. étui, boîte, poche, pochette, sacoche

trouvaille N. F. **1. découverte** **2. création**, astuce, invention, illumination, innovation, trait de génie

trouver V. TR. **I. 1. se procurer**, découvrir, dénicher (fam.), mettre la main sur (fam.), dégoter (fam.), déterrer (fam.), pêcher (fam.) **2. détecter**, déceler, localiser, repérer **3.** [qqn] **atteindre**, contacter, joindre **II. 1. imaginer**, concevoir, créer, innover, inventer **2. aller chercher**, puiser, tirer **III. comprendre**, déchiffrer, deviner, éclaircir, élucider, faire (toute) la lumière sur, percer, résoudre, saisir **IV. considérer comme**, estimer, juger, regarder comme, tenir pour (soutenu)
♦ **se trouver** V. PRON. **1. exister**, s'offrir, se rencontrer **2. se situer**, avoir lieu, figurer, se placer, siéger

truand N. M. bandit, gangster, malfaiteur, voleur, malfrat (fam.)

truc N. M. **1. astuce**, artifice, expédient, méthode, procédé, recette, secret, stratagème, combine (fam.), ficelle (fam.) **2. chose**, bidule (fam.), engin (fam.), machin (fam.), trucmuche (fam.), zinzin (fam.)

trucage N. M. **1. fraude**, contrefaçon **2.** [souvent au plur.] **effets spéciaux**

truculent, ente ADJ. **1. pittoresque**, original, haut en couleur, picaresque **2. coloré**, imagé, savoureux

truffer V. TR. bourrer, charger, emplir, émailler, farcir, garnir, larder, remplir

truisme N. M. banalité, évidence, platitude, lapalissade, tautologie

truquer V. TR. fausser, falsifier, maquiller, trafiquer, travestir, [une photo] retoucher, [des dés] piper, [des cartes] biseauter

trust N. M. **1. holding**, combinat, conglomérat, groupe, société **2. entente**, cartel, consortium, groupe, pool

tuant, ante ADJ. **1. fatigant**, épuisant, éreintant, exténuant, crevant (fam.), vannant (fam.) **2. énervant**, assommant, pénible, usant

tube N. M. **1.** [Méd.] **canule**, drain, sonde **2. canal**, canalisation, conduit, conduite, tuyau

tuer V. TR. **I.** [personne] **1. assassiner**, abattre, exécuter, répandre le sang de (littér.), avoir la peau de (fam.), bousiller (fam.), crever la paillasse à (fam.), expédier dans l'autre monde (fam.), faire la peau à (fam.), faire son affaire à (fam.), liquider (fam.), nettoyer (fam.), refroidir (fam.), trucider (fam.), zigouiller (fam.) **2.** [avec une arme à feu] buter (fam.), descendre (fam.), dessouder (argot), flinguer (fam.) **3.** [autres méthodes] empoisonner, étouffer, étrangler, noyer, poignarder, égorger, lapider **4.** [au combat, à la guerre] **anéantir**, décimer, écraser, exterminer, faucher, massacrer **5.** [un animal] **abattre**, saigner, [en sacrifice] immoler, sacrifier **II.** [maladie, travail, etc.] **1. emporter**, foudroyer **2. ruiner**, détruire, supprimer **3.** [fam.] **fatiguer**, épuiser, exténuer, claquer (fam.), lessiver (fam.), mettre sur les rotules (fam.), vanner (fam.), vider (fam.) **4.** [fam.] **chagriner**, dégoûter, désespérer, peiner
♦ **se tuer** V. PRON. **1. se suicider**, se donner la mort, mettre fin à ses jours, se détruire (littér.), se faire sauter la cervelle (fam.), se faire sauter le caisson (fam.), se foutre en l'air (fam.), se supprimer (fam.), se faire hara-kiri (fam.) **2. mourir**, perdre la vie, trouver la mort

tuerie N. F. boucherie, carnage, hécatombe, massacre, saignée

tueur, euse N. **1. assassin**, criminel, meurtrier **2.** [à gages] **nervi**, sbire, sicaire, spadassin

tuméfaction N. F. enflure, boursouflure, gonflement, grosseur, œdème

tuméfié, ée ADJ. boursouflé, enflé, gonflé

tumeur N. F. **1. enflure**, excroissance, grosseur, kyste **2.** [bénigne] **adénome**, fibrome, polype, verrue **3.** [maligne] **cancer**, carcinome, sarcome

tumulte N. M. agitation, brouhaha, chahut, charivari, tapage, tohu-bohu, vacarme, hourvari (littér.), barouf (fam.), boucan (fam.), foin (fam.), ramdam (fam.)

tumultueux, euse ADJ. **1. mouvementé**, agité, houleux, orageux, passionné **2. bouillonnant**, chaotique, violent

tunique N. F. robe, boubou, kimono

tunnel N. M. galerie, passage souterrain, souterrain

turbulence N. F. **1. dissipation**, pétulance, vivacité **2.** [surtout au plur.] **tourbillon**, appel d'air **3.** [surtout au plur.] **trouble**, remous, tourmente

turbulent, ente ADJ. agité, bruyant, chahuteur, dissipé, remuant, vif

turpitude N. F. **1. ignominie**, débauche, immoralité, infamie, vice **2. bassesse**, compromission, horreur, lâcheté, trahison

tutelle N. F. **1. garde**, administration **2. emprise**, autorité, dépendance, mainmise, surveillance

tuteur N. M. piquet, bâton, échalas, étai, perche, rame

tuyau N. M. **1. canalisation**, buse, boyau, conduite, flexible, tube **2.** [Méd.] **drain**, canule **3.** [d'instrument à vent] **porte-vent** **4.** [fam.] **renseignement**

type N. M. **I. 1.** [Techn.] **matrice**, forme, moule **2. archétype**, étalon, modèle, prototype, stéréotype, symbole, [de beauté] canon, idéal **3. exemple**, échantillon, modèle, représentant, spécimen **4. classe**, espèce, famille, genre, modèle, ordre, variété **II.** [fam.] **individu**, bonhomme (fam.), coco (fam.), gars (fam.), gus (fam.), mec (fam.), zèbre (fam.), zigoto (fam.), zigue (fam.), pingouin (argot)

typé, ée ADJ. caractéristique, accusé, marqué

typhon N. M. cyclone, hurricane, ouragan, tornade

typique ADJ. caractéristique, distinctif, particulier, représentatif, significatif, singulier, spécifique

typologie N. F. classification, catégorisation, classement, nomenclature, taxinomie

tyran N. M. oppresseur, autocrate, despote, dictateur, potentat

tyrannie N. F. **1. autoritarisme**, autocratie, despotisme, dictature, oppression, joug (littér.) **2. contrainte**, emprise, diktat, servitude

tyrannique ADJ. **1. absolu**, arbitraire, autocratique, despotique, dictatorial, oppressif **2. autoritaire**, despote, dominateur, impérieux

tyranniser V. TR. opprimer, asservir, assujettir, écraser, persécuter

U

ulcération N. F. lésion, plaie, ulcère
ulcérer V. TR. **1. froisser**, affliger, heurter, humilier, mortifier, piquer, vexer **2. exaspérer**, irriter, révolter, scandaliser
ultérieur, eure ADJ. prochain, futur, postérieur, suivant, à venir
ultérieurement ADV. après, ensuite, par la suite, plus tard, postérieurement
ultimatum N. M. sommation, commandement, exigence, intimation, injonction, mise en demeure, ordre
ultime ADJ. dernier, extrême, final, suprême, terminal
unanime ADJ. **1. général**, absolu, collectif, total, universel **2.** [au plur.] **d'accord**, du même avis, de la même opinion, unis
unanimement ADV. d'un commun accord, en chœur, collectivement, totalement, à l'unanimité, comme un seul homme (fam.)
unanimité N. F. **1. accord**, assentiment, entente, consensus, consentement **2. communauté de vues**, conformité, ensemble, harmonie
uni, ie ADJ. **I. 1. joint**, connexe, indissociable, réuni, d'un seul tenant **2. solidaire**, soudé **3. homogène**, cohérent **II. 1. lisse**, égal, nivelé, plan, plat **2. monochrome**, unicolore
unifier V. TR. **1. normaliser**, aligner, égaliser, harmoniser, homogénéiser, niveler, standardiser, uniformiser **2. unir**, fusionner, rassembler, regrouper, réunir
uniforme[1] ADJ. **1. régulier**, constant, continu, égal, invariable, réglé **2. homogène**, cohérent, uni **3. identique**, analogue, pareil, semblable **4. monotone**, égal, régulier, simple, uni
uniforme[2] N. M. tenue, habit
uniformiser V. TR. égaliser, aplanir, homogénéiser, niveler, normaliser, standardiser, unifier
uniformité N. F. **1. régularité**, égalité **2. homogénéité**, cohérence, unité **3. monotonie**, égalité, platitude, régularité **4. identité**, ressemblance, standardisation
union N. F. **1. mariage 2. conjonction**, alliance, association, fusion, liaison **3. entente**, accord, communion, concorde, fraternité, solidarité **4. fédération**, association, coalition, groupement, ligue, parti **5. accouplement**, coït
unique ADJ. **1. seul**, exclusif, isolé, à part, particulier, singulier **2. exceptionnel**, d'exception, hors du commun, hors ligne, hors pair, incomparable, inégalable, inimitable, irremplaçable, sans égal, sans pareil, sans rival
uniquement ADV. exclusivement, purement, rien que, seulement, simplement, spécialement, strictement
unir V. TR. **1. agglutiner**, agréger, amalgamer, assembler, fusionner, joindre, lier, marier, mélanger, mêler, souder **2. allier**, fédérer, réunir
◆ **s'unir** V. PRON. **1. se marier**, s'épouser, se pacser, se mettre la bague au doigt (fam.) **2. s'allier**, s'associer, se coaliser, faire bloc, faire front commun, se liguer, se solidariser **3. se mêler**, se fondre, fusionner, se mélanger
unité N. F. **I. 1. cohérence**, cohésion, homogénéité, harmonie, régularité **2. communauté**, conformité, identité, similitude, uniformité **II. élé-**

ment, composant, composante, constituant, partie (constitutive), pièce

univers N. M. **1. cosmos**, ciel, espace, galaxie, monde, nature **2. globe**, monde, planète, terre **3. domaine**, champ d'activité, cercle, milieu, sphère

universel, elle ADJ. **1. cosmique**, astral, céleste **2. mondial**, global, international, planétaire **3. général**, commun, unanime **4. encyclopédique**, érudit, omniscient, savant

universellement ADV. mondialement, internationalement, planétairement, à l'échelle mondiale/planétaire

université N. F. faculté, fac (fam.), alma mater (souvent plaisant)

urbain, aine ADJ. **1. citadin 2. municipal**, communal

urgence N. F. empressement, hâte

urgent, ente ADJ. pressé, impératif, impérieux, pressant

urine N. F. pipi (fam.), pisse (fam.), [d'animaux] pissat

uriner V. INTR. faire pipi (fam.), faire ses besoins (fam.), pisser (fam.), se soulager (fam., euph.), [involontairement] s'oublier (fam., euph.)

usage N. M. **1. emploi**, utilisation, [de drogue] consommation, [Droit] usufruit, jouissance **2. fonction**, destination, utilité **3. coutume**, habitude, mode, mœurs **4. activité**, exercice, fonctionnement

♦ **usages** PLUR. **1. bienséance**, civilité, convenances, politesse, savoir-vivre **2. cérémonial**, décorum, étiquette, forme, protocole, rites

usagé, ée ADJ. usé, défraîchi, fatigué, passé, vétuste, vieilli

usager N. M. abonné, client, utilisateur

usant, ante ADJ. épuisant, éreintant, exténuant, crevant (fam.), tuant (fam.)

usé, ée ADJ. **I. 1. élimé**, abîmé, détérioré, émoussé, entamé, râpé, rogné, usagé, vieux **2. avachi**, fatigué, fripé, râpé, usagé **3. décrépit**, amoindri, délabré, détruit, dévasté, épuisé, fatigué **II. 1. émoussé**, démodé, éteint, fini **2. banal**, éculé, rebattu, réchauffé, archiconnu (fam.), bateau (fam.)

user V. TR. **1. élimer**, abîmer, émousser, entamer, mordre, râper, roder, rogner **2. consommer**, absorber, dépenser, détruire, dévorer, épuiser, manger **3. miner**, affaiblir, amoindrir, consumer, détruire, épuiser, fatiguer

♦ **s'user** V. PRON. **1. se fatiguer**, s'épuiser, perdre ses forces **2. faiblir**, chanceler, mollir, perdre ses forces, se relâcher, vaciller

usine N. F. fabrique, industrie, manufacture

usité, ée ADJ. banal, courant, coutumier, employé, fréquent, habituel, ordinaire, répandu, usuel, utilisé

ustensile N. M. **1. accessoire**, appareil, engin, instrument, matériel, outil, récipient **2. chose**, engin (fam.), machin (fam.), truc (fam.), zinzin (fam.)

usuel, elle ADJ. commun, banal, courant, familier, fréquent, ordinaire, usité

usure N. F. **1. dégradation**, abrasion, corrosion, détérioration, dommage, érosion, vétusté **2. diminution**, affaiblissement, amoindrissement, érosion

usurper V. TR. **1. s'approprier**, s'arroger, s'attribuer, s'emparer de, saisir **2. voler**, dérober, ravir

utile ADJ. **1. avantageux**, commode, fructueux, payant, profitable, salutaire, expédient (littér.) **2. efficace**, secourable **3. judicieux**, prudent

utilement ADV. efficacement, avantageusement, fructueusement, profitablement

utilisable ADJ. employable, exploitable, [voie] carrossable, praticable

utilisation N. F. **1. emploi**, exploitation, maniement, usage **2. fonction**, application, destination, utilité

utiliser V. TR. **1. employer**, manier, avoir recours à, recourir à, s'aider de, se servir de, user de **2. exploiter**, faire appel à, jouer de, jouer la carte de, mettre à profit, mettre en jeu, profiter de, tirer profit de, tirer parti de

utilitaire ADJ. **1. pratique**, fonctionnel **2. matérialiste**, intéressé, prosaïque, réaliste, terre à terre

utilité N. F. avantage, bienfait, efficacité, intérêt, profit, secours, usage

utopie N. F. **1. idéal 2. chimère**, fantasme, illusion, mirage, rêve

utopique ADJ. **1. idéaliste 2. chimérique**, illusoire, imaginaire, irréaliste

utopiste N. et ADJ. **1. idéaliste 2. rêveur**, illuminé, poète, songe-creux (péj.)

V

vacance N. F. **1. disponibilité**, carence, inoccupation **2. vacuité**, vide
♦ **vacances** PLUR. **congé**, détente, permission, loisirs, relâche, repos, villégiature

vacant, ante ADJ. **1. inoccupé**, disponible, inhabité, libre, vide, abandonné (Droit) **2.** [poste] **à pourvoir**, disponible

vacarme N. M. tumulte, chahut, charivari, tapage, tintamarre, tohu-bohu, barouf (fam.), bordel (fam.), boucan (fam.), chambard (fam.), raffut (fam.), ramdam (fam.), sabbat (fam.)

vacillant, ante ADJ. **1. chancelant**, branlant, flageolant, titubant, tremblant **2. incertain**, flottant, hésitant, indécis, instable, irrésolu, mobile, versatile

vaciller V. INTR. **1. se balancer**, chanceler, flageoler, tanguer, tituber, trembler **2. clignoter**, cligner, papilloter, scintiller, trembloter **3. faiblir**, s'affaiblir, chanceler, fléchir

va-et-vient N. M. INVAR. **1. oscillation**, balancement, branle, mouvement alternatif **2. allées et venues**, navette **3. circulation**, passage, trafic

vagabond, onde
► ADJ. **nomade**, errant, instable, itinérant
► N. **clochard**, rôdeur, sans-abri, S.D.F., cloche (fam.), clodo (fam.)

vagabonder V. INTR. **1. se promener**, se baguenauder, courir les rues, déambuler, errer, flâner, musarder, traînasser, traîner, traînailler (fam.), vadrouiller (fam.) **2. divaguer**, errer, flotter, vaguer (littér.)

vague²
► ADJ. **I. 1. confus**, flou, imprécis, incertain, indécis, indéfini, indéterminé **2.** [vêtement] **ample**, flottant, flou, lâche, large, vaporeux **II. 1. approximatif**, ambigu, confus, imprécis, nébuleux, obscur, fumeux (fam.) **2. indéfini**, indiscernable, indéterminable, sourd, trouble **3. obscur**, insignifiant, quelconque
► N. M. flou, imprécision, indétermination

vague³ N. F. **1. lame**, brisant, mouton, rouleau **2. déferlement**, afflux, avalanche, flot, marée, ruée, rush
♦ **vagues** PLUR. **1. flots**, moutonnement, onde (littér.), [grosses] houle **2. scandale**, difficultés, remous

vaguement ADV. **1. confusément**, indistinctement, imparfaitement **2. approximativement**, évasivement, imprécisément (littér.) **3. un peu**, à peine, faiblement, légèrement

vaillance N. F. bravoure, cœur, courage, hardiesse, héroïsme, intrépidité

vaillant, ante ADJ. **1. brave**, courageux, hardi, héroïque, intrépide **2. en forme**, dispos, solide, vigoureux, pêchu (fam.)

vain, vaine ADJ. **1. inefficace**, infructueux, inutile, stérile, superflu **2. dérisoire**, creux, frivole, futile, insignifiant, puéril, superficiel, captieux (littér.), spécieux (littér.) **3. chimérique**, fallacieux, faux, illusoire, imaginaire, mensonger, trompeur **4.** [littér.] **prétentieux**, fat, infatué, orgueilleux, suffisant, vaniteux, puant (fam.)

vaincre V. TR. **1. battre**, abattre, anéantir, avoir raison de, écraser, l'emporter sur, mettre en déroute, mettre/tailler en pièces, renverser, défaire (littér.), enfoncer (fam.), laminer (fam.), filer une raclée à (fam.), filer la pâtée à (fam.) **2. surmonter**, dominer, maîtriser, avoir raison de, triompher de, venir à bout de

vainement ADV. inutilement, en pure perte, en vain, sans succès

vainqueur N. M. et ADJ. **I. champion**, gagnant, lauréat, triomphateur, victorieux **II.** [air] **triomphant**, prétentieux, avantageux, conquérant, suffisant

valable ADJ. **1. valide**, en bonne et due forme, en règle, réglementaire **2. acceptable**, admissible, bon, fondé, justifié, légitime, recevable, sérieux, solide **3. autorisé**, qualifié **4.** [fam.] **compétent**, capable, efficace, estimable, de valeur

valablement ADV. **1. utilement**, efficacement **2. correctement**, convenablement, dûment

valet N. M. domestique, laquais, serviteur, larbin (péj.)

valeur N. F. **I. 1. prix**, cotation, cote, cours, coût, évaluation, montant, tarif **2. titre**, action, bon du trésor, effet de commerce, obligation **II. 1. mérite**, calibre, carrure, classe, envergure, étoffe, grandeur, pointure, qualité, stature, trempe **2.** [littér.] **bravoure**, courage, fermeté (d'âme), héroïsme, vaillance **3. noblesse**, dignité, générosité, grandeur (d'âme) **III. validité**, efficacité, intérêt, portée, utilité **IV. équivalent**, mesure

valeureux, euse ADJ. brave, courageux, vaillant, héroïque

validation N. F. confirmation, approbation, authentification, consécration, entérinement, homologation, ratification

valide ADJ. **1. bien portant**, en forme, fort, gaillard, robuste, sain, vigoureux **2. valable**, autorisé, en cours, légal, réglementaire

valider V. TR. confirmer, approuver, authentifier, entériner, homologuer, ratifier, sanctionner

validité N. F. conformité, régularité

valise N. F. bagage, paquetage, balluchon (fam.), valoche (fam.)

vallée N. F. vallon, canyon, cluse, combe, défilé, dépression, gorge, goulet, ravin, ravine

valoir

▸ V. TR. **attirer**, apporter, causer, procurer

▸ V. INTR. **1. coûter**, se monter à, revenir à, se vendre à **2. égaler**, équivaloir à, peser **3. mériter**, être digne de, donner droit à

valorisation N. F. **1. plus-value** **2. mise en valeur**, amélioration, amendement, bonification, enrichissement **3. recyclage**

valoriser V. TR. **1. donner une plus-value à**, faire prendre de la valeur à **2. recycler**

vandale N. destructeur, dévastateur, hooligan (anglic.), iconoclaste, saccageur, déprédateur (littér.), casseur (fam.), [de tombes, etc.] profanateur

vandaliser V. TR. saccager, détériorer, dévaster, détruire, piller, [des tombes, etc.] profaner

vandalisme N. M. déprédation, dégradation, destruction, détérioration, dévastation, saccage, [des tombes, etc.] profanation

vanité N. F. **1. fatuité**, complaisance, fierté, morgue, orgueil, ostentation, présomption, prétention, suffisance, infatuation (littér.), outrecuidance (littér.) **2.** [littér.] **futilité**, fragilité, frivolité, inconsistance, insignifiance, néant, précarité, vide **3. inutilité**, inanité, inefficacité

vaniteux, euse ADJ. et N. fat, faraud, imbu de soi-même, infatué, m'as-tu-vu, orgueilleux, poseur, prétentieux, satisfait de soi, suffisant, vain (littér.), bêcheur (fam.), crâneur (fam.)

vanner V. TR. tamiser, bluter, cribler, filtrer, passer, sasser

vantard, arde ADJ. et N. bluffeur, fabulateur, fanfaron, hâbleur, matamore, menteur, rodomont (littér.)

vantardise N. F. bluff, fanfaronnade, forfanterie, hâblerie, jactance, rodomontade, bidon (fam.), chiqué (fam.), épate (fam.), esbroufe (fam.), flafla (fam.), frime (fam.)

vanter V. TR. **louer**, célébrer, complimenter, exalter, faire le panégyrique de, glorifier, porter au pinacle, porter aux nues, recommander, faire mousser (fam.)

♦ **se vanter** V. PRON. fanfaronner, plastronner, se pousser du col, ramener sa fraise (fam.), se faire mousser (fam.), crâner (fam.), frimer (fam.), la ramener (fam.)

vapeur N. F. humidité, brouillard, brume, buée, nuage

vaporeux, euse ADJ. **1. nébuleux**, brumeux, flou, fondu, sfumato, voilé **2. aérien**, délicat, éthéré, fin, inconsistant, léger, transparent, arachnéen (littér.)

vaporisateur N. M. aérosol, atomiseur, brumisateur (nom déposé), nébuliseur, pulvérisateur, spray

vaporiser V. TR. pulvériser, atomiser, disperser, dissiper, imprégner, parfumer, répandre, volatiliser

vaquer à V. INTR. IND. s'adonner à, se consacrer à, se livrer à, s'occuper de, s'appliquer à

variabilité N. F. changement, fluctuation, inconstance, instabilité, irrégularité, mobilité, versatilité

variable[1] ADJ. changeant, discontinu, fluctuant, imprévisible, inconstant, insaisissable, instable, irrégulier, mobile, modulable, mouvant, versatile

variable[2] N. F. paramètre, facteur, donnée

variante N. F. [d'un film, etc.] mouture, version, remake (anglic.)

variation N. F. **1. changement**, fluctuation, oscillation, transformation, [dans l'humeur, le courant] saute **2. aléa**, vicissitude **3. écart**, amplitude

varié, ée ADJ. **1. divers**, diversifié, éclectique, multiple **2. hétéroclite**, complexe, composite, disparate, mélangé, mêlé **3.** [couleurs] **bigarré**, bariolé, chamarré, chatoyant, moiré, taché

varier

▸ V. TR. **diversifier**, modifier, renouveler, transformer

▸ V. INTR. **évoluer**, changer, fluctuer, osciller, se modifier, se transformer, bouger (fam.)

variété N. F. **1. diversité**, différence, éclectisme, hétérogénéité, pluralité **2. collection**, assortiment, choix, éventail, gamme, mosaïque, palette **3. variante**, espèce, forme, genre, manière, type, variation, version **4. chanson**, music-hall

vase[1] N. M. coupe, bol, cruche, jarre, pot, potiche, récipient, urne

vase[2] N. F. boue, gadoue, limon, bouillasse (fam.), bourbe (littér.), fange (littér.)

vaseux, euse ADJ. boueux, bourbeux, limoneux, fangeux (littér.)

vaste ADJ. **1. spacieux**, ample, de belles dimensions, étendu, grand, gigantesque, immense, imposant, large **2. considérable**, ambitieux, colossal, d'envergure, énorme, important

va-t-en-guerre N. INVAR. belliciste, batailleur, belliqueux, épervier, faucon

vaurien, enne N. **1. chenapan**, coquin, galopin, garnement, polisson, fripon (fam.), mauvaise graine (fam.) **2. voyou**, canaille, gredin, fripouille (fam.), petite frappe (fam.)

vautour N. M. **1. charognard**, condor, griffon, gypaète, rapace **2. pirate**, requin, chacal, charognard, rapace

vautrer (se) V. PRON. **1. s'affaler**, se coucher, s'étaler, se prélasser, se traîner, s'avachir (fam.) **2. s'adonner**, s'abandonner, se complaire, se livrer, sombrer

va-vite (à la) ADV. hâtivement, à la hâte, précipitamment, à la six-quatre-deux (fam.), [manger] sur le pouce (fam.), avec un lance-pierres (fam.)

vécu, ue

▸ ADJ. **réel**, authentique, véridique, véritable, vrai

▸ N. M. **expérience**, parcours (personnel)

vedette N. F. **1. étoile**, star (anglic.), superstar, tête d'affiche **2. sommité**, célébrité, gloire, personnalité, pointure (fam.) **3. embarcation**, bateau, canot

végétation N. F. **1. flore**, plantes, verdure **2. arborisation**, arborescence, arbre, dendrite

végéter V. INTR. **1. dépérir**, s'anémier, s'atrophier, s'étioler, se faner, se rabougrir **2. vivoter**, languir, s'encroûter (fam.), moisir (fam.) **3. stagner**, ne pas avancer, patiner, patauger, piétiner

véhémence N. F. impétuosité, ardeur, feu, flamme, fougue, frénésie, passion, vigueur, vivacité, violence

véhément, ente ADJ. ardent, bouillant, enflammé, fougueux, frénétique, impétueux, passionné, vif, violent

véhicule N. M. **I. 1. automobile**, voiture **2. autobus**, autocar **3. moto**, motocycle, motocyclette **II. vecteur**, média, organe, support

véhiculer V. TR. **1. acheminer**, convoyer, transporter, voiturer **2. diffuser**, faire passer, répandre, répercuter, transmettre

veille N. F. **1. insomnie**, éveil, vigilance **2. surveillance**, faction, garde, quart, veillée **3. jour précédent**

veiller V. INTR. **1. être éveillé**, être en éveil **2. être de garde**

veinard, arde ADJ. et N. chanceux, chançard (fam.), verni (fam.)

veine N. F. **1. vaisseau 2.** [de feuille] **nervure**, [de bois] veinure **3. gisement**, filon **4. verve**, inspiration, souffle **5.** [fam.] **chance**, aubaine, baraka (fam.), bol (fam.), cul (très fam.), fion (très fam.), pot (fam.)

velléitaire ADJ. hésitant, changeant, inconstant, indécis, instable, irrésolu, versatile

vélo N. M. bicyclette, bécane (fam.), biclou (fam.)

véloce ADJ. rapide, prompt, vif, vite (littér. ou Sport)

vélomoteur N. M. cyclomoteur, motocyclette, mobylette (nom déposé)

velouté, ée

▸ ADJ. **1. duveté**, doux, duveteux, lustré, pelucheux, satiné, soyeux, velouteux **2. onctueux**, moelleux

▸ N. M. **1. douceur 2. onctuosité**, suavité

vénal, ale, aux ADJ. corruptible, corrompu, cupide, intéressé, mercenaire

vendeur, euse
▸ ADJ. **accrocheur**, alléchant, racoleur
▸ N. **1. marchand**, commerçant, camelot **2. représentant**, V.R.P

vendre V. TR. **1. céder**, aliéner (Droit) **2.** [Commerce] **écouler**, débiter, faire commerce de **3. monnayer**, négocier, se faire payer **4. se débarrasser de**, se défaire de, bazarder (fam.) **5.** [Bourse] **liquider**, brader, échanger, réaliser, rétrocéder
♦ **se vendre** V. PRON. **1. s'écouler**, s'enlever **2. se donner**, se prostituer

vénéneux, euse ADJ. toxique, dangereux, empoisonné, nocif

vénérable ADJ. **1. respectable**, digne, estimable, honorable, respecté, révéré, auguste (littér.) **2.** [âge] **avancé**, canonique, respectable **3.** [Relig.] **sacré**, saint

vénération N. F. **1. respect**, admiration, considération, révérence **2. amour**, adoration, idolâtrie **3.** [Relig.] **adoration**, culte, dévotion, piété

vénérer V. TR. **1. respecter**, admirer, révérer **2. chérir**, adorer, idolâtrer, vouer un culte à **3.** [Relig.] **adorer**, honorer, révérer

vengeance N. F. **1. revanche**, représailles, rétorsion, riposte, loi du talion, vendetta (Corse) **2. châtiment**, punition

venger V. TR. **réparer**, dédommager, laver, redresser
♦ **se venger** V. PRON. **se faire justice**, exercer des représailles, prendre sa revanche, rendre le mal pour le mal, riposter

venimeux, euse ADJ. **I. 1. haineux**, malfaisant, malintentionné, malveillant, médisant, perfide, sournois **2. calomnieux**, aigre, corrosif, empoisonné, fielleux, enfiellé (littér.) **II. toxique**, dangereux, empoisonné, [plante] vénéneux

venin N. M. **1. poison 2. calomnie**, acrimonie, fiel, perfidie

venir V. INTR. **I. 1. aller**, passer, se rendre, radiner (fam.), rappliquer (fam.), s'amener (fam.), se pointer (fam.) **2. approcher**, avancer, se rapprocher **II. 1. pousser**, apparaître, croître, se développer **2. apparaître**, arriver, se produire, survenir

vent N. M. **1. bise**, aquilon (poétique), zef (argot), [léger] brise, souffle, zéphyr (poétique) **2. flatulence**, flatuosité, gaz, pet

vente N. F. **1. cession 2. débit**, écoulement, [au rabais] braderie, solde, liquidation

ventilation N. F. **1. aération**, aérage, tirage **2. ventilateur**, soufflerie **3. répartition**, partage, péréquation, dispatching (anglic.)

ventiler V. TR. **1. aérer**, souffler (sur) **2. répartir**, dispatcher, trier

ventre N. M. abdomen, bedaine (fam.), bedon (fam.), bide (fam.), bidon (fam.), brioche (fam.), buffet (fam.), panse (fam.)

ventru, ue ADJ. **1. ventripotent**, bedonnant, pansu **2. renflé**, bombé, pansu

venue N. F. **1. arrivée**, apparition, entrée **2. avènement**, début, irruption, surgissement

véracité N. F. exactitude, authenticité, fidélité, justesse, vérité

verbeux, euse ADJ. bavard, délayé, logorrhéique, phraseur, prolixe

verbiage N. M. bavardage, délayage, logorrhée, longueurs, phraséologie, remplissage, blabla (fam.)

verdict N. M. sentence, arrêt, arrêté, décision, jugement, ordonnance

verdir V. INTR. **1. verdoyer 2. blêmir**, pâlir, perdre ses couleurs

verdure N. F. **1. végétation**, plantes, vert **2.** [fam.] **légumes verts**

véreux, euse ADJ. **1. corrompu**, malhonnête, marron, pourri, ripou (fam.) **2. douteux**, louche, suspect **3.** [fruit] **gâté**

verge N. F. **1. tige**, baguette **2. pénis**, phallus, membre viril, biroute (fam.), bite (fam.), braquemart (fam.), manche (fam.), quéquette (fam.), queue (fam.), zizi (fam.), [en érection] priape, ithyphalle (didact.)

véridique ADJ. exact, authentique, avéré, fidèle, juste, véritable, vrai

vérification N. F. **1. contrôle**, épreuve, essai, examen, expertise **2.** [de comptes] **audit**, apurement **3. confirmation**, preuve

vérifier V. TR. **1. contrôler**, examiner, expertiser, réviser, [des comptes] auditer, apurer, [inventaire] pointer, récoler **2. essayer**, s'assurer de, éprouver, expérimenter, tester **3. confirmer**, corroborer, prouver **4. constater**

♦ **se vérifier** V. PRON. se confirmer, être corroboré, se réaliser

véritable ADJ. **1. réel**, authentique, effectif, véridique **2. naturel**, authentique, pur, vrai **3. vrai**, avéré, franc, incontestable, sincère, sûr

véritablement ADV. réellement, assurément, bel et bien, en effet, par le fait, proprement, vraiment

vérité N. F. **I. 1. authenticité**, exactitude, fidélité, justesse, véracité, vrai, véridicité (littér.) **2. réalité II. 1. axiome**, loi, postulat, principe **2. certitude**, conviction, croyance, dogme, évidence **III. 1. justesse**, naturel, ressemblance, vraisemblance **2. franchise**, authenticité, bonne foi, sincérité

vermine N. F. **1. racaille**, canaille, crapule **2. parasites**, gale, poux, puces, punaises

vermoulu, ue ADJ. piqué, piqueté, rongé

vernir V. TR. **1. laquer**, peindre **2. lustrer**

vernis N. M. **1. enduit**, émail, laque **2. apparence**, brillant, croûte, dehors, éclat trompeur, écorce, façade, teinture

verre N. M. **1. cristal**, pyrex (nom déposé), securit (nom déposé) **2. chope**, coupe, flûte, gobelet, godet **3.** [fam.] **pot** (fam.), bock (fam.), canon (fam.), coup (fam.), drink (anglic., fam.), godet (fam.)

♦ **verres** PLUR. **lunettes**, bésicles (fam.), binocles (fam.)

verrouiller V. TR. **1. cadenasser**, barricader, fermer au verrou **2. bloquer**, fermer, [des portes] condamner, [un quartier] boucler, encercler **3.** [une personne] **enfermer**, mettre sous les verrous, boucler (fam.), coffrer (fam.) **4. paralyser**, bloquer

vers PRÉP. **1. en direction de**, à destination de, à la rencontre de, sur **2. du côté de**, dans les/aux environs de, aux abords de, à l'approche de, à proximité de, dans le voisinage de

versant N. M. **1. pente**, côté, face, pan, [nord] ubac, [sud] adret **2. aspect**, côté, facette

versatile ADJ. changeant, capricieux, inconstant, instable, lunatique, variable, velléitaire

versé, ée ADJ.

- **versé dans** expert en, spécialiste de/en, savant en, passé maître dans

versement N. M. paiement, dépôt, règlement, remise

verser

▸ V. TR. **1. répandre**, déverser, épandre, faire couler, [à table] servir **2. payer**, déposer, donner, régler, remettre, virer **3. apporter**, déposer, mettre **4. incorporer**, affecter, muter, nommer

▸ V. INTR. **tomber**, basculer, culbuter, se coucher

version N. F. **1. traduction 2. état**, mouture, variante **3. interprétation**, compte rendu, exposé, rapport, récit, relation

verso N. M. dos, derrière, envers, revers

vert, verte ADJ. **1. blême**, blafard, bleu, livide, verdâtre **2. alerte**, allègre, fringant, gaillard, ingambe, vaillant, vif, vigoureux **3. acide**, aigre, sur **4. cru**, égrillard, gaulois, graveleux **5. écologiste**, écolo (fam.)

vertèbres N. F. colonne vertébrale, échine, épine dorsale, rachis

verticalement ADV. d'aplomb, à pic, debout, droit

vertige N. M. **1. éblouissement**, étourdissement, malaise, tournis (fam.) **2. enivrement**, euphorie, exaltation, excitation, folie, griserie, ivresse, trouble

vertigineux, euse ADJ. démesuré, astronomique, colossal, exorbitant

vertu N. F. **1. qualité**, don, valeur **2. propriété**, capacité, caractéristique, faculté, pouvoir, qualité **3. honnêteté**, mérite, moralité, probité, valeur

vertueux, euse ADJ. **1.** [vieilli ou plaisant, femmes] **chaste**, fidèle, pur **2.** [vieux ou littér.] **édifiant**, exemplaire, méritoire

verve N. F. éloquence, loquacité, faconde (littér.), bagou (fam.)

veste N. F. veston, blazer, jaquette, saharienne, vareuse, [courte] blouson, spencer, [chaude] anorak, caban, canadienne, doudoune

vestibule N. M. antichambre, entrée, hall, porche, salle d'attente

vestige N. M. **1.** [surtout au plur.] **débris**, décombres, ruine, trace **2. souvenir**, empreinte, marque, reste

vêtement N. M. **1. habit**, fringue (fam.), nippe (fam.), guenille (fam., péj.), loque (fam. péj.) **2.** [de travail] **bleu**, combinaison, livrée, salopette **3.** [Relig.] **aube**, chasuble, soutane, surplis

♦ **vêtements** PLUR. **1. toilette**, mise, tenue, atours (littér.), accoutrement (péj.), affublement (péj.), fripes (fam.), frusques (fam.), sapes (fam.) **2.** [de qqn] **affaires**, effets, garde-robe

vétéran N. M. **1. ancien combattant 2. briscard**, ancien, doyen, vieux de la vieille, vieux routier

vétille N. F. bagatelle, babiole, bêtise, broutille, détail, misère, rien, bricole (fam.)

vétilleux, euse ADJ. chicaneur, chicanier, formaliste, pointilleux, sourcilleux, tatillon, pinailleur (fam.), coupeur de cheveux en quatre, enculeur de mouches (très fam.)

vêtir V. TR. **1. habiller**, couvrir, accoutrer (péj.), affubler (péj.), fagoter (fam., péj.), fringuer (fam.) **2. déguiser**, costumer, travestir

♦ **se vêtir** V. PRON. s'habiller, se couvrir, s'accoutrer (péj.), s'attifer (péj.), se fagoter (fam., péj.), se fringuer (fam.), se nipper (fam.), se saper (fam.)

vêtu, ue ADJ. habillé, accoutré (péj.), affublé (péj.), mis, paré, fringué (fam.), nippé (fam.), sapé (fam.)

vétuste ADJ. délabré, abîmé, antique, en mauvais état, vieilli, qui a fait son temps

veule ADJ. lâche, avachi, faible, mou, sans caractère, sans volonté, chiffe molle (fam.), couille molle (très fam.)

vexant, ante ADJ. **1. blessant**, cinglant, désobligeant, humiliant, insultant, mortifiant, offensant, ulcérant **2. contrariant**, exaspérant, excédant, irritant, rageant (fam.), râlant (fam.)

vexation N. F. humiliation, brimade, gifle, insulte, mortification, rebuffade, sarcasme, tracasserie, avanie (littér.)

vexer V. TR. blesser, froisser, heurter, humilier, mortifier, offenser, piquer au vif, scandaliser, ulcérer
♦ **se vexer** V. PRON. **se fâcher**, se formaliser, se froisser, prendre la mouche (fam.)

viable ADJ. 1. **durable**, sain, stable 2. **carrossable**, praticable

viande N. F. chair, barbaque (fam.), bidoche (fam.), [dure] carne (fam.), semelle (fam.)

vibrant, ante ADJ. 1. **retentissant**, éclatant, sonore, de stentor 2. **bouleversant**, déchirant, émouvant, lyrique, passionné, pathétique

vibration N. F. 1. **battement**, ébranlement, trépidation 2. **onde** 3. **frémissement**, frisson, tremblement

vibrer V. INTR. 1. **trépider**, trembler 2. **retentir**, résonner, sonner, tinter, vrombir 3. **être ému**, frémir, palpiter, trembler

vice N. M. 1. **défectuosité**, défaut, imperfection, malfaçon 2. **travers**, défaut, faible, faiblesse, tare 3. **passion**, maladie, manie, virus (fam.) 4. **dépravation**, débauche, dérèglement, dévergondage, inconduite, libertinage, luxure, stupre (littér.)

vicié, ée ADJ. pollué, impur, pestilentiel, souillé, corrompu (littér.)

vicieux, euse ADJ. et N. 1. **débauché**, dévergondé, libertin, roué (littér.) 2. **obscène**, dégoûtant, lubrique, libidineux, pervers, salace, cochon (fam.), vicelard (fam.) 3. **mauvais**, vachard (fam.)

vicissitudes N. F. PL. aléas, accidents, coups du destin, hasards, incertitudes, mésaventures, tribulations, infortunes (littér.)

victime N. F. 1. **mort**, blessé, sinistré, tué 2. **proie**, prise 3. **bouc émissaire**, martyr, souffre-douleur

victoire N. F. 1. **succès**, réussite, triomphe 2. **exploit**, performance, prouesse

victorieux, euse ADJ. 1. **vainqueur**, champion, gagnant, glorieux, triomphateur 2. [air] **triomphant**, conquérant

victuailles N. F. PL. nourriture, provisions de bouche, vivres

vidange N. F. 1. **écoulement**, purge 2. **tout-à-l'égout** 3. **gadoue**, eaux-vannes 4. **bonde**, nable

vidanger V. TR. purger, vider

vide[1] ADJ. 1. **asséché**, à sec 2. **inoccupé**, disponible, inhabité, libre, vacant 3. **désert**, abandonné, dépeuplé 4. **dénudé**, nu 5. **creux** 6. **futile**, creux, insignifiant, insipide, vain

vide[2] N. M. 1. **cosmos**, espace 2. **néant**, rien, vacuité 3. **cavité**, espace, fente, fissure, ouverture, trou 4. **blanc**, lacune, manque 5. **futilité**, inanité, néant, vacuité

vider V. TR. 1. **vidanger**, purger 2. **déverser**, écoper, évacuer, transvaser 3. **assécher**, dessécher, mettre à sec, tarir 4. **avaler**, boire, finir, ingurgiter, nettoyer (fam.), sécher (fam.) 5. **déblayer**, désencombrer, désobstruer 6. **évacuer**, jeter, ôter, retirer 7. [un animal] **étriper**, éviscérer, nettoyer
♦ **se vider** V. PRON. 1. **couler**, s'écouler 2. **désemplir**

vie N. F. I. 1. **existence**, jours, peau (fam.) 2. **biographie** 3. **âme**, esprit, souffle 4. **destin**, destinée, sort II. 1. **agitation**, animation, mouvement 2. **énergie**, dynamisme, entrain, vigueur, vitalité, pétulance (littér.) 3. **chaleur**, pittoresque

vieillard N. M. vieux, aîné, ancien, patriarche, personne âgée, papi (fam.), (vieux/petit) pépé (fam.), débris (péj.), fossile (fam., péj.), ruine (péj.), croulant (fam., péj.), vioque (fam., péj.)

vieillarde N. F. vieille, aînée, ancienne, matriarche, personne âgée, mamie (fam.), (petite) mémé (fam.), mémère (fam., péj.), débris (péj.), fossile (fam. péj.), ruine (péj.), vieille taupe (fam., péj.), vioque (fam., péj.)

vieillesse N. F. **1. troisième âge**, quatrième âge, vieillerie (fam., plaisant.), crépuscule/soir de la vie (littér.) **2. grand âge**, déclin, décrépitude, sénilité, vieux jours **3. ancienneté**, antiquité, vétusté

vieilli, ie ADJ. **1. défraîchi**, fané, flétri **2. dépassé**, désuet, passé de mode, périmé, suranné, usé, vieillot **3.** [langage] **archaïque**, obsolète

vieillir

▸ V. INTR. **1. prendre de l'âge**, avancer en âge, ne plus être de la première jeunesse, se faire vieux, être sur le retour (fam.) **2. se décatir**, décliner, s'affaiblir, se faner, se flétrir, s'user, prendre un coup de vieux (fam.) **3. se démoder**, appartenir au passé, dater, passer de mode

▸ V. TR. **affiner**, mûrir

vieillot, otte ADJ. ancien, démodé, dépassé, désuet, passé de mode, périmé, suranné, usé

vierge

▸ N. F. **1. pucelle**, vestale **2. Marie**, Madone, Notre-Dame

▸ ADJ. **1. puceau**, pucelle, chaste, innocent **2. blanc**, immaculé, intact, net, pur **3. brut**, cru, naturel, pur **4. inexploré**, inexploité, sauvage **5. inutilisé**, inaltéré, intact, neuf

vieux, vieille ADJ. **1. âgé**, chargé d'ans (littér.), vioque (fam.) **2. décrépit**, gâteux, sénile, usé, croulant (fam.) **3. usagé**, défraîchi, délabré, élimé, fatigué, usé, vétuste **4. ancien**, ancestral, antique, d'autrefois, de jadis, historique **5. confirmé**, ancien, vétéran **6. ancré**, enraciné, invétéré, long **7. démodé**, caduc, dépassé, désuet, suranné, vieillot **8. lointain**, révolu, ancien

vif, vive ADJ. **I. vivant II. 1. agile**, alerte, fringant, guilleret, léger, leste, pétulant, sémillant **2. aigu**, brillant, éveillé, pénétrant, prompt, rapide **3.** [rythme] **enlevé**, rapide, [Mus.] allegro, allegretto **III. 1. intense**, aigu, extrême, forte, profond **2.** [froid, vent] **saisissant**, aigre, âpre, mordant, perçant, piquant **3. tonique**, vivifiant **4. criard**, coloré, cru, éclatant, franc, gai, intense, voyant **IV. 1. ardent**, emporté, fougueux, impétueux, impulsif, sanguin, volcanique **2. acerbe**, caustique, cinglant, cuisant, dur, mordant

vigie N. F. sentinelle, factionnaire, garde, gardien, guetteur, planton, veilleur

vigilance N. F. **1. éveil**, (état de) veille **2. surveillance**, attention **3. circonspection**, précaution, soin

vigilant, ante ADJ. **1. attentif**, à l'écoute **2. circonspect**, précautionneux, prudent **3. aux aguets**, en garde **4.** [soins] **assidu**, empressé

vigile N. M. sentinelle, factionnaire, garde, gardien, guetteur, planton, veilleur, vigie

vigne N. F. **1. raisin**, pampre (poétique) **2. vignoble**, clos

vigoureusement ADV. **1. énergiquement**, activement, fermement, vivement **2. brutalement**, durement, fortement, fort, puissamment, sans ménagement, [secouer] comme un prunier (fam.)

vigoureux, euse ADJ. **1. fort**, athlétique, gaillard, nerveux, puissant, robuste, solide comme le Pont-Neuf, vaillant, costaud (fam.) **2. énergique**, ferme, nerveux, puissant **3.** [plantes] **résistant**, robuste, vivace

vigueur N. F. 1. **force**, puissance, robustesse, verdeur, vitalité 2. **énergie**, ardeur, dynamisme, fermeté, nerf, puissance 3. **puissance sexuelle**, virilité

vil, vile ADJ. abject, bas, corrompu, dépravé, ignoble, impur, indigne, infâme, méprisable, mesquin, misérable, petit, répugnant, servile

vilain, aine ADJ. 1. **laid**, disgracieux, hideux, horrible, moche (fam.) 2. [temps] **mauvais**, détestable, sale, de chien (fam.) 3. **insupportable**, désagréable, exécrable 4. **méchant**, malhonnête, sale (fam.) 5. **mauvais**, inquiétant, traître, sale (fam.)

vilipender V. TR. attaquer, décrier, dénigrer, injurier, mettre au pilori, traîner dans la boue, vouer aux gémonies, vitupérer (littér.)

villa N. F. 1. **pavillon**, bungalow, chalet, cottage, maison, maisonnette 2. **cité**

village N. M. bourg, agglomération, bourgade, commune, localité, bled (fam.), patelin (fam.), trou (fam.), [petit] hameau, lieudit

ville N. F. 1. **agglomération**, cité, cité-dortoir, commune, municipalité 2. **capitale**, centre urbain, conurbation, mégalopole, métropole

vin N. M. jus de la treille (plaisant), dive bouteille (plaisant), pinard (fam.), jaja (argot), gros qui tache (fam., péj.), gros rouge (fam., péj.), picrate (fam., péj.), piquette (fam., péj.), vinasse (fam., péj.)

vindicatif, ive ADJ. 1. **rancunier**, revanchard 2. **agressif**, coléreux, haineux, hostile

violation N. F. infraction, atteinte, contravention, entorse, manquement, outrage, transgression

violemment ADV. 1. **brutalement**, fort, fortement, rudement 2. **énergiquement**, furieusement, intensément, vigoureusement, vivement

violence N. F. 1. **brutalité**, agressivité, force 2. **intensité**, déchaînement, fougue, frénésie, fureur, furie, véhémence, virulence

♦ **violences** PLUR. brutalités, mauvais traitements, coups, maltraitance, sévices, voies de fait

violent, ente ADJ. I. 1. **brutal**, agressif, brusque, dur 2. **coléreux**, enragé, impétueux, irascible, tyrannique, virulent II. 1. **intense**, aigu, extrême, fort, puissant 2. [désir] **ardent**, éperdu, furieux, irrépressible 3. [douleur] **terrible**, fulgurant

violer V. TR. 1. **abuser de**, forcer, outrager, souiller, violenter (euph.) 2. **contrevenir à**, déroger à, désobéir à, enfreindre, fausser, manquer à, passer par-dessus, transgresser 3. **profaner**, souiller

virage N. M. 1. **tournant**, boucle, coude, courbe, épingle à cheveux, lacet, méandre 2. **changement de direction**, retournement

virer

▸ V. TR. **verser**, déposer, transférer

▸ V. INTR. 1. **changer de direction**, braquer, faire demi-tour, prendre un virage, tourner 2. [couleur] **tourner**

virevolter V. INTR. pirouetter, tourbillonner, tournoyer

viril, ile ADJ. 1. **mâle**, masculin 2. **brutal**, énergique, ferme, puissant, costaud (fam.)

virilité N. F. 1. **masculinité** 2. **vigueur sexuelle** 3. **énergie**, fermeté, poigne, puissance

virtuel, elle ADJ. 1. **potentiel**, en puissance, éventuel, latent, possible, théorique 2. [monde] **simulé**

virtuose N. **1. maestro** **2. expert**, maître, prodige, as (fam.), crack (fam.)

virtuosité N. F. **1. brio**, maestria **2. maîtrise**, expertise, facilité, habileté, talent, technique

virulence N. F. **1. violence**, âpreté, fougue, frénésie, fureur, impétuosité, véhémence, feu (littér.) **2. nocivité**

virulent, ente ADJ. **1. violent**, âpre, cinglant, corrosif, cuisant, incisif, venimeux, vif **2. contagieux**, infectieux, nocif

visa N. M. certificat, autorisation

visage N. M. **1. face**, figure, binette (fam.), bobine (fam.), bouille (fam.), gueule (très fam.), poire (fam.), pomme (fam.), trogne (fam.), trombine (fam.), tronche (fam.), tête (fam.), [mignon] frimousse (fam.), minois (fam.), museau (fam.) **2. mine**, air, expression, traits **3. allure**, aspect, caractère, physionomie, tournure, tête (fam.)

vis-à-vis de LOC. PRÉP. **1. en face de**, à l'opposé de, à l'opposite de, en regard de, nez à nez avec **2. en comparaison de**, en regard de, par rapport à **3. envers**, avec, à l'égard de, à l'endroit de, en ce qui concerne

viscéral, ale, aux ADJ. instinctif, inconscient, irraisonné, profond, tripal (fam.)

viscères N. M. PL. **1. boyaux**, entrailles, intestins, tripes (fam.) **2. abats**, triperie, tripes

visée N. F. [surtout au plur.] ambition, but, désir, intention, objectif, prétention, vues, dessein (littér.)

viser V. TR. **1. mettre en joue**, ajuster, pointer son arme sur **2. ambitionner**, aspirer à, briguer, convoiter, prétendre à, poursuivre, rêver de, guigner (fam.), lorgner sur (fam.) **3. concerner**, s'appliquer à, intéresser

visible ADJ. **1. apparent**, distinct, observable, perceptible **2. évident**, clair, flagrant, manifeste, ostensible

visiblement ADV. manifestement, apparemment, clairement, de toute évidence, incontestablement, indubitablement

vision N. F. **1. vue**, acuité visuelle, œil **2. conception**, appréhension, idée, image, opinion, représentation, vue **3. apparition**, chimère, fantasme, fantôme, hallucination, illusion, mirage, rêve **4. idée**, image mentale, [obsédante] hantise, obsession **5. intuition**, clairvoyance

visionnaire

▸ N. **1. halluciné**, illuminé, prophète, songe-creux, vaticinateur (littér.) **2. précurseur**, annonciateur

▸ ADJ. **chimérique**, extravagant, rêveur, romanesque

visite N. F. **1. entrevue**, démarche, rencontre, réception **2. inspection**, examen, ronde, [de la police] descente, fouille, perquisition **3. excursion**, tour, tournée, voyage

visiter V. TR. **1. se rendre auprès de**, aller voir, rendre visite à, saluer **2. inspecter**, examiner, fouiller, explorer

visiteur, euse N. **1. invité**, commensal, hôte, visite **2. touriste**, estivant, excursionniste, vacancier, voyageur **3. démarcheur**

visqueux, euse ADJ. **1. collant**, poisseux, gras, huileux, sirupeux **2. mielleux**, doucereux, hypocrite, sirupeux, melliflu (littér.), papelard (littér.), patelin (littér.)

visualiser V. TR. **1. afficher**, rendre visible **2. imaginer**, se faire une idée de, se représenter

vital, ale, aux ADJ. indispensable, capital, essentiel, fondamental, incontournable, de première nécessité, primordial

vitalité N. F. dynamisme, allant, énergie, entrain, pétulance, santé, tonus, vie, vigueur, pep (fam.), punch (fam.)

vite

► ADJ. [Sport ou littér.] **rapide**, véloce (littér.)

► ADV. 1. **à toute vitesse**, à fond de train, à bride abattue, à toute allure, à un train d'enfer, au pas de course, comme un boulet de canon, comme une flèche, en trombe, rapidement, vélocement (littér.), à fond la caisse (fam.), à toute berzingue (fam.), à toute blinde (fam.), à toute vapeur (fam.), à toute pompe (fam.), à pleins gaz (fam.), à la vitesse grand V (fam.), en quatrième vitesse (fam.), [courir] à toutes jambes, ventre à terre 2. **hâtivement**, à la hâte, en coup de vent, à la six-quatre-deux (fam.) 3. **en très peu de temps**, en un clin d'œil, en un temps record, en vitesse, en un rien de temps, en un tour de main, lestement, prestement, promptement, rapidement, rondement, dare-dare (fam.), en moins de deux (fam.), en trois coups de cuiller à pot (fam.), presto (fam.) 4. **bientôt**, dans peu de temps, rapidement, sous peu

vitesse N. F. 1. **rapidité**, promptitude, célérité (littér.), diligence (littér.), vélocité (littér.) 2. **allure**, régime, rythme, train

vitre N. F. carreau, fenêtre, glace

vitreux, euse ADJ. 1. **vitré**, transparent 2. **blafard**, blême, cadavérique, cireux, hâve, livide, terne, terreux

vitrine N. F. 1. **devanture**, étalage 2. **armoire vitrée**

vivable ADJ. supportable, acceptable, tenable, tolérable

vivace ADJ. 1. **robuste**, coriace, endurant, résistant, vigoureux 2. **durable**, bien ancré, enraciné, impérissable, indestructible

vivacité N. F. 1. **entrain**, activité, animation, ardeur, impétuosité, pétulance, alacrité (littér.) 2. **rapidité**, promptitude, prestesse (littér.), vélocité (littér.) 3. **réactivité**, présence d'esprit 4. **emportement**, ardeur, fougue, mordant, véhémence, violence 5. **éclat**, brillant, couleur, intensité

vivant, ante ADJ. et N. M. I. 1. **en vie**, sain et sauf 2. **de chair et de sang** II. 1. **dynamique**, énergique, éveillé, plein d'entrain 2. **fréquenté**, animé 3. **durable**, vivace 4. **pétillant**, expressif, vif 5. **ressemblant**, expressif, parlant 6. **haut en couleur**, imagé, pittoresque

vivats N. M. PL. acclamations, bravos, hourras

vivement ADV. 1. **rapidement**, prestement, rondement, tambour battant, promptement (littér.), au trot (fam.) 2. **brutalement**, crûment, durement, sèchement, vertement, violemment 3. **intensément**, ardemment, fortement, infiniment, profondément

vivifier V. TR. 1. **stimuler**, doper, fortifier, ragaillardir, revigorer, tonifier, ravigoter (fam.), remonter (fam.) 2. **ranimer**, reconstituer, revitaliser

vivoter V. INTR. subsister, s'étioler, stagner, survivre, tenir, végéter

vivre

► V. INTR. 1. **être en vie**, exister, être au monde 2. **durer**, subsister 3. **habiter**, demeurer, être domicilié, loger, résider, rester, séjourner 4. **demeurer**, se perpétuer, subsister

► V. TR. 1. [une épreuve] **subir**, connaître, endurer, éprouver, supporter, traverser 2. [des jours] **couler**, passer

vivres N. M. PL. aliments, denrées, nourriture, produits alimentaires, provisions (de bouche), ravitaillement, réserves, victuailles

vocabulaire N. M. 1. **lexique**, glossaire 2. **mots**, jargon (péj.), langage, langue, terminologie

vocation N. F. 1. **inclination**, attirance, disposition, goût, passion, penchant, prédilection 2. **mission**, fonction, raison d'être, rôle

vociférations N. F. PL. cris, braillements, invectives, huées, hurlements, beuglements (fam.)

vociférer V. INTR. crier, brailler, élever la voix, s'égosiller, s'époumoner, hurler, tonner, beugler (fam.), gueuler (très fam.)

vœu N. M. 1. **désir**, demande, desiderata (plur.), espoir, prière, souhait 2. **promesse**, engagement, résolution

vogue N. F.
- **en vogue** (à la) mode, branché (fam.), in (anglic.), tendance (fam.)

voie N. F. I. 1. **chemin**, passage 2. **axe routier**, artère, autoroute, avenue, boulevard, chaussée, chemin, passage, rue 3. **couloir**, file 4. **direction**, chemin, itinéraire, ligne, parcours, route, trajet II. **brisées**, sillage, trace III. **moyen**, façon, méthode, possibilité, procédé IV. **carrière**, fonction, métier

voile[1] N. M. I. 1. **rideau**, store, voilage 2. **foulard**, crêpe, haïk, litham, tchador, voilette II. 1. **enveloppe**, manteau 2. **apparence**, couvert, masque, prétexte

voile[2] N. F. toile, voilure

voilé, e ADJ. 1. **brumeux**, couvert, embrumé, nuageux 2. **flou** 3. **atténué**, estompé, obscur, opaque 4. **cassé**, enroué, éraillé, rauque

voiler[1] V. TR. 1. **obscurcir**, éclipser, embrumer, tamiser 2. **masquer**, envelopper, estomper 3. **dissimuler**, cacher, camoufler

♦ **se voiler** V. PRON. **s'obscurcir**, s'assombrir, se boucher, se brouiller, s'opacifier, [soleil] se cacher, disparaître

voiler (se)[2] V. PRON. [roue] se gauchir, se fausser, se tordre

voir V. TR. I. 1. **apercevoir**, discerner, embrasser, entrevoir, remarquer 2. **assister à**, connaître, être témoin de, subir, vivre 3. **examiner**, étudier, observer, regarder, vérifier 4. **constater**, découvrir, distinguer II. 1. **rencontrer**, croiser, fréquenter, rendre visite à, visiter, tomber sur (fam.) 2. **consulter**, avoir affaire à, faire appel à III. 1. **imaginer**, concevoir, envisager, se figurer, se représenter, trouver 2. **apprécier**, considérer, estimer, juger 3. **comprendre**, se rendre compte de, se représenter, saisir

♦ **se voir** V. PRON. 1. **se considérer**, se jauger, se juger, se percevoir, se sentir 2. **se montrer**, paraître, sauter aux yeux 3. **arriver**, advenir, avoir lieu, se passer, survenir, se présenter, se produire

voisin, ine ADJ. 1. **proche**, adjacent, attenant, avoisinant, contigu, côte à côte, frontalier, juxtaposé, limitrophe, mitoyen, rapproché 2. **ressemblant**, apparenté, approchant, comparable, similaire

voiture N. F. 1. **automobile**, bagnole (fam.), caisse (fam.), chiotte (fam.), guimbarde (fam., péj.), tacot (fam., péj.), tire (fam.), veau (fam., péj.) 2. [Chemin de fer] **rame**, fourgon, wagon, wagon-lit

voix N. F. 1. **organe** (souvent plaisant) 2. **ton**, accent, intonation, timbre 3. **appel**, avertissement, conseil 4. **suffrage**, vote

vol[1] N. M. 1. **envol**, envolée, essor 2. **trajet**, traversée 3. [d'insectes, d'oiseaux] **nuée**, bande, nuage, volée

vol[2] N. M. 1. **cambriolage**, détournement de fonds, brigandage, chapardage, hold-up, maraudage, pillage, larcin (littér.), rapine (littér.), fauche (fam.)

2. escroquerie, carambouillage, filouterie, fraude, grivèlerie, resquille, arnaque (fam.)

volage ADJ. inconstant, changeant, frivole, infidèle, léger, cavaleur (fam.), coureur (fam.)

volaille N. F. volatile, oiseau de basse-cour

volant N. M. **1. fanfreluche**, falbala **2. marge**, réserve, stock

volatil, ile ADJ. **1. changeant**, fluctuant, instable, mouvant, variable **2. évaporable**

volatiliser V. TR. vaporiser, sublimer ♦ **se volatiliser** V. PRON. **1. se dissiper**, se vaporiser, s'évaporer **2. disparaître**, s'éclipser, s'envoler, s'enfuir, s'évanouir, s'évaporer, décamper (fam.), filer (fam.)

voler[1] V. INTR. **1. s'envoler**, fendre l'air, planer, voleter, voltiger **2. flotter**, onduler, ondoyer (littér.)

voler[2] V. TR. **1. s'emparer de**, s'approprier, détourner, escamoter, extorquer, faire main basse sur, grappiller, marauder, piller, soustraire, subtiliser, dérober (littér.), ravir (littér.), barboter (fam.), calotter (fam.), carotter (fam.), chaparder (fam.), chiper (fam.), choper (fam.), chouraver (fam.), chourer (fam.), faucher (fam.), gratter (fam.), piquer (fam.), rafler (fam.), taxer (fam.) **2. déposséder**, cambrioler, dépouiller, dévaliser, escroquer, faire les poches de, délester (plaisant), arnaquer (fam.), estamper (fam.), étriller (fam.), gruger (fam.), pigeonner (fam.), plumer (fam.), ratiboiser (fam.), refaire (fam.), repasser (fam.), tondre (fam.), truander (fam.)

volet N. M. **1. persienne**, contrevent, jalousie **2. abattant**, vantail **3. feuillet**, volant **4. partie**, étape, pan, phase

voleur, euse N. **1. malfaiteur**, bandit, brigand, cambrioleur, cleptomane, gangster, pickpocket, rat d'hôtel, resquilleur, truand **2. escroc**, aigrefin, canaille, coquin, crapule, filou, fripon, arnaqueur (fam.), faisan (argot), forban (littér.)

volontaire ADJ. **1. bénévole**, consentant, libre **2. délibéré**, conscient, intentionnel, prémédité, réfléchi, voulu **3. décidé**, déterminé, énergique, obstiné, opiniâtre, résolu, tenace

volontairement ADV. **1. bénévolement**, de son plein gré **2. délibérément**, à dessein, en connaissance de cause, exprès, de propos délibéré, intentionnellement, sciemment

volonté N. F. **1. désir**, intention, projet, résolution, vœu, dessein (littér.) **2. exigence**, demande, prière, requête **3. détermination**, acharnement, énergie, fermeté, obstination, opiniâtreté, persévérance, résolution, suite dans les idées, ténacité, cran (fam.)

volontiers ADV. **1. de bon cœur**, avec plaisir, de bonne grâce, de gaieté de cœur, de bon gré, sans se faire prier **2. souvent**, fréquemment **3. aisément**, facilement **4. oui**, avec plaisir

volte-face N. F. INVAR. **1. demi-tour** **2. revirement**, changement, pirouette, retournement, virevolte, palinodies (littér.)

voltiger V. INTR. voleter, flotter, papillonner, planer, virevolter, tourbillonner, tournoyer, zigzaguer

volubile ADJ. bavard, éloquent, loquace, prolixe, verbeux, causant (fam.), disert (littér.)

volume N. M. **I. 1. livre**, opuscule, ouvrage, recueil, bouquin (fam.) **2. tome** **II. 1. espace**, place **2. dimension**, ampleur, encombrement, gabarit, grosseur, importance **III. 1. capacité**, calibre, contenance, cubage, jauge, tonnage **2. masse**, quantité, somme

volumineux, euse ADJ. gros, encombrant, imposant

volupté N. F. **1. plaisir**, délice, délectation, jouissance **2. sensualité**

voluptueux, euse ADJ. **1. agréable**, caressant, chaud, doux **2. érotique**, émoustillant, excitant, lascif, luxurieux, troublant, sexy (fam.) **3. sensuel**, charnel, épicurien, jouisseur, sybarite (littér.)

volute N. F. circonvolution, arabesque, courbe, hélice, ondulation, serpentin, sinuosité, spire

vomir V. TR. **1. régurgiter**, rendre, dégobiller (fam.), dégueuler (très fam.), [sans complément] rendre tripes et boyaux, gerber (fam.) **2.** [volcan] **cracher**, évacuer, expulser **3.** [des insultes] **éructer**, cracher, proférer, balancer (fam.), sortir (fam.) **4. détester**, avoir en horreur, haïr, abhorrer (littér.), abominer (littér.), exécrer (littér.), ne pas pouvoir sentir/encaisser/gober (fam.)

vorace ADJ. **1. goulu**, avide, boulimique, glouton, goinfre **2. affamé**, inassouvi, insatiable, inextinguible (littér.) **3. cupide**, avide, rapace

voracité N. F. **1. appétit**, avidité, boulimie, gloutonnerie, goinfrerie **2. cupidité**, avidité, rapacité

vote N. M. **1. suffrage**, voix **2. consultation**, plébiscite, référendum, scrutin **3. scrutin**, élection

voter

▸ V. TR. adopter, choisir

▸ V. INTR. aller aux urnes, faire son devoir de citoyen (souvent plaisant)

vouer V. TR. **1. consacrer**, dédier, dévouer, donner, employer, offrir **2. destiner**, prédestiner, promettre, [à l'échec] condamner

vouloir[1] V. TR. **1. désirer**, ambitionner, aspirer à, avoir envie de, briguer, convoiter, prétendre à, souhaiter, tenir à, viser **2. exiger**, commander, demander, entendre que, ordonner, prescrire, réclamer, requérir, revendiquer

vouloir[2] N. M. volonté, détermination, résolution

voulu, ue ADJ. **1. volontaire**, délibéré, fait exprès, intentionnel, prémédité **2. exigé**, désiré, fixé, prescrit, requis, souhaité **3. opportun**

voûte N. F. arc, arceau, berceau, cintre, coupole, dais, dôme, voussure

voûter V. TR. **1. courber**, plier **2. cintrer**

♦ **se voûter** V. PRON. se courber, se casser

voyage N. M. **1. excursion**, circuit, périple, tour, balade (fam.), virée (fam.), [par mer] croisière, traversée, [scientifique] exploration **2. trajet**, aller (et retour), cheminement, itinéraire, parcours **3. déplacement**, route, tournée **4. va-et-vient**, allées et venues, navette

voyager V. INTR. **1. courir le monde**, se promener, vagabonder, se balader (fam.), bourlinguer (fam.), rouler sa bosse (fam.), vadrouiller (fam.) **2. se déplacer**, circuler, faire l'aller-retour/des allers-retours

voyageur, euse

▸ ADJ. **migrateur**, nomade

▸ N. **1. passager**, touriste **2. globe-trotter**, aventurier, explorateur, promeneur, routard, bourlingueur (fam.)

voyant[1], ante N. devin, cartomancien, extralucide, médium, sibylle, spirite

voyant[2], ante ADJ. **1. criard**, criant, outrancier, tapageur, tape-à-l'œil **2. évident**, flagrant, manifeste, ostensible, perceptible, visible

voyou N. M. **1. crapule**, canaille, fripouille, vaurien, (petite) frappe (fam.), gouape (fam.) **2.** [de banlieue] **sauvageon**, loubard (fam.), hooligan (anglic.), loulou (fam.), zonard (fam.) **3. chenapan**, coquin, fripon, galopin, garnement, polisson, vaurien

vrac (en) LOC. ADV. **1. pêle-mêle**, en désordre, en tas **2. au poids**

vrai[1], vraie ADJ. **1. exact**, avéré, certain, indubitable, sûr, véridique **2. fidèle**, juste **3. authenti-que**, véritable **4. effectif**, réel **5. franc**, authentique, loyal, pur, sincère, spontané **6. naturel**, senti, vécu **7.** [intensif, avant le nom] **achevé**, complet, fieffé, parfait, sacré (fam.)

vrai[2] N. M. réel, réalité, vécu

vraiment ADV. **1. effectivement**, assurément, bel et bien, en vérité, à dire vrai, réellement, véritablement, pour de vrai (fam.) **2. franchement**, en vérité, sans mentir, sérieusement, sincèrement **3. absolument**, parfaitement, réellement, tout à fait **4. extrêmement**, au plus haut point, terriblement

vraisemblable ADJ. **1. crédible**, croyable, plausible **2. possible**, envisageable, probable

vraisemblablement ADV. probablement, plausiblement, sans doute

vraisemblance N. F. **1. crédibilité**, plausibilité (littér.) **2. probabilité**

vriller
- V. INTR. **s'enrouler**, se tordre
- V. TR. **tarauder**, pénétrer, percer

vrombir V. INTR. **1. bourdonner** **2. gronder**, mugir, ronfler, rugir

vrombissement N. M. **1. bourdonnement** **2. grondement**, mugissement, ronflement, rugissement

vu PRÉP. étant donné, compte tenu de, eu égard à

vue N. F. **1. vision**, acuité visuelle, œil, regard **2. panorama**, paysage, perspective, point de vue **3. spectacle**, image, scène, tableau, vision **4. opinion**, appréciation, conception, idée, jugement, pensée, point de vue, position **5. coupe**, profil, section
♦ **vues** PLUR. **intentions**, projets, plans

vulgaire ADJ. **1. grossier**, obscène, populacier, trivial, poissard (littér.) **2. commun**, bas, banal, grossier, ordinaire, prosaïque, terre à terre, trivial **3.** [avant le nom] **banal**, ordinaire, pauvre, quelconque

vulgairement ADV. **1. grossièrement**, trivialement **2. couramment**, communément, usuellement

vulgarisation N. F. diffusion, démocratisation, massification (didact.), propagation

vulgariser V. TR. propager, démocratiser, diffuser, massifier (didact.), populariser, répandre, simplifier

vulgarité N. F. grossièreté, obscénité, trivialité

vulnérabilité N. F. **1. précarité** **2. fragilité**, délicatesse, faiblesse

vulnérable ADJ. **1. attaquable**, exposé, précaire **2. fragile**, faible, sans défense, sensible

W

wagon N. M. **1. fourgon**, plateau, [à plateforme] truck **2.** [Rail] **voiture**

wagonnet N. M. benne, chariot, lorry

Web N. M. Internet, le Net, la Toile

X

xénophobe ADJ. et N. chauvin, nationaliste

xénophobie N. F. chauvinisme, nationalisme

Z

zébrure N. F. **1. rayure**, raie **2. strie**, marque, sillon, traînée

zèle N. M. ardeur, application, cœur, dévouement, empressement, enthousiasme, flamme, passion

zélé, ée ADJ. dévoué, ardent, assidu, diligent, enthousiaste, fervent

zénith N. M. apogée, pinacle, point culminant, sommet, summum

zéro N. M. **1. bulle** (argot scol.) **2.** [fam.] **nullité**, bon à rien, incapable, nul, tocard (fam.) **3. néant**, rien

zeste N. M. **1. écorce 2. pointe**, pincée, soupçon

zézayer V. INTR. bléser, zozoter (fam.), avoir un cheveu/un fil sur la langue (fam.)

zigzag N. M. détour, crochet, lacet, méandre, sinuosité, virage

zigzaguer V. INTR. aller de travers, serpenter, slalomer, tourner, [bateau] louvoyer

zizanie N. F. désaccord, brouille, désunion, discorde, mésentente, tension, mésintelligence (littér.)

zombi N. M. **1. fantôme**, ectoplasme, esprit, revenant **2. fantoche**, marionnette, pantin

zone N. F. **1. espace**, endroit, lieu, périmètre, quartier, région, secteur, territoire **2. domaine**, champ, sphère

zozoter V. INTR. zézayer, bléser, avoir un cheveu/un fil sur la langue (fam.)

– Dans la même collection –

ÉCRIVEZ SANS FAUTES
Les règles du français à portée de main

—

VÉRIFIEZ VOTRE ORTHOGRAPHE
72 000 mots
Le correcteur pour un zéro faute en orthographe

—

CONJUGUEZ SANS FAUTES
8 000 verbes
Le conjugateur pour un zéro faute sur les verbes

—

TROUVEZ LE BON MOT
125 000 synonymes
Pour enrichir facilement votre vocabulaire

—

DÉJOUEZ LES PIÈGES
1 000 difficultés du français expliquées
Pour écrire et parler un français correct

—

1 000 QUESTIONS DE FRANÇAIS
Des quiz pour tester et améliorer votre français

—

40 000 DÉFINITIONS INDISPENSABLES
Le petit dictionnaire à portée de main

Développement

dév. des aspects
↳ chaque paragraph a des sous-aspects

phrase conclusive
→ fermeture = rappel phénomène/affirmation de départ et des aspects (résumé)
→ ouverture = formulation opinion, souhait, conseil, recommendation, projection etc.
ex: l'histoire aurait pu se passer differement.

Structure pour développer l'explication

a) structure énumérative de cause : présenter les unes à la suite des autres causes phénomène

b) structure compérative = faire ressortir ressemblance/diff. entre 2/plusieurs éléme pour expliquer phénomè

c) structure cause/conséquence

d) structure problème/solution

INTRODUCTION

Sujet amené = pique curiosité lecteur,
discrètement, vague
1/2 phrases

a) considérations historique

b) Vision élargie sujet

c) actualité

d) anecdote/expérience personnel

e) citation

Sujet posé = annonce du sujet

a) implicite
↳ sous-entendu

b) explicite
↳ clair

sujet divisé = éléments développement

PROCÉDÉS EXPLICATIFS

- définition (il s'agit de, ce qui signifie, se définit comme étant, -...-)
- reformulation (autrement dit, c'est à dire, en d'autres termes)
- exemple (notamment, par exemple)
- comparaison (comme, de même que, pareil à, c'est comme, semblable à, contrairement à)